Stahlhacke/Bachmann/
Bleistein/Berscheid

Gemeinschaftskommentar
zum Bundesurlaubsgesetz

Diese 5. Auflage
BUrlG hat
weniger Zeit
gebraucht als
unsere 2. Auf-
lage MAVO.

Mit allen guten Wünschen
Franzjosef Bleistein

13.10.92

Gemeinschaftskommentar zum Bundesurlaubsgesetz

(GK-BUrlG)

bearbeitet unter Einbeziehung urlaubsrechtlicher Vorschriften
aus dem Arbeitsplatzschutzgesetz, Bundeserziehungsgeldgesetz,
Eignungsübungsgesetz, Jugendarbeitsschutzgesetz, Mutterschutzgesetz,
Schwerbehindertengesetz und dem Seemannsgesetz

von Prof. Dr. Eugen Stahlhacke, Präsident des
Landesarbeitsgerichts a. D., Köln

Bernward Bachmann, Vors. Richter am Landesarbeitsgericht, München

Dr. Franzjosef Bleistein, Vizepräsident des
Landesarbeitsgerichts a. D., Köln

Ernst-Dieter Berscheid, Vors. Richter am Landesarbeitsgericht, Hamm

5. neubearbeitete und erweiterte Auflage

Luchterhand

Die Deutsche Bibliothek – CIP-Einheitsaufnahme

Gemeinschaftskommentar zum Bundesurlaubsgesetz:
(GK-BUrlG) / bearb. unter Einbeziehung urlaubsrechtlicher Vorschriften aus dem Arbeitsplatzschutzgesetz, Bundeserziehungsgeldgesetz, Eignungsübungsgesetz, Jugendarbeitsschutzgesetz, Mutterschutzgesetz, Schwerbehindertengesetz und dem Seemannsgesetz von Eugen Stahlhacke
5. neubearb. Aufl. – Neuwied; Berlin; Kriftel: Luchterhand, 1992.
4. Aufl. u. d. T.: Stahlhacke, Eugen: Gemeinschaftskommentar zum Bundesurlaubsgesetz
ISBN 3-472-14360-6
NE: Stahlhacke, Eugen: GK-BUrlG

Satz: Stahringer, Ebsdorfergrund.
Druck: Druck- u. Verlags-Gesellschaft mbH, Darmstadt.
Printed in Germany, Mai 1992.

Vorwort zur 5. Auflage

Acht Jahre nach dem Erscheinen der 4. Auflage des GK-BUrlG legen die Verfasser, zu denen als neuer Bearbeiter Herr Berscheid gewonnen wurde, die 5. Auflage des Kommentars zum Bundesurlaubsgesetz vor. Gerade dieser Zeitraum war für die Kommentierung des BUrlG aus zwei Gründen von großer Bedeutung:
- Zum einen hat das Bundesarbeitsgericht seine am 28. 1. 1982 begonnene »neue« Rechtsprechung zum Urlaubsrecht in dieser Zeit weiter ausgebaut,
- zum anderen gibt es seit der Wiedervereinigung Deutschlands am 3. 10. 1990 auch eine neue, in den nun wiedervereinigten Teilen Deutschlands auseinanderlaufende Entwicklung wichtiger Teile des Urlaubsrechts.

Die Verfasser haben es sich angelegen sein lassen, die neue Rechtsprechung des BAG zum Urlaubsrecht nicht nur anhand dieser Rechtsprechung zu referieren, sondern sich kritisch mit ihr auseinanderzusetzen. Aufgabe eines Kommentars ist auch, die höchstrichterliche Rechtsprechung kritisch zu begleiten, die in der Rechtswissenschaft und in der Rechtsprechung der Instanzgerichte so starken Widerspruch gefunden hat und noch findet.
Was den Urlaubsanspruch in den neuen Bundesländern betrifft, sind die unterschiedlichen Regelungen – so weit das möglich und geboten war – nicht nur dargestellt, sondern auch kommentiert worden.
In weiten Teilen ist daher die 5. Auflage des GK-BUrlG völlig neu bearbeitet. Das gilt auch für die urlaubsrechtlichen Bestimmungen aus anderen Gesetzen (so vor allem den neugefaßten Urlaubsbestimmungen des SchwbG und des Erziehungsurlaubs).
Die Verfasser kommen aus der Arbeitsgerichtsbarkeit. Sie legten besonderen Wert auf eine praxisorientierte Kommentierung. Jeder Verfasser trägt die Verantwortung für den von ihm bearbeiteten Teil. Dennoch war Sorge getragen, daß ein Gemeinschaftswerk entsteht.
Literatur und Rechtsprechung sind bis Januar 1992 berücksichtigt.

Köln, München, Hamm, im Mai 1992 — Die Verfasser

Aus dem Vorwort zur ersten Auflage

Das Urlaubsrecht – ein wichtiges Teilgebiet des Arbeitsrechts – war Jahre hindurch in Gesetzen der Länder zum Teil recht unterschiedlich geregelt. Dieser für die Praxis sehr unerfreuliche Zustand der Rechtszersplitterung ist nun beseitigt. Das am 1. Januar 1963 in Kraft getretene Bundesurlaubsgesetz hat das Urlaubsgesetzesrecht vereinheitlicht, wenn man von den wenigen in § 15 enthaltenen Ausnahmen absieht. Entscheidende Momente der Neuregelung des Urlaubsrechts waren die Vereinheitlichung des gesetzlichen Urlaubsrechts und die allgemein als notwendig erkannte Erhöhung des gesetzlichen Mindesturlaubs. Charakteristisch für das Bundesurlaubsgesetz ist, daß es von dem Primat der Tarifautonomie beherrscht ist. Die Tarifvertragsparteien können alle Urlaubsfragen in eigener Verantwortung entsprechend den besonderen Verhältnissen ihrer Wirtschaftszweige autonom regeln. Dabei kommt es nicht darauf an, ob die tariflichen Urlaubsbedingungen günstiger oder ungünstiger sind als die gesetzlichen Normen. Lediglich die §§ 1, 2 und 3 Abs. 1 des Gesetzes sind auch im Verhältnis zum Tarifvertrag unabdingbar, d.h., von ihnen kann auch im Tarifvertrag lediglich zugunsten des Arbeitnehmers abgewichen werden. Diese Fassung des Gesetzes war bis zuletzt umstritten. Vom Standpunkt der Praxis aus kann es nur begrüßt werden, daß sie Gesetz geworden ist. Damit ist der Günstigkeitsvergleich, der die Gerichte vor oft kaum lösbare Aufgaben gestellt hat, im Verhältnis Gesetz–Tarifvertrag fast ganz beseitigt.

Das Gesetz verankert im wesentlichen Grundsätze, die in der Tarifpraxis und in der Praxis der Gerichte seit langem anerkannt sind. Wo neue Wege eingeschlagen worden sind, handelt es sich um ausgewogene Entscheidungen. Man wird nicht fehlgehen in der Annahme, daß die jetzt verkündete Gesetzesfassung daher eine lange Lebensdauer haben wird. Dennoch wirft das Gesetz natürlich zahlreiche Fragen auf. Sie aufzuzeigen und einen Beitrag zu ihrer Lösung zu geben, ist das Anliegen des Kommentars.

Die noch geltenden bundes- und landesgesetzlichen Nebenbestimmungen sind im Kommentarteil berücksichtigt und im Anhang abgedruckt. Es ist beabsichtigt, die Kommentierung in einer weiteren Auflage auszudehnen, damit das Werk später das gesamte geltende Urlaubsrecht erfaßt.

Köln, im Juli 1963 — Eugen Stahlhacke

Inhaltsverzeichnis

Verzeichnis der Bearbeiter

Bachmann	BUrlG §§ 5–8; JArbSchG § 19
Bleistein	Einleitung; BUrlG §§ 1–4; SchwbG § 47
Berscheid	BUrlG §§ 13–16; AGB §§ 244–246; BErzGG §§ 15–17, 20; MuSchG §§ 3, 6; SeemG §§ 53–61, 91
Stahlhacke	BUrlG §§ 9–12; ArbPlSchG § 4; EignungsübungsG § 6; VO zum EignungsübungsG

Zitiervorschlag: z. B. Bachmann, GK-BUrlG § 5 Anm. 1

Literaturverzeichnis

Bobrowski/Gaul, Das Arbeitsrecht im Betrieb, 8. Aufl. 1986;
Böckel, Das Urlaubsrecht in der betrieblichen Praxis, 2. Aufl. 1989;
Boldt/Röhsler, Kommentar zum Bundesurlaubsgesetz, 2. Aufl. 1968 mit Nachtrag 1971;
Borrmann, Kommentar zum Bundesurlaubsgesetz, 1963;
Dersch/Neumann, Bundesurlaubsgesetz, Kommentar, 7. Aufl. München 1990;
Gros, Urlaub I–XIII in AR-Blattei, D-Blatt Urlaub;
Kamann/Ziepke/Weinspach/Meisel, Kommentar zum Bundesurlaubsgesetz, 3. Aufl. 1975;
Kettner/Lux/Mager, Bundesurlaubsgesetz mit Erläuterungen, 1963;
Matthes in Bleistein/Matthes, Einstellung - Urlaub - Krankheit - Kündigung, Bonn 1981;
Maser, Urlaub und Urlaubsbefreiung im Betrieb, 1970;
Natzel, Bundesurlaubsrecht, 4. Aufl. 1988;
Schaub, Arbeitsrechtshandbuch, 6. Aufl. 1987;
Schelp/Herbst, Bundesurlaubsgesetz, Kommentar, Berlin, Frankfurt, 1963;
Schmelzer, Urlaubsrecht, Grundriß und alphabetischer Leitfaden, 2. Aufl. 1963;
Siara, Kommentar zum Bundesurlaubsgesetz, 1975;
Sturn, Das neue Urlaubsrecht, 1963;
Weber/Banze, Das Urlaubsrecht des Öffentlichen Dienstes, München 1978.

Abkürzungsverzeichnis

a. A.	anderer Ansicht
a. a. O.	am angegebenen Ort
abl.	ablehnend
ABl.	Amtsblatt
AblBayArbMin.	Amtsblatt des Bayerischen Staatsministeriums für Arbeit u. soziale Fürsorge
ABM	Arbeitsbeschaffungsmaßnahme
Abs.	Absatz
AcP	Archiv für die civilistische Praxis, Tübingen
a. E.	am Ende
a. F.	alte Fassung
AFG	Arbeitsförderungsgesetz vom 25. Juni 1969
AGB	Arbeitsgesetzbuch
AiB	Arbeitsrecht im Betrieb (Zeitschrift)
AK-StVollzG	Alternativkommentar zum Strafvollzugsgesetz
a. M.	anderer Meinung
ÄndVO	Änderungsverordnung
Anh.	Anhang
Anm.	Anmerkung
AOG	Gesetz zur Ordnung der nationalen Arbeit vom 30. Januar 1934
AöR	Archiv für öffentliches Recht, Tübingen
AP	Arbeitsrechtliche Praxis, Sammlung der Entscheidungen des Bundesarbeitsgerichts, der Landesarbeitsgerichte und Arbeitsgerichte bis 1954, zitiert nach Jahrgang und Nr.; dann als Nachschlagewerk des Bundesarbeitsgerichts, Loseblattsammlung
ArbG	Arbeitsgericht
ArbGeb.	Der Arbeitgeber (Zeitschrift)
ArbGG	Arbeitsgerichtsgesetz i. d. F. der Bekanntmachung vom 2. Juli 1979
ArbKrankhG	Arbeiterkrankheitsgesetz vom 30. Juni 1957
AR-Blattei	Arbeitsrechts-Blattei, Stuttgart
ArbPlSchG	Arbeitsplatzschutzgesetz i. d. F. vom 14. April 1980
ArbuR	Arbeit und Recht (Zeitschrift)
ArbuSozPol.	Arbeit und Sozialpolitik (Zeitschrift)
ArbuSozR	Arbeit und Sozialrecht (Zeitschrift)
ARS	Arbeitsrechtssammlung, Entscheidungen des Reichsarbeitsgerichts, der Landesarbeitsgerichte und Arbeitsgerichte, sog. Bensheimer Sammlung
ARSt.	Arbeitsrecht in Stichworten
AuA	Arbeit und Arbeitsrecht (Zeitschrift)

Aufl.	Auflage
AuR	Arbeit und Recht (Zeitschrift)
AVAVG	Gesetz über Arbeitsvermittlung und Arbeitslosenversicherung i. d. F. vom 3. April 1957
AVG	Angestelltenversicherungsgesetz i. d. F. der Bekanntmachung vom 28. Mai 1924
AZO	Arbeitszeitordnung i. d. F. vom 30. April 1938
BABl.	Bundesarbeitsblatt
BAG	Bundesarbeitsgericht
BAGE	Entscheidungen des Bundesarbeitsgerichts, Amtliche Sammlung
BAM	Bundesminister für Arbeit und Sozialordnung
BAT	Bundesangestelltentarifvertrag vom 23. Februar 1961
BB	Betriebsberater (Zeitschrift)
BBG	Bundesbeamtengesetz i.d.F. vom 27. Februar 1985
BBiG	Berufsbildungsgesetz
Bd.	Band
Bemm/Lindemann	Seemannsgesetz, 2. Aufl. 1985
BErzGG	Bundeserziehungsgeldgesetz
betr.	betreffend
BetrVG	Betriebsverfassungsgesetz vom 15. Januar 1972
BfA	Bundesversicherungsanstalt für Angestellte
BFH	Bundesfinanzhof
BGB	Bürgerliches Gesetzbuch vom 18. August 1896
BGBl.	Bundesgesetzblatt
BGH	Bundesgerichtshof
BGHZ	Bundesgerichtshof in Zivilsachen, Amtliche Sammlung
Biedenkopf	Grenzen der Tarifautonomie, 1964
Bleistein/Matthes	Einstellung-Urlaub-Krankheit-Kündigung, 1981
BlStSozArbR	Blätter für Steuerrecht, Sozialversicherung und Arbeitsrecht (Zeitschrift bis 1985)
Bobrowski/Gaul	Das Arbeitsrecht im Betrieb, 7. Aufl. 1979
Böckel	Das Urlaubsrecht in der betrieblichen Praxis, 2. Aufl. 1989
Boewer/Bommermann	Lohnpfändung und Lohnabtretung, 1987
Böhle/Stamschräder/Kilger	Konkursordnung, Kommentar, 14. Aufl. 1983
Böhle/Stamschräder/Kilger	Vergleichsordnung, Kommentar, 10. Aufl. 1983
Böhm/Spiertz/Steinherr/Sponer	Bundesangestelltentarifvertrag, Loseblattausgabe
Boldt/Röhsler	Mindesturlaubsgesetz für Arbeitnehmer (Bundesurlaubsgesetz), Kommentar, 2. Aufl. 1968 mit Nachtrag 1971
Borrmann	Bundesurlaubsgesetz, Kommentar, 1963
Borrmann	Jugendarbeitsschutzgesetz, 2. Aufl.
BPersVG	Bundespersonalvertretungsgesetz vom 15. März 1974

Brecht	Lohnfortzahlung für Arbeiter, Kommentar
Brennberger/Bauernfeind	Kommentar zum Jugendarbeitsschutzgesetz, 1960
Brox	Arbeitsrecht, 9. Aufl. 1989
Brox	Besonderes Schuldrecht, 14. Aufl. 1988
BSG	Bundessozialgericht
BSHG	Bundessozialhilfegesetz
BT-Drucksache	Bundestags-Drucksache
Buchst.	Buchstabe
Bulla/Buchner	Mutterschutzgesetz, 5. Aufl. 1981 mit Nachtrag 1982
BUrlG	Bundesurlaubsgesetz vom 8. Januar 1963
BVerfG	Bundesverfassungsgericht
BVerfGE	Entscheidungen des Bundesverfassungsgerichts, Amtliche Sammlung
BVerfGG	Bundesverfassungsgerichtsgesetz
BVerwG	Bundesverwaltungsgericht
bzw.	beziehungsweise
DAngVers.	Die Angestelltenversicherung
DB	Der Betrieb (Zeitschrift)
ders.	derselbe
Dersch/Neumann	Kommentar zum Bundesurlaubsgesetz, 6. Aufl. 1981
dies.	dieselben
Dietz/Richardi	Kommentar zum Betriebsverfassungsgesetz, 6. Aufl., Bd. 1 (1981), Bd. 2 (1982)
DÖD	Der Öffentliche Dienst
Doetsch/Schnabel/Paulsdorf	Lohnfortzahlungsgesetz, Kommentar, 1970
DVO	Durchführungsverordnung
Edeler	Erwerbstätigkeit während des Urlaubs, Diss.-Köln 1972
EheRG	Ehereformgesetz
Emmerich	Das Recht der Leistungsstörungen, 2. Aufl. 1986
Enneccerus/Nipperdey	Lehrbuch des Bürgerlichen Rechts, Allgemeiner Teil, 15. Aufl. 1959
Entsch.	Entscheidung
ErgänzVO	Ergänzungsverordnung
Esser/Weyers	Schuldrecht, Bd. II, Teilband 2, 5. Aufl. 1980
EStG	Einkommenssteuergesetz
EWiR	Entscheidungen im Wirtschaftsrecht (Zeitschrift)
EzA	Entscheidungssammlung zum Arbeitsrecht, Loseblattausgabe
EzBAT	Entscheidungssammlung zum Bundesangestelltentarifvertrag, Loseblattausgabe

f., ff.	folgend, folgende
FeiertagslohnzG	Feiertagslohnzahlungsgesetz
Fitting/Auffarth/Kaiser	Kommentar zum Betriebsverfassungsgesetz, 16. Aufl. 1990
FlaggRG	Gesetz über das Flaggenrecht der Seeschiffe und die Flaggenführung der Binnenschiffe (Flaggenrechtsgesetz) vom 8. Februar 1951 (BGBl. I S. 79)
Fuhr/Stahlhacke	Kommentar zur Gewerbeordnung, Loseblattausgabe
Fußn.	Fußnote
Galperin/Löwisch	Kommentar zum Betriebsverfassungsgesetz, 6. Aufl. 1982
Gamillscheg	Arbeitsrecht I und II, 7. Aufl. 1987
Gaul	Das Arbeitsrecht im Betrieb, Bd. I, 8. Aufl. 1986
Gaul/Boewer	Probleme des Urlaubsrechts, 1966
GBl.	Gesetzblatt
GewA	Gewerbearchiv
GewO	Gewerbeordnung i.d.F. der Bekanntmachung vom 1. Januar 1978
GG	Grundgesetz für die Bundesrepublik Deutschland vom 23. Mai 1949
ggf.	gegebenenfalls
GK-BetrVG	Gemeinschaftskommentar zum Betriebsverfassungsgesetz von Fabricius/Kraft/Thiele/Wiese/Kreutz, 4. Aufl., Bd. I (1987) und Bd. II (1990)
GK-TzA	Gemeinschaftskommentar zum Teilzeitarbeitsrecht, 1987, bearbeitet von Becker, Danne, Lang, Lipke, Mikosch und Steinwedel
Gröninger/Thomas	Mutterschutzgesetz einschließlich Erziehungsurlaubsgesetz, Loseblattausgabe
Grüner/Dalichau	Bundeserziehungsgeldgesetz, Loseblattausgabe
GVBl.	Gesetz und Verordnungsblatt
HAG	Heimarbeitsgesetz vom 14. März 1951, i.d.F. vom 29. Oktober 1974
Halbs.	Halbsatz
Hanau/Adomeit	Arbeitsrecht, 8. Aufl. 1986
HandwO	Handwerksordnung vom 17. September 1953, i.d.F. vom 28. Dezember 1965
HausarbTagsG	Hausarbeitstagsgesetz
Herschel/Steinmann	Kommentar zum Kündigungsschutzgesetz, 5. Aufl. 1961
Heußner	Urlaubsrecht, 1964
HGB	Handelsgesetzbuch vom 10. Mai 1987
h.M.	herrschende Meinung
Hönsch	Erziehungs- und Kindergeldrecht, 1987

Hueck	Kommentar zum Kündigungsschutzgesetz, 10. Aufl. 1980
Hueck/Nipperdey	Lehrbuch des Arbeitsrechts, Bd. I, 7. Aufl. 1963 von A. Hueck; Bd. II, 1. Halbband, 7. Aufl. 1967 von H.C. Nipperdey; Bd. II, 2. Halbband, bearbeitet von H.C. Nipperdey unter Mitarbeit von Franz Josef Säcker, 7. Aufl. 1970
HzA	Handbuch zum Arbeitsrecht, Loseblattausgabe
IAO	Internationale Arbeitsorganisation, Genf
i.d.F.	in der Fassung
insbes.	insbesondere
IPR	Internationales Privatrecht
i.S.	im Sinne
ISR	Gesetz zur Einführung eines zusätzlichen Registers für Seeschiffe unter der Bundesflagge im Internationalen Verkehr – Internationales Seeschiffahrtsregister vom 23. März 1989 (BGBl. I S. 550)
i.V.m.	in Verbindung mit
JArbSchG	Jugendarbeitsschutzgesetz i.d.F. vom 12. April 1976
JW	Juristische Wochenschrift (Zeitschrift bis 1939)
JZ	Juristenzeitung (Zeitschrift)
Kamann/Ziepke/Weinspach/Meisel	Kommentar zum Bundesurlaubsgesetz, 3. Aufl. 1975
Kap.	Kapitel
Kapitäns-MTV	Vereinbarung über die Anstellungsbedingungen für Kapitäne in der deutschen Seeschiffahrt vom 17. April 1986, i.d.F. vom 20. Dezember 1990
Kaskel/Dersch	Arbeitsrecht, 5. Aufl. 1957
Kehrmann/Pelikan	Lohnfortzahlungsgesetz, Kommentar, 1970
Kettner/Lux/Mager	Bundesurlaubsgesetz mit Erläuterungen, 1963
Knopp/Kraegeloh	Jugendarbeitsschutzgesetz, 4. Aufl. 1985
KO	Konkursordnung i.d.F. vom 20. Mai 1898
KR- (Bearbeiter)	Gemeinschaftskommentar zum Kündigungsschutzgesetz und sonstigen kündigungsschutzrechtlichen Vorschriften, bearbeitet von Friedrich Becker, Gerhard Etzel, Hans-Wolf Friedrich, Karl Gröninger, Wilfried Hillebrecht, Friedhelm Rost, Horst Weigand, Bernhard Weller, Manfred Wolf, Ingeborg Wolff, 3. Aufl. Neuwied 1989
krit.	kritisch
KSchG	Kündigungsschutzgesetz i.d.F. vom 25. August 1969

von der Laden	Die Bestimmung der Urlaubszeit nach dem BUrlG und dem BetrVG, 1971
LAG	Landesarbeitsgericht
LAGE	Entscheidungen der Landesarbeitsgerichte, Loseblattausgabe
Landmann/Rohmer	Kommentar zur Gewerbeordnung, Loseblattausgabe
Larenz	Allgemeiner Teil des deutschen Bürgerlichen Rechts, 7. Aufl. 1989
Larenz	Lehrbuch des Schuldrechts, Bd. II, 12. Aufl. 1982
Larenz	Methodenlehre der Rechtswissenschaft, 5. Aufl. 1983
Lepke	Kündigung bei Krankheit, 7. Aufl. 1987
LFZG	Lohnfortzahlungsgesetz
LohnpfändungsVO	Lohnpfändungsverordnung
Löwisch	Arbeitsrecht, 3. Aufl. 1991
LStDV	Lohnsteuer-Durchführungsverordnung
LStR	Lohnsteuerrecht
Marienhagen	Lohnfortzahlungsgesetz, Kommentar, 3. Aufl. 1970
Maser	Urlaub und Urlaubsbefreiung im Betrieb, 1970
Maus	Das neue Urlaubsrecht, 1963
Maus/Schmidt	Kommentar zum Heimarbeitsgesetz, 3. Aufl. 1976
MDR	Monatsschrift für Deutsches Recht (Zeitschrift)
Meisel/Sowka	Mutterschutz, Kommentar zum Mutterschutzgesetz, zur Mutterschaftshilfe nach der RVO und zum Bundeserziehungsgeldgesetz, 3. Aufl. 1988
Molitor/Volmer/Germelmann	Jugendarbeitsschutzgesetz, 3. Aufl. 1986
Monjau/Wolff	Kommentar zum Jugendarbeitsschutzgesetz
MTV-Fisch	Manteltarifvertrag für die deutsche Hochseefischerei vom 6. April 1987, i. d. F. des Änderungstarifvertrages vom 18. Juli 1989
MTV-See	Manteltarifvertrag für die deutsche Seeschifffahrt vom 17. April 1986, i. d. F. vom 20. Dezember 1990
MünchKomm- (Bearbeiter)	Münchener Kommentar zum Bürgerlichen Gesetzbuch, hrsg. von Kurt Rebmann und Franz-Jürgen Säcker, München 1978 ff.
MünchKomm- (Bearbeiter) 2. Aufl.	Münchener Kommentar zum Bürgerlichen Gesetzbuch, hrsg. von Kurt Rebmann und Franz-Jürgen Säcker, 2. Aufl., München 1984 ff.
MuSchG	Mutterschutzgesetz vom 18. April 1968
m. w. N.	mit weiteren Nachweisen
Natzel	Bundesurlaubsgesetz, Kommentar, 1963
Natzel	Bundesurlaubsrecht, Handkommentar, 4. Aufl. 1988

n. F.	neue Fassung
Nikisch	Lehrbuch des Arbeitsrechts, Bd. I, 3. Aufl. 1961; Bd. II, 2. Aufl. 1959; Bd. III, 2. Aufl. 1966
NJW	Neue Juristische Wochenschrift (Zeitschrift)
NRW	Nordrhein-Westfalen
NWB	Neue Wirtschaftsbriefe für Steuer- und Wirtschaftsrecht, Loseblattausgabe
NZA	Neue Zeitschrift für Arbeits- und Sozialrecht (Zeitschrift)
NZfA	Neue Zeitschrift für Arbeitsrecht (Zeitschrift bis 1933)
OLG	Oberlandesgericht
OVG	Oberverwaltungsgericht
Palandt	Kommentar zum Bürgerlichen Gesetzbuch, 50. Aufl. 1991
PersVG	Personalvertretungsgesetz vom 5. August 1955
Prütting	Gegenwartsprobleme der Beweislast, 1983
RABl.	Reichsarbeitsblatt
RAG	Reichsarbeitsgericht
RAG(E)	Entscheidungen des Reichsarbeitsgerichts, Amtliche Sammlung
RdA	Recht der Arbeit (Zeitschrift)
RegBl.	Regierungsblatt
Renaud	Die Abgeltung von Urlaubsansprüchen nach dem Mindesturlaubsgesetz für Arbeitnehmer, 1977
Reuter	Der Anspruch auf Urlaubsübertragung, Diss. Köln 1963
RG	Reichsgericht
RGBl.	Reichsgesetzblatt
RGZ	Entscheidungen des Reichsgerichts in Zivilsachen
Riedel	Jugendarbeitsschutzgesetz, 1961
RKG	Reichsknappschaftsgesetz i. d. F. vom 21. Mai 1957
Rn.	Randnummer
RVA	Reichsversicherungsamt
RVO	Reichsversicherungsordnung vom 18. Juli 1911
Rz.	Randziffer
S.	Seite
SAE	Sammlung arbeitsrechtlicher Entscheidungen
Sahmer	Kommentar zum Arbeitsplatzschutzgesetz, 3. Aufl. 1971
Schaps/Abraham	Das deutsche Seerecht, III. Bd., 3. Aufl. 1964

Schaub	Arbeitsrechtshandbuch, 6. Aufl. 1987
Schelp/Herbst	Bundesurlaubsgesetz, Kommentar
Schmelzer	Urlaubsrecht, Grundriß, 2. Aufl. 1963
Schnorr v. Carolsfeld	Arbeitsrecht, 2. Aufl. 1954
SchwBeschG	Schwerbeschädigtengesetz i. d. F. vom 14. August 1961
SchwbG	Schwerbehindertengesetz i. d. F. vom 26. August 1986
Schwedes/Franz	Seemannsgesetz, 2. Aufl. 1984
Schwerdtner	Arbeitsrecht I, 1976
Schwerdtner	Fürsorgetheorie und Entgelttheorie im Recht der Arbeitsbedingungen, 1970
Schulte/Langforth	Jugendarbeitsschutzgesetz, Kommentar, 2. Aufl. 1966
SeeAE	Sammlung See-Arbeitsrechtlicher Entscheidungen, hrsg. von Lindemann, Loseblattausgabe
SeemG	Seemannsgesetz vom 26. Juli 1957/25. August 1961
Siara	Mindesturlaubsgesetz für Arbeitnehmer (Bundesurlaubsgesetz) 1975
Soergel-(Bearbeiter)	Kommentar zum Bürgerlichen Gesetzbuch, 11. Aufl. 1978ff.
Söllner	Arbeitsrecht, 9. Aufl. 1987
Söllner	Einseitige Leistungsbestimmung im Arbeitsverhältnis, 1966
SozG	Sozialgericht
SozGG	Sozialgerichtsgesetz vom 3. September 1953
Stahlhacke	Kündigung und Kündigungsschutz im Arbeitsverhältnis, 4. Aufl. 1982
Staudinger-(Bearbeiter)	Der Dienstvertrag, Sonderausgabe aus J. v. Staudingers Kommentar zum BGB, 12. Aufl. 1978ff.
Stein/Jonas/Grunsky	Kommentar zur Zivilprozeßordnung, 19. Aufl. 1964ff., 20. Aufl. 1977ff.
StGB	Strafgesetzbuch
str.	streitig
Streblow	Erholungsurlaub trotz Krankheit, 1986
st. Rspr.	ständige Rechtsprechung
Sturn	Das neue Urlaubsrecht, 1963
StVollzG	Strafvollzugsgesetz
Thomas/Putzo	Zivilprozeßordnung, 11. Aufl. 1981
TOA	Tarifordnung A für Belegschaftsmitglieder im öffentlichen Dienst
TSchG	Tarifschiedsgericht für die deutsche Seeschiffahrt
TVG	Tarifvertragsgesetz i. d. F. vom 25. August 1969
TVVO	Tarifvertragsverordnung vom 23. Dezember 1918

unstr.	unstreitig
UrlG	Urlaubsgesetz
u. U.	unter Umständen
UWG	Gesetz gegen unlauteren Wettbewerb vom 7. Juni 1909
VerglO	Vergleichsordnung
vgl.	vergleiche
VO	Verordnung
VOBl.	Verordnungsblatt
Vorbem.	Vorbemerkung
Wachter	in: Maus, Handbuch des Arbeitsrechts, IV D, 4. Aufl. 1983
WAR	Westdeutsche Arbeitsrechtsprechung (Zeitschrift)
WbG	Weiterbildungsgesetz
Weber	Die Ausschlußfrist im Arbeitsrecht, 1983
Wiedemann/Stumpf	Kommentar zum Tarifvertragsgesetz, 5. Aufl. 1977
Wiegand	Bundeserziehungsgeldgesetz, Loseblattausgabe
Wilrodt/Neumann	Schwerbehindertengesetz, 7. Aufl. 1988
Winterfeld	Mutterschutz und Erziehungsurlaub, 1986
WRV	Weimarer Reichsverfassung vom 11. August 1919
ZfA	Zeitschrift für Arbeitsrecht
ZfS	Zentralblatt für Sozialversicherung, Sozialhilfe und Versorgung (Zeitschrift)
Ziepke	Kommentar zum Manteltarifvertrag für die Arbeiter, Angestellte und Auszubildenden in der Eisen-, Metall-, Elektro- und Zentralheizungsindustrie Nordrhein-Westfalens vom 29. Februar 1988, 3. Aufl. 1988
Zmarzlik	Jugendarbeitsschutzgesetz, 1976
Zmarzlik/Zipperer/Viethen	Mutterschutzgesetz, Mutterschaftshilfe, Erziehungsgeld, Erziehungsurlaub, 5. Aufl. 1986
Zöllner	Arbeitsrecht, 3. Aufl. 1983
ZPO	Zivilprozeßordnung vom 30. Januar 1877
ZTR	Zeitschrift für Tarifrecht
zust.	zustimmend
zutr.	zutreffend

Gesetzestext

Gesetz über Mindesturlaub für Arbeitnehmer (Bundesurlaubsgesetz)

vom 8. 1. 1963 (BGBl. I S. 2)

geändert durch Lohnfortzahlungsgesetz vom 27. 7. 1969 (BGBl. I S. 946), Heimarbeitsänderungsgesetz vom 29. 10. 1974 (BGBl. I S. 2879) und des Einigungsvertrages vom 31. 8. 1990 (BGBl. II S. 885)

§ 1 Urlaubsanspruch

Jeder Arbeitnehmer hat in jedem Kalenderjahr Anspruch auf bezahlten Erholungsurlaub.

§ 2 Geltungsbereich

Arbeitnehmer im Sinne des Gesetzes sind Arbeiter und Angestellte sowie die zu ihrer Berufsausbildung Beschäftigten. Als Arbeitnehmer gelten auch Personen, die wegen ihrer wirtschaftlichen Unselbständigkeit als arbeitnehmerähnliche Personen anzusehen sind; für den Bereich der Heimarbeit gilt § 12.

§ 3 Dauer des Urlaubs[1])

(1) Der Urlaub beträgt jährlich mindestens 18 Werktage.
(2) Als Werktage gelten alle Kalendertage, die nicht Sonn- oder gesetzliche Feiertage sind.

[1]) Fassung des § 3 für die neuen Bundesländer und Ost-Berlin nach dem Einigungsvertrag vom 31. 8. 1990 (BGBl. II S. 889, 1020 – Anlage I – Sachgebiet A – Abschnitt III – Ziffer 5). Der Urlaub beträgt jährlich mindestens 20 Arbeitstage. Dabei ist von 5 Arbeitstagen je Woche auszugehen.

§ 4 Wartezeit

Der volle Urlaubsanspruch wird erstmalig nach sechsmonatigem Bestehen des Arbeitsverhältnisses erworben.

§ 5 Teilurlaub

(1) Anspruch auf ein Zwölftel des Jahresurlaubs für jeden vollen Monat des Bestehens des Arbeitsverhältnisses hat der Arbeitnehmer

a) für Zeiten eines Kalenderjahres, für die er wegen Nichterfüllung der Wartezeit in diesem Kalenderjahr keinen vollen Urlaubsanspruch erwirbt;
b) wenn er vor erfüllter Wartezeit aus dem Arbeitsverhältnis ausscheidet;
c) wenn er nach erfüllter Wartezeit in der ersten Hälfte eines Kalenderjahres aus dem Arbeitsverhältnis ausscheidet.

(2) Bruchteile von Urlaubstagen, die mindestens einen halben Tag ergeben, sind auf volle Urlaubstage aufzurunden.

(3) Hat der Arbeitnehmer im Falle des Absatzes 1 Buchstabe c bereits Urlaub über den ihm zustehenden Umfang hinaus erhalten, so kann das dafür gezahlte Urlaubsentgelt nicht zurückgefordert werden.

§ 6 Ausschluß von Doppelansprüchen

(1) Der Anspruch auf Urlaub besteht nicht, soweit dem Arbeitnehmer für das laufende Kalenderjahr bereits von einem früheren Arbeitgeber Urlaub gewährt worden ist.

(2) Der Arbeitgeber ist verpflichtet, bei Beendigung des Arbeitsverhältnisses dem Arbeitnehmer eine Bescheinigung über den im laufenden Kalenderjahr gewährten oder abgegoltenen Urlaub auszuhändigen.

§ 7 Zeitpunkt, Übertragbarkeit und Abgeltung des Urlaubs

(1) Bei der zeitlichen Festlegung des Urlaubs sind die Urlaubswünsche des Arbeitnehmers zu berücksichtigen, es sei denn, daß ihrer Berücksichtigung dringende betriebliche Belange oder Urlaubswünsche anderer Arbeitnehmer, die unter sozialen Gesichtspunkten den Vorrang verdienen, entgegenstehen.

(2) Der Urlaub ist zusammenhängend zu gewähren, es sei denn, daß dringende betriebliche oder in der Person des Arbeitnehmers liegende Gründe eine Teilung des Urlaubs erforderlich machen. Kann der Urlaub aus diesen Gründen nicht zusammenhängend gewährt werden, und hat der Arbeitnehmer Anspruch auf Urlaub von mehr als zwölf Werktagen, so muß einer der Urlaubsteile mindestens zwölf aufeinanderfolgende Werktage umfassen.

(3) Der Urlaub muß im laufenden Kalenderjahr gewährt und genommen werden. Eine Übertragung des Urlaubs auf das nächste Kalenderjahr ist nur statthaft, wenn dringende betriebliche oder in der Person des Arbeitnehmers liegende Gründe dies rechtfertigen. Im Fall der Übertragung muß der Urlaub in den ersten drei Monaten des folgenden Kalenderjahres gewährt und genommen werden. Auf Verlangen des Arbeitnehmers ist ein nach § 5 Abs. 1 Buchstabe a entstehender Teilurlaub jedoch auf das nächste Kalenderjahr zu übertragen.

(4) Kann der Urlaub wegen Beendigung des Arbeitsverhältnisses ganz oder teilweise nicht mehr gewährt werden, so ist er abzugelten.

§ 8 Erwerbstätigkeit während des Urlaubs

Während des Urlaubs darf der Arbeitnehmer keine dem Urlaubszweck widersprechende Erwerbstätigkeit leisten.

§ 9 Erkrankung während des Urlaubs

Erkrankt ein Arbeitnehmer während des Urlaubs, so werden die durch ärztliches Zeugnis nachgewiesenen Tage der Arbeitsunfähigkeit auf den Jahresurlaub nicht angerechnet.

§ 10 Kur- und Heilverfahren

Kuren und Schonungszeiten dürfen nicht auf den Urlaub angerechnet werden, soweit ein Anspruch auf Fortzahlung des Arbeitsentgelts nach den gesetzlichen Vorschriften über die Entgeltfortzahlung im Krankheitsfalle besteht.

§ 11 Urlaubsentgelt

(1) Das Urlaubsentgelt bemißt sich nach dem durchschnittlichen Arbeitsverdienst, das der Arbeitnehmer in den letzten dreizehn Wochen vor dem Beginn des Urlaubs erhalten hat. Bei Verdiensterhöhungen nicht nur vorübergehender Natur, die während des Berechnungszeitraums oder des Urlaubs eintreten, ist von dem erhöhten Verdienst auszugehen. Verdienstkürzungen, die im Berechnungszeitraum infolge von Kurzarbeit, Arbeitsausfällen oder unverschuldeter Arbeitsversäumnis eintreten, bleiben für die Berechnung des Urlaubsentgelts außer Betracht. Zum Arbeitsentgelt gehörende Sachbezüge, die während des Urlaubs nicht weitergewährt werden, sind für die Dauer des Urlaubs angemessen in bar abzugelten.
(2) Das Urlaubsentgelt ist vor Antritt des Urlaubs auszuzahlen.

§ 12 Urlaub im Bereich der Heimarbeit

Für die in Heimarbeit Beschäftigten und die ihnen nach § 1 Abs. 2 Buchstaben a bis c des Heimarbeitsgesetzes vom 14. März 1951 (Bundesgesetzbl. I S. 191) Gleichgestellten, für die die Urlaubsregelung nicht ausdrücklich von der Gleichstellung ausgenommen ist, gelten die vorstehenden Bestimmungen mit Ausnahme der §§ 4 bis 6, 7 Abs. 3 und 4 und § 11 nach Maßgabe der folgenden Bestimmungen:

1. Heimarbeiter (§ 1 Abs. 1 Buchstabe a des Heimarbeitsgesetzes) und nach § 1 Abs. 2 Buchstabe a des Heimarbeitsgesetzes Gleichgestellte erhalten von ihrem Auftraggeber oder, falls sie von einem Zwischenmeister beschäftigt werden, von diesem bei einem Anspruch auf 18 Urlaubstage ein Urlaubsentgelt von 6¾ vom Hundert des in der Zeit vom 1. Mai bis 30. April des folgenden Jahres oder bis zur Beendigung des Beschäftigungsverhältnisses verdienten Arbeitsentgelts vor Abzug der Steuern und Sozialversicherungsbeiträge ohne Unkostenzuschlag und ohne die für den Lohnausfall an Feiertagen, den Arbeitsausfall infolge Krankheit und den Urlaub zu leistenden Zahlungen.
2. War der Anspruchsberechtigte im Berechnungszeitraum nicht ständig beschäftigt, so brauchen unbeschadet des Anspruches auf Urlaubsentgelt nach Nummer 1 nur so viele Urlaubstage gegeben zu werden, wie durchschnittliche Ta-

gesverdienste, die er in der Regel erzielt hat, in dem Urlaubsentgelt nach Nummer 1 enthalten sind.

3. Das Urlaubsentgelt für die in Nummer 1 bezeichneten Personen soll erst bei der letzten Entgeltzahlung vor Antritt des Urlaubs ausgezahlt werden.
4. Hausgewerbetreibende (§ 1 Abs. 1 Buchstabe b des Heimarbeitsgesetzes) und nach § 1 Abs. 2 Buchstaben b und c des Heimarbeitsgesetzes Gleichgestellte erhalten von ihrem Auftraggeber oder, falls sie von einem Zwischenmeister beschäftigt werden, von diesem als eigenes Urlaubsentgelt und zur Sicherung der Urlaubsansprüche der von ihnen Beschäftigten einen Betrag von 6¾ vom Hundert des an sie ausgezahlten Arbeitsentgelts vor Abzug der Steuern und Sozialversicherungsbeiträge ohne Unkostenzuschlag und ohne die für den Lohnausfall an Feiertagen, den Arbeitsausfall infolge Krankheit und den Urlaub zu leistenden Zahlungen.
5. Zwischenmeister, die den in Heimarbeit Beschäftigten nach § 1 Abs. 2 Buchstabe d des Heimarbeitsgesetzes gleichgestellt sind, haben gegen ihren Auftraggeber Anspruch auf die von ihnen nach den Nummern 1 und 4 nachweislich zu zahlenden Beträge.
6. Die Beträge nach den Nummern 1, 4 und 5 sind gesondert im Entgeltbeleg auszuweisen.
7. Durch Tarifvertrag kann bestimmt werden, daß Heimarbeiter (§ 1 Abs. 1 Buchstabe a des Heimarbeitsgesetzes), die nur für einen Auftraggeber tätig sind und tariflich allgemein wie Betriebsarbeiter behandelt werden, Urlaub nach den allgemeinen Urlaubsbestimmungen erhalten.
8. Auf die in den Nummern 1, 4 und 5 vorgesehenen Beträge finden die §§ 23 bis 25, 27 und 28 und auf die in den Nummern 1 und 4 vorgesehenen Beträge außerdem § 21 Abs. 2 des Heimarbeitsgesetzes entsprechende Anwendung. Für die Urlaubsansprüche der fremden Hilfskräfte der in Nummer 4 genannten Personen gilt § 26 des Heimarbeitsgesetzes entsprechend.

§ 13 Unabdingbarkeit

(1) Von den vorstehenden Vorschriften mit Ausnahme der §§ 1, 2 und 3 Abs. 1 kann in Tarifverträgen abgewichen werden. Die abweichenden Bestimmungen haben zwischen nichttarifgebundenen Arbeitgebern und Arbeitnehmern Geltung, wenn zwischen diesen die Anwendung der einschlägigen tariflichen Urlaubsregelung vereinbart ist. Im übrigen kann, abgesehen vom § 7 Abs. 2 Satz 2, von den Bestimmungen dieses Gesetzes nicht zuungunsten des Arbeitnehmers abgewichen werden.
(2) Für das Baugewerbe oder sonstige Wirtschaftszweige, in denen als Folge häufigen Ortswechsels der von den Betrieben zu leistenden Arbeit Arbeitsverhältnisse von kürzerer Dauer als einem Jahr in erheblichem Umfange üblich sind, kann durch Tarifvertrag von den vorstehenden Vorschriften über die in Absatz 1 Satz 1 vorgesehene Grenze hinaus abgewichen werden, soweit dies zur Sicherung eines zusammenhängenden Jahresurlaubs für alle Arbeitnehmer erforderlich ist. Absatz 1 Satz 2 findet entsprechende Anwendung.
(3) Für den Bereich der Deutschen Bundesbahn und der Deutschen Bundespost kann von der Vorschrift über das Kalenderjahr als Urlaubsjahr (§ 1) in Tarifverträgen abgewichen werden.

§ 14 Berlin-Klausel

Dieses Gesetz gilt nach Maßgabe des § 13 Abs. 1 des Dritten Überleitungsgesetzes vom 4. Januar 1952 (Bundesgesetzbl. I S. 1) auch im Land Berlin.

§ 15 Änderung und Aufhebung von Gesetzen

(1) Unberührt bleiben die urlaubsrechtlichen Bestimmungen des Arbeitsplatzschutzgesetzes vom 30. März 1957 (Bundesgesetzbl. I S. 293), geändert durch Gesetz vom 22. März 1962 (Bundesgesetzbl. I S. 169), des Schwerbeschädigtengesetzes in der Fassung der Bekanntmachung vom 14. August 1961 (Bundesgesetzbl. I S. 1233), des Jugendarbeitsschutzgesetzes vom 9. August 1960 (Bundesgesetzbl. I S. 665), geändert durch Gesetz vom 20. Juli 1962 (Bundesgesetzbl. I S. 449), und des Seemannsgesetzes vom 26. Juli 1957 (Bundesgesetzbl. II S. 713), geändert durch Gesetz vom 25. August 1961 (Bundesgesetzbl. II S. 1391), jedoch wird

a) in § 19 Abs. 6 Satz 2 des Jugendarbeitsschutzgesetzes der Punkt hinter dem letzten Wort durch ein Komma ersetzt und folgender Satzteil angefügt:
»und in diesen Fällen eine grobe Verletzung der Treuepflicht aus dem Beschäftigungsverhältnis vorliegt.«;

b) § 53 Abs. 2 des Seemannsgesetzes durch folgende Bestimmungen ersetzt:
»Das Bundesurlaubsgesetz vom 8. Januar 1963 (Bundesgesetzbl. I S. 2) findet auf den Urlaubsanspruch des Besatzungsmitglieds nur insoweit Anwendung, als es Vorschriften über die Mindestdauer des Urlaubs enthält.«

(2) Mit dem Inkrafttreten dieses Gesetzes treten die landesrechtlichen Vorschriften über den Erholungsurlaub außer Kraft. In Kraft bleiben jedoch die landesrechtlichen Bestimmungen über den Urlaub für Opfer des Nationalsozialismus und für solche Arbeitnehmer, die geistig oder körperlich in ihrer Erwerbsfähigkeit behindert sind.

§ 16 Inkrafttreten

Dieses Gesetz tritt mit Wirkung vom 1. Januar 1963 in Kraft.

Einleitung

Inhaltsübersicht

I. Geschichte des Urlaubsrechts

1 Im Gegensatz zu vielen ausländischen Rechten hat sich das Recht des Erholungsurlaubs in Deutschland als Gesetzesrecht nur zögernd entwickelt. Eine Ausnahme bildet nur das Beamtenrecht. Hier regelte bereits das Reichsbeamtengesetz vom 31. 3. 1873 (RGBl. S. 61) in Verbindung mit einer Kaiserlichen Verordnung vom 2. 11. 1874 (RGBl. S. 129) den Erholungsurlaub, der allerdings zunächst nur auf Antrag gewährt wurde, ohne daß dem Beamten ein Rechtsanspruch auf Bewilligung zustand. Dagegen waren allgemeine gesetzliche Urlaubsbestimmungen für Arbeitnehmer im Bereich der privaten Wirtschaft wie auch im öffentlichen Dienst bis 1945 unbekannt. Das erste Gesetzbuch für einen Teilbereich brachte – wenn man von der Urlaubsregelung in der bayer. Gesindeordnung vom 13. 12. 1918 (Bayer. St. Anz. Nr. 295 vom 19. 12. 1918) absieht – das Jugendschutzgesetz vom 30. 04. 1938 (RGBl. S. 437), das in § 21 den Urlaub für Jugendliche regelte.

2 Die Gewährung von Erholungsurlaub unter Fortzahlung des vollen Lohnes war bis 1918 bei Arbeitern weitgehend unbekannt. Verbreitet war es üblich, daß Arbeitgeber Angestellten Erholungsurlaub gewährten. Erst nach dem 1. Weltkrieg setzte sich die Gewährung von Erholungsurlaub in Tarifverträgen mehr und mehr durch. Im Laufe der Zeit enthielten im Prinzip alle Manteltarifverträge und nach 1933 alle Tarifordnungen bzw. Betriebsordnungen nähere Bestimmungen über den zu gewährenden Erholungsurlaub. Es ist das Verdienst der Tarifvertragsparteien, daß sich auf diese Weise die allgemeine Rechtsüberzeugung durchsetzte, jeder Arbeitnehmer habe einen Rechtsanspruch auf Erholungsurlaub. Diese Auffassung setzte sich auch in der arbeitsrechtlichen Literatur durch, und eine verbreitete Ansicht leitete den Rechtsanspruch auf Erholungsurlaub, wenn ein Tarifanspruch oder ein Anspruch aus dem Einzelarbeitsvertrag fehlte, aus der Fürsorgepflicht des Arbeitgebers oder aus Gewohnheitsrecht ab. Das Reichsarbeitsgericht hat diese Auffassung jedoch bis zuletzt verworfen und dem einzelnen Arbeitnehmer einen Rechtsanspruch auf Erholungsurlaub nur zugebilligt, wenn ihm hierfür eine besondere gesetzlich, tarifliche oder einzelarbeitsvertragliche Grundlage zur Seite stand (RAG 23, 170; 45, 98).

3 In zwei Gesetzentwürfen, die bis 1945 erarbeitet worden sind, waren ausführliche urlaubsrechtliche Bestimmungen enthalten. Der Entwurf eines allgemeinen Arbeitsvertragsgesetzes von 1923 sah u. a. einen Mindesturlaub von 3 Tagen vor, der sich bei entsprechend langer Dienstzeit bis auf längstens 9 Tage erhöhte. Im Entwurf eines Gesetzes über das Arbeitsverhältnis vom Arbeitsrechtsausschuß der Akademie für Deutsches Recht aus dem Jahre 1938 war ein Mindesturlaub von 6 Tagen vorgesehen.

4 Eine umfassende Regelung des Urlaubsrechts brachten erst die Urlaubsgesetze der Länder der Bundesrepublik Deutschland nach 1945. Außer im früheren Land Württemberg-Hohenzollern wurden in allen Bundesländern Urlaubsgesetze erlassen, die zwar in einigen Punkten übereinstimmten, aber dennoch so unterschiedliche Regelungen enthielten, daß man von einer kaum vertretbaren Rechtszersplitterung auf diesem Teilrechtsgebiet des Arbeitsrechts sprechen konnte.

Folgende Gesetze wurden erlassen:

Baden:
Landesgesetz über den Mindesturlaub für Arbeitnehmer vom 13. 7. 1949 (GVBl. S. 289) nebst DVO vom 16. 9. 1949 (GVBl. S. 448) und Verlängerungsgesetz vom 18. 3. 1952 (GVBl. S. 39).

Bayern:
Urlaubsgesetz vom 11. 5. 1950 (GVBl. S. 81) i. d. F. des Änderungsgesetzes vom 8. 11. 1954 (GVBl. S. 291) nebst DVO vom 15. 6. 1950 i. d. F. der ÄndVO vom 15. 10. 1955 (GVBl. S. 260).

Berlin:
Gesetz über die Gewährung von Urlaub in Berlin (Urlaubsgesetz) vom 24. 4. 1952 (GVBl. S. 297) i. d. F. des Änderungsgesetzes vom 22. 12. 1952 (GVBl. 1953 S. 1). Das Änderungsgesetz vom 6. 12. 1962 (GVBl. S. 1285), durch das in Berlin der Mindesturlaub auf 18 Tage erhöht werden sollte, ist nicht in Kraft getreten (§ 15 Abs. 2 BUrlG). Der Zeitpunkt des Inkrafttretens deckte sich mit dem des BUrlG.

Bremen:
Urlaubsgesetz der Freien Hansestadt Bremen vom 4. 5. 1948 (GVBl. S. 67) i. d. F. der Änderungsgesetze vom 25. 4. 1949 (GVBl. S. 71) und vom 21. 1. 1950 (GVBl. S. 23) nebst DVO vom 8. 10. 1948 (GVBl. S. 187) i. d. F. der ÄndVO vom 19. 7. 1949 (GVBl. S. 153).

Hamburg:
Urlaubsgesetz vom 27. 1. 1951 (GVBl. S. 11).

Hessen:
Gesetz gemäß Art. 34 der Verfassung des Landes Hessen (Urlaubsgesetz) vom 29. 5. 1947 (GVBl. S. 33) i. d..F. des Änderungsgesetzes vom 26. 8. 1950 (GVBl. S. 165).

Niedersachsen:
Urlaubsgesetz vom 10. 12. 1948 (GVBl. S. 179) nebst DVO vom 26. 7. 1949 (GVBl. S. 180).

Nordrhein-Westfalen:
Urlaubsgesetz für das Land Nordrhein-Westfalen vom 27. 11. 1956 (GVBl. S. 325) nebst DVO vom 7. 5. 1957 (GVBl. S. 105).

Rheinland-Pfalz:
Landesgesetz zur Regelung des Urlaubs (Urlaubsgesetz) vom 8. 10. 1948 (GVBl. S. 370).

Saarland:
Verfügung Nr. 47/65 über das Urlaubswesen vom 18. 11. 1947 (ABl. S. 704) i. d. F. vom 16. 8. 1950 (ABl. S. 788) nebst ErgänzVO vom 9. 9. 1948 (ABl. S. 1152), 8. 12. 1948 (ABl. S. 1576) und vom 16. 3. 1950 (ABl. S. 236).

Schleswig-Holstein:
Urlaubsgesetz für das Land Schleswig-Holstein vom 29. 11. 1949 (GVBl. 1950 S. 1).

Württemberg-Baden:
Gesetz zur Regelung des Mindesturlaubs in der privaten Wirtschaft und im öffentlichen Dienst vom 6. 8. 1947 (RegBl. S. 78) i. d. .F. des Gesetzes vom 6. 4. 1949 (RegBl. S. 57) mit Änderungsgesetz vom 3. 4. 1950 (RegBl. S. 30).

5 Das BAG hat in einer Reihe von Entscheidungen den Standpunkt vertreten, daß die Urlaubsgesetze, die nach dem Zusammentreten des Deutschen Bundestages erlassen worden sind, mangels Gesetzgebungskompetenz der Länder nichtig seien. Gerechtfertigt wurde dies mit dem Kodifikationsprinzip der Art. 3, 55 EGBGB (vgl. hierzu **einerseits** *Nipperdey*, NJW 1951, 897; *Hueck*, Rechtseinheit im deutschen Arbeitsrecht, 1951, 9ff. und bei *Hueck/Nipperdey*, Bd. I S. 434; *Nikisch*, 3. Aufl. S. 60; *Wiese*, RdA 1957, 81; *Staudinger/Nipperdey/Neumann*, § 611 Anm. 277 und **andererseits** *Drabik*, RdA 1956, 145; *Hessel*, ArbuR 1956, 267; *Fischer*, BB 1956, 1206.) Das bedeutete jedoch nicht, daß das Bundesarbeitsgericht dem Arbeitnehmer, der sich nicht auf Tarifvertrag oder Arbeitsvertrag berufen konnte, einen Urlaubsanspruch versagte. Im Gegensatz zur ständigen Rechtsprechung des RAG bejahte das BAG einen Urlaubsanspruch auch ohne besondere Rechtsgrundlage. Gerechtfertigt wurde er aus der Fürsorgepflicht des Arbeitgebers, aus Gewohnheitsrecht und dem Prinzip des sozialen Rechtsstaates (vgl. *BAG* AP Nr. 6, 18 zu § 611 BGB Urlaubsrecht).

6 Das *BVerfG* hat die Auffassung des *BAG* zur fehlenden Rechtsgültigkeit der nachkonstitutionellen Urlaubsgesetze im Urteil vom 22. 4. 1958 (AP Nr. 2 zu § 1 UrlG Hamburg) verworfen. Das Kodifikationsprinzip erfasse nur das allgemeine Bürgerliche Recht. Da das Arbeitsrecht neben ihm heute eine eigenständige Bedeutung habe, werde es vom Kodifikationsprinzip nicht erfaßt.

7 Angesichts der nun nicht mehr bestreitbaren Rechtszersplitterung auf dem Gebiete des Urlaubsrechts – die Entscheidung des *BVerfG* besitzt nach Art. 94 Abs. 2 GG i. V. m. § 31 Abs. 2 BVerfGG Gesetzeskraft – setzten Bemühungen nach einer Vereinheitlichung des Urlaubsrechts durch Erlaß eines Bundesurlaubsgesetzes ein.

II. Entstehungsgeschichte des Gesetzes

8 Bereits in der Legislaturperiode des 3. Deutschen Bundestages legte die Fraktion der Sozialdemokratischen Partei Deutschlands (SPD) am 16. 3. 1960 den Entwurf eines Bundesurlaubsgesetzes vor (abgedruckt in RdA 1960, 17). Nachdem dieser Entwurf vom Plenum in der ersten Lesung an den Ausschuß für Arbeit überwiesen wurde, konnte dieser noch einen Kreis von Sachverständigen der interessierten Verbände und Institutionen hören. Eine abschließende Beratung im Ausschuß für Arbeit war jedoch wegen Ablaufs der Legislaturperiode nicht mehr möglich.

9 Kurze Zeit nach Zusammentreten des 4. Deutschen Bundestages legte die Fraktion der Sozialdemokratischen Partei am 23. 1. 1962 erneut den Entwurf eines Bundesurlaubsgesetzes vor, der sich inhaltlich nur wenig von dem früheren Entwurf unterschied (Wortlaut in RdA 1962, 142). Er sah einen Mindesturlaub von 18 Werktagen vor. Die Landesurlaubsgesetze sollten in Kraft bleiben, soweit sie günstigere Bestimmungen als das BUrlG enthielten. Im Anschluß an diesen Gesetzentwurf legte die Fraktion der Christlich Demokratischen Union und der Christlich Sozialen Union am 20. 2. 1962 ebenfalls den Entwurf eines Bundesurlaubsgesetzes vor (Wortlaut in RdA 1962, 143). Dieser Entwurf sah einen Mindesturlaub von 15 Werktagen vor, der sich nach Erreichen des 35. Lebensjahres oder nach fünfjähriger Dauer des Arbeitsverhältnisses auf 18 Tage erhöhen sollte. Auch der CDU/CSU-Entwurf ging davon aus, daß vom Gesetz nur zugunsten des Arbeitnehmers abgewichen werden dürfe.

10 Nachdem die beiden Gesetzentwürfe in erster Lesung vom Plenum des Deutschen Bundestages verabschiedet waren, nahm der federführende Ausschuß für Arbeit seine Beratungen auf. In 10 Sitzungen behandelte er nach Anhörung der Sachverständigen beide Entwürfe nebeneinander. Die Beratungsergebnisse wurden im schriftlichen Bericht des Ausschusses für Arbeit (BT-Drucksache IV/785) vom 29. 11. 1962 niedergelegt. Der Deutsche Bundestag verabschiedete das Gesetz in zweiter und dritter Lesung am 7. 12. 1962 mit den Stimmen der CDU/CSU und der SPD bei Stimmenthaltung der FDP.

11 Bei der Beratung des BUrlG im Bundesrat standen zwei Fragen im Vordergrund. Einmal war es die Streichung des § 7 Abs. 4, nach dem unter bestimmten Voraussetzungen der Urlaubsanspruch bei fristloser Entlassung des Arbeitnehmers entfallen konnte, und zum anderen die Änderung des § 13 in der Richtung, daß vom Gesetz nur zugunsten des Arbeitnehmers abgewichen werden dürfe. Insbesondere wegen dieser sachlich sehr bedeutenden Änderungsanträge hatte der Ausschuß für Arbeit und Sozialpolitik des Bundesrates dem Plenum empfohlen, den Vermittlungsausschuß anzurufen. Das Plenum des Bundesrates lehnte jedoch die Anrufung des Vermittlungsausschusses ab und stimmte dem Gesetz in seiner Sitzung vom 21. 12. 1962 in der vom Bundestag verabschiedeten Fassung zu. Die Verkündung erfolgte am 12. 1. 1963 (BGBl. I S. 2).

III. Grundgedanken des Gesetzes

1. Vereinheitlichung des gesetzlichen Urlaubsrechts

12 Der Gedanke, im Bereich des Urlaubsrechts einheitliches Gesetzesrecht zu schaffen, war mit der entscheidende Anlaß bei der Schaffung des BUrlG. Er trat bei allen Beratungen stark in den Vordergrund. Die begrüßenswerte feste Haltung des Bundesgesetzgebers hat dazu geführt, daß sämtliche Landesurlaubsgesetze bis auf genau festgelegte Urlaubsbestimmungen für Körperbehinderte und politisch Verfolgte außer Kraft getreten sind. Der bestehende Rechtswirrwarr im gesetzlichen Urlaubsrecht ist damit beseitigt. Die Praxis wird es namentlich begrüßen, daß der Deutsche Bundestag auch günstigere Ländergesetze beseitigt und für die Zukunft ausgeschlossen hat. Denn jede andere Regelung hätte den bestehenden Zustand der Rechtsungleichheit nicht beseitigt und nur die schwierige Frage des Günstigkeitsvergleichs gestellt, bei der die Gerichte oft vor kaum lösbaren Aufgaben stehen.

2. Das Primat der Tarifautonomie

13 Vor Beginn der Beratung der beiden dem Deutschen Bundestag vorgelegten Gesetzentwürfe eines BUrlG und auch noch während ihrer parlamentarischen Behandlung ist von mancher Seite darauf hingewiesen worden, daß es eines BUrlG nicht bedürfe. Die Regelung des Urlaubs, so argumentierte man, sei ausschließlich Sache der Tarifvertragsparteien und durch die Regelung des Urlaubs im Gesetz werde in den autonomen Bereich der Tarifvertragsparteien eingegriffen. So sehr unser Arbeitsrecht vom Primat der Tarifautonomie durchzogen ist und mit Recht darauf hingewiesen wird, der Gesetzgeber solle möglichst nur dann eingreifen, wenn die Notwendigkeit dazu bestehe, so muß man diese doch bejahen, da die Tarifverträge nicht für alle Arbeitnehmer verbindlich sind. Schon im Interesse der Arbeitnehmer, für die tarifliche Normen nicht gelten, ist eine eingehende gesetzliche Regelung des Urlaubsrechts wünschenswert.

14 Zu begrüßen ist aber, daß sich der Gesetzgeber im Hinblick auf das Tarifrecht die gebotene Zurückhaltung auferlegt hat und fast die gesamten urlaubsrechtlichen Bestimmungen im Verhältnis zum Tarifvertrag zum dispositiven Recht erklärt hat. Bekanntlich war diese Frage in den einzelnen Landesgesetzen sehr unterschiedlich geregelt. Es waren jeweils verschiedene Urlaubsnormen unabdingbar, und soweit sie dispositiv ausgestaltet waren, bestand unterschiedlich einmal der Vorrang ausschließlich für den Tarifvertrag, teilweise auch für die Betriebsvereinbarung und vereinzelt auch für die einzelarbeitsvertragliche Bezugnahme auf den Tarifvertrag. Das BUrlG regelt diese Frage in § 13 dahin, daß mit Ausnahme der §§ 1, 2, 3 Abs. 1 von den Bestimmungen des Gesetzes durch Tarifvertrag abgewichen werden kann. Die genannten Bestimmungen sind unabdingbar, d. h., auch durch Tarifvertrag kann von ihnen nur zugunsten des Arbeitnehmers abgewichen werden. Im übrigen aber kann durch Tarifvertrag jede andere, auch ungünstigere Regelung getroffen werden, sofern auf diese Weise nicht mittelbar die zwingenden Vorschriften der §§ 1, 2, 3 Abs. 1 verletzt werden (Einzelheiten dazu § 13). Dadurch ist gewährleistet, daß die Tarifvertragsparteien entsprechend den besonderen Verhältnissen in den einzelnen Wirtschaftszweigen den Urlaub weitgehend wie bisher im Tarifvertrag regeln können, ohne auf unabdingbare Gesetzesnormen Rücksicht nehmen zu müssen. Damit entfällt auch für die Praxis fast ganz der bisher oft kaum lösbare Günstigkeitsvergleich zwischen Gesetz und Tarifvertrag. Der Tarifvertrag hat, soweit nicht Fragen der §§ 1, 2, 3 Abs. 1 in Rede stehen, den absoluten Vorrang vor dem Gesetz. Im Interesse einer einheitlichen Regelung im Geltungsbereich des Tarifvertrages ist im § 13 weiter bestimmt, daß der Tarifvertrag auch dann den Vorrang vor dem Gesetz einnimmt, wenn er als »einschlägiger Tarif« zwischen nichttarifgebundenen Arbeitnehmern und Arbeitgebern vereinbart worden ist. Im übrigen, d. h. z. B. gegenüber den Parteien eines Einzelarbeitsvertrages, sind schlechthin alle Normen des Gesetzes unabdingbar. Es kann also nur zugunsten des Arbeitnehmers vom Gesetz abgewichen werden.

In diesem Bereich ist also auch in Zukunft ein Günstigkeitsvergleich vorzunehmen.

15 Wegen der sehr starken Betonung des Primats der Tarifautonomie im BUrlG in Verbindung mit der Regelung des § 13 S. 2, nach der die Bezugnahme auf den einschlägigen Tarifvertrag ebenfalls Vorrang vor dem Gesetz hat, wäre es verfehlt, von einer **Vereinheitlichung des Urlaubsrechts** durch das BUrlG zu sprechen. Vereinheitlicht worden ist allein das Gesetzesrecht. Das Urlaubsrecht selbst wird jetzt noch stärker als bisher entsprechend dem Grundgedanken der Tarifautonomie von den Tarifvertragsparteien frei unter Berücksichtigung der vorhandenen Interessen und der besonderen Gegebenheiten der Wirtschaftszweige geregelt werden können. Damit wird aber nur dem Grundgedanken unserer Rechtsordnung Rechnung getragen, daß die Arbeitsbedingungen – dazu gehört der Urlaub – von den Tarifvertragsparteien zu regeln sind.

3. Zum Inhalt des Gesetzes

16 Kern der Beratungen bei der parlamentarischen Behandlung der Gesetzentwürfe der SPD und der CDU/CSU war die sozialpolitische Entscheidung über die **Dauer des Erholungsurlaubs.** Die Mehrheit des Parlaments schloß sich im wesentlichen dem Entwurf der CDU/CSU an, so daß ein Mindesturlaub von 15 Tagen im Gesetz festgelegt war, der sich nach Vollendung des fünfunddreißigsten Lebensjahres auf 18 Werktage erhöht. Ein Zusatzurlaub für Arbeitnehmer, die gefährliche Arbeiten verrichten, wie ihn der SPD-Entwurf vorsah, ist nicht ins Gesetz aufgenommen worden.

17 Die Frage des **Teilurlaubs** regelt das Gesetz in § 5. Drei Fälle werden genannt, in denen Teilurlaub zu gewähren ist. Sonst besteht auch beim Ausscheiden des Arbeitnehmers im Laufe des Urlaubsjahres der volle Urlaubsanspruch. Angesichts der Tatsache, daß fast alle Manteltarifverträge diese Frage regeln, wird die gesetzliche Regelung in der Praxis wegen des Vorranges des Tarifvertrages insoweit keine allzugroße praktische Bedeutung erlangen.

18 § 7 Abs. 4 regelte den **Ausschluß des Abgeltungsanspruches** im Falle der fristlosen Entlassung des Arbeitnehmers oder der unberechtigten vorzeitigen Lösung des Arbeitsverhältnisses durch den Arbeitnehmer. Der Abgeltungsanspruch entstand dann nicht, wenn in beiden Fällen eine grobe Verletzung der Treuepflicht vorliegt. Diese Regelung ist zwischenzeitlich aufgehoben (siehe Anm. 22).

19 Eine wesentliche Neuerung brachte das Gesetz in der Frage der **Anrechenbarkeit von Kur- und Heilverfahren** auf den Urlaub. Im Anschluß auf die Grundsatzentscheidung des *BAG* vom 1. 3. 1962 (AP Nr. 1 zu § 611 BGB Kur- und Heilverfahren) bestimmte § 10 in seiner ursprünglichen Fassung:
»Wird dem Arbeitnehmer von einem Träger der Sozialversicherung, einer Verwaltungsbehörde der Kriegsopferversorgung oder einem sonstigen Sozialleistungsträger ein Kur- oder Heilverfahren gewährt, so darf die hierauf entfallende Zeit auf den Urlaub nicht angerechnet werden. Dies gilt nicht für Kur- und Heilverfahren, durch die die übliche Gestaltung eines Erholungsurlaubs nicht erheblich beeinträchtigt wird. Es gilt ferner nicht für Kuren gemäß § 1305 der Reichsversicherungsordnung, § 84 des Angestelltenversicherungsgesetzes und § 97 Reichsknappschaftsgesetzes.«

20 § 10 ist durch das Gesetz über die Fortzahlung des Arbeitsentgelts im Krankheitsfalle und über Änderungen des Rechts der gesetzlichen Krankenversicherung vom 27. 7. 1969 (BGBl. I S. 946) neu gefaßt worden. Kuren und Schonungszeiten dürfen nicht mehr auf den Urlaub angerechnet werden, soweit ein Anspruch auf Fortzahlung des Arbeitsentgelts nach den gesetzlichen Vorschriften über die Entgeltfortzahlung im Krankheitsfalle besteht.

21 Die Bestimmung der **Höhe des Urlaubsentgelts** hat nach § 11 entsprechend einer modifizierten Bezugsmethode zu erfolgen. Das Lohnausfallprinzip ist nicht übernommen worden. Bezugszeitraum sind die letzten 13 Wochen. Treten aber während des Bezugszeitraumes oder im Urlaub Verdiensterhöhungen nicht nur vorübergehender Art ein, z. B. Tariferhöhungen, so ist von dem erhöhten Verdienst auszugehen.

22 Eine tiefergreifende Novellierung ist durch Art. II § 2 des **Heimarbeitsänderungsgesetzes** vom 29. 10. 1974 (BGBl. I S. 946 erfolgt. Die Änderungen betreffen folgende Punkte, die in der Kommentierung ausführlich behandelt sind:

1) Die **Mindestdauer des Jahresurlaubs** wurde einheitlich für alle Arbeitnehmer auf **18 Werktage** festgelegt.

2) Ist eine **Teilung des Urlaubs** aus den in § 7 Abs. 2 S. 1 aufgeführten Gründen (dringenden betrieblichen oder persönlichen Gründen) erforderlich, so muß einer der Urlaubsteile mindestens 12 aufeinander folgende Werktage umfassen.
Das gilt selbst dann, wenn dringende betriebliche oder persönliche Gründe vorliegen, die eine weitere Teilung rechtfertigen würden.

3) Gestrichen wurde die bis dahin geltende Vorschrift des § 7 Abs. 4 S. 2, wonach der Abgeltungsanspruch bei grob **treuwidrigem Arbeitsvertragsbruch** des Arbeitnehmers oder bei grob **treuwidrig verschuldeter fristloser Entlassung erlosch.**
Diese Änderungen sollten die Voraussetzungen schaffen für die Ratifizierung des Übereinkommens Nr. 132 der IAO in der Neufassung 1970.

4) § 11 Abs. 1 wurde ein Satz 3 angefügt, daß die zum **Arbeitsentgelt** gehörenden **Sachbezüge** bei Nichtgewährung während des Urlaubes angemessen in bar abzugelten sind. Die Abgeltung dieser Sachbezüge hat nach ihrem wirklichen Wert zu erfolgen, nicht nach den Sätzen der Sachbezugsverordnung.

IV. Änderungen im Zuge der Herstellung der Einheit Deutschlands

23 Durch den Ersten **Vertrag über die Schaffung einer Währungs-Wirtschafts- und Sozialunion** zwischen der Bundesrepublik Deutschland und der Deutschen Demokratischen Republik vom 18. 5. 1990 – (BGBl. II S. 518 – GBl. DDR I Nr. 34 S. 331) galten nach Art. 17 in der DDR die wesentlichen Grundsätze der Arbeitsrechtsordnung der Bundesrepublik Deutschland, so unter anderem auch die Koalitionsfreiheit und die Tarifautonomie. In diesem Vertrag, dem gemeinsamen Protokoll und den Anlagen zu diesem Vertrag ist ausdrücklich von einer Übernahme des BUrlG nicht die Rede. Die Vorschriften über den Erholungsurlaub waren im wesentlichen im Arbeitsgesetzbuch (AGB) der DDR vom 16. 6. 1977 (GBl. DDR I Nr. 18 S. 185) festgelegt. Dort waren in den §§ 189–200a Regeln über den Erholungsurlaub enthalten. Durch das Gesetz zur Änderung des AGB vom 22. 6. 1990 (GBl. DDR I Nr. 35 S. 371) wurden auch die Regeln über die Gewährung von Erholungsurlaub in der DDR an die Grundsätze des BUrlG angeglichen. Damit galt für die Zeit vom **1. 7. 1990** (§ 3 des Gesetzes zur Änderung und Ergänzung des AGB vom 16. 6. 1977) bis zum **3. 10. 1990** (Inkrafttreten des Einigungsvertrages) dieses veränderte Urlaubsrecht des AGB. Ergänzend galt in diesem Zeitraum die Verordnung über den Erholungsurlaub vom 28. 9. 1978 in der Fassung der Zweiten Verordnung vom 18. 12. 1980 (GBl. DDR I Nr. 35 S. 365). Der dort in § 3 genannte Grundurlaub von 18 Arbeitstagen galt als gesetzlicher Mindesturlaub. Nach § 200a AGB konnte davon in Tarifverträgen zugunsten der Arbeitnehmer abgewichen werden mit der Maßgabe, daß dann der jährliche Erholungsurlaub mindestens 20 Arbeitstage betragen mußte (§ 200a Abs. 1 Satz 1 AGB). Solche, vom Grundurlaub der VO über den Erholungsurlaub abweichenden tariflichen Urlaubsregelungen galten nach § 200a Abs. 2 AGB auch für die nichttarifgebundenen Arbeitgeber und Arbeitnehmer, wenn zwischen diesen die Anwendung der einschlägigen tariflichen Regelung vereinbart worden war.

24 Die konsequente Fortsetzung dieses Ersten Staatsvertrages vom 18. 5. 1990 war der Vertrag zwischen der Deutschen Demokratischen Republik und der Bundesrepublik Deutschland über die Herstellung der Einheit Deutschlands – **Einigungsvertrag** – vom 31. 8. 1990 (BGBl. II Nr. 35 vom 28. 9. 1990 S. 885ff.), der **am 3. 10. 1990** in Kraft getreten ist.

25 Soweit das Urlaubsrecht davon betroffen wurde, ist die Anlage I Sachgebiet A: Arbeitsrechtsordnung Abschnitt III Nr. 5 von Bedeutung. Dort ist festgelegt, daß das **Bundesurlaubsgesetz** in seiner Fassung vom 29. 10. 1974 am **3. 10. 1990 in Kraft getreten** ist. Einzige Ausnahme ist nach Nr. 5a eine für das Gebiet der ehemaligen DDR und Ostberlin geänderte Fassung des § 3 BUrlG: Die dort festgelegte Urlaubsdauer im Urlaubsjahr beträgt 20 Urlaubstage. Dabei ist von 5 Arbeitstagen je Arbeitswoche auszugehen (vgl. dazu im einzelnen § 3 Anm. 75). Nr. 5b hat außerdem festgelegt, daß bis 30. 6. 1991 ein in den Rechtsvorschriften der DDR über 20 Arbeitstage hinausgehender Erholungsurlaub als vertraglich vereinbarter Erholungsurlaub gilt. Das bedeutet: In einer Reihe von Rechtsverordnungen der DDR gibt es Vorschriften über den Zusatzurlaub für bestimmte Personengruppen (siehe dazu § 3 Anm. 76). Auch für diese Personengruppen gilt daher Nr. 5b.

26 Zusätzlich ist in Anlage II – Sachgebiet A: Arbeitsrechtsordnung – Abschnitt III Ziffer 2 als fortgeltendes DDR-Recht bestimmt, daß § 8 der DDR-Verordnung über den Erholungsurlaub vom 28. 9. 1978 (GBl. DDR I Nr. 33 S. 365) zeitlich unbefristet weitergilt. Danach haben Kämpfer gegen den Faschismus und Verfolgte des Faschismus einen Anspruch auf einen jährlichen Erholungsurlaub von 27 Arbeitstagen.

Kommentar

Mindesturlaubsgesetz für Arbeitnehmer
(Bundesurlaubsgesetz)

vom 8. Januar 1963 (BGBl. I S. 2)

i. d. F. des Gesetzes über die Fortzahlung des Arbeitsentgelts im Krankheitsfalle und über Änderungen des Rechts der gesetzlichen Krankenversicherung vom 27. Juli 1969 (BGBl. I S. 946), des Heimarbeitsänderungsgesetzes vom 29. 10. 1974 (BGBl. I S. 2879) und des Einigungsvertrages vom 31. 8. 1990 (BGBl. II S. 885).

§ 1 Urlaubsanspruch

Jeder Arbeitnehmer hat in jedem Kalenderjahr Anspruch auf bezahlten Erholungsurlaub.

Literatur

Ballschmiede, Die Bedeutung des Urlaubsjahres für den Urlaubsanspruch, BlStSozArbR 1950, 220; *Bengelsdorf*, Urlaubsdauer und Urlaubsvergütung bei ungleichmäßiger Verteilung der Arbeiztszeit, DB 1988, 1161; *Beine*, Die Vererblichkeit des Urlaubsanspruchs, Deutsches Arbeitsrecht, 1938, 25; *Bertermann*, Der Hausarbeitstag im Urlaubsmonat, BlStSozArbR, 1952, 13; *Blomeyer*, Arbeitsrechtliches Schrifttum 1974, ZfA 1975, 320; *Boewer*, Durchsetzbarkeit von Urlaubsansprüchen, DB 1970, 632; *Buchner*, Urlaub und Rechtsmißbrauch – Fehlentwicklung der Rechtsprechung, DB 1982, 1823; *Bührig*, Der Rechtscharakter des Urlaubsanspruchs, ArbuR 1954, 371; *Danne*, Urlaubsdauer bei unterschiedlicher Tagesarbeitszeit, DB 1990, 1965; *Dersch*, Grundfragen des Urlaubsrechts, RdA 1954, 9; *ders.*, Die Entwicklung des Urlaubsrechts in der Rechtsprechung in grundsätzlichen Fragen, RdA 1959, 327; *Diekhoff*, Fürsorgepflicht und Urlaub, Arbeit und Sozialrecht 1960, 106; *ders.*, Zulässigkeit tariflicher Verfallfristen für unabdingbare gesetzliche Mindesturlaubsansprüche, DB 1967, 1082; *Faecks*, Ansprüche des Arbeitnehmers auf Urlaubsentgelt und Urlaubsabgeltung in der Zwangsvollstreckung, NJW 1972, 1448; *Feller*, Urlaubsansprüche und Arbeitgeberwechsel, RdA 1968, 4; *Folger*, Vererblichkeit der Urlaubsabgeltung, ArbuR 1955, 26; *Franke*, Haben Ferienbeschäftigte Anspruch auf Erholungsurlaub?, DB 1982, 1324; *Giese*, Das rechtsmißbräuchliche Urlaubsverlangen, BB 1975, 1347; *Gross*, Die Durchsetzung des Urlaubsanspruchs, AR-Blattei D Urlaub XI; *ders.*, Erlöschen des Urlaubsanspruchs, AR-Blattei D XII; *ders.*, Die Verfügung über den Urlaubsanspruch, AR-Blattei D Urlaub XI; *Grossmann*, Gesetzlicher Bildungsurlaub für Arbeitnehmer, BB 1964, 308 und SozFortschritt 1964, 259; *Güntner*, Rechtsformen und Rechtscharakter des Urlaubs, ArbuR 1963, 77; *Heckelmann*, Arbeitsrechtliches Schrifttum 1972 ZfA 1973, 478; *Herbst*, Rechtsgrundlagen des Erholungsurlaubes, AR-Blattei, D, Urlaub IV; *Herschel*, Erkrankungen während bezahlten Sonderurlaubes, DB 1981, 2431; *Hoyningen-Huene*, Die unbezahlte Freistellung von Arbeit, NJW 1981, 713; *Hohn*, Pfändung, Aufrechnung und Abtretung bei Urlaubsansprüchen, BB 1965, 751; *ders.*, Urlaub und Rechtsmißbrauch, BB 1963, 436; *ders.*, Pfändung vom Urlaubsgeld und Gratifikation, BB 1966, 1272; *Höhne*, Das allgemeine Recht auf Sonderurlaub, BB 1954, 1064; *Hunn*, Der Urlaubsanspruch, ArbuR 1955, 301; *Kossow*, Einwirkung vor Arbeitsunterbrechungen aus besonderem Anlaß auf

Beitragszahlung und Leistungen in der Sozialversicherung, BB 1963, 1021; *Klischau/Schlebusch*, Urlaubsrecht aktuell, DB 1986, 1017; *Kube*, Urlaubsrechtliche Leitsätze für die Praxis, BB 1975, 747; *Ihmels* Urlaubsrecht: Weiterhin Einheitsanspruch gegen Dogmatik, JZ 1983, 18; *Köst*, Ausgewählte Fragen des Urlaubsrechts, BB 1956, 564; *Leinemann*, Der Urlaubsanspruch nach dem BUrlG, DB 1983, 989; *Leinemann*, Die neue Rechtsprechung des BAG zum Urlaubsrecht, NZA 1985, 137; *ders.*, Gesetzliches und tarifliches Urlaubsrecht, AuR 1987, 193; *Leipold*, Arbeitsrechtliches Schrifttum 1975, ZfA 1976, 352; *Lepke*, Die Gewährung des gesetzlichen Erholungsurlaubs, Beilage 10/88 zu DB Heft 25/88; *ders.*, Die nachträgliche Änderung bereits erteilten Erholungsurlaubs, DB 1990, 1131; *Molitor*, Zur Theorie des Urlaubs, Festschrift für Nipperdey, 1955, 83; *Mummenhoff*, Arbeitsrechtliches Schrifttum 1981, ZfA 1982, 353; *Neumann*, Urlaub als Entgelt oder aus Fürsorgepflicht, RdA, 1977, 265; *Oehmann*, Urlaub im Konkurs des Arbeitgebers, DB 1957, 946; *Peters*, Zur Pfändbarkeit von Urlaubsentgelt, DB 1966, 1133; *Pundt*, Arbeitskampf und Urlaub, Dissertation Köln, 1972; *Rothe*, Unbezahlter Urlaub im Sozialversicherungsrecht, DB 1955, 666; *Rother*, Der Urlaubsanspruch des Eintagsbeschäftigten, RdA 1966, 301; *Schelp/Trieschmann*, Der Erholungsurlaub, BArbBl. 1961, 43; *Schmelzer*, Anrechnung von Sonderurlaub auf den Erholungsurlaub, RdA 1959, 343; *Schweer*, Die Pfändbarkeit von Urlaubsabgeltung und Urlaubsvergütung, BB 1961, 680; *Siebel*, Auswirkungen von Arbeitszeitverkürzung und ungleichmäßiger Arbeitszeitverteilung auf Wochenfeiertage und Urlaub sowie deren Bezahlung, BB 1987, 2222; *Sieg*, Die Durchsetzung des Anspruchs auf Erholungsurlaub, RdA 1963, 124; *Söllner*, Einseitige Leistungsbestimmung im Arbeitsverhältnis, in Akademie der Wissenschaften und der Literatur, Abhandlungen der Geistes- und Sozialwissenschaftlichen Klasse, 1966 Nr. 1; *Stebut*, Arbeitsrechtliches Schrifttum, 1976, ZfA 1977, 367; *Stehl*, Pfändbarkeit des Urlaubsentgelts, DB 1964, 334; *Steinwedel*, Der Anspruch des Arbeitnehmers auf Sonderurlaub, DB 1964, 1481; *Streblow*, Erholungsurlaub trotz Krankheit, Heidelberg 1986; *Sturn*, Urlaub und Urlaubsentgelt bei Arbeit an einzelnen Wochentagen, ArbuSozR 1979, 222–223; *Trabandt*, Beurlaubung ohne Weiterzahlung der Bezüge, BB 1952, 863; *Wachter*, Nachurlaub wegen urlaubsstörender Ereignisse AuR 1982, 306; *Weber*, Unpfändbarkeit der Urlaubsvergütung, BB 1961, 608; *Widera*, Zu den Möglichkeiten und Grenzen der Urlaubsübertragung, DB 1988, 756.

Inhaltsübersicht

I. Begriff und Wesen des Urlaubsanspruchs

1. Erholungsurlaub

1 Das BUrlG gewährt jedem Arbeitnehmer in jedem Kalenderjahr, das damit zugleich als Urlaubsjahr festgelegt worden ist, Anspruch auf bezahlten Erholungsurlaub. Damit wird der Sinn und Zweck des Gesetzes klargestellt. Erfaßt wird nur der Urlaub, der zum Zwecke der Erholung gewährt wird. Sofern die Dienstbefreiung anderen Zwecken dient, können die Grundsätze des Gesetzes auch nicht entsprechend angewandt werden, gleichgültig aus welchem Rechtsgrund die Dienstbefreiung und mit welchem Ziel sie erfolgt. Eine einheitliche Bezeichnung für diese Dienstbefreiung hat sich bisher nicht durchgesetzt. Von einem Teil des Schrifttums ist die Bezeichnung Sonderurlaub gewählt worden (vgl. *Bobrowski/Gaul*, Bd. I S. 414; *Hueck/Nipperdey*, § 49 S. 457; *Höhne*, BB 1954, 1064; *Natzel*, § 1 Anm. 14). Manche Autoren verwenden die Bezeichnungen »Sonderbeurlaubungen« (*Gros*, AR-Blattei, Urlaub III unter DI) oder »Urlaub zu bestimmten Zwecken« (*Staudinger/Nipperdey/Neumann*, § 611 BGB Anm. 276) oder »unbezahlte Freistellung« (*v. Hoyningen-Huene*, NJW 1981, 713). Andere fassen diese Fälle unter der Bezeichnung Beurlaubung zusammen (vgl. *Dersch/Neumann*, § 1 Anm. 37). Diese Sammelbezeichnung – um einen gesetzestechnischen Ausdruck handelt es sich nicht – trifft die Verschiedenartigkeit der Fälle besser (dazu unten Anm. 23ff.). Hervorzuheben ist jedoch, daß es sich um rein terminologische Fragen handelt. Alle Bezeichnungen sollen diese verschiedenartigen Fälle nur vom Erholungsurlaub im Sinne dieses Gesetzes abheben (darauf weisen *Boldt/Röhsler*, § 1 Anm. 13 zutreffend hin).

2 Der Erholungsurlaub dient der Erholung des Arbeitnehmers von der Arbeit im Betrieb **und** der Auffrischung der Kräfte für den Betrieb durch Gewährung bezahlter Freizeit zu grundsätzlich beliebiger Urlaubsgestaltung (so bei den Gesetzberatungen zum BUrlG: BT-Drucksache IV/207 S. 3). Er war also im Gegensatz zur Rechtsprechung des 6. bzw. 8. Senates seit 28. 1. 1982 (Anm. 125ff.) nicht ausschließlich zur Auffrischung der Kräfte für neue Arbeitsleistung, sondern ebenso zur Erholung von bereits geleisteter Arbeit vorgesehen. Dabei gehörte die freie Verfügbarkeit über die Urlaubszeit zum Wesen des Erholungsurlaubs. Ist dies nicht gewährleistet, so handelt es sich nicht um Erholungsurlaub. Das LAG Baden-Württemberg hat daher mit Recht die Erfüllung des Urlaubsanspruchs für einen Privatkraftfahrer abgelehnt, der mit seinem Arbeitgeber auf dessen Kosten am Urlaub der Familie teilnahm, aber in dieser Zeit zur Wagenpflege und zu Fahrten der Familie im Urlaubsgebiet herangezogen wurde (vgl. *LAG Baden-Württemberg* DB 1969, 2043). Das Moment der grundsätzlich freien Urlaubsgestaltung wird als zum Wesen des Erholungsurlaubs gehörend besonders herausgestellt vom *BAG* in seiner Grundsatzentscheidung vom 1. 3. 1962 (AP Nr. 1 zu § 611 BGB Urlaub und Kur = BB 1962, 598 = DB 1962, 705 = SAE 1962, 130). Darin führt das BAG u.a. folgendes aus: »Ein Erholungsurlaub hat nach heutiger allgemeiner Auffassung zwei Seiten: Der Urlauber soll nicht nur rational nach medizinischen oder quasi medizinischen Gesichtspunkten gesund leben und damit seine verbrauchte Arbeitskraft wiederherstellen. Zu einer echten Erholung gehört auch eine Sphäre der Selbstbestimmung der persönlichen Freiheit und des Lebensgenusses (vgl. *Herschel*, Mittelbare Probleme der Arbeitszeitverkürzung in Nürnberger Abhandlungen Heft 15 1961 S. 169ff. [171], nämlich das Erleben und Genießen fremder Gegenden und Schönheiten, das Reisendürfen, die Möglichkeit, mit den Angehörigen zusammen zu sein, die Möglichkeit, Sport treiben zu können und dgl. Echte Erholung ist nicht möglich, wenn nicht auch eine derartige persönliche Freiheit und ein unbeschwerter Lebensgenuß und Erlebnischarakter des Urlaubs gegeben sind«. Vor allem nach dem 28. 1. 1982, dem **Beginn der »neuen« Rechtsprechung des BAG** zur Frage Urlaubsanspruch und Rechtsmißbrauch (siehe dazu Anm. 112ff.), hat der 6. und 8. Senat des BAG wiederholt grundsätzliche Ausführungen zur Rechtsnatur des Urlaubsanspruches gemacht.

So hat er in seiner Entscheidung vom 8. 3. 1984 (BAGE 45, 184 = EzA § 3 BUrlG Nr. 14 = AP Nr. 14 zu § 3 BurlG Rechtsmißbrauch mit Anm. von *Glaubitz* = DB 1984, 1883 – dort in Abschnitt II 2b der Gründe – darauf hingewiesen, daß der Urlaubsanspruch nach dem Bundesurlaubsgesetz ein durch das Gesetz bedingter Freistellungsanspruch des Arbeitnehmers gegen den Arbeitgeber von den nach dem Arbeitsverhältnis entstehenden Arbeitspflichten ist, der im übrigen die Pflichten der Arbeitsvertragsparteien nicht verändert. Die Pflicht des Arbeitgebers zur Erteilung von Urlaub wird als eine Nebenpflicht des Arbeitgebers im Arbeitsverhältnis angesehen, deren »Erfüllung darin besteht, eine Hauptpflicht des Arbeitnehmers, dessen Arbeitspflicht, für die Urlaubsdauer auszuschließen«. In der Entscheidung vom 7. 11. 1984 (BAGE 50, 124 = EzA § 7 BUrlG Nr. 43 = AP Nr. 16 zu § 3 BUrlG Rechtsmißbrauch = DB 1986, 973) bekräftigt der Senat seine Meinung, daß der Urlaubsanspruch nicht an vorherige Arbeitsleistungen des Arbeitnehmers geknüpft ist, sondern »als unentziehbare gesetzlich bedingte soziale Mindestleistung des Arbeitgebers« zur Erhaltung und Wiederauffrischung der Arbeitskraft des bei ihm beschäftigten Arbeitnehmers aufzufassen ist.
Das Urteil fährt sodann fort: »Inhalt des Urlaubs ist damit die gesetzlich gesicherte Möglichkeit für einen Arbeitnehmer, anstelle der geschuldeten Arbeitsleistung die ihm kraft des Urlaubsanspruches zustehende Freizeit **selbstbestimmt zur Erholung** zu nutzen.«
Zum Wesen des Erholungsurlaubs gehört aber weder ein Bedürfnis zur Erholung (vgl. *BAG* § 1 BUrlG Nr. 5) noch auch der Zwang zur Erholung. Der Arbeitgeber ist grundsätzlich nur verpflichtet, dem Arbeitnehmer durch Freistellung von der Arbeit die **Möglichkeit der Erholung** zu gewähren. Eine Kontrolle der Erholung findet nicht statt, wenn man in diesem Zusammenhang einmal vom Verbot des § 8 absieht. Auch dann, wenn der Arbeitnehmer seinen Urlaub nicht zur Erholung benutzt, sondern z. B. anstrengende Bergtouren oder strapaziöse Reisen unternimmt, hat dies keine Konsequenzen. Das Gesetz überläßt dem Arbeitnehmer im Grundsatz (Ausnahme § 8) die Entscheidung darüber, wie er seinen Urlaub verwendet. Andererseits ist mit dieser Auslegung des Wesens des Urlaubs aber unvereinbar, daß immer dann ein Anspruch auf Nachurlaub besteht, wenn der Arbeitnehmer im Urlaub, sei es aus persönlichen oder aus anderen Gründen, nicht in der Lage gewesen ist, sich zu erholen. Diese Ereignisse gehen, da sie zur Lebenssphäre des Arbeitnehmers gehören, zu seinen Lasten, sofern nicht das Gesetz (so z. B. in den §§ 9 und 10) oder der Tarifvertrag bzw. der Einzelarbeitsvertrag die Gewährung eines Nachurlaubs vorsieht, in dem sie die Anrechnung auf den Erholungsurlaub verbieten (vgl. dazu unten Anm. 34ff.).

3 Wenn nach den vorstehenden Grundsätzen der Urlaub der Erholung des Arbeitnehmers dient, so handelt es sich doch bei der Erholungsbedürftigkeit **nicht um eine Anspruchsvoraussetzung** für den unabdingbaren Urlaubsanspruch. Das BAG hat dies mit Recht abgelehnt und dazu u. a. ausgeführt, sonst würden aus diesem Grunde zahlreiche Prozesse geführt und so das Anliegen des Gesetzes, dem Arbeitnehmer in jedem Jahr zu einem baldigen gesicherten Urlaub zu verhelfen, vereitelt werden (*BAG* EzA § 1 BUrlG Nr. 5 = AP Nr. 5 zu § 3 BUrlG Rechtsmißbrauch = BB 1968, 914 = DB 1968, 1407 = SAE 1969, 127; *BAG* EzA § 3 BUrlG Nr. 8 = AP Nr. 7 zu § 3 BUrlG Rechtsmißbrauch = BB 1972, 1504). Dieser Auffassung ist zuzustimmen, denn es wäre sicher für die Gerichte kaum möglich, die Erholungsbedürftigkeit im Einzelfall jeweils festzustellen.

4 Die Anwendung des **Lebensstandardprinzip bei der Festlegung des Urlaubsent-**

geltes ist durch die »neue Urlaubsrechtsprechung« des BAG seit 28. 1. 1982 in Frage gestellt worden. Das BAG betont, daß es der Anwendung des Lebensstandardprinzips für die Berechnung des Urlaubsentgeltes gar nicht mehr bedürfe; denn das Urlaubsentgelt ist nichts anderes als die Fortzahlung der Vergütung für die Urlaubszeit (so schon *BAG* AP Nr. 5 zu § 850 ZPO = DB 1965, 1864). In § 1 BUrlG sei für den gesetzlichen Mindesturlaub zudem geregelt, daß der »Arbeitnehmer zustehende Lohnanspruch trotz Nichtleistung der Arbeit während des Urlaubs von der Urlaubsgewährung unberührt bleibe« (*BAG* v. 12. 1. 1989, EzA § 11 BUrlG Nr. 27 = AP Nr. 13 zu § 47 BAT = BB 1989, 220 = DB 1989, 229). Mit dieser gesetzlichen Regelung der Lohnfortzahlungspflicht und der Festlegung der Berechnung in § 11 BUrlG hat sich danach das Bedürfnis erledigt, das aus allgemeinen Erwägungen gewonnene Lebensstandardprinzip als Beurteilungsmaßstab für die Bemessung des Urlaubsentgeltes heranzuziehen.
Bei dem gesetzlichen Urlaubsanspruch kann nach dieser Rechtsprechung – und zwar für die kollektiv-rechtliche wie die einzelvertragliche Regelung – das Lebensstandardprinzip als Grundlage des Urlaubsentgeltes nicht mehr herangezogen werden. Während der Dauer des Urlaubs besteht die **Lohnzahlungspflicht** des Arbeitgebers weiter – und zwar nach dem strengen **Lohnausfallprinzip**.

2. Urlaubsanspruch und Fürsorgepflicht

5 Vor der gesetzlichen Konkretisierung des Urlaubsanspruchs im BUrlG leitete die Rechtsprechung den Anspruch des Arbeitnehmers auf einen bezahlten Erholungsurlaub aus der Fürsorgepflicht des Arbeitgebers ab, soweit eine besondere Rechtsgrundlage, Landesgesetz, Tarifvertrag oder Einzelarbeitsvertrag fehlte. Es hatte sich die Überzeugung durchgesetzt, daß der arbeitende Mensch zur Erholung von der Arbeit einmal im Jahr eine bezahlte Freizeit haben müsse, wenn das Auftreten körperlicher Schäden, Krankheiten und Frühinvalidität verhindert werden sollen. Die Abwendung von Gefahren für Leben und Gesundheit des Arbeitnehmers hat der Gesetzgeber dem Arbeitgeber in § 618 BGB auferlegt. Daraus hat das BAG mit Recht den Anspruch des Arbeitnehmers auf einen bezahlten Erholungsurlaub abgeleitet (vgl. *BAG* AP Nr. 6 zu § 611 Urlaubsrecht = BB 1956, 595 = DB 1956, 624; *BAG* AP Nr. 18 zu § 611 BGB Urlaubsrecht; *Dersch/Neumann*, § 1 Anm. 2; *Boldt/Röhsler*, § 1 Anm. 3; *Natzel*, § 1 Anm. 5). Daneben wurde betont, der Anspruch des Arbeitnehmers sei durch längere Übung und die gemeinsame Überzeugung der Rechtsgenossen von der Notwendigkeit der Norm gewohnheitsrechtlich begründet. Nicht zuletzt ist dies mit dem Hinweis auf die Tarifpraxis gerechtfertigt worden, aus der der Urlaubsanspruch des Arbeitnehmers einfach nicht mehr weggedacht werden könnte (vgl. *BAG* AP Nr. 6 und 18 zu § 611 BGB Urlaubsrecht; *Hueck/Nipperdey*, I S. 433; *Nikisch*, I S. 521; *Staudinger/Nipperdey/Neumann*, § 611 BGB Anm. 277).

6 Heute bedarf es der **Fürsorgepflicht** als Anspruchsgrundlage **nicht mehr**. Alle Gruppen von Arbeitnehmer haben einen **gesetzlichen Anspruch auf Erholungsurlaub**. Soweit sie vom Geltungsbereich des BUrlG, der an sich umfassend ist (vgl. die Anm. zu § 2), nicht erfaßt werden, gelten andere gesetzliche Bestimmungen, so für Jugendliche das Jugendarbeitsschutzgesetz, für Seeleute das Seemannsgesetz. Dennoch ist die Fürsorgepflicht auch heute für das Urlaubsrecht nicht bedeutungslos. Zur Auslegung und Ausfüllung des Urlaubsanspruchs wird häufig auf

sie zurückgegriffen, z. B. für das Rechtsinstitut der Verwirkung und des Verfalls der Urlaubsabgeltung (vgl. *Boldt/Röhsler*, § 1 Anm. 3 und *Dersch/Neumann*, § 7 Anm. 120; *Hinz*, Anm. AP Nr. 4 zu § 13 BUrlG Unabdingbarkeit Abschnitt II/1 dieser Anmerkung).
Dabei besteht auch nach der neueren Rechtsprechung des BAG (so *BAG* EzA § 3 BUrlG Nr. 14 = AP Nr. 14 zu § 3 BUrlG (Rechtsmißbrauch [Abschnitt II 4a der Gründe] = DB 1984, 1618) das Recht zur Erhebung des **Einwandes des Rechtsmißbrauches**. Zwar wird er nicht mehr in Frage kommen bei einer groben Verletzung der Treuepflicht oder bei mangelnder Arbeitsleistung im Urlaubsjahr. Denkbar ist aber vor allem im Bereich des Abgeltungsanspruches der Einwand des Rechtsmißbrauches, wenn der Arbeitnehmer seinen Anspruch auf Urlaubsabgeltung durchsetzen will, indem er eine ihm angebotene und auch zumutbare Naturalurlaubsgewährung vereitelt. Wer unter Arbeitsvertragsbruch ausscheidet oder in den letzten Tagen seines Arbeitsverhältnisses »krank feiert«, nur um damit die Gewährung des Naturalurlaubs zu verhindern, handelt arglistig. Seinem Urlaubsabgeltungsanspruch kann der Einwand des Rechtsmißbrauches entgegengesetzt werden.

3. Urlaubsrecht und Privatrecht

7 Der Anspruch auf bezahlten Erholungsurlaub ist ein **privatrechtlicher Anspruch**. Das wird weder beeinträchtigt durch die besonderen Sicherungen des Urlaubsanspruchs (Unabdingbarkeit), noch dadurch, daß in bestimmten Sondergesetzen (§ 125 Ziff. 4 SeemG und § 58 Abs. 1 Ziffer 16 JugArbSchG) die Verletzung des Urlaubsanspruchs als Ordnungswidrigkeit geahndet werden kann. Das kann entgegen der Auffassung von *Hessel* (ArbuR 1956, 268), *Schnorr v. Carolsfeld* (RdA 1958, 206) und des *ArbG Solingen* (ArbuR 1955, 382) den privatrechtlichen Charakter des Urlaubsanspruchs nicht beeinträchtigen, wie *Dersch/Neumann* (§ 1 Anm. 56) überzeugend nachgewiesen haben. Sie weisen mit Recht auf die Entscheidung des *BVerfG* vom 22. 4. 1958 (AP Nr. 2 zu § 1 UrlG Hamburg = BB 1958, 856 = NJW 1958, 1179) hin, in der festgestellt wurde, wie schwierig es sei, vom Zweck des Gesetzes her zu schließen, ob es überwiegend dem Schutz öffentlicher oder privater Interessen diene. Je nachdem man mehr im Interesse der Erhaltung der Gesundheit der Arbeitnehmer den Urlaub als allgemeine Forderung der Volksgesundheit betrachte oder das Recht des einzelnen auf angemessene Freizeit zur Erholung in den Vordergrund stelle, komme man zu unterschiedlichen Ergebnissen in der Betrachtung des Rechtscharakters des Urlaubsrechts. Entscheidend ist, daß der Staat dem Arbeitnehmer einen privatrechtlichen Anspruch auf Freizeit unter Fortzahlung des Lohnes einräumt. Selbst wenn in einigen Sondergesetzen der Staat die Nichtgewährung dieses Urlaubsanspruchs mit Strafvorschriften sanktioniert, so beeinträchtigt das den privaten Charakter des Urlaubsrechts nicht, denn es handelt sich um eine zivilrechtliche **lex plus quam perfecta** (so die ganz **h. L.**, vgl. *Nikisch*, Bd. I S. 520; *Molitor*, Festschrift für Nipperdey, 1955 S. 84; *Schelp/Herbst*, § 1 Anm. 11; *Borrmann*, § 1 Anm. 6; *Hueck/Nipperdey*, Bd. I S. 434; *Boldt/Röhsler*, § 1 Anm. 4; *Dersch/Neumann*, § 1 Anm. 56; **a. A.** die Kommentare zum JArbSchG von *Gröninger*, § 19 Anm. 1; *Brennberger/Bauernfeind*, § 19 Anm. 1 f.; *Monjau/Wolf*, § 19 Anm. 1; *Natzel*, § 19 Anm. 3; *Schulte/Langforth*, § 19 Anm. 1; *Knopp/Gossrau*, § 19 Anm. 1. *Molitor/*

Volmer/Germelmann gehen in § 19 Anm. 36, 37 von einem öffentlich-rechtlichen und privatrechtlichen Doppelcharakter des Jugendurlaubes aus).

8 Das Urlaubsrecht ist als Teil des Privatrechtes auch nicht Teil des Arbeitsschutzrechtes. Daher gelten die urlaubsrechtlichen Bestimmungen auch **nicht** als **Schutzgesetze** im Sinne des **§ 823 Abs. 2 BGB**. Daran scheitert auch ein unmittelbarer Schadensersatzanspruch, wenn der Urlaub durch einen Dritten (Reiseveranstalter) unmöglich gemacht wird. Allerdings ist hier – veranlaßt durch die Entscheidungen des *BGH* vom 10. 10. 1974 (BGHZ 63, 98 = NJW 1975/40) und vom 12. 5. 1980 (BGHZ 77, 116 = AP Nr. 22 zu § 249 BGB = DB 1980, 1691) – durch die gesetzliche Regelung des Reisevertragsrechtes ein Wandel in der Rechtsauffassung eingetreten. Nach der Regelung in § 651f. Abs. 2 BGB im Reisevertragsrecht hat der **Erholungsurlaub** einen **Vermögenswert**. Er dient der Erhaltung der Arbeitskraft und wird durch die Arbeitsleistung verdient. Wird durch ein schuldhaftes Verhalten eines Dritten dieser Urlaubszweck vereitelt, so hat der betroffene Arbeitnehmer einen Schadensersatzanspruch. Die Schadenshöhe bemißt sich nach dem Verdienstausfall für den vertanen Urlaub (BGHZ 63, 98; 77, 116; *BGH* DB 1982, 1512; NJW 1982, 1522; *BGH* v. 23. 9. 1982 DB 1982, 2506; *Löwe* – MünchKomm § 651f. Rn. 25).

4. Urlaubsanspruch als Einheitsanspruch

9 **Urlaubsanspruch ist ein einheitlicher Anspruch auf Gewährung von Freizeit und Fortzahlung der Vergütung für die Urlaubszeit.**

a) Entgelttheorie

10 Der Urlaub ist nach heute herrschender Ansicht kein Teil des Entgelts, sondern ein selbständiger, aus der allgemeinen Fürsorgepflicht abgeleiteter, gesetzlich konkretisierter Anspruch. Die sog. Entgelttheorie (vgl. RAG 31, 273) wird heute nur noch selten vertreten (vgl. *Maus*, Urlaubsrecht Niedersachsen, S. 147; *Bührig*, ArbuR 1954, 371; *Dahns*, DB 1955, 604). Wie hier *Boldt/Röhsler*, § 1 Anm. 5; *Gaul/Boewer*, S. 15; *Dersch/Neumann*; § 1 Anm. 64ff.; *Nikisch*, Bd. I S. 520; *Borrmann*, § 1 Anm. 7; *Siara*, § 1 Anm. 2; *Natzel*, § 1 Anm. 5; *BAG* AP Nr. 73 zu § 611 BGB Urlaubsrecht.

b) Einheitstheorie

11 Es wäre aber verfehlt, aus der Auffassung, daß der Urlaubsanspruch ein einheitlicher Anspruch auf Gewährung von Freizeit unter Fortzahlung des Arbeitsentgeltes ist, so weitreichende Konsequenzen zu ziehen, wie dies gelegentlich in der Rechtsprechung und auch in der Literatur geschieht. Das zeigt sich z. B. bei der Frage der Pfändbarkeit des Urlaubsentgelts und der Zulässigkeit der Rückforderung von Urlaubsentgelt (vgl. dazu Einzelheiten untger Anm. 71ff. und § 5 Anm. 46ff.).

12 Man wird davon ausgehen können, daß der Urlaubsanspruch **im Grundsatz ein einheitlicher Anspruch** ist. Das ergibt sich – entgegen der Auffassung von *Ihmels* (JZ 1983, 18) – bereits aus dem Wortlaut des § 1. Dort ist die Rede von einem Anspruch des Arbeitnehmers »auf bezahlten Erholungsurlaub«. Das Gesetz trennt demnach nicht den Anspruch des Arbeitnehmers in einen reinen Anspruch auf Freizeit einerseits und einen bloßen Entgeltanspruch für diese Freizeit andererseits, die isoliert als Ansprüche nebeneinander stehen. Soweit Ihmels zur Rechtfertigung seiner Auffassung, das Recht auf Urlaub sei überhaupt nicht als Anspruch im Sinne des § 194 BGB zu verstehen, es modifiziere nur die beiden synallagmatisch verbundenen Hauptpflichten aus dem Arbeitsverhältnis – die Arbeitspflicht und die Entgeltpflicht – insoweit, als es die Zahl der jährlichen Arbeitstage um die Zahl der Urlaubstage verringere, steht diese These nicht im Widerspruch zur Einheitstheorie. Entscheidend für den gesetzlich zwingend festgelegten Anspruch auf Erholungsurlaub ist nicht, daß er die Zahl der tatsächlichen Arbeitstage während des Kalenderjahres (= Urlaubsjahres) verringert, sondern daß der Arbeitnehmer unabdingbar einen eigenständigen Anspruch auf Naturalurlaub unter Fortzahlung seiner Vergütung hat. Zu diesem Ergebnis muß man auch unter Anwendung der These *Ihmels* kommen; denn wenn die Zahl der Arbeitstage bei einem gleichbleibenden Jahresarbeitslohn für alle möglichen Arbeitstage um die Zahl der Urlaubstage verkürzt wird, so erhält demnach der Arbeitnehmer für seine Urlaubstage Freizeit und untrennbar damit verknüpft einen Teil des Jahresarbeitslohnes. Nichts anderes wird mit dem Begriff des Einheitsanspruchs, wie er vorstehend definiert ist, festgestellt. Der Anspruch auf Erholungsurlaub hat demnach zwei Anspruchselemente: den Anspruch auf Freizeit und den damit verknüpften Anspruch auf Fortzahlung des vereinbarten Entgeltes.

Dem läßt sich auch nicht die These des *BAG* in seinem Urteil vom 8. 3. 1984 EzA § 3 BUrlG Nr. 14 = AP Nr. 14 zu § 3 BUrlG Rechtsmißbrauch (Abschnitt II 2b der Gründe) = DB 1984, 1618 entgegenhalten, daß weder durch § 1 BUrlG noch durch die übrigen Regelungen des BUrlG ein besonderer Urlaubsentgeltanspruch unter Wegfall des Arbeitsentgeltanspruches begründet wird. Das ist mit dem Begriff «Einheitsanspruch« nie behauptet worden. Vielmehr wird mit diesem Begriff nur verdeutlicht, – ausgehend von der unbestrittenen These, daß nur die tatsächlich geleistete Arbeit dem Arbeitnehmer gezahlt wird, es sei denn, es bestehen besondere gesetzliche Lohnfortzahlungsregelungen –, daß der »Einheitsanspruch« Urlaub eben gerade in der Freistellung von der Arbeit unter Fortzahlung des Entgeltes bestehe. Die Pflicht des Arbeitgebers, während des Urlaubs den Lohn fortzuzahlen, wird durch die Verpflichtung des Arbeitgebers, den Arbeitnehmer für die Urlaubsdauer von der Arbeitspflicht freizustellen, in der Tat nicht berührt. Daraus folgt aber konsequenterweise gerade, daß Freizeitgewährung während des Urlaubs zu unterscheiden ist von der weiterbestehenden Lohnzahlungspflicht: Der Urlaub wird damit zu Recht als ein einheitlicher Anspruch mit zwei Wesenselementen angesehen. Er unterscheidet sich gerade nicht von allen anderen Ansprüchen auf bezahlte Arbeitsfreistellung, von denen hier nur ein nebensächlicher genannt werden soll: § 629 BGB gewährt dem Arbeitnehmer nach der Kündigung bezahlte Freizeit zur Stellensuche (Rz. 31). »Bezahlte Freizeit zur Stellensuche« ist dieser Anspruch nach der gesetzlichen Regelung. Er hat auch zwei voneinander getrennte Wesenselemente, nämlich den Anspruch auf Freizeit und den Anspruch auf Fortzahlung der Vergütung für diese zweckbestimmte Freizeitgewährung.

Dieser »Einheitsanspruch Urlaub« mit zwei Wesenselementen ist damit eine rechtsdogmatisch saubere Lösung, wobei das *BAG* ganz offensichtlich in seiner Entscheidung vom 8. 3. 1984 (a. a. O) – aus welchen Gründen auch immer – gerade nicht exakt trennen will zwischen der während der Urlaubsdauer ausgeschlossenen Arbeitspflicht und der Lohnzahlungspflicht, die während der Urlaubsdauer fortbesteht.

Beide Anspruchselemente haben aber nicht schlechthin ihre selbständige rechtliche Bedeutung. So kann z.B. das Urlaubsentgelt gepfändet werden (Anm. 71ff.) und auch im Falle tariflich eingeführter Zwölftelung zuviel erhaltenes Urlaubsentgelt zurückgefordert werden. Schon die Tatsache, daß das Gesetz selbst in einem gewissen Rahmen eine Zwölftelung vorsieht, und in dieser Frage dem Tarifvertrag den Vorrang eingeräumt hat, zeigt, daß der Urlaubsanspruch nicht ganz losgelöst ist von dem Gedanken der geleisteten Arbeit und eines dieser Arbeit äquivalenten Erholungsurlaubs (vgl. auch *BAG* AP Nr. 5 zu § 3 UrlG Niedersachsen, wo der Entgeltcharakter des Urlaubs neben dem Fürsorgegedanken hervorgehoben wird). Auch das BAG vertrat bis zu seiner »neuen« Rechtsprechung ab 28. 1. 1982 (Anm. 115) nicht den extremen Standpunkt des Einheitsanspruchs mit zwei untrennbaren Wesenselementen (so aber *Dersch/Neumann*, § 1 Anm. 68, wie hier aber *Boldt/Röhsler*, § 1 Anm. 6 und *Schelp/Herbst*, § 1 Anm. 7). Denn das BAG hat es mit dem Wesen des Urlaubsanspruchs durchaus für vereinbar gehalten, daß der Arbeitnehmer im Falle des tariflich eingeführten Zwölftelungsprinzips zuviel erhaltenes Urlaubsentgelt zurückzuzahlen hat (vgl. *BAG* AP Nr. 55 zu § 611 BGB Urlaubsrecht = BB 1959, 1248 = DB 1960, 239; ebenso *BAG* AP Nr. 3 zu § 394 BGB = BB 1958, 1170 = DB 1958, 1275; *BAG* AP Nr. 1 zu § 8 UrlG Berlin; *BAG* AP Nr. 1 zu § 6 UrlG Rheinland-Pfalz). Dieser Standpunkt ist mit der untrennbaren Einheit der beiden Anspruchselemente nicht vereinbar. Die Entscheidungen, die zwar noch zu den früheren Urlaubsgesetzen der Länder ergangen sind, zeigen, daß er von der Rechtsprechung nicht geteilt worden ist. An dieser Auffassung hat das BAG auch nach Erlaß des BUrlG festgehalten. In mehreren Entscheidungen wird die frühere Rechtsprechung bestätigt, nach der der Arbeitnehmer das Urlaubsentgelt dem Arbeitgeber erstatten muß, das er anläßlich der vorschußweisen Gewährung des Jahresurlaubs erhalten, aber infolge der Auswirkungen des Zwölftelungsprinzips nicht endgültig verdient hat, wenn dies im Tarifvertrag bestimmt worden ist (vgl. *BAG* AP Nr. 1 zu § 13 BUrlG = BB 1964, 1084 = DB 1964, 1332; *BAG* AP Nr. 2 zu § 13 BUrlG = BB 1964, 1083 = DB 1964, 1330; *BAG* AP Nr. 5 zu § 13 BUrlG = BB 1965, 543 = DB 1965, 747 = SAE 1965, 173; zuletzt *BAG* EzA § 13 BUrlG Nr. 13 = AP Nr. 12 zu § 13 BUrlG = BB 1979, 886 = DB 1978, 2226). Begründet wird diese nunmehr ständige Rechtsprechung mit dem Vorrangprinzip des § 13 BUrlG. Sie ist unvereinbar mit der strengen Auffassung des Urlaubsanspruchs als eines Einheitsanspruchs, wie sie namentlich von *Dersch/Neumann* (§ 5 Anm. 48–50) vertreten wird. Nach dieser Auffassung wären derartige Tarifklauseln nichtig. Nähere Einzelheiten zur Rückzahlung von zuviel erhaltenem Urlaubsentgelt vgl. § 5 Anm. 46ff.

II. Urlaubsjahr und Stichtag

13 Urlaubsjahr ist nach § 1 das Kalenderjahr. Diese Regelung ist unabdingbar, d.h. auch durch Tarifvertrag kann ein anderes Urlaubsjahr, etwa vom 1. April bis zum 31. März, nicht vereinbart werden. Für den Bereich der Bundesbahn und Bundespost kann in Tarifverträgen von der Vorschrift über das Kalenderjahr als Urlaubsjahr abgewichen werden (§ 13 Abs. 3). Das gilt aber nicht für den übrigen Bereich des öffentlichen Dienstes. Dadurch ergaben sich früher für Beamte und Angestellte unterschiedliche Regelungen, da für Beamte und Richter das Urlaubsjahr weitgehend vom 1. April bis zum 31. März dauerte. Nunmehr ist auch für Beamte und Richter Urlaubsjahr das Kalenderjahr (§ 1 der VO über den Erholungsurlaub der Bundesbeamten und Richter im Bundesdienst i.d.F. vom 11. 10. 1970 [BGBl. I S. 1378], geändert durch VO vom 28. 9. 1982 [BGBl. I S. 1377]. Auch hier sind für den Bereich der Deutschen Bundesbahn und der Deutschen Bundespost Abweichungen möglich. Eine weitere Abweichung enthält § 53 Abs. 1 SeemG für die Seeschiffahrt. Dort ist das Urlaubsjahr auf das Beschäftigungsjahr beim Reeder abgestellt (siehe Anhang I.7 – § 53 SeemG Anm. 5).

1. Allgemeines

14 Für jedes Urlaubsjahr entsteht ein Urlaubsanspruch, dessen Höhe sich nach § 3 richtet. Der Urlaub muß im Urlaubsjahr gewährt und genommen werden, andernfalls verfällt er mit Ablauf des Urlaubsjahres, sofern nicht ein Grund zur Übertragung des Urlaubs nach § 7 Abs. 3 S. 2 oder der Fall des § 7 Abs. 3 S. 4 gegeben ist. Die Übertragung des Urlaubs setzt aber nicht voraus, daß der Arbeitnehmer seinen Urlaubsanspruch im Urlaubsjahr geltend gemacht hat. Entscheidend ist vielmehr allein, ob die in § 7 Abs. 3 S. 2 genannten Gründe vorliegen (vgl. *BAG* AP Nr. 1 zu § 6 UrlG NRW = BB 1961, 642 = DB 1961, 780; *BAG* EzA § 1 BUrlG Nr. 6 = AP Nr. 1 zu § 7 BUrlG Urlaubsjahr = BB 1970, 80 = SAE 1970, 49; *BAG* EzA § 7 BUrlG Nr. 57 = AP Nr. 15 zu § 7 BUrlG Übertragung = DB 1988, 447; *BAG* EzA § 7 BUrlG Nr. 61 = AP Nr. 41 zu § 7 BUrlG Abgeltung = DB 1988, 447; *BAG* EzA § 7 BUrlG Nr. 62 = AP Nr. 16 zu § 7 BUrlG Übertragung = DB 1988, 2210). Einzelheiten hierzu: § 7 Anm. 125ff.

15 Der Urlaubsanspruch ist an das **Urlaubsjahr gebunden**. Aus dieser Bindung folgt, daß der im jeweiligen Urlaubsjahr erworbene Urlaubsanspruch, soweit überhaupt zulässig, in seinem Bestand nur durch Ereignisse beeinflußt werden kann, die zeitlich in dieses Jahr fallen. Das BAG hat diesen Grundsatz des Urlaubsrechts damit begründet, daß der Arbeitnehmer für die im Laufe des Urlaubsjahres erbrachte Leistung auch den vollen Urlaub erhalten solle (vgl. *BAG* EzA § 1 BUrlG Nr. 9 = AP Nr. 11 zu § 13 BUrlG = BB 1970, 1437 = DB 1970, 2278; SAE 1972, 145 = *BAG* EzA § 7 BUrlG Nr. 39 = AP Nr. 24 zu § 7 BUrlG Abgeltung = DB 1986, 973; *BAG* EzA § 4 TVG Metallindustrie Nr. 33 = AP Nr. 37 zu § 7 BUrlG Abgeltung = DB 1988, 267).

16 Der Urlaubsanspruch entsteht **erstmalig nach Erfüllung der Wartezeit** (vgl. § 4 Anm. 6) und in den folgenden Urlaubsjahren jeweils am 1. Januar (Stichtag; *BAG* AP Nr. 1 zu § 4 BUrlG und AP Nr. 2 zu § 59 KO = DB 1966, 788). Zur Entstehung des Anspruchs auf Teilurlaub vgl. § 5 Anm. 9ff. Der Erwerb des vollen Jahresurlaubsanspruchs am Stichtag bedeutet zugleich, daß es für alle Umstände, die die Dauer des Urlaubs beeinflussen, wie Lebensalter und Betriebszugehörigkeit, auf den 1. Januar dieses laufenden Kalenderjahres ankommt (vgl. *BAG* AP Nr. 1 zu § 4 UrlG Hessen = BB 1956, 435 = DB 1958, 599; *BAG* EzA § 1 BUrlG Nr. 14 = AP Nr. 8 zu § 3 BUrlG Rechtsmißbrauch = BB 1974, 126 = DB 1974, 1071; *Trieschmann*, DB 1958, 600; *Dersch/Neumann*, § 1 Anm. 22; *Boldt/Röhsler*, § 1 Anm. 25; **a.A.** *Siara*, § 1 Anm. 6). Zur Bedeutung des Stichtages für den Zusatzurlaub vgl. § 3 Anm. 62.

17 Der Urlaubsanspruch gelangt selbstverständlich auch dann zur Entstehung, wenn der Arbeitnehmer am Stichtag nicht arbeitet, ganz gleich aus welchem Grunde.

Der Arbeitnehmer erwirbt aber dann keinen Urlaubsanspruch, wenn er sich am Stichtag in einem Zustand dauernder Arbeitsunfähigkeit befindet, der die Gewährung echten Urlaubs durch Freistellung von der Arbeit für die laufende Urlaubsperiode ausschließt (vgl. *BAG* AP Nr. 10 zu § 611 BGB Urlaubsrecht = BB 1956, 893 = DB 1956, 773; *BAG* AP Nr. 8 zu § 3 BUrlG Rechtsmißbrauch a.a.O.; *Boldt/Röhsler*, § 1 Anm. 25; *Schelp/Herbst*, § 1 Anm. 49; *Dersch/Neumann*, § 1 Anm. 27, 28). Diese Feststellung braucht nicht bereits am Stichtag getroffen zu werden, sondern es ist ausreichend, wenn dies später rückwirkend geschieht (vgl. *Trieschmann*, DB 1958, 600; RAG 33, 37). Eine andere Frage ist es, ob der in diesem Urlaubsjahr ständiger Erkrankung entstandene Urlaubsanspruch (siehe Anm. 124ff.) auf den Übertragungszeitraum des folgenden Urlaubsjahres übergeht und in diesem Übertragungszeitraum in natura abgenommen werden kann und muß.

2. Stichtag und Wartezeit

18 Früher sahen Tarifverträge häufig einen Stichtag statt einer Wartezeit vor. Heute findet man derartige Tarifregelungen seltener. Dadurch wird nicht das Urlaubsjahr verändert, sondern vorgeschrieben, daß der Urlaubsanspruch ohne Ableistung einer Wartezeit stets dann voll erworben wird, wenn der Arbeitnehmer an einem bestimmten Stichtag (z.B. 1. Mai) im Arbeitsverhältnis steht. Außerdem werden alsdann alle Umstände, die die Dauer des Urlaubs beeinflussen, auf diesen Stichtag bezogen. Scheidet der Arbeitnehmer vor dem Stichtag aus dem Arbeitsverhältnis aus, so erhält er keinen Urlaub. Andererseits erhält er den vollen Jahresurlaub, wenn er am Stichtag im Betrieb tätig ist und danach ausscheidet. Das Stichtagsprinzip steht also im Gegensatz zum Zwölftelungsprinzip, das in seiner strengen Form – so ist es aber im BUrlG nicht verankert – dem Arbeitnehmer stets nur soviel Urlaub vermitteln will, wie es seiner Zugehörigkeit zum Betrieb entspricht. Zu den früheren Länderurlaubsgesetzen hat die Rechtsprechung die Zulässigkeit der Einführung des Stichtagsprinzips durch Tarifvertrag anerkannt (vgl. *BAG* AP Nr. 85 zu § 611 BGB Urlaubsrecht = BB 1962, 222 = DB 1962, 243). Es wurde aber verlangt, daß ein bestimmter Stichtag im Tarifvertrag festgelegt war (vgl. *BAG* AP Nr. 3 zu § 10 UrlG NRW = BB 1963, 187 = DB 1963, 175).

19 Da das Stichtagsprinzip das auch für die Tarifvertragsparteien zwingend festgelegte Urlaubsjahr nicht verändert, bestehen keine Bedenken, auch unter der Herrschaft des BUrlG durch Tarifvertrag dieses dem eingeschränkten Zwölftelungsprinzip durchaus gleichwertige System durch Tarifvertrag auf Grund des § 13 einzuführen. Dabei ist es ohne Bedeutung, ob es im Einzelfall für den Arbeitnehmer günstiger ist oder nicht, weil § 13 schlechthin jede abweichende Vereinbarung durch Tarifvertrag erlaubt, soweit nicht der zwingende Mindesturlaubsanspruch des Gesetzes tangiert wird. Das ist nicht der Fall (wie hier *Dersch/Neumann*, § 1 Anm. 32, § 5 Anm. 38; *Schelp/Herbst*, § 13 Anm. 9; *Siara*, § 1 Anm. 6; im Grundsatz ebenso *Boldt/Röhsler*, § 1 Anm. 28, die jedoch darauf hinweisen, es müsse in jedem Einzelfall sorgfältig geprüft werden, ob nicht die auch für Tarifvertragsparteien bindenden Grundsätze der §§ 1, 2 und 3 Abs. 1 verletzt seien; siehe dazu auch *Leinemann*, AuR 1987, S. 193 (197), der auf die Entscheidung des *BAG* vom 8. 3. 1984 (EzA § 3 BUrlG Nr. 18 = AP Nr. 17 zu § 13 BUrlG =

DB 1984, 1895 hinweist, die eine tarifliche Regelung der Zwölftelung eines Urlaubsanspruches im Austrittsjahr ausschließt, wenn dadurch der gesetzliche Mindesturlaub unterschritten wird).

20 Zulässig dürfte auch die **Koppelung von Zwölftelungsprinzip und Stichtagsprinzip** im Tarifvertrag sein. Ein derartiger Fall lag dem *LAG Düsseldorf* (DB 1970, 162) zur Entscheidung vor. Der Tarifvertrag sah für das 2. und jedes folgende Jahr als Stichtag nicht den 1. 1., sondern den 1. 5. des Jahres vor, daneben jedoch statuierte er das Zwölftelungsprinzip. Das LAG sah keine Bedenken, diese Koppelung zuzulassen. Dem ist zuzustimmen, da im Streitfall das Zwölftelungsprinzip voll zur Anwendung kam, so daß auch derjenige Arbeitnehmer, der vor dem Stichtag ausschied, einen Teil des Jahresurlaubs erhielt. Deshalb handelte es sich bei der tariflichen Regelung nicht um eine Verschlechterung gegenüber der unabdingbaren – auch für Tarifvertragsparteien geltenden – gesetzlichen Regelung, wobei – unter Hinweis auf die vorstehend in Anm. 19 zitierte Entscheidung des BAG vom 8. 3. 1984 – der gesetzliche Mindesturlaub nicht tangiert werden darf.

3. Stichtag und Günstigkeitsvergleich

21 Die Einführung des das Zwölftelungssystem des BUrlG abändernden Stichtagsystems durch **Betriebsvereinbarung oder Einzelarbeitsvertrag** ist überhaupt nur zulässig, wenn dieses System gegenüber der Regelung des Gesetzes (§ 5) günstiger ist (§ 13 Abs. 1 Satz 3). Dabei wird man in Anerkennung der früheren Rechtsprechung des BAG zu den Urlaubsgesetzen der Länder auch zum BUrlG davon auszugehen haben, daß das Zwölftelungsprinzip in der Ausgestaltung nach dem BUrlG nicht schon deshalb günstiger ist, weil es vom Gesetzgeber als für den Regelfall geltend bestimmt worden ist. Das *BAG* führte in der Entscheidung vom 4. 10. 1962 zu § 6 UrlG Niedersachsen aus: »Weder das eine noch das andere dieser beiden möglichen Urlaubssysteme berührt das Wesen des Urlaubs und des ihm innewohnenden Schutzprinzips in dem Sinne, daß bei Vornahme eines Günstigkeitsvergleichs die gesetzlich vorgesehene Anwendbarkeit des einen der beiden Urlaubssysteme stets die günstigere gegenüber der von der gesetzlichen Regelung abweichenden kollektivrechtlichen Vereinbarung des anderen Urlaubssystems darstellt« (*BAG* AP Nr. 2 zu § 6 UrlG Niedersachsen). Es muß also von der grundsätzlichen Gleichwertigkeit der Systeme ausgegangen und ein Günstigkeitsvergleich vorgenommen werden. Dabei ist einerseits nicht vom abstrakten Gesamtvergleich der Urlaubsregelungen auszugehen, der alle Urlaubsbestimmungen der beiden zu vergleichenden Ordnungen gegenüberstellt, und andererseits auch nicht der sog. **Einzelvergleich** anzuwenden, der eine einzelne Bestimmung des Vertrages in Beziehung zu der gleichartigen Bestimmung des Gesetzes setzt. Im Grundsatz ist vielmehr auch unter der Herrschaft des BUrlG durch Vornahme eines Gruppenvergleichs die zu treffende Wertung in der Weise vorzunehmen, daß man die hypothetische Frage stellt, wie sich ein Arbeitnehmer bei verständiger Würdigung des Wesens des Urlaubs entscheiden würde (*BAG* a.a.O. und *BAG* AP Nr. 3 zu § 10 UrlG Hamburg und *BAG* AP Nr. 4 zu § 10 UrlG NRW = BB 1963, 473 = DB 1963, 487). Einzelheiten zum Günstigkeitsvergleich § 13 Anm. 54ff.

22 Allgemein wird man Stichtagsregelungen allein deswegen, weil sie im Gegensatz zum Zwölftelungsprinzip dem Arbeitnehmer vom Stichtag ab immer den vollen

Urlaub gewähren, noch nicht als die günstigere Regelung werten können, es sei denn, der Stichtag liegt in den ersten drei Monaten des Jahres. Aber da der Stichtag auch maßgebend ist für alle jenen Umstände, die die Höhe des Urlaubs beeinflussen, dürfte ein Stichtag auch noch am 1. Mai günstiger sein als die gesetzliche Regelung. Das gilt erst recht in allen jenen Fällen, in denen das Stichtagsprinzip nicht rein durchgeführt, sondern im Falle des Ausscheidens vor Erreichen des Stichtages eine Zwölftelung vorgesehen wird. In diesem letzteren Falle, der nicht selten ist, sofern überhaupt das Stichtagsprinzip eingeführt wird, ist sogar jeder Stichtag vor dem 1. Juli günstiger als die gesetzliche Regelung. Das Gesagte gilt nicht nur im Eintrittsjahr, sondern auch in den Folgejahren, obwohl hier nach dem Gesetz der volle Urlaubsanspruch bereits am 1. Januar und nach dem Stichtagsprinzip erst am Stichtag, also später im Laufe des Jahres, erworben wird. Mit Recht aber weisen *Dersch/Neumann*, § 5 Anm. 33 darauf hin, daß eine solche Koppelung nur dann als zulässig angesehen werden kann, sofern die Wartezeit kürzer als die gesetzliche Wartezeit festgelegt wird und auch vor dem Stichtag erreicht werden kann, wenn der Arbeitnehmer noch im Laufe des Jahres eintritt. In jedem Falle aber müßte der gesetzliche Teilurlaubsanspruch bei Ausscheiden vor dem Stichtag in den folgenden Urlaubsjahren dem Arbeitnehmer erhalten bleiben, andernfalls ist diese Regelung insgesamt mit den gesetzlich zwingenden Urlaubsbestimmungen des §§ 1, 3 BUrlG nicht vereinbar.

III. Beurlaubung

23 Das BUrlG erstreckt sich allein auf den Erholungsurlaub. Das ergibt sich aus dem Text des § 1, in dem ausdrücklich vom Erholungsurlaub des Arbeitnehmers gesprochen wird. Wenn in den weiteren Gesetzesbestimmungen dann stets von Urlaub gesprochen wird, so ist darunter doch allein der Erholungsurlaub zu verstehen. Daneben gibt es jedoch noch zahlreiche andere Fälle von Dienstbefreiungen zu den verschiedensten Zwecken, sei es für die Teilnahme an einem beruflichen Fortbildungskursus, zur Erledigung persönlicher Zwecke oder auch in Form der sog. Werksbeurlaubung. Alle diese Fälle von Arbeitsbefreiung, die nicht zum Zwecke der Erholung gewährt werden, faßt man zweckmäßigerweise unter dem Sammelbegriff »Beurlaubung« zusammen, der in der Lage ist, alle in Betracht kommenden Fälle zu erfassen. Vielfach werden in der Literatur auch andere Bezeichnungen verwandt, so z.B. Sonderbeurlaubung, Sonderurlaub (*Hueck/Nipperdey*, Bd. I S. 457 § 49; *Höhne*, BB 1954, 1064; *Steinwedel*, DB 1964, 1481) oder »Urlaub zu bestimmten Zwecken« (*Staudinger/Nipperdey/Neumann*, § 611 Anm. 276); *v. Hoyningen-Huene* schlägt in NJW 1981, 713 (714) hierfür den Begriff »unbezahlte Freistellung« vor. Es erscheint jedoch zutreffender, alle die nachstehend aufgezählten Fälle unter dem Begriff »Beurlaubung« zu erfassen. Folgende Fälle der Beurlaubung kommen in Betracht:

1. Werksbeurlaubung

24 Bei der Werksbeurlaubung werden die Lohnzahlungspflicht und die Arbeitspflicht suspendiert. Sie erfolgt bei vorübergehender Stillegung des Betriebes oder von Betriebsabteilungen. Die Arbeitsverhältnisse bestehen rechtlich fort, so daß also an sich alle Fristen, auch die Wartefrist des § 4, weiterlaufen müßten. Dennoch wird man beim vereinbarten Ruhen des Arbeitsverhältnisses und bei der Werksbeurlaubung davon auszugehen haben, daß dieser Zeitraum nicht angerechnet wird (vgl. § 4 Anm. 34). Die Wartefrist verlängert sich um den Zeitraum der Beurlaubung (wie hier *Gaul*, Kurzarbeit, Zeitweilige Betriebsstillegung und Massenentlassungen, S. 133, *Boldt/Röhsler*, § 4 Anm. 29; *Schelp/Herbst*, § 4 Anm. 14; *Nikisch*, Bd. I § 45 II2; *Bobrowski/Gaul*, II. Band S. 178; *Kube*, BB 1975, 747).

25 Die Werksbeurlaubung als **vorübergehende Stillegung des Betriebes** kann vom Arbeitgeber nicht einseitig angeordnet werden. Sie ist nur zulässig, wenn eine entsprechende tarifliche Regelung vorliegt, die jedoch in der Praxis nicht üblich ist. Rechtlich zulässig wäre eine dem erzwingbaren Mitbestimmungsrecht des Betriebsrats unterliegende Betriebsvereinbarung, die sich entweder auf § 87 Abs. 1 Nr. 3 oder Nr. 5 BetrVG stützen könnte. Ein Verstoß gegen die Unabdingbarkeit des Tariflohnes liegt bei einer entsprechenden kollektiven Einführung der Werksbeurlaubung nicht vor (*Wiedemann/Stumpf*, TVG, 5. Aufl., § 4 Anm. 204 – Stichwort »Suspendierung/Werksbeurlaubung/Feierschichten«). Von der »Werksbeurlaubung« strikt zu unterscheiden sind rechtmäßig durch eine Betriebsvereinbarung eingeführte **Betriebsferien**. Sie legen nach § 87 Abs. 1 Nr. 3 BetrVG in wirksamer Weise den Urlaubszeitpunkt für die Belegschaft einheitlich fest (*BAG* EzA § 87 BetrVG 1972 Urlaub Nr. 4 = AP Nr. 2 zu § 87 BetrVG 1972 Urlaub = DB 1981, 2621).

26 Während der Dauer der Werksbeurlaubung kann der Anspruch auf Gewährung des Erholungsurlaubs nicht mit Erfolg geltend gemacht werden, da alle Pflichten aus dem Arbeitsverhältnis im Grundsatz suspendiert sind. Nach Wiederaufnahme der Arbeit muß der volle Urlaubsanspruch gewährt werden. Es tritt also nicht etwa automatisch eine Kürzung des Urlaubs ein. Gilt für das Arbeitsverhältnis das Stichtagsprinzip, und fällt dieser Tag in den Zeitraum der Werksbeurlaubung, so entfällt nicht etwa der Urlaubsanspruch des Arbeitnehmers, weil er am Stichtag nicht im Betrieb gearbeitet hat. Hier muß das Stichtagsprinzip durchbrochen werden. Allerdings braucht der Urlaub erst dann gewährt zu werden, wenn die Werksbeurlaubung beendet ist (vgl. *LAG Düsseldorf* SAE 1948, 7).

2. Beurlaubung aus persönlichen Gründen

27 Wichtigster Anwendungsfall der Beurlaubung aus persönlichen Gründen ist **§ 616 BGB**. Danach verliert der Arbeitnehmer den Lohnanspruch nicht dadurch, daß er für einen verhältnismäßig nicht erheblichen Zeitraum durch einen in seiner Person liegenden Grund ohne sein Verschulden an der Dienstleistung verhindert ist. Allerdings ist § 616 BGB heute weitgehend durch Tarifvertrag auf bestimmte Fälle konkretisiert. Ein vollständiger Ausschluß des § 616 BGB im Einzelarbeitsvertrag, aber auch in kollektiven Regelungen ist nur zulässig, wenn dies durch die besonderen Verhältnisse des Betriebes oder des Wirtschaftszweiges sachlich gerechtfertigt ist (*BAG* EzA § 616 BGB Nr. 15 = AP Nr. 51 zu § 616 BGB = DB 1979, 1993). Ist in einem Tarifvertrag eine Aufzählung der Fälle von Arbeitsverhinderung enthalten, für die Lohnfortzahlung gewährt wird, ist durch Auslegung zu ermitteln, ob die gesetzliche Freistellungsregelung des § 616 BGB erweitert oder eingeschränkt werden soll (*BAG* EzA § 616 BGB Nr. 21 = AP Nr. 55 zu § 616 BGB = DB 1982, 2754; *BAG* EzA § 616 BGB Nr. 24 = AP Nr. 61 zu § 616

BGB = DB 1983, 2201; *BAG* EzA § 4 TVG Bauindustrie Nr. 52 = AP Nr. 83 zu § 616 BGB = DB 1990, 1469 (Arztbesuch während der Arbeitszeit). Im Rahmen des § 616 kommen in Betracht: Arztbesuche, eigene Hochzeit, goldene Hochzeit der Eltern oder Schwiegereltern, Niederkunft der Ehefrau, Heimpflege erkrankter Kinder (§ 185c RVO), eigener Umzug, Vorführen von Kraftfahrzeugen zum TÜV unter bestimmten Voraussetzungen (vgl. *Hueck*, AP Nr. 30 zu § 616 BGB; **a. A.** *BAG* AP Nr. 30 zu § 616 BGB = DB 1961, 242, das diesen Lohnausfall als Kosten der Lebensführung ansieht). Vgl. zur rechtlichen Behandlung des Sonderurlaubs *Höhne*, BB 1954, 1064 und *Steinwedel*, DB 1964, 1481 sowie DB 1966, 1275, *v. Hoyningen-Huene* NJW 1981, 713 (714).

28 Der sogenannte **Bildungsurlaub** ist ebenfalls eine Beurlaubung aus persönlichen Gründen. Es bestehen insoweit gesetzliche Regelungen in den nachstehenden Bundesländern: Berlin, Bremen, Hamburg, Hessen, Niedersachsen, Nordrhein-Westfalen, Saarland, Schleswig-Holstein. Sie sind im Anhang V. abgedruckt.

29 Die gesetzlichen Sonderregelungen über den Bildungsurlaub berühren den Erholungsurlaub nicht.

Anspruch auf unbezahlten Urlaub zum Zwecke der **beruflichen Fortbildung** hat der Arbeitnehmer de lege lata nicht. Auch die Fürsorgepflicht gibt hierfür nichts her. Sie kann als Anspruchsgrundlage nur dann in Betracht kommen, wenn die festzustellende Anschauung das Arbeitsleben beherrscht. Das war z. B. beim Urlaub der Fall, so daß man ihn auch ohne gesetzliche Grundlage aus der Fürsorgepflicht abgeleitet hat (vgl. oben Anm. 5). Das Arbeitsleben wird aber nicht von der Auffassung beherrscht, daß der Arbeitgeber dem Arbeitnehmer unbezahlten Urlaub zum Zwecke der beruflichen Fortbildung zu gewähren hat. Verfehlt ist daher die Entscheidung des *ArbG Kiel* (BB 1965, 1272 mit abl. Anm. von *Marienhagen* = DB 1965, 1599). Zur Beurlaubung zwecks **Aufsuchens eines Arztes** vgl. *LAG Baden-Württemberg* (BB 1964, 1008 = DB 1964, 996; *BAG* EzA § 4 TVG Bauindustrie Nr. 52 = AP Nr. 83 zu § 616 BGB = DB 1990, 1469). Der Arbeitgeber muß danach den Arbeitnehmer aufgrund seiner Fürsorgepflicht zu diesem Zweck beurlauben, wenn er außerhalb der Arbeitszeit den Arzt nicht aufsuchen kann. Der Arbeitgeber kann deshalb nicht kündigen, wenn der Arbeitnehmer eigenmächtig den Arzt aufsucht. Eventuell muß der Arbeitnehmer aber seinen Arztbesuch vorher ankündigen (*LAG Hamm* BB 1973, 141).

3. Fälle gesetzlicher Beurlaubung

30 In zahlreichen Gesetzen sind Fälle von Beurlaubungen vorgesehen, die den verschiedensten Zwecken dienen. Zu erwähnen sind zunächst die §§ 37, 38, 65 BetrVG, §§ 46, 62 BPersVG, § 26 Abs. 4 SchwbG, nach denen Betriebs- und Personalräte, Aufsichtsräte und Vertrauensleute der Schwerbehinderten Anspruch auf Beurlaubung für die Durchführung ihrer Aufgaben haben. In diesen Fällen kann auch eine völlige Freistellung von der Arbeit notwendig werden. Zum **Erziehungsurlaub** nach §§ 15ff. BErzGG siehe Anh. I Nr. 2.

Als weitere Fälle sind zu nennen: §§ 9, 43 JArbSchG für die Berufsschulpflicht und die ärztliche Untersuchung; die Schutzfristen nach dem MuSchG i. d. F. vom 18. 4. 1968 (BGBl. I S. 315) und § 16 MuSchG betr. Freizeitgewährung für die ärztlichen Untersuchungen, § 12 ArbPlSchG Vorladung Wehrpflichtiger zu den Erfassungs- und Wehrersatzbehörden; §§ 13ff. des Gesetzes über Maßnahmen zum Schutze der Zivilbevölkerung vom 9. 10. 1957 (BGBl. I S. 1696) bei Heranziehung von Zivil-(Luftschutz-)Helfern zur Ausbildung; Beurlaubung von Jugendgruppenleitern nach den im Anh. III aufgeführten Gesetzen der Länder; Hausarbeitstag nach den Hausarbeitstagsgesetzen der Länder Bremen, Hamburg, Niedersachsen und Nordrhein-Westfalen sowie der Freizeitanordnung vom 22. 10. 1943 (RArbBl. S. 325). **Frauen mit eigenem Hausstand erhalten danach einen Hausarbeitstag**, der nach den genannten Ländergesetzen bezahlt wird, im übrigen unbezahlt bleibt. Der Hausarbeitstag ist in Nordrhein-Westfalen auch im Urlaubsmonat zu gewähren, sofern noch in diesem Monat ein Tag als Hausarbeitstag zur Verfügung steht (*BAG* AP Nr. 6 zu § 1 HausarbTagsG NRW = BB 1957, 186 = DB 1956, 1063; 1957, 143). In den übrigen Hausarbeitstagsgesetzen der Länder Bremen, Hamburg und Niedersachsen ist diese Frage im Gesetz dahingehend geregelt, daß ein Anspruch auf den Hausarbeitstag nicht besteht, wenn die Arbeitnehmerin in dem betreffenden Monat mehr als fünf Tage bezahlte oder unbezahlte Arbeitsbefreiung erhalten hat (vgl. dazu *BAG* AP Nr. 1 zu § 3 HausarbTagsG Niedersachsen = BB 1963, 435 = DB 1963, 454). Erhält die Arbeitnehmerin wegen der arbeitsfreien Sonnabende nach dem Beschluß des Großen Senats vom 16. 3. 1962 (AP Nr. 19 zu § 1 HausarbTagsG NRW = BB 1962, 760 = DB 1962, 907) keinen Hausarbeitstag, so steht ihr auch im Urlaub ein Hausarbeitstag nicht zu, obwohl der Sonnabend in der Regel auf den Urlaub angerechnet wird (*BAG* AP Nr. 25 zu § 1 HausarbTagsG NRW = BB 1963, 1218 = DB 1963, 1774). Zum Hausarbeitstag für **alleinstehende Männer** mit eigenem Hausstand siehe *BVerfG* EzA Art. 3 GG Nr. 9 = AP Nr. 28 zu § 1 HausarbTagsG NRW = BB 1980, 207 = DB 1980, 404. Bis zu einer nach dieser Entscheidung notwendigen gesetzlichen Neuregelung, die bisher (Stand: Juli 1992) nicht vorliegt, haben weder alleinstehende Frauen noch Männer in NRW einen Anspruch auf einen Hausarbeitstag (*BAG* BB 1982, 246 = DB 1982, 288). – Zum Hausarbeitstag in den neuen Bundesländern: Anm. 146.

31 Einen weiteren Fall der gesetzlichen Beurlaubung enthält § 629 BGB, nach welchem dem Arbeitnehmer nach erfolgter Kündigung angemessene Freizeit zum **Aufsuchen einer neuen Stelle** zu gewähren ist. Gewährt der Arbeitgeber die erforderliche Freizeit nicht, so ist der Arbeitnehmer berechtigt, sich die Zeit – nicht zur Unzeit – zu nehmen (*BAG* AP Nr. 1 zu § 629 BGB). Zu erwähnen sind schließlich noch die Beurlaubung zur **Ausübung staatsbürgerlicher Rechte und Pflichten**. In Betracht kommen die §§ 26 ArbGG, 20 SozGG für Arbeits- und Sozialrichter; Freizeit für die Ausübung des Amtes als Schöffe oder Geschworener; Beurlaubung für die Vorbereitung der Wahl zum Deutschen Bundestag nach Art. 48 GG und in einem Landtag nach den Bestimmungen der Länderverfassungen; Übernahme kommunalpolitischer Ehrenämter. Soweit es sich nicht um die Wahl zum Bundestag oder Landtag handelt, ist auch heute noch Art. 160 WRV einschlägig. Die Bestimmung gibt jedem Arbeitnehmer das Recht auf die Freizeit, die er zur Wahrnehmung staatsbürgerlicher Rechte und, soweit dadurch der Betrieb nicht erheblich beeinträchtigt wird, zur Ausübung ihm übertragener öffentlicher Ehrenämter benötigt. Zur Fortgeltung des Art. 160 WRV und zum Umfang der Verpflichtung des Arbeitgebers, Freizeit zu gewähren: vgl. *LAG Düsseldorf* AP Nr. 2 zu Art. 9 GG = BB 1966, 288 und *Wuttke* DB 1974, 630. Zum Begriff »staatsbürgerliche Pflichten« im Sinne des § 616 BGB: *BAG* AP Nr. 60 zu § 616 BGB = AuR 1983, 218. Zum Problem der tariflich geregelten Freistellung für Gewerkschaftstätigkeit: *BAG* EzA § 616 BGB Nr. 30 = AP Nr. 67 zu § 616 BGB = AuR 1986, 28 = SAE 1986, 123.

4. Abgeltung und Anrechnung von Beurlaubung – Nachurlaub

a) Die Abgeltung von Beurlaubungszeiten

32 Die Frage der Abgeltung von Beurlaubung, die dem Arbeitnehmer zustand, jedoch nicht genommen worden ist, wird in Literatur und Rechtsprechung selten erörtert. Eine Ausnahme bildet nur das Hausarbeitstagsrecht, in dem die Frage der Abgeltung häufig behandelt worden ist.

33 Das LAG Frankfurt hat für die Beurlaubung im Falle des eigenen Umzugs entschieden, daß eine Abgeltung nicht in Betracht komme, wenn der Arbeitnehmer den Umzug an einem arbeitsfreien Tag durchführe (*LAG Frankfurt* BB 1965, 630). In diesem Falle werde nur die tatsächlich notwendige Arbeitsversäumnis bezahlt. Die Abgeltungsidee gelte nur für den Erholungsurlaub, nicht aber für die Fälle der Beurlaubung. Demgegenüber vertritt *Steinwedel* (DB 1964, 1482) eine weitergehende Auffassung im Anschluß an die Rechtsprechung des BAG zur Abgeltung des Hausarbeitstages, die bekanntlich im Grundsatz die Abgeltung verneint, sie jedoch dann zuläßt, wenn die Freizeit aus tatsächlichen oder rechtlichen Gründen nicht gewährt werden kann (vgl. *BAG* AP Nr. 1 zu Art. 3 GG = BB 1954, 774 = DB 1954, 723; *BAG* AP Nr. 9 zu § 1 HausarbTagsG NRW = DB 1956, 1063; *BAG* AP Nr. 4 zu § 1 HausarbTagsG NRW = BB 1957, 224 = DB 1957, 167; *BAG* AP Nr. 10 zu § 1 HausarbTagsG NRW = BB 1959, 83 = DB 1959, 58). Nach *Steinwedel* soll in allen Fällen der Beurlaubung, die ohne Nachweis einer tatsächlichen Arbeitsverhinderung gewährt wird, eine Abgeltung erfolgen müssen. In allen übrigen Fällen dagegen sei für eine Abgeltung kein Raum.

b) Der sog. Nachurlaub

34 Die Anrechnung von Beurlaubungszeiten auf den Erholungsurlaub wird in Rechtsprechung und Literatur nicht einheitlich beurteilt. *Dersch/Neumann* (§ 1 Anm. 52, 53) unterscheiden zwischen den Fällen, in denen eine Vergütungspflicht gegeben ist – keine Anrechnung – und in den Fällen, in denen keine Vergütung bezahlt wird. Nur in diesen Fällen könne zwischen Arbeitgeber und Arbeitnehmer eine Anrechnung der Beurlaubungszeit auf den Erholungsurlaub vereinbart werden. Dagegen unterscheidet die Rechtsprechung des BAG zwischen den Fällen, in denen ein unabdingbarer Anspruch auf bezahlte Freizeitgewährung besteht oder nicht. Nur bei einem unabdingbaren Anspruch auf bezahlte Freizeit sei eine Anrechnung auf den Erholungsurlaub nicht möglich, so daß der Arbeitgeber Nachurlaub zu gewähren habe (vgl. zuletzt *BAG* AP Nr. 1 zu § 1 BUrlG Nachurlaub mit Anm. von *Nikisch* = BB 1966, 369 = DB 1966, 427). Die Rechtsprechung des BAG ist in der Literatur teils wegen des Ergebnisses und teils wegen ihrer Begründung auf Kritik gestoßen (vgl. *Schelp* Anm. AP Nr. 3 zu § 10 BUrlG Schonzeit; *Sahmer*, Anm. AP Nr. 1 zu § 12 ArbPlSchG; *Nikisch*, Anm. AP Nr. 91 zu § 611 BGB Urlaubsrecht und AP Nr. 1 BUrlG Nachurlaub; *Steinwedel*, DB 1964, 1483 und DB 1966, 1275; *Meisel*, SAE 1964, 19; *Natzel*, § 13 Anm. 16; *Boldt/Röhsler*, § 1 Anm. 34; *Wachter*, AuR 1982, 306).

35 Zunächst muß die Feststellung getroffen werden, daß sich bei der hier behandelten Problematik eine Lösung durch die Tarifvertragsparteien aufdrängt. Bestimmen sie im Tarifvertrag, daß dem Arbeitnehmer aus einem bestimmten Anlaß 2 Tage Arbeitsbefreiung gewährt werden, und bestimmen sie weiter, daß diese Tage nicht auf den Jahresurlaub anzurechnen und auch dann nachzugewähren sind, wenn das Ereignis in den Jahresurlaub fällt, so entstehen die Zweifelsfragen gar nicht, die hier zu erörtern sind. Daß derartige Tarifregelungen zulässig sind, kann nicht bezweifelt werden.

36 Enthalten die Tarifverträge derartige Bestimmungen nicht, sondern gewähren sie dem Arbeitnehmer anläßlich bestimmter Ereignisse in bestimmtem Umfang ohne Nachweis Arbeitsbefreiung unter Fortzahlung des Lohnes, so entsteht die Frage, ob der Arbeitnehmer Nachurlaub zu erhalten hat, wenn das Ereignis in den Erholungsurlaub fällt. Das BAG hat sich mit diesem Fragenkomplex in bisher drei Entscheidungen befaßt. Die beiden Entscheidungen vom 1. 8. 1963 befassen sich mit dem Fall der **Musterung** und dem der **Niederkunft der Ehefrau** des Arbeitnehmers im Urlaub (vgl. *BAG* AP Nr. 1 zu § 12 ArbPlSchG mit Anm. von *Siara* und *Sahmer* = BB 1963, 1337 = DB 1963, 1579 = SAE 1964, 105; *BAG* AP Nr. 91 zu § 611 BGB Urlaubsrecht mit Anm. von *Nikisch* = BB 1963, 1339 = DB 1963, 1579). Im Falle der Musterung ist auf Gewährung von Nachurlaub erkannt worden, wenn die Dauer der Musterung einen Zeitraum von mehr als sechs Stunden einschließlich Zu- und Abgang umfaßt. Dagegen ist im Falle der Niederkunft der Ehefrau im Urlaub ein Anspruch auf Nachurlaub abgelehnt worden, sofern nicht ein besonderer gesetzlicher, tarifvertraglicher oder einzelvertraglicher Anspruch besteht. Der 5. Senat geht in beiden Entscheidungen von der Tatsache aus, daß im Erholungsurlaub die verschiedensten Ereignisse eintreten können, die in der Lage sind, den Erholungszweck zu beeinträchtigen. Wann dies der Fall sei, könne nur unter Berücksichtigung der Umstände des Einzelfalles entschieden werden. Für die Abgrenzung, wann im Einzelfall ein Nachurlaub zu gewähren ist, unterscheidet der Senat zwischen den Fällen, in denen der Lohn für den auf Grund bestimmter Ereignisse eintretenden Arbeitsausfall abbedungen werden kann, und den Fällen, in denen dies nicht zulässig ist. Gegen diese Begründung wenden sich mit zum Teil wechselnden Ergebnissen *Nikisch* (a.a.O.), *Steinwedel* (a.a.O.), und *Siara/Sahmer* (a.a.O.). *Steinwedel* geht ausschließlich davon aus, daß der Erholungszweck durch die unter § 616 Abs. 1 BGB fallenden Ereignisse vereitelt werden kann. Wenn in einem solchen Falle der Tarifvertrag einen Freistellungsanspruch für eine gewisse Dauer aus einem bestimmten Anlaß vorsehe, so sei dem Arbeitnehmer ein Nachurlaub zu gewähren. Ähnlich argumentieren auch *Siara/Sahmer* a.a.O., allerdings mit der Einschränkung, daß Nachurlaub nur dann zu gewähren ist, wenn ein Ereignis in den Urlaub fällt, das unabhängig vom Willen des Arbeitnehmers in dem Urlaub eintritt und seiner objektiven Natur nach geeignet ist, den Urlaubszweck zunichte zu machen. Nachurlaub sei deshalb außer im Falle der Erkrankung und der Musterung auch im Falle des Todes naher Angehöriger oder des Dienstes als Schöffe oder ehrenamtlicher Beisitzer an Gerichten (Arbeits-, Sozial-, Verwaltungs- oder Finanzgerichten) zu gewähren. Kein Nachurlaub sei dagegen zu gewähren im Falle der eigenen Hochzeit oder auch der Niederkunft der Ehefrau, weil der Arbeitnehmer darauf bei der Festsetzung des Urlaubszeitpunktes Bedacht nehmen könne.

37 Die Abgrenzung des BAG war nicht überzeugend, weil die Frage, ob dem Arbeitnehmer ein unabdingbarer Anspruch zusteht oder nicht, von Kriterien abhängen kann, die mit dem Wesen des Arbeitsverhältnisses überhaupt nichts zu tun haben, wie z.B. die Einführung der Lohnfortzahlung für Angestellte 1930/31 nur aus finanziellen Gründen – Entlastung der Krankenkassen – eingeführt worden ist. Dann aber wird man schwerlich diesen Gesichtspunkt als Abgrenzung dafür verwerten können, ob ein den Urlaubszweck vereitelndes Ereignis urlaubsrechtlich zu Lasten des Arbeitgebers gehen soll oder nicht (insoweit übereinstimmend

Nikisch, Anm. AP Nr. 191 zu § 611 BGB Urlaubsrecht; *Siara/Sahmer*, Anm. AP Nr. 1 zu § 12 ArbPlSchG). In der Entscheidung vom 11. 1. 1966 AP Nr. 1 zu § 1 BUrlG Nachurlaub hat der 5. Senat den in der Literatur geäußerten Bedenken Rechnung getragen und begründet den einen Nachurlaub für alle in den Urlaub fallenden **familiären Ereignisse** ablehnenden Standpunkt mit urlaubsrechtlichen Gesichtspunkten (vgl. *BAG* EzA § 1 BUrlG Nr. 2 = AP Nr. 1 zu § 1 BUrlG Nachurlaub = BB 1966, 369 = DB 1966, 427 = SAE 1966, 184 mit Anm. von *Gaul*). Das BAG führt u.a. aus: »Dieses Gesetz garantiert zwar die Unabdingbarkeit des gesetzlichen Mindesturlaubs (§§ 1 und 13 Abs. 1). Die Garantie erstreckt sich jedoch allein auf die Verpflichtung des Arbeitgebers, den Arbeitnehmer für einen bestimmten Zeitraum von der Arbeitsverpflichtung freizustellen und ihm dadurch – unter Zahlung eines angemessenen Urlaubsentgelts – die Möglichkeit der Ausspannung und der Erholung zu geben. Sie umfaßt jedoch nicht zugleich die Verpflichtung des Arbeitgebers, durch irgendwelche weitere Maßnahmen auch für die tatsächliche Erreichung des Urlaubszwecks Sorge zu tragen. Der Erholungszweck kann vielmehr nur im Bereich der eigenen Verantwortung jedes einzelnen Arbeitnehmers erreicht werden. Ebenso wie es danach, bedingt durch die individuelle Verschiedenheit der Menschen, vielfältige Erholungsmöglichkeiten gibt, andererseits aber der Erholungszweck auch mehr oder minder verfehlt werden kann, kann es während des Urlaubs innerhalb der persönlichen Sphäre aus den mannigfaltigsten Gründen zu Ereignissen kommen, die, mehr oder minder unabhängig vom Willen des einzelnen, sein Lebensschicksal beeinflussen und zugleich einer ungestörten Erholung im Wege stehen. Grundsätzlich fällt all dies als Teil des persönlichen Lebensschicksals in den Risikobereich jedes einzelnen Arbeitnehmers. Dem Gesetzgeber kann es nicht verborgen geblieben sein, daß – abgesehen von den Fällen der Erkrankung und der Kur – nach der Natur der Sache und praktisch auch häufig eine Vielfalt sonstiger Ereignisse störend in die zweckgerechte Gestaltung eines Erholungsurlaubs eingreifen können. Wenn er sich dennoch nicht zu einer weiterreichenden Regelung, als sie in den §§ 9 und 10 BUrlG enthalten ist, entschlossen hat, so kann daraus gefolgert werden, daß er – jedenfalls im Grundsatz – gleichfalls davon ausgegangen ist, es solle nicht jedes urlaubsstörende Ereignis zu Lasten des Arbeitgebers gehen und ihn zur Gewährung von Nachurlaub verpflichten.« Damit lehnt das *BAG* die Auffassung von *Schelp* (Anm. AP Nr. 3 zu § 10 BUrlG) und *Steinwedel* (a.a.O.) ab, die beide dann im Grundsatz für die Gewährung von Nachurlaub eintreten, wenn ein Ereignis im Urlaub die übliche Gestaltung des Erholungsurlaubs erheblich beeinträchtigt. Das *BAG* ist damit im Grundsatz der Auffassung *Nikischs* (a.a.O.) gefolgt, der mit Recht die Ansicht vertritt, daß das Wesen des Erholungsurlaubs nicht darin besteht, daß sich der Arbeitnehmer tatsächlich erholt, sondern daß es sich darin erschöpft, daß der Arbeitgeber bezahlte Freizeit zur Verfügung stellt, die dem Arbeitnehmer die Möglichkeit der Erholung eröffnet. Dieser Grundsatz rechtfertigt dann aber keinen Unterschied mehr in der Frage des Nachurlaubs je nachdem, ob das den Urlaubszweck störende Ereignis in den Bereich der familiären Sphäre gehört oder nicht. *Nikisch* (Anm. AP Nr. 1 zu § 1 BUrlG Nachurlaub) bemerkt hierzu treffend, daß das Lebensschicksal des Arbeitnehmers nicht allein aus der familiären Sphäre beeinflußt wird. Auch wirtschaftliche oder politische Ereignisse könnten in das Leben des beurlaubten Arbeitnehmers eingreifen, und der Erholungszweck könne ferner durch die Wahrnehmung staatsbürgerlicher Pflichten, wie z.B. das Beisitzeramt an Gerichten, beeinträchtigt werden. Hier sei es nicht gerechtfertigt, dem Arbeitgeber eine Pflicht zur Gewährung von Nachurlaub aufzuerlegen. *Nikisch* hat seine Auffassung auch in einer in AuR 1966, 185 veröffentlichten Besprechung der Entscheidung des *BAG* vom 11. 1. 1966 verteidigt.

38 Dagegen wendet sich erneut *Wachter* in AuR 1982, 308ff. Er meint dazu, daß ein Ereignis, das als solches keinen (gesetzlichen, tariflichen oder einzelvertraglichen) Lohnfortzahlungsanspruch des Arbeitnehmers begründen könne, wenn es während der Arbeitszeit auftrete, auch im Urlaub in den Risikobereich des Arbeitnehmers falle. Der Urlaubszweck könne zwar durch ein derartiges Ereignis gestört oder vereitelt werden. Ein Anspruch des Arbeitnehmers auf Nichtanrechnung könne hier aber nicht entstehen. Wenn aber das urlaubsstörende Ereignis geeignet sei, einen Lohnfortzahlungsanspruch auszulösen, falle es auch während des Urlaubes in den Risikobereich des Arbeitgebers und könne das Recht des Arbeitnehmers zur Folge haben, vom Arbeitgeber die Nichtanrechnung der gestörten Tage auf den Urlaub zu verlangen.

39 Diese Auffassung findet vom Wesen des Erholungsurlaubes her gesehen keine Stütze (**a.A.** auch *Dersch/Neumann*, § 3 Anm. 38; **dagegen** aber *Boldt/Röhsler*, § 1 Anm. 34 und auch *Gaul*, SAE 1966, 184).

40 Das *BAG* hat zwar seine Entscheidung vom 1. 8. 1963 (AP Nr. 1 zu § 12 ArbPlSchG) nicht aufgegeben; doch dürfte der urlaubsrechtlichen Begründung des Urteils vom 11. 1. 1966 (AP Nr. 1 zu § 1 BUrlG Nachurlaub) der gegenteilige Standpunkt eher gerecht werden. Entscheidend muß darauf abgestellt werden, daß der Arbeitgeber seine Pflicht erfüllt, wenn er den Arbeitnehmer freistellt und die Bezüge weiterzahlt. Die gesetzliche Garantie erstreckt sich nicht darauf, daß auch der Urlaubszweck erfüllt wird. So besteht kein Zweifel daran, daß der Urlaubsanspruch auch dann verbraucht ist, wenn der Arbeitnehmer sich aus Witterungsgründen an seinem Urlaubsort (so auch *Dersch/Neumann*, § 3 Anm. 38) oder aus anderen Gründen überhaupt nicht erholen konnte und dies feststeht. Würde man dies annehmen, so müßte auch vom Gesetz sichergestellt sein, daß der Arbeitnehmer sich tatsächlich erholt bzw. die Zeit auch tatsächlich zu Erholungszwecken verwendet. Aber gerade das entspricht nicht der Konzeption des Gesetzes, das – von § 8 abgesehen – grundsätzlich jede Reglementierung des Urlaubs ablehnt (siehe dazu auch Anm. 2). An dieser Auffassung dürfte sich auch durch die seit der Entscheidung des *BAG* vom 28. 1. 1982 (EzA § 3 BUrlG Nr. 13 = AP Nr. 11 zu § 3 BUrlG Rechtsmißbrauch = DB 1982, 1065) »neue« Rechtsprechung des BAG nichts geändert haben. Auch nach dieser Rechtsprechung ist der Urlaubsanspruch ein Anspruch des Arbeitnehmers, von den Arbeitspflichten für die Urlaubsdauer befreit zu werden, die aufgrund des Arbeitsverhältnisses entstehen (so *BAG* EzA § 3 BUrlG Nr. 15 = AP Nr. 22 zu § 13 BUrlG = DB 1986, 2394). Damit ändert sich aber die hier angesprochene Problematik nicht: entscheidend bleibt auch nach dem 28. 1. 1982, ob der Arbeitgeber seine Pflicht zur Freistellung des Arbeitnehmers unter Lohnfortzahlung erfüllt hat.

41 Deshalb beeinträchtigen auch Ereignisse, die in der Sphäre des Arbeitnehmers liegen, nicht den Urlaubszweck, wenn sie während des Urlaubszeitraumes eintreten. Das Gesetz sieht für diese Fälle keinen Nachurlaub vor. Ausgenommen sind kraft ausdrücklicher gesetzlicher Regelung nur die in den Urlaubszeitraum fallenden Krankheitstage unter den in § 9 genannten Voraussetzungen (siehe dort). In Fortführung der Gedanken der Entscheidung des *BAG* vom 11. 1. 1966 (AP Nr. 1 zu § 1 BGB Nachurlaub) muß daher für alle Fälle, die ihre Basis in der Sphäre des Arbeitnehmers haben, die Gewährung des Nachurlaubs abgelehnt werden. Das sind die meisten Fälle. Dazu zählen also **alle familiären Ereignisse**, wie **Heirat** oder **Tod naher Angehöriger**. Aber auch die **Erfüllung staatsbürgerlicher Pflichten** wie **Musterung, Schöffendienst, Zeugenvernehmung vor den Gerichten** usw. haben nicht die Gewährung eines Nachurlaubs zur Folge. Alle diese Fälle werden vom Staat dem Bürger im Interesse der Gemeinschaft auferlegt, und es scheint nicht gerechtfertigt, daß der davon betroffene Arbeitnehmer dieses von ihm geforderte Opfer auf den Arbeitgeber abwälzen kann (im Ergebnis ebenso *Boldt/Röhsler*, § 1 Anm. 35 und *Gaul*, SAE 1966, 184; *Bobrowski/Gaul* Bd. I, S. 444). Zu Lasten des Arbeitgebers gehen deshalb nur solche den Urlaubszweck störende Ereignisse, die völlig außerhalb der Sphäre des Arbeitnehmers liegen. Solche Fälle werden selten sein.

42 Zu der tariflichen Regelung der Frage der Gewährung von Nachurlaub vgl. § 3 Anm. 7.

43 Die Unterscheidung von *Dersch/Neumann* (§ 1 Anm. 52, 53; § 3 Anm. 37, 38) ist deshalb nicht überzeugend, weil der Arbeitnehmer z. B. im Falle des § 12 ArbPlSchG nur einen Entgeltfortzahlungsanspruch für die ausfallende Arbeitszeit hat. Im Urlaub fällt aber keine Arbeitszeit aus, weil der Arbeitnehmer ohnehin von der Arbeitspflicht befreit ist. Ebenso ist die Lage, wenn in Tarifverträgen für bestimmte Ereignisse ein Freistellungsanspruch mit Lohnfortzahlung gewährt wird. Dieser Anspruch kann nicht entstehen, weil der Arbeitnehmer im Urlaub ohnehin freigestellt ist und den Lohn erhält.

44 Besteht für einen Freistellungszeitraum kein Vergütungsanspruch, so z. B. für eine Werksbeurlaubung, so können die Arbeitsvertragsparteien vereinbaren, daß die Zeit voll oder teilweise auf den Erholungsurlaub angerechnet wird. So können die Härten, die u. U. für die Arbeitnehmer entstehen, gemildert werden. Wird eine derartige Anrechnung vorgenommen, so braucht der Arbeitnehmer nicht für den Betrieb zur Verfügung zu stehen. Muß ein Arbeitnehmer bereitstehen, so kommt die Anrechnung auf den Erholungsurlaub nicht in Betracht (vgl. *Dersch/Neumann*, § 1 Anm. 54; *LAG Stuttgart* BB 1956, 691).

45 5. Beurlaubung und Sozialversicherung

Das versicherungsrechtliche Beschäftigungsverhältnis bleibt nach der ausdrücklichen Vorschrift des § 192 Abs. 1 Nr. 1 SGB V (i. d. F. des Gesetzes über die Strukturreform im Gesundheitswesen vom 20. 12. 1988 (Gesundheitsreformgesetz) (BGBl. I S. 2477 ff.) erhalten, solange das Arbeitsverhältnis fortbesteht, längstens jedoch für einen Monat, im Falle eines rechtmäßigen Arbeitskampfes bis zu dessen Beendigung. Nach dem Urteil des *BSG* vom 20. 9. 1972 (Breithaupt 1973, 94) wird, wenn ein unbezahlter Urlaub von vornherein länger als einen Monat (im Zeitpunkt dieser Entscheidung galt noch der wortlautgleiche § 311 Satz 1 Nr. 1 RVO, der die Fortdauer des Versicherungsverhältnisses auf drei Wochen beschränkte) andauert, bereits mit Ablauf der entgeltlichen Tätigkeit das Versicherungsverhältnis beendet. Die Praxis der Versicherungsträger geht jedoch dahin, daß auch in diesem Falle die Mitgliedschaft für einen Monat weiter fortbesteht, auch wenn ein unbezahlter Urlaub von länger als einem Monat vereinbart wird. Während der Beurlaubung sind **Beiträge zur Kranken- und Arbeitslosenversicherung** nicht zu entrichten. Der Fortbestand des Versicherungsverhältnisses ist also nicht davon abhängig, daß die Arbeitsunterbrechung von vornherein nur auf höchstens 1 Monat befristet ist. Das Versicherungsverhältnis bleibt demnach auch erhalten, wenn bei Beginn der Beurlaubung ihre genaue Dauer noch nicht feststeht. Sofern jedoch die Arbeitsunterbrechung länger als einen Monat andauert, endet das Versicherungsverhältnis und damit auch die Mitgliedschaft in der Krankenkasse mit Ablauf eines Monats nach Beginn der Unterbrechung (Zur Berechnung der Frist vgl. § 26 SGB X), bei einem rechtmäßigen Arbeitskampf mit dessem letzten Tag. Hier müßte sich der beurlaubte Arbeitnehmer nach Ablauf der Mitgliedschaft freiwillig weiterversichern (§ 9 Abs. 1 Nr. 1 und 2 SGB V), was jedoch voraussetzt, daß er das der Krankenkasse anzeigt und die vollen Versicherungsbeiträge selbst zahlt. Während des unbezahlten Urlaubs bis zu einem Monat und während der Dauer des rechtmäßigen Arbeitskampfes erhält der Arbeitnehmer trotz Beitragsfreiheit alle Leistungen der Krankenkasse, bis auf Krankengeld.

Den **Anspruch auf Krankengeld** während der Zeit des unbezahlten Urlaubs hat das *BSG* vom 14. 12. 1976 (BSGE 43/86 = Breithaupt 1977, 759) mit der Begründung verneint, der Arbeitnehmer habe seinen unbezahlten Urlaub in der Hand. Das gilt auch, wenn die Arbeitsunfähigkeit während eines dem unbezahlten Urlaub vorausgehenden Tarifurlaubs eingetreten war.

In der **Rentenversicherung** sind ebenfalls keine Beiträge zu entrichten, da während der Beurlaubung kein Arbeitsentgelt gezahlt wird. Allerdings bleibt der Arbeitnehmer rentenversicherungspflichtig, wenn er von seinem Arbeitgeber zum Zwecke weiterer Fachschulausbildung im Rahmen eines Fortbildungslehrgangs (einer Sparkassenschule) von der Arbeitsleistung unter Fortzahlung eines Unterhaltsdarlehens freigestellt wird (*BSG* v. 31. 8. 1976, DAngVers. 1977, 41).

46 Zur Frage der **Erkrankung eines Arbeitnehmers im unbezahlten Urlaub** vgl. § 9 Anm. 27ff.

IV. Der Urlaubsanspruch im einzelnen

47 Der Urlaubsanspruch ist zwar ein Anspruch des bürgerlichen Rechts i. S. des § 194 BGB, jedoch vom Gesetz und zum Teil auch von der Rechtsprechung im Interesse des Schutzes des Arbeitnehmers mit besonderen Sicherungen ausgestattet.

48 Der Urlaubsanspruch richtet sich gegen den Arbeitgeber. Das hat zwar im Gesetz keinen Ausdruck gefunden, jedoch dürften keine begründeten Zweifel gegen die Feststellung zu erheben sein, daß der **jeweilige** Arbeitgeber den Urlaubsanspruch des Arbeitnehmers zu erfüllen hat (vgl. dazu auch *Boldt/Röhsler*, § 1 Anm. 8). Im Falle des **mittelbaren Arbeitsverhältnisses** ist Adressat des Urlaubsanspruchs nicht der mittelbare Arbeitgeber, d. h. derjenige Arbeitgeber, zu dessen unmittelbaren Nutzen die Arbeit geleistet wird, sondern der unmittelbare Arbeitgeber. Der mittelbare Unternehmer haftet für den Urlaubsanspruch nur subsidiär (dazu *Boldt/Röhsler*, § 1 Anm. 8 unter Hinweis auf *BAG* AP Nr. 2 zu § 611 BGB Mittelbares Arbeitsverhältnis = BB 1957, 645 = DB 1957, 635 = SAE 1957, 125 = ArbuR 1957, 380 mit Anm. von *Herschel; BAG* EzA § 611 BGB Arbeitnehmerbegriff Nr. 32 (mittelbares Arbeitsverhältnis von Franchisenehmern).

49 Beim **Leiharbeitsverhältnis** nach den Bestimmungen der §§ 1, 11 AÜG treffen den Verleiher grundsätzlich sämtliche arbeitsrechtlichen Pflichten, die einem Arbeitgeber in einem normalen Arbeitsverhältnis zukommen. Er hat daher auch die aus dem BUrlG sich ergebenden Pflichten zu erfüllen (*Becker/Wulfgramm*, AÜG, 2. Aufl., § 11 Anm. 54). Ist das Leiharbeitsverhältnis allerdings nach § 9 Nr. 1 AÜG unwirksam und besteht daher nach § 10 Abs. 1 AÜG ein (fingiertes) unmittelbares Arbeitsverhältnis zwischen dem Leiharbeitnehmer und Entleiher, trifft diesen die Pflicht zur Urlaubserteilung (*Becker/Wulfgramm*, a.a.O., § 10 Anm. 32).

50 **Wechselt der Inhaber des Betriebes**, ganz gleich auf welche Weise und wird der Betrieb von einem Nachfolger im weitesten Sinne fortgeführt, so hat dieser alle bestehenden Urlaubsansprüche der Arbeitnehmer zu erfüllen. Er kann nicht etwa hingehen und die Arbeitnehmer wegen der Urlaubsansprüche, die zur Zeit des früheren Inhabers entstanden sind, an diesen verweisen. Alle Ansprüche sind einheitlich und dem Gesetz entsprechend zusammenhängend zu erfüllen. Ausdrücklich ergibt sich das aus dem Gesetz nicht (wie hier aber auch *Boldt/Röhsler*, § 1 Anm. 8). Zu rechtfertigen ist diese These einmal aus der Entscheidung des Gesetzgebers zur Wartezeit für diesen Fall. Es ist im Hinblick auf die Entstehungsgeschichte des Gesetzes ganz h.L., daß die beim Rechtsvorgänger verbrachte Wartezeit auf die spätere Zeit angerechnet werden muß. Ursprünglich war nämlich im Entwurf eines Bundesurlaubsgesetzes der Fraktion der CDU/CSU vorgesehen, daß die Wartezeit bei demselben Arbeitgeber zurückgelegt werden müsse. Der Gesetzgeber hat dies jedoch nicht übernommen, sondern den vollen Urlaubsanspruch an das sechsmonatige Bestehen des Arbeitsverhältnisses geknüpft (vgl. dazu § 4 Anm. 55). Wenn aber der Gesetzgeber für die Wartezeit diese Entscheidung getroffen hat, so kann für den Urlaubsanspruch als solchen nichts anderes gelten. Dafür spricht auch das Gebot, den Urlaub zusammenhängend zu gewähren. Würde man das hier gefundene Ergebnis nicht akzeptieren, so führte dies zu unerwünschten Urlaubsteilungen und sogar im Einzelfalle zu Abgeltungen von Urlaubsansprüchen, die nach dem Gesetz aber nur im Falle der wirklichen Beendigung des Arbeitsverhältnisses zulässig sind. Deshalb ist der Betriebsnachfolger (im weitesten Sinne) verpflichtet, die Urlaubsansprüche der Arbeitnehmer zu erfüllen (dazu ausführlich *Feller*, RdA 1968, 4ff.). Zum Wechsel des Arbeitgebers im einzelnen und zur Problematik des § 613a BGB siehe § 4 Anm. 50ff.

Beim Urlaubsanspruch sind folgende Einzelheiten hervorzuheben:

1. Unabdingbarkeit

51 **Der Anspruch des Arbeitnehmers auf einen bezahlten Erholungsurlaub im Urlaubsjahr ist unabdingbar** (so zuletzt *BAG* EzA § 13 BUrlG Nr. 49 = AP Nr. 13 zu § 13 BUrlG Unabdingbarkeit = DB 1991, 392). Das folgt eindeutig aus § 13 Abs. 1 S. 3, der eine Abweichung von den Bestimmungen des Gesetzes nur zugunsten des Arbeitnehmers gestattet (**h.M.** *Dersch/Neumann*, § 1 Anm. 89; § 13 Anm. 1ff.; *Boldt/Röhsler*, § 1 Anm. 29; *Gaul/Boewer*, S. 152; *Natzel*, § 1 Anm. 55; *Borrmann*, § 1 Anm. 13). Der Begriff »Unabdingbarkeit« ist dem Tarifrecht entnommen. Dort kennzeichnet er die Verbindung der **unmittelbaren und zwingenden Wirkung** der Normen des Tarifvertrages (vgl. *Wiedemann/Stumpf*, TVG, 5. Aufl., § 4 Anm. 169f.). Die unmittelbare Wirkung der Tarifnormen verdrängt alle gegen den Tarifvertrag verstoßenden Vereinbarungen des Einzelar-

beitsvertrages und gestaltet das Arbeitsverhältnis positiv, entsprechend dem Inhalt der Tarifnormen. Die zwingende Wirkung greift auch hinsichtlich des Urlaubsanspruches Platz.

52 Die Unabdingbarkeit des gesetzlichen Urlaubsanspruchs bestimmt sein Verhältnis zum Einzelarbeitsvertrag und auch zur Betriebsvereinbarung (*BAG* EzA § 13 BUrlG Nr. 19 = AP Nr. 15 zu § 13 BUrlG = DB 1985, 48). Diese Gestaltungsmittel vermögen nur für den Arbeitnehmer günstigere Vereinbarungen zu treffen. Insbesondere hat das BUrlG die in einigen Länderurlaubsgesetzen vorhandene Möglichkeit, auch durch Betriebsvereinbarung für den Arbeitnehmer ungünstigere Regelungen zu treffen (sog. Vorrangprinzip), nicht übernommen. Eine nach § 77 BetrVG zulässige Betriebsvereinbarung ist neben dem Bundesurlaubsgesetz nur dann denkbar, wenn sie dessen Normen zugunsten des Arbeitnehmers verbessert (weitere Einzelheiten § 13 Anm. 43ff.).

53 Die aus § 13 folgende Unabdingbarkeit regelt aber auch teilweise das Verhältnis des Bundesurlaubsgesetzes zum Tarifvertrag. Von den §§ 1, 2 und 3 Abs. 1 kann durch Tarifvertrag nur abgewichen werden, wenn die Regelung des Tarifvertrages günstiger ist (Einzelheiten zum Günstigkeitsvergleich § 13 Anm. 16ff.). Es gilt also im Verhältnis Gesetz – Tarifvertrag insoweit das **Günstigkeitsprinzip**, das grundsätzlich Kollisionsfälle zwischen Schutzgesetzen im Arbeitsrecht und Tarifverträgen löst. Arbeitsrechtiche Schutzgesetze sind in aller Regel nur einseitig zwingend, d.h., sie lassen anderweitige Regelungen zu, soweit sie für den Arbeitnehmer günstiger sind.

54 Von den §§ 1, 2 und 3 Abs. 1 abgesehen ist das BUrlG dem Tarifvertrag und der sog. Bezugnahme auf den einschlägigen Tarifvertrag gegenüber **dispositives Recht**. Es ist maßgebend, solange im Tarifvertrag nichts anderes bestimmt ist. Geschieht dies aber, so gilt die Tarifregelung ohne Rücksicht darauf, ob sie für den Arbeitnehmer günstiger oder ungünstiger ist als die gesetzliche (**sog. Vorrangprinzip**). Einzelheiten unter § 13 Anm. 13ff.

2. Fälligkeit

55 Der Urlaubsanspruch des Arbeitnehmers entsteht nach Ablauf der Wartezeit (vgl. § 4 Anm. 7) und in den folgenden Jahren jeweils am 1. Januar (Stichtag). Vgl. oben Anm. 13. Zur Entstehung des Teilurlaubsanspruchs vgl. § 5 Anm. 9ff. Sind die Voraussetzungen des Urlaubsanspruchs erfüllt, so hat schon damit der Arbeitnehmer auch einen fälligen Anspruch auf den Erholungsurlaub, den er durch Klage verwirklichen kann (vgl. dazu unten § 7 Anm. 57ff.; wie hier *Boldt/Röhsler*, § 7 Anm. 37; *Borrmann*, § 1 Anm. 23 und § 7 Anm. 1; *Schelp/Herbst*, § 7 Anm. 4; jetzt auch *Natzel*, § 7 Anm. 13). Nicht zutreffend ist es, wenn gesagt wird, der Urlaubsanspruch werde mit der Bestimmung der zeitlichen Lage des Urlaubs fällig (so *BAG* AP Nr. 83 zu § 611 BGB Urlaubsrecht = BB 1962, 51 = DB 1962, 35; *BAG* AP Nr. 84 zu § 611 BGB Urlaubsrecht = BB 1962, 51 = DB 1962, 70 und auch der überwiegende Teil der Lehre, vgl. *Hueck/Nipperdey*, Bd. I § 49 VI 1; *Schelp/Herbst*, § 1 Anm. 16; *Kuntze/Farthmann*, BB 1962, 1263; *Trieschmann*, ArbuR 1963, 70; *Gaul/Boewer*, Probleme des Urlaubsrechts, S. 63 und *Boewer*, DB 1970, 638). Das ist nicht der Fall, weil der Arbeitgeber mit der Urlaubserteilung eine Leistungsbestimmung vornimmt, die begrifflich schon einen fälligen Anspruch voraussetzt. Dies nehmen offenbar auch *Dersch/Neumann*,

§ 7 Anm. 2 und 3 und *Nikisch*, 3. Aufl., Bd. I § 39 Anm. 85 (S. 535) an. Denn auch sie lehnen für den Zeitpunkt, an dem der Arbeitnehmer den Urlaub antritt, eine Fälligkeit im streng schuldrechtlichen Sinne ab. Sie meinen, es müsse der Zeitpunkt der Fälligkeit des Urlaubsanspruchs von dem Zeitpunkt, für welchen er erteilt wird, unterschieden werden. Nur weil der Arbeitnehmer den Urlaub mit diesem Zeitpunkt erst nehmen könne, der Anspruch also erst verwirklicht werden könne, wenn der Arbeitnehmer ihn antrete, sei es durchaus berechtigt, auch von diesem Zeitpunkt als dem Zeitpunkt der Fälligkeit zu sprechen. Zutreffend bemerken dann allerdings *Dersch/Neumann* (§ 7 Anm. 3), daß in jedem Fall zwischen der Entstehung des Urlaubsanspruchs und dem Zeitpunkt zu unterscheiden sei, an dem er angetreten werde. Das hat dann aber mit dem schuldrechtlichen Begriff der Fälligkeit nichts mehr zu tun. Denn der Antritt des Urlaubs nach seiner Entstehung ist bereits der Beginn der Erfüllung des Anspruchs. Mit der Erteilung wird der Anspruch nicht fällig, sondern mit der geschuldeten, vorher bereits fälligen Leistung begonnen. Erfüllt ist der Urlaubsanspruch allerdings erst, worauf *Nikisch* a.a.O. mit Recht hinweist, wenn der Arbeitnehmer in Urlaub gewesen ist (vgl. zur Frage der Fälligkeit auch im Hinblick auf die **h.L.** kritisch *Söllner*, Einseitige Leistungsbestimmung im Arbeitsverhältnis, S. 44 und AcP 162, 558 sowie *Zöllner*, AP Nr. 1 zu § 611 BGB Urlaub und Kur; *Klein*, BB 1960, 251).

3. Doppelarbeitsverhältnis

56 Steht ein Arbeitnehmer in einem sog. **Doppelarbeitsverhältnis**, so hat er jedem Arbeitgeber gegenüber einen Anspruch auf bezahlten Erholungsurlaub (**h.M.** vgl. *Boldt/Röhsler*, § 2 Anm. 50; *Dersch/Neumann*, § 2 Anm. 49; *Schelp/Herbst*, § 1 Anm. 30; *Borrmann*, § 2 Anm. 4). Selbst wenn einer der Verträge wegen Verstoßes gegen zwingende Arbeitszeitvorschriften nichtig sein sollte (§ 3 AZO), so führt diese Nichtigkeit nicht zum Wegfall des Urlaubsanspruchs. Auch im Falle der Nichtigkeit eines Arbeitsvertrages stehen nämlich dem Arbeitnehmer für die Vergangenheit die Ansprüche zu, die er im Falle seiner Gültigkeit hätte. In derartigen Fällen ist es wünschenswert, daß der Urlaub in beiden Arbeitsverhältnissen gleichzeitig erteilt wird. Andernfalls dürfte der Erholungszweck des Urlaubs kaum voll erreicht werden können. Aber selbst wenn das nicht durchführbar ist, der Arbeitnehmer also während des Urlaubs im ersten Arbeitsverhältnis beim zweiten Arbeitgeber arbeitet, führt dies nicht zur Befreiung von der Pflicht der Urlaubsgewährung. Denn hier führt die Befreiung wenigstens zu einer Teilerholung (vgl. hierzu *BAG* AP Nr. 1 zu § 611 BGB Doppelarbeitsverhältnis = BB 1959, 1030). Ob die Beschäftigung **haupt- oder nebenberuflich** ausgeübt wird, ist ohne Bedeutung. Auch der Arbeitnehmer, der eine Tätigkeit nebenberuflich ausübt, hat einen Urlaubsanspruch.

4. Teilzeitbeschäftigung

57 Auch Arbeitnehmer, die nicht an jedem Werktag arbeiten oder die zwar an jedem Werktag arbeiten, jedoch nur für die Dauer von zwei oder vier Stunden, haben einen Urlaubsanspruch. Die Anzahl der Arbeitsstunden ist ohne Bedeutung (vgl.

LAG Kiel BB 1951, 1005; *LAG Hamburg* BB 1953, 707; *LAG Bremen* AP Nr. 1 zu § 6 UrlG Bremen; *BAG* EzA § 13 BUrlG Nr. 50 = DB 1991, 1987). Einem Musiker, der nur am Wochenende spielt, steht also ebenso ein bezahlter Urlaubsanspruch zu wie einer Raumpflegerin, die zwar täglich arbeitet, deren Arbeitszeit aber nur jeweils 1½ Stunden beträgt. Auch der nur zeitweilig beschäftigte Werkstudent hat entgegen *LAG Düsseldorf* (AP 1952 Nr. 43) und der von *Franke* (DB 1982, 1324) vertretenen Auffassung einen Anspruch auf Erholungsurlaub (*ArbG Berlin* BB 1963, 473; vgl. auch *Dersch/Neumann,* § 2 Anm. 45; *Boldt/Röhsler* § 1 Anm. 46 und § 3 Anm. 30; *Borrmann*, § 2 Anm. 5; *Lipke*, GK-TzA Art. 1 § 2 BeschFG Rn. 166ff.).

58 Das *BAG* hat in seiner Entscheidung vom 21. 10. 1965 (AP Nr. 1 zu § 1 BUrlG) die Auffassung der ganz **h. L.** bestätigt. Es führt hierzu aus: »Auch nach dem BUrlG können teilbeschäftigte Arbeitnehmer ebenso wie vollbeschäftigte Urlaubsansprüche erwerben, wenn in ihrer Person die allgemeinen Voraussetzungen für das Entstehen von Urlaubsansprüchen erfüllt sind. Denn das Gesetz gewährt in § 1 BUrlG **jedem** Arbeitnehmer Anspruch auf bezahlten Urlaub. Der Arbeitnehmereigenschaft steht aber grundsätzlich nicht entgegen, daß die verrichtete Arbeit nicht die gesamte Arbeitskraft des Beschäftigten in Anspruch nimmt (*Nikisch*, ArbR, 3. Aufl. Bd. I S. 94 m. w. N.). Das BUrlG verwendet keinen besonderen, vom sonstigen Arbeitsrecht abweichenden Arbeitnehmerbegriff, insbesondere differenziert es nicht zwischen Arbeitnehmern mit größerer oder geringerer Beanspruchung der Arbeitskraft und dementsprechend größerem, kleinerem oder überhaupt fehlendem Erholungsbedürfnis; es macht ebenso wie das frühere Urlaubsrecht (vgl. *BAG* AP Nr. 16 zu § 611 BGB Urlaubsrecht) das individuelle – praktisch nur sehr schwer nachprüfbare – Erholungsbedürfnis überhaupt nicht zu einer besonderen Voraussetzung für das Entstehen eines Urlaubsanspruchs.« In seiner Anmerkung zu dieser Entscheidung in AP Nr. 1 zu § 1 BUrlG kommentiert *Nikisch* diese Entscheidung kritisch und will für Teilbeschäftigungen, die sich nur auf ganz wenige Tage im Monat erstrecken, einen Urlaubsanspruch ablehnen. Gerechtfertigt wird dies mit dem Hinweis, der Gesetzgeber habe offenbar an solche Fälle nicht gedacht. Er sei wohl davon ausgegangen, daß Arbeitnehmer i. S. des § 1 nur derjenige sei, der in einem Dauerarbeitsverhältnis ständige und voll auslastende Berufsarbeit leiste. Gelegentliche, wenn auch regelmäßig wiederkehrende Arbeit, die wegen ihrer Geringfügigkeit das Berufsleben des Arbeitnehmers nicht ausfülle, genüge nicht (ähnlich schon *Trieschmann*, BB 1956, 733 und *LAG Bremen* AP 1951 Nr. 94). Für derartige Arbeitnehmer bestehe kein Bedürfnis nach Erholungsurlaub, weil sie nach wenigen Tagen Arbeit eine Arbeitsunterbrechung von 2½ bis 3 Wochen hätten.

59 Es kann nicht bezweifelt werden, daß die Auffassung *Nikischs* mit einer verständigen Auffassung vom Wesen des Erholungsurlaubs durchaus vereinbar wäre. Aber de lege lata stößt sie doch auf erhebliche Zweifel – die im übrigen auch *Nikisch* selbst aufzeigt und die vom *BAG* in seiner Entscheidung vom 16. 3. 1972 (AP Nr. 10 zu § 611 BGB Lehrer, Dozenten = BB 1972, 659 = DB 1972, 1028) nachdrücklich bekräftigt werden. Das Gesetz geht vom allgemeinen Arbeitnehmerbegriff aus und differenziert nicht zwischen denjenigen Arbeitnehmern, die voll arbeiten und solchen, die nur einer Teilbeschäftigung nachgehen. Mit dem BAG, das seine Auffassung in der Entscheidung vom 16. 3. 1972 deutlich formulierte, ist daher davon auszugehen, daß alle Teilbeschäftigten Anspruch auf Erholungsurlaub haben, soweit sie noch als Arbeitnehmer anzusehen sind (wie hier die **h. L.** vgl. *Schelp/Herbst*, § 1 Anm. 30; *Borrmann*, § 3 Anm. 6; *Natzel*, § 1 Anm. 10; *Schmelzer*, Urlaubsrecht S. 22; *Heussner*, Urlaubsrecht, Anm. 64f.; *Schmidt*, ArbuR 1961, 329; *Boldt/Röhsler*, § 2 Anm. 47, die aber mit Recht darauf hinweisen, daß in derartigen Fällen stets zu prüfen sei, ob nicht ein selbständiger Dienstvertrag vorliege).

Im übrigen hat **§ 2 Abs. 1 BeschFG 1985** die bestehende kontroverse Diskussion über dieses Problem endgültig abgeschlossen. Nach § 2 Abs. 1 BeschFG 1985 kann es nicht mehr zweifelhaft sein, daß eine unterschiedliche Behandlung von Vollzeit- und Teilzeitkräften nicht zulässig ist. § 2 Abs. 1 BeschFG 1985 gebietet insoweit eine Gleichbehandlung. Dieser Grundsatz der Gleichbehandlung gilt auch für die Tarifvertragsparteien bei der Schaffung von Urlaubsregelungen (*BAG* EzA § 2 BeschFG 1985 Nr. 3 = DB 1989, 2338). Im übrigen ergibt sich aus § 2 Abs. 1 BeschFG 1985, daß der Umfang der Teilzeitarbeit, das Zusammentreffen von hauptberuflicher und nebenberuflicher Tätigkeit, die Begründung mehrerer Teilzeitarbeitsverhältnisse oder eine andere wirtschaftliche Sicherung des Teilzeitarbeitnehmers keinen Einfluß auf die Entstehung und den Inhalt des gesetzlichen Urlaubsanspruches haben können.

60 Die Dauer des Urlaubs richtet sich nach § 3 bzw. den in Betracht kommenden Tarifverträgen. Wird ein Arbeitnehmer z. B. an drei Tagen der Woche beschäftigt, und hat er 18 Tage Urlaub, so erhält er diese 18 Tage Urlaub, allerdings unter Anrechnung sämtlicher Werktage und nicht nur derjenigen Tage, an denen er gearbeitet hätte. Ohne Rücksicht auf das Ausmaß der Beschäftigung ist also der im Gesetz oder Tarifvertrag bestimmte Zeitraum des Urlaubs zu gewähren (zur Entgeltberechnung § 11 Anm. 70ff.). Das entspricht der Rechtsprechung des BAG (vgl. *BAG* AP Nr. 16 zu § 611 BGB Urlaubsrecht mit Anm. von *Dersch* = BB 1957, 222 = DB 1957, 192 und *BAG* AP Nr. 1 zu § 1 BUrlG mit Anm. von *Nikisch* = BB 1966, 35 mit Anm. von *Gumpert* = DB 1966, 155 = SAE 1966, 108 mit zustimmender Anmerkung von *Isele*). In der letzten Entscheidung führt das BAG aus, der Arbeitnehmer müsse sich auf den Jahresurlaub von 18 Werktagen die arbeitsfreien Werktage anrechnen lassen, und zwar in dem Verhältnis, in dem die tatsächlichen Beschäftigungstage zu den Werktagen des Kalenderjahres stehen. *Nikisch* (Anm. AP Nr. 1 zu § 1 BUrlG) wendet gegen die Auffassung des BAG ein, logisch sei es durchaus zu rechtfertigen, daß der nur teilweise beschäftigte Arbeitnehmer für jeden Urlaubstag an dem Tage Arbeitsbefreiung erhalte, an dem er sonst tatsächlich arbeiten müsse. Obwohl diese Ansicht logisch zutreffend sei, weil Urlaub Arbeitsbefreiung sei und daher Tage keine Urlaubstage sein könnten, an denen der Arbeitnehmer ohnehin nicht zu arbeiten habe, könne sie wohl kaum vertreten werden, weil jedermann dem BAG zustimmen müsse. Andernfalls erhalte der nur Teilbeschäftige mehr zusammenhängende Freizeit als ein Vollbeschäftigter. *Nikisch* löst die Frage mit dem Hinweise, wer 18 Tage Urlaub erhalte, müsse für drei Wochen von der Arbeit freigestellt werden, gleichgültig, ob er in diesem Zeitraum in der Woche an 4, 5, 6 oder gar nur an einem Tag arbeite. Dem wird man zuzustimmen haben (wie hier *Dersch/Neumann*, § 3 Anm. 49; *Boldt/Röhsler*, § 3 Anm. 30; *Bobrowski/Gaul*, Bd. I S. 448; *Borrmann*, § 3 Anm. 6, 7; *Natzel*, § 3 Anm. 70; *Trieschmann*, BB 1956, 373; *Gumpert*, BB 1956, 375; *Schmelzer*, BB 1956, 928 und Urlaubsrecht S. 98).

61 Besondere Probleme wirft das sog. **Eintagsarbeitsverhältnis** auf. Dabei handelt es sich um ein Arbeitsverhältnis, das stets auf einen Tag befristet ist, jedoch wiederholt zwischen denselben Vertragspartnern abgeschlossen wird. Das BAG hat zum

UrlG Niedersachsen entschieden, daß ein Eintagsarbeitsverhältnis oder mehrere Eintagsarbeitsverhältnisse keinen Teilurlaubsanspruch begründen können (vgl. *BAG* AP Nr. 6 zu § 6 UrlG Niedersachsen = BB 1963, 271 = DB 1963, 278). Es rechtfertigt seine Ansicht mit dem Hinweis, im Rahmen von Eintagsarbeitsverhältnissen sei eine Urlaubsgewährung schon begrifflich und praktisch nicht möglich. Eine Freizeitgewährung unter Fortzahlung der Bezüge könne nur im Rahmen eines Arbeitsverhältnisses geschehen, nicht aber nach dessen Beendigung. Deshalb könne in einem Eintagsarbeitsverhältnis keine Freizeit gewährt werden. Weiter wird die Ablehnung eines Urlaubsanspruchs damit gerechtfertigt, daß das dauernde rechtliche Band fehle und damit die Gesamtsituation, die es nach heutigen Vorstellungen notwendig mache, daß ein Arbeitnehmer von seinen wiederkehrenden Dienstpflichten in bestimmtem Umfang durch Freizeitgewährung unter Fortzahlung der Bezüge entbunden werden muß. Auch sei die Fürsorgepflicht des Arbeitgebers noch nicht so verdichtet, daß sie eine Belastung des Arbeitgebers mit Urlaubsansprüchen rechtfertige. Schließlich weist das BAG auch darauf hin, es fehle an jeder sinnvollen und sachlichen Beziehung zum Zwölftelungsprinzip, das sich am vollen Monat und damit einem Dauerarbeitsverhältnis von gewisser Dauer orientiere, die eben länger sein müsse als ein Tag.

62 Im Gegensatz zu dieser Auffassung des BAG halten *Dersch/Neumann* (§ 2 Anm. 44) auch beim Eintagsarbeitsverhältnis unter gewissen Voraussetzungen einen Urlaubsanspruch für begründet. Die Beschäftigung müsse längere Zeit dauern und damit die sonstigen Voraussetzungen erfüllt sein. Der Arbeitnehmer könne zwar tageweise, müsse aber ständig beschäftigt werden, da der Urlaubsanspruch nur für volle Monate erwachse. Von Fall zu Fall erfolgende tageweise Beschäftigung reiche nicht aus. Viel weiter geht *Rother* (RdA 1966, 301). Er gewährt jedem Eintagsbeschäftigten einen Urlaubsanspruch in Gestalt der gesetzlichen Urlaubsabgeltung, wenn bei Zusammenrechnung der von ihm beim gleichen Arbeitgeber oder im gleichen Betrieb geleisteten Arbeitstage dem Erfordernis der im wesentlichen ununterbrochenen gesetzlichen Wartezeit im ganzen genügt ist. *Rother* sieht mit Recht die Hauptschwierigkeit bei der Rechtfertigung eines Urlaubsanspruchs in der Erfüllung der Wartezeit. Sie könne zwar an sich nicht außerhalb eines bestehenden Arbeitsverhältnisses erfüllt werden, jedoch sei es nicht gerechtfertigt, dem »Versprechen« den Vorrang vor dem »tatsächlichen Handeln« einzuräumen. Es sei nicht gut zu vertreten, daß derjenige, der die dauernde Arbeitsleistung zwar versprochen habe, aber tatsächlich nicht erfüllen konnte (z.B. weil er krank oder sonst in entschuldbarer Weise verhindert war), den Urlaub erhält, nicht aber derjenige, der zwar eine rechtliche Dauerbindung ablehnte, dann aber seine Arbeit über den maßgebenden Zeitraum hinweg tatsächlich geleistet habe. Dieser Argumentation wird man nicht folgen können. In Fällen, in denen ein unzulässiges Kettenarbeitsverhältnis vorliegt, ist der Urlaubsanspruch ohnehin zu gewähren. Damit werden wohl alle Fälle, in denen in der Zeit der Wartezeit ein Arbeitnehmer regelmäßig, wenn auch immer wieder im Rahmen von Eintagsarbeitsverhältnissen, beschäftigt wird, zu lösen sein; denn bei Vorlage der erforderlichen Regelmäßigkeit – auch *Rother* verlangt, daß die Eintagsarbeitsverhältnisse in dichter, im wesentlichen lückenloser Folge aneinandergereiht sein müssen – wird sehr häufig von einer Unzulässigkeit dieses Kettenarbeitsverhältnisses auszugehen sein (im Ergebnis ebenso *Boldt/Röhsler*, § 5 Anm. 13). In den anderen Fällen ist der Urlaubsanspruch zu verneinen, weil das Dauerschuldverhältnis fehlt und die damit verbundene dauernde Präsenz des Arbeitnehmers (*LAG Schleswig-Holstein* DB 1966, 1893; *ArbG Hamburg* BB 1967, 459).

5 Aushilfsarbeitsverhältnis

63 Wenn das Gesetz jedem Arbeitnehmer den Anspruch auf einen bezahlten Erholungsurlaub gewährt, so folgt daraus, daß auch der zur Aushilfe beschäftigte Arbeitnehmer einen Urlaubsanspruch erwerben kann (vgl. *BAG* AP Nr. 1 zu Art. 9 UrlG Bayern).

64 Das BAG hat auch dem sog. **Hafenaushilfsarbeiter** nach dem Gesetz über die Schaffung eines besonderen Arbeitgebers für Hafenarbeiter (Gesamthafenbetrieb) vom 3. 8. 1950 (BGBl. I S. 352) gegen die Gesamthafenbetriebsgesellschaft dann einen Urlaubsanspruch zuerkannt, wenn er so viele Schichten im Hafen gearbeitet hat, daß einem Gesamthafenarbeiter oder Hafeneinzelbetriebsarbeiter bei gleicher Arbeitsleistung ein Urlaubsanspruch zustände (vgl. *BAG* AP Nr. 1 zu § 1 GesamthafenbetriebsG = BB 1957, 893 = DB 1957, 899). Diese Entscheidung darf nicht dahin verstanden werden, daß schlechthin dem Hafenaushilfsarbeiter ein Urlaubsanspruch gegen die Gesamthafenbetriebsgesellschaft zustehe. Das *BAG* hat in einer späteren Entscheidung (AP Nr. 2 zu § 1 GesamthafenbetriebsG = BB 1961, 640 = DB 1961, 779) sehr deutlich darauf hingewiesen, daß es sich um einen außergewöhnlich liegenden Einzelfall gehandelt habe, weil der Arbeitnehmer fünf Jahre als Hafenaushilfsarbeiter eingesetzt worden sei und deshalb tatsächlich die Stellung eines Gesamthafenarbeiters innegehabt habe. Nur deshalb ist ihm der Urlaubsanspruch gegen den Gesamthafenbetrieb zugesprochen worden. Das rechtfertigt die Annahme, daß auch nach der Rechtsprechung des BAG der Hafenaushilfsarbeiter nur unter dieser Voraussetzung gegen den Gesamthafenbetrieb einen Urlaubsanspruch geltend machen kann (weitergehend offenbar *Dersch/Neumann* § 2 Anm. 48; wie hier im Ergebnis *Schelp/Herbst*, § 2 Anm. 21; *Boldt/Röhsler*, § 2 Anm. 48; auch *Gramm* RdA 1953, 330).

6. Saison- und Kampagnebetriebe

65 Im Gegensatz zu den Urlaubsgesetzen der Länder Bremen und Schleswig-Holstein sieht das Bundesurlaubsgesetz keine Sonderbestimmungen für Saison- und Kampagnebetriebe vor. Saisonbetriebe sind Betriebe, die regelmäßig in einer bestimmten Jahreszeit verstärkt arbeiten. Zu den Kampagnebetrieben zählen diejenigen Betriebe, die ihrer Natur nach nur zu bestimmten Jahreszeiten (in der Kampagne) arbeiten. Für beide Betriebsarten gelten die allgemeinen Vorschriften, namentlich also auch diejenigen über die Wartezeit (§ 4) und den Teilurlaub (§ 5). Die dort Tätigen haben also entsprechend der Dauer ihrer Tätigkeit so viele Zwölftel des Jahresurlaubs als Urlaubsanspruch, als sie volle Monate als Arbeitnehmer tätig waren. Dieser Teilanspruch ist nicht von der Erfüllung der Wartezeit (§ 4) abhängig, die von Saison- bzw. Kampagnearbeitern ohnehin nur selten erreicht wird.

7. Unvererblichkeit

66 Der Urlaubsanspruch dient seinem Wesen nach dem Zweck, die Möglichkeit der Erholung des Arbeitnehmers zu gewährleisten. Er ist also kraft seiner Zweckrichtung an die Person des Arbeitnehmers gebunden, im Grundsatz ein sogenanntes höchstpersönliches Recht. Ist der Arbeitnehmer verstorben, so kommt die Möglichkeit der Erfüllung dieses Zwecks nicht mehr in Betracht. Der Anspruch geht daher als **höchstpersönlicher Anspruch** des Erblassers unter und nicht auf die Erben über (vgl. *BAG* AP Nr. 7 zu § 611 BGB Urlaubsrecht = BB 1956, 595 = DB 1956, 600; *LAG Frankfurt* BB 1985, 662; *Hueck/Nipperdey*, Bd. I S. 452; *Nikisch* Bd. I S. 538; *Dersch/Neumann*, § 1 Anm. 85; *Boldt/Schlephorst*, § 1 Anm. 8; *Bobrowski/Gaul* Bd. I S. 424; *Borrmann*, § 1 Anm. 9; *Köst*, BB 1956, 567; *Natzel*, § 1 Anm. 46; *Schelp/Herbst*, § 11 Anm. 48; *Boldt/Röhsler*, § 1 Anm. 31; *Siara*, § 1 Anm. 10). Dabei ist unerheblich, ob und in welchem Grade die Erben mit dem Arbeitnehmer verwandt sind. Das gilt auch für den Urlaubsanspruch des Heimarbeiters (verfehlt *LAG Düsseldorf*, DB 1955, 512, das den Entgeltzuschlag für Heimarbeiter als vererblich ansah; wie hier *Boldt/Röhsler*, § 1 Anm. 32; *Dersch/Neumann*, § 1 Anm. 86). Auch der dem Heimarbeiter zu zahlende Entgeltzuschlag dient dem Zweck, dem Heimarbeiter eine arbeitsfreie Zeit zur Erholung zu ermöglichen. Stirbt der Heimarbeiter, so wird die Zweckerfüllung undurchführbar (wie hier *Dersch/Neumann*, § 1 Anm. 86).

Nach seiner »neuen« Urlaubsrechtsprechung vom 28. 1. 1982 hat sich das *BAG* vom 18. 7. 1989 (EzA § 7 BUrlG Nr. 67 = AP Nr. 49 zu § 7 BUrlG Abgeltung = DB 1989, 2490) erneut mit der Frage der Vererblichkeit des Urlaubsanspruches befaßt – und sie wiederum abgelehnt. Das BAG betont, nach seiner nunmehr ständig vertretenen Auffassung sei Inhalt des Urlaubsanspruches nach §§ 1, 3 BUrlG die Beseitigung der Arbeitspflicht. Weil aber diese Arbeitspflicht regelmäßig nach § 613 BGB an die Person des Arbeitnehmers gebunden ist, können solche Pflichten, auf die der Urlaubsanspruch bezogen ist, nach dem Tode des Arbeitnehmers nicht mehr entstehen. Der Arbeitgeber kann den Urlaubsanspruch mit dem Tode des Arbeitnehmers nicht mehr erfüllen. Die Erfüllbarkeit des Urlaubsanspruches entfällt mit dem Tode des Arbeitnehmers endgültig. Daran scheitert die Vererblichkeit des Urlaubsanspruches.

67 Auch der **Urlaubsabgeltungsanspruch** ist zweckgebunden und damit im Grundsatz höchstpersönlich. Er soll den Arbeitnehmer in den Stand versetzen, sich mit Hilfe des Abgeltungsbetrages Freizeit zur Auffrischung seiner Kräfte zu ermöglichen. Verstirbt der Arbeitnehmer jedoch vorher, so ist die Zweckerreichung unmöglich geworden. Auch der Urlaubsabgeltungsanspruch ist unvererblich (vgl. *BAG* a.a.O.; *LAG Frankfurt* BB 1985, 662; *Nikisch*, Bd. I S. 552; *Quardt*, BB 1958, 1212; *Natzel*, § 7 Anm. 154; *Schelp/Herbst*, § 7 Anm. 122; *Borrmann*, DB 1955, 509; *Dersch/Neumann*, § 7 Anm. 115; *Boldt/Röhsler*, § 1 Anm. 32; *Bobrowski/Gaul*, Bd. I S. 425; *Hueck/Nipperdey*, Bd. I S. 455; *Kamann/Ziepke/Weinspach*, § 7 Anm. 34; *Schaub*, § 102 VII Abschnitt 4).

Auch die Entscheidung des *BAG* vom 18. 7. 1989 (Belegstellen siehe Anm. 66) verneint die Vererblichkeit des Urlaubsabgeltungsanspruches, soweit er sich auf das BUrlG stützt.

Darüber hinaus wird aber in dieser Entscheidung die Vererblichkeit eines Abgeltungsanspruches bejaht, der auf tariflicher Grundlage beruht und nicht an die Merkmale des § 7 Abs. 4 BUrlG gebunden ist. Das ist im konkreten Fall für

einen Abgeltungsanspruch, der auf § 51 Abs. 1 – Unterabsatz 1 Satz 3 – BAT beruhte, bejaht worden. Nach der bis zum Inkrafttreten des 55. Änderungs-Tarifvertrages zum BAT geltenden Fassung des Satzes 3 war der Urlaub auch dann abzugelten, wenn der »Urlaub wegen Arbeitsunfähigkeit bis zur Beendigung des Arbeitsverhältnisses nicht mehr abgenommen werden kann«. Eine solche Erweiterung der Abgeltungsmöglichkeit ist aufgrund des § 13 Abs. 1 BUrlG rechtlich unbedenklich. Von § 7 Abs. 4 BUrlG kann zugunsten des Arbeitnehmers abgewichen werden. Der 55. Änderungstarifvertrag zum BAT vom 9. 1. 1987 – Inkrafttreten 1. 1. 1987 – hat diese Regelung in Satz 3 gestrichen.
Als andere Rechtsfrage stellt sich, ob der Abgeltungsanspruch auf die Erben übergeht, wenn er vom Arbeitgeber anerkannt oder rechtshängig gemacht worden ist. In der Vorauflage wurde dazu die Auffassung vertreten, daß sowohl bei einer Anerkennung des Abgeltungsanspruches durch den Arbeitgeber wie auch bei Rechtshängigkeit der Abgeltungsanspruch wie ein Lohnanspruch eines verstorbenen Arbeitnehmers zu behandeln ist (*Hueck/Nipperdey*, 7. Aufl., Bd. I S. 456 Anm. 124; *Nikisch*, Bd. I S. 552 Anm. 178; *Matthes* in: Bleistein/Matthes, Einstellung-Urlaub-Krankheit-Kündigung, Anm. 506; *Boldt/Röhsler*, § 1 Anm. 33). Vor allem wurde diese Auffassung mit einer analogen Anwendung des § 847 Abs. 1 Satz 2 BGB alte Fassung begründet, wonach ein Schmerzensgeldanspruch auf die Erben nur übergeht, wenn er beim Tode des Geschädigten rechtshängig geworden war. Inzwischen ist diese Regelung des § 847 Abs. 1 Satz 2 BGB durch das Gesetz vom 14. 3. 1990 (BGBl. I S. 478) ab 1. 7. 1990 ersatzlos gestrichen worden. Das bedeutet, daß der Schmerzensgeldanspruch kein höchstpersönlicher Anspruch mehr ist, frei übertragbar und vererbbar ist. Die bisher aus der alten Fassung des § 847 Abs. 1 Satz 2 BGB abgeleiteten Argumente lassen sich daher nach dieser Gesetzesänderung nicht mehr vertreten (so auch *LAG Düsseldorf* LAGE § 7 BUrlG Nr. 22). Insoweit ist daher der Auffassung von *Neumann*, § 1 Anm. 74 zu folgen.
Jedoch wird man bei einer **Anerkennung des Abgeltungsanspruches** durch den Arbeitgeber auch eine Vererblichkeit dieses vom Arbeitgeber anerkannten Anspruches deswegen bejahen können, weil der Urlaubsentgeltanspruch ein reiner Lohnfortzahlungsanspruch ist, an dessen Stelle subsidiär der Abgeltungsanspruch tritt (so schon *BAG* AP Nr. 5 zu § 850 ZPO = DB 1965, 1864; erneut *BAG* AP Nr. 14 zu § 47 BAT = BB 1989, 220 = DB 1989, 229). Es darf dem Arbeitgeber, der einen Lohnanspruch (= den Abgeltungsanspruch) anerkannt hat, nicht zugutekommen, daß der Arbeitnehmer vor der Erfüllung des anerkannten Anspruches stirbt. Es kann in Anbetracht des § 242 BGB nicht richtig sein, daß – wie das *LAG Düsseldorf* (LAGE § 7 BUrlG Nr. 22) ausführt – ein nicht pflichtgemäßes Verhalten des Schuldners eines solchen Anspruches dadurch »prämiert« wird, daß der Anspruchsinhaber stirbt. Einen anerkannten Anspruch auf Urlaubsabgeltung hat der Arbeitgeber daher auch den Erben gegenüber zu erfüllen.
In Abweichung von den hier dargestellten Rechtsgrundsätzen können die Tarifvertragsparteien bestimmen, daß das Urlaubsentgelt bzw. die Urlaubsabgeltung an die Erben bzw. an diejenigen Personen zur Auszahlung zu gelangen hat, die die Beerdigungskosten für den verstorbenen Arbeitnehmer getragen haben. Solche Bestimmungen sind rechtswirksam und kommen auch in der Tarifpraxis vor (so z.B. § 8 Ziffer 6 Bundesrahmentarifvertrag Baugewerbe).

68 Im übrigen hat sich das *BAG* vom 18. 7. 1989 (EzA § 7 BUrlG Nr. 67) mit der in der Entscheidung des 4. Senates vom 13. 11. 1985 (EzA § 1 BUrlG Nr. 19 = AP

Nr. 35 zu § 1 TVG Tarifverträge: Metallindustrie = DB 1986, 1079) enthaltenen Auffassung auseinandergesetzt, auch die **Tarifvertragsparteien** sei an die Unvererblichkeit des Urlaubs- und Urlaubsabgeltungsanspruchs gebunden. Diese Entscheidung betont, es gebe keinen die Tarifvertragsparteien bindenden Rechtsgrundsatz, daß sich aus dem höchstpersönlichen Charakter von Urlaubsansprüchen und deren Zweckbestimmung u.a. auch ihre Unvererblichkeit ergebe. Nach Auffassung des BAG ist nicht erkennbar, worauf sich die Bindung der Tarifvertragsparteien an einen solchen Rechtsgrundsatz auch im Hinblick auf § 13 Abs. 1 BUrlG gründen könnte.

69 Ist dem Arbeitnehmer der Urlaub gewährt worden, streiten die Parteien jedoch über die Berechnung des Urlaubsentgelts, und fordert der Arbeitnehmer später eine Nachzahlung, so geht dieser Anspruch auf die Erben über, weil der Zweck erreicht ist und hier nur noch über die Höhe des weiterzuzahlenden Lohnes gestritten wird.

8. Übertragbarkeit und Pfändbarkeit des Urlaubsanspruchs

70 Die Übertragbarkeit des Urlaubsanspruchs im ganzen ist seinem Wesen nach ausgeschlossen (§ 399 BGB). Denn der Freizeitanspruch soll und muß gerade dem einzelnen Arbeitnehmer zugute kommen. Zu seiner Erholung dient er. Damit ist die Pfändung und Verpfändung des Anspruchs (im ganzen) ebenfalls unzulässig (§ 1274 Abs. 2 BGB; § 851 Abs. 1 ZPO). Das ist der Standpunkt der ganz herrschenden Lehre (vgl. *Boldt/Röhsler*, § 1 Anm. 34; *Bobrowski/Gaul*, Bd. I S. 419; *Gaul/Boewer*, S. 45; *Staudinger/Neumann/Nipperdey*, § 611 Anm. 283; *Natzel*, § 1 Anm. 26; *Siara*, § 1 Anm. 10; *Dersch/Neumann*, § 1 Anm. 76ff.; *Hueck/Nipperdey*, Bd. I 452; *Kamann/Ziepke/Weinspach*, § 1 Anm. 3, § 7 Anm. 35 und § 11 Anm. 25). Daraus kann aber entgegen einer in Literatur und Rechtsprechung vertretenen Ansicht nicht der Schluß gezogen werden, auch der Anspruch auf Zahlung des Urlaubsentgelts sei nicht übertragbar, nicht pfändbar und nicht verpfändbar.

9. Übertragbarkeit und Pfändbarkeit des Urlaubsentgeltsanspruchs

71 Die Übertragbarkeit und Pfändbarkeit des Urlaubsentgeltsanspruchs wird in der Rechtsprechung und Lehre unterschiedlich beurteilt. Die Instanzgerichte haben bisher fast ausschließlich die Übertragbarkeit und damit auch die Pfändbarkeit des Urlaubsentgeltsanspruchs abgelehnt (vgl. *LAG Bremen* AP Nr. 17 zu § 611 BGB Urlaubsrecht mit Anm. von *Dersch* = DB 1956, 1087; *LAG Bremen* DB 1959, 58; *LAG Kiel* AP Nr. 3 zu § 611 BGB Urlaubsrecht = DB 1954, 699; *LAG Bremen* AP Nr. 1 zu § 850a ZPO mit Anm. von *Pohle* = BB 1956, 339 = DB 1956, 154; *LAG Kiel* DB 1964, 555; *LAG Bayern* ABlBayArbMin. 1954, 112; *ArbG Göttingen* BB 1955, 194 = WA 1955 Nr. 180; *ArbG Berlin* AR-Blattei Lohnpfändung Entscheidung Nr. 16; *ArbG Wuppertal* DB 1971, 1773; **a.A.** wohl nur *ArbG Bremen* AP Nr. 2 zu § 850a ZPO mit zust. Anm. von *Pohle* = BB 1956, 562; *LAG Düsseldorf* DB 1968, 536; *LAG Köln* LAGE § 850a ZPO Nr. 3). In der Literatur sind die Meinungen geteilt. Das zivilprozessuale Schrifttum steht einhellig auf dem Standpunkt, der Urlaubsentgeltanspruch könne wie jeder

Lohnanspruch gepfändet werden (*Stein/Jonas/Pohle*, 19. Aufl., § 850a Anm. II 2a; *Baumbach/Lauterbach*, § 850a Anm. 2; *Wieczorek*, 2. Aufl., § 850a Anm. B IIa; *Bischoff/Rochlitz*, Die Lohnpfändung, 3. Aufl., 1965, § 850a Anm. 6; *Walter*, Lohnpfändungsrecht, 2. Aufl. 1965, S. 36; *Apfelbaum*, Was kann vom Arbeitsverdienst gepfändet werden, 6. Aufl. 1965 S. 10; *Beck/Spreck*, Die Einkommenspfändung, 1964 S. 61; *Boewer/Bommermann*, Lohnpfändung und Lohnabtretung in Recht und Praxis, Rn. 445ff.; *Faecks*, Ansprüche der Arbeitnehmer auf Urlaubsentgelt und Urlaubsabgeltung in der Zwangsvollstreckung, NJW 1972, 1448; *Göttlich*, Pfändung und Überweisung, 2. Aufl. 1960, S. 149; *Ihmels*, Zur Pfändbarkeit von Urlaubsentgelt und Urlaubsabgeltung, AuR 1975, 78; *Mohrbutter*, Handbuch des gesamten Vollstreckungs- und Insolvenzrechts, 1965 S. 123 und S. 231; *Späth*, Die Lohnpfändung, 1959 S. 10; *Stöber*, Die Forderungspfändung, 1981, Anm. 987). Im Gegensatz dazu stehen die führenden Kommentare zum BGB auf dem Standpunkt, das Urlaubsentgelt sei unpfändbar (vgl. *Staudinger/Nipperdey/Neumann*, § 611 Anm. 283; *Soergel/Siebert*, 9. Aufl. 1962, § 611 Anm. 173; RGR-Kommentar, Vorb. 25 § 611 BGB; *Palandt/Gramm*, § 611 BGB Vorb. 6dbb). Das arbeitsrechtliche Schrifttum tritt zu einem (in der Zahl wachsenden) Teil für die Pfändbarkeit des Urlaubsentgelts ein (vgl. *Gaul/Boewer*, Probleme des Urlaubsrechts, S. 45ff.; *Bobrowski/Gaul*, Bd. I S. 425; *Kamann/Ziepke/Weinspach*, § 11 Anm. 20 und § 7 Anm. 34–35; *Peters*, DB 1966, 1133; *Dahns*, DB 1955, 604; *Quard*, BB 1958, 1212; *Schweer*, BB 1961, 608; *Walter*, SAE 1960, 9; *Weber*, BB 1961, 608; *Rauscher*, MDR 1963, 11; *Natzel*, BUrlG, § 1 Anm. 51; *Schelp/Herbst*, BUrlG, § 11 Anm. 47; *Stehl*, DB 1964, 334ff.; *Nikisch*, Bd. I S. 539; *Schnorr v. Carolsfeld*, Lehrb. d. ArbR S. 257; *Boldt/Röhsler*, BUrlG § 1 Anm. 35–41; *Heussner*, Urlaubsrecht, Anm. 33; *Maus*, Das neue Urlaubsrecht, 1963, Anm. 28; *Berner*, Rechtspfleger 1956, 284 und 1960, 5; *Brand*, RiA 1963, 213; *Gaul*, BB 1963, 1496; *Hohn*, BB 1965, 751). Ein anderer Teil geht von der Unpfändbarkeit des Urlaubsentgelts aus (vgl. *Dersch/Neumann*, BUrlG, § 1 Anm. 76–84; *Neumann*, DB 1957, 69; *Borrmann*, BUrlG, § 1 Anm. 11; *Schmelzer*, Urlaubsrecht, 2. Aufl. 1963, S. 90; *Siara*, BUrlG, § 1 Anm. 10; *Hueck/Nipperdey*, Bd. I 7. Aufl. S. 452; *Feller*, JZ 1966, 566; *Hässler*, ArbuR 1963, 216; *Köst*, BB 1956, 566; *Rewolle*, DB 1962, 937; *Schaub*, 4. Aufl. S. 559). Soweit Gerichte und Autoren für die Unpfändbarkeit des Urlaubsentgelts eintreten, werden im wesentlichen die folgenden Gesichtspunkte vorgetragen: Das Urlaubsentgelt sei nicht der weitergezahlte Lohn, sondern eine zweckgebundene soziale Leistung (so vor allem das *LAG Bremen* DB 1956, 1087). Daraus folge seine Unpfändbarkeit. Weiter wird argumentiert, der Urlaubsanspruch könne nur in Verbindung mit dem Anspruch auf Freizeit geltend gemacht werden, mit ihm bilde er eine Einheit. Mit Rücksicht auf den sozialen Zweck des Anspruchs sei es unmöglich, einen Teil des Anspruchs einem Dritten zu gewähren. Aus der Unabtretbarkeit ergebe sich auch seine Unpfändbarkeit (§ 851 Abs. 2 ZPO).

72 Das BAG hat diese Frage auch in seiner letzten Entscheidung dazu (*BAG* v. 11. 1. 1990 AP Nr. 11 zu § 4 TVG gemeinsame Einrichtungen = DB 1990, 2377) nicht ausrücklich entschieden. Die Entscheidung des früher für das Urlaubsrecht zuständigen 1. Senats vom 12. 2. 1959 (AP Nr. 42 zu § 611 BGB Urlaubsrecht = BB 1959, 340 = DB 1959, 350 = ArbuR 1960, 9 mit Anm. von *Walter*) ließ erkennen, daß das Gericht zur Unpfändbarkeit und Unübertragbarkeit des Urlaubsentgeltsanspruchs neigte. Für den Urlaubsabgeltungsanspruch ist nämlich aus seiner Zweckgebundenheit und seiner höchstpersönlichen Natur der Schluß gezogen

worden, der Urlaubsabgeltungsanspruch könne weder abgetreten (§ 399 BGB) noch gepfändet werden (§ 851 ZPO). Eine Aufrechnung sei daher nach § 394 BGB gegen diesen Anspruch ausgeschlossen. Dieser Auffassung ist der 2. Senat vom 21. 1. 1988 (EzA § 4 KSchG n.F. Nr. 33 = AP Nr. 19 zu § 4 KSchG 1969 = DB 1988, 1758 – dort Abschnitt C.II.1 der Gründe) durch eine Verweisung auf die Entscheidung vom 12. 2. 1959 beigetreten.
Außerdem hat das BAG bereits im Jahre 1956 entschieden, der Urlaubsanspruch (als Ganzes) sei höchstpersönlich, unübertragbar und unvererblich (vgl. dazu oben Anm. 70). Andererseits hat der 5. Senat in seinem Urteil vom 30. 9. 1965 entschieden, der vom Vollstreckungsgericht nach den §§ 850ff. formularmäßig erlassene Pfändungs- und Überweisungsbeschluß erfasse auch den Anspruch des Arbeitnehmers auf das dem normalen Arbeitslohn des Arbeitnehmers entsprechende Urlaubsentgelt (vgl. *BAG* EzA § 1 BUrlG Nr. 1 = AP Nr. 5 zu § 850 ZPO mit Anm. von *Pohle* = BB 1965, 1456 = DB 1965, 1864 = SAE 1966, 155). In dem Rechtsstreit hatte ein Arbeitnehmer, dessen Arbeitseinkommen durch einen Gläubiger gepfändet worden war, gegen seinen Arbeitgeber, der den pfändbaren Teil des Urlaubsentgelts an den Gläubiger abgeführt hatte, auf Zahlung des vollen Urlaubsentgelts geklagt. Die Klage blieb erfolglos. Das BAG hat jedoch die Frage der Pfändbarkeit des Urlaubsentgelts nicht entschieden, weil es mit Recht die Verfügung des Arbeitgebers zugunsten des Pfändungspfandgläubigers über das gepfändete Urlaubsentgelt im Verhältnis zwischen Arbeitgeber und Arbeitnehmer durch die Schutzvorschrift des § 836 Abs. 2 ZPO für gedeckt hielt. In diesem Zusammenhang führt das BAG aus, § 836 Abs. 2 ZPO schütze den Drittschuldner (Arbeitgeber) bis zur Aufhebung des Beschlusses und Kenntnisnahme hiervon auch in dem Fall, in dem die gepfändete Forderung der Pfändung nicht unterworfen sei. So konnte das BAG die Streitfrage, ob das Urlaubsentgelt pfändbar sei, letztlich dahingestellt sein lassen. Immerhin aber glaubt *Pohle* (Anm. AP Nr. 5 zu § 850 ZPO) zwischen den Zeilen der Entscheidungsgründe lesen zu können, daß das BAG der Auffassung, die die Pfändbarkeit des Urlaubsentgelts vertrete, zuneige. Wenn auch die Entscheidung des BAG die für die Praxis wünschenswerte Klarheit nicht gebracht hat, so hat sie doch in einem Punkte zur Klarstellung beigetragen. Das Urteil stellt nämlich eindeutig fest, daß das Urlaubsentgelt **Arbeitseinkommen** im Sinne der §§ 850ff. ZPO sei. Das wird noch deutlicher im Urteil vom 11. 1. 1990 (AP Nr. 11 zu § 4 TVG Gemeinsame Einrichtungen = DB 1990, 2377). Dort heißt in Abschnitt II der Gründe »Urlaubsentgelt ist Arbeitsentgelt, das auch während des Urlaubs weiterzuzahlen ist und ebenso wie dieses und im gleichen Umfange (vgl. § 850c ZPO) pfändbar ist. Einer abschließenden Stellungnahme hierzu bedarf es jedoch nicht.« Damit wird die vom *LAG Bremen* (DB 1956, 1087) und einem Teil des arbeitsrechtlichen Schrifttums vertretene Ansicht, das Urlaubsentgelt sei eine zweckgebundene soziale Leistung, abgelehnt.

a) Übertragbarkeit und Wesen des Urlaubs

73 Der Ausschluß der Übertragbarkeit und Pfändbarkeit des Urlaubsentgeltsanspruchs ist weder aus dem Wesen und dem Zweck des Erholungsurlaubs gerechtfertigt, noch ist diese Ansicht mit dem Gesetz (§ 399 BGB; § 851 ZPO) in Einklang zu bringen.

74 Die hier abgelehnte Ansicht rechtfertigt die Unabtretbarkeit und Unpfändbarkeit des Urlaubsentgeltsanspruchs aus der Zweckbestimmung und Zweckgebundenheit des Urlaubs. Das ist richtig, soweit es sich um den Urlaubsanspruch als Ganzes handelt. Der sogenannte Einheitsanspruch hat aber nicht zur Folge, daß die Anspruchselemente ihre Selbständigkeit völlig einbüßen. Es ist bereits oben Anm. 11 und 12 darauf hingewiesen worden, daß die Theorie des sogenannten Einheitsanspruchs nicht konsequent durchgeführt wird. Das Wesen des Erholungsurlaubs verlangt dies auch nicht. Freizeitgewährung zum Zwecke der Erholung und Fortzahlung des Arbeitsentgelts sind nicht soweit gekoppelt, daß ohne sie von einem Urlaub – seinem Wesen nach – nicht mehr gesprochen werden kann. Urlaub liegt auch immer schon dann vor, wenn auch nur die Möglichkeit der Erholung besteht. Ob der Arbeitnehmer mit Hilfe des Urlaubsentgelts diese ihm gebotene Möglichkeit auch nutzt, obliegt im Grundsatz seiner freien Entscheidung. Ebenso wie es keine Pflicht zur Erholung gibt, ist auch keine Pflicht gegeben, das Urlaubsentgelt zu Erholungszwecken zu verwenden. Der Arbeitnehmer kann das Urlaubsentgelt nach freiem Belieben verwenden (das betonen *Boldt/Röhsler*, § 1 Anm. 37 mit Recht). Die Weiterzahlung des Arbeitsentgelts ist demnach mit der Freizeitgewährung nicht so gekoppelt, daß man, wie *Dersch/Neumann*, a.a.O. meinen, von einer untrennbaren Einheit auszugehen hat. Es entsteht dann weiter noch die Frage, ob der Urlaubsentgeltsanspruch zweckgebunden ist und daher nach § 399 BGB nicht abgetreten werden kann. Das ist auch zu verneinen.

75 Das Urlaubsentgelt, das dem Arbeitnehmer für die Dauer des Urlaubs gezahlt wird, ist nichts anderes als die Fortzahlung der Arbeitsvergütung, also des Lohnes für die Urlaubszeit (so *Hueck/Nipperdey*, Bd. I S. 444 Anm. 54; *Dersch/Neumann*, § 1 Anm. 69; *Nikisch*, Bd. I S. 520 und S. 539; *Schelp/Herbst*, § 1 Anm. 5; *Natzel*, § 11 Anm. 4; *Heussner*, Urlaubsrecht Anm. 167 und *BAG* AP Nr. 5 zu § 850 ZPO = BB 1965, 1456 = DB 1965, 1864). Darauf weist vor allem die »neue Urlaubsrechtsprechung« des BAG mit besonderem Nachdruck hin (so seit *BAG* EzA § 3 BUrlG Nr. 13 = AP Nr. 14 zu § 3 BUrlG Rechtsmißbrauch = DB 1982, 1065; *BAG* EzA § 7 BUrlG Nr. 67 = AP Nr. 49 zu § 7 BUrlG Abgeltung = DB 1989, 2490; *BAG* AP Nr. 11 zu § 4 TVG Gemeinsame Einrichtungen = DB 1990, 2377).

Daher definierten *Hueck/Nipperdey* im Sinne dieser neuen Rechtsprechung des BAG folgerichtig den Urlaubsanspruch als einheitlichen Rechtsanspruch auf Gewährung von Freizeit unter Fortzahlung des Lohnes (*Hueck/Nipperdey*, Bd. I S. 432). Es ist ein Fehlschluß zu glauben, daß Urlaubsentgelt diene der Erholung, sei deshalb zweckbebunden und könne daher nicht abgetreten und nicht gepfändet werden. Das Urlaubsentgelt kann begrifflich niemals Erholungszwecken dienen. Der Erholung dient die Freizeit, und das Urlaubsentgelt als die Lohnfortzahlung während des Urlaubs soll sicherstellen, daß der Arbeitnehmer für die Urlaubszeit so gestellt ist, als wenn er arbeiten würde. In zahlreichen Entscheidungen des BAG kommt dies als Grundsatz des Urlaubsrechts schon vor der Entscheidung vom 28. 1. 1982 deutlich zum Ausdruck. Es heißt dort: »Wie der Urlaub (also der Freizeitanspruch) dem Arbeitnehmer die Möglichkeit geben soll, sich von getaner Arbeit für noch zu leistende Arbeit zu erholen, so soll das Urlaubsentgelt den Arbeitnehmer in die Lage versetzen, die ihm zur Erholung gewährte Freizeit möglichst ohne Einschränkung seines bisherigen Lebenszuschnittes zu verbringen« (vgl. *BAG* AP Nr. 11, 12 und 54 zu § 611 BGB – Urlaubsrecht; *BAG* AP Nr. 2 zu § 5 UrlG Hessen). In der zuletzt zitierten Entscheidung wird darüber hinaus mit Recht betont, daß der Arbeitnehmer hinsichtlich des Urlaubsentgeltes nicht schlechter-, aber auch nicht bessergestellt werden soll, als wenn er gearbeitet hätte (so auch schon das *RAG* in ständiger Rechtsprechung: RAG 14, 50; 36, 359; 40, 122; 44, 185 mit Anm. von *Dersch*).

76 Überprüft man die hier abgelehnte Entscheidung in der Frage der Pfändbarkeit des Urlaubsentgelts an diesen allgemeinen Grundsätzen des Urlaubsrechts, so stellt man ihre Unrichtigkeit fest. Denn der Arbeitnehmer wird durch sie im Urlaub bessergestellt, als wenn er arbeitet. Bei ausgebrachter Pfändung soll der Arbeitnehmer, wenn er arbeitet, nur den pfändbaren Teil des Lohnes erhalten, dagegen den vollen Lohn, wenn er seinen Urlaub nimmt. Er kann also im Urlaub nicht nur seinen Lebenszuschnitt aus der Zeit vor dem Urlaub einhalten, sondern ist eindeutig zum Nachteil seiner Gläubiger bessergestellt (ebenso *Boldt/Röhsler*, § 1 Anm. 36; *Gaul/Boewer*, a.a.O. S. 52; *Bobrowski/Gaul*, Bd. I S. 425; *Kamann/Ziepke/Weinspach*, § 11 Anm. 20; *Gaul*, BB 1963, 1496; *Heußner*, Urlaubsrecht, Anm. 33; *Boewer/Bommermann*, Rz. 449, 450). Es kann nun nicht gesagt werden, in diesen Fällen benötigt der Arbeitnehmer gerade den vollen Lohn im Urlaub, um sich zu erholen. Dieser Einwand wäre nur dann stichhaltig, wenn der Arbeitnehmer gezwungen werden könnte, das Urlaubsentgelt für Zwecke der Erholung auszugeben. Ebenso wie der Arbeitnehmer bis an die Grenze des § 8 seine freie Zeit im Urlaub nach eigenem Belieben gestalten darf, kann er auch das Urlaubsentgelt nach Belieben verwenden. Jede andere Betrachtung geht, wie *Boldt/Schlephorst* (§ 1 Anm. 11) mit Recht hervorheben, an den realen Dingen vorbei. Man sollte den Arbeitnehmer nicht mehr als notwendig bevormunden. Wenn er es für richtig hält, den pfändbaren Teil seines Arbeitsentgelts einschließlich des im Urlaub durchbezahlten Lohnes zum Zwecke der Erlangung eines Kredits abzutreten, so sollte man dies nicht für unzulässig erklären. Das Maß der Erholung bestimmt letztlich auf Grund der freiheitlichen beliebigen Urlaubsgestaltung (vgl. dazu oben Anm. 1) der einzelne Arbeitnehmer selbst. Wenn er durch Abtretung eines Teiles seines Lohnes im Urlaub seine bisherige Lebensgestaltung selbst einschränkt, so sollte dies anerkannt werden. Der Erholungszweck des Urlaubes wird dadurch in keiner Weise beeinträchtigt.

77 Gegen die Begründung der Unpfändbarkeit des Urlaubsentgelts aus der Zweckbestimmung spricht noch ein weiteres Argument. Das Urlaubsentgelt kann schon deshalb nicht zweckgebunden sein, weil der Arbeitnehmer während des Urlaubs auch diejenigen versorgen muß, denen er nach dem Gesetz Unterhalt zu gewähren hat. Eine Ausgabe des Urlaubsentgelts ausschließlich für Erholungszwecke ist also nicht möglich. Daneben muß der Arbeitnehmer auch im Urlaub seine gewöhnlichen Lebensbedürfnisse befriedigen. Auch aus diesem Grunde kann er das Urlaubsentgelt nicht nur für seine Erholung verwenden. Es bliebe demnach nur übrig, das Urlaubsentgelt im weitesten Sinne als zweckgebunden zur Sicherung des allgemeinen Lebensstandards zu bezeichnen. Aber auch das hilft nicht weiter, weil zum allgemeinen Lebensstandard des Arbeitnehmers, zu seinem Lebenszuschnitt auch seine wirtschaftliche Situation, damit aber auch seine Schulden gehören. Einen »Urlaub von den Schulden« kann man dem Arbeitnehmer aber nicht gewähren. Gegen die Unpfändbarkeit läßt sich weiter einwenden, wenn schon das Urlaubsentgelt ein echter Lohnfortzahlungsanspruch ist, müssen auch die gleichen Regeln wie für alle anderen gesetzlich geregelten Lohnfortzahlungsansprüche gelten. Auch die Lohnfortzahlungsansprüche im Krankheitsfalle sind pfändbar (*Boewer/Bommermann*, Rz. 373; *Schmatz/Fischwasser*, § 1 LFZG Rz. 19).

b) Rechtfertigung aus zivilprozessualen Bestimmungen

78 Die Pfändbarkeit des Urlaubsentgelts folgt auch aus den §§ 850, 850a und 850d Abs. 1 ZPO. Nach § 850a Ziff. 2 sind unpfändbar die Bezüge, die für die Dauer des Urlaubs über das Arbeitseinkommen hinaus gewährt werden, soweit sie den Rahmen des Üblichen nicht übersteigen. Gegenüber Unterhaltsgläubigern bestimmt § 850d Abs. 1 ZPO eine Teilpfändbarkeit dieser Bezüge.

79 Aus diesen Bestimmungen der ZPO folgt zweierlei: Einmal sieht der Gesetzgeber das im Urlaub gezahlte Entgelt als Arbeitseinkommen an; ferner bestimmt er darin seine Pfändbarkeit. Denn sonst hätte es der in § 850a Ziff. 2 und § 850d Abs. 1 ZPO enthaltenen Regelung nicht bedurft. Wäre der Gesetzgeber davon ausgegangen, daß das Urlaubsentgelt unpfändbar ist, so wäre die Sonderregelung für zusätzliches Urlaubsgeld entbehrlich gewesen.

80 Der Umkehrschluß aus § 850a Ziff. 2 ist zwingend. Man kann einfach nicht hingehen, das Urlaubsentgelt dem Urlaubsgeld (vgl. zu den Begriffen *BAG* AP Nr. 6 zu § 11 BUrlG = DB 1967, 823) in der Frage der Pfändbarkeit gleichzusetzen. Das ist vom Wortlaut des Gesetzes her ein vergebliches Unterfangen. Der Gesetzgeber hat in Kenntnis der Tatsache, daß der Arbeitnehmer im Urlaub seinen Lohn weiter erhält, also Urlaubsentgelt bekommt, nur den Fall des Urlaubsgeldes im Sinne der Unpfändbarkeit geregelt. Bei dieser Lage eine Gesetzeslücke anzunehmen (so aber *Hueck/Nipperdey*, Bd. I S. 452; *Siara*, § 1 Anm. 10; *Staudinger/Nipperdey/Neumann*, § 611 Anm. 283) und sie vom Wesen des Urlaubs her schließen zu wollen, ist nicht angängig. Denn eine Gesetzeslücke muß, wenn dies möglich ist, zuerst durch den Umkehrschluß geschlossen werden (vgl. *Peters*, DB 1966, 136 unter Hinweis auf *Bartholomeyczik*, Die Kunst der Gesetzesauslegung, 1965, S. 91ff.). Weiter bestätigt § 850d die hier vertretene Ansicht. Denn wenn das Urlaubsgeld von den Unterhaltsgläubigern in beschränktem Umfang gepfändet werden kann, so ist es nicht möglich, das Urlaubsentgelt schlechthin als unpfändbar zu bezeichnen (wie hier nachdrücklich auch *Boldt/Röhsler*, § 1 Anm. 38).

81 Das gefundene Ergebnis wird nicht durch § 851 ZPO aufgehoben. Danach ist eine Forderung in Ermangelung besonderer Vorschriften der Pfändung nur insoweit unterworfen, als sie übertragbar ist. § 851 Abs. 2 ZPO bestimmt, daß eine nach § 399 BGB nicht übertragbare Pfändung insoweit gepfändet werden kann, als der geschuldete Gegenstand der Pfändung unterworfen ist. Nun ist zunächst festzustellen, daß zwischen § 850a Nr. 2 und § 851 ZPO kein Rangverhältnis besteht. Die §§ 850 bis 850i ZPO regeln die Frage der Pfändbarkeit des Arbeitseinkommens, während § 851 die Wechselwirkungen zwischen Abtretbarkeit und Pfändbarkeit ordnet. Stellt man nach den §§ 850a–i ZPO die Pfändbarkeit des Arbeitslohnes bzw. eines Teiles hiervon fest, so ist damit noch nichts Endgültiges entschieden. Denn neben den allgemeinen Vorschriften über den Pfändungsschutz für Arbeitseinkommen kann ein weitergehender Schuldnerschutz nach § 851 bestehen, der auch neben den §§ 850–850i ZPO gilt (*Stein/Jonas/Schönke/Pohle*, § 850 Anm. III; **a.A.** *Schweer*, BB 1961, 682 und *Walter*, SAE 1960, 11 sowie *LAG Bremen* DB 1956, 1087, die teils § 850a Nr. 2 und teils § 851 ZPO den Vorrang einräumen; wie hier *Peters*, DB 1966, 1134).

82 Da die Zweckgebundenheit des Urlaubsentgeltsanspruchs bereits verneint werden muß (vgl. oben Anm. 72ff.), so kann aus § 851 ein weitergehender Schuldnerschutz, als er nach den §§ 850–850i ZPO besteht, nicht hergeleitet werden. Im übrigen müßte auch die insoweit den Fall anders beurteilende Gegenmeinung zum gleichen Ergebnis kommen. Denn § 851 Abs. 2 ZPO bestimmt, daß auch eine nach § 399 BGB nicht übertragbare Forderung insoweit gepfändet werden kann, als der geschuldete Gegenstand gepfändet werden kann. Das Urlaubsentgelt ist, wenn man den einheitlichen Urlaubsanspruch als zweckgebunden i. S. des § 399 BGB ansieht, der geschuldete Gegenstand und unterliegt als solcher der Pfändung, denn Zeit mag zwar unpfändbar sein, Geld nicht (so mit Recht auch *Peters*, DB 1966, 1135 und *Schweer*, BB 1961, 681). Der Einheitsanspruch besteht aus zwei Teilen, von denen einer pfändbar, der andere unpfändbar ist. Das ist aber der Fall des § 851 Abs. 2 HPO (vgl. auch *Stehl*, DB 1964, 334; *Berner*, Rechtspfleger 1960, 6; *Schelp/Herbst*, § 1 Anm. 47; *Boldt/Röhsler*, § 1 Anm. 38; *Kamann/Ziepke/Weinspach*, § 11 Anm. 20; *Boewer/Bommermann*, Rz. 449).

c) Zum Begriff des Arbeitsentgelts

83 Der Versuch des LAG Bremen nachzuweisen, das Urlaubsentgelt sei kein fortgezahltes Arbeitsentgelt und damit auch kein Arbeitseinkommen i. S. des § 850a Ziff. 2 ZPO, muß fehlschlagen. Es ist nach dem Wesen und dem Begriff des Urlaubsanspruchs keinesfalls folgerichtig, den Urlaubsentgeltsanspruch als eine zweckgebundene soziale Leistung besonderer Art anzusehen. **Urlaub ist der Rechtsanspruch auf Gewährung von Freizeit unter Fortzahlung des Lohnes** (vgl. *Hueck/Nipperdey*, Bd. I S. 432 und 444; *Nikisch*, Bd. I S. 520 und 539; *Schelp/Herbst*, § 11 Anm. 1; *Boldt/Röhsler*, § 1 Anm. 36; *Natzel*, § 11 Anm. 4; *Heußner*, Urlaubsrecht, Anm. 167; so ausdrücklich *BAG* AP Nr. 9 zu § 611 BGB Urlaubsrecht und *BAG* AP Nr. 5 zu § 850 ZPO = BB 1965, 1456 = DB 1965, 1864 = SAE 1966, 15; *BAG* EzA § 3 BUrlG Nr. 13 = AP Nr. 14 zu § 3 BUrlG Rechtsmißbrauch = DB 1982, 1065; besonders deutlich *BAG* EzA § 3 BUrlG Nr. 15 = AP Nr. 22 zu § 13 BUrlG = DB 1986, 2394 Abschnitt I 3d der Gründe. Ist daher das Urlaubsentgelt rechtlich der weitergezahlte Lohn, der den Arbeitnehmer in die Lage versetzen soll, die ihm zur Erholung gewährte Freizeit möglichst ohne Einschränkung seines **bisherigen Lebenszuschnitts** zu verbringen (vgl. dazu *BAG* AP Nr. 11, 12 und 54 zu § 611 BGB Urlaubsrecht), so zwingt nichts zur Anwendung des § 399 BGB, es spricht aber alles dagegen. Betrachtet man ferner, daß das BAG den Satz geprägt hat, der Arbeitnehmer dürfe hinsichtlich des Urlaubsentgeltes nicht schlechter-, aber auch nicht bessergestellt werden, als wenn er gearbeitet hätte (*BAG* AP Nr. 2 zu § 5 UrlG Hessen), so kann die Abtretbarkeit und Pfändbarkeit des Urlaubsentgeltsanspruchs nicht zweifelhaft sein.

84 Unzutreffend ist schließlich auch die Auffassung des *LAG Bremen* (AP Nr. 17 zu § 611 BGB Urlaubsrecht), der Gesetzgeber sei zwar bei der Schaffung des § 3 LohnpfändungsVO, der dann als § 850a in die ZPO übernommen worden ist, davon ausgegangen, der Urlaubsvergütungsanspruch sei nicht anders als der Lohnanspruch des Arbeitnehmers während der Urlaubszeit und damit im üblichen Rahmen pfändbar. Diese Meinung sei in Rechtslehre und Rechtsprechung überholt. Man könne ihr daher nicht mehr folgen. Hier muß die Auffassung vertreten werden, daß sich der Richter über die eindeutige Entscheidung des Gesetzgebers nicht hinwegsetzen darf (im Ergebnis ebenso *Peters*, DB 1966, 1236). Selbst wenn die Auffassung von einer Wandlung der Rechtsansicht über den Urlaubsentgeltsanspruch richtig wäre, könnte nur der Gesetzgeber die Pfändbarkeit des Urlaubsentgeltsanspruchs durch eine Änderung der Vorschriften der ZPO ausschließen. Das aber hat er bislang nicht getan. Eine Wandlung ist aber auch gar nicht eingetreten. Schon das RAG hat nach Übernahme der Theorie des sogenannten Einheitsanspruchs das Urlaubsentgelt ausdrücklich als den **weitergezahlten Lohn** bezeichnet (vgl. RAG 44, 185). Das ist noch heute der Standpunkt der herrschenden Lehre und Rechtsprechung, die das Urlaubsentgelt als den weitergezahlten Lohn bezeichnet (vgl. *Nikisch*, Bd. I S. 520; *Boldt/Röhsler*, § 1 Anm. 36; *Kamann/Ziepke/Weinspach*, § 11 Anm. 20; *Hueck/Nipperdey*, Bd. I S. 432 und 444; so ausdrücklich auch *BAG* AP Nr. 9 zu § 611 BGB Urlaubsrecht; *BAG* AP Nr. 81 zu § 611 BGB Urlaubsrecht und *BAG* AP Nr. 5 zu § 850 ZPO mit Anm. von *Pohle* = BB 1965, 1456 = DB 1965, 1864; *BAG* EzA § 11 BUrlG Nr. 27 = AP Nr. 13 zu § 47 BAT = BB 1989, 220 = DB 1989, 229 [dort Abschnitt II/1 der Gründe]). Ist aber das Urlaubsentgelt heute wie früher der im Urlaub weitergezahlte Lohn, so besteht kein Anlaß, die im § 850a Ziff. 2 und § 850d Abs. 1 ZPO zum Ausdruck gekommene Entscheidung des Gesetzgebers über die Pfändbarkeit des Urlaubsentgelts zu mißachten.

d) Unterhaltsforderungen

85 **Für gesetzliche Unterhaltsforderungen** wird die Pfändbarkeit des Urlaubsentgelts allgemein anerkannt (vgl. *Dersch/Neumann*, § 1 Anm. 78; *Hueck/Nipperdey*, Bd. I S. 452; *Siara*, § 1 Anm. 10). Soweit man entgegen der hier vertretenen Auffassung die Pfändbarkeit des Urlaubsentgelts allgemein verneint, rechtfertigt man dies mit dem Hinweis, das Urlaubsentgelt diene auch zum Unterhalt der Unterhaltsberechtigten, und deshalb verstoße eine Pfändung nicht gegen die Zweckbindung des Urlaubsentgelts. Konsequenterweise dürfte diese Ansicht nur eine Pfändung wegen des laufenden Unterhalts in der Urlaubsperiode zulassen, nicht aber für Rückstände. Wird z.B. für hohe Rückstände gepfändet, so bleibt dem Arbeitnehmer in der Praxis angesichts der meist knapp bemessenen festgesetzten Grenze der Unpfändbarkeit ohnehin vom Urlaubsentgelt nicht mehr ein so hoher Betrag, daß er auswärts einen Urlaub verbringen kann.

e) Urlaubsabgeltung

86 Auch die Urlaubsabgeltung kann im allgemeinen Rahmen abgetreten und gepfändet werden. Der Abgeltungsbetrag ist nicht zweckgebunden i.S. des § 399 BGB. Er soll wie auch das Urlaubsentgelt nur ermöglichen, daß der Arbeitnehmer in einer selbstgewählten Freizeit seinen bisherigen Lebensstandard beibehalten kann. Aus diesem Grund erhält er die Urlaubsabgeltung, die nichts anderes ist als ein Lohnanspruch für nichtgeleistete Arbeit (so ausdrücklich *BAG* AP Nr. 81 zu § 611 BGB Urlaubsrecht = BB 1961, 94; *LAG Köln* LAGE § 850a ZPO Nr. 3). Eine Besserstellung ist auch hier weder geboten noch gerechtfertigt (wie hier *Boldt/Röhsler*, § 7 Anm. 39; *Dahns*, DB 1955, 605; *Stehl*, DB 1964, 336; *Walter*, SAE 1960, 11; *Gaul/Boewer*, Probleme des Urlaubsrechts, S. 57; *Bobrowski/Gaul*, Bd. I S. 456; *ArbG Ulm* DB 1968, 670; *Boewer/Bommermann*, Rz. 445; **a.A.** *Dersch/Neumann*, § 1 Anm. 80; *Schelp/Herbst*, § 7 Anm. 122; *Natzel*, § 7 Anm. 93; *BAG* AP Nr. 42 zu § 611 BGB Urlaubsrecht = DB 1959, 350).

87 Beruft sich ein Arbeitnehmer auf die Unpfändbarkeit des Urlaubsentgelts oder der Urlaubsabgeltung, so ist er hierfür **darlegungs- und beweispflichtig**. Im Vollstreckungsverfahren kann der Arbeitnehmer die Unpfändbarkeit im Wege der Erinnerung nach § 766 ZPO geltend machen. Der Arbeitgeber hat, sofern der Pfändungs- und Überweisungsbeschluß nicht aufgehoben worden ist, entsprechend den üblichen Grenzen den weitergezahlten Lohn einzubehalten und an den Gläubiger abzuführen. Er ist in jedem Falle durch die Vorschrift des § 836 Abs. 2

ZPO gedeckt (vgl. *BAG* AP Nr. 5 zu § 850 ZPO = BB 1965, 1456 = DB 1965, 1864 = NJW 1966, 222 = SAE 1966, 155). Durch eine Klage gegen den Arbeitgeber vermag der Arbeitnehmer die Unpfändbarkeit im Falle der Lohnpfändung nicht durchzusetzen (ebenso *Boldt/Röhsler*, § 1 Anm. 41).

88 Zahlt der Arbeitgeber über das gesetzliche Urlaubsentgelt hinaus Bezüge, sog. **Urlaubsgeld**, so sind diese **unpfändbar**, soweit sie den Rahmen des Üblichen nicht übersteigen (§ 850a Nr. 2 ZPO).Die Vollstreckungsgerichte haben bei ihrer Entscheidung alle Umstände des Einzelfalles zu berücksichtigen. Abzustellen ist nicht allein auf die Üblichkeit im konkreten Betrieb, sondern auch auf die der Branche. Es müssen also allgemein übliche Zahlungen sein (wie hier *Boldt/Röhsler*, § 1 Anm. 40; *Boewer/Bommermann*, Rz. 451). Bei Pfändung durch einen bevorrechtigten Unterhaltsgläubiger gilt § 850d Abs. 1 S. 2 ZPO: Er kann diesen Anspruch bis zur Hälfte pfänden.

10. Aufrechnung

89 Die Aufrechnung mit oder gegen den Urlaubsanspruch als Ganzem scheidet begrifflich aus. Hier fehlt es schon an der Gleichartigkeit, die nach § 387 BGB notwendige Voraussetzung einer jeden Aufrechnung ist. Insoweit bestehen in Literatur und Rechtsprechung soweit ersichtlich auch keine Meinungsverschiedenheiten.

90 Die Aufrechnung gegen den **Urlaubsentgeltanspruch** ist, soweit er der Pfändung unterworfen ist, zulässig. Auch kann mit dieser Forderung aufgerechnet werden. Der Arbeitnehmer braucht während des Urlaubs nicht besser gestellt zu sein, als in der Zeit, in der er arbeitet. Alle Gründe, die oben für die Pfändbarkeit des Urlaubsentgelts verwendet worden sind, sind auch hier wirksam (wie hier *Boldt/Röhsler*, § 1 Anm. 42; *Bobrowski/Gaul*, Bd. I S. 425; *Schelp/Herbst*, § 11 Anm. 47; *Borrmann*, § 1 Anm. 10 und 11; **a. A.** *Dersch/Neumann*, § 1 Anm. 87; *LAG Kiel* AP Nr. 3 zu § 611 BGB Urlaubsrecht). Das BAG hat zu der hier behandelten Rechtsfrage bisher noch nicht ausdrücklich Stellung genommen. Aus der Entwicklung der Rechtsprechung, namentlich aus dem wiederholt betonten Satz, Urlaubsentgelt sei nichts anderes als weitergezahlter Lohn (*BAG* AP Nr. 5 zu § 850 ZPO; *BAG* AP Nr. 9 zu § 611 BGB Urlaubsrecht und *BAG* AP Nr. 81 zu § 611 BGB Urlaubsrecht; *BAG* AP Nr. 13 zu § 47 BAT) ist aber wohl mit *Boldt/Röhsler* anzunehmen, daß sich das Gericht der hier vertretenen Rechtsauffassung anschließen wird.

91 Das gleiche gilt auch für den **Abgeltungsanspruch**, der ebenfalls der Pfändung unterworfen ist (vgl. oben Anm. 86ff.), so daß § 394 BGB keine Anwendung findet (ebenso *Boldt/Röhsler*, § 7 Anm. 43; *LAG Köln* LAGE § 850a ZPO Nr. 3; **a. A.** eine schon ältere Entscheidung des BAG aus dem Jahre 1959, vgl. *BAG* AP Nr. 42 zu § 611 BGB Urlaubsrecht = DB 1959, 350; *LAG Hannover* AP 1951, Nr. 93; *LAG Kiel* AP Nr. 3 zu § 611 BGB Urlaubsrecht; *LAG Bremen* DB 1961, 1460; *LAG Düsseldorf* BB 1966, 1454 und DB 1967, 1140; *LAG Schleswig-Holstein* BB 1967, 335).

92 Soweit die Rechtsprechung die Aufrechnung gegen den Urlaubsentgeltsanspruch und den Abgeltungsanspruch grundsätzlich für unzulässig hält, werden aber Ausnahmen für den Fall gemacht, in dem mit einem Anspruch aus unerlaubter Handlung aufgerechnet wird (*LAG Bremen* DB 1959, 58). Verfehlt dürfte hier die Entscheidung des *LAG Frankfurt* sein (BB 1962, 1083), nach der auch die Aufrechnung mit Forderungen aus vorsätzlicher unerlaubter Handlung völlig auszuschließen sei, weil die Unpfändbarkeit des zweckgebundenen Urlaubsentgelts eine »undurchdringliche Mauer« bilde (dagegen auch *Dersch/Neumann*, § 1 Anm. 88; wie hier namentlich auch *Boldt/Röhsler*, § 1 Anm. 44). Die Rechtsprechung hat von jeher im Rahmen des § 394 BGB die Arglisteinrede zugelassen (vgl. *BGH* AP Nr. 4 zu § 394 BGB; *BAG* AP Nr. 5 zu § 394 BGB; *BAG* AP Nr. 3 zu § 10 UrlG NRW). Zwar sind diese Lehre und die ständige Rechtsprechung durch eine Entscheidung des 5. Senats des *BAG* vom 16. 6. 1960 (AP Nr. 8 zu § 394 BGB = DB 1960, 1131 = SAE 1961, 105) in Zweifel gezogen worden, jedoch mit kaum überzeugenden Argumenten. Der 5. Senat hat erkannt, auch bei Aufrechnung durch den Arbeitgeber mit einer Forderung aus einer im Rahmen des Arbeitsverhältnisses begangenen vorsätzlichen Nachteilszufügung müsse als unterste Grenze bei der Aufrechnung die Grenze des § 850d ZPO beachtet werden, denn der Schuldner müsse zunächst einmal von der Arbeit leben (**a.A.** *Nikisch*, Bd. I S. 373). Von dieser Entscheidung, der *Larenz* (SAE 1960, 40) und *Pohle* (AP Nr. 8 zu § 394 BGB) mit Bedenken zugestimmt haben, weicht eine spätere Entscheidung des 1. Senats vom 28. 8. 1964 teilweise ab. In diesem Urteil wird die volle Aufrechnung im Falle vorsätzlicher Schadenszufügung zugelassen, jedenfalls in dem Fall, in dem der Arbeitnehmer aus dem Arbeitsverhältnis ausgeschieden ist (*BAG* AP Nr. 9 zu § 394 BGB mit Anm. von *Bötticher* = BB 1964, 1382 = DB 1964, 1707 = SAE 1965, 89 mit Anm. von *Mayer-Maly*). Der interessanten zivilrechtlichen Problematik kann hier nicht im einzelnen nachgegangen werden. Es besteht jedenfalls kein Anlaß, bei Urlaubsentgeltansprüchen von dem hergebrachten Grundsatz abzuweichen, daß auch im Falle der Unpfändbarkeit – soweit man diese bejaht – mit Forderungen aus vorsätzlicher Nachteilszufügung aufgerechnet werden kann. Im übrigen ist ein Ausschluß der Arglisteinrede rechtlich gar nicht möglich, da es sich um einen fundamentalen Grundsatz unserer gesamten Rechtsordnung handelt. So hat z.B. das BAG die Berufung auf das gesetzliche Aufrechnungsverbot wegen Rechtsmißbrauchs im folgenden Fall zurückgewiesen: Ein Arbeitnehmer hatte nach seinem Ausscheiden die Urlaubsabgeltung erhalten, nicht aber die außertarifliche Urlaubsgratifikation. Der Arbeitnehmer trat sofort eine neue Stelle an, ohne zunächst Freizeit zu Erholungszwecken zu nehmen. Gegen den Anspruch auf Urlaubsgratifikation wurde die Aufrechnung zugelassen, weil der Arbeitnehmer die Herbeiführung des bezweckten Erfolges vorsätzlich vereitelt hatte (vgl. *BAG* AP Nr. 3 zu § 10 UrlG NRW = BB 1963, 187). Die Arglisteinrede kann demnach auch bei Ansprüchen aus vorsätzlicher Vertragsverletzung begründet sein (vgl. *BAG* AP Nr. 5 zu § 394 BGB mit kritischer Anmerkung von *Hueck*).

11. Verzicht und Verwirkung

a) Verzicht

93 Der Verzicht auf den gesetzlichen Urlaubsanspruch – rechtlich ein Erlaßvertrag nach § 397 BGB – ist mit seiner Unabdingbarkeit unvereinbar. Das gilt für den Urlaubsanspruch als Ganzem, aber auch für den Urlaubsentgeltsanspruch. Ein entsprechender Vertrag ist nach § 134 BGB nichtig. Dabei ist kein Unterschied zu machen zwischen dem Verzicht, der während des Arbeitsverhältnisses ausgespro-

chen und dem, der nach seiner Beendigung etwa in Form einer **Ausgleichsquittung** vereinbart wird (vgl. *Dersch/Neumann*, § 13 Anm. 55; *Hueck/Nipperdey*, Bd. I S. 453; *Natzel*, § 1 Anm. 24; *LAG Bremen* DB 1955, 1228; *LAG Hamm* DB 1964, 775; *LAG Baden-Württemberg* BB 67, 757; *BAG* EzA § 7 BUrlG Nr. 4 = AP Nr. 2 zu § 7 BUrlG Abgeltung = BB 1967, 1247 = DB 1967, 1859 = NJW 1967, 2376 = SAE 1968, 179; *BAG* EzA § 13 BUrlG Nr. 14 = AP Nr. 6 zu § 13 BUrlG Unabdingbarkeit = DB 1980, 2197; *BAG* EzA § 13 BUrlG Nr. 49 = AP Nr. 13 zu § 13 BUrlG Unabdingbarkeit = DB 1991, 392).
In dieser bisher letzten Entscheidung des *BAG* vom 31. 5. 1990 zu diesem Problem führt das Gericht aus:
»Ein Erlaßvertrag über vertraglich begründete Urlaubsansprüche ist rechtlich unbedenklich, soweit sich die Vereinbarung hierüber auf Urlaubsansprüche bezieht, die **über** dem gesetzlichen Mindesturlaub nach §§ 1, 3 BUrlG liegen.
Der auf § 1, 3 BUrlG beruhende Mindesturlaubsanspruch im Umfang von 18 Werktagen ist nach § 13 Abs. 1 S. 1 BUrlG unabdingbar, der Arbeitnehmer kann damit nicht wirksam durch Rechtsgeschäft verfügen, den Anspruch daher auch nicht in einem gerichtlichen oder außergerichtlichen Vergleich zum Gegenstand eines negativen Schuldanerkenntnisses machen.«
Das BAG betont in dieser Entscheidung erneut, daß diese Auffassung auch für den Urlaubs- bzw. Urlaubsabgeltungsanspruch eines Arbeitnehmers zutrifft, der nach erfüllter Wartezeit in der ersten Hälfte des Kalenderjahres aus dem Arbeitsverhältnis ausscheidet (so schon *BAG* AP Nr. 6 zu § 13 BUrlG Unabdingbarkeit = a.a.O.). Ein Verzicht ist danach auch dann nicht zulässig, wenn dieser in einem alle sonstigen Streitpunkte des Arbeitsverhältnisses bereinigenden Gesamtvergleich enthalten ist. Das gilt grundsätzlich auch für den Verzicht in einem vor Gericht abgeschlossenen Vergleich.

94 Auch auf den **Urlaubsabgeltungsanspruch** kann der Arbeitnehmer daher rechtswirksam nicht verzichten. Richtiger Auffassung nach ist der Abgeltungsanspruch nur ein Surrogat für den einheitlichen Urlaubsanspruch (vgl. *Dersch/Neumann*, § 7 Anm. 98). Er tritt an die Stelle des bereits erworbenen echten Urlaubsanspruchs (so schon *BAG* AP Nr. 10 zu § 611 BGB Urlaubsrecht = BB 1956, 753), so daß er angesichts seiner gleichen Zweckrichtung auch dessen rechtliches Schicksal teilen muß. Ein Verzicht auf den Abgeltungsanspruch z.B. in Form einer Ausgleichsquittung wäre also ein Verzicht auf den gesetzlichen Urlaubsanspruch selbst. Das verstößt aber gegen § 13 und ist deshalb wegen Verstoßes gegen ein gesetzliches Verbot nichtig (§ 134 BGB). Siehe dazu im einzelnen § 7 Anm. 197ff.

95 Das Verzichtsverbot gilt für den gesetzlichen Mindesturlaubsanspruch, ferner nach § 4 TVG für tarifvertragliche Urlaubsansprüche und schließlich für Urlaubsansprüche auf Grund einer nach § 77 BetrVG zulässigen Betriebsvereinbarung, deren Normen nach heute herrschender Ansicht auch unabdingbar sind. Allerdings gilt es dazu anzumerken, daß nach der überwiegend vertretenen Auffassung die Übernahme tariflicher urlaubsrechtlicher Regelungen durch eine Betriebsvereinbarung auf alle Arbeitnehmer des Betriebes an § 77 Abs. 3 BetrVG scheitert, es sei denn, der Tarifvertrag enthält insoweit eine ausdrückliche Öffnungsklausel (*BAG* EzA § 140 BGB Nr. 16 = DB 1990, 184; *Dietz/Richardi*, § 77 Anm. 199, 200; *Fitting/Auffarth/Kaiser/Heither*, § 77 Anm. 66; *Galperin/Löwisch*, § 77 Anm. 73). Beruht dagegen ein über den gesetzlichen Mindesturlaub hinausgehender Urlaubsanspruch teilweise auf einem Einzelarbeitsvertrag, so ist insoweit ein

Erlaßvertrag (auch eine Ausgleichsquittung) zulässig (zustimmend *Boldt/Röhsler*, § 1 Anm. 66; *Dersch/Neumann*, § 13 Anm. 56ff.; *BAG* EzA § 13 BUrlG Nr. 49 = AP Nr. 13 zu § 13 BUrlG Unabdingbarkeit = DB 1991, 392).

96 Nochmals der Hinweis auf die oben in Rz. 93 zitierte Auffassung des BAG: **Die Schutzvorschriften des BUrlG gelten nur für den gesetzlichen Mindesturlaub.**

97 Beruht der über den gesetzlichen Mindesturlaubsanspruch hinausgehende Urlaubsanspruch auf einem Tarifvertrag, ist aber der Arbeitgeber oder der Arbeitnehmer nicht tarifgebunden, sondern gelten die Normen des Tarifvertrages kraft Bezugnahme auf die gesamte tarifliche Urlaubsregelung in den Einzelarbeitsvertrag, so bestehen gegen einen Verzicht (auch in einer Ausgleichsquittung) durchgreifende Bedenken. Bei einer solchen **weitgehenden, allgemeinen Bezugnahmevereinbarung** müssen dem Arbeitnehmer auch die Verzichts- und Verwirkungsverbote des § 4 Abs. 4 S. 1 und 2 TVG zugute kommen. Zwar erwachsen aus der vertraglichen Übernahme der tariflichen Ordnung nicht unmittelbar gesetzliche Ansprüche. Der Arbeitnehmer vertraut jedoch darauf, daß er mit der generellen Bezugnahme auf die tarifliche Regelung den tarifgebundenen Arbeitnehmern gleichgestellt werden soll und ebenso wie sie den Schutz der tariflichen Ordnung insgesamt genießt (so *v. Hoyningen-Huene* RdA 1974, 138, 150; *Wiedemann/Stumpf*, TVG, 5. Aufl. § 3 Anm. 106; § 4 Anm. 335; **a.A.** *Dersch/Neumann*, § 13 Anm. 27; *Hueck/Nipperdey*, Bd. II S. 485; *Hagemeier/Kempen/Zachert/Zilius*, TVG, 2. Aufl. § 4 Rz. 201). Soweit *Dersch/Neumann* a.a.O. zur Stützung seiner Auffassung auf die Entscheidung vom 21. 7. 1978 (AP Nr. 5 zu § 13 BUrlG Unabdingbarkeit) verweist, wird übersehen, daß das *BAG* in Abschnitt 2 der Gründe deswegen tarifrechtliche Bedenken gegen einen Verzicht zurückstellt, weil lediglich die tarifliche Urlaubsdauer einzelvertraglich übernommen wurde, nicht jedoch die gesamte Urlaubsregelung des in Bezug genommenen Tarifvertrages. Wird nur ein Teil der tariflichen Urlaubsregelung übernommen, so kann der Arbeitnehmer in der Tat nicht darauf vertrauen, er werde insgesamt wie ein tarifgebundener Arbeitnehmer behandelt. In diesem Falle ist der von *Dersch/Neumann* (a.a.O.) und der vom *BAG* (AP Nr. 5 zu § 13 BUrlG Unabdingbarkeit) vertretenen Auffassung eines Verzichtes auf über den gesetzlichen Mindestanspruch hinausgehenden Mehrurlaub, der auf einem Tarifvertrag beruht, zuzustimmen. Die von *Dersch/Neumann* a.a.O. vertretene Meinung wird allerdings jetzt auch vom *BAG* vom 31. 5. 1990 (AP Nr. 13 zu § 13 BUrlG Unabdingbarkeit) mit der Begründung gestützt, daß tarifrechtliche Bedenken gegen die Wirksamkeit des Verzichts auf den Urlaubsabgeltungsanspruch nicht erhoben werden könnten. Die Tarifnormen gelten aber nicht kraft Tarifwirkung, sondern aufgrund vertraglicher Vereinbarung. Trotz § 4 Abs. 4 S. 1 TVG kann auf solche einzelvertraglich vereinbarten Leistungen wirksam verzichtet werden. Dazu weitere Einzelheiten § 13 Anm. 33ff.

b) Verwirkung

98 Die Verwirkung des **Urlaubsanspruchs** und auch des **Abgeltungsanspruchs** ist möglich. Die Verwirkung soll die »illoyal verspätete Geltendmachung von Rechten« ausschließen (vgl. BGHZ 15, 47 [51ff.]). Das Rechtsinstitut der Verwirkung findet auf alle Rechte, Rechtsstellungen und prozessualen Befugnisse Anwendung. Die Verwirkung greift aber nicht schon dann Platz, wenn eine längere Zeit verstrichen ist und der Gläubiger sein Recht nicht geltend gemacht hat. Der Tatbestand der Verwirkung ist nur dann erfüllt, wenn zum »Zeitmoment« das sogenannte »Umstandsmoment« tritt (*BAG* AP Nr. 9 zu § 242 BGB Verwirkung = DB 1958, 1074), d.h. das Verhalten der Beteiligten besondere Umstände erkennen läßt, die die verspätete Geltendmachung des Rechts als unzulässig erscheinen lassen. Hat der Gläubiger den Eindruck erweckt, er werde sein Recht nicht mehr geltend machen, so setzt er sich mit diesem Verhalten in Widerspruch, wenn er das Recht zu realisieren versucht.

99 Nicht gefolgt werden kann der Auffassung von *Dersch/Neumann* (§ 13 Anm. 60), die aus dem Zweck des Urlaubsanspruchs und seiner Unabdingbarkeit den Ausschluß der Verwirkung ableiten wollen. Die Unabdingbarkeit ist hier ohne Belang, denn auch unabdingbare Ansprüche können, wenn dies nicht im Gesetz ausgeschlossen ist (so ausdrücklich § 4 Abs. 4 TVG für tarifliche Rechte), verwirken. Auch der Zweck des Anspruchs vermag die tragenden Grundlagen von Treu und Glauben nicht auszuschließen. Zu beachten ist auch, daß die Verwirkung selbst im Beamtenrecht für gesetzlich begründete Ansprüche der Beamten angewandt wird (*BVerwG* BayVBl. 1959, 154; MDR 1958, 628), die doch stark fürsorgerechtlichen Charakter haben. Selbst rechtskräftig festgestellte Ansprüche können der Verwirkung unterliegen (BGHZ 5, 195 = DB 1952, 448). Bei der Anwendung des Rechtsinstituts der Verwirkung im Urlaubsrecht ist allerdings zu beachten, daß die besondere Natur des Anspruchs, sein Zweck und die Unabdingbarkeit es geboten erscheinen lassen, bei der Abwägung der tatsächlichen Umstände nur dann eine Verwirkung des Rechts eintreten zu lassen, wenn dies mit dem Schutzcharakter des Urlaubsanspruchs vereinbar ist. Bei der Annahme einer Verwirkung sind strenge Maßstäbe anzulegen (wie hier *Boldt/Röhsler*, § 1 Anm. 76; *Schelp/Herbst*, § 1 Anm. 23; *Bobrowski/Gaul*, Bd. I S. 459; **a.A.** *Dersch/Neumann*, § 13 Anm. 60f.; *Natzel*, § 1 Anm. 96ff.; *Borrmann*, § 1 Anm. 15; *Hueck/Nipperdey*, Bd. I S. 453). Auch die Begründung von *Dersch/Neumann*, die hier vertretene Ansicht führe zu Ungereimtheiten beim Zusammentreffen von gesetzlichen und tariflichen Urlaubsansprüchen, kann nicht überzeugen. Diese unterschiedliche Behandlung ist eine Folge der mit besonderen gesetzlichen Garantien ausgestatteten Tarifansprüche. Derartige Garantien hat das BUrlG aber für den Urlaubsanspruch so weitgehend nicht vorgesehen. Auch das BAG hat diesem Argument keine Bedeutung beigemessen, als es über die Frage der Verwirkung von Urlaubsentgeltansprüchen zu entscheiden hatte in den Fällen, in denen die Freizeit gewährt wurde, und die Parteien nur über die Höhe des zu zahlenden Urlaubsentgelts streiten (vgl. *BAG* AP Nr. 7 zu § 11 BUrlG = DB 1970, 787).

Das *BAG* hat die Frage der Verwirkung von Urlaubsansprüchen und auch die von Urlaubsabgeltungsansprüchen bisher nicht entschieden. In seiner Entscheidung vom 5. 2. 1970 (AP Nr. 7 zu § 11 BUrlG = DB 1970, 787) hat es die Frage vielmehr ausdrücklich offengelassen. Immerhin läßt die Entscheidung des *BAG* (AP Nr. 54 zu § 611 BGB Urlaubsrecht) darauf schließen, daß es die Verwirkung von Urlaubsabgeltungsansprüchen für möglich halte. Denn in dieser Entscheidung ist das Gericht in eine sachliche Prüfung der Verwirkungsfrage eingetreten. Das wäre nicht erforderlich gewesen, wenn der Senat überhaupt die Verwirkung für unanwendbar gehalten hätte.

100 Die **Verwirkung des Urlaubsanspruches** hat ohnehin nur theoretischen Charakter. Denn der Urlaub muß im Urlaubsjahr gewährt und genommen werden (*BAG* v. 28. 11. 1990, EzA § 7 BUrlG Nr. 79). Der Urlaubsanspruch ist damit auf das Urlaubsjahr befristet und muß im laufenden Kalenderjahr gewährt und genommen

werden. Nach der ständigen Rechtsprechung des BAG besteht der Urlaubsanspruch nur im Kalenderjahr und beim Vorliegen der in § 7 Abs. 3 BUrlG genannten Merkmale für die drei weiteren Monate des Übertragungszeitraumes. Es bedarf zur Erfüllung des Urlaubsanspruches durch den Arbeitgeber eines Leistungsverlangens des Arbeitnehmers (*BAG* a.a.O. – Abschnitt II/4 der Gründe).
Dagegen können Fälle der **Verwirkung des Abgeltungsanpruchs** vorkommen, wenn keine tariflichen Ausschlußfristen anzuwenden sind, die nach Beendigung des Arbeitsverhältnisses meist sehr kurze Fristen für die Geltendmachung aller Rechte vorsehen.

101 Von der Verwirkung des Urlaubsanspruchs ist zu unterscheiden die **Verwirkung rückständiger streitiger Ansprüche auf Zahlung von weiterem Urlaubsentgelt**. Solche Ansprüche unterliegen der Verwirkung, wenn der Urlaub gewährt worden ist. Hier werden der besondere Schutzgedanke des Urlaubsrechts und die Unabdingbarkeit nicht mehr tangiert, weil der Arbeitnehmer Freizeit und Entgelt erhalten hat (*BAG* AP Nr. 7 zu § 11 BUrlG = BB 1970, 581 = DB 1970, 787 = SAE 1970, 284). Diese Ansprüche auf Nachzahlung von Urlaubsentgelt verfallen nicht mit Ablauf des Urlaubsjahres (so *BAG* AP Nr. 1 zu § 72 ArbGG 1953 Beschwerdewertrevision = BB 1970, 1097 = DB 1970, 1791 = AR-Blattei, Urlaub, Entsch. 183). Für derartige Nachzahlungsansprüche gelten allenfalls Verjährungs- und tarifliche Ausschlußfristen.

12. Vergleichsverzicht

a) Rechtsvergleich oder Rechtsfolgenvergleich

102 Der Verzicht auf den gesetzlichen **Urlaubsanspruch** und den **Abgeltungsanspruch** ist auch in einem (gerichtlichen oder außergerichtlichen) Vergleich unzulässig. (*BAG* EzA § 13 BUrlG Nr. 49 = AP Nr. 13 zu § 13 BUrlG Unabdingbarkeit = DB 1991, 372). Vergleich ist hier der Vertrag, durch den der Streit über die Ungewißheit der Arbeitsvertragsparteien über den entstandenen Urlaubsanspruch (Abgeltungsanspruch) im Wege gegenseitigen Nachgebens beseitigt wird (§ 779 BGB). Dazu bedarf es keiner gesetzlichen Bestimmung, wie sie z.B. § 4 Abs. 4 S. 1 TVG für tarifliche Rechte enthält. Die Unzulässigkeit des Vergleichsverzichts ergibt sich ohne weiteres aus dem allgemeinen Verzichtsverbot (dazu oben Anm. 93–96). Würde man gestatten, daß der Verzicht auf den Urlaubsanspruch oder auch den Urlaubsabgeltungsanspruch möglich ist, so käme das einem Abkauf des Urlaubs gleich, der nach dem Gesetz gerade nicht möglich sein soll. Jede nachträgliche Verfügung zum Nachteil des Arbeitnehmers ist nach der insoweit eindeutigen Regelung des § 13 Abs. 1 Satz 3 unzulässig (vgl. *BAG* AP Nr. 2 zu § 7 BUrlG Abgeltung = DB 1967, 1859).

103 Das gilt auch für einen **gerichtlichen Vergleich**, wie das *BAG* EzA § 7 BUrlG Nr. 20 = AP Nr. 5 zu § 13 BUrlG Unabdingbarkeit = BB 1979, 327 = DB 1978, 2323 ausdrücklich festgestellt hat. Das Gericht begründet seine Auffassung damit, daß auch in gerichtlichen Gesamtvergleichen die urlaubsrechtlichen Interessen des Arbeitnehmers in dem vom BUrlG zwingend festgelegten Maße zu beachten sind. Die allgemeine Vergleichsfreiheit findet ihre Grenzen immer in zwingendem Gesetzesrecht (wie hier *Dersch/Neumann*, § 13 Anm. 75; *Bobrowski/Gaul*, Bd. I S. 423; *Natzel*, § 1 Anm. 92).

b) Tatsachenvergleich

104 Ein **unzulässiger Verzichtsvergleich** liegt nur vor, wenn die Arbeitsvertragsparteien von einem bestimmten, festliegenden Sachverhalt ausgehen und über Rechtsfragen streiten. Kein unzulässiger Verzichtsvergleich ist aber gegeben, wenn eine (objektive oder subjektive) **Ungewißheit über die tatsächlichen Voraussetzungen** des Anspruchs im Wege des gegenseitigen Nachgebens vertragsmäßig beseitigt wird, z.B. über die Tatsachen, die für die Berechnung des Urlaubsentgelts Bedeutung haben, oder die sonst für das Entstehen des Urlaubsanspruchs oder etwaiger Einwendungen gegen ihn (Einwand der unzulässigen Rechtsausübung) von Bedeutung sind.

105 Die herrschende Lehre hat den sogenannten **Tatsachenvergleich** beim (unabdingbaren) Tarifanspruch zugelassen (vgl. *Hueck/Nipperdey*, Bd. II S. 622; *Wiedemann/Stumpf*, TVG, § 4 Anm. 342; *Nikisch*, Bd. II S. 464; *Bürger*, AR-Blattei, Verzicht F5; *Hohn*, BB 1957, 478; *Leser*, BB 1958, 814; *LAG Bremen* DB 1956, 691). Diese Ansicht ist auf den Urlaubsanspruch zu übertragen. Seine Unabdingbarkeit steht nicht entgegen. Die Zulassung eines Vergleichs über ungewisse Tatsachen ist hier wie dort für die Beteiligten vernünftig und praktikabel.

106 Das *BAG* hat zudem in EzA § 9 LohnFG Nr. 2 = AP Nr. 1 zu § 9 LohnFG = BB 1973, 427 den Tatsachenvergleich über ebenso unabdingbare Lohnfortzahlungsansprüche ausdrücklich zugelassen und diese Auffassung in EzA § 9 LohnFG Nr. 6 = AP Nr. 12 zu § 6 LohnFG = BB 1981, 790 = DB 1981, 222 nochmals bestätigt. Was für Lohnfortzahlungsansprüche gilt, muß auch für Urlaubsansprüche angewendet werden können.

107 Wird eine Einigung über einen Tatbestand allerdings nur vorgetäuscht, so ist sowohl der Prozeßvergleich wie auch der außergerichtliche Vergleich nichtig (vgl. *Wiedemann/Stumpf*, TVG, § 4 Anm. 342 a.E.). Für den außergerichtlichen Vergleich eine Vermutung anzunehmen, die Beteiligten wollten die Unabdingbarkeit umgehen, erscheint mit den tatsächlichen Gegebenheiten nicht vereinbar. Ausreichend, aber auch geboten ist allerdings im Streitfall die Prüfung, ob wirklich eine Einigung über Tatsachen getroffen worden ist. Das ist z.B. dann nicht ohne weiteres anzunehmen, wenn eine formularmäßige Ausgleichsquittung unterschrieben wird. Im Streitfall liegt die Beweislast für den Tatsachenvergleich beim Arbeitgeber.

c) Vergleich über tarifliche Urlaubsansprüche

108 Beruht der Urlaubsanspruch auf einem Tarifvertrag, so ist nach § 4 Abs. 4 S. 1 TVG der Verzichtsvergleich nur wirksam, wenn er von den Tarifvertragsparteien gebilligt wird. Dabei ist nicht zwischen gerichtlichem und außergerichtlichem Vergleich zu unterscheiden (*Wiedemann/Stumpf*, TVG, § 4 Anm. 339). Auch zu einem außergerichtlichen Vergleich muß, soll er rechtswirksam abgeschlossen werden, die Billigung der Tarifvertragsparteien vorliegen, sofern es nicht nur um die Beseitigung einer Ungewißheit über tatsächliche Voraussetzungen des tariflichen Urlaubsanspruchs geht. Die Unterscheidung zwischen einem Vergleich über Tatsachen oder Rechtsfolgen mag im Einzelfall für die Parteien des Einzelarbeitsvertrages schwierig zu treffen sein. Angesichts des klaren Gesetzestextes, der jede Art von Vergleich umfaßt, müssen evtl. Schwebezustände in bezug auf die Wirksamkeit eines abgeschlossenen Vergleichs in Kauf genommen werden.

109 Ob die zuständigen Prozeßbevollmächtigten der Tarifvertragsparteien die Billigung aussprechen können, hängt davon ab, ob die Tarifvertragsparteien sie dazu

bevollmächtigt haben oder nicht. Üblicherweise geschieht dies nicht. Dennoch werden in der Praxis vor den Arbeitsgerichten zahllose Prozeßvergleiche über Tarifansprüche geschlossen, die nur die Billigung der zuständigen Prozeßbevollmächtigten der Tarifvertragsparteien besitzen. Die Praxis begnügt sich damit. § 4 Absatz 4 S. 1 TVG wird nicht streng gehandhabt. Da das mit Wissen und Billigung der Tarifvertragsparteien geschieht und allgemeine Praxis ist, sollte der Gesetzgeber erwägen, dem durch eine Änderung des Wortlauts des § 4 Abs. 4 S. 1 TVG Rechnung zu tragen.

110 Bei tariflichen Urlaubsansprüchen gelten diese Regeln aber nur für den Urlaubsanspruch, der über den gesetzlichen Mindesturlaubsanspruch hinausgeht. Auf den gesetzlichen Mindesturlaubsanspruch kann auch nicht mit Billigung der Tarifvertragsparteien verzichtet werden.

d) Vergleich über einzelvertragliche Mehrurlaubsansprüche

111 Beruhen Urlaubsansprüche, die über den gesetzlichen Minesturlaubsanspruch hinausgehen, auf Einzelarbeitsvertrag oder auch auf Inbezugnahme eines Tarifvertrages im Arbeitsvertrag Nichttarifgebundener, so ist der Verzicht insoweit ohne jede Einschränkung zulässig (so auch *BAG* AP Nr. 1 zu § 9 BUrlG; *BAG* EzA § 13 BUrlG Nr. 49 = AP Nr. 13 zu § 13 BUrlG Unabdingbarkeit = DB 1991, 392; allg. Meinung).

13. Unzulässige Rechtsausübung

112 Der Einwand der unzulässigen Rechtsausübung kann auch gegenüber dem **Urlaubsanspruch** und dem **Abgeltungsanspruch** Platz greifen. Er greift durch, wenn die Geltendmachung des Anspruchs so sehr dem Grundsatz von Treu und Glauben und dem Anstandsgefühl aller billig und gerecht Denkenden widerstreitet, daß die Ausübung des Rechts unzulässig ist und es nicht angängig erscheint, der Geltendmachung des Anspruchs den Rechtsschutz zu gewähren (vgl. RGZ 144, 385; BGHZ 57, 108 (111); *BGH* LM § 242 (Cd) BGB Nr. 226 Blatt 2). Im Gegensatz zur Verwirkung (dazu oben Anm. 98ff.) ist hier das Zeitmoment nicht maßgebend, sondern das **gröblich unanständige Verhalten des Gläubigers**. Ebenso wie bei Tarifansprüchen kann dieser Einwand, der von Amts wegen zu beachten ist, bei Urlaubsansprüchen aber nur in besonders krassen Fällen durchgreifen (vgl. *BAG* AP Nr. 1 zu § 817 BGB; *Hueck/Nipperdey*, Bd. II S. 449; *Wiedemann/Stumpf*, TVG, § 4 Anm. 361). Die Entscheidung ist unter Berücksichtigung aller Umstände des Einzelfalles zu treffen. Dabei sind die Schwere des Verstoßes des Arbeitnehmers gegen seine Vertragspflichten bzw. die Umstände, die den Arglisteinwand begründen sollen, und das besondere Interesse des Arbeitnehmers und auch der Allgemeinheit an der Erteilung des Erholungsurlaubs gegeneinander abzuwägen.

113 Die Anerkennung des Rechtsinstituts der unzulässigen Rechtsausübung im Hinblick auf die Geltendmachung des Urlaubsanspruchs bzw. des Urlaubsabgeltungsanspruchs durch die Rechtsprechung ist entwickelt worden vor allem an dem Fall, in dem der Arbeitnehmer im Urlaubsjahr – das Urlaubsjahr ist stets die Basis der Beurteilung – **in kaum nennenswertem Umfang Arbeit geleistet hat**, sei es wegen anhaltender **Krankheit, Wehrdienst** und auch wegen der **Beschäftigungsverbote nach dem Mutterschutzgesetz** (vgl. *BAG* AP Nr. 9, 13, 59, 82, 87 und 88 zu § 611

BGB Urlaubsrecht; *BAG* AP Nr. 1 zu § 5 UrlG Hamburg; *BAG* AP Nr. 1 zu § 3 UrlG Niedersachsen.)

114 Der 5. Senat des Bundesarbeitsgerichtes hat auch nach dem Inkrafttreten des BUrlG an dieser Rechtsprechung festgehalten und sie in mehreren Entscheidungen bestätigt (vgl. *BAG* AP Nr. 2 zu § 3 BUrlG Rechtsmißbrauch mit krit. Anm. von *Isele*; *BAG* AP Nr. 3, 4, 5, 6, 7, 8, 9 und 10 zu § 3 BUrlG Rechtsmißbrauch; *BAG* AP Nr. 1 zu § 51 BAT). Das Schrifttum ist der Rechtsprechung im Grundsatz gefolgt (vgl. *Staudinger/Nipperdey/Neumann*, § 611 BGB Anm. 279; *Bobrowski/Gaul*, Bd. I S. 459; *Hueck/Nipperdey*, Bd. I S. 440; *Hessel*, Krankheit im Arbeitsrecht, S. 61ff.; *Nikisch*, Bd. I S. 541; *Schelp/Trieschmann*, Das Arbeitsverhältnis im Krankheitsfall, S. 210; *Dersch/Neumann*, § 9 Anm. 18 – 1. Abschnitt –; § 13 Anm. 62; *Natzel*, § 1 Anm. 100, 101; *Schelp/Herbst*, § 1 Anm. 27; *Borrmann*, § 1 Anm. 15; *Siara*, § 1 Anm. 13; *Boldt/Röhsler*, § 1 Anm. 69ff.).

115 Die dazu ergangene, umfangreiche Rechtsprechung des 5. Senates hat nach der nun ständigen und gegen alle Angriffe der Instanzgerichte und der Arbeitsrechtswissenschaft beibehaltenen Rechtsprechung des 6. und 8. Senates des *BAG* seit der Entscheidung vom 28. 1. 1982 (EzA § 3 BUrlG Nr. 13 mit Anm. von *Peterek* = AP Nr. 11 zu § 3 BUrlG Rechtsmißbrauch mit Anm. von *Boldt* = BB 1982, 862 = DB 1982, 1065) nur noch »historische« Bedeutung. Zwar besteht auch nach der »neuen« Rechtsprechung des *BAG* (so EzA § 3 BUrlG Nr. 14 = AP Nr. 14 zu § 3 BUrlG Rechtsmißbrauch – dort Abschnitt II 4 der Gründe = DB 1984, 1618) derzeit noch das Recht zur Erhebung des Einwandes des Rechtsmißbrauches gegen einen geltend gemachten Urlaubs- bzw. Urlaubsabgeltungsanspruch (siehe Anm. 6). Jedoch kann dieser Einwand nicht mehr erhoben werden mit der Begründung, die Arbeitsleistung des Arbeitnehmers im jeweiligen Urlaubsjahr sei so gering gewesen, daß er deswegen keinen Urlaub beanspruchen könne.

116 Dennoch bleibt es von Interesse, die Rechtsentwicklung des Einflusses der Arbeitsleistung auf den Urlaubsanspruch, vor allem den Einfluß der Arglisteinrede auf den Urlaubsanspruch bei fehlender / geringer Arbeitsleistung im Urlaubsjahr bis zur Entscheidung vom 28. 1. 1982, mit der die »neue« Rechtsprechung auf diesem Sektor begann, in knapper Form darzustellen und damit die heftigen Auseinandersetzungen der Instanzgerichte und der Literatur mit dem BAG verständlich werden zu lassen, obwohl eine Änderung dieser BAG-Rechtsprechung nicht zu erwarten ist und auch in der betrieblichen Praxis resignierend nicht mehr erwartet wird.

a) Der Arglisteinwand bei geringfügiger Arbeitsleistung bis zur Entscheidung vom 28. 1. 1982

117 Richtig ist die Ausgangsposition des BAG sowohl vor als auch nach dem 28. 1. 1982: Im BUrlG ist die Frage, welchen Einfluß eine gänzlich fehlende oder geringe Arbeitsleistung des Arbeitnehmers im Urlaubsjahr (= Kalenderjahr) auf seinen Anspruch auf Erholungsurlaub hat, nicht geregelt.

Geregelt ist im BUrlG, daß der Urlaubsanspruch zu Beginn des jeweiligen Urlaubsjahres (am Stichtag) entsteht, wenn die Wartezeit des § 4 BUrlG erfüllt ist. Auch diese Entstehung des Urlaubsanspruches am Stichtag ist unabhängig von einer Arbeitsleistung. Der Arbeitnehmer soll durch seine nachfolgende Arbeitsleistung die Urlaubsgewährung nach der bisherigen Auffassung rechtfertigen (so auch *LAG Düsseldorf* BB 1983, 1793 = DB 1984, 251), der Arbeitnehmer sollte sich also seinen Urlaub erdienen.

Hatte nun der Arbeitnehmer im jeweiligen Urlaubsjahr wegen Krankheit überhaupt nicht oder doch nur in geringem Umfang seine Arbeit geleistet, stellt sich die Frage, ob es in einem schuldrechtlichen Austauschverhältnis wie in einem Arbeitsverhältnis nicht eine »unzulässige Rechtsausübung« darstellt, wenn dieser Arbeitnehmer für dieses Urlaubsjahr seinen vollen Urlaubsanspruch fordert, genauer gesagt, mehr Urlaubstage verlangt, als er tatsächlich gearbeitet hatte.

118 Dabei hat die Rechtsprechung sowohl der RAG als auch des BAG bis 28. 1. 1982 auf den Einwand der unzulässigen Rechtsausübung zurückgegriffen, um einen Urlaubsanspruch abzuwehren, der von diesem Arbeitnehmer mit keiner oder geringer Arbeitsleistung im Urlaubsjahr erhoben wurde. Die Rechtsprechung hat dabei auf einen allgemeinen Rechtsgrundsatz zurückgreifen können: Die Geltendmachung eines Anspruches kann so sehr gegen den Grundsatz von Treu und Glauben und das Anstandsgefühl aller billig und gerecht Denkenden verstoßen, daß die Ausübung des Rechtes unzulässig ist (so schon Anm. 112). Die Rechtsfolge der unzulässigen Rechtsausübung besteht gerade darin, daß die dem Recht entsprechenden Rechtswirkungen oder Rechtsfolgen versagt werden. Der vermeintliche Anspruchsinhaber kann seinen Anspruch nicht geltend machen – (MünchKomm-*Roth* § 242 BGB Rz. 242). Unzulässige Rechtsausübung ist damit jede Geltendmachung eines »an sich« bestehenden Rechtes und jede Ausnutzung einer »an sich« gegebenen Rechtsposition im Gegensatz zum Grundsatz von Treu und Glauben. Dieser Grundsatz des § 242 BGB führt nach der ständigen Rechtsprechung des *BGH* (so BGHZ 12, 157) zu einer allen Rechten, Rechtsstellungen, Rechtslagen und Rechtsnormen immanenten Inhaltsbegrenzung – und zwar völlig unabhängig von einem Verschulden der handelnden Partei. Für die Feststellung des Rechtsmißbrauches genügt die Feststellung des objektiven Tatbestandes der Zweckwidrigkeit (BGHZ 12, 157).

119 Auch das BAG erkennt an, daß dieses Rechtsmißbrauchsverbot auf dem Gebiete des Urlaubsrechts zur Anwendung kommen kann (Anm. 6). Allerdings bleibt dieser Einwand beschränkt auf Fälle, die gerade nicht mit der Frage »Urlaub und Arbeitsleistung« in Zusammenhang gebracht werden können.

Bereits das *RAG* hatte in mehreren Entscheidungen die Auffassung vertreten, daß der Erholungsurlaub durch eine gewisse Arbeitsleistung im Urlaubsjahr »erworben« werden müsse (ARS 6, 196; 12, 92; 16, 383). Dazu braucht man noch nicht einmal auf Entscheidungen aus der Zeit nach 1933 zurückzugreifen, um in dieser Frage als Grundsatz des RAG erkennen zu können, daß der Urlaub in der Regel auch als Gegenleistung für die in der Vergangenheit geleistete Arbeit gewährt wird.

Das *BAG* hat in einer ersten Grundsatzentscheidung vom 22. 6. 1956 (AP Nr. 9 zu § 611 BGB Urlaubsrecht mit Anm. von *Dersch* = DB 1956, 785) bestätigt, daß Arbeit und Urlaub nicht beziehungslos gegenüberstehen. Es hat in dieser Entscheidung ausgeführt: – »Verlangt ein Arbeitnehmer, der aus sozialen Rücksichten trotz längerer Erkrankung vom Arbeitgeber nicht gekündigt worden ist, für ein Urlaubsjahr mehr Urlaubstage vergütet, als er in diesem Urlaubsjahr überhaupt gearbeitet hat, so ist sein Begehren wegen Rechtsmißbrauchs nicht begründet.«

Seit der Entscheidung des 5. Senats des *BAG* vom 2. 5. 1961 (AP Nr. 82 zu § 611 BGB Urlaubsrecht = BB 1961, 718 = DB 1961, 920 = SAE 1962, 61 mit Anm. von *Larenz*) zeigte sich dann in der Rechtsprechung eine Wandlung.

Zwar wurde auch jetzt noch das Verhältnis effektiver Arbeit zur Urlaubsforderung herangezogen, jedoch wurde weiter auf die Gesamtumstände des Einzelfalles abgestellt. Klar wurde dies in zwei weiteren Entscheidungen vom 27. 9. 1962 und 14. 2. 1963 herausgestellt (AP Nr. 87 und 88 zu § 611 BGB Urlaubsrecht = BB 1962, 1244 und 1962, 141). Entscheidend kam es nun darauf an, ob trotz geringer Arbeitsleistung **ein Erholungsbedürfnis des Arbeitnehmers anzuerkennen war**. Das sei der Fall, wenn die geringe tatsächliche Arbeitsleistung auf einer unverschuldeten Krankheit oder auf einem Arbeitsunfall beruhe und der betreffende Arbeitnehmer nach beendeter Krankheit den Urlaub oder die Urlaubsabgeltung dazu benötigt, um seine geschwächte Gesundheit zu festigen. Ferner sollte die Dauer des Arbeitsverhältnisses und die Tatsache von Bedeutung sein, daß das Arbeitsverhältnis fortgesetzt werde.

120 Es bedarf keiner Frage, daß diese Rechtsprechung des 5. Senates wenig geeignet war, der Voraussehbarkeit des Rechts zu dienen. Wer wollte nun noch im Einzelfall voraussagen, ob ein Urlaubsanspruch besteht oder nicht. Mit Recht werden von *Hessel* (BB 1963, 141) auch gewichtige rechtliche Bedenken gegen die beiden letzten Entscheidungen des BAG zu dieser Frage vorgetragen. Es erscheint überzeugend, daß die Erfüllung der **Erholungsbedürftigkeit** des Arbeitnehmers, die aus sonstigen Gründen herrührt, z.B. Krankheit, nicht Sache des Urlaubsrechts ist. Der Zweck des Urlaubs ist bisher allgemein darin gesehen worden, daß sich der Arbeitnehmer von geleisteter Arbeit erholt. Diese Rechtsprechung des BAG betonte bei der Abwägung der zu würdigenden Umstände zu sehr das Moment der Erholungsbedürftigkeit, das nun einmal nach der Konzeption des BUrlG keine Anspruchsvoraussetzung für den Urlaubsanspruch ist. Das hatte, wie *Isele* (Anm. zu AP Nr. 2 zu § 3 BUrlG Rechtsmißbrauch) nachgewiesen hat, selbst das BAG in einer Reihe von Entscheidungen ausdrücklich hervorgehoben. Dann aber ist es auch nicht gerechtfertigt, diesem Moment bei der Abwägung eine so zentrale Bedeutung einzuräumen.

121 Um im Einzelfall zu einer billigenswerten Entscheidung zu kommen, war als Ausgangspunkt bei der Prüfung des Einwandes des Rechtsmißbrauches die Beziehung zwischen der Arbeitsleistung im Urlaubsjahr und dem Urlaub, der beansprucht wird, gewählt worden.

In der Folgezeit hatte sich die Praxis nach der Entscheidung vom 23. 6. 1966 (AP Nr. 2 zu § 3 BUrlG Rechtsmißbrauch) auf diese Rechtsprechung des 5. Senates eingestellt. Das war vor allem deswegen ohne große Schwierigkeiten möglich, weil die revisionsrechtliche Prüfung des Rechtsbegriffes »rechtsmißbräuchliche Geltendmachung« nur beschränkt vorgenommen werden kann.

122 Bei der Prüfung des Rechtsmißbrauchs hatte die Rechtsprechung zum Teil bei der Abwägung von Zeiten **effektiver Arbeitsleistung – Urlaubsdauer** auch Fehlzeiten, die infolge der **Schutzfrist des MuSchG** entstanden, zu Lasten der Arbeitnehmerin berücksichtigt, d.h., sie nicht der effektiven Arbeit gleichgestellt (vgl. *BAG* AP Nr. 59 zu § 611 BGB Urlaubsrecht; *BAG* AP Nr. 4 zu § 3 BUrlG Rechtsmißbrauch = BB 1967, 417 = DB 1967, 646; *LAG Hamm* BB 1962, 562; *ArbG Hamburg* BB 1962, 561; **a.A.** *LAG Düsseldorf* BB 1958, 1095). Das war die notwendige Folge, weil die werdende Mutter in den Schutzfristen nicht arbeitet. Die mutterschaftlichen Aufgaben der Frau wurden durch diese rein urlaubsrechtlich zu beurteilende Entscheidung nicht berührt. Das BAG führte in diesem Zusammenhang aus: »Diese Folgewirkung beschränkt sich vollständig auf das urlaubsrechtliche Gebiet, hat aber keinen Zusammenhang mit dem für die werdende Mutter bzw. die Wöchnerin bestehenden besonderen Schutzbereich. Die besondere Fürsorge des Arbeitgebers für den Arbeitnehmer, die in der Urlaubsgewährung ihren Ausdruck findet, erklärt sich allein aus dem durch tatsächliche Arbeit ausgelösten Bedürfnis nach Regeneration der Arbeitskraft. Soweit die tatsächliche Arbeitsleistung Einfluß auf den Urlaubsumfang hat – gemäß dem BUrlG und auf dem Boden des hier maßgeblichen Tarifvertrages allein nach den Grundsätzen des Rechtsmißbrauchs – muß dies daher auch dann gelten, wenn die Arbeitsleistung aus beachtenswerten oder vom Gesetzgeber ausdrücklich vorgeschriebenen Gründen unterbleibt. Aus im wesentlichen gleichen Erwägungen hat der Gesetzgeber in § 2 Abs. 1 ArbPlSchG dem Arbeitgeber das Recht eingeräumt, den Erholungsurlaub des Arbeitnehmers aus dem Arbeitsverhältnis für jeden vollen Monat, den der Arbeitnehmer Grundwehrdienst leistet, um ein Zwölftel zu kürzen.« Sahen Tarifverträge vor, daß Arbeitnehmer mit z. B. einer Betriebszugehörigkeit von 8 Jahren den vollen Jahresurlaub erhalten, so hat das nach *BAG* (AP Nr. 4 zu § 3 BUrlG Rechtsmißbrauch) keinen Einfluß auf die Abwägung der Entscheidung, ob Rechtsmißbrauch vorliegt oder nicht (vgl. aber die hiergegen in der Anm. von *Witting* geäußerten Bedenken). Entscheidend ist, was die Tarifvertragsparteien mit einer derartigen Regelung bezweckt hatten. Wollten sie bei langjährigen Betriebsangehörigen im Austrittsjahr eine Zwölftelung beseitigen – das stellte das BAG im Streitfall aus der Tarifgeschichte fest –, so konnte man die Bedenken *Wittings* gegen die Entscheidung insoweit nicht teilen, weil dann Rechtsmißbrauchsfragen im Tarif keine Regelung gefunden hatten.

123 **Darlegungs- und beweispflichtig** für diejenigen Tatsachen, aus denen sich der Tatbestand des Rechtsmißbrauchs ergibt, war der Arbeitgeber (vgl. *Boldt/Röhsler*, § 1 Anm. 73).

b) Arglisteinwand bei geringfügiger Arbeitsleistung nach dem 28. 1. 1982

124 Mit seinem Urteil vom 28. 1. 1982 (EzA § 3 BUrlG Nr. 13 = AP Nr. 11 zu § 3 BUrlG Rechtsmißbrauch mit Anm. von *Boldt* = DB 1982, 1065) hat der 6. Senat des *BAG*, der nun für die Urlaubsrechtsprechung zuständig war, mit dieser Rechtsprechung gebrochen. Er ist trotz heftiger und ständiger Angriffe der Instanzgerichte – bezeichnend sind die Entscheidungen des *LAG Köln* vom 21. 2. 1985 (LAGE § 3 BUrlG Nr. 1) und *LAG Düsseldorf* vom 5. 9. 1991 (DB 1992, 224) – und aus der Literatur bis jetzt bei seiner Auffassung geblieben.

125 Es ist zunächst von Interesse, von welchem Sachverhalt das Urteil vom 28. 1. 1982 (*BAG* AP Nr. 11 zu § 3 BUrlG Rechtsmißbrauch) ausging:
Eine Arbeitnehmerin hatte einen Anspruch auf 26 Werktage Urlaub für das Urlaubsjahr 1978. Sie hatte in diesem Jahr insgesamt 18 Tage gearbeitet. Sie selbst hatte fristgerecht ihr Arbeitsverhältnis am 6. 7. zum 30. 9. 1978 gekündigt. Von 23. 3. 1977 bis 9. 7. 1978 war sie arbeitsunfähig erkrankt. Von 10. 7. bis 12. 8. 1978 hatte sie ihren restlichen Erholungsurlaub von 25 Tagen für das Jahr 1977 genommen und zusätzlich für den 14. und 15. 8. 1978 unbezahlten Urlaub erhalten. Von 16. 8. bis 7. 9. 1978 hatte sie insgesamt 18 Tage gearbeitet. Ihr wurden dann ab 8. 9. bis zu ihrem Ausscheiden für das Urlaubsjahr 1978 16 Tage Urlaub gewährt. Den Rest von 10 Urlaubstagen begehrte sie mit ihrer Klage und erhielt sie zugesprochen.

126 Das BAG begründete die Aufgabe der bisherigen Rechtsprechung des 5. Senates im wesentlichen mit folgenden Überlegungen:

- Nach dem BUrlG entstehe der Urlaubsanspruch unabhängig vom Umfange der Arbeitsleistung im Urlaubsjahr. Er sei vielmehr lediglich an die Erfüllung der

Wartezeit des § 4 BUrlG geknüpft. Danach aber werde der volle Urlaubsanspruch erstmalig nach sechsmonatigem Bestehen des Arbeitsverhältnisses erworben.
- Das BUrlG knüpfe das Entstehen des Urlaubsanspruches nicht an ein (abstraktes oder individuelles) Erholungsbedürfnis.
- Mit der Forderung, Urlaub und geleistete Arbeit dürften zueinander nicht in einem Mißverhältnis stehen, werde aber das Bestehen des Urlaubsanspruches und seine Erfüllung miteinander in unzulässiger Weise verknüpft.
- Soweit der Rechtsmißbrauchstatbestand daran anknüpfte, daß Urlaub durch frühere Arbeit »verdient« werden müsse, um sich für künftige Arbeit zu kräftigen, werde übersehen, daß es weder eine Pflicht zur Erholung gebe noch der Urlaubsanspruch in irgendeiner Weise von einem zuvor zu prüfenden »Verdienen« abhängig sei.

127 Im BUrlG selbst gebe es keine Ansatzpunkte für einen Anspruchsausschluß wegen Rechtsmißbrauches, so daß der Arbeitnehmer ohne Rücksicht auf seine Arbeitsleistung im Urlaubsjahr bis 31. 3. des Folgejahres (bei Vorliegen von Übertragungstatbeständen des § 7 Abs. 3 S. 2) seinen ihm zustehenden Urlaub fordern könne (so *BAG* EzA § 7 BUrlG Nr. 25 = AP Nr. 4 zu § 7 BUrlG Übertragung = DB 1982, 2470). Maßgeblich ist nach dieser Auffassung nur, daß der Arbeitnehmer den ihm zustehenen Urlaub in natura entweder im Urlaubsjahr oder im Übertragungszeitraum abnehmen kann.

128 Dieser Auffassung des 6. Senates hat sich inzwischen auch der nunmehr für das Urlaubsrecht zuständige 8. Senat angeschlossen (so *BAG* EzA § 7 BUrlG Nr. 45 = AP Nr. 26 zu § 7 BUrlG = DB 1986, 2685; *BAG* EzA § 7 BUrlG Nr. 63 = AP Nr. 19 zu § 1 BUrlG = DB 1989, 182).

129 Das BAG begründet seine Rechtsprechung damit, das BUrlG gehe entgegen der Auffassung des 5. Senates vor dem 28. 1. 1982 nicht davon aus, Sinn des Urlaubs- und damit auch des Urlaubsabgeltungsanspruches sei das individuelle Erholungsbedürfnis des Arbeitnehmers von geleisteter Arbeit. – Vielmehr sei Sinn und Zweck des Urlaubsanspruches die Erhaltung und Wiederauffrischung der Arbeitskraft. Damit aber sei der Urlaubsanspruch nach dem BUrlG nicht an eine vorherige Arbeitsleistung des Arbeitnehmers geknüpft (so zuletzt *BAG* v. 28. 2. 1991 EzA § 6 BUrlG Nr. 4). Er sei vielmehr als gesetzlich bedingte soziale Mindestleistung des Arbeitgebers zur Erhaltung und Wiederauffrischung der Arbeitskraft des bei ihm beschäftigten Arbeitnehmers anzusehen, der ebenso wie der Lohnfortzahlungsanspruch im Krankheitsfalle im gesetzlich geregelten Umfang unabdingbar und unentziehbar sei.

»Der Inhalt des Urlaubs nach dem BUrlG« – so fährt das *BAG* vom 8. 3. 1984 (EzA § 3 BUrlG Nr. 14 = AP Nr. 14 zu § 3 BUrlG Rechtsmißbrauch = DB 1984, 1618) fort – »ist damit die gesetzlich gesicherte Möglichkeit für einen Arbeitnehmer, die ihm eingeräumte Freizeit selbstbestimmt zur Erholung zu nutzen. Der Urlaubsanspruch eröffnet dem Arbeitnehmer in den Grenzen von § 8 UrlG die freie Verfügbarkeit über seine Urlaubszeit. Er ist in seinem Bestand zeitlich an das Kalenderjahr sowie ggf. an den Übertragungszeitraum geknüpft.«.

Entfällt damit die Bindung an die für den Ausschluß des Rechtsmißbrauches geforderte vorherige Arbeitsleistung, kann das Urlaubsverlangen eines während des Urlaubsjahres erkrankten Arbeitnehmers nicht als Anspruchsausübung außerhalb des Urlaubszweckes unzulässig sein. Es ist nach dieser Auffassung des BAG vielmehr durch die soziale Schutzfunktion gedeckt, die gerade das BUrlG für den gesetzlichen Mindesturlaub gewährleistet sehen will.

Kritik dieser Rechtsprechung des BAG:

130 **aa)** Das BUrlG verneint ausdrücklich, daß der Zweck des Urlaubs auch Erholung von geleisteter Arbeit sei.
Urlaubszweck bleibt sowohl die Erholung von geleisteter Arbeit wie auch die Wiederherstellung der verbrauchten Arbeitskraft für kommende Arbeitsleistung (Anm. 2). Das BAG betont in seiner neuen Rechtsprechung einseitig immer nur die »Erhaltung und Wiederauffrischung der Arbeitskraft«. Es übersieht demnach völlig, daß sowohl die Erholung von der geleisteten wie die Auffrischung für die kommende Arbeitsleistung den Urlaubszweck darstellen. Erhalten werden kann die Arbeitskraft nur, wenn der Arbeitnehmer sich von den Belastungen seiner bisherigen anstrengenden Arbeitsleistung erholen kann.
Soweit das BAG vom 8. 3. 1984 (Abschnitt II 5b) auf die Gesetzesmaterialien verweist, ist dort zwar davon die Rede, daß die gesetzliche Mindestdauer des Urlaubs der »Erhaltung und Wiederauffrischung der Arbeitskraft« dienen solle. »Erhaltung und Wiederauffrischung« der Arbeitskraft bedeutet doch wohl, daß die verbrauchte Arbeitskraft wiederhergestellt werden solle für kommende Arbeitsleistung (so auch *Streblow* a.a.O. S. 85; *Dersch* a.a.O. S. 85).
Das BAG verkürzt in unzulässiger Weise diese Begriffe allein auf die Zeit der Auffrischung der Arbeitskraft und läßt den Erholungszweck des Urlaubs von geleisteter Arbeit völlig unberücksichtigt.
Für den Erholungszweck von geleisteter Arbeit spricht im übrigen auch die Regelung des § 8 und des § 9 BUrlG. Ein Arbeitnehmer, der während des Urlaubs erwerbstätig ist (§ 8) oder erkrankt (§ 9), kann sich weder von seiner bisherigen Arbeitsleistung erholen noch kann er seine Arbeitskraft für die kommende Arbeit auffrischen.

131 **bb)** Der Hinweis auf die Lohnfortzahlungsregelungen ist verfehlt:
Die Lohnfortzahlungsregelungen sind zutreffend als unabdingbar und unentziehbar in der Entscheidung des BAG vom 8. 3. 1984 (a.a.O.) bezeichnet worden. Das BAG übersieht, daß ein Verschulden des Arbeitnehmers an der Krankheit einen Lohnfortzahlungsanspruch überhaupt nicht zur Entstehung gelangen läßt. In den Lohnfortzahlungsregelungen ist demnach schon von Gesetzes wegen eine Mißbrauchsperre enthalten. Sie sind daher schon in ihren Anspruchsvoraussetzungen nicht mit dem BUrlG vergleichbar.
Im übrigen kann auch gegen ein Lohnfortzahlungsanspruch der Einwand der unzulässigen Rechtsausübung erhoben werden (*BAG* AP Nr. 13 zu § 1 ArbKrankhG = BB 1960, 326 = DB 1960, 441; *BAG* AP Nr. 12 zu § 63 HGB = BB 1960, 663 = DB 1960, 699; *Schmatz/Fischwasser*, Vergütung der Arbeitnehmer bei Krankheit und Mutterschaft, 6. Aufl., S. C 156, 157).

132 **cc)** Der Urlaubsanspruch ist keine völlig aus dem Pflichtenkreis des Arbeitsverhältnisses herausgelöste (Neben-)Pflicht des Arbeitgebers:
Ausschlaggebend ist daher zunächst der Inhalt des arbeitsrechtlichen Anspruches auf Urlaub: Er soll der Erholung des Arbeitnehmers von der Arbeit **und** der Auffrischung seiner Kräfte dienen (Anm. 2). Das zeigt sich deutlich daran, daß vor der Verabschiedung des BUrlG die Rechtsprechung den Urlaubsanspruch aus der Fürsorgepflicht des Arbeitgebers ableitete, soweit eine besondere Rechtsgrundlage fehlte (Anm. 3). Wenn aber regelmäßig die tatsächliche Arbeitsleistung – und nicht nur der rechtliche Bestand des Arbeitsverhältnisses – für das Erholungsbedürfnis des Arbeitnehmers Grundlage ist, so muß eine rein recht-

liche Existenz des Arbeitsverhältnisses Einfluß auf die Urlaubsgewährung haben. Ein Arbeitnehmer, der keine oder nur eine Arbeitsleistung erbracht hat, die an seinen geforderten Urlaubsanspruch heranreicht, ihn aber nicht übersteigt, kann nicht den vollen Anspruch auf seinen Jahresurlaub erwarten. Würde man der Rechtsprechung des BAG folgen, so ist der Urlaubsanspruch seiner ursprünglichen Verbindung mit der Arbeitsleistung völlig entkleidet. Er ist ein aus dem Verhältnis von Leistung und Gegenleistung herausgelöster, selbständiger Anspruch, der allein an den rechtlichen Bestand des Arbeitsverhältnisses anknüpft. Es gibt aber keine überzeugende und einleuchtende Begründung, warum gegen alle anderen Ansprüche aus dem Arbeitsverhältnis der Einwand des Rechtsmißbrauches zulässig ist, nur nicht gegen den Urlaubsanspruch.

133 **dd)** Die Regelung der Wartezeit des § 4 spricht nicht gegen eine unzulässige Rechtsausübung:
Dagegen spricht auch nicht die Regelung der Wartezeit in § 4. Es ist zwar zutreffend, daß für die Erfüllung der Wartezeit allein der formale Bestand des Arbeitsverhältnisses, also seine rechtliche Existenz ausreicht (§ 4 Anm. 20ff.). Damit wollte der Gesetzgeber aber nur Unklarheiten beseitigen, die vor Inkrafttreten des BUrlG aufgetreten waren (§ 4 Anm. 20). Daraus läßt sich aber kein Argument gegen den Grundsatz der unzulässigen Rechtsausübung ableiten. Ob der Anspruch auf den vollen Jahresurlaub nach sechsmonatigem Bestand des Arbeitsverhältnisses erworben wird und geltend gemacht werden kann, ist von der völlig anderen Frage zu unterscheiden, ob dieser Anspruch auf den vollen Jahresurlaub auch nach nur geringfügiger Arbeitsleistung durchgesetzt werden kann oder das darauf gerichtete Begehren rechtsmißbräuchlich ist.

c) Sonstige Mißbrauchstatbestände

134 Ist der Urlaubsanspruch am Stichtag im Urlaubsjahr einmal entstanden, so kann gegenüber einer alsbaldigen Urlaubsforderung nicht der Einwand des Rechtsmißbrauchs geltend gemacht werden mit dem Hinweis, es stehe noch nicht fest, wie lange der Arbeitnehmer in diesem Arbeitsverhältnis bleibe. Endet dagegen das Arbeitsverhältnis kurz nach dem Stichtag, so kann die Geltendmachung des vollen Urlaubsanspruchs bzw. Abgeltungsanspruchs rechtsmißbräuchlich sein, wenn der Arbeitnehmer mehr Urlaubstage verlangt, als er in diesem Urlaubsjahr gearbeitet hat (vgl. *Dersch/Neumann*, § 13 Anm. 65 mit Hinweisen). Der Fall kann nach dem BUrlG wegen der Regelung des § 5 Abs. 1 Buchstabe c nur noch vorkommen, wenn im Tarifvertrag eine abweichende Regelung in der Frage der Zwölftelung getroffen worden ist (zustimmend *Boldt/Röhsler*, § 1 Anm. 71, der mit Recht darauf hinweist, daß noch nicht allein darin ein Rechtsmißbrauch liegt, wenn der Arbeitnehmer den vollen Jahresurlaub nimmt und dann später kündigt). In solchen Fällen kann nur beim Hinzutreten besonderer Umstände ein Rechtsmißbrauch durch **Erschleichen des Urlaubs** angenommen werden. Das dürfte z.B. in dem Fall anzunehmen sein, wenn der Arbeitnehmer bereits genau weiß, daß er unmittelbar nach Abschluß des Urlaubs kündigt, z.B. weil er schon einen neuen Arbeitsvertrag abgeschlossen hat, und in Kenntnis, daß ihm dann an sich nur ein Teilurlaub zusteht, dennoch vom Arbeitgeber den vollen Urlaub verlangt. In diesem Ausnahmefall ist dann auch ein Rückforderungsanspruch aus § 812 BGB wegen des zuviel gezahlten Urlaubsentgelts zu bejahen (vgl. dazu auch *Boldt/Röhsler*, § 1 Anm. 71 i.V.m. § 6 Anm. 39, die wohl auch für derartige Ausnahmefälle die hier vertretenen Standpunkte teilen).

135 Der Urlaubsanspruch einschließlich des Teilurlaubsanspruchs ist unabdingbar. Deshalb ist es nicht zulässig, daß die Arbeitsvertragsparteien eine Vereinbarung des Inhalts treffen, daß **der Anspruch auf Teilurlaub durch das aus diesem Grunde erhöhte Arbeitsentgelt abgegolten sein soll**. Derartige Vereinbarungen hindern den Arbeitnehmer später nicht, den Urlaub entsprechend den gesetzlichen Bestimmungen geltend zu machen. Der Arbeitgeber kann dann nicht mit Erfolg auf den Einwand des Rechtsmißbrauchs hinweisen. Dieser ist in solchen Fällen nur dann begründet, wenn über die Vereinbarung als solche hinaus weitere Umstände dargetan werden, die das Verhalten des Areitnehmers als grob unanständig ausweisen. Das wäre z.B. der Fall, wenn die Initiative zu einer derartigen Vereinbarung vom Arbeitnehmer ausgegangen wäre und er sogar auf den Abschluß dieser Vereinbarung gedrängt hat. Lehnt der Arbeitgeber eine solche Vereinbarung zunächst ab und versteht es der Arbeitnehmer, die Bedenken des Arbeitgebers zu zerstreuen, so handelt er rechtsmißbräuchlich, wenn er später das Urlaubsentgelt bzw. die Abgeltung verlangt (so im Ergebnis auch *BAG* AP Nr. 5 zu § 5 BUrlG mit Anm. von *Thiele* = BB 1968, 834 = DB 1968, 1275).

136 Fraglich ist, ob das Verhalten eines Arbeitnehmers rechtsmißbräuchlich ist, der nach fristgerechter Kündigung für die Kündigungszeit von der Arbeit freigestellt worden ist, dann aber nach Beendigung des Arbeitsverhältnisses die Abgeltung des Urlaubs verlangt. Das BAG hat diese Frage ausnahmsweise bejaht, wenn der Arbeitnehmer **nicht mehr mit einem Rückruf zu rechnen brauche**, der volle Lohn weitergezahlt wird und der Arbeitnehmer sich nicht um die zeitliche Konkretisierung innerhalb der Freistellungszeit bemüht hat (vgl. *BAG* EzA § 7 BUrlG Nr. 7 = AP Nr. 3 § 7 BUrlG Abgeltung mit Anm. von *Herschel* = BB 1969, 273 = DB 1969, 355 = SAE 1969, 129). Diese Entscheidung steht in einem gewissen Widerspruch zu dem anerkannten Grundsatz, daß die Anrechnung einer Zeit des Annahmeverzuges auf den Erholungsurlaub **erklärt** werden muß. Das ist notwendig, damit sich der Arbeitnehmer auf den Urlaub einstellen kann. Diese Bedenken hat das BAG damit ausgeräumt, daß es zur Voraussetzung des Rechtsmißbrauchs in diesen Fällen macht, der Arbeitnehmer müsse erkennen können, daß er **mit Sicherheit** nicht mehr an seinen Arbeitsplatz zurückgerufen würde. Mit dieser Einschränkung wird man der Entscheidung zustimmen können. Die einfache Beurlaubung während der Kündigungszeit allein reicht also nicht aus. Es müssen weitere Umstände erkennbar sein und im Streitfall vom Arbeitgeber bewiesen werden, aus denen der Arbeitnehmer erkennen konnte, daß er mit Sicherheit nicht mehr während der Zeit der Beurlaubung an den Arbeitsplatz zurückgerufen werde. Diese Grundsätze gelten nur für den Fall der Kündigung, die das Arbeitsverhältnis zeitlich bis zum Ablauf der Kündigungsfrist begrenzt. Handelt es sich um eine **Beurlaubung während des fortbestehenden Arbeitsverhältnisses**, so bedarf es einer ausdrücklichen Erklärung des Arbeitgebers, daß die Zeit der Beurlaubung auf den Erholungsurlaub angerechnet wird. Diese Erklärung muß bei der Beurlaubung oder während ihr erfolgen. Sonst ist die nachträgliche Anrechnung auf den Erholungsurlaub nicht möglich. Dies hat das *LAG Berlin* (DB 1970, 2327) mit Recht erkannt und die oben zitierte Entscheidung des BAG auf diesen Fall nicht angewandt. Auch den Einwand des Rechtsmißbrauchs hat das LAG mit Recht verneint, denn der Fall unterscheidet sich von dem Fall, der dem BAG zur Entscheidung vorlag, dadurch, daß hier das Arbeitsverhältnis weiter fortbestand, d.h. also für die Urlaubsgewährung in natura noch genügend Zeit zur Verfügung stand.

137 Zur Frage des **Rechtsmißbrauchs bei fristloser Entlassung** vgl. unten § 7 Anm. 177.

14. Ausschlußfristen

138 **Tarifliche Ausschlußfristen** können auch für Urlaubsansprüche festgesetzt werden. Dagegen sind Ausschlußfristen in Einzelarbeitsverträgen und Betriebsvereinbarungen unzulässig (*BAG* EzA § 13 BUrlG Nr. 19 = AP Nr. 16 zu § 13 BUrlG = DB 1985, 48).

139 Ausschlußfristen sind Fristen für die Geltendmachung von Rechten in dem Sinne, daß mit dem Ablauf der Frist das Recht erlischt und dieses Erlöschen von Amts wegen zu berücksichtigen ist. Durch eine Ausschlußfrist wird das Recht inhaltlich in seiner Dauer ipso jure begrenzt. Sie können für gesetzliche Ansprüche und auch für unabdingbare Ansprüche im Tarifvertrag vereinbart werden. Voraussetzung ist nur, daß die Formulierung im Tarifvertrag eindeutig darauf hinweist, daß nicht nur die tariflichen Ansprüche erfaßt sein sollen, sondern alle Ansprüche aus dem Arbeitsverhältnis. Heißt es im Tarifvertrag: »Alle Ansprüche aus dem Arbeitsverhältnis verfallen ...« oder: »Gegenseitige Ansprüche aller Art aus dem Beschäftigungsverhältnis verfallen ...«, so **erfaßt die Ausschlußfrist alle Ansprüche aus dem Arbeitsverhältnis einschließlich des Urlaubsanspruchs.**

140 Die Unabdingbarkeit des gesetzlichen Mindestanspruchs steht nicht entgegen. Denn der Anspruch wird nicht im voraus ausgeschlossen oder inhaltlich zum Nachteil des Arbeitnehmers verändert, sondern es wird lediglich eine Frist für die Geltendmachung des inhaltlich nicht veränderten Anspruchs gesetzt (vgl. *BAG* AP Nr. 81 zu § 611 BGB Urlaubsrecht = BB 1961, 94 = DB 1961, 104; *BAG* AP Nr. 27 und 28 zu § 4 TVG Ausschlußfristen; *BAG* AP Nr. 4 zu § 611 BGB Urlaubskarten). Das gilt auch für **nichttarifgebundene Arbeitsvertragsparteien** bei einer **Bezugnahme auf** die einschlägigen Bestimmungen eines **Tarifvertrages** (*BAG* AP Nr. 1 zu § 1 TVG (Bezugnahme auf Tarifvertrag) = DB 1964, 155; *BAG* AP Nr. 7 zu § 11 BUrlG; *BAG* AP Nr. 9 zu § 5 BUrlG; *BAG* AP Nr. 9 zu § 7 BUrlG Abgeltung; *BAG* EzA § 13 BUrlG Nr. 19 = AP Nr. 16 zu § 13 BUrlG = DB 1985, 48 [Abschnitt 3b der Gründe]; *Wiedemann/Stumpf*, § 4 TVG Anm. 386ff.; *Heussner*, Urlaubsrecht, Anm. 257a; *Natzel*, § 1 Anm. 79f.; § 13 Anm. 11; *Schelp/Herbst*, § 1 Anm. 21; *Schmelzer*, Urlaubsrecht, 2. Aufl. S. 71; *Gaul/Boewer*, Probleme des UrlR S. 160, 161; *Bobrowski/Gaul*, Bd. I S. 458; *Hueck/Nipperdey*, Bd. II S. 453; *Nikisch*, Bd. I S. 553; *Hueck/Nipperdey*, Bd. I S. 456 Anm. 126; **a.A.** *Dersch/Neumann*, § 13 Anm. 70; *Borrmann*, DB 1955, 509; *Herschel*, JZ 1961, 237; *ders.*, Anm. AP Nr. 1 zu § 1 TVG Bezugnahme auf Tarifvertrag; *Trieschmann*, ArbuR 1963, 312; *Dieckhoff*, BB 1967, 1082 und *LAG Bremen* BB 1967, 838 = DB 1967, 1226. Vgl. auch *Richardi*, Ausschlußfristen bei Urlaubsansprüchen, RdA 1962, 62ff. und *Rappenecker*, ArbuR 1967, 257).

141 Ausschlußfristen können allerdings in Tarifverträgen bei fortbestehendem Arbeitsverhältnis nicht für den **Urlaubsanspruch des laufenden Urlaubsjahres** vereinbart werden. Es ist nicht zulässig, daß der Urlaubsanspruch innerhalb des Urlaubsjahres durch eine tarifliche Ausschlußklausel vorzeitig verfällt. Das würde gegen den zwingenden Grundsatz des § 1 verstoßen, von dem auch die Tarifvertragsparteien nicht abweichen dürfen (zustimmend *Boldt/Röhsler*, § 1 Anm. 61; *Bobrowski/Gaul*, Bd. I S. 458). Ausschlußfristen dieser Art kommen auch in der

Praxis nicht vor. Durch Tarifvertrag können aber die Frist des § 7 Abs. 3 und auch die sachlichen Übertragungsvoraussetzungen geändert werden; denn nur in die Grundsatzvorschriften der §§ 1–3 Abs. 1 BUrlG dürfen tarifvertragliche Regelungen nicht zuungunsten des Arbeitnehmers (auch nicht auf mittelbarem Wege) eingreifen (*BAG* AP Nr. 1 zu § 13 BUrlG Unabdingbarkeit = BB 1966, 619 = DB 1966, 708; *LAG Berlin* LAGE § 13 BUrlG Nr. 1).

142 So bestehen z. B. keine rechtlichen Bedenken gegen eine Tarifklausel, die im Falle der Übertragung von Urlaubsansprüchen eine Frist zur Geltendmachung bis zum 28. Februar setzt. Soweit die Voraussetzungen für eine Übertragung des Urlaubs nicht vorliegen, bedarf es einer Ausschlußklausel nicht, da der Urlaub mit Ablauf des Urlaubsjahres ohnehin verfällt, wenn er nicht etwa vergeblich geltend gemacht worden ist (vgl. dazu oben Anm. 139ff.; *BAG* EzA § 7 BUrlG Nr. 25 = BB 1982, 2111 = DB 1982, 2193, 2470).

143 Zum Problem **Urlaubsabgeltungsansprüche** und tarifliche Ausschlußfristen siehe § 7 Anm. 206ff.

144 Die tariflichen Ausschlußfristen sind **von Amts wegen zu beachten** (*BAG* AP Nr. 9 zu § 15 AZO st. Rspr.; *Wiedemann/Stumpf*, TVG, § 4 Anm. 445ff. mit weiteren Hinweisen; *Boldt/Röhsler*, § 1 Anm. 62). Im Streitfalle ist der Arbeitnehmer **darlegungs- und beweispflichtig**, daß der Urlaubsanspruch oder der Abgeltungsanspruch nach der tariflichen Ausschlußfrist nicht verfallen ist. Er hat also darzulegen, daß der Anspruch in der vorgeschriebenen Form – tariflich ist vielfach Schriftform vorgesehen – und innerhalb der vorgesehenen Frist geltend gemacht wurde.

15. Verjährung

145 Urlaubsansprüche verjähren nach § 196 Ziff. 8, 9 BGB in zwei Jahren. Die Verjährungsfrist beginnt mit Ablauf des Urlaubsjahres. Da der Urlaubsanspruch aber auf den Übertragungszeitraum des § 7 Abs. 3 S. 3 beschränkt ist und dann erlischt, gilt die Verjährungsfrist praktisch nur für den Urlaubsentgelt- und Urlaubsabgeltungsanspruch. Der Urlaubsanspruch und der subsidiäre Abgeltungsanspruch ist zwar in § 196 Ziff. 8, 9 BGB nicht ausdrücklich genannt (zur Zeit der Schaffung des Bürgerlichen Gesetzbuches waren Urlaubsansprüche unbekannt), jedoch folgt aus dem Sinn dieser Gesetzesbestimmungen, daß alle wiederkehrenden Ansprüche aus dem Dienst- oder Arbeitsverhältnis der kurzen Verjährung unterliegen sollen. § 196 Ziff. 8, 9 BGB ist daher auf den Urlaubsanspruch und auch auf den Abgeltungsanspruch entsprechend anzuwenden (**h. M.** vgl. *Boldt/Röhsler*, § 1 Anm. 53; *Borrmann*, § 1 Anm. 17; *Dersch/Neumann*, § 13 Anm. 78; *Bobrowski/Gaul*, Bd. I S. 458; *Natzel* Anm. 104).

16. Hausarbeitstag

146 **»Alte Bundesländer«:**
Verschiedene Länder der »alten« Bundesrepublik gewähren Frauen mit eigenem Hausstand einen Anspruch auf einen bezahlten Hausarbeitstag im Monat (Bremen, Hamburg, Niedersachsen und Nordrhein-Westfalen). Dasselbe gilt für alleinstehende Männer mit eigenem Hausstand (*BVerfG* v. 13. 11. 1979, EzA Art. 3

GG Nr. 9 = AP Nr. 28 zu § 1 HausarbTagsG NRW = BB 1980, 207 = DB 1980, 404). Bis zu einer gesetzlichen Neuregelung können jedoch in NRW weder alleinstehende Frauen noch Männer Ansprüche aus dem Hausarbeitstagsgesetz herleiten (*BAG*, Aussetzungsbeschluß v. 26. 1. 1982 BB 1982, 246 = DB 1982, 288). In Nordrhein-Westfalen entstand das in den übrigen Ländergesetzen geregelte Problem, ob der Hausarbeitstag auch im Urlaubsmonat zu gewähren ist. Das *BAG* hat dies in seiner Entscheidung vom 2. 11. 1956 (AP Nr. 6 zu § 1 HausarbTagsG NRW = BB 1957, 186) bejaht, soweit überhaupt noch ein Tag als Hausarbeitstag zur Verfügung steht. Daraus dürfte wohl zu schließen sein, daß kein Hausarbeitstag zu gewähren ist, wenn die Arbeitnehmerin den ganzen Monat beurlaubt war (vgl. *Schröder*, DB 1961, 609). *Boldt/Röhsler* (§ 3 Anm. 42) sind der Ansicht, daß der Hausarbeitstagsanspruch selbst dann zu erfüllen sei, wenn die Arbeitnehmerin im Monat keinen Tag Arbeit geleistet habe. Dieses Ergebnis hat das *BAG* jedoch in den beiden Entscheidungen AP Nr. 6 und 16 zu § 1 HausarbTagsG NRW nicht vertreten, weil die beiden Entscheidungstatbestände nicht so gelagert waren. Heute hat diese Frage im übrigen kaum noch praktische Bedeutung. – Vgl. dazu auch Anm. 30.

»Neue Bundesländer«:
Vollbeschäftigte Arbeitnehmerinnen mit eigenem Hausstand erhielten in den »neuen« Bundesländern (ehemalige DDR und Ost-Berlin) bis **31. 12. 1991** monatlich einen Hausarbeitstag (Weitergeltung des § 185 AGB bis 31. 12. 1991 im Einigungsvertrag (Anm. 24), Anlage II, Sachgebiet C (Sozialer Arbeitsschutz) Nr. 1c).
Die Voraussetzungen dafür waren: Vollendung des 40. Lebensjahres, verheiratet, Betreuung von Kindern bis zu 18 Jahren oder von pflegebedürftigen Familienangehörigen (§ 185 Abs. 1 AGB). Dieser Hausarbeitstag war im laufenden Monat zu gewähren. Er ist zwischen der Arbeitnehmerin und dem Arbeitgeber terminlich festzulegen und abzunehmen. Er entfiel, wenn die Arbeitnehmerin im Anspruchsmonat unentschuldigt der Arbeit ferngeblieben war (§ 185 Abs. 2 AGB). Hatte sie den Hausarbeitstag im laufenden Monat bereits in Anspruch genommen, entfiel er im darauffolgenden Monat (§ 185 Abs. 3 AGB). Vollbeschäftigten alleinstehenden Vätern und – nachdem nun auch in den neuen Bundesländern anzuwendenden Gleichheitsgrundsatz des Art. 3 GG – auch alleinstehenden Müttern mit Kindern bis zu 18 Jahren stand der Hausarbeitstag zu, wenn sie die Kinderbetreuung von Kindern bis zu 18 Jahren oder die Erfüllung von Haushaltaufgaben übernommen hatten. Vollbeschäftigte Männer erhielten bei ärztlicher Pflegebedürftigkeit der Ehefrau ebenfalls den Hausarbeitstag (§ 185 Abs. 4 AGB). Für die ausfallende Arbeitszeit bestand ein Lohnfortzahlungsanspruch in Höhe des Tariflohnes (§ 185 Abs. 5 Satz 1 AGB). Die Abgeltung des Hausarbeitstages war nicht zulässig (§ 185 Abs. 5 Satz 2 AGB).

17. Urlaubsanspruch während eines Streiks

147 Der Streik unterbricht zwar die rechtliche Existenz des Arbeitsverhältnisses nicht, bringt jedoch nach der Rechtsprechung des BAG eine Suspendierung der Arbeits- und Lohnzahlungspflicht mit sich (vgl. *BAG* Großer Senat AP Nr. 1 Art. 9 GG Arbeitskampf). Das Arbeitsverhältnis kommt de facto zum Ruhen.

Der am Streik teilnehmende Arbeitnehmer kann aber während des Streiks weder Urlaub und Urlaubsentgelt, noch Abgeltung des bis zum Streikbeginn entstandenen Urlaubsanspruchs verlangen. Der Anspruch auf Urlaub kann erst wieder nach Streikende und Arbeitsaufnahme oder dann geltend gemacht werden, wenn sich der den Anspruch erhebende Arbeitnehmer nicht mehr am Streik beteiligt (*BAG* AP Nr. 35 zu Art. 9 GG Arbeitskampf; *Dersch/Neumann* § 5 Anm. 29; *Boldt/Röhsler*, § 1 Anm. 79; *Löwisch/Krauß*, Schlichtung und Arbeitskampf, Rz. 517; *Löwisch/Bittner*, a.a.O., Rz. 646).

148 Davon nicht betroffen ist ein bereits **bewilligter oder angetretener Erholungsurlaub**. Dieser Urlaub wird nicht dadurch unterbrochen, daß der Betrieb während des Urlaubes bestreikt wird. Der Arbeitgeber bleibt zur Zahlung des Urlaubsentgeltes für die im Urlaub befindlichen Arbeitnehmer auch während der Streiktage verpflichtet (*BAG* EzA § 1 BUrlG Nr. 18 = AP Nr. 16 zu § 1 BUrlG = BB 1982, 993 = DB 1982, 1328). Das BAG begründet seine Auffassung damit, daß ein einmal erteilter Urlaub einseitig nur in Ausnahmefällen widerrufen werden kann (*BAG* AP Nr. 12 zu § 123 GewO). Unentschieden ist die Frage geblieben, ob dem Arbeitgeber mit Rücksicht auf den Streik ein Widerrufsrecht zusteht oder ob der Arbeitnehmer seinen bewilligten Urlaub abbrechen und sich am Streik beteiligen kann. Jedenfalls wird nach Auffassung des Gerichtes der Urlaub durch den Streik nicht »automatisch« unterbrochen; denn die Suspendierung der gegenseitigen Rechte und Pflichten durch den Streik und das Ruhen des Arbeitsverhältnisses während des Streikes betrifft nur die streikenden Arbeitnehmer. Wer sich nicht am Streik beteiligt (auch weil er sich während dieser Zeit in Urlaub befindet), dessen Arbeitsverhältnis ist nicht suspendiert. Es steht diesem Arbeitnehmer frei, den bewilligten und nicht widerrufenen Urlaub anzutreten oder während des Streikes fortzusetzen. Der Umstand, daß der Betrieb des Arbeitgebers durch den Streik zum Erliegen kommt, berechtigt den Arbeitgeber nicht, die Zahlung des Urlaubsentgelts zu verweigern. Das BAG stellt dazu fest:

> »Die Grundsätze zur Tragung des Arbeitskampfrisikos, wonach auch der arbeitswillige Arbeitnehmer seinen Lohnanspruch verliert, wenn er infolge des Arbeitskampfes in seinem Betrieb nicht beschäftigt werden kann (*BAG* EzA § 615 BGB Betriebsrisiko Nr. 7 = AP Nr. 70 zu Art. 9 GG Arbeitskampf = BB 1981, 609 = DB 1981, 321), sind hier nicht anzuwenden. Sie beantworten die Frage, wer das Lohnrisiko trägt, wenn der nicht am Streik beteiligte Arbeitnehmer seine Arbeitsleistung anbietet, der Arbeitgeber aber das Angebot der Arbeitsleistung infolge der Auswirkungen des Arbeitskampfes nicht annehmen kann. Die im Urlaub befindlichen Kläger waren jedoch zur Arbeitsleistung nicht verpflichtet. Mangels einer solchen Leistungspflicht konnte es zu einer Leistungsstörung überhaupt nicht kommen.«

Scheidet ein Arbeitnehmer während eines Streiks allein aus Gründen aus, die mit dem Streik nichts zu tun haben, so muß ihm auch während des Streiks Urlaubsabgeltung gezahlt werden. Hier besteht zwischen Kündigung und Arbeitskampf keine innere Beziehung (ebenso *Bobrowski/Gaul*, Bd. I S. 444; *Gaul/Boewer*, Probleme des UrlR S. 181; *Natzel*, § 1 Anm. 116f.). Ist der Arbeitskampf beendet, so kann der Arbeitnehmer die Erfüllung noch nicht erledigter Urlaubs- und Urlaubsabgeltungsansprüche verlangen. Denn die Erfüllung der erworbenen Urlaubsansprüche war nur unterbrochen, das rechtliche Band des Arbeitsverhältnisses wird nicht gelöst. Der Urlaubsanspruch kann auch nicht, etwa nach dem Zwölftelungsprinzip, gekürzt werden. Hier entsteht nun die Frage, ob und inwieweit der Arbeitgeber dem Verlangen nach Urlaubserteilung oder der Forderung nach Urlaubsabgeltung den Einwand des Rechtsmißbrauchs entgegenhalten kann. Das BAG hat diese Frage im Grundsatz verneint (vgl. *BAG* AP Nr. 35 zu Art. 9 GG Arbeitskampf mit Anm. von *Mayer-Maly* = BB 1964, 965 = DB 1964, 922 und 1158 = SAE 1965, 36 mit Anm. von *Hiersemann*; siehe zu diesem Problem auch Anm. 112ff.). Das BAG führt hierzu aus: »Sollten der Urlaubsanspruch und damit der Urlaubsabgeltungsanspruch nur deshalb wegfallen, weil sich der Kläger am Streik beteiligt hat, so würde das eine Vernichtung des bestehenden Anspruchs gerade wegen des Streiks bedeuten. Das ist aber bei einem legalen gewerkschaftlichen Streik im Hinblick auf den Charakter eines solchen Streiks als einer rechtmäßigen Arbeitskampfmaßnahme nicht möglich. Der Wegfall des Urlaubsanspruchs und des Urlaubsabgeltungsanspruchs wäre ein zusätzliches Sanktionsmittel im Hinblick auf die Teilnahme am Arbeitskampf. Auch dann, wenn der Wegfall ganz eindeutig vorgesehen wäre, bliebe es mehr als zweifelhaft, ob entsprechende tarifliche oder vertragliche Regelungen mit dem Grundsatz der Unabdingbarkeit des Urlaubsanspruchs und dem Wesen des legalen Streiks in Einklang standen.« Dieser Auffassung ist nach der »neuen« Urlaubsrechtsprechung des *BAG* vom 28. 1. 1982 (s. Anm. 124ff., insbesondere 126) zuzustimmen. Der gesetzliche Urlaubsanspruch ist danach völlig unabhängig von der Arbeitsleistung im Urlaubsjahr.

18. Urlaubsanspruch und Aussperrung

149 Nach der Rechtsprechung des *BAG* (zuletzt in der Grundsatzentscheidung des Großen Senates vom 21. 4. 1971, EzA Art. 9 GG Nr. 6 = AP Nr. 43 zu Art. 9 GG Arbeitskampf = BB 1971, 701 = DB 1971, 1061) kann zwar eine Abwehraussperrung sowohl mit suspendierender als auch mit lösender Wirkung ausgesprochen werden. Insoweit werden die Rechtsgrundsätze der Entscheidung des *BAG* vom 28. 1. 1955 (AP Nr. 1 zu Art. 9 GG Arbeitskampf = BB 1955, 412 = DB 1955, 455) zwar bestätigt. Sie werden aber dahingehend modifiziert, daß auch Aussperrungen unter dem Gebot der Verhältnismäßigkeit stehen. Das hat zur Folge, daß die **Ausperrung** im allgemeinen nur **suspendierende Wirkung** hat. Sie kann auch gegenüber gesetzlich besonders geschützten Personen ausgesprochen werden. Hier besteht das Arbeitsverhältnis fort. Auf den Urlaubsanspruch des Arbeitnehmers hat diese Aussperrung mit suspendierender Wirkung keinen Einfluß. Während der Aussperrung kann der betroffene Arbeitnehmer – ebenso wie beim Streik – Urlaub nicht verlangen.

150 Ist die lösende Abwehraussperrung ausgesprochen, was nach der bereits genannten Entscheidung vom 24. 1. 1971 in Ausnahmefällen zulässig ist, so ist diese lösende Abwehraussperrung ein Lösungstatbestand des Arbeitsverhältnisses sui generis. Derartige Ausnahmefälle können vorliegen bei wildem Streik, bei längerem Arbeitskampf und dadurch bedingten endgültigem Wegfall von Arbeitsplätzen. Dann ist aber diese lösende Aussperrung gegenüber dem durch besondere gesetzliche Regelungen geschützten Personenkreis grundsätzlich nicht zulässig (*BAG* AP Nr. 43 zu Art. 9 GG Arbeitskampf – Abschnitt C 5). Das bedeutet, daß gegenüber Betriebsratsmitgliedern, Personalratsmitgliedern, Arbeitnehmervertretern im Aufsichtsrat, Schwerbehinderten, Schwangeren und Müttern nach der Entbindung und während des Erziehungsurlaubes die Abwehraussperrung nur mit suspendierender Wirkung erklärt werden kann. Hier stellt sich die Frage, welche Einwirkung diese **Aussperrung mit lösender Wirkung** auf den Urlaubsanspruch hat. Bei einem richtig verstandenen Begriff des Arbeitskampfes ist der Arbeitgeber nach dessen Ende im allgemeinen verpflichtet, die Arbeitnehmer wieder einzustellen, soweit ihre Arbeitsplätze noch vorhanden sind.

151 Das *BAG* (AP Nr. 43 zu Art. 9 GG Arbeitskampf) vertritt die Meinung, daß die Wiedereinstellung lösend ausgesperrter Arbeitnehmer nach billigem Ermessen zu erfolgen habe. Die Ausübung dieses billigen Ermessens durch den Arbeitgeber könne darauf überprüft werden, ob der Arbeitsplatz endgültig anderweitig besetzt oder durch betriebliche Maßnahmen weggefallen und auch ob die endgültige Lösung des Arbeitsverhältnisses gerade mit dem betroffenen Arbeitnehmer geboten war. Insoweit will für die sachgerechte Auswahl bei der Wiedereinstelung das Gericht die Gesichtspunkte angewendet wissen, wie sie für den Bereich des Kündigungsschutzrechtes in § 1 Abs. 3 KSchG zum Ausdruck gekommen sind.

152 Ob und in welchem Umfange das Arbeitsverhältnis nach der Wiedereinstellung als Fortsetzung des bisherigen Arbeitsverhältnisses oder als Beginn eines neuen Arbeitsverhältnisses anzusehen ist, richtet sich nach den Umständen. Haben die Tarifpartner ein Maßregelungsverbot vereinbart, gilt das Arbeitsverhältnis als nicht unterbrochen. Bei einer entsprechenden vertraglichen Abrede, das Arbeitsverhältnis werde »fortgesetzt«, ist die gleiche rechtliche Schlußfolgerung anzunehmen. Begründen die Arbeitsvertragsparteien das Arbeitsverhältnis völlig neu, so war die Lösung eine totale.

Daran ändert auch der Wiedereinstellungsanspruch nichts, denn durch ihn wird das gelöste Arbeitsverhältnis neu begründet. Rechte und Pflichten aus dem Arbeitsverhältnis sollen doch gerade bei der lösenden Aussperrung enden. Bekennt man sich zu ihr, so müssen ihre Wirkungen auch Ausstrahlungen auf den Urlaubsanspruch haben. Die Wartezeit wird unterbrochen (vgl. § 4 Anm. 24 und 27). Hat der Arbeitnehmer die Wartezeit nicht erfüllt oder scheidet er nach erfüllter Wartezeit in der ersten Hälfte des Jahres aus (durch die Aussperrung), so erhält er den verkürzten Vollurlaub. Erfolgt die legitime Aussperrung nach Erfüllung der Wartezeit in der 2. Hälfte des Jahres, so muß der Urlaubsanspruch voll abgegolten werden.

153 Eine Abwehraussperrung führt nicht dazu, daß **ein bewilligter Urlaub widerrufen** wird, auch wenn die Aussperrung für eine Zeit erfolgt, in die der bewilligte Urlaub ganz oder teilweise fällt (*BAG* EzA Art. 9 GG Arbeitskampf Nr. 78 = AP Nr. 58 zu § 1 FeiertagslohnzG = DB 1988, 2262). Das BAG wendet insoweit die gleichen Grundsätze an wie bei einem Streik (Anm. 148).

V. Der Urlaubsanspruch im Vergleichs- und Konkursverfahren

1. Urlaubsanspruch und Vergleichsverfahren

154 Der Urlaubsanspruch des Arbeitnehmers wird durch ein Vergleichsverfahren über das Vermögen des Arbeitgebers nicht berührt (§ 26 Abs. 1 VerglO). Auch findet § 34 VerglO keine Anwendung (vgl. RAG 32, 95 = JW 1938, 1132 und *RAG* DR 1941, 1804 = ARS 42, 3 für den Fall des entsprechenden § 69 KO; vgl. dazu auch *Boldt/Röhsler*, § 1 Anm. 106 und *Dersch/Neumann*, § 1 Anm. 91; *Bobrowski/Gaul*, Bd. I S. 457; *Natzel*, § 1 Anm. 116).

2. Urlaubsanspruch und Konkursverfahren

Wird über das Vermögen des Arbeitgebers das Konkursverfahren eröffnet, so ergeben sich verschiedene Fallgruppen.

a) Fortsetzung des Arbeitsverhältnisses

Setzt der Konkursverwalter das Arbeitsverhältnis fort, so wird der Urlaubsanspruch durch die Eröffnung des Konkursverfahrens grundsätzlich nicht berührt (vgl. RAG 32, 95; 42, 3; *Boldt/Röhsler*, § 1 Anm. 105; *Natzel*, § 1 Anm. 108; *Dersch/Neumann*, § 1 Anm. 92; *Borrmann*, § 1 Anm. 28; *Siara*, § 1 Anm. 16; *Schelp/Herbst*, § 1 Anm. 33; *Bobrowski/Gaul*, Bd. I S. 457; *Willemsen*, AR-Blattei, Konkurs I, F IIIb). So erwirbt z.B. der Arbeitnehmer, der die Wartezeit nicht erfüllt hat, keinen Urlaubsanspruch. Ist der Urlaubsanspruch entstanden, so ist er gegenüber dem Konkursverwalter geltend zu machen. Dieser hat ihn zu erfüllen. Ebensowenig wie im Vergleichsverfahren § 34 VerglO eingreift, kommt hier eine Anwendung des § 69 KO in Betracht. Der Arbeitnehmer braucht daher bei Fortsetzung des Arbeitsverhältnisses den Urlaubsanspruch nicht zur Tabelle anzumelden; denn der Urlaubsanspruch richtet sich auf die Freistellung von der Arbeitsleistung – eine Handlung also, keine anmeldepflichtige Zahlungsverpflichtung des Gemeinschuldners (*BAG* EzA § 7 BUrlG Nr. 30 = AP Nr. 19 zu § 11 BUrlG = DB 1984, 1150; *BAG* EzA § 7 BUrlG Nr. 56 = AP Nr. 35 zu § 7 BUrlG Abgeltung = DB 1987, 2212). Das gilt auch dann, wenn ein Anspruch aus dem vorherigen Urlaubsjahr wirksam übertragen worden ist. Auch in diesem Falle geht der Urlaubsanspruch keinesfalls mit der Nichtanmeldung unter. Der Urlaubsanspruch ebenso wie ein evtl. entstehender Abgeltungsanspruch bleibt vielmehr stets **Masseschuld**. Das folgt aus § 59 Abs. 1 Nr. 2 KO (ebenso *Dersch/Neumann*, § 1 Anm. 92; *Oehmann*, DB 1957, 946; *Boldt/Röhsler*, § 1 Anm. 105). **155**

Fällt die Konkurseröffnung **in die Zeit des Urlaubes**, so richtet sich der Anspruch auf das hierfür zu zahlende Urlaubsentgelt nicht nach dessen Fälligkeit. Entscheidend ist, wie diese Urlaubsansprüche jeweils einem bestimmten Zeitraum zugeordnet werden können, auf dem die Rangordnung von Ansprüchen auf Arbeitsentgelt in einem Konkursverfahren aufbaut. Daher wird aufgeteilt in die Urlaubstage vor und nach der Konkurseröffnung. Das Urlaubsentgelt für die Urlaubstage unmittelbar vor der Konkurseröffnung ist Masseschuld nach § 59 Abs. 1 Nr. 3 KO. Das Urlaubsentgelt nach der Konkurseröffnung ist Masseschuld nach § 59 Abs. 1 Nr. 2 – 2. Alternative – KO. Es ist ein Anspruch, dessen Erfüllung »für die Zeit nach der Eröffnung des Verfahrens« erfolgen muß (*BAG* EzA § 59 KO Nr. 4 = AP Nr. 4 zu § 59 KO mit Anm. *Zeuner* = BB 1977, 1351 = DB 1977, 1799; *BSG* AP Nr. 1 zu § 141b AFG = BB 1977, 999; *BAG* EzA § 59 KO Nr. 9 = AP Nr. 10 zu § 59 KO = DB 1980, 1899). **156**

b) Beendigung des Arbeitsverhältnisses

Endet das zur Zeit der Konkurseröffnung noch bestehende Arbeitsverhältnis, sei es infolge einer Kündigung durch den Konkursverwalter (in diesem Falle ist § 22 Abs. 1 Satz 2 KO zu beachten) oder eines Aufhebungsvertrages oder aus anderen Gründen, so gelten ebenfalls dieselben Grundsätze wie außerhalb des Konkursverfahrens, d.h. der Urlaubsanspruch ist innerhalb der Kündigungsfrist zu erfüllen. Auch dann handelt es sich um eine Masseschuld nach § 59 Abs. 1 Nr. 2 KO (zustimmend *Weber*, Anm. zu *BAG* AP Nr. 2 zu § 59 KO; *Boldt/Röhsler*, § 1 **157**

Anm. 105). Reicht die Kündigungsfrist für die Erfüllung des Urlaubsanspruchs nicht aus, oder kann der Urlaub aus besonderen Gründen nicht in die Kündigungsfrist gelegt werden, so muß der Urlaub abgegolten werden. Auch dieser Anspruch ist **Masseschuld** nach § 59 Abs. 1 Nr. 2 KO, und nicht etwa Konkursforderung, ohne Rücksicht darauf, aus welchem Zeitraum der Urlaubsanspruch stammt, sofern er nur noch nicht verfallen ist (so jetzt ausdrücklich *BAG* EzA § 59 KO Nr. 9 = AP Nr. 10 zu § 59 KO = DB 1980, 1899). Denn der **Abgeltungsanspruch** entsteht hier mit der Beendigung des Arbeitsverhältnisses **nach der Konkurseröffnung**, weil erst dann feststeht, daß der Freizeitanspruch nicht mehr erfüllt werden kann. Die Voraussetzungen des § 61 Abs. 1 Nr. 1a KO liegen daher nicht vor (vgl. *Dersch/Neumann*, § 1 Anm. 95; *Borrmann*, § 1 Anm. 28; *Natzel*, § 1 Anm. 114; *Boldt/Röhsler*, § 1 Anm. 105).

c) Bei Konkurseröffnung rückständiges Urlaubsentgelt

158 Ist im Zeitpunkt der Eröffnung des Konkursverfahrens das **Urlaubsentgelt für einen bereits gewährten Urlaub rückständig**, so ist zu unterscheiden:
aa) Handelt es sich um Bezüge für die letzten 6 Monate vor der Konkurseröffnung, so ist dieses rückständige Urlaubsentgelt Masseschuld nach § 59 Abs. 1 Nr. 3a KO.
Insoweit besteht – soweit diese Bezüge für die letzten der Eröffnung des Konkursverfahrens vorausgehenden drei Monate zu gewähren waren – Anspruch auf Konkursausfallgeld nach § 141b AFG.
bb) Handelt es sich um Bezüge aus der Zeit zwischen dem 6. und dem 12. Monat vor Konkurseröffnung, so ist das rückständige Urlaubsentgelt eine bevorrechtigte Konkursforderung im Sinne des § 61 Abs. 1 Nr. 1a KO (*Böhle/Stamschräder/Kilger*, § 59 KO Anm. 5 D a; *Mentzel/Kuhn/Uhlenbruck*, § 61 KO Rn. 47a; *Hess/Kropshofer*, KO Anh. I, § 141b AFG Rn. 39).
cc) Rückständiges Urlaubsentgelt aus der Zeit vor 12 Monaten vor Konkurseröffnung ist eine einfache Konkursforderung nach § 61 Abs. 1 Nr. 6 KO.

159 Für die zeitliche Zuordnung zu den einzelnen Zeiträumen kommt es nicht auf die Fälligkeit des Urlaubsentgeltes an. Entscheidend ist auch nicht, für welche Zeit der Tätigkeit der Urlaub gewährt wurde. Ausschlaggebend ist vielmehr, inwieweit das Urlaubsentgelt in den jeweiligen Vorrechtszeiträumen als fortgezahltes Arbeitsentgelt anzusehen ist. Der Urlaubszeitraum, für den der Urlaub gewährt wurde, ist demnach für das Vorrecht entscheidend. Dieser Urlaubszeitraum steht aber fest, wenn bereits Urlaub gewährt wurde oder bereits bewilligt war und nur noch das Urlaubsentgelt aussteht, das nun nach Eröffnung des Konkursverfahrens geltend gemacht werden muß (*BAG* EzA § 7 BUrlG Nr. 30 = AP Nr. 35 zu § 7 BUrlG Abgeltung [Absatz 4 der Gründe] = DB 1984, 1150 gegen *BAG* EzA § 59 KO Nr. 9 = AP Nr. 10 zu § 59 KO = DB 1980, 1899).

160 Dadurch können sich für rückständiges Urlaubsentgelt je nach dem zeitlichen Abstand vor der Konkurseröffnung auch bei zusammenhängenden Urlaubszeiträumen unterschiedliche Vorrechte ergeben, also entweder Masseschulden oder Konkursforderungen.

161 Eine Anmeldung zur Konkurstabelle ist nur erforderlich, wenn es sich bei dem rückständigen Urlaubsentgelt um eine Konkursforderung nach § 61 Abs. 1 Nr. 1 oder 6 KO handelt.

162 Für die **Urlaubsabgeltung** gilt folgendes:
aa) Die Urlaubsabgeltung ist **Masseschuld** nach § 59 Abs. 1 Nr. 2 KO, wenn die

Dauer des Arbeitsverhältnisses nach der Konkurseröffnung ausgereicht hätte, den **Freizeitanspruch zeitlich zu erfüllen** (*BAG* AP Nr. 2 zu § 59 KO).
bb) Im übrigen gilt für den Abgeltungsanspruch: Er ist im Konkurs den der abzugeltenden Urlaubsdauer entsprechenden letzten Tagen vor der **rechtlichen Beendigung des Arbeitsverhältnisses** zuzuordnen. Liegt dieser Zeitraum **nach** der Konkurseröffnung, dann ist der Anspruch auf Urlaubsabgeltung Masseschuld nach § 59 Abs. 1 Nr. 2 KO. Soweit dieser Zeitraum **innerhalb der letzten sechs Monate vor der Konkurseröffnung** liegt, handelt es sich bei der Urlaubsabgeltung um rückständiges Arbeitsentgelt im Sinne von § 59 Abs. 1 Nr. 3a KO (so jetzt übereinstimmend *BSG* AP Nr. 3 zu § 141b AFG; *BAG* AP Nr. 10 zu § 59 KO, aber *BAG* AP Nr. 35 zu § 7 BUrlG Abgeltung, a. a. O.; kritisch zu dieser Aufteilung *Dersch/Neumann*, § 1 Anm. 103).

§ 2 Geltungsbereich

Arbeitnehmer im Sinne des Gesetzes sind Arbeiter und Angestellte sowie die zu ihrer Berufsausbildung Beschäftigten. Als Arbeitnehmer gelten auch Personen, die wegen ihrer wirtschaftlichen Unselbständigkeit als arbeitnehmerähnliche Personen anzusehen sind; für den Bereich der Heimarbeit gilt § 12.

Literatur

Zum Arbeitnehmerbegriff allgemein vgl. die Lehrbücher von *Hueck/Nipperdey* und *Nikisch*. Vgl. ferner: *Niessen*, Ist das BUrlG auf alle Handelsvertreter anwendbar, DB 1963, 307; *Diekhoff/Niessen*, Welche Handelsvertreter haben einen Urlaubsanspruch nach dem BUrlG, DB 1963, 1120; *Eich*, Das Job-sharing-Arbeitsverhältnis, DB Heft 17/1982 - Beilage 9/82 (S 8); *Falkenberg*, Freie Mitarbeiter – Arbeitnehmer – arbeitnehmerähnliche Personen DB 1969, 1409; *Knigge*, Abstellung von Arbeitnehmern an eine baugewerbliche Arbeitsgemeinschaft, DB Heft 7/82 – Beilage 4/82 (S. 9); *Ludwig*, Für welchen Handelsvertreter ist das BUrlG anwendbar, DB 1966, 1972; *Maus*, Die »freien Mitarbeiter« der Deutschen Rundfunk- und Fernsehanstalten, RdA 1968, 367; *Seidel*, Die arbeitnehmerähnlichen Personen im Urlaubsrecht, BB 1970, 971; *Stuhr*, Anspruch des Studenten auf Urlaub und Entgelt für die Tätigkeit im praktischen Studiensemester, BB 1981, 916; *Wachter*, Urlaubsrechtliche Probleme der Heimarbeit, DB 1982, 1406.

Inhaltsübersicht

I. Grundsatz

1 Das BUrlG (§ 1) gewährt jedem Arbeitnehmer einen Anspruch auf bezahlten Erholungsurlaub im Urlaubsjahr. Damit ist der persönliche Geltungsbereich – jeder Arbeitnehmer – festgelegt. Der Arbeitnehmerbegriff ist im Arbeitsrecht aber kein einheitlicher. Die Rechtslehre hat zwar allgemeine Grundmerkmale entwikkelt, die heute weitgehend anerkannt sind, jedoch ist der Geltungsbereich verschiedener arbeitsrechtlicher Gesetze unterschiedlich. Ihnen liegt kein einheitlicher Arbeitnehmerbegriff zugrunde. Das gilt z. B. für das KSchG (§ 14), das ArbGG (§ 5) und das BetrVG (§ 5). Das BUrlG definiert den Begriff Arbeitnehmer nicht selbst, sondern gibt eine Umschreibung in § 2, nach der drei Personengruppen als Arbeitnehmer i. S. des BUrlG zu gelten haben:
1. Arbeiter und Angestellte
2. Zur Berufsausbildung Beschäftigte
3. Arbeitnehmerähnliche Personen.

II. Begriff des Arbeitnehmers

2 Wenn der Gesetzgeber bei der Abgrenzung des persönlichen Geltungsbereichs die Gruppen Arbeiter, Angestellte und zur Berufsausbildung Beschäftigte aufführt, so hat das keine besondere Bedeutung, weil die Genannten sämtlich Arbeitnehmer sind. So verweist der Gesetzgeber auf den Arbeitnehmerbegriff, wie er durch Rechtsprechung und Rechtswissenschaft entwickelt worden ist, ohne aber einer der Lehrmeinungen (Vertrags- oder Eingliederungstheorie) den Vorzug zu geben (*BAG* AP Nr. 1 zu § 1 BUrlG = BB 1966, 35 = DB 1966, 155; *BAG* AP Nr. 1 zu § 2 BUrlG = DB 1967, 386).

3 Arbeitnehmer sind die auf Grund privatrechtlichen Vertrages oder eines ihm gleichgestellten Rechtsverhältnisses im Dienst eines anderen zur Arbeit verpflichteten Personen (*Hueck/Nipperdey*, Bd. I S. 34ff.; *Boldt/Röhsler*, § 2 Anm. 7ff.; *BAG* AP Nr. 18 zu § 611 BGB Urlaubsrecht; *BAG* AP Nr. 7 zu § 5 ArbGG; *BAG* AP Nr. 4 zu § 611 BGB Abhängigkeit; *BAG* AP Nr. 6 zu § 3 UrlG Niedersachsen; *Dersch/Neumann*, § 2 Anm. 11; *Schelp/Herbst*, § 2 Anm. 4; *Natzel*, § 2 Anm. 2).

4 Die Arbeit (im weitesten Sinne) muß im allgemeinen auf Grund eines privatrechtlichen Vertrages geleistet werden; eingeschlossen sind aber auch die Fälle des sog. Zwangsvertrages (z. B. § 8 Abs. 3 des Gesetzes über einen Bergmannsversorgungsschein NRW i. d. F. v. 14. 4. 1971, § 8 Abs. 3 des Gesetzes Nr. 768 über einen Bergmannsversorgungsschein im Saarland v. 11. 7. 1962), der Begründung eines Arbeitsverhältnisses nach §§ 78a BetrVG, 9 Abs. 2 BPersVG (Fortsetzung des beendeten Ausbildungsverhältnisses eines Amtsträgers der Betriebsverfassung/Personalvertretung in ein Dauerarbeitsverhältnis auf seinen Antrag) und des nichtigen Arbeitsvertrages. Die Arbeitnehmereigenschaft wird dadurch nicht berührt. Der Arbeitnehmer verrichtet seine Arbeit schließlich im Dienste eines anderen, er ist persönlich abhängig und in bezug auf seine Arbeitsleistung in nicht ganz unerheblichem Umfang zum Gehorsam verpflichtet (vgl. *Hueck/Nipperdey*, Bd. I S. 41; *BAG* AP Nr. 1 zu § 2 BUrlG = DB 1967, 386 = SAE 1967, 174 mit Anm. von *Herschel*).

5 Entscheidend für die Annahme der Arbeitnehmereigenschaft ist die **persönliche Abhängigkeit des Arbeitnehmers** vom Arbeitgeber. Der Arbeitnehmer erbringt eine vom Arbeitgeber geplante und organisierte Arbeit ohne eigenes Risiko. Er ist in das betriebliche Geschehen eingeordnet und kann sich ihm nicht entziehen. Von ihm wird erwartet, daß er sich den Weisungen des Arbeitgebers unterwirft: Er ist so sehr in den Betrieb des Arbeitgebers eingegliedert, daß er andere Aufgaben nicht daneben übernehmen kann (Intensität der Inanspruchnahme). Von ihm wird notfalls auch, wenn er seine Arbeitszeit nach eigenen Vorstellungen und Bedürfnissen frei gestalten kann, ständige Dienstbereitschaft gefordert. Erst wenn sich aus vielen Indizien der Schluß ziehen läßt, daß persönliche Abhängigkeit vorliegt, kann dieser Vertragspartner den sozialen Schutz des Arbeitsrechts in Anspruch nehmen (st. Rspr. des *BAG*, zusammengefaßt vor allem im Urteil vom 23. 4. 1980 (EzA § 611 BGB Arbeitnehmerbegriff Nr. 21 = AP Nr. 34 zu § 611 BGB Abhängigkeit = DB 1980, 1996; auch ergänzend *BAG* EzA § 611 BGB Arbeitnehmerbegriff Nr. 25 = AP Nr. 32 zu § 611 BGB Lehrer, Dozenten = BB 1983, 899 und *BAG* EzA § 611 BGB Arbeitnehmerbegriff Nr. 26 = AP Nr. 42 zu § 611 BGB Abhängigkeit = BB 1983, 1855 = DB 1983, 2042).

Ein typisches gesetzliches Abgrenzungsmerkmal ist § 84 Abs. 1 S. 2 HGB: Wer nicht frei seine Tätigkeit gestalten und seine Arbeitszeit bestimmen kann, ist unselbständig und persönlich abhängig, also Arbeitnehmer (*BAG* EzA § 611 BGB Arbeitnehmerbegriff Nr. 32 = DB 1990, 1975; *BAG* EzA § 611 BGB Arbeitnehmerbegriff Nr. 30 = AP Nr. 45 zu § 611 BGB Abhängigkeit = DB 1984, 2203).

6 Dabei entscheidet über die danach gebotene Einordnung des Rechtsverhältnisses (freier Dienstvertrag oder abhängiger Arbeitsvertrag) der wirkliche Gehalt der Tätigkeit und nicht die von den Parteien – wenn vielleicht auch übereinstimmend – gewünschte Rechtsfolge oder eine Bezeichnung, die dem Geschäftsinhalt nicht entspricht. Nur aus dem Geschäftsinhalt ergibt sich der zutreffende Vertragstyp (*BAG* EzA § 611 BGB Arbeitnehmerbegriff Nr. 17 = AP Nr. 26 zu § 611 BGB Abhängigkeit = BB 1978, 760 = DB 1978, 1035; auch *BSG* BB 1981, 1581). Auch Tarifverträge können nicht bestimmen, wer Arbeitnehmer und arbeitnehmerähnliche Person oder freier Mitarbeiter ist (*BAG*, a. a. O.)

7 Der wirkliche Gehalt der Tätigkeit (Geschäftsinhalt) kann sich sowohl aus den schriftlichen Vereinbarungen als auch der praktischen Durchführung des Vertrages ergeben. Widersprechen sich die schriftliche Abrede und die tatsächliche Durchführung, ist die letztere deswegen maßgebend, weil sich daraus Rückschlüsse darauf ziehen lassen, von welchen Rechten und Pflichten die Parteien ausgegangen sind (*BAG* EzA § 611 BGB Arbeitnehmerbegriff Nr. 17 = AP

Nr. 26 zu § 611 BGB Abhängigkeit = DB 1978, 1035; *BAG* AP Nr. 1 und 2 zu § 92 HGB für Abgrenzung: Handelsvertreter/Handlungsgehilfe).

8 Ohne Einfluß auf die Arbeitnehmereigenschaft ist die Tatsache, daß die Arbeitsleistung ohne Entgelt erbracht wird. Unerheblich ist auch, ob die Arbeit »hauptberuflich« ausgeübt wird oder nur im sog. Nebenberuf (Teilbeschäftigung) (*BAG* EzA § 2 BUrlG Nr. 1 = AP Nr. 2 zu § 2 BUrlG = BB 1973, 1356 = DB 1973, 1756).

9 Für die Arbeitnehmereigenschaft ist schließlich nicht stets erheblich, ob der Dienstleistungsverpflichtete bei der Ausführung der Dienste von den Weisungen des Dienstleistungsberechtigten unabhängig ist. Das gilt weitgehend bei z.B. Künstlern, aber auch bei angestellten Ärzten. Dadurch erhalten jene Personen keine in jeder Hinsicht selbständige, persönlich unabhängige Stellung gegenüber ihren Auftraggebern. Das kann aber z.B. im Einzelfall beim Chefarzt eines Krankenhauses anders sein; je nach der Vertragsgestaltung und den tatsächlichen Verhältnissen am Arbeitsplatz können leitende Ärzte von Krankenhäusern Partner eines selbständigen Dienstvertrages sein (vgl. *BAG* AP Nr. 24 zu § 611 BGB Ärzte-Gehaltsansprüche).

10 In seiner Entscheidung AP Nr. 1 zu § 2 BUrlG = DB 1967, 386 weist das *BAG* bei der Frage, ob die Tänzerin in einer Bar als Arbeitnehmerin anzusehen ist, nochmals auf diese Chefarztentscheidung hin. Es reiht auch die Tänzerin als Arbeitnehmerin ein, weil die persönlichen Bindungen hinsichtlich des Zeitpunktes ihrer Darbietungen vorhanden und auch alle Programmänderungen zu akzeptieren waren. Daneben sprechen nach Auffassung des BAG auch die allgemeinen Anschauungen innerhalb der Berufsgruppe der Artisten, wie sie sich in Tarifverträgen niedergeschlagen haben, für die Arbeitnehmereigenschaft von Tänzerinnen und Artisten.

III. Einzelfälle

11 Von dem unter II entwickelten Begriff des Arbeitnehmers ausgehend, ist im Einzelfall die Entscheidung zu treffen, ob der Beschäftigte Arbeitnehmer i.S. des BUrlG ist oder nicht.

1. Beamte, Angestellte und Arbeiter im öffentlichen Dienst

12 Nicht unter den persönlichen Geltungsbereich des BUrlG fallen Beamte, die ihre Arbeit auf Grund eines öffentlich-rechtlichen Anstellungsverhältnisses leisten (*BAG* AP Nr. 29 zu § 2 ArbGG 1953 Zuständigkeitsprüfung). Dagegen sind die Arbeiter und Angestellten im öffentlichen Dienst und bei den Stationierungsstreitkräften Arbeitnehmer, so daß das BUrlG Anwendung findet. Das gilt auch für die sog. Dienstordnungsangestellten (vgl. *BAG* AP Nr. 1 zu § 611 BGB Dienstordnungsangestellte).

2. Zwangsweise Beschäftigte, Sozialhilfearbeiter, Teilnehmer an Arbeitsbeschaffungsmaßnahmen

13 Keine Arbeitnehmer i. S. des BUrlG sind diejenigen Personen, die zwangsweise beschäftigt werden, wie z. B. Strafgefangene (vgl. *BSG* DB 1967, 2168; *LAG Hamm* DB 1968, 1764 und *BAG* AP Nr. 18 zu § 5 ArbGG 1953; *BAG* EzA § 5 BetrVG 1972 Nr. 33 = AP Nr. 18 zu § 5 BetrVG 1972 = DB 1978, 1186; *BAG* EzA § 2 ArbGG 1979 Nr. 8 = AP Nr. 5 zu § 2 ArbGG 1979 = BB 1987, 1252).

14 Nach § 41 StVollzG besteht für Personen, die zu einer Freiheitsstrafe verurteilt, in Sicherheitsverwahrung, in einer Entziehungsanstalt oder einem psychiatrischen Krankenhaus untergebracht worden sind, Arbeitszwang. Für diese Arbeit, gleichgültig, ob sie innerhalb oder außerhalb der Anstalt verrichtet wird, wird kein Urlaub, sondern Freistellung von der Arbeit nach § 42 StVollzG gewährt. Für »Freigänger«, die ein nach § 39 StVollzG gestattetes privatrechtliches Dienstverhältnis außerhalb der Anstalt eingehen, gelten die allgemeinen Urlaubsregelungen (§ 42 Abs. 4 StVollzG; so auch *Pecic* in: AK-StVollzG § 42 Anm. 1).

15 Für **Fürsorgezöglinge** besteht Arbeitszwang, wenn sie innerhalb der Anstalt mit Arbeiten beauftragt werden. Sind sie außerhalb der Anstalt in Haushalten oder Ausbildungsverhältnissen, so liegen insoweit Arbeits- bzw. Ausbildungsverhältnisse privatrechtlicher Art vor, für die das BUrlG und die anderen einschlägigen Urlaubsregelungen gelten.

16 Auch **Pflichtarbeiter bei Sozialhilfe** sind in der Regel keine Arbeitnehmer. Das gilt dann, wenn sie nach § 19 Abs. 2 BSHG für ihre Tätigkeit Hilfe zum Lebensunterhalt erhalten. Dann besteht zwischen dem Sozialhilfearbeiter und dem Träger der Sozialhilfe ein öffentlich-rechtliches Verhältnis (§ 19 Abs. 3 Bundessozialhilfegesetz). Zur verfassungsrechtlichen Zulässigkeit vgl. *BVerwG* AP Nr. 24 zu Art. 12 GG. Wird dem Sozialhilfearbeiter dagegen vom Träger der Sozialhilfe der übliche Lohn gezahlt, so liegt ein echtes Arbeitsverhältnis vor, aus dem der Sozialhilfearbeiter auch einen Urlaubsanspruch erwirbt. **Teilnehmer an Arbeitsbeschaffungsmaßnahmen** (ABM) nach § 93 Abs. 2 AFG sind echte Arbeitnehmer. Sie werden in einem privatrechtlichen Arbeitsverhältnis tätig. Die Zuweisung durch das Arbeitsamt begründet hier noch keinen Arbeitsvertrag. Das Arbeitsverhältnis kommt vielmehr erst mit Abschluß des Arbeitsvertrages mit dem Unternehmer zustande. Im Rahmen dieses Arbeitsverhältnisses bestehen Ansprüche auf Erholungsurlaub wie für jeden anderen Arbeitnehmer (*Dersch/Neumann*, § 2 Anm. 21; *Natzel*, § 2 Anm. 24).

Zur Problematik des § 93 Abs. 2 AFG und ihren arbeitsrechtlichen Rechtsfolgen: *BAG* EzA § 620 BGB Nr. 63 = AP Nr. 72 zu § 620 BGB = DB 1983, 2158; *BAG* EzA § 620 BGB Nr. 95 = AP Nr. 114 zu § 620 BGB Befristeter Arbeitsvertrag = DB 1988, 1068.

Ist ein Arbeitnehmer bei dem gleichen Arbeitgeber zunächst aufgrund einer ABM-Maßnahme zeitlich befristet tätig gewesen und wird er im Anschluß daran aufgrund eines dann unbefristet abgeschlossenen Arbeitsvertrages – wenn auch mit andersartigen Arbeiten – beschäftigt, muß dieser Arbeitnehmer im Dauerarbeitsverhältnis nicht erneut die Wartezeit des § 4 zurücklegen. Es besteht ein einheitliches Arbeitsverhältnis (siehe auch § 4 Anm. 45. – Bejaht für die Erfüllung der Wartezeit des § 1 Abs. 1 KSchG: *BAG* EzA § 611 BGB (Probearbeitsverhältnis) Nr. 5 = AP Nr. 1 zu § 5 BAT = DB 1981, 2498).

3. Ehegatten, Kinder

17 Zwischen Familienmitgliedern, Ehegatten und Kindern, kann Arbeit einmal auf Grund familienrechtlicher Vorschriften (§§ 1353 Abs. 1, 1619 BGB) oder aber auch kraft eines Arbeitsvertrages geleistet werden. Dabei besteht diese Mitarbeitspflicht eines Ehegatten im Geschäft des anderen auch nach dem Wegfall des § 1356 Abs. 2 a. F. durch das 1. EheRG. Diese Pflicht beruht jetzt auf einer Konkretisierung der Pflicht aus und zur ehelichen Lebensgemeinschaft (§ 1353 Abs. 1 BGB), der allgemeinen Beistandspflicht (dazu im einzelnen MünchKomm, § 1356 Rn. 19ff.). Ob ein Ehegatte Arbeitnehmer des anderen oder ein Kind Arbeitnehmer der Eltern oder des Vaters ist, kann generell nicht bestimmt werden. Entscheidend sind immer alle Umstände des Einzelfalles, wobei Gewicht auf die besonderen Verhältnisse z. B. der bäuerlichen Bevölkerung (*LAG Köln* v. 22. 12. 1987, n. v.; *LAG Köln* LAGE § 612 BGB Nr. 4) oder die Bräuche des Handwerks (Mitarbeit des Meistersohnes) zu legen ist. Anhaltspunkte bei der Beurteilung können sein: Abführung von Lohnsteuer, Anmeldung und Abführung von Beiträgen zu den öffentlichen Kassen, Auszahlung und Buchung eines Arbeitsentgelts, Arbeit schon vor der Eheschließung, Umfang der Tätigkeit. Im Streitfalle muß derjenige, der sich auf ein Arbeitsverhältnis beruft, diejenigen Tatsachen behaupten und beweisen, aus denen sich das Arbeitsverhältnis ergibt.

18 Arbeitet z. B. ein Neffe für seinen Onkel oder eine Cousine für ihre Tante, so spricht eine Vermutung für ein Arbeitsverhältnis (ebenso *Boldt/Röhsler*, § 2 Anm. 25). In Fällen dieser Art besteht keine Pflicht zur Mitarbeit. Dasselbe gilt auch zwischen Stiefkindern und Elternteilen (*Dersch/Neumann*, § 2 Anm. 19; MünchKomm, § 1619 Rn. 33ff.). – Aus der Rechtsprechung: RAG 7, 244; 15, 362; 39, 97; 47, 38; *BSG* AP Nr. 1, 2, 3, 4 und 5 zu § 611 BGB Arbeitsverhältnis zwischen Eltern und Kindern; *BAG* AP Nr. 13 und 24 zu § 612 BGB zum Arbeitsverhältnis zwischen Verlobten.

19 Zwischen Ehegatten kann bei gemeinsamer Tätigkeit im Gewerbebetrieb des einen Ehegatten auch eine Gesellschaft (sog. Innengesellschaft – BGHZ 12, 314) vorliegen. Die Abgrenzung im Einzelfall bereitet oft Schwierigkeiten; näheres hierzu BGHZ 31, 197 (202) = NJW 1960, 428; BGHZ 47, 157 = NJW 1967, 1275; BSGE 19, 265 = Breithaupt 1963, 1027; *BSG* MDR 1983, 436; MünchKomm, § 1356 Rn. 25. Vgl. dazu auch die Rechtsprechung des *BFH* zum Ehegatten-Arbeitsverhältnis: Beschluß des Großen Senates vom 28. 11. 1989 BStBl. II/1990/ S. 160 = DB 1990, 301. Eindeutige Trennung der Einkommens- und Vermögensverhältnisse unerläßlich: *BFH* DB 1991, 1166 m. w. N.

4. Tätigkeit aus karitativen oder religiösen Beweggründen

20 Zahlreiche Personen verrichten Arbeit nicht in erster Linie zu Erwerbszwecken, sondern aus **Beweggründen karitativer oder religiöser Art**. Sie sind keine Arbeitnehmer. Das gilt auch für Personen, die überwiegend zu ihrer **Heilung, Wiedereingewöhnung, sittlichen Besserung oder Erziehung** beschäftigt werden. Keine Arbeitnehmer sind z. B. **Diakonissen, Ordensschwestern, Rote-Kreuz-Schwestern** (*BAG* AP Nr. 1 zu § 5 ArbGG 1953; *BAG* AP Nr. 1 zu § 5 BetrVG 1972 Rotes Kreuz; *BAG* AP Nr. 10 zu § 611 BGB Rotes Kreuz), **Priester von Orden** (*BAG* v. 7. 2. 1990, n. v; *LAG Hamm* AP Nr. 3 zu § 611 BGB (Ordensangehörige). Dies gilt auch, wenn sie aufgrund eines Gestellungsvertrages in einem von einem Dritten betriebenen Krankenhaus oder in einer anderen kirchlichen Einrichtung (Gemeinde, Pfarrei) tätig sind (*BAG* EzA § 5 BetrVG 1972 Nr. 45 = AP Nr. 2 zu § 5 BetrVG 1972 Rotes Kreuz = NJW 1986, 2906), **Gastschwestern** (*BAG* a.a.O.), wohl aber die sog. **Lernschwestern**, die in einem der Berufsausbildung dienenden Beschäftigungsverhältnis stehen (*BAG* AP Nr. 10 zu § 611 BGB Lehrverhältnis).

5. Selbständiger Dienstvertrag – Organmitglieder, leitende Angestellte

21 Personen, die auf Grund eines **selbständigen Dienstvertrages** tätig sind, fallen nicht unter den Geltungsbereich des Gesetzes. Dabei handelt es sich in erster Linie um die Angehörigen der sog. freien Berufe, Ärzte, Klavierlehrer, Rechtsanwälte u.a. Auch der Stundenbuchhalter kann in einem freien Dienstvertrag arbeiten. Das wird z.B. anzunehmen sein, wenn er ohne Bindung an Ort und Zeit arbeitet, für mehrere Auftraggeber tätig wird und seine Einkünfte selbst versteuert (AP Nr. 4 zu § 61 KO).

22 **Organmitglieder von juristischen Personen und Vertreter von Personengemeinschaften** (z.B. Vorstandsmitglieder einer AG, Geschäftsführer einer GmbH) sind keine Arbeitnehmer, auch wenn neben dem Organschaftsverhältnis ein Dienstvertrag besteht. Zum vertraglichen Urlaubsabgeltungsanspruch dieses Personenkreises bei fristloser Entlassung vgl. *BGH* AP Nr. 89 zu § 611 BGB Urlaubsrecht. Dagegen haben die **leitenden Angestellten** Urlaubsansprüche nach dem BUrlG, denn das Gesetz sieht Ausnahmeregelungen für diese Arbeitnehmergruppe, wie z.B. § 14 KSchG und § 5 BetrVG, nicht vor. Zur Arbeitnehmereigenschaft eines Geschäftsführers einer Komplementär-GmbH siehe *BAG* vom 15. 4. 1982, EzA § 14 KSchG Nr. 2 = AP Nr. 1 zu § 14 KSchG 1969 mit Anm. v. *Beitzke* = DB 1983, 1442. Vgl. dazu auch *BAG* EzA § 5 ArbGG 1979 Nr. 2 = AP Nr. 3 zu § 5 ArbGG 1979 = DB 1986, 1474; *BAG* EzA § 5 ArbGG 1979 Nr. 6 = AP Nr. 6 zu § 5 ArbGG 1979 = DB 1987, 2659. (Beide Entscheidungen betreffen die Stellung abberufener GmbH-Geschäftsführer und die Rückkehr in ein bislang ruhendes Arbeitsverhältnis).
Zur **Arbeitnehmereigenschaft eines Gesellschafters einer GmbH:** *BAG* EzA § 611 BGB Arbeitnehmerbegriff Nr. 37 = DB 1991, 659. Das BAG vertritt hier die zutreffende Auffassung, daß der Gesellschafter einer GmbH seine Arbeitsleistung der Gesellschaft aufgrund des Gesellschaftsvertrages, aber auch aufgrund eines freien Dienstvertrages oder eines abhängigen Arbeitsvertrages leisten könne. Entscheidend dafür seien die neben dem Gesellschaftsvertrag zwischen den Beteiligten getroffenen Abreden. Für ein Arbeitsverhältnis spricht die in persönlicher Abhängigkeit geleistete Arbeit des nicht geschäftsführenden Gesellschafters. Ob dieser Gesellschafter abhängige Arbeit für die Gesellschaft leistet, muß nach der tatsächlichen Ausgestaltung des Rechtsverhältnisses, nicht nach der bloßen Vertragsbezeichnung, entschieden werden.

6. Ausländische Arbeitskräfte

23 Die in der Bundesrepublik beschäftigten ausländischen Arbeitskräfte sind, sofern die allgemeinen Voraussetzungen vorliegen, Arbeitnehmer. Das Urlaubsgesetz ist im Grundsatz für sie anwendbar. Vielfach ist für diesen Personenkreis die Anwendung des deutschen Rechts ausdrücklich in Musterarbeitsverträgen vereinbart. Das gilt z. B. für die italienischen, spanischen, türkischen, jugoslawischen, tunesischen, portugiesischen und griechischen Gastarbeiter. Wechseln diese Arbeitskräfte ihren Arbeitsplatz und schließen sie neue Arbeitsverträge ab, ohne die Frage der Rechtsanwendung überhaupt zu erwähnen, so ist mit *Boldt/Röhsler* (§ 2 Anm. 39) eine stillschweigende Vereinbarung des deutschen Rechts anzunehmen. Das wird jedenfalls immer dann gelten können, wenn der Arbeitgeber ein Deutscher oder eine deutsche Firma ist.

24 Haben die Parteien des Arbeitsvertrages über die Anwendung des deutschen Rechts keine Vereinbarung getroffen, und führt auch die dann vorzunehmende Auslegung des Vertrages zu keinem Ergebnis, so rechtfertigt sich die Anwendung des BUrlG für Staatsangehörige der EWG-Staaten auf Grund der VO Nr. 1612/68 vom 15. 10. 1968. Nach § 198 des EWG-Vertrages (BGBl. II 1957, 766ff.) hat diese VO unmittelbare Geltung in den Mitgliedstaaten. In jedem Mitgliedstaat sind die Staatsangehörigen der übrigen Mitgliedstaaten den inländischen Arbeitnehmern in bezug auf die Arbeitsbedingungen gleichzusetzen (weitere Einzelheiten bei *Boldt/Röhsler*, § 2 Anm. 37ff.; *Dersch/Neumann*, § 2 Anm. 7; vgl. dazu auch *BAG* EzA § 30 EGBGB Nr. 1 = DB 1990, 1666).

25 Deutsches Arbeitsrecht und damit das BUrlG ist für die ausländischen Arbeitskräfte in der Bundesrepublik in aller Regel auch nach den Regeln des internationalen Privatrechts anzuwenden. Maßgebend ist hier der Erfüllungsort, d. h. der Ort, an dem der Arbeitnehmer vertragsgemäß seine Leistung zu erbringen hat (vgl. *LAG Mainz* BB 1958, 627; *BAG* AP Nr. 3, 4, 9, 10, 11 und 12 Internationales Privatrecht – Arbeitsrecht; *Schnorr v. Carolsfeld*, RdA 1958, 206; *Beitzke*, DB 1958, 224; *Frey*, ArbuR 1955, 33; *Boldt/Röhsler*, § 2 Anm. 41).

26 Nach den Regeln des internationalen Privatrechts können Arbeitgeber mit ausländischen Arbeitnehmern auch die Anwendung einer ausländischen Rechtsordnung vereinbaren. Es herrscht hier die Parteiautonomie (*Gamillscheg*, Internationales Arbeitsrecht, 1959 S. 101; *BAG* AP Nr. 12 Internationales Privatrecht – Arbeitsrecht = BB 1975, 1160 = DB 1975, 1896; *BAG* AP Nr. 23 Internationales Privatrecht – Arbeitsrecht = DB 1985, 2700 = NZA 1985, 635).

Die Rechtsordnung muß aber als Ganzes vereinbart werden. Nicht zulässig ist z. B. die Vereinbarung ausländischen Urlaubsrechts, wenn dies für den Arbeitnehmer ungünstiger ist als das Bundesurlaubsgesetz und im übrigen deutsches Recht Anwendung findet. Vereinbaren die Parteien des Arbeitsvertrages aber zulässigerweise die Anwendung einer ausländischen Rechtsordnung, die einen geringeren oder gar keinen Urlaubsanspruch einräumt, so dürfte nicht schlechthin aus diesem Grunde bereits Art. 30 EGBGB anzuwenden sein (so mit Recht *Boldt/Röhsler*, § 2 Anm. 43; *Schelp/Herbst*, § 1 Anm. 49; **a. A.** *Dersch/Neumann*, § 2 Anm. 5; *Gamillscheg*, a. a. O. S. 293). Zu den Voraussetzungen der Anwendung des Art. 30 EGBGB vgl. *BGH* MDR 1961, 496. Zu weitgehend ist jedenfalls die Auffassung von *Dersch/Neumann*, § 2 Anm. 5, die Art. 30 EGBGB immer schon dann anwenden wollen, wenn der Urlaubsanspruch des Arbeitnehmers nach der vereinbarten ausländischen Rechtsordnung geringer ist als der des

§ 3. Man wird in derartigen Fällen nicht generell annehmen können, daß die Anwendung des ausländischen Rechts gegen die guten Sitten oder gegen den Zweck des deutschen Urlaubsrechts verstößt. Nicht jede zwingende Rechtsnorm des deutschen Rechts zählt zum ordre public. Mit Recht wird z.B. bei *Erman* (Art. 30 EGBGB Anm. 1) hervorgehoben, daß der Richter sich vor Augen halten sollte: Andere Länder, andere Sitten. Im Zweifel wäre danach Art. 30 EGBGB restriktiv auszulegen. Gewährt dagegen die vereinbarte ausländische Rechtsordnung **keinen** Anspruch auf Erholungsurlaub – was heute kaum vorkommen wird –, so dürfte die Anwendung des Art. 30 EGBGB angesichts der Bedeutung des Urlaubsanspruchs in unserer Rechtsordnung gerechtfertigt sein. Daran hat auch die Neufassung des Art. 30 EGBGB ab 1. 9. 1986 durch das Gesetz zur Neuregelung des IPR vom 25. 7. 1986 (BGBl. I/1142) nichts Wesentliches geändert.

7. Mittelbares Arbeitsverhältnis

27 Urlaubsansprüche erwerben auch die in einem **sog. mittelbaren Arbeitsverhältnis Beschäftigten**. Dabei handelt es sich um jene Fälle, in denen ein »Mittelsmann«, der selbst Arbeitnehmer eines Dritten ist, im eigenen Namen Hilfskräfte einstellt, die mit Wissen und Wollen des Dritten unmittelbar für diesen Arbeit leisten. Die Urlaubsansprüche richten sich zunächst gegen den »Mittelsmann«. Der Dritte haftet für Lohn- und auch für Urlaubsansprüche nur dann, wenn ein besonderer Verpflichtungsgrund besteht. Das kann eine Mithaftung neben dem »Mittelsmann« sein, aber auch eine Haftung auf Grund eines unmittelbaren Arbeitsverhältnisses (vgl. *BAG* AP Nr. 3 zu § 611 BGB Mittelbares Arbeitsverhältnis = DB 1959, 234; *Boldt/Röhsler*, § 2 Anm. 31 mit zahlreichen Beispielen).
Zum Problem der Arbeitnehmereigenschaft von **Franchisenehmern**: *BAG* EzA § 611 BGB Arbeitnehmerbegriff Nr. 32.

28 Bei **Akkordkolonnen** im Baugewerbe kann in aller Regel davon ausgegangen werden, daß ein unmittelbares Arbeitsverhältnis zum Bauunternehmer zustande kommt, selbst wenn der Kolonnenführer nach außen selbständig auftritt und Kolonnenmitglieder einstellt und entläßt. Ein wichtiges Indiz ist hier die Anmeldung zu den öffentlichen Kassen, die üblicherweise vom Bauunternehmer vorgenommen wird. Das gleiche gilt auch für eine **Musikkapelle**, die von einem Gaststättenbesitzer auf Grund eines Vertrages mit dem Kapellenleiter beschäftigt wird. Soweit beiderseitige Tarifgebundenheit besteht, legt § 2 des Bundesmanteltarifvertrages für Musiker durch eine Auslegungsregel die Arbeitgeberstellung des Betriebsinhabers fest.

8. Auszubildende, Schüler, Umschüler, Volontäre, Praktikanten

29 Arbeitnehmer sind die zu ihrer Berufsausbildung Beschäftigten. Dazu gehören alle **Ausbildungsverhältnisse** nach §§ 3ff. Berufsbildungsgesetz. Eine Sonderregelung für den Urlaub enthält das BBiG nicht. § 4 Abs. 1 Ziffer 7 BBiG bestimmt lediglich, daß die Dauer des Urlaubes im schriftlichen Berufsausbildungsvertrag aufzunehmen ist.

30 Eine **Krankenpflegeschülerin (Lernschwester)** steht ebenfalls in einem der

Berufsausbildung dienenden Beschäftigungs-, nicht etwa in einem Schulverhältnis (*BAG* AP Nr. 3 und 4 zu § 611 BGB Ausbildungsverhältnis; *BAG* AP Nr. 9 zu § 611 BGB Ausbildungsverhältnis = DB 1985, 1031 = NZA 1985, 560).
Dagegen hat das *BAG* AP Nr. 1 zu § 1 BBiG erkannt, daß Flugschüler, die von einem Luftfahrtunternehmen zur Ausbildung als spätere Flugzeugführer in eine Flugschule entsandt werden, sich in einem Schul-, nicht in einem Berufsausbildungsverhältnis befinden. Diese Entscheidung kann allgemein dahin interpretiert werden, daß sich ein Schulverhältnis vom Berufsausbildungsverhältnis dadurch unterscheidet, daß der Schüler theoretisch lernt, während ein Berufsausbildungsverhältnis auch eine praktisch verwertbare Arbeitsleistung für den Ausbildenden bringt.
So hat das *BAG* (AP Nr. 26 zu § 5 BetrVG 1972 = DB 1982, 606) Teilnehmer einer Ausbildung in der Schule eines Unternehmens, die als private Berufsfach- und Ersatzschule landesrechtlich anerkannt war, als Arbeitnehmer anerkannt. Das gleiche gilt für Ausbildungsverhältnisse, für die eine tarifliche Regelung einen geordneten Ausbildungsgang von mindestens zwei Jahren vorsehen, auch wenn es sich nicht um staatlich anerkannte Ausbildungsberufe nach §§ 25ff. BBiG handelt (*BAG* EzA § 78a BetrVG 1972 Nr. 11 = AP Nr. 10 zu § 78a BetrVG 1972 = DB 1984, 1786).

31 **Umschüler** sind Arbeitnehmer, wenn kein reines Schulverhältnis vorliegt. Insoweit regelt § 47 BBiG diese Umschulung, auch soweit sie in einem Arbeits- bzw. Berufsausbildungsverhältnis erfolgt.

32 **Volontäre** sind Arbeitnehmer. Für sie gilt § 19 BBiG. Sie haben Anspruch auf Vergütung (§ 10 BBiG), soweit sie berufliche Kenntnisse, Fertigkeiten und Erfahrungen erwerben sollen. Sie stehen damit in einem Berufsausbildungsverhältnis und fallen unter das BUrlG.

33 **Praktikanten** stehen entweder in einem Berufsausbildungsverhältnis oder haben einen Arbeitsvertrag abgeschlossen (*BAG* AP Nr. 2 zu § 21 KSchG 1951 = DB 1965, 1220). Sie haben Anspruch auf Urlaub wie jeder andere Arbeitnehmer.

9. Jugendliche, Schiffsbesatzungen, Soldaten

34 Für **Jugendliche** gilt § 19 JArbSchG. Die ergänzende Anwendung des BUrlG ist in § 19 Abs. 4 JArbSchG vorgesehen (siehe Anhang I. 4.). **Schiffsbesatzungen**, deren Urlaubsansprüche im Seemannsgesetz mit behandelt sind (Anhang I. 7. – Anm. 1ff.) und **Soldaten** sowie **Zivildienstpflichtige** haben eigene Regelungen.

35 Werden Arbeitnehmer zum Grundwehrdienst oder zum Zivildienst, zu Eignungsübungen oder zu einer Wehrübung einberufen, so entsteht die Frage der Gewährung oder Abgeltung des Urlaubs für die Zeit vor Antritt und nach Beendigung des Wehrdienstes (Zivildienst).

36 Nach § 4 Arbeitsplatzschutzgesetz (Anhang I. 1.) kann der Arbeitgeber den Erholungsurlaub für jeden vollen Kalendermonat, den der Arbeitnehmer **Grundwehrdienst** leistet, um ein Zwölftel kürzen. Auf Verlangen ist der Urlaub vor Antritt des Grundwehrdienstes, sonst nach dem Grundwehrdienst zu erteilen. Wird das Arbeitsverhältnis nach Ableistung des Grundwehrdienstes nicht fortgesetzt oder endet es vorher, so ist der Urlaubsanspruch abzugelten. Hat der Arbeitnehmer vor Antritt des Grundwehrdienstes mehr Urlaub erhalten als ihm nach dem

Gesagten zusteht, so kann der Arbeitgeber den Urlaub, der dem Arbeitnehmer nach seiner Entlassung aus dem Grundwehrdienst zusteht, um die zuviel gewährten Urlaubstage kürzen.

37 Wird der Arbeitnehmer zu einer **Wehrübung** einberufen, so hat das auf seinen Urlaubsanspruch keinen Einfluß. Nach § 4 Abs. 5 Arbeitsplatzschutzgesetz (Anhang I. 1.) hat der Arbeitgeber den Erholungsurlaub voll zu gewähren, d.h., die Zeit ist so zu bewerten, als wenn der Arbeitnehmer gearbeitet hätte. Auf Verlangen ist dem Arbeitnehmer der volle Urlaub vor Beginn der Wehrübung zu erteilen.

38 Der Erholungsurlaub ist nach § 10 Arbeitsplatzschutzgesetz auch voll zu gewähren, wenn der Arbeitnehmer im Anschluß an den vollen oder verkürzten Grundwehrdienst eine Wehrübung von drei Monaten freiwillig ableistet oder freiwillig im Kalenderjahr an einer Wehrübung teilnimmt, die nicht länger als sechs Wochen dauert.

39 Werden Arbeitnehmer zu **Eignungsübungen** einberufen, so wird der zu gewährende Urlaub auf die Streitkräfte und den Arbeitgeber aufgeteilt. Die Einzelheiten regelt die VO zum Eignungsübungsgesetz vom 15. 2. 1956 (BGBl. I S. 71) i.d.F. vom 10. 5. 1971 (BGBl. I S. 450). Nach § 1 dieser VO erhält der Arbeitnehmer, soweit er seinen Erholungsurlaub vor der Eignungsübung nicht bereits verbraucht hat, für jeden angefangenen Monat, den er bei den Streitkräften Dienst geleistet hat, ein Zwölftel des Urlaubs, der ihm auf Grund seines Arbeitsverhältnisses zusteht. Der Urlaub wird von den Streitkräften unter Fortzahlung der Dienstbezüge vor Entlassung gewährt oder abgegolten, falls eine Naturalgewährung z.B. wegen Entlassung auf eigenen Antrag nicht möglich ist.

40 Für Arbeitnehmer, die zum **Zivildienst** herangezogen werden, sind die für Soldaten geltenden Bestimmungen des Arbeitsplatzschutzgesetzes anzuwenden (§ 78 Zivildienstgesetz).

10. Job-Sharing-Arbeitsverhältnis

41 Job-Sharing bedeutet die Aufteilung eines oder mehrerer Vollzeitarbeitsverhältnisse auf eine Anzahl von Arbeitnehmern, die größer ist als die Anzahl der verfügbaren Arbeitsplätze (§ 5 BeschFG 1985). Zwei oder mehr Arbeitnehmer teilen sich einen Vollarbeitsplatz, es können aber auch drei Arbeitnehmer zwei Vollarbeitsplätze unter sich teilen usw. Dabei kann die Aufteilung nach rein zeitlichen Anteilen, aber auch nach Funktionen erfolgen.

42 Jeder Job-Sharer schließt mit dem Arbeitgeber einen Arbeitsvertrag, aus dem sich seine Rechte und Pflichten zu seinem Arbeitgeber ergeben. Zwischen den einzelnen Job-Sharern selbst bestehen keine vertraglichen Beziehungen. Das Recht, die Arbeitszeit untereinander aufzuteilen, steht im Verhältnis zum Arbeitgeber jedem Arbeitnehmer zu. Zwischen den Job-Sharern besteht eine tatsächliche Gemeinschaft. Trotz der Verpflichtung zur ganztätigen Besetzung des Arbeitsplatzes ist das Job-Sharing kein Gesamtschuldverhältnis im Sinne des § 421 BGB (mit überzeugender Begründung: *Eich* in der Beilage 9/82 zu DB Heft 17/ 1982; *Erman/Hanau*, § 611 BGB Rz. 312; *Danne*, GK-TzA Art. 1, § 5 BeschFG Rz. 100).

43 Das Job-Sharing wirft keine besonderen urlaubsrechtlichen Probleme auf. Der Urlaub muß in der Arbeitsperiode liegen. Die Dauer des Urlaubes richtet sich nach § 3 BUrlG oder den einschlägigen tariflichen Regelungen. Wie bei Teilzeitkräften zählen danach alle Werktage bzw. Arbeitstage als Urlaubstage, gleichgültig, ob der Job-Sharer an diesen Tagen zur Arbeit verpflichtet ist. Die Gewährung des Urlaubes unterliegt dem Direktionsrecht des Arbeitgebers. Daran ändert sich nichts dadurch, daß die einzelnen Job-Sharer das Recht auf Verteilung der Arbeitszeit untereinander haben. Allerdings darf der Arbeitgeber den Urlaub nur so bewilligen, daß der Urlaub in der jeweiligen Arbeitsperiode des Job-Sharers liegt. Die Berechnung des Urlaubsentgeltes erfolgt nach § 11 und bietet im Grundsatz keine Schwierigkeiten (vgl. dazu *Danne*, GK-TzA Art. 1, § 5 BeschFG Rz. 121–123).

11. Abstellung zu einer baugewerblichen Arbeitsgemeinschaft und Urlaub

44 Vor allem im Baugewerbe gibt es die besondere Form der Zusammenarbeit zwischen Unternehmern (Arbeitgebern) auf Zeit. Ihr Zweck erschöpft sich in der Durchführung eines oder mehrerer Bauvorhaben. Dabei stellen die Partner sowohl sachliche Betriebsmittel als auch Arbeitskräfte zur Verfügung. Diese Arbeitsgemeinschaften sind in ihrem Wesen vertragliche Zusammenschlüsse mehrerer Unternehmen mit gemeinschaftlichem Ziel und Zweck. Als rechtliche Gestaltungsformen bieten sich die Gesellschaft im Sinne der §§ 705ff. BGB, die Personenhandelsgesellschaft, die GmbH oder AG an. Die Regel ist die Bildung einer Gesellschaft bürgerlichen Rechts nach §§ 705 BGB.

45 Soweit sich die Gesellschafter der Arbeitsgemeinschaft verpflichten, Arbeitnehmer zur Verfügung zu stellen, kann das in zwei verschiedenen Formen geschehen: Es kann eine förmliche Abstellung zur Arbeitsgemeinschaft erfolgen oder der Arbeitnehmer kann nur abgeordnet werden. Die förmliche Abstellung vollzieht sich in zwei Stufen: Freistellung von Arbeitgeber für die Arbeitsgemeinschaft und gleichzeitig Begründung eines neuen Arbeitsverhältnisses mit ihr. Das Arbeitsverhältnis zum Stammarbeitgeber ruht für die Dauer der förmlichen Abstellung zur Arbeitsgemeinschaft.

46 Im Gegensatz zu dieser förmlichen Abstellung ist die Abordnung nur eine im Rahmen eines echten Leiharbeitsverhältnisses erfolgende Überlassung eines Arbeitnehmers an die Arbeitsgemeinschaft, die keine zusätzlichen arbeitsvertraglichen Beziehungen des Arbeitnehmers zur Arbeitsgemeinschaft auslösen will und soll. Bei der Abordnung können daher nur im Verhältnis zwischen dem abordnenden Arbeitgeber und dem Arbeitnehmer urlaubsrechtliche Fragen auftreten und geklärt werden. Zu dieser Abordnung im Rahmen einer Bauarbeitsgemeinschaft, die nicht der Erlaubnispflicht nach § 1 AÜG unterliegt, im einzelnen *Becker/Wulfgramm*, AÜG, Einleitung Anm. 29, § 1 Anm. 34a.

47 Die förmliche Freistellung im Baugewerbe ist in § 9 des üblicherweise allgemeinverbindlich erklärten Bundesrahmentarifvertrages für das Baugewerbe i.d.F. vom 3. 2. 1981, der für rentenversicherungspflichtige Arbeiter gilt, sowie in den entsprechenden – nicht allgemeinverbindlichen – Tarifverträgen für Poliere und Schachtmeister und Angestellten (ebenso § 9) geregelt.

48 Danach kann diese Freistellung nur mit Zustimmung des Arbeitnehmers erfolgen. Das Arbeitsverhältnis zum Stammbetrieb ruht und lebt mit Beendigung des Arbeitsverhältnisses zur Arbeitsgemeinschaft wieder auf. Mit der Arbeitsaufnahme bei der Arbeitsgemeinschaft tritt der Arbeitnehmer in ein Arbeitsverhältnis zu ihr.

49 Hinsichtlich der Urlaubsregelung haben die Tarifvertragsparteien von der Ermächtigung des § 13 Abs. 2 BUrlG Gebrauch gemacht. Sie haben für **baugewerbliche Arbeiter** in § 8 des Bundesrahmentarifvertrages Baugewerbe ein Urlaubskassensystem geschaffen. Aufgrund dieses Systems nimmt ein Arbeiter bei Arbeitsplatzwechsel in einem anderen baugewerblichen Betrieb sowohl die bereits entstandenen Urlaubsentgeltansprüche, die aus der Lohnnachweiskarte entnommen werden können, als auch die bereits zurückgelegten Tätigkeitszeiten mit (§ 9 Ziffer 2.1 BRTV-Bau). Der förmlich abgestellte Arbeiter kann danach seinen Urlaub und das Urlaubsentgelt in derselben Höhe und in gleicher Weise wie bei seinem Stammbetrieb gegen die Arbeitsgemeinschaft geltend machen.

50 Für die **Angestellten des Baugewerbes** fehlt eine gleichartige Regelung, wie sie für Arbeiter geschaffen ist. Die tarifliche Regelung in den beiden Angestelltentarifverträgen lehnt sich im wesentlichen an die gesetzlichen Bestimmungen des BUrlG an. Soweit das Arbeitsverhältnis eines Angestellten zur Arbeitsgemeinschaft unter die genannten Tarifverträge, die nicht allgemeinverbindlich sind, fällt, ändert die förmliche Freistellung im Ergebnis die urlaubsrechtliche Regelung nicht. Der Angestellte behält die tariflich ihm zustehenden Ansprüche auf Urlaub gegen die Arbeitsgemeinschaft in gleicher Weise wie gegen seinen Stammarbeitgeber.

51 Die urlaubsrechtliche Stellung nicht tarifgebundener Angestellter richtet sich, soweit eine einzelvertragliche Anwendung der Tarifnormen nicht vorliegt, nach den gesetzlichen Regelungen des BUrlG. Allerdings gilt es bei der förmlichen Freistellung zu einer Arbeitsgemeinschaft als entscheidenden Grundsatz zu beachten, daß der abgestellte Angestellte nicht schlechter gestellt werden darf, wie er ohne die Freistellung stehen würde. Urlaubsrechtlich hat das Einfluß auf die Zahlung des Urlaubsentgelts, eines zusätzlichen Urlaubsgeldes, der Berechnung der Urlaubsdauer und der Wartefrist, die in gleicher Weise gewährt und anerkannt werden müssen wie beim Stammbetrieb. Zu diesen Problemen im einzelnen *Knigge*, Abstellung von Arbeitnehmern an eine baugewerbliche Arbeitsgemeinschaft DB Beilage 4/82 zu Heft 7/82, der in Abschnitt III 2a auch zu der Frage Stellung nimmt, wie sich die Rechtslage bezüglich des Urlaubsanspruches nach Beendigung der förmlichen Abstellung darstellt.

IV. Arbeitnehmerähnliche Personen

1. Grundsatz

52 Der personelle Geltungsbereich des Gesetzes umfaßt auch die arbeitnehmerähnlichen Personen. Die Gleichstellung dieser Personengruppe mit den Arbeitnehmern rechtfertigt sich aus ihrer sozialen Schutzbedürftigkeit, die sich bei den arbeitnehmerähnlichen Personen aus ihrer wirtschaftlichen Unselbständigkeit ergibt.

53 Daher hat § 12a TVG i. d. F. des Heimarbeitsänderungsgesetzes vom 29. 10. 1974 (BGBl. I S. 2879) den Begriff der arbeitnehmerähnlichen Person gesetzlich definiert. Es sind »Personen, die wirtschaftlich abhängig und vergleichbar einem Arbeitnehmer sozial schutzbedürftig sind« (vgl. *Wiedemann/Stumpf*, TVG, § 12a Anm. 11ff.).

54 Der Urlaubsanspruch der arbeitnehmerähnlichen Personen hat den **gleichen In-**

halt wie der der Arbeitnehmer. Das BAG hat diese Konsequenz mit Recht aus dem Gesetz geschlossen, denn der Gesetzgeber wollte diesen Personenkreis gleichstellen, d.h. ihm Gelegenheit geben, sich in bezahlter Freizeit zu erholen. Würde man anders entscheiden, so könnte dies dazu führen, daß der Urlaub zu einem rein materiellen Vermögenswert würde. Insbesondere ist also die Abgeltung des Urlaubs vor einer Beendigung des Beschäftigungsverhältnisses unzulässig (vgl. *BAG* AP Nr. 1 zu § 7 BUrlG Urlaubsjahr = BB 1970, 80 = SAE 1970, 149).

2. Begriff

55 Während der Arbeitnehmer persönlich und in aller Regel auch wirtschaftlich abhängig ist, besteht bei der arbeitnehmerähnlichen Person nur die **wirtschaftliche Abhängigkeit**. Arbeitnehmerähnliche Person ist diejenige, die sich wirtschaftlich in ähnlicher Abhängigkeit vom Dienstberechtigten befindet wie ein Arbeitnehmer (*BAG* AP Nr. 1 zu § 5 ArbGG; *Nikisch*, Bd. I S. 135; *BAG* AP Nr. 2 und 7 zu § 5 ArbGG; *BAG* AP Nr. 3 zu § 611 BGB Abhängigkeit; *Borrmann*, § 2 Anm. 20; *Dersch/Neumann*, § 2 Anm. 67–72; *Schelp/Herbst*, § 2 Anm. 32; *Natzel*, § 2 Anm. 38f.; *Seidel*, BB 1970, 971; *Boldt/Röhsler*, § 2 Anm. 61ff.). Die Feststellung, ob jemand arbeitnehmerähnliche Person ist oder Arbeitnehmer, bereitet im Einzelfall oft große Schwierigkeiten. Die Frage tritt in urlaubsrechtlicher Hinsicht heute in den Hintergrund, weil beide Personengruppen unter den Geltungsbereich des Bundesurlaubsgesetzes fallen. Ebenso schwierig ist aber oft auch die Abgrenzung der arbeitnehmerähnlichen Person von selbständig Tätigen (vgl. dazu BGHZ 68, 127). Hier können allgemeingültige Regeln nicht aufgestellt werden. Es werden vielmehr stets die gesamten Umstände des Einzelfalles zu berücksichtigen sein. Dabei wird besonderes Gewicht zu legen sein auf die Verkehrsanschauung und die Auffassung beteiligter Berufskreise. Zutreffend ist schließlich auch die Auffassung der herrschenden Lehre und Rechtsprechung, daß der Begriff der arbeitnehmerähnlichen Person weit auszulegen ist (vgl. *BAG* AP Nr. 1 zu § 5 ArbGG; *Dersch/Neumann*, § 2 Anm. 72; *Dietz/Nikisch*, § 5 Anm. 58; *Dersch/Volkmar*, § 5 Anm. 66; *Grunsky*, ArbGG, 4. Aufl. Anm. 16ff.; *Stahlhacke*, ArbGG, 3. Aufl., § 5 Rz. 7). Das rechtfertigt sich aus dem Schutzcharakter des BUrlG. Die Rechtsprechung hat bei der Entscheidung, ob eine arbeitnehmerähnliche Person gegeben ist oder nicht, neben der **wirtschaftlichen Abhängigkeit** auch noch darauf abgestellt, ob die Person **dem Typ nach der eines Arbeitnehmers ähnele**. Es muß also die gleiche soziale Schutzbedürftigkeit vorliegen wie bei einem Arbeitnehmer (*BAG* EzA § 12a TVG Nr. 1 = NZA 1991, 239; *BAG* EzA § 5 ArbGG 1979 Nr. 7 = NZA 1991, 402). Dabei können die Tarifvertragsparteien diesen Begriff nicht über den gesetzlichen Begriff hinaus erweitern und damit weitere Personenkreise vor allem in den Geltungsbereich eines Tarifvertrages einbeziehen. Eine **soziale Schutzbedürftigkeit** ist nur anzunehmen, wenn das Maß der Abhängigkeit nach der Verkehrsanschauung einen solchen Grad erreicht, wie er im allgemeinen nur in einem Arbeitsverhältnis vorkommt und die geleisteten Dienste nach ihrer sozialen Typisierung mit denen eines Arbeitnehmers vergleichbar sind. Begründet wird dieses zusätzliche Moment aus der Verbindung der wirtschaftlich abhängigen Personen mit den zunächst im Gesetz (§ 5 ArbGG) genannten Gruppen der Heimarbeiter und der Gleichgestellten. Durch die Verbindung mit dem Wort »sowie« werde zum Ausdruck gebracht, daß die soziale Stellung der eines Arbeitnehmers ähneln müsse (vgl. *BAG* AP Nr. 2 zu § 717 ZPO). Ist eine für einen anderen tätige Person wirtschaftlich abhängig, also z.B. nur für sie tätig, was im Einzelfall meist nicht schwierig festzustellen ist, so muß noch weiter festgestellt werden, ob das **soziologische Merkmal** gegeben ist. Dieses wird wesentlich beeinflußt durch die Höhe der Bezüge. Das *BAG* hat 1956 bei einem als **Erfinder** Tätigen die Arbeitnehmerähnlichkeit bejaht, der 2000,– DM im Monat verdiente (AP Nr. 2 zu § 5 ArbGG). Andererseits hat es die Frage verneint für einen **als Berater Tätigen**, der ca. 6300,– DM pro Monat und weiter beträchtliche Garantieprovisionen erhielt. In dieser Entscheidung verweist das *BAG* auch auf die **Verkehrsanschauung** und darauf, daß der Kläger über erhebliches Vermögen verfüge (AP Nr. 2 zu § 717 ZPO). Darauf stellt das *BAG* auch in der Entscheidung AP Nr. 3 zu § 611 BGB Abhängigkeit ab. Darin wird die Arbeitnehmerähnlichkeit für einen **Handicapper** verneint, der 23.408,– DM verdiente, daneben aber noch eine Pension als Rittmeister in Höhe von DM 4800,– pro Jahr erhielt und beträchtliches Vermögen besaß. In dieser Entscheidung hat das BAG u.a. betont, der Kläger habe auch ohne seine Einkünfte als Handicapper auskömmlich leben können, notfalls durch zumutbaren Verkauf von Vermögensstücken. Das *LAG Bremen* hat in einer Entscheidung aus dem Jahre 1956 einen **Wirtschaftsprüfer** mit monatlichen Bezügen von DM 1750,– als arbeitnehmerähnliche Person angesehen (AP Nr. 3 zu § 5 ArbGG). Zieht man aus diesen Entscheidungen das Fazit, so hat die Verneinung der Arbeitnehmerähnlichkeit zur Voraussetzung, daß der Arbeitende ausreichenden Verdienst hat, um die Sicherheit, die der Arbeitnehmer durch eine Vielzahl von Regelungen genießt, aufzuwiegen. Ob man das mit *Seidel* (BB 1970, 973) an eine relativ starre Grenze binden kann – 50 v.H. Mehrverdienst als ein Festangestellter in gleicher Position – erscheint fraglich. Man wird sich schon mit einer Beurteilung aller Umstände des Falles abfinden müssen. Problematisch ist namentlich die Arbeitnehmerähnlichkeit der sog. **freien Mitarbeiter bei den Rundfunk- und Fernsehanstalten**. Vgl. diesbezüglich die Entscheidung des *BAG* vom 28. 6. 1973 (AP Nr. 2 zu § 2 BUrlG), in der die arbeitnehmerähnliche Stellung eines Nachrichtensprechers und Ansagers, der bei zwei Anstalten etwa 51.000,– DM im Jahr verdiente, verneint wurde. – Ein soziales Schutzbedürfnis besteht nicht bei einem **Rundfunkgebührenbeauftragten**, der über Umfang und Ablauf seines Arbeitseinsatzes selbst entscheiden kann, im Verlaufe eines Jahres 280.000,– DM verdienen kann und über anderweitige Einnahmen (Beamtenpension, Berufsunfähigkeitsrente) verfügt (*BAG* EzA § 12a TVG Nr. 1 = NZA 1991, 239).

3. Aus der Rechtsprechung

56 *BAG* AP Nr. 3 zu § 611 BGB Lehrer/Dozenten: **Lehrbeauftragte** an Hochschulen sind arbeitnehmerähnliche Personen. *BAG* AP Nr. 1 zu § 5 ArbGG: **Rote-Kreuz-Schwestern** sind weder Arbeitnehmer noch arbeitnehmerähnliche Personen. *BAG* AP Nr. 2 zu § 5 ArbGG: Ein **selbständiger Erfinder**, der das seine Erfindung auswertende Unternehmen berät, kann eine arbeitnehmerähnliche Person sein. *LAG Bremen* AP Nr. 3 zu § 5 ArbGG: Zu den Voraussetzungen, unter denen ein freiberuflich arbeitender **Wirtschaftsprüfer** arbeitnehmerähnliche Person sein kann. *BAG* AP Nr. 10 zu § 11 BUrlG: **Lizenzfußballspieler**. *ArbG Bremen* AP Nr. 4 zu § 5 ArbGG: **Diakonissen** einer evangelischen Diakonissenanstalt sind weder Arbeitnehmer noch arbeitnehmerähnliche Personen. *LAG Düsseldorf* AP Nr. 6 zu § 5 ArbGG: Zur Frage, ob ein **Toilettenpächter** arbeitnehmerähnliche Person ist (im konkreten Fall nach Lage des Falles verneint – dagegen *Dersch* in seiner Anm.). *BAG* AP Nr. 3 zu § 2 BUrlG: **Teilzeitbeschäftigter Student**, der in der Familien- und Heimpflege tätig ist, hat die Stellung einer arbeitnehmerähnlichen Person. **Freie Mitarbeiter von Rundfunk- und Fernsehanstalten**: *BAG* EzA § 5 ArbGG 1979 Nr. 5: Arbeitnehmerähnliche Person – **Lehrer an Volkshochschulen**: *LAG Düsseldorf* LAGE § 611 BGB Arbeitnehmerbegriff Nr. 17: Arbeitnehmer – **Pharma-Berater im Außendienst**: *LAG Hamm* LAGE § 611 BGB Arbeitnehmerbegriff Nr. 13 und 14 (Arbeitnehmereigenschaft bejaht) gegen *ArbG München* EzA § 611 BGB Arbeitnehmerbegriff Nr. 33 (arbeitnehmerähnliche Person) – **Franchisenehmer**: *BAG* EzA § 611 BGB Arbeitnehmerbegriff Nr. 32.

4. In Heimarbeit Beschäftigte

57 Für diese Gruppe der arbeitnehmerähnlichen Personen sieht das Gesetz in § 12 eine ausführliche Sonderregelung vor, auf deren Kommentierung hier verwiesen werden kann.

5. Handelsvertreter

58 In der Praxis häufen sich die Fälle, in denen Handelsvertreter wegen ihrer wirtschaftlichen Abhängigkeit vom Unternehmer als arbeitnehmerähnliche Personen anzusehen sind. Die Abgrenzung des Handelsvertreters, der arbeitnehmerähnliche Person ist, von den übrigen Handelsvertretern hat der Rechtsprechung in der Vergangenheit große Schwierigkeiten bereitet. Das Gesetz zur Änderung des HGB vom 6. 8. 1953 (BGBl. I S. 771) brachte hier eine wesentliche Klarstellung. Einmal dehnte es das Konkursvorrecht des § 61 Nr. 1 KO auf die sog. Einfirmenvertreter aus, die nicht mehr als durchschnittlich DM 500,– im Monat (auf Grund des § 5 Abs. 3 S. 1 ArbGG i. d. F. vom 2. 7. 1979 (BGBl. I S. 853) beträgt diese Grenze jetzt 2000,– DM) einschließlich Provision und Spesen erhalten und erledigte damit die gesamte Rechtsprechung des RAG zu diesem Problem, und zum anderen brachte es eine gesetzliche Definition des Handelsvertreters als Arbeitnehmer i. S. des ArbGG. Art. 3 Handelsvertretergesetz, der als lex specialis dem § 5 ArbGG 1953 vorging, bestimmte, daß Handelsvertreter nur dann als Arbeitnehmer i. S. des ArbGG gelten, wenn sie zum Personenkreis des § 92a HGB gehören (sog. Einfirmenvertreter) und im Durchschnitt nicht mehr als DM 500,– an Vergütung, Provision und Auslagenersatz erhalten. Damit war für die Praxis eine brauchbare Abgrenzung geschaffen, die Streitigkeiten über die Rechtsstellung und sachliche Zuständigkeit weitgehend ausschloß.

59 Leider läßt das BUrlG diese Klarheit in der Abgrenzung vermissen. Während z. B. das UrlG des Landes NRW auf Art. 3 des Handelsvertretergesetzes vom 6. 8. 1953 verwies, hat der Bundesgesetzgeber bewußt davon abgesehen. Er wollte die Abgrenzung nicht von einer starren Einkommensgrenze abhängig machen, sondern auch dann noch Handelsvertretern Urlaubsansprüche zubilligen, wenn sie nicht mehr von Art. 3 des Handelsvertretergesetzes – jetzt § 5 Abs. 2 ArbGG 1979 – erfaßt werden (vgl. Bericht des Ausschusses für Arbeit vom 30. 11. 1962 – Drucksache IV/785). Es entscheidet also auch bei Handelsvertretern allein die wirtschaftliche Abhängigkeit. Künftig kann also der Fall eintreten, daß ein Handelsvertreter zwar nicht mehr Arbeitnehmer i.S. des ArbGG ist, jedoch noch als Arbeitnehmer i.S. des BUrlG gilt. Das hat zur Folge, daß dieser Handelsvertreter seine Urlaubsansprüche vor den ordentlichen Gerichten einklagen muß, die sachlich zuständig sind. Dies wird von *Boldt/Röhsler* (§ 2 Anm. 65) mit Recht als eine Systemwidrigkeit bezeichnet, und es wäre wohl angezeigt, die gesetzliche Diskrepanz zu beseitigen, d.h., die Handelsvertreter sowohl im Urlaubsrecht wie auch im Prozeßrecht unter gleichen Voraussetzungen als arbeitnehmerähnliche Personen zu behandeln.

60 Bei Handelsvertretern ist also wie in allen sonstigen Fällen unter Berücksichtigung aller Umstände zu prüfen, ob wirtschaftliche Abhängigkeit besteht (wie hier im Ergebnis *Ludwig*, DB 1966, 1972; *Boldt/Röhsler*, § 2 Anm. 67).

61 Im Regelfall wird man davon ausgehen können, daß nur sog. Einfirmenvertreter im Sinne des § 92a HGB arbeitnehmerähnliche Personen sind. Denn ein Handelsvertreter, der für eine Reihe von Firmen tätig ist, ist wirtschaftlich in aller Regel unabhängig, weil er den Ausfall eines Unternehmens anders als ein Arbeitnehmer leicht übersteht, da er Ausfall durch Mehrarbeit im Rahmen der anderen Verträge ausgleichen kann. Immerhin sind aber Ausnahmen denkbar, z.B. bei einem Zweifirmenvertreter, der überwiegend für ein Unternehmen tätig ist und dessen Ausfall nicht ohne weiteres sofort ausgleichen kann. Für ihn wird eine Umstellung auf neue Unternehmer notwendig, die durchaus seine wirtschaftliche Abhängigkeit vom Hauptauftraggeber begründen kann (ebenso *Boldt/Röhsler*, § 2 Anm. 67).

62 Nachdem das Gesetz bewußt von der Bestimmung einer Einkommensgrenze abgesehen hat, kann auch nicht in Anlehnung an § 5 Abs. 3 ArbGG 1979 die Eigenschaft als arbeitnehmerähnliche Person festgestellt werden (so jetzt auch *Dersch/Neumann*, § 2 Anm. 76). Eine Anlehnung an die jährlich schwankende Pflichtversicherungsgrenze in der gesetzlichen Krankenversicherung (so *Dersch/Neumann*, § 2 Anm. 76) verbietet sich deswegen, weil diese sozialversicherungsrechtliche Regelung von anderen Kriterien ausgeht, als § 12a TVG und die vorliegende Rechtsprechung für arbeitnehmerähnliche Personen für diesen Begriff voraussetzen.

63 Der Gesetzgeber hat nämlich ganz bewußt eine Anlehnung an starre Einkommensgrenzen abgelehnt und durch die Übernahme der allgemeinen Definition der arbeitnehmerähnlichen Person eben jenen Begriff übernommen, den Rechtsprechung und Rechtslehre hierzu entwickelt haben (vgl. *Schelp*, DB 1963, 31; *Boldt/Röhsler*, § 2 Anm. 67). Mit dem Begriff der arbeitnehmerähnlichen Person sind auch hohe Einkünfte vereinbar (vgl. RAG 32, 221; *Nikisch*, Bd. I S. 140; *BAG* AP Nr. 2 zu § 5 ArbGG mit zust. Anm. von *Pohle*. Hier hat das BAG Einkünfte von DM 2000,– pro Monat als mit dem Begriff arbeitnehmerähnliche Person für vereinbar gehalten). Entscheidend ist darauf abzustellen, ob der wesentliche Teil der wirtschaftlichen Existenz des Handelsvertreters auf dem Vertrage mit einer einzigen Firma beruht. Stellt der Handelsvertreter den wesentlichen Teil seiner Arbeitskraft einem Unternehmen zur Verfügung, und gestaltet sich die Umstellung auf andere Auftraggeber damit besonders schwierig, so ist er wirtschaftlich abhängig und arbeitnehmerähnliche Person (vgl. *BAG* a.a.O.

i. V. m. RAG 32, 221). Diese Entscheidung hat im Urlaubsrecht heute noch Bedeutung). Der Kreis der Handelsvertreter, die nach § 2 arbeitnehmerähnliche Personen sind, ist also ziemlich groß, denn Handelsvertreter, die überwiegend für ein Unternehmen tätig werden und über hohe Einkünfte verfügen, werden in der Praxis nicht selten sein. Sie alle haben, sofern nach den Gesamtumständen unter Beachtung vorstehender Grundsätze ihre wirtschaftliche Abhängigkeit anzunehmen ist, einen unabdingbaren Mindesturlaubsanspruch.

V. Unabdingbarkeit

64 Von den Vorschriften über den gesetzlichen Geltungsbereich kann nach § 13 Abs. 1 S. 1 auch durch Tarifvertrag nicht abgewichen werden.

§ 3 Dauer des Urlaubs

(1) Der Urlaub beträgt jährlich mindestens 18 Werktage.
(2) Als Werktage gelten alle Kalendertage, die nicht Sonn- oder gesetzliche Feiertage sind.

Fassung des § 3 für die neuen Bundesländer und Ost-Berlin[1]):

»Der Urlaub beträgt jährlich mindestens 20 Arbeitstage.
Dabei ist von 5 Arbeitstagen je Woche auszugehen.«

[1]) Einigungsvertrag vom 31. 8. 1990 (BGBl. II S. 889, 1020 – Anlage I – Sachgebiet A – Abschnitt III – Ziffer 5)

Literatur

Bengelsdorf, Urlaubsdauer und Urlaubsvergütung bei ungleichmäßiger Verteilung der Arbeitszeit, DB 1988, 1161; *Brodbeck*, Urlaubsabgeltungsansprüche nach unwirksamer Kündigung und Suspendierung, BB 1969, 498; *Danne*, Urlaubsdauer bei unterschiedlicher Arbeitszeit, DB 1990, 1965; *Esche/Schwarz*, Zum geltenden Urlaubsrecht in den neuen Bundesländern, Arbeit und Arbeitsrecht, 1991, 29; *Gaul*, Urlaubsentgelt bei der 5-Tage-Woche, RdA 1960, 419; *Gumpert*, Zur Urlaubsvergütung bei Teilbeschäftigung, BB 1956, 375; *Haberkorn*, Gilt der arbeitsfreie Sonnabend in der 5-Tage-Woche als Urlaubstag, DB 1962, 538; *ders.*, Anrechnung der arbeitsfreien Samstage als Urlaubstag bei der Gewährung von Teilurlaub, ArbG 1965, 731; *Hunold*, Außertarifliche Vertragsverhältnisse und übertarifliche Vertragsbestandteile, Beilage 26/81 zu DB Heft 43/81; *Lörken*, Urlaub und Fünf-Tage-Woche, Dissertation Köln 1967; *Neumann*, Zusatz-Urlaub und Urlaubserhöhung, DB 1969, 441; *Siebel*, Auswirkungen von Arbeitszeitverkürzungen, ungleichmäßiger Arbeitszeitverteilung auf Wochentage und Urlaub sowie deren Bezahlung, BB 1987, 2222; *Steinwedel*, Zum Sonderurlaubsanspruch des Arbeitnehmers, DB 1966, 1275; *Worm*, Die urlaubsrechtliche Behandlung von Fehlzeiten, ArbuSozR 1965, 92; *Zeitlmann*, Darf die Kündigungszeit als Urlaubszeit angerechnet werden? MuA 1964, 128.

Inhaltsübersicht

I. Dauer des Mindesturlaubs

1 Ein Hauptanliegen bei der bundesgesetzlichen Regelung des Urlaubsrechts, das als sozialpolitischer Kern des Gesetzes angesprochen werden darf, war die Erhöhung des Mindesturlaubs. Die Urlaubsgesetze der Länder sahen durchweg einen Mindesturlaubsanspruch von 12 Tagen vor. Es herrschte Übereinstimmung, daß diese Mindesturlaubsdauer angemessen erhöht werden sollte, da die Erholungsbedürftigkeit des arbeitenden Menschen angesichts der Belastung in der modernen Industrie als Folge der fortschreitenden Technisierung und Automatisierung und des dadurch bedingten erhöhten Tempos der Arbeit größer geworden sei. Die beiden, den gesetzgebenden Körperschaften vorgelegten Entwürfe regelten die Dauer des Mindesturlaubs unterschiedlich. Der SPD-Entwurf sah generell einen Mindesturlaub von 18 Tagen vor, während der CDU-CSU-Entwurf von einem Mindesturlaub von 15 Tagen ausging, der sich nach fünfjähriger Betriebszugehörigkeit oder bei Erreichen des 35. Lebensjahres auf 18 Tage erhöhte. Die Ausschußmehrheit hatte schließlich den gestaffelten Mindesturlaubsanspruch nach dem Lebensalter übernommen. Dabei ging sie davon aus, daß das Problem des Mindesturlaubs im Zusammenhang mit dem Problem der Arbeitszeitverkürzung gesehen werden müsse. Die Mehrheit des Ausschusses für Arbeit war der Auffassung, daß, allgemein gesehen, dem berechtigten Schutzbedürfnis der Arbeitnehmer mit der gestaffelten Erhöhung des Mindesturlaubsanspruchs, der auch Gesetz geworden ist, Rechnung getragen würde (vgl. Schriftl. Bericht des Ausschusses für Arbeit vom 30. 11. 1962 – Drucksache IV/785 –). Überall dort, wo sich im Arbeitsleben ein Bedürfnis für einen längeren Urlaub zeige, sollte es entsprechend dem Grundsatz der Tarifautonomie den Tarifvertragsparteien überlassen bleiben, die den besonderen Verhältnissen Rechnung tragende Urlaubsregelung zu schaffen.

2 Erst die Neufassung des § 3 BUrlG durch das Heimarbeitsänderungsgesetz vom 29. 10. 1974 (BGBl. I S. 2879) brachte eine einheitliche Festsetzung des Mindesturlaubs auf **18 Werktage**. Damit wurde die Voraussetzung für die Ratifizierung des Übereinkommens Nr. 132 der IAO in seiner Neufassung 1970 geschaffen. Darin war der Grundsatz eines bezahlten Mindesturlaubs von 3 Wochen während eines Dienstjahres aufgestellt. Nachdem das BUrlG im Hinblick auf dieses Übereinkommen 132 geändert worden war und auch das JArbSchG vom 12. 4. 1976 (BGBl. I S. 965) diesem Übereinkommen entspricht, wurde es im Gesetz vom 30. 4. 1975 (BGBl. II S. 745) ratifiziert. Es ist am 1. 10. 1976 in Kraft getreten (BGBl. II S. 2205).

II. Mindesturlaubsdauer

3 § 3 Abs. 1 stellt fest, daß jeder Arbeitnehmer einen **Mindestanspruch von wenigstens 18 Werktagen** im Jahr hat. Diese Mindesturlaubsregelung ist unabdingbar.

4 Dennoch kann sich im Einzelfall im Urlaubsjahr (Kalenderjahr) ein geringerer Urlaubsanspruch ergeben. Das folgt unter Umständen beim Arbeitsplatzwechsel im Rahmen des § 5 daraus, daß der Arbeitnehmer gegen einen Arbeitgeber nur einen Anspruch auf Teilurlaub erwirbt. Wer nur vorübergehend während des Urlaubsjahres Arbeitnehmer ist, kann wegen Nichterfüllung der Wartezeit nur einen anteiligen Urlaubsanspruch geltend machen (§ 5 Abs. 1 Buchstabe b – siehe § 5 Anm. 9ff.).

Der Einwand des Rechtsmißbrauches wegen langer Ausfallzeiten durch Krankheit im Urlaubsjahr kann der Geltendmachung des vollen Urlaubsanspruches seit dem 28. 1. 1982 nicht mehr entgegengesetzt werden (§ 1 Anm. 115ff.). Allerdings ist die Geltendmachung des Urlaubsanspruches auf den Übertragungszeitraum bis 31. 3. des Folgejahres beschränkt (§ 7 Abs. 3 S. 2 – Anm. 125).

III. Berechnung der Urlaubsdauer

5 Das Gesetz hat für das Gebiet der **alten Bundesländer** die Dauer des Urlaubs nach Werktagen bestimmt. Um jeden Zweifel auszuschalten, die in der Vergangenheit bei der Einordnung des freien Samstags aufgetaucht sind, hat der Gesetzgeber in

§ 3 Abs. 2 den Begriff des Werktages noch ausdrücklich dahin definiert, daß als **Werktage alle Kalendertage gelten, die nicht Sonn- oder gesetzliche Feiertage sind**. Regelung für die **neuen Bundesländer** und Berlin-Ost: Anm. 66f.

1. Werktage

6 Jeder Kalendertag, der nicht Sonn- oder gesetzlicher Feiertag ist, zählt als Urlaubstag.

a) Bezahlte freie Tage und Urlaubsdauer

7 In zahlreichen Tarifverträgen werden den Arbeitnehmern bei besonderen Anlässen bezahlte freie Tage gewährt, z. B. bei der **Eheschließung, Niederkunft der Ehefrau, Todesfällen**. Fällt das Ereignis in den Erholungsurlaub, so verlängert sich dieser nicht um die im Tarifvertrag bestimmte Anzahl von Tagen. Regelmäßig stellen die Tarifverträge auf die tatsächliche Arbeitsverhinderung ab, für die dem Arbeitnehmer der Verdienstausfall gezahlt wird. Die Tarifvertragsparteien gehen davon aus, daß der Arbeitnehmer durch die im Tarifvertrag bestimmten Ereignisse in einem nicht genau zu bestimmenden Umfang an der Verrichtung seiner Dienstleistung gehindert ist. Der Umfang wird im Tarifvertrag pauschaliert. Erleidet der Arbeitnehmer durch die zu erledigenden Handlungen oder Besorgungen keinen Verdienstausfall, weil er Urlaub hat, so greift der Tarifvertrag nicht Platz, d. h. der Urlaub wird nicht verlängert. Der Arbeitnehmer muß also die Erledigung in seiner Urlaubszeit vornehmen. Das gilt aber dann nicht, wenn der Tarifvertrag dem Arbeitnehmer aus Anlaß der im Tarifvertrag aufgeführten Ereignisse Sonderurlaub gewährt. Dann verlängert sich der Urlaub um die Anzahl der im Tarifvertrag gewährten Sonderurlaubstage. Ob das eine oder andere der Fall ist, kann nur durch Auslegung des Tarifvertrages ermittelt werden. Angesichts der heute noch bestehenden Tarifübung wird man Sonderurlaub nur dann annehmen können, wenn hierfür eindeutige Umstände sprechen (vgl. auch *LAG Düsseldorf* BB 1963, 516).

8 Die vorstehend erörterten Fragen sind in den letzten Jahren vielfach Gegenstand gerichtlicher Entscheidungen gewesen. Auch in der Literatur sind sie unter dem Stichwort **»Gewährung von Nachurlaub«** vielfach erörtert worden (vgl. *Steinwedel*, DB 1966, 1275; *Boldt/Röhsler*, § 3 Anm. 32ff.; *Nikisch*, Anm. AP Nr. 1 zu § 1 BUrlG; *Sahmer*, Anm. AP Nr. 1 zu § 12 ArbPlSchG). Das BAG hat entschieden, daß dem Arbeitnehmer ein Tag Nachurlaub gewährt werden muß, wenn der Musterungstag in den Urlaub fällt, und der Arbeitnehmer einschließlich Zu- und Abgang dadurch 6 Stunden in Anspruch genommen wird (*BAG* AP Nr. 1 zu § 12 ArbPlSchG = BB 1963, 1337 = DB 1963, 1579 = SAE 1964, 105). Kein Nachurlaub dagegen braucht im Falle der Niederkunft der Ehefrau gewährt zu werden, wenn diese in den Urlaub fällt und dem Arbeitnehmer nach Tarif zwei Tage Arbeitsbefreiung zustehen (vgl. *BAG* AP Nr. 91 zu § 611 BGB Urlaubsrecht mit Anm. von *Nikisch* = BB 1963, 139 = DB 1963, 1579). Eine weitere Entscheidung des BAG lehnt schließlich den Nachurlaub in allen Fällen ab, **in denen in den Urlaub ein familiäres Ereignis fällt, durch das der Erholungszweck beeinträchtigt werden könnte**, z. B. Teilnahme an der Beerdigung des Vaters (*BAG* AP Nr. 1 zu § 1 BUrlG Nachurlaub = BB 1966, 369 = DB 1966, 427 = SAE 1966, 184 und schon vorher in derselben Sache *LAG Hamm* BB 1965, 1189).
Vgl. zu diesen Fragen ausführlich § 1 Anm. 32ff.

b) Schlechtwettertage

9 Liegen im Urlaub **Schlechtwettertage**, so wird die Dauer des Erholungsurlaubs dadurch nicht beeinträchtigt. Der Arbeitgeber ist also nicht etwa verpflichtet, Nachurlaub zu gewähren, selbst wenn das Wetter im Urlaub so schlecht gewesen ist, daß der Arbeitnehmer das Haus wegen wolkenbruchartiger Regenfälle nicht verlassen konnte. Vgl. zu diesem Problemkreis ausführlich *Neumann*, DB 1965, 1667.

c) Freie Tage der Belegschaft und Urlaubsdauer

10 Liegt im Urlaub eines Arbeitnehmers ein Werktag, an dem die gesamte Belegschaft seines Betriebes bezahlte oder unbezahlte Freizeit erhält, so wird dieser Tag auf den Erholungsurlaub grundsätzlich angerechnet. Das gilt z. B. für **Volksfeste** wie **Rosenmontag** und **Schützenfest, für staatlich geschützte Feiertage**, an denen die Belegschaft von der Arbeit befreit wird, wie dies vielfach in ländlichen Gegenden üblich ist und für Jubiläumsfeste der Firma (vgl. dazu auch *Boldt/Röhsler*, § 3 Anm. 23). Bei Firmenjubiläen wird Freizeit gewährt, damit der Tag festlich begangen werden kann. Aus diesem Grunde soll an diesem Tage jede Arbeit im Betrieb ruhen. In aller Regel finden auch gemeinsame Feierstunden oder Festakte statt. Für diejenigen Personen, die Urlaub haben, kommt eine Arbeitsruhe nicht in Betracht. Anlaß und Grund der Freizeitgewährung treffen daher für die Arbeitnehmer, die sich im Urlaub befinden, nicht zu. Eine andere Beurteilung ist nur dann gerechtfertigt, wenn die Firma aus Anlaß des Jubiläums Sonderurlaub gewährt. Dann verlängert sich der Erholungsurlaub entsprechend. Das ist aber nur anzunehmen, wenn entsprechende Anhaltspunkte vorhanden sind (wie hier *Maus*, Urlaubsrecht, Anm. 133; *Natzel*, § 3 Anm. 32, 28; *Schmelzer*, Urlaubsrecht, Anm. 25, 27; *Boldt/Röhsler*, § 3 Anm. 40; **a. A.** *Dersch/Neumann*, § 3 Anm. 37, die alle arbeitsfreien Tage nicht in den Urlaub einrechnen wollen).

Ausgeschlossen ist dagegen – auch nicht durch eine vorherige Erklärung des Arbeitgebers – die Anrechnung des Tages, an dem der **Betriebsausflug** veranstaltet wird. Jeder Arbeitnehmer kann frei entscheiden, ob er an einem Betriebsausflug teilnehmen will oder nicht. Unzulässig ist daher die vorherige Ankündigung des Arbeitgebers, er werde allen am Betriebsausflug nicht teilnehmenden Mitarbeitern diesen Tag auf den Erholungsurlaub anrechnen (*BAG* AP Nr. 5 zu § 7 BUrlG mit zust. Anm. von *Löwisch/Friedrich* = BB 1971, 220 = DB 1971, 295). Das gilt auch wenn die Anrechnung in einer Betriebsvereinbarung/Dienstvereinbarung festgelegt wäre. Eine nachträgliche Anrechnung des Tages ist ohnehin nicht möglich (*BAG* AP Nr. 2 zu § 611 BGB Urlaub und Kur = DB 1964, 1744; *BAG* AP Nr. 1 zu § 10 BUrlG Kur = BB 1966, 209 = DB 1965, 1863).

11 Kann während des Urlaubs aus betrieblichen Gründen nicht gearbeitet werden, und hat der Arbeitgeber die Ausfalltage nach den Grundsätzen der Sphärentheorie zu vergüten, so hat das auf die Dauer des Erholungsurlaubs keinen Einfluß. Diese Tage sind, auch wenn die gesamte Belegschaft frei hat, in den Urlaub einzurechnen.

12 Das gilt auch für die sog. **Feierschichten im Steinkohlenbergbau** (vgl. *ArbG Hamm* DB 1962, 136 und *BAG* AP Nr. 95 zu § 611 BGB Urlaubsrecht = BB 1964, 966 = DB 1964, 1559).

d) Kurzarbeit

13 Wird im Betrieb während des Urlaubs eines Arbeitnehmers **Kurzarbeit** eingeführt, und fallen ganze Arbeitstage aus, so sind diese Werktage auf den Erholungsurlaub anzurechnen. Diese Tage sind also Werktagen gleichzusetzen, nicht etwa Sonn- oder gesetzlichen Feiertagen. Zur Urlaubsentgeltberechnung bei Kurzarbeit vgl. § 11 Anm. 48ff. (wie hier *Boldt/Röhsler*, § 3 Anm. 50; *Dersch/Neumann*, § 3 Anm. 48).

e) Teilbeschäftigung – Doppelarbeitsverhältnis

14 Arbeitet ein Arbeitnehmer nur an drei Tagen der Woche (**Teilbeschäftigung**), so werden nicht nur die Werktage auf den Urlaub angerechnet, an denen der Arbeitnehmer gearbeitet hätte, sondern alle Werktage, d.h. auch diejenigen, die für den Arbeitnehmer ständig arbeitsfrei sind. Steht der Arbeitnehmer in einem sog. **Doppelarbeitsverhältnis**, so hat er jedem Arbeitgeber gegenüber einen Anspruch auf den vollen, bezahlten Erholungsurlaub (vgl. § 1 Anm. 56).

f) Streiktage

15 **Streiktage können auf den Erholungsurlaub nicht angerechnet werden**. Dabei ist ohne Bedeutung, ob es sich um einen legitimen oder illegitimen Streik handelt. Ebensowenig verlieren die Arbeitnehmer einen schon vor dem Streik entstandenen Urlaubsanspruch (*BAG* AP Nr. 4 zu Art. 9 GG). Der streikende Arbeitnehmer kann allerdings während des Streiks weder Urlaub noch Urlaubsentgelt noch Abgeltung des bis zum Streikbeginn entstandenen Urlaubsanspruchs verlangen (vgl. dazu § 1 Anm. 147).

16 Eine Unterbrechung des **bereits bewilligten Urlaubes** tritt während eines Streikes nicht ein. Der Arbeitgeber ist daher zur Fortzahlung des Urlaubsentgeltes für die während der Streiktage in Urlaub befindlichen Arbeitnehmer verpflichtet (*BAG* EzA § 1 BUrlG Nr. 18 = AP Nr. 16 zu § 1 BUrlG = BB 1982, 993 = DB 1982, 1328).

17 Nach Streikende und Wiedereinstellung des Arbeitnehmers kann der Urlaub auch nicht anteilmäßig um die Dauer des Streiks nach dem Zwölftelungsprinzip verkürzt werden. Denn das Arbeitsverhältnis besteht während des Streiks fort. Bei langandauernden Streiks kann der Urlaubsforderung nicht mehr der Einwand der Arglist entgegengehalten werden (dazu § 1 Anm. 147, 148).

18 Selbst im Falle einer nur ausnahmsweise zulässigen **lösenden Aussperrung** (vgl. § 1 Anm. 150) bleiben dem Arbeitnehmer die Urlaubsansprüche ungekürzt erhalten; denn er muß nach Beendigung des Streiks im allgemeinen wieder eingestellt werden (*BAG* EzA Art. 9 GG Nr. 6 = AP Nr. 43 zu Art. 9 GG Arbeitskampf). Damit leben alle Rechte, die während des Arbeitskampfes nicht abgewickelt wurden, wieder auf.

g) Freizeit und Abrufbereitschaft

19 Stellt der Arbeitgeber den Arbeitnehmer unter Abrufbereitschaft von der Arbeit frei, so wird der Urlaubsanspruch dadurch nicht erfüllt. Die jederzeitige Dienstbereitschaft ist mit dem Wesen des Urlaubs unvereinbar (*LAG Stuttgart* BB 1956, 691 und *Dersch/Neumann*, § 1 Anm. 54).

20 Zeiten, in denen der Arbeitnehmer **suspendiert** gewesen ist, können nachträglich nicht auf den Urlaub angerechnet werden (*LAG Berlin* DB 1970, 2327; *LAG Frankfurt*, AR-Blattei, Urlaub, Entsch. 204). In diesen Fällen fehlt die notwendi-

ge vorherige Erklärung des Arbeitgebers, der Arbeitnehmer solle in dieser Zeit seinen Urlaub nehmen (vgl. hierzu auch § 1 Anm. 136). Das gilt auch, wenn der Arbeitnehmer wegen **ungewöhnlicher Naturereignisse** (Hochwasser, Erdrutsch, Schneefall) nicht rechtzeitig aus dem Urlaub zurückkehren konnte (*ArbG Marburg* BB 1980, 469).

21 Kündigt der Arbeitgeber das Arbeitsverhältnis fristgerecht auf und stellt er den Arbeitnehmer sofort von der Arbeit frei, so kann das Urlaubsabgeltungsverlangen des Arbeitnehmers rechtsmißbräuchlich sein, wenn der Arbeitnehmer mit Sicherheit nicht mehr damit zu rechnen brauchte, der Arbeitgeber riefe ihn an den Arbeitsplatz zurück (vgl. *BAG* AP Nr. 3 zu § 7 BUrlG Abgeltung mit Anm. *Herschel* = BB 1969, 273 = DB 1969, 355). Zum Rechtsmißbrauch vgl. § 1 Anm. 112ff.

h) Werksbeurlaubung

22 Die sog. Werksbeurlaubung erfüllt den Urlaubsanspruch im Grundsatz nicht. Es ist aber möglich, daß der Urlaub durch Betriebsferien (dazu § 7 Anm. 77ff.) in diese Zeit gelegt wird. Ebenso sind einzelvertragliche Vereinbarungen denkbar, daß Zeiten einer Werksbeurlaubung als Urlaub gelten sollen (vgl. *Dersch/Neumann*, § 3 Anm. 51; *Boldt/Röhsler*, § 3 Anm. 45–54).

2. Feiertage

23 **Gesetzliche Feiertage werden nach § 3 Abs. 2 nicht auf den Urlaub angerechnet.** An ihrer Stelle ist also ein weiterer freier Tag zu gewähren (*Dersch/Neumann*, § 3 Anm. 27; *Boldt/Röhsler*, § 3 Anm. 19ff.; *Gumpert*, BB 1956, 244). Sind neben diesen gesetzlichen Feiertagen noch staatlich geschützte Feiertage nach den Feiertagsgesetzen der Länder vorgesehen, werden diese urlaubsrechtlich als Werktage behandelt. Die Wochenfeiertage sind auch im Urlaub nach dem Lohnausfallprinzip nach § 1 FeiertagslohnzG zu bezahlen, selbst wenn für das Urlaubsentgelt eine andere Berechnungsart gilt (*BAG* AP Nr. 15 zu § 1 FeiertagslohnzG = BB 1963, 858 = DB 1963, 999 = SAE 1963, 202 mit Anm. von *Herschel*; *Dersch/Neumann*, § 3 Anm. 27; *Natzel*, § 3 Anm. 17). Dieses Ergebnis ändert sich auch dann nicht, wenn im Betrieb an einem solchen Tag aus besonderen Gründen gearbeitet wird, etwa wegen Notfällen oder im Gaststätten-, Verkehrs- oder Beherbergungsgewerbe oder bei durchgehender Schichtarbeit (vgl. *Borrmann*, § 3 Anm. 4). Eine Anrechnung kann auch nicht durch Vereinbarung erzielt werden, weil sonst der gesetzliche Mindesturlaub verkürzt werden würde. *Schelp/Herbst* § 3 Anm. 18 wollen von diesem Grundsatz dann eine Ausnahme machen, wenn der Arbeitnehmer zur Feiertagsarbeit eingeteilt war und für diese Zeit dann Urlaub nimmt. Hier wird eine Anrechnung für zulässig gehalten, wenn für diesen Tag Urlaubsentgelt gezahlt wird und dem Arbeitnehmer ein freier Wochentag gewährt wird, falls ein solcher zum Ausgleich der Feiertagsarbeit vorgesehen ist (vgl. dazu auch *LAG Bremen* DB 1960, 211; *BAG* AP Nr. 94 zu § 611 BGB Urlaubsrecht und die gegenteilige Auffassung von *Dersch/Neumann*, § 3 Anm. 27).

24 Wird im Betrieb durchgearbeitet, **sog. durchlaufende Arbeitsweise**, so wird der Sonn- und Feiertag dadurch nicht etwa zum Werktag im Sinne des Urlaubsrechts, weil an ihm gearbeitet wird. Sie sind auch hier nicht auf den Urlaub anzurechnen. Andererseits werden solche Werktage angerechnet, an denen der Arbeitnehmer nach dem Schichtplan arbeitsfrei hätte, die also für ihn die »Funktion des Sonntags haben«. Um eine Manipulation zu verhindern, können Betriebsvereinbarungen bestimmen, daß im Urlaub so viele arbeitsfreie Werktage als Urlaubstage angerechnet werden müssen, wie sich der Anteil der arbeitsfreien Werktage an den Werktagen insgesamt stellt. Es handelt sich hier um ein ähnliches Problem, wie es sich in der normalen Fünf-Tage-Woche bei der Anrechnung der arbeitsfreien Samstage ergibt. Das ergibt folgende Berechnungsweise: Hat ein Arbeitnehmer nach dem Schichtplan 6 arbeitsfreie Werktage in einem 4-Wochen-Rhythmus, so ergibt sich z. B. bei einem Teilurlaub von 12 Tagen folgende Rechnung: 12 x 6 : 24 (4 Wochen x 6 Tage) = 3 Tage. Der Arbeitnehmer muß sich somit drei arbeitsfreie Tage anrechnen lassen. Zur Erfüllung seines Urlaubsanspruchs von 12 Werktagen ist er also noch an 9 Werktagen, an denen er schichtplanmäßig zu arbeiten hätte, von der Arbeit freizustellen. Hat ein Arbeitnehmer in einem 10-Wochen-Rhythmus schichtplanmäßig 6 arbeitsfreie Werktage, so ergibt sich bei 12 Urlaubstagen folgende Berechnung: 12 x 6 : 60 (10 Wochen x 6 Tage) = 1 Tag. Anzurechnen ist also 1 Tag, so daß er noch an weiteren 11 Tagen, an denen er nach dem Schichtplan zu arbeiten hätte, von der Arbeit freizustellen ist.

25 Wochenfeiertage sind auch dann nicht auf den Urlaub anzurechnen, wenn sie in der 5-Tage-Woche mit 40 Arbeitsstunden auf den arbeitsfreien Samstag fallen, also für den Wochenfeiertag kein Lohn zu zahlen wäre (*Boldt/Röhsler*, § 3 Anm. 26; *Dersch/Neumann*, § 3 Anm. 28). Normalerweise ist der arbeitsfreie Samstag auf den Urlaub anzurechnen (vgl. dazu unten Anm. 32). Das BAG begründet die Nichtanrechnung des auf den arbeitsfreien Samstag fallenden Feiertags mit dem Hinweis, der Arbeitnehmer könne an den gewöhnlichen arbeitsfreien Samstagen viele persönliche Angelegenheiten erledigen. Das gehe aber nicht, wenn auf den Samstag ein Feiertag falle, da z.B. alle Geschäfte geschlossen hätten. Deshalb könne der arbeitsfreie Samstag, auf den ein Feiertag falle, nicht wie ein gewöhnlicher arbeitsfreier Samstag behandelt werden. Daß dadurch der beurlaubte Arbeitnehmer gegenüber dem Arbeitnehmer, der zu arbeiten habe, einen kleinen Vorteil genieße, lasse sich nicht vermeiden (*BAG* AP Nr. 1 zu § 611 BGB Urlaub und Fünf-Tage-Woche mit Anm. von *Nikisch* = BB 1963, 603 = DB 1963, 698 = SAE 1964, 101 mit Anm. von *Zöllner* = ArbuR 1963, 129 mit Anm. von *Herschel*; *BAG* AP Nr. 7 zu § 611 BGB Urlaub und Fünf-Tage-Woche = BB 1963, 1260 = DB 1963, 1542). Die Entscheidung des BAG ist de lege lata kaum anfechtbar. Soweit sie in der Literatur kritisch besprochen worden ist, richten sich die Bedenken mehr gegen die Begründung und hier insbesondere gegen den Grundsatz, der arbeitsfreie Samstag sei nur infolge der verlegten Arbeitszeit frei und daher an sich gar kein echter Ruhetag, weil vorgearbeitet wird. Das ist in der Tat mindestens im Bewußtsein der Arbeitnehmer zweifelhaft, indem der arbeitsfreie Samstag längst ein richtiger Ruhetag ist. Kein Arbeitnehmer hat wohl heute noch das Gefühl, er arbeite den Samstag vor. Aber angesichts des Gesetzeswortlauts ist am Ergebnis heute nicht zu zweifeln.

26 In diesem Zusammenhang ergibt sich ein weiteres Problem. Fraglich ist, welchen Tag der Arbeitgeber als Urlaubstag nachzugewähren hat, wenn ein Feiertag auf den Samstag fällt. Kann er dann den nachzugewährenden Urlaubstag ebenfalls auf einen Samstag legen? Das BAG hat diese Frage verneint mit dem Hinweis, der nachzugewährende Urlaubstag müsse auf einen Werktag gelegt werden, an dem gearbeitet werde, weil andernfalls ein Ergebnis erzielt werde, das am Ende doch auf eine Anrechnung des gesetzlichen Feiertags hinausliefe (*BAG* AP Nr. 2

zu § 611 BGB Urlaub und Fünf-Tage-Woche mit Anm. von *Nikisch* = BB 1963, 516 und 604 = DB 1963, 699 = SAE 1964, 101 mit Anm. von *Zöllner; Dersch/Neumann*, § 3 Anm. 28). Dem wird man im Grundsatz zuzustimmen haben. Hätte der Arbeitgeber den Urlaub von Anfang an zutreffend berechnet und gewährt, so würde er in aller Regel den weiteren Tag auch nicht an einem arbeitsfreien Samstag gewährt haben, weil der Urlaub ja zusammenhängend zu gewähren ist. Das kann anders zu beurteilen sein, wenn bei zusammenhängender Urlaubsgewährung der weitere Urlaubstag gerade auf einen arbeitsfreien Samstag gefallen wäre. Dann muß dem Arbeitgeber ermöglicht werden, den einen Tag auch später auf einen arbeitsfreien Samstag zu gewähren. Andernfalls würde der Arbeitnehmer einen nicht gerechtfertigten Vorteil haben. Das *BAG* (AP Nr. 3 zu § 611 BGB Urlaub und Fünf-Tage-Woche) hat in Abweichung von seiner früheren Entscheidung stillschweigend gebilligt, daß der zusätzliche Urlaubstag, weil ein Wochenfeiertag in den Urlaub fiel, auch auf einen sich an den letzten Urlaubstag anschließenden arbeitsfreien Samstag gelegt wurde. Das spricht für den oben vertretenen Standpunkt, daß auch bei einer späteren Nachgewährung so verfahren werden kann.

27 Der Wochenfeiertag ist im übrigen im Urlaubsrecht nicht schlechthin unbeachtlich. Bestimmt ein Tarifvertrag, daß einem Arbeitnehmer für einen angebrochenen Beschäftigungsmonat dann ein Urlaubsanspruch zusteht, wenn er mehr als die Hälfte gearbeitet hat, so zählen Feiertage mit (vgl. *BAG* AP Nr. 73 zu § 611 BGB Urlaubsrecht = DB 1960, 880).

a) Interlokales Kollisionsrecht

28 Das Feiertagsrecht ist heute in Ländergesetzen geregelt. Daneben ist der 3. Oktober durch Bundesgesetz (Einigungsvertrag vom 31. 8. 1990 (BGBl. II S. 889) – dort Art. 2 Abs. 2) zum gesetzlichen Feiertag erklärt worden. Damit entfällt ab diesem Zeitpunkt der 17. Juli (eingeführt durch Bundesgesetz vom 4. 8. 1953 (BGB. I S. 778) als gesetzlicher Feiertag.

Infolge der zum Teil unterschiedlichen Feiertagsregelung in den einzelnen Bundesländern kann im Einzelfall zweifelhaft sein, welches Feiertagsgesetz anzuwenden ist, das des Betriebssitzes oder das des Beschäftigungsortes. Maßgebend sind hier die Grundsätze des interlokalen Kollisionsrechts.

29 Entscheidend ist auf den sog. Sitz des Arbeitsverhältnisses abzustellen, der regelmäßig mit dem Sitz des Betriebs identisch ist (*Boldt/Röhsler*, § 3 Anm. 24; *Dersch/Neumann*, § 3 Anm. 25; *Schaub*, S. 570). Wird ein Arbeitnehmer als Montagearbeiter beschäftigt, so ist auf das Recht des Betriebssitzes abzustellen (*LAG Stuttgart* AP Nr. 1 zu Interlokales Privatrecht – Arbeitsrecht). Arbeiten auf einer auswärtigen Baustelle entsandte Stammarbeiter neben Ortskräften, so gilt für die Ortskräfte das Feiertagsrecht des Beschäftigungsortes. Das gilt auch für Arbeitskräfte in Filialbetrieben, sofern sie für diese eingestellt worden sind. Bei Reisenden ist zu unterscheiden zwischen denjenigen, denen ein fester Reisebezirk zugeteilt ist und solchen, die ohne örtliche Bindung ihren Einsatzort selbst bestimmen. Im ersten Fall ist das Feiertagsrecht des Reisebezirks und, wenn der Arbeitnehmer im Bezirk wohnt, seines Wohnortes anzuwenden, im letzteren Fall gilt das Recht des Betriebssitzes.

30 Zu beachten ist, daß obige Grundsätze nur gelten, wenn die Parteien des Arbeitsvertrages nichts anderes vereinbart haben. Denn auch im interlokalen Kollisionsrecht entscheidet in erster Linie der Parteiwille (vgl. *Gamillscheg*, Internationales Arbeitsrecht, S. 131; *Dersch/Neumann*, § 3 Anm. 26; *Boldt/Röhsler*, § 3 Anm. 24; *Natzel*, § 3 Anm. 22; *BAG* AP Nr. 3 und 4 Internationales Privatrecht und Arbeitsrecht).

b) Die gesetzlichen Feiertage in den »alten« Bundesländern: **31**

	Neujahr	Hlg. Drei Könige	Karfreitag	Ostermontag	1. Mai	Himmelfahrt	Pfingsmontag	Fronleichnam	Mariä Himmelfahrt	Tag der Einheit, 3. 10.	Allerheiligen	Bußtag	1. Weihnachtsfeiertag	2. Weihnachtsfeiertag
Baden-Württemberg	•	•	•	•	•	•	•	•		•	•	•	•	•
Bayern	•	•	•	•	•	•	•	•	×	•	•[1])	•	•	•
Berlin (einschl. Ost-Berlin)	•		•	•	•	•	•			•		•	•	•
Bremen	•		•	•	•	•	•			•		•	•	•
Hamburg	•		•	•	•	•	•			•		•	•	•
Hessen	•		•	•	•	•	•	•		•		•	•	•
Niedersachsen	•		•	•	•	•	•			•		•	•	•
Nordrhein-Westfalen	•		•	•	•	•	•	•		•	•	•	•	•
Rheinland-Pfalz	•		•	•	•	•	•	•		•	•	•	•	•
Saarland	•		•	•	•	•	•	•	•	•	•	•	•	•
Schleswig-Holstein	•		•	•	•	•	•			•		•	•	•

• = Feiertag im gesamten Landesgebiet; × = Feiertag in Gemeinden mit überwiegend katholischer Bevölkerung. In Gemeinden mit überwiegend evangelischer Bevölkerung gilt nach Art. 4 Feiertagsgesetz-Bayern, daß katholische Areitnehmer der Arbeit an diesem Tag fernbleiben dürfen. Außer Lohnausfall dürfen ihnen dadurch keine anderen Nachteile entstehen. Eine Anrechnung des Feiertages Mariä Himmelfahrt in diesem Sonderfall auf den Urlaub setzt voraus, daß Urlaubsentgelt für diesen Tag gezahlt wird.

[1]) ab 1. 1. 1984 uneingeschränkt in ganz Bayern.

Im Stadtkreis Augsburg ist außerdem noch der 8. August (Friedensfest) gesetzlicher Feiertag.

Die gesetzlichen Feiertage in den »neuen« Bundesländern:

Rechtsgrundlage: Verordnung über die Einführung gesetzlicher Feiertage vom 16. 5. 1990 (GBl. DDR I Nr. 27 S. 248) und Erste Durchführungsbestimmung zu dieser Verordnung vom 7. 6. 1990 (GBl. DDR I Nr. 31 S. 281).

Diese Verordnung gilt nach dem Einigungsvertrag vom 31. 8. 1990 – (BGBl. II S. 889 – Anlage II Kapitel VIII Sachgebiet C Abschnitt III Nr. 1 Buchstabe b, Nr. 3 und 5 –) »bis zum Inkrafttreten landesrechtlicher Regelungen über die Sonn- und Feiertage«.

Als **gesetzliche Feiertage** gelten bis zu diesem Zeitpunkt, der je nach der Verabschiedung der Feiertagsgesetze in den einzelnen neuen Bundesländern unterschiedlich sein kann:

1. Januar, Karfreitag, Ostermontag, 1. Mai, Christi-Himmelfahrt, Pfingstmontag,

Fronleichnam*, Tag der Einheit (3. 10.), Reformationstag (31. 10.)**, Allerheiligen*, Buß- und Bettag**, 1. Weihnachtsfeiertag, 2. Weihnachtsfeiertag.
Soweit für die Arbeitnehmer des anderen Glaubens auf ihrem Territorium gesetzlicher Feiertag ist, haben sie nach § 3 Abs. 1 der Ersten Durchführungsbestimmung vom 7. 6. 1990 (a.a.O.) einen Anspruch auf ganztägige unbezahlte Freistellung von der Arbeit, die nicht auf den gesetzlichen Erholungsurlaub angerechnet werden kann.

3. Fünf-Tage-Woche

32 Nach der ausdrücklichen Regelung des § 3 Abs. 2 ist jeder Sonnabend als Werktag in der Urlaubsberechnung zu berücksichtigen, wenn er nicht gesetzlicher Feiertag ist. Das gilt auch für den Sonnabend in der Fünf-Tage-Woche, der durch diese Regelung nicht den Charakter als Werktag verloren hat. Die bis zum Inkrafttreten des BUrlG lebhaft umstrittene Streitfrage ist damit vom Gesetzgeber gelöst, daß der Sonnabend in der Fünf-Tage-Woche auch als arbeitsfreier Tag – wie im übrigen auch jeder andere arbeitsfreie Werktag einer Woche – voll als Urlaubstag gilt.

33 Den Einzelarbeitsvertragsparteien und auch den Tarifvertragsparteien ist es nicht verwehrt, eine von der gesetzlichen Regelung abweichende Vereinbarung über die Berechnung des Urlaubs zu treffen. Die Vereinbarung darf jedoch nicht zu einer Verkürzung des gesetzlichen Mindesturlaubs führen. Sie muß also für den Arbeitnehmer günstiger sein. So kann im Tarifvertrag der Urlaub nach reinen Arbeitstagen berechnet werden (vgl. *BAG* AP Nr. 3 zu § 3 BUrlG = BB 1966, 1229; *ArbG Darmstadt* DB 1967, 1875).

34 Es bleiben noch drei Fragen, die der **arbeitsfreie Samstag in der Fünf-Tage-Woche** dem Urlaubsrecht stellt:

a) Urlaubsbeginn an freien Tagen

35 Kann der Arbeitgeber den Urlaubsbeginn auf den freien Samstag legen? Das ist grundsätzlich zu verneinen. Die Frage gewinnt Bedeutung, wenn z.B. ein Arbeitnehmer 15 Tage Urlaub zu erhalten hat. Könnte der Urlaubsbeginn auf den freien Samstag gelegt werden, so hätte der Arbeitnehmer in der dritten Urlaubswoche einen Tag früher seinen Dienst wieder anzutreten. Die Festlegung des Urlaubsbeginns auf den freien Samstag verstößt in aller Regel gegen Treu und Glauben und ist damit unzulässig. Nur wenn dringende betriebliche Gründe gerade für diese Lage des Urlaubs sprechen – z.B. die Lage einer Messe, an der der Arbeitnehmer teilnehmen muß –, kann eine solche Festlegung des Urlaubsbeginns gerechtfertigt sein (vgl. dazu auch *LAG Bremen* DB 1961, 1071, abweichend wohl *Boldt/Röhsler*, § 3 Anm. 28).

b) Urlaubsentgeltberechnung

36 Zur Frage der Urlaubsentgeltberechnung beim arbeitsfreien Samstag in der Fünf-Tage-Woche vgl. § 11 Anm. 82ff.

---

* = Gilt für Territorien mit überwiegend katholischer Bevölkerung als Feiertag.
** = Gilt für Territorien mit überwiegend evangelischer Bevölkerung als Feiertag.

c) Anzahl der freien Samstage im Urlaub

37 Schließlich ist die Frage aufzuwerfen, wie viele freie Samstage im Urlaub liegen müssen. *Dersch/Neumann*, § 3 Anm. 34 und ihm folgend *Natzel*, § 3 Anm. 25, *Schelp/Herbst*, § 3 Anm. 17 sowie *Siara*, § 3 Anm. 7 verlangen, daß in jedem gleichlangen Urlaub auch gleich viele freie Samstage enthalten sein müßten. Andernfalls könnte ein Arbeitnehmer durch Verlegung der Urlaubszeiten bei Gewährung von Teilurlauben auf bestimmte Tage ggf. eine Verlängerung der Gesamterholungszeit gegenüber anderen Arbeitnehmern dadurch erreichen, daß er weniger arbeitsfreie Samstage in den Urlaub legt und so Befreiung von einer größeren Anzahl Arbeitstagen als andere Arbeitnehmer erwirkt. Das Prinzip wird ganz konsequent durchgeführt, denn der Arbeitnehmer hat sich eine Kürzung des Urlaubs gefallen zu lassen, wenn nicht die entsprechende Anzahl freier Samstage im Urlaub enthalten ist, da ihm diese freien Samstage tatsächlich gegeben worden seien (*Dersch/Neumann*, a. a. O.; ebenso auch *Boldt/Röhsler*, § 3 Anm. 28).

38 Auszugehen ist für die Beantwortung dieser Frage unter Aufgabe der in der Vorauflage vertretenen Auffassung von der **Regelung für den gesetzlichen Urlaubsanspruch**. Hier hat das *BAG* (EzA § 13 BUrlG Nr. 18 = AP Nr. 15 zu § 13 BUrlG = DB 1984, 1874) entschieden, daß einer Urlaubsdauer von 18 Werktagen, wenn sie auf fünf Arbeitstage einer Woche bezogen ist, einer Urlaubsdauer von 15 Arbeitstagen entspricht. Das gilt demnach nicht nur dann, wenn der Samstag arbeitsfrei ist, sondern auch – wie beispielsweise im Gastgewerbe der wöchentliche Ruhetag – ein beliebiger anderer Wochentag arbeitsfrei bleibt. Der Samstag oder der sonst übliche freie Wochentag ist nach dieser Entscheidung im Rahmen des gesetzlichen Urlaubsanspruches ein vollwertiger Urlaubstag.

Dennoch wirft die Fünf-Tage-Woche bei einer Urlaubsteilung vielfach die Frage auf, wieviele Samstage letztlich im Urlaub liegen müssen. Wird nämlich der Urlaub geteilt abgenommen, so könnte der Arbeitnehmer durch eine geschickte Einteilung zusätzliche Freizeit durch Ausnutzung der Samstage erreichen.

Dieses Problem kann nicht auftreten, wenn der Urlaub in Zusammenhang gewährt wird, also einheitlich der gesamte Urlaub abgenommen. Wird er jedoch aus dringenden betrieblichen oder persönlichen Gründen nicht zusammenhängend gewährt, muß ein Urlaubsteil mindestens 12 aufeinanderfolgende Werktage umfassen (§ 7 Abs. 2 Satz 2 BUrlG). In diesem Falle ergibt sich, daß die beiden denkbaren Teile des Urlaubs bei einmal zwölf aufeinanderfolgenden Werktagen zwei Samstage und dann beim Restteil von 6 Werktagen wiederum einen Samstag umfaßt.

39 In zahlreichen Fällen haben die **Tarifvertragsparteien** bei einem tariflich festgelegten Urlaub nach Werktagen gleichzeitig entschieden, wieviel arbeitsfreie Samstage darauf anzurechnen sind. Dabei spricht man von einer **»Nettourlaubsregelung«**: Die regelmäßig arbeitsfreien Werktage werden abstrakt – d. h. unabhängig ihrer zufälligen zeitlichen Lage innerhalb des Zeitraums der Urlaubsverwirklichung – von der gesamten Urlaubsdauer abgesetzt (*BAG* AP Nr. 2 zu § 48 BAT). Das BAG hält eine solche »tarifliche Nettourlaubsregelung« nach § 13 BUrlG für zulässig. Sie führt letztlich dazu, daß die Berechnung der Urlaubsdauer im Falle der Fünf-Tage-Woche von der zeitlichen Lage des Urlaubs, von der Aufteilung des Gesamturlaubs in mehrere Abschnitte und von der Zahl der in die konkrete Urlaubsperiode fallenden arbeitsfreien Werktage völlig unabhängig ist. Eine »Anrechnung« von arbeitsfreien Werktagen findet überhaupt nicht mehr statt, vielmehr ist die Urlaubsdauer von vornherein um eine feste Zahl regelmäßiger arbeitsfreier Werktage vermindert.

Beim Fehlen einer solchen tariflichen »Nettourlaubsregelung« erscheint es sinnvoll, die gleichen Grundsätze wie für den gesetzlichen Urlaubsanspruch anzuwenden. Es sind also Werktage und Arbeitstage rechnerisch so in Beziehung zu setzen, daß bei einer Verteilung der Arbeitszeit auf weniger als sechs Arbeitstage die Gesamtdauer des tariflichen Urlaubs (Werktage) durch die Zahl sechs dividiert und sodann mit der Zahl der Arbeitstage einer Woche multipliziert wird (*BAG* EzA § 3 BUrlG Nr. 18 = AP Nr. 30 zu § 13 BUrlG = DB 1987, 1151 ; *Dersch/Neumann* § 3 Anm. 34). Im konkreten Fall war die tarifliche Dauer des Urlaubs 35 Werktage. – Das ergab nach dieser Umrechnungsformel 29,16 Arbeitstage (zu Bruchteilen von Arbeitstagen, die keinen halben Tag ergeben siehe § 5 Anm. 35). 24 Werktage tariflicher Urlaub entsprechen demnach 20 Arbeitstagen, 30 Werktage entsprechen 25 Arbeitstagen.

40 Fällt ein **Feiertag auf einen arbeitsfreien Samstag im Urlaub**, so scheidet seine Anrechnung aus, weil Feiertage nicht als Urlaubstage gelten (vgl. Anm. 23). Gegenüber der Entscheidung AP Nr. 1 zu § 611 BGB Urlaub und Fünf-Tage-Woche ist das insoweit eine Abweichung, als nun für den Feiertagssamstag generell ein anderer Samstag gewählt werden kann, wenn auch ein konkret zu bestimmender, der entweder im Urlaub oder unmittelbar vor bzw. nach dem Urlaub zu liegen hat. Diese Auffassung wird jedoch der Nettourlaubsregelung nicht voll gerecht. Sie löst vor allem nicht den Fall, in dem wegen der Lage des Teilurlaubs kein unmittelbar anschließender freier Samstag vorhanden ist (Urlaub von Dienstag bis Donnerstag). Will man den Zweck der Nettourlaubsregelung wirklich erreichen und derartige Tarifnormen, wie *Nikisch* in seiner Anmerkung zu *BAG* AP Nr. 1 zu § 3 BUrlG Fünf-Tage-Woche sagt, »ehrlicher erklären«, so führt dies zur Anwendung der abstrakten Anrechnung, die praktisch zur Kürzung des Urlaubs auf die echten Arbeitstage führt. Derjenige Arbeitnehmer, der 18 Tage Urlaub hat, erhält somit 15 echte Arbeitstage. Er muß sich 3 arbeitsfreie Samstage anrechnen lassen, die jedoch konkret nicht festgelegt zu werden brauchen (ebenso *Bohn*, SAE 1966, 77).

4. Urlaubsdauer und unterschiedlich verteilte Wochenarbeitszeit

41 Keine weiteren Probleme gibt es, wenn die Urlaubsdauer in Werktagen oder Arbeitstagen mit gleichmäßiger täglicher Arbeitszeit (§ 3 AZO = Achtstundentag als die regelmäßige gesetzliche Arbeitszeit) festgelegt ist. Im Rahmen der Arbeitszeitverkürzungen und teilweise flexibler Arbeitszeit ergeben sich jedoch nicht nur bei der Berechnung des Urlaubsentgelts, sondern schon bei der Festlegung der Urlaubsdauer wichtige Fragen, wenn die Verkürzung der Wochenarbeitszeit nicht gleichmäßig auf alle Wochentage vorgenommen wird, sondern wenn an einzelnen Arbeitstagen unterschiedliche Stundenleistungen zu erbringen sind.

42 **Das Problem:**

Inwieweit hat es Einfluß auf den gesetzlichen oder tariflichen Urlaubsanspruch, wenn ein Vollzeitarbeitnehmer mit 37 Stunden Arbeitsleistung pro Woche von Montag bis Donnerstag je 8 Stunden, am Freitag aber nur 5 Stunden arbeiten muß oder wenn er zwar 8 Stunden pro Arbeitstag, also 40 Wochenstunden, weiter arbeiten muß, dafür aber nach dem Freischichtmodell 17 bzw. 18 **Freischichttage im Kalenderjahr** beanspruchen kann?

In der Literatur wurden bisher zu der Frage der Urlaubsdauer in diesen Fällen nur wenige Stimmen laut, die unterschiedliche Lösungsvorschläge anbieten.

43 *Siebel* (BB 1987, 2222ff.) geht davon aus, daß eine ungleichmäßige Verteilung der Arbeitszeit hinsichtlich der Zahl der täglich zu leistenden Arbeitsstunden für den Urlaubsanspruch weder zu einem Vorteil noch zu einem Nachteil gegenüber der Zeitrelation bei gleichmäßig verteilter Arbeitszeit führen dürfe. Er schlägt vor, die Jahresarbeitsstundenzahl bei gleichmäßig verteilter Arbeitszeit zugrundezulegen und die Anzahl der urlaubsbedingten Ausfallstunden für diesen Arbeitnehmerkreis zu errechnen, sodann aufgrund des Gleichbehandlungsgrundsatzes diese Ausfallstunden durch Urlaub auch für den Kreis der Arbeitnehmer anzuwenden, für die eine ungleichmäßige Verteilung der Arbeitszeit gilt.

44 *Bengelsdorf* (DB 1988, 1161) geht ebenfalls von diesen Überlegungen aus und meint, alle Arbeitnehmer mit einem vergleichbaren Urlaubsanspruch und einer vergleichbaren Wochenarbeitszeit seien unabhängig von der jeweiligen Verteilung der Arbeitszeit und der individuellen Lage des Urlaubs auch gleichzubehandeln. Er stützt sich dabei auf die Entscheidung des *BAG* vom 27. 1. 1987 (EzA § 3 BUrlG Nr. 18 = AP Nr. 30 zu § 13 BUrlG = DB 1987, 1151). Dort sei eine Umrechnung des in Werktagen festgelegten Urlaubsanspruchs in Arbeitstage festgelegt, wenn die Arbeitszeit des Arbeitnehmers nicht gleichmäßig auf alle Werktage einer Woche verteilt sei. Daraus folge dann aber auch, daß bei Arbeitnehmern mit einer Beschäftigung an Arbeitstagen mit unterschiedlichen Stundenzahlen auch ihr Urlaubsanspruch je Arbeitstag in Stunden anzurechnen sei.

45 *Ziepke* schlägt in seinem Kommentar zum Manteltarifvertrag Metall NRW (§ 13 – Anm. 6 III 4 a–c) vor, eine ungleichmäßige Verteilung der Arbeitszeit dürfe weder zu Vor- noch zu Nachteilen für den Arbeitnehmer führen. Für den Urlaubsanspruch bei unterschiedlicher Arbeitszeit ergeben sich drei Lösungsmöglichkeiten: Entweder sei der Urlaub so festzulegen, daß sich zumindest annähernd dieselbe Zeitverteilung wie für die Arbeitsleistung auch für den Urlaub ergebe, oder aber die Urlaubsrechnung sei mit entsprechender Erhöhung/Verringerung der Zahl der Urlaubstage auf Stundenbasis vorzunehmen oder alle Urlaubstage mit 1/5 der individuellen regelmäßigen Arbeitszeit zu bewerten.

46 *Danne* (DB 1990, 1965ff.) geht von der These aus, daß der Arbeitsvertrag auf den Austausch der Arbeitsleistung und Entgelt gerichtetes Schuldverhältnis sei: Die Vergütungspflicht des Arbeitgebers wird in Geld, die Leistungspflicht des Arbeitnehmers regelmäßig in Zeiteinheiten ausgedrückt. Allein die Zeit ist das Maß der vom Arbeitnehmer geschuldeten Leistung (so schon *Söllner*, Zusammenhang von Arbeitsleistung und Arbeitszeit, ArbuR 1967, 353ff.). Die Arbeitszeit aber wird bei Vollzeitkräften durch den Tarifvertrag auf die Wochenarbeitszeit bezogen. Sie ist das Maß der vom Arbeitnehmer zu erbringenden Gegenleistung. Der Urlaubsanspruch ist nach der »neuen« Rechtsprechung des *BAG* (§ 1 Anm. 129) ein Anspruch des Arbeitnehmers auf Freistellung von der Arbeitsleistung. Was diese Leistungsverbindlichkeit des Arbeitnehmers ist, sagt nicht das BUrlG, sondern das Gesetz, ein Tarifvertrag, eine Betriebsvereinbarung oder der Arbeitsvertrag. Wird im Tarifvertrag die wöchentliche Arbeitszeit auf 37 Stunden herabgesetzt und legt dieser Tarifvertrag eine Urlaubsdauer von 30 Arbeitstagen fest, so bedeutet das nach *Danne* eben eine Befreiung des Arbeitnehmers von seiner Verbindlichkeit für 6 Urlaubswochen zu je 37 Wochenstunden, also für 222 Stunden. Für diese Stundenzahl erhält der Arbeitnehmer Freistellung von der Arbeitspflicht bei Fortzahlung des Arbeitsentgeltes. Im Falle von Freischichtmodellen

(Abschnitt III 3f. a.a.O. – S. 1970) ist für die Bestimmung der Urlaubsvergütung die Arbeitszeit maßgebend, die ohne die Urlaubsgewährung vom Arbeitnehmer hätte erbracht werden müssen. Daraus folgt, daß für die Berechnung der Urlaubsvergütung und damit auch für die Urlaubsdauer die Arbeitszeit und die Arbeitsleistung des Arbeitnehmers entscheidend ist. In einem Freischichtmodell muß nach *Dannes* Auffassung zur Ermittlung der Arbeitsleistung und damit der Urlaubsdauer eine Durchschnittberechnung angestellt werden, wenn Arbeitstage im Hinblick auf die Arbeitsstunden nicht identisch sind. Erst dieses Verhältnis ermöglicht es, den Anspruch auf Befreiung von der Arbeitspflicht entsprechend der dem Arbeitnehmer obliegenden Arbeitspflicht zu bestimmen. Insoweit bezieht sich *Danne* ausdrücklich auf die *BAG*-Entscheidung vom 27. 1. 1987 (a.a.O).

47 Das *BAG* – und zwar der erste Senat – hat sich in seinem Beschluß vom 28. 11. 1989 (EzA § 4 TVG-Einzelhandel Nr. 13 = AP Nr. 5 zu § 77 BetrVG 1972 Auslegung = DB 1990, 792) erstmals mit diesem Problem befaßt. Gegenstand der Entscheidung war der Manteltarifvertrag-Einzelhandel Hessen in der ab 1. 1. 1986 geltenden Fassung, der eine regelmäßige wöchentliche Arbeitszeit von 38,5 Stunden festlegt. Die streitenden Parteien (Betriebsrat und Arbeitgeber) hatten in einer Betriebsvereinbarung ein rollierendes Freizeitsystem festgelegt. Danach wurden die Arbeitszeiten für einzelne Rolliergruppen jeweils für das gesamte Jahr im voraus festgelegt und aus den so festgelegten Arbeitszeiten die Jahres-Ist-Arbeitszeit errechnet. Da diese regelmäßig höher war als die tarifliche Soll-Arbeitszeit, sollten die betroffenen Arbeitnehmer eine **»Jahresausgleichsfreizeit«** erhalten. Durch eine rechtskräftige gerichtliche Entscheidung war der Arbeitgeber berechtigt, diesen Jahresausgleichsfreizeitanspruch für jeden gewährten Urlaubstag um 0.25 Stunden zu kürzen. Dagegen wehrte sich der Betriebsrat.

Das BAG entschied, daß bei der Berechnung der Jahres-Ist-Arbeitszeit für die im Rolliersystem vollzeitbeschäftigten Arbeitnehmer die Urlaubstage mit den tatsächlich ausgefallenen Arbeitsstunden und nicht gleichmäßig mit 1/5 der durchschnittlichen Wochenarbeitszeit von 38,5 Stunden anzusetzen seien. Der 1. Senat stimmt dem 8. Senat zu, daß der Arbeitnehmer kraft gesetzlicher Vorschrift von der für die Zeit seines Urlaubs an sich bestehenden Arbeitspflicht befreit sei. Daher gelte diese Arbeitszeit gleichwohl als geleistet. Die tariflich geregelte Dauer der Arbeitszeit, – gleichgültig ob sie als Wochen- oder Jahresarbeitszeit festgelegt sei –, ist unabhängig davon, ob der Arbeitnehmer für diese Zeit tatsächlich seine Arbeitsleistung erbringt oder kraft Gesetzes von seiner Arbeitspflicht befreit ist. Die Befreiung von der Arbeitspflicht durch Urlaub bemißt sich nicht nach ausgefallenen Arbeitsstunden, sondern allein nach Werk- oder Arbeitstagen mit den jeweils individuell festgelegten Arbeitszeiten.

Das BAG hat sich mit dieser Entscheidung im wesentlichen die Ansichten von *Danne* bestätigt. Folgt man der Auffassung der neuen Rechtsprechung des BAG, so verbietet sich ein Zurückgreifen auf eine lediglich fiktive durchschnittliche Wochenarbeitszeit.

48 Dieser Auffassung ist zuzustimmen. **Die Berechnung der Urlaubsdauer hat sich an der Arbeitszeit der einzelnen Arbeitstage zu orientieren** (*BAG* EzA § 4 TVG Metallindustrie Nr. 40 = AP Nr. 23 zu § 11 BUrlG = DB 1988, 2312).

Beispiel:

Anspruch des Arbeitnehmers beim Freischichtmodell auf 30 Arbeitstage Urlaub = 6 Wochen Urlaub. Wenn in der Arbeitswoche tariflich 37 Wochenstunden Arbeit zu leisten sind, bedeutet das – auf das Urlaubsjahr berechnet – einen Freizeitanspruch von 222 Arbeitsstunden. Diese Stundenzahl muß erreicht sein, darf weder unterschritten noch überschritten werden. Nur dann ist der Urlaubsanspruch an 30 Arbeitstagen erfüllt.

Die Gewährung von Freischichten für jene bereits vorab geleistete Arbeitszeit, die über die an sich festgesetzten tariflichen Wochenarbeitszeiten hinausgeht, hat auf die so festzustellende Jahres-Soll-Arbeitszeit keinen Einfluß. Diese freien Tage nach dem Freischichtmodell sind demnach Werktage im Sinne des § 3 BUrlG.

49 Zu beachten ist: Verkürzt eine tarifliche Regelung die Wochenarbeitszeit und überläßt sie es den Betriebspartnern, wie diese verkürzte Wochenarbeitszeit letztlich umgesetzt wird – entweder durch eine gleichmäßige Verteilung der Wochenarbeitszeit auf die Arbeitstage oder durch die ungleichmäßige Verteilung der Wochenarbeitszeit auf 5 Arbeitstage (z. B. 4 Tage mit 8 Stunden, 1 Tag mit 5 Stunden bei 37 Wochenstunden) oder mit einer Beibehaltung der 8-stündigen täglichen Arbeitszeit unter Gewährung von Freischichten –, so bleibt es dabei, daß die Soll-Jahres-Arbeitszeit bei dieser Arbeitszeitverkürzung auch die Grundlage für die Urlaubsdauer ist. Es bleibt damit generell – wenn keine andere tarifliche Regelung vorgenommen wurde – bei der Arbeitsleistung an 5 Wochentagen, die insgesamt entweder die tarifliche Wochen-Arbeitsleistung durchschnittlich je Arbeitstag oder bei der bisherigen – höheren – Arbeitsleistung je Wochentag und dem Ausgleich mit Ausgleichsfreizeit an bestimmten Tagen (Freischichten) die durchschnittliche Arbeitsleistung je Arbeitstag umfassen muß. Dabei kann man sich darüber streiten, ob bei 52 Arbeitswochen von 260 möglichen Arbeitstagen (in der Fünf-Tage-Woche) oder – wenn die individuelle regelmäßige wöchentliche Arbeitszeit im Durchschnitt von längstens 6 Monaten erreicht werden muß – bei dann 26 Arbeitswochen = 130 Arbeitstagen auszugehen ist.

Die **Ausgleichsfreizeit beim Freischichtmodell** ist damit letztlich nichts anderes als vorgeleistete Arbeitszeit, die zu keiner Veränderung der tariflich regelmäßigen Arbeitszeit (Jahres-Soll-Arbeitszeit) führen kann.

Ist der Arbeitnehmer von der für die Zeit seines Urlaubs an sich bestehenden Arbeitspflicht befreit, so gilt die an diesen Urlaubstagen bzw. Urlaubswochen angefallene Arbeitszeit als geleistet. Urlaubstage sind demnach bei der Berechnung der Jahres-Soll-Arbeitszeit mit derjenigen Stundenzahl zu berücksichtigen, die ohne den Urlaub nach der betrieblichen Arbeitszeitregelung zu leisten gewesen wären.

50 Hat also der Arbeitgeber Anspruch auf 30 Arbeitstage = 6 Wochen Urlaub, so umfaßt dieser Urlaubszeitraum 6 volle Wochen – auch mit ihren Freischichten. Die Urlaubsdauer wird also nicht um die Freischichten »verlängert«.

Die Tarifvertragsparteien haben es in der Hand eine andere tarifliche Regelung zu treffen. Sie können entweder bei der Regelung verbleiben, die – wie fast alle Tarifverträge in der Metallindustrie – es bei der Formulierung belassen, daß »Arbeitstage alle Kalendertage sind, an denen der Arbeitnehmer in regelmäßiger Arbeitszeit« zu arbeiten hat. Freischichttage bleiben hier völlig außer Ansatz. Sie zählen als Urlaubstage.

Tarifliche Regelungen können aber auch lauten – wie die § 25 Buchstabe B des MTV-Metall Bayern vom 10. 8. 1987 für gewerbliche Arbeitnehmer –:

»1. Die Urlaubsdauer beträgt 30 Arbeitstage, wenn die individuelle regelmäßige wöchentliche Arbeitszeit des Arbeitnehmers auf 5 Tage je Kalenderwoche verteilt ist.

2. Ist die individuelle regelmäßige wöchentliche Arbeitszeit auf mehr oder weniger als 5 Tage in der Kalenderwoche – ggf. auch im Durchschnitt mehrerer Kalenderwochen – verteilt, so erhöht oder verringert sich die Zahl der Urlaubstage gemäß Ziffer 1 entsprechend.
Bruchteile von Tagen, die sich bei der Umrechnung ergeben, sind auf volle Urlaubstage aufzurunden.«

5. Verrechnung von Fehlzeiten und Zeiten des Annahmeverzugs

51 In der Praxis taucht immer wieder die Frage auf, ob bezahlte Fehlzeiten, z.B. **Bummeltage** oder andere Zeiten der Nichtbeschäftigung **nachträglich auf den gesetzlichen Mindesturlaub angerechnet werden können**. Namentlich bei pflichtwidrigen, unberechtigten Fehlzeiten oder sog. Bummeltagen ist es ein nicht seltener Brauch der Praxis, daß diese Tage, wenn sie bezahlt worden sind, auf den Erholungsurlaub angerechnet werden. Das geschieht oft aufgrund einer Vereinbarung, aber auch durch einseitige Erklärung des Arbeitgebers. Diese Praxis hat vereinzelt auch Eingang in Tarifverträge gefunden. Das *BAG* hat bereits in seiner Entscheidung vom 29. 7. 1965 (EzA § 3 BUrlG Nr. 4 = AP Nr. 1 zu § 7 BUrlG = BB 1965, 1149) mit Recht darauf hingewiesen, daß dadurch gegen das Verbot der **unzulässigen Stückelung des Urlaubs** verstoßen würde.

52 Derartige Vereinbarungen sind wegen Verstoßes gegen den zwingenden § 1 in Verb. mit § 3 nichtig, weil auf diese Weise der gesetzliche Mindesturlaubsanspruch des Arbeitnehmers verkürzt wird. Eine Zeit der Nichtbeschäftigung des Arbeitnehmers kann **nicht nachträglich** in bezahlten Erholungsurlaub umgewandelt werden. **Ebensowenig kann der Arbeitgeber diese Verrechnung einseitig vornehmen** (vgl. *LAG Bremen* BB 1960, 50; *LAG Stuttgart* BB 1956, 690; *BAG* EzA § 3 BUrlG Nr. 1 = AP Nr. 20 zu § 611 BGB Urlaubsrecht; *LAG Hannover* AP 1953, 136; *ArbG Wilhelmshaven* BB 1960, 365; *LAG Baden-Württemberg* BB 1959, 449; *BAG* AP Nr. 9 zu Internationales Privatrecht - Arbeitsrecht = BB 1965, 84 = DB 1965, 40; *ArbG Wilhelmshaven* DB 1965, 1184; *LAG Düsseldorf* BB 1965, 245; *LAG Frankfurt* AP Nr. 4 zu § 7 BUrlG; *Borrmann*, § 3 Anm. 12; *Natzel*, § 3 Anm. 35, 40f.; *Siara*, § 3 Anm. 2; *Dersch/Neumann*, § 3 Anm. 40ff.; *Kamann/Ziepke/Weinspach*, § 3 Anm. 13; *Boldt/Röhsler*, § 3 Anm. 46; *Bobrowski/Gaul*, Bd. I S. 444; *Schaub*, S. 554; *Schelp/Herbst*, § 7 Anm. 11). Zulässig ist dagegen im Falle einer fristgemäßen Kündigung des Arbeitnehmers mit Beurlaubung bis zum Ablauf der Kündigungszeit die Weisung, den Urlaub in dieser Zeit zu nehmen. In diesen Fällen findet jedoch **nicht ohne weiteres** eine Urlaubsverrechnung statt. Es bedarf vielmehr **einer ausdrücklichen Erklärung des Arbeitgebers**. Diese ist nur entbehrlich, wenn der Arbeitnehmer gekündigt und gleichzeitig Bewilligung des Urlaubs verlangt hat. Dann liegt die notwendige Erklärung in der Beurlaubung (vgl. *ArbG Köln* DB 1963, 1364). Der Arbeitgeber hat dann aber in jedem Fall das Urlaubsentgelt im voraus zu entrichten. Bei Angestellten genügt Zahlung der Bezüge an den jeweiligen Fälligkeitstagen.

53 Hat der Arbeitnehmer mit dem Arbeitgeber eine Vereinbarung über die Verrechnung eines sog. **Bummeltages** auf den Urlaub getroffen, so ist diese wegen Verstoßes gegen die Unabdingbarkeit des gesetzlichen Mindesturlaubs nichtig, und er kann ungeachtet der Vereinbarung den vollen Urlaub verlangen.

54 Ebensowenig können Zeiten, in denen der Arbeitgeber zur Zahlung des Lohnes aus dem Gesichtspunkt des **Annahmeverzugs** verpflichtet ist, z.B. nach unberechtigten fristlosen Kündigungen, oder durch den Betriebsablauf angefallene arbeitsfreie Tage, auf den Erholungsurlaub verrechnet werden (vgl. *LAG Baden-Württemberg* BB 1966, 410 = DB 1965, 1672; *BAG* AP Nr. 9 zu Internationales Privatrecht - Arbeitsrecht = BB 1965, 84 = DB 1965, 40; *LAG Berlin* DB 1970, 2327; *LAG Düsseldorf* BB 1979, 94; *LAG Hamm* DB 1979, 507; für den Fall einer **Suspendierung** *LAG Frankfurt* AP Nr. 4 zu § 7 BUrlG). Der Arbeitgeber hat vielmehr den Lohn für die Zeit des Annahmeverzugs zu zahlen und darüber hinaus den Urlaub zu gewähren oder im Falle der Beendigung des Arbeitsverhältnisses abzugelten. Eine Anrechnung verbietet sich schon deshalb, weil der Arbeitnehmer **wissen muß**, ob er sich im Urlaub befindet oder nicht (so mit Recht *Dersch/Neumann*, § 3 Anm. 42; *Natzel*, § 3 Anm. 52; *LAG Baden-Württemberg* DB 1970, 2328). Das gilt grundsätzlich auch dann, wenn der Urlaub schon vorher festgelegt war (so auch *LAG Düsseldorf* DB 1962, 72; *LAG Berlin* DB 1970, 2327; *LAG Düsseldorf* DB 1973, 191). Selbst wenn der Urlaub vor der fristlosen Entlassung bereits zeitlich festgelegt war, kann nach der für unwirksam erklärten fristlosen Entlassung die Zeit des Annahmeverzugs nur dann auf den Urlaub angerechnet werden, wenn der Arbeitgeber trotz der zwischendurch ausgesprochenen fristlosen Entlassung dem Arbeitnehmer vor dem Zeitpunkt des festgelegten Urlaubsantritts das Urlaubsentgelt auszahlt. Das Urlaubsentgelt ist (zwingend) vor Antritt des Urlaubs auszuzahlen. Andernfalls ist es dem Arbeitnehmer nicht zumutbar, seinen vorher festgelegten Urlaub anzutreten.

55 Allerdings ist hier zu beachten, daß mit dem Ende des Arbeitsverhältnisses auch die Festlegung des Urlaubszeitpunktes für einen danach liegenden Zeitpunkt hinfällig wird. Will der Arbeitgeber dann den Urlaubstermin in die Kündigungsfrist »vorverlegen«, so muß er dabei die Grundsätze des § 7 Abs. 1 beachten. Eine von ihm erfolgte Festlegung wäre nicht bindend, wenn sie für den Arbeitnehmer unzumutbar wäre. Diese Unzumutbarkeit hat allerdings der Arbeitnehmer zu beweisen (*BAG* EzA § 7 BUrlG Nr. 16 = AP Nr. 6 zu § 7 BUrlG = DB 1974, 1023).

56 **Zum Rechtsmißbrauch im Falle einer Urlaubsabgeltungsforderung nach fristgerechter Kündigung mit Suspendierung** vgl. § 1 Anm. 134ff.

57 **Keine rechtswirksame Erfüllung des Urlaubsanspruchs liegt vor, wenn der Urlaubsanspruch extrem oft gestückelt wird.** Das BAG hat diesen Grundsatz aufgeteilt in einem Fall, in dem der Urlaub an 26 Samstagnachmittagen erteilt worden ist (vgl. *BAG* EzA § 3 BUrlG Nr. 4 = AP Nr. 1 zu § 7 BUrlG mit Anm. von *G. Hueck* = BB 1965, 1149 = DB 1965, 1184 = SAE 1966, 49; *LAG Frankfurt* AP Nr. 4 zu § 7 BUrlG). Hier lag sicher **keine Erfüllung** des Urlaubsanspruchs vor, so daß der Arbeitnehmer den Urlaub in zusammenhängender Form nachverlangen konnte. Im Einzelfall kann ein derartiges Ergebnis jedoch schon bei einer geringeren Stückelung anzunehmen sein. Sofern keine besonderen Gründe ganz ausnahmsweise die Stückelung rechtfertigen, muß man wohl bei einer Stückelung in fünf Teile die Erfüllung ablehnen. Das kann anders sein, wenn mindestens 12 Werktage aufeinander folgend gewährt worden sind und alsdann 6 Resttage einzeln genommen werden. Im übrigen kann je nach Lage des Falles, z.B. wenn die Stückelung auf Initiative des Arbeitnehmers und sogar unter seinem Druck erfolgt, die Einrede der Arglist gegenüber dem Nachgewährungsanspruch gerechtfertigt sein (vgl. dazu insgesamt auch § 7 Anm. 98ff. und *Boldt/Röhsler*, § 7 Anm. 45).

IV. Mehrurlaub, Zusatzurlaub

58 Der über den gesetzlichen Mindesturlaub hinausgehende Urlaubsanspruch des Arbeitnehmers kann verschiedene Rechtsgrundlagen haben. In Betracht kommen **Gesetze, Tarifverträge, nach § 77 BetrVG zulässige Betriebsvereinbarungen** (selten) und **Einzelarbeitsverträge**. Durch diese Vielfalt der Gestaltungsmittel, die typisch für das deutsche Arbeitsrecht ist, ergeben sich notwendig verschiedene Beurteilungsmöglichkeiten für die einzelnen Urlaubsansprüche. Es ist denkbar, daß der Urlaubsanspruch eines Arbeitnehmers auf mehreren Gestaltungsmitteln beruht, z.B. auf dem Bundesurlaubsgesetz, dem Schwerbehindertengesetz, einem Tarifvertrag und dem Einzelarbeitsvertrag. In diesen Fällen muß jeweils für den aus dem einzelnen Gestaltungsmittel abzuleitenden Teil des Urlaubsanspruchs geprüft werden, ob ein Ereignis, eine Maßnahme, eine Handlung oder Vereinbarung der Parteien des Arbeitsvertrages gültig ist oder nicht. Das Ergebnis der Prüfung kann durchaus unterschiedlich sein. Diese Folge mag man als wenig wünschenswert bezeichnen, sie ist aber eine notwendige Konsequenz des Systems unseres Arbeitsrechts, das von den verschiedensten Gestaltungsformen geprägt wird. Ähnliches kennen wir auch im Tarifrecht, in dem das Schicksal des Lohnes durchaus unterschiedlich sein kann. Unterzeichnet z.B. der Arbeitnehmer eine Ausgleichsquittung, so ist der darin liegende Erlaßvertrag nichtig, soweit der Tariflohnanspruch betroffen ist, gültig dagegen, soweit der Arbeitnehmer auf den übertariflichen, auf dem Einzelarbeitsvertrag beruhenden Lohn und Urlaub verzichtet hat (ebenfalls jetzt *BAG* AP Nr. 1 zu § 9 BUrlG = BB 1968, 996 = DB 1968, 1720 = SAE 1970, 159). Das beruht auf dem unser Recht beherrschenden Prinzip der Vertragsfreiheit.

1. Zusatzurlaub und Gesetz

59 Das Bundesarbeitsgericht hat nach Inkrafttreten des BUrlG mehrfach festgestellt, daß für den über den gesetzlichen Urlaubsanspruch hinausgehenden **Mehrurlaub die Schutzvorschriften des BUrlG nicht gelten** (*BAG* EzA § 9 BUrlG Nr. 1 und § 1 LohnFG Nr. 27 = AP Nr. 1 und 4 zu § 9 BUrlG = BB 1968, 996 und BB 1973, 89). Dem ist zuzustimmen. Jede andere Entscheidung verstieße gegen den **Grundsatz der Tarifautonomie** und das Prinzip der **Vertragsfreiheit**.

a) Vorrang der Tarifautonomie

60 Die Tarifvertragsparteien sind kraft der umfassenden Delegation des § 1 TVG innerhalb ihrer Grenzen zu eigenverantwortlichem Handlen berufen. Dabei besteht innerhalb der Grenzen des zwingenden Gesetzesrechts und der guten Sitten Handlungs- und Gestaltungsfreiheit. Es ist auch im Bereich des kollektiven Rechts **Vertragsfreiheit**, d.h. Regelungsfreiheit anzuerkennen (vgl. *Hueck/Nipperdey*, Bd. II S. 258; *Wiedemann/Stumpf*, TVG, 5. Aufl., Einl. Anm. 159f., 163). Die Gerichte dürfen nicht aus Zweckmäßigkeitsgründen Grundsätze des Gesetzesrechts ins Tarifrecht übertragen, soweit nicht das Gesetz die Frage durch einen zwingenden Rechtssatz regelt. Es soll nicht näher untersucht werden, ob der Grundsatz des Verbots der Rückzahlung von Urlaubsentgelt im UrlG Niedersachsens ein zwingender, auch die Tarifvertragsparteien bindender Rechtssatz gewesen ist. Das BUrlG enthält jedenfalls einen derartigen Grundsatz nicht. Denn aus § 13 folgt eindeutig, daß dem Tarifvertrag in fast allen Einzelfragen der Vorrang eingeräumt worden ist. – So können die Tarifvertragsparteien z. B. auch eine Kürzung des übergesetzlichen Urlaubs wegen lang andauernder Erkrankung vorsehen (vgl. *ArbG Marburg* BB 1966, 410 = DB 1965, 1634; *Boldt/Röhsler*, § 3 Anm. 65; *Siara*, § 3 Anm. 2; *Natzel*, § 3 Anm. 19).

b) Mindesturlaub und Vertragsfreiheit

61 Über die Normen des gesetzlichen Mindesturlaubs hinaus herrscht auch für die Parteien des Einzelarbeitsvertrages Vertragsfreiheit. Wenn sie einen über den Mindesturlaub hinausgehenden zusätzlichen Urlaub vereinbaren, so muß es ihnen auch kraft der Vertragsfreiheit unbenommen sein, diesen zusätzlichen Urlaub an bestimmte Bedingungen zu knüpfen, z. B. an eine Rückzahlungsklausel für das Ausscheiden im Laufe des Urlaubsjahres nach dem Zwölftelungsprinzip oder eine »Verrechnung« mit einer tariflichen Erhöhung des Urlaubes (*LAG Düsseldorf [Köln]* DB 1980, 642). Dadurch wird der unabdingbare gesetzliche Mindesturlaub nicht angetastet.

2. Geltung des BUrlG für den Zusatzurlaub

62 Die im Gesetz geregelten Grundsätze des Urlaubsrechts wird man aber **im Zweifel** auch auf die Urlaubsbestandteile anzuwenden haben, die auf Tarifvertrag, zulässiger Betriebsvereinbarung oder Einzelarbeitsvertrag beruhen. Darauf weisen *Boldt/Röhsler*, § 3 Anm. 64 mit Recht hin. Das gilt immer dann, wenn die Tarifvertragsparteien oder die Einzelarbeitsvertragsparteien nichts anderes vereinbart haben (vgl. *BAG* EzA § 1 LohnFG Nr. 27 = AP Nr. 4 zu § 9 BUrlG = BB 1973, 89; *LAG Düsseldorf* DB 1967, 1140).

63 Vom Gesetz abweichende Vereinbarungen für den tariflichen oder einzelarbeitsvertraglichen Zusatzurlaub sind aber zulässig.

3. Dauer der Betriebszugehörigkeit

64 Sehr häufig wird in der Tarifpraxis, aber auch in Einzelarbeitsverträgen, der Zusatzurlaub an eine bestimmte Dauer der Betriebszugehörigkeit geknüpft. Stichtag ist auch in diesen Fällen, sofern der Tarifvertrag oder der Einzelarbeitsvertrag nichts anderes bestimmt, der 1. Januar (vgl. § 1 Anm. 14ff.). Für die Fristberechnung gelten hier die Bestimmungen der §§ 187, 188 BGB.

65 Die Art der Tätigkeit ist unerheblich. So sind auch Ausbildungs- und Praktikantenzeit anzurechnen, sofern die Rechtsgrundlage des Zusatzurlaubs nichts anderes bestimmt. Ein Wechsel des Betriebsinhabers ist ohne Bedeutung, wenn ein Unternehmer den Betrieb eines anderen, in welcher Rechtsform es auch sei, ohne wesentliche Änderung des Geschäftszweckes fortführt und den Arbeitnehmer seines Vorgängers weiterverwendet. Diese Auffassung entspricht der Regelung des § 613a BGB; denn danach tritt der **neue Betriebsinhaber** in alle Rechte und Pflichten der im übernommenen Betrieb bestehenden Arbeitsverhältnisse ein.

66 Nicht zuzustimmen ist allerdings der Auffassung von *Dersch/Neumann*, § 3 Anm. 14, mehrere Jahre der Betriebszugehörigkeit seien zusammenzurechnen, auch wenn das Arbeitsverhältnis zwischenzeitlich unterbrochen gewesen sei. Ist das Arbeitsverhältnis rechtlich aufgelöst worden, so können Vordienstzeiten nur dann angerechnet werden, wenn sich das aus der Rechtsgrundlage des Zusatzurlaubs (Tarifvertrag, Arbeitsvertrag) ergibt (vgl. zu dem ähnlichen Problem bei der Wartezeit § 4 Anm. 38ff.). Die Beendigung des Arbeitsverhältnisses löst die Beziehungen der Parteien endgültig, so daß die Wartezeit und die Dauer der Betriebszugehörigkeit beim Zusatzurlaub erneut erfüllt werden müssen (wie hier *Boldt/Röhsler*, § 3 Anm. 65). Eine Ausnahme wird man hier allenfalls zulassen können, wenn es sich um eine kurzfristige Unterbrechung (bis zu 2 Monaten) handelt, und ein enger sachlicher Zusammenhang zwischen den beiden Arbeitsverhältnissen anzunehmen ist (so für die Wartefrist des § 1 KSchG: *BAG* EzA § 1 KSchG Nr. 39 = AP Nr. 3 zu § 1 KSchG Wartezeit = BB 1979, 1505 = DB 1979, 1754; *BAG* EzA § 1 KSchG Nr. 46 = AP Nr. 7 zu § 1 KSchG 1969 Wartezeit = BB 1990, 214 = DB 1990, 280; zur Beweislast des Arbeitgebers für die Unterbrechung: *BAG* EzA § 1 KSchG Nr. 45 = AP Nr. 6 zu § 1 KSchG 1969 Wartezeit = DB 1989, 2282).

4. Grundsätze der Berechnung des gesetzlichen Zusatzurlaubs

67 Steht dem Arbeitnehmer auf Grund gesetzlicher Vorschrift ein Zusatzurlaub zu, z.B. als Schwerbehinderter, so ist zunächst der Urlaub zu ermitteln, der dem Arbeitnehmer zustehen würde, wenn er nicht schwerbeschädigt wäre. Auf diesen so festgelegten Urlaub ist **der gesetzliche Zusatzurlaub aufzustocken** (Siehe zum Zusatzurlaub für Schwerbehinderte nach § 47 SchwbG Anhang I.6.). Die Vereinbarung einer Verrechnung des gesetzlichen Zusatzurlaubs auf einen tariflichen oder einzelarbeitsvertraglichen Zusatzurlaub ist nicht zulässig, selbst wenn dann der Gesamturlaub noch dem gesetzlichen Mindesturlaub einschließlich des Zusatzurlaubs entspricht oder gar noch übersteigt. Soweit eine derartige Verrechnungsabrede im Tarifvertrag vorgesehen ist, verstößt sie gegen den Gleichheitsgrundsatz (*BAG* AP Nr. 1 zu § 33 SchwbeschG; *Boldt/Röhsler*, § 3 Anm. 63); enthält der Einzelarbeitsvertrag eine derartige Vereinbarung, so ist sie wegen Verstoßes gegen den Gleichbehandlungsgrundsatz nichtig (vgl. *BAG* AP Nr. 1 zu § 34 SchwBeschG = BB 1963, 42 = DB 1963, 36 = SAE 1963, 52).

68 Der Zusatzurlaub ist akzessorisch und teilt das Schicksal des Grundurlaubs (*BAG* AP Nr. 1 zu § 34 SchwBeschG, *BAG* AP Nr. 3 zu § 33 SchwBeschG). Entsteht also kein Grundurlaub, so kann der Arbeitnehmer auch den Zusatzurlaub nicht geltend machen. Die Wartezeit muß auch für den Zusatzurlaub erfüllt sein. Steht dem Grundurlaub der Einwand des Rechtsmißbrauchs entgegen, so erstreckt sich dieser ohne weiteres auch auf den Zusatzurlaub. Hat der Arbeitnehmer nur einen Anspruch auf anteiligen Grundurlaub, so entsteht auch der Zusatzurlaub anteilmäßig. Eine Ausnahme von diesem letzten Grundsatz ist nur dann anzunehmen, wenn die Voraussetzungen für den Zusatzurlaub erst im Laufe des Urlaubsjahres entstehen (vgl. *Boldt/Röhsler*, § 3 Anm. 63).

69 Zur Frage des Zusatzurlaubs im Falle einer Urlaubserhöhung, sei es auf Grund eines Tarifvertrages oder eines Einzelarbeitsvertrages vgl. *Neumann*, DB 1969, 441; *Dersch/Neumann*, § 3 Anm. 17, 18; *LAG Düsseldorf [Köln]* DB 1980, 642.

V. Unabdingbarkeit

70 Nach § 13 Abs. 1 kann von der Bestimmung des § 3 Abs. 1 weder durch Tarifvertrag noch durch Einzelarbeitsvertrag zuungunsten des Arbeitnehmers abgewichen werden. Gegenüber § 3 Abs. 1 besteht also kein Vorrang des Tarifvertrages. Dagegen besteht dieser Vorrang gegenüber § 3 Abs. 2. Danach dürfte.es also zulässig sein, daß die Tarifvertragsparteien eine von § 3 Abs. 2 abweichende Regelung treffen, ohne daß es darauf ankommt, ob sie für den Arbeitnehmer günstiger ist oder nicht. Zu beachten ist nur, daß die anderweitige Regelung nicht zu einer Verkürzung des gesetzlichen Mindesturlaubs führt (*Boldt/Röhsler*, § 3 Anm. 64–66; *BAG* AP Nr. 3 zu § 3 BUrlG = BB 1966, 1229). Damit haben die Tarifvertragsparteien z.B. in Betrieben mit sog. angepaßter Regelung freie Hand. An Stelle des Sonn- und Feiertages kann hier die Nichtanrechnung des ersatzweise gewährten freien Wochentages vereinbart werden (ebenso *Boldt/Schlephorst*, § 3 Anm. 67).

71 Tarifklauseln, nach denen sog. **Bummeltage** auf den Erholungsurlaub angerechnet werden, sind unzulässig, soweit sie sich auf den gesetzlichen Mindesturlaub beziehen. Insoweit verstoßen sie gegen den unabdingbaren § 3 Abs. 1. Anders ist dagegen ihre rechtliche Zulässigkeit hinsichtlich eines tariflichen Zusatzurlaubs zu bewerten. Denn wenn die Tarifvertragsparteien überhaupt einen Zusatzurlaub gewähren, so steht es ihnen frei, Verfallklauseln oder Verrechnungsbestimmungen insoweit zu treffen (vgl. oben Anm. 41ff. und *Stahlhacke*, DB 1961, 1134 Anm. 6).

72 Auch können die Tarifvertragsparteien bestimmen, daß in Abweichung von § 3 Abs. 2 nicht alle Werktage als Urlaubstage zählen, sondern nur die Arbeitstage. Desgleichen ist es in einem solchen Fall möglich, daß im Tarifvertrag die Anrechnung einer bestimmten Anzahl von Tagen auf den Urlaub vorgesehen wird. Immer muß jedoch der gesetzliche Mindesturlaub erhalten bleiben (vgl. *BAG* AP Nr. 3 zu § 3 BUrlG mit Anm. von *Nikisch*, der jedoch mit Recht bemerkt, daß die tarifliche Regelung – es handelte sich um einen Tarif für die Arbeiter der Deutschen Bundesbahn – auch einfacher und der hergebrachten Regelung ähnlicher hätte gestaltet werden können).

73 Durch Tarifvertrag kann die sog. **Nettourlaubsregelung** (Anm. 39) eingeführt werden. Danach ist auf den Urlaub eine bestimmte Anzahl von arbeitsfreien Samstagen, sowohl bei Voll- als auch bei Teilurlaub, anzurechnen. Das kann auch dadurch geschehen, daß ein vor oder hinter dem Urlaub liegender Samstag angerechnet wird (vgl. *BAG* AP Nr. 1 zu § 3 BUrlG Fünf-Tage-Woche = BB 1966, 125 und dazu oben Anm. 37ff. und *Boldt/Röhsler*, § 3 Anm. 67 a.E.).

VI. Sonderregelungen für die neuen Bundesländer

74 Im Gesetzestext ist bei § 3 die für die neuen Bundesländer geltende Fassung des § 3 BUrlG abgedruckt.

Danach sind die Regelungen des BUrlG mit Ausnahme dieser anderen Fassung des § 3 ab 3. 10. 1990 auch in den neuen Bundesländern anzuwenden.

1. Grundurlaub:

75 Es besteht nach der für die neuen Bundesländer geltenden Fassung des § 3 BUrlG ein Anspruch auf einen **Grundurlaub von 20 Arbeitstagen**. Dabei ist von **5 Arbeitstagen** in der Woche auszugehen. Das bedeutet, daß ein Arbeitnehmer in jedem Falle einen Grundurlaub von vier Wochen hat, auch wenn er an sechs Tagen in der Woche tatsächlich Arbeit leistet. Die Arbeitswoche wird dann nicht mit sechs Urlaubstagen auf den Urlaub angerechnet; denn als Urlaubstage gelten nur die Tage von Montag bis Freitag einer Kalenderwoche (§ 2 der Verordnung über den Erholungsurlaub vom 28. 9. 1978 i. d. F. vom 18. 12. 1980 – GBl. DDR I Nr. 35 S. 365). Für Arbeitnehmer mit durchgehendem Schichtsystem und andere Arbeitnehmer, die nach Arbeitszeitplänen am Sonnabend oder Sonntag oder an einem anderen Wochentag zu arbeiten hatten, war in den früheren Rahmentarifverträgen festgelegt, welche Tage als Urlaubstage zu gelten hatten.
Hinsichtlich der **Nichtanrechnung der gesetzlichen Feiertage** verbleibt es auch in den neuen Bundesländern bei den Grundsätzen der Regelung des § 3 Abs. 2 der in den alten Bundesländern geltenden Fassung (Anm. 23 ff.).

2. Erhöhter Grundurlaub

76 Im Einigungsvertrag vom 31. 8. 1990 (BGBl. II S. 889) ist in Anlage I – Sachgebiet A – Abschnitt III – Ziffer 5b – weiter folgendes hinsichtlich des erhöhten Grundurlaubs bestimmt:
»b) Soweit in Rechtsvorschriften der Deutschen Demokratischen Republik ein über 20 Arbeitstage hinausgehender Erholungsurlaub festgelegt ist, gilt dieser bis zum 30. 6. 1991 als vertraglich vereinbarter Erholungsurlaub.«
Nach der vorstehend zitierten Fassung der Ziffer 5b besteht der Urlaubsanspruch in den neuen Bundesländern einerseits aus diesem Grundurlaub von 20 Arbeitstagen und andererseits aus den Zusatztagen des erhöhten Grundurlaubes, soweit er sich aus Rechtsvorschriften der ehemaligen DDR ergibt.
Allerdings wird dieser auf Rechtsvorschriften der ehemaligen DDR beruhende erhöhte Grundurlaub nicht kraft fortgeltender gesetzlichen Regelungen der ehemaligen DDR unbeschränkt fortgewährt. Er gilt vielmehr als vertraglich vereinbarter Erholungsurlaub bis 30. 6. 1991 fort, soweit er auf den Regeln der ehemaligen DDR bezüglich Zusatzurlaub beruhte. Nach dem 30. 6. 1991 können auch diese Rechtsvorschriften der DDR nicht mehr »als vertraglich vereinbarter Erholungsurlaub« angewandt werden, es sei denn, die Parteien des Einzelarbeitsvertrages vereinbaren die Anwendung bestimmter Regelungen von erhöhtem Grundurlaub/Zusatzurlaub oder erhöhter Grundurlaub/Zusatzurlaub wird aufgrund auch vor dem 3. 10. 1990 bereits geltender kollektivrechtlicher Regelungen (Rahmen-Kollektivverträgen = RKV) den Arbeitnehmern zugestanden. Solche kollektiv-rechtlichen Regelungen, die vor Inkrafttreten des Einigungsvertrages (3. 10. 1990) abgeschlossen waren, behalten unverändert ihre Gültigkeit.

77 **Einzige Ausnahme**: Es gilt **unverändert** und **unbefristet** fort § 8 der Verordnung über den Erholungsurlaub vom 28. 9. 1978 (GBl. DDR I S. 365 in der Fassung des Einigungsvertrages vom 31. 8. 1990 – Anlage II – Kapitel VIII – Sachgebiet A – Abschnitt III Nr. 2). Danach haben **Kämpfer gegen den Faschismus und Ver-**

folgte des Faschismus einen Anspruch auf 27 Arbeitstage jährlichen Erholungsurlaub als Grundurlaub.
Die einzelnen Arten des erhöhten Grundurlaubs werden bei Vorliegen der Voraussetzungen diesem Personenkreis in der festgelegten Höhe gewährt.

Erhöhter Grundurlaub steht zu:

a) Lehrlinge über 18 Jahre: 26 Arbeitstage Grundurlaub nach § 3 Abs. 2 Buchst. b der 1. Verordnung über den Erholungsurlaub vom 28. 9. 1978 i.d.F. vom 18. 12. 1980 (GBl. DDR I Nr. 35 S. 365). **78**
Dieser erhöhte Grundurlaub steht gerade Lehrlingen in einem Ausbildungsverhältnis zu, die älter sind als 18 Jahre.
Denn: Lehrlinge unter 18 Jahren und Jugendliche im Sinne des § 2 JArbSchG haben Anspruch auf den Jahresurlaub nach § 19 JArbSchG. Das JArbSchG gilt uneingeschränkt ab 3. 10. 1990 in den neuen Bundesländern nach Art. 8 des Einigungsvertrages vom 31. 8. 1990.
Der erhöhte Grundurlaub für Lehrlinge über 18 Jahre besteht von dem Monat an, in dem das Lehrverhältnis aufgenommen wurde. Er besteht bis zum Ablauf des Monats, in dem das Lehrverhältnis endet. Beendet der Lehrling sein Lehrverhältnis aufgrund seiner Leistungen vorzeitig, endet der Anspruch auf den erhöhten Grundurlaub mit Ablauf des Monats, in dem das Lehrverhältnis bei ordnungsgemäßer Ausschöpfung der Lehrzeit enden würde. Für Lehrlinge der Klassen »Berufsausbildung mit Abitur« besteht Anspruch auf diesen erhöhten Grundurlaub bis zum Ablauf des Jahres, in dem das Lehrverhältnis endet (§ 2 der »Ersten Durchführungsbestimmung zur VO über den Erholungsurlaub« vom 28. 9. 1978 (GBl. DDR I Nr. 33 S. 367).

b) Vollbeschäftigte Mütter, die im Mehrschichtsystem arbeiten und zu deren Haushalt 2 Kinder bis zu 16 Jahren gehören: **79**
Sie erhalten einen erhöhten Grundurlaub von 22 Arbeitstagen (§ 3 Abs. 2 Buchstabe c der Verordnung über den Erholungsurlaub – a.a.O.).

c) Vollbeschäftigte Mütter, zu deren Haushalt 3 und mehr Kinder bis zu 16 Jahren oder ein schwerstgeschädigtes Kind, für das Anspruch auf Pflegegeld der Stufe III oder IV, auf Sonderpflegegeld oder Blindengeld der Stufen IV bis VI besteht, bzw. ein blindes oder praktisch blindes Kind ab Vollendung des 3. Lebensjahres gehören: **80**
Sie erhalten einen erhöhten Grundurlaub von 23 Arbeitstagen (§ 3 Abs. 2 Buchstabe b der Verordnung über den Erholungsurlaub – a.a.O.)

d) Vollbeschäftigte Mütter gemäß Buchstabe d) der VO über Erholungsurlaub, die im Mehrschichtsystem arbeiten: **81**
Sie erhalten einen erhöhten Grundurlaub von 25 Arbeitstagen (§ 3 Abs. 2 Buchstabe e der Verordnung über den Erholungsurlaub).

e) Alleinerziehende Väter: **82**
Sie erhalten den erhöhten Grundurlaub wie vorstehend zu Anm. 79–81, wenn sie die dort genannten Voraussetzungen erfüllen (§ 251 AGB).

83 **3. Zusatzurlaub:**

Daneben gibt es noch zahlreiche Vorschriften über arbeitsbedingten **Zusatzurlaub** bei besonderen Arbeitserschwernissen/Arbeitsbelastungen oder besonders verantwortungsvoller Tätigkeit (§ 4 der Verordnung über den Erholungsurlaub / 1–5 Arbeitstage: Ihre jeweilige Dauer ist in Rahmenkollektivverträgen zu vereinbaren), Zusatzurlaub für Arbeitnehmer, die ständig im Mehrschichtsystem arbeiten (§ 5 der Verordnung über den Erholungsurlaub), Schwer- und Schwerstbeschädigte unter einem Grad der Behinderung von 50, die als Schwerbehinderte nach § 1 Abs. 1 SchwbG-DDR gelten (5 Tage Zusatzurlaub nach §§ 1 Abs. 2, 47 SchwbG DDR vom 21. 6. 1990 (GBl. DDR I Nr. 35 S. 381). Tuberkulosekranke und Tuberkuloserekonvaleszenten erhalten nach § 6 der Verordnung über den Erholungsurlaub 3 Arbeitstage Zusatzurlaub. § 7 der Verordnung über den Erholungsurlaub gewährt Arbeitnehmern, die Tätigkeiten unter klimatisch besonders erschwerten Bedingungen verrichten Zusatzurlaub von 5 oder 10 Tagen. Die Bedingungen sind in Zukunft in Rahmenkollektivverträgen/Tarifverträgen zu regeln.

84 Daneben gibt es noch einen erhöhten **Erholungsurlaub für ältere Arbeitnehmer** nach der VO über die Erhöhung des Erholungsurlaubs für ältere Werktätige vom 1. 10. 1987 (GBl. I Nr. 23 S. 311). Danach erhalten Frauen ab Beginn des Kalenderjahres, in dem sie das 55. Lebensjahr vollenden, und Männer ab dem Beginn des Kalenderjahres, in dem sie das 60. Lebensjahr vollenden, einen altersabhängigen Zusatzurlaub von 5 Arbeitstagen (§ 2 der genannten VO).

85 Schließlich besteht noch die Möglichkeit zur Gewährung von **Treueurlaub** aufgrund von Rahmenkollektivverträgen und betrieblichen Vereinbarungen gemäß § 2 der 3. Verordnung zum Erholungsurlaub vom 22. 2. 1990 (GBl. DDR I Nr. 11 S. 85).

§ 4 Wartezeit

Der volle Urlaubsanspruch wird erstmalig nach sechsmonatigem Bestehen des Arbeitsverhältnisses erworben.

Literatur

Engel, Vereinbarung tariflicher Wartezeiten und Bundesurlaubsgesetz, BB 1964, 265; *Feller*, Urlaubsansprüche bei Arbeitgeberwechsel, RdA 1968, 4; *Monjau*, Die Bedeutung der Betriebszugehörigkeit, DB 1966, 1432; *Neumann*, Probleme des Urlaubsrechts, DB 1957, 68.

Inhaltsübersicht

I. Grundgedanken und Bedeutung der Wartezeit

1 Schon die meisten Landesurlaubsgesetze machten die Entstehung des Urlaubsanspruches von der Erfüllung einer Wartezeit abhängig. § 19 Abs. 4 S. 1 JArbSchG verweist ausdrücklich auf § 4 BUrlG. Die Abhängigkeit der Entstehung des Urlaubsanspruchs von der Erfüllung einer Wartezeit war und ist schließlich ganz herrschende Tarifpraxis. Dieser Gesetzes- und Tarifpraxis liegt der Gedanke zugrunde, daß der volle Urlaubsanspruch des Arbeitnehmers, den man heute ganz allgemein nicht mehr als Entgelt für geleistete Dienste, sondern als einen Ausfluß der Fürsorgepflicht des Arbeitgebers ansieht, dann nicht zur Entstehung gelangen soll, wenn seine Bindung zum Arbeitgeber sehr kurz ist. Das hat auch nach der »neuen« Rechtsprechung des BAG zur Rechtsnatur des Urlaubsanspruches zu gelten (§ 1 Anm. 2). Getragen wird dies, auch wenn das BUrlG von der rechtlichen Existenz des Arbeitsverhältnisses ausgeht, weiter von dem Gedanken, der Arbeitnehmer soll den Urlaubsanspruch erst dann erwerben, wenn er eine bestimmte Zeit der Betriebszugehörigkeit aufzuweisen hat (vgl. *Boldt/Röhsler*, § 4 Anm. 2; *Hueck/Nipperdey*, Bd. I S. 436; *Dersch/Neumann*, § 4 Anm. 1).

2 Dieser Normalfall bestimmt die sozialpolitische Rechtfertigung der Wartezeit, wenn es auch heute angesichts der Gesetzesformulierung denkbar ist, daß die Wartezeit erfüllt wird, ohne daß der Arbeitnehmer auch nur einen Tag gearbeitet hat; z.B. wegen Krankheit (vgl. dazu unten Anm. 30).

1. Rechtsnatur der Wartezeit

3 Die Wartezeit wurde bisher von der herrschenden Meinung als aufschiebende Bedingung angesehen (Nachweise bei *Dersch/Neumann*, § 4 Anm. 5). Die Streitfrage, ob die Wartezeit als aufschiebende Bedingung aufzufassen ist oder einen Fall der aufgeschobenen Fälligkeit darstellt, ist für die Praxis ohne Bedeutung. In beiden Fällen wird der Rechtsgedanke des § 162 BGB anzuwenden sein, d.h., der Anspruch auf den vollen Jahresurlaub entsteht, wenn der Arbeitgeber dessen Entstehung wider Treu und Glauben durch vorzeitige Kündigung vereitelt. Das ist heute allgemein anerkannt (vgl. *Dersch/Neumann*, § 4 Anm. 6; *Borrmann*, § 4 Anm. 1; *Boldt/Röhsler*, § 4 Anm. 5; *Schelp/Herbst*, § 4 Anm. 6; *Bobrowski/Gaul* Bd. I S. 429; *BAG* AP Nr. 2 zu § 19 JArbSchG; *BAG* AP Nr. 1 zu § 4 BUrlG = BB 1967, 717). Unterschiedliche Rechtsfolgen aus den verschiedenen Auffassungen zum Rechtscharakter der Wartezeit bestehen sonst nicht.

4 Der Wortlaut des BUrlG, nach dem der volle Urlaubsanspruch nach Ablauf der Wartezeit »erworben« wird, deutet darauf hin, daß der Anspruch dann erst entsteht. Vorher ist der Anspruch rechtlich nicht existent, so daß die Konstruktion der aufschiebenden Bedingung und auch die der sog. aufgeschobenen Fälligkeit ausscheiden (so mit Recht *Boldt/Röhsler*, § 4 Anm. 6). *Dersch/Neumann* (§ 4 Anm. 6) gehen bis zum Ablauf der Wartezeit von einer Anwartschaft aus (ebenso *Borrmann*, § 4 Anm. 1; *BAG* AP Nr. 2 zu § 19 JArbSchG). Dem ist zuzustimmen. Keinesfalls ist die Wartezeit eine Sperrfrist, etwa in der Form, daß die Entstehung des Urlaubsanspruches um die Wartezeit hinausgeschoben oder der Wartezeitraum bei der Berechnung der Urlaubsdauer außer Ansatz bleibt. Die Wartezeit ist vielmehr auch dann für die Urlaubsberechnung mit einzubeziehen, wenn ihr Ablauf erst in das folgende Urlaubsjahr fällt (*BAG* EzA § 13 BUrlG Nr. 14 = AP Nr. 6 zu § 13 BUrlG Unabdingbarkeit = BB 1980, 1691 = DB 1980, 2197; *Bobrowski/Gaul*, Bd. I S. 249; *Schaub*, § 102 II 3 [S. 543]; *Schelp/Herbst*, § 4 Anm. 6; *Dersch/Neumann*, § 4 Anm. 9).

5 Die Teilurlaubsregelung des § 5 Abs. 1 Buchstabe a) und b) zeigen, daß die Anwartschaft des Arbeitnehmers während der Wartezeit eine Rechtsposition eigener Art darstellt, worauf *Boldt/Röhsler* (§ 4 Anm. 7) mit Recht hinweisen. Denn in den dort aufgeführten Fällen erwirbt der Arbeitnehmer nämlich einen Teilurlaubsanspruch (vgl. dazu § 5 Anm. 9–18).

2. Erfüllung der Wartezeit

6 Die Wartezeit ist nur **einmal zurückzulegen**. Das ist jetzt allgemeine Meinung (vgl. *Dersch/Neumann*, § 4 Anm. 15; *Schelp/Herbst*, § 4 Anm. 7; *Siara*, § 4 Anm. 1; *Natzel*, § 4 Anm. 5; *BAG* AP Nr. 1 zu § 4 UrlG Hessen). Ist sie erfüllt, so entsteht der volle Urlaubsanspruch im folgenden Urlaubsjahr bereits am 1. Januar (*Boldt/Röhsler*, § 4 Anm. 20; *Dersch/Neumann*, § 4 Anm. 16). Der Arbeitnehmer kann somit den vollen Urlaubsanspruch nach dem Stichtag geltend machen. Der Arbeitgeber kann in diesen Fällen nicht einwenden, es stehe noch nicht fest, ob der Arbeitnehmer nicht im Urlaubsjahr ausscheide. Selbst wenn der volle Urlaubsanspruch 1½ Monate nach dem Stichtag – das ist in den späteren Urlaubsjahren stets der 1. Januar – verlangt wird, muß der Arbeitgeber ihn erteilen (vgl. *BAG* AP Nr. 46 zu § 611 BGB Urlaubsrecht). Das ist

nicht rechtsmißbräuchlich. Die Entstehung von Doppelansprüchen verhindert hier § 6.

7 Nach Erfüllung der Wartezeit entsteht der volle Urlaubsanspruch ohne Rücksicht auf die Dauer der ehemaligen Beschäftigung im Eintrittsjahr. Die verbreitete Regelung der ehemaligen Landesurlaubsgesetze, nach der im Eintrittsjahr der Urlaub nur entsprechend der Dauer der Betriebszugehörigkeit zu gewähren war (Zwölftelung), ist nicht in das BUrlG übernommen worden. Einem Arbeitnehmer, der am 1. 5. eintritt, ist somit nach dem 31. 10. der volle Jahresurlaub zu gewähren. Nur soweit der Arbeitnehmer für dieses Urlaubsjahr bereits von einem anderen Arbeitgeber Urlaub erhalten hat, kann die Anrechnung nach § 6 des Gesetzes erfolgen. Dabei ist es ohne Bedeutung, ob der Urlaub in natura gewährt oder abgegolten worden ist.

8 Die Wartezeit muß nicht innerhalb eines Urlaubsjahres erfüllt werden. So ist die Wartezeit eines am 1. 9. eingetretenen Arbeitnehmers am 28. 2. des folgenden Urlaubsjahres erfüllt (**h.M.** vgl. *Boldt/Röhsler*, § 4 Anm. 20; *Dersch/Neumann*, § 4 Anm. 18; *Borrmann*, § 4 Anm. 6). Sie muß also nicht im neuen Urlaubsjahr wieder begonnen werden. Zum Teilurlaub und seiner Übertragung in diesem Falle vgl. § 5 Anm. 9 und § 7 Anm. 130.

3. Doppelarbeitsverhältnis

9 Bei Doppelarbeitsverhältnissen entsteht nach *BAG* (AP Nr. 1 zu § 611 BGB Doppelarbeitsverhältnis) in jedem Arbeitsverhältnis ein voller Urlaubsanspruch nach Erfüllung der Wartezeit.

4. Stichtagsprinzip

10 Früher war es vielfach üblich, statt der Wartezeit im Tarifvertrag einen Stichtag zu vereinbaren. Das ist nach § 13 auch heute noch in Tarifverträgen zulässig, soweit der Stichtag die Bedeutung haben soll, daß der Arbeitnehmer den vollen Urlaubsanspruch erwirbt, wenn er am Stichtag dem Betrieb angehört. Denn sowohl § 4 wie auch § 5 des Gesetzes gegenüber besteht der Vorrang des Tarifvertrages. Zwölftelungsprinzip und Stichtagsprinzip sind einander völlig gleichwertig (*BAG* AP Nr. 2 zu § 6 UrlG Niedersachsen).

11 Das Urlaubsjahr kann durch Tarifvertrag auf diese Weise nicht geändert werden, da insoweit der Vorrang des Tarifvertrages nicht besteht (§ 13 Abs. 1).

II. Dauer der Wartezeit

1. Fristberechnung

12 Die Wartezeit beträgt sechs Monate. Das sind nicht notwendig Kalendermonate. Die Frist beginnt vielmehr an dem Tage, an dem der Arbeitnehmer seine Dienste vertragsmäßig aufnimmt oder hätte aufnehmen müssen. Der Zeitpunkt des Vertragsabschlusses ist für den Anfang der Frist ohne Bedeutung (ebenso *Boldt/Röhsler*, § 4 Anm. 17; *Dersch/Neumann*, § 4 Anm. 19). Ist der erste Tag ein gesetzlicher Feiertag, so beginnt die Frist nicht etwa erst am folgenden Tage, denn die Tatsache der Nichtbeschäftigung des Arbeitnehmers ist ohne Bedeutung (vgl. unten Anm. 22). Auch wenn der Arbeitnehmer vor Aufnahme der Arbeit erkrankt, hindert dies den Beginn der Frist nicht (vgl. dazu unten Anm. 30f.).

13 Die Wartezeit ist eine Frist, deren Anfang und Ende nach den §§ 186ff. BGB zu bestimmen ist. Sie beginnt in aller Regel entsprechend § 187 Abs. 2 BGB mit dem Beginn des Tages, an dem der Arbeitnehmer seine Tätigkeit aufnimmt oder hätte aufnehmen müssen. Ist der Arbeitnehmer z.B. für den 1. Februar eingestellt, so wird dieser Tag bei der Berechnung der Frist mitgerechnet. Die Frist endigt dann am 31. Juli (§ 188 Abs. 2 BGB; allg. Ansicht, vgl. *BAG* AP Nr. 1 zu § 4 BUrlG = DB 1967, 824; *LAG Frankfurt* DB 1965, 1863). Nur ausnahmsweise richtet sich der Anfang der Frist nach § 187 Abs. 1 BGB. Wird z.B. ein Arbeitnehmer im Laufe eines Tages eingestellt und beginnt er sofort mit der Arbeit, so wird dieser Tag nicht mitgerechnet. Die Wartezeit eines Arbeitnehmers, der am 1. Februar um 11 Uhr eingestellt wird, endet also am 1. August (**a.A.** *LAG Frankfurt* AuR 1966, 60 = DB 1965, 1863, wonach der erste Beschäftigungstag immer mitzurechnen sei). Ohne Bedeutung ist es, ob der letzte Tag der Frist ein Sonntag oder gesetzlicher Feiertag ist. § 193 BGB findet keine Anwendung, da er nur den Fall trifft, in dem innerhalb der Frist eine Willenserklärung abzugeben oder eine Leistung zu bewirken ist.

2. Wartezeit und Urlaubsjahr

14 Ohne Bedeutung für die Erfüllung der Wartezeit ist es, wenn sie erst im folgenden Urlaubsjahr endigt. Hier sind die in den einzelnen Urlaubsjahren zurückgelegten Zeiten zusammenzurechnen (vgl. *BAG* AP Nr. 1 zu § 4 BUrlG = DB 1967, 824; *Boldt/Röhsler*, § 4 Anm. 20; *Dersch/Neumann*, § 4 Anm. 18).

3. Wartezeit und Änderung der Tätigkeit

15 Ohne Einfluß auf die Erfüllung der Wartezeit ist auch eine Änderung der Tätigkeit, selbst wenn damit eine Änderung der Rechtsstellung des Arbeitnehmers verbunden ist, z.B. ein Wechsel vom Arbeiter- ins Angestelltenverhältnis. In die Wartezeit ist die Ausbildungszeit einzubeziehen, wenn zwischen ihr und der Gehilfentätigkeit keine Unterbrechung eingetreten ist. Scheidet der Auszubildende jedoch zunächst aus, und wird er später als Gehilfe wieder eingestellt, so ist die Wartezeit neu zurückzulegen. Die Dauer der Unterbrechung ist dabei ohne Bedeutung (Einzelheiten unten Anm. 38ff.). Außer der Ausbildungszeit sind auch andere Zeiten einer Tätigkeit bei demselben Arbeitgeber einzubeziehen, sofern aus einer derartigen Tätigkeit ein Urlaubsanspruch entstehen könnte, z.B. ein wegen seiner wirtschaftlichen Abhängigkeit als arbeitnehmerähnliche Person anzusehender Handelsvertreter wird ins Angestelltenverhältnis übernommen; ein Volontär wird ohne Unterbrechung als Angestellter weiter beschäftigt; ein Heimarbeiter wird in ein Arbeitsverhältnis übernommen (ebenso *Boldt/Röhsler*, § 4 Anm. 11; *Dersch/Neumann*, § 4 Anm. 27).

4. Wartezeit und anrechenbare Zeiten

16 Vordienstzeiten bei demselben Arbeitgeber sind auf die Wartezeit nicht anzurechnen. Das gilt auch für Vordienstzeiten, die im gleichen Urlaubsjahr zurückgelegt worden sind (Einzelheiten unten Anm. 33ff.). Selbst Zeiten, die nach den VOen über die Anrechnung von Wehr- und Kriegsdienstzeiten im öffentlichen Dienst oder in der privaten Wirtschaft vom 29. 12. 1937 und 18. 9. 1940 zu berücksichtigen waren, nach § 9 Abs. 3 Bergmannsversorgungsscheingesetz Nordrhein-Westfalen i.d.F. vom 9. 1. 1958 (GVBl. S. 14) oder nach § 8 Soldatenversorgungsgesetz Beachtung finden, sind für die Erfüllung der Wartezeit ohne Bedeutung (*Schaub*, § 102 II 3 [S. 544]; *Dersch/Neumann*, § 4 Anm. 29). Nur bei Zeiten, die für die Berechnung der Dauer des Urlaubs maßgebend sind, sind sie zu verwerten (vgl. *LAG Hamm* DB 1960, 92; *ArbG Rheine* DB 1968, 1320, das die Anrechnung einer Unterbrechung von fast 6 Monaten auf die Wartezeit trotz einer tariflichen Regelung verneinte, die die Unterbrechung des Arbeitsverhältnisses bis zur Dauer von 6 Monaten als unschädlich ansah).

5. Wartezeit und Vollurlaub

17 Endigt im Zeitpunkt der Erfüllung der Wartezeit gleichzeitig das Arbeitsverhältnis, so entsteht der **volle Urlaubsanspruch**, sofern nicht § 5 Abs. 1c gegeben ist, d.h. der Arbeitnehmer in der ersten Hälfte des Kalenderjahres ausscheidet. Endigt die Wartezeit am 30. Juni, so ist noch Teilurlaub zu gewähren, denn dieser Arbeitnehmer scheidet noch in der ersten Hälfte des Jahres aus. Wird das Arbeitsverhältnis **dagegen nach erfüllter Wartezeit zum 31. August gelöst, so ist der volle Jahresurlaub zu gewähren** (vgl. schon *LAG Düsseldorf* BB 1954, 806), selbst wenn das Arbeitsverhältnis nur während der Wartezeit bestanden hat (vgl. *BAG* AP Nr. 1 zu § 4 BUrlG = DB 1967, 824). Nach § 6 kann hier nur ein von dem früheren Arbeitgeber gewährter Urlaub angerechnet werden (vgl. dazu *Dersch/Neumann*, § 4 Anm. 60; *Borrmann*, § 5 Anm. 3; *Schelp/Herbst*, § 4 Anm. 10; *LAG Stuttgart* BB 1952, 804 = DB 1952, 992; *LAG Düsseldorf* BB 1954, 806; *Köst*, BB 1956, 567; BAGE 38, 106; 42, 349; *Boldt/Röhsler*, § 4 Anm. 22, die entscheidende Bedeutung auf das Wort »nach« im Gesetzestext legen).

18 Vielfach wird die Auffassung vertreten, daß dann, wenn das Arbeitsverhältnis nach erfüllter Wartezeit zum 30. 6. endet, der volle Urlaubsanspruch zu gewähren sei. Das ist nicht der Fall, weil hier an Stelle der allgemeinen Vorschrift des § 4 die Sondervorschrift des § 5 Abs. 1c anzuwenden ist (dazu vgl. Anm. 19ff. zu § 5), die im Falle des Ausscheidens aus dem Arbeitsverhältnis in der ersten Hälfte eines Kalenderjahres nur den verkürzten Vollurlaub gewährt (wie hier *Dersch/Neumann*, § 5 Anm. 26; *Boldt/Röhsler*, § 5 Anm. 32; *Schelp/Herbst*, § 5 Anm. 8; *Natzel*, § 5 Anm. 21; **a.A.** *Borrmann*, § 5 Anm. 5; *Gross*, V B III 1b; *Grossmann*, ArbuR 1965, 365 und BB 1964, 595; *LAG Bremen* DB 1964, 1450 und DB 1966, 78). Wenn *Grossmann* hiergegen vorträgt, in Anlehnung an den Grundsatz »a maiore ad minus« sei nicht recht einzusehen, weshalb zur Aufrechterhaltung des vollen Jahresurlaubsanspruchs ein längerer Zeitraum erforderlich sein solle als zu seiner Entstehung, so ist das nicht recht überzeugend. Der Grundsatz »a maiore ad minus« setzt zunächst einmal übereinstimmende Sachverhalte voraus,

die gerade hier nicht vorliegen. Denn der Ablauf der Wartezeit wird von der h.L. als aufschiebende Bedingung für den Erwerb des Urlaubsanspruchs angesehen (§ 4 Anm. 3), während man die Konstruktion des § 5 Abs. 1c der auflösenden Bedingung zurechnen könnte. Die Frist des § 5 Abs. 1c muß auch in jedem Urlaubsjahr zurückgelegt werden, während die Wartezeit nur einmal erfüllt zu werden braucht. Dadurch soll § 5 Abs. 1c in jedem Urlaubsjahr sicherstellen, daß der jährlich zu gewährende Urlaub in einem angemessenen Verhältnis zur Dauer des Arbeitsverhältnisses liegt. So gesehen verbietet es sich, per argumentum a maiore ad minus von der Mindestdauer der Wartezeit auf eine ebenso lange Dauer der Mindestbeschäftigungszeit des § 5 Abs. 1c zu schließen. Das ist auch nicht etwa gerechtfertigt, weil von einer vermuteten Widerspruchslosigkeit der Rechtsnormen eines Gesetzes – hier §§ 4 und 5 Absatz 1c – auszugehen ist. Dieser Grundsatz darf nicht überbewertet werden (vgl. dazu *Herschel*, BB 1966, 792). Hier gilt dies besonders, weil der Gesetzgeber an den Fall, in dem die Wartezeit am 1. 1. eines Jahres beginnt und das Arbeitsverhältnis bereits wieder am 30. 6. endet, offenbar gar nicht gedacht hat.
Mit der hier vertretenen Auffassung steht § 5 Anm. 25 nicht im Widerspruch. Auch dort wird der Meinung zugestimmt, daß zwischen den Regelungen des § 4 und des § 5 Abs. 1 Buchstabe c BUrlG insofern kein innerer Zusammenhang besteht, als § 4 BUrlG die Wartezeit für den vollen Urlaubsanspruch und § 5 Abs. 1 Buchstabe c BUrlG die Urlaubshöhe für einen bestimmten Fall regelt. Dann aber ist die Regelung des § 4 BUrlG entscheidend, daß bei einem Ausscheiden mit dem 30. 6. das Ausscheiden »in der ersten Hälfte es Kalenderjahres« erfolgt ist.

III. Bestehen des Arbeitsverhältnisses

1. Allgemeines

19 Das Gesetz verlangt das sechsmonatige **Bestehen des Arbeitsverhältnisses**.

20 Damit knüpft das BUrlG nicht an die Begriffe »Betriebszugehörigkeit« oder »Dauer der Beschäftigung« an. Die im BUrlG enthaltene Gesetzesformulierung wollte viele mit diesen Begriffen entstandenen Zweifelsfragen in Landesurlaubsgesetzen ausschließen. Durch den Bezugspunkt »Bestehen des Arbeitsverhältnisses« stellt das BUrlG allein auf die **rechtliche Existenz des Arbeitsverhältnisses ab**. Eine andere Auslegung scheidet nach dem Wortlaut und der Entstehungsgeschichte des Gesetzes aus. Bei den Beratungen kam nämlich klar zum Ausdruck, daß es auf die Wartezeit ohne Einfluß sein sollte, wenn der Arbeitnehmer an der Dienstleistung verhindert wäre. Im schriftlichen Bericht des Ausschusses für Arbeit wird sogar hervorgehoben, dies solle auch für verschuldete Fälle der Arbeitsversäumnis gelten (vgl. Schriftl. Bericht des Ausschusses für Arbeit vom 30. 11. 1962 – BT-Drucksache IV/785 A III zu § 4).

21 Die gesetzliche Regelung stellt es damit – wie übrigens auch § 1 Abs. 1 KSchG 1969 – auf den **rechtlichen ununterbrochenen Bestand des Arbeitsverhältnisses** ab. Ob der Arbeitnehmer während dieses rechtlichen Bestandes seines Arbeitsverhältnisses tatsächlich beschäftigt worden ist, Arbeit geleistet hat und in den Betrieb eingegliedert war, ist ohne Belang.

22 Bei dieser Sachlage ist es verfehlt, für bestimmte Zeiten der Nichtbeschäftigung des Arbeitnehmers eine Unterbrechung der Wartezeit anzunehmen. Eine Unterbrechung der Wartezeit kann daher nicht angenommen werden in den Fällen längerer Erkrankung und verschuldeter Arbeitsverhinderung – Bummeltage – (vgl. auch *Borrmann*, § 4 Anm. 10). Diese Auffassung berücksichtigt nicht die Entstehungsgeschichte und den Wortlaut des Gesetzes und überträgt alte Streitfragen, ohne zu beachten, daß der Gesetzgeber diese von ihm erkannten Probleme gerade eindeutig geregelt hat (wie hier *Boldt/Röhsler*, § 4 Anm. 9; *Dersch/Neumann*, § 4 Anm. 30–31; *Monjau*, DB 1966, 1434; *Schelp/Herbst*, § 4 Anm. 11; *Siara*, § 4 Anm. 4; *Natzel*, § 4 Anm. 30; *Trieschmann*, ArbuR 1963, 70; *Röhsler*, DB 1963, 1048; *Bobrowski/Gaul*, Bd. I S. 430; *Schaub*, § 102 II 3 [S. 544] und 6 [S. 546]).

2. Einzelfälle

a) Bummeltage

23 Bummeltage sind bei der Berechnung der Wartezeit ohne Bedeutung. Es ist nicht zulässig, die Wartezeit entsprechend zu verlängern. Denn der rechtliche Bestand des Arbeitsverhältnisses bleibt davon unberührt. Eine andere Frage ist dabei, ob der Arbeitgeber aus dem Verhalten des Arbeitnehmers kündigungsrechtliche Konsequenzen zieht (vgl. *Dersch/Neumann*, § 4 Anm. 32; *Boldt/Röhsler*, § 4 Anm. 31; **h. L.**).

b) Streik und Aussperrung

24 Der Streik unterbricht die rechtliche Existenz des Arbeitsverhältnisses nicht. Nach der Rechtsprechung des BAG suspendiert der Streik die Arbeitspflicht und die Lohnzahlungspflicht (*BAG* Großer Senat AP Nr. 143 zu Art. 9 GG Arbeitskampf). Das Arbeitsverhältnis besteht rechtlich fort, de facto kommt es zum Ruhen. Dennoch ist es nicht gerechtfertigt, den Fall des Streiks wie das Ruhen des Arbeitsverhältnisses zu behandeln (unten Anm. 34ff.). Denn im Arbeitsverhältnis, das während des Streiks rechtlich fortbesteht, bleiben die Treuepflicht des Arbeitnehmers und auch die Fürsorgepflicht des Arbeitgebers im Prinzip erhalten. Wenn auch bei der inhaltlichen Bestimmung dieser Pflichten die Tatsache des Arbeitskampfes nicht außer acht gelassen werden darf, so kann doch ihre grundsätzliche Existenz nicht in Abrede gestellt werden (Einzelheiten bei *Bulla*, Festschrift für Nipperdey, S. 188 und *Bertele*, Rechtsnatur und Rechtsfolgen der Aussperrung, S. 105; *Löwisch/Bittner*, Schlichtung und Arbeitskampfrecht, Rz. 517, 646). So lassen sich Unterschiede zum Ruhen des Arbeitsverhältnisses feststellen, die die Annahme rechtfertigen, daß der Streik auf die Wartezeit ohne Einfluß ist. Das gilt für den legitimen und auch für den illegitimen Streik. Denn auch der illegitime Streik hat auf den rechtlichen Bestand des Arbeitsverhältnisses keinen Einfluß (wie hier *Boldt/Röhsler*, § 4 Anm. 36ff.; *Dersch/Neumann*, § 4 Anm. 40; *Hueck/Nipperdey*, Bd. I S. 438 Anm. 42; *Schelp/Herbst*, § 4 Anm. 15; *Siara*, § 4 Anm. 6; *Bobrowski/Gaul*, Bd. I S. 336 Anm. 87; *Natzel*, § 4 Anm. 37).

25 Entfällt infolge eines Streiks in einem fremden Betrieb oder eines Teilstreiks für den Arbeitnehmer die Beschäftigungsmöglichkeit, so ist diese Zeit der Nichtbeschäftigung auf die Erfüllung der Wartezeit ohne Einfluß (*Natzel*, § 4 Anm. 38).

26 **Die rechtmäßige Aussperrung** suspendiert in der Regel das Arbeitsverhältnis (*BAG* Großer Senat AP Nr. 1 zu Art. 9 GG Arbeitskampf; *BAG* AP Nr. 64 und 65 zu Art. 9 GG Arbeitskampf). Nur ausnahmsweise hat sie lösende Wirkung (siehe dazu § 1 Anm. 149ff.). Im Falle der Suspension der Arbeits- und Lohnzahlungspflicht, die nur angenommen werden kann, wenn hierfür eindeutige Anhaltspunkte vorliegen, gilt das oben zum Streik Gesagte. Der rechtliche Bestand des Arbeitsverhältnisses bleibt unberührt. Die Aussperrung mit dieser Rechtswirkung bleibt daher auf die Erfüllung der Wartefrist ohne Einfluß.

27 Eine **rechtmäßige lösende Aussperrung** ist – wie bereits in § 1 Anm. 104 ausführlich dargestellt ist – ein Lösungstatbestand sui generis. Sie ist nur in Ausnahmefällen zulässig. Nach Beendigung des Arbeitskampfes ist der Arbeitgeber auch bei einer lösenden Aussperrung nach billigem Ermessen zur Wiedereinstellung der ausgesperrten Arbeitnehmer verpflichtet. Ob und inwieweit das Arbeitsverhältnis des Wiedereingestellten als Fortsetzung seines bisherigen oder Beginn eines neuen Arbeitsverhältnisses anzusehen ist, richtet sich nach den Umständen. Begründen die Parteien das Arbeitsverhältnis völlig ohne Zusammenhang mit dem beendeten, so beginnt auch die Wartezeit neu.

28 Vereinbaren die Tarifvertragsparteien nach Beendigung des Arbeitskampfes jedoch ein **allgemeines Maßregelungs- und Benachteiligungsverbot**, so ist die lösende Aussperrung auf die Erfüllung der Wartezeit ohne Einfluß. Denn derartige Tarifklauseln wollen die Unterbrechungswirkungen beseitigen und die Arbeitnehmer so stellen, wie wenn die Arbeitsverträge nicht unterbrochen gewesen wären (vgl. *Hueck/Nipperdey*, Bd. II S. 213; *Wiedemann/Stumpf*, TVG, 5. Aufl., § 1 Anm. 217).

29 **Die illegitime Aussperrung** unterbricht die rechtliche Existenz des Arbeitsverhältnisses nicht. Sie ist daher für die Wartezeit ohne Bedeutung. Entstehende Zeiten der Nichtbeschäftigung sind anzurechnen (ebenso *Boldt/Röhsler*, § 4 Anm. 41).

c) Krankheit

30 Nachdem der ausdrückliche Gesetzeswortlaut es allein auf den rechtlichen Bestand des Arbeitsverhältnisses abstellt, sind **Krankheiten während der Wartezeit** ohne Einfluß auf ihre Erfüllung. Es kann also nicht mehr darauf ankommen, ob der Arbeitnehmer häufig kurzfristig oder langanhaltend in der Wartezeit erkrankt war. Der Ablauf der Wartezeit bei Fortdauer des rechtlichen Bestandes des Arbeitsverhältnisses führt auch dann zum vollen Urlaubsanspruch, wenn keine oder eine nur geringfügige Arbeitsleistung vorlag (*Boldt/Röhsler*, § 4 Anm. 30; *Dersch/Neumann*, § 4 Anm. 35; *Schaub*, § 102 II 3 [S. 544]; *Bobrowski/Gaul*, Bd. I S. 430).

31 Eine andere Frage ist, ob der Geltendmachung des vollen Jahresurlaubs bei Erkrankung während der ganzen Wartezeit der Einwand des Rechtsmißbrauches entgegengesetzt werden kann und der Arbeitnehmer nur Urlaubszwölftelung fordern kann, wenn er im laufenden Urlaubjahr doch noch tatsächlich Arbeit nach Erfüllung der Wartezeit leistet. Diese Frage dürfte nach der Entscheidung des *BAG* vom 28. 1. 1982 (siehe § 1 Anm. 124ff., insbesondere 126) zu verneinen sein. Im übrigen ist die Urlaubszwölftelung im Falle krankheitsbedingter Arbeitsverhinderung nach § 5 Abs. 1 nicht vorgesehen (*Dersch/Neumann*, § 4 Anm. 36; *Schaub*, § 102 II 6 [S. 546]).

d) Weitere Einzelfälle

32 Außer den genannten Fällen sind ferner z. B. auf die Wartezeit ohne Einfluß: **Zeiten des Arbeitsausfalls auf Grund des Mutterschutzgesetzes, Zeiten des Erziehungsurlaubs** (mit Kürzungsmöglichkeit nach § 17 BErzGG), **Annahmeverzug des Arbeitgebers, Teilnahme an Schulungskursen, unbezahlter Urlaub, Nichtbe-**

schäftigung infolge einer Betriebsstörung. Diese Zeiten sind auf die Wartezeit anzurechnen, ohne daß ihre Dauer von Bedeutung wäre.

e) Mißbrauchstatbestände

33 Wenn auch bisher Zeiten der Nichtbeschäftigung bei Fortbestand des Arbeitsverhältnisses für unbeachtlich erklärt worden sind, so bedeutet dies nicht, daß z.B. ein Arbeitnehmer kurz nach Erfüllung der Wartezeit seinen vollen Urlaub verlangen kann, obwohl er während der Wartezeit aus von ihm zu vertretenden Umständen in kaum nennenswertem Rahmen Arbeit geleistet hat. In diesen Fällen finden vielmehr die Grundsätze Anwendung, wie sie für den Rechtsmißbrauch bei der Geltendmachung des Urlaubsanspruchs entwickelt worden sind (vgl. § 1 Anm. 134). Jedoch wird ein Rechtsmißbrauch nicht auf die Tatbestände der Anm. 23–32 gestützt werden können.

f) Ruhen des Arbeitsverhältnisses

34 Vereinbaren die Parteien das Ruhen des Arbeitsverhältnisses, so wird dieser Zeitraum nicht angerechnet, obwohl das Arbeitsverhältnis rechtlich fortbesteht. Hier ist der Gedanke des § 205 BGB entsprechend anzuwenden. Das gilt auch für die Fälle der Werksbeurlaubung, die nichts anderes als die Vereinbarung des Ruhens des Arbeitsverhältnisses darstellen (wie hier im Ergebnis *Bobrowski/Gaul,* Bd. I S. 430; *Natzel*, § 4 Anm. 34; *Schelp/Herbst*, § 4 Anm. 14; *Dersch/Neumann*, § 4 Anm. 38).

35 Kein vereinbartes Ruhen des Arbeitsverhältnisses liegt aber beim **sog. unbezahlten Urlaub** vor. Dieser unterbricht die Wartezeit nicht. Ob unbezahlter Urlaub vorliegt oder Ruhen des Arbeitsverhältnisses, ist ohne Rücksicht auf die von den Beteiligten gebrauchten Formulierungen zu entscheiden. Abzustellen ist auf den Zweck. Will der Arbeitnehmer z.B. eine familiäre Angelegenheit erledigen, so ist unbezahlter Urlaub anzunehmen. Das hat zur Folge, daß die Rechte und Pflichten aus dem Arbeitsverhältnis über Lohn- und Arbeitspflicht hinaus nicht so gelockert sind wie beim ruhenden Arbeitsverhältnis. Will der Arbeitnehmer dagegen an einem längeren Lehrgang teilnehmen oder z.B. sein Studium an einer Hochschule vollenden, so ist Ruhen des Arbeitsverhältnisses anzunehmen.

36 Eine **Unterbrechung der Wartezeit** tritt auch im Falle der Einberufung des Arbeitnehmers zum **Wehrdienst** ein, denn das Arbeitsverhältnis ruht während der Dauer der Einberufung (§ 1 Abs. 1 ArbPlSchG). Der Fall des Ruhens des Arbeitsverhältnisses kraft Gesetzes ist dem des vereinbarten Ruhens des Arbeitsverhältnisses gleichzusetzen. § 6 Abs. 1 ArbPlSchG steht nicht entgegen, da es sich nicht um eine Benachteiligung des Einberufenen handelt, sondern um die Folge des gesetzlich angeordneten Ruhens des Arbeitsverhältnisses (**a.A.** *Dersch/Neumann*, § 4 Anm. 38). Die Zeit, in der das Arbeitsverhältnis **ruht**, wird **nicht in** die **Wartezeit** eingerechnet. Die Wartezeit wird unter Berücksichtigung des früher zurückgelegten Zeitraumes fortgesetzt.

37 Keine Auswirkung auf den Bestand des Arbeitsverhältnisses hat der angetretene und abgenommene **Erziehungsurlaub nach §§ 15ff. ErzGG**. Er führt nicht – wie § 1 ArbPlSchG – zu einem Ruhen des Arbeitsverhältnisses noch zu einer Unterbrechung. Nur die Hauptpflichten (Arbeits- und Lohnzahlungspflicht) sind für seine Dauer suspendiert. Alle anderen arbeitsrechtlichen Nebenpflichten bestehen weiter. Auch die Betriebszugehörigkeit wird nicht unterbrochen. Das ist für die Erfüllung der Wartezeit während des Erziehungsurlaubs entscheidend

(*Zmarzlik/Zipperer/Viethen*, § 15 BErzGG Rz. 36; *Winterfeld*, Erziehungsurlaub in »Neues Arbeitsrecht« Rz. 183; Anhang I. 2 – § 15 BErzGG § 15 Anm. 60f.).

IV. Unterbrechung des Arbeitsverhältnisses

1. Allgemeines

38 Nachdem der Gesetzgeber ausweislich der Entstehungsgeschichte des BUrlG für die Erfüllung der Wartezeit bewußt nicht auf die Zugehörigkeit zum Betrieb oder die Dauer der Beschäftigung abgestellt, sondern an den rechtlichen Bestand des Arbeitsverhältnisses geknüpft hat, muß konsequenterweise auch bei der Frage der Unterbrechung des Arbeitsverhältnisses allein die rechtliche Auflösung entscheidend sein. Die Entstehungsgeschichte gibt in dieser Frage keine eindeutige Antwort. Während noch der CDU/CSU-Entwurf (§ 6) vorsah, daß kurzfristige Unterbrechungen des Arbeitsverhältnisses für Entstehung und Höhe des Urlaubsanspruchs ohne Bedeutung sein sollten, knüpfte der Antrag des Ausschusses für Arbeit an den »ununterbrochenen Bestand des Arbeitsverhältnisses« an. Ungeachtet dieser eindeutigen Formulierung vertrat der Ausschuß in seinem schriftlichen Bericht die Auffassung, daß kurzfristige Unterbrechungen des Arbeitsverhältnisses für die Entstehung des Urlaubsanspruches ohne Bedeutung wären (schriftl. Bericht des Ausschusses für Arbeit vom 30. 11. 1962 – BT-Drucksache IV/785 zu § 4). Dieser Rechtsgedanke gelte auch ohne gesetzliche Normierung, und seine Anwendung sollte der Rechtsprechung überlassen bleiben.

39 Die Ansicht der Ausschußmehrheit wäre sicher unbeachtlich, wenn die Fassung des Gesetzes dem Antrage des Ausschusses entsprechen würde. Denn bei einem eindeutigen Gesetzeswortlaut »ununterbrochener Bestand des Arbeitsverhältnisses« bliebe für eine Auslegung im erwähnten Sinne kein Raum. Durch die Streichung des Zusatzes »ununterbrochener« könnten daran Zweifel auftauchen. Im Ergebnis sind sie nicht begründet. Denn der Gesetzgeber wollte in der 2. Lesung den Wortlaut des § 4 nicht sachlich, sondern nur redaktionell ändern. Das folgt aus der Begründung des Abänderungsantrages, der von der SPD-Fraktion gestellt worden ist, dem sich auch der Sprecher der CDU/CSU-Fraktion angeschlossen hat.

40 Die Unterscheidung zwischen kurz- und langfristigen Unterbrechungen ist daher nicht mehr zu treffen (ebenso *Boldt/Röhsler*, § 4 Anm. 26; *Natzel*, § 4 Anm. 29, 30; ähnlich *Hueck/Nipperdey*, Bd. I S. 438; **abw.** *Dersch/Neumann*, § 4 Anm. 43–54, die zwischen kurzfristigen und längeren Unterbrechungen unterscheiden und unterschiedlich bewerten wollen).

41 Eine kurzfristige Unterbrechung soll danach immer dann vorliegen, wenn sie eine verhältnismäßig nicht erhebliche Zeit i.S. von § 616 Abs. 1 BGB ausmacht. Berücksichtigt werden müsse dabei vor allem die Gesamtdauer des Arbeitsverhältnisses, und zwar sowohl die bisherige Dauer als auch die anzunehmende künftige Dauer. Dabei soll allerdings die Kündigungsfrist des Arbeitnehmers ohne Bedeutung sein. Allenfalls könne aus einer langen Kündigungsfrist geschlossen werden, daß diese Zeit eben noch nicht als erhebliche Zeit angesehen werden soll. Ferner ist nach *Dersch/Neumann* (§ 4 Anm. 47) zu berücksichtigen, ob die kurzfristige Unterbrechung vom Arbeitgeber oder vom Arbeitnehmer herbeigeführt wurde. Im Falle der Kündigung durch den Arbeitgeber sei die Unterbrechung auf die

Wartezeit anzurechnen, wenn sich später herausstelle, daß der Grund zur Kündigung nicht vorgelegen habe. All diese Abgrenzungskriterien sind unklar, wenig praktikabel und mit dem BUrlG nicht mehr vereinbar. Zwar kann der Arbeitgeber, der einen Arbeitnehmer nach der Feststellung, der Kündigungsgrund habe gar nicht vorgelegen, wieder einstellt, sich nicht auf die Unterbrechung berufen. Das folgt auch nach der hier vertretenen Auffassung aus Treu und Glauben. Wenn dagegen andererseits geltend gemacht wird, nur der vertragsbrüchige Arbeitnehmer müsse es sich gefallen lassen, daß auch eine nur kürzere Unterbrechung des Arbeitsverhältnisses die Wartezeit unterbricht, so ist dem nicht zuzustimmen. Dasselbe muß auch der Fall sein, wenn der Arbeitnehmer unter Fristwahrung kündigt oder einen Aufhebungsvertrag abschließt. Nicht einzusehen ist schließlich, aus welchen Gründen bei längeren Unterbrechungen wiederum zu unterscheiden ist zwischen den Fällen, in denen die Wartezeit nur gehemmt ist und denjenigen, in denen sie im rechtstechnischen Sinne unterbrochen ist, so daß im Wiedereinstellungsfalle die ganze Wartezeit neu zurückgelegt werden muß. Das soll sich nach *Dersch/Neumann* (Anm. 51) ebenfalls wieder nach den Umständen des gesamten Falles richten. Trotz längerer Unterbrechung sei die Wartezeit lediglich gehemmt, d.h. nur ihre Dauer hinausgeschoben und würde nach ihrem Wegfall fortgesetzt, wenn der Arbeitnehmer noch im gleichen Urlaubsjahr wieder eintrete. Diese Auffassung wird in ihrer praktischen Konsequenz allerdings wesentlich dadurch gemildert, daß eine echte Unterbrechung immer dann angenommen werden soll, wenn der Arbeitnehmer zwischenzeitlich eine andere Stelle innegehabt hat (vgl. *Dersch/Neumann*, § 4 Anm. 52). Damit bleibt die Frage, was mit einem zwischenzeitlich arbeitslos gebliebenen Arbeitnehmer zu geschehen hat, ungelöst; denn hier wäre eine Unterscheidung zwischen kurzfristiger und längerer Arbeitslosigkeit nicht vertretbar (so aber *Dersch/Neumann*, § 4 Anm. 53). Das zeigt folgendes Beispiel: Scheiden zwei Arbeitnehmer unter Einhaltung ihrer Kündigungsfristen aus dem Arbeitsverhältnis aus, weil sie glauben, eine bessere Stelle erhalten zu können, so kann es doch in der hier interessierenden Rechtsfrage keinen Unterschied begründen, daß der eine die Stelle gefunden hat und der andere nicht. Treten beide unter sonst gleichen Verhältnissen (gleiche Dauer des früheren Vertrages) wieder in ein Arbeitsverhältnis zu ihrem früheren Arbeitgeber, so muß in beiden Fällen die Wartezeit neu begonnen werden.

42 Im Grundsatz unterbricht also regelmäßig die wirksame rechtliche Auflösung des Arbeitsverhältnisses die Wartezeit (ebenso *Boldt/Röhsler*, § 4 Anm. 26).

2. Einzelfälle

43 Von diesem Grundsatz sind Ausnahmen zuzulassen. Hierfür bedarf es besonderer Rechtfertigung:

a) Aussperrung

44 Bei der lösenden Aussperrung mit allgemeinem Maßregelungs- und Benachteiligungsverbot nach Beendigung des Arbeitskampfes liegt diese Rechtfertigung in der Wirkung dieser normativen Tarifklauseln.

b) Mehrere befristete Verträge

45 Schließt sich an einen befristeten Vertrag ein weiterer Vertrag unmittelbar an, so ist trotz Beendigung des ersten Arbeitsvertrages und Abschlusses eines neuen Vertrages ein einheitliches Arbeitsverhältnis anzunehmen. Das folgt aus einer wirtschaftlichen und soziologischen Betrachtung (so *Boldt/Schlephorst*, § 4 Anm. 5), rechtfertigt sich aber auch unmittelbar aus Treu und Glauben. Denn eine echte Lösung der Rechtsbeziehungen liegt nicht vor. Das gilt insbesondere bei echt befristet abgeschlossenen **Probe- und Aushilfsarbeitsverhältnissen**, die in ein unbefristetes Arbeitsverhältnis überführt werden. Hier beginnt die Wartezeit mit der befristeten Einstellung.

c) Wiedereinstellung nach Kündigung

46 Wird ein Arbeitnehmer nach Beendigung des Arbeitsverhältnisses wiedereingestellt, weil sich zwischenzeitlich herausgestellt hat, daß die Gründe für die Kündigung nicht gegeben waren, z.B. ein dem Arbeitnehmer zur Last gelegter Diebstahl wurde von einem anderen Arbeitnehmer ausgeführt, so entspricht es Treu und Glauben, daß die Wartezeit nicht erneut voll erfüllt werden muß. Hier sind die gleichen Grundsätze für die Erfüllung der Wartezeit anzuwenden, die die Gerichte für kurzfristige Unterbrechungen der Wartefrist des § 1 Abs. 1 KSchG aufgestellt haben. So ist eine kurzfristige Unterbrechung von einem Monat immer dann unschädlich, wenn ein enger sachlicher Zusammenhang zwischen den beiden rechtlich unterbrochenen Arbeitsverhältnissen besteht. Auch eine Unterbrechung von zwei Monten hat das BAG noch als unschädlich angesehen und einen engen sachlichen Zusammenhang zwischen den beiden Arbeitsverhältnissen bejaht (*BAG* EzA § 1 KSchG Nr. 46 = AP Nr. 7 zu § 1 KSchG 1969 Wartezeit = DB 1990, 280). Es hat allerdings erkannt, daß die Vier-Monatsfrist des § 1 Abs. 1 S. 1 Nr. 1 BeschFG 1985 nur für den Begriff »Neueinstellung« i.S.d. BeschFG von Belang sei, nicht für die Berechnung der Wartezeit nach § 1 Abs. 1 KSchG. Daher sind vier Monate eine zu lange Unterbrechung, die einen neuen Beginn der Wartezeit auslöst (*BAG* EzA § 1 KSchG Nr. 39 = AP Nr. 3 zu § 1 KSchG 1969 Wartezeit = BB 1979, 1505 = DB 1979, 1754).

d) Vertragliche Vereinbarung über die Beseitigung der Unterbrechungswirkung

47 Keine Unterbrechung tritt schließlich ein, wenn die Arbeitsvertragsparteien bei der Wiedereinstellung oder auch schon früher vereinbaren, daß dem Arbeitnehmer durch die Lösung des Arbeitsverhältnisses keine Nachteile entstehen sollen. Diese Vereinbarung muß nicht ausdrücklich getroffen werden, sondern kann sich auch aus den Umständen bei Vertragsschluß, Bemerkungen oder Zusicherungen, ergeben. Dabei ist im Einzelfall zu entscheiden, ob nur die frühere Dienstzeit angerechnet werden oder auch die Zeit, in der das Arbeitsverhältnis gelöst war, einbezogen werden soll. Letzteres wird aber im Zweifel nicht anzunehmen sein.

e) Baugewerbe

48 Werden im Baugewerbe Arbeitsverhältnisse aus Witterungsgründen gelöst, so ist das Arbeitsverhältnis als nicht unterbrochen zu behandeln, wenn der Arbeitnehmer unmittelbar nach Wiederaufnahme der Arbeit wieder eingestellt wird (vgl. *BAG* AP Nr. 2 zu § 5 BUrlG Bremen = BB 1961, 718 = DB 1961, 951).

3. Wirkung der Unterbrechung

49 Wird das Arbeitsverhältnis aufgelöst, so muß die Wartezeit im Falle einer Neueinstellung, von den Fällen oben Ziff. 2 abgesehen, stets neu zurückgelegt werden. Es treten also grundsätzlich die Wirkungen der Unterbrechung und nicht die einer Hemmung ein. Das ist gerechtfertigt, weil die Lösung des Arbeitsverhältnisses eine endgültige ist. Frühere Beschäftigungszeiten müssen daher außer Betracht bleiben, auch wenn sie im laufenden Urlaubsjahr erfolgten. Dabei ist es ohne Bedeutung, ob der Arbeitnehmer in der Zwischenzeit ein anderes Beschäftigungsverhältnis eingegangen ist, in ihm die Wartezeit erfüllt oder nicht erfüllt hat (wie hier *Boldt/Röhsler*, § 4 Anm. 25–28; *Kamann/Ziepke/Weinspach*, § 4 Anm. 21; **a.A.** *Dersch/Neumann*, § 4 Anm. 52, 53).

4. Wechsel des Arbeitgebers

50 Geht ein Betrieb oder Betriebsteil im Wege der Rechtsnachfolge auf einen neuen Betriebsinhaber über, so ist bei diesem **Wechsel des Arbeitgebers** zu unterscheiden:
a) Übergang durch **Gesamtrechtsnachfolge**,
b) Übergang durch **Einzelrechtsnachfolge**.
In beiden Fällen wird die beim bisherigen Betriebsinhaber **zurückgelegte Wartezeit** auf das beim neuen Betriebsinhaber begründete Arbeitsverhältnis **angerechnet**.

51 zu a) **Gesamtrechtsfolge**:
Hier tritt kraft Gesetzes an die Stelle des bisherigen der neue Arbeitgeber. Die Fälle der Gesamtrechtsnachfolge sind abschließend gesetzlich geregelt. Zu ihnen gehören der Erbfall (§ 1922 BGB), die Verschmelzung von Kapitalgesellschaften (§§ 339ff. AktG), die Übertragungsumwandlung (§ 359 AktG) und die Umwandlung einer Kapital- in eine Personengesellschaft (§ 1 UmwG). Nicht dazu zählen die Fälle der rein formwechselnden Umwandlung, bei der ausschließlich die Rechtsform der Gesellschaft unter Aufrechterhaltung der Identität wechselt (§§ 362ff. AktG). Zur Gesamtrechtsnachfolge gehören auch die Fälle, in denen eine Partei kraft Amtes in die Rechtsstellung des bisherigen Rechtsträgers eintritt (z.B. der Konkursverwalter).

52 Diese Gesamtrechtsnachfolger treten in die Rechte und Pflichten aus den bestehenden Arbeitsverhältnissen in dem Zustand ein, in denen sie sich mit Zeitpunkt des Überganges befanden. Die beim bisherigen Rechtsträger zurückgelegte Wartezeit setzt sich nahtlos fort.

53 zu b) Eine **Einzelrechtsnachfolge** liegt dann vor, wenn ein Betrieb oder Betriebsteil durch ein Rechtsgeschäft (z.B. Kauf, Miete, Pacht) auf einen neuen Betriebsinhaber übergehen. Wesentlich ist für diese Einzelrechtsnachfolge eine **rechtsgeschäftliche Übertragung des Betriebes**, die die Übertragung der zum Betriebsvermögen gehörenden materiellen und/oder immateriellen Rechte zum Gegenstand hat. Es muß also übertragen werden die betriebliche Organisation, der arbeitstechnische Zweck muß im wesentlichen beibehalten bleiben, die Betriebsgemeinschaft muß dieselbe bleiben (*BAG* EzA § 613a BGB Nr. 45 = AP Nr. 42 zu § 613a BGB = DB 1985, 2409). Dabei ist der Übergang der Arbeitsverhältnisse nach § 613a Abs. 1 S. 1 BGB die Rechtsfolge des Betriebsübergangs. Also

kann die Übernahme einer Belegschaft für sich allein kein »Rechtsgeschäft« i.S.d. § 613a Abs. 1 S. 1 BGB sein.

54 Daher sieht für diesen Fall der Betriebsnachfolge der § 613a BGB als zwingende gesetzliche Regelung den **automatischen Übergang aller Arbeitsverhältnisse auf den Erwerber** vor (*BAG* EzA § 613a BGB Nr. 33 = AP Nr. 31 zu § 613a BGB = DB 1983, 50). Nur wenn ein Arbeitnehmer bei einem solchen Wechsel des Betriebsinhabers ausdrücklich den Übergang seines Arbeitsverhältnisses widerspricht, schließt dieser Widerspruch den Übergang auf den Betriebserwerber aus (*BAG*, ständige Rechtsprechung, so EzA § 613a BGB Nr. 26 = AP Nr. 21 zu § 613a BGB = BB 1980, 1585 = DB 1980, 1495).

55 Der Erwerber tritt nach § 613a BGB mit allen Rechten und Pflichten in das Arbeitsverhältnis ein. Das bedeutet, daß die **Wartezeit** des § 4 **unbeeinflußt durch den Betriebsübergang sich fortsetzt**. Ob sich die Dauer des Urlaubes nach den neuen, beim Erwerber geltenden (tariflichen oder kraft betrieblicher Übung) Regelungen zu richten hat, ist nach § 613a Abs. 1 S. 2 BGB zu entscheiden. Sind die Rechte und Pflichten der zur Zeit des Überganges bestehenden Arbeitsverhältnisse kollektiv-rechtlich (durch einen Tarifvertrag oder eine Betriebsvereinbarung) geregelt, so werden sie auch Inhalt des Arbeitsverhältnisses mit dem neuen Betriebsinhaber und dürfen vor Ablauf eines Jahres nach dem Betriebsübergang nicht zum Nachteil des Arbeitnehmers geändert werden.

56 Besteht das Arbeitsverhältnis zu einem bestimmten Betrieb und wechselt der Arbeitnehmer diesen, so wird im Grundsatz die Wartezeit unterbrochen, selbst wenn beide Betriebe zum gleichen Unternehmen oder einem Arbeitgeber gehören. Etwas anderes gilt in diesen Fällen, wenn der Arbeitnehmer von vornherein für das Unternehmen oder für mehrere Betriebe eingestellt worden ist oder beim Wechsel eine entsprechende Vereinbarung getroffen wird, auf die auch ohne ausdrückliche Vereinbarung aus den Umständen geschlossen werden kann.

V. Unabdingbarkeit

57 Von § 4 kann durch Einzelarbeitsvertrag oder durch eine nach §§ 77, 88 BetrVG zulässige Betriebsvereinbarung nur abgewichen werden, wenn die Regelung günstiger ist. Denn insoweit, d.h. diesen Gestaltungsmitteln des Arbeitsverhältnisses gegenüber, ist § 4 unabdingbar. Ob eine günstigere Regelung vorliegt, entscheidet sich nach dem vorzunehmenden Günstigkeitsvergleich (Einzelheiten § 13 Anm. 39ff.). Allerdings gilt es bei der Regelung durch eine Betriebsvereinbarung zu beachten, daß nach § 77 Abs. 3 BetrVG die Sperrvorschrift zugunsten tariflicher Regelungen besteht. Eine Betriebsvereinbarung wäre auch bei einer günstigeren Regelung unzulässig, wenn für Urlaubsfragen eine abschließende tarifliche Regelung vorhanden ist. Eine Betriebsvereinbarung könnte in tarifliche Urlaubsregelungen nur bei einer tariflichen Öffnungsklausel eingreifen, die ergänzende Bestimmungen durch eine Betriebsvereinbarung ausdrücklich zuläßt. Das gilt auch, wenn die tarifliche Urlaubsdauer die gesetzliche Mindestdauer des Urlaubes überschreitet. Dann gelten für die gesamte tarifliche Urlaubsregelung entweder die tariflichen Vorschriften oder – wenn nichts besonderes festgelegt ist – ergänzend die Bestimmungen des BUrlG, also auch § 4. Dann könnte für den tariflichen Mehrurlaub von § 4 nicht durch eine Betriebsvereinbarung abgewichen werden (ebenso *Dersch/Neumann*, § 4 Anm. 14; *Dietz/Richardi*, BetrVG,

6. Aufl., 2. Bd., § 77 Anm. 218; *Fitting/Auffarth/Kaiser/Heither*, BetrVG, 16. Aufl., § 77 Anm. 67f.; *Galperin/Löwisch*, BetrVG, 6. Aufl., 2. Bd., § 77 Anm. 77; *LAG Hamm* DB 1979, 2236).

58 Vereinbaren aber z.B. die Einzelarbeitsvertragsparteien einen Urlaubsanspruch, der über den gesetzlichen Mindesturlaub hinausgeht, so muß es zulässig sein, daß insoweit vom Gesetz abweichende ungünstigere Wartezeitvereinbarungen im Vertrag getroffen werden. Fehlt es daran, folgt das Schicksal des Mehrurlaubs dem des gesetzlichen Urlaubs. Dann gilt auch hinsichtlich der Wartezeit für den Mehrurlaub § 4.

59 Durch Tarifvertrag kann von § 4 abgewichen werden. Da § 13 dem Tarifvertrag insoweit den Vorrang einräumt, kommt es nicht darauf an, ob die tarifliche Vorschrift günstiger oder ungünstiger ist. Nehmen nichttarifgebundene Arbeitgeber und Arbeitnehmer auf einen einschlägigen Tarifvertrag Bezug (Einzelheiten hierzu § 13 Anm. 24ff.), so hat auch diese einzelarbeitsvertragliche Vereinbarung den Vorrang vor dem Gesetz.

§ 5 Teilurlaub

(1) Anspruch auf ein Zwölftel des Jahresurlaubs für jeden vollen Monat des Bestehens des Arbeitsverhältnisses hat der Arbeitnehmer
a) für Zeiten eines Kalenderjahres, für die er wegen Nichterfüllung der Wartezeit in diesem Kalenderjahr keinen vollen Urlaubsanspruch erwirbt;
b) wenn er vor erfüllter Wartezeit aus dem Arbeitsverhältnis ausscheidet;
c) wenn er nach erfüllter Wartezeit in der ersten Hälfte eines Kalenderjahres aus dem Arbeitsverhältnis ausscheidet.
(2) Bruchteile von Urlaubstagen, die mindestens einen halben Tag ergeben, sind auf volle Urlaubstage aufzurunden.
(3) Hat der Arbeitnehmer im Falle des Absatzes 1 Buchstabe c bereits Urlaub über den ihm zustehenden Umfang hinaus erhalten, so kann das dafür gezahlte Urlaubsentgelt nicht zurückgefordert werden.

Literatur

Bachmann, Die neue Urlaubsrechtsprechung des BAG, BlStSozArbR 1985, 209; *Boewer*, Die Abgeltung von 1/4 Urlaubstagen, ArbuR 1968, 325; *Buchner*, Urlaub und Rechtsmißbrauch – Fehlentwicklung der Rechtsprechung, DB 1982, 1823; *Engel*, Vereinbarung tariflicher Wartezeit für Teilurlaub, BB 1964, 265; *Fieberg*, Vor dem Gesetz – Anmerkung zum Verhältnis der tariflichen Urlaubsvorschriften des öffentlichen Dienstes zum Bundesurlaubsgesetz anhand der Rechtsprechung des Bundesarbeitsgerichtes, ZTR 1988, 113; *Gaul*, Einzelvertragliche Vereinbarung über Rückzahlung zuviel erhaltenen Urlaubsgeldes, DB 1962, 838; *ders.*, Rückzahlungsklausel bei Fortbildungsurlaub unter besonderer Berücksichtigung der Rechtsprechung des BAG, RdA 1965, 89; *ders.*, Die Rückzahlung von Urlaubsgeld, BB 1965, 869; *van Gelder*, Teilurlaub und Ganztagsprinzip, ArbuR 1970, 267; *van Gelder/Böttner*, Bruchteile von Urlaubstagen und ihre Abgeltung, ArbuR 1969, 321; *Grossmann*, Die Höhe des gesetzlichen Urlaubsanspruchs bei Beendigung des Arbeitsverhältnisses zum 30. 6., BB 1964, 595; *ders.*, Nochmals: Zur Höhe des gesetzlichen Urlaubsanspruchs bei Beendigung des Arbeitsverhältnisses zum 30. Juni, ArbuR 1965, 361; *Gumpert*, Anspruch auf Teilurlaub und vollen Urlaub, BB 1966, 539; *Haberkorn*, Urlaubsanspruch bei unterbrochener Arbeitsleistung, BB 1963, 734; *ders.*, Urlaub beim Ausscheiden zum 30. 6., ArbG 1965, 198; *Hörcher*, Rückforderung von zuviel gezahltem Urlaubsentgelt, DB

1966, 1274; *Janert*, Die Rückforderung von Urlaubsentgelt nach dem BUrlG, DB 1963, 1713; *Meisel*, Die Behandlung von Einviertel-Urlaubstagen, DB 1971, 527; *Natzel*, Teil- oder Vollurlaub beim Ausscheiden am 30. 6.?, RdA 1965, 195; *Nikisch*, Die sogenannte Urlaubszwölftelung, BB 1959, 119; *Petersmeier*, Berechnung von anteiligem Urlaub im Ein- und Austrittsjahr, BB 1981, 375; *Schimmelpfennig*, Zur Höhe des gesetzlichen Urlaubsanspruchs bei Beendigung des Arbeitsverhältnisses zum 30. 6., DB 1964, 956; *Siara*, Urlaub im gekündigten Arbeitsverhältnis, DB 1979, 2276; *Tegtmeyer*, Der gesetzliche Urlaubsanspruch bei Beendigung des Arbeitsverhältnisses zum 30. 6., ArbuSozPol. 1964, 289; *Tenkhoff*, Urlaubsanspruch im Ein- und Austrittsjahr, DB 1967, 684; *Thies*, Behandlung von Viertelurlaubstagen, DB 1970, 1880; *Tolksdorf*, Vollurlaub und Teilurlaub nach dem nordrh.-westf. Urlaubsgesetz, DB 1957, 309; *Trieschmann*, Verpflichtung zur Rückgewähr von Urlaubsentgelt und Weihnachtsgratifikation bei vorzeitiger Beendigung des Arbeitsverhältnisses, ArbuR 1962, 137; *Wieacker*, Die juristische Sekunde, Festschrift für Wolf, 1962, 421.

Inhaltsübersicht

I. Die Urlaubszwölftelung gemäß § 5 Abs. 1 BUrlG

1. Grundsätze

1 Gemäß § 5 Abs. 1 BUrlG hat der Arbeitnehmer in den drei Fällen der Buchstaben a, b und c Anspruch auf ein Zwölftel des Jahresurlaubs für jeden vollen Monat des Bestehens des Arbeitsverhältnisses und damit Anspruch auf **Teilurlaub nach dem Zwölftelungsprinzip. In den Fällen des § 5 Abs. 1 Buchstaben a und b BUrlG entsteht ein echter Teilurlaubsanspruch**, insofern der volle Urlaubsanspruch mangels Erfüllung der Wartezeit gemäß § 4 BUrlG nicht entstehen kann. **Im Falle des § 5 Abs. 1 Buchstabe c BUrlG handelt es sich** dagegen nicht um einen echten Teilurlaubsanspruch, sondern **um einen Anspruch auf gekürzten Vollurlaub**, insofern der Arbeitnehmer den vollen Urlaubsanspruch gemäß § 4 BUrlG bereits mit Beginn des Kalenderjahres am 1. Januar erworben hatte. Insofern regelt also § 5 Abs. 1 BUrlG verschiedene Arten von Teilurlaub. Während § 5 Abs. 1 Buchstaben a und b BUrlG den Urlaubsanspruch des Arbeitnehmers im Vergleich zu § 4 BUrlG erweitert, wird der Urlaubsanspruch durch § 5 Abs. 1 Buchstabe c BUrlG im Vergleich zu § 4 BUrlG beschränkt. Die §§ 4 und 5 Abs. 1 BUrlG enthalten einen **Kompromiß zwischen dem Wartezeit- beziehungsweise Stichtagsprinzip einerseits**, nach dem nur der volle oder gar kein Urlaubsanspruch entsteht, je nachdem ob die Wartezeit erfüllt ist beziehungsweise das Arbeitsverhältnis am Stichtag besteht oder nicht, **und dem Zwölftelungsprinzip** (vgl. *Bleistein*, § 4 Anm. 1 und 10; *Boldt/Röhsler*, § 5 Anm. 4 und 14ff.; *Dersch/Neumann*, § 5 Anm. 1, 10 und 13; *Natzel*, § 5 Anm. 4; *Siara*, § 5 Anm. 1; *Berscheid*, HzA, Gruppe 4, Rz. 174 und 182; *Dörner*, AR-Blattei, Urlaub V, B I; *van Gelder*, ArbuR 1970, 267f.; *Meisel*, Anm. AP Nr. 7 zu § 5 BUrlG). Die Regelung des § 5 Abs. 1 BUrlG ist abschließend, so daß nur in den Fällen des § 5 Abs. 1 BUrlG eine Urlaubszwölftelung in Betracht kommt (vgl. *Natzel*, § 5 Anm. 6; *Berscheid*, HzA, Gruppe 4, Rz. 176 und 195; *Dörner*, AR-Blattei, Urlaub V, B I).

2. Allgemeine Voraussetzungen der Urlaubszwölftelung

a) Maßgeblichkeit des rechtlichen Bestandes des Arbeitsverhältnisses

2 **§ 5 Abs. 1 BUrlG bemißt den Teilurlaubsanspruch nach der Dauer »des Bestehens des Arbeitsverhältnisses« und stellt damit nach so gut wie allgemeiner Meinung auf den rechtlichen Bestand des Arbeitsverhältnisses ab**, so daß es ebenso wie gemäß § 4 BUrlG auf den Umfang der tatsächlichen Arbeitsleistung und damit auch auf die Gründe eventueller Arbeitsausfälle zumindest grundsätzlich nicht ankommt (vgl. *BAG* EzA § 5 BUrlG Nr. 5 = AP Nr. 3 zu § 5 BUrlG = SAE 1967, 60; *BAG* AP Nr. 1 zu § 4 BUrlG = SAE 1967, 214; *BAG* EzA § 5 BUrlG Nr. 14; *Bleistein*, § 4 Anm. 19ff.; *Boldt/Röhsler*, § 5 Anm. 7; *Dersch/Neumann*, § 5 Anm. 21; *Natzel*, § 5 Anm. 30; *Siara*, § 5 Anm. 4; *Dörner*, AR-Blattei, Urlaub V, A II 2c; *Adomeit*, SAE 1967, 62; *Thiele*, SAE 1967, 214; *Zöllner*, Anm. AP Nr. 3 zu § 5 BUrlG; **zweifelnd** beispielsweise *Hiersemann*, SAE 1965, 39, wenn es sich um irgendwelche längeren Fehlzeiten handelt, die dem Arbeitnehmer zuzurechnen sind, und *Siara*, DB 1979, 2276, 2279, wenn jahrelang über den Fortbestand des Arbeitsverhältnisses gestritten worden ist; ganz **a.M.** *Natzel*, SAE 1965, 175f., der bis zur Erfüllung der Wartezeit gemäß § 4 BUrlG auf die

tatsächliche Arbeitsleistung abstellt, und *ArbG Kiel* DB 1983, 1717 für den Fall, daß der Arbeitnehmer weder arbeitet noch arbeitswillig ist).

3 Nach der früher in Rechtsprechung und Schrifttum ganz herrschenden Meinung stand allerdings dem Urlaubsanspruch unter Umständen der **Rechtsmißbrauchseinwand** entgegen, wenn der Arbeitnehmer in dem für die Bemessung des Urlaubs maßgeblichen Zeitraum gar nicht oder nur unverhältnismäßig wenig gearbeitet hatte. Zur Begründung dieser Meinung wurde im wesentlichen geltend gemacht, daß der Zweck des Urlaubs in der Erholung von geleisteter Arbeit bestehe und daß ein Erholungsbedürfnis eventuell gar nicht vorliege, wenn der Arbeitnehmer gar nicht oder nur unverhältnismäßig wenig gearbeitet habe (vgl. *BAG* EzA § 3 BUrlG Nr. 7 = AP Nr. 6 zu § 3 BUrlG Rechtsmißbrauch; *Bleistein*, § 1 Anm. 112ff.; *Boldt/Röhsler*, § 1 Anm. 69ff. und § 5 Anm. 7; *Dersch/Neuman*, § 9 Anm. 19ff.; *Siara*, § 1 Anm. 27; *Röhsler*, AR-Blattei, Urlaub IX, B II 4; *Boldt*, ZfA 1971, 1, 39ff.; vgl. ferner den Überblick bei *Kothe*, BB 1984, 609). Demgegenüber vertritt das BAG aber nunmehr in ständiger Rechtsprechung die Meinung, daß der Urlaubsanspruch gemäß §§ 1ff. BUrlG weder vom Umfang der Arbeitsleistung noch von einem abstrakten oder individuellen Erholungsbedürfnis abhängig sei und deswegen der Rechtsmißbrauchseinwand gegen den Urlaubsanspruch nicht darauf gestützt werden könne, daß mangels Arbeitsleistung kein Erholungsbedürfnis bestehe (vgl. grundlegend *BAG* EzA § 3 BUrlG Nr. 13 = AP Nr. 11 zu § 3 BUrlG Rechtsmißbrauch; ferner *BAG* EzA § 3 BUrlG Nr. 14 = AP Nr. 14 zu § 3 BUrlG Rechtsmißbrauch; *BAG* EzA § 13 BUrlG Nr. 18 = AP Nr. 15 zu § 13 BUrlG; *BAG* EzA § 7 BUrlG Nr. 32 = AP Nr. 16 zu § 7 BUrlG Abgeltung; zuletzt *BAG* EzA § 7 BUrlG Nr. 63 = AP Nr. 19 zu § 1 BUrlG). Diese Wende der Rechtsprechung des BAG hat bei den Instanzgerichten und im Schrifttum teils Zustimmung und teils Ablehnung erfahren (vgl. *Bleistein*, § 1 Anm. 116 und 128ff.; *Bachmann*, BlStSozArbR 1985, 209f.; jeweils m.w.N.).

b) Voraussetzung des vollen Monats

4 **Unter Monat im Sinne von § 5 Abs. 1 BUrlG ist** nach allgemeiner Meinung nicht der Kalendermonat vom ersten bis zum letzten Tage, sondern **gemäß § 186 BGB die Monatsfrist im Sinne der §§ 187ff. BGB zu verstehen. Maßgeblich ist also**, wie im allgemeinen formuliert wird, nicht der Kalendermonat, sondern **der Beschäftigungsmonat** (vgl. *BAG* EzA § 5 BUrlG Nr. 14 = AP Nr. 13 zu § 5 BUrlG; *Boldt/Röhsler*, § 5 Anm. 10; *Dersch/Neumann*, § 5 Anm. 14; *Natzel*, § 5 Anm. 32; *Siara*, § 5 Anm. 4; *Dörner*, AR-Blattei, Urlaub V, B II 1c, der freilich von Zeitmonat statt Beschäftigungsmonat spricht). **Nach der bisher in Rechtsprechung und Schrifttum ganz herrschenden und richtigen Meinung gilt gemäß §§ 187, 188 Abs. 2 BGB folgendes:** Tritt der Arbeitnehmer seine Arbeit am ersten Arbeitstag pünktlich zur maßgeblichen Arbeitszeit an, so wird dieser Tag bei der Berechnung der Monatsfrist gemäß § 187 Abs. 2 BGB mitgerechnet. Nimmt der Arbeitnehmer seine Arbeit dagegen erst im Laufe der maßgebliche Arbeitszeit auf, so wird dieser Tag bei der Berechnung der Monatsfrist gemäß § 187 Abs. 1 BGB nicht mitgerechnet. Die Monatsfrist endet dementsprechend je nach dem gemäß § 188 Abs. 2 Alternative 2 BGB in Verbindung mit § 187 Abs. 2 BGB oder gemäß § 188 Abs. 2 Alternative 1 BGB in Verbindung mit § 187 Abs. 1 BGB. Beispiel: Tritt der Arbeitnehmer seine Arbeit am 19. Juni pünktlich zu Beginn der maßgeblichen Arbeitszeit an, so endet der erste Monat gemäß §§ 187 Abs. 2, 188 Abs. 2 Alternative 2 BGB am 18. Juli, nimmt er dagegen seine Arbeit am 19. Juni erst im Laufe der maßgeblichen Arbeitszeit auf, so endet der erste Monat gemäß §§ 187 Abs. 1, 188 Abs. 2 Alternative 1 BGB am 19. Juli (vgl. *BAG* AP Nr. 1 zu § 4 BUrlG = SAE 1967, 214; *Bleistein*, § 1 Anm. 12f.; *Boldt/Röhsler,* § 5 Anm. 11; *Dersch/Neumann*, § 5 Anm. 14; *Siara*, § 5 Anm. 5; *Berscheid*, HzA, Gruppe 4 Rz. 180; *Böckel*, Kap. 8.2; *Dörner*, AR-Blattei, Urlaub V, B II 1c). Von einer Mindermeinung wird dagegen der erste Arbeitstag ohne die in § 187 BGB vorgeschriebene Differenzierung immer mitgerechnet (vgl. *LAG Frankfurt* DB 1965, 1863 = ArbuR 1966, 60; *Herbst*, AR-Blattei, Urlaub, Anm. zur Entscheidung 148). **Andererseits hat das BAG neuerdings beiläufig die §§ 187 Abs. 1 und 188 Abs. 2 Alternative 1 BGB in jedem Falle für maßgeblich erachtet** und den ersten Arbeitstag ohne die in § 187 BGB vorgeschriebene Differenzierung nicht mitgerechnet, ohne die bisher ganz herrschende Meinung zu erwähnen und ohne seine davon abweichende Entscheidung näher zu begründen (vgl. *BAG* EzA § 5 BUrlG Nr. 14 = AP Nr. 13 zu § 5 BUrlG; ablehnend *Künzl*, EWiR § 5 BUrlG 1/89, 1201; zustimmend dagegen womöglich *Gans*, Anm. EzA § 5 BUrlG Nr. 14).

5 **Anspruch auf ein Zwölftel des Jahresurlaubs hat der Arbeitnehmer aufgrund der ausdrücklichen Vorschrift in § 5 Abs. 1 BUrlG nur für jeden vollen Monat des Bestehens des Arbeitsverhältnisses. Angefangene Monate bleiben demnach außer Betracht.** Auch eine Aufrundung ist nicht zulässig. Die analoge Anwendung des § 5 Abs. 2 BUrlG wird zu Recht allgemein abgelehnt (vgl. *BAG* EzA § 5 BUrlG Nr. 5 = AP Nr. 3 zu § 5 BUrlG = SAE 1967, 60; *BAG* EzA § 5 BUrlG Nr. 14 = AP Nr. 13 zu § 5 BUrlG; *Boldt/Röhsler*, § 5 Anm. 13; *Dersch/Neumann*, § 5 Anm. 15; *Natzel*, § 5 Anm. 32; *Siara*, § 5 Anm. 4; *Dörner*, AR-Blattei, Urlaub V, B II 1c; *Adomeit*, SAE 1967, 62; *Gans*, Anm. EzA § 5 BUrlG Nr. 14).

6 **Trotzdem hat das BAG früher entschieden**, daß der Tatbestand des vollen Monats des Bestehens des Arbeitsverhältnisses im Sinne von § 5 Abs. 1 BUrlG auch dann als erfüllt anzusehen sei, wenn am vollen Monat »zwar ein Tag fehlt, an diesem Tag aber nach der allgemeinen betrieblichen Ordnung und somit auch nach dem Inhalt des Arbeitsverhältnisses ... keine Arbeitspflicht bestanden hätte«, wobei es sich aber um einen nicht erweiterungsfähigen Ausnahmetatbestand handele. Das ergebe sich »bei einer vom Sinn und Zweck des Erholungsurlaubs bestimmten Auslegung der Gesetzesnorm«. Der Sinn und Zweck des Erholungsurlaubs bestehe darin, »daß aus der tatsächlichen Arbeitsleistung resultierende Erholungsbedürfnis zu befriedigen«. Deswegen müsse der Tatbestand des vollen Monats des Bestehens des Arbeitsverhältnisses im Sinne von § 5 Abs. 1 BUrlG auch dann als erfüllt angesehen werden, wenn der Arbeitnehmer in dem betreffenden Monat die gesamte arbeitsvertraglich geschuldete und das Erholungsbedürfnis begründende Arbeitsleistung erbracht habe und an dem vollen Monat lediglich ein Tag fehle, an dem »nach der allgemeinen betrieblichen Ordnung und somit auch nach dem Inhalt des Arbeitsverhältnisses ... keine Arbeitspflicht bestanden hätte« (vgl. *BAG* EzA § 5 BUrlG Nr. 5 = AP Nr. 3 zu § 5 BUrlG = SAE 1967, 60). **Das BAG hat diese Rechtsprechung jedoch neuerdings aufgegeben** und für einen Teilurlaubsanspruch aufgrund § 5 Abs. 1 Buchstabe b BUrlG mindestens einen gemäß §§ 187f. BGB vollen Monat verlangt. Zur Begründung seiner neuen Rechtsprechung hat das BAG geltend gemacht, daß es für den Teilurlaubsanspruch gemäß § 5 Abs. 1 Buchstabe b BUrlG ebenso wie für den Vollurlaubsanspruch allein auf das Bestehen des Arbeitsverhältnisses ankomme und nicht darauf, »ob der Arbeitnehmer Arbeitsleistungen in bestimmtem Umfang erbracht

hat«, so daß der Mangel eines vollen Monats weder aus Billigkeitserwägungen noch wegen rechtsmißbräuchlicher Urlaubsverkürzung ersetzt werden könne. Offen gelassen hat das BAG lediglich die Frage, ob dieser Mangel deswegen unschädlich sein kann, weil er darauf zurückzuführen ist, daß von der Möglichkeit zur Gestaltung des Arbeitsverhältnisses »in objektiv funktionswidriger Weise Gebrauch« gemacht worden ist (vgl. *BAG* EzA § 5 BUrlG Nr. 14 = AP Nr. 13 zu § 5 BUrlG).

7 **Die Rechtsprechung des BAG** (vgl. Anm. 6) **wird unterschiedlich beurteilt**. Das Schrifttum hat der alten Rechtsprechung des BAG ganz überwiegend zugestimmt, wenn auch teilweise mit Bedenken und anderer Begründung (vgl. *Gaul*, Arbeitsrecht I, F IV Anm. 64 Fußn. 199; *Schaub*, § 102 A IV 2; *Boldt/Röhsler*, § 5 Anm. 12; *Dersch/Neumann*, § 5 Anm. 16; *Natzel*, § 5 Anm. 32; *Siara*, § 5 Anm. 4; *Böckel*, Kap. 8.2; *Adomeit*, SAE 1967, 62f.; *Zöllner*, Anm. AP Nr. 3 zu § 5 BUrlG; *Künzl*, EWiR § 5 BUrlG 1/89, 1201). Von einer Mindermeinung ist jedoch auch früher schon für einen Teilurlaubsanspruch gemäß § 5 Abs. 1 BUrlG ausnahmslos mindestens ein nach §§ 187f. BGB voller Monat verlangt worden (vgl. *LAG Hamm* BB 1965, 1272 = DB 1965, 1330; *LAG Frankfurt* DB 1987, 2573 = ARSt. 1988, 43; Vorauflage, § 5 Anm. 8; *Dörner*, AR-Blattei, Urlaub V, B II 1c). Die neue Rechtsprechung des BAG hat wiederum teils Zustimmung (vgl. *Gans*, Anm. EzA § 5 BUrlG Nr. 14; *Natzel*, SAE 1990, 270f.) und teils Ablehnung (vgl. *Künzl*, EwiR § 5 BUrlG 1/89, 1201) erfahren.

8 **Richtig ist** die neue Rechtsprechung des BAG, **daß ein Teilurlaubsanspruch gemäß § 5 Abs. 1 BUrlG mindestens einen gemäß §§ 187f. BGB vollen Monat voraussetzt**, so daß angefangene Monate auch dann außer Betracht bleiben, wenn am vollen Monat nur Tage fehlen, an denen bei Fortbestand des Arbeitsverhältnisses keine Arbeitspflicht bestanden hätte. Die vom BAG dafür angegebene Begründung ist allerdings insofern verfehlt, als sie die Unabhängigkeit des Urlaubsanspruchs von irgendeiner Arbeitsleistung hervorhebt (zur Unerheblichkeit dieses Gesichtspunktes vgl. *Gans*, Anm. EzA § 5 BUrlG Nr. 14). Entscheidend ist, daß ein Teilurlaubsanspruch gemäß § 5 Abs. 1 BUrlG nach dem Wortlaut dieser Regelung »einen vollen Monat des Bestehens des Arbeitsverhältnisses« voraussetzt und es die Grenze des möglichen Wortsinns und damit auch die Grenze der Auslegung überschreitet, unter einem vollen Monat im Sinne des § 5 Abs. 1 BUrlG unter bestimmten Umständen auch einen nicht vollen Monat zu verstehen. Allenfalls käme eine entsprechende Rechtsfortbildung durch die analoge Anwendung des § 5 Abs. 1 BUrlG in Betracht, was aber schon mangels einer Gesetzeslücke ausgeschlossen ist (zutreffend *Gans*, Anm. EzA § 5 BUrlG Nr. 14). Von einer Gesetzeslücke kann zumal deswegen keine Rede sein, weil die in § 5 Abs. 2 Satz 2 des Entwurfes eines Gesetzes über Mindesturlaub für Arbeitnehmer der Fraktion der SPD vorgesehene Aufrundung angefangener Monate (vgl. BT-Drucksache IV/142) gerade nicht Gesetz geworden ist. Schon mangels einer Gesetzeslücke ist es entgegen *Künzl* (EWiR § 5 BUrlG 1/89, 1201) auch nicht möglich, § 5 Abs. 1 BUrlG »entsprechend teleologisch zu reduzieren«, um einen Teilurlaubsanspruch auch dann zu begründen, »wenn zum vollen Monat ein Tag, an dem nicht gearbeitet worden wäre, fehlt«, abgesehen davon, daß die Begründung eines solchen Teilurlaubsanspruchs nur im Wege der Analogie zu § 5 Abs. 1 BUrlG möglich wäre (zutreffend *Gans*, Anm. EzA § 5 BUrlG Nr. 14).

3. Besondere Voraussetzungen der Urlaubszwölftelung

a) § 5 Abs. 1 Buchstabe a BUrlG

9 Gemäß § 5 Abs. 1 Buchstabe a BUrlG hat der Arbeitnehmer Anspruch auf ein Zwölftel des Jahresurlaubs für jeden vollen Monat des Bestehens des Arbeitsverhältnisses in einem Kalenderjahr, für das er wegen Nichterfüllung der Wartezeit keinen vollen Urlaubsanspruch erwirbt. Die Wartezeit beträgt gemäß § 4 BUrlG sechs Monate. Infolgedessen erwirbt der Arbeitnehmer gemäß § 5 Abs. 1 Buchstabe a BUrlG nach ganz herrschender und richtiger Meinung für das betreffende Kalenderjahr einen echten Teilurlaubsanspruch, wenn er die **Wartezeit** gemäß §§ 187, 188 Abs. 2 BGB (zur Berechnung vgl. Anm. 4) nicht **spätestens in der Zeit vom 1. Juli bis zum 31. Dezember** erfüllt und deswegen nicht den vollen Urlaubsanspruch erwirbt (vgl. *BAG* EzA § 5 BUrlG Nr. 6 = AP Nr. 4 zu § 5 BUrlG = SAE 1967, 95; *BAG* AP Nr. 1 zu § 4 BUrlG = SAE 1967, 214; *Bleistein*, § 4 Anm. 12f.; *Dersch/Neumann*, § 5 Anm. 6 und 22; *Siara*, § 5 Anm. 6b; *Herbst*, AR-Blattei, Urlaub, Anm. zur Entscheidung 148; *Grossmann*, ArbuR 1965, 361, 368; *Meisel*, Anm. AP Nr. 1 zu § 4 BUrlG; *Thiele*, SAE 1967, 217). Die **Mindermeinung**, wonach der Arbeitnehmer die Wartezeit in der Zeit vom 1. Juli bis zum 31. Dezember nicht mehr erfüllen kann, (vgl. insbes. *Boldt/Röhsler*, § 5 Anm. 19; *Natzel*, § 5 Anm. 8ff.; *Schaub*, § 102 A IV 1; *Berscheid*, HzA, Gruppe 4, Rz. 186; unter Berücksichtigung der Zitate mißverständlich *Dörner*, AR-Blattei, Urlaub V, B II 2a), ist deswegen abzulehnen, weil die Begründung, daß der Arbeitnehmer gemäß § 4 BUrlG den vollen Urlaubsanspruch nicht mit, sondern nach sechsmonatigem Bestehen des Arbeitsverhältnisses erwerbe, nicht zutrifft (vgl. hierzu *Bleistein*, § 4 Anm. 17) und insbesondere nicht gebührend berücksichtigt, daß § 5 Abs. 1 Buchstabe a BUrlG einen Teilurlaubsanspruch nur für den Fall vorsieht, daß der Arbeitnehmer die Wartezeit in dem betreffenden Kalenderjahr nicht erfüllt, und damit den Erwerb des vollen Urlaubsanspruchs für den Fall impliziert, daß der Arbeitnehmer die Wartezeit vom 1. Juli bis zum 31. Dezember noch in dem betreffenden Kalenderjahr erfüllt (zu dem entsprechenden Problem bei Anwendung des § 5 Abs. 1 Buchstabe b BUrlG vgl. Anm. 13f.).

10 § 5 Abs. 1 Buchstabe a BUrlG begründet nur Teilurlaubsansprüche für Zeiten bis zum 31. Dezember des betreffenden Kalenderjahres. Das BAG hat zwar in einer neueren Entscheidung ausgeführt, daß die Wartezeit in einem am 15. September begründeten Arbeitsverhältnis »mit Ablauf des Monats März« des folgenden Jahres erfüllt worden sei und der Arbeitnehmer »bis zu diesem Zeitpunkt« »einen Teilurlaubsanspruch nach § 5 Abs. 1 Buchstabe a BUrlG von 6/12 des Jahresurlaubs = 9 Werktage erworben« habe (vgl. *BAG* EzA § 13 BUrlG Nr. 23 = AP Nr. 11 zu § 13 BUrlG Unabdingbarkeit). Dabei handelt es sich aber wohl um ein Versehen, weil § 5 Abs. 1 Buchstabe a BUrlG auf das Kalenderjahr bezogen ist und daher nur Teilurlaubsansprüche für Zeiten bis zum 31. Dezember des betreffenden Kalenderjahres begründet.

11 Die **Entstehung des Teilurlaubsanspruchs** gemäß § 5 Abs. 1 Buchstabe a BUrlG ist im Gesetz nicht ausdrücklich geregelt. Nach richtiger Meinung ergibt sich im Wege der Auslegung des § 5 Abs. 1 Buchstabe a BUrlG, daß der Teilurlaubsanspruch bereits mit dem Beginn des Arbeitsverhältnisses in seinem gesamten gesetzlich möglichen Umfang entsteht (vgl. *Boldt/Röhsler*, § 5 Anm. 21; *Natzel*, § 5 Anm. 17; *Berscheid*, HzA, Gruppe 4, Rz. 187; *Böckel*, Kap. 8.3; *Dörner*, Urlaub V, B II 2a). Denn andere Entstehungszeitpunkte kommen aus unterschied-

lichen Gründen nicht in Betracht. Die sukzessive Entstehung des Teilurlaubsanspruchs mit jedem vollen Monat in Höhe von einem Zwölftel des Jahresurlaubs (so *Dersch/Neumann*, § 5 Anm. 10f.; *Siara*, § 5 Anm. 6d; so auch *BAG* AP Nr. 1 zu § 6 UrlG NRW zu 4a der Gründe mit zust. Anm. von *Schnorr v. Carolsfeld*) widerspräche dem Teilungsverbot des § 7 Abs. 2 BUrlG. Und die Entstehung des Teilurlaubsanspruchs erst mit dem Ende des Kalenderjahres kommt deswegen nicht in Frage, weil § 7 Abs. 3 Satz 4 BUrlG voraussetzt, daß der Teilurlaubsanspruch gemäß § 5 Abs. 1 Buchstabe a BUrlG zur Gänze schon in dem betreffenden Kalenderjahr entsteht. Die Meinung, daß der Teilurlaubsanspruch gemäß § 5 Abs. 1 Buchstabe a BUrlG mit dem Beginn des Arbeitsverhältnisses entsteht, korrespondiert außerdem am besten damit, daß der volle Urlaubsanspruch nach seinem erstmaligen Entstehen gemäß § 4 BUrlG jeweils mit dem Beginn des Kalenderjahres entsteht (hierzu vgl. *Bleistein*, § 4 Anm. 6). Schließlich korrespondiert diese Meinung auch am besten mit der ganz herrschenden und richtigen Meinung, daß der Teilurlaubsanspruch gemäß § 5 Abs 1 Buchstabe b BUrlG in seinem gesamten gesetzlich möglichen Umfang in dem Zeitpunkt entsteht, in dem offenbar wird, daß das Arbeitsverhältnis noch vor Erfüllung der Wartezeit gemäß § 4 BUrlG sein Ende finden und der Arbeitnehmer den vollen Urlaubsanspruch infolgedessen nicht erwerben wird (vgl. Anm. 17). Dementsprechend entsteht in einem auf Dauer angelegten Arbeitsverhältnis, das die Erfüllung der Wartezeit im Eintrittsjahr erwarten läßt, gemäß § 5 Abs. 1 Buchstabe a BUrlG überhaupt kein Teilurlaubsanspruch (vgl. *BAG* EzA § 7 BUrlG Nr. 17 = AP Nr. 2 zu § 7 BUrlG Betriebsferien = SAE 1975, 169; *BAG* EzA § 7 BUrlG Nr. 19 = AP Nr. 3 zu § 7 BUrlG Betriebsferien; *Schaub*, § 102 A IV 3).

12 Der **Urlaubszeitpunkt** richtet sich nach § 7 BUrlG. Dabei ist insbesondere auch § 7 Abs. 3 Satz 4 BUrlG zu beachten (vgl. *Dörner*, AR-Blattei, Urlaub V, B II 2a).

b) § 5 Abs. 1 Buchstabe b BUrlG

13 Gemäß § 5 Abs. 1 Buchstabe b BUrlG hat der Arbeitnehmer Anspruch auf ein Zwölftel des Jahresurlaubs für jeden vollen Monat des Bestehens des Arbeitsverhältnisses, wenn er vor erfüllter Wartezeit aus dem Arbeitsverhältnis ausscheidet. Die Wartezeit beträgt gemäß § 4 BUrlG sechs Monate. Infolgedessen erwirbt der Arbeitnehmer gemäß § 5 Abs. 1 Buchstabe b BUrlG nach ganz herrschender und richtiger Meinung einen echten **Teilurlaubsanspruch**, wenn das Arbeitsverhältnis gemäß §§ 187, 188 Abs. 2 BGB **weniger als sechs Monate** besteht (zur Berechnung vgl. Anm. 4); besteht das Arbeitsverhältnis dagegen **sechs Monate**, endet es also nicht vor, sondern frühestens gleichzeitig mit Erfüllung der Wartezeit, **so erwirbt der Arbeitnehmer gemäß § 4 BUrlG nach ganz herrschender Meinung den vollen Urlaubsanspruch**, abgesehen von der Ausnahme des § 5 Abs. 1 Buchstabe c BUrlG (vgl. *BAG* EzA § 5 BUrlG Nr. 6 = AP Nr. 4 zu § 5 BUrlG = SAE 1967, 95; *BAG* AP Nr. 1 zu § 4 BUrlG = SAE 1967, 214; *Bleistein*, § 4 Anm. 12f. und 17; *Dersch/Neumann*, § 5 Anm. 24; *Siara*, § 5 Anm. 7b; *Dörner*, AR-Blattei, Urlaub V, B II 2b; *Grossmann*, ArbuR 1965, 361, 365; *Meisel*, Anm. AP Nr. 1 zu § 4 BUrlG; *Thiele*, SAE 1967, 217).

14 Die **Mindermeinung**, daß der Arbeitnehmer gemäß § 4 BUrlG den vollen Urlaubsanspruch nicht mit, sondern nach sechsmonatigem Bestehen des Arbeitsverhältnisses erwerbe (vgl. *Boldt/Röhsler*, § 5 Anm. 24; *Natzel*, § 5 Anm. 21; *Berscheid*, HzA, Gruppe 4, Rz. 189), berücksichtigt nicht gebührend, daß § 5 Abs. 1

Buchstabe b BurlG einen Teilurlaubsanspruch nur für den Fall vorsieht, daß der Arbeitnehmer vor Erfüllung der Wartezeit aus dem Arbeitsverhältnis ausscheidet, und damit den Erwerb des vollen Urlaubsanspruchs für den Fall impliziert, daß das Arbeitsverhältnis sechs Monate besteht, abgesehen von der Ausnahme des § 5 Abs. 1 Buchstabe c BUrlG (zu dem entsprechenden Problem bei Anwendung des § 5 Abs. 1 Buchstabe a BUrlG vgl. Anm. 9).

15 Wenn das Arbeitsverhältnis **vor Erfüllung der Wartezeit gemäß § 4 BUrlG endet**, so gilt nach ganz herrschender Meinung in jedem Falle ausschließlich § 5 Abs. 1 Buchstabe b BUrlG, gleichviel, ob sich das Arbeitsverhältnis auf ein Kalenderjahr oder auf zwei aufeinander folgende Kalenderjahre erstreckt. § 5 Abs. 1 Buchstabe b BUrlG schließt also § 5 Abs. 1 Buchstabe a BUrlG auch dann aus, wenn sich das Arbeitsverhältnis auf zwei aufeinander folgende Kalenderjahre erstreckt und daher zwei selbständige Teilurlaubsansprüche gemäß § 5 Abs. 1 Buchstabe a BUrlG für das Kalenderjahr des Beginns und gemäß § 5 Abs. 1 Buchstabe b BUrlG für das Kalenderjahr des Endes des Arbeitsverhältnisses in Betracht kämen. Gegen eine solche Differenzierung nach Kalenderjahren und dementsprechend für die Maßgeblichkeit der Dauer des Arbeitsverhältnisses völlig unabhängig vom Kalenderjahr spricht schon, daß in § 5 Abs. 1 Buchstabe b BUrlG im Gegensatz zu § 5 Abs. 1 Buchstaben a und c BUrlG vom Kalenderjahr gar keine Rede ist. Für die ausschließliche Geltung des § 5 Abs. 1 Buchstabe b BUrlG spricht überdies, daß es im Falle der Anwendbarkeit des § 5 Abs. 1 Buchstabe a BUrlG auch in Fällen der Beendigung des Arbeitsverhältnisses vor Erfüllung der Wartezeit insoweit der umfassenden Regelung gemäß § 5 Abs. 1 Buchstabe b BUrlG nicht bedurft hätte. Für die ausschließliche Geltung des § 5 Abs. 1 Buchstabe b BUrlG in den Fällen der Beendigung des Arbeitsverhältnisses vor Erfüllung der Wartezeit spricht schließlich die Arbeitnehmerschutzfunktion des § 5 Abs. 1 BUrlG, weil ein Teilurlaubsanspruch gemäß § 5 Abs. 1 Buchstabe b BUrlG für die ganze Dauer des Arbeitsverhältnisses höher ist als die Summe zweier Teilurlaubsansprüche gemäß § 5 Abs. 1 Buchstaben a und b BUrlG, wenn die Dauer des Arbeitsverhältnisses gemäß §§ 187, 188 Abs. 2 BGB mehr volle Monate als Kalendermonate umfaßt (vgl. *BAG* EzA § 5 BUrlG Nr. 11 = AP Nr. 7 zu § 5 BUrlG = SAE 1970, 153; *Dersch/Neumann*, § 5 Anm. 17; *Natzel*, § 5 Anm. 19; *Berscheid*, HzA, Gruppe 4, Rz. 181 und 188; *Dörner*, AR-Blattei, Urlaub V, B II 2 b; *Dütz*, SAE 1970, 155f.; *van Gelder*, ArbuR 1970, 191f.; *Herbst*, AR-Blattei, Urlaub, Anm. zur Entscheidung 174; *Meisel*, Anm. AP Nr. 7 zu § 5 BUrlG; *Seiter*, ZfA 1970, 355, 410; *Boldt*, ZfA 1971, 1, 24ff.; **a.M.** *Boldt/Röhsler*, § 5 Anm. 23, die ohne weitere Begründung eine Anspruchskonkurrenz zwischen § 5 Abs. 1 Buchstaben a und b BUrlG annehmen; widersprüchlich *Siara*, § 5 Anm. 7a einerseits und 7c andererseits).

16 Schwierigkeiten bei der **Ermittlung der Höhe des Teilurlaubs** gemäß § 5 Abs. 1 Buchstabe b BUrlG können sich auch dann, wenn sich das Arbeitsverhältnis auf zwei aufeinanderfolgende Kalenderjahre erstreckt, nicht ergeben, weil die Bezugsgröße des vollen Jahresurlaubs gemäß § 3 Abs. 1 BUrlG identisch ist (vgl. *BAG* EzA § 5 BUrlG Nr. 11 = AP Nr. 7 zu § 5 BUrlG = SAE 1970, 153, wo sich auch Problemlösungsvorschläge für den Fall finden, daß der volle Jahresurlaub in den aufeinander folgenden Kalenderjahren in Abweichung von § 3 Abs. 1 BUrlG verschieden hoch ist; vgl. dazu auch *Siara*, § 5 Anm. 7c; *Dütz*, SAE 1970, 155f.; *Meisel*, Anm. AP Nr. 7 zu § 5 BUrlG).

17 Die **Entstehung des Teilurlaubsanspruchs** gemäß § 5 Abs. 1 Buchstabe b BUrlG

ist im Gesetz nicht ausdrücklich geregelt. Nach ganz herrschender und richtiger Meinung ergibt sich aber im Wege der Auslegung des § 5 Abs. 1 Buchstabe b BUrlG, daß der Teilurlaubsanspruch in seinem gesamten gesetzlich möglichen Umfang in dem Zeitpunkt entsteht, in dem offenbar wird, daß der Arbeitnehmer die Wartezeit des § 4 BUrlG nicht erfüllen und den vollen Urlaubsanspruch infolgedessen nicht erwerben kann. Denn andere Entstehungszeitpunkte kommen aus unterschiedlichen Gründen nicht in Betracht. Zu Beginn des Arbeitsverhältnisses und des Kalenderjahres sind die Dauer des Arbeitsverhältnisses und die Höhe des Urlaubs unter Umständen noch gar nicht bekannt. Die sukzessive Entstehung des Teilurlaubsanspruchs mit jedem vollen Monat in Höhe von einem Zwölftel des Jahresurlaubs widerspräche dem Teilungsverbot des § 7 Abs. 2 BUrlG. Und die Entstehung des Teilurlaubsanspruchs erst mit der Beendigung des Arbeitsverhältnisses kommt deswegen nicht in Frage, weil § 5 Abs. 1 BUrlG vom Grundsatz der Erfüllbarkeit des Teilurlaubsanspruchs ausgeht. Die herrschende Meinung korrespondiert auch am besten damit, daß der volle Urlaubsanspruch nach seinem erstmaligen Entstehen gemäß § 4 BUrlG jeweils mit dem Beginn des Kalenderjahres entsteht (vgl. *BAG* AP Nr. 2 zu § 59 KO = SAE 1966, 266; *Boldt/Röhsler*, § 5 Anm. 27; *Natzel*, § 5 Anm. 23; *Berscheid*, HzA, Gruppe 4, Rz. 190; *Dörner*, AR-Blattei, Urlaub V, B II 2b; *Meisel*, Anm. AP Nr. 7 zu § 5 BUrlG; im Ergebnis wohl ebenso *Dersch/Neumann*, § 5 Anm. 11; etwas anders *Siara*, § 5 Anm. 7d, der, ohne Begründung, die Entstehung des Teilurlaubsanspruchs zusätzlich davon abhängig macht, daß das Arbeitsverhältnis wenigstens einen Monat bestanden hat; zu dem entsprechenden Problem der Entstehung des Teilurlaubsanspruchs gemäß § 5 Abs. 1 Buchstabe a BUrlG vgl. Anm. 11). Nach der herrschenden und richtigen Meinung entsteht also in einem auf Dauer angelegten Arbeitsverhältnis, das die Erfüllung der Wartezeit erwarten läßt, gemäß § 5 Abs. 1 Buchstabe b BUrlG überhaupt kein Teilurlaubsanspruch (vgl. *BAG* EzA § 7 BUrlG Nr. 17 = AP Nr. 2 zu § 7 BUrlG Betriebsferien = SAE 1975, 169; *BAG* EzA § 7 BUrlG Nr. 19 = AP Nr. 3 zu § 7 BUrlG Betriebsferien; *Schaub*, § 102 A IV 3).

18 Der **Urlaubszeitpunkt** richtet sich nach § 7 BUrlG.

c) § 5 Abs. 1 Buchstabe c BUrlG

19 Gemäß § 5 Abs. 1 Buchstabe c BUrlG hat der Arbeitnehmer Anspruch auf ein Zwölftel des Jahresurlaubs für jeden vollen Monat des Bestehens des Arbeitsverhältnisses, wenn er nach erfüllter Wartezeit in der ersten Hälfte eines Kalenderjahres aus dem Arbeitsverhältnis ausscheidet. Dabei ist es gleichgültig, wann der Arbeitnehmer die Wartezeit erfüllt und den vollen Urlaubsanspruch erworben hat. Der volle Urlaubsanspruch steht in jedem Falle gemäß § 5 Abs. 1 Buchstabe c BUrlG unter der auflösenden Bedingung, daß der Arbeitnehmer in der ersten Hälfte eines Kalenderjahres ausscheidet. Tritt diese Bedingung ein, so hat der Arbeitnehmer für die Dauer des Arbeitsverhältnisses im Austrittsjahr nur noch **Anspruch auf** nach dem **Zwölftelungsprinzip** gekürzten Vollurlaub. § 5 Abs. 1 Buchstabe c BUrlG ist demnach nicht Anspruchsgrundlage für den gekürzten Vollurlaub, sondern Ausschlußtatbestand gegenüber dem vollen Urlaubsanspruch (vgl. *BAG* EzA § 13 BUrlG Nr. 14 = AP Nr. 6 zu § 13 BUrlG Unabdingbarkeit; *Bleistein*, § 4 Anm. 17f.; *Boldt/Röhsler*, § 5 Anm. 29 und 30; *Dersch/Neuman*, § 5 Anm. 13 und 25; *Natzel*, § 5 Anm. 25; *Siara*, § 5 Anm. 8a und b; *Berscheid*, HzA, Gruppe 4, Rz. 184 und 191; *Dörner*, AR-Blattei, Urlaub V,

B II2c; *Meisel*, Anm. AP Nr. 7 zu § 5 BUrlG). Wenn an dem Stichtag, an dem der volle Urlaubsanspruch entstehen könnte, bereits feststeht, daß der Arbeitnehmer in der ersten Hälfte des Kalenderjahres aus dem Arbeitsverhältnis ausscheidet, dann entsteht wegen § 5 Abs. 1 Buchstabe c BUrlG von vornherein nur ein Anspruch auf gekürzten Vollurlaub (vgl. *Boldt/Röhsler*, § 5 Anm. 29; *Siara*, § 5 Anm. 8b; *Berscheid*, HzA, Gruppe 4, Rz. 192). Hat der Arbeitnehmer bereits Urlaub über den ihm gemäß § 5 Abs. 1 Buchstabe c BUrlG zustehenden Umfang hinaus erhalten, so kann gemäß § 5 Abs. 3 BUrlG auf jeden Fall das dafür gezahlte Urlaubsentgelt nicht zurückgefordert werden. Das BAG ist anscheinend der Meinung, daß insoweit der volle Urlaubsanspruch gar nicht ausgeschlossen wird (vgl. *BAG* EzA § 13 BUrlG Nr. 14 = AP Nr. 6 zu § 13 BUrlG Unabdingbarkeit zu 2a der Gründe; so wohl auch *Großmann*, ArbuR 1965, 361, 364). Davon kann jedoch keine Rede sein, weil § 5 Abs. 1 Buchstabe c BUrlG in jedem Falle nur einen gekürzten Vollurlaub vorsieht und § 5 Abs. 3 BUrlG ausdrücklich davon ausgeht, daß der Arbeitnehmer »Urlaub über den ihm« gemäß § 5 Abs. 1 Buchstabe c BUrlG »zustehenden Umfang hinaus erhalten« hat. Praktische Bedeutung hat dieses rechtsdogmatische Problem freilich nicht.

20 § 5 Abs. 1 Buchstabe c BUrlG ist zweifelsfrei auch dann gegeben, wenn das Arbeitsverhältnis schon im Laufe des 30. Juni des betreffenden Jahres endet. Ebenso zweifelsfrei ist § 5 Abs. 1 Buchstabe c BUrlG nicht gegeben, wenn das Arbeitsverhältnis frühestens am 1. Juli des betreffenden Jahres endet.

21 **Zweifelhaft und umstritten ist dagegen die Rechtslage, wenn das Arbeitsverhältnis mit Ablauf des 30. Juni des betreffenden Jahres endet.** Das ist nach § 188 BGB regelmäßig der Fall, wenn der 30. Juni der letzte Tag des Arbeitsverhältnisses ist (vgl. *BAG* EzA § 5 BUrlG Nr. 6 = AP Nr. 4 zu § 5 BUrlG = SAE 1967, 95; *Großmann*, ArbuR 1965, 361f.; *Falkenberg*, AR-Blattei, Urlaub, Anm. zur Entscheidung 137). Nach der herrschenden Meinung scheidet der Arbeitnehmer dann im Sinne von § 5 Abs. 1 Buchstabe c BUrlG in der ersten Hälfte eines Kalenderjahres aus dem Arbeitsverhältnis aus, so daß er für das Austrittsjahr nur gekürzten Vollurlaub beanspruchen kann (vgl. Anm. 22f.), während nach einer **Mindermeinung** § 5 Abs. 1 Buchstabe c BUrlG in diesem Falle nicht einschlägig ist (vgl. Anm. 24).

22 Das **BAG hat sich auf den Standpunkt gestellt, daß ein Arbeitnehmer, dessen Arbeitsverhältnis mit Ablauf des 30. Juni eines Kalenderjahres endet**, im Sinne von § 5 Abs. 1 Buchstabe c BUrlG in der ersten Hälfte eines Kalenderjahres aus dem Arbeitsverhältnis ausscheidet und infolgedessen für das Austrittsjahr **nur gekürzten Vollurlaub beanspruchen kann** (vgl. *BAG* EzA § 5 BUrlG Nr. 6 = AP Nr. 4 zu § 5 BUrlG = SAE 1967, 95). Bei der Begründung dieses Standpunktes ist das BAG davon ausgegangen, daß der Begriff der Frist im Sinne der §§ 186ff. BGB auch das Fristende umfasse und die an das Fristende geknüpfte Rechtsfolge deshalb noch innerhalb der Frist eintrete. Dementsprechend scheide der Arbeitnehmer im Sinne von § 5 Abs. 1 Buchstabe c BUrlG in der ersten Hälfte des Kalenderjahres aus dem Arbeitsverhältnis aus, wenn das Arbeitsverhältnis mit Ablauf des 30. Juni ende. Allerdings könne sich aus Sinn und Zweck des § 5 Abs. 1 Buchstabe c BUrlG, aus dem Zusammenhang mit den sonstigen Vorschriften des BUrlG und aus der Entstehungsgeschichte des BUrlG etwas anderes ergeben. Das sei jedoch nicht der Fall. Der Sinn und Zweck des § 5 Abs. 1 Buchstabe c BUrlG bestehe darin, den Umfang des Urlaubsanspruchs in ein angemessenes Verhältnis zur Dauer des Bestehens des Arbeitsverhältnisses im Kalenderjahr zu setzen, und deswegen habe sich der Gesetzgeber für einen beiden Arbeitsvertragsparteien gerecht werdenden Kompromiß bei der Urlaubszwölftelung entschieden. Dem werde man am ehesten gerecht, wenn man den 30. Juni zur ersten Jahreshälfte rechne. Zwischen § 4 BUrlG und § 5 Abs. 1 Buchstabe c BUrlG bestehe kein innerer Zusammenhang, so daß es für die Auslegung des § 5 Abs. 1 Buchstabe c BUrlG ohne Bedeutung sei, daß es gemäß § 4 BUrlG für den Erwerb des vollen Urlaubsanspruchs genüge, wenn das Arbeitsverhältnis volle sechs Monate bestanden habe. Die Entstehungsgeschichte des § 5 Abs. 1 Buchstabe c BUrlG spreche zwar gegen die Zwölftelung, wenn das Arbeitsverhältnis mit Ablauf des 30. Juni ende, weil es schon in der Begründung des Gesetz gewordenen Entwurfes der CDU/CSU-Fraktion heiße, daß die Zwölftelung dann Platz greife, »falls das Arbeitsverhältnis im laufenden Urlaubsjahr weniger als sechs Monate bestanden« habe, und weil im Schriftlichen Bericht des Ausschusses für Arbeit diese Formulierung bei der Begründung des § 5 Abs. 1 Buchstabe c BUrlG im wesentlichen unverändert übernommen worden sei (vgl. BT-Drucksache IV/785). Es müsse aber ernstlich damit gerechnet werden, daß es sich bei dieser Formulierung um eine Ungenauigkeit und keine Stellungnahme des Gesetzgebers zu dem strittigen Problem handele. Infolgedessen müsse § 5 Abs. 1 Buchstabe c BUrlG aufgrund der auf dem Wortlaut aufbauenden fristenrechtlichen Beurteilung sowie Sinn und Zweck der Vorschrift so ausgelegt werden, daß der Arbeitnehmer auch dann nur Anspruch auf den nach dem Zwölftelungsprinzip gekürzten Vollurlaub habe, wenn er mit Ablauf des 30. Juni aus dem Arbeitsverhältnis ausscheide (ohne Begründung, aber im Ergebnis ebenso wiederum *BAG* EzA § 13 BUrlG Nr. 23 = AP Nr. 11 zu § 13 BUrlG Unabdingbarkeit; *BAG* EzA § 8 BUrlG Nr. 2 = AP Nr. 3 zu § 8 BUrlG; *BAG* EzA § 7 BUrlG Nr. 64 = AP Nr. 43 zu § 7 BUrlG Abgeltung; *BAG* EzA § 13 BUrlG Nr. 49).

23 Das **Schrifttum** stimmt mit der Rechtsprechung des BAG (vgl. Anm. 22) im Ergebnis weitgehend überein, auch wenn die Begründung teilweise unterschiedlich ist (vgl. *Bleistein*, § 4 Anm. 17f.; *Boldt/Röhsler*, § 5 Anm. 32; *Dersch/Neumann*, § 5 Anm. 26; *Natzel*, § 5 Anm. 28; *Siara*, § 5 Anm. 8c; *Berscheid*, HzA, Gruppe 4, Rz. 193; *Dörner*, AR-Blattei, Urlaub V, B II 2c; *Falkenberg*, AR-Blattei, Urlaub, Anm. zur Entscheidung 137; *Isele*, Anm. AP Nr. 4 zu § 5 BUrlG; *Thiele*, SAE 1967, 217f.; *Boldt*, ZfA 1971, 1, 23f.).

24 Nach einer **Mindermeinung** ist dagegen § 5 Abs. 1 Buchstabe c BUrlG nicht einschlägig und der Vollurlaub infolgedessen nicht zu kürzen, wenn das Arbeitsverhältnis mit Ablauf des 30. Juni des betreffenden Jahres endet (vgl. insbes. *Großmann*, ArbuR 1965, 361ff. m.w.N.; ferner *Gumpert*, BB 1966, 539ff.).

25 **Der herrschenden Meinung** (vgl. Anm. 22f.) **kann nicht zugestimmt werden**. Richtig ist die Mindermeinung (vgl. Anm. 24). Insbesondere hat das BAG seine Rechtsprechung zwar durchaus eindrucksvoll, wie *Natzel* (SAE 1967, 100) angemerkt hat, aber letztlich doch nicht überzeugend begründet. Die für die Auslegung von § 5 Abs. 1 Buchstabe c BUrlG maßgeblichen Gesichtspunkte sprechen im Gegensatz zum BAG überwiegend gegen die Zwölftelung des Urlaubs, wenn der Arbeitnehmer mit Ablauf des 30. Juni aus dem Arbeitsverhältnis ausscheidet. Der Begriff der Frist im Sinne der §§ 186ff. BGB mag dafür sprechen, daß der Arbeitnehmer, der mit Ablauf des 30. Juni aus dem Arbeitsverhältnis ausscheidet, dies noch in der ersten Hälfte des Kalenderjahres tut. Das ist aber auch nach der Meinung des BAG nicht entscheidend. Im Vordergrund müssen die urlaubsrechtlichen Auslegungsgesichtspunkte stehen. Der Wortlaut des § 5 Abs. 1 Buchstabe c BUrlG ist nicht eindeutig, spricht aber nach dem allgemeinen Sprachgebrauch eher gegen als für die herrschende Meinung, insofern das Ausscheiden mit dem Ablauf der ersten Hälfte eines Kalenderjahres etwas anderes ist als das Ausscheiden in der ertsten Kalenderjahreshälfte. Der vom BAG herausgestellte Sinn und Zweck der Vorschrift, den Umfang des Urlaubsanspruchs in ein angemessenes Verhältnis zur Dauer des Bestehens des Arbeitsverhältnisses im Kalenderjahr zu setzen, spricht weder für die eine noch für die andere Meinung (so auch *Isele*, Anm. AP Nr. 4 zu § 5 BUrlG). Gegen die herrschende Meinung spricht vor allem, daß es gemäß § 4 BUrlG für den Erwerb des vollen Urlaubsanspruchs genügt, wenn das Arbeitsverhältnis volle sechs Monate bestanden hat. Dem BAG ist zwar zuzugeben, daß zwischen § 4 BUrlG und § 5 Abs. 1 Buchstabe c BUrlG insofern kein innerer Zusammenhang besteht, als § 4 BUrlG generell die Wartezeit für den vollen Urlaubsanspruch und § 5 Abs. 1 Buchstabe c BUrlG die Urlaubshöhe für einen bestimmten Fall regelt. Entscheidend ist aber, daß die §§ 3, 4 und 5 BUrlG allesamt regeln, wieviel Urlaub der Arbeitnehmer jeweils beanspruchen kann. Entscheidend ist dementsprechend das Fehlen eines Grundes dafür, warum gemäß § 4 BUrlG nach der ganz herrschenden und richtigen Meinung (vgl. Anm. 9 und 13) sechs volle Monate, beispielsweise vom 1. Juli bis zum 31. Dezember, für den vollen Urlaubsanspruch genügen sollen, die sechs vollen Monate vom 1. Januar bis zum 30. Juni wegen § 5 Abs. 1 Buchstabe c BUrlG dagegen nicht. Zur Vermeidung von Wertungswidersprüchen müssen in beiden Fällen volle sechs Monate für den vollen Urlaubsanspruch genügen (vgl. *Boldt/Röhsler*, § 5 Anm. 19, 24 und 32, die ebenfalls den Zusammenhang der §§ 3, 4 und 5 BUrlG betonen und in allen Fällen, in denen das Arbeitsverhältnis volle sechs Monate bestanden hat, zu Unrecht, aber konsequent nur einen Teilurlaubsanspruch auf sechs Zwölftel des vollen Urlaubs anerkennen). Es wäre auch widersprüchlich, bei der Anwendung des § 5 Abs. 1 Buchstabe c BUrlG auf den Fall der Beendigung des Arbeitsverhältnisses mit dem 30. Juni einerseits für den Teilurlaubsanspruch den Monat Juni voll in Rechnung zu stellen, andererseits aber den vollen Urlaubsanspruch mit der Begründung zu versagen, daß der Arbeitnehmer noch im Monat Juni ausgeschieden sei. Um so wichtiger ist die Begründung des § 5 Abs. 1 Buchstabe c BUrlG im Schriftlichen Bericht des Ausschusses für Arbeit (vgl. BT-Drucksache IV/785), daß die Zwölftelung dann Platz greifen solle, »falls das Arbeitsverhältnis im laufenden Urlaubsjahr weniger als sechs Monate bestanden hat«. Denn diese Formulierung ist völlig eindeutig und es ist im Gegensatz zum BAG kein überzeugender Grund ersichtlich, § 5 Abs. 1 Buchstabe c BUrlG anders als in diesem Sinne zu interpretieren, zumal für diese Auslegung jedenfalls auch die Regelung des § 4 BUrlG spricht, wonach sechs volle Monate für den vollen Urlaubsanspruch genügen.

26 **Der Urlaubszeitpunkt** richtet sich nach § 7 BUrlG.

4. Unabdingbarkeit

a) Allgemeine Voraussetzungen der Urlaubszwölftelung

27 Gemäß § 13 Abs. 1 Satz 1 BUrlG kann durch **Tarifvertrag** von den allgemeinen Voraussetzungen der Urlaubszwölftelung gemäß § 5 Abs. 1 BUrlG (vgl. Anm. 2ff.) sowohl zugunsten als auch zuungunsten der Arbeitnehmer abgewichen werden. Denn gemäß § 13 Abs. 1 Satz 1 und 3 BUrlG kann durch Tarifvertrag nur von den Grundsatzvorschriften der §§ 1, 2 und 3 Abs. 1 BUrlG nicht zuungunsten der Arbeitnehmer abgewichen werden (vgl. *BAG* AP Nr. 1 zu § 13 BUrlG Unabdingbarkeit = SAE 1966, 243). Gegen eine tarifliche Urlaubsregelung, die in Abweichung von § 5 Abs. 1 BUrlG nicht auf Beschäftigungsmonate, sondern auf Kalendermonate abstellt, bestehen demnach keine Bedenken (vgl. *Dersch/Neumann*, § 5 Anm. 34; *Natzel*, § 5 Anm. 57).

28 Gemäß § 13 Abs. 1 Satz 3 BUrlG kann, abgesehen von § 13 Abs. 1 Satz 2 BUrlG, durch **Betriebsvereinbarung** und **Arbeitsvertrag** von den allgemeinen Voraussetzungen der Urlaubszwölftelung gemäß § 5 Abs. 1 BUrlG nicht zuungunsten der Arbeitnehmer abgewichen werden (vgl. *BAG* AP Nr. 1 zu § 2 BUrlG = SAE 1967, 174; *BAG* EzA § 5 BUrlG Nr. 8 = AP Nr. 6 zu § 5 BUrlG = SAE 1969, 153; *Boldt/Röhsler*, § 5 Anm. 66; *Dersch/Neumann*, § 5 Anm. 31 und 39). Demgemäß kann für die Bemessung des Teilurlaubs auch nicht auf Kalendermonate anstatt wie in § 5 Abs. 1 BUrlG auf Beschäftigungsmonate abgestellt werden (vgl. *Dersch/Neumann*, § 5 Anm. 31). Die Vereinbarung, daß angefangene Monate als volle Monate im Sinne von § 5 Abs. 1 BUrlG gelten, ist für die Arbeitnehmer selbstverständlich günstiger als die Regelung in § 5 Abs. 1 BUrlG und daher gemäß § 13 Abs. 1 Satz 3 BUrlG möglich (vgl. *Boldt/Röhsler*, § 5 Anm. 66).

b) Besondere Voraussetzungen der Urlaubszwölftelung

aa) § 5 Abs. 1 Buchstabe a und b BUrlG

29 Gemäß § 13 Abs. 1 Satz 1 BUrlG kann nach so gut wie einhelliger und richtiger Meinung durch **Tarifvertrag** von der Teilurlaubsregelung des § 5 Abs. 1 Buchstabe a und b BUrlG sowohl zugunsten als auch zuungunsten der Arbeitnehmer abgewichen und infolgedessen Teilurlaub vor Erfüllung der Wartezeit gemäß § 4 BUrlG ausgeschlossen werden. Eine solche Abweichung von der Teilurlaubsregelung des § 5 Abs. 1 Buchstabe a und b BUrlG zuungunsten der Arbeitnehmer ist keine mittelbare Abweichung von den Grundsatzvorschriften der §§ 1, 2 und 3 Abs. 1 BUrlG (zur mittelbaren Abweichung allgemein *Berscheid*, § 13 Anm. 17) und deswegen nicht gemäß § 13 Abs. 1 Satz 1 und 3 BUrlG verboten. Denn § 1 BUrlG enthält die Teilurlaubsregelung des § 5 Abs. 1 Buchstabe a und b BUrlG nach so gut wie einhelliger und richtiger Meinung nicht. Das ergibt sich zum einen aus der Existenz dieser Teilurlaubsregelung neben § 1 BUrlG, ferner aus dem Umstand, daß sogar gemäß §§ 1ff. BUrlG der Fall eintreten kann, daß der Arbeitnehmer, obwohl er das ganze Jahr hindurch arbeitet, gar keinen Urlaubsanspruch erwirbt, dann nämlich, wenn seine Arbeitsverhältnisse jeweils weniger als einen Monat dauern, und schließlich aus der gesamten Rechtsentwicklung vor dem BUrlG, in der ein Teilurlaubsanspruch vor Erfüllung der Wartezeit nicht ohne weiteres mit dem Urlaubsanspruch verknüpft, sondern von einer entsprechenden Teilurlaubsregelung abhängig war (vgl. *BAG* EzA § 13 BUrlG Nr. 4 = AP Nr. 4 zu § 13 BUrlG; *BAG* EzA § 13 BUrlG Nr. 5 = AP Nr. 9 zu § 13 BUrlG; *BAG* AP Nr. 10 zu § 13 BUrlG = SAE 1968, 106; *BAG* EzA § 4 TVG Ausschlußfristen Nr. 2 = AP Nr. 9 zu § 5 BUrlG = SAE 1972, 41; *BAG* EzA § 13 BUrlG Nr. 13 = AP Nr. 12 zu § 13 BUrlG = SAE 1978, 303; *BAG* EzA § 6 BUrlG Nr. 3 = AP Nr. 3 zu § 6 BUrlG; *BAG* EzA § 13 BUrlG Nr. 17 = AP Nr. 14 zu § 13 BUrlG = SAE 1984, 301; *BAG* EzA § 13 BUrlG Nr. 20 = AP Nr. 17 zu § 13 BUrlG = SAE 1985, 79; *Boldt/Röhsler*, § 5 Anm. 64; *Dersch/Neumann*, § 5 Anm. 32 und 38; *Natzel*, § 5 Anm. 57; *Siara*, § 5 Anm. 10; *Dörner*,

AR-Blattei, Urlaub V, B III; *Gaul/Boewer*, S. 15 Fußn. 1; *Röhsler*, AR-Blattei, Urlaub IX, D I; *Nikisch*, Anm. AP Nr. 10 zu § 13 BUrlG; *Misera*, SAE 1972, 43; *Richardi*, AR-Blattei, Tarifvertrag VI, Anm. zur Entscheidung 23; *Wiedemann*, Anm. AP Nr. 12 zu § 13 BUrlG; *Leinemann*, NZA 1985, 137, 144; **kritisch** neuerdings *Hanau*, ZfA 1984, 453, 547; vgl. ferner *Berscheid* § 13 Anm. 18).

30 Gemäß § 13 Abs. 1 Satz 1 BUrlG kann nach ganz herrschender und richtiger Meinung durch **Tarifvertrag** anstelle der Teilurlaubsregelung des § 5 Abs. 1 Buchstabe a und b BUrlG zuungunsten der Arbeitnehmer bestimmt werden, daß ihnen generell auch dann nur **Teilurlaub** nach dem Zwölftelungsprinzip zusteht, wenn sie die **Wartezeit** gemäß § 4 BUrlG **erfüllt** haben (vgl. *BAG* AP Nr. 1 zu § 5 BUrlG = SAE 1966, 46; *Gaul*, Arbeitsrecht I, F IV Anm. 65 Fußn. 204; *Siara*, § 5 Anm. 10; *Adomeit*, SAE 1966, 48; *Witting*, Anm. AP Nr. 1 zu § 5 BUrlG). Die generelle Zwölftelung des Urlaubs ist keine mittelbare Abweichung von den Grundsatzvorschriften der §§ 1, 2 und 3 Abs. 1 BUrlG (zur mittelbaren Abweichung allgemein *Berscheid* § 13 Anm. 17) und deswegen nicht gemäß § 13 Abs. 1 Satz 1 und 3 BUrlG verboten (vgl. *Siara*, § 5 Anm. 10). Allerdings steht das BAG neuerdings auf dem Standpunkt, daß auch durch Tarifvertrag nicht über § 5 Abs. 1 Buchstabe c BUrlG hinaus zuungunsten der Arbeitnehmer bestimmt werden kann, daß ihnen generell auch dann nur nach dem Zwölftelungsprinzip gekürzter Vollurlaub zusteht, wenn sie nach Erfüllung der Wartezeit gemäß § 4 BUrlG in der zweiten Hälfte eines Kalenderjahres aus dem Arbeitsverhältnis ausscheiden (vgl. Anm. 33). In diesem Zusammenhang hat es beiläufig ausgeführt, aus der »tariflichen Abdingbarkeit« des § 4 BUrlG ergebe sich nur, »daß die Wartefrist zu Beginn des Arbeitsverhältnisses hinausgeschoben werden, nicht jedoch, daß der Urlaubsanspruch unabhängig von dem in § 5 Abs. 1 Buchstabe c geregelten Fall (Ausscheiden in der ersten Hälfte eines Kalenderjahres) tariflich gezwölftelt werden könnte« (vgl. *BAG* EzA § 13 BUrlG Nr. 18 = AP Nr. 15 zu § 13 BUrlG = SAE 1986, 166). Diese Rechtsprechung ist zwar verfehlt (vgl. Anm. 33), muß aber wohl in dem Sinne verstanden werden, daß das BAG nunmehr auch die über § 5 Abs. 1 Buchstabe a und b BUrlG hinausgehende Zwölftelung des Urlaubs als eine Abweichung von den Grundsatzvorschriften der §§ 1, 2 und 3 Abs. 1 BUrlG ansehen und deswegen dem Verbot des § 13 Abs. 1 Satz 1 und 3 BUrlG unterwerfen wird (so auch *Gaul*, Arbeitsrecht I, F IV Anm. 65 Fußn. 204; *Schaub*, § 102 A IV 5; *Fieberg*, ZTR 1988, 113f.).

31 Gemäß § 13 Abs. 1 Satz 3 BUrlG kann, abgesehen von § 13 Abs. 1 Satz 2 BUrlG, durch Betriebsvereinbarung und Arbeitsvertrag von der Teilurlaubsregelung des § 5 Abs. 1 Buchstabe a und b BUrlG nicht zuungunsten der Arbeitnehmer abgewichen werden (vgl. *BAG* AP Nr. 1 zu § 2 BUrlG = SAE 1967, 174; *BAG* EzA § 5 BUrlG Nr. 7 = AP Nr. 5 zu § 5 BUrlG; *BAG* EzA § 5 BUrlG Nr. 8 = AP Nr. 6 zu § 5 BUrlG = SAE 1969, 153; *BAG* EzA § 13 BUrlG Nr. 13 = AP Nr. 12 zu § 13 BUrlG; *Boldt/Röhsler*, § 5 Anm. 66; *Dersch/Neumann*, § 5 Anm. 31 und 39; *Schaub*, § 102 A IV 1).

bb) § 5 Abs. 1 Buchstabe c BUrlG

32 Gemäß § 13 Abs. 1 Satz 1 und 3 BUrlG kann nach richtiger Meinung auch nicht durch **Tarifvertrag** über § 5 Abs. 1 Buchstabe c BUrlG hinaus der **volle Urlaubsanspruch** der Arbeitnehmer **gekürzt** werden, wenn sie nach Erfüllung der Wartezeit gemäß § 4 BUrlG in der ersten Hälfte eines Kalenderjahres aus dem Arbeitsverhältnis ausscheiden. Das BAG macht zur Begründung dieser Unabdingbarkeit geltend, daß »es sich auch bei diesem sog. gekürzten Vollurlaubsanspruch der Sache nach um den Urlaubsanspruch i.S. von § 3 Abs. 1, § 4 BUrlG« handele (vgl. *BAG* EzA § 13 BUrlG Nr. 14 = AP Nr. 6 zu § 13 BUrlG Unabdingbarkeit; beiläufig ebenso wieder *BAG* EzA § 13 BUrlG Nr. 18 = AP Nr. 15 zu § 13 BUrlG = SAE 1986, 166). Diese Begründung ist freilich nicht ausreichend. Die rechtsdogmatische Einordnung als Anspruch auf gekürzten Vollurlaub (vgl. Anm. 19) bedingt nicht die fragliche Unabdingbarkeit gemäß § 13 Abs. 1 Satz 1 und 3 BUrlG, weil nach dieser Vorschrift nur die Grundsatzvorschriften der §§ 1, 2 und 3 Abs. 1 BUrlG unabdingbar sind und diese Grundsatzvorschriften nicht ohne weiteres auch den Anspruch auf den gemäß § 5 Abs. 1 Buchstabe c BUrlG gekürzten Vollurlaub beinhalten (zur Unschlüssigkeit der rechtsdogmatischen Einordnung vgl. *Birk*, SAE 1986, 167f.; mißverständlich daher auch die Vorauflage Anm. 33). Der vom BAG angeführte § 3 Abs. 1 BUrlG ist lediglich die maßgebliche Urlaubsbemessungsvorschrift, die einen Urlaubsanspruch nicht begründet, sondern voraussetzt. Und der vom BAG ebenfalls angeführte § 4 BUrlG ist nach der eindeutigen Vorschrift des § 13 Abs. 1 Satz 1 BUrlG sowieso tarifdispositiv (vgl. *Bleistein*, § 4 Anm. 59). Richtig ist vielmehr, daß die über § 5 Abs. 1 Buchstabe c BUrlG hinausgehende Kürzung des vollen Urlaubsanspruchs der Arbeitnehmer, die in der ersten Hälfte eines Kalenderjahres aus dem Arbeitsverhältnis ausscheiden, von der Grundsatzvorschrift des § 1 BUrlG abweichen würde und aus diesem Grunde gemäß § 13 Abs. 1 Satz 1 und 3 BUrlG verboten ist (im Ergebnis ebenso *Dersch/Neumann*, § 5 Anm. 32; *Berscheid*, § 13 Anm. 18; vgl. auch *Bachmann*, BlStSozArbR 1985, 209, 212). Demgemäß kann auch nicht durch Tarifvertrag zuungunsten der Arbeitnehmer bestimmt werden, daß sich der gemäß § 5 Abs. 1 Buchstabe c BUrlG gekürzte Vollurlaub nicht nach der Dauer des Bestehens des Arbeitsverhältnisses, sondern nach dem Umfang der tatsächlichen Arbeitsleistung richtet, weil der Urlaubsanspruch gemäß § 1 BUrlG nach richtiger Meinung weder vom Umfang der Arbeitsleistung noch von einem abstrakten oder individuellen Erholungsbedürfnis abhängt (vgl. *BAG* EzA § 13 BUrlG Nr. 18 = AP Nr. 15 zu § 13 BUrlG = SAE 1986, 166; vgl. auch Anm. 3; *Dersch/Neumann* § 5 Anm. 34).

33 Ob durch **Tarifvertrag** über § 5 Abs. 1 Buchstabe c BUrlG hinaus zuungunsten der Arbeitnehmer bestimmt werden kann, daß ihnen generell auch dann nur nach dem **Zwölftelungsprinzip gekürzter Vollurlaub** zusteht, wenn sie nach Erfüllung der Wartezeit gemäß § 4 BUrlG in der zweiten Hälfte eines Kalenderjahres aus dem Arbeitsverhältnis ausscheiden, ist neuerdings umstritten. Früher war eine generelle Zwölftelung des Urlaubs nach der ständigen Rechtsprechung des BAG und der ganz herrschenden Meinung im Schrifttum zulässig (vgl. *BAG* EzA § 13 BUrlG Nr. 2 = AP Nr. 1 zu § 13 BUrlG; *BAG* EzA § 13 BUrlG Nr. 1 = AP Nr. 2 zu § 13 BUrlG = SAE 1965, 40; *BAG* AP Nr. 5 zu § 13 BUrlG = SAE 1965, 173; *BAG* AP Nr. 1 zu § 5 BUrlG = SAE 1966, 46; *BAG* AP Nr. 1 zu § 13 BUrlG Unabdingbarkeit = SAE 1966, 243; in *BAG* AP Nr. 3 zu § 394 BGB = SAE 1959, 90 heißt es sogar: »die Urlaubszwölftelung ist eine sehr gerechte Urlaubsregelung«; *Boldt/Röhsler*, § 5 Anm. 64; *Dersch/Neumann*, § 5 Anm. 33; *Siara*, § 5 Anm. 10; *Heußner*, Anm. 109; *Röhsler*, AR-Blattei, Urlaub IX, D I; *Adomeit*, SAE 1966, 48; *Natzel*, SAE 1966, 248; ebenso noch *Natzel*, § 5 Anm. 57; **zweifelnd** *Schelp/Herbst*, § 13 Anm. 10; **a.M.** *Rummel*, AR-Blattei, Urlaub, VI C, C). **Neuerdings hält das BAG eine derartige generelle Zwölftelung für unzulässig**. Zur Begründung macht es geltend, daß »der gesetzliche Urlaubsanspruch i.S. von §§ 1, 3

BUrlG« betroffen sei, dieser Anspruch sei «nach § 13 Abs. 1 Satz 1 BUrlG nicht tarifdispositiv, also unabdingbar« und infolgedessen sei »auch eine tarifliche Regelung über eine Zwölftelung jedenfalls insoweit ausgeschlossen, als hierdurch der gesetzliche Urlaubsanspruch unterschritten wird.« § 5 Abs. 1 Buchstabe c BUrlG sei ebensowenig tarifdispositiv und aus der »tariflichen Abdingbarkeit von § 4 BUrlG« ergebe sich nur, »daß die Wartefrist zu Beginn des Arbeitsverhältnisses hinausgeschoben werden, nicht jedoch, daß der Urlaubsanspruch unabhängig von dem in § 5 Abs. 1 Buchst. c geregelten Fall ... tariflich gezwölftelt werden könnte« (vgl. grundlegend *BAG* EzA § 13 BUrlG Nr. 18 = AP Nr. 15 zu § 13 BUrlG = SAE 1986, 166; ferner *BAG* EzA § 7 BUrlG Nr. 42 = AP Nr. 25 zu § 7 BUrlG Abgeltung; *BAG* EzA § 7 BUrlG Nr. 45 = AP Nr. 26 zu § 7 BUrlG Abgeltung = SAE 1987, 75; *BAG* EzA § 1 TVG Nr. 25 = AP Nr. 28 zu § 7 BUrlG Abgeltung; *BAG* EzA § 13 BUrlG Nr. 31 = AP Nr. 12 zu § 13 BUrlG Unabdingbarkeit; *BAG* EzA § 7 BUrlG Nr. 55 = AP Nr. 34 zu § 7 BUrlG Abgeltung). Diese neue Rechtsprechung des BAG ist auch im **Schrifttum** auf Zustimmung (vgl. *Schaub*, § 102 A IV 5; *Leinemann*, NZA 1985, 137, 144; letztlich ebenso *Buchner*, AR-Blattei, Urlaub, Anm. zur Entscheidung 261), aber auch auf Ablehnung (vgl. *Gaul*, Arbeitsrecht I, F IV Anm. 65 Fußn. 204; *Dersch/Neumann*, § 7 Anm. 33; *Berscheid*, HzA, Gruppe 4, Rz. 177; *Böckel*, Kap. 8.5; *Bachmann*, BlStSozArbR 1985, 209, 212; *Birk*, SAE 1986, 167f. m.w.N.) gestoßen. **Das Verbot der generellen Zwölftelung des Urlaubs findet** entgegen der vom BAG dafür geltend gemachten Begründung **in § 13 Abs. 1 Satz 1 und 3 BUrlG keine tragfähige Stütze**. Gemäß § 13 Abs. 1 Satz 1 BUrlG sind nur die Grundsatzvorschriften der §§ 1, 2 und 3 Abs. 1 BUrlG unabdingbar. Weder aus dem Wortlaut noch aus sonstigen für die Auslegung dieser Vorschriften maßgeblichen Gesichtspunkten ergibt sich ein Anhaltspunkt dafür, daß diese Vorschriften die generelle Zwölftelung des Urlaubs dadurch ausschließen, daß sie auch den Anspruch auf den vollen Urlaub für den Fall begründen, daß der Arbeitnehmer nach Erfüllung der Wartezeit gemäß § 4 BUrlG in der zweiten Hälfte eines Kalenderjahres aus dem Arbeitsverhältnis ausscheidet. § 5 Abs. 1 Buchstabe c BUrlG ist nach der eindeutigen Vorschrift des § 13 Abs. 1 Satz 1 BUrlG im Gegensatz zu der vom BAG beiläufig geäußerten Meinung ebenso tarifdispositiv wie § 4 BUrlG (vgl. *Bleistein*, § 4 Anm. 59). Und selbst wenn sich aus der Tarifdispositivität des § 4 BUrlG lediglich ergäbe, »daß die Wartefrist zu Beginn des Arbeitsverhältnisses hinausgeschoben werden« kann, würde daraus nicht folgen, daß die maßgeblichen Grundsatzvorschriften der §§ 1, 2 und 3 Abs. 1 BUrlG die generelle Zwölftelung des Urlaubs ausschließen. Es liegt zwar nahe, daß diese Vorschriften die über die Zwölftelung gemäß § 5 Abs. 1 Buchstabe c BUrlG hinausgehende Kürzung des Urlaubsanspruchs der Arbeitnehmer, die in der ersten Hälfte eines Kalenderjahres aus dem Arbeitsverhältnis ausscheiden, ausschließen (vgl. Anm. 32), dagegen werden diese Vorschriften nicht berührt, wenn auch die Arbeitnehmer, die in der zweiten Hälfte eines Kalenderjahres aus dem Arbeitsverhältnis ausscheiden, aufgrund des einschlägigen Tarifvertrags über § 5 Abs. 1 Buchstabe c BUrlG hinaus nur Anspruch auf den nach dem Zwölftelungsprinzip gekürzten Vollurlaub haben (vgl. insbes. *Birk*, SAE 1986, 167f. m.w.N., der die neue Rechtsprechung des BAG im übrigen für einen »eklatanten Eingriff in die Tarifautonomie« und die dafür geltend gemachten Gründe für »einigermaßen dürftig« hält).

34 Gemäß § 13 Abs. 1 Satz 3 BUrlG kann, abgesehen von § 13 Abs. 1 Satz 2 BUrlG, durch Betriebsvereinbarung und Arbeitsvertrag von der Teilurlaubsregelung des

§ 5 Abs. 1 Buchstabe c BUrlG nicht zuungunsten der Arbeitnehmer abgewichen werden (vgl. *BAG* AP Nr. 1 zu § 2 BUrlG = SAE 1967, 174; *BAG* EzA § 5 BUrlG Nr. 8 = AP Nr. 6 zu § 5 BUrlG = SAE 1969, 153; *BAG* EzA § 13 BUrlG Nr. 48; *Boldt/Röhsler*, § 5 Anm. 66; *Dersch/Neumann*, § 5 Anm. 31 und 39). Dementsprechend kann selbstverständlich zugunsten der Arbeitnehmer vereinbart werden, daß in den Fällen des § 5 Abs. 1 Buchstabe c BUrlG unter bestimmten Voraussetzungen ein voller Urlaubsanspruch besteht (vgl. *Dersch/Neumann*, § 5 Anm. 31, 40 und 41).

II. Die Behandlung der Bruchteile von Urlaubstagen gemäß § 5 Abs. 2 BUrlG

1. Bruchteile von mindestens einem halben Tag

35 **§ 5 Abs. 2 BUrlG schreibt ausdrücklich vor, daß Bruchteile von Urlaubstagen, die mindestens einen halben Tag ergeben, auf volle Urlaubstage aufzurunden sind.** Diese Aufrundungsvorschrift gilt für die Bruchteile eines Urlaubstags, die sich bei der Berechnung von Teilurlaub nach dem Zwölftelungsprinzip gemäß § 5 Abs. 1 BUrlG in Verbindung mit § 3 BUrlG ergeben. Die Aufrundungsvorschrift gilt auch dann, wenn der gemäß § 3 BUrlG nach Werktagen bemessene Urlaubsanspruch in Arbeitstage umgerechnet werden muß (vgl. *BAG* EzA § 5 BUrlG Nr. 14). In jedem Falle setzt § 5 Abs. 2 BUrlG einen Bruchteil von mindestens einem halben Tag voraus, eine Voraussetzung, die also nicht ihrerseits erst durch eine Aufrundung herbeigeführt werden darf (vgl. *Dersch/Neumann*, § 5 Anm. 35; *Petersmeier*, BB 1981, 375).

36 Gegebenenfalls ist der aufgerundete Urlaubstag gemäß § 7 Abs. 4 BUrlG abzugelten (vgl. *LAG Düsseldorf* BB 1968, 874; *Boldt/Röhsler*, § 5 Anm. 51 und 53; *Dersch/Neumann*, § 5 Anm. 35; *Natzel*, § 5 Anm. 38; *Renaud*, S. 81).

37 Kann der Arbeitnehmer über den gesetzlichen Mindesturlaub hinaus **Mehrurlaub** beanspruchen, so ist bei der Berechnung von Teilurlaub nach dem Zwölftelungsprinzip im Zweifel § 5 Abs. 2 BUrlG ebenfalls anzuwenden (vgl. *Dersch/Neumann*, § 5 Anm. 37; nach *Natzel*, § 5 Anm. 37, soll § 5 Abs. 2 BUrlG sogar in jedem Falle gelten), wie überhaupt das BUrlG im Zweifel auch auf den Mehrurlaub anzuwenden ist (vgl. *Boldt*, Anm. AP Nr. 3 zu § 1 BUrlG). § 5 Abs. 2 BUrlG gilt dagegen nicht, wenn sich bei der Berechnung von Vollurlaub Bruchteile eines Urlaubstags ergeben (vgl. *BAG* EzA § 5 BUrlG Nr. 15).

2. Bruchteile von weniger als einem halben Tag

38 Bei der Berechnung von Teilurlaub nach dem Zwölftelungsprinzip gemäß § 5 Abs. 1 BUrlG in Verbindung mit § 3 BUrlG können sich Bruchteile von weniger als einem halben Tag ergeben. **Die Behandlung solcher Bruchteile gemäß § 5 Abs. 2 BUrlG ist umstritten** (vgl. Anm. 40ff.).

39 Kann der Arbeitnehmer über den gesetzlichen Mindesturlaub hinaus **Mehrurlaub** beanspruchen, so können sich bei der Berechnung von Teilurlaub nach dem Zwölftelungsprinzip auch Bruchteile von weniger als einem halben Tag ergeben. Der Streit über die Behandlung solcher Bruchteile, die sich bei der Berechnung von Teilurlaub nach dem Zwölftelungsprinzip gemäß § 5 Abs. 1 BUrlG in Verbin-

dung mit § 3 BUrlG ergeben (vgl. Anm. 38), hat auch für den Mehrurlaub Bedeutung, weil § 5 Abs. 2 BUrlG im Zweifel auch in den Fällen des Mehrurlaubs anzuwenden ist (vgl. Anm. 37).

40 **Nach einer Meinung sind Bruchteile von weniger als einem halben Tag gemäß § 5 Abs. 2 BUrlG nicht aufzurunden, aber auch nicht abzurunden** und infolgedessen als Bruchteile zu gewähren und gegebenenfalls abzugelten. Diese Meinung ist früher nur im Schrifttum vertreten worden (vgl. *Renaud*, S. 81ff.; *Falkenberg*, AR-Blattei, Urlaub, Anm. zur Entscheidung 163; *van Gelder*, ArbuR 1970, 267ff.; *Thies*, DB 1970, 1880ff.). **Neuerdings hat sich auch das BAG dieser Meinung angeschlossen** und seine frühere Rechtsprechung, nach der solche Bruchteile abzurunden waren (vgl. Anm. 42), aufgegeben (vgl. *BAG* EzA § 5 BUrlG Nr. 14 = AP Nr. 13 zu § 5 BUrlG). Zur Begründung seiner neuen Rechtsprechung macht das BAG in erster Linie geltend, daß § 5 Abs. 2 BUrlG nach seinem Wortlaut und seiner »klaren gesetzgeberischen Aussage« eine Anspruchsgrundlage enthalte, »nach der Bruchteile eines halben Urlaubstags auf einen ganzen Urlaubstag aufzurunden sind«, mangels einer dem § 5 Abs. 1 Buchstabe c BUrlG entsprechenden Regelung aber nicht die »Regelung eines Ausschlußtatbestands, nach der Bruchteile eines Urlaubsanspruchs einem Arbeitnehmer nicht zustehen, wenn sie die Voraussetzungen nach § 5 Abs. 2 BUrlG nicht erreichen, also weniger als einen halben Urlaubstag betragen«. Etwas anderes könne auch aus dem sogenannten Ganztagsprinzip nicht hergeleitet werden. »Mit dem Wort Ganztagsprinzip wird umschrieben, daß Urlaubsansprüche, die nach Tagen bemessen werden, nur in ganzen Tagen zu erfüllen sind, Urlaubsansprüche also nicht in Bruchteile eines Tages aufgeteilt werden dürfen. Hiervon zu unterscheiden ist aber die nach § 5 Abs. 2 BUrlG zu stellende Frage, was mit einem Bruchteil eines Urlaubsanspruchs zu geschehen hat, wenn dem Arbeitnehmer kein voller Urlaubstag, sondern nur ein Bruchteil davon zusteht, der kleiner als die Hälfte eines Urlaubstags ist. Auf diese Frage kann das Ganztagsprinzip keine Antwort geben.« Demgemäß könne aus § 5 Abs. 2 BUrlG ein Ausschlußtatbestand für Urlaubsansprüche von weniger als einem halben Tag auch nicht im Wege des Umkehrschlusses hergeleitet werden (so auch wieder *BAG* EzA § 13 BUrlG Nr. 50; im Ergebnis zust. *Gans*, Anm. EzA § 5 BUrlG Nr. 14; abl. *Berscheid*, HzA, Gruppe 4, Rz. 198; *Künzl*, EWiR § 5 BUrlG 1/89, 1201; *Natzel*, SAE 1990, 270, 272f.).

41 Nach einer anderen im einzelnen unterschiedlich begründeten Meinung hat der Arbeitnehmer zwar keinen Urlaubsanspruch auf einen Bruchteil von weniger als einem Urlaubstag, wohl aber einen entsprechenden Anspruch auf **Urlaubsentgelt** beziehungsweise **Urlaubsabgeltung** (vgl. *ArbG Düsseldorf* ArbuR 1970, 91; *Gaul*, Arbeitsrecht I, F IV Anm. 64; *Dersch/Neumann*, § 5 Anm. 36; *Boewer*, ArbuR 1968, 325ff.; *Herschel*, ArbuR 1969, 191f.; *Konzen*, ZfA 1972, 131, 189).

42 **Nach der früher in der Rechtsprechung und heute im Schrifttum noch herrschenden Meinung sind Bruchteile von weniger als einem halben Tag gemäß § 5 Abs. 2 BUrlG abzurunden, so daß insoweit gar kein Urlaubsanspruch entsteht**, sofern die Anwendung des § 5 Abs. 2 BUrlG nicht ausnahmsweise ausgeschlossen ist (vgl. *BAG* EzA § 5 BUrlG Nr. 8 = AP Nr. 6 zu § 5 BUrlG = SAE 1969, 153; *BAG* EzA § 5 BUrlG Nr. 12 = AP Nr. 8 zu § 5 BUrlG = SAE 1971, 57; *ArbG Braunschweig* BB 1966, 1270; *ArbG Hamburg* BB 1967, 1125; *Boldt/Röhsler*, § 5 Anm. 52; *Natzel*, § 5 Anm. 39; *Siara*, § 5 Anm. 9; *Berscheid*, HzA, Gruppe 4, Rz. 197f.; *Böckel*, Kap. 8.2; *Dörner*, AR-Blattei, Urlaub V, B II 3; *Thiele*, SAE

1969, 156; *Herbst*, AR-Blattei, Urlaub, Anm. zur Entscheidung 181; *Boldt*, ZfA 1971, 1, 19ff.; *Meisel*, SAE 1971, 59ff.; *Thiele*, Anm. AP Nr. 8 zu § 5 BUrlG; *Künzl*, EWiR § 5 BUrlG 1/89, 1201).

43 **Richtig ist** die früher in der Rechtsprechung und heute im Schrifttum noch herrschende Meinung, **daß Bruchteile von weniger als einem halben Tag gemäß § 5 Abs. 2 BUrlG abzurunden sind, so daß insoweit gar kein Urlaubsanspruch entsteht** (vgl. Anm. 42). Insbesondere ist auch die neue Rechtsprechung des BAG, daß Bruchteile von weniger als einem halben Tag als Bruchteile zu gewähren und gegebenenfalls abzugelten sind (vgl. Anm. 40), weder im Ergebnis noch in der Begründung überzeugend (so auch *Künzl*, EWiR § 5 BUrlG 1/89, 1201; *Natzel*, SAE 1990, 270, 272f.; kritisch zur Begründung auch *Gans*, Anm. EzA § 5 BUrlG Nr. 14). § 5 Abs. 2 BUrlG schreibt zwar die Abrundung von Bruchteilen von weniger als einem halben Tag nicht ausdrücklich vor (so zutreffend schon *BAG* EzA § 5 BUrlG Nr. 12 = AP Nr. 8 zu § 5 BUrlG; insoweit zutreffend auch *BAG* EzA § 5 BUrlG Nr. 14 = AP Nr. 13 zu § 5 BUrlG; ferner *Gans*, a.a.O.). Aber § 5 Abs. 2 BUrlG ist mit Rücksicht auf das **Ganztagsprinzip** als eine derartige Abrundungsvorschrift auszulegen (vgl. insbes. *BAG* EzA § 5 BUrlG Nr. 12 = AP Nr. 8 zu § 5 BUrlG; *Thiele*, Anm. AP Nr. 8 zu § 5 BUrlG; *Natzel*, SAE 1990, 270, 272). Unter Ganztagsprinzip wird in diesem Zusammenhang die Bemessung des Urlaubs nach der zeitlichen Einheit des ganzen Tages unter Ausschluß von Bruchteilen des Tages verstanden (vgl. nur *BAG* EzA § 5 BUrlG Nr. 12 = AP Nr. 8 zu § 5 BUrlG). Daran ändert sich nichts dadurch, daß das BAG dem Ganztagsprinzip nunmehr – ohne jede Begründung – nur noch die Bedeutung beimißt, »daß Urlaubsansprüche, die nach Tagen bemessen werden, nur in ganzen Tagen zu erfüllen sind« (dagegen kritisch auch *Gans*, a.a.O.; *Natzel*, SAE 1990, 270, 273). Allerdings bedarf es der Begründung, daß das bei der Auslegung des § 5 Abs. 2 BUrlG geltend gemachte Ganztagsprinzip Bestandteil des BUrlG ist (insoweit zutreffend auch *Gans*, a.a.O.). Dafür spricht schon, daß in der ganzen dem BUrlG vorangegangenen Rechtsentwicklung weder in der Rechtsprechung noch im Schrifttum ein Urlaubsanspruch auf einen nicht aufgerundeten Bruchteil eines Tages anerkannt worden ist (vgl. *BAG* EzA § 5 BUrlG Nr. 12 = AP Nr. 8 zu § 5 BUrlG). Diese Tatsache wird vom BAG auch neuerdings nicht in Zweifel gezogen. Wenn nunmehr *Gans* (a.a.O.) einen Beleg für die Abrundung von Bruchteilen von Urlaubstagen in der dem BUrlG vorangegangenen Rechtsentwicklung vermißt, so ist dem zunächst entgegenzuhalten, daß die auch von *Gans* (a.a.O.) nicht bezweifelte Nichtanerkennung eines Urlaubsanspruchs auf einen nicht aufgerundeten Bruchteil eines Tages den selbstverständlichen Beleg für die Geltung des Ganztagsprinzips enthält. Überdies enthält gerade das von *Gans* (a.a.O.) zitierte Schrifttum (nämlich *Dersch*, Die Urlaubsgesetze, Anm. 465, 490 und 529) eindeutige Belege für die Geltung des Ganztagsprinzips. Dort wird nämlich insbesondere dafür plädiert, »Bruchteile von Arbeitstagen nicht ganz ausfallen zu lassen, sondern zugunsten des Arbeitnehmers durch Aufrundung für ihn zu erhalten« (vgl. *Dersch*, a.a.O., Anm. 529). Daß demnach die Abrundung die Alternative zur Aufrundung ist, kann also entgegen *Gans* (a.a.O.) keinesfalls bezweifelt werden (so auch schon *Thiele*, Anm. AP Nr. 8 zu § 5 BUrlG). Wenn dann angesichts dieser Alternative § 5 Abs. 2 BUrlG vorschreibt, daß nur solche Bruchteile von Urlaubstagen, die mindestens einen halben Tag ergeben, auf volle Urlaubstage aufzurunden sind, so kann das nur als Ganztagsprinzip in dem Sinne verstanden werden, daß kleinere Bruchteile abzurunden sind (ebenso *Thiele*, Anm. AP

Nr. 8 zu § 5 BUrlG). Dafür spricht aber auch unabhängig von der vorangegangenen Rechtsentwicklung die Vorschrift des § 5 Abs. 2 BUrlG selbst, weil diese Vorschrift nur als Ausdruck des Ganztagesprinzips einen überzeugenden Grund für sich hat, nämlich den, daß der Wegfall von Bruchteilen von Urlaubstagen als Folge des Ganztagsprinzips durch die Aufrundung auf volle Urlaubstage wenigstens dann vermieden werden soll, wenn die Bruchteile wenigstens einen halben Tag ausmachen, damit die Vor- und Nachteile des Ganztagsprinzips für Arbeitnehmer und Arbeitgeber dadurch insgesamt gesehen ausgeglichen werden. Ohne das Ganztagsprinzip hätte es mit Rücksicht auf das der Teilurlaubsregelung gemäß § 5 Abs. 1 BUrlG immanente soziale Maß ohne weiteres bei den sich daraus ergebenden Bruchteilen von Urlaubstagen bewenden können. Für das Ganztagsprinzip spricht im übrigen seine offenkundige Zweckmäßigkeit (so hat ja auch schon *Dersch*, a.a.O., Anm. 465, auch »aus praktischen ... Gründen eine Aufrundung« als Ausdruck des Ganztagsprinzips gefordert), während die teilweise Aufrundung von Bruchteilen von Urlaubstagen gemäß § 5 Abs. 2 BUrlG und die teilweise Anerkennung von Urlaubsansprüchen auf einen Bruchteil eines Tages dem offenkundigen Praktibilitätsinteresse gerade nicht entspricht. Und schließlich genügt das Ganztagsprinzip im Sinne der Auf- beziehungsweise Abrundung von Bruchteilen von Tagen mit Rücksicht auf die generelle Ausgeglichenheit seiner Vor- und Nachteile für Arbeitnehmer und Arbeitgeber auch dem Gerechtigkeitsgebot (ebenso *Natzel*, SAE 1990, 270, 273), so daß im Gegensatz zu *Herschel* (ArbuR 1969, 191f.) auch nicht von einer Verletzung der »sozialen Symmetrie« die Rede sein kann. Diese Begründung ist nach alledem unabhängig von dem Zweck des Teilurlaubs (vgl. hierzu schon *ArbG Hamburg* BB 1967, 1125; *Thiele*, Anm. AP Nr. 8 zu § 5 BUrlG), so daß insofern die nun wieder von *Gans* (a.a.O.) vorgebrachte und durchaus berechtigte Kritik, daß sich das Ganztagsprinzip nicht aus dem Urlaubszweck der Erholung rechtfertigen lasse, gegenstandslos ist. § 5 Abs. 2 BUrlG enthält aus den angegebenen Gründen unabhängig vom Urlaubszweck das Ganztagsprinzip und deswegen auch die Vorschrift, daß Bruchteile von Urlaubstagen, die weniger als einen halben Tag ausmachen, abzurunden sind, weil sie die Aufrundung nur solcher Bruchteile von Urlaubstagen vorschreibt, die mindestens einen halben Tag ausmachen (im Ergebnis ebenso *Künzl*, a.a.O.; die Schlüssigkeit dieser Begründung erkennt a.a.O. auch *Gans* an). Diese Begründung ist der mit Rücksicht auf das in § 5 Abs. 2 BUrlG enthaltene Ganztagsprinzip gebotene Umkehrschluß aus der Aufrundungsvorschrift des § 5 Abs. 2 BUrlG (so auch *Thiele*, Anm. AP Nr. 8 zu § 5 BUrlG; *Künzl*, a.a.O.; *Gans*, a.a.O.). Die diesbezügliche Kritik des BAG, daß der Umkehrschluß aus der Aufrundungsvorschrift gemäß § 5 Abs. 2 BUrlG nur die Nichtaufrundung, aber nicht die Abrundung solcher Bruchteile von Urlaubstagen rechtfertige, die weniger als einen halben Tag ausmachen (vgl. *BAG* EzA § 5 BUrlG Nr. 14 = AP Nr. 13 zu § 5 BUrlG), trifft nur zu, wenn man das Ganztagsprinzip außer Betracht läßt, und ist insofern gegenstandslos. Von einer Gesetzeslücke in bezug auf die weniger als einen halben Tag ausmachenden Bruchteile kann also im Gegensatz zu *Herschel* (ArbuR 1969, 191f.) auch keine Rede sein. **Weil Bruchteile von weniger als einem halben Tag abzurunden sind und insoweit gar kein Urlaubsanspruch entsteht, können diese Bruchteile auch weder entgolten noch abgegolten werden**, so daß auch die vor allem im Schrifttum vertretene Meinung, daß der Arbeitnehmer zwar keinen Urlaubsanspruch auf einen Bruchteil von weniger als einem halben Tag, wohl aber einen entsprechenden Anspruch auf Urlaubsentgelt beziehungsweise Urlaubsabgeltung hat (vgl. Anm. 41), abgelehnt werden muß.

3. Unabdingbarkeit

44 Gemäß § 13 Abs. 1 BUrlG kann nach richtiger Meinung durch **Tarifvertrag** von der **Aufrundungsvorschrift** des § 5 Abs. 2 BUrlG sowohl zugunsten als auch zuungunsten der Arbeitnehmer abgewichen und infolgedessen auch jede Aufrundung ausgeschlossen werden. Die Abweichung von der Aufrundungsvorschrift des § 5 Abs. 2 BUrlG zuungunsten der Arbeitnehmer ist nicht, wie teilweise angenommen wird (vgl. *Dersch/Neumann*, § 5 Anm. 37), eine mittelbare Abweichung von den Grundsatzvorschriften der §§ 1, 2 und 3 Abs. 1 BUrlG (zur mittelbaren Abweichung allgemein *Berscheid*, § 13 Anm. 17) und deswegen nicht gemäß § 13 Abs. 1 Satz 1 und 3 BUrlG verboten. Denn die §§ 1, 2 und 3 Abs. 1 BUrlG begründen nach Maßgabe des Ganztagsprinzips nur den Anspruch auf volle Urlaubstage, was gerade durch die Aufrundungsvorschrift des § 5 Abs. 2 BUrlG bestätigt wird (vgl. Anm. 42f.; *Boldt/Röhsler*, § 5 Anm. 64; *Natzel*, § 5 Anm. 57; *Siara*, § 5 Anm. 10).

45 Gemäß § 13 Abs. 1 Satz 3 BUrlG kann, abgesehen von § 13 Abs. 1 Satz 2 BUrlG, durch **Betriebsvereinbarung** und **Arbeitsvertrag** von der **Aufrundungsvorschrift** des § 5 Abs. 2 BUrlG nicht zuungunsten der Arbeitnehmer abgewichen werden.

III. Die Ansprüche auf Rückzahlung von zuviel bezahltem Urlaubsentgelt

1. Anspruchsfälle

46 Ein Anspruch auf Rückzahlung von Urlaubsentgelt kommt immer dann in Betracht, wenn der Arbeitnehmer Urlaub oder wenigstens Urlaubsentgelt ohne einen entsprechenden Anspruch erhalten hat. Insbesondere kommt es immer wieder vor, daß der Arbeitnehmer in Erwartung längerer Dauer des Arbeitsverhältnisses mehr Urlaub erhalten hat, als ihm gemäß § 5 Abs. 1 BUrlG am Ende zusteht. Außerdem erhält der Arbeitnehmer mitunter irrtümlich, beispielsweise infolge eines Rechenfehlers, zuviel Urlaub oder Urlaubsentgelt. Schließlich kann es auch aus anderen Gründen vorkommen, daß der Arbeitgeber dem Arbeitnehmer Urlaub oder Urlaubsentgelt gewährt, obwohl der Arbeitnehmer darauf gar keinen Anspruch hat. In all diesen Fällen stellt sich die Frage, ob der Arbeitgeber wenigstens einen Anspruch auf Rückzahlung des zuviel bezahlten Urlaubsentgelts hat, während der Urlaub selbst naturgemäß irreversibel ist.

2. Anspruchsgrundlagen

a) Rückzahlungsklausel

47 Als Anspruchsgrundlage kommt in erster Linie eine Rückzahlungsklausel individual- oder kollektivrechtlicher Art in Betracht (vgl. *Gaul*, Arbeitsrecht I, F IV Anm. 62; *Natzel*, § 5 Anm. 49; *Gaul/Boewer*, S. 105ff.).

48 **Zum Teil wird sogar die Meinung vertreten, daß der Arbeitgeber**, der dem Arbeitnehmer mehr Urlaub gewährt, als der Arbeitnehmer beanspruchen kann, **die**

Rückzahlung des zuviel bezahlten Urlaubsentgelts nur unter der Voraussetzung einer Rückzahlungsklausel beanspruchen könne (vgl. *LAG Düsseldorf* DB 1967, 1140; *LAG Baden-Württemberg* DB 1970, 1279; *Schaub*, § 102 A IV 4; *Berscheid*, HzA, Gruppe 4, Rz. 204; *Kamann*, SAE 1964, 21f.; *Natzel*, SAE 1965, 43f.).

49 **Mitunter wird in der Rechtsprechung** (vgl. *BAG* EzA § 611 BGB Urlaub Nr. 1 = AP Nr. 55 zu § 611 BGB Urlaubsrecht = SAE 1960, 21) **und im Schrifttum** (vgl. *Natzel*, § 5 Anm. 49; *Dersch*, Anm. AP Nr. 55 zu § 611 BGB Urlaubsrecht; *Kettner*, SAE 1960, 23) **betont, daß eine solche Rückzahlungsklausel Eindeutigkeit voraussetze**. Was immer diese Voraussetzung bedeuten soll (vgl. die Kritik von *Thiele*, SAE 1966, 265f.): **Richtig ist, daß für eine solche Rückzahlungsklausel die allgemeinen Auslegungsgrundsätze gelten**. Demgemäß liegt eine Rückzahlungsklausel beispielsweise vor, wenn der Urlaub, soweit noch kein Urlaubsanspruch besteht, als »Vorschuß« gewährt und genommen wird, weil das nichts anderes bedeuten kann, als daß das Urlaubsentgelt nicht beim Arbeitnehmer verbleiben soll, soweit der Urlaubsanspruch nicht noch entsteht (vgl. *BAG* AP Nr. 1 zu § 8 UrlG Berlin = SAE 1962, 147; *BAG* AP Nr. 1 zu § 6 UrlG Niedersachsen = SAE 1962, 149; beide Urteile betreffen zwar ausdrückliche Rückzahlungsklauseln, enthalten aber auch Ausführungen, die wenigstens andeuten, daß eine Rückzahlungsklausel nach der Meinung des BAG dann vorliegt, wenn der Urlaub als »Vorschuß« gewährt und genommen wird; vgl. auch *Natzel*, § 5 Anm. 49). Andererseits genügt die Geltung des Zwölftelungsprinzips allein nicht, hinsichtlich des Urlaubs, auf den kein Anspruch besteht, eine Rückzahlungsklausel anzunehmen, weil es die Interessenlage der Parteien nicht ausschließt, es bei der Gewährung des Urlaubs in jedem Falle bewenden zu lassen (vgl. *LAG Düsseldorf* DB 1967, 1140; *Natzel*, § 5 Anm. 49; *Binkert*, Anm. EzA § 7 BUrlG Nr. 24).

50 **Die vorbehaltlose Gewährung von Urlaub, auf den noch kein Anspruch besteht, muß**, abgesehen von den Fällen, in denen der Arbeitgeber dem Arbeitnehmer irrtümlich, beispielsweise infolge eines Rechenfehlers, zuviel Urlaub gewährt, **im Zweifel gemäß § 133 BGB in dem Sinne ausgelegt werden, daß es dabei sein Bewenden und damit ein Anspruch auf Rückzahlung von Urlaubsentgelt (stillschweigend) ausgeschlossen sein soll**, weil das diesbezügliche Interesse des Arbeitnehmers selbstverständlich ist und er infolgedessen erwarten kann, daß der Arbeitgeber, wenn er diesem Interesse des Arbeitnehmers nicht Rechnung tragen will, das auch zum Ausdruck bringt, zumal sich das mit dem Ausschluß eines Anspruchs auf Rückzahlung von Urlaubsentgelt verbundene wirtschaftliche Risiko in Grenzen hält (vgl. *BAG* EzA § 611 BGB Urlaub Nr. 1 = AP Nr. 55 zu § 611 BGB Urlaubsrecht = SAE 1960, 21; *LAG Baden-Württemberg* BB 1964, 642; *LAG Niedersachsen* BB 1966, 662; *Natzel*, § 5 Anm. 50f.; *Gaul/Boewer*, S. 128; *Gaul*, BB 1965, 869, 874). Der stillschweigende vertragliche Ausschluß eines Rückzahlungsanspruchs setzt freilich ebenso wie das gesetzliche Rückzahlungsverbot gemäß § 5 Abs. 3 BUrlG den Urlaubsverbrauch voraus (vgl. Anm. 65; *Natzel*, § 5 Anm. 51).

51 Auf jeden Fall ist es für den Arbeitgeber sinnvoll, eine eindeutige Rückzahlungsklausel zu vereinbaren, wenn er die Annahme eines stillschweigenden vertraglichen Ausschlusses eines Rückzahlungsanspruchs (vgl. Anm. 50) vermeiden will (vgl. *BAG* EzA § 611 BGB Urlaub Nr. 1 = AP Nr. 55 zu § 611 BGB Urlaubsrecht = SAE 1960, 21; *LAG Düsseldorf* DB 1967, 1140).

52 **Eine Rückzahlungsklausel**, die den Arbeitnehmer zur Rückzahlung von Urlaubs-

entgelt verpflichtet, auf das er auch bis zur Beendigung des Arbeitsverhältnisses keinen Anspruch erworben hat, **stellt nach ganz herrschender und richtiger Meinung keine unbillige Erschwerung seines Kündigungsrechts und damit auch keine Verletzung seines Grundrechts auf freie Wahl des Arbeitsplatzes gemäß Art. 12 Abs. 1 GG dar**, weil der Arbeitnehmer nur zurückzahlen soll, worauf er keinen Anspruch hat, so daß insoweit keine Bedenken gegen die Wirksamkeit einer solchen Rückzahlungsklausel bestehen (vgl. *BAG* AP Nr. 3 zu § 394 BGB = SAE 1959, 90; *BAG* EzA § 611 BGB Urlaub Nr. 1 = AP Nr. 55 zu § 611 BGB Urlaubsrecht = SAE 1960, 21; *BAG* AP Nr. 1 zu § 8 UrlG Berlin = SAE 1962, 147; *BAG* AP Nr. 1 zu § 6 UrlG Niedersachsen = SAE 1962, 149; *BAG* EzA § 13 BUrlG Nr. 1 = AP Nr. 2 zu § 13 BUrlG = SAE 1965, 40; *Boldt/Röhsler*, § 5 Anm. 57 und 59; *Natzel*, § 5 Anm. 49; *Gaul/Boewer*, S. 117ff.; *Janert*, DB 1963, 1713f.; *Gaul*, BB 1965, 869, 871f.; **a.M.** *Dersch/Neumann*, § 5 Anm. 50 m.w.N.).

53 **Liegt eine Rückzahlungsklausel vor, so finden die §§ 812ff. BGB keine Anwendung** (vgl. *BAG* EzA § 611 BGB Urlaub Nr. 1 = AP Nr. 55 zu § 611 BGB Urlaubsrecht = SAE 1960, 21; *Boldt/Röhsler* § 5 Anm. 58; *Natzel*, § 5 Anm. 52).

b) § 812 Abs. 1 Satz 1 BGB

54 Ohne eine Rückzahlungsklausel kommt im allgemeinen allenfalls § 812 Abs. 1 Satz 1 BGB als Grundlage für den Anspruch auf Rückzahlung des zuviel bezahlten Urlaubsentgelts in Betracht (vgl. *BAG* EzA § 611 BGB Urlaub Nr. 1 = AP Nr. 55 zu § 611 BGB Urlaubsrecht = SAE 1960, 21; *BAG* AP Nr. 6 zu § 5 UrlG NRW = SAE 1964, 20; *Boldt/Röhsler*, § 5 Anm. 58 und 60; *Dersch/Neumann*, § 5 Anm. 52f.; *Natzel*, § 5 Anm. 53; *Gaul/Boewer*, S. 126; *Natzel*, Anm. AP Nr. 7 zu § 611 BGB Urlaub und Fünf-Tage-Woche; *Gaul*, BB 1965, 869, 873f.; *Binkert*, Anm. EzA § 7 BUrlG Nr. 24). **Der Tatbestand des § 812 Abs. 1 Satz 1 BGB ist zwar regelmäßig gegeben**, wenn der Arbeitnehmer mehr Urlaub und Urlaubsentgelt erhalten hat als ihm zusteht (**a.M.** *Schaub*, § 102 A VIII 3, der sich in erster Linie auf eine »Freistellungsvereinbarung« als Rechtsgrundlage beruft, die aber nur ausnahmsweise vorliegen wird). **Ein Bereicherungsanspruch ist aber trotzdem in vielen Fällen ausgeschlossen** (vgl. Anm. 55ff.).

55 Der Ausschluß des Bereicherungsanspruchs kann sich zum einen aus **§ 814 BGB** ergeben (vgl. *BAG* EzA § 611 Urlaub Nr. 1 = AP Nr. 55 zu § 611 BGB Urlaubsrecht = SAE 1960, 21; *Gaul*, Arbeitsrecht I, F IV Anm. 62 Fußn. 192; *Boldt/Röhsler*, § 5 Anm. 58; *Natzel*, § 5 Anm. 53; *Gaul/Boewer*, S. 128; *Gaul*, BB 1965, 869, 874; *Natzel*, SAE 1965, 43f.).

56 Zum anderen kommt auch der Ausschluß des Bereicherungsanspruchs gemäß **§ 818 Abs. 3 BGB** in Frage, sofern der Arbeitnehmer nicht gemäß §§ 818 Abs. 4 und 819 Abs. 1 BGB nach den allgemeinen Vorschriften der §§ 292 Abs. 1 und 989 BGB haftet (vgl. *BAG* AP Nr. 6 zu § 5 UrlG NRW = SAE 1964, 20; *Boldt/Röhsler*, § 5 Anm. 58; *Natzel*, § 5 Anm. 53; *Gaul/Boewer*, S. 126f.; *Kamann*, SAE 1964, 21f.; *Gaul*, BB 1965, 869, 873f.; *Binkert*, Anm. EzA § 7 BUrlG Nr. 24).

57 Schließlich muß, abgesehen von den Fällen, in denen der Arbeitgeber dem Arbeitnehmer irrtümlich, beispielsweise infolge eines Rechenfehlers, zuviel Urlaub gewährt, die vorbehaltlose Gewährung von Urlaub, auf den noch kein Anspruch besteht, im Zweifel gemäß § 133 BGB in dem Sinne ausgelegt werden, daß es dabei sein Bewenden und damit ein **Anspruch auf Rückzahlung von Urlaubsentgelt** (stillschweigend) ausgeschlossen sein soll (vgl. Anm. 50).

58 Zum Teil wird sogar die Meinung vertreten, daß der Arbeitgeber, der dem Arbeitnehmer mehr Urlaub gewährt als der Arbeitnehmer beanspruchen kann, die Rückzahlung des zuviel bezahlten Urlaubsentgelts nur unter der Voraussetzung einer **Rückzahlungsklausel** beanspruchen könne (vgl. Anm. 48). Dem kann jedoch nicht gefolgt werden, weil das Fehlen einer Rückzahlungsklausel einen Bereicherungsanspruch gemäß § 812 Abs. 1 Satz 1 BGB nicht ohne weiteres ausschließt (vgl. *BAG* EzA § 611 BGB Urlaub Nr. 1 = AP Nr. 55 zu § 611 BGB Urlaubsrecht = SAE 1960, 21, wo zwar einerseits sehr mißverständlich der Anspruch auf Rückzahlung zuviel bezahlten Urlaubsentgelts scheinbar ausnahmslos von einer Rückzahlungsklausel abhängig gemacht, andererseits aber doch klargestellt wird, daß der Bereicherungsanspruch gemäß § 812 Abs. 1 Satz 1 BGB nur im Zweifel durch eine entsprechende (stillschweigende) Vereinbarung ausgeschlossen wird; vgl. ferner *Boldt/Röhsler*, § 5 Anm. 58).

c) Schadensersatzanspruch

59 Wenn der Arbeitnehmer unter Verletzung einer aus § 242 BGB sich ergebenden Nebenpflicht treuwidrig den Arbeitgeber dazu veranlaßt, ihm Urlaub über das geschuldete Maß hinaus zu gewähren, so hat der Arbeitgeber nach allgemeiner Meinung einen Schadensersatzanspruch auf Rückzahlung des zuviel bezahlten Urlaubsentgelts wegen positiver Vertragsverletzung. Ein solcher Anspruch kommt beispielsweise dann in Betracht, wenn der Arbeitnehmer das Arbeitsverhältnis zu kündigen beabsichtigt und trotzdem vom Arbeitgeber mehr Urlaub verlangt und erhält, als ihm unter Berücksichtigung der Beendigung des Arbeitsverhältnisses zusteht. In einem solchen Fall kommt auch § 826 BGB als Anspruchsgrundlage in Betracht (vgl. *LAG Berlin* BB 1965, 373; *LAG Düsseldorf* LAGE § 7 BUrlG Übertragung Nr. 3; *Gaul*, Arbeitsrecht I, F IV Anm. 62; *Boldt/Röhsler*, § 5 Anm. 62; *Dersch/Neumann*, § 5 Anm. 51; *Natzel*, § 5 Anm. 55; *Siara*, § 5 Anm. 8e; *Gaul/Boewer*, S. 94 und 129; *Kamann*, SAE 1964, 21f.; *Gaul*, BB 1965, 869, 874; *Natzel*, SAE 1965, 43f.).

3. Rückzahlungsverbot gemäß § 5 Abs. 3 BUrlG

60 Gemäß § 5 Abs. 3 BUrlG kann das zuviel bezahlte Urlaubsentgelt nicht zurückgefordert werden, wenn der Arbeitnehmer mehr Urlaub erhalten hat, als ihm gemäß § 5 Abs. 1 Buchstabe c BUrlG zusteht (zu dieser Vorschrift vgl. Anm. 19ff.).

a) Spezialität des Rückzahlungsverbots

61 Gemäß § 5 Abs. 3 BUrlG kann nach ganz herrschender und richtiger Meinung das zuviel bezahlte Urlaubsentgelt nur dann nicht zurückgefordert werden, wenn der Arbeitnehmer mehr Urlaub erhalten hat, als ihm gemäß § 5 Abs. 1 Buchstabe c BUrlG zusteht. In allen anderen Fällen ist also ein Rückzahlungsanspruch durch § 5 Abs. 3 BUrlG nicht ausgeschlossen. Das gilt insbesondere auch für den Fall, daß der Arbeitnehmer in Erwartung der Erfüllung der Wartezeit gemäß § 4 BUrlG mehr Urlaub erhalten hat, als ihm gemäß § 5 Abs. 1 Buchstabe b BUrlG zusteht. **§ 5 Abs. 3 BUrlG enthält nach ganz herrschender und richtiger Meinung kein generelles Rückzahlungsverbot** (vgl. *Gaul*, Arbeitsrecht I, F IV Anm. 62; *Bleistein*, § 1 Anm. 11f.; *Boldt/Röhsler*, § 5 Anm. 57; *Natzel*, § 5 Anm. 40; *Berscheid*, HzA, Gruppe 4, Rz. 201f.; *Gaul/Boewer*, S. 108ff.; *Janert*, DB 1963,

1713f.; *Natzel*, SAE 1965, 43f.; *Meisel*, SAE 1972, 262f.; **a.M.** *Dersch/Neumann*, § 5 Anm. 48ff. m.w.N.; ferner *Schaub*, § 102 A IV 4).

62 Die über den Fall des § 5 Abs. 1 Buchstabe c BUrlG hinausgehende Auslegung des Rückzahlungsverbots des § 5 Abs. 3 BUrlG ist durch die Grenze des möglichen Wortsinns ausgeschlossen. Die gesetzesimmanente Rechtsfortbildung durch die Ausfüllung einer Gesetzeslücke im Wege der analogen Anwendung des § 5 Abs. 3 BUrlG auch auf andere Fälle als den des § 5 Abs. 1 Buchstabe c BUrlG ist mangels einer Gesetzeslücke im Sinne einer planwidrigen Unvollständigkeit des § 5 Abs. 3 BUrlG nicht möglich. Von einer Gesetzeslücke in diesem Sinne kann schon aus systematischen und historischen Gründen keine Rede sein (vgl. *Boldt/Röhsler*, § 5 Anm. 57; *Gaul/Boewer*, S. 108ff.; *Janert*, DB 1963, 1713f,; *Gaul*, BB 1965, 869). Die Systematik des § 5 BUrlG schließt die Annahme einer solchen Gesetzeslücke aus, weil § 5 Abs. 3 BUrlG von den in § 5 Abs. 1 BUrlG geregelten drei Fällen nur den einen Fall des § 5 Abs. 1 Buchstabe c BUrlG erfaßt. Historische Gründe sprechen gegen die Annahme einer Gesetzeslücke, weil vor dem Inkrafttreten des BUrlG in einigen Landesurlaubsgesetzen generelle Rückzahlungsverbote enthalten waren (vgl. z.B. Art. 9 Abs. 2 Satz 2 UrlG Bayern), auch im übrigen in der Rechtsprechung und im Schrifttum ein generelles Rückzahlungsverbot befürwortet wurde (vgl. die Nachweise bei *Stahlhacke*, § 5 Anm. 28) und in Übereinstimmung damit sowohl § 5 Abs. 5 des Entwurfes eines BUrlG der Fraktion der SPD (vgl. BT-Drucksache IV/142) als auch § 12 Abs. 4 des Entwurfes eines BUrlG der Fraktion der CDU/CSU (vgl. BT-Drucksache IV/207) ein generelles Rückzahlungsverbot enthielten. Diese Entstehungsgeschichte des § 5 Abs. 3 BUrlG schließt es aus, die Beschränkung des Rückzahlungsverbots auf den Fall des § 5 Abs. 1 Buchstabe c BUrlG als eine planwidrige Unvollständigkeit des Gesetzes anzusehen, vielmehr erscheint die Spezialität des Rückzahlungsverbots des § 5 Abs. 3 BUrlG als höchst planvoll. Dazu kommt dann noch, daß die Spezialität des Rückzahlungsverbots teleologisch gesehen zwar nicht notwendig, aber durchaus plausibel ist, da der Arbeitnehmer im Falle des § 5 Abs. 1 Buchstabe c BUrlG wenigstens regelmäßig am 1. Januar den vollen Urlaubsanspruch erworben hat (vgl. *Gaul/Boewer*, S. 114ff.; *Gaul*, BB 1965, 869f.), wenn auch nur unter der auflösenden Bedingung, daß er in der ersten Hälfte des Kalenderjahres aus dem Arbeitsverhältnis ausscheidet. Aus all diesen Gründen kommt die Begründung eines generellen Rückzahlungsverbots im Wege der gesetzesübersteigenden Rechtsfortbildung schon gleich gar nicht in Betracht.

63 Ein generelles Rückzahlungsverbot ergibt sich auch nicht aus anderen Rechtsgründen. Nach einer Mindermeinung soll sich ein **generelles Rückzahlungsverbot** wenigstens für alle Fälle des § 5 Abs. 1 BUrlG in erster Linie aus § 1 BUrlG ergeben. Gemäß § 1 BUrlG habe der Arbeitnehmer nach Maßgabe der Einheitstheorie einen einheitlichen Anspruch auf bezahlten Erholungsurlaub und diese gesetzliche Einheit schließe die Trennung der beiden Anspruchselemente der Freizeit und des Entgeltes aus (vgl. *LAG Düsseldorf* DB 1967, 1140; *LAG Niedersachsen* EzA § 7 BUrlG Nr. 24; *ArbG Celle* ARSt. 1979, 155; *Dersch/Neumann*, § 5 Anm. 48ff. m.w.N.). Diese Meinung entspricht der ständigen Rechtsprechung des RAG, daß die Rückzahlung des Urlaubsentgelts wegen der Einheit des Urlaubsanspruchs »tatsächlich und rechtlich unmöglich« sei (vgl. *RAG* ARS 34, 21; ARS 38, 40) und dem gesamten älteren Schrifttum (vgl. *Nikisch*, Anm. AP Nr. 3 zu § 394 BGB m.w.N.). Dieser Meinung kann aber aus folgenden Gründen nicht zugestimmt werden. Der Hinweis auf die gesetzliche Einheit des Urlaubsanspruchs gemäß § 1 BUrlG ist schon deswegen verfehlt, weil von der Einheit des Urlaubsanspruchs nur insoweit die Rede sein kann, als der Urlaubsanspruch (noch) besteht, und weil der Anspruch auf Rückzahlung zuviel bezahlten Urlaubsentgelts von vornherein nur insoweit in Betracht kommt, als der Urlaubsanspruch nicht (mehr) besteht (vgl. *BAG* EzA § 611 BGB Urlaub Nr. 1 = AP Nr. 55 zu § 611 BGB Urlaubsrecht = SAE 1960, 21; *BAG* AP Nr. 1 zu § 8 UrlG Berlin = SAE 1962, 147; *BAG* AP Nr. 1 zu § 6 UrlG Niedersachsen = SAE 1962, 149; die mit der Rechtsprechung des *RAG* übereinstimmenden, aber nicht entscheidungserheblichen Formulierungen in *BAG* AP Nr. 6 zu § 5 UrlG NRW = SAE 1964, 20 sind folgenlos geblieben; *BAG* EzA § 13 BUrlG Nr. 1 = AP Nr. 2 zu § 13 BUrlG = SAE 1965, 40; *Boldt/Röhsler*, § 5 Anm. 57; *Gaul/Boewer*, S. 114f. und 122; *Dersch*, Anm. AP Nr. 55 zu § 611 BGB Urlaubsrecht; *Gaul*, BB 1965, 869, 871; *Janert*, DB 1965, 1713ff.; *Natzel*, SAE 1965, 43f.). Außerdem schließen es genau dieselben Gründe, die gegen eine Ausdehnung des speziellen Rückzahlungsverbots des § 5 Abs. 3 BUrlG auf andere Fälle als den des § 5 Abs. 1 Buchstabe c BUrlG sprechen (vgl. Anm. 62), auch aus, den § 1 BUrlG im Sinne eines generellen Rückzahlungsverbots zu interpretieren, weil § 5 Abs. 3 BUrlG die einschlägige spezielle Regelung enthält und sonst ein nicht aufhebbarer Wertungswiderspruch zwischen § 5 Abs. 3 BUrlG und § 1 BUrlG bestünde (vgl. *BAG* EzA § 611 BGB Urlaub Nr. 1 = AP Nr. 55 zu § 611 BGB Urlaubsrecht = SAE 1960, 21; *Boldt/Röhsler*, § 5 Anm. 57; *Janert*, DB 1963, 1713; im Ergebnis ebenso *Bleistein*, § 1 Anm. 11f.; *Kraft*, Anm. AP Nr. 18 zu § 7 BUrlG Abgeltung). Im übrigen hat das BAG zwischenzeitlich die Einheitstheorie verworfen (vgl. *Bleistein*, § 1 Anm. 11f.).

64 **Nach so gut wie allgemeiner Meinung besteht jedenfalls in den anderen Fällen**, in denen der Arbeitnehmer nicht in Erwartung längerer Dauer des Arbeitsverhältnisses mehr, als ihm gemäß § 5 Abs. 1 BUrlG schließlich zusteht, aber aus anderen Gründen, insbesondere irrtümlich zuviel Urlaubsentgelt erhalten hat, **kein Rückzahlungsverbot** (vgl. *Boldt/Röhsler*, § 5 Anm. 60; *Dersch/Neumann*, § 5 Anm. 53; *Natzel*, § 5 Anm. 45; *Siara*, § 5 Anm. 8d).

b) Voraussetzung des Urlaubsverbrauchs

65 Abgesehen von der Beschränkung auf den Fall des § 5 Abs. 1 Buchstabe c BUrlG setzt das Rückzahlungsverbot gemäß § 5 Abs. 3 BUrlG voraus, daß der Arbeitnehmer Urlaub über den ihm zustehenden Urlaub hinaus erhalten hat. Das Rückzahlungsverbot des § 5 Abs. 3 BUrlG setzt daher nach allgemeiner Meinung entsprechend seinem sozialen **Schutzzweck** voraus, daß der Urlaub in seiner Gesamtheit, also sowohl hinsichtlich der Freizeit als auch des Urlaubsentgelts, verbraucht ist (vgl. *BAG* AP Nr. 6 zu § 5 UrlG NRW = SAE 1964, 20; *Boldt/Röhsler*, § 5 Anm. 54 und 61; *Dersch/Neumann*, § 5 Anm. 52; *Natzel*, § 5 Anm. 43; *Berscheid*, HzA, Gruppe 4, Rz. 206; *Gaul/Boewer*, S. 130; *Kamann*, SAE 1964, 21f.; *Gaul*, BB 1965, 869, 874). Das Rückzahlungsverbot ist demgemäß selbstverständlich gegenstandslos, soweit der Arbeitnehmer keinen Urlaub oder kein Urlaubsentgelt erhalten hat. Insoweit kann sich der Arbeitgeber gegebenenfalls darauf berufen, daß kein Urlaubsanspruch besteht. Das gilt insbesondere dann, wenn er zwar dem Arbeitnehmer Urlaub über das geschuldete Maß hinaus bewilligt, das Urlaubsentgelt aber noch nicht bezahlt hat (vgl. *BAG* AP Nr. 54 zu § 611 BGB Urlaubsrecht = SAE 1960, 31; *Boldt/Röhsler*, § 5 Anm. 56; *Natzel*, § 5

Anm. 44; *Gaul/Boewer*, S. 130; *Dersch*, Anm. AP Nr. 54 zu § 611 BGB Urlaubsrecht; *Kamann*, SAE 1964, 21f.; *Natzel*, SAE 1965, 43f.). Das gilt aber auch dann, wenn der Arbeitgeber das Urlaubsentgelt zwar schon bezahlt, die Urlaubsbewilligung aber wirksam rückgängig gemacht oder das Arbeitsverhältnis während des Urlaubs beendet worden ist (vgl. *BAG* AP Nr. 6 zu § 5 UrlG NRW = SAE 1964, 20; *Boldt/Röhsler*, § 5 Anm. 54; *Natzel*, § 5 Anm. 43; *Gaul/Boewer*, S. 130; *Kamann*, SAE 1964, 21f.).

c) Ausnahme vom Rückzahlungsverbot

66 Das Rückzahlungsverbot des § 5 Abs. 3 BUrlG erfaßt zwar alle Rückzahlungsansprüche, wenn nur der Arbeitnehmer mehr Urlaub erhalten hat, als ihm gemäß § 5 Abs. 1 Buchstabe c BUrlG zusteht. Trotzdem gilt das Rückzahlungsverbot nach allgemeiner Meinung nicht, wenn der Arbeitgeber einen Schadensersatzanspruch auf Rückzahlung des zuviel bezahlten Urlaubsentgelts hat (vgl. Anm. 59; *Boldt/Röhsler*, § 5 Anm. 62; *Dersch/Neumann*, § 5 Anm. 51; *Natzel*, § 5 Anm. 46ff.; *Siara*, § 5 Anm. 8e; *Schaub*, § 102 A IV 4; *Kamann*, SAE 1964, 21f.; *Natzel*, SAE 1965, 43f.). Dann ist die Berufung auf das Rückzahlungsverbot rechtsmißbräuchlich.

4. Durchsetzung der Rückzahlungsansprüche

67 **Die Rückzahlungsansprüche können unter Umständen gemäß §§ 387ff. BGB aufgerechnet werden.** Dabei ist aber grundsätzlich § 394 BGB zu beachten, der freilich im Falle des Rechtsmißbrauchs entsprechend den allgemeinen Grundsätzen nur eingeschränkt gilt (vgl. *Boldt/Röhsler*, § 5 Anm. 60, 62 und 67; *Dersch/Neumann*, § 5 Anm. 51; *Natzel*, § 5 Anm. 56; *Gaul*, BB 1965, 869, 874).

68 Individual- und kollektivrechtlich kann auch die **Verrechnung** des zuviel bezahlten Urlaubsentgelts als vorschußweise Erfüllung bestimmter anderer Forderungen des Arbeitnehmers vereinbart werden, so daß § 394 BGB mangels Aufrechnung gar nicht zur Anwendung kommt. Ob die Vereinbarung einer solchen Verrechnung vorliegt, muß im Wege der Auslegung festgestellt werden, wobei die Schutzfunktion des § 394 BGB berücksichtigt werden muß. Es kommt darauf an, ob das Urlaubsentgelt für den Fall, daß der Arbeitnehmer es nicht beanspruchen kann, zugleich ein Vorschuß auf eine andere Forderung wie insbesondere eine Lohnforderung des Arbeitnehmers ist (vgl. *BAG* AP Nr. 3 zu § 394 BGB = SAE 1959, 90; *BAG* EzA § 611 BGB Urlaub Nr. 1 = AP Nr. 55 zu § 611 BGB Urlaubsrecht = SAE 1960, 21; *BAG* AP Nr. 1 zu § 8 UrlG Berlin = SAE 1962, 147; *BAG* AP Nr. 1 zu § 6 UrlG Niedersachsen = SAE 1962, 149; *BAG* EzA § 13 BUrlG Nr. 1 = AP Nr. 2 zu § 13 BUrlG = SAE 1965, 40; *BAG* AP Nr. 5 zu § 13 BUrlG = SAE 1965, 173, wo das BAG seine frühere Auslegung einer bestimmten tariflichen Regelung ausdrücklich aufgegeben hat; *Schaub*, § 102 A IV 5; *Gaul/Boewer*, S. 123f.; *Herschel*, SAE 1962, 151; *Gaul*, BB 1965, 869, 872f.; *Natzel*, SAE 1965, 175f.; *Nikisch*, Anm. AP Nr. 2 zu § 13 BUrlG; vgl. aber auch die auf § 394 BGB gestützte Kritik an der Verrechnung von *Nikisch*, Anm. AP Nr. 3 zu § 394 BGB).

5. Unabdingbarkeit des § 5 Abs. 3 BUrlG

69 Gemäß § 13 Abs. 1 Satz 1 BUrlG kann nach ganz herrschender und richtiger Meinung durch **Tarifvertrag** von dem **Rückzahlungsverbot** des § 5 Abs. 3 BUrlG sowohl zugunsten als auch zuungunsten der Arbeitnehmer abgewichen und infolgedessen das Rückzahlungsverbot des § 5 Abs. 3 BUrlG auch ganz aufgehoben werden. Die Abweichung von dem Rückzahlungsverbot des § 5 Abs. 3 BUrlG zuungunsten der Arbeitnehmer ist nicht eine mittelbare Abweichung von den Grundsatzvorschriften der §§ 1, 2 und 3 Abs. 1 BUrlG (zur mittelbaren Abweichung allgemein *Berscheid*, § 13 Anm. 17) und deswegen nicht gemäß § 13 Abs. 1 Satz 1 und 3 BUrlG verboten. Denn § 1 BUrlG enthält im Gegensatz zu einer Mindermeinung das Rückzahlungsverbot des § 5 Abs. 3 BUrlG nicht (vgl. Anm. 63; *BAG* EzA § 13 BUrlG Nr. 2 = AP Nr. 1 zu § 13 BUrlG; *BAG* EzA § 13 BUrlG Nr. 1 = AP Nr. 2 zu § 13 BUrlG = SAE 1965, 40; *BAG* AP Nr. 5 zu § 13 BUrlG = SAE 1965, 173; *Boldt/Röhsler*, § 5 Anm. 67; *Natzel*, § 5 Anm. 58; *Schaub*, § 102 A IV 5; *Gaul/Boewer*, S. 124; *Isele*, Anm. AP Nr. 1 zu § 6 UrlG Rhld.-Pfalz; *Janert*, DB 1963, 1713, 1715; *Natzel*, SAE 1965, 43; *Nikisch*, Anm. AP Nr. 2 zu § 13 BUrlG; *Boldt*, ZfA 1971, 1, 27; *Binkert*, Anm. EzA § 7 BUrlG Nr. 24).

70 Gemäß § 13 Abs. 1 Satz 3 BUrlG kann, abgesehen von § 13 Abs. 1 Satz 2 BUrlG, durch **Betriebsvereinbarung** und **Arbeitsvertrag** von dem **Rückzahlungsverbot** des § 5 Abs. 3 BUrlG nicht zuungunsten der Arbeitnehmer abgewichen werden. Der erforderliche Günstigkeitsvergleich ist mit Rücksicht auf die Rechtsnatur des BUrlG als Mindesturlaubsgesetz auf die Rückzahlungsregelung im Sinne des § 5 Abs. 3 BUrlG zu beschränken, so daß jede diesbezügliche Abweichung zuungunsten der Arbeitnehmer gemäß § 13 Abs. 1 Satz 3 BUrlG verboten ist. Allerdings hat das *BAG* (vgl. AP Nr. 1 zu § 6 UrlG Niedersachsen = SAE 1962, 149) in Übereinstimmung mit seiner früheren Rechtsprechung zum Günstigkeitsvergleich in bezug auf § 6 UrlG Niedersachsen, wonach einzelvertragliche Regelungen unberührt blieben, soweit sie für den Arbeitnehmer günstiger als die gesetzliche Regelung waren, bei der Beurteilung einer einzelvertraglichen Rückzahlungsklausel trotz gesetzlichen Rückzahlungsverbots den erforderlichen Günstigkeitsvergleich nicht auf die Rückzahlungsregelung beschränkt, sondern vor allem auf die Dauer des Urlaubs und das Lebensstandardprinzip abgestellt und im Streitfall festgestellt: »Insgesamt gesehen stellt danach die einzelvertragliche Urlaubsregelung gegenüber der gesetzlichen die günstigere Regelung dar.« Diesem Urteil ist im Schrifttum zum Teil auch zugestimmt worden (vgl. *Maus*, Anm. AP Nr. 1 zu § 6 UrlG Niedersachsen). Das kann jedoch auf sich beruhen, weil jedenfalls der gemäß § 13 Abs. 1 Satz 3 BUrlG erforderliche Günstigkeitsvergleich nach herrschender und richtiger Meinung wegen der Rechtsnatur des BUrlG als Mindesturlaubsgesetz ein Einzelvergleich sein und infolgedessen auf die einzelne Regelung und damit auch auf die Rückzahlungsregelung im Sinne des § 5 Abs. 3 BUrlG beschränkt bleiben muß (vgl. *BAG* AP Nr. 1 zu § 13 BUrlG Unabdingbarkeit = SAE 1966, 243; *Boldt/Röhsler*, § 5 Anm. 68; *Dersch/Neumann*, § 13 Anm. 36ff.; *Berscheid*, § 13 Anm. 39ff.; *Gaul/Boewer*, S. 124ff.; *Isele*, Anm. AP Nr. 1 zu § 6 UrlG Rhld.-Pfalz; *Gaul*, BB 1965, 869, 873).

§ 6 Ausschluß von Doppelansprüchen

(1) Der Anspruch auf Urlaub besteht nicht, soweit dem Arbeitnehmer für das laufende Kalenderjahr bereits von einem früheren Arbeitgeber Urlaub gewährt worden ist.
(2) Der Arbeitgeber ist verpflichtet, bei Beendigung des Arbeitsverhältnisses dem Arbeitnehmer eine Bescheinigung über den im laufenden Kalenderjahr gewährten oder abgegoltenen Urlaub auszuhändigen.

Literatur

Diekhoff, Der Urlaubsanspruch beim Betriebswechsel, DB 1962, 1047; *ders.*, Der Urlaubsanspruch bei Arbeitsplatzwechsel nach dem Bundesurlaubsgesetz, BB 1963, 1258; *Feller*, Urlaubsansprüche bei Arbeitgeberwechsel, RdA 1968, 4; *Leinemann/Lipke*, DB 1988, 1217; *Neumann*, Die Urlaubsabgeltung bei Wechsel des Arbeitsverhältnisses, ArbuR 1971, 107; *Peterek*, Zum Ausschluß von Doppelansprüchen im Urlaubsrecht, insbes. bei unterschiedlicher tariflicher Urlaubsdauer, DB 1966, 1729; *Peters*, Anrechnung von Urlaub aus dem Vorarbeitsverhältnis, BB 1966, 1349; *Sturn*, Urlaubsabgeltung bei Arbeitsplatzwechsel, Arbeit und Sozialrecht, 1960, 190; *Wagner*, Der Urlaubsanspruch gegen mehrere Arbeitgeber und sein Ausgleich, RdA 1952, 135; *Zeitlmann*, Urlaubsabgeltung bei Arbeitsplatzwechsel, Mensch und Arbeit 1960, 123.

Inhaltsübersicht

I. Der Ausschluß von Doppelansprüchen gemäß § 6 Abs. 1 BUrlG

1. Grundsätze

1 Gemäß § 1 BUrlG hat jeder Arbeitnehmer in jedem Kalenderjahr Anspruch auf bezahlten Erholungsurlaub. Das bedeutet auch, daß der Arbeitnehmer pro Kalenderjahr nur einen bezahlten Erholungsurlaub beanspruchen kann, und zwar auch dann, wenn er im Laufe des Kalenderjahres seinen Arbeitsplatz wechselt. Demgemäß schreibt § 6 Abs. 1 BUrlG unter der Überschrift »Ausschluß von Doppelansprüchen« ausdrücklich vor, daß der Anspruch auf Urlaub nicht besteht, soweit dem Arbeitnehmer für das laufende Kalenderjahr bereits von einem früheren Arbeitgeber Urlaub gewährt worden ist. Der für das laufende Kalenderjahr bereits gewährte Urlaub wird also zum Zwecke des Ausschlusses von Doppelansprüchen angerechnet. Die Rede von der Anrechnung ist in rechtsdogmatischer Hinsicht zwar problematisch, weil der Urlaubsanspruch im Umfang der sogenannten Anrechnung gar nicht entsteht bzw. fortbesteht (daher zu Recht kritisch *Natzel*, § 6 Anm. 22ff). Im Bewußtsein dieser Bedeutung mag jedoch mit Rücksicht auf die Üblichkeit und Praktikabilität auch weiterhin von Anrechnung die Rede sein. § 6 Abs. 1 BUrlG schließt demnach nicht die Entstehung mehrerer Urlaubsansprüche gegen mehrere Arbeitgeber im selben Kalenderjahr aus, sondern stellt lediglich klar, daß der Arbeitnehmer pro Kalenderjahr nur einen bezahlten Erholungsurlaub beanspruchen kann, der sich auch im Falle des Arbeitsplatzwechsels während des Kalenderjahres nicht erhöht. Diese Klarstellung ist angezeigt, weil der Arbeitnehmer ohne den in § 6 Abs. 1 BUrlG ausdrücklich vorgeschriebenen Ausschluß von Doppelansprüchen im Falle eines Arbeitsplatzwechsels während des Kalenderjahres unter Umständen unter Berufung auf die §§ 4 und 5 BUrlG insgesamt mehr Urlaub beanspruchen könnte, als ihm gemäß § 1 BUrlG pro Kalenderjahr zusteht. Scheidet zum Beispiel der Arbeitnehmer nach Erfüllung der Wartezeit gemäß § 4 BUrlG und Erhalt des vollen Jahresurlaubs in der ersten Hälfte des Kalenderjahres aus, so könnte er ohne den ausdrücklichen Ausschluß von Doppelansprüchen gegen einen späteren Arbeitgeber gemäß § 4 BUrlG nochmals den vollen Urlaubsanspruch oder zumindest einen Teilurlaubsanspruch gemäß § 5 Abs. 1 BUrlG geltend machen. Der Ausschluß von Doppelansprüchen ist im übrigen ein allgemeiner urlaubsrechtlicher Grundsatz (vgl. *BAG* EzA § 6 BUrlG Nr. 1 = AP Nr. 1 zu § 6 BUrlG = SAE 1970, 158; *BAG* EzA § 6 BUrlG Nr. 3 = AP Nr. 3 zu § 6 BUrlG; *Boldt/Röhsler*, § 6 Anm. 1 und 5; *Dersch/Neumann*, § 6 Anm. 1 und 13; *Natzel*, § 6 Anm. 1, 3, 6, 22 und 32;

Siara, § 6 Anm. 1; *Leinemann*, NZA 1985, 137, 143 **a.M.** nun wohl *BAG* EzA § 6 BUrlG Nr. 4).

2. Voraussetzungen des Ausschlusses von Doppelansprüchen

a) Zeitliche Konkurrenz von Urlaubsansprüchen

2 Der Ausschluß von Doppelansprüchen gemäß § 6 Abs. 1 BUrlG setzt voraus, daß sich die Urlaubsansprüche aus **aufeinanderfolgenden Arbeitsverhältnissen** ganz oder teilweise auf denselben Zeitraum beziehen. Anders ausgedrückt: Der Ausschluß von Doppelansprüchen gemäß § 6 Abs. 1 BUrlG kommt nur insoweit in Betracht, als sich der Urlaubsanspruch aus dem späteren Arbeitsverhältnis auf denselben Zeitraum bezieht, für den dem Arbeitnehmer bereits von einem früheren Arbeitgeber Urlaub gewährt worden ist. Das folgt schon aus dem Wortlaut des § 6 Abs. 1 BUrlG, der den Urlaubsanspruch nur insoweit ausschließt, als »dem Arbeitnehmer für das laufende Kalenderjahr bereits von einem früheren Arbeitgeber Urlaub gewährt worden ist«, und überdies aus dem wörtlichen »Ausschluß von Doppelansprüchen« in der Überschrift des § 6 Abs. 1 BUrlG, weil dieser Ausschluß die zeitliche Konkurrenz von Urlaubsansprüchen voraussetzt (vgl. *BAG* AP Nr. 1 zu § 5 BUrlG = SAE 1966, 46; *Boldt/Röhsler*, § 6 Anm. 1 und 8; *Dersch/Neumann*, § 6 Anm. 2; *Natzel*, § 6 Anm. 1 und 6; *Siara*, § 6 Anm. 2; *Dörner*, AR-Blattei, Urlaub V, C I; *Adomeit*, SAE 1966, 48; *Birk*, Anm. AP Nr. 21 zu § 7 BUrlG Abgeltung).

3 § 6 Abs. 1 BUrlG kommt also von vornherein nicht zur Anwendung, wenn der Arbeitnehmer gemäß § 5 Abs. 1 BUrlG in dem früheren Arbeitsverhältnis lediglich Teilurlaub erhalten und in dem späteren Arbeitsverhältnis lediglich einen Teilurlaubsanspruch erworben hat (vgl. *BAG* AP Nr. 1 zu § 5 BUrlG = SAE 1966, 46; *Boldt/Röhsler*, § 6 Anm. 1; *Dersch/Neumann*, § 6 Anm. 2; *Natzel*, § 6 Anm. 1 und 8; *Siara*, § 6 Anm. 2; *Adomeit*, SAE 1966, 48).

4 § 6 Abs. 1 BUrlG kommt nach richtiger Meinung mangels zeitlicher Konkurrenz von Urlaubsansprüchen auch dann nicht zur Anwendung, wenn der gemäß § 5 Abs. 1 BUrlG entstandene Teilurlaubsanspruch gemäß § 5 Abs. 2 BUrlG aufgerundet und in dieser Höhe gewährt worden ist und der Arbeitnehmer in dem späteren Arbeitsverhältnis lediglich einen Teilurlaubsanspruch erworben hat; auch der aufgerundete Teil des Teilurlaubs darf dann also nicht gemäß § 6 Abs. 1 BUrlG angerechnet werden (vgl. *ArbG Braunschweig*, BB 1966, 1270; *Schaub*, § 102 A II 4; *Dersch/Neumann*, § 6 Anm. 3; *Natzel*, § 6 Anm. 9; *Berscheid*, HzA, Gruppe 4, Rz. 235; **a.M.** *LAG Düsseldorf* BB 1968, 874 und *Boldt/Röhsler*, § 6 Anm. 14, die nicht berücksichtigen, daß § 6 Abs. 1 BUrlG die zeitliche Konkurrenz von Urlaubsansprüchen voraussetzt).

5 Vorjahresurlaub darf gemäß § 6 Abs. 1 BUrlG ebenfalls mangels zeitlicher Konkurrenz von Urlaubsansprüchen nicht angerechnet werden, zumal § 6 Abs. 1 BUrlG ausdrücklich bestimmt, daß nur der für das laufende Kalenderjahr bereits gewährte Urlaub anzurechnen ist; das gilt gleichviel, ob im Vorjahr zuviel Urlaub gewährt oder Vorjahresurlaub auf das laufende Kalenderjahr übertragen worden ist (vgl. *Boldt/Röhsler*, § 6 Anm. 12; *Dersch/Neumann*, § 6 Anm. 12; *Natzel*, § 6 Anm. 10, 12 und 20; *Siara*, § 6 Anm. 1a; *Dörner*, AR-Blattei, Urlaub V, C I).

6 Hat das frühere Arbeitsverhältnis in zwei aufeinanderfolgenden Kalenderjahren weniger als sechs Monate bestanden und der Arbeitnehmer infolgedessen gemäß

§ 5 Abs. 1 Buchstabe b BUrlG Teilurlaub für die ganze Dauer des Arbeitsverhältnisses erhalten, so dürfen gemäß § 6 Abs. 1 BUrlG auf den Urlaubsanspruch aus dem späteren Arbeitsverhältnis nur diejenigen Urlaubstage angerechnet werden, die auf volle Monate des Bestehens des früheren Arbeitsverhältnisses im Austrittsjahr entfallen (vgl. *BAG* EzA § 5 BUrlG Nr. 11 = AP Nr. 7 zu § 5 BUrlG = SAE 1970, 153; *Natzel*, § 6 Anm. 13; *Siara*, § 5 Anm. 7c; *Meisel*, Anm. AP Nr. 7 zu § 5 BUrlG).

7 Schließlich findet keine Anrechnung gemäß § 6 Abs. 1 BUrlG statt, soweit der Urlaub für einen Zeitraum gewährt worden ist, in dem sich die Urlaubsjahre ausnahmsweise, zum Beispiel aufgrund § 13 Abs. 3 BUrlG, nicht decken, weil die Urlaubsansprüche auch insoweit zeitlich nicht konkurrieren (vgl. *Dersch/Neumann*, § 6 Anm. 10; *Natzel*, § 6 Anm. 11; *Siara*, § 6 Anm. 7).

b) Gleichartigkeit der Urlaubsansprüche

8 Gemäß § 6 Abs. 1 BUrlG besteht der Anspruch auf Urlaub nicht, soweit dem Arbeitnehmer für das laufende Kalenderjahr bereits von einem früheren Arbeitgeber Urlaub gewährt worden ist. **Der ausgeschlossene Urlaubsanspruch kann mit Rücksicht auf den systematischen Zusammenhang nur der gesetzliche Mindesturlaubsanspruch gemäß §§ 1ff. BUrlG sein. Und der gemäß § 6 Abs. 1 BUrlG anzurechnende Urlaub kann auch nur der Mindesturlaub im Sinne der §§ 1ff. BUrlG sein.** Denn der Ausschluß von Doppelansprüchen gemäß § 6 Abs. 1 BUrlG stellt lediglich klar, daß der Arbeitnehmer gemäß § 1 BUrlG pro Kalenderjahr nur einen bezahlten Erholungsurlaub beanspruchen kann (vgl. Anm. 1) und beschränkt sich demnach auf den gesetzlichen Mindesturlaub. Die Anrechnung von kollektiv- oder einzelvertraglich geschuldetem Mehrurlaub auf den gesetzlichen Urlaubsanspruch gemäß §§ 1ff. BUrlG würde auch im Widerspruch zu § 13 Abs. 1 Satz 3 BUrlG stehen, wonach zugunsten des Arbeitnehmers von den Bestimmungen des BUrlG abgewichen werden kann. Schließlich wäre es in keiner Weise sachgerecht, die Urlaubsschuld gemäß §§ 1ff. BUrlG durch die Anrechnung von Mehrurlaub zu mindern, den ein früherer Arbeitgeber nur aufgrund kollektiv- oder einzelvertraglicher oder gesetzlicher Verpflichtung gewährt hat (vgl. *Boldt/Röhsler*, § 6 Anm. 3 und 4; *Dersch/Neumann*, § 6 Anm. 11; *Natzel*, § 6 Anm. 4f.; *Siara*, § 6 Anm. 6; *Dörner*, AR-Blattei, Urlaub V, C I; *Meisel*, SAE 1970, 159ff.; inwieweit von *Dersch/Neumann*, § 6 Anm. 5 bis 7, eine **a.M.** vertreten wird, ist zweifelhaft). Die Rechtsprechung des *BAG*, daß § 6 Abs. 1 BUrlG auch dann anzuwenden sei, wenn die Urlaubsansprüche aus aufeinanderfolgenden Arbeitsverhältnissen auf verschiedenen Rechtsquellen beruhen und verschieden hoch sind (vgl. *BAG* EzA § 6 BUrlG Nr. 1 = AP Nr. 1 zu § 6 BUrlG = SAE 1970, 158), besagt trotz der mißverständlichen Formulierung auch nur, daß der gesetzliche Mindesturlaubsanspruch gemäß §§ 1ff. BUrlG ausgeschlossen ist, soweit dem Arbeitnehmer für das laufende Kalenderjahr bereits von einem früheren Arbeitgeber Mindesturlaub im Sinne der §§ 1ff. BUrlG gewährt worden ist. Denn auch »wenn die Urlaubsansprüche aus aufeinanderfolgenden Arbeitsverhältnissen auf verschiedenen Rechtsquellen beruhen und verschieden hoch sind«, schließen die auf anderen als den §§ 1ff. BUrlG beruhenden Urlaubsansprüche nicht die Gewährung von Mindesturlaub im Sinne der §§ 1ff. BUrlG aus, der dann gemäß § 6 Abs. 1 BUrlG auf den gesetzlichen Mindesturlaubsanspruch gemäß §§ 1ff. BUrlG anzurechnen ist.

c) Gewährung des anzurechnenden Urlaubs

9 Anzurechnen ist gemäß § 6 Abs. 1 BUrlG nur der Urlaub, der gewährt worden ist, so daß es darauf ankommt, ob der Urlaubsanspruch schon erfüllt worden ist.

10 Das Bestehen eines Urlaubsanspruchs gegenüber dem früheren Arbeitgeber genügt nicht, es bedarf der Erfüllung dieses Anspruchs (vgl. *BAG* EzA § 5 BUrlG Nr. 4 = AP Nr. 2 zu § 5 BUrlG = SAE 1966, 241; *BAG* EzA § 6 BUrlG Nr. 3 = AP Nr. 3 zu § 6 BUrlG; *BAG* EzA § 6 BUrlG Nr. 4; *Boldt/Röhsler*, § 6 Anm. 8; *Dersch/Neumann*, § 6 Anm. 4; *Natzel*, § 6 Anm. 15; *Dörner*, AR-Blattei, Urlaub V, C I; *Herschel*, SAE 1966, 243; *Zöllner*, AP Nr. 2 zu § 5 BUrlG; *Leinemann*, NZA 1985, 137, 143). Dementsprechend genügt auch nicht die Verurteilung des früheren Arbeitgebers zur Urlaubsgewährung oder Urlaubsabgeltung, zumal der Vollstreckungserfolg nicht gesichert ist (vgl. *BAG* EzA § 6 BUrlG Nr. 3 = AP Nr. 3 zu § 6 BUrlG; **a.M.** *Boldt/Röhsler*, § 6 Anm. 11; *Berscheid*, HzA, Gruppe 4, Rz. 242; *Herbst*, AR-Blattei, Urlaub, Anm. zur Entscheidung 187).

11 Anzurechnen ist gemäß § 6 Abs. 1 BUrlG nicht nur der bezahlte Erholungsurlaub im Sinne von § 1 BUrlG, sondern auch die Urlaubsabgeltung gemäß § 7 Abs. 4 BUrlG. Das folgt aus der Funktion der Urlaubsabgeltung als Surrogat des bezahlten Erholungsurlaubs (hierzu vgl. § 7 Anm. 141ff.). Zudem ist dem Arbeitnehmer gemäß § 6 Abs. 2 BUrlG auch über den »abgegoltenen Urlaub« eine Bescheinigung zu erteilen, was sinnlos wäre, wenn nicht auch die Urlaubsabgeltung gemäß § 6 Abs. 1 BUrlG anzurechnen wäre (vgl. *BAG* EzA § 6 BUrlG Nr. 3 = AP Nr. 3 zu § 6 BUrlG; *Gaul*, Arbeitsrecht I, F IV Anm. 89; *Schaub*, § 102 A II 4; *Boldt/Röhsler*, § 6 Anm. 9; *Dersch/Neumann*, § 6 Anm. 4; *Natzel*, § 6 Anm. 16f.; *Siara*, § 6 Anm. 8; *Dörner*, AR-Blattei, Urlaub V, C I; *Berscheid*, HzA, Gruppe 4, Rz. 255). **Nach einer Mindermeinung bezieht sich die Anrechnung der Urlaubsabgeltung gemäß § 6 Abs. 1 BUrlG freilich nur auf das Urlaubsentgelt**, so daß der Arbeitnehmer vom späteren Arbeitgeber noch unbezahlten Urlaub beanspruchen kann (vgl. *Dersch/Neumann*, § 6 Anm. 26; *Hessel*, ArbuR 1971, 352; *Gitter*, ZfA 1973, 29, 78ff). Dieser Meinung kann jedoch, auch wenn sie zu billigenswerten Ergebnissen führt, vor allem deswegen nicht zugestimmt werden, weil sie der Funktion der Urlaubsabgeltung als Surrogat des bezahlten Erholungsurlaubs widerspricht.

12 **Maßgeblich für die Anrechnung gemäß § 6 Abs. 1 BUrlG ist die Zahl der Urlaubstage, die als bezahlter Erholungsurlaub gewährt oder abgegolten worden sind** (vgl. *Boldt/Röhsler*, § 6 Anm. 9; *Dersch/Neumann*, § 6 Anm. 4; *Siara*, § 6 Anm. 2).

13 Wird der Urlaub in den aufeinanderfolgenden Arbeitsverhältnissen unterschiedlich nach Kalendertagen, Werktagen und Arbeitstagen bemessen, so müssen die konkurrierenden Urlaubsansprüche erst auf einen Nenner gebracht werden, bevor festgestellt werden kann, inwieweit der gesetzliche Mindesturlaub bereits gewährt worden und daher gemäß § 6 Abs. 1 BUrlG anzurechnen ist (vgl. *Dersch/Neumann*, § 6 Anm. 9; *Natzel*, § 6 Anm. 18).

14 **Ein im Vorgriff auf das nächste Kalenderjahr (vorschußweise) gewährter Urlaub darf nicht gemäß § 6 Abs. 1 BUrlG angerechnet werden**, weil eine derart vorschußweise Erfüllung des Urlaubsanspruchs wegen der Bindung des Urlaubs an das Kalenderjahr verboten ist (vgl. § 7 Anm. 111; *Boldt/Röhsler*, § 6 Anm. 12; *Dersch/Neumann*, § 6 Anm. 12; *Natzel*, § 6 Anm. 12).

15 **Ein unbezahlter Urlaub darf nicht gemäß § 6 Abs. 1 BUrlG angerechnet werden**, weil der Urlaubsanspruch durch unbezahlten Urlaub nicht erfüllt werden kann (vgl. *Boldt/Röhsler*, § 6 Anm. 7; *Natzel*, § 6 Anm. 2 und 21; *Dörner*, AR-Blattei, Urlaub V, C I).

d) Darlegungs- und Beweislast

16 Ob der Arbeitnehmer das Fehlen oder der Arbeitgeber das Vorliegen der Anrechnungsvoraussetzungen des § 6 Abs. 1 BUrlG darlegen und beweisen muß, ist umstritten (vgl. Anm. 17ff.).

17 Das BAG hat entschieden, der Arbeitgeber müsse mindestens im einzelnen die Möglichkeit darlegen, daß dem Arbeitnehmer in einem früheren Arbeitsverhältnis **anrechnungspflichtiger Urlaub** gewährt worden ist, weil der an sich entstandene Urlaubsanspruch gemäß § 6 Abs. 1 BUrlG ausnahmsweise wegfalle und der Arbeitgeber daher den Wegfalltatbestand im Streitfall beweisen müsse; ob der Arbeitgeber darüber hinaus generell die Anrechnungsvoraussetzungen des § 6 Abs. 1 BUrlG darlegen muß, hat das BAG allerdings offen gelassen (vgl. *BAG* EzA § 5 BUrlG Nr. 11 = AP Nr. 7 zu § 5 BUrlG). Das BAG hat also das Problem der Darlegungs- und Beweislast bisher nur teilweise behandelt und keinen klaren Standpunkt eingenommen (vgl. *Dütz*, SAE 1970, 155ff.).

18 Im **Schrifttum** sind die Meinungen geteilt. Nach einer Meinung muß der Arbeitgeber das Vorliegen der Anrechnungsvoraussetzungen des § 6 Abs. 1 BUrlG darlegen und **beweisen** (vgl. *Siara*, § 6 Anm. 9 und 15; *Dörner*, AR-Blattei, Urlaub V, C I; *Schaub*, § 102 A II 4; *Prütting*, S. 307ff.). Im einzelnen bestehen jedoch Meinungsverschiedenheiten. Nach einer Meinung kann der Arbeitgeber jedenfalls die Erfüllung des Urlaubsanspruchs bis zur Vorlage der Urlaubsbescheinigung verweigern (vgl. *Schaub*, § 102 A II 4; *Prütting*, S. 309f.). Nach einer anderen Meinung geht die Beweislast für das Fehlen der Anrechnungsvoraussetzungen auf den Arbeitnehmer über, falls dieser schuldhaft die ihm gemäß § 6 Abs. 2 BUrlG zustehende Urlaubsbescheinigung nicht vorlegt (vgl. *Siara*, § 6 Anm. 9 und 15). Schließlich wird auf die Möglichkeit einer Beweisvereitelung durch den Arbeitnehmer hingewiesen (vgl. *Prütting*, S. 310). Auf der anderen Seite wird die Meinung vertreten, daß der Arbeitnehmer das Fehlen der Anrechnungsvoraussetzungen des § 6 Abs. 1 BUrlG darlegen und beweisen muß (vgl. insbes. *Dütz*, SAE 1970, 155, 157f.; ferner *Boldt/Röhsler*, § 6 Anm. 15 und 38; *Natzel*, § 6 Anm. 31; *Meisel*, Anm. AP Nr. 7 zu § 5 BUrlG).

19 **Richtig ist, daß der Arbeitnehmer das Fehlen der Anrechnungsvoraussetzungen des § 6 Abs. 1 BUrlG darlegen und beweisen muß.** Nach allgemeiner Meinung muß grundsätzlich die Partei, die ein Recht für sich in Anspruch nimmt, die rechtsbegründenden Tatsachen darlegen und beweisen, während die Partei, die dieses Recht bestreitet, die rechtshindernden, rechtsvernichtenden und rechtshemmenden Tatsachen darlegen und beweisen muß. Maßgeblich ist demnach, ob gemäß § 6 Abs. 1 BUrlG das Fehlen der Anrechnungsvoraussetzungen eine negative anspruchsbegründende Tatsache oder das Vorliegen der Anrechnungsvoraussetzungen eine rechtshindernde Tatsache ist. Diese Frage muß im Wege der Auslegung beantwortet werden. Dabei kommt es wie auch sonst vor allem auf die Gesetzesfassung, die überwiegende Wahrscheinlichkeit, die Nähe einer Partei zum Beweise, die Möglichkeit der Beweissicherung und die Schwierigkeit eines Negativbeweises an. **Demnach ist das Fehlen der Anrechnungsvoraussetzungen des § 6 Abs. 1 BUrlG als negative anspruchsbegründende Tatsache zu beurteilen, die der Arbeitnehmer darlegen und beweisen muß**, und zwar insbesondere deswegen, weil diese Tatsache ihn selbst betrifft (Nähe zum Beweis), weil er den Beweis mit Hilfe der ihm gemäß § 6 Abs. 2 BUrlG zustehenden Urlaubsbescheinigung sichern und führen kann und weil die Urlaubsbescheinigung gerade diesem Beweiszweck zu dienen bestimmt ist (vgl. im einzelnen insbes. die ausführliche Darstellung von *Dütz*, SAE 1970, 155, 157f.). Demgegenüber macht vor allem *Prütting* (S. 308f.) geltend, daß nach dem Wortlaut des § 6 Abs. 1 BUrlG der Arbeitgeber das Vorliegen der Anrechnungsvoraussetzungen darlegen und beweisen müsse, weil seine Beweismöglichkeiten zumindest ebenso gut seien wie die des Arbeitnehmers. Dieses Argument ist zwar schlüssig, aber deswegen nicht überzeugend, weil der von Prütting in erster Linie ins Feld geführte Anspruch des Arbeitgebers auf Vorlage der Urlaubsbescheinigung in Wahrheit nicht besteht (vgl. hierzu Anm. 43). Der Arbeitnehmer muß also im Streitfall zunächst einmal darlegen, inwieweit er sich in einem früheren Arbeitsverhältnis befunden hat, in dem ihm anrechnungspflichtiger Urlaub gewährt worden sein könnte, und inwieweit er sich in keinem solchen Arbeitsverhältnis befunden hat. Wenn er sich in einem solchen Arbeitsverhältnis befunden hat, muß er das Fehlen der Anrechnungsvoraussetzungen beweisen, wenn der Arbeitgeber es auch nur einfach bestreitet. Dieser Beweis ist dem Arbeitnehmer regelmäßig mit Hilfe der ihm gemäß § 6 Abs. 2 BUrlG zustehenden Urlaubsbescheinigung auch leicht möglich. Trägt der Arbeitnehmer dagegen vor, daß er sich in keinem solchen Arbeitsverhältnis befunden habe, so muß der Arbeitgeber erst einmal substantiiert bestreiten und seinerseits darlegen, in welchem Arbeitsverhältnis der Arbeitnehmer sich befunden haben soll, damit dem Arbeitnehmer der ihm obliegende Beweis, daß das nicht der Fall gewesen ist, überhaupt möglich wird (zur Substantiierungslast des Arbeitgebers vgl. auch *Dütz*, SAE 1970, 155ff.; ferner *Natzel*, § 6 Anm. 31).

II. Sonstiger Ausschluß von Doppelansprüchen

20 **Der Ausschluß von Doppelansprüchen gemäß § 6 Abs. 1 BUrlG ist ein allgemeiner urlaubsrechtlicher Grundsatz** (vgl. Anm. 1; insbes. *BAG* EzA § 6 BUrlG Nr. 1 = AP Nr. 1 zu § 6 BUrlG = SAE 1970, 158) **und gilt daher im Zweifel nicht nur für die Urlaubsansprüche im Sinne der §§ 1ff. BUrlG, sondern genauso für alle sonstigen Urlaubsansprüche** (vgl. *Boldt/Röhsler*, § 6 Anm. 5; *Dersch/Neumann*, § 6 Anm. 5 bis 8; *Siara*, § 6 Anm. 2 und 5; *Natzel*, § 6 Anm. 32f.; *Boldt*, ZfA 1971, 1, 28). Soweit der Ausschluß von Doppelansprüchen auch für sonstige Urlaubsansprüche ausdrücklich vorgeschrieben ist, müssen diese Vorschriften daher, von ausdrücklichen Ausnahmen abgesehen, genauso ausgelegt werden wie § 6 Abs. 1 BUrlG (vgl. *BAG* EzA § 6 BUrlG Nr. 1 = AP Nr. 1 zu § 6 BUrlG = SAE 1970, 158; *Natzel*, § 6 Anm. 32; *Söllner*, Anm. AP Nr. 1 zu § 6 BUrlG). Das gilt auch insofern, als nur gleichartiger Urlaub angerechnet werden darf. Allerdings ist zu beachten, daß die §§ 1ff. BUrlG einen gesetzlichen Mindesturlaubsanspruch begründen und andere Urlaubsansprüche unter Umständen auch den gesetzlichen Mindesturlaub umfassen, so daß der gewährte gesetzliche Mindesturlaub dann auch auf die anderen Urlaubsansprüche anzurechnen ist. Dementsprechend ist auch der Urlaub, der aufgrund von anderen Vorschriften über den gesetzlichen Mindesturlaub hinaus bereits gewährt worden ist, auf sonstige Urlaubsansprüche anzurechnen, soweit diese sonstigen Urlaubsansprüche den bereits gewährten Urlaub umfassen (vgl. *Siara*, § 6 Anm. 5). In diesem Sinne ist auch die mißverständliche Rechtsprechung zu verstehen, daß Doppelansprüche

entsprechend § 6 Abs. 1 BUrlG auch dann ausgeschlossen sind, wenn die Urlaubsansprüche aus aufeinanderfolgenden Arbeitsverhältnissen auf verschiedenen Rechtsquellen beruhen und verschieden hoch sind, eine Rechtsprechung, die übrigens durchwegs mit § 6 Abs. 1 BUrlG übereinstimmende Tarifnormen zum Gegenstand gehabt hat (vgl. *BAG* AP Nr. 19 zu § 611 BGB Urlaubsrecht = SAE 1957, 152; *BAG* EzA § 6 BUrlG Nr. 1 = AP Nr. 1 zu § 6 BUrlG = SAE 1970, 158; *BAG* ArbuR 1970, 248; zu Unrecht kritisch *Söllner*, Anm. AP Nr. 1 zu § 6 BUrlG). Bei der Anrechnung sind die verschiedenen Urlaubsansprüche nötigenfalls in eine einheitliche Bezugsgröße wie die der Werktage im Sinne von § 3 BUrlG umzurechnen (vgl. *Schaub*, § 102 A II 4; *Natzel*, § 6 Anm. 18; *Berscheid*, HzA, Gruppe 4, Rz. 244).

III. Systematische Übersicht über die praktische Bedeutung des Ausschlusses von Doppelansprüchen aller Art

21 **Der Ausschluß von Doppelansprüchen ist ein allgemeiner urlaubsrechtlicher Grundsatz und gilt daher im Zweifel für alle Urlaubsansprüche** (vgl. Anm. 20). Die Anwendung dieses Grundsatzes hat folgende praktische Bedeutung (vgl. die ausführliche Darstellung von *Meisel*, SAE 1970, 159ff.; im Anschluß daran nun auch *Natzel*, § 6 Anm. 35ff.; ferner *Berscheid*, HzA, Gruppe 4, Rz. 246ff.).

1. Anrechnung von Teilurlaub

22 Erwirbt der Arbeitnehmer auch gegen den späteren Arbeitgeber nur einen Teilurlaubsanspruch nach Maßgabe des Zwölftelungsprinzips, so kommt eine Anrechnung des vom früheren Arbeitgeber gewährten Teilurlaubs von vornherein nicht in Betracht, weil dieser Teilurlaub nicht für denselben Zeitraum gewährt worden ist, auf den sich der Teilurlaubsanspruch gegen den späteren Arbeitgeber bezieht (vgl. *BAG* AP Nr. 1 zu § 5 BUrlG = SAE 1966, 46).

23 Erwirbt der Arbeitnehmer gegen den späteren Arbeitgeber den vollen Urlaubsanspruch, so ist folgendermaßen zu unterscheiden: Ist der volle Urlaubsanspruch im früheren Arbeitsverhältnis höchstens genauso hoch wie im späteren Arbeitsverhältnis, so ist der vom früheren Arbeitgeber gewährte Teilurlaub in voller Höhe auf den vollen Urlaubsanspruch gegen den späteren Arbeitgeber anzurechnen; ist dagegen der volle Urlaubsanspruch im früheren Arbeitsverhältnis höher als im späteren Arbeitsverhältnis, so ist der vom früheren Arbeitgeber gewährte Teilurlaub nur in der Höhe auf den vollen Urlaubsanspruch gegen den späteren Arbeitgeber anzurechnen, die sich bei der fiktiven Zwölftelung dieses vollen Urlaubsanspruchs für die Dauer des früheren Arbeitsverhältnisses ergibt.

2. Anrechnung des vollen Urlaubs

24 Erwirbt der Arbeitnehmer gegen den späteren Arbeitgeber den vollen Urlaubsanspruch, so ist folgendermaßen zu unterscheiden: Ist der volle Urlaubsanspruch im früheren Arbeitsverhältnis mindestens genauso hoch wie im späteren Arbeitsverhältnis, so ist der vom früheren Arbeitgeber gewährte volle Urlaubsanspruch

gegen den späteren Arbeitgeber anzurechnen, so daß gegen den späteren Arbeitgeber gar kein Urlaubsanspruch mehr besteht; ist der volle Urlaubsanspruch im früheren Arbeitsverhältnis niedriger als im späteren Arbeitsverhältnis, so ist der vom früheren Arbeitgeber gewährte volle Urlaub zwar ebenfalls in voller Höhe auf den vollen Urlaubsanspruch gegen den späteren Arbeitgeber anzurechnen, aber der Arbeitnehmer kann dann vom späteren Arbeitgeber noch Urlaub in Höhe der Differenz beanspruchen.

25 Erwirbt der Arbeitnehmer gegen den späteren Arbeitgeber nur einen Teilurlaubsanspruch, so ist folgendermaßen zu unterscheiden: Ist der volle Urlaubsanspruch im früheren Arbeitsverhältnis mindestens genauso hoch wie im späteren Arbeitsverhältnis, so ist der vom früheren Arbeitgeber gewährte volle Urlaub in voller Höhe anzurechnen, so daß gegen den späteren Arbeitgeber auch kein Teilurlaubsanspruch mehr besteht; ist der volle Urlaubsanspruch im früheren Arbeitsverhältnis dagegen niedriger als im späteren Arbeitsverhältnis, so ist der vom früheren Arbeitgeber gewährte volle Urlaub in der Höhe auf den Teilurlaubsanspruch gegen den späteren Arbeitgeber anzurechnen, die sich bei der fiktiven Zwölftelung des gewährten Urlaubs für die Dauer des späteren Arbeitsverhältnisses ergibt, so daß der Arbeitnehmer vom späteren Arbeitgeber noch Teilurlaub in Höhe der Differenz beanspruchen kann (vgl. *BAG* EzA § 6 BUrlG Nr. 1 = AP Nr. 1 zu § 6 BUrlG = SAE 1970, 158; *BAG* ArbuR 1970, 248; *Boldt*, ZfA 1971, 1 und 28f.).

IV. Umgekehrter Ausschluß von Doppelansprüchen analog § 6 Abs. 1 BUrlG

26 Der vom späteren Arbeitgeber gewährte oder abgegoltene Urlaub ist analog § 6 Abs. 1 BUrlG auf den Abgeltungsanspruch gegen den früheren Arbeitgeber anzurechnen, so daß dieser Anspruch erlischt (vgl. *BAG* EzA § 6 BUrlG Nr. 3 = AP Nr. 3 zu § 6 BUrlG; *BAG* EzA § 7 BUrlG Nr. 38 = AP Nr. 21 zu § 7 BUrlG Abgeltung = SAE 1986, 262; *Berscheid*, HzA, Gruppe 4, Rz. 254; *Herbst*, AR-Blattei, Urlaub, Anm. zur Entscheidung 187; *Leinemann*, NZA 1985, 137, 144; *Birk*, Anm. AP Nr. 21 zu § 7 BUrlG Abgeltung). Das BAG lehnt jedoch neuerdings eine solche Anwendung von § 6 Abs. 1 BUrlG - ohne überzeugende Begründung - ab (vgl. *BAG* EzA § 6 BurlG Nr. 4).

V. Der Anspruch auf eine Urlaubsbescheinigung gemäß § 6 Abs. 2 BUrlG

1. Zweck des Anspruchs

27 Der **Zweck des Anspruchs auf eine Urlaubsbescheinigung** gemäß § 6 Abs. 2 BUrlG besteht darin, dem Arbeitnehmer, der das Fehlen der Anrechnungsvoraussetzungen des § 6 Abs. 1 BUrlG im Streitfall beweisen muß (vgl. Anm. 18f.), für diesen Beweis ein **Beweismittel** an die Hand zu geben, das vom Arbeitgeber unschwer geprüft werden kann (vgl. *Boldt/Röhsler*, § 6 Anm. 23; *Dersch/Neumann*, § 6 Anm. 14; *Natzel*, § 6 Anm. 39; *Dütz*, SAE 1970, 155, 157).

2. Inhalt des Anspruchs

a) Inhalt der Urlaubsbescheinigung

28 Die dem Arbeitnehmer gemäß § 6 Abs. 2 BUrlG zustehende **Urlaubsbescheinigung muß alle Angaben enthalten, die für den Ausschluß von Doppelansprüchen** gemäß § 6 Abs. 1 BUrlG **von Bedeutung sind** (vgl. *Boldt/Röhsler*, § 6 Anm. 31 und 32; *Natzel*, § 6 Anm. 43).

29 Aus der Urlaubsbescheinigung muß sich infolgedessen die **Identität des Arbeitnehmers** ergeben, wofür die Angabe seines Namens in jedem Falle erforderlich, regelmäßig aber auch ausreichend ist (vgl. *Boldt/Röhsler*, § 6 Anm. 32; *Dersch/Neumann*, § 6 Anm. 16; *Natzel*, § 6 Anm. 52).

30 Außerdem muß aus der Urlaubsbescheinigung die **Dauer des Arbeitsverhältnisses im laufenden Kalenderjahr** ersichtlich sein (vgl. *Boldt/Röhsler*, § 6 Anm. 32; *Siara*, § 6 Anm. 14).

31 **Vor allen Dingen muß der Arbeitgeber gemäß § 6 Abs. 2 BUrlG bescheinigen, wieviele Urlaubstage er dem Arbeitnehmer im laufenden Kalenderjahr tatsächlich gewährt oder abgegolten hat** (vgl. *Boldt/Röhsler*, § 6 Anm. 33; *Natzel*, § 6 Anm. 43 und 53; *Siara*, § 6 Anm. 14). Da sich der Ausschluß von Doppelansprüchen gemäß § 6 Abs. 1 BUrlG nur auf den gesetzlichen Mindesturlaubsanspruch gemäß §§ 1ff. BUrlG bezieht und da die Urlaubsbescheinigung den Zweck hat, dem Arbeitnehmer den Beweis zu ermöglichen, daß die Anrechnungsvoraussetzungen gemäß § 6 Abs. 1 BUrlG fehlen, ist die Bescheinigung des tatsächlich gewährten oder abgegoltenen gesetzlichen Mindesturlaubs im Sinne der §§ 1ff. BUrlG gemäß § 6 Abs. 2 BUrlG einerseits erforderlich, andererseits aber auch genügend. Sofern der Arbeitgeber dem Arbeitnehmer nicht nur gesetzlichen Mindesturlaub im Sinne der §§ 1ff. BUrlG gewährt oder abgegolten hat, muß die Urlaubsbescheinigung auf jeden Fall den dem Arbeitnehmer obliegenden Beweis ermöglichen, daß die Anrechnungsvoraussetzungen des § 6 Abs. 1 BUrlG fehlen. Die dem Arbeitnehmer gemäß § 6 Abs. 2 BUrlG zustehende Urlaubsbescheinigung muß sich also nicht auf den über den gesetzlichen Mindesturlaub im Sinne der §§ 1ff. BUrlG hinaus gewährten oder abgegoltenen Urlaub beziehen. Da aber der Ausschluß von Doppelansprüchen ein allgemeiner urlaubsrechtlicher Grundsatz ist und daher im Zweifel nicht nur für den gesetzlichen Mindesturlaubsanspruch im Sinne der §§ 1ff. BUrlG, sondern auch für alle sonstigen Urlaubsansprüche gilt (vgl. Anm. 20) und da auch insofern der Arbeitnehmer die Beweislast für das Fehlen der Anrechnungsvoraussetzungen trägt, ist es ebenso ein allgemeiner urlaubsrechtlicher Grundsatz, daß der Arbeitgeber dem Arbeitnehmer auch insofern und auch ohne eine entsprechende ausdrückliche Regelung eine Urlaubsbescheinigung nach Maßgabe des § 6 Abs. 2 BUrlG schuldet (vgl. die im wesentlichen gleichen Meinungen von *Boldt/Röhsler*, § 6 Anm. 33 bis 35; *Dersch/Neumann*, § 6 Anm. 14 und 16; *Natzel*, § 6 Anm. 45ff.; *Siara*, § 6 Anm. 14). Auch insofern muß die Urlaubsbescheinigung auf jeden Fall den dem Arbeitnehmer obliegenden Beweis ermöglichen, daß die dem § 6 Abs. 1 BUrlG entsprechenden Anrechnungsvoraussetzungen fehlen.

32 Weder nach dem Wortlaut noch nach dem Zweck des § 6 Abs. 2 BUrlG muß zwischen dem gewährten und dem abgegoltenen Urlaub unterschieden werden; eine diesbezügliche Unterscheidung ist überflüssig, weil gemäß § 6 Abs. 1 BUrlG gewährter und abgegoltener Urlaub gleichermaßen anzurechnen ist (zustimmend *Natzel*, § 6 Anm. 50; **a.M.**, aber ohne Begründung, *Boldt/Röhsler*, § 6 Anm. 36).

Freilich ist es zur Vermeidung von Zweifeln zweckmäßig, in der Urlaubsbescheinigung zwischen gewährtem und abgegoltenem Urlaub zu unterscheiden.

33 Mit Rücksicht auf die Beweisfunktion muß die Urlaubsbescheinigung schließlich **unterschrieben** sein und das **Ausstellungsdatum** tragen (vgl. *Boldt/Röhsler*, § 6 Anm. 32; *Natzel*, § 6 Anm. 51).

b) Form der Urlaubsbescheinigung

34 Die Schriftform der Urlaubsbescheinigung versteht sich von selbst (vgl. *Natzel*, § 6 Anm. 51). Umstritten ist, ob und inwieweit der Arbeitnehmer Anspruch auf eine von anderen Urkunden gesonderte Urlaubsbescheinigung hat. Nach der überwiegenden Meinung kann der Arbeitgeber die Urlaubsbescheinigung mit dem einfachen Zeugnis, nicht aber mit dem qualifizierten Zeugnis in einer Urkunde verbinden (vgl. *Boldt/Röhsler*, § 6 Anm. 26; *Dersch/Neumann*, § 6 Anm. 17; *Siara*, § 6 Anm. 14). Wegen des Wortlauts des § 6 Abs. 2 BUrlG und der unterschiedlichen Funktion der verschiedenen Arbeitspapiere hat der Arbeitnehmer nach richtiger Meinung in jedem Falle Anspruch auf eine gesonderte Urlaubsbescheinigung (im Ergebnis ebenso *Natzel*, § 6 Anm. 54f.; ferner *Schaub*, § 102 A II 4).

c) Ausstellung der Urlaubsbescheinigung

35 In § 6 Abs. 2 BUrlG ist zwar nur von der Verpflichtung des Arbeitgebers zur Aushändigung einer Urlaubsbescheinigung die Rede. Aber die Aushändigung einer Urlaubsbescheinigung setzt notwendigerweise die Ausstellung einer Urlaubsbescheinigung voraus, die infolgedessen zuerst geschuldet ist (vgl. *Boldt/Röhsler*, § 6 Anm. 25). Der **Anspruch auf Ausstellung** einer Urlaubsbescheinigung **entsteht** gemäß § 6 Abs. 2 BUrlG **bei Beendigung des Arbeitsverhältnisses und wird zu diesem Zeitpunkt auch gleich fällig**, ohne daß es eines Antrags des Arbeitnehmers bedarf (vgl. *Boldt/Röhsler*, § 6 Anm. 24; *Natzel*, § 6 Anm. 56; *Siara*, § 6 Anm. 14). Eine vorzeitige Ausstellung der Urlaubsbescheinigung kommt nicht in Betracht, da erst bei Beendigung des Arbeitsverhältnisses feststeht, inwieweit der Arbeitnehmer Urlaub erhalten hat (vgl. *Boldt/Röhsler*, § 6 Anm. 24; *Natzel*, § 6 Anm. 57).

d) Aushändigung der Urlaubsbescheinigung

36 Der Arbeitgeber muß die Urlaubsbescheinigung nicht nur ausstellen, sondern gemäß § 6 Abs. 2 BUrlG dem Arbeitnehmer auch aushändigen. Der **Anspruch auf Aushändigung** einer Urlaubsbescheinigung **entsteht** gemäß § 6 Abs. 2 BUrlG wie der Anspruch auf Ausstellung einer Urlaubsbescheinigung **bei Beendigung des Arbeitsverhältnisses und wird zu diesem Zeitpunkt auch gleich fällig**, ohne daß es eines Antrages des Arbeitnehmers bedarf (vgl. *Boldt/Röhsler*, § 6 Anm. 24; *Siara*, § 6 Anm. 14). Bei der Pflicht zur Aushändigung einer Urlaubsbescheinigung handelt es sich aber wie bei den übrigen Arbeitspapieren grundsätzlich um eine Holschuld, die sich nur dann in eine Schickschuld verwandelt, wenn der Arbeitgeber bei der Beendigung des Arbeitsverhältnisses schuldhaft keine Urlaubsbescheinigung aushändigt (vgl. *Boldt/Röhsler*, § 6 Anm. 25; *Natzel*, § 6 Anm. 58).

e) Entsprechende Geltung des Zeugnisrechts

37 Wegen der Ähnlichkeit zwischen Zeugnis und Urlaubsbescheinigung gilt im übrigen grundsätzlich das Zeugnisrecht entsprechend auch für die Urlaubsbescheigung. Demgemäß kann zum Beispiel der Arbeitgeber in bezug auf die Urlaubsbescheinigung kein Zurückbehaltungsrecht geltend machen (vgl. *Boldt/Röhsler*, § 6 Anm. 24; *Dersch/Neumann*, § 6 Anm. 17; *Natzel*, § 6 Anm. 40 und 42).

3. Durchsetzung des Anspruchs

38 Die Klage auf Verurteilung des Arbeitgebers zur Ausstellung der geschuldeten Urlaubsbescheinigung muß gemäß § 253 Abs. 2 Nr. 2 ZPO einen bestimmten Antrag enthalten, und zwar unter Angabe des Wortlauts der begehrten Urlaubsbescheinigung. Beim Streit über den Inhalt der Urlaubsbescheinigung ist wie beim Streit über den Zeugnisinhalt zu verfahren (vgl. *Boldt/Röhsler*, § 6 Anm. 29; *Natzel*, § 6 Anm. 65; **a.M.** anscheinend, aber ohne Begründung, *Dersch/Neumann*, § 6 Anm. 15).

39 Die Vollstreckung eines Urteils auf Ausstellung einer Urlaubsbescheinigung richtet sich nach § 888 Abs. 1 ZPO und nicht nach § 894 ZPO, weil die Urlaubsbescheinigung keine Willens-, sondern eine sogenannte Wissenserklärung darstellt (vgl. *Dersch/Neumann*, § 6 Anm. 15; *Natzel*, § 6 Anm. 66; *Siara*, § 6 Anm. 14; **a.M.** aber ohne Begründung, *Boldt/Röhsler*, § 6 Anm. 30 m.w.N.).

40 Hat der Arbeitgeber die geschuldete Urlaubsbescheinigung ausgestellt, aber noch nicht ausgehändigt, so kann der Arbeitnehmer den Arbeitgeber auf Aushändigung = Herausgabe der Urlaubsbescheinigung verklagen. Das Urteil auf Herausgabe der Urlaubsbescheinigung ist gemäß §§ 883ff. ZPO zu vollstrecken (vgl. *Berscheid*, HzA, Gruppe 4, Rz. 259).

4. Schadenersatzpflicht wegen Verletzung der Urlaubsbescheinigungspflicht

41 **Erfüllt** der **Arbeitgeber** die aus § 6 Abs. 2 BUrlG folgende **Urlaubsbescheinigungspflicht nicht** rechtzeitig oder überhaupt nicht, so **ist er** dem **Arbeitnehmer** nach den allgemeinen Vorschriften des BGB gegebenenfalls **zum Schadenersatz verpflichtet** (vgl. *Boldt/Röhsler*, § 6 Anm. 27; *Dersch/Neumann*, § 6 Anm. 15; *Siara*, § 6 Anm. 14).

VI. Der Auskunftsanspruch gegen den früheren Arbeitgeber

42 **Nach ganz herrschender und richtiger Meinung** hat der **Arbeitnehmer gegen den früheren Arbeitgeber** aufgrund der nachwirkenden Fürsorgepflicht **unter Umständen auch einen Anspruch darauf, daß dieser dem späteren Arbeitgeber eine § 6 Abs. 2 BUrlG entsprechende Auskunft erteilt** (vgl. *Boldt/Röhsler*, § 6 Anm. 28; *Dersch/Neumann*, § 6 Anm. 18; *Natzel*, § 6 Anm. 59; *Prütting*, S. 309; jeweils m.w.N.). Die praktische Bedeutung dieses Anspruches ist neben der Urlaubsbescheinigungspflicht gemäß § 6 Abs. 2 BUrlG sicherlich gering. Der spätere Arbeitgeber hat gegen den früheren Arbeitgeber dagegen mangels einer Anspruchsgrundlage keinen Auskunftsanspruch aus eigenem Recht (vgl. *Dersch/Neumann*, § 6 Anm. 18; *Natzel*, § 6 Anm. 60; *Dütz*, SAE 1970, 155, 157; **a.M.** *Boldt/Röhsler*, § 6 Anm. 28; *Siara*, § 6 Anm. 15; *Berscheid*, HzA, Gruppe 4, Rz. 260).

VII. Rechte des Arbeitgebers gegenüber dem Arbeitnehmer im Zusammenhang mit § 6 Abs. 1 und Abs. 2 BUrlG

43 **Nach ganz herrschender Meinung hat der Arbeitgeber gegen den Arbeitnehmer einen Anspruch auf Vorlage der dem Arbeitnehmer** gemäß § 6 Abs. 2 BUrlG **zustehenden Urlaubsbescheinigung** (vgl. *Boldt/Röhsler*, § 6 Anm. 37; *Dersch/Neumann*, § 6 Anm. 14; *Natzel*, § 6 Anm. 61f.; *Siara*, § 6 Anm. 15; *Berscheid*, HzA, Gruppe 4, Rz. 261; *Prütting*, S. 308 m.w.N. in Fußn. 8). **Dieser Meinung kann jedoch mangels einer entsprechenden Anspruchsgrundlage nicht zugestimmt werden**. Insbesondere kann ein Anspruch des Arbeitgebers auf Vorlage der Urlaubsbescheinigung nicht auf den Anspruch auf Vorlage der Arbeitspapiere im allgemeinen gestützt werden (so aber *Natzel*, § 6 Anm. 61), weil es einer besonderen Anspruchsgrundlage in bezug auf die Urlaubsbescheinigung bedarf. Ein Anspruch auf Vorlage der Urlaubsbescheinigung kann auch nicht aus dem Beweiszweck der Urlaubsbescheinigung abgeleitet werden (so aber *Boldt/Röhsler*, § 6 Anm. 37; *Berscheid*, HzA, Gruppe 4, Rz. 261). Im Gegenteil. Aus dem Beweiszweck der Urlaubsbescheinigung (vgl. Anm. 27) und der dementsprechenden Beweislast des Arbeitnehmers in bezug auf das Fehlen der Anrechnungsvoraussetzungen des § 6 Abs. 1 BUrlG (vgl. Anm. 18f.) folgt die Überflüssigkeit des Anspruchs auf Vorlage einer Urlaubsbescheinigung. Wenn der Arbeitnehmer keine Urlaubsbescheinigung vorlegt und das Fehlen der Anrechnungsvoraussetzungen des § 6 Abs. 1 BUrlG auch nicht auf andere Weise beweist, dann muß er in Kauf nehmen, daß der Arbeitgeber das Fehlen der Anrechnungsvoraussetzungen des § 6 Abs. 1 BUrlG bestreitet und dem Arbeitnehmer keinen Urlaub gewährt. Der Arbeitgeber bedarf also keines Anspruchs auf Vorlage einer Urlaubsbescheinigung, um die Gewährung gar nicht geschuldeten Urlaubs zu vermeiden. Auch nach der h.M. kommt **weder ein Zurückbehaltungsrecht noch ein Verlust des Urlaubsanspruchs wegen des angeblichen Anspruchs auf Vorlage einer Urlaubsbescheinigung** in Betracht (vgl. *Boldt/Röhsler*, § 6 Anm. 38 und 39; *Dersch/Neumann*, § 6 Anm. 14; *Natzel*, § 6 Anm. 63; *Siara*, § 6 Anm. 15; für ein Zurückbehaltungsrecht jedoch *Schaub*, § 102 A II 4; *Prütting*, S. 109f.). **Gewährt** der **Arbeitgeber** dem **Arbeitnehmer irrtümlich** gemäß § 6 Abs. 1 BUrlG **nicht geschuldeten Urlaub**, so **hat er** gemäß §§ 812ff. BGB **einen Bereicherungsanspruch** (vgl. *Boldt/Röhsler*, § 6 Anm. 39; *Natzel*, § 6 Anm. 64; *Berscheid*, HzA, Gruppe 4, Rz. 263). **Unter Umständen** steht dem Arbeitgeber in einem solchen Falle **auch** ein **Schadenersatzanspruch** nach den allgemeinen Vorschriften des BGB zu, z.B. aus positiver Forderungsverletzung oder unerlaubter Handlung durch Urlaubserschleichung (vgl. *Boldt/Röhsler*, § 6 Anm. 39; *Natzel*, § 6 Anm. 64; *Berscheid*, HzA, Gruppe 4, Rz. 263).

VIII. Die Konkurrenz von Urlaubsansprüchen bei Arbeitsplatzwechsel

1. Grundsätze

44 Wechselt der Arbeitnehmer während des Kalenderjahres den Arbeitsplatz, so kommen gemäß §§ 4 und 5 Abs. 1 BUrlG unter Umständen gegen den früheren und gegen den späteren Arbeitgeber Urlaubsansprüche in Betracht, die sich auf denselben Zeitraum beziehen. Soweit dem Arbeitnehmer vom früheren Arbeitgeber bereits Urlaub gewährt oder abgegolten worden ist, schreibt § 6 Abs. 1 BUrlG ausdrücklich die Anrechnung auf den Urlaubsanspruch gegen den späteren Arbeitgeber vor. Soweit der frühere Arbeitgeber den Urlaubsanspruch noch nicht erfüllt hat, ist die Konkurrenz mit dem Urlaubsanspruch gegen den späteren Arbeitgeber jedenfalls nicht ausdrücklich gesetzlich geregelt. Dabei geht es um die Konkurrenz des Abgeltungsanspruchs gegen den früheren Arbeitgeber mit dem Freizeitanspruch oder dem Abgeltungsanspruch gegen den späteren Arbeitgeber. Die Lösung dieses Konkurrenzproblems ist umstritten.

2. Konkurrenz von Abgeltungsanspruch gegen den früheren und Freizeitanspruch gegen den späteren Arbeitgeber

45 **Das Verhältnis von Abgeltungsanspruch gegen den früheren und Freizeitanspruch gegen den späteren Arbeitgeber ist umstritten**, soweit sich beide Ansprüche auf denselben Zeitraum beziehen.

46 Teilweise wird im Schrifttum und in der Rechtsprechung die Meinung vertreten, daß der Abgeltungsanspruch gemäß § 7 Abs. 4 BUrlG gegen den früheren Arbeitgeber derart vorrangig sei, daß ein Freizeitanspruch gegen den späteren Arbeitgeber gar nicht entstehe; der Abgeltungsanspruch gegen den früheren Arbeitgeber müsse, mit anderen Worten, auf den Freizeitanspruch gegen den späteren Arbeitgeber angerechnet werden (vgl. *LAG Baden-Württemberg* DB 1964, 1230; *Boldt/Röhsler*, § 6 Anm. 18; *Natzel*, § 6 Anm. 26; *Nikisch*, Anm. AP Nr. 85 zu § 611 BGB Urlaubsrecht; *Diekhoff*, BB 1963, 1258; *Hessel*, ArbuR 1971, 325; *Peterek*, SAE 1971, 191f.). **Dieser Meinung kann aus zwei Gründen nicht zugestimmt werden**. Erstens schreibt § 7 Abs. 4 BUrlG nur vor, daß der Urlaub aus einem Arbeitsverhältnis abzugelten ist, soweit er nicht mehr in Form von bezahlter Freizeit gewährt werden kann, und regelt dementsprechend nicht das Verhältnis mehrerer Urlaubsansprüche aus mehreren Arbeitsverhältnissen. Zweitens ist gemäß § 6 Abs. 1 BUrlG nur der vom früheren Arbeitgeber bereits gewährte Urlaub auf den Urlaubsanspruch gegen den späteren Arbeitgeber anzurechnen, so daß der Umkehrschluß aus § 6 Abs. 1 BUrlG dafür spricht, daß der noch nicht erfüllte Urlaubsanspruch gegen den früheren Arbeitgeber nicht auf den Urlaubsanspruch gegen den späteren Arbeitgeber angerechnet werden darf (vgl. *BAG* EzA § 5 BUrlG Nr. 4 = AP Nr. 2 zu § 5 BUrlG = SAE 1966, 241; *Dersch/Neumann*, § 6 Anm. 21; *Siara*, § 6 Anm. 10; *Renaud*, S. 65; *Molitor*, SAE 1962, 145f.; *Herbst*, AR-Blattei, Urlaub, Anm. zur Entscheidung 187; *Herschel*, SAE 1966, 243; *Meisel*, Anm. AP Nr. 8 zu § 7 BUrlG Abgeltung; *Zöllner*, Anm. AP Nr. 2 zu § 5 BUrlG). Zuzustimmen ist dieser Meinung jedoch insofern, als der Abgeltungsanspruch durch den Freizeitanspruch jedenfalls nicht in Frage gestellt wird.

47 Nach der im Schrifttum und in der Rechtsprechung herrschenden Meinung ist der Freizeitanspruch gegen den späteren Arbeitgeber derart vorrangig, daß der frühere Arbeitgeber den Arbeitnehmer auf diesen Freizeitanspruch verweien darf. Zur Begründung dieser Meinung wird im wesentlichen geltend gemacht, daß die bezahlte Freizeit das primäre Ziel einer jeden Erholungsurlaubsregelung sei, weil sie die Erreichung des Erholungszwecks des Urlaubs besser gewährleistete als die bloße Abgeltung, die demgemäß nur subsidiär als Notersatz in Betracht komme, wenn die Gewährung bezahlter Freizeit nicht möglich sei. Allerdings hat das Ver-

weisungsrecht des früheren Arbeitgebers nach der herrschenden Meinung zur Voraussetzung, daß der Arbeitnehmer einen Freizeitanspruch gegen den späteren Arbeitgeber schon erworben hat; die Möglichkeit oder Wahrscheinlichkeit, einen solchen Anspruch demnächst zu erwerben, gibt dem früheren Arbeitgeber danach aus Gründen der Rechtssicherheit noch kein Verweisungsrecht (aus der Zeit vor Inkrafttreten des BUrlG vgl. *BAG* AP Nr. 21 zu § 611 BGB Urlaubsrecht; *BAG* AP Nr. 46 zu § 611 BGB Urlaubsrecht = SAE 1960, 26; *BAG* AP Nr. 47 zu § 611 BGB Urlaubsrecht = SAE 1960, 28; *BAG* AP Nr. 82 zu § 611 BGB Urlaubsrecht = SAE 1962, 61; *BAG* EzA § 611 BGB Urlaub Nr. 4 = AP Nr. 85 zu § 611 BGB Urlaubsrecht; *Dersch*, Anm. AP Nr. 21, 46 und 47 zu § 611 BGB Urlaubsrecht; *Franke*, SAE 1960, 27f. und 30; *Gros*, AR-Blattei, Urlaub, Anm. zur Entscheidung 34; *Trieschmann*, ArbuR 1960, 318ff. und 1961, 160; zum BUrlG vgl. *BAG* EzA § 6 BUrlG Nr. 2 = AP Nr. 8 zu § 7 BUrlG Abgeltung = SAE 1971, 189; *BAG* EzA § 6 BUrlG Nr. 3 = AP Nr. 3 zu § 6 BUrlG; *Dersch/Neumann*, § 6 Anm. 22, 24f. und 27; *Siara*, § 6 Anm. 11; *Röhsler*, AR-Blattei, Urlaub IX, B III; *Rummel*, AR-Blattei, Urlaub VI, C, B III; *Herschel*, SAE 1966, 243; *Herbst*, AR-Blattei, Urlaub, Anm. zur Entscheidung 187; *Meisel*, Anm. AP Nr. 8 zu § 7 BUrlG Abgeltung; *Misera*, SAE 1972, 43f.; zu weiteren Nachweisen vgl. *Renaud*, S. 64).

48 Der maßgebliche Zeitpunkt für die Beantwortung der Frage, ob der Arbeitnehmer schon einen Freizeitanspruch erworben hat, war nach der älteren Rechtsprechung des BAG die letzte mündliche Verhandlung über den Abgeltungsanspruch in der Tatsacheninstanz (vgl. *BAG* AP Nr. 46 und 47 zu § 611 BGB Urlaubsrecht = SAE 1960, 26 und 28). Diese Rechtsprechung hat das BAG jedoch aus folgenden Gründen aufgegeben. Erstens sei die Geltendmachung des Abgeltungsanspruchs gemäß § 7 Abs. 4 BUrlG nicht im geringsten beschränkt. Zweitens widerspreche die aufgegebene Rechtsprechung dem Zwecke der Abgeltung, dem Arbeitnehmer die Möglichkeit zu eröffnen, den Abgeltungsbetrag urlaubszweckgemäß, also zum Zwecke der Erholung, zu verwenden. Und drittens bringe die Maßgeblichkeit der letzten mündlichen Verhandlung in der Tatsacheninstanz die Gefahr der Verzögerung durch den früheren Arbeitgeber mit sich. Der **maßgebliche Zeitpunkt** ist nach der neueren Rechtsprechung des BAG aus diesen Gründen die gerichtliche Geltendmachung des Abgeltungsanspruchs, so daß der frühere Arbeitgeber nach dieser Rechtsprechung kein Verweisungsrecht hat, wenn der Arbeitnehmer in diesem Zeitpunkt noch keinen Freizeitanspruch erworben hat (vgl. *BAG* EzA § 6 BUrlG Nr. 2 = AP Nr. 8 zu § 7 BUrlG Abgeltung = SAE 1971, 189). Jedenfalls ist das BAG überwiegend in dem Sinn verstanden worden, daß es auf den Zeitpunkt der gerichtlichen und nicht auf den der erstmaligen Geltendmachung des Abgeltungsanspruchs gegenüber dem Arbeitgeber abstellt (vgl. *Schaub*, § 102 A II 4; *Herbst*, AR-Blattei, Urlaub, Anm. zur Entscheidung 187; *Meisel*, Anm. AP Nr. 8 zu § 7 BUrlG Abgeltung; *Peterek*, SAE 1971, 191f.; **a.M.** anscheinend, aber ohne Begründung, *Dersch/Neumann*, § 6 Anm. 24 und *Konzen*, ZfA 1972, 131, 190).

49 Warum das BAG nunmehr auf den Zeitpunkt der gerichtlichen Geltendmachung und nicht auf den Zeitpunkt der erstmaligen Geltendmachung des Abgeltungsanspruchs gegenüber dem Arbeitgeber abstellt, hat es nicht begründet. Das BAG hat aber im Schrifttum teilweise Zustimmung gefunden, und zwar mit der Begründung, daß der immer genau feststellbare Zeitpunkt der gerichtlichen Geltendmachung dem Gebot der Rechtssicherheit am besten gerecht werde (vgl.

Schaub, § 102 A II 4; *Herbst*, AR-Blattei, Urlaub, Anm. zur Entscheidung 187; *Meisel*, Anm. AP Nr. 8 zu § 7 BUrlG Abgeltung). Nach der im Schrifttum jedoch weiterhin überwiegenden Meinung ist dagegen auf den Zeitpunkt der erstmaligen Geltendmachung des Abgeltungsanspruchs gegenüber dem Arbeitgeber abzustellen (vgl. *Dersch/Neumann*, § 6 Anm. 24 m.w.N.; vgl. ferner *Röhsler*, AR-Blattei, Urlaub IX, B III).

50 Das **Verweisungsrecht** des früheren Arbeitgebers besteht aus der Natur der Sache heraus jedenfalls grundsätzlich nur **solange**, wie der Freizeitanspruch gegen den späteren Arbeitgeber besteht. Das wird zwar duchwegs nicht besonders hervorgehoben, versteht sich aber von selbst, weil auf einen Freizeitanspruch, der nicht mehr besteht, auch nicht mehr verwiesen werden kann (vgl. *Molitor*, SAE 1962, 145f.; *Birk*, Anm. AP Nr. 21 zu § 7 BUrlG Abgeltung).

51 Nach der Rechtsprechung des BAG erlischt allerdings der Abgeltungsanspruch dann, wenn der Arbeitnehmer die Geltendmachung des Freizeitanspruchs schuldhaft unterläßt und der Freizeitanspruch wegen Fristablaufs erlischt. Das BAG hält das Erlöschen des Abgeltungsanspruchs in diesem Falle für eine notwendige Folge des grundsätzlichen Vorrangs des Freizeitanspruchs, weil andernfalls der Arbeitnehmer im Ergebnis ein Wahlrecht zwischen Abgeltungsanspruch und Freizeitanspruch habe (vgl. *BAG* AP Nr. 47 zu § 611 BGB Urlaubsrecht mit zustimmernder Anm. von *Dersch* = SAE 1960, 28 mit zustimmender Anm. von *Franke*, SAE 1960, 30). Nach der überwiegenden Meinung im Schrifttum bleibt der Abgeltungsanspruch gegen den früheren Arbeitgeber jedoch wegen der Abgeltungspflicht gemäß § 7 Abs. 4 BUrlG auch in diesem Falle bestehen (vgl. *Dersch/Neumann*, § 6 Anm. 29; *Trieschmann*, ArbuR 1960, 318ff.).

52 **Die Rechtsnatur des** von der herrschenden Meinung anerkannten **Verweisungsrechts** ist teils unklar und teils streitig. Es geht darum, ob die Verweisung auf den Freizeitanspruch eine Einrede darstellt, die zwar den Bestand des Abgeltungsanspruchs nicht in Frage stellt, aber seine Geltendmachung ausschließt, sofern sie im Prozeß erhoben wird, oder eine Einwendung, die den Abgeltungsanspruch selbst ausschließt und im Prozeß von Amts wegen beachtet werden muß.

53 Das BAG hat zu dieser Frage bisher noch keine eindeutige Stellungnahme abgegeben. Immerhin hat das BAG in seinen Entscheidungen (vgl. Anm. 46) regelmäßig die Formulierung gewählt, daß der frühere Arbeitgeber den Arbeitnehmer auf den Freizeitanspruch gegen den späteren Arbeitgeber verweisen könne, eine Formulierung, die für eine Einrede spricht, zumal das BAG in einer Entscheidung (vgl. *BAG* AP Nr. 46 zu § 611 BGB Urlaubsrecht = SAE 1960, 26) überdies ausgeführt hat, daß der frühere Arbeitgeber dem Arbeitnehmer entgegenhalten könne, daß er sich »zunächst« an den späteren Arbeitgeber halten müsse, und in einer anderen Entscheidung das Erlöschen des Abgeltungsanspruchs nur für die Fälle angenommen hat, daß der spätere Arbeitgeber dem Arbeitnehmer tatsächlich Urlaub gewährt oder abgegolten hat oder der Arbeitnehmer die Geltendmachung des Freizeitanspruchs gegen den späteren Arbeitgeber schuldhaft unterlassen hat und der Freizeitanspruch wegen Fristablaufs erloschen ist (vgl. *BAG* AP Nr. 47 zu § 611 BGB Urlaubsrecht = SAE 1960, 28). Abgesehen von diesem Sonderfall hat das BAG allerdings bisher noch keine Entscheidung gefällt, für die die Rechtsnatur des Verweisungsrechts erheblich gewesen wäre.

54 Im **Schrifttum**, soweit es überhaupt einen Standpunkt bezogen hat, ist die Rechtsnatur des Verweisungsrechts streitig. Teilweise wird angenommen, daß der Abgeltungsanspruch mit Rücksicht auf den Freizeitanspruch gar nicht entstehe, woraus sich eine Einwendung ergebe (vgl. *Dersch/Neumann*, § 6 Anm. 25). Dieser Meinung kann schon deswegen nicht zugestimmt werden, weil der Freizeitanspruch gemäß § 4 BUrlG erst mit Erfüllung der Wartezeit von sechs Monaten und der Abgeltungsanspruch gemäß § 7 Abs. 4 BUrlG schon mit der Beendigung des Arbeitsverhältnisses entsteht. Teilweise wird die Verweisung ausdrücklich als aufschiebende (dilatorische) Einrede qualifiziert (vgl. *Molitor*, SAE 1962, 145f.).

55 Mit Rücksicht auf den Inhalt des von der herrschenden Meinung anerkannten Verweisungsrechts kann es sich im Grundsatz nur um eine **aufschiebende** (dilatorische) **Einrede** handeln. Denn nur die Qualifizierung als aufschiebende (dilatorische) Einrede trägt dem Fall angemessen Rechnung, daß der Arbeitnehmer ohne sein Verschulden den Freizeitanspruch gegen den späteren Arbeitgeber nicht durchsetzen kann. Wenn es sich bei der Verweisung auf den Freizeitanspruch nur um eine aufschiebende Einrede handelt, kann der Arbeitnehmer dann wieder auf den Abgeltungsanspruch gegen den früheren Arbeitgeber zurückgreifen, weil das Verweisungsrecht nicht mehr besteht. Wenn es sich bei der Verweisung dagegen um eine Einwendung handeln würde, dann wäre der Abgeltungsanspruch ein für allemal erloschen, also auch im Falle der Undurchsetzbarkeit des Freizeitanspruchs, wofür es keinerlei überzeugende Begründung gäbe, weil möglicherweise auch der Abgeltungsanspruch gegen den späteren Arbeitgeber nicht durchsetzbar ist (vgl. *Molitor*, SAE 1962, 145f.; *Birk*, Anm. AP Nr. 21 zu § 7 BUrlG Abgeltung). So hat ja auch das BAG entschieden, daß der frühere Arbeitgeber dem Arbeitnehmer entgegenhalten könne, daß er sich »zunächst« an den späteren Arbeitgeber halten müsse (vgl. Anm. 53). Wenn der Arbeitnehmer die Geltendmachung des Freizeitanspruchs schuldhaft unterlassen hat und der Freizeitanspruch wegen Fristablaufs erloschen ist, mag in Übereinstimmung mit der Rechtsprechung des BAG, wonach der Abgeltungsanspruch zumindest in diesem besonderen Falle erlischt (vgl. Anm. 51), an die Stelle der aufschiebenden Einrede eine Einwendung treten. Wenn man jedoch im Grundsatz von einer aufschiebenden Einrede ausgeht, ist es wohl sachgerechter anzunehmen, daß in diesem besonderen Falle an die Stelle der aufschiebenden Einrede eine ausschließende (peremptorische) Einrede tritt. Abgesehen von diesem besonderen Falle kann es sich aber bei der Verweisung im Sinne der herrschenden Meinung nur um eine aufschiebende (dilatorische) Einrede handeln, die der frühere Arbeitgeber erheben kann, wenn der Arbeitnehmer im Zeitpunkt der erstmaligen oder gerichtlichen Geltendmachung des Abgeltungsanspruchs bereits einen Freizeitanspruch gegen den späteren Arbeitgeber erworben hat, und zwar solange, bis die Undurchsetzbarkeit des Freizeitanspruchs feststeht.

56 Die herrschende Meinung, daß der **Freizeitanspruch gegen den späteren Arbeitgeber** gegenüber dem Abgeltungsanspruch gegen den früheren Arbeitgeber derart vorrangig sei, daß der frühere Arbeitgeber den Arbeitnehmer auf den Freizeitanspruch verweisen dürfe, ist allerdings nicht überzeugend. Das BUrlG enthält keine derartige Regelung. Es enthält hinsichtlich des Verhältnisses von Abgeltungsanspruch gegen den früheren und Freizeitanspruch gegen den späteren Arbeitgeber auch keine Gesetzeslücke im Sinne einer »planwidrigen Unvollständigkeit« (zur Lückenfüllung durch Rechtsfortbildung im allgemeinen vgl. *Larenz*, Methodenlehre der Rechtswissenschaft, S. 351ff.), weil ein Wahlrecht zwischen Abgeltungsanspruch und Freizeitanspruch in Verbindung mit der Anrechnung der Erfüllung des einen Anspruchs auf den anderen gemäß § 6 Abs. 1 BUrlG eine Regelung des Verhältnisses dieser Ansprüche darstellt. Dementsprechend fehlen auch Gründe für eine Lückenfüllung durch Rechtsfortbildung im Sinne des von der herrschenden Meinung anerkannten Vorrangs des Freizeitanspruchs gegen den späteren Arbeitgeber vor dem Abgeltungsanspruch gegen den früheren Arbeitgeber. Im einzelnen sprechen gegen einen solchen Vorrang folgende Gründe. Erstens ist die Geltendmachung des Abgeltungsanspruchs gemäß § 7 Abs. 4 BUrlG nicht im geringsten beschränkt. Das wesentliche Argument der herrschenden Meinung, daß die Abgeltung wegen des Erholungszwecks des Urlaubs nur Notersatz sei und daher nur in Betracht komme, wenn die Gewährung bezahlter Freizeit nicht möglich sei, ist demgemäß zumindest nicht zwingend (vgl. *Peterek*, SAE 1971, 191f.). Aus § 7 Abs. 4 BUrlG ergibt sich allenfalls der Vorrang des Freizeitanspruchs gegenüber der Abgeltung im Rahmen ein und desselben Arbeitsverhältnisses (Grundsatz des Abgeltungsverbots). Ein Vorrang des Freizeitanspruchs gegen den späteren Arbeitgeber vor dem Abgeltungsanspruch gegen den früheren Arbeitgeber aus verschiedenen Arbeitsverhältnissen ergibt sich aus § 7 Abs. 4 BUrlG dagegen nicht. Mit Rücksicht auf die Regelung in § 7 Abs. 4 BUrlG kann ein solcher Vorrang auch nicht aus dem primären Ziel einer jeden Erholungsurlaubsregelung, dem Arbeitnehmer zum Zwecke der Erholung bezahlte Freizeit zu gewähren, abgeleitet werden (vgl. *Renaud*, S. 65f.). Dies um so weniger, als auch die Urlaubsabgeltung den Zweck hat, dem Arbeitnehmer die Möglichkeit zu eröffnen, den Abgeltungsbetrag urlaubszweckgemäß, also zum Zwecke der Erholung, zu verwenden (vgl. *Nikisch*, Anm. AP Nr. 85 zu § 611 BGB Urlaubsrecht; *Peterek*, SAE 1971, 191f.; *Renaud*, S. 46 m.w.N.). Ferner ist es nicht sachgerecht, das Verweisungsrecht von dem Bestehen eines Freizeitanspruchs zum Zeitpunkt der Geltendmachung des Abgeltungsanspruchs abhängig zu machen, weil dieser Zeitpunkt mehr oder minder zufällig ist (vgl. *Nikisch*, Anm. AP Nr. 85 zu § 611 BGB Urlaubsrecht; *Molitor*, SAE 1962, 145f.). Auf den Zeitpunkt der gerichtlichen Geltendmachung abzustellen, wie es das BAG für richtig hält, ist überdies deswegen nicht sachgerecht, weil dieser Standpunkt die Gefahr der Verzögerung der Erfüllung des Abgeltungsanspruchs durch den früheren Arbeitgeber mit sich bringt. Nicht sachgerecht ist schließlich auch die Rechtsunsicherheit, die sich daraus ergibt, daß das Verweisungsrecht notwendigerweise nur solange besteht, wie die Durchsetzung des Freizeitanspruchs möglich ist.

57 Im übrigen ist es so, daß das **Verweisungsrecht** nach der herrschenden Meinung **in der Praxis kaum einmal in Betracht kommt** (vgl. *Peterek*, SAE 1971, 191f.). Wenn der Arbeitsplatzwechsel erst in der zweiten Jahreshälfte stattgefunden hat, so kann der Arbeitnehmer gemäß § 4 BUrlG in dem betreffenden Jahr sowieso keinen Freizeitanspruch mehr erwerben (vgl. *Nikisch*, Anm. AP Nr. 85 zu § 611 BGB Urlaubsrecht). Und im übrigen wird doch der Arbeitnehmer auch mit Rücksicht auf Verfallfristen nur in den seltensten Fällen den Abgeltungsanspruch erst dann geltend machen, wenn er nach Ablauf der sechsmonatigen Wartezeit des § 4 BUrlG schon einen Freizeitanspruch gegen den späteren Arbeitgeber erworben hat (vgl. *Nikisch*, Anm. AP Nr. 85 zu § 611 BGB Urlaubsrecht).

58 **Mangels eines Vorrangs** des Abgeltungsanspruchs gegen den früheren Arbeitgeber und mangels eines Vorrangs des Freizeitanspruchs gegen den späteren Arbeitgeber **hat der Arbeitnehmer nach richtiger Meinung das Wahlrecht**, den Abgeltungsanspruch gegen den früheren oder den Freizeitanspruch gegen den späteren Arbeitgeber geltend zu machen (vgl. *Renaud*, S. 63 und 66 m.w.N.; ebenso nun auch *Berscheid*, HzA, Gruppe 4, Rz. 254; *Dörner*, AR-Blattei, Urlaub V, C II 1; *Leinemann*, NZA 1985, 137, 144). Das gilt gleichviel, ob zwischen den Arbeitge-

bern hinsichtlich der konkurrierenden Urlaubsansprüche ein Gesamtschuldverhältnis im Sinne der §§ 421ff. BGB besteht oder nicht (zur Frage des Gesamtschuldverhältnisses vgl. Anm. 63). Die Erfüllung des Abgeltungsanspruchs durch den früheren Arbeitgeber ist gemäß § 6 Abs. 1 BUrlG auf den Freizeitanspruch anzurechnen (vgl. Anm. 1ff.). Und die Erfüllung des Freizeitanspruchs durch den späteren Arbeitgeber ist analog § 6 Abs. 1 BUrlG auf den Abgeltungsanspruch anzurechnen (vgl. Anm. 26). Der Arbeitnehmer kann also insgesamt nicht mehr Urlaub beanspruchen, als ihm pro Kalenderjahr zusteht (vgl. Anm. 1).

3. Konkurrenz der Abgeltungsansprüche gegen den früheren und gegen den späteren Arbeitgeber

59 Das Verhältnis der Abgeltungsansprüche gegen den früheren und gegen den späteren Arbeitgeber ist umstritten, soweit sich diese Ansprüche auf denselben Zeitraum beziehen.

60 Teilweise wird im Schrifttum und in der Rechtsprechung die Meinung vertreten, daß der **Abgeltungsanspruch** gemäß § 7 Abs. 4 BUrlG **gegen den früheren Arbeitgeber** derart vorrangig sei, daß ein Freizeitanspruch gegen den späteren Arbeitgeber gar nicht erst entstehe; der Abgeltungsanspruch gegen den früheren Arbeitgeber müsse, mit anderen Worten, auf den Urlaubsanspruch gegen den späteren Arbeitgeber angerechnet werden (vgl. Anm. 46). Demnach entsteht dann natürlich auch kein Abgeltungsanspruch gegen den späteren Arbeitgeber. Dieser Meinung kann jedoch nicht zugestimmt werden (vgl. Anm. 46).

61 Das BAG hat in einer älteren Entscheidung beiläufig die Meinung vertreten, daß bei der Konkurrenz von Abgeltungsansprüchen, die sich auf denselben Zeitraum beziehen, der Arbeitnehmer gemäß § 420 BGB von jedem Arbeitgeber nur die anteilige, also die der Dauer des jeweiligen Arbeitsverhältnisses entsprechende Abgeltung beanspruchen könne (vgl. *BAG* AP Nr. 21 zu § 611 BGB Urlaubsrecht). In einer neueren Entscheidung hat das BAG seine Meinung aber stillschweigend wieder aufgegeben (vgl. *BAG* EzA § 5 BUrlG Nr. 4 = AP Nr. 2 zu § 5 BUrlG = SAE 1966, 241). Im Schrifttum wird die Anwendbarkeit des **§ 420 BGB** auf das Verhältnis der Abgeltungsansprüche gegen den früheren und gegen den späteren Arbeitgeber teilweise bejaht (vgl. *Dersch*, Anm. AP Nr. 21 zu § 611 BGB Urlaubsrecht, und die weiteren Nachweise bei *Dersch/Neumann*, § 6 Anm. 23). Nach der herrschenden und richtigen Meinung kann die Auslegungsvorschrift des § 420 BGB auf das Verhältnis der Abgeltungsansprüche des Arbeitnehmers nicht angewendet werden, weil § 7 Abs. 4 BUrlG eine Teilung der Abgeltungsansprüche nicht erlaubt und eine solche Teilung im Einzelfall, insbesondere im Falle der Undurchsetzbarkeit eines Abgeltungsanspruchs, zu einer sachlich nicht gerechtfertigten Benachteiligung des Arbeitnehmers führen könnte (vgl. *Dersch/Neumann*, § 6 Anm. 23, 28 und 29; *Natzel*, § 6 Anm. 29; *Siara*, § 6 Anm. 12 und 13; *Dörner*, AR-Blattei, Urlaub V, C II 2; *Meisel*, Anm. AP Nr. 8 zu § 7 BUrlG Abgeltung; *Misera*, SAE 1972, 43f.).

62 Mangels eines Vorrangs des Abgeltungsanspruchs gegen den früheren Arbeitgeber und mangels Teilung der Abgeltungsansprüche gemäß § 420 BGB hat der Arbeitnehmer nach richtiger Meinung das Wahlrecht, den Abgeltungsanspruch gegen den früheren oder den gegen den späteren Arbeitgeber geltend zu machen (vgl. *Renaud*, S. 63 und 66 m.w.N.; ferner *Berscheid*, HzA, Gruppe 4, Rz. 254).

Das gilt gleichviel, ob zwischen den Arbeitgebern hinsichtlich der konkurrierenden Abgeltungsansprüche ein Gesamtschuldverhältnis im Sinne der §§ 421ff. BGB besteht oder nicht (zur Frage des Gesamtschuldverhältnisses vgl. Anm. 63). Die Erfüllung des Abgeltungsanspruchs durch den früheren Arbeitgeber ist gemäß § 6 Abs. 1 BUrlG auf den Abgeltungsanspruch gegen den späteren Arbeitgeber anzurechnen (vgl. Anm. 1ff.). Im umgekehrten Fall ist § 6 Abs. 1 BUrlG analog anzuwenden (vgl. Anm. 26). Der Arbeitnehmer kann insgesamt nicht mehr Urlaub beanspruchen, als ihm pro Kalenderjahr zusteht (vgl. Anm. 1).

4. Ausgleichspflicht zwischen den Arbeitgebern

63 Eine gesetzliche Ausgleichspflicht kommt nur gemäß § 426 Abs. 1 Satz 1 BGB in Betracht und setzt ein Gesamtschuldverhältnis der Arbeitgeber hinsichtlich der konkurrierenden Urlaubsansprüche voraus (vgl. *Renaud*, S. 66ff.). Ein Gesamtschuldverhältnis hinsichtlich Abgeltungsanspruch gegen den früheren sowie Freizeitanspruch gegen den späteren Arbeitgeber wird überwiegend abgelehnt (vgl. *BAG* AP Nr. 21 zu § 611 BGB Urlaubsrecht; *Natzel*, § 6 Anm. 28; *Dersch*, Anm. AP Nr. 21 zu § 611 BGB Urlaubsrecht; *Dissinger*, SAE 1958, 51f.; *Meisel* Anm. AP Nr. 8 zu § 7 BUrlG Abgeltung; *Schwerdtner*, EWiR § 613a BGB 13/85, 859f.; **a.M.** *Schaub*, § 102 A II 4; *Renaud*, S. 69ff.; vgl. ferner *Molitor*, SAE 1962, 145f., der sich immerhin für eine »unechte Gesamtschuld« und für die Billigkeit der Ausgleichspflicht ausgesprochen hat; nunmehr auch *BGH* AP Nr. 50 zu § 613a BGB). Dagegen wird hinsichtlich der Konkurrenz von Abgeltungsansprüchen ein Gesamtschuldverhältnis zwischen Arbeitgebern teilweise befürwortet, auch wenn ein solches Gesamtschuldverhältnis hinsichtlich Abgeltungsanspruch gegen den früheren sowie Freizeitanspruch gegen den späteren Arbeitgeber abgelehnt wird (vgl. *LAG Mainz* DB 1958, 844; *Dersch*, Anm. AP Nr. 21 zu § 611 BGB Urlaubsrecht; *Dersch/Neumann*, § 6 Anm. 28ff. m.w.N.; ferner *Berscheid*, HzA, Gruppe 4, Rz. 256ff.). Die unterschiedliche Beurteilung je nachdem, ob der Abgeltungsanspruch gegen den früheren Arbeitgeber mit einem Freizeitanspruch oder einem Abgeltungsanspruch gegen den späteren Arbeitgeber konkurriert, ist schon deswegen nicht überzeugend, weil der Abgeltungsanspruch gegen den späteren Arbeitgeber nur Surrogat des Freizeitanspruchs ist (vgl. § 7 Anm. 141ff.). Nach richtiger Meinung liegen die Voraussetzungen eines **Gesamtschuldverhältnisses** zwischen den Arbeitgebern **nicht** vor. Die Tatbestände der §§ 427 und 431 BGB sind nicht gegeben. Und gegen eine Zweckidentität der Urlaubsschulden der Arbeitgeber, die unabhängig von den §§ 427 und 431 BGB eine Gesamtschuld im Sinne der §§ 421ff. BGB begründen könnte, spricht in jedem Falle die Abhängigkeit der Urlaubsansprüche von dem jeweiligen Arbeitsverhältnis, die Unabhängigkeit der verschiedenen Arbeitsverhältnisse und die dementsprechende Selbständigkeit der Urlaubsansprüche (im Ergebnis ebenso *Boldt/Röhsler*, § 6 Anm. 19; *Natzel*, § 6 Anm. 28f.; *Siara*, § 6 Anm. 12f.; *Dörner*, AR-Blattei, Urlaub V, C II 2; *Meisel*, Anm. AP Nr. 8 zu § 7 BUrlG Abgeltung; *Misera*, SAE 1972, 43ff.; *Schwerdtner*, EWiR § 613a BGB 13/85, 859f.; *Leinemann/Lipke*, DB 1988, 1217, 1220ff.). Die Annahme eines echten oder unechten Gesamtschuldverhältnisses ist auch sachlich nicht geboten. Denn einerseits sorgt § 6 Abs. 1 BUrlG für den Ausschluß von Doppelansprüchen. Und andererseits kann der Arbeitgeber, der durch das Fehlen einer Ausgleichspflicht im einen Falle benachteiligt ist, im anderen Falle einen Vorteil daraus ziehen, so daß sich die Vorteile und Nachteile im Laufe der Zeit ausgleichen (vgl. *Boldt/Röhsler*, § 6 Anm. 19; *Zöllner*, Anm. AP Nr. 2 und § 5 BUrlG; *Misera*, SAE 1972, 43ff.).

64 Eine tarifvertragliche Ausgleichspflicht kommt mangels Kompetenz der Tarifvertragsparteien nicht in Betracht (vgl. *Dersch/Neumann*, § 6 Anm. 16; *Natzel*, § 6 Anm. 70; *Siara*, § 6 Anm. 16; **a.M.**, aber ohne Begründung, *Boldt/Röhsler*, § 6 Anm. 42).

65 Die Arbeitgeber selbst können aufgrund der Privatautonomie eine Ausgleichspflicht vereinbaren (vgl. *Boldt/Röhsler*, § 6 Anm. 21; *Dersch/Neumann*, § 6 Anm. 33; *Natzel*, § 6 Anm. 70).

66 Im Falle des Betriebsübergangs im Sinne von § **613a BGB** besteht gemäß § 613a Abs. 1 Satz 1 und Abs. 2 Satz 1 BGB ein Gesamtschuldverhältnis zwischen bisherigem und neuem Arbeitgeber nur in bezug auf die vom bisherigen Arbeitgeber noch nicht erfüllten Urlaubsentgeltansprüche (vgl. hierzu ausführlich *Leinemann/Lipke*, DB 1988, 1217, 1220ff.; ferner *Schwerdtner*, EWiR § 613a BGB 13/85, 859f.; **a.M.** *Berscheid*, HzA, Gruppe 4, Rz. 258).

§ 7 Zeitpunkt, Übertragbarkeit und Abgeltung des Urlaubs

(1) Bei der zeitlichen Festlegung des Urlaubs sind die Urlaubswünsche des Arbeitnehmers zu berücksichtigen, es sei denn, daß ihrer Berücksichtigung dringende betriebliche Belange oder Urlaubswünsche anderer Arbeitnehmer, die unter sozialen Gesichtspunkten den Vorrang verdienen, entgegenstehen.
(2) Der Urlaub ist zusammenhängend zu gewähren, es sei denn, daß dringende betriebliche oder in der Person des Arbeitnehmers liegende Gründe eine Teilung des Urlaubs erforderlich machen. Kann der Urlaub aus diesen Gründen nicht zusammenhängend gewährt werden, und hat der Arbeitnehmer Anspruch auf Urlaub von mehr als zwölf Werktagen, so muß einer der Urlaubsteile mindestens zwölf aufeinanderfolgende Werktage umfassen.
(3) Der Urlaub muß im laufenden Kalenderjahr gewährt und genommen werden. Eine Übertragung des Urlaubs auf das nächste Kalenderjahr ist nur statthaft, wenn dringende betriebliche oder in der Person des Arbeitnehmers liegende Gründe dies rechtfertigen. Im Fall der Übertragung muß der Urlaub in den ersten drei Monaten des folgenden Kalenderjahres gewährt und genommen werden. Auf Verlangen des Arbeitnehmers ist ein nach § 5 Abs. 1 Buchstabe a entstehender Teilurlaub jedoch auf das nächste Kalenderjahr zu übertragen.
(4) Kann der Urlaub wegen Beendigung des Arbeitsverhältnisses ganz oder teilweise nicht mehr gewährt werden, so ist er abzugelten.

Literatur

Bachmann, Die neue Urlaubsrechtsprechung des BAG, BlStSozArbR 1985, 209; *Boewer*, Abgeltung von 1/4 Urlaubstagen, ArbuR 1968, 325; *ders.*, Die Durchsetzung des Urlaubsanspruchs, DB 1970, 632; *Borrmann*, Der Anspruch auf Urlaubsabgeltung, DB 1955, 509; *Dieckhoff*, Kann sich der Arbeitnehmer seinen Urlaub durch Arbeitsverweigerung selbst erteilen?, BB 1962, 560; *ders.*, Festsetzung des Urlaubsantritts in besonderen Fällen, DB 1963, 307; *ders.*, Urlaubsabgeltung bei Vertragsbruch des Arbeitnehmers, BB 1963, 438; *ders.*, Zulässigkeit tariflicher Verfallsfristen für unabdingbare gesetzliche Urlaubsansprüche, BB 1967, 1082; *Dütz*, Eigenmächtige Arbeitsversäumnis und Freizeitnahme durch Arbeitnehmer und Betriebsratsmitglieder, DB 1976, 1428; *Enderlein*, Arbeitsrechtliche Probleme bei geschlossenen Betriebsferien, Arbeitskammer 1966, 247; *Faecks*, Die Ansprüche des Arbeitnehmers auf Urlaubsgeld und Urlaubsabgeltung in der Zwangsvollstreckung, NJW 1972, 1448; *Färber*, Die Übertragung des Urlaubsanspruchs und seine Abgeltung, DB 1984, 1826; *Fieberg*, Vor dem Gesetz – Anmerkungen zum Verhältnis der tariflichen Urlaubsvorschriften des öffentlichen Dienstes zum Bundesurlaubsgesetz anhand der Rechtsprechung des Bundesarbeitsgerichts –, ZTR 1988, 113; *Figge*, Die Beitragsberechnung für Urlaubsabgeltungen, BB 1967, 677; *Frey*, Der Urlaub Ausscheidender, ArbuR 1957, 231; *ders.*, Gleichbehandlung bei der Urlaubserteilung, BB 1964, 1304; *van Gelder*, Bruchteile von Urlaubstagen und ihre Abgeltung, ArbuR 1969, 321; *ders.*, Teilurlaub und Ganztagsprinzip, ArbuR 1970, 267; *Gerauer*, Das Selbstbeurlaubungsrecht des Arbeitnehmers, NZA 1988, 154; *Gola*, Die neue BAG-Rechtsprechung zum Urlaubsrecht und ihre Auswirkungen auf §§ 47ff. BAT, DÖD 1985, 77; *Haberkorn*, Lohnsteuerrechtliche und sozialversicherungsrechtliche Behandlung von Urlaubsabgeltungen, RdA 1965, 455; *Hefermehl*, Erklärungen und Handlungen im Arbeitsverhältnis, BABl. 1967, 310; *Heither*, Das Erlöschen des Urlaubsanspruchs durch Zeitablauf, ArbuR 1968, 165; *Herold*, Arbeitsrechtliche Fragen für die Zeit der Betriebsferien, BlStSozArbR 1960, 284; *Hiekel*, Die Durchsetzung des Urlaubsanspruchs, NZA Beilage Nr. 2/90; *Hoffmann*, Übertragung des Urlaubs (§ 7 Abs. 3 Bundesurlaubsgesetz), DB 1963, 1288; *Hohn*, Urlaubsabgeltung und ihre Steuer- und Sozialversicherungspflicht, DB 1964, 263; *Ihmels*, Urlaubsrecht: Weiterhin Einheitsanspruch contra Dogmatik?, JZ 1983, 18; *Jung*, Urlaubsübertragung, Abgeltung und tarifliche Regelung, BB 1967, 961; *Klein*, Die zeitliche Lage des Urlaubs, BB 1960, 251; *Klischan/Schlebusch*, Urlaubsrecht aktuell – Prüfungspunkte auf der Grundlage der BAG-Rechtsprechung, DB 1986, 1017; *Künzl*, Urlaubsabgeltung bei Erwerbsunfähigkeit, BB 1987, 687; *ders.*, Befristung des Urlaubsanspruchs, BB 1991, 1630; *Leinemann*, Der Urlaubsanspruch nach dem Bundesurlaubsgesetz, DB 1983, 989; *ders.*, Die neue Rechtsprechung des Bundesarbeitsgerichts zum Urlaubsrecht, NZA 1985, 137; *ders.*, Gesetzliches und tarifliches Urlaubsrecht, ArbuR 1987, 193; *Leinemann/Lipke*, Betriebsübergang und Urlaubsanspruch, DB 1988, 1217; *Lepke*, Übertragung von Erholungsurlaub auf das nächste Kalenderjahr, BB 1968, 632; *ders.*, Die Gewährung gesetzlichen Erholungsurlaubs, DB Beilage Nr. 10/88; *ders.*, Die nachträgliche Änderung bereits erteilten Erholungsurlaubs, DB 1990, 1131; *Lucas*, Ist der Arbeitgeber an die Urlaubsliste gebunden, BlStSozArbR 1960, 77; *Meisel*, Die zeitliche Lage und die Abwicklung des Urlaubs nach dem Bundesurlaubsgesetz, DB 1965, 892 und 931; *ders.*, Die Änderungen des Bundesurlaubsgesetzes durch das Heimarbeitsänderungsgesetz vom 29. 10. 1974, RdA 1975, 166; *Messedat*, Betriebsferien in der Praxis, BlStSozArbR 1964, 124; *Molitor*, Zur Theorie des Urlaubs, in: Festschrift für Hans Carl Nipperdey zum 60. Geburtstag, 1955, 83; *Nägele*, Unabdingbarkeit des Mindesturlaubsanspruchs, BB 1991, 837; *Neumann*, Urlaubsgewährung und Urlaubsabgeltung bei außerordentlicher Kündigung, Die Information über Steuer und Wirtschaft, 1965, 53; *Palme*, Vereinbarung von Betriebsferien, BlStSozArbR 1977, 289; *Peltzer*, Zur jüngsten Reform der Urlaubsabgeltungsvorschriften des öffentlichen Tarifrechts und deren Reichweite, NZA 1988, 493; *Petri*, Urlaubsabgeltung bei Beendigung des Arbeitsverhältnisses, AiB 1985, 7; *Richardi*, Ausschlußfristen bei unabdingbaren gesetzlichen Ansprüchen, insbesondere dem Urlaubsanspruch, RdA 1962, 62; *Plüm*, Urlaubsgewährung und Schuldnerverzug, NZA 1988, 716; *Rothe*, Der Urlaubsanspruch bei Betriebsferien, DB 1957, 897; *ders.*, Urlaubserteilung und Übertragung nicht verbrauchten Urlaubs auf das Folgejahr, BlStSozArbR 1978, 324; *ders.*, Urlaubsabgeltung zugunsten Dritter Personen, Personal 1984, 159; *Schelp*, Urlaubsabgeltung bei verschuldeter fristloser Entlassung und bei Arbeitsvertragsbruch nach dem BUrlG, ArbuR 1963, 74; *ders.*, Wann gehen betriebliche Gründe den Urlaubswünschen der Arbeitnehmer vor?, Das Arbeitsrecht der Gegenwart Bd. 2, 1964/65 S. 44ff.; *Schmelzer*, Rechtslage bei Betriebsferien, BB 1968, 998; *Schneider*, Die sozialversicherungsrechtliche Behandlung von Urlaubsabgeltungen, DB 1967, 1137; *Schoden*, Schutz vor dem Verfall des Urlaubsanspruchs, Die Quelle, 1988, 555; *Siara*, Wegfall der Urlaubsabgeltung, DB 1975, 836; *ders.*, Urlaub im gekündigten Arbeitsverhältnis, DB 1979, 2276; *Sieg*, Die Durchsetzung des Anspruchs auf Erholungsurlaub, RdA 1963, 124; *Sielck*, Ist die Aufrechnung mit einem Urlaubsabgeltungsanspruch möglich? DB 1969, 396; *Sowka*, Die Übertragung von Erholungsurlaub auf die Zeit nach Beendigung des Erziehungsurlaubs, NZA 1989, 497; *Stahlhacke*, Die Festsetzung des Urlaubszeitpunkts, BlStSozArbR 1969, 109; *Sturn* Urlaubsübertragung nach dem BUrlG, BB 1963, 478; *ders.*, Anspruch auf restlichen Urlaub verfällt am 31. März, ArbuSozPol 1964, 34; *Thiele*, Störungen des Urlaubsanspruchs bei Angestellten und Arbeitern, DÖD 1986, 53; *ders.*, Zielrichtungen der Urlaubsregelungen im Beamten- und Arbeitsrecht, DÖD 1986, 101; *Thies*, Behandlung von Viertelurlaubstagen, DB 1970, 1880; *Trieschmann*, Bundesurlaubsgesetz, ArbuR 1963, 65; *Tschöpe*, Die Aufrechnung gegen Urlaubsabgeltungsansprüche, BB, 1981, 1902; *Wachter*, Der Nachurlaub wegen urlaubsstörender Ereignisse, ArbuR 1982, 306; *Waffel*, Beitragsrechtliche Behandlung von Urlaubsabgeltungen bei Tod des Arbeitsnehmers, BB 1982, 806; *Weiler/Rath*, Der Urlaub nach Ausspruch einer Kündigung, NZA 1987, 337; *Widera*, Zu den Möglichkeiten und Grenzen der Urlaubsübertragung, DB 1988, 756; *Wiesner*, Beitragsberechnung bei Urlaubsabgeltungen, BB 1982, 749; ders., Versicherungs- und beitragsrechtliche Behandlung von Urlaubsabgeltungen, BB 1983, 384; *ders.*, Das »neue« Urlaubsrecht, BB 1985, 1135; *Witting*, Zum Wesen des Urlaubs und den §§ 7 Abs. 2–4 und 8 BurlG, DB 1964, 806; *Wolf/Scheffler*, Probleme des Urlaubsrechts der BAT-Angestellten, Der Personalrat, 1988, 240; *Zetl*, Die Urlaubsabgeltung im Licht der neueren Rechtsprechung, ZTR 1989, 226; *Zöllner*, Die Festsetzung des Urlaubs und ihre Erzwingung, DB 1957, 508.

Inhaltsübersicht

I. Die zeitliche Festlegung des Urlaubs gemäß § 7 Abs. 1 BUrlG

1. Der Anspruch auf Urlaubsgewährung

1 Gemäß § 1 BUrlG hat jeder Arbeitnehmer in jedem Kalenderjahr Anspruch auf bezahlten Erholungsurlaub. Demnach besteht der Urlaub jedenfalls aus dem Wesenselement der Freizeit durch Befreiung von der Arbeitspflicht. Welchen Inhalt der Urlaubsanspruch hinsichtlich dieses Freizeitelements hat, ist umstritten. Nach der ständigen Rechtsprechung des BAG und der herrschenden Meinung im Schrifttum hat der Arbeitnehmer gemäß § 1 BUrlG einen Anspruch auf Urlaubsgewährung im Sinne der Freistellung von der Arbeitspflicht durch eine entsprechende Willenserklärung des Arbeitgebers (vgl. zuletzt *BAG* EzA § 8 BUrlG Nr. 2 = AP Nr. 3 zu § 8 BUrlG ; *LAG Hamburg* LAGE § 7 BUrlG Nr. 26; vgl. ferner *Bickel*, SAE 1975, 88 m.w.N.; nun auch *Böckel*, Kap. 9.1). Dem wird von einem Teil des Schrifttums entgegengehalten, daß der Arbeitnehmer schon von Gesetzes wegen gemäß §§ 1ff. BUrlG von der Arbeitspflicht befreit sei und infolgedessen keiner Gewährung von Urlaub durch eine auf Freistellung von der Arbeitspflicht gerichtete Willenserklärung des Arbeitgebers bedürfe, sondern nur der zeitlichen Festlegung des Urlaubs gemäß § 7 Abs. 1 BUrlG (vgl. *Gaul*, Arbeitsrecht I, F IV Anm. 16; *von der Laden*, S. 12ff.; *Boewer*, DB 1970, 632, 634f.; *Lepke*, DB Beilage Nr. 10/88, S. 3). Aber in den §§ 1, 4, 5 Abs. 1 und 6 Abs. 1 BUrlG ist ausdrücklich vom Urlaubsanspruch und in den §§ 6, 7 Abs. 2, Abs. 3 Satz 1 und Abs. 4 BUrlG ist ausdrücklich von der Urlaubsgewährung die Rede. Infolgedessen ist es richtig, daß der Arbeitnehmer nicht schon von Gesetzes wegen von der Arbeitspflicht befreit ist, sondern § 1 BUrlG einen Anspruch des Arbeitnehmers auf Urlaubsgewährung im Sinne der Freistellung von der Arbeitspflicht durch eine entsprechende Willenserklärung des Arbeitgebers begründet (vgl. insbes. *Bickel*, SAE 1975, 88f.). Dieser Urlaubsanspruch ist ein Anspruch im Sinne von § 194 Abs. 1 BGB, und zwar nicht etwa nur ein sogenannter verhaltener Anspruch, der nur auf Verlangen zu erfüllen wäre (vgl. *Dersch/Neumann*, § 7 Anm. 22; **a.M.** *Hiekel*, NZA Beilage Nr. 2/90, S. 33 und 35). Die aufgrund des Urlaubsanspruchs geschuldete Leistung besteht nicht nur in der Willenserklärung des Arbeitgebers zur Freistellung des Arbeitnehmers von der Arbeitspflicht, der sogenannten Leistungshandlung, zur Erfüllung des Urlaubsanspruchs bedarf es vielmehr auch noch des sogenannten Leistungserfolgs, der darin besteht, daß der Arbeitnehmer während der Urlaubszeit von der Arbeitspflicht tatsächlich befreit ist (so schon *Nikisch*, Arbeitsrecht I, S. 535 Fußn. 85; ebenso *Bleistein*, § 1 Anm. 55; *Dörner*, AR-Blattei, Urlaub V, D I 2; *Hefermehl*, BABl. 1967, 310, 320). Die Bestimmung der Urlaubszeit für den geschuldeten Leistungserfolg ergibt sich aus der zeitlichen Festlegung des Urlaubs gemäß § 7 Abs. 1 BUrlG. Die Urlaubsgewährung im Sinne der Freistellung von der Arbeitspflicht und die zeitliche Festlegung des Urlaubs fallen regelmäßig zusammen. Beides wird oft auch sprachlich in ein und demselben Begriff wie beispielsweise Urlaubserteilung zusammengefaßt. Das ändert aber nichts an der rechtsdogmatischen Unterscheidbarkeit der Gewährung des geschuldeten Urlaubs und der zeitlichen Bestimmung der Urlaubsschuld durch die zeitliche Festlegung des Urlaubs gemäß § 7 Abs. 1 BUrlG (vgl. *Natzel*, § 7 Anm. 5; *Künzl*, BB 1991, 1630, 1632; ferner *Hiekel*, NZA Beilage Nr. 2/90, S. 33, der allerdings meint, daß sich diese Unterscheidung erübrige, weil beides uno actu erfolge).

2. Das Recht zur zeitlichen Festlegung des Urlaubs

a) Recht des Arbeitgebers

2 Gemäß § 7 Abs. 1 BUrlG sind bei der zeitlichen Festlegung des Urlaubs die Urlaubswünsche des Arbeitnehmers zu berücksichtigen, es sei denn, daß ihrer Berücksichtigung dringende betriebliche Belange oder Urlaubswünsche anderer Arbeitnehmer, die unter sozialen Gesichtspunkten den Vorrang verdienen, entgegenstehen. **Gemäß § 7 Abs. 1 BUrlG hat also nicht der Arbeitnehmer, sondern der Arbeitgeber das Recht zur zeitlichen Festlegung des Urlaubs**. Insoweit besteht Einigkeit (vgl. nur *BAG* EzA § 7 BUrlG Nr. 48 = AP Nr. 10 zu § 7 BUrlG; *Boldt/Röhsler*, § 7 Anm. 1; *Dersch/Neumann*, § 7 Anm. 5; *Natzel*, § 7 Anm. 6; *Berscheid*, HzA, Gruppe 4, Rz. 365; *Leinemann*, DB 1983, 989, 992).

b) Rechtsnatur

3 **Streit besteht jedoch über die Rechtsnatur des Rechtes des Arbeitgebers zur zeitlichen Festlegung des Urlaubs gemäß § 7 Abs. 1 BUrlG.** Nach der im **Schrifttum** ganz herrschenden Meinung ist das Recht des Arbeitgebers zur zeitlichen Festlegung des Urlaubs ein **Gestaltungsrecht, und zwar ein Leistungsbestimmungsrecht** zur zeitlichen Bestimmung der durch den Urlaubsanspruch gemäß § 1 BUrlG begründeten Urlaubsschuld (zu dieser Urlaubsschuld vgl. Anm. 1). Teilweise wird dieses Recht zur zeitlichen Festlegung des Urlaubs dem **Direktionsrecht** zugeordnet (vgl. *Gaul*, Arbeitsrecht I, F IV Anm. 41; *Boldt/Röhsler*, § 7 Anm. 1; *Dersch/Neumann*, § 7 Anm. 6; *von der Laden*, S. 15; *Boewer*, DB 1970, 632, 636; *Dütz*, DB 1976, 1428f.; *Leipold*, Anm. AP Nr. 10 zu § 7 BUrlG; *Lepke*, DB Beilage Nr. 10/88, S. 4; *Künzl*, BB 1991, 1630f.). Demgegenüber steht vor allem die Meinung, daß dieses Recht nicht zum Direktionsrecht gehöre, sondern ein **sonstiges Leistungsbestimmungsrecht** sei (vgl. *Schaub*, § 102A V 1; *Söllner*, Arbeitsrecht, § 33 II 2; *Borrmann*, § 7 Anm. 1; *Natzel*, § 7 Anm. 6; *Staudinger/Richardi*, § 611 Anm. 873; *Dietz/Richardi*, § 87 Anm. 292; *Berscheid*, HzA, Gruppe 4, Rz. 367; *Hefermehl*, BABl. 1967, 310, 319; *Richardi*, Anm. AP Nr. 1 zu § 7 BUrlG Urlaubsjahr unter I 2 a; *Heither*, ArbuR 1970, 30f.; *Birk*, SAE 1984, 117, 120; *van Venrooy*, SAE 1988, 17, 19 Fußn. 45; wohl auch *Löwisch*, Anm. 1016). Im Gegensatz zu der ganz herrschenden Meinung, wonach das Recht des Arbeitgebers zur zeitlichen Festlegung des Urlaubs ein Gestaltungsrecht ist, meint *Leinemann* (DB 1983, 989, 992), daß dieses Recht »dem Arbeitgeber als Schuldner der Pflicht zur Urlaubserteilung eingeräumt« sei und rechtlich mit der Befugnis übereinstimme, »die jedem Schuldner einer nur der Gattung und dem Umfang nach bestimmten Pflicht« zustehe; dabei habe der Arbeitgeber gegenüber den Urlaubswünschen des Arbeitnehmers gemäß § 7 Abs. 1 BUrlG ein **Leistungsverweigerungsrecht**, während dem Arbeitnehmer mit Rücksicht auf seine Urlaubswünsche ein **Annahmeverweigerungsrecht** eingeräumt sei (so *Leinemann*, NZA 1985, 137, 141f.). Das BAG hat früher in ständiger Rechtsprechung das Recht zur zeitlichen Festlegung des Urlaubs als Teil des Direktionsrechts angesehen (vgl. *BAG* AP Nr. 83, 84, 94 zu § 611 BGB Urlaubsrecht; *BAG* AP Nr. 5 zu § 7 BUrlG). In dem Urteil vom 18. 12. 1986 (*BAG* EzA § 7 BUrlG Nr. 48 = AP Nr. 10 zu § 7 BUrlG) hat es sich jedoch unter stillschweigender Aufgabe seiner früheren Rechtsprechung im Grundsatz der Meinung *Leinemanns* angeschlossen und entschieden, daß der Arbeitgeber »als Schuldner des Urlaubsanspruchs« zur zeitlichen Festlegung des Urlaubs gemäß § 7 Abs. 1 BUrlG verpflichtet sei. Nach dieser Vorschrift gehöre die

zeitliche Festlegung des Urlaubs »zur Konkretisierung der dem Arbeitgeber obliegenden, durch die Regelungen des § 7 BUrlG auch im übrigen bestimmten Pflicht«. Der Arbeitgeber müsse dabei gemäß § 7 Abs. 1 Halbsatz 1 BUrlG die Urlaubswünsche des Arbeitnehmers berücksichtigen, wenn ihrer Berücksichtigung keine dringenden betrieblichen Belange oder vorrangigen Urlaubswünsche anderer Arbeitnehmer im Sinne von § 7 Abs. 1 Halbsatz 2 BUrlG entgegenstehen. Dagegen habe der Arbeitgeber gemäß § 7 Abs. 1 Halbsatz 2 BUrlG dann, wenn der Berücksichtigung der Urlaubswünsche des Arbeitnehmers dringende betriebliche Belange oder vorrangige Urlaubswünsche anderer Arbeitnehmer entgegenstehen, ein Leistungsverweigerungsrecht, das er im Wege einer Einrede geltend machen könne. Diese neue Rechtsprechung des BAG hat im **Schrifttum** (vgl. *Dörner*, AR-Blattei, Urlaub V, D I 2 und 3; *Leinemann*, ArbuR 1987, 193, 196; *Leinemann/Lipke*, DB 1988, 1217f.; *Hiekel*, NZA Beilage Nr. 2/90, S. 35) und bei den Instanzgerichten (vgl. *LAG Hamm* gemäß *Hiekel*, NZA Beilage Nr. 2/90, S. 34; *LAG Hamburg* LAGE § 7 BUrlG Nr. 26; *LAG Rheinland-Pfalz* LAGE § 7 BUrlG Nr. 27; *ArbG Berlin* DB 1988, 2316) teilweise Gefolgschaft gefunden. Teilweise ist sie dagegen auf Ablehnung gestoßen (vgl. *LAG Düsseldorf* LAGE § 7 BUrlG Übertragung Nr. 3; *Löwisch*, Anm. 1016; *Dersch/Neumann*, § 7 Anm. 6 und 10; *Berscheid*, HzA, Gruppe 4, Rz. 367; *Leipold*, Anm. AP Nr. 10 zu § 7 BUrlG; *Lepke*, DB Beilage Nr. 10/88, S. 4; *Plüm*, NZA 1988, 716f.; *Lepke*, DB 1990, 1131, 1133; *Künzl*, BB 1991, 1630f.). Das von *Leinemann* (vgl. NZA 1985, 137, 142) befürwortete Annahmeverweigerungsrecht des Arbeitnehmers hat dagegen bisher lediglich Ablehnung erfahren (vgl. *Plüm*, NZA 1988, 716f.).

4 Entgegen der namentlich von *Leinemann* und dann in dem Urteil des *BAG* vom 18. 12. 1986 vertretenen Meinung (vgl. Anm. 3) ist die zeitliche Festlegung des Urlaubs durch den Arbeitgeber gemäß § 7 Abs. 1 BUrlG nicht lediglich Bestandteil der gesetzlich bestimmten Urlaubsschuld und der Arbeitgeber demgemäß nicht lediglich als Urlaubsschuldner auch zur zeitlichen Festlegung des Urlaubs berechtigt, zumal diese Meinung einer zureichenden Begründung ermangelt (so zutreffend *Leipold*, Anm. AP Nr. 10 zu § 7 BUrlG). **Die zeitliche Festlegung des Urlaubs durch den Arbeitgeber gemäß § 7 Abs. 1 BUrlG muß** vielmehr in Übereinstimmung mit der früheren Rechtsprechung des BAG und der ganz herrschenden Meinung im Schrifttum (vgl. Anm. 3) jedenfalls auch als Ausübung eines Gestaltungsrechts, und zwar eines Leistungsbestimmungsrechts zur zeitlichen Bestimmung der Urlaubsschuld angesehen werden. Dafür spricht schon der Wortlaut des § 7 Abs. 1 BUrlG, weil der Arbeitgeber nach dieser Vorschrift das Recht zur zeitlichen Festlegung des Urlaubs hat (vgl. *Boldt/Röhsler*, § 7 Anm. 1; *Dersch/Neumann*, § 7 Anm. 5; *Natzel*, § 7 Anm. 6; *Berscheid*, HzA, Gruppe 4, Rz. 365; *Richardi*, Anm. AP Nr. 1 zu § 7 BUrlG Urlaubsjahr) und weil dieses Recht schon vor Inkrafttreten des BUrlG von der ganz herrschenden Meinung als Leistungsbestimmungsrecht zur zeitlichen Bestimmung der Urlaubsschuld verstanden worden ist (zu diesem Verständnis vgl. *BAG* AP Nr. 83, 84, 94 zu § 611 BGB Urlaubsrecht; *A. Hueck* in: Hueck/Nipperdey, Arbeitsrecht I, 6. Aufl., S. 407; *Nikisch*, Arbeitsrecht I, S. 534 Fußn. 76; *Zöllner*, Anm. AP Nr. 1 zu § 611 BGB Urlaub und Kur; vgl. ferner die weiteren Nachweise bei *Birk*, Die arbeitsrechtliche Leitungsmacht, S. 296 Fußn. 55). Außerdem ist es ganz allgemein die Funktion eines Leistungsbestimmungsrechts, die rechtlich gebotene Bestimmung einer zu unbestimmten Schuld zu gewährleisten, so daß ein Leistungsbestimmungsrecht zur zeitlichen Bestimmung der Urlaubsschuld durch die zeitliche Festlegung des Urlaubs gemäß § 7 Abs. 1 BUrlG auch die Richtigkeitsvermutung einer anerkannten Regelungsform für sich hat. Für ein solches Leistungsbestimmungsrecht spricht schließlich auch der Wille des Gesetzgebers (vgl. *Dersch/Neumann*, § 7 Anm. 6; *Berscheid*, HzA, Gruppe 4, Rz. 365). In dem Schriftlichen Bericht des Ausschusses für Arbeit vom 30. 11. 1962 (vgl. BT-Drucksache IV/785 S. 3) heißt es nämlich: »In § 7 hält der Entwurf an der Regel des jetzigen Urlaubsrechts fest, daß der Arbeitgeber kraft seines Direktionsrechts grundsätzlich den Zeitpunkt des Urlaubs bestimmen kann.« Demnach sollte die zeitliche Festlegung des Urlaubs jedenfalls einem Leistungsbestimmungsrecht des Arbeitgebers in Form eines Gestaltungsrechts überantwortet werden, weil das Direktionsrecht ein solches Leistungsbestimmungsrecht ist (zur Rechtsnatur des Direktionsrechts vgl. BAGE 47, 314 = EzA § 315 BGB Nr. 29 = AP Nr. 6 zu § 2 KSchG 1969; *Söllner*, Einseitige Leistungsbestimmung im Arbeitsverhältnis, insbes. S. 22ff.; *Egger*, Gestaltungsrecht und Gleichbehandlungsgrundsatz im Arbeitsverhältnis, S. 56ff. m.w.N. in Fußn. 22 und einem Überblick über die im Schrifttum vertretene Mindermeinung). **Dieses Leistungsbestimmungsrecht gehört jedoch** entgegen der früheren Rechtsprechung des BAG und einem Teil des Schrifttums (vgl. Anm. 3) sowie der rechtsirrtümlichen Beurteilung durch den Bundestagsausschuß für Arbeit **nicht zum Direktionsrecht des Arbeitgebers**, weil es sich nicht unmittelbar auf die Arbeitspflicht des Arbeitnehmers bezieht (zum Inhalt des Direktionsrechts vgl. nur BAGE 47, 314 = EzA § 315 BGB Nr. 29 = AP Nr. 6 zu § 2 KSchG 1969), sondern auf die durch den Urlaubsanspruch gemäß § 1 BUrlG begründete Urlaubsschuld (hierzu vgl. Anm. 1) des Arbeitgebers (so insbes. schon *Hefermehl*, BABl. 1967, 310, 319 m.w.N.; neuerdings auch *Natzel*, § 7 Anm. 6; *Berscheid*, HzA, Gruppe 4, Rz. 367). Nach richtiger Meinung handelt es sich vielmehr um ein **sonstiges Leistungsbestimmungsrecht** des Arbeitgebers zur zeitlichen Bestimmung seiner Urlaubsschuld (vgl. die Nachweise dieser Meinung in Anm. 3). Im übrigen findet sich in § 7 Abs. 1 BUrlG für die Annahme eines Leistungsverweigerungsrechts des Arbeitgebers und eines Annahmeverweigerungsrechts des Arbeitnehmers (hierzu vgl. Anm. 3) keinerlei Anhaltspunkt.

5 Als Gestaltungsrecht (vgl. Anm. 3f.) unterliegt das Recht zur zeitlichen Festlegung des Urlaubs gemäß § 7 Abs. 1 BUrlG grundsätzlich den allgemeinen Regeln für Gestaltungsrechte und damit beispielsweise auch dem Grundsatz der Bedingungsfeindlichkeit (vgl. *Natzel*, § 7 Anm. 12; *von der Laden*, S. 66). Aber auch dann, wenn man in Übereinstimmung mit *Leinemann* und dem Urteil des *BAG* vom 18. 12. 1986 (vgl. Anm. 3) annimmt, daß die zeitliche Festlegung des Urlaubs gemäß § 7 Abs. 1 BUrlG lediglich Bestandteil der gesetzlich bestimmten Urlaubsschuld ist, muß man beachten, daß die Erfüllung der durch den Urlaubsanspruch gemäß § 1 BUrlG begründeten Urlaubsschuld eine »rechtsgeschäftliche Gestaltung des Arbeitsverhältnisses« (so *Bickel*, SAE 1975, 88f.) ist, weil der Arbeitnehmer durch die geschuldete Urlaubsgewährung für die Urlaubszeit von seiner Arbeitspflicht befreit wird (vgl. Anm. 1). Die geschuldete Urlaubsgewährung erschöpft sich also auch dann nicht etwa in der Erklärung, das Leistungsverweigerungsrecht gemäß § 7 Abs. 1 Halbsatz 2 BUrlG (vgl. hierzu Anm. 3) einstweilen nicht geltend machen zu wollen (so aber *Dörner*, AR-Blattei, Urlaub V, D I 4).

6 **Die zeitliche Festlegung des Urlaubs gemäß § 7 Abs. 1 BUrlG ist in jedem Falle**

eine Willenserklärung (vgl. *LAG Hamburg* LAGE § 7 BUrlG Nr. 26; *Boldt/Röhsler*, § 1 Anm. 85 und § 7 Anm. 36; *Dersch/Neumann*, § 7 Anm. 6; *Natzel*, § 7 Anm. 5, 12 und 37; *Siara*, § 7 Anm. 3; *von der Laden*, S. 67; *Hefermehl*, BABl. 1967, 310, 320; *Thiele*, SAE 1967, 217; *Lepke*, DB Beilage Nr. 10/88, S. 3; *ders.*, DB 1990, 1131; *Hiekel*, NzA Beilage Nr. 2/90, S. 33; *Künzl*, BB 1991, 1630, 1632; **zweifelnd** *Schelp/Herbst* § 7 Anm. 2). Das gilt gleichviel, ob das Recht zur zeitlichen Festlegung des Urlaubs ein Gestaltungsrecht oder lediglich die Berechtigung des Arbeitgebers als Urlaubsschuldner ohne Gestaltungsrecht zur zeitlichen Bestimmung der Urlaubsschuld ist (hierzu vgl. Anm. 3f.). Als Ausübung eines Gestaltungsrechts ist die zeitliche Festlegung des Urlaubs eine Willenserklärung, weil ein Gestaltungsrecht nur durch eine Willenserklärung ausgeübt werden kann (vgl. *Larenz*, Allgemeiner Teil des Bürgerlichen Rechts, § 13 II 7; *Medicus*, Allgemeiner Teil des BGB, Anm. 79). Als bloßer Bestandteil der geschuldeten Urlaubsgewährung handelt es sich ebenfalls um eine Willenserklärung, weil die geschuldete Urlaubsgewährung in der Freistellung von der Arbeitspflicht durch eine entsprechende Willenserklärung des Arbeitgebers besteht (vgl. Anm. 1). Die geschuldete Urlaubsgewährung erschöpft sich also auch dann nicht etwa in der Erklärung, das Leistungsverweigerungsrecht gemäß § 7 Abs. 1 Halbsatz 2 BUrlG (vgl. hierzu Anm. 3) einstweilen nicht geltend machen zu wollen (so aber *Dörner*, AR-Blattei, Urlaub V, D I 4). Demgemäß unterliegt die zeitliche Festlegung des Urlaubs grundsätzlich den allgemeinen Vorschriften der §§ 104ff. BGB über Willenserklärungen (vgl. *Boldt/Röhsler*, § 7 Anm. 36; *von der Laden*, S. 67; *Lepke*, DB Beilage Nr. 10/88, S. 3; *ders.*, DB 1990, 1131f.).

c) Rechtsausübung

7 Ob und wie der Arbeitgeber den Urlaub zeitlich festgelegt hat, ist durch Auslegung gemäß § 133 BGB festzustellen. Problematisch ist in diesem Zusammenhang die **Bedeutung einer Urlaubsliste**. Unstreitig hat die Urlaubsliste regelmäßig zunächst einmal nur den Zweck und die Bedeutung, die Urlaubswünsche der Arbeitnehmer festzustellen (vgl. *Gaul*, Arbeitsrecht I, F IV Anm. 44; *Boldt/Röhsler*, § 7 Anm. 17; *Dersch/Neumann*, § 7 Anm. 20f.; *Natzel*, § 7 Anm. 11; *Siara*, § 7 Anm. 12; *Berscheid*, HzA, Gruppe 4, Rz. 378; *von der Laden*, S. 62; *Lepke*, DB Beilage Nr. 10/88, S. 5f. m.w.N. in Fußn. 89). Nach herrschender Meinung kann der Arbeitgeber den Urlaub aber auch dadurch zeitlich festlegen, daß er einem in der Urlaubsliste geäußerten Wunsch nicht innerhalb angemessener Zeit widerspricht (vgl. *LAG Düsseldorf*, DB 1970, 1136; *Gaul*, Arbeitsrecht I, F IV Anm. 44; *Boldt/Röhsler*, § 7 Anm. 18; *Siara*, § 7 Anm. 12; *Wiese*, GK-BetrVG, § 87 Anm. 327; *Böckel*, Kap. 9.3; *Gaul/Boewer*, S. 41f.; vielleicht auch *Dersch/Neumann*, § 7 Anm. 20). Unter solchen Umständen wird auch eine konkludente Einigung über den Urlaubszeitpunkt angenommen (vgl. *Schaub*, § 102 A V 4). Ferner wird die Meinung vertreten, daß der Urlaub dann gemäß § 242 BGB als wunschgemäß erteilt gelte (vgl. *Natzel*, Anhang zu § 7 Anm. 40; *Lepke*, DB Beilage Nr. 10/88, S. 6 m.w.N. in Fußn. 90). Dagegen spricht jedoch der regelmäßige Zweck der Urlaubsliste, die Urlaubswünsche der Arbeitnehmer nur festzustellen. Infolgedessen kann gemäß § 133 BGB der Umstand, daß der Arbeitgeber einem in der Urlaubsliste geäußerten Urlaubswunsch nicht innerhalb bestimmter oder angemessener Zeit widerspricht, nur bei einer entsprechenden betrieblichen Übung im Sinne einer wunschgemäßen zeitlichen Festlegung des Urlaubs ausgelegt werden (vgl. *LAG Düsseldorf* BB 1968, 872; *Berscheid*, HzA, Gruppe 4,

Rz. 378; *von der Laden*, S. 62 m.w.N. in Fußn. 118; vielleich auch *Dersch/Neumann*, § 7 Anm. 21, wo im Gegensatz zu Anm. 20 auf die jeweilige betriebliche Übung abgestellt wird; vgl. ferner *Schaub*, § 102 A V 4, der aber jedenfalls bei einer entsprechenden betrieblichen Übung eine konkludente Einigung über den Urlaubszeitpunkt annimmt; *Wachter*, § 7 BUrlG Anm. 18, der unter der Voraussetzung einer entsprechenden betrieblichen Übung eine Fiktion der gewünschten Urlaubserteilung annimmt). Unter Umständen kann der Arbeitnehmer allerdings wenigstens Schadensersatz beanspruchen, wenn der Arbeitgeber weder den Urlaub nach Maßgabe des in der Urlaubsliste geäußerten Urlaubswunsches festgelegt noch diesem Urlaubswunsch widersprochen und der Arbeitnehmer seinem Urlaubswunsch entsprechend schon kostenträchtige Vorbereitungen getroffen hat (vgl. *Dersch/Neumann*, § 7 Anm. 21).

d) Abdingbarkeit

8 Von der Vorschrift des § 7 Abs. 1 BUrlG, wonach der Arbeitgeber das Recht zur zeitlichen Festlegung des Urlaubs hat, kann nach einhelliger Meinung gemäß § 13 Abs. 1 BUrlG in der Weise abgewichen werden, daß der Urlaub durch Tarifvertrag, Betriebsvereinbarung oder Einzelvertrag zeitlich festgelegt wird (vgl. *LAG Düsseldorf* BB 1968, 872; *Boldt/Röhsler*, § 7 Anm. 1; *Natzel*, § 7 Anm. 10; *Gaul/Boewer*, S. 26, 65ff.; *von der Laden*, S. 60; *Sieg*, RdA 1963, 124f.; *Hefermehl*, BABl. 1967, 310, 319; *Boewer*, DB 1970, 632, 635; *Lepke*, SAE 1971, 163f.; *Meisel*, Anm. AP Nr. 6 zu § 7 BUrlG). Einzelvertraglich kann der Urlaub in jeder Form zeitlich festgelegt werden, so daß insoweit auch eine – praktisch allerdings seltene – betriebliche Übung in Betracht kommt (vgl. *Lepke*, SAE 1971, 163f.; *ders.*, DB Beilage Nr. 10/88, S. 6 m.w.N. in Fußn. 105). Möglich, aber selten ist auch die einzelvertragliche zeitliche Festlegung des Urlaubs durch Eintragung der Urlaubszeit in eine Urlaubsliste (vgl. hierzu Anm. 7; ferner *Gaul/Boewer*, S. 41). Möglich ist schließlich, daß der Arbeitgeber dem Arbeitnehmer die zeitliche Festlegung des Urlaubs überläßt (vgl. *BAG* EzA § 7 BUrlG Nr. 50 = AP Nr. 19 zu § 11 BUrlG; *BAG* EzA § 3 BUrlG Nr. 18 = AP Nr. 30 zu § 13 BUrlG), was aber die Erfüllung des Urlaubsanspruchs durch Urlaubsgewährung (vgl. hierzu Anm. 1) voraussetzt (vgl. *BAG* EzA § 13 BUrlG Nr. 49; *Berscheid*, HzA, Gruppe 4, Rz. 358).

3. Die Pflicht zur zeitlichen Festlegung des Urlaubs

9 Neuerdings wird vom BAG und von einem Teil des Schrifttums (vgl. Anm. 3) die Meinung vertreten, daß der Arbeitgeber gemäß § 7 Abs. 1 BUrlG kein Gestaltungsrecht zur zeitlichen Festlegung des Urlaubs habe, sondern (so *BAG* EzA § 7 BUrlG Nr. 48 = AP Nr. 10 zu § 7 BUrlG) lediglich »als Schuldner des Urlaubsanspruchs verpflichtet« sei, den Urlaub gemäß § 7 Abs. 1 BUrlG zeitlich festzulegen. Nach der im Schrifttum ganz herrschenden (vgl. Anm. 3) und richtigen (vgl. Anm. 4) Meinung hat der Arbeitgeber gemäß § 7 Abs. 1 BUrlG jedoch ein Gestaltungsrecht zur zeitlichen Festlegung des Urlaubs. Unter dieser Voraussetzung eines Gestaltungsrechts des Arbeitgebers zur zeitlichen Festlegung des Urlaubs gemäß § 7 Abs. 1 BUrlG besteht Streit, ob der Arbeitgeber zugleich zur zeitlichen Festlegung des Urlaubs gemäß § 7 Abs. 1 BUrlG verpflichtet ist. Von der herrschenden Meinung wird eine solche Verpflichtung bejaht (vgl. *LAG Düssel-*

dorf LAGE § 7 BUrlG Übertragung Nr. 3; *Boldt/Röhsler*, § 7 Anm. 1; *Borrmann*, § 7 Anm. 1; *Dersch/Neumann*, § 7 Anm. 6; *Dietz/Richardi*, § 87 Anm. 292; *Heither*, ArbuR 1970, 30, 32). Teilweise wird dem Arbeitnehmer sogar ausdrücklich ein Anspruch auf zeitliche Festlegung des Urlaubs zuerkannt (vgl. *Natzel*, § 7 Anm. 7, 13; *Schelp/Herbst*, § 1 Anm. 7f.; *Heinze*, RdA 1986, 273, 281; ebenso die Vorauflage, § 7 Anm. 4). Demgegenüber wird von einer Mindermeinung jedenfalls ein solcher Anspruch des Arbeitnehmers verneint (vgl. *Stahlhacke*, § 7 Anm. 1; *Gaul/Boewer*, S. 26ff.; *Sieg*, RdA 1963, 125; *Boewer*, DB 1970, 632, 637). Obwohl der Arbeitgeber gemäß § 7 Abs. 1 BUrlG ein **Gestaltungsrecht** zur zeitlichen Festlegung des Urlaubs hat, ist er aufgrund seiner Urlaubsschuld gemäß § 1 BUrlG (vgl. Anm. 1) auch dazu verpflichtet, den Urlaub gemäß § 7 Abs. 1 BUrlG festzulegen, zumal § 7 Abs. 1 BUrlG dem Arbeitgeber die Berücksichtigung der Urlaubswünsche des Arbeitnehmers vorschreibt und § 7 Abs. 3 BUrlG den Arbeitgeber verpflichtet, den Urlaub im laufenden Kalenderjahr beziehungsweise im Übertragungszeitraum zu gewähren. Wegen des Gestaltungsrechts des Arbeitgebers zur zeitlichen Festlegung des Urlaubs gemäß § 7 Abs. 1 BUrlG hat jedoch der Arbeitnehmer keinen diesbezüglichen Anspruch im Sinne von § 194 Abs. 1 BGB, zumal auf die zeitliche Festlegung des Urlaubs § 315 Abs. 3 BGB jedenfalls analog anzuwenden ist (vgl. hierzu Anm. 65) und § 315 Abs. 3 Satz 2 BGB nur ein Gestaltungsklagerecht vorsieht, während einem Anspruch im Sinne von § 194 Abs. 1 BGB die prozessuale Geltendmachung im Wege einer Leistungsklage entsprechen würde. Die Verpflichtung zur zeitlichen Festlegung des Urlaubs setzt ebensowenig wie die Urlaubsschuld gemäß § 1 BUrlG (vgl. hierzu Anm. 1) ein Verlangen des Arbeitnehmers voraus (ebenso *ArbG Freiburg* NZA 1985, 27; *Dersch/Neumann*, § 7 Anm. 22; *Siara*, § 7 Anm. 16a; *von der Laden*, S. 49, 63; *Sieg*, RdA 1963, 124; **a.M.** *Treutler*, BB 1985, 594f.; *Lepke*, DB Beilage Nr. 10/88, S. 3).

4. Die Fälligkeit des Urlaubsanspruchs

10 Die Fälligkeit des Urlaubsanspruchs ist nach wie vor umstritten. **Nach der in Rechtsprechung und Schrifttum nun wohl herrschenden Meinung wird der Urlaubsanspruch im Zeitpunkt seiner Entstehung fällig**, und zwar ungeachtet des Streites über den Inhalt des Urlaubsanspruchs (vgl. *BAG* EzA § 7 Nr. 48 = AP Nr. 10 zu § 7 BUrlG; *BAG* EzA § 7 BUrlG Nr. 79; *LAG Köln* LAGE § 7 BUrlG Nr. 24; *Bleistein*, § 1 Anm. 55; *Boldt/Röhsler*, § 7 Anm. 37; *Borrmann*, § 1 Anm. 23 und § 7 Anm. 1; *Natzel*, § 7 Anm. 13f.; *Stahlhacke*, § 1 Anm. 37; *Berscheid*, HzA, Gruppe 4, Rz. 364; *Dörner*, AR-Blattei, Urlaub V, D I 1; *von der Laden*, S. 20ff.; *Wachter*, § 7 Anm. 1; *Hefermehl*, BABl. 1967, 310, 320; *Leinemann*, DB 1983, 989, 992; *Leinemann/Lipke*, DB 1988, 1217f; *Hiekel*, NZA Beilage Nr. 2/90, S. 33). Demgegenüber steht die früher herrschende Meinung, wonach der Urlaubsanspruch erst dann fällig wird, wenn der Arbeitnehmer den Urlaub antreten kann (vgl. *ArbG Herne* DB 1964, 1558; *Dersch/Neumann*, § 7 Anm. 1f.; *Gaul/Boewer*, S. 64; *Heußner*, Anm. 159; *Gaul*, BB 1965, 869 Fußn. 13; *Meisel*, DB 1965, 892; *Boewer*, DB 1970, 632, 638; *Meisel*, Anm. AP Nr. 6 zu § 7 BUrlG; *Schwerdtner*, EWiR § 613a BGB 13/85, 859; *Lepke*, DB Beilage Nr. 10/88, S. 3; *ders.*, DB 1990, 1131f.; *Künzl*, BB 1991, 1630f.). Vereinzelt wird hinzugefügt, daß diese Fälligkeit »nicht im streng schuldrechtlichen Sinn zu nehmen« sei (vgl. *Dersch/Neumann*, § 7 Anm. 2). **Die nun wohl herrschende Meinung**, wonach der Urlaubsanspruch mit seiner Entstehung (hierzu vgl. *Bleistein*, § 4 Anm. 6) fällig wird, **ist richtig**. Unter Fälligkeit wird im allgemeinen der Zeitpunkt verstanden, zu dem der Gläubiger die geschuldete Leistung verlangen kann (vgl. nur *Larenz*, Schuldrecht I, § 14 V). Gemäß § 271 Abs. 1 BGB kann der Gläubiger die geschuldete Leistung sofort verlangen, wenn eine andere Zeit für die Leistung weder bestimmt noch aus den Umständen zu entnehmen ist. Dementsprechend wird der Urlaubsanspruch gemäß § 271 Abs. 1 BGB mit seiner Entstehung fällig, wenn eine andere Zeit für die geschuldete Leistung weder bestimmt noch aus den Umständen zu entnehmen ist. Insofern kommt es auf den Inhalt des Urlaubsanspruchs beziehungsweise der Urlaubsschuld an (so zutreffend *Gaul/Boewer*, S. 63f.; ferner *Dörner*, AR-Blattei,Urlaub V, D I 1). Die aufgrund des Urlaubsanspruchs geschuldete Leistungshandlung besteht nach ganz herrschender und richtiger Meinung in der Urlaubsgewährung im Sinne der Freistellung von der Arbeitspflicht durch eine entsprechende Willenserklärung des Arbeitgebers (vgl. Anm. 1). Für diese aufgrund des Urlaubsanspruchs geschuldete Leistungshandlung ist eine Zeit für die Leistung weder bestimmt noch aus den Umständen zu entnehmen, so daß der Urlaubsanspruch insoweit gemäß § 271 Abs. 1 BGB mit seiner Entstehung fällig wird (vgl. *BAG* EzA § 7 BUrlG Nr. 79; *Boldt/Röhsler*, § 7 Anm. 37; *Natzel*, § 7 Anm. 13; *Hefermehl*, BABl. 1967, 310, 320; *Leinemann*, DB 1983, 989, 992; *Leinemann/Lipke*, DB 1988, 1217f.). Das gilt gleichviel, ob das Recht des Arbeitgebers zur zeitlichen Festlegung des Urlaubs gemäß § 7 Abs. 1 BUrlG lediglich die Berechtigung des Arbeitgebers als Urlaubsschuldner oder auch ein Gestaltungsrecht zur zeitlichen Bestimmung der Urlaubsschuld ist (vgl. hierzu Anm. 3f.), weil der Arbeitgeber trotz eines solchen Gestaltungsrechts aufgrund seiner Urlaubsschuld auch dazu verpflichtet ist, den Urlaub gemäß § 7 Abs. 1 BUrlG festzulegen (vgl. Anm. 9), und weil vor allem wegen dieser Verpflichtung entgegen einer weit verbreiteten Meinung (vgl. *Schelp/Herbst*, § 1 Anm. 16; *Siara*, § 7 Anm. 3; *Boewer*, DB 1970, 632, 638; *Dütz*, DB 1976, 1428, 1482; *Lepke*, DB Beilage Nr. 10/88, S. 3; vgl. auch *Plüm*, NZA 1988, 716f.) nicht ausgeschlossen ist, daß der Urlaubsanspruch schon vor der Ausübung des Gestaltungsrechts zur zeitlichen Bestimmung der Urlaubsschuld fällig wird (vgl. insbes. *LAG Düsseldorf* LAGE § 7 BUrlG Übertragung Nr. 3; *Schnorr von Carolsfeld*, Arbeitsrecht, S. 255 Fußn. 1; *Zöllner*, DB 1957, 508; vgl. ferner allgemein *Soergel/M. Wolf*, § 315 Anm. 45 und 54 m.w.N.). Von der Fälligkeit der aufgrund des Urlaubsanspruchs geschuldeten Leistungshandlung zu unterscheiden ist die Leistungszeit für den darüber hinaus geschuldeten Leistungserfolg (vgl. *Zöllner*, DB 1957, 508), der in der tatsächlichen Freistellung des Arbeitnehmers von der Arbeitspflicht während der Urlaubszeit besteht (vgl. hierzu Anm. 1). Insoweit ist § 271 Abs. 1 BGB jedenfalls deswegen nicht einschlägig, weil für die Urlaubszeit § 7 Abs. 1 BUrlG (so auch *Leinemann/Lipke*, DB 1988, 1217f.; *Hiekel*, NzA Beilage Nr. 2/90, S. 33) und insbesondere § 7 Abs. 3 BUrlG (vgl. Anm. 107) besondere Bestimmungen enthalten (vgl. auch *BAG* EzA § 7 BUrlG Nr. 79). Ob man auch insoweit von der Fälligkeit des Urlaubs sprechen soll (so wohl *Zöllner*, DB 1957, 508), ist eine terminologische Frage. Entgegen der früher herrschenden Meinung ist es jedoch in jedem Falle verfehlt, den Zeitpunkt des Urlaubsantritts beziehungsweise die Urlaubszeit als Fälligkeit des Urlaubsanspruchs zu beurteilen oder auch nur zu bezeichnen, weil die Fälligkeit einer Forderung eine obligatorische Kategorie ist und deswegen nicht mit der Zeit, zu der die geschuldete Leistung tatsächlich erbracht wird, identifiziert werden kann (vgl. auch *Schelp/Herbst*, § 1 Anm. 16 und § 7 Anm. 4; *von der Laden*, S. 21; in diesem Sinne auch schon *Zöllner*, DB 1957, 508).

5. Der Maßstab des § 7 Abs. 1 BUrlG

a) Urlaubswünsche des Arbeitnehmers

11 Gemäß § 7 Abs. 1 BUrlG sind die Urlaubswünsche des Arbeitnehmers bei der zeitlichen Festlegung des Urlaubs zu berücksichtigen, es sei denn, daß ihrer Berücksichtigung dringende betriebliche Belange oder Urlaubswünsche anderer Arbeitnehmer, die unter sozialen Gesichtspunkten den Vorrang verdienen, entgegenstehen. Grundsätzlich sind also die Urlaubswünsche des Arbeitnehmers maßgeblich, ohne daß es auf die Gründe der Urlaubswünsche ankommt. Der Arbeitgeber darf die Urlaubswünsche des Arbeitnehmers nur dann unberücksichtigt lassen, wenn eine der in § 7 Abs. 1 BUrlG dafür vorgesehenen **Ausnahmen** vorliegt, nicht dagegen deshalb, weil er die Urlaubswünsche des Arbeitnehmers für unbegründet hält. Das ist allgemeine Meinung, für die im übrigen nicht nur der Wortlaut des § 7 Abs. 1 BUrlG, sondern auch der Urlaubszweck der Erholung (zum Urlaubszweck: § 8 Anm. 1 und 8) und der Schriftliche Bericht des Ausschusses für Arbeit vom 30. 11. 1962 (BT-Drucksache IV/785 S. 3) sprechen (vgl. *Boldt/Röhsler*, § 7 Anm. 5 und 7; *Dersch/Neumann*, § 7 Anm. 10 und 11; *Natzel*, § 7 Anm. 15ff.; *Siara*, § 7 Anm. 7; *Gaul/Boewer*, S. 35f.; *von der Laden*, S. 27; *Meisel*, DB 1965, 892, 931; *Boewer*, DB 1970, 632, 637; *Lepke*, DB Beilage Nr. 10/88, S. 4). Gegebenenfalls müssen alternative Urlaubswünsche des Arbeitnehmers berücksichtigt werden (vgl. *von der Laden*, S. 33).

12 **Der Arbeitgeber muß sich nach den Urlaubswünschen des Arbeitnehmers erkundigen**. Das ist eine für die Erfüllung der Pflicht zur zeitlichen Festlegung des Urlaubs gemäß § 7 Abs. 1 BUrlG (vgl. Anm. 9) notwendige Nebenpflicht des Arbeitgebers (vgl. *Dersch/Neumann*, § 7 Anm. 22; *Böckel*, Kap. 9.3; *von der Laden*, S. 62; vgl. auch *Gaul/Boewer*, S. 40). Zur Feststellung der Urlaubswünsche der Arbeitnehmer empfiehlt sich die Ausgabe einer **Urlaubsliste**, in die die Arbeitnehmer ihre Urlaubswünsche eintragen.

13 Der Arbeitgeber ist verpflichtet, die Nichterfüllung der Urlaubswünsche des Arbeitnehmers jedenfalls auf Verlangen zu begründen, damit der Arbeitnehmer seine Rechte sachgemäß wahrnehmen kann (vgl. *von der Laden*, S. 63 m.w.N.; nun auch *Böckel*, Kap. 9.3).

b) Dringende betriebliche Belange

14 Gemäß § 7 Abs. 1 BUrlG können die Urlaubswünsche des Arbeitnehmers unberücksichtigt bleiben, wenn ihrer Berücksichtigung dringende betriebliche Belange entgegenstehen. Demnach können einerseits die Urlaubswünsche des Arbeitnehmers nicht nur dann unberücksichtigt bleiben, wenn ihrer Berücksichtigung zwingende betriebliche Belange entgegenstehen (vgl. *Boldt/Röhsler*, § 7 Anm. 9; *Dersch/Neumann*, § 7 Anm. 12; *Natzel*, § 7 Anm. 21; *Dörner*, AR-Blattei, Urlaub V, D I 3a). Andererseits genügen aber nicht irgendwelche betrieblichen Belange (vgl. *Boldt/Röhsler*, § 7 Anm. 10; *Dörner*, AR-Blattei, Urlaub V, D I 3 a; *von der Laden*, S. 31). Dringende betriebliche Belange im Sinne von § 7 Abs. 1 BUrlG sind Umstände der betrieblichen Organisation, des technischen Arbeitsablaufs, der Auftragslage und dergleichen (vgl. *BAG* EzA § 87 BetrVG 1972 Urlaub = AP Nr. 2 zu § 87 BetrVG 1972 Urlaub Nr. 4), also betriebswirtschaftliche Gründe im weitesten Sinne (vgl. *LAG Berlin* LAGE § 7 BUrlG Nr. 9; *Natzel*, § 7 Anm. 22). Dringende betriebliche Belange kommen nur dann in Betracht, wenn die Berücksichtigung der Urlaubswünsche des Arbeitnehmers zu einer erheblichen **betriebswirtschaftlichen Erschwerung** führen würde (vgl. *LAG Rheinland-Pfalz* LAGE § 7 BUrlG Nr. 27; *Gaul*, Arbeitsrecht I, F IV Anm. 42; *Boldt/Röhsler*, § 7 Anm. 9; *Natzel*, § 7 Anm. 21f.; *Gaul/Boewer*, S. 37; *Lepke*, DB Beilage Nr. 10/88, S. 5 m.w.N.). Ein erheblicher Schaden muß jedoch nicht drohen (vgl. *Dörner*, AR-Blattei, Urlaub V, D I 3a). Es ist aber Aufgabe des Arbeitgebers, durch eine sachgerechte Betriebsführung die Erfüllung des Urlaubsanspruchs zu gewährleisten (vgl. *BAG* AP Nr. 4 zu § 10 UrlG NRW = SAE 1963, 97; *ArbG Bad Hersfeld* ArbuR 1980, 183; *Boldt/Röhsler*, § 7 Anm. 11; *Natzel*, § 7 Anm. 25; *Böckel*, Kap. 9.4; *Gaul/Boewer*, S. 39; *von der Laden*, S. 31; so auch *Dörner*, AR-Blattei, Urlaub V, D I 3a).

15 Ob dringende betriebliche Belange der Berücksichtigung der Urlaubswünsche des Arbeitnehmers entgegenstehen, hängt nach der in Rechtsprechung und Schrifttum ganz herrschenden und richtigen Meinung von einer **Abwägung der beiderseitigen Interessen** ab (vgl. *BAG* EzA § 7 BUrlG Nr. 16 = AP Nr. 6 zu § 7 BUrlG = SAE 1975, 85; *LAG Hamburg* LAGE § 7 BUrlG Nr. 26; *LAG Rheinland-Pfalz* LAGE § 7 BUrlG Nr. 27; *Gaul*, Arbeitsrecht I, F IV Anm. 42 Fußn. 129; *Boldt/Röhsler*, § 7 Anm. 10; *Dersch/Neumann*, § 7 Anm. 12 und 13; *Natzel*, § 7 Anm. 28; *Berscheid*, HzA, Gruppe 4, Rz. 370; *Böckel*, Kap. 9.4; *Dörner*, AR-Blattei, Urlaub V, D I 3a; *Renaud*, S. 55; *Meisel*, DB 1965, 892, 931; *ders.*, Anm. AP Nr. 6 zu § 7 BUrlG; *Blomeyer*, SAE 1976, 10ff.; *Palme*, BlStSozArbR 1977, 289f.; *Weiler/Rath*, NZA 1987, 337f.). Nach einer Mindermeinung muß dagegen jeder Urlaubswunsch hinter dringenden betrieblichen Belangen zurückstehen (vgl. *Stahlhacke*, § 7 Anm. 7; *Gaul/Boewer*, S. 38f.; *von der Laden*, S. 29ff.). Die herrschende Meinung ist richtig, weil nur im Wege einer Interessenabwägung festgestellt werden kann, ob im Einzelfall dringende betriebliche Belange der Berücksichtigung der Urlaubswünsche des Arbeitnehmers entgegenstehen oder nicht (vgl. *Boldt/Röhsler*, § 7 Anm. 11), und weil insbesondere nur auf diesem Wege der urlaubszweckgemäße grundsätzliche Vorrang der Urlaubswünsche des Arbeitnehmers (vgl. Anm. 11) sichergestellt werden kann (vgl. *Boldt/Röhsler*, § 76 Anm. 10). **Bei der gebotenen Interessenabwägung**, ob der Berücksichtigung der Urlaubswünsche des Arbeitnehmers dringende betriebliche Belange entgegenstehen, muß generell der grundsätzliche Vorrang der Urlaubswünsche des Arbeitnehmers gemäß § 7 Abs. 1 BUrlG berücksichtigt werden, (vgl. *ArbG Bad Hersfeld* ArbuR 1980, 183; *Boldt/Röhsler*, § 7 Anm. 5).

16 **Entscheidend sind letztlich die Umstände des Einzelfalls** (vgl. *LAG Berlin* LAGE § 7 BUrlG Nr. 9; *Boldt/Röhsler*, § 7 Anm. 10; *Natzel*, § 7 Anm. 21; *Gaul/Boewer*, S. 37; *Lepke*, DB Beilage Nr. 10/88, S. 5). Dementsprechend vielfältig ist die Kasuistik (vgl. *Boldt/Röhsler*, § 7 Anm. 11ff.; *Dersch/Neumann*, § 7 Anm. 13 und 15; *Natzel*, § 7 Anm. 22ff.; *Gaul/Boewer*, S. 37; *Siara*, § 7 Anm. 8; *Berscheid*, HzA, Gruppe 4, Rz. 371; *Lepke*, DB Beilage Nr. 10/88, S. 5). Unter Umständen kommt es auf die Funktion des Arbeitnehmers im Betriebe an (vgl. *Boldt/Röhsler*, § 7 Anm. 10; *Natzel*, § 7 Anm. 26; *Gaul/Boewer*, S. 38; *Lepke*, DB Beilage Nr. 10/88, S. 5). Bei der gebotenen Interessenabwägung können auch die Gründe der Urlaubswünsche des Arbeitnehmers den Ausschlag geben (vgl. *Boldt/Röhsler*,

§ 7 Anm. 5, 7, 8 und 10; *Natzel*, § 7 Anm. 15; *Berscheid*, HzA, Gruppe 4, Rz. 369). Besonders gewichtig ist der Wunsch eines einheitlichen Urlaubs bei mehreren gleichzeitig bestehenden Arbeitsverhältnissen (vgl. *Boldt/Röhsler*, § 7 Anm. 8; *Dersch/Neumann*, § 7 Anm. 18; *Natzel*, § 7 Anm. 20). Andererseits bedürfen **Betriebsferien** nicht dringender betrieblicher Belange im Sinne von § 7 Abs. 1 BUrlG, sondern begründen in aller Regel solche Belange, sofern die Betriebsferienregelung nicht aus anderen Gründen unwirksam ist (vgl. Anm. 77, 78, und 83; *BAG* EzA § 87 BetrVG 1972 Urlaub Nr. 4 = AP Nr. 2 zu § 87 BetrVG 1972 Urlaub; *Boldt/Röhsler*, § 7 Anm. 20; *Dietz/Richardi*, § 87 Anm. 300; *Galperin/Löwisch*, § 87 Anm. 140; *Wiese*, GK-BetrVG, § 87 Anm. 316; *Renaud*, S. 55; *Meisel*, SAE 1972, 262f.; *Boldt*, AR-Blattei, Urlaub, Anm. zur Entscheidung 243; *ders.*, Anm. AP Nr. 2 zu § 87 BetrVG 1972 Urlaub; *Lepke*, DB Beilage Nr. 10/88, S. 6; **kritisch** dagegen *von der Laden*, S. 59f.; *Birk*, SAE 1984, 117, 120f.). Im Einzelfall kann es auch so sein, daß dringende betriebliche Belange nur teilweise den Urlaubswünschen des Arbeitnehmers entgegenstehen (vgl. *Dersch/Neumann*, § 7 Anm. 13; *Gaul/Boewer*, S. 39).

17 Sind die beiderseitigen Interessen gleichwertig, so sind die Urlaubswünsche des Arbeitnehmers wegen ihres grundsätzlichen Vorrangs gemäß § 7 Abs. 1 BUrlG zu berücksichtigen (vgl. *Boldt/Röhsler*, § 7 Anm. 10; *Natzel*, § 7 Anm. 25; *Berscheid*, HzA, Gruppe 4, Rz. 370; *Böckel*, Kap. 9.4).

c) Urlaubswünsche anderer Arbeitnehmer

18 Gemäß § 7 Abs. 1 BUrlG können die Urlaubswünsche des Arbeitnehmers auch dann unberücksichtigt bleiben, wenn ihrer Berücksichtigung Urlaubswünsche anderer Arbeitnehmer, die unter sozialen Gesichtspunkten den Vorrang verdienen, entgegenstehen. Eine Konkurrenz von Urlaubswünschen mehrerer Arbeitnehmer kommt selbstverständlich nur dann in Betracht, wenn der gleichzeitigen Erfüllung dieser Urlaubswünsche dringende betriebliche Belange im Sinne von § 7 Abs. 1 BUrlG entgegenstehen (vgl. *Gaul*, Arbeitsrecht I, F IV Anm. 43; *Berscheid*, HzA, Gruppe 4, Rz. 369; *Dörner*, AR-Blattei, Urlaub V, D I 3b). Bei einer Konkurrenz von **Urlaubsansprüchen mehrerer Arbeitnehmer** muß gemäß § 7 Abs. 1 BUrlG durch eine Abwägung der sozialen Interessen der beteiligten Arbeitnehmer festgestellt werden, welche Urlaubswünsche den Vorrang verdienen. Die sozialen Interessen sind dabei im weitesten Sinne zu verstehen, sofern sie nur für die Konfliktlösung bedeutsam sind. Entscheidend sind letztlich die Umstände des Einzelfalls. Dementsprechend vielfältig ist die Kasuistik. In Betracht kommen beispielsweise Schulferien schulpflichtiger Kinder, Urlaub anderer Familienangehöriger, Urlaub des Arbeitnehmers in einem Doppelarbeitsverhältnis, Alter, Dauer der Betriebszugehörigkeit, Erholungsbedürfnis des Arbeitnehmers oder eines Familienangehörigen in einer bestimmten Jahreszeit und die Urlaubsregelung in den vorangegangenen Jahren. Unter Umständen erweisen sich die für einen bestimmten Zeitraum miteinander konkurrierenden Urlaubsansprüche jeweils für einen Teil dieses Zeitraums als vorrangig. Das alles ist so gut wie einhellige Meinung (vgl. *Gaul*, Arbeitsrecht I, F IV Anm. 43; *Boldt/Röhsler*, § 7 Anm. 15f.; *Dersch/Neumann*, § 7 Anm. 16f.; *Natzel*, § 7 Anm. 27 und 30f.; *Berscheid*, HzA, Gruppe 4, Rz. 372f.; *Dörner*, AR-Blattei, Urlaub V, D I 3b; *Gaul/Boewer*, S. 39f.; *von der Laden*, S. 34ff.; *Renaud*, S. 55; *Meisel*, DB 1965, 892, 931; *Lepke*, DB Beilage Nr. 10/88, S. 5).

d) Nichtanwendbarkeit des § 7 Abs. 1 BUrlG

19 Äußert der Arbeitnehmer trotz Erkundigung (vgl. Anm. 12) keine Urlaubswünsche, so kann der Arbeitgeber bei der zeitlichen Festlegung des Urlaubs gemäß § 7 Abs. 1 BUrlG auch keine Urlaubswünsche des Arbeitnehmers berücksichtigen (vgl. *Berscheid*, HzA, Gruppe 4, Rz. 379; *Böckel*, Kap. 9.3; *von der Laden*, S. 28f.; *Gaul/Boewer*, S. 40). Das gilt insbesondere auch dann, wenn der Arbeitnehmer keinen Urlaub in der Kündigungsfrist wünscht (vgl. Anm. 26). Ferner gilt das dann, wenn der Arbeitnehmer alternative Urlaubswünsche äußert. Schließlich muß der Arbeitgeber die Urlaubswünsche des Arbeitnehmers bei der zeitlichen Festlegung des Urlaubs gemäß § 7 Abs. 1 BUrlG nicht berücksichtigen, wenn ihrer Berücksichtigung dringende betriebliche Belange oder Urlaubswünsche anderer Arbeitnehmer, die unter sozialen Gesichtspunkten den Vorrang verdienen, entgegenstehen (vgl. *Löwisch*, Anm. 1016; *Berscheid*, HzA, Gruppe 4, Rz. 367 und 369; *Löwisch/Friedrich*, Anm. AP Nr. 5 zu § 7 BUrlG; *Leipold*, Anm. AP Nr. 10 zu § 7 BUrlG). In allen diesen Fällen kann die zeitliche Festlegung des Urlaubs nicht nach § 7 Abs. 1 BUrlG erfolgen, weil die zeitliche Festlegung des Urlaubs nach dieser Vorschrift Urlaubswünsche des Arbeitnehmers voraussetzt, die in diesen Fällen aber entweder ganz fehlen oder alternativ und daher zu unbestimmt sind oder wegen entgegenstehender dringender betrieblicher Belange oder vorrangiger Urlaubswünsche anderer Arbeitnehmer nicht berücksichtigt werden müssen. In diesen Fällen enthält also § 7 Abs. 1 BUrlG keinen Maßstab für die zeitliche Festlegung des Urlaubs und ist insoweit nicht anwendbar. Das gilt auch für die Zeit, die gegebenenfalls wegen der Notwendigkeit der Urlaubsvorbereitung zwischen der zeitlichen Festlegung des Urlaubs und der Urlaubszeit liegen muß (vgl. hierzu *Boldt/Röhsler*, § 7 Anm. 3; *Siara*, § 7 Anm. 7; *Lepke*, DB Beilage Nr. 10/88, S. 4; im Ergebnis ebenso *von der Laden*, S. 61f. unter II 2 c). Als Maßstab für die zeitliche Festlegung des Urlaubs kommt in diesen Fällen jedoch § 315 Abs. 1 BGB in Betracht (vgl. Anm. 20ff.).

6. Der Maßstab des § 315 Abs. 1 BGB

20 § 315 Abs. 1 BGB schreibt vor, daß dann, wenn die Leistung durch einen der Vertragschließenden bestimmt werden soll, im Zweifel anzunehmen ist, daß die Bestimmung nach billigem Ermessen getroffen werden muß. Unter der umstrittenen Voraussetzung, daß die zeitliche Festlegung des Urlaubs gemäß § 7 Abs. 1 BUrlG lediglich Bestandteil der gesetzlich bestimmten Urlaubsschuld und der Arbeitgeber demgemäß lediglich als **Urlaubsschuldner zur zeitlichen Festlegung** des Urlaubs verpflichtet ist (vgl. Anm. 3f.), ist § 315 Abs. 1 BGB auf die zeitliche Festlegung des Urlaubs zweifelsfrei nicht anwendbar (so konsequent *BAG* EzA § 7 Nr. 48 = AP Nr. 10 zu § 7 BUrlG; *Leinemann*, DB 1983, 989, 992; *Leinemann/Lipke*, DB 1988, 217f.; *Dörner*, AR-Blattei, Urlaub V, D I 2; *Hiekel*, NZA Beilage Nr. 2/90, S. 35). Unter der zutreffenden Voraussetzung, daß der Arbeitgeber gemäß § 7 Abs. 1 BUrlG ein Gestaltungsrecht, und zwar ein Leistungsbestimmungsrecht zur zeitlichen Bestimmung der Urlaubsschuld durch die zeitliche Festlegung des Urlaubs hat (vgl. Anm. 4), stellt sich jedoch die Frage, inwieweit der **Maßstab billigen Ermessens** gemäß § 315 Abs. 1 BGB auf die zeitliche Festlegung des Urlaubs anwendbar ist.

21 **Das BAG hat früher** im Anschluß an seine Rechtsprechung vor Inkrafttreten des

BUrlG (vgl. *BAG* AP Nr. 83 und 84 zu § 611 BGB Urlaubsrecht) **entschieden**, daß der Arbeitgeber bei der zeitlichen Festlegung des Urlaubs gemäß § 7 Abs. 1 BUrlG nach billigem Ermessen im Sinne von § 315 Abs. 1 BGB handeln und infolgedessen im Streitfall das Gericht nachprüfen müsse, »ob die Grenzen des Ermessens eingehalten und ob nicht sachfremde oder willkürliche Motive für die Bestimmung maßgebend gewesen sind« (vgl. *BAG* AP Nr. 5 zu § 7 BUrlG; *BAG* EzA § 7 BUrlG Nr. 16 = AP Nr. 6 zu § 7 BUrlG). Die Instanzgerichte sind dieser Rechtsprechung des BAG gefolgt (vgl. *LAG Baden-Württemberg* BB 1974, 1300; *LAG Hamm* DB 1976, 1726; *LAG Berlin* LAGE § 7 BUrlG Nr. 9). **Diese Rechtsprechung ist aber** natürlich **überholt**, seitdem das *BAG* die zeitliche Festlegung des Urlaubs gemäß § 7 Abs. 1 BUrlG lediglich als Bestandteil der gesetzlich bestimmten Urlaubsschuld ansieht (vgl. Anm. 20).

22 Nach der im Schrifttum nach wie vor herrschenden Meinung ist die zeitliche Festlegung des Urlaubs eine Ermessensentscheidung im Sinne von § 315 Abs. 1 BGB, bei der § 7 Abs. 1 BUrlG als **Ermessensgrenze** berücksichtigt werden muß (vgl. *Gaul*, Arbeitsrecht I, F IV Anm. 44; *A. Hueck* in: Hueck/Nipperdey, Arbeitsrecht I, S. 448; *Schaub*, § 102 A V 1; *Boldt/Röhsler*; § 7 Anm. 2; *Natzel*, § 7 Anm. 28f.; *Schelp/Herbst*, § 7 Anm. 7f.; *Siara*, § 7 Anm. 3 und 7; *Berscheid*, HzA, Gruppe 4, Rz. 367; *Gaul/Boewer*, S. 28ff., insbes. S. 34f. und 43f.; *Sieg*, RdA 1963, 124f.; *Meisel*, DB 1965, 892, 931; *Thiele*, SAE 1967, 217; *Heither*, ArbuR 1968, 165, 168; *Boewer*, DB 1970, 632, 637; *Lepke*, SAE 1971, 163 und SAE 1972, 262f.; *Dütz*, DB 1976, 1428f.; *Leipold*, Anm. AP Nr. 10 zu § 7 BUrlG; *Gerauer*, NZA 1988, 154f.; *Lepke*, DB Beilage Nr. 10/88, S. 4; *Künzl*, BB 1991, 1630f.; ebenso die Vorauflage § 7 Anm. 26). Nach einer **Mindermeinung** läßt dagegen § 7 Abs. 1 BUrlG für die Anwendung des § 315 Abs. 1 BGB gar keinen Raum mehr, weil der Arbeitgeber gemäß § 7 Abs. 1 BUrlG bei der zeitlichen Festlegung des Urlaubs an die Urlaubswünsche des Arbeitnehmers gebunden oder – vorbehaltlich der allgemeinen Schranken für die Ausübung eines jeden Rechtes – ganz frei sei (vgl. *Borrmann*, § 7 Anm. 1ff.; *Dersch/Neumann*, § 7 Anm. 10; *Dietz/Richardi*, § 87 Anm. 314; *von der Laden*, S. 26ff., insbes. S. 37f.; *Söllner*, Einseitige Leistungsbestimmung im Arbeitsverhältnis, S. 44, 103; *Richardi*, Anm. AP Nr. 1 zu § 7 BUrlG Urlaubsjahr unter I 2 a; *Konzen* ZfA 1972, 131, 189; *Bickel*, SAE 1975, 88ff.; *Schlüter*, ZfA 1975, 437, 489). **Vereinzelt wird § 315 Abs. 1 BGB nur angewendet, soweit § 7 Abs. 1 BUrlG nicht einschlägig ist** (vgl. *Löwisch/Friedrich*, Anm. AP Nr. 5 zu § 7 BUrlG).

23 Im Schrifttum ist zu Recht kritisiert worden, daß die frühere Rechtsprechung des BAG (vgl. Anm. 21) das Verhältnis des § 315 Abs. 1 BGB zu § 7 Abs. 1 BUrlG nicht gebührend problematisiert habe (vgl. *Konzen*, ZfA 1972, 131, 189; *Löwisch/Friedrich*, Anm. AP Nr. 5 zu § 7 BUrlG). Die unmittelbare Anwendung des § 315 Abs. 1 BGB auf die zeitliche Festlegung des Urlaubs gemäß § 7 Abs. 1 BUrlG ist schon deswegen ausgeschlossen, weil § 315 Abs. 1 BGB die vertragliche Vereinbarung eines Leistungsbestimmungsrechts voraussetzt, während § 7 Abs. 1 BUrlG von Gesetzes wegen ein Leistungsbestimmungsrecht begründet, und weil § 7 Abs. 1 BUrlG die Anwendung des § 315 Abs. 1 BGB auch nicht selbst vorschreibt, was regelmäßig gar nicht berücksichtigt wird (unrichtig z.B. *Gaul/Boewer*, S. 42). Die analoge Anwendung des § 315 Abs. 1 BGB auf die zeitliche Festlegung des Urlaubs gemäß § 7 Abs. 1 BUrlG setzt in erster Linie eine Gesetzeslücke des BUrlG im Sinne einer planwidrigen Unvollständigkeit dieses Gesetzes hinsichtlich der zeitlichen Festlegung des Urlaubs voraus. Von einer solchen

Gesetzeslücke kann jedoch keine Rede sein, soweit § 7 Abs. 1 BUrlG selbst einen Maßstab für die zeitliche Festlegung des Urlaubs enthält. Insoweit kann also der herrschenden Meinung im Schrifttum nicht gefolgt werden, nach der die zeitliche Festlegung des Urlaubs in jedem Falle eine Ermessensentscheidung im Sinne von § 315 Abs. 1 BGB ist (vgl. Anm. 22). Aber es gibt auch Fälle, in denen § 7 Abs. 1 BUrlG als Maßstab für die zeitliche Festlegung des Urlaubs gar nicht in Betracht kommt (vgl. Anm. 19) und infolgedessen durchaus Raum für die analoge Anwendung des gemäß § 315 Abs. 1 BGB im Zweifel gültigen Maßstabs billigen Ermessens ist. Und dieser Raum kann entgegen der Mindermeinung im Schrifttum (vgl. Anm. 22) auch nicht zum rechtsfreien Raum erklärt werden, weil der Arbeitnehmer wegen des Erholungszwecks des Urlaubs in jedem Falle eines gewissen Rechtsschutzes gegenüber der zeitlichen Festlegung des Urlaubs durch den Arbeitgeber bedarf. Soweit § 7 Abs. 1 BUrlG als Maßstab für die zeitliche Festlegung des Urlaubs gar nicht in Betracht kommt, liegt also eine **Gesetzeslükke** hinsichtlich der zeitlichen Festlegung des Urlaubs vor. Insoweit ist der Maßstab billigen Ermessens gemäß § 315 Abs. 1 BGB auf die zeitliche Festlegung des Urlaubs gemäß § 7 Abs. 1 BUrlG analog anzuwenden, weil beide Tatbestände ein einseitiges Leistungsbestimmungsrecht zum Inhalt haben und daher im Hinblick auf den Rechtsschutz durch den Maßstab billigen Ermessens im Sinne von § 315 Abs. 1 BGB die für die Analogie erforderliche Ähnlichkeit aufweisen (im Ergebnis ebenso *Löwisch/Friedrich*, Anm. AP Nr. 5 zu § 7 BUrlG; im praktischen Ergebnis wohl weitestgehend ebenso die herrschende Meinung im Schrifftum, weil sie die zeitliche Festlegung des Urlaubs zwar in jedem Falle als eine Ermessensentscheidung im Sinne von § 315 Abs. 1 BGB ansieht, § 7 Abs. 1 BUrlG aber als Ermessensgrenze berücksichtigt, so daß § 315 Abs. 1 BGB letztlich wohl nur dann zum Tragen kommt, wenn § 7 Abs. 1 BUrlG selbst keinen Maßstab für die zeitliche Festlegung des Urlaubs enthält).

7. Die zeitliche Festlegung des Urlaubs in der Kündigungsfrist

a) Grundsatz

24 Die zeitliche Festlegung des Urlaubs in der Kündigungsfrist wirft zwar besondere Probleme auf. Aber: **Es gelten die §§ 7 Abs. 1 BUrlG und 315 Abs. 1 BGB ebenso wie sonst auch** (vgl. *BAG* EzA § 7 BUrlG Nr. 16 = AP Nr. 6 zu § 7 BUrlG = SAE 1975, 85; *Schaub*, § 102 A V 2c; *Natzel*, § 7 Anm. 53ff.; *Meisel*, Anm. AP Nr. 6 zu § 7 BUrlG; *Siara*, DB 1979, 2276; *Weiler/Rath*, NZA 1987, 337f.).

b) Auf Wunsch des Arbeitnehmers

25 Auf Wunsch des Arbeitnehmers muß der Arbeitgeber gemäß § 7 Abs. 1 BUrlG den Urlaub in die Kündigungsfrist legen, es sei denn, daß dringende betriebliche Belange oder Urlaubswünsche anderer Arbeitnehmer, die unter sozialen Gesichtspunkten den Vorrang verdienen, entgegenstehen. Bei der gebotenen Interessenabwägung ist insbesondere zu berücksichtigen, daß der **Urlaub** gemäß § 1 BUrlG **grundsätzlich Vorrang vor der Urlaubsabgeltung** gemäß § 7 Abs. 4 BUrlG hat, aber nur noch abgegolten werden kann, wenn er nicht während der Kündigungsfrist verwirklicht wird (vgl. *LAG Rheinland-Pfalz* LAGE § 7 BUrlG Nr. 27; *Boldt/Röhsler*, § 7 Anm. 26; *Dersch/Neumann*, § 7 Anm. 47; *Natzel*, § 7 Anm. 53; *von der Laden*, S. 58f.; *Röhsler*, AR-Blattei, Urlaub IX, B I 1; *Meisel*,

Anm. AP Nr. 6 zu § 7 BUrlG; *Siara*, DB 1979, 2276; *Weiler/Rath*, NZA 1987, 337; *Lepke*, DB Beilage Nr. 10/88, S. 7). Ferner muß beachtet werden, daß es Aufgabe des Arbeitgebers ist, durch eine sachgerechte Betriebsführung die Erfüllung des Urlaubsanspruchs zu gewährleisten (vgl. *BAG* AP Nr. 4 zu § 10 UrlG NRW = SAE 1963, 97; *Röhsler*, AR-Blattei, Urlaub IX, B I 1; *Weiler/Rath*, NZA 1987, 337, 339). Infolgedessen dürften dringende betriebliche Belange praktisch nur dann den Vorrang vor dem Urlaubswunsch des Arbeitnehmers verdienen, wenn der Arbeitnehmer unentbehrlich (vgl. *LAG Baden-Württemberg* DB 1970, 2279; KR-*Hillebrecht*, § 626 BGB Anm. 336; *Berscheid*, HzA, Gruppe 4, Rz. 399; *Gaul*, NZA 1987, 473f.) und sein **Urlaubswunsch** aus diesem Grunde für den Arbeitgeber **unzumutbar** ist (zu Unrecht also generell gegen das Unzumutbarkeitskriterium *Weiler/Rath*, NZA 1987, 337, 339). Das *BAG* hat sogar, allerdings nur beiläufig, ausgeführt, daß der Arbeitgeber »jedenfalls verpflichtet gewesen wäre, den Urlaubsanspruch des Klägers im Kündigungszeitraum zu erfüllen« (EzA § 7 BurlG Nr. 45 = AP Nr. 26 zu § 7 BUrlG Abgeltung).

c) Gegen den Wunsch des Arbeitnehmers

26 **Der Arbeitgeber kann grundsätzlich den Urlaub gegen den Wunsch des Arbeitnehmers in die Kündigungsfrist legen** (vgl. *LAG Hamm* DB 1979, 507; *Boldt/Röhsler*, § 7 Anm. 27; *Dersch/Neumann*, § 7 Anm. 45; *Natzel*, § 7 Anm. 55; *Berscheid*, HzA, Gruppe 4, Rz. 398; *Gaul/Boewer*, S. 74; *von der Laden*, S. 58; *Rummel*, AR-Blattei, Urlaub VI C, B III; *Söllner*, Einseitige Leistungsbestimmung, S. 103; *Weiler/Rath*, NZA 1987, 337f.; *Lepke*, DB Beilage Nr. 10/88, S. 7). **§ 7 Abs. 1 BUrlG steht dem nicht entgegen**, weil der Arbeitnehmer, der keinen Urlaub in der Kündigungsfrist wünscht, gar keinen Urlaubswunsch im Sinne von § 7 Abs. 1 BUrlG hat, sondern die Urlaubsabgeltung vorzieht (vgl. *BAG* EzA § 7 BUrlG Nr. 16 = AP Nr. 6 zu § 7 BUrlG = SAE 1975, 85; *Natzel*, § 7 Anm. 55; *Bickel*, SAE 1975, 88f.; *Meisel*, Anm. AP Nr. 6 zu § 7 BUrlG; *Schlüter*, ZfA 1975, 437, 489; *Weiler/Rath*, NZA 1987, 337f.; *Lepke*, DB Beilage Nr. 10/88, S. 7; **a.M.**, aber ohne Begründung, *Dersch/Neumann*, § 7 Anm. 46; KR-*Wolf*, Grunds. Anm. 495, und *Siara*, DB 1979, 2276, die eine Interessenabwägung gemäß § 7 Abs. 1 BUrlG befürworten).

27 Der Arbeitgeber muß aber seine Entscheidung gemäß § 315 Abs. 1 BGB wenigstens nach billigem Ermessen treffen, wenn der Arbeitnehmer keinen Urlaub in der Kündigungsfrist wünscht und demgemäß keinen Urlaubswunsch im Sinne von § 7 Abs. 1 BUrlG hat (vgl. Anm. 20ff.).

28 Das BAG hat zu Recht ganz allgemein entschieden, daß die Festlegung des Urlaubs während der **Kündigungsfrist** nur dann nicht mehr dem erforderlichen billigen Ermessen entspreche, wenn es dem Arbeitnehmer nicht zuzumuten sei, den Urlaub während der Kündigungsfrist zu nehmen (vgl. *BAG* EzA § 7 BUrlG Nr. 16 = AP Nr. 6 zu § 7 BUrlG = SAE 1975, 85). Das **Schrifttum** ist dieser Rechtsprechung überwiegend gefolgt (vgl. *Natzel*, § 7 Anm. 54ff.; *Siara*, § 7 Anm. 9; KR-*Wolf*, Grunds. Anm. 495; *Berscheid*, HzA, Gruppe 4, Rz. 402; *Böckel*, Kap. 9.6; *Röhsler*, AR-Blattei, Urlaub IX, B I 2; *Meisel*, Anm. AP Nr. 6 zu § 7 BUrlG; *Gaul*, NZA 1987, 473f; *Weiler/Rath*, NZA 1987, 337f.). Zum Teil wird jedoch der Maßstab der Unzumutbarkeit für zu streng und statt dessen nur der grundsätzliche Vorrang des Urlaubs vor der Urlaubsabgeltung für maßgeblich erachtet (vgl. *Dersch/Neumann*, § 7 Anm. 46; ebenso wohl auch *ArbG Passau* ARSt. 1987, 154; *Boldt/Röhsler*, § 7 Anm. 27; vgl. auch *Renaud*, S. 56f.). Wegen dieses Vorrangs ist aber gerade der Maßstab der Unzumutbarkeit richtig, weil für den Urlaub nur noch die Kündigungsfrist zur Verfügung steht (vgl. *BAG* EzA § 7 BUrlG Nr. 16 = AP Nr. 6 zu § 7 BUrlG = SAE 1975, 85; *Weiler/Rath*, NZA 1987, 337f.).

29 Im einzelnen hat das BAG überzeugend festgestellt, daß es dem Arbeitnehmer zum Beispiel dann nicht zuzumuten sei, den Urlaub in der Kündigungsfrist zu nehmen, wenn er diese Zeit zur Stellensuche benötigt, und meist auch dann nicht, wenn er die Kündigung des Arbeitsverhältnisses weder veranlaßt noch selbst erklärt oder die Kündigung aus berechtigtem persönlichen Anlaß erklärt und sich schon vor der Kündigung auf eine bestimmte Urlaubszeit nach Beendigung des Arbeitsverhältnisses festgelegt hat (vgl. *BAG* EzA § 7 BUrlG Nr. 16 = AP Nr. 6 zu § 7 BUrlG = SAE 1975, 85; ebenso *Natzel*, § 7 Anm. 56; KR-*Wolf*, Grunds. Anm. 495; *Berscheid*, HzA, Gruppe 4, Rz. 398 und 402; *Röhsler*, AR-Blattei, Urlaub IX, B I 2; *Weiler/Rath*, NZA 1987, 337f.; *Lepke*, DB Beilage Nr. 10/88, S. 7f.; vgl. auch *Meisel*, Anm. AP Nr. 6 zu § 7 BUrlG, der lediglich für den Fall Zweifel anmeldet, daß der Arbeitnehmer das Arbeitsverhältnis selbst gekündigt hat). **Es kommt auf die Umstände des Einzelfalls an**. Im Einzelfall kann es auch unzumutbar sein, den Urlaub teilweise während der Kündigungsfrist zu nehmen, soweit das noch möglich ist (*Schaub*, § 102 A V 2c, hält die Urlaubsteilung sogar generell für unbillig; für die generelle Urlaubsteilung dagegen *Weiler/Rath*, NZA 1987, 337, 339). Der Arbeitnehmer muß die Unzumutbarkeit darlegen (vgl. *BAG* EzA § 7 BUrlG Nr. 16 = AP Nr. 6 zu § 7 BUrlG = SAE 1975, 85; *Natzel*, § 7 Anm. 54), aber nicht beweisen (unrichtig *Natzel*, § 7 Anm. 33).

30 Der Arbeitgeber darf den Urlaub auch dann nicht in die Kündigungsfrist legen, wenn die Parteien ein solches Verbot für den Fall vereinbart haben, daß das Arbeitverhältnis unvorhersehbarerweise vor dem geplanten Urlaub endet (vgl. *BAG* EzA § 7 BUrlG Nr. 16 = AP Nr. 6 zu § 7 BUrlG = SAE 1975, 85; *Bickel*, SAE 1975, 88f.). Eine solche Vereinbarung ist gemäß § 13 Abs. 1 Satz 3 BUrlG zulässig (vgl. aber die Kritik von *Meisel*, Anm. AP Nr. 6 zu § 7 BUrlG, der in einer solchen Vereinbarung eine Gefährdung des grundsätzlichen Abgeltungsverbots sieht).

d) Teilungsverbot

31 Das **Teilungsverbot** des § 7 Abs. 2 BUrlG gilt nach ganz herrschender und richtiger Meinung nicht, wenn der Urlaub nur noch teilweise während des Arbeitsverhältnisses gewährt werden kann, weil § 7 Abs. 2 BUrlG die Möglichkeit des ungeteilten Urlaubs während des Arbeitsverhältnisses voraussetzt (vgl. *Boldt/Röhsler*, § 7 Anm. 26; *Dersch/Neumann*, § 7 Anm. 48; *Natzel*, § 7 Anm. 53; *Siara*, § 7 Anm. 9; *Gaul/Boewer*, S. 74; *von der Laden*, S. 58; *Röhsler*, AR-Blattei, Urlaub IX, B I 3; *Weiler/Rath*, NZA 1987, 337, 339; *Lepke*, DB Beilage Nr. 10/88, S. 7). Ist die Kündigung jedoch unwirksam, so greift das Teilungsverbot ein (vgl. *Siara*, DB 1979, 2276f.; **a.M.** vielleicht *BAG* EzA § 7 BUrlG Nr. 21 = AP Nr. 4 zu § 1 BUrlG).

8. Die Unwirksamkeit der zeitlichen Festlegung des Urlaubs

a) Vorbemerkung

32 Die zeitliche Festlegung des Urlaubs ist immer dann unwirksam, wenn der geschuldete Urlaub in der festgelegten Zeit aus Rechtsgründen nicht möglich ist und die Urlaubsschuld deswegen in dieser Zeit nicht erfüllt werden kann.

b) Urlaubsvorschuß

33 Nach herrschender Meinung ist es möglich, den Urlaub in eine Zeit zu legen, in der gemäß § 4 BUrlG noch gar kein Urlaubsanspruch entstanden ist, und dadurch die künftige Urlaubsschuld vorschußweise zu erfüllen (vgl. *Gaul*, Arbeitsrecht I, F IV Fußn. 141; *Schaub*, § 102 A V 2 b; *Dersch/Neumann*, § 7 Anm. 33; *Natzel*, Anhang zu § 7 Anm. 27; *von der Laden*, S. 63; *Meisel*, SAE 1972, 262ff.). Ein Vorgriff auf den Urlaub des folgenden Kalenderjahres ist dagegen nach allgemeiner Meinung nicht möglich (vgl. Anm. 111). Nach richtiger Meinung ist jedoch die vorschußweise Erfüllung einer künftigen Urlaubsschuld in jedem Falle nur mit Zustimmung des Arbeitnehmers möglich, weil nach allgemeinen Grundsätzen der künftige Gläubiger zwar eine Leistung als Vorschuß auf eine künftige Schuld annehmen kann, aber nicht annehmen muß (vgl. BGHZ 85, 315, 318; MünchKomm-*Keller*, § 271 Anm. 9). Ein Vorgriff auf den Urlaub des folgenden Kalenderjahres ist gemäß § 7 Abs. 3 Satz 1 BUrlG in jedem Falle unstatthaft (vgl. Anm. 111).

c) Anrechnung auf den Urlaub

34 Die rückwirkende Festlegung des Urlaubs in eine bereits vergangene Zeit durch die nachträgliche Anrechnung arbeitsfreier Tage auf den Urlaub ist nach so gut wie allgemeiner und richtiger Meinung nicht möglich (vgl. *BAG* EzA § 7 BUrlG Nr. 11 = AP Nr. 4 zu § 3 BUrlG = SAE 1972, 180; *BAG* AP Nr. 5 zu § 7 BUrlG = SAE 1971, 161; *BAG* EzA § 7 BUrlG Nr. 21 = AP Nr. 4 zu § 1 BUrlG; *BAG* EzA § 59 KO Nr. 9 = AP Nr. 10 zu § 59 KO; *LAG Frankfurt* ArbuR 1969, 59 und ArbuR 1973, 31; *LAG Berlin* ArbuR 1974, 58; *LAG Hamm* ARSt. 1983, 63; *Boldt/Röhsler*, § 7 Anm. 12, 13 und 45; *Dersch/Neumann*, § 3 Anm. 40ff. und § 7 Anm. 19; *Feichtinger*, AR-Blattei, Urlaub VIII, A II 4; *Röhsler*, AR-Blattei, Urlaub IX, B I 4; *Lepke*, SAE 1971, 163f.; *Siara*, DB 1979, 2276ff.; *Leinemann*, DB 1983, 989, 994). Eine solche Rückwirkung ist schon deswegen unmöglich, weil sie sowohl der Rechtsnatur der zeitlichen Festlegung des Urlaubs gemäß § 7 Abs. 1 BUrlG als Ausübung eines Gestaltungsrechts (vgl. hierzu Anm. 3ff., insbes. Anm. 5) als auch dem Inhalt des Urlaubsanspruchs gemäß § 1 BUrlG auf Urlaubsgewährung im Sinne der Freistellung von der Arbeitspflicht durch eine entsprechende Willenserklärung des Arbeitgebers (vgl. hierzu Anm. 1) widersprechen würde.

d) Krankheitsbedingte Arbeitsunfähigkeit

35 Die zeitliche Festlegung des Urlaubs während einer krankheitsbedingten Arbeitsunfähigkeit des Arbeitnehmers ist deswegen nicht möglich, weil während dieser Zeit der geschuldete Urlaub wegen des Inhalts des Urlaubsanspruchs gemäß § 1 BUrlG auf Urlaubsgewährung im Sinne der Freistellung von der Arbeitspflicht durch eine entsprechende Willenserklärung des Arbeitgebers (vgl. hierzu Anm. 1) in Übereinstimmung mit § 9 BUrlG nicht möglich ist und der Urlaubsanspruch daher nicht erfüllt werden kann (vgl. *BAG* EzA § 7 BUrlG Nr. 25 = AP Nr. 4 zu § 7 BUrlG Übertragung; *BAG* EzA § 13 BUrlG Nr. 29 = AP Nr. 28 zu § 13 BUrlG; ebenso schon *Nikisch*, NZfA 1928, 133f.; ferner *Staudinger/Richardi*, § 611 Anm. 882; *Leinemann*, DB 1983, 989, 994; *ders.*, NZA 1985, 137, 142; *Kraft*, Anm. AP Nr. 18 zu § 7 UrlG Abgeltung; *Frieberg*, ZTR 1988, 113, 120; *Leinemann/Lipke*, DB 1988, 1217f.; *Echterhölter*, AR-Blattei, Anm. zur Entscheidung 288; im Ergebnis ebenso *Streblow*, S. 86; wohl auch *LAG Baden-Württemberg* BB 1974, 1300; zweifelnd *Schaub*, § 102 A III 2). Demgegenüber wird aber auch die Meinung vertreten, daß der Urlaubsanspruch während einer krankheitsbedingten Arbeitsunfähigkeit des Arbeitnehmers nur dann nicht erfüllt werden könne, wenn der Erholungszweck des Urlaubs wegen der krankheitsbedingten Arbeitsunfähigkeit in Frage gestellt (so *Lepke*, DB Beilage Nr. 10/88, S. 6), beeinträchtigt (so *Boldt/Röhsler*, § 7 Anm. 28f. und § 9 Anm. 9f. und 37), nicht erreicht (so *von der Laden*, S. 70) beziehungsweise vereitelt (so *Gaul*, Arbeitsrecht I, F IV Anm. 35; *Dersch/Neumann*, § 7 Anm. 40 und § 9 Anm. 7; *Natzel*, § 9 Anm. 19; *Stahlhacke*, § 9 Anm. 7) werde (vgl. auch *LAG Köln* LAGE § 7 BUrlG Nr. 12; *Gaul*, Arbeitrecht I, F IV, Anm. 71; *Feichtinger*, AR-Blattei, Urlaub VIII, A II 1 und III 1).

e) Arbeitskampf

36 Soweit die Hauptpflichten des Arbeitsverhältnisses infolge eines Arbeitskampfs suspendiert sind, ist wegen des Inhalts des Urlaubsanspruchs gemäß § 1 BUrlG auf Urlaubsgewährung im Sinne der Freistellung von der Arbeitspflicht durch eine entsprechende Willenserklärung des Arbeitgebers (vgl. hierzu Anm. 1) kein Urlaub und daher auch keine zeitliche Festlegung des Urlaubs möglich (vgl. *BAG* EzA § 611 BGB Urlaub Nr. 11 = AP Nr. 35 zu Art. 9 GG Arbeitskampf = SAE 1965, 36; *Boldt/Röhsler*, § 7 Anm. 30; *Dersch/Neumann*, § 7 Anm. 40; *Bleistein*, § 1 Anm. 147 und 149; *von der Laden*, S. 70). Andererseits ändern weder Streik (vgl. *BAG* EzA § 1 BUrlG Nr. 18 = AP Nr. 16 zu § 11 BUrlG) noch Aussperrung (vgl. *BAG* EzA Art. 9 GG Arbeitskampf Nr. 78 = AP Nr. 58 zu § 1 FeiertagslohnzahlungsG) automatisch etwas an einem bereits erteilten Urlaub (vgl. *Bleistein*, § 1 Anm. 148; *Stahlhacke*, § 9 Anm. 65; *Boldt*, Anm. AP Nr. 16 zu § 11 BUrlG; *Lepke*, DB Beilage Nr. 10/88 S. 7; *Mummenhoff*, Anm. EzA Art. 9 GG Arbeitskampf Nr. 77). Fraglich ist nur, ob der Arbeitgeber wegen eines Arbeitskampfs ein Widerrufs- oder Rückrufrecht hat (vgl. Anm. 46ff.) und ob der Urlaub durch das Streikrecht des Arbeitnehmers in Frage gestellt wird (vgl. *Stahlhacke*, § 9 Anm. 65; ferner *Lepke*, DB Beilage Nr. 10/88 S. 7; *ders.*, DB 1990, 1131, 1136).

f) Ende des Arbeitsverhältnisses

37 Nach dem Ende des Arbeitsverhältnisses ist kein Urlaub und dementsprechend auch der schon zeitlich festgelegte Urlaub nicht mehr möglich, weil der Urlaubsanspruch gemäß § 1 BUrlG den Anspruch auf Urlaubsgewährung im Sinne der Freistellung von der Arbeitspflicht durch eine entsprechende Willenserklärung des Arbeitgebers beinhaltet (vgl. hierzu Anm. 1) und seine Erfüllung daher den Bestand des Arbeitsverhältnisses voraussetzt (vgl. *BAG* EzA § 7 BUrlG Nr. 16 = AP Nr. 6 zu § 7 BUrlG = SAE 1975, 85; *Dersch/Neumann*, § 7 Anm. 45; *Natzel*, § 7 Anm. 53; *Röhsler*, AR-Blattei, Urlaub IX, B I 1; *Meisel*, DB 1965, 892, 934; *Bickel*, SAE 1975, 88f.; *Meisel*, Anm. AP Nr. 6 zu § 7 BUrlG; *Schlüter*, ZfA 1975, 437, 488; *Lepke*, DB Beilage Nr. 10/88, S. 4 und 8).

g) Vorsorgliche Urlaubsgewährung

38 Vereinzelt wird eine vorsorgliche Urlaubsgewährung für den Fall des Erfolges einer Kündigungsschutzklage des Arbeitnehmers erwogen (vgl. *Leinemann*, DB 1983, 989, 994, der allerdings lediglich »praktische Erwägungen« anstellt). Eine solche vorsorgliche Urlaubsgewährung ist jedoch nicht möglich, weil sie weder mit der Rechtsnatur der zeitlichen Festlegung des Urlaubs gemäß § 7 Abs. 1 BUrlG als Ausübung eines Gestaltungsrechts (vgl. Anm. 3ff., insbes. Anm. 5) noch mit dem Inhalt des Urlaubsanspruchs gemäß § 1 BUrlG auf Urlaubsgewährung im Sinne der Freistellung von der Arbeitspflicht durch eine entsprechende Willenserklärung des Arbeitsgebers (vgl. hierzu Anm. 1) vereinbar wäre.

h) § 134 BGB

39 Die zeitliche Festlegung des Urlaubs kann gemäß § 134 BGB wegen Verstoßes gegen ein gesetzliches Verbot nichtig sein (vgl. Anm. 98 und 111; *Boldt*, Anm. AP Nr. 16 zu § 11 BUrlG; ferner *Natzel*, § 7 Anm. 38; *Zöllner*, DB 1957, 508f.).

i) Rechtsfolgen

40 In allen Fällen der Unwirksamkeit der zeitlichen Festlegung des Urlaubs wegen der Unmöglichkeit des geschuldeten Urlaubs in der festgelegten Zeit (vgl. Anm. 32 bis 39) ist weder der Arbeitgeber noch der Arbeitnehmer an die zeitliche Festlegung des Urlaubs gebunden. Es bedarf, soweit noch möglich, einer neuerlichen zeitlichen Festlegung des Urlaubs, damit der Urlaubsanspruch gemäß § 1 BUrlG erfüllt werden kann.

9. Die Bindung des Arbeitgebers an die zeitliche Festlegung des Urlaubs

a) Grundsatz

41 Nach ganz herrschender und richtiger Meinung ist der Arbeitgeber an die von ihm vorgenommene zeitliche Festlegung des Urlaubs jedenfalls grundsätzlich gebunden und zur einseitigen Änderung der festgelegten Urlaubszeit nicht berechtigt, wenn die zeitliche Festlegung des Urlaubs nicht unwirksam (vgl. hierzu Anm. 40) ist (vgl. *BAG* AP Nr. 12 zu § 123 GewO = SAE 1960, 106; *BAG* EzA § 7 BUrlG Nr. 16 = AP Nr. 6 zu § 7 BUrlG = SAE 1975, 85; *BAG* EzA § 1 BUrlG Nr. 18 = AP Nr. 16 zu § 11 BUrlG; *BAG* EzA Art. 9 GG Arbeitskampf Nr. 78 = AP Nr. 58 zu § 1 FeiertagslohnzahlungsG; *Boldt/Röhsler*, § 7 Anm. 36 und 39; *Dersch/Neumann*, § 7 Anm. 36; *Natzel*, § 7 Anm. 35; *Siara*, § 7 Anm. 3; *Berscheid*, HzA, Gruppe 4, Rz. 379; *Gaul/Boewer*, S. 94; *von der Laden*, S. 64; *Schlüter*, ZfA 1975, 437, 488; *Wachter*, ArbuR 1982, 306, 312; *Boldt*, Anm. AP Nr. 16 zu § 11 BUrlG; *Leinemann/Lipke*, DB 1988, 1217, 1219; *van Venrooy*, SAE 1988, 17, 19 Fußn. 45; *Lepke*, DB 1990, 1131, 1133). Dieser Grundsatz ergibt sich für die in Rechtsprechung und Schrifttum herrschende Meinung schon daraus, daß die zeitliche Festlegung des Urlaubs in Verbindung mit der Urlaubsgewährung die Erfüllung des Urlaubsanspruchs durch die geschuldete rechtsgestaltende Willenserklärung zur Freistellung des Arbeitnehmers von der Arbeitspflicht während der Urlaubszeit darstellt (vgl. Anm. 1ff.) und deswegen nicht ohne weiteres rückgängig gemacht werden kann (vgl. *BAG* EzA Art. 9 GG Arbeitskampf Nr. 78 = AP Nr. 58 zu § 1 FeiertagslohnzahlungsG; *Schaub*, § 102 A V 4; *von der Laden*, S. 65). Wenn man in der zeitlichen Festlegung des Urlaubs nur oder auch die Ausübung eines Gestaltungsrechts sieht (vgl. Anm. 1ff.), dann ergibt sich der Grundsatz der Bindung des Arbeitgebers an die zeitliche Festlegung des Urlaubs nur bzw. auch daraus, daß die Ausübung eines Gestaltungsrechts das Gestaltungsrecht jedenfalls grundsätzlich verbraucht und wegen des Rechtssicherheitsgebots jedenfalls grundsätzlich auch nicht widerruflich ist (vgl. *Medicus*, Allgemeiner Teil des BGB, Anm. 90; *Bötticher*, Gestaltungsrecht und Unterwerfung im Privatrecht, S. 5ff.; *Natzel*, § 7 Anm. 42; *Gaul/Boewer*, S. 29 und 94; *von der Laden*, S. 64; *Lepke*, DB 1990, 1131, 1133).

42 **Neuerdings wird im Schrifttum der Grundsatz der Bindung des Arbeitgebers an die zeitliche Festlegung des Urlaubs jedoch** mit der Begründung **bestritten**, daß der zeitlichen Festlegung des Urlaubs in Verbindung mit der Urlaubsgewährung »angesichts des veränderten Verständnisses von der Erteilung des Urlaubs« gar »nicht die Bedeutung einer bindenden, lediglich anfechtbaren Willenserklärung« zukomme, sondern sich in der Erklärung erschöpfe, das Leistungsverweigerungsrecht gemäß § 7 Abs. 1 Halbsatz 2 BUrlG (vgl. hierzu Anm. 3) einstweilen nicht geltend machen zu wollen, so daß der Arbeitgeber dieses Leistungsverweigerungsrecht später mit Rücksicht auf zwischenzeitlich veränderte Umstände noch geltend machen könne, bis der Arbeitnehmer seinen Urlaub zur Gänze genommen habe (vgl. *Dörner*, AR-Blattei, Urlaub V, D I 4). Dem kann jedoch schon deswegen nicht gefolgt werden, weil der Arbeitgeber »angesichts des veränderten Verständnisses von der Erteilung des Urlaubs« zwar kein Gestaltungsrecht zur zeitlichen Festlegung des Urlaubs gemäß § 7 Abs. 1 BUrlG, sondern gemäß § 7 Abs. 1 Halbsatz 2 BUrlG ein Leistungsverweigerungsrecht gegenüber dem Urlaubsanspruch hat (vgl. hierzu Anm. 3), aufgrund des Urlaubsanspruchs aber doch zur Urlaubsgewährung im Sinne der Freistellung von der Arbeitspflicht während der Urlaubszeit durch eine entsprechende Willenserklärung verpflichtet (vgl. Anm. 1ff.) und dementsprechend an die Erfüllung dieses Anspruchs durch die zeitliche Festlegung des Urlaubs in Verbindung mit der Urlaubsgewährung zumindest grundsätzlich auch gebunden ist. Dafür spricht auch der Wortlaut des § 7 Abs. 1 BUrlG, wonach der Arbeitgeber ein etwaiges Leistungsverweigerungsrecht »bei« und infolgedessen nicht auch noch nach der zeitlichen Festlegung des Urlaubs ausüben kann. Im Schrifttum wird denn auch im übrigen trotz »des veränderten Verständnisses von der Erteilung des Urlaubs« an der grundsätzlichen Bindung des Arbeitgebers an die zeitliche Festlegung des Urlaubs festgehalten (vgl. *Leinemann/Lipke*, DB 1988, 1217, 1219).

43 Eine Stellungnahme des BAG »angesichts des veränderten Verständnisses von der Erteilung des Urlaubs« steht jedoch noch aus. Die beiläufige Feststellung, daß das Leistungsverweigerungsrecht des Arbeitgebers gemäß § 7 Abs. 1 Halbsatz 2 BUrlG »auch im **Zwangsvollstreckungsverfahren** noch zu beachten« sei (vgl. *BAG* EzA § 7 BUrlG Nr. 48 = AP Nr. 10 zu § 7 BUrlG), ist unklar und muß nicht die Absage an den Grundsatz der Bindung des Arbeitgebers an die zeitliche Festlegung des Urlaubs bedeuten.

b) Ausnahmen

aa) Vorbemerkung

44 Ausnahmen von dem Grundsatz der Bindung des Arbeitgebers an die zeitliche Festlegung des Urlaubs (vgl. Anm. 41) kommen nur insoweit in Betracht, als dieser Grundsatz unter Beachtung seiner rechtsdogmatischen Grundlagen Ausnah-

men gestattet. Abgesehen davon muß beachtet werden, daß Ausnahmen von dem Grundsatz der Bindung des Arbeitgebers an die zeitliche Festlegung des Urlaubs den Erholungszweck des Urlaubs gefährden, weil der Arbeitnehmer dann den Urlaub nicht ungestört vorbereiten und genießen kann (vgl. *von der Laden*, S. 64f.; *Lepke*, DB 1990, 1131, 1133).

bb) Anfechtung

45 Der Arbeitgeber kann die zeitliche Festlegung des Urlaubs grundsätzlich gemäß §§ 119 und 123 BGB anfechten. Denn die zeitliche Festlegung des Urlaubs ist in jedem Falle eine Willenserklärung im Sinne der §§ 119 und 123 BGB (vgl. Anm. 6) und das Anfechtungsrecht gemäß §§ 119 und 123 BGB ist gegenüber der Bindung des Arbeitgebers an die zeitliche Festlegung des Urlaubs grundsätzlich vorrangig (vgl. *von der Laden*, S. 67; *Lepke*, DB 1990, 1131f.). Das Recht zur Anfechtung der zeitlichen Festlegung des Urlaubs ist aber entsprechend den Regeln über das faktische Arbeitsverhältnis ebenso eingeschränkt wie das Recht zur Anfechtung des Arbeitsvertrags. Demnach kann der Arbeitgeber die zeitliche Festlegung des Urlaubs nur so lange gemäß § 142 Abs. 1 BGB mit Wirkung der Nichtigkeit von Anfang an (ex tunc) anfechten, bis der Arbeitnehmer den Urlaub angetreten hat, nach dem Urlaubsantritt nur noch mit Wirkung für die Zukunft (ex nunc) und nach Beendigung des Urlaubs überhaupt nicht mehr (vgl. *BAG* AP Nr. 12 zu § 123 GewO = SAE 1960, 106; *Gaul*, Arbeitsrecht I, F IV Anm. 48; *Boldt/Röhsler*, § 7 Anm. 40; *Dersch/Neumann*, § 7 Anm. 8; *Natzel*, § 7 Anm. 37; *Siara*, § 7 Anm. 3; *Gaul/Boewer*, S. 93ff.; *von der Laden*, S. 67; *Hefermehl*, BABl. 1967, 310, 320; *Boldt*, Anm. AP Nr. 16 zu § 11 BUrlG; *Lepke*, DB 1990, 1131f.; **allein** *Dörner* **lehnt ein Anfechtungsrecht ab**, und zwar mit der unzutreffenden Begründung, daß es an einer anfechtbaren Willenserklärung fehle; vgl. dazu Anm. 42; **zweifelnd** *Schelp/Herbst*, § 7 Anm. 27).

cc) Widerruf und Rückruf

46 Der Widerruf der zeitlichen Festlegung des Urlaubs ist die einseitige rechtsgestaltende Willenserklärung, durch die die zeitliche Festlegung des Urlaubs vor dem Urlaubsantritt wieder aufgehoben wird. Der Rückruf des Arbeitnehmers aus dem Urlaub ist die einseitige rechtsgestaltende Willenserklärung, durch die die zeitliche Festlegung des Urlaubs während des Urlaubs wieder aufgehoben wird. Nötigenfalls muß im Wege der Auslegung gemäß § 133 BGB festgestellt werden, ob ein Widerruf bzw. Rückruf erfolgt ist. In der bloßen Aussperrungserklärung des Arbeitgebers kann jedenfalls im Regelfall ein Widerruf bzw. Rückruf nicht gesehen werden (vgl. *BAG* EzA Art. 9 GG Arbeitskampf Nr. 78 = AP Nr. 58 zu § 1 FeiertagslohnzahlungsG; zustimmend *Pieper*, ArbuR 1989, 221f.). **Widerruf und Rückruf sind nach ganz herrschender Meinung in Rechtsprechung und Schrifttum ausnahmsweise zulässig** (vgl. *BAG* AP Nr. 12 zu § 123 GewO = SAE 1960, 106; *BAG* AP Nr. 84 zu § 611 BGB Urlaubsrecht = SAE 1962, 123; *BAG* EzA § 1 BUrlG Nr. 18 = AP Nr. 16 zu § 11 BUrlG; *BAG* EzA Art. 9 GG Arbeitskampf Nr. 78 = AP Nr. 58 zu § 1 FeiertagslohnzahlungsG; *LAG Düsseldorf* DB 1970, 1136; *Gaul*, Arbeitsrecht I, F IV Anm. 49; *Boldt/Röhsler*, § 7 Anm. 41 und 43; *Dersch/Neumann*, § 7 Anm. 38; *Berscheid*, HzA, Gruppe 4, Rz. 380; *Gaul/Boewer*, S. 94ff.; *von der Laden*, S. 67ff.; *Sieg*, RdA 1963, 124, 126f.; *Boldt*, Anm. AP Nr. 16 zu § 11 BUrlG; *Leinemann/Lipke*, DB 1988, 1217, 1219; *Lepke*, DB 1990, 1131ff.). Seitdem das BAG ein Gestaltungsrecht zur zeitlichen Festlegung des Urlaubs ablehnt (vgl. hierzu Anm. 3), hat es freilich zum Widerrufs- bzw. Rückrufrecht noch nicht Stellung genommen.

47 Die **rechtsdogmatische Grundlage** für den ausnahmsweise zugelassenen Widerruf bzw. Rückruf wird ganz unterschiedlich in einem entsprechenden stillschweigenden Vorbehalt (vgl. *Nikisch*, NZfA 1928, 133, 139; *Klein*, BB 1960, 251, 255), im Direktionsrecht des Arbeitgebers (vgl. *Gaul/Boewer*, S. 78f., 94ff.; *Lepke*, DB 1990, 1131, 1133f.), in der Treuepflicht des Arbeitnehmers (vgl. *Schaub*, § 102 A V 4; *Stahlhacke*, § 7 Anm. 17; *von der Laden*, S. 68), den §§ 157, 242 BGB (vgl. *Molitor* in: Festschrift für Hans Carl Nipperdey, 1955, S. 83, 89f.) oder ganz allgemein in Treu und Glauben (vgl. *Zöllner*, DB 1957, 508f.) **gesehen** (vgl. insgesamt *Gaul/Boewer*, S. 97; *von der Laden*, S. 67f.; *Lepke*, DB 1990, 1131f.). Überwiegend wird gar keine rechtsdogmatische Begründung für den ausnahmsweise zugelassenen Widerruf beziehungsweise Rückruf gegeben (vgl. *BAG* EzA § 1 BUrlG Nr. 18 = AP Nr. 16 zu § 11 BUrlG; *BAG* EzA Art. 9 GG Arbeitskampf Nr. 78 = AP Nr. 58 zu § 1 FeiertagslohnzahlungsG; *Gaul*, Arbeitsrecht I, F IV Anm. 49; vgl. ferner die Nachweise bei *Lepke*, DB 1990, 1131f. in Fußn. 24).

48 Ungeachtet der unterschiedlichen rechtsdogmatischen Begründung wird das Recht zum Widerruf bzw. Rückruf von der wohl herrschenden Meinung wie das Recht zur zeitlichen Festlegung des Urlaubs gemäß § 7 Abs. 1 BUrlG von einer **Abwägung** der beiderseitigen Interessen im Einzelfall abhängig gemacht (vgl. *Boldt/Röhsler*, § 7 Anm. 41 und 43; *Berscheid*, HzA, Gruppe 4, Rz. 380f.; *Gaul/Boewer*, S. 95; *Boldt*, Anm. AP Nr. 16 zu § 11 BUrlG; *Lepke*, DB 1990, 1131, 1133ff.; gegen eine Interessenabwägung jedoch *von der Laden*, S. 69, der auch bei der zeitlichen Festlegung des Urlaubs gemäß § 7 Abs. 1 BUrlG eine Interessenabwägung ablehnt). Auf der Seite des Arbeitgebers sind dringende betriebliche Belange im Sinne von § 7 Abs. 1 BUrlG (vgl. hierzu Anm. 14ff.) zu berücksichtigen. Auf der anderen Seite steht das Interesse des Arbeitnehmers an der urlaubszweckgemäßen Bindung des Arbeitgebers an die zeitliche Festlegung des Urlaubs (vgl. Anm. 44). Bei der gebotenen Interessenabwägung wird das Widerrufs- bzw. Rückrufrecht überwiegend an strenge Anforderungen geknüpft (vgl. *BAG* EzA Art. 9 GG Arbeitskampf Nr. 78 = AP Nr. 58 zu § 1 FeiertagslohnzahlungsG; *Boldt/Röhsler*, § 7 Anm. 41 und 43; *Berscheid*, HzA, Gruppe 4, Rz. 380; *Boldt*, Anm. AP Nr. 16 zu § 11 BUrlG; *Lepke*, DB 1990, 1131, 1133f.). Die betrieblichen Belange des Arbeitgebers müssen zur Rechtfertigung des Widerrufsbzw. Rückrufrechts noch dringlicher sein als bei der zeitlichen Festlegung des Urlaubs gemäß § 7 Abs. 1 BUrlG (vgl. *Boldt/Röhsler*, § 7 Anm. 41 und 43; *Dersch/Neumann*, § 7 Anm. 38; *Stahlhacke*, § 7 Anm. 15; *Berscheid*, HzA, Gruppe 4, Rz. 380f.; *Lepke*, DB 1990, 1131, 1134; vgl. ferner *von der Laden*, S. 69).

49 **Im einzelnen** wird das Widerrufs- bzw. Rückrufrecht ganz überwiegend nur in betrieblichen Notfällen anerkannt (vgl. *Boldt/Röhsler*, § 7 Anm. 41 und 43; *Dersch/Neumann*, § 7 Anm. 37; *Berscheid*, HzA, Gruppe 4, Rz. 380f.; *Gaul/Boewer*, S. 95; *von der Laden*, S. 69; *Lepke*, DB 1990, 1131, 1133f.), wovon nur bei ganz unvorhergesehenen Ereignissen die Rede sein kann (vgl. hierzu *BAG* AP Nr. 12 zu § 123 GewO = SAE 1960, 106; *BAG* AP Nr. 84 zu § 611 BGB Urlaubsrecht = SAE 1962, 123; *LAG Düsseldorf* DB 1970, 1136; *Gaul*, Arbeitsrecht I, F IV Anm. 44; *Schaub*, § 102 A V 4; *Boldt/Röhsler*, § 7 Anm. 41; *Berscheid*, HzA, Gruppe 4, Rz. 380f.; *Boldt*, Anm. AP Nr. 16 zu § 11 BUrlG; *Lepke*, DB 1990, 1131, 1133f.). Das Interesse des Arbeitnehmers an der Bindung des Arbeitgebers an die zeitliche Festlegung des Urlaubs wird im übrigen um so höher bewertet, je kürzer der Urlaubstermin bevorsteht (vgl. *Boldt/Röhsler*, § 7 Anm. 41; *Dersch/Neumann*, § 7 Anm. 38; *Lepke*, DB 1990, 1131, 1133). An das Rückrufrecht werden dementsprechend noch strengere Anforderungen gestellt als an das Widerrufsrecht (vgl. *Boldt/Röhsler*, § 7 Anm. 43; *Berscheid*, HzA, Gruppe 4, Rz. 380; *Lepke*, DB 1990, 1131, 1134). Überdies muß beim Rückruf selbstverständlich auch das Teilungsverbot gemäß § 7 Abs. 2 BUrlG beachtet werden (vgl. *Boldt/Röhsler*, § 7 Anm. 43; *Gaul/Boewer*, S. 100; *Lepke*, DB 1990, 1131, 1135), und zwar insbesondere § 7 Abs. 2 Satz 2 BUrlG. Gegen ein Widerrufs- bzw. Rückrufrecht wegen einer erklärten Aussperrung hat das BAG Bedenken geäußert (vgl. *BAG* EzA Art. 9 GG Arbeitskampf Nr. 78 = AP Nr. 58 zu § 1 FeiertagslohnzahlungsG), während im Schrifttum ein solches Recht im Falle eines Arbeitskampfes teilweise anerkannt (vgl. *Natzel*, § 7 Anm. 47; *Gaul/Boewer*, S. 103) und teilweise abgelehnt (vgl. *Berscheid*, HzA, Gruppe 4, Rz. 108) wird. Schließlich wird das Widerrufs- bzw. Rückrufrecht teilweise davon abhängig gemacht, daß der Arbeitgeber dem Arbeitnehmer zusichert, die durch den Widerruf bzw. Rückruf entstehenden Kosten zu ersetzen (vgl. *Dersch/Neumann*, § 7 Anm. 38; *von der Laden*, S. 68 Fußn. 140).

50 **Entgegen der herrschenden Meinung besteht ein Widerrufs- bzw. Rückrufrecht nach richtiger Meinung nicht** (vgl. *Siara*, § 7 Anm. 4; zustimmend nun auch *Natzel*, § 7 Anm. 42, allerdings im Widerspruch zu Anm. 35 und 39; *Tautphäus*, HAS, Urlaubsrecht, Anm. 98). Unabhängig von dem Streit über die Rechtsnatur der zeitlichen Festlegung des Urlaubs gemäß § 7 Abs. 1 BUrlG (vgl. hierzu Anm. 3f.) ist ein Widerruf bzw. Rückruf durch die Bindung des Arbeitgebers an die von ihm vorgenommene zeitliche Festlegung des Urlaubs (vgl. hierzu Anm. 41) ausgeschlossen. Die zur Rechtfertigung eines Widerrufs beziehungsweise Rückrufs vorgebrachten Begründungen sind nicht überzeugend. Wenn man in der zeitlichen Festlegung des Urlaubs gemäß § 7 Abs. 1 BUrlG die Ausübung eines Gestaltungsrechts sieht (vgl. Anm. 3f.), ist ein Widerruf bzw. Rückruf immerhin denkbar, weil ein diesbezügliches Gestaltungsrecht rechtsdogmatisch nicht von vornherein ausgeschlossen ist (vgl. *Soergel/M. Wolf*, § 315 Anm. 16 und 43). Bei der zeitlichen Festlegung des Urlaubs gemäß § 7 Abs. 1 BUrlG bewendet es jedoch in jedem Falle bei dem Grundsatz des Verbrauchs des Gestaltungsrechts durch seine Ausübung und bei dem Grundsatz der Unwiderruflichkeit der Ausübung des Gestaltungsrechts, der seine Rechtfertigung in dem Rechtssicherheitsgebot findet (vgl. Anm. 41). Soweit die zeitliche Festlegung des Urlaubs zu Unrecht als Ausübung des Direktionsrechts und nicht eines sonstigen Leistungsbestimmungsrechts angesehen wird (vgl. hierzu Anm. 3f.) erscheint der Widerruf bzw. Rückruf zwar eher begründbar, weil die Ausübung des Direktionsrechts jedenfalls grundsätzlich abänderbar ist (vgl. dazu *Zöllner*, DB 1957, 508 und Anm. AP Nr. 1 zu § 611 BGB Urlaub und Kur; ferner *Bötticher*, Gestaltungsrecht und Unterwerfung im Privatrecht, S. 6f.; *Lepke*, DB 1990, 1131, 1133). Letztlich ist aber auch dann der Widerruf bzw. Rückruf durch die Besonderheit der zeitlichen Festlegung des Urlaubs gemäß § 7 Abs. 1 BUrlG ausgeschlossen, weil diese Vorschrift keinerlei Anhaltspunkt für ein entsprechendes Widerrufs- bzw. Rückrufrecht beinhaltet und ein solches Recht außerdem dem Erholungszweck des Urlaubs widersprechen würde (vgl. hierzu Anm. 44). Die Annahme des stillschweigenden Vorbehalts des Widerrufs bzw. Rückrufs kommt schon deswegen nicht in Betracht, weil es sich dabei lediglich um eine Fiktion handelt (vgl. *Stahl-*

hacke, § 7 Anm. 17; *von der Laden*, S. 68). Ein ausdrücklicher Vorbehalt wäre wegen der Bedingungsfeindlichkeit der Ausübung von Gestaltungsrechten im allgemeinen (vgl. *Medicus*, Allgemeiner Teil des BGB, Anm. 90) sowie der Bedingungsfeindlichkeit der zeitlichen Festlegung des Urlaubs im besonderen (vgl. *von der Laden*, S. 66) unwirksam (vgl. zu dieser Rechtsfolge im allgemeinen *Medicus*, a.a.O., Anm. 853; skeptisch auch schon *Molitor* in: Festschrift für Hans Carl Nipperdey zum 60. Geburtstag, 1955, S. 83, 90; entgegen *von der Laden*, S. 66, änderte gemäß § 13 Abs. 1 Satz 3 BUrlG auch das Einverständnis des Arbeitnehmers nichts an der Unwirksamkeit eines solchen Vorbehalts; für die Zulässigkeit eines vertraglichen Vorbehalts jedoch *Lepke*, DB 1990, 1131). Im übrigen ist ein Widerruf bzw. Rückruf, aus welchem Rechtsgrund auch immer, jedenfalls deswegen ausgeschlossen, weil die zeitliche Festlegung des Urlaubs in Verbindung mit der Urlaubsgewährung nach richtiger Meinung in jedem Falle auch die Erfüllung der Urlaubsschuld durch die Freistellung von der Arbeitspflicht im Wege einer entsprechenden Willenserklärung des Arbeitgebers darstellt (vgl. hierzu Anm. 1ff.) und deswegen nicht einseitig rückgängig gemacht werden kann (vgl. Anm. 41), zumal die zeitliche Festlegung des Urlaubs mittelbar auch den Inhalt des Arbeitsvertrags bestimmt, der gemäß § 305 BGB grundsätzlich nur durch einen Vertrag geändert werden kann (vgl. hierzu *Siara*, § 7 Anm. 4).

dd) Anspruch auf Änderung

51 Nach richtiger Meinung hat der Arbeitgeber unter Umständen aufgrund § 242 BGB einen Anspruch auf Abschluß eines **Änderungsvertrags** über die zeitliche Festlegung des Urlaubs (vgl. *Siara*, § 7 Anm. 4; zustimmend nun auch *Natzel*, § 7 Anm. 42). Ein solcher Anspruch hängt von denselben Voraussetzungen ab, unter denen nach der herrschenden Meinung ein Widerrufs- bzw. Rückrufrecht besteht (ebenso nun *Natzel*, § 7 Anm. 42; zu diesen Voraussetzungen vgl. Anm. 40f.; ferner *Natzel*, § 7 Anm. 39ff.). Im übrigen wird ein solcher Anspruch auch von Vertretern der herrschenden Meinung anerkannt (vgl. *Boldt/Röhsler*, § 7 Anm. 39).

ee) Änderungsvertrag

52 Selbstverständlich können die Arbeitsvertragsparteien aufgrund der Privatautonomie die zeitliche Festlegung des Urlaubs – unabhängig von irgendwelchen diesbezüglichen Ansprüchen – durch einen entsprechenden Vertrag einvernehmlich ändern (vgl. *Boldt/Röhsler*, § 7 Anm. 39; *Dersch/Neumann*, § 7 Anm. 36; *Natzel*, § 7 Anm. 45; *Gaul/Boewer*, S. 95; *von der Laden*, S. 64 in Fußn. 124 und S. 70; *Sieg*, RdA 1963, 124, 126; *Boldt*, Anm. AP Nr. 16 zu § 11 BUrlG; *Lepke*, DB 1990, 1131).

ff) Kostenersatz

53 Es besteht Einigkeit darüber, daß der Arbeitgeber die durch die Änderung der zeitlichen Festlegung des Urlaubs entstandenen Kosten grundsätzlich ersetzen muß (vgl. *Schaub*, § 102 A V 4; *Boldt/Röhsler*, § 7 Anm. 42f.; *Dersch/Neumann*, § 7 Anm. 38; *Natzel*, § 7 Anm. 46; *Siara*, § 7 Anm. 4; *Stahlhacke*, § 7 Anm. 15; *Berscheid*, HzA, Gruppe 4, Rz. 382f.; *Gaul/Boewer*, S. 99ff.; *von der Laden*, S. 68 Fußn. 140; *Lepke*, DB 1990, 1131, 1137). Als Anspruchsgrundlage werden § 242 BGB (vgl. *Boldt/Röhsler*, § 7 Anm. 42; *Gaul/Boewer*, S. 100), § 670 BGB (vgl. *Gaul*, Arbeitsrecht I, F IV Anm. 49; *Boldt/Röhsler*, § 7 Anm. 42; *Gaul/Boewer*, S. 100) und der zivilrechtliche Aufopferungsanspruch (vgl. *Lepke*, DB 1990,

1131, 1138) genannt. Am besten trägt eine Kostenersatzpflicht gemäß § 242 BGB der Besonderheit des Falles Rechnung. Der Umfang der Ersatzpflicht richtet sich jedenfalls nach Treu und Glauben (so auch *Lepke*, DB 1990, 1131, 1138). Für den Fall der Anfechtung gemäß § 119 BGB gilt freilich die Spezialregelung in § 122 BGB (vgl. *Gaul/Boewer*, S. 93; *Lepke*, DB 1990, 1131, 1137), während für den Fall der Anfechtung gemäß § 123 BGB ein Ersatzanspruch des Arbeitnehmers ausgeschlossen ist (vgl. *Gaul*, Arbeitsrecht I, F IV Anm. 48; *Gaul/Boewer*, S. 93f.; *Lepke*, DB 1990, 1131, 1137).

10. Die Unverbindlichkeit der zeitlichen Festlegung des Urlaubs

54 Wenn die zeitliche Festlegung des Urlaubs nicht der Vorschrift des § 7 Abs. 1 BUrlG oder nicht billigem Ermessen im Sinne von § 315 Abs. 1 BGB (zur Anwendbarkeit dieser Vorschrift vgl. Anm. 20ff.) entspricht, stellt sich die Frage der Rechtsfolge dieser Rechtsverletzung. Bei der Feststellung dieser Rechtsfolge muß auf jeden Fall die Rechtsnatur der zeitlichen Festlegung des Urlaubs gemäß § 7 Abs. 1 BUrlG (vgl. hierzu Anm. 3f.) berücksichtigt werden.

55 Soweit die zeitliche Festlegung des Urlaubs gemäß § 7 Abs. 1 BUrlG neuerdings insbesondere vom BAG lediglich als Bestandteil der gesetzlich bestimmten Urlaubsschuld verstanden wird (vgl. Anm. 3), liegt noch **keine abschließende Stellungnahme** vor. Es besteht jedoch kein Zweifel, daß unter dieser Voraussetzung eine Rechtsverletzung bei der zeitlichen Festlegung des Urlaubs die Erfüllung der Urlaubsschuld gemäß § 362 Abs. 1 BGB ausschließt, weil im Falle einer solchen Rechtsverletzung der Arbeitgeber nicht die geschuldete Leistung bewirkt (vgl. auch *Dersch/Neumann*, § 7 Anm. 14). Die Urlaubsschuld kann dann vielmehr nur gemäß § 364 Abs. 1 BGB erlöschen, wenn der Arbeitnehmer den Urlaub trotz der Rechtsverletzung bei der zeitlichen Festlegung an Erfüllungs Statt annimmt. Sonst kommt dem Arbeitgeber allenfalls die Beweislastumkehr gemäß § 363 BGB zustatten.

56 **Soweit die zeitliche Festlegung des Urlaubs gemäß § 7 Abs. 1 BUrlG zutreffend** nicht lediglich als Bestandteil der gesetzlich bestimmten Urlaubsschuld, sondern jedenfalls auch **als Ausübung eines Gestaltungsrechts**, und zwar eines Leistungsbestimmungsrechts des Arbeitgebers zur zeitlichen Bestimmung der Urlaubsschuld durch die zeitliche Festlegung des Urlaubs verstanden wird (vgl. Anm. 3f.), besteht über die **Rechtsfolge einer Rechtsverletzung bei der zeitlichen Festlegung** des Urlaubs Streit. Nach der früheren Rechtsprechung des BAG und der heute noch herrschenden Meinung im Schrifttum, wonach die zeitliche Festlegung des Urlaubs eine Ermessensentscheidung im Sinne von § 315 Abs. 1 BGB ist, bei der § 7 Abs. 1 BUrlG als Ermessensgrenze berücksichtigt werden muß (vgl. Anm. 21f.), ist die zeitliche Festlegung des Urlaubs, die der Vorschrift des § 7 Abs. 1 BUrlG beziehungsweise billigem Ermessen im Sinne von § 315 Abs. 1 BGB nicht entspricht, gemäß § 315 Abs. 3 Satz 1 BGB unverbindlich (vgl. *BAG* AP Nr. 84 zu § 611 BGB Urlaubsrecht; *BAG* AP Nr. 5 zu § 7 BUrlG; ebenso z. B. *LAG Berlin* LAGE § 7 BUrlG Nr. 9; aus dem Schrifttum vgl. *A. Hueck* in: Hueck/Nipperdey, Arbeitsrecht I, S. 448; *Boldt/Röhsler*, § 7 Anm. 4; *Berscheid*, HzA, Gruppe 4, Rz. 366f.; *Gaul/Boewer*, S. 34f., 43f.; *Meisel*, DB 1965, 892, 931; *Thiele*, SAE 1967, 217; *Lepke*, DB Beilage Nr. 10/88, S. 4). Von der Mindermeinung im Schrifttum, wonach bei der zeitlichen Festlegung des Urlaubs keinesfalls der Maßstab billigen Ermessens im Sinne von § 315 Abs. 1 BGB, sondern ausschließlich die Vorschrift des § 7 Abs. 1 BUrlG gilt (vgl. Anm. 22), werden einerseits die §§ 362 Abs. 1, 364 Abs. 1 BGB angewendet, wenn die zeitliche Festlegung des Urlaubs nicht der Vorschrift des § 7 Abs. 1 BUrlG entspricht (vgl. *von der Laden*, S. 39f.; ebenso auch schon *Hoffmann*, DB 1963, 1288f.); danach gilt also dieselbe Rechtsfolge wie dann, wenn man mit der neuerdings vor allem vom BAG vertretenen Meinung die zeitliche Festlegung des Urlaubs lediglich als Bestandteil der gesetzlich bestimmten Urlaubsschuld ansieht (vgl. Anm. 55). Andererseits wird die analoge Anwendung des § 315 Abs. 3 Satz 1 BGB in Betracht gezogen (vgl. *von der Laden*, S. 38).

57 **Richtig ist, daß** bei der zeitlichen Festlegung des Urlaubs soweit wie möglich die Vorschrift des § 7 Abs. 1 BUrlG und im übrigen § 315 Abs. 1 BGB analog (vgl. Anm. 23) und dann, wenn die zeitliche Festlegung des Urlaubs der Vorschrift des § 7 Abs. 1 BUrlG oder dem Maßstab billigen Ermessens im Sinne von § 315 Abs. 1 BGB nicht entspricht, **in jedem Falle § 315 Abs. 3 Satz 1 BGB analog anzuwenden ist**. Soweit § 315 Abs. 1 BGB analog anzuwenden ist, versteht sich die analoge Anwendung von § 315 Abs. 3 Satz 1 BGB als Konsequenz von selbst. Soweit bei der zeitlichen Festlegung des Urlaubs ausschließlich § 7 Abs. 1 BUrlG anzuwenden ist, enthält das Bundesurlaubsgesetz insoweit eine Gesetzeslücke, als eine dem § 315 Abs. 3 Satz 1 BGB entsprechende Vorschrift für den Fall, daß die zeitliche Festlegung des Urlaubs der Vorschrift des § 7 Abs. 1 BUrlG nicht entspricht, fehlt. Insoweit ist die analoge Anwendung des § 315 Abs. 3 Satz 1 BGB wegen der Ähnlichkeit der Tatbestände der Leistungsbestimmung nach billigem Ermessen im Sinne von § 315 BGB und der zeitlichen Festlegung des Urlaubs gemäß § 7 Abs. 1 BUrlG im Hinblick auf den durch § 315 Abs. 3 Satz 1 BGB gewährleisteten Rechtsschutz vor der Ausübung eines einseitigen Leistungsbestimmungsrechts gerechtfertigt. Die zeitliche Festlegung des Urlaubs, die der Vorschrift des § 7 Abs. 1 BUrlG beziehungsweise billigem Ermessen im Sinne von § 315 Abs. 1 BGB nicht entspricht, ist also in jedem Falle gemäß § 315 Abs. 3 Satz 1 BGB unverbindlich. Eine gemäß § 315 Abs. 3 Satz 1 BGB unverbindliche Leistungsbestimmung ist nicht unwirksam, weil sie gemäß § 315 Abs. 3 Satz 2 BGB nur auf eine Klage hin durch Urteil ersetzt werden kann und infolgedessen ohne ein solches Urteil verbindlich ist (vgl. nur MünchKomm-*Söllner*, § 315 Anm. 24). Dementsprechend kann der Arbeitnehmer die gemäß § 315 Abs. 3 Satz 1 BGB unverbindliche zeitliche Festlegung des Urlaubs auch hinnehmen (vgl. *von der Laden*, S. 38f.). Im praktischen Ergebnis besteht insoweit also Übereinstimmung mit der früheren Rechtsprechung des BAG und der nach wie vor herrschenden Meinung im Schrifttum (vgl. hierzu Anm. 56). Die Entscheidungsfreiheit des Arbeitnehmers, die unverbindliche zeitliche Festlegung des Urlaubs hinzunehmen, entspricht im übrigen dem grundsätzlichen Vorrang der Urlaubswünsche des Arbeitnehmers gemäß § 7 Abs. 1 BUrlG.

11. Die Bindung des Arbeitnehmers an die zeitliche Festlegung des Urlaubs

58 Abgesehen von den Fällen der Unwirksamkeit (vgl. Anm. 40) und der Unverbindlichkeit (vgl. Anm. 54ff.) ist nach allgemeiner und richtiger Meinung auch der Arbeitnehmer an die zeitliche Festlegung des Urlaubs durch den Arbeitgeber gemäß § 7 Abs. 1 BUrlG gebunden (vgl. *Boldt/Röhsler*, § 7 Anm. 39; *Dersch/*

Neumann, § 7 Anm. 39; *Natzel*, § 7 Anm. 35; *Siara*, § 7 Anm. 5; *Berscheid*, HzA, Gruppe 4, Rz. 379; *Gaul/Boewer*, S. 101; *von der Laden*, S. 70; *Lepke*, DB 1990, 1131, 1135). Diese Bindung ergibt sich daraus, daß gemäß § 7 Abs. 1 BUrlG in jedem Falle der Arbeitgeber das Recht zur zeitlichen Festlegung des Urlaubs hat (vgl. Anm. 2ff.), nach herrschender und richtiger Meinung die zeitliche Festlegung des Urlaubs in Verbindung mit der Urlaubsgewährung die Erfüllung des Urlaubsanspruchs durch die geschuldete Willenserklärung zur Freistellung von der Arbeitspflicht darstellt und dadurch mittelbar auch der Inhalt des Arbeitsvertrags bestimmt wird (vgl. Anm. 1ff.), der gemäß § 305 BGB grundsätzlich nur durch einen Vertrag geändert werden kann. Der Arbeitnehmer hat aber nach richtiger Meinung unter Umständen gemäß § 242 BGB einen Anspruch auf Abschluß eines **Änderungsvertrags über die zeitliche Festlegung des Urlaubs** (vgl. *Boldt/Röhsler*, § 7 Anm. 39; *Dersch/Neumann*, § 7 Anm. 39; *Natzel*, § 7 Anm. 44; *Siara*, § 7 Anm. 5; *van Venrooy*, SAE 1988, 17, 20 Fußn. 49; *Gaul/Boewer*, S. 101 Fußn. 239, anerkennen nur einen Anspruch auf fehlerfreie Ausübung des Direktionsrechts; ebenso *Lepke*, DB 1990, 1131, 1135, der überdies meint, daß der Arbeitgeber rechtsmißbräuchlich handele, wenn er dem begründeten Verlangen des Arbeitnehmers nach Änderung der zeitlichen Festlegung des Urlaubs nicht nachkomme; rechtsdogmatisch unklar *Gaul*, Arbeitsrecht I, F IV Anm. 49; *von der Laden*, S. 70). Teils wird dieser Anspruch an zwingende (vgl. *Dersch/Neumann*, § 7 Anm. 39) oder wenigstens dringende Gründe des Arbeitnehmers (vgl. *Dersch/Neumann*, § 7 Anm. 40; ferner *Gaul*, Arbeitsrecht I, F IV Anm. 49) geknüpft. Teils wird dieser Anspruch nur unter sehr engen Voraussetzungen anerkannt (vgl. *van Venrooy*, SAE 1988, 17, 20 Fußn. 49; *Lepke*, DB 1990, 1131, 1135f.). Teils wird – von einer gewissen rechtsdogmatischen Unklarheit abgesehen – vorausgesetzt, daß der Erholungszweck während der festgelegten Urlaubszeit nicht erreicht werden kann, und in jedem Falle die Anlegung eines strengen Maßstabs gefordert (vgl. *von der Laden*, S. 70). Nach richtiger Meinung ist wie im Falle des § 7 Abs. 1 BUrlG eine Abwägung der beiderseitigen Interessen maßgebend, so daß dann, wenn der vom Arbeitnehmer gewünschten Änderung der zeitlichen Festlegung des Urlaubs keine schutzwürdigen Interessen des Arbeitgebers gemäß § 7 Abs. 1 BUrlG entgegenstehen, der Arbeitnehmer einen Anspruch auf Abschluß eines entsprechenden Änderungsvertrags hat (vgl. *Boldt/Röhsler*, § 7 Anm. 39; *Natzel*, § 7 Anm. 36, 44; *Gaul/Boewer*, S. 101f.) Ein besonders wichtiger Grund für die Änderung der zeitlichen Festlegung des Urlaubs ist die Erkrankung des Arbeitnehmers (vgl. *Natzel*, § 7 Anm. 36; *Siara*, § 7 Anm. 11; *Gaul/Boewer*, S. 102f.). Im Falle krankheitsbedingter Arbeitsunfähigkeit ist die zeitliche Festlegung des Urlaubs freilich ohnehin unwirksam (vgl. Anm. 35; ferner *Lepke*, DB 1990, 1131, 1136). Einen Anspruch auf Ersatz der durch die Änderung der zeitlichen Festlegung des Urlaubs entstandenen Kosten hat der Arbeitnehmer selbstverständlich nicht (vgl. *Gaul*, Arbeitsrecht I, F IV Anm. 49; *Dersch/Neumann*, § 7 Anm. 40; *Gaul/Boewer*, S. 103; *Lepke*, DB 1990, 1131, 1139).

12. Die prozessuale Geltendmachung des Urlaubsanspruchs

a) Klage

aa) Vorbemerkung

59 Die klageweise Geltendmachung des Urlaubsanspruchs richtet sich zwangsläufig nach dem Inhalt des Urlaubsanspruchs gemäß § 1 BUrlG und der diesbezüglichen Bedeutung der zeitlichen Festlegung des Urlaubs gemäß § 7 Abs. 1 BUrlG (vgl. *Gaul/Boewer*, S. 75), so daß sich der Streit über den Inhalt des Urlaubsanspruchs (vgl. Anm. 1ff.) zwangsläufig in dem Streit über die richtige klageweise Geltendmachung des Urlaubsanspruchs wiederspiegelt.

bb) Die klageweise Geltendmachung des Urlaubsanspruchs, sofern ein Gestaltungsrecht des Arbeitgebers zur zeitlichen Festlegung des Urlaubs abgelehnt wird

60 **Unter der allerdings unzutreffenden Voraussetzung**, daß der Arbeitnehmer nach Maßgabe der neuerdings vom BAG und einem Teil des Schrifttums vertretenen Meinung gemäß § 1 BUrlG nicht nur einen Anspruch auf Urlaubsgewährung im Sinne der Freistellung von der Arbeitspflicht durch eine entsprechende Willenserklärung hat, sondern auch die zeitliche Festlegung des Urlaubs gemäß § 7 Abs. 1 BUrlG lediglich Bestandteil der gesetzlich bestimmten Urlaubsschuld ist, ohne daß der Arbeitgeber ein Gestaltungsrecht zur zeitlichen Festlegung des Urlaubs hat (vgl. hierzu Anm. 3f.), **kommt eine Leistungsklage des Arbeitnehmers auf Verurteilung des Arbeitgebers** zur Urlaubsgewährung einschließlich der zeitlichen Festlegung des Urlaubs **in Betracht**, während eine Gestaltungsklage auf zeitliche Festlegung des Urlaubs gemäß § 315 Abs. 3 Satz 2 BGB ausgeschlossen ist (vgl. *BAG* EzA § 7 BUrlG Nr. 48 = AP Nr. 10 zu § 7 BUrlG; *LAG Hamburg* LAGE § 7 BUrlG Nr. 26; *ArbG Berlin* ARSt. 1989, 17; im Schrifttum so zuerst *Leinemann*, DB 1983, 989, 992; ferner *Leinemann/Lipke*, DB 1988, 217f.; nunmehr auch *Dörner*, AR-Blattei, Urlaub X, A I 1; *Hiekel*, NZA Beilage Nr. 2/90, S. 36f.).

61 Der Arbeitnehmer kann danach auf jeden Fall eine **zeitlich bestimmte Leistungsklage** mit dem Antrag erheben, den Arbeitgeber zu verurteilen, ihm in einem ganz bestimmten Zeitraum Urlaub zu gewähren (vgl. *BAG* EzA § 7 BUrlG Nr. 48 = AP Nr. 10 zu § 7 BUrlG; *LAG Hamm* gemäß *Hiekel*, NZA Beilage Nr. 2/90, S. 36 Fußn. 68; *LAG Hamburg* LAGE § 7 BUrlG Nr. 26; *ArbG Berlin*, DB 1988, 2316; *Dörner*, AR-Blattei, Urlaub X, A I 1; *Hiekel*, NZA Beilage Nr. 2/90, S. 36). Es ist dann Sache des Arbeitgebers, die Einrede des Leistungsverweigerungsrechts gemäß § 7 Abs. 1 Halbsatz 2 BUrlG (hierzu vgl. Anm. 3) zu erheben (vgl. *BAG* EzA § 7 BUrlG Nr. 48 = AP Nr. 10 zu § 7 BUrlG) und seine Voraussetzungen darzulegen und zu beweisen (vgl. *Dörner*, AR-Blattei, Urlaub V, D I 3a). Entsteht dieses Leistungsverweigerungsrecht erst nach der Verurteilung des Arbeitgebers, so soll es nach Meinung des BAG »auch im Zwangsvollstreckungsverfahren noch zu beachten« sein, ohne daß die Art und Weise dieser Beachtung geklärt worden wäre (vgl. *BAG* EzA § 7 BUrlG Nr. 48 = AP Nr. 10 zu § 7 BUrlG). Bei einer zeitlich bestimmten Leistungsklage besteht im übrigen die Gefahr der Überholung durch Zeitablauf. Im Zeitpunkt der Überholung durch Zeitablauf soll die zeitlich bestimmte Leistungsklage infolge Wegfalls des Rechtsschutzinteresses unzulässig werden (vgl. *BAG* EzA § 7 BUrlG

Nr. 48 = AP Nr. 10 zu § 7 BUrlG; ebenso *Dörner*, AR-Blattei, Urlaub X, A I 1; *Gross*, III 2). Richtig ist dagegen, daß eine auf eine unmögliche Leistung gerichtete Klage unbegründet ist (so insbes. *Leipold*, Anm. AP Nr. 10 zu § 7 BUrlG; ferner *Natzel*, § 7 Anm. 69; *Wank*, ZfA 1987, 355, 419; *Hiekel*, NZA Beilage Nr. 2/90, S. 36). Die zeitlich bestimmte Leistungsklage kann jedenfalls nach Überholung durch Zeitablauf keinen Erfolg mehr haben. Deswegen ist es dann angezeigt, den Antrag zu ändern und einen anderen Leistungsantrag oder einen Feststellungsantrag zu stellen (so auch *Leipold*, Anm. AP Nr. 10 zu § 7 BUrlG; *Hiekel*, NZA Beilage Nr. 2/90, S. 36 m.w.N. in Fußn. 72–74). Zu Recht werden daher gegen die Zweckmäßigkeit einer zeitlich bestimmten Leistungsklage Bedenken geltend gemacht (so schon *von der Laden*, S. 78f.; ebenso *Leipold*, Anm. AP Nr. 10 zu § 7 BUrlG; *Hiekel*, NZA Beilage Nr. 2/90, S. 36).

62 Das BAG läßt jedoch auch eine zeitlich **unbestimmte Leistungsklage** mit dem Antrag zu, den Arbeitgeber zur Gewährung von soundsoviel Tagen Urlaub zu verurteilen, ohne daß die Urlaubszeit bestimmt werden müßte (vgl. *BAG* EzA § 6 BUrlG Nr. 3 = AP Nr. 3 zu § 6 BUrlG; *BAG* EzA § 7 BUrlG Nr. 41 = AP Nr. 8 zu § 7 BUrlG Übertragung; *BAG* EzA § 3 BUrlG Nr. 15 = AP Nr. 22 zu § 13 BUrlG; *BAG* EzA § 8d MuSchG Nr. 4 = AP Nr. 4 zu § 8d MuSchG 1968; *BAG* EzA § 7 BUrlG Nr. 63). *Dörner* (AR-Blattei, Urlaub X, A I 2) stimmt dem BAG im Ergebnis zu, moniert aber zu Recht den Mangel jedweder Begründung. Eine zeitlich unbestimmte Leistungsklage auf Urlaubsgewährung versteht sich nämlich nicht von selbst. Dies schon deswegen nicht, weil § 253 Abs. 1 Nr. 2 ZPO einen bestimmten Klageantrag verlangt (vgl. *Gaul/Boewer*, S. 77; ebenso schon *Pohle*, Anm. AP Nr. 83 zu § 611 BGB Urlaubsrecht). Außerdem beinhaltet der Urlaubsanspruch nach der vom BAG für richtig gehaltenen Meinung doch auch den Anspruch auf die zeitliche Festlegung des Urlaubs gemäß § 7 Abs. 1 BUrlG, weswegen auf diese zeitliche Festlegung des Urlaubs in einem Rechtsstreit jedenfalls nicht ohne jede Begründung verzichtet werden kann. Schließlich bedarf es der Klärung, wie ein Urteil, durch das der Arbeitgeber zur Urlaubsgewährung ohne zeitliche Festlegung des Urlaubs verurteilt wird, vollstreckt werden kann. Der Vorschlag von *Dörner* (AR-Blattei, Urlaub X, A I 2; vgl. hierzu auch *Dersch/Neumann*, § 7 Anm. 50), die Urlaubsgewährung nicht als eine Willenserklärung im Sinne von § 894 ZPO, sondern als eine unvertretbare Handlung im Sinne von § 888 ZPO anzusehen und den eventuellen Streit über die zeitliche Festlegung des Urlaubs gemäß § 7 Abs. 1 BUrlG dem Vollstreckungsverfahren gemäß § 888 ZPO zu überantworten, ist schon deswegen nicht überzeugend, weil die Urlaubsgewährung in Übereinstimmung mit der ständigen Rechtsprechung des BAG und der herrschenden Meinung im Schrifttum als Willenserklärung zur Freistellung von der Arbeitspflicht angesehen werden muß (vgl. hierzu Anm. 1; gegen die Anwendung von § 888 ZPO schon *LAG Frankfurt* DB 1965, 187; nunmehr insbes. *LAG Hamburg* LAGE § 7 BUrlG Nr. 26; *Hiekel*, NZA Beilage Nr. 2/90, S. 37 m.w.N. in Fußn. 85). Neuerdings wird vorgeschlagen, auch im Falle einer zeitlich unbestimmten Leistungsklage die Urlaubszeit analog § 315 Abs. 3 Satz 2 BUrlG im Urteil festzulegen, wenn auch die Urlaubszeit streitig ist (so *Hiekel*, NZA Beilage Nr. 2/90, S. 37).

63 Eine Leistungsklage auf künftige Gewährung des gesetzlichen Urlaubs wird zumindest in aller Regel gemäß § 259 ZPO unzulässig sein (vgl. *Dörner*, AR-Blattei, Urlaub X, A I 3; vgl. aber auch *Boldt/Röhsler*, § 1 Anm. 89; *Schelp/Herbst*, § 1 Anm. 17).

cc) Die klageweise Geltendmachung des Urlaubsanspruchs, sofern dem Arbeitgeber ein Gestaltungsrecht zur zeitlichen Festlegung des Urlaubs zugebilligt wird

aaa) Leistungsklage auf Urlaubsgewährung

64 Unter der zutreffenden Voraussetzung, daß die zeitliche Festlegung des Urlaubs gemäß § 7 Abs. 1 BUrlG nach Maßgabe der herrschenden Meinung im Schrifttum nicht lediglich Bestandteil der gesetzlich bestimmten Urlaubsschuld des Arbeitgebers ist, sondern der Arbeitgeber gemäß § 7 Abs. 1 BUrlG jedenfalls auch ein Gestaltungsrecht zur Bestimmung seiner Urlaubsschuld durch die zeitliche Festlegung des Urlaubs hat (vgl. hierzu Anm. 3f.), ist zum einen umstritten, ob eine zeitlich unbestimmte Leistungsklage auf Verurteilung des Arbeitgebers zur Urlaubsgewährung ohne zeitliche Festlegung des Urlaubs zulässig ist. Das BAG hat früher eine solche Klage für zulässig gehalten (vgl. *BAG* AP Nr. 83 und 86 zu § 611 BGB Urlaubsrecht). Die herrschende Meinung im Schrifttum hält eine solche Klage ebenfalls für zulässig (vgl. *Boldt/Röhsler*, § 1 Anm. 85ff.; *Borrmann*, § 1 Anm. 23; *Natzel*, § 7 Anm. 63f.; *Schelp/Herbst*, § 1 Anm. 17; *Berscheid*, HzA, Gruppe 4, Rz. 407; vgl. auch *Leipold*, Anm. AP Nr. 10 zu § 7 BUrlG). Demgegenüber wird bezweifelt, ob eine Leistungsklage auf Urlaubsgewährung ohne zeitliche Festlegung des Urlaubs gemäß § 253 Abs. 2 Nr. 2 ZPO genügend bestimmt ist (vgl. *Gaul/Boewer*, S. 77; ebenso schon *Pohle*, Anm. AP Nr. 83 zu § 611 BGB Urlaubsrecht). Zum Teil wird die Urlaubsgewährung ohne zeitliche Festlegung des Urlaubs für unmöglich gehalten (vgl. *Nikisch*, NZfA 1928, Sp. 133, 138, 140). Diese Einwände sind jedoch unbegründet, weil einerseits der Arbeitnehmer gemäß § 1 BUrlG einen Urlaubsanspruch auf Urlaubsgewährung und andererseits der Arbeitgeber gemäß § 7 Abs. 1 BUrlG ein Gestaltungsrecht zur zeitlichen Festlegung des Urlaubs hat. Die zeitlich unbestimmte Leistungsklage auf Verurteilung des Arbeitgebers zur Urlaubsgewährung ohne zeitliche Festlegung des Urlaubs ist eine **Konsequenz des materiellen Urlaubsrechts**. Insoweit besteht übrigens im Ergebnis Übereinstimmung mit der neuerdings vom BAG und einem Teil des Schrifttums vertretenen Meinung, wonach der Urlaubsanspruch des Arbeitnehmers gemäß § 1 BUrlG zwar auch die zeitliche Festlegung des Urlaubs gemäß § 7 Abs. 1 BUrlG umfaßt und ein diesbezügliches Gestaltungsrecht des Arbeitgebers ausgeschlossen ist, der Urlaubsanspruch aber trotzdem im Wege einer zeitlich unbestimmten Leistungsklage geltend gemacht werden kann (vgl. Anm. 62). Die Vollstreckung eines Urteils, durch das der Arbeitgeber zur Urlaubsgewährung ohne zeitliche Festlegung des Urlaubs verurteilt wird, richtet sich nach § 894 ZPO (so schon *BAG* AP Nr. 83 und 86 zu § 611 BGB Urlaubsrecht; vgl. ferner *Boldt/Röhsler*, § 1 Anm. 85; *Natzel*, § 7 Anm. 63; *Berscheid*, HzA, Gruppe 4, Rz. 407; *Leipold*, Anm. AP Nr. 10 zu § 7 BUrlG), weil die geschuldete Urlaubsgewährung durch eine entsprechende Willenserklärung erfolgt (hierzu vgl. Anm. 1). Allerdings ist eine zeitlich unbestimmte Leistungsklage auf Urlaubsgewährung ohne zeitliche Festlegung des Urlaubs nur zweckmäßig, wenn nur der Urlaubsanspruch, aber nicht die zeitliche Festlegung des Urlaubs streitig ist.

bbb) Gestaltungsklage auf zeitliche Festlegung des Urlaubs

65 Wie die zeitliche Festlegung des Urlaubs gemäß § 7 Abs. 1 BUrlG klageweise durchgesetzt werden kann, sofern auch ein diesbezügliches Gestaltungsrecht des Arbeitgebers anerkannt wird, ist ebenfalls streitig. Das BAG hat zu dieser Frage früher nicht Stellung genommen (so richtig *von der Laden*, S. 72f.). Die Instanzgerichte haben die Gestaltungsklage gemäß § 315 Abs. 3 Satz 2 BGB befürwortet (vgl. *LAG Hamm* DB 1976, 1726; *LAG Köln* DB 1985, 182f.). Auch nach der im Schrifttum herrschenden Meinung ist § 315 Abs. 3 Satz 2 BGB anzuwenden (vgl. nur *A. Hueck* in: Hueck/Nipperdey, Arbeitsrecht I, S. 448; *Schaub*, § 102 A V 1; *Boldt/Röhsler*, § 7 Anm. 4; *Borrmann*, § 1 Anm. 24; *Natzel*, § 7 Anm. 65; *Schelp/Herbst*, § 1 Anm. 17 und § 7 Anm. 8; *Berscheid*, HzA, Gruppe 4, Rz. 408; *Thiele*, SAE 1967, 217; *Dütz*, DB 1976, 1428f., 1481f.; *Leipold*, Anm. AP Nr. 10 zu § 7 BUrlG; *Gerauer*, NZA 1988, 154ff.; *Künzl*, BB 1991, 1630, 1632; vgl. ferner die Nachweise bei *Boldt/Röhsler*, § 1 Anm. 88 und *von der Laden*, S. 73f. Fußn. 8). Von einer Mindermeinung wird dagegen eine Leistungsklage auch auf die zeitliche Festlegung des Urlaubs gemäß § 7 Abs. 1 BUrlG zugelassen (vgl. *Dersch*/Neumann, § 7 Anm. 53). Richtig ist, daß auf die zeitliche Festlegung des Urlaubs § 315 Abs. 3 Satz 2 BGB ebenso analog anzuwenden ist wie § 315 Abs. 3 Satz 1 BGB (vgl. hierzu Anm. 57). Der Arbeitnehmer kann demgemäß keine Leistungsklage auf zeitliche Festlegung des Urlaubs gemäß § 7 Abs. 1 BUrlG erheben (zustimmend *Natzel*, § 7 Anm. 67), zumal er gar keinen diesbezüglichen Anspruch hat (vgl. Anm. 9). Der Arbeitnehmer kann gemäß § 315 Abs. 3 Satz 2 BGB nur **Gestaltungsklage** auf zeitliche Festlegung des Urlaubs erheben, wenn die zeitliche Festlegung des Urlaubs durch den Arbeitgeber gemäß § 315 Abs. 3 Satz 1 BGB unverbindlich ist (vgl. Anm. 57) oder verzögert wird (vgl. *Borrmann*, § 1 Anm. 24; vgl. ferner *MünchKomm-Söllner*, § 315 Anm. 23 und 26). Eine solche Gestaltungsklage ist auch dann geboten, wenn der Arbeitgeber die zeitliche Festlegung des Urlaubs widerruft (vgl. *Gaul/Boewer*, S. 79 m.w.N. in Fußn. 184), sofern ein entsprechendes Widerrufsrecht anerkannt wird (hierzu vgl. Anm. 46ff.). Der Arbeitnehmer kann sein Klagerecht allerdings verwirken (vgl. MünchKomm-*Söllner*, § 315 Anm. 27; *Staudinger/Mayer-Maly*, § 315 Anm. 73). Der Klageantrag muß gemäß § 315 Abs. 3 Satz 2 BGB die zeitliche Festlegung des Urlaubs durch das Gericht beinhalten, wobei eine bestimmte Urlaubszeit beantragt oder die Bestimmung der Urlaubszeit dem Gericht überlassen werden kann (vgl. *Boldt/Röhsler*, § 1 Anm. 88; *Leipold*, Anm. AP Nr. 10 zu § 7 BUrlG). Gemäß § 7 Abs. 1 BUrlG ist der Arbeitnehmer gehalten, seine Urlaubswünsche geltend zu machen, und der Arbeitgeber muß gegebenenfalls darlegen und beweisen, daß der Berücksichtigung der Urlaubswünsche des Arbeitnehmers dringende betriebliche Belange oder vorrangige Urlaubswünsche anderer Arbeitnehmer entgegenstehen (vgl. *BAG* EzA § 7 BUrlG Nr. 16 = AP Nr. 6 zu § 7 BUrlG; *Boldt/Röhsler*, § 7 Anm. 22; *Natzel*, § 7 Anm. 33, 65; *Gaul/Boewer*, S. 40; *Löwisch/Friedrich*, Anm. AP Nr. 5 zu § 7 BUrlG; *Lepke*, DB Beilage Nr. 10/88, S. 5 m.w.N. in Fußn. 84). Soweit § 315 Abs. 1 BGB einschlägig ist (vgl. Anm. 23) trägt der Arbeitgeber die Darlegungs- und Beweislast dafür, daß die zeitliche Festlegung des Urlaubs billigem Ermessen im Sinne von § 315 Abs. 1 BGB entspricht (vgl. MünchKomm-*Söllner*, § 315 Anm. 43). Das Gericht muß in jedem Falle die Urlaubszeit im Urteil festlegen. Die Gestaltungswirkung eines solchen Gestaltungsurteils tritt allerdings erst mit seiner Rechtskraft ein (vgl. *Thomas/Putzo*, § 253 Vorbem. II 3; *Berscheid*, HzA, Gruppe 4, Rz. 409; unrichtig daher

Künzl, BB 1991, 1630, 1632, insoweit er § 894 ZPO auf das Gestaltungsurteil anwenden will). Danach kommt allenfalls noch eine Abänderungsklage analog § 323 ZPO in Frage (vgl. *Gaul*, Arbeitsrecht I, F IV Anm. 51; *Sieg*, RdA 1963, 124, 127). Die Beschränkung auf eine Gestaltungsklage auf zeitliche Festlegung des Urlaubs gemäß § 315 Abs. 3 Satz 2 BGB ist allerdings nur zweckmäßig, wenn der Arbeitgeber den Urlaub gewährt hat und nur die zeitliche Festlegung des Urlaubs streitig ist.

ccc) Verbindung von Leistungsklage und Gestaltungsklage

66 Wenn sowohl der Anspruch auf **Urlaubsgewährung** als auch die zeitliche **Festlegung** des Urlaubs streitig sind, ist es zweckmäßig, sowohl Leistungsklage auf Urlaubsgewährung (vgl. Anm. 64) als auch Gestaltungsklage auf zeitliche Festlegung des Urlaubs gemäß § 315 Abs. 3 Satz 2 BGB zu erheben (vgl. Anm. 65), weil wegen des Inhalts des Urlaubsanspruchs (vgl. Anm. 1) weder die eine noch die andere Klage für sich allein die Erfüllung des Urlaubsanspruchs gewährleisten kann. **Beide Klagen können in Form einer objektiven Klagehäufung miteinander verbunden werden** (vgl. *Staudinger/Mayer-Maly*, § 315 Anm. 76; *Borrmann*, § 1 Anm. 23f.; zustimmend nun auch *Natzel*, § 7 Anm. 68; *Berscheid*, HzA, Gruppe 4, Rz. 410; *Leipold*, Anm. AP Nr. 10 zu § 7 BUrlG; *Künzl*, BB 1991, 1630, 1632). **Zu diesem Zwecke müssen nicht ausdrücklich beide Klageanträge gestellt werden**. Es genügt, wenn sich im Wege der Auslegung ergibt, daß der Arbeitnehmer sowohl Urlaubsgewährung als auch die zeitliche Festlegung des Urlaubs begehrt (zustimmend *Natzel*, § 7 Anm. 68). Eine solche Auslegung ist immer dann geboten, wenn der Arbeitnehmer Urlaub in einer bestimmten Urlaubszeit einklagt und sowohl der Urlaubsanspruch als auch die zeitliche Festlegung des Urlaubs streitig sind. Wenn die Leistungsklage und die Gestaltungsklage in Form einer objektiven Klagehäufung miteinander verbunden sind, müssen nicht ausdrücklich beide Klagen verbeschieden werden. Der Arbeitgeber kann dazu verurteilt werden, dem Arbeitnehmer in einer bestimmten Zeit Urlaub zu gewähren, ohne daß ein ausdrückliches Gestaltungsurteil zur zeitlichen Festlegung des Urlaubs ergeht (im Ergebnis ebenso in bezug auf § 50 Abs. 2 BAT *BAG* EzA § 50 BAT Nr. 1). In der Sache handelt es sich dann aber trotzdem nicht nur um die Verurteilung zur Urlaubsgewährung in einer bestimmten Zeit durch ein Leistungsurteil, sondern auch um ein »verdecktes« Gestaltungsurteil zur zeitlichen Festlegung des Urlaubs (vgl. MünchKomm-*Söllner*, § 315 Anm. 26; *Natzel*, § 7 Anm. 68; vgl. auch *Soergel/M. Wolf*, § 315 Anm. 51, wo wegen der »Mischung aus Leistungsbefehl und Gestaltung« von einem Festsetzungsurteil die Rede ist).Insofern besteht im Ergebnis auch Übereinstimmung mit der neuerdings vom BAG und einem Teil des Schrifttums vertretenen Meinung, wonach der Arbeitnehmer Leistungsklage auf Verurteilung des Arbeitgebers zur Urlaubsgewährung in einer bestimmten Urlaubszeit erheben kann und der Arbeitgeber gegebenenfalls dementsprechend verurteilt werden muß (vgl. Anm. 53).

dd) Die Klage auf zeitliche Festlegung des Urlaubs gemäß § 7 Abs. 1 BUrlG, sofern dem Arbeitnehmer kein Urlaubsanspruch auf Urlaubsgewährung zugebilligt wird

67 Unter der unzutreffenden Voraussetzung, daß der Arbeitnehmer entsprechend der im Schrifttum vertretenen Mindermeinung gar keinen Anspruch auf Urlaubsgewährung hat (vgl. Anm. 1) kommt konsequenterweise keine Leistungsklage auf

Urlaubsgewährung in Betracht. Unter dieser Voraussetzung wird ganz überwiegend eine Gestaltungsklage auf zeitliche Festlegung des Urlaubs gemäß § 315 Abs. 3 Satz 2 BGB befürwortet (vgl. *Gaul/Boewer*, S. 74ff.; *Sieg*, RdA 1963, 124f.; *Heither*, ArbuR 1968, 165, 168; *Boewer*, DB 1970, 632, 637ff.; ebenso früher schon *Kunze/Farthmann*, BB 1962, 1163, 1166f.). Vereinzelt wird sowohl eine Leistungsklage als auch eine Gestaltungsklage auf zeitliche Festlegung des Urlaubs gemäß § 315 Abs. 3 Satz 2 BGB zugelassen (vgl. *von der Laden*, S. 72ff.). Wegen des besonderen Gestaltungsklagerechts gemäß § 315 Abs. 3 Satz 2 BGB ist jedoch eine entsprechende Leistungsklage ausgeschlossen (zustimmend *Natzel*, § 7 Anm. 67). Im übrigen hat der Arbeitnehmer wegen des Gestaltungsrechts des Arbeitgebers zur zeitlichen Festlegung des Urlaubs gemäß § 7 Abs. 1 BUrlG gar keinen diesbezüglichen Anspruch, der im Wege einer Leistungsklage verfolgt werden könnte (vgl. Anm. 9).

ee) Feststellungsklage

68 Inwieweit dem Arbeitnehmer zur klageweisen Geltendmachung seines Urlaubsanspruchs eine Feststellungsklage zu Gebote steht, richtet sich unter Berücksichtigung des Inhalts des Urlaubsanspruchs (vgl. Anm. 59) nach § 256 ZPO. Demnach kommt eine Feststellungsklage vor allem dann in Betracht, wenn nur das Recht auf Urlaub und nicht die zeitliche Festlegung des Urlaubs streitig ist. Zwar hat das BAG früher in der Regel nur eine Leistungsklage auf Urlaubsgewährung zugelassen (vgl. *BAG* AP Nr. 83 und 86 zu § 611 BGB Urlaubsrecht). Aber diese Rechtsprechung hat das BAG zwischenzeitlich aufgegeben. Zunächst hat es eine Feststellungsklage dann zugelassen, wenn der Arbeitgeber nicht in Abrede stellt, daß er einem für ihn ungünstigen Feststellungsurteil nachkommen werde (vgl. *BAG* EzA § 3 BUrlG Nr. 2 = AP Nr. 1 zu § 3 BUrlG = SAE 1965, 226). Neuerdings hält das BAG eine Feststellungsklage ohne weiteres für zulässig (vgl. *BAG* EzA § 7 BUrlG Nr. 15 = AP Nr. 3 zu § 7 BUrlG Übertragung; *BAG* EzA § 7 BUrlG Nr. 25 = AP Nr. 4 zu § 7 BUrlG Übertragung). Im Schrifttum wird eine Feststellungsklage von der herrschenden Meinung seit jeher zugelassen (vgl. *Boldt/Röhsler*, § 1 Anm. 87; *Dersch/Neumann*, § 7 Anm. 50f.; *Natzel*, § 7 Anm. 70; *Siara*, § 7 Anm. 2). Vereinzelt wird vorausgesetzt, daß der Arbeitgeber einer ihm ungünstigen Feststellung nachkommen wird (so *Berscheid*, HzA, Gruppe 4, Rz. 411). Vereinzelt wird eine Feststellungsklage ganz abgelehnt (vgl. *Dörner*, AR-Blattei, Urlaub X, A II; *Hiekel*, NZA Beilage Nr. 2/90, S. 38). Eine Feststellungsklage ist nach richtiger Meinung gemäß § 256 ZPO trotz der Möglichkeit einer Leistungsklage zulässig, wenn nur das Recht auf Urlaub und nicht die zeitliche Festlegung des Urlaubs streitig ist (so nun auch *LAG Baden-Württemberg* LAGE § 7 BUrlG Abgeltung Nr. 1), weil auch die Verurteilung des Arbeitgebers zur Urlaubsgewährung in einem bestimmten Umfang ohne zeitliche Festlegung des Urlaubs die Erfüllung des Urlaubsanspruchs nicht gewährleistet und daher in prozeßökonomischer Hinsicht nicht sinnvoller ist als ein entsprechendes Feststellungsurteil (so schon *Pohle*, Anm. AP Nr. 83 zu § 611 BGB Urlaubsrecht; **a.M.** jedoch *Dörner*, AR-Blattei, Urlaub X, A II, der aber zu Unrecht bezweifelt, daß ein Urlaubsanspruch ein Rechtsverhältnis im Sinne von § 256 ZPO ist, und von der Vollstreckbarkeit eines Urteils auf Urlaubsgewährung gemäß § 888 ZPO statt § 894 ZPO ausgeht; hierzu vgl. Anm. 62). Sofern ein Urlaubsanspruch auf Urlaubsgewährung abgelehnt wird, kommt sowieso keine diesbezügliche Leistungsklage (vgl. Anm. 67), sondern nur eine Feststellungsklage in bezug auf das strittige Urlaubsrecht in Betracht (vgl. insoweit *Gaul/Boewer*, S. 75f.; *von der Laden*, S. 84ff.; *Sieg*, RdA 1963, 124; *Zöllner*, SAE 1965, 228f.). Streiten die Parteien dagegen auch oder nur über die zeitliche Festlegung des Urlaubs, so ist eine Feststellungsklage gemäß § 256 ZPO in prozeßökonomischer Hinsicht unzulänglich und daher unzulässig.

b) Einstweilige Verfügung

69 Die klageweise Geltendmachung des Urlaubsanspruchs dürfte wegen des Zeitablaufs häufig, wenn nicht sogar regelmäßig nicht geeignet sein, die rechtzeitige Durchsetzung des Urlaubsanspruchs nach den gemäß § 7 Abs. 1 BUrlG grundsätzlich vorrangigen Urlaubswünschen des Arbeitnehmers zu gewährleisten. Unter solchen Umständen wird teilweise ganz allgemein eine einstweilige Verfügung zugelassen (vgl. *BAG* EzA § 8a MuSchG 1968 Nr. 5 = AP Nr. 6 zu § 8a MuSchG 1968; *LAG Düsseldorf* BB 1963, 1217f.; *LAG Hamm* BB 1970, 885; *LAG Hamm* DB 1976, 1726; *LAG Berlin* LAGE § 7 BUrlG Nr. 9; *Borrmann*, § 1 Anm. 25; *Stahlhacke*, § 1 Anm. 110; *Wiese*, GK-BetrVG, § 87 Anm. 334; *Berscheid*, HzA, Gruppe 4, Rz. 412; *von der Laden*, S. 88ff.; *Sieg*, RdA 1963, 124, 127; *Dütz*, DB 1976, 1428, 1482). Teilweise wird jedoch eine einstweilige Verfügung nur in besonderen Ausnahmefällen zugelassen, die unterschiedlich bestimmt werden (vgl. *LAG Baden-Württemberg* BB 1968, 1330; *LAG Köln* NZA 1991, 396; *Gaul*, Arbeitsrecht I, F IV Anm. 52; *Boldt/Röhsler*, § 1 Anm. 100ff.; *Dersch/Neumann*, § 7 Anm. 54; *Natzel*, § 7 Anm. 72; *Schelp/Herbst*, § 1 Anm. 18; *Dörner*, AR-Blattei, Urlaub X, A I 4; *Gaul/Boewer*, S. 80ff.; *Lepke*, BB 1968, 632, 634; *Boewer*, DB 1970, 632, 639; *Siara*, DB 1979, 2276; *Heinze*, RdA 1986, 273, 281; *Weiler/Rath*, NZA 1987, 337, 339; *Hiekel*, NZA Beilage Nr. 2/90, S. 39; *Reuter*, S. 48ff.). Vereinzelt werden jedoch auch grundsätzliche Bedenken geltend gemacht (vgl. *Nikisch*, Arbeitsrecht I, S. 536; *Lepke*, DB 1990, 1131, 1134f.). Mit Rücksicht auf das Rechtsstaatsgebot wirksamen Rechtsschutzes muß eine **einstweilige Verfügung** immer dann zugelassen werden, wenn anders die rechtzeitige Durchsetzung des Urlaubsanspruchs unter Berücksichtigung der gemäß § 7 Abs. 1 BUrlG vorrangigen Urlaubswünsche des Arbeitnehmers nicht gewährleistet ist, auch wenn der Urlaubsanspruch auf diese Weise regelmäßig nicht nur gesichert, sondern erfüllt wird (so auch *LAG Hamburg* LAGE § 7 BUrlG Nr. 26). Allerdings besteht jedenfalls dann kein Verfügungsgrund (mehr), wenn der Arbeitnehmer den Urlaub ohne Urlaubsgewährung eigenmächtig schon angetreten hat. Gemäß § 937 Abs. 2 ZPO wird die einstweilige Verfügung in aller Regel nur aufgrund mündlicher Verhandlung erlassen werden dürfen (vgl. *LAG Hamburg* LAGE § 7 BUrlG Nr. 26; *Natzel*, § 7 Anm. 72; *Dörner*, AR-Blattei, Urlaub X, A I 4; *von der Laden*, S. 96f.; *Boewer*, DB 1970, 632, 639; *Heinze*, RdA 1986, 273, 281; *Hiekel*, NZA Beilage Nr. 2/90, S. 38; **a.M.** anscheinend *Berscheid*, HzA, Gruppe 4, Rz. 413). Im übrigen ist die Rechtslage im Falle der Geltendmachung des Urlaubsanspruchs im Wege des Antrags auf Erlaß einer einstweiligen Verfügung dieselbe wie im Falle einer klageweisen Geltendmachung (vgl. insoweit Anm. 59ff.). Neuerdings wird jedoch auch einer Regelungsverfügung das Wort geredet, die nicht auf die Abgabe einer Willenserklärung gerichtet ist (so *Hiekel*, NZA Beilage Nr. 2/90, S. 39). Allerdings gewährt die einstweilige Verfügung nur einstweiligen Rechtsschutz. Dennoch schließt eine solche einstweilige Verfügung die Kündigung wegen pflichtwidriger Nichterfüllung der Arbeitspflicht in der Regel auch dann aus, wenn der Arbeitnehmer in Wahrheit hätte arbeiten müssen (vgl. *von der Laden*, S. 133; *Sieg*, RdA 1963, 124, 128; *Lepke*, DB 1990, 1131, 1139).

13. Selbstbeurlaubung

70 Ein Selbstbeurlaubungsrecht wird von der in Rechtsprechung und Schrifttum ganz herrschenden und richtigen Meinung für alle Fälle **abgelehnt**, also auch dann, wenn bis zur Beendigung des Arbeitsverhältnisses oder bis zum Ablauf der Fristen des § 7 Abs. 3 BUrlG nicht mehr Zeit übrig bleibt, als der Arbeitnehmer Urlaub beanspruchen kann; nach dieser Meinung ist also der Arbeitnehmer keinesfalls zum eigenmächtigen Urlaubsantritt berechtigt (aus der früheren Rechtsprechung vgl. *BAG* EzA § 611 BGB Urlaub Nr. 2 = AP Nr. 58 zu § 611 BGB Urlaubsrecht; *BAG* AP Nr. 4 zu § 10 UrlG NRW = SAE 1963, 97; aus der Rechtsprechung seit Inkrafttreten des BUrlG vgl. *BAG* EzA § 7 BUrlG Nr. 16 = AP Nr. 6 zu § 7 BUrlG = SAE 1975, 85; *BAG* EzA § 8a MuSchG 1968 Nr. 5 = AP Nr. 6 zu § 8a MuSchG 1968; *LAG Düsseldorf* BB 1968, 872; *LAG Baden-Württemberg* BB 1974, 1300; *LAG Hamm* DB 1976, 1726; *LAG Köln* LAGE § 7 BUrlG Nr. 19; aus dem Schrifttum vgl. *Gaul*, Arbeitsrecht I, F IV Anm. 50; *Löwisch*, Anm. 1016; *Nikisch*, Arbeitsrecht I, S. 537; MünchKomm-*Schwerdtner*, § 626 Anm. 96; *Boldt/Röhsler*, § 1 Anm. 47 und § 7 Anm. 4, 26 und 44; *Natzel*, § 1 Anm. 58ff.; *Siara*, § 7 Anm. 1 und 6; *Böckel*, Kap. 9.9; *Gaul/Boewer*, S. 21, 58ff., 72ff.; *Dörner*, AR-Blattei, Urlaub X, B; *Röhsler*, AR-Blattei, Urlaub IX, B I 1; *Sieg*, RdA 1963, 124, 127; *Sturn*, BB 1963, 478f.; *Meisel*, DB 1965, 892, 934; *Hefermehl*, BABl. 1967, 310, 319; *Thiele*, SAE 1967, 217; *Heither*, ArbuR 1968, 165, 168; *Richardi*, Anm. AP Nr. 1 zu § 7 BUrlG Urlaubsjahr; *Boewer*, DB 1970, 632, 638; *Meisel*, SAE 1970, 151f.; *Boldt*, ZfA 1971, 30f.; *Meisel*, Anm. AP Nr. 6 zu § 7 BUrlG; *Dütz*, DB 1976, 1428ff., 1481f.; *Siara*, DB 1979, 2276; *Leinemann*, NZA 1985, 137f. in Fußn. 11; *Heinze*, RdA 1986, 273, 281; *Weiler/Rath*, NZA 1987, 337, 339; *Gerauer*, NZA 1988, 154ff.; *Lepke*, DB Beilage Nr. 10/88, S. 3; *Hiekel*, NZA Beilage Nr. 2/90, S. 35; *Künzl*, BB 1991, 1630, 1632).

71 Vereinzelt wird jedoch für alle oder für besondere **Fälle** ein **Selbstbeurlaubungsrecht** in verschiedenen Rechtsformen befürwortet (vgl. die Übersichten bei *Gaul/Boewer*, S. 58ff.; *von der Laden*, S. 98ff.; *Dütz*, DB 1976, 1428ff.; vgl. ferner *LAG Rheinland-Pfalz* LAGE § 7 BUrlG Nr. 27). Teilweise wird geltend gemacht, daß das Recht zur zeitlichen Festlegung des Urlaubs gemäß § 7 Abs. 1 BUrlG in bestimmten Fällen auf den Arbeitnehmer übergehe (vgl. *Stahlhacke*, § 7 Anm. 19ff.; *Berscheid*, HzA, Gruppe 4, Rz. 396ff.; in der Zeit vor Inkrafttreten des BUrlG ebenso *BAG* AP Nr. 83 zu § 611 BGB Urlaubsrecht, aber nur unter der Voraussetzung bereits rechtskräftiger Verurteilung des Arbeitgebers zur Urlaubsgewährung; ebenso *Reuter*, S. 52). Teilweise wird für bestimmte Ausnahmefälle eine automatische Konkretisierung der Urlaubszeit angenommen (vgl. *von der Laden*, S. 123ff.). Teilweise wird dem Arbeitnehmer ein Zurückbehaltungsrecht gemäß § 273 BGB zugebilligt (vgl. *Dersch/Neumann*, § 7 Anm. 43f. und 47; KR-*Hillebrecht*, § 626 BGB Anm. 336).

72 **Die für ein Selbstbeurlaubungsrecht gegebenen Begründungen sind jedoch nicht überzeugend**. Ein Übergang des Rechtes zur zeitlichen Festlegung des Urlaubs gemäß § 7 Abs. 1 BUrlG auf den Arbeitnehmer und eine automatische Konkretisierung der Urlaubszeit reichen zur Rechtfertigung eines Selbstbeurlaubungsrechts des Arbeitnehmers schon deswegen nicht aus, weil nach der in Rechtsprechung und Schrifttum ganz herrschenden und richtigen Meinung der Arbeitnehmer gemäß § 1 BUrlG einen Anspruch auf Urlaubsgewährung im Sinne der Freistellung von der Arbeitspflicht durch eine entsprechende Willenserklärung des Arbeitgebers hat (vgl. Anm. 1) und infolgedessen keinesfalls berechtigt ist, ohne die geschuldete Urlaubsgewährung einfach Urlaub zu nehmen (so auch *Leinemann*, NZA 1985, 137f. Fußn. 11, während *Gerauer*, NZA 188, 154ff., diese rechtsdogmatische Konsequenz verkennt; auch *BAG* AP Nr. 83 zu § 611 BGB Urlaubsrecht hat vor Inkrafttreten des BUrlG nur unter der Voraussetzung einer bereits rechtskräftigen Verurteilung des Arbeitgebers zur Urlaubsgewährung für bestimmte Fälle den Übergang des Rechtes zur zeitlichen Festlegung des Urlaubs auf den Arbeitnehmer anerkannt). Außerdem kommt ein Übergang des Rechtes zur zeitlichen Festlegung des Urlaubs auf den Arbeitnehmer ebensowenig in Betracht wie eine automatische Konkretisierung der Urlaubszeit, weil nach der im Schrifttum ganz herrschenden und richtigen Meinung gemäß § 7 Abs. 1 BUrlG der Arbeitgeber ein Gestaltungsrecht zur zeitlichen Festlegung des Urlaubs hat (vgl. Anm. 2ff.) und weil dementsprechend die zeitliche Festlegung des Urlaubs gemäß § 315 Abs. 3 Satz 2 BGB durch Urteil erfolgen muß, wenn die zeitliche Festlegung des Urlaubs durch den Arbeitgeber unverbindlich ist oder verzögert wird (vgl. Anm. 65), so daß ein Selbstbeurlaubungsrecht des Arbeitnehmers auch dann ausgeschlossen wäre, wenn es nach Maßgabe der von einem Teil des Schrifttums vertretenen Meinung keiner Urlaubsgewährung, sondern nur der zeitlichen Festlegung des Urlaubs gemäß § 7 Abs. 1 BUrlG bedürfte (vgl. hierzu Anm. 1). Wegen des Gestaltungsrechts des Arbeitgebers zur zeitlichen Festlegung des Urlaubs gemäß § 7 Abs. 1 BUrlG und des Gestaltungsklagerechts gemäß § 315 Abs. 3 Satz 2 BGB hat der Arbeitnehmer auch kein Recht, die geschuldete Arbeitsleistung gemäß § 273 BGB zurückzuhalten, um sich auf diese Weise selbst zu beurlauben. Außerdem rechtfertigt das Zurückbehaltungsrecht gemäß § 273 BGB nicht die Erfüllung des geltend gemachten Anspruchs, wozu aber die Selbstbeurlaubung durch die Zurückhaltung der geschuldeten Arbeitsleistung praktisch führen würde (vgl. *Nikisch*, Arbeitsrecht I, S. 537; *Stahlhacke*, § 1 Anm. 21; *Söllner*, ZfA 1973, 1, 14f.; ebenso schon *Reuter*, S. 51). Ein Selbstbeurlaubungsrecht des Arbeitnehmers kann auch auf keine andere Art und Weise gerechtfertigt werden (vgl. *Dütz*, DB 1976, 1428ff., 1481f.).

73 Der Arbeitnehmer muß also zur Durchsetzung seines Urlaubsanspruchs nötigenfalls gerichtliche Hilfe in Anspruch nehmen (vgl. Anm. 59ff.).

15. Die Mitbestimmung des Betriebsrats gemäß § 87 Abs. 1 Nr. 5 BetrVG

a) Zweck

74 Der Zweck der Mitbestimmung gemäß § 87 Abs. 1 Nr. 5 BetrVG über die Aufstellung allgemeiner Urlaubsgrundsätze und des Urlaubsplans sowie die Festsetzung der zeitlichen Lage des Urlaubs für einzelne Arbeitnehmer, wenn zwischen dem Arbeitgeber und den beteiligten Arbeitnehmern kein Einverständnis erzielt wird, besteht darin, die zeitliche Festlegung des Urlaubs durch den Arbeitgeber gemäß § 7 Abs. 1, 2 und 3 BUrlG sicherzustellen (vgl. *BAG* EzA § 10 BUrlG Nr. 1 = AP Nr. 1 zu § 10 BUrlG Schonzeit; *BAG* EzA § 87 BetrVG 1972 Urlaub Nr. 1 = AP Nr. 1 zu § 87 BetrVG 1972 Urlaub = SAE 1967, 9; *Dietz/Richardi*,

§ 87 Anm. 292 und 295; *Galperin/Löwisch*, § 87 Anm. 127; *Blomeyer*, SAE 1967, 10f.).

b) Mitbestimmung über die Aufstellung allgemeiner Urlaubsgrundsätze und des Urlaubsplans

aa) Tatbestand

75 Der Mitbestimmungstatbestand des § 87 Abs. 1 Nr. 5 BetrVG umfaßt zum einen die Aufstellung allgemeiner Urlaubsgrundsätze und des Urlaubsplans. Allgemeine Urlaubsgrundsätze im Sinne von § 87 Abs. 1 Nr. 5 BetrVG sind die **Richtlinien**, nach denen generell die zeitliche Lage des Urlaubs bestimmt werden muß (vgl. *BAG* EzA § 87 BetrVG 1972 Urlaub Nr. 1 = AP Nr. 1 zu § 87 BetrVG 1972 Urlaub = SAE 1976, 9; *Natzel*, Anhang zu § 7 Anm. 18ff.; *Dietz/Richardi*, § 87 Anm. 295; *Fitting/Auffarth/Kaiser/Heither*, § 87 Anm. 59; *Galperin/Löwisch*, § 87 Anm. 129; *Wiese*, GK-BetrVG, § 87 Anm. 316; *Blomeyer*, SAE 1976, 10ff.; *Birk*, SAE 1984, 117, 120). Der Urlaubsplan im Sinne von § 87 Abs. 1 Nr. 5 BetrVG enthält speziell das **Programm für die zeitliche Lage** des Urlaubs **im** jeweiligen **Kalenderjahr** (vgl. *Natzel*, Anhang zu § 7 Anm. 41; *Dietz/Richardi*, § 87 Anm. 296 und 298; *Fitting/Auffarth/Kaiser/Heither*, § 87 Anm. 60; *Galperin/Löwisch*, § 87 Anm. 130; *Wiese*, GK-BetrVG § 87 Anm. 322; *Lepke*, SAE 1971, 163f.; *Birk*, SAE 1984, 117, 120), ohne daß der Zeitpunkt des Urlaubs für jeden einzelnen Arbeitnehmer bestimmt sein muß (vgl. *Dersch/Neumann*, § 7 Anm. 23).

76 Der Mitbestimmungstatbestand gemäß § 87 Abs. 1 Nr. 5 BetrVG umfaßt also alle Richtlinien für die zeitliche Festlegung des Urlaubs gemäß § 7 Abs. 1 BUrlG (vgl. *Dersch/Neumann*, § 7 Anm. 23ff.; *Dietz/Richardi*, § 87 Anm. 295; *von der Laden*, S. 135f.). Dazu gehören Richtlinien für eine **Urlaubsliste**, in die die Arbeitnehmer ihre Urlaubswünsche eintragen (vgl. *Boldt/Röhsler*, § 7 Anm. 32; *Dersch/Neumann*, § 7 Anm. 24; *Natzel*, Anhang zu § 7 Anm. 36f.; *Dietz/Richardi*, § 87 Anm. 298; *Wiese*, GK-BetrVG, § 87 Anm. 317 und 327). Ferner unterliegt dem Mitbestimmungsrecht die Festlegung einer **Urlaubsperiode** für die zeitliche Festlegung des Urlaubs (vgl. *Boldt/Röhsler*, § 7 Anm. 32; *Dersch/Neumann*, § 7 Anm. 24; *Dietz/Richardi*, § 87 Anm. 299; *Wiese*, GK-BetrVG, § 87 Anm. 316f.). Das Mitbestimmungsrecht zur Aufstellung des **Urlaubsplans** erfaßt zwar auch die programmatische Festlegung des Urlaubs der Arbeitnehmer, nach richtiger Meinung jedoch nicht die endgültige zeitliche Festlegung des Urlaubs gemäß § 7 Abs. 1 BUrlG, weil die Aufstellung des Urlaubsplans von seiner Durchführung unterschieden werden muß und weil der Betriebsrat gemäß § 87 Abs. 1 Nr. 5 BetrVG bei der zeitlichen Festlegung des Urlaubs nur dann mitzubestimmen hat, wenn zwischen Arbeitgeber und Arbeitnehmer kein Einverständnis erzielt wird (vgl. *Dersch/Neumann*, § 7 Anm. 26; *Natzel*, Anhang zu § 7 Anm. 41; *Dietz/Richardi*, § 87 Anm. 300f.; *Fitting/Auffarth/Kaiser/Heither*, § 87 Anm. 60; *Galperin/Löwisch*, § 87 Anm. 130f.; *von der Laden*, S. 147; **a.M.** *Gaul*, Arbeitsrecht I, F IV Anm. 46f.; *Schaub*, § 102 A V 2b; *Wiese*, GK-BetrVG, § 87 Anm. 326f.; *Lepke*, DB Beilage Nr. 10/88, S. 5f.; vgl. auch *Birk*, SAE 1984, 117, 120f.).

77 In diesem Sinne (vgl. Anm. 76) sind gemäß § 87 Abs. 1 Nr. 5 BetrVG insbesondere Regelungen über die Einführung und zeitliche Festlegung von **Betriebsferien** mitbestimmungspflichtig (vgl. *BAG* EzA § 7 BUrlG Nr. 17 = AP Nr. 2 zu

§ 7 BUrlG Betriebsferien = SAE 1975, 169; *BAG* EzA § 87 BetrVG 1972 Urlaub Nr. 4 = AP Nr. 2 zu § 87 BetrVG 1972 Urlaub; *Gaul*, Arbeitsrecht I, F IV Anm. 47; *Boldt/Röhsler*, § 7 Anm. 33; *Dersch/Neumann*, § 7 Anm. 31; *Natzel*, Anhang zu § 7 Anm. 23; *Siara*, § 7 Anm. 14; *Dietz/Richardi*, § 87 Anm. 296, 299 und 300; *Wiese*, GK-BetrVG, § 87 Anm. 316 und 322; *Lepke*, SAE 1971, 163f.; *Herschel*, SAE 1975, 171; *Palme*, BlStSozArbR 1977, 289; *Boldt*, Anm. AP Nr. 2 zu § 87 BetrVG 1972 Urlaub; *Lepke*, DB Beilage Nr. 10/88, S. 6). Solche Regelungen legen aber regelmäßig nur den Urlaubszeitpunkt für alle urlaubsberechtigten Arbeitnehmer einheitlich fest und besagen daher nichts über die nicht mitbestimmungspflichtige Urlaubsberechtigung (vgl. *BAG* EzA § 7 BUrlG Nr. 17 = AP Nr. 2 zu § 7 BUrlG Betriebsferien = SAE 1975, 169; *Dietz/Richardi*, § 87 Anm. 269; *Meisel*, SAE 1972, 262f.; *Herschel*, SAE 1975, 171; *Schlüter*, ZfA 1975, 437, 488; *Lepke*, DB Beilage Nr. 10/88, S. 6). Arbeitnehmer, die während der Betriebsferien keinen Urlaub erhalten und auch nicht beschäftigt werden, haben unter Umständen einen Anspruch auf die vereinbarte Vergütung aufgrund einer entsprechenden Vereinbarung oder § 615 BGB (vgl. *BAG* EzA § 7 BUrlG Nr. 2 = AP Nr. 1 zu § 7 BUrlG Betriebsferien = SAE 1967, 152; *BAG* EzA § 7 BUrlG Nr. 17 = AP Nr. 2 zu § 7 BUrlG Betriebsferien = SAE 1975, 169; *BAG* EzA § 7 BUrlG Nr. 19 = AP Nr. 3 zu § 7 BUrlG Betriebsferien; *Gaul*, Arbeitsrecht I, F IV Anm. 47; *Boldt/Röhsler*, § 7 Anm. 21; *Dersch/Neumann*, § 7 Anm. 34 und 35; *Natzel*, Anhang zu § 7 Anm. 25f.; *Dietz/Richardi*, § 87 Anm. 296; *Wiese*, GK-BetrVG, § 87 Anm. 316; *Nikisch*, Anm. AP Nr. 1 zu § 7 BUrlG Betriebsferien; *Herschel*, SAE 1967, 154; *Meisel*, SAE 1972, 262ff.; *Herschel*, SAE 1975, 171; *Palme*, BlStSozArbR 1977, 289ff).

bb) Grenzen

78 Das Mitbestimmungsrecht gemäß § 87 Abs. 1 Nr. 5 BetrVG ist nach ganz herrschender und richtiger Meinung in jedem Falle durch die Bestimmungen des BUrlG und damit auch durch § 7 Abs. 1, 2 und 3 BUrlG in Verbindung mit § 13 Abs. 1 BUrlG begrenzt (vgl. *Dietz/Richardi*, § 87 Anm. 300, 310 und 311; *Galperin/Löwisch*, § 87 Anm. 140; *Schlüter*, ZfA 1975, 437, 488; *Birk*, SAE 1984, 117, 120f.). Wegen der Bindung des Urlaubs an das Kalenderjahr dürfen die Betriebspartner zum Beispiel keinen Urlaub im Vorgriff auf das nächste Kalenderjahr vereinbaren (vgl. *BAG* EzA § 1 LohnFG Nr. 21 = AP Nr. 3 zu § 9 BUrlG = SAE 1972, 260; *Schlüter*, ZfA 1975, 437, 488). Die Betriebspartner sind auch an das Teilungsverbot des § 7 Abs. 2 BUrlG gebunden (vgl. *Natzel*, Anhang zu § 7 Anm. 24; *Schlüter*, ZfA 1975, 437, 488). Jedoch bedürfen Regelungen über Betriebsferien nicht dringender betrieblicher Belange im Sinne von § 7 Abs. 1 BUrlG, sondern begründen in aller Regel solche Belange (vgl. Anm. 16).

cc) Inhalt

79 **Der Betriebsrat hat ein Zustimmungs- und Initiativrecht** (vgl. *Dersch/Neumann*, § 7 Anm. 25; *Natzel*, Anhang zu § 7 Anm. 43; *Dietz/Richardi*, § 87 Anm. 37ff. und 304; *Wiese*, GK-BetrVG, § 87 Anm. 320 und 325). Allerdings kann der Betriebsrat nach richtiger Meinung **keine Betriebsferien erzwingen**, weil die Betriebsschließung der unternehmerischen Entscheidung des Arbeitgebers vorbehalten ist (vgl. *Natzel*, Anhang zu § 7 Anm. 34 und 44; *Dietz/Richardi*, § 87 Anm. 305; *Wiese*, GK-BetrVG, § 87 Anm. 320 und 325; **a.M.** *Dersch/Neumann*, § 7 Anm. 31; *Fitting/Auffarth/Kaiser/Heither*, § 87 Anm. 59).

80 Zuständig ist nach richtiger Meinung regelmäßig der einzelne Betriebsrat, unter Umständen aber der Gesamtbetriebsrat (vgl. *Gaul*, Arbeitsrecht I, F IV Anm. 46; *Boldt/Röhsler*, § 7 Anm. 31; *Dersch/Neumann*, § 7 Anm. 28; *Natzel*, Anhang zu § 7 Anm. 35 und 48; *Dietz/Richardi*, § 87 Anm. 309; *Fitting/Auffarth/Kaiser/Heither*, § 87 Anm. 59; *Wiese*, GK-BetrVG, § 87 Anm. 321 und 330).

81 Die Aufstellung allgemeiner Urlaubsgrundsätze und des Urlaubsplans erfolgt nach herrschender Meinung durch den Abschluß einer **Betriebsvereinbarung** (vgl. *Boldt/Röhsler*, § 7 Anm. 31 und 32; *Dietz/Richardi*, § 87 Anm. 310; *Boldt*, Anm. AP Nr. 2 zu § 87 BetrVG 1972 Urlaub; *Birk*, SAE 1984, 117, 121; **a.M.** *Wiese*, GK-BetrVG, § 87 Anm. 336 m.w.N.).

82 Kommt eine Einigung zwischen Arbeitgeber und Betriebsrat nicht zustande, so entscheidet gemäß § 87 Abs. 2 BetrVG die **Einigungsstelle** (vgl. *Boldt/Röhsler*, § 7 Anm. 31; *Dersch/Neumann*, § 7 Anm. 25). Der Spruch der Einigungsstelle unterliegt der Kontrolle durch die Gerichte für Arbeitssachen in vollem Umfang, soweit es um die Anwendung des BUrlG geht. Soweit die Einigungstelle eine Ermessensentscheidung getroffen hat, können Arbeitgeber und Betriebsrat die Überschreitung der Grenzen des Ermessens nur gemäß § 76 Abs. 5 Satz 4 BetrVG geltend machen.

83 Die Aufstellung allgemeiner Urlaubsgrundsätze und des Urlaubsplans ist wegen des Mitbestimmungsrechts gemäß § 87 Abs. 1 Nr. 5 BetrVG ohne Zustimmung des Betriebsrats **unwirksam** (vgl. *Gaul*, Arbeitsrecht I, F IV Anm. 46f.; *Dersch/Neumann*, § 7 Anm. 31; *Wiese*, GK-BetrVG, § 87 Anm. 324; *von der Laden*, S. 140). Das gilt auch für eine Betriebsferienregelung (vgl. *Schaub*, § 102 A V 2b; *Lepke*, DB Beilage Nr. 10/88, S. 6). Die Aufstellung allgemeiner Urlaubsgrundsätze und des Urlaubsplans ist aber keine Wirksamkeitsvoraussetzung für die zeitliche Festlegung des Urlaubs gemäß § 7 Abs. 1 BUrlG (vgl. *Dietz/Richardi*, § 87 Anm. 312; *Galperin/Löwisch*, § 87 Anm. 139; *Wiese*, GK-BetrVG, § 87 Anm. 337f.).

dd) Individuelles Urlaubsrecht

84 Das Mitbestimmungsrecht zur Aufstellung des Urlaubsplans gemäß § 87 Abs. 1 Nr. 5 BetrVG erfaßt zwar auch die programmatische Festlegung des Urlaubs der Arbeitnehmer, nach richtiger Meinung jedoch nicht die endgültige zeitliche Festlegung des Urlaubs gemäß § 7 Abs. 1 BUrlG (vgl. Anm. 76). Dementsprechend bleibt es auch dann, wenn ein gemäß § 87 Abs. 1 Nr. 5 BetrVG mitbestimmter Urlaubsplan mit einer programmatischen Festlegung des Urlaubs der Arbeitnehmer vorliegt, bei dem Recht und der Pflicht des Arbeitgebers, die zeitliche Lage des Urlaubs gemäß § 7 Abs. 1 BUrlG endgültig festzulegen. Bei der endgültigen zeitlichen Festlegung des Urlaubs gemäß § 7 Abs. 1 BUrlG kann der Arbeitgeber unter Umständen mit Rücksicht auf das vorrangige BUrlG vom Urlaubsplan abweichen (vgl. *Boldt/Röhsler*, § 7 Anm. 33; *Natzel*, Anhang zu § 7 Anm. 46; *Dietz/Richardi*, § 87 Anm. 302 und 311; *Fitting/Auffarth/Kaiser/Heither*, § 87 Anm. 60; *Galperin/Löwisch*, § 87 Anm. 130f.; **a.M.** wohl *Dersch/Neumann*, § 7 Anm. 29, wo, ohne Begründung, für eine Abweichung im betrieblichen Interesse eine Änderung des Urlaubsplans vorausgesetzt wird). Im Rahmen des BUrlG ist der Urlaubsplan allerdings verbindlich (vgl. *Dersch/Neumann*, § 7 Anm. 25; *von der Laden*, S. 148). Soweit der Urlaubsplan die zeitliche Lage des Urlaubs der Arbeitnehmer enthält und der Arbeitgeber den **Urlaub** nicht anderweitig zeitlich festlegt, kann der Arbeitnehmer in der Regel **nach Maßgabe des Urlaubsplans** in

Urlaub gehen (vgl. *Boldt/Röhsler*, § 7 Anm. 34; *Dersch/Neumann*, § 7 Anm. 29; *Natzel*, Anhang zu § 7 Anm. 45; *Dietz/Richardi*, § 87 Anm. 302; *Fitting/Auffarth/Kaiser/Heither*, § 87 Anm. 60; *Galperin/Löwisch*, § 27 Anm. 131). Insoweit ist die Rechtslage grundsätzlich ebenso wie im Falle einer Urlaubsliste (vgl. Anm. 7). Auf keinen Fall wird das individuelle Urlaubsrecht durch das Mitbestimmungsrecht des Betriebsrats beeinträchtigt (vgl. *Wiese*, GK-BetrVG, § 87 Anm. 335; *Birk*, SAE 1984, 117, 121).

c) Mitbestimmung über die Festsetzung der zeitlichen Lage des Urlaubs für einzelne Arbeitnehmer

aa) Tatbestand

85 Der Mitbestimmungstatbestand des § 87 Abs. 1 Nr. 5 BetrVG umfaßt auch die Festsetzung der zeitlichen Lage des Urlaubs für einzelne Arbeitnehmer, wenn zwischen dem Arbeitgeber und den beteiligten Arbeitnehmern kein Einverständnis erzielt wird. Unter dieser Voraussetzung hat also der Betriebsrat bei der zeitlichen Festlegung des Urlaubs gemäß § 7 Abs. 1 BUrlG mitzubestimmen. Dieses Mitbestimmungsrecht gilt nach ganz herrschender und richtiger Meinung **in jedem Einzelfall**, wenn der Arbeitnehmer mit der zeitlichen Festlegung des Urlaubs durch den Arbeitgeber nicht einverstanden ist (vgl. *Natzel*, Anhang zu § 7 Anm. 51; *Dersch/Richardi*, § 87 Anm. 315; *Fitting/Auffarth/Kaiser/Heither*, § 87 Anm. 61; *Galperin/Löwisch*, § 87 Anm. 134; *Lepke*, DB Beilage Nr. 10/88, S. 6; **a.M.** insbes. *Wiese*, GK-BetrVG, § 87 Anm. 332ff. m.w.N.). Für den Widerruf der zeitlichen Festlegung des Urlaubs und den Rückruf des Arbeitnehmers aus dem Urlaub (vgl. hierzu Anm. 46ff.) gilt § 87 Abs. 1 Nr. 5 BetrVG nach herrschender Meinung nicht (vgl. *Wiese*, GK-BetrVG, § 87 Anm. 329; *Lepke*, DB 1988, 1131, 1134; jeweils m.w.N.; **a.M.** *LAG München* LAGE § 611 BGB Abmahnung Nr. 13 = BB 1988, 2175; *Dersch/Neumann*, § 7 Anm. 25; *Böckel*, Kap. 9.10).

bb) Grenzen

86 Das Mitbestimmungsrecht gemäß § 87 Abs. 1 Nr. 5 BetrVG ist nach ganz herrschender und richtiger Meinung in jedem Falle durch die Bestimmung des BUrlG und damit auch durch § 7 Abs. 1, 2 und 3 BUrlG in Verbindung mit § 13 Abs. 1 BUrlG begrenzt (vgl. *Dersch/Neumann*, § 7 Anm. 26; *Dietz/Richardi*, § 87 Anm. 316; *Fitting/Auffarth/Kaiser/Heither*, § 87 Anm. 61; *Galperin/Löwisch*, § 87 Anm. 140; *Wiese*, GK-BetrVG, § 87 Anm. 335).

cc) Inhalt

87 Der Betriebsrat hat ein **Zustimmungs- und Initiativrecht** (vgl. *Dietz/Richardi*, § 87 Anm. 37ff.; *Wiese*, GK-BetrVG, § 87 Anm. 331). Für die Zustimmung des Betriebsrats genügt eine formlose Betriebsabsprache (vgl. *Natzel*, Anhang zu § 7 Anm. 47; *Dietz/Richardi*, § 87 Anm. 52 und 318; *Wiese*, GK-BetrVG, § 87 Anm. 336; *Birk*, SAE 1984, 117, 121). Kommt eine Einigung zwischen Arbeitgeber und Betriebsrat nicht zustande, so entscheidet gemäß § 87 Abs. 2 BetrVG die Einigungsstelle (vgl. *Dersch/Neumann*, § 7 Anm. 26; *Natzel*, Anhang zu § 7 Anm. 52; *Dietz/Richardi*, § 87 Anm. 319; *Fitting/Auffarth/Kaiser/Heither*, § 87 Anm. 61; *Galperin/Löwisch*, § 87 Anm. 134f.). Der Spruch der Einigungsstelle unterliegt der Kontrolle durch die Gerichte für Arbeitssachen in vollem Umfang, soweit es um die Anwendung des BUrlG geht (vgl. *Natzel*, Anhang zu § 7 Anm. 52; *Dietz/Richardi*, § 87 Anm. 319). Soweit die Einigungsstelle gemäß § 315 Abs. 1 BGB eine Ermessensentscheidung getroffen hat (vgl. Anm. 20ff.), können Arbeitgeber und Betriebsrat die Überschreitung der Grenzen des Ermessens nur gemäß § 76 Abs. 5 Satz 4 BetrVG geltend machen (vgl. *Natzel*, Anhang zu § 7 Anm. 53; *Dietz/Richardi*, § 87 Anm. 320). Die Zustimmung des Betriebsrats bzw. der Spruch der Einigungsstelle ist Wirksamkeitsvoraussetzung der zeitlichen Festlegung des Urlaubs gemäß § 7 Abs. 1 BUrlG (vgl. *Dietz/Richardi*, § 87 Anm. 317; *Wiese*, GK-BetrVG, § 87 Anm. 339).

dd) Individuelles Urlaubsrecht

88 Die formlose Betriebsabsprache zwischen Betriebsrat und Arbeitgeber in bezug auf die zeitliche Lage des Urlaubs für einzelne Arbeitnehmer gemäß § 87 Abs. 1 Nr. 5 BetrVG (vgl. Anm. 87) ändert nichts an dem Recht und an der Pflicht des Arbeitgebers, die zeitliche Lage des Urlaubs gemäß § 7 Abs. 1 BUrlG endgültig festzulegen (vgl. *Dietz/Richardi*, § 87 Anm. 316f.; *Wiese*, GK-BetrVG, § 87 Anm. 335; *Staudinger/Richardi*, § 611 Anm. 875). Das Mitbestimmungsrecht des Betriebsrats bindet nur den Arbeitgeber und schränkt das individuelle Urlaubsrecht des Arbeitnehmers in keiner Weise ein. Der Arbeitnehmer kann sein Urlaubsrecht infolgedessen nach ganz herrschender und richtiger Meinung ohne jede Einschränkung auch prozessual geltend machen (vgl. *Dersch/Neumann*, § 7 Anm. 26; *Natzel*, Anhang zu § 7 Anm. 54; *Dietz/Richardi*, § 87 Anm. 321f.; *Galperin/Löwisch*, § 87 Anm. 135; *Wiese*, GK-BetrVG, § 87 Anm. 335; *Birk*, SAE 1984, 117, 121; *Hiekel*, NZA Beilage Nr. 2/90, S. 38; zu Unrecht einschränkend *Fitting/Auffarth/Kaiser/Heither*, § 87 Anm. 61). Andererseits kann er sich selbstverständlich jederzeit auch mit dem Arbeitgeber einigen, da das Mitbestimmungsrecht gemäß § 87 Abs. 1 Nr. 5 BetrVG unter dem Vorbehalt der Einigung der Arbeitsvertragsparteien steht (vgl. *Dersch/Neumann*, § 87 Anm. 30; *Wiese*, GK-BetrVG, § 87 Anm. 339).

16. Die Mitbestimmung des Personalrats

89 Das Mitbestimmungsrecht des Personalrats gemäß § 75 Abs. 3 Nr. 3 BPersVG bzw. dem einschlägigen Landespersonalvertretungsgesetz entspricht weitestgehend dem Mitbestimmungsrecht des Betriebsrats gemäß § 87 Abs. 1 Nr. 5 BetrVG, auf dessen Kommentierung (vgl. Anm. 74ff.) verwiesen wird.

II. Das Teilungsverbot des § 7 Abs. 2 BUrlG

1. Inhalt

90 Gemäß § 7 Abs. 2 Satz 1 BUrlG ist der Urlaub zusammenhängend zu gewähren, es sei denn, daß dringende betriebliche oder in der Person des Arbeitnehmers liegende Gründe eine Teilung des Urlaubs erforderlich machen. Der Urlaub muß also grundsätzlich zusammenhängend gewährt und genommen werden, er darf grundsätzlich nicht geteilt werden. Und gemäß § 7 Abs. 2 Satz 2 BUrlG muß dann, wenn eine Teilung des Urlaubs gemäß § 7 Abs. 2 Satz 1 BUrlG nötig ist, einer der Urlaubsteile mindestens zwölf aufeinanderfolgende Werktage umfassen, sofern der Arbeitnehmer Anspruch auf Urlaub von mehr als zwölf Werktagen hat.

2. Zweck

91 Das grundsätzliche Teilungsverbot dient dem Erholungszweck des Urlaubs (vgl. *BAG* EzA § 3 BUrlG Nr. 4 = AP Nr. 1 zu § 7 BUrlG = SAE 1966, 49; *BAG* AP Nr. 2 zu § 59 KO = SAE 1966, 266; *LAG Hamm* ARSt. 1983, 47; *Gaul*, Arbeitsrecht I, F IV Anm. 45; *Schaub*, § 102 A V 7; *Boldt/Röhsler*, § 7 Anm. 45; *Dersch/Neumann*, § 7 Anm. 55; *Natzel*, § 7 Anm. 82; *Siara*, § 7 Anm. 15; *Wachter*, § 7 Anm. 43; *Berscheid*, HzA, Gruppe 4, Rz. 357; *Dörner*, AR-Blattei, Urlaub XII, I; *Gaul/Boewer*, S. 43; *Lepke*, SAE 1971, 163f.; *Blomeyer*, SAE 1975, 125f.; *Mummenhoff*, Anm. EzA Art. 9 GG Arbeitskampf Nr. 77).

3. Geltungsbereich

a) Teilurlaub

92 Das Teilungsverbot gilt seinem Zweck entsprechend auch für Teilurlaub im Sinne von § 5 Abs. 1 BUrlG (vgl. *BAG* AP Nr. 2 zu § 59 KO = SAE 1966, 266; *Dersch/Neumann*, § 7 Anm. 56; *Natzel*, § 7 Anm. 76; *Wachter*, § 7 Anm. 44).

b) Übertragener Urlaub

93 Strittig ist, ob und inwieweit das Teilungsverbot des § 7 Abs. 2 BUrlG auch für die Gesamtheit des gemäß § 7 Abs. 3 Satz 2 bis 4 BUrlG übertragenen und des Urlaubs des laufenden Kalenderjahres gilt. Nach der ganz herrschenden Meinung gilt das Teilungsverbot im Interesse des Urlaubszwecks der Erholung auch für den übertragenen und den Urlaub des laufenden Kalenderjahres, die danach **grundsätzlich zusammenhängend** zu gewähren sind (vgl. *Boldt/Röhsler*, § 7 Anm. 46; *Dersch/Neumann*, § 7 Anm. 57; *Natzel*, § 7 Anm. 76). Nach richtiger Meinung gilt das Teilungsverbot des § 7 Abs. 2 BUrlG aber im Gegensatz zur herrschenden Meinung nicht für die Gesamtheit des gemäß § 7 Abs. 3 Satz 2 und 3 BUrlG übertragenen und des Urlaubs des laufenden Kalenderjahres, so daß insoweit ohne weiteres geteilt werden kann (vgl. *Schelp/Herbst*, § 7 Anm. 90; *Wachter*, § 7 Anm. 45). Das ergibt sich aus dem Erholungszweck des Teilungsverbots und vor allem aus der Beschränkung der Übertragungsfrist gemäß § 7 Abs. 3 Satz 3 BUrlG auf die ersten drei Monate des folgenden Kalenderjahres, weil sonst auch der Urlaub des laufenden Kalenderjahres ganz im Gegensatz zu § 7 Abs. 1 und 3 Satz 1 BUrlG zwangsläufig jedenfalls grundsätzlich an die ersten drei Monate des Kalenderjahres gebunden wäre (vgl. *Wachter*, § 7 Anm. 45). Es mag freilich sein, daß diese Meinungsverschiedenheit wegen der in § 7 Abs. 2 BUrlG vorgesehenen Ausnahmen vom grundsätzlichen Teilungsverbot keine praktische Bedeutung hat (vgl. *Dersch/Neumann*, § 7 Anm. 57). Richtig ist aber die herrschende Meinung, daß der gemäß § 7 Abs. 3 Satz 4 BUrlG übertragene Teilurlaub im Sinne von § 5 Abs. 1 Buchstabe a BUrlG infolge des Teilungsverbots grundsätzlich mit dem Urlaub des laufenden Kalenderjahres zusammenhängend zu gewähren und zu nehmen ist. Das ergibt sich daraus, daß der Teilurlaub im Sinne von § 5 Abs. 1 Buchstabe a BUrlG gemäß § 7 Abs. 3 Satz 4 BUrlG auf das ganze nächste Kalenderjahr übertragen wird (vgl. *ArbG Osnabrück* ARSt. 1991, 153; **a.M.** aber ohne Begründung, *Schelp/Herbst*, § 7 Anm. 90).

c) Teilungszwang

94 § 7 Abs. 2 Satz 1 BUrlG gilt nicht für zwangsläufige Urlaubsteilungen, die sich beispielsweise ergeben können, wenn Kuren oder Schonungszeiten zu Recht auf den Urlaub angerechnet werden (vgl. *BAG* AP Nr. 8 zu § 10 BUrlG Schonzeit), wenn gemäß § 9 BUrlG Tage krankheitsbedingter Arbeitsunfähigkeit nicht auf den Urlaub angerechnet werden (vgl. *Dersch/Neumann*, § 7 Anm. 41; *Meisel*, RdA 1975, 166, 168f.) oder wenn der Urlaub nur noch teilweise während des Arbeitsverhältnisses gewährt werden kann (vgl. *Natzel*, § 7 Anm. 77).

4. Ausnahmen

a) Dringende betriebliche Gründe

95 Der Arbeitgeber muß gemäß § 7 Abs. 2 Satz 1 BUrlG zum einen den Urlaubswunsch des Arbeitnehmers, den Urlaub zusammenhängend zu nehmen, erfüllen, es sei denn, daß dringende betriebliche Gründe eine Teilung des Urlaubs erforderlich machen (vgl. *Dersch/Neumann*, § 7 Anm. 56). Insofern enthält § 7 Abs. 2 Satz 1 BUrlG lediglich eine Konkretisierung des § 7 Abs. 1 BUrlG (vgl. *von der Laden*, S. 55). Dementsprechend ist insofern ebenso wie gemäß § 7 Abs. 1 BUrlG eine **Interessenabwägung** erforderlich (vgl. Anm. 14ff.). Dabei muß allerdings nicht nur der grundsätzliche Vorrang der Urlaubswünsche des Arbeitnehmers gemäß § 7 Abs. 1 BUrlG, sondern überdies berücksichtigt werden, daß insbesondere das grundsätzliche Teilungsverbot dem Erholungszweck des Urlaubs zu dienen bestimmt ist (vgl. *BAG* EzA § 3 BUrlG Nr. 4 = AP Nr. 1 zu § 7 BUrlG = SAE 1966, 49; *BAG* AP Nr. 2 zu § 59 KO = SAE 1966, 266; *Boldt/Röhsler*, § 7 Anm. 47 und 49; *Dersch/Neumann*, § 7 Anm. 58; *Natzel*, § 7 Anm. 79). Infolgedessen rechtfertigen **Betriebsferien** für sich allein die Urlaubsteilung nach richtiger Meinung noch nicht (vgl. *Boldt/Röhsler*, § 7 Anm. 47; *Dersch/Neumann*, § 7 Anm. 58; *Natzel*, § 7 Anm. 79; *Wachter*, § 7 Anm. 47; *von der Laden*, S. 59f., **a.M.**, aber ohne Begründung, *Meisel*, RdA 1975, 166, 168). Allerdings dürften im Falle von Betriebsferien in der Regel auch die erforderlichen zusätzlichen Gründe für die Urlaubsteilung vorliegen. Auch Urlaubswünsche anderer Arbeitnehmer können dringende betriebliche Gründe für die Urlaubsteilung sein (vgl. *Boldt/Röhsler*, § 7 Anm. 47; *Dersch/Neumann*, § 7 Anm. 58; *Natzel*, § 7 Anm. 80; *Lepke*, SAE 1971, 163f.). Wie im Falle des § 7 Abs. 1 BUrlG müssen alternative Urlaubswünsche des Arbeitnehmers berücksichtigt werden, um eine Urlaubsteilung nach Möglichkeit zu vermeiden (vgl. Anm. 11). Ganz ausnahmsweise muß der Arbeitnehmer sogar den schon angetretenen Urlaub mit der Folge der Urlaubsteilung abbrechen (vgl. Anm. 46ff., 51; *Boldt/Röhsler*, § 7 Anm. 47; *Dersch/Neumann*, § 7 Anm. 58; *Natzel*, § 7 Anm. 80).

b) In der Person des Arbeitnehmers liegende Gründe

96 Der Arbeitgeber muß gemäß § 7 Abs. 2 Satz 1 BUrlG zum anderen den Urlaub auch gegen den Urlaubswunsch des Arbeitnehmers zusammenhängend gewähren, es sei denn, daß in der Person des Arbeitnehmers liegende Gründe eine Teilung des Urlaubs erforderlich machen. Insofern enthält § 7 Abs. 2 Satz 1 BUrlG eine über § 7 Abs. 1 BUrlG hinausgehende Einschränkung des grundsätzlichen Vorrangs der Urlaubswünsche des Arbeitnehmers (vgl. *Dersch/Neumann*, § 7 Anm. 56 und 60; *von der Laden*, S. 55f.; vgl. ferner *Dörner*, AR-Blattei, Urlaub V, D I 3c, wo von einem Leistungsverweigerungsrecht des Arbeitgebers die Rede ist). Die zur Rechtfertigung der Urlaubsteilung erforderlichen **Gründe in der Person des Arbeitnehmers müssen** anders als die betrieblichen Gründe nach ganz herrschender und richtiger Meinung ausweislich des Wortlauts des § 7 Abs. 2 Satz 1 BUrlG **nicht dringend sein** (vgl. *Boldt/Röhsler*, § 7 Anm. 48; *Dersch/Neumann*, § 7 Anm. 60; *Natzel*, § 7 Anm. 81; *Wachter*, § 7 Anm. 48; *Götz Hueck*, Anm. AP Nr. 1 zu § 7 BUrlG m. w. N.). **Allerdings muß** auch bei der Feststellung, ob in der Person des Arbeitnehmers liegende Gründe die Teilung des Urlaubs rechtfertigen, **berücksichtigt werden, daß das grundsätzliche Teilungsverbot dem Erholungszweck des Urlaubs zu dienen bestimmt ist** (vgl. *BAG* EzA § 3 BUrlG Nr. 4 = AP Nr. 1 zu § 7 BUrlG = SAE 1966, 49; *BAG* AP Nr. 2 zu § 59 KO = SAE 1966, 266; *Boldt/Röhsler*, § 7 Anm. 49; *Dersch/Neumann*, § 7 Anm. 59; *Wachter*, § 7 Anm. 48). Infolgedessen müssen die Gründe des Arbeitnehmers wenigstens gewichtig sein (vgl. *Boldt/Röhsler*, § 7 Anm. 48; *Dersch/Neumann*, § 7 Anm. 60; *Natzel*, § 7 Anm. 82; *Siara*, § 7 Anm. 15; *Gaul/Boewer*, S. 43). Als persönliche Gründe, die eine Teilung des Urlaubs erforderlich machen, kommen beispielsweise Erkrankungen, Todesfälle, Geburten und Hochzeiten im Familien-, Freundes- oder Bekanntenkreis in Betracht (vgl. *Boldt/Röhsler*, § 7 Anm. 48; *Natzel*, § 7 Anm. 82; *Wachter*, § 7 Anm. 49; *Meisel*, RdA 1975, 166, 168). Die Meinung, die persönlichen Gründe im Sinne des § 7 Abs. 2 Satz 1 BUrlG müßten etwas mit dem Erholungszweck des Urlaubs »zu tun haben« (vgl. *Dersch/Neumann*, § 7 Anm. 60), findet im Gesetz keine Stütze (vgl. *Boldt/Röhsler*, § 7 Anm. 48; *Natzel*, § 7 Anm. 82; *Wachter*, § 7 Anm. 49). Allerdings rechtfertigen die Gründe des Arbeitnehmers die Urlaubsteilung um so eher, je mehr sie mit dem Urlaubszweck zu tun haben, wie zum Bespiel der Wunsch des Arbeitnehmers, je einen Teil des Urlaubs im Sommer und im Winter zu verbringen (vgl. *Boldt/Röhsler*, § 7 Anm. 48; *Dersch/Neumann*, § 7 Anm. 60; *Natzel*, § 7 Anm. 83; *Wachter*, § 7 Anm. 49).

c) § 7 Abs. 2 Satz 2 BUrlG

97 Gemäß § 7 Abs. 2 Satz 2 BUrlG muß aber selbst dann, wenn eine Teilung des Urlaubs gemäß § 7 Abs. 2 Satz 1 BUrlG möglich ist, einer der Urlaubsteile mindestens zwölf aufeinanderfolgende Werktage umfassen, sofern der Arbeitnehmer Anspruch auf Urlaub von mehr als zwölf Werktagen hat. Gemäß § 7 Abs. 2 Satz 2 BUrlG ist also der Urlaubsteilung im Interesse des Urlaubszwecks der Erholung eine **äußerste Grenze** gesetzt.

5. Rechtsfolgen

98 Das Teilungsverbot des § 7 Abs. 2 BUrlG ist ein gesetzliches Verbot im Sinne von § 134 BGB, so daß ein gegen dieses Verbot verstoßendes Rechtsgeschäft nichtig ist (vgl. *von der Laden*, S. 56). Der verbotswidrig geteilte Urlaub ist nach ganz herrschender und richtiger Meinung **keine Erfüllung des Urlaubsanspruchs**, so daß der Arbeitnehmer grundsätzlich nach wie vor gemäß § 7 Abs. 2 BUrlG Anspruch auf zusammenhängenden Urlaub hat (vgl. *BAG* EzA § 3 BUrlG Nr. 4 = AP Nr. 1 zu § 7 BUrlG = SAE 1966, 49; *Boldt/Röhsler*, § 7 Anm. 45; *Dersch/Neumann*, § 7 Anm. 62; *Natzel*, § 7 Anm. 74 und 93; *Siara*, § 7 Anm. 15; *Wachter*, § 7 Anm. 51; *Berscheid*, HzA, Gruppe 4, Rz. 266; *Gaul/Boewer*, S. 43 und 102; *Dörner*, AR-Blattei, Urlaub XII, I; *Götz Hueck*, Anm. AP Nr. 1 zu § 7 BUrlG; *Meisel*, RdA 1975, 166, 169; *Blomeyer*, SAE 1975, 125f.). Wegen des Teilungsverbots ist es auch nicht möglich, den geteilten Urlaub gemäß § 364 BGB an Erfüllungs Statt anzunehmen (vgl. *Dörner*, AR-Blattei, Urlaub XII, I).

99 Dem Anspruch auf zusammenhängenden Urlaub steht nach ganz herrschender und richtiger Meinung nur ausnahmsweise gemäß § 242 BGB der **Rechtsmißbrauchseinwand** entgegen. Das Einverständnis des Arbeitnehmers allein rechtfertigt den Rechtsmißbrauchseinwand nicht, weil die Unabdingbarkeit des Teilungsverbots des § 7 Abs. 2 Satz 1 BUrlG gemäß § 13 Abs. 1 Satz 3 BUrlG gerade auch verbotswidrige Vereinbarungen erfaßt. Der Rechtsmißbrauchseinwand kommt deswegen allenfalls dann in Betracht, wenn die Urlaubsteilung auf Wunsch des Arbeitnehmers erfolgt ist (vgl. *BAG* EzA § 3 BUrlG Nr. 4 = AP Nr. 1 zu § 7 BUrlG = SAE 1966, 49; *Boldt/Röhsler*, § 7 Anm. 45; *Dersch/Neumann*, § 7 Anm. 62; *Natzel*, § 7 Anm. 75 und 95f.; *Wachter*, § 7 Anm. 51; *Gaul/Boewer*, S. 43; *Dörner*, AR-Blattei, Urlaub XII, I; *Götz Hueck*, Anm. AP Nr. 1 zu § 7 BUrlG; *Meisel*, RdA 1975, 166, 169). Abzulehnen ist infolgedessen die Mindermeinung, daß dem Urlaubsanspruch zumindest bei vertraglicher Urlaubsteilung ohne weiteres der Rechtsmißbrauchseinwand wegen widersprüchlichen Verhaltens (venire contra factum proprium) entgegenstehe (vgl. *von der Laden*, S. 57 m.w.N.).

100 Wenn der Rechtsmißbrauchseinwand nicht gerechtfertigt ist, dann hat der Arbeitgeber gemäß §§ 814, 818 Abs. 3, 817 Satz 2 und 242 BGB womöglich nicht einmal Anspruch auf Rückzahlung des Urlaubsentgelts (vgl. *Natzel*, § 7 Anm. 94; *Dörner*, AR-Blattei, Urlaub XII, I; *Meisel*, RdA 1975, 166, 169; vgl. vor allem Anm. 111 bezüglich der entsprechenden Rechtslage bei Verletzung des Vorgriffsverbots).

101 Wenn Arbeitgeber und Arbeitnehmer sich einig sind und der Arbeitnehmer trotz verbotswidriger Urlaubsteilung keine weiteren Ansprüche erhebt, ist das Teilungsverbot des § 7 Abs. 2 BUrlG freilich bedeutungslos (vgl. *Dersch/Neumann*, § 7 Anm. 62; *von der Laden*, S. 57).

6. Unabdingbarkeit

102 Gemäß § 13 Abs. 1 Satz 1 BUrlG kann nach ganz herrschender und richtiger Meinung durch Tarifvertrag grundsätzlich von dem Teilungsverbot gemäß § 7 Abs. 2 Satz 1 BUrlG sowohl zugunsten als auch zuungunsten der Arbeitnehmer abgewichen werden. Das Teilungsverbot des § 7 Abs. 2 Satz 1 BUrlG ist aber in seinem Kern Bestandteil der gemäß § 13 Abs. 1 Satz 1 BUrlG unabdingbaren Grundsatzvorschrift des § 1 BUrlG, von der gemäß § 13 Abs. 1 Satz 3 BUrlG nicht zuungunsten der Arbeitnehmer abgewichen werden kann (vgl. *BAG* EzA § 3 BUrlG Nr. 4 = AP Nr. 1 zu § 7 BUrlG = SAE 1966, 49; *Boldt/Röhsler*, § 7 Anm. 45 und 106; *Dersch/Neumann*, § 7 Anm. 55 und 63; *Natzel*, § 7 Anm. 97; *Siara*, § 7 Anm. 40b; *Götz Hueck*, Anm. AP Nr. 1 zu § 7 BUrlG). Die Regelung des § 7 Abs. 2 Satz 2 BUrlG ist jedoch gemäß § 13 Abs. 1 Satz 3 BUrlG tarifdispositiv (vgl. *Berscheid*, § 13 Anm. 2; *Dersch/Neumann*, § 7 Anm. 61).

103 Gemäß § 13 Abs. 1 Satz 3 BUrlG kann, abgesehen von § 13 Abs. 1 Satz 2 BUrlG, durch Betriebsvereinbarung und Arbeitsvertrag von dem Teilungsverbot des § 7 Abs. 2 Satz 1 BUrlG nicht zuungunsten der Arbeitnehmer abgewichen werden (vgl. *BAG* EzA § 3 BUrlG Nr. 4 = AP Nr. 1 zu § 7 BUrlG = SAE 1966, 49; *BAG* EzA § 7 BUrlG Nr. 17 = AP Nr. 2 zu § 7 BUrlG Betriebsferien = SAE 1975, 169; *BAG* EzA § 7 BUrlG Nr. 19 = AP Nr. 3 zu § 7 BUrlG Betriebsferien; *Boldt/Röhsler*, § 7 Anm. 45; *Dersch/Neumann*, § 7 Anm. 62; *Natzel*, § 7 Anm. 98; *Götz Hueck*, Anm. AP Nr. 1 zu § 7 BUrlG; *Herschel*, SAE 1975, 171; *Natzel*, Anm. AP Nr. 2 zu § 7 BUrlG Betriebsferien; *Moritz*, Anm. AP Nr. 3 zu § 7 BUrlG Betriebsferien). Die Vorschrift des § 7 Abs. 2 Satz 2 BUrlG ist jedoch gemäß § 13 Abs. 1 Satz 3 BUrlG dispositiv (vgl. *Gaul*, Arbeitsrecht I, F IV Anm. 45; *Dersch/Neumann*, § 7 Anm. 61; *Natzel*, § 7 Anm. 86f.; *Wachter*, § 7 Anm. 50; *Meisel*, RdA 1975, 166, 168). Demgemäß kann von § 7 Abs. 2 Satz 2 BUrlG auch durch eine freiwillige Betriebsvereinbarung abgewichen werden (vgl. *Natzel*, § 7 Anm. 98; *Meisel*, RdA 1975, 166, 168).

III. § 7 Abs. 3 BUrlG

1. Die Bindung des Urlaubs an das Kalenderjahr

a) Begriff

104 Die Bindung des Urlaubs an das Kalenderjahr ist der Inbegriff der Regelungen des § 1 BUrlG und vor allem des § 7 Abs. 3 BUrlG (vgl. BAGE 22, 85 = EzA § 1 BUrlG Nr. 6 = AP Nr. 1 zu § 7 BUrlG Urlaubsjahr; *BAG* EzA § 7 BUrlG Nr. 39 = AP Nr. 24 zu § 7 BUrlG Abgeltung; *LAG Köln* LAGE § 3 BUrlG Rechtsmißbrauch Nr. 1; *Boldt/Röhsler*, § 7 Anm. 53; *Dersch/Neumann*, § 7 Anm. 65; *Wachter*, § 7 BUrlG Anm. 52; *Berscheid*, HzA, Gruppe 4, Rz. 414; *Blomeyer*, SAE 1975, 125; *Richardi*, Anm. AP Nr. 1 zu § 7 BUrlG Urlaubsjahr; *Schlüter*, ZfA 1975, 437, 488).

b) Inhalt

105 Gemäß § 1 BUrlG hat jeder Arbeitnehmer in jedem Kalenderjahr Anspruch auf bezahlten Erholungsurlaub. Danach kann jeder Arbeitnehmer für jedes Kalenderjahr bezahlten Erholungsurlaub beanspruchen (vgl. *Gaul*, Arbeitsrecht I, F IV, Anm. 14; *Bleistein*, § 1 Anm. 14; *Boldt/Röhsler*, § 1 Anm. 19; *Dersch/Neumann*, § 1 Anm. 7; *Wachter*, § 7 Anm. 52; *Soergel/Kraft*, § 611 Anm. 183). § 7 Abs. 3 BUrlG schreibt vor, daß der Urlaub grundsätzlich im laufenden Kalenderjahr und im Falle ausnahmsweise statthafter Übertragung innerhalb des durch die Fristen des § 7 Abs. 3 Satz 3 und 4 BUrlG begrenzten Übertragungszeitraums gewährt und genommen werden muß. Danach muß der Urlaub innerhalb der Fristen des § 7 Abs. 3 BUrlG gewährt und genommen, also durchgeführt und nicht nur angetreten werden, was sich schon aus dem insoweit eindeutigen Wortlaut des § 7 Abs. 3 BUrlG ergibt (vgl. BAGE 22, 85 = EzA § 1 BUrlG Nr. 6 = AP Nr. 1 zu § 7 BUrlG Urlaubsjahr; BAGE 39, 54 = EzA § 7 BUrlG Nr. 25 = AP Nr. 4 zu § 7 BUrlG Übertragung; *Boldt/Röhsler*, § 7 Anm. 51 und 61; *Dersch/Neumann*, § 7 Anm. 66 und 92; *Natzel*, § 7 Anm. 105; *Wachter*, § 7 BUrlG Anm. 65; *Meisel*, SAE 1970, 151ff.; *ders.*, Anm. AP Nr. 2 zu § 7 BUrlG Übertragung; *Sowka*, NZA 1989, 497f.; **a.M.**, aber ohne überzeugende Begründung,

LAG Bremen EzA § 7 BUrlG Nr. 29; *Siara*, § 7 Anm. 18; *Berscheid*, HzA, Gruppe 4, Rz. 417).

c) Zweck

106 Der Hauptzweck der Bindung des Urlaubs an das Kalenderjahr besteht zweifelsfrei und unbestritten in der regelmäßigen Erholung des Arbeitnehmers (vgl. BAGE 22, 85 = EzA § 1 BUrlG Nr. 6 = AP Nr. 1 zu § 7 BUrlG Urlaubsjahr; *BAG* EzA § 1 BUrlG Nr. 17 = AP Nr. 3 zu § 1 BUrlG; *LAG Bremen* EzA § 7 BUrlG Nr. 29; *LAG Düsseldorf* LAGE § 7 BUrlG Nr. 2; *Boldt/Röhsler*, § 7 Anm. 50 und 61; *Natzel*, § 7 Anm. 99 und 104; *Siara*, § 7 Anm. 16; *Dörner*, AR-Blattei, Urlaub XII, III 1; *Wachter*, § 7 BUrlG Anm. 52; *Berscheid*, HzA, Gruppe 4, Rz. 414; *von der Laden*, S. 50; *Heither*, ArbuR 1968, 165, 169; *Richardi*, Anm. AP Nr. 1 zu § 7 BUrlG Urlaubsjahr; *Boldt*, ZfA 1971, 1, 29; *Blomeyer*, SAE 1975, 125; *Schlüter*, ZfA 1975, 437, 488; *Buchner*, Anm. AR-Blattei, Urlaub, Entscheidung 248; *Adomeit*, EWiR § 7 BUrlG 1/90, 153f.). Es soll sichergestellt werden, »daß jeder Arbeitnehmer in einem einigermaßen regelmäßigen Rhythmus eine gewisse Zeit der Erholung auch tatsächlich erhält« (vgl. BAGE 22, 85 = EzA § 1 BUrlG Nr. 6 = AP Nr. 1 zu § 7 BUrlG Urlaubsjahr).

d) Bestimmung der Leistungszeit

107 Der Urlaubsanspruch wird nach der in Rechtsprechung und Schrifttum nun wohl herrschenden und auch richtigen Meinung gemäß § 271 Abs. 1 BGB im Zeitpunkt seiner Entstehung fällig. Das gilt freilich nur für die aufgrund des Urlaubsanspruchs geschuldete Leistungshandlung, die in der Urlaubsgewährung im Sinne der Freistellung von der Arbeitspflicht durch eine entsprechende Willenserklärung des Arbeitgebers besteht. Von der Fälligkeit der aufgrund des Urlaubsanspruchs geschuldeten Leistungshandlung zu unterscheiden ist die **Leistungszeit für den darüber hinaus geschuldeten Leistungserfolg**, der in der tatsächlichen Freistellung des Arbeitnehmers von der Arbeitspflicht während der Urlaubszeit besteht (vgl. Anm. 1). **Diese Leistungszeit bestimmt abgesehen von § 7 Abs. 1 BUrlG vor allem § 7 Abs. 3 BUrlG** durch die Vorschrift, daß der Urlaub grundsätzlich im laufenden Kalenderjahr und im Falle ausnahmsweise statthafter Übertragung innerhalb des durch die Fristen des § 7 Abs. 3 Satz 3 und 4 BUrlG begrenzten Übertragungszeitraums gewährt werden muß und dementsprechend vom Arbeitnehmer verlangt werden kann (so auch *LAG Düsseldorf* LAGE § 7 BUrlG Übertragung Nr. 2; *LAG Düsseldorf* LAGE § 7 AWbG Nr. 9; *Künzl*, EWiR § 13 BUrlG 1/89, 159). Ob man auch insoweit von der **Fälligkeit** des Urlaubs sprechen soll, ist eine terminologische Frage. Das alles gilt unabhängig von dem Streit über den Inhalt des Urlaubsanspruchs (vgl. hierzu insgesamt Anm. 10). Im übrigen enthält die Bestimmung der Leistungszeit für den aufgrund des Urlaubsanspruchs geschuldeten Leistungserfolg gemäß § 7 Abs. 1 BUrlG sowie § 7 Abs. 3 BUrlG zugleich die Bestimmung der Zeit, in der der Arbeitgeber die geschuldete Leistung durch die Urlaubsgewährung bewirken darf. Ob man insoweit von der **Erfüllbarkeit** des Urlaubsanspruchs sprechen soll, ist ebenfalls eine terminologische Frage.

e) Inhaltsbestimmung des Gestaltungsrechts des Arbeitgebers

108 Nach richtiger Meinung ist das Recht des Arbeitgebers zur zeitlichen Festlegung des Urlaubs gemäß § 7 Abs. 1 BUrlG nicht lediglich die Berechtigung des Arbeitgebers als Urlaubsschuldner, sondern auch ein Gestaltungsrecht zur zeitlichen Bestimmung der Urlaubsschuld (vgl. Anm. 3f.). Demnach wird also die Urlaubszeit als die Leistungszeit für den aufgrund des Urlaubsanspruchs über die Leistungshandlung hinaus geschuldeten Leistungserfolg (vgl. Anm. 1) durch die Ausübung eines Gestaltungsrechts bestimmt. Unter dieser Voraussetzung enthält § 7 Abs. 3 BUrlG zwangsläufig auch eine Inhaltsbestimmung dieses Gestaltungsrechts durch die Vorschrift, daß der Urlaub grundsätzlich im laufenden Kalenderjahr und im Falle ausnahmsweise statthafter Übertragung innerhalb des durch die Fristen des § 7 Abs. 3 Satz 3 und 4 begrenzten Übertragungszeitraums gewährt und genommen werden muß. Die Inhaltsbestimmung dieses Gestaltungsrechts besteht darin, daß der Arbeitgeber einerseits den Urlaub auch gegen den Willen des Arbeitnehmers innerhalb dieser Fristen zeitlich festlegen kann und andererseits auch gegen seinen eigenen Willen nur innerhalb dieser Fristen zeitlich festlegen kann (vgl. *Siara*, § 7 Anm. 16; *von der Laden*, S. 40ff.; *Streblow*, S. 149f.; *Heither*, ArbuR 1968, 165, 168; *ders.*, ArbuR 1970, 30f.; *Richardi*, Anm. AP Nr. 1 zu § 7 BUrlG Urlaubsjahr).

f) Inhaltsbestimmung eines Leistungsverweigerungsrechts des Arbeitgebers und eines Annahmeverweigerungsrechts des Arbeitnehmers

109 Unter der nach richtiger Meinung unzutreffenden Voraussetzung, daß gemäß § 7 Abs. 1 BUrlG dem Arbeitgeber ein Leistungsverweigerungsrecht und dem Arbeitnehmer ein Annahmeverweigerungsrecht zusteht (vgl. hierzu Anm. 3f.), enthält § 7 Abs. 3 BUrlG zwangsläufig auch eine Inhaltsbestimmung dieser Rechte, die dann nur in den zeitlichen Grenzen des § 7 Abs. 3 BUrlG bestehen (vgl. *Leinemann*, NZA 1985, 137, 141).

g) Verbotsgesetz

aa) Verbot der Übertragung des Urlaubs

110 § 7 Abs. 3 BUrlG schreibt vor, daß der Urlaub grundsätzlich im laufenden Kalenderjahr gewährt und genommen werden muß, daß die Übertragung des Urlaubs nur ausnahmsweise statthaft ist und daß der Urlaub im Falle ausnahmsweise statthafter Übertragung innerhalb des durch die Fristen des § 7 Abs. 3 Satz 3 und 4 BUrlG begrenzten Übertragungszeitraums gewährt und genommen werden muß. Eine darüber hinausgehende Urlaubsübertragung ist also unstatthaft. Diese gesetzlich vorgeschriebene Unstatthaftigkeit der Urlaubsübertragung ist ein **gesetzliches Verbot** rechtsgeschäftlicher Urlaubsübertragung (Übertragungsverbot) **im Sinne von § 134 BGB**. Dementsprechend ist insbesondere ein Vertrag zur Übertragung des Urlaubs über die Grenze der Statthaftigkeit hinaus jedenfalls grundsätzlich gemäß § 134 BGB nichtig. Insoweit besteht Einigkeit (vgl. nur BAGE 22, 85 = EzA § 7 BUrlG Nr. 13 = AP Nr. 1 zu § 7 BUrlG Urlaubsjahr; BAGE 39, 54 = EzA § 7 BUrlG Nr. 25 = AP Nr. 4 zu § 7 BUrlG Übertragung; *Boldt/Röhsler*, § 7 Anm. 54; *Berscheid*, HzA, Gruppe 4, Rz. 421; *von der Laden*, S. 47f.; *Lepke*, DB 1968, 632, 634; *Kothe*, BB 1984, 609, 618). Streit besteht lediglich darüber, welche Ausnahmen von diesem Grundsatz zugunsten der Arbeitnehmer gemäß § 13 Abs. 1 Satz 3 BUrlG erlaubt sind (vgl. Anm. 133ff.). Überschreitet der Arbeitgeber bei der zeitlichen Festlegung des Urlaubs die Grenze der Statthaftigkeit, so ist diese Festlegung gemäß § 315 Abs. 3 Satz 1 BGB unverbindlich (vgl. Anm. 54ff.), weil gemäß § 134 BGB ein Rechtsgeschäft, das gegen ein gesetzliches Verbot verstößt, nur nichtig ist, wenn sich nicht aus dem Gesetz etwas anderes ergibt.

bb) Verbot des Urlaubs im Vorgriff

111 § 7 Abs. 3 Satz 1 BUrlG schreibt vor, daß der Urlaub im laufenden Kalenderjahr gewährt und genommen werden muß. Demnach ist nicht nur die Übertragung auf das folgende Kalenderjahr grundsätzlich unstatthaft (vgl. Anm. 110). Ebensowenig statthaft ist es, den Urlaub im Vorgriff auf den Urlaubsanspruch des folgenden Kalenderjahres (vorschußweise) zu gewähren und zu nehmen. **§ 7 Abs. 3 Satz 1 BUrlG enthält also** nicht nur ein grundsätzliches Verbot der Übertragung des Urlaubs (vgl. Anm. 110), sondern **auch ein Verbot des Urlaubs im Vorgriff (Vorgriffsverbot) im Sinne von § 134 BGB** (so ausdrücklich *Kreutz*, ZfA 1973, 321, 370f.; *Boldt*, Anm. AP Nr. 3 zu § 1 BUrlG; ausdrücklich dagegen jedoch *Blomeyer*, SAE 1975, 125f.) Demzufolge ist die Festlegung des Urlaubs des nächsten Kalenderjahres in eine Zeit vor Beginn dieses Kalenderjahres gemäß § 134 BGB nichtig. Der im Vorgriff gewährte und genommene Urlaub ist keine Erfüllung des Urlaubsanspruchs, so daß der Arbeitnehmer diesen Urlaubsanspruch im folgenden Kalenderjahr jedenfalls grundsätzlich geltend machen kann. Darüber besteht ungeachtet rechtsdogmatischer Unklarheiten und Unterschiede in der Begründung im Ergebnis weitestgehend Einigkeit (vgl. *BAG* EzA § 1 LFZG Nr. 21 = AP Nr. 3 zu § 9 BUrlG; *BAG* EzA § 1 BUrlG Nr. 17 = AP Nr. 3 zu § 1 BUrlG; *Gaul*, Arbeitsrecht I, F IV, Anm. 70; *Boldt/Röhsler*, § 7 Anm. 50; *Dersch/Neumann*, § 1 Anm. 18; *Natzel*, § 7 Anm. 100; *Siara*, § 7 Anm. 16a; *Dietz/Richardi*, § 87 Anm. 307; *Wachter*, § 7 BUrlG Anm. 52; *Berscheid*, HzA, Gruppe 4, Rz. 418; *von der Laden*, S. 63f.; *Meisel*, SAE 1972, 262f.; *Natzel*, Anm. AP Nr. 3 zu § 9 BUrlG; *Blomeyer*, SAE 1975, 125f.; *Kreutz*, ZfA 1973, 321, 370f.; *Schlüter*, ZfA 1975, 437, 488). Auch die Anrechnung von im vorangegangenen Kalenderjahr versehentlich zu viel gewährtem Urlaub auf den Urlaubsanspruch des laufenden Kalenderjahres fällt unter das Vorgriffsverbot (so ausdrücklich *BAG* EzA § 1 BUrlG Nr. 17 = AP Nr. 3 zu § 1 BUrlG; *Boldt/Röhsler*, § 7 Anm. 50; *Dersch/Neumann*, § 7 Anm. 17; *Wachter*, § 7 BUrlG Anm. 52). Lediglich *Boldt* (Anm. AP Nr. 3 zu § 1 BUrlG) befürwortet eine Lockerung des Vorgriffsverbots, die aber im Gesetz keine Stütze findet. Ausnahmsweise ist die Geltendmachung des Urlaubsanspruchs im folgenden Kalenderjahr allerdings gemäß § 242 BGB rechtsmißbräuchlich, wenn der Arbeitnehmer den Urlaub im Vorgriff beansprucht hat (vgl. *BAG* EzA § 1 BUrlG Nr. 17 = AP Nr. 3 zu § 1 BUrlG; *Boldt/Röhsler*, § 7 Anm. 50; *Dersch/Neumann*, § 1 Anm. 18; *Boldt*, Anm. AP Nr. 3 zu § 1 BUrlG; *Meisel*, SAE 1972, 262f.; *Kreutz*, ZfA 1973, 321, 371; *Blomeyer*, SAE 1975, 125f.). Wenn der Rechtsmißbrauchseinwand nicht gerechtfertigt ist, kommt immerhin ein Anspruch des Arbeitgebers auf Rückzahlung des Urlaubsentgelts gemäß §§ 812ff. BGB in Betracht. Das BAG hat dem Arbeitgeber diesen Anspruch zwar allem Anschein nach generell gemäß § 817 Satz 2 BGB versagen wollen (vgl. *BAG* EzA § 1 LFZG Nr. 21 = AP Nr. 3 zu § 9 BUrlG; *BAG* EzA § 1 BUrlG Nr. 17 = AP Nr. 3 zu § 1 BUrlG). Diese Rechtsprechung ist aber überholt, seitdem das BAG den Anspruch auf das Urlaubsentgelt nicht mehr als Teil des Urlaubsanspruchs beurteilt (vgl. zuletzt *BAG* EzA

§ 11 BUrlG Nr. 27), weil dann die Bezahlung des Urlaubsentgelts auch nicht gegen das Vorgriffsverbot im Sinne von § 7 Abs. 3 Satz 1 BUrlG verstoßen kann. Allerdings steht dem Arbeitnehmer gegenüber dem Anspruch auf Rückzahlung des Urlaubsentgelts gemäß § 242 BGB seinerseits die Rechtsmißbrauchseinrede zu, wenn er für die Zeit des Urlaubs im Vorgriff zwar kein Urlaubsentgelt, aber Arbeitsentgelt beanspruchen kann (vgl. *Blomeyer*, SAE 1975, 125ff.).

h) Der Meinungsstreit über das Erlöschen des Urlaubsanspruchs mit Ablauf der Fristen der §§ 1 und 7 Abs. 3 BUrlG

aa) Die alte Rechtsprechung des BAG

112 Früher hat das BAG in ständiger Rechtsprechung entschieden, daß der Urlaubsanspruch grundsätzlich mit **Ablauf der Fristen** der §§ 1 und 7 Abs. 3 BUrlG verfalle, wenn er nicht rechtzeitig vorher geltend gemacht werde, und zur Begründung dieser Rechtsprechung hat sich das *BAG* im wesentlichen auf die Bindung des Urlaubs an das Kalenderjahr gemäß §§ 1 und 7 Abs. 3 BUrlG und den Gesetzeszweck der regelmäßigen Erholung des Arbeitnehmers berufen (grundlegend BAGE 22, 85 = EzA § 1 BUrlG Nr. 6 = AP Nr. 1 zu § 7 BUrlG Urlaubsjahr; ferner *BAG* EzA § 11 BUrlG Nr. 9 = AP Nr. 10 zu § 11 BUrlG; zuletzt BAGE 37, 379 = EzA § 44 SchwbG Nr. 3 = AP Nr. 3 zu § 44 SchwbG). Von diesem Grundsatz hat das *BAG* ebenfalls in ständiger Rechtsprechung eine Ausnahme gemacht und entschieden, daß der Urlaubsanspruch zumindest bis zum Ablauf des folgenden Kalenderjahres bestehen bleibe, wenn die zeitgerechte Durchführung des Urlaubs zum Beispiel wegen krankheitsbedingter Arbeitsunfähigkeit des Arbeitnehmers rechtlich unmöglich gewesen sei (vgl. BAGE 22, 211 = EzA § 7 BUrlG Nr. 9 = AP Nr. 2 zu § 7 BUrlG Übertragung; BAGE 23, 184 = AP Nr. 9 zu § 7 BUrlG Abgeltung; *BAG* EzA § 7 BUrlG Nr. 15 = AP Nr. 3 zu § 7 BUrlG Übertragung). In diesem Sinne hat das BAG auch urlaubsrechtliche Verfallklauseln in Tarifverträgen ausgelegt (vgl. *BAG* EzA § 1 BUrlG Nr. 5 = AP Nr. 5 zu § 3 BUrlG Rechtsmißbrauch; *BAG* EzA § 7 BUrlG Nr. 22 = AP Nr. 10 zu § 7 BUrlG Abgeltung). Ferner hat das BAG entschieden, daß mit dem Verfall des Urlaubsanspruchs auch der Anspruch auf das Urlaubsentgelt erlösche, während dieser Anspruch trotz Ablaufs der Fristen der §§ 1 und 7 Abs. 3 BUrlG bestehen bleibe, wenn der Urlaub rechtzeitig durchgeführt und nur das Urlaubsentgelt noch nicht (ganz) bezahlt worden sei (vgl. *BAG* EzA § 11 BUrlG Nr. 9 = AP Nr. 10 zu § 11 BUrlG).

bb) Die neue Rechtsprechung des BAG

aaa) Die Grundsätze der neuen Rechtsprechung

113 In dem Urteil vom 13. 5. 1982 (BAGE 39, 54 = EzA § 7 BUrlG Nr. 25 = AP Nr. 4 zu § 7 BUrlG Übertragung) hat das BAG grundlegend entschieden, daß der Urlaubsanspruch von vornherein nur im **Rahmen der Fristen** der §§ 1 und 7 Abs. 3 BUrlG entstehe und infolgedessen mit Ablauf dieser Fristen erlösche, ohne daß es einer Vorschrift über den Verfall des Urlaubsanspruchs bedürfe. Zur Begründung hat sich das BAG im wesentlichen darauf berufen, daß gemäß § 1 BUrlG jeder Arbeitnehmer **»in«** jedem Kalenderjahr Anspruch auf bezahlten Erholungsurlaub hat und dieser Urlaub gemäß § 7 Abs. 3 BUrlG grundsätzlich **»im«** laufenden Kalenderjahr gewährt und genommen werden muß. Diese Begründung gipfelt in dem Satz: »Der Urlaubsanspruch besteht im Urlaubsjahr, nicht für das Urlaubsjahr.« In demselben Urteil heißt es, daß der Urlaubsanspruch jedenfalls dann mit Ablauf der Fristen des § 7 Abs. 3 BUrlG erlösche, wenn der Arbeitgeber die »Unmöglichkeit der Urlaubsgewährung nicht zu vertreten hat«. In dem Urteil vom 1. 12. 1983 (BAGE 44, 278 = EzA § 7 BUrlG Nr. 30 = AP Nr. 15 zu § 7 BUrlG Abgeltung) **hat das BAG** seine neue Rechtsprechung bestätigt, die Befristung des Urlaubsanspruchs ausdrücklich von der Geltung einer Ausschlußfrist abgegrenzt und außerdem **folgendes ausgeführt**: »Da der Anspruch eines Arbeitnehmers auf Urlaubserteilung nur im Urlaubsjahr besteht, ..., bedarf es jedenfalls einer Handlung des Arbeitnehmers, um das Erlöschen des Urlaubs am Ende des Urlaubszeitraums abzuwenden. Nur durch die Aufforderung des Arbeitnehmers an den Arbeitgeber, den Urlaub zu erteilen, kann dieser in Verzug gesetzt werden, so daß auch nach Ablauf des Urlaubsjahres, also dem Eintritt der Unmöglichkeit, den Urlaubsanspruch zu verwirklichen, dem Arbeitnehmer dieser Anspruch jedenfalls als Schadenersatzanspruch erhalten bleibt.« Damit hat das *BAG* die in dem Urteil vom 13. 5. 1982 offen gelassene Frage, wie zu entscheiden ist, wenn der Arbeitgeber die Unmöglichkeit der Urlaubsgewährung nach Ablauf der Fristen der §§ 1 und 7 Abs. 3 BUrlG zu vertreten hat, implizit generell in dem Sinne beantwortet, daß dann dem Arbeitnehmer der Urlaubsanspruch jedenfalls als Schadensersatzanspruch erhalten bleibt. **In der Folgezeit hat das BAG die Grundsätze seiner neuen Rechtsprechung einerseits immer wieder bestätigt** (vgl. z. B. BAGE 46, 359 = EzA § 4 TVG Ausschlußfristen Nr. 62 = AP Nr. 86 zu § 4 TVG Ausschlußfristen; *BAG* EzA § 7 BUrlG Nr. 44 = AP Nr. 3 zu § 8d MuSchG 1986; *BAG* EzA § 7 BUrlG Nr. 55 = AP Nr. 34 zu § 7 BUrlG Abgeltung; *BAG* EzA § 7 BUrlG Nr. 79) **und andererseits in verschiedener Hinsicht ergänzt**. In dem Urteil vom 5. 9. 1985 (EzA § 7 BUrlG Nr. 40 = AP Nr. 1 zu § 1 BUrlG Treueurlaub) hat es den Schadensersatzanspruch auf Urlaub in Höhe des erloschenen Urlaubsanspruchs auf § 249 Satz 1 BGB gestützt. In den Urteilen vom 7. 11. 1985 (*BAG* EzA § 7 BUrlG Nr. 41 = AP Nr. 8 zu § 7 BUrlG Übertragung und *BAG* EzA § 7 BUrlG Nr. 43 = AP Nr. 16 zu § 3 BUrlG Rechtsmißbrauch) hat es den Schadensersatzanspruch auf Urlaub gemäß § 249 Satz 1 BGB als Ersatzurlaubsanspruch bezeichnet. In dem Urteil vom 26. 6. 1986 (EzA § 44 SchwbG Nr. 5 = AP Nr. 5 zu § 44 SchwbG) hat es erstmals entschieden, daß an die Stelle des gemäß § 249 Satz 1 BGB zunächst geschuldeten Ersatzurlaubs im Falle der Beendigung des Arbeitsverhältnisses die Geldentschädigung gemäß § 251 BGB trete (später ebenso wieder *BAG* EzA § 7 BUrlG Nr. 62 = AP Nr. 16 zu § 7 BUrlG Übertragung). In dem Urteil vom 31. 10. 1986 (EzA § 44 SchwbG Nr. 6 = AP Nr. 6 zu § 44 SchwbG) hat es darauf hingewiesen, daß der Arbeitgeber gemäß § 275 Abs. 1 BGB von der Verpflichtung zur Urlaubsgewährung frei werde, wenn er die Unmöglichkeit der Urlaubsgewährung nicht zu vertreten habe. Schließlich hat es mehrfach entschieden, daß durch die Urlaubsübertragungsregelungen gemäß § 7 Abs. 3 Satz 2 bis 4 BUrlG »die Anspruchsdauer, also die Befristung« des Urlaubsanspruchs »erweitert« werde (vgl. *BAG* EzA § 7 BUrlG Nr. 57 = AP Nr. 15 zu § 7 BUrlG Übertragung; *BAG* EzA § 7 BUrlG Nr. 61 = AP Nr. 41 zu § 7 BUrlG Abgeltung; *BAG* EzA § 7 BUrlG Nr. 62 = AP Nr. 16 zu § 7 BUrlG Übertragung; *BAG* EzA § 7 BUrlG Nr. 79). Und in dem Urteil vom 24. 10. 1989 (EzA § 17 BErzGG Nr. 2) hat das *BAG* § 17 Abs. 2 BErzGG als Sonderregelung gegenüber § 7 Abs. 3 BUrlG anerkannt.

bbb) Einzelfälle der neuen Rechtsprechung

(1) Unmöglichkeit infolge eines Leistungshindernisses

114 Auf der Grundlage seiner neuen Rechtsprechung über die Befristung des Urlaubsanspruchs hat das *BAG* von Anfang an entschieden, daß der Urlaubsanspruch auch dann mit Ablauf der Fristen der §§ 1 und 7 Abs. 3 BUrlG erlösche, wenn die fristgemäße Urlaubsgewährung wegen **krankheitsbedingter Arbeitsunfähigkeit** des Arbeitnehmers unmöglich werde, und zur Begründung geltend gemacht, daß auch dieser Fall »in § 7 Abs. 3 BUrlG mitgeregelt« sei (vgl. BAGE 39, 54 = EzA § 7 BUrlG Nr. 25 = AP Nr. 4 zu § 7 BUrlG Übertragung; *BAG* EzA § 7 BUrlG Nr. 27 = AP Nr. 12 zu § 7 BUrlG Abgeltung). In dem Urteil vom 31. 10. 1986 (*BAG* EzA § 44 SchwbG Nr. 6 = AP Nr. 6 zu § 44 SchwbG) hat es seiner Rechtsprechung hinzugefügt, daß der Arbeitgeber im Falle nicht zu vertretender Unmöglichkeit fristgemäßer Urlaubsgewährung wegen krankheitsbedingter Arbeitsunfähigkeit des Arbeitnehmers gemäß § 275 Abs. 1 BGB von der Pflicht zur Urlaubsgewährung frei werde, auch wenn der Arbeitnehmer den Urlaubsanspruch geltend gemacht habe (vgl. hierzu auch *BAG* EzA § 7 BUrlG Nr. 47 = AP Nr. 26 zu § 13 BurlG; *BAG* EzA § 7 BUrlG Nr. 65). Andererseits hat das *BAG* schon in dem Urteil vom 13. 5. 1982 (BAGE 39, 54 = EzA § 7 BUrlG Nr. 25 = AP Nr. 4 zu § 7 BUrlG Übertragung) auf die Möglichkeit hingewiesen, daß ausnahmsweise der Arbeitgeber die krankheitsbedingte Arbeitsunfähigkeit des Arbeitnehmers zu vertreten hat. Mehrfach hat das BAG entschieden, daß der Urlaubsanspruch mit Ablauf der Fristen der §§ 1 und 7 Abs. 3 BUrlG auch im Falle der **Unmöglichkeit fristgemäßer Urlaubsgewährung wegen Mutterschaftsurlaub** gemäß § 8a MuschG a. F. erlösche, weil der Arbeitgeber diese Unmöglichkeit ebensowenig zu vertreten habe wie regelmäßig die durch krankheitsbedingte Arbeitsunfähigkeit des Arbeitnehmers bedingte Unmöglichkeit fristgemäßer Urlaubsgewährung (vgl. *BAG* EzA § 7 BUrlG Nr. 44 = AP Nr. 3 zu § 8d MuSchG 1986; *BAG* EzA § 13 BUrlG Nr. 29 = AP Nr. 28 zu § 13 BUrlG; *BAG* EzA § 7 BUrlG Nr. 62 = AP Nr. 16 zu § 7 BUrlG Übertragung). Allerdings ist diese Rechtsprechung überholt, weil § 17 Abs. 2 BErzGG für den an die Stelle des Mutterschaftsurlaubs getretenen **Erziehungsurlaub** als Sonderregelung gegenüber § 7 Abs. 3 BUrlG vorschreibt, daß der Arbeitgeber dann, wenn der Arbeitnehmer den ihm zustehenden Urlaub vor Beginn des Erziehungsurlaubs nicht oder nicht vollständig erhalten hat, den Urlaub nach dem Erziehungsurlaub im laufenden oder im nächsten Urlaubsjahr gewähren muß (vgl. *BAG* EzA § 17 BErzGG Nr. 2).

(2) Unmöglichkeit infolge Zeitablaufs

115 Für den Fall, daß der Arbeitnehmer seinen Urlaubsanspruch rechtzeitig vor Ablauf der Fristen der §§ 1 und 7 Abs. 3 BUrlG geltend gemacht, der Arbeitgeber aber den geschuldeten Urlaub nicht gewährt hat, hat das *BAG* zunächst nur beiläufig erwähnt, daß dann der Arbeitgeber die Unmöglichkeit fristgemäßer Urlaubsgewährung zu vertreten habe (vgl. BAGE 39, 54 = EzA § 7 BUrlG Nr. 25 = AP Nr. 4 zu § 7 BurlG Übertragung). **In dem Urteil vom 1. 12. 1983** (BAGE 44, 278 = EzA § 7 BUrlG Nr. 30 = AP Nr. 15 zu § 7 BUrlG Abgeltung) hat das *BAG* dem Arbeitnehmer jedenfalls unter der Voraussetzung, daß er den Arbeitgeber in Verzug gesetzt hat, mit Ablauf der Fristen der §§ 1 und 7 Abs. 3 BUrlG einen Urlaubsanspruch als **Schadensersatzanspruch** zuerkannt. In dem Urteil vom 5. 9.

1985 (EzA § 7 BUrlG Nr. 40 = AP Nr. 1 zu § 1 BUrlG Treueurlaub) hat es zur Begründung dieses Schadensersatzanspruchs folgendes ausgeführt: »Die Beklagte befand sich nach Ablehnung des Urlaubsverlangens gegenüber dem Kläger in Verzug. Zwar kann die ursprünglich geschuldete Leistung wegen Zeitablaufs nicht mehr erbracht werden, ihre Erfüllung ist unmöglich geworden. Diese Unmöglichkeit hat aber die Beklagte zu vertreten (§ 286, § 287 Satz 2, § 280 Abs. 1, § 249 Satz 1 BGB), so daß anstelle des ursprünglichen Urlaubsanspruchs als Schadenersatzanspruch ein Urlaubsanspruch in entsprechender Höhe tritt. Diesen Schadensersatzanspruch bezeichnet das *BAG* seit den Urteilen vom 7. 11. 1985 (EzA § 7 BUrlG Nr. 43 = AP Nr. 16 zu § 3 BUrlG Rechtsmißbrauch und EzA § 7 BUrlG Nr. 41 = AP Nr. 8 zu § 7 BUrlG Übertragung) **als Ersatzurlaubsanspruch**. In den Urteilen vom 26. 6. 1986 (EzA § 44 SchwbG Nr. 5 = AP Nr. 5 zu § 44 SchwbG und EzA § 44 SchwbG Nr. 6 = AP Nr. 6 zu § 44 SchwbG) hat das BAG darauf hingewiesen, daß es nach § 284 Abs. 1 BGB zur Herbeiführung des Verzuges einer Mahnung bedürfe. Neuerdings stützt das BAG den Ersatzurlaubsanspruch mitunter nur noch auf »§ 286 Abs. 1, § 287 Satz 2, § 249 Satz 1 BGB« (vgl. *BAG* EzA § 7 BUrlG Nr. 63 = AP Nr. 19 zu § 1 BUrlG; *BAG* EzA § 5 BUrlG Nr. 15). Wiederholt hat das BAG betont, daß der Arbeitnehmer den Urlaubsanspruch so rechtzeitig geltend machen müsse, daß der Urlaub noch vor Ablauf der Fristen der §§ 1 und 7 Abs. 3 BUrlG gewährt werden könnte (vgl. *BAG* EzA § 7 BUrlG Nr. 41 = AP Nr. 8 zu § 7 BUrlG Übertragung; *BAG* EzA § 7 BUrlG Nr. 43 = AP Nr. 16 zu § 3 BUrlG Rechtsmißbrauch). Die Geltendmachung des Urlaubsanspruchs erübrigt sich nach der Rechtsprechung des *BAG* nicht einmal während eines Kündigungsschutzprozesses (vgl. BAGE 44, 278 = EzA § 7 BUrlG Nr. 30 = AP Nr. 15 zu § 7 BUrlG Abgeltung; BAGE 46, 359 = EzA § 4 TVG Ausschlußfristen Nr. 62 = AP Nr. 86 zu § 4 TVG Ausschlußfristen; *BAG* EzA § 7 BUrlG Nr. 46 = AP Nr. 29 zu § 7 BUrlG Abgeltung). Für den Fall der Unmöglichkeit fristgemäßer Urlaubsgewährung infolge Ablaufs der Fristen der §§ 1 und 7 Abs. 3 BUrlG hat also der Arbeitnehmer nach der ständigen Rechtsprechung des BAG nur dann einen **Ersatzurlaubsanspruch als Schadensersatzanspruch** wegen zu vertretender Unmöglichkeit fristgemäßer Urlaubsgewährung, wenn er den Arbeitgeber rechtzeitig vor Ablauf der Fristen der §§ 1 und 7 Abs. 3 BUrlG **in Verzug gesetzt** hat (vgl. auch *BAG* EzA § 13 BUrlG Nr. 15 = AP Nr. 22 zu § 13 BUrlG; zuletzt *BAG* EzA § 7 BUrlG Nr. 62 = AP Nr. 16 zu § 7 BUrlG Übertragung). Dementsprechend bewendet es nach dieser Rechtsprechung beim Erlöschen des Urlaubsanspruchs mit Ablauf der Fristen der §§ 1 und 7 Abs. 3 BUrlG, wenn der Arbeitnehmer den Urlaubsanspruch nicht einmal rechtzeitig vor Ablauf dieser Fristen geltend gemacht und dementsprechend den Arbeitgeber nicht gemäß § 284 Abs. 1 Satz 1 BGB gemahnt hat (vgl. z.B. *BAG* EzA § 1 TVG Nr. 25 = AP Nr. 28 zu § 7 BUrlG Abgeltung; *BAG* EzA § 7 BUrlG Nr. 50 = AP Nr. 19 zu § 11 BUrlG; *BAG* EzA § 7 BUrlG Nr. 55 = AP Nr. 34 zu § 7 BUrlG Abgeltung; *BAG* EzA § 7 BUrlG Nr. 79).

cc) Die Rechtsprechung der Instanzgerichte

116 Früher hat die Rechtsprechung der Instanzgerichte der alten Rechtsprechung des BAG (vgl. Anm. 112) entsprochen (vgl. etwa *LAG Düsseldorf* EzA § 7 BUrlG Nr. 3 = AP Nr. 1 zu § 7 BUrlG Übertragung; *ArbG Siegen* EzA § 7 BUrlG Nr. 23). Nunmehr folgen die Instanzgerichte dagegen überwiegend der neuen Rechtsprechung des BAG (vgl. *LAG Köln* EzA § 7 BUrlG Nr. 26; *LAG Hamm*

ZIP 1983, 110; *LAG Schleswig-Holstein* BB 1983, 1921; *LAG Düsseldorf* DB 1984, 2100; *LAG Baden-Württemberg* BB 1985, 594; *LAG Berlin* LAGE § 7 BUrlG Nr. 8; *LAG Hamm* LAGE § 7 BUrlG Übertragung Nr. 1; *LAG Schleswig-Holstein* BB 1986, 735 = DB 1986, 809; *LAG Niedersachsen* LAGE § 7 BUrlG Nr. 13 und 14; *LAG Köln* LAGE § 7 BUrlG Nr. 15; *LAG Niedersachsen* LAGE § 7 BUrlG Nr. 16 = NZA 1987, 427; *LAG München* NZA 1988, 162 = LAGE § 7 BUrlG Nr. 17; *LAG Köln* LAGE § 7 BUrlG Nr. 24; *LAG Hamm* LAGE § 7 BUrlG Nr. 25; *LAG Baden-Württemberg* LAGE § 7 BUrlG Abgeltung Nr. 1; *ArbG Kiel* BB 1983, 1099 = DB 1983, 1554; *ArbG Stade* BB 1984, 1685 = DB 1984, 2201; *ArbG Wiesbaden* ARSt. 1984, 157; *ArbG Freiburg* NZA 1985, 27; *ArbG Kiel* NZA 1986, 234). Nach wie vor stößt diese Rechtsprechung aber auch auf Ablehnung (vgl. *LAG Bremen* EzA § 7 BUrlG Nr. 29; *LAG Köln* LAGE § 3 BUrlG Rechtsmißbrauch Nr. 1; *LAG Köln* LAGE § 7 BUrlG Nr. 12; *LAG Düsseldorf* LAGE § 7 BUrlG Übertragung Nr. 2; *LAG Düsseldorf* ArbuR 1990, 387; *LAG Düsseldorf* LAGE § 7 AWbG Nr. 9; *ArbG Kassel* DB 1983, 178; *ArbG Marburg* BB 1988, 2320).

dd) Die herrschende Meinung im Schrifttum

117 Im Schrifttum wird in Übereinstimmung mit der alten Rechtsprechung des BAG (vgl. Anm. 112) vor allem die Meinung vertreten, daß der Urlaubsanspruch mit Ablauf der Fristen der §§ 1 und 7 Abs. 3 BUrlG verfalle, wenn nicht der Arbeitnehmer den Urlaubsanspruch rechtzeitig, aber erfolglos geltend gemacht habe oder die rechtzeitige Urlaubsgewährung zum Beispiel wegen krankheitsbedingter Arbeitsunfähigkeit gar nicht möglich gewesen sei, wobei diese Ausnahmen ganz unterschiedlich begründet und begrenzt werden (vgl. nur *Boldt/Röhsler*, § 1 Anm. 55ff. und § 7 Anm. 50 und 52; *Siara*, § 1 Anm. 24 und § 7 Anm. 16; *Stahlhacke*, § 7 Anm. 47ff.; *Berscheid*, HzA, Gruppe 4, Rz. 414ff.; *Heußner*, Urlaubsrecht, Anm. 256; *Lieb*, SAE 1969, 129; *Thiele*, SAE 1971, 56f.; *Blomeyer*, SAE 1975, 125f.; *Schneider*, Anm. EzA § 7 BUrlG Nr. 23). Neuerdings hat jedoch die **neue Rechtsprechung des BAG** (vgl. Anm. 113ff.) auch im Schrifttum Gefolgschaft gefunden. Vor allem hat *Leinemann* (DB 1983, 989, 992ff.; NZA 1985, 137, 141f.; ArbuR 1987, 193, inbes. 196f.) in einer Reihe von veröffentlichten Vorträgen der neuen Rechtsprechung zugestimmt, sie erläutert und insbesondere gegen die Kritik verteidigt, daß das Erlöschen des Urlaubsanspruchs mit Ablauf der Fristen der §§ 1 und 7 Abs. 3 BUrlG Ausschlußfristen voraussetzte, die im BUrlG fehlten. Leinemann meint, das BUrlG enthalte zwar keine Ausschlußfristen, es bedürfe deren aber auch nicht. Denn: »Nach § 1 BUrlG hat der Arbeitnehmer in jedem Kalenderjahr Anspruch auf Erholungsurlaub; nach § 7 Abs. 3 BUrlG ist der Urlaub im Kalenderjahr zu nehmen und zu gewähren. Dieser Wortlaut des Gesetzes hat nichts anderes zum Inhalt als das, was er wörtlich bedeutet: Daß nämlich der Urlaub befristet auf das Urlaubsjahr, also zeitlich begrenzt besteht.« Die Kritik, »der Urlaubsanspruch sei nur durch eine Ausschlußfristregelung zeitlich begrenzbar«, sei der Versuch, »geltendes Recht im Sinne subjektiv geglaubter sozialer Gerechtigkeit zu korrigieren« (so in NZA 1985, 137, 141f.). Aber auch abgesehen von *Leinemann* wird der neuen Rechtsprechung des BAG im Schrifttum entweder insgesamt oder teilweise zugestimmt (vgl. *Löwisch*, Anm. 1022; *Schaub*, § 102 A V 5; *Dersch/Neumann*, § 7 Anm. 70ff. und 89ff.; *Natzel*, § 7 Anm. 134ff.; *Dörner*, AR-Blattei, Urlaub XII, III; *Tautphäus*, HAS, Urlaubsrecht, Anm. 61ff.; *Beitzke*, SAE 1985, 1135ff.; *Bengelsdorf*, NZA 1985,

613ff.; *Wank*, ZfA 1987, 355, 401, 419; *Weiler/Rath*, NZA 1987, 337, 339, 341; *Leinemann/Lipke*, DB 1988, 1217ff.; *Widera*, DB 1988, 756; *Sowka*, NZA 1989, 497; *Gaul*, NZA 1991, 503; teilweise auch *Lepke*, Kündigung bei Krankheit, E III 3 S. 168ff.; **zweifelnd** *Bachmann*, BlStSozArbR 1985, 209f.). Andererseits wird jedoch auch die **alte** gegenüber der neuen **Rechtsprechung des BAG** ausdrücklich verteidigt (*Gaul*, Arbeitsrecht I, F IV Anm. 70 und 73; *Stahlhacke*, § 9 Anm. 20; *Berscheid*, HzA, Gruppe 4, Rz. 414; *Feichtinger*, AR-Blattei, Urlaub VIII, A II 2; *Rummel*, AR-Blattei, Urlaub VI C, B II 3; *Boldt*, Anm. AP Nr. 4 zu § 7 BUrlG Übertragung; *Buchner*, SAE 1983, 80, 83; *ders.*, AR-Blattei, Urlaub, Anm. zur Entscheidung 248; *Wandt*, SAE 1986, 265; *Clemens*, Anm. AP Nr. 3 zu § 8 BUrlG).

ee) Die Mindermeinung im Schrifttum

118 Von einer Mindermeinung im Schrifttum wird das Erlöschen des Urlaubsanspruchs mit Ablauf der Fristen der §§ 1 und 7 Abs. 3 BUrlG seit jeher bestritten. Sowohl der Verfall des Urlaubsanspruchs mangels rechtzeitiger Geltendmachung (dagegen in chronologischer Reihenfolge *Borrmann*, § 7 Anm. 17 und 20; *Hoffmann*, DB 1963, 1288ff.; *Heither*, ArbuR 1968, 165ff.; *ders.*, ArbuR 1970, 30ff.; *Richardi*, Anm. AP Nr. 1 zu § 7 BUrlG Urlaubsjahr; *Seiter*, ZfA 1970, 355, 409; *von der Laden*, S. 48ff.; *Kreutz*, ZfA 1973, 321, 370; *Gröninger*, Anm. AP Nr. 3 zu § 44 SchwbG; *Künzl*, BB 1991, 1630, 1632) als auch die Befristung des Urlaubsanspruchs (dagegen *Wachter*, § 7 BUrlG Anm. 56 und 67; *Staudinger/Richardi*, § 611 Anm. 878; *Streblow*, S. 130ff.; *Herschel*, Anm. EzA § 7 BUrlG Nr. 27; *Kothe*, BB 1984, 609, 614ff.; *H. Weber*, ZfA 1984, 197, 251f.; *Plüm*, NZA 1988, 716, 718; *Künzl*, EWiR § 13 BUrlG 1/89, 159; *ders.*, BB 1991, 1630ff., **kritisch** auch *Adomeit*, EWiR § 7 BUrlG 1/90, 153f.) wird vor allem mit der Begründung abgelehnt, daß das BUrlG keine Ausschlußfrist enthalte.

ff) Zusammenfassung

119 Der Meinungsstreit über das Erlöschen des Urlaubsanspruchs mit Ablauf der Fristen der §§ 1 und 7 Abs. 3 BUrlG ist im einzelnen sehr vielfältig. Im wesentlichen handelt es sich aber um zwei diametral entgegengesetzte Meinungen. Auf der einen Seite steht die in Rechtsprechung und Schrifttum herrschende Meinung, wonach der Urlaubsanspruch mit Ablauf der Fristen der §§ 1 und 7 Abs. 3 BUrlG jedenfalls grundsätzlich erlischt (**Theorie des Erlöschens des Urlaubsanspruchs**), ungeachtet der Unterschiede im Hinblick auf den Rechtsgrund, die Ausnahmen, Rechtsfolgen und Fristen im einzelnen. Auf der anderen Seite steht die vor allem im Schrifttum vertretene Mindermeinung, wonach der Urlaubsanspruch keinesfalls mit Ablauf der Fristen der §§ 1 und 7 Abs. 3 BUrlG erlischt.

i) Kritik der Theorie des Erlöschens des Urlaubsanspruchs

120 In den §§ 1 und 7 Abs. 3 BUrlG ist vom Erlöschen des Urlaubsanspruchs mit Ablauf der Fristen der §§ 1 und 7 Abs. 3 BUrlG keine Rede. Diese Fristen sind demgemäß keine Ausschlußfristen im Sinne einer urlaubsrechtlichen Verfallklausel, weil Verfallklauseln regelmäßig ausdrücklich vorschreiben, daß das betroffene Recht verfällt oder erlischt, wenn es nicht rechtzeitig geltend gemacht worden ist (so schon *Heither*, ArbuR 1968, 165, 167; *Richardi*, Anm. AP Nr. 1 zu § 7 BUrlG Urlaubsjahr; ferner *Kothe*, BB 1984, 609, 615; nunmehr auch *LAG Düsseldorf* LAGE § 7 BUrlG Übertragung Nr. 2). Der Wortlaut der §§ 1 und 7

Abs. 3 BUrlG spricht auch nicht für die Befristung des Urlaubsanspruchs (vgl. *LAG Köln* LAGE § 3 BUrlG Rechtsmißbrauch Nr. 1; *LAG Düsseldorf* LAGE § 7 BUrlG Übertragung Nr. 3). Denn der Wortlaut des § 1 BUrlG, wonach der Arbeitnehmer »in« jedem Kalenderjahr Anspruch auf bezahlten Erholungsurlaub hat, spricht für die allgemein anerkannte Bedeutung einer Anspruchsgrundlage in dem Sinne, daß der Arbeitnehmer für jedes Kalenderjahr bezahlten Erholungsurlaub beanspruchen kann (vgl. Anm. 105). Auch der vom *BAG* in seinem Urteil vom 13. 5. 1982 (BAGE 39, 54 = EzA § 7 BUrlG Nr. 25 = AP Nr. 4 zu § 7 BUrlG Übertragung) aufgestellte Satz »Der Urlaubsanspruch besteht im Urlaubsjahr, nicht für das Urlaubsjahr.« schließt diese Bedeutung des § 1 BUrlG als Anspruchsgrundlage nicht aus, sondern beinhaltet lediglich das Argument, daß die Verwendung der Präposition »in« bei der Formulierung dieser Anspruchsgrundlage auch für die Befristung des Urlaubsanspruchs spreche. Das ist aber wegen der dem Sprachgebrauch entsprechenden und allgemein anerkannten Bedeutung des § 1 BUrlG als Grundlage des Urlaubsanspruchs für jedes Kalenderjahr keine schlüssige grammatische Auslegung. Dies um so weniger, als die entsprechenden Vorschriften der §§ 19 Abs. 1 JArbSchG und 53 Abs. 1 SeemG ausdrücklich einen Urlaubsanspruch »für« jedes Urlaubsjahr begründen und diese Präposition noch viel weniger als die Präposition »in« für die Befristung des Urlaubsanspruchs spricht (vgl. insbes. *Kothe*, BB 1984, 609, 615; zustimmend auch *Berscheid*, HzA, Gruppe 4, Rz. 429; *Rummel*, AR-Blattei, Urlaub VI C, B II 3b). Und der Wortlaut des § 7 Abs. 3 BUrlG, wonach der Urlaub im laufenden Kalenderjahr oder, im Falle ausnahmsweise statthafter Übertragung, im Übertragungszeitraum gewährt und genommen werden muß, spricht schon deswegen nicht für die Befristung des Urlaubsanspruchs, weil diese Vorschrift die von einer Befristung des Urlaubsanspruchs verschiedene obligatorische Leistungszeit für die Urlaubsschuld regelt (vgl. *LAG Düsseldorf* LAGE § 7 BUrlG Übertragung Nr. 2; *Künzl*, BB 1991, 1630, 1632; zur Regelung der Leistungszeit vgl. Anm. 107). Die vor allem von *Leinemann* (vgl. Anm. 117) und vom *BAG* (vgl. Anm. 113) für die angebliche Befristung des Urlaubsanspruchs vorgebrachte grammatische Begründung ist dementsprechend ohne Überzeugungskraft, weil sie sich im Grunde in einem Zitat des Gesetzeswortlauts der §§ 1 und 7 Abs. 3 BUrlG erschöpft (unrichtig daher auch die Vorauflage, § 7 Anm. 112). Auch für die Unmöglichkeit des Urlaubs im Sinne des bürgerlichrechtlichen Leistungsstörungsrechts findet sich kein Anhaltspunkt im Wortlaut der §§ 1 und 7 Abs. 3 BUrlG (vgl. *LAG Köln* LAGE § 3 BUrlG Rechtsmißbrauch Nr. 1; *LAG Düsseldorf* LAGE § 7 BUrlG Übertragung Nr. 2). Entgegen einem gewissen ersten Anschein ist also der Wortlaut der §§ 1 und 7 Abs. 3 BUrlG nach dem allgemeinen und dem besonderen juristischen Sprachgebrauch nichts weniger als eindeutig in dem Sinne, daß der Urlaubsanspruch mit Ablauf der Fristen der §§ 1 und 7 Abs. 3 BUrlG erlischt, gleichviel welchen möglichen Erlöschenstatbestand man dabei auch ins Auge faßt. Das Erlöschen des Urlaubsanspruchs ergibt sich auch nicht im Wege systematischer Auslegung des Gesetzes, weil es im BUrlG keine Regelung gibt, die das Erlöschen des Urlaubsanspruchs mit Ablauf dieser Fristen bedingen würde. Selbst wenn der Urlaubsanspruch gemäß §§ 1 und 7 Abs. 3 BUrlG befristet wäre, würde sich daraus im übrigen nicht die Unmöglichkeit des geschuldeten Urlaubs nach Ablauf der Fristen der §§ 1 und 7 Abs. 3 BUrlG ergeben, weil das Erlöschen eines befristeten Anspruchs mit Ablauf der Frist mit der Unmöglichkeit im Sinne des bürgerlichrechtlichen Leistungsstörungsrechts nicht identisch ist (zutreffend *Kothe*, BB 1984, 609, 616; so nun auch *LAG Düsseldorf* LAGE § 7 BUrlG Nr. 3). Auch die Gesetzesmaterialien sprechen nicht für ein irgendwie geartetes Erlöschen des Urlaubsanspruchs (vgl. *Heither*, ArbuR 1968, 165, 169). Und schließlich kann das Erlöschen des Urlaubsanspruchs mit Ablauf der Fristen der §§ 1 und 7 Abs. 3 BUrlG auch nicht aus dem Zweck dieser Vorschriften, die regelmäßige Erholung des Arbeitnehmers sicherzustellen (vgl. Anm. 106), abgeleitet werden, weil ein verspäteter Urlaub immer noch besser ist als gar kein Urlaub (so zutreffend vor allem *Hoffmann*, DB 1963, 1288f.; *Heither*, ArbuR 1968, 165, 169; *ders.*, ArbuR 1970, 30f.; *Richardi*, Anm. AP Nr. 1 und zu § 7 BUrlG Urlaubsjahr; *Seiter*, ZfA 1970, 355, 409; *Kothe*, BB 1984, 609, 618; ferner *von der Laden*, S. 50f.; *Streblow*, S. 130 und 151; vgl. auch *LAG Bremen* EzA § 7 BUrlG Nr. 29 unter 1b bb; *LAG Düsseldorf* LAGE § 7 BUrlG Übertragung Nr. 2). Die §§ 1 und 7 Abs. 3 BUrlG enthalten also keine Rechtsgrundlage für das Erlöschen der Urlaubsschuld, so daß der Urlaubsanspruch auch über den Ablauf der Fristen der §§ 1 und 7 Abs. 3 BUrlG hinaus bis zur Erfüllung der Urlaubsschuld gemäß §§ 362ff. BGB fortbesteht. Im übrigen ist zweifelhaft, ob das Erlöschen des Urlaubsanspruchs mit Ablauf dieser Fristen mit dem Übereinkommen Nr. 132 der Internationalen Arbeitsorganisation über den bezahlten Jahresurlaub in der Neufassung von 1970 (BGBl. 1975 II, 746) vereinbar wäre (vgl. einerseits *BAG* EzA § 7 BUrlG Nr. 79; andererseits *LAG Düsseldorf* LAGE § 7 BUrlG Übertragung Nr. 2; *LAG Düsseldorf* LAGE § 7 AWbG Nr. 9; *LAG Düsseldorf* LAGE § 7 BUrlG Übertragung Nr. 3; *Berscheid*, HzA, Gruppe 4, Rz. 430 und 443; *Künzl*, BB 1991, 1630ff.).

j) Die Rechtsfolgen der Unmöglichkeit des Urlaubs nach Ablauf der Fristen der §§ 1 und 7 Abs. 3 BUrlG

aa) Vorbemerkung

121 Unter der in Wahrheit nicht gegebenen und infolgedessen lediglich unterstellten Voraussetzung, daß der geschuldete Urlaub mit Ablauf der Fristen der §§ 1 und 7 Abs. 3 BUrlG unmöglich wird und der Arbeitnehmer infolgedessen jedenfalls keinen Urlaubsanspruch mehr auf Erfüllung der Urlaubsschuld hat (vgl. Anm. 112ff. und 120), ergeben sich die weiteren Rechtsfolgen aus dem Leistungsstörungs- und dem Schadensersatzrecht des BGB.

bb) Unmöglichkeit infolge Zeitablaufs

122 In dem praktisch besonders wichtigen Fall, daß der Urlaub zwar vor Ablauf der Fristen der §§ 1 und 7 Abs. 3 BUrlG gewährt werden kann, aber dennoch nicht gewährt wird und daher ohne jedes Leistungshindernis lediglich infolge des Ablaufs dieser Fristen, also lediglich infolge Zeitablaufs unmöglich wird, billigt vor allem das BAG dem Arbeitnehmer in ständiger Rechtsprechung – auch wenn das Arbeitsverhältnis vom Arbeitgeber gekündigt und dagegen Kündigungsschutzklage erhoben worden ist – nur dann einen Schadensersatzanspruch (Ersatzurlaubsanspruch) wegen zu vertretender Unmöglichkeit des Urlaubs zu, wenn er den Arbeitgeber rechtzeitig durch Mahnung in Verzug gesetzt hat, und zur Begründung hat das *BAG* in den meisten einschlägigen Urteilen des §§ 280 Abs. 1, 286 Abs. 1 und 287 Satz 2 BGB angeführt (vgl. Anm. 113ff.). Auch diese Rechtsprechung hat sowohl unter den Instanzgerichten (vgl. *LAG Baden-Württemberg* BB 1985, 594; *LAG München* LAGE § 7 BUrlG Nr. 17 = NZA 1988, 162; *LAG Köln*

LAGE § 7 BUrlG Nr. 24; *LAG Hamm* LAGE § 7 BUrlG Nr. 25) als auch im Schrifttum (vgl. *Dersch/Neumann* § 7 Anm. 71 und 89ff.; *Dörner*, AR-Blattei, Urlaub XII, II 2; *Leinemann*, ArbuR 1987, 193, 197; *Sowka*, NZA 1989, 497) Gefolgschaft gefunden. Andererseits wird freilich sowohl von Instanzgerichten (vgl. *ArbG Freiburg* NZA 1985, 27; *ArbG Marburg* BB 1988, 2320 = ARSt. 1989, 33) als auch im Schrifttum (vgl. *Natzel*, § 7 Anm. 140; *Streblow*, S. 155; *Bachmann*, BlStSozArbR 1985, 209, 211) die Meinung vertreten, daß dem Arbeitnehmer gemäß § 280 Abs. 1 BGB in jedem Falle ein Schadensersatzanspruch wegen zu vertretender Unmöglichkeit des Urlaubs zustehe, wenn der Urlaub lediglich infolge Zeitablaufs unmöglich werde. **Kritik**: Es läßt jedenfalls zu wünschen übrig, wenn vor allem das *BAG* seine Rechtsprechung auf die ganz verschiedenartigen Gesetzesbestimmungen der §§ 280 Abs. 1, 286 Abs. 1 und 287 Satz 2 BGB stützt (insoweit unentschieden auch *LAG Köln* LAGE § 7 BUrlG Nr. 24), ohne deren Voraussetzungen im einzelnen zu prüfen und ohne deren Verhältnis zueinander zu klären (insoweit kritisch sogar *E. Wolf*, SAE 1987, 118f., der im übrigen die neue Urlaubsrechtsprechung des BAG für unangreifbar hält). Es wäre klärungsbedürftig, wieso sowohl § 280 Abs. 1 BGB als auch § 286 Abs. 1 BGB einschlägig sein soll, obwohl sich Unmöglichkeit und Verzug nach ganz herrschender Meinung gegenseitig ausschließen (vgl. nur *BAG* AP Nr. 7 zu § 102 BetrVG 1972 Weiterbeschäftigung; *E. Wolf*, SAE 1987, 119). § 286 Abs. 1 BGB ist jedenfalls deswegen keine geeignete Grundlage für einen Ersatzurlaubsanspruch des Arbeitnehmers, weil die Schadensersatzpflicht gemäß § 286 Abs. 1 BGB nach herrschender und richtiger Meinung nicht den durch die Unmöglichkeit der Leistung verursachten Nichterfüllungsschaden, sondern nur den durch die Verzögerung der Leistung verursachten sogenannten Verzögerungsschaden umfaßt (vgl. nur *BAG* AP Nr. 7 zu § 102 BetrVG 1972 Weiterbeschäftigung; *Medicus*, Schuldrecht I, § 34 I 2 und II 1a; *Jauernig/Vollkommer*, § 286 Anm. 2). Grundlage eines Ersatzurlaubsanspruchs kann nur § 280 Abs. 1 BGB sein (sowohl auch *LAG Berlin* DB 1991, 2247). Diesbezüglich ist klärungsbedürftig, aus welchem Grunde die Schadensersatzpflicht des Arbeitgebers gemäß § 280 Abs. 1 BGB i. V. m. §§ 276ff. BGB ausgeschlossen sein soll. Denn wenn die Erfüllung der Urlaubsschuld nach Ablauf der Fristen der §§ 1 und 7 Abs. 3 BUrlG unmöglich ist, dann handelt es sich der Sache nach um eine absolute Fixschuld in dem Sinne, daß der geschuldete Urlaub nur innerhalb der Fristen der §§ 1 und 7 Abs. 3 BUrlG gewährt werden kann (so auch *LAG Düsseldorf* LAGE § 7 BUrlG Übertragung Nr. 2; *LAG Düsseldorf* LAGE § 7 AWbG Nr. 9; *E. Wolf*, SAE 1987, 119; *Plüm*, NZA 1988, 716, 718), weil das Erlöschen eines befristeten Anspruchs mit Ablauf der Frist mit der Unmöglichkeit im Sinne des bürgerlichrechtlichen Leistungsstörungsrechts nicht identisch ist (vgl. *Kothe*, BB 1984, 609, 616; so nun auch *LAG Düsseldorf* LAGE § 7 BUrlG Übertragung Nr. 3). Allerdings hat das *BAG* in dem Urteil vom 28. 11. 1990 (EzA § 7 BUrlG Nr. 79) folgendes ausgeführt: »Für die Annahme, daß das Bundesarbeitsgericht die Verpflichtung zur Urlaubsgewährung als Fixschuld behandele, fehlt jeder Anhaltspunkt. ... Die Pflicht zur Urlaubsgewährung ist eine Nebenpflicht im Arbeitsverhältnis, Fixschuld kann aber nur eine Hauptpflicht in einem Arbeitsverhältnis sein« (so auch *Künzl*, BB 1991, 1630). Davon kann jedoch keine Rede sein. Selbstverständlich kann auch eine »Nebenpflicht« eine Fixschuld sein (vgl. nur *BAG* AP Nr. 7 zu § 102 BetrVG 1972 Weiterbeschäftigung; *LAG Düsseldorf* LAGE § 7 BUrlG Übertragung Nr. 3). Das entscheidende Merkmal der absoluten Fixschuld besteht darin, daß die geschuldete Leistung nach Versäumung der Leistungszeit nicht mehr nachgeholt werden kann und infolgedessen unmöglich ist (vgl. nur *BAG* EzA Art. 9 GG Arbeitskampf Nr. 80). Infolgedessen behandelt das *BAG* die Urlaubsschuld der Sache nach sehr wohl als eine absolute Fixschuld (so auch wieder *LAG Düsseldorf* LAGE § 7 AWbG Nr. 9), weil es die Erfüllung der Urlaubsschuld nach Ablauf der Fristen der §§ 1 und 7 Abs. 3 BUrlG in seiner ständigen und auch in dem Urteil vom 28. 11. 1990 (a. a. O.) fortgesetzten Rechtsprechung für unmöglich hält (das verkennt auch *LAG Köln* LAGE § 7 BUrlG Nr. 24). Und wenn der Schuldner einer absoluten Fixschuld nicht leistet, obwohl seiner Leistung kein Hindernis entgegensteht, dann wird zumindest von der herrschenden Meinung gemäß § 280 Abs. 1 BGB bzw. § 325 Abs. 1 BGB i. V. m. §§ 276ff. BGB eine Schadensersatzpflicht wegen zu vertretender Unmöglichkeit anerkannt (so für den Fall des Vertragsbruchs des Arbeitnehmers neuerdings *BAG* EzA § 626 BGB n. F. Nr. 116 zu II 4d der Gründe; ebenso die ganz **h. M.** im Schrifttum; vgl. nur *Brox*, Arbeitsrecht, Anm. 97; *Gaul*, Arbeitsrecht I, G III Anm. 3; *Zöllner*, Arbeitsrecht, § 18 I 1; MünchKomm-*Söllner*, § 611 Anm. 15; *Soergel/Kraft*, § 611 Anm. 62). Auf jeden Fall ist der Arbeitgeber dem Arbeitnehmer gemäß § 280 Abs. 1 BGB i. V. m. § 287 Satz 2 BGB auch **ohne Mahnung schadensersatzpflichtig**, weil der Schuldner gemäß § 287 Satz 2 BGB grundsätzlich auch für die während des Verzuges durch Zufall eintretende Unmöglichkeit verantwortlich ist und weil der Arbeitgeber gemäß § 284 Abs. 2 Satz 1 BGB spätestens unmittelbar vor Beginn der für den geschuldeten Urlaub bis zum Ablauf der Fristen der §§ 1 und 7 Abs. 3 BUrlG erforderlichen Zeit und der dann sukzessive eintretenden Unmöglichkeit mit seiner Urlaubsschuld ohne Mahnung in Verzug kommt (in bezug auf die absolute Fixschuld der Beschäftigungspflicht gemäß § 102 Abs. 5 BetrVG ebenso *BAG* AP Nr. 7 zu § 102 BetrVG 1972 Weiterbeschäftigung; in bezug auf die Urlaubsschuld ausdrücklich **a. M.** *Plüm*, NZA 1988, 716, der aber wie das *BAG* den Verzug gemäß § 284 Abs. 2 Satz 1 BGB vor dem sukzessiven Eintritt der Unmöglichkeit verkennt; ebenso ausdrücklich **a. M.** *LAG Düsseldorf* LAGE § 7 BUrlG Übertragung Nr. 2, das zwar den Verzug gemäß § 284 Abs. 2 Satz 1 BGB anerkennt, aber den Zufall i. S. von § 287 Satz 2 BGB ablehnt; vgl. ferner *Künzl*, BB 1991, 1630, 1633, der jedenfalls § 284 Abs. 2 BGB für einschlägig hält, obwohl er die Fälligkeit des Urlaubsanspruchs verneint). Im übrigen ist die gemäß § 284 Abs. 1 Satz 1 BGB für den Verzug grundsätzlich erforderliche Mahnung nach allgemeiner Meinung aufgrund von Treu und Glauben jedenfalls dann entbehrlich, wenn der Schuldner die Leistung ernsthaft und endgültig verweigert (vgl. *Emmerich*, § 16 III 6c dd mit Rechtsprechungsnachweisen in Fußn. 69), so daß die Rechtsprechung des BAG, daß die Mahnung des Arbeitgebers nicht einmal im Falle einer Kündigung des Arbeitsverhältnisses durch den Arbeitgeber und einer dagegen erhobenen Kündigungsschutzklage entbehrlich sei (vgl. Anm. 115), schon aus diesem Grunde nicht gefolgt werden kann (ebenso *Tautphäus*, HAS, Urlaubsrecht, Anm. 65; vgl. hierzu auch *Dersch/Neumann*, § 7 Anm. 74; wie das BAG aber *LAG Baden-Württemberg* BB 1985, 594; *LAG Hamm* LAGE § 7 BUrlG Nr. 25; *Schaub*, § 102 A V 2d; *Herschel*, SAE 1984, 254; *Treutler*, BB 1985, 594f.).

cc) Unmöglichkeit infolge eines Leistungshindernisses

123 In dem praktisch ebenfalls besonders wichtigen Fall, daß der Urlaub infolge **krankheitsbedingter Arbeitsunfähigkeit** des Arbeitnehmers vor Ablauf der Fristen der §§ 1 und 7 Abs. 3 BUrlG nicht gewährt werden kann und aus diesem Grunde mit Ablauf dieser Fristen unmöglich wird, hat der Arbeitnehmer nach einhelliger und richtiger Meinung gemäß § 275 Abs. 1 BGB in der Regel auch keinen Schadensersatzanspruch, weil der Arbeitgeber die krankheitsbedingte Arbeitsunfähigkeit des Arbeitnehmers gemäß §§ 276ff. BGB regelmäßig nicht zu vertreten hat (vgl. Anm. 114 und 116f.; ganz anders dagegen *LAG Köln* LAGE § 7 BUrlG Nr. 12, das die Urlaubsgewährung trotz krankheitsbedingter Arbeitsunfähigkeit für möglich hält). Hat der Arbeitgeber die krankheitsbedingte Arbeitsunfähigkeit des Arbeitnehmers jedoch gemäß §§ 276ff. BGB ausnahmsweise zu vertreten (vgl. zu dieser Möglichkeit BAGE 39, 54 = EzA § 7 BUrlG Nr. 25 = AP Nr. 4 zu § 7 BUrlG Übertragung), kommt ein Schadensersatzanspruch des Arbeitnehmers gemäß § 280 Abs. 1 BGB i.V.m. §§ 276ff. BGB in Betracht. Diese Grundsätze gelten entsprechend auch für alle sonstigen Leistungshindernisse, die zur Unmöglichkeit des Urlaubs führen (vgl. Anm. 114 zum Mutterschaftsurlaub; vgl. ferner *Dersch/Neumann*, § 7 Anm. 95). Es muß aber auch in diesem Zusammenhang beachtet werden, daß gemäß § 287 Satz 2 BGB der Arbeitgeber grundsätzlich auch für die während des Verzuges durch Zufall eintretende Unmöglichkeit des Urlaubs verantwortlich ist (vgl. hierzu schon Anm. 122). Demnach hat der Arbeitnehmer insbesondere dann, wenn er den Arbeitgeber gemäß § 284 Abs. 1 Satz 1 BGB durch Mahnung so rechtzeitig in Verzug gesetzt hat, daß der Arbeitgeber den Urlaub noch vor Eintritt der Unmöglichkeit infolge der krankheitsbedingten Arbeitsunfähigkeit des Arbeitnehmers hätte gewähren können, gemäß § 280 Abs. 1 BGB i.V.m. § 287 Satz 2 BGB doch einen Anspruch auf Ersatz des durch die Nichterfüllung des Urlaubsanspruchs entstehenden Schadens. Etwas anderes gilt nur dann, wenn den Arbeitnehmer ein Verschulden im Sinne von § 1 LFZG an seiner krankheitsbedingten Arbeitsunfähigkeit trifft, weil dann von einem zufälligen Eintritt der Unmöglichkeit im Sinne von § 287 Satz 2 BGB keine Rede sein kann.

dd) Inhalt der Schadensersatzpflicht

124 Dem Arbeitnehmer wird gemäß § 249 Satz 1 BGB als Schadensersatz ein sogenannter Ersatzurlaubsanspruch in Höhe des erloschenen Urlaubsanspruchs zugebilligt, solange das Arbeitsverhältnis noch besteht (vgl. Anm. 112ff.), während dem Arbeitnehmer im Falle der Beendigung des Arbeitsverhältnisses gemäß § 251 Abs. 1 BGB anstelle des nicht mehr möglichen Ersatzurlaubs eine Geldentschädigung in Höhe der Urlaubsabgeltung im Sinne von § 7 Abs. 4 BUrlG zugesprochen wird (vgl. hierzu *BAG* EzA § 44 SchwbG Nr. 5 = AP Nr. 5 zu § 44 SchwbG; *BAG* EzA § 7 BUrlG Nr. 62 = AP Nr. 16 zu § 7 BUrlG Übertragung; *Leinemann*, ArbuR 1987, 193, 197). Der dem Arbeitnehmer zugesprochene **Ersatzurlaubsanspruch** wird im allgemeinen und insbesondere vom BAG so gut wie gar nicht näher begründet. Lediglich vereinzelt wird zur Begründung eines Ersatzurlaubsanspruchs gemäß § 249 Satz 1 BGB geltend gemacht, daß für die Naturalrestitution gemäß § 249 Satz 1 BGB auch die Herstellung eines gleichwertigen Zustands (vgl. Vorauflage, § 7 Anm. 121) bzw. »eine ihrer Beschaffenheit nach gleiche Leistung« (vgl. *E. Wolf*, SAE 1987, 118f.) in Betracht komme. Zwar kann sich die Pflicht zur Naturalrestitution generell auf einen der geschuldeten

Leistung gleichartigen Ersatz beziehen (vgl. *Beuthien*, RdA 1972, 20, 23 m.w.N. in Fußn. 14). Eine **Naturalrestitution** durch Ersatzurlaub ist aber wohl doch ausgeschlossen, weil sie in einem unauflösbaren Wertungswiderspruch zur Rechtsnatur der Urlaubsschuld als absoluter Fixschuld stünde (so auch *LAG Düsseldorf* LAGE § 7 BUrlG Übertragung Nr. 2). Aus dem gleichen Grunde käme eine solche Naturalrestitution im übrigen auch dann nicht in Betracht, wenn die Urlaubsschuld keine absolute Fixschuld und die Unmöglichkeit ihrer Erfüllung lediglich die Folge des Erlöschens des Urlaubsanspruchs mit Ablauf der Fristen der §§ 1 und 7 Abs. 3 BUrlG wäre, was rechtsdogmatisch freilich gar nicht möglich ist (vgl. hierzu Anm. 122). Aus diesem Grunde wird die Naturalrestitution durch Ersatzurlaub im Schrifttum denn auch gelegentlich als dogmatisches Kuriosum bezeichnet (so *Plüm*, NZA 1988, 716, 718; **ablehnend** auch *Berscheid*, HzA, Gruppe 4, Rz. 427; *Künzl*, BB 1991, 1630f.). Wenn jedoch gemäß § 249 Satz 1 BGB Naturalrestitution durch Ersatzurlaub geschuldet ist, dann ist es nur konsequent, den Ersatzurlaubsanspruch mindestens in der Höhe des erloschenen Urlaubsanspruchs zu veranschlagen (zur Sicherstellung gleichwertiger Erholung fordert *Klein*, BB 1960, 241, 255, in einem anderen, aber ähnlichen Zusammenhang sogar einen höheren Ersatzurlaub). Aus der Rechtsnatur des Ersatzurlaubsanspruchs als Schadensersatzanspruch ergäben sich im übrigen Unterschiede zum Urlaubsanspruch, die bisher nur teilweise erörtert worden sind. Insbesondere gelten die Fristen der §§ 1 und 7 Abs. 3 BUrlG nicht für den Ersatzurlaubsanspruch (so schon *Leinemann*, DB 1983, 989, 994 Fußn. 71; ebenso *LAG Düsseldorf* LAGE § 7 BUrlG Übertragung Nr. 2; *Natzel*, § 7 Anm. 111; *Dörner*, AR-Blattei, Urlaub XII, IV 1). Der Ersatzurlaubsanspruch wäre auch nicht unabdingbar gemäß § 13 Abs. 1 BUrlG (zutreffend *LAG Düsseldorf* LAGE § 7 BUrlG Übertragung Nr. 2; *LAG Berlin* DB 1991, 2247; *Plüm*, NZA 1988, 716, 718; **a.M.** *Natzel*, § 7 Anm. 111). Schließlich bedarf eine Geldentschädigung gemäß § 251 Abs. 1 BGB in **Höhe der Urlaubsabgeltung** im Sinne von § 7 Abs. 4 BUrlG in jedem Falle einer näheren Begründung, wenn der Urlaubsanspruch insbesondere nach Maßgabe der neuen Rechtsprechung des BAG nicht das Urlaubsentgelt im Sinne von § 11 BUrlG umfaßt, sondern sich auf die Urlaubsgewährung im Sinne der Freistellung von der Arbeitspflicht durch eine entsprechende Willenserklärung beschränkt (vgl. nur *BAG* EzA § 7 BUrlG Nr. 50 = AP Nr. 19 zu § 11 BUrlG), weil sich die Schadensersatzpflicht gemäß § 251 Abs. 1 BGB nur auf das Wertinteresse und demgemäß in Übereinstimmung mit § 253 BGB nur auf einen Vermögensschaden bezieht.

2. Die Übertragung des Urlaubs gemäß § 7 Abs. 3 Satz 2 und 3 BUrlG

a) Inhalt

125 Gemäß § 7 Abs. 3 Satz 1 BUrlG muß der Urlaub grundsätzlich im laufenden Kalenderjahr gewährt und genommen werden. Gemäß § 7 Abs. 3 Satz 2 BUrlG ist eine Übertragung des Urlaubs auf das nächste Kalenderjahr nur ausnahmsweise statthaft, wenn dringende betriebliche oder in der Person des Arbeitnehmers liegende Gründe dies rechtfertigen. Und gemäß § 7 Abs. 3 Satz 3 BUrlG muß der gemäß § 7 Abs. 3 Satz 2 BUrlG übertragene Urlaub in den ersten drei Monaten des folgenden Kalenderjahres gewährt und genommen werden. Diese Übertragungsregelung gilt sowohl für den vollen Urlaubsanspruch als auch für Teilurlaubsansprüche gemäß § 5 Abs. 1 BUrlG (vgl. *BAG* EzA § 7 BUrlG Nr. 57 = AP Nr. 15 zu § 7 BUrlG Übertragung; *Natzel*, § 7 Anm. 120).

b) Rechtsnatur

126 Die Übertragung des Urlaubs gemäß § 7 Abs. 3 Satz 2 BUrlG ist nach herrschender Meinung kein Rechtsgeschäft, sondern die **gesetzliche Rechtsfolge** der in § 7 Abs. 3 Satz 2 BUrlG geregelten Übertragungsvoraussetzungen, wenn der Urlaubsanspruch jedenfalls grundsätzlich gemäß §§ 1 und 7 Abs. 3 BUrlG mit Ablauf des Kalenderjahres erlischt (vgl. BAGE 22, 85 = EzA § 1 BUrlG Nr. 6 = AP Nr. 1 zu § 7 BUrlG Urlaubsjahr; BAGE 39, 54 = EzA § 7 BUrlG Nr. 25 = AP Nr. 4 zu § 7 BUrlG Übertragung; *BAG* EzA § 7 BUrlG Nr. 39 = AP Nr. 24 zu § 7 BUrlG Abgeltung; *BAG* EzA § 7 BUrlG Nr. 46 = AP Nr. 29 zu § 7 BUrlG Abgeltung; *BAG* EzA § 7 BUrlG Nr. 57 = AP Nr. 15 zu § 7 BUrlG Übertragung; *BAG* EzA § 7 BUrlG Nr. 61 = AP Nr. 41 zu § 7 BUrlG Abgeltung; *BAG* EzA § 7 BUrlG Nr. 62 = AP Nr. 16 zu § 7 BUrlG Übertragung; *BAG* EzA § 7 BUrlG Nr. 65; *LAG Köln* BB 1986, 2336; *LAG Bremen* EzA § 7 BUrlG Nr. 29; *LAG Köln* LAGE § 7 BUrlG Nr. 24; *LAG Hamm* LAGE § 7 BUrlG Nr. 25; *A. Hueck* in: Hueck/Nipperdey, Arbeitsrecht I, S. 449 Fußn. 98; *Dersch/Neumann*, § 7 Anm. 69 und 87; *Natzel*, § 7 Anm. 124; *Siara*, § 7 Anm. 17; *Berscheid*, HzA, Gruppe 4, Rz. 419; *Dörner*, AR-Blattei, Urlaub V, A III 3b; *von der Laden*, S. 54f.; *Wachter*, § 7 BUrlG Anm. 55 und 63; *Lepke*, BB 1968, 632f.; *Gröninger*, Anm. AP Nr. 3 zu § 44 SchwbG; *Leinemann*, NZA 1985, 137, 141f.; *Sowka*, NZA 1989, 497; *Gaul*, NZA 1991, 503). Nach einer **Mindermeinung** erfolgt die Urlaubsübertragung dagegen nicht automatisch von Gesetzes wegen, sondern durch einen entsprechenden Übertragungsakt, dessen Rechtsnatur unterschiedlich beurteilt wird (vgl. *LAG Schleswig-Holstein* DB 1986, 1630 = NZA 1986, 477; *LAG Köln* LAGE § 7 BUrlG Nr. 15; *LAG Niedersachsen* LAGE § 7 BUrlG Nr. 16 = BB 1987, 968 = NZA 1987, 427; *Boldt/Röhsler*, § 7 Anm. 56; *Schelp/Herbst*, § 7 Anm. 78 und 84; *Herbst*, Anm. AR-Blattei, Urlaub, Entsch. 171). Wenn man richtigerweise davon ausgeht, daß der Urlaubsanspruch gar nicht mit Ablauf der Fristen der §§ 1 und 7 Abs. 3 BUrlG erlischt (vgl. Anm. 120), dann stellt sich die Frage der Rechtsnatur der Übertragung des Urlaubs gemäß § 7 Abs. 3 Satz 2 BUrlG als Ausnahme von dem Grundsatz des Erlöschens des Urlaubsanspruchs mit Ablauf des Kalenderjahres nicht. Dann kann die Urlaubsübertragung nur Gegenstand eines Rechtsgeschäfts sein (vgl. Anm. 110), so daß insoweit im Ergebnis der Mindermeinung zur Rechtsnatur der Urlaubsübertragung zuzustimmen ist.

c) Übertragungsvoraussetzungen

aa) Dringende betriebliche Gründe

127 Die Übertragung des Urlaubs auf das nächste Kalenderjahr ist gemäß § 7 Abs. 3 Satz 2 BUrlG zum einen statthaft, wenn dringende betriebliche Gründe dies rechtfertigen. Demnach bedarf es weder zwingender betrieblicher Gründe noch genügen irgendwelche betrieblichen Gründe. **Maßgebend ist nach so gut wie allgemeiner Meinung eine Abwägung der beiderseitigen Interessen** (vgl. *Boldt/Röhsler*, § 7 Anm. 58; *Dersch/Neumann*, § 7 Anm. 81; *Natzel*, § 7 Anm. 115f.; *Wachter*, § 7 BUrlG Anm. 59). Vereinzelt wird die Meinung vertreten, daß § 7 Abs. 3 Satz 2 BUrlG als Ausnahmeregelung eng auszulegen sei (vgl. *Boldt/Röhs-*

ler, § 7 Anm. 53). Eine Regel, daß Ausnahmen eng auszulegen sind, gibt es jedoch nicht (vgl. *Thiele*, SAE 1966, 265f.). Es ist aber in jedem Falle zugunsten des Arbeitnehmers zu berücksichtigen, daß die grundsätzliche Bindung des Urlaubs an das Kalenderjahr dem Urlaubszweck der Erholung dient (vgl. *Boldt/Röhsler*, § 7 Anm. 58; *Dersch/Neumann*, § 7 Anm. 82; *Natzel*, § 7 Anm. 116). Als dringende betriebliche Gründe im Sinne von § 7 Abs. 3 Satz 2 BUrlG kommen dieselben Gründe in Betracht die gemäß § 7 Abs. 2 BUrlG die Urlaubsteilung (vgl. Anm. 95) und die gemäß § 7 Abs. 1 BUrlG die Nichtberücksichtigung der Urlaubswünsche des Arbeitnehmers (vgl. Anm. 14ff.) rechtfertigen können (vgl. *Boldt/Röhsler*, § 7 Anm. 58; *Dersch/Neumann*, § 7 Anm. 82; *Natzel*, § 7 Anm. 115; *von der Laden*, S. 41; **kritisch**, aber nicht überzeugend *Dörner*, AR-Blattei, Urlaub V, A III 3c). Schuldlosigkeit des Arbeitgebers ist nicht erforderlich (vgl. *Natzel*, § 7 Anm. 116; *Siara*, § 7 Anm. 20).

bb) Persönliche Gründe

128 Die Übertragung des Urlaubs auf das nächste Kalenderjahr ist gemäß § 7 Abs. 3 Satz 2 BUrlG zum anderen statthaft, wenn **in der Person des Arbeitnehmers** liegende Gründe dies rechtfertigen. Dringende, geschweige den zwingende persönliche Gründe werden nach ganz herrschender und richtiger Meinung nicht vorausgesetzt (vgl. *Boldt/Röhsler*, § 7 Anm. 57; *Dersch/Neumann*, § 7 Anm. 83f.; *Natzel*, § 7 Anm. 117; *Dörner*, AR-Blattei, Urlaub V, A III 3d; *von der Laden*, S. 43). Im übrigen wird die Übertragungsvoraussetzung der persönlichen Gründe abstrakt recht unterschiedlich definiert, bei der konkreten Gesetzesanwendung aber doch weitgehend in demselben Sinne bestimmt (vgl. hierzu *Boldt/Röhsler*, § 7 Anm. 59; *Wachter*, § 7 BUrlG Anm. 60). Richtig ist, daß persönliche Gründe die Urlaubsübertragung nur dann rechtfertigen, wenn die Übertragung dem Urlaubszweck der Erholung dient, weil auch die grundsätzliche Bindung des Urlaubs an das Kalenderjahr dem Urlaubszweck der Erholung dient. Demgemäß muß § 7 Abs. 3 Satz 2 BUrlG nicht eng ausgelegt werden (vgl. *Wachter*, § 7 BUrlG Anm. 60; **a.M.** *Dersch/Neumann*, § 7 Anm. 83). Auch ein Verschulden des Arbeitnehmers schließt die Übertragung des Urlaubs wenigstens regelmäßig nicht aus (vgl. *Boldt/Röhsler*, § 7 Anm. 60; *Dersch/Neumann*, § 7 Anm. 85; *Dörner*, AR-Blattei, Urlaub V, A III 3d; *von der Laden*, S. 43). Besonders gewichtige persönliche Gründe sind Krankheit des Arbeitnehmers (vgl. BAGE 39, 54 = EzA § 7 BUrlG Nr. 25 = AP Nr. 4 zu § 7 BUrlG Übertragung; *BAG* EzA § 7 BUrlG Nr. 44 = AP Nr. 3 zu § 8d MuSchG 1986; *BAG* EzA § 7 BUrlG Nr. 61 = AP Nr. 41 zu § 7 BUrlG Abgeltung; ablehnend für den Fall einer das gesamte Kalenderjahr andauernden, vom Arbeitgeber nicht zu vertretenden krankheitsbedingten Arbeitsunfähigkeit des Arbeitnehmers *LAG Niedersachsen* LAGE § 7 BUrlG Nr. 16 = NZA 1987, 427) und mutterschutzrechtliche Beschäftigungsverbote (vgl. *BAG* EzA § 7 BUrlG Nr. 44 = AP Nr. 3 zu § 8d MuSchG 1986). Die Übertragung des Urlaubs kann auch gerechtfertigt sein, wenn der Urlaub zusammen mit dem Urlaub des nächsten Kalenderjahres genommen werden soll (bedenklich daher *LAG Köln* LAGE § 7 BUrlG Nr. 15; *Natzel*, § 7 Anm. 19). Im übrigen kommen die verschiedensten persönlichen Gründe für die Urlaubsübertragung in Betracht (vgl. *Boldt/Röhsler*, § 7 Anm. 59; *Dersch/Neumann*, § 7 Anm. 84; *Natzel*, § 7 Anm. 118; *Wachter*, § 7 BUrlG Anm. 60f.; *von der Laden*, S. 43f.). Allein der Wunsch des Arbeitnehmers genügt jedoch nach herrschender und richtiger Meinung für die Urlaubsübertragung nicht (vgl. *Boldt/Röhsler*, § 7

Anm. 57 und 59; *Dersch/Neumann*, § 7 Anm. 83; *Natzel*, § 7 Anm. 117; *Berscheid*, HzA, Gruppe 4, Rz. 420; *Dörner*, AR-Blattei, Urlaub V, A III 3d; *von der Laden*, S. 44). **Wenn dringende betriebliche Belange der Urlaubsübertragung aus persönlichen Gründen entgegenstehen, dann bedarf es** entgegen einer im Schrifttum vertretenen Meinung (vgl. *Dersch/Neumann*, § 7 Anm. 86; *Natzel*, § 7 Anm. 119; ebenso die Vorauflage, § 7 Anm. 128) **keiner Abwägung der beiderseitigen Interessen, weil gemäß § 7 Abs. 3 Satz 2 BUrlG die persönlichen Gründe ausschlaggebend sind** (zutreffend *Dörner*, AR-Blattei, Urlaub V, A III 3d).

d) Übertragungsfrist

129 Im Falle der Urlaubsübertragung gemäß § 7 Abs. 3 Satz 2 BUrlG muß der Urlaub gemäß § 7 Abs. 3 Satz 3 BUrlG in den ersten drei Monaten des folgenden Kalenderjahres gewährt und genommen werden. Eine weitere Übertragung ist gemäß § 7 Abs. 3 Satz 2 und 3 BUrlG nicht statthaft. Die Bedeutung der Übertragungsfrist des § 7 Abs. 3 Satz 3 BUrlG entspricht der Bindung des Urlaubs an das Kalenderjahr gemäß § 7 Abs. 3 Satz 1 BUrlG (vgl. hierzu Anm. 104ff.).

3. Die Übertragung des Urlaubs gemäß § 7 Abs. 3 Satz 4 BUrlG

130 Gemäß § 7 Abs. 3 Satz 4 BUrlG ist auf Verlangen des Arbeitnehmers ein Teilurlaub, den er gemäß § 5 Abs. 1 Buchstabe a BUrlG beanspruchen kann, auf das nächste Kalenderjahr zu übertragen. Diese Regelung hat den Zweck, dem Arbeitnehmer mit Rücksicht auf den Urlaubszweck der Erholung die Möglichkeit zu geben, den Teilurlaub zusammen mit dem Urlaub des nächsten Kalenderjahres zu nehmen (vgl. *Gaul*, Arbeitsrecht I, F IV Anm. 70; *Boldt/Röhsler*, § 7 Anm. 63; *Natzel*, § 7 Anm. 120; *Dörner*, AR-Blattei, Urlaub V, A III 3e). **Die Rechtsnatur der Urlaubsübertragung gemäß § 7 Abs. 3 Satz 4 BUrlG entspricht der Rechtsnatur der Urlaubsübertragung gemäß § 7 Abs. 3 Satz 2 BUrlG** (vgl. hierzu Anm. 126; vgl. ferner *BAG* AP Nr. 2 zu § 59 KO = SAE 1966, 266; für eine differenzierte Beurteilung, aber ohne Begründung, anscheinend *Natzel*, § 7 Anm. 131). Die Urlaubsübertragung gemäß § 7 Abs. 3 Satz 4 BUrlG setzt anders als die Urlaubsübertragung gemäß § 7 Abs. 3 Satz 2 BUrlG lediglich das Verlangen des Arbeitnehmers voraus (diesen systematischen Zusammenhang betont zu Recht *Streblow*, S. 154 Fußn. 113; **a.M.**, aber ohne Begründung, *ArbG Osnabrück* ARSt. 1991, 153). Aber es bedarf wenigstens einer entsprechenden Erklärung des Arbeitnehmers gegenüber dem Arbeitgeber (vgl. *BAG* EzA § 7 BUrlG Nr. 57 = AP Nr. 15 zu § 7 BUrlG Übertragung). Diese Erklärung bedarf jedoch keiner besonderen Form (vgl. *Natzel*, § 7 Anm. 123; **a.M.** anscheinend *Gaul*, Arbeitsrecht I, F IV Anm. 70, der ohne weitere Begründung ein ausdrückliches Verlangen für erforderlich hält) und keiner Begründung (vgl. *Natzel*, § 7 Anm. 121). Das Verlangen im Sinne von § 7 Abs. 3 Satz 4 BUrlG kann daher auch stillschweigend erfolgen. Auf dieser Grundlage wird die Nichtgeltendmachung des Teilurlaubsanspruchs von der herrschenden Meinung gemäß § 133 BGB regelmäßig als stillschweigendes Verlangen nach Urlaubsübertragung gemäß § 7 Abs. 3 Satz 4 BUrlG ausgelegt (vgl. *BAG* AP Nr. 2 zu § 59 KO = SAE 1966, 266; *Boldt/Röhsler*, § 5 Anm. 22 und § 7 Anm. 64; *Dersch/Neumann*, § 7 Anm. 80 und 90; *Siara*, § 7 Anm. 23; *Gröninger*, Anm. AP Nr. 3 zu § 44 SchwbG). Diese Auslegungsfrage ist freilich von untergeordneter Bedeutung, wenn man richtigerweise davon ausgeht, daß der Urlaubsanspruch sowieso nicht mit Ablauf der Fristen der §§ 1 und 7 Abs. 3 BUrlG erlischt (vgl. Anm. 120). **Die Übertragungsfrist des § 7 Abs. 3 Satz 3 BUrlG gilt für die Urlaubsübertragung gemäß § 7 Abs. 3 Satz 4 BUrlG nicht**, weil der Zweck des § 7 Abs. 3 Satz 4 BUrlG in der Möglichkeit besteht, den Teilurlaub zusammen mit dem Urlaub des folgenden Kalenderjahres zu nehmen und weil auch die systematische Stellung des § 7 Abs. 3 Satz 3 BUrlG die Anwendung auf die Urlaubsübertragung gemäß § 7 Abs. 3 Satz 4 BUrlG ausschließt (vgl. *BAG* EzA § 7 BUrlG Nr. 57 = AP Nr. 15 zu § 7 BUrlG Übertragung; *LAG Berlin* LAGE § 7 BUrlG Nr. 8; *Boldt/Röhsler*, § 7 Anm. 63; *Natzel*, § 7 Anm. 114 und 122; *Dörner*, AR-Blattei, Urlaub V, A III 3e; *von der Laden*, S. 45). Dem Zweck des § 7 Abs. 3 Satz 4 BUrlG entsprechend ist der übertragene Urlaub soweit wie möglich als Urlaubsteil des nächsten Kalenderjahres zu behandeln (vgl. *BAG* AP Nr. 2 zu § 59 KO = SAE 1966, 266; *Gaul*, Arbeitsrecht I, F IV Anm. 70; *Boldt/Röhsler*, § 5 Anm. 22 und § 7 Anm. 63; *Siara*, § 7 Anm. 23; *von der Laden*, S. 45).

4. Die Übertragung des Urlaubs in sonstigen Fällen

a) Analogie zu § 7 Abs. 3 Satz 2 und 3 BUrlG

131 Wenn der Urlaubsanspruch erst mit Ablauf des Kalenderjahres entsteht, weil die Wartezeit des § 4 BUrlG erst mit Ablauf des Kalenderjahres erfüllt wird, so ist die Bindung des Urlaubs an das Kalenderjahr gemäß § 7 Abs. 3 Satz 1 BUrlG gar nicht möglich und aus diesem Grunde die Übertragung des Urlaubs analog § 7 Abs. 3 Satz 2 BUrlG statthaft (vgl. *Boldt/Röhsler*, § 7 Anm. 59; *Dersch/Neumann*, § 7 Anm. 76; *Wachter*, § 7 Anm. 58; an diesen Stellen ist freilich nicht ausdrücklich von einer Analogie zu § 7 Abs. 3 Satz 2 BUrlG die Rede). Vereinzelt wird in einem solchen Fall zu Unrecht ein in der Person des Arbeitnehmers liegender Grund im Sinne von § 7 Abs. 3 Satz 2 BUrlG angenommen (so *Dörner*, AR-Blattei, Urlaub V, A III 3d). Die Übertragungsfrist des § 7 Abs. 3 Satz 3 BUrlG gilt auch im Falle der Analogie zu § 7 Abs. 3 Satz 2 BUrlG (vgl. *Boldt/Röhsler*, § 7 Anm. 59).

b) Analogie zu § 7 Abs. 3 Satz 4 BUrlG

132 Von der herrschenden Meinung im Schrifttum wird die analoge Anwendung des § 7 Abs. 3 Satz 4 BUrlG befürwortet, wenn z. B. infolge krankheitsbedingter Arbeitsunfähigkeit des Arbeitnehmers während des Urlaubs oder infolge des vom Arbeitgeber verlangten Abbruchs des Urlaubs für den Arbeitnehmer unvermeidbar ein Resturlaubsanspruch übrig geblieben ist (vgl. *Gaul*, Arbeitsrecht I, F IV Anm. 70; *Boldt/Röhsler*, § 7 Anm. 65; *Dersch/Neumann*, § 7 Anm. 77f. im Widerspruch zu Anm. 90; *Stahlhacke*, § 9 Anm. 20; *Berscheid*, HzA, Gruppe 4, Rz. 425; *Streblow*, S. 154; *Gröninger*, Anm. AP Nr. 3 zu § 44 SchwbG zu 5). Vereinzelt wird sogar für alle Übertragungsfälle die analoge Anwendung des § 7 Abs. 3 Satz 4 BUrlG befürwortet (so *von der Laden*, S. 45ff.). Dem kann jedoch mangels einer entsprechenden Gesetzeslücke im Sinne einer planwidrigen Unvollständigkeit des § 7 Abs. 3 BUrlG, die im Wege der Analogie gefüllt werden könnte, nicht gefolgt werden (im Ergebnis ebenso nun auch *Dersch/Neumann*, § 7 Anm. 90 im Widerspruch zu Anm. 77f.; ferner *Böckel*, Kap. 10.4; gegen eine Anwendung des § 7 Abs. 3 Satz 4 BUrlG auf den gemäß § 4 Abs. 1 Satz 1

ArbPlSchG gekürzten Vollurlaub auch *ArbG Kiel* NZA 1986, 234 und zustimmend *LAG Schleswig-Holstein* BB 1987, 902). Im übrigen bedarf es einer solchen Analogie auch insofern nicht, als nach richtiger Meinung der Urlaubsanspruch sowieso nicht mit Ablauf der Fristen der §§ 1 und 7 Abs. 3 BUrlG erlischt (vgl. hierzu Anm. 120).

5. Unabdingbarkeit

a) Übertragung des Urlaubs

133 Gemäß § 13 Abs. 1 Satz 1 BUrlG kann nach ganz herrschender und richtiger Meinung durch **Tarifvertrag** von der Bindung des Urlaubs an das Kalenderjahr gemäß § 7 Abs. 3 BUrlG sowohl zugunsten als auch zuungusten der Arbeitnehmer abgewichen werden. Demgemäß kann einerseits die Urlaubsübertragung (vgl. Anm. 110) über § 7 Abs. 3 BUrlG hinaus durch Tarifvertrag gestattet werden (vgl. *BAG* EzA § 7 BUrlG Nr. 39 = AP Nr. 24 zu § 7 BUrlG Abgeltung; *BAG* EzA § 7 BUrlG Nr. 41 = AP Nr. 8 zu § 7 BUrlG Übertragung; *LAG Köln* DB 1984, 1199; *Boldt/Röhsler*, § 7 Anm. 107; *Dersch/Neumann*, § 7 Anm. 96f.; *Siara*, § 7 Anm. 40c; *Dörner*, Urlaub V, A III 3g; *Beitzke*, SAE 1985, 113, 115; *Leinemann*, NZA 1985, 137, 144).

134 Auch unter der in Wahrheit nicht gegebenen und deswegen lediglich unterstellten Voraussetzung, daß der Urlaubsanspruch mit Ablauf der Fristen des § 7 Abs. 3 BUrlG erlischt (vgl. hierzu Anm. 112ff. und 120) kann gemäß § 13 Abs. 1 Satz 1 BUrlG durch Tarifvertrag die Urlaubsübertragung über § 7 Abs. 3 BUrlG hinaus gestattet werden (vgl. *BAG* EzA § 7 BUrlG Nr. 39 = AP Nr. 24 zu § 7 BUrlG Abgeltung; *BAG* EzA § 7 BUrlG Nr. 41 = AP Nr. 8 zu § 7 BUrlG Übertragung; *LAG Köln* DB 1984, 1199; *LAG Köln* BB 1986, 2336; *LAG Köln* LAGE § 7 BUrlG Nr. 12; *Dersch/Neumann*, § 7 Anm. 6; *Dörner*, AR-Blattei, Urlaub V, A III 3g; *Sturn*, BB 1963, 478; *Trieschmann*, Anm. AP Nr. 12 und 14 zu § 7 BUrlG Abgeltung unter V; *Beitzke*, SAE 1985, 113, 115; *Widera*, DB 1988, 756ff.; **a.M.** *Natzel*, § 7 Anm. 143; *Blomeyer*, SAE 1975, 125f.; Vorauflage, § 7 Anm. 134). Das gilt insbesondere auch für den Fall, daß der Urlaub wegen krankheitsbedingter Arbeitsunfähigkeit nicht vor Ablauf der Fristen des § 7 Abs. 3 BUrlG genommen werden kann (vgl. *BAG* EzA § 7 BUrlG Nr. 15 = AP Nr. 3 zu § 7 BUrlG Übertragung; *BAG* EzA § 7 BUrlG Nr. 25 = AP Nr. 4 zu § 7 BUrlG Übertragung; *BAG* EzA § 7 BUrlG Nr. 39 = AP Nr. 24 zu § 7 BUrlG Abgeltung; *BAG* EzA § 7 BUrlG Nr. 41 = AP Nr. 8 zu § 7 BUrlG Übertragung; *LAG Hamm* ZIP 1983, 110; *LAG Köln* DB 1983, 947; *LAG Berlin* LAGE § 7 BUrlG Nr. 8; *Natzel*, § 7 Anm. 145; *Rummel*, AR-Blattei, Urlaub VIII, B II 3b).

135 Andererseits kann gemäß § 13 Abs. 1 Satz 1 BUrlG durch Tarifvertrag die Urlaubsübertragung im Vergleich zu § 7 Abs. 3 BUrlG auch beschränkt werden (vgl. *BAG* EzA § 7 BUrlG Nr. 15 = AP Nr. 3 zu § 7 BUrlG Übertragung; *LAG Hamburg* DB 1984, 2201; *Boldt/Röhsler*, § 7 Anm. 107; *Dersch/Neumann*, § 7 Anm. 97; *Natzel*, § 7 Anm. 146; *Siara*, § 7 Anm. 40c; *Trieschmann*, Anm. AP Nr. 12 und 14 zu § 7 BUrlG Abgeltung unter V; zu Unrecht kritisch *Birk*, ZfA 1974, 441f., 507; vgl. ferner *LAG Berlin* NZA 1989, 735, das den Tarifvertragsparteien die Regelungsmacht zur Verkürzung des Übertragungszeitraums für bereits entstandene Urlaubsansprüche abspricht). Demgemäß können die Tarifvertragsparteien die Urlaubsübertragung gemäß § 7 Abs. 3 BUrlG auch gänzlich ausschließen (vgl. *Dersch/Neumann*, § 7 Anm. 97; *Thiele*, Anm. AP Nr. 3 zu § 7 BUrlG Übertragung; **a.M.** *Boldt/Röhsler*, § 7 Anm. 107; vgl. ferner *BAG* EzA § 7 BUrlG Nr. 15 = AP Nr. 3 zu § 7 BUrlG Übertragung, wo diese Frage ausdrücklich offen gelassen worden ist). Nach herrschender Meinung können die Tarifvertragsparteien auch Verfallklauseln mit Ausschlußfristen für die Geltendmachung des Urlaubsanspruchs vereinbaren (vgl. *BAG* EzA § 7 BUrlG Nr. 27 = AP Nr. 12 zu § 7 BurlG Abgeltung; *BAG* EzA § 7 BUrlG Nr. 30 = AP Nr. 15 zu § 7 BUrlG Abgeltung; *LAG Köln* LAGE § 7 BUrlG Nr. 12; *Gaul*, Arbeitsrecht I, F IV, Anm. 74; *Bleistein*, § 1 Anm. 140; *Dersch/Neumann*, § 7 Anm. 97 und § 13 Anm. 70f.; *Gaul/Boewer* S. 146ff.). Dagegen bestünden jedenfalls im Grundsatz keine Bedenken, wenn der Urlaubsanspruch sowieso mit Ablauf der Fristen der §§ 1 und 7 Abs. 3 BUrlG erlöschen würde (vgl. Anm. 112ff.). Nach richtiger Meinung erlischt der Urlaubsanspruch aber gar nicht mit Ablauf dieser Fristen (vgl. Anm. 120) und deswegen können die Tarifvertragsparteien gemäß § 13 Abs. 1 BUrlG keine Verfallklauseln mit Ausschlußfristen für die Geltendmachung des Urlaubsanspruchs vereinbaren, weil eine solche Ausschlußfrist den unabdingbaren Urlaubsanspruch einschränken würde (vgl. hierzu insbes. *Weber*, Ausschlußfrist, S. 45ff.; zur Unverfallbarkeit des Urlaubsabgeltungsanspruchs vgl. Anm. 206ff.).

136 Gemäß § 13 Abs. 1 Satz 3 BUrlG kann durch **Betriebsvereinbarung** und **Arbeitsvertrag** von der Bindung des Urlaubs an das Kalenderjahr gemäß § 7 Abs. 3 BUrlG nicht zuungunsten der Arbeitnehmer abgewichen werden. Entscheidend ist also das Ergebnis des in jedem Einzelfall erforderlichen Günstigkeitsvergleichs.

137 Inwieweit es demnach statthaft ist, den Urlaub über die Regelung des § 7 Abs. 3 BUrlG hinaus zu übertragen, ist umstritten (vgl. insbes. *Blomeyer*, SAE 1975, 125f. m.w.N.; vgl. ferner *LAG Baden-Württemberg*, BB 1985, 595; *LAG München* NZA 1988, 162; *Dersch/Neumann*, § 7 Anm. 97; *Natzel* § 7 Anm. 148; *Berscheid*, HzA, Gruppe 4, Rz. 421ff.; *Treutler*, BB 1985, 595).

138 Unter der in Wahrheit nicht gegebenen und deswegen lediglich unterstellten Voraussetzung, daß der Urlaubsanspruch mit Ablauf der Fristen des § 7 Abs. 3 BUrlG erlischt (vgl. hierzu Anm. 112ff. und 120), kann gemäß § 13 Abs. 1 Satz 3 BUrlG durch Betriebsvereinbarung und Arbeitsvertrag jedenfalls das Erlöschen des Urlaubsanspruchs ausgeschlossen werden, weil dadurch nur zugunsten der Arbeitnehmer von der Vorschrift des § 7 Abs. 3 BUrlG abgewichen wird (vgl. *BAG* EzA § 7 BUrlG Nr. 65; *LAG Köln* LAGE § 3 BUrlG Rechtsmißbrauch Nr. 1; *LAG Köln* LAGE § 7 BUrlG Nr. 15; *Dersch/Neumann*, § 7 Anm. 71 und 96f.; *Dörner*, AR Blattei, Urlaub V, A III 3g; *Sturn*, BB 1963, 478; *Widera*, DB 1988, 756ff.; vgl. ferner *Leinemann*, ArbuR 1987, 193f. Fußn. 12; *Boldt/Röhsler*, § 7 Anm. 109f.; *Natzel*, § 7 Anm. 148; **a.M.** *Berscheid*, HzA, Gruppe 4, Rz. 421f., der aber dem Arbeitgeber ggfl. Arglisteinwand entgegenhält). Möglich ist auch eine entsprechende betriebliche Übung, den Urlaub regelmäßig auch nach Ablauf der Fristen des § 7 Abs. 3 BUrlG noch zu gewähren. Dementsprechend kann auch ein erloschener Urlaubsanspruch durch ein abstraktes oder deklaratorisches Schuldanerkenntnis anerkannt werden (vgl. *BAG* EzA § 7 BUrlG Nr. 55 = AP Nr. 34 zu § 7 BUrlG Abgeltung; so auch *Berscheid*, HzA, Gruppe 4, Rz. 423).

b) Urlaub im Vorgriff

139 Von der Vorschrift des § 7 Abs. 3 BUrlG kann zwar gemäß § 13 Abs. 1 Satz 1 BUrlG durch Tarifvertrag abgewichen werden. Trotzdem kann der Urlaub im Vorgriff (vgl. Anm. 111) gemäß § 13 Abs. 1 Satz 1 und 3 BUrlG durch Tarifvertrag nicht gestattet werden, weil dadurch nicht nur von § 7 Abs. 3 BurlG, sondern mittelbar auch von der Grundsatzvorschrift des § 1 BUrlG zuungunsten der Arbeitnehmer abgewichen würde (zur mittelbaren Abweichung allgemein *Berscheid*, § 13 Anm. 17). Durch Betriebsvereinbarung und Arbeitsvertrag kann der Urlaub im Vorgriff schon aufgrund § 7 Abs. 3 BUrlG in Verbindung mit § 13 Abs. 1 BUrlG nicht gestattet werden.

IV. Die Urlaubsabgeltung gemäß § 7 Abs. 4 BUrlG

1. Zweck

140 Der Urlaub ist gemäß § 7 Abs. 4 BUrlG abzugelten, soweit er wegen Beendigung des Arbeitsverhältnisses nicht mehr gewährt werden kann. Der Zweck der Urlaubsabgeltung besteht in Übereinstimmung mit dem Wortlaut dieser Vorschrift sicherlich darin, demjenigen Arbeitnehmer, der keinen Urlaub erhalten hat, als Ersatz wenigstens die Abgeltung des Urlaubs in Geld zukommen zu lassen (vgl. insbes. *BAG* AP Nr. 88 zu § 611 BGB Urlaubsrecht = SAE 1963, 143; *LAG Düsseldorf* LAGE § 7 BUrlG Übertragung Nr. 2; *Natzel*, § 7 Anm. 157f.; *Berscheid*, HzA, Gruppe 4, Rz. 473; *Richardi*, SAE 1966, 215f.; *Leinemann*, DB 1983, 989, 994; *Birk*, SAE 1986, 167, 169; *Wandt*, SAE 1986, 264, 267; *Gaul*, NZA 1987, 473, 475ff.). Darüber hinaus besteht der Zweck der Urlaubsabgeltung nach ganz herrschender und richtiger Meinung entsprechend dem Urlaubszweck der Erholung (vgl. § 8 Anm. 1 und 8) auch darin, dem Arbeitnehmer durch die Abgeltung des Urlaubs in Geld die Möglichkeit zu geben, eine dem abgegoltenen Urlaub entsprechende Freizeit wie Urlaub zur Erholung zu nutzen (vgl. *BAG* AP Nr. 7 zu § 611 BGB Urlaubsrecht = SAE 1956, 153; *BAG* AP Nr. 42 zu § 611 BGB Urlaubsrecht = SAE 1960, 9; *BAG* EzA § 13 BUrlG Nr. 10 = AP Nr. 4 zu § 13 BUrlG Unabdingbarkeit = SAE 1978, 185; *BAG* EzA § 13 BUrlG Nr. 14 = AP Nr. 6 zu § 13 BUrlG Unabdingbarkeit = SAE 1980, 304; *BAG* EzA § 7 BUrlG Nr. 28 = AP Nr. 14 zu § 7 BUrlG Abgeltung; *BAG* EzA § 7 BUrlG Nr. 34 = AP Nr. 18 zu § 7 BUrlG Abgeltung; *BSG* NZA 1985, 69; *LAG Köln* EzA § 7 BUrlG Nr. 35; *LAG Frankfurt* ARSt. 1985, 9; *LAG Köln* LAGE § 3 BUrlG Rechtsmißbrauch Nr. 1; *LAG Frankfurt* BB 1986, 63; *Boldt/Röhsler*, § 7 Anm. 67; *Berscheid*, HzA, Gruppe 4, Rz. 450; *Gaul/Boewer*, S. 57; Renaud, S. 46; *Röhsler*, AR-Blattei, Urlaub IX, B II 1; *Rummel*, AR-Blattei, Urlaub VI C, A I; *Streblow*, S. 170; *Lepke*, Kündigung bei Krankheit, E III 3; *Boewer/Bommermann*, Rdnr. 450; *Meisel*, Anm. AP Nr. 6 zu § 7 BUrlG; *Tschöpe*, BB 1981, 1902f.; *Kraft*, Anm. AP Nr. 18 zu § 7 BUrlG Abgeltung; *Beitzke*, Anm. AP Nr. 35 zu § 1 TVG Tarifverträge: Metallindustrie; *Wandt*, SAE 1986, 264, 267; *Gaul*, NZA 1987, 473, 477f.; *Künzl*, BB 1987, 687f.; *Oetker*, SAE 1987, 77f.; *Winderlich*, BB 1989, 2035; *Nägele*, BB 1991, 837f.; **skeptisch** dagegen *LAG Düsseldorf* LAGE § 7 BUrlG Übertragung Nr. 2). Eine Pflicht, die Urlaubsabgeltung diesem Zweck entsprechend zu nutzen, besteht allerdings nicht (vgl. *LAG Düsseldorf* LAGE § 7 BUrlG Übertragung Nr. 2; *Boldt/Röhsler*, § 7 Anm. 67; *Natzel*, § 7 Anm. 158;

Rummel, AR-Blattei, Urlaub VI C, A I; *Schwerdtner*, Fürsorgetheorie, S. 205; *Tschöpe*, BB 1981, 1902; *Künzl*, BB 1987, 687f.; *Winderlich*, BB 1989, 2035). Dadurch wird jedoch der Zweck der Urlaubsabgeltung, dem Arbeitnehmer die Möglichkeit zur Erholung zu geben, ebensowenig in Frage gestellt wie dadurch, daß von dieser Möglichkeit in Wirklichkeit womöglich nur selten Gebrauch gemacht wird (vgl. insbes. *Lepke*, Kündigung bei Krankheit, E III 3; *Wandt*, SAE 1986, 264, 267; *Beitzke*, Anm. AP Nr. 35 zu § 1 TVG Tarifverträge: Metallindustrie; **a.M.** aber *ArbG Iserlohn* BB 1984, 2065; *Natzel*, § 7 Anm. 157f.; *Kothe*, BB 1984, 609, 620f.; *Birk*, SAE 1986, 167, 169). Im übrigen ändert der Zweck der Urlaubsabgeltung, dem Arbeitnehmer die Möglichkeit zur Erholung zu geben, nichts an dem Zweck, demjenigen Arbeitnehmer, der keinen Urlaub erhalten hat, als Ersatz wenigstens die Abgeltung des Urlaubs in Geld zukommen zu lassen (vgl. hierzu insbes. *BAG* AP Nr. 88 zu § 611 BGB Urlaubsrecht = SAE 1963, 143; *Richardi*, SAE 1966, 215f.; *Wandt*, SAE 1986, 264, 267).

2. Rechtsnatur

a) Vorbemerkung

141 **Die Rechtsnatur des Urlaubsabgeltungsanspruchs ist umstritten**. Der Meinungsstreit ist vielfältig (vgl. den jeweiligen Überblick bei *Renaud*, S. 47ff.; *Streblow*, S. 162ff.). Im wesentlichen werden folgende Meinungen vertreten (vgl. Anm. 142–148).

b) Meinungsstand

142 **Nach einer Mindermeinung** ist der Urlaubsabgeltungsanspruch der Teil des Urlaubsanspruchs, der auch nach der Beendigung des Arbeitsverhältnisses noch erfüllbar ist, nämlich der Urlaubsentgeltanspruch, so daß insoweit eine **Teilidentität des Urlaubsanspruchs und des Urlaubsabgeltungsanspruchs** anerkannt wird (vgl. *ArbG Iserlohn* BB 1984, 2065; *Berscheid*, HzA, Gruppe 4, Rz. 448f.; *Streblow*, S. 165ff.; *Herschel*, ArbuR 1969, 191f.; *Meisel*, SAE 1971, 59, 61; *Misera*, SAE 1972, 43f. Fußn. 12; *Herschel*, Anm. EzA § 7 BUrlG Nr. 27; *Kothe*, BB 1984, 609, 623). Auch das BAG hat früher gelegentlich eine Formulierung gebraucht, die im Sinne dieser Mindermeinung gedeutet werden könnte (vgl. *BAG* AP Nr. 3 zu § 394 BGB = SAE 1959, 90: »So bleibt vom Urlaubsanspruch nur noch der Anspruch auf Urlaubsabgeltung übrig«).

143 Nach der ganz herrschenden Meinung ist der Urlaubsabgeltungsanspruch **Surrogat** des Urlaubsanspruchs, wobei allerdings der Begriff des Surrogates in unterschiedlichem Sinne verstanden wird, und zwar gleichviel, ob der Urlaubsentgeltanspruch als Teil des Urlaubsanspruchs angesehen wird oder nicht (aus der älteren Rechtsprechung vgl. *BAG* AP Nr. 10 zu § 611 BGB Urlaubsrecht; *BAG* AP Nr. 3 zu § 7 BUrlG = SAE 1966, 262; *BAG* AP Nr. 5 zu § 3 BUrlG Rechtsmißbrauch = SAE 1969, 127; *BAG* EzA § 5 BUrlG Nr. 8 = AP Nr. 6 zu § 5 BUrlG = SAE 1969, 153; *BAG* EzA § 13 BUrlG Nr. 10 = AP Nr. 4 zu § 13 BUrlG Unabdingbarkeit = SAE 1978, 185; *BAG* EzA § 13 BUrlG Nr. 14 = AP Nr. 6 zu § 13 BUrlG Unabdingbarkeit; aus der neueren Rechtsprechung vgl. *BAG* EzA § 7 BUrlG Nr. 28 = AP Nr. 14 zu § 7 BUrlG Abgeltung; *BAG* EzA § 7 BUrlG Nr. 34 = AP Nr. 18 zu § 7 BUrlG Abgeltung; *BAG* EzA § 7 BUrlG Nr. 38 = AP Nr. 21 zu § 7 BUrlG Abgeltung; *BAG* EzA § 7 BUrlG Nr. 61 = AP Nr. 41 zu § 7

BUrlG Abgeltung; *BAG* EzA § 7 BurlG Nr. 66; *BSG* NZA 1985, 69; *LAG Köln* EzA § 7 BUrlG Nr. 35; *LAG Düsseldorf* DB 1984, 2100; *LAG Hamm* BB 1984, 784; *LAG Berlin* LAGE § 7 BUrlG Nr. 8; *LAG Schleswig-Holstein* BB 1985, 734; aus dem Schrifttum vgl. *Löwisch*, Anm. 1025; *Boldt/Röhsler*, § 7 Anm. 71; *Dersch/Neumann*, § 7 Anm. 98 und 100; *Siara*, § 7 Anm. 25; *Staudinger/Richardi*, § 611 Anm. 886; *Renaud*, S. 50; *Röhsler*, AR-Blattei, Urlaub IX, B II 1; *Rummel*, AR-Blattei, Urlaub VI C, A II; *Lepke*, Kündigung bei Krankheit, E III 3; *Richardi*, SAE 1966, 215; *Schneider*, Anm. EzA § 7 BUrlG Nr. 23; *Färber*, DB 1984, 1826, 1829f.; *Bachmann*, BlStSozArbR 1985, 209, 212; *Rummel*, NZA 1986, 383f.; *Gaul*, NZA 1987, 473, 477; *Künzl*, BB 1987, 687f.; Clemens, Anm. AP Nr. 3 zu § 8 BUrlG; *Winderlich*, BB 1989, 2035ff.; *Nägele*, BB 1991, 837f.). **Im wesentlichen handelt es sich um folgende Surrogatsbegriffe** (vgl. Anm. 144–147).

144 Vor allem das BAG hat früher die Meinung vertreten, daß »die Abgeltung nur das Surrogat der nicht mehr möglichen Freizeitgewährung ist, beide also nur zwei rechtlich verschiedene Erscheinungsformen des einheitlichen Urlaubsanspruches sind« (vgl. *BAG* EzA § 1 BUrlG Nr. 5 = AP Nr. 5 zu § 3 BUrlG Rechtsmißbrauch = SAE 1969, 127). Später hat das BAG in demselben Sinne ausgeführt, daß der Urlaubsabgeltungsanspruch »lediglich das Surrogat für den während des Arbeitsverhältnisses nicht erfüllten Urlaubsanspruch« sei und »dieselbe Funktion wie der Urlaubsanspruch« habe, nämlich dem Arbeitnehmer die Möglichkeit zur Erholung zu geben, und daß der Urlaubsabgeltungsanspruch »mithin nur eine **Erscheinungsform des Urlaubsanspruchs** und von ihm nicht wesensverschieden« sei (vgl. *BAG* EzA § 13 BUrlG Nr. 10 = AP Nr. 4 zu § 13 BUrlG Unabdingbarkeit = SAE 1978, 185). Dieser Surrogatsbegriff findet sich auch im Schrifttum (vgl. *Siara*, § 7 Anm. 25; *Schneider*, Anm. EzA § 7 BUrlG Nr. 23).

145 *Leinemann* hat den Urlaubsabgeltungsanspruch als gesetzlich geregelten Fall des Leistungsstörungsrechts beurteilt und außerdem folgenden Standpunkt eingenommen: »Wenn die Abgeltung als Surrogat des Urlaubsanspruchs bezeichnet wird, so heißt dies, daß nach dem Ende des Arbeitsverhältnisses zwar keine Arbeitspflicht beseitigt werden kann, der Arbeitnehmer aber dennoch so gestellt werden soll, als würde die Arbeitspflicht suspendiert werden können« (DB 1983, 989, 994). Das *BAG* hat neuerdings diesen Standpunkt in dem Urteil vom 23. 6. 1983 (EzA § 7 BUrlG Nr. 28 = AP Nr. 14 zu § 7 BUrlG) übernommen und folgendes festgestellt: »Die Bezeichnung der Urlaubsabgeltung als Surrogat des Urlaubsanspruchs bedeutet, daß zwar nach dem Ende des Arbeitsverhältnisses keine Arbeitspflicht zur Gewährung von Urlaub durch den Arbeitgeber mehr beseitigt werden kann, der ausgeschiedene Arbeitnehmer aber dennoch so gestellt werden soll, als würde die Arbeitspflicht suspendiert werden können. Nur deswegen hat der Arbeitnehmer den Abgeltungsanspruch. Dieser dient damit der gleichen Funktion wie der Urlaubsanspruch selbst«. Darauf aufbauend hat das *BAG* in dem Urteil vom 28. 6. 1984 (EzA § 7 BUrlG Nr. 34 = AP Nr. 18 zu § 7 BUrlG Abgeltung) ausgeführt, daß der Urlaubsabgeltungsanspruch nicht lediglich ein immer erfüllbarer Geldanspruch sei, »sondern als Surrogat des Freistellungsanspruchs ... – abgesehen von der Besonderheit, daß die Arbeitspflicht wegen der Beendigung des Arbeitsverhältnisses nicht mehr suspendiert werden kann – an die gleichen Voraussetzungen gebunden ist wie der Urlaubsanspruch selbst.« (ebenso *Leinemann*, NZA 1985, 137 142f.). In der folgenden ständigen Rechtsprechung des BAG ist von der »Funktion« des Urlaubsabgeltungsanspruchs freilich keine Rede mehr. In dem Urteil vom 7. 3. 1985 (EzA § 7 BUrlG Nr. 38 = AP Nr. 21 zu § 7 BUrlG Abgeltung) hat das *BAG* ausgeführt, daß der Urlaubsabgeltungsanspruch »nicht lediglich ein Zahlungsanspruch ist, sondern Surrogat des Urlaubsanspruchs« in folgendem Sinne sei: »Der Arbeitnehmer erhält trotz Beendigung des Arbeitsverhältnisses als Abgeltung das ihm bisher zu zahlende Entgelt weiter für eine fiktive Arbeitszeit, die der ihm als Urlaub zu gewährenden Freizeit entspricht. Der Abgeltungsanspruch besteht demnach nur in der Bindung an die als fortbestehend behandelte Arbeitspflicht. Für die Beurteilung des Abgeltungsanspruchs bestehen damit gegenüber dem Urlaubsanspruch keine Besonderheiten« (ebenso *Leinemann*, ArbuR 1987, 193, 195). Dementsprechend »gilt für Urlaubsabgeltungsansprüche nach dem BUrlG jedenfalls in bezug auf ihren Bestand nichts anderes als für Urlaubsansprüche« (vgl. *BAG* EzA § 7 BUrlG Nr. 57 = AP Nr. 15 zu § 7 BUrlG Übertragung). Andererseits hat das BAG festgestellt: »Die ... zu gewährende Abgeltung entspricht als Surrogat des Urlaubsanspruchs zwar einem Geldbetrag, der vom Arbeitgeber bei Bestehen des Arbeitsverhältnisses als Entgelt während des Urlaubs weiterzuzahlen wäre, ist aber selbst nicht Arbeitsentgelt, weil im Zeitpunkt des Entstehens des Abgeltungsanspruchs das Arbeitsverhältnis endet« (vgl. *BAG* EzA § 7 BUrlG Nr. 61 = AP Nr. 41 zu § 7 BUrlG Abgeltung; ferner *BAG* EzA § 6 BUrlG Nr. 4 unter II 4b bb a.E. der Gründe). Demnach soll also der Urlaubsabgeltungsanspruch nicht nur ein Geldanspruch, sondern auch Surrogat des Urlaubsanspruchs in dem Sinne sein, daß der Mangel des Arbeitsverhältnisses und der Arbeitspflicht, von der der Arbeitnehmer aufgrund seines Urlaubsanspruchs befreit werden könnte, durch die Fiktion des Fortbestands des Arbeitsverhältnisses und der Arbeitspflicht ersetzt wird und der Urlaubsabgeltungsanspruch nur insoweit an die Stelle des Urlaubsanspruchs tritt, als der Arbeitnehmer aufgrund seines Urlaubsanspruchs von der fingierten Arbeitspflicht befreit werden könnte (so auch *BAG* EzA § 7 BUrlG Nr. 66, 69 und 76; *LAG Düsseldorf* DB 1984, 2100; *LAG Hamm* BB 1984, 784; *LAG Schleswig-Holstein* BB 1985, 734; *LAG Niedersachsen* LAGE § 7 BUrlG Nr. 13, 14 und 20; *ArbG Stade* BB 1985, 2113 = ARSt. 1986, 140; *ArbG Marburg* NZA 1988, 166; *Färber*, DB 1984, 1826, 1829f.; *Thiele*, DÖD 1986, 101f.; *Künzl*, BB 1987, 687f.; *Oetker*, SAE 1987, 77f.; *Leinemann/Lipke*, DB 1988, 1217; *Winderlich*, BB 1989, 2035; *Danne*, DB 1990, 1965, 1970; *Nägele*, BB 1991, 837). In dieser Fiktion besteht der Unterschied zu der früheren Rechtsprechung des BAG (vgl. Anm. 144), obwohl das *BAG* in seiner neueren Rechtsprechung (vgl. EzA § 7 BUrlG Nr. 28 = AP Nr. 14 zu § 7 BUrlG Abgeltung) den Eindruck der Kontinuität erweckt, wenn es »Übereinstimmung mit der Rechtsprechung des Fünften Senats« feststellt (vgl. aber auch *Leinemann*, NZA 1985, 137, 142f., der zu Recht die Klärungsbedürftigkeit des Surrogatsbegriffs feststellt).

146 Ferner wird die Meinung vertreten, daß der Urlaubsabgeltungsanspruch als Surrogat des Urlaubsanspruchs an den Zweck der Urlaubsabgeltung (vgl. Anm. 140) gebunden sei, dem Arbeitnehmer die Möglichkeit der Erholung zu verschaffen, wobei diese **Zweckbindung** rechtsdogmatisch jedoch unterschiedlich beurteilt wird (vgl. *LAG Frankfurt* ARSt. 1985, 9; *LAG Köln* LAGE § 3 BUrlG Rechtsmißbrauch Nr. 1; *ArbG Herne* DB 1986, 810; *Gaul*, Arbeitsrecht I, F IV, Anm. 90; *Bleistein*, § 1 Anm. 67; *Renaud*, S. 58f.; *Kraft*, SAE 1966, 129f.; *Lieb*, SAE 1969, 129; *Hanau*, ZfA 1984, 453, 548; *Beitzke*, SAE 1985, 113f.; *Kraft*, Anm. AP Nr. 18 zu § 7 BUrlG Abgeltung; *Gaul*, NZA 1987, 473, 477; vgl. auch

BAG AP Nr. 42 zu § 611 BGB Urlaubsrecht; *BAG* EzA § 1 BUrlG Nr. 19 = AP Nr. 35 zu § 1 TVG Tarifverträge: Metallindustrie; *LAG Düsseldorf* LAGE § 7 BUrlG Nr. 22). Diese Zweckbindung unterscheidet sich gegebenenfalls auch im Ergebnis von der vor allem von *Leinemann* und vom *BAG* (vgl. Anm. 145) für richtig gehaltenen Bindung an die fingierte Arbeitspflicht, weil der Zweck der Urlaubsabgeltung gegebenenfalls auch dann erreicht wird, wenn die Befreiung von der fingierten Arbeitspflicht ausgeschlossen ist (vgl. hierzu *BAG* EzA § 7 BUrlG Nr. 45 = AP Nr. 26 zu § 7 BUrlG Abgeltung; *BAG* EzA § 7 BUrlG Nr. 67; *Leinemann*, ArbuR 1987, 193, 196).

147 Schließlich wird die Meinung vertreten, daß der Urlaubsabgeltungsanspruch in dem Sinne Surrogat des Urlaubsanspruchs sei, daß er einen Urlaubsanspruch voraussetze und im Zeitpunkt der Beendigung des Arbeitsverhältnisses als **Ersatz** an die Stelle dieses Urlaubsanspruchs trete (vgl. *LAG Düsseldorf* NZA 1984, 258; *Staudinger/Richardi*, § 611 Anm. 886; *Rummel*, AR-Blattei, Urlaub VI C, B V; *Lepke*, Kündigung bei Krankheit, E III 3; *Trieschmann*, Anm. AP Nr. 12 und 14 zu § 7 BUrlG Abgeltung; *Bachmann*, BlStSozArbR 1985, 209, 212; *Echterhölter*, AR-Blattei, Urlaub, Anm. zu den Entscheidungen 275 und 332; *Weber*, Anm. AP Nr. 16 zu § 13 BUrlG; *Birk*, SAE 1986, 167, 169; *Rummel*, NZA 1986, 383f.; *Wandt*, SAE 1986, 264, 267; *Wolf/Scheffler*, Der Personalrat, 1988, 240ff.; wohl auch *LAG Düsseldorf* LAGE § 7 BUrlG Übertragung Nr. 2; *LAG Köln* LAGE § 7 BUrlG Nr. 21).

148 **Nach einer anderen Mindermeinung** ist der Urlaubsabgeltungsanspruch weder mit dem Urlaubsanspruch teilweise identisch (vgl. hierzu Anm. 142) noch ein Surrogat des Urlaubsanspruchs welcher Art auch immer (vgl. hierzu Anm. 143ff.), sondern ein **Geldanspruch ohne besondere urlaubsrechtliche Rechtsnatur** (vgl. *LAG Frankfurt* LAGE § 7 BUrlG Nr. 10 = BB 1986, 63 = DB 1985, 2107; *Natzel*, § 7 Anm. 157f.; *Tautphäus*, HAS, Urlaubsrecht, Anm. 133; *Boewer/Bommermann*, Anm. 450; *Tschöpe*, BB 1981, 1902f.; *Wank*, ZfA 1987, 355, 421; wohl auch *LAG Köln* LAGE § 850a ZPO Nr. 3; *LAG Berlin* ARSt. 1991, 215).

c) Kritik

149 Die Annahme der einen Mindermeinung, daß der Urlaubsentgeltanspruch auch nach der Beendigung des Arbeitsverhältnisses noch erfüllbar sei und insoweit eine Teilidentität des Urlaubsanspruchs und des Urlaubsabgeltungsanspruchs bestehe (vgl. Anm. 142), läßt sich mit § 7 Abs. 4 BUrlG schon deswegen nicht vereinbaren, weil der Tatbestand dieser Vorschrift davon ausgeht, daß »der Urlaub wegen Beendigung des Arbeitsverhältnisses ... nicht mehr gewährt werden«, also der ganze Urlaubsanspruch und nicht nur ein Teil desselben nicht mehr erfüllt werden kann und dieser Tatbestand die Rechtsfolge des Urlaubsabgeltungsanspruchs begründet. Voraussetzung dieser Mindermeinung wäre im übrigen (das verkennt *Natzel*, § 7 Anm. 157; richtig dagegen insoweit *Leinemann*, NZA 1985, 137, 143), daß der Urlaubsentgeltanspruch überhaupt Teil des Urlaubsanspruchs ist (vgl. hierzu *Bleistein*, § 1 Anm. 9ff.), während es auf den sonstigen Inhalt des Urlaubsanspruchs als Einheits- oder als Doppelanspruch nicht ankäme (vgl. hierzu *Streblow*, S. 162f.; *Kothe*, BB 1984, 609, 623). Der Urlaubsabgeltungsanspruch muß aber in jedem Falle von dem Urlaubsanspruch und dem Urlaubsentgeltanspruch unterschieden werden (im Ergebnis ebenso *Weber*, Anm. AP Nr. 16 zu § 13 BUrlG).

150 Der Urlaubsabgeltungsanspruch ist nach allgemeiner und richtiger Meinung seinem Inhalt und damit auch seiner Rechtsnatur nach ein **Geldanspruch** (vgl. nur *BAG* AP Nr. 42 zu § 611 BGB Urlaubsrecht = SAE 1960, 9; *BAG* AP Nr. 5 zu § 3 BUrlG Rechtsmißbrauch = SAE 1969, 127; *BAG* EzA § 7 BUrlG Nr. 34 = AP Nr. 18 zu § 7 BUrlG Abgeltung; *Gaul*, Arbeitsrecht I, F IV Anm. 84; *Boldt/Röhsler*, § 7 Anm. 67; *Lepke*, Kündigung bei Krankheit, E III 3; *Streblow*, S. 172; *Kraft*, Anm. AP Nr. 18 zu § 7 BUrlG Abgeltung; *Beitzke*, Anm. AP Nr. 35 zu § 1 TVG Tarifverträge: Metallindustrie; *Birk*, SAE 1986, 167, 169; *Rummel*, NZA 1986, 383, 385; *Wandt*, SAE 1986, 264, 266; *Wank*, ZfA 1987, 355, 420).

151 Die vor allem von *Leinemann* und in der neueren Rechtsprechung des *BAG* vertretene Surrogatstheorie, daß der Urlaubsabgeltungsanspruch, wie es das BAG formuliert, »nicht lediglich ein Zahlungsanspruch ist, sondern Surrogat des Urlaubsanspruchs« in dem Sinne, daß der Urlaubsabgeltungsanspruch nur insoweit an die Stelle des Urlaubsanspruchs tritt, als der Arbeitnehmer aufgrund seines Urlaubsanspruchs von der fingierten Arbeitspflicht befreit werden könnte (vgl. Anm. 145), ist abzulehnen, weil der Surrogatsbegriff dieser Theorie keine Rechtsgrundlage im BUrlG findet (ebenso insbes. *LAG Düsseldorf* NZA 1984, 258; *LAG Köln* EzA § 7 BUrlG Nr. 35; *LAG Köln* LAGE § 3 BUrlG Rechtsmißbrauch Nr. 1; *LAG Frankfurt* BB 1986, 63 = DB 1985, 2107; *LAG Niedersachsen* LAGE § 7 BUrlG Nr. 18; *LAG Düsseldorf* LAGE § 7 BUrlG Übertragung Nr. 2; *LAG Köln* LAGE § 7 BUrlG Nr. 21; *ArbG Kassel* DB 1983, 178; *ArbG Siegen* ArbuR 1984, 285; *ArbG Iserlohn* BB 1984, 2065; *ArbG Herne* DB 1986, 810; *Natzel*, § 7 Anm. 157f.; *Berscheid*, HzA, Gruppe 4, Rz. 444ff.; *Rummel*, AR-Blattei, Urlaub VI C, B V; *Tautphäus*, HAS, Urlaubsrecht, Anm. 134; *Streblow*, S. 167; *Lepke*, Kündigung bei Krankheit, E III 3; *Schwerdtner*, Fürsorgetheorie, S. 203ff.; *Buchner*, AR Blattei, Urlaub, Anm. zur Entscheidung 261; *Kothe* BB 1984, 609, 618ff.; *Trieschmann*, Anm. AP Nr. 12 und 14 zu § 7 BUrlG Abgeltung; *Petri*, AiB 1985, 7f.; *Bachmann*, BlStSozArbR 1985, 209, 211f.; *Rummel*, NZA 1986, 383ff.; *Kraft*, Anm. AP Nr. 18 zu § 7 BUrlG Abgeltung; *Beitzke*, Anm. AP Nr. 35 zu § 1 TVG Tarifverträge: Metallindustrie; *Birk*, SAE 1986, 167ff.; *ders.*, AP Nr. 21 zu § 7 BUrlG Abgeltung; *Wandt*, SAE 1986, 264, 266f.; *Wolf/Scheffler*, Der Personalrat, 1988, 240ff.; **kritisch** auch *Scheuring*, Anm. AP Nr. 16 zu § 7 BUrlG Abgeltung; *Wank*, ZfA 1987, 355, 420; *Clemens*, Anm. AP Nr. 3 zu § 8 BUrlG; vgl. ferner *Peltzer*, NZA 1988, 493, der davon spricht, daß das BAG »die Erfüllbarkeit des Urlaubsanspruchs zur ungeschriebenen Anspruchsvoraussetzung« des Urlaubsabgeltungsanspruchs erhoben habe). Diese Surrogatstheorie entbehrt zunächst einmal der wünschenswerten dogmatischen Klarheit (so zu Recht *Streblow*, S. 167; *Kraft*, Anm. AP Nr. 18 zu § 7 BUrlG Abgeltung). Jedenfalls entbehrt diese Theorie der erforderlichen gesetzlichen Grundlage. Ursprünglich haben sowohl *Leinemann* (DB 1983, 989, 994) als auch das *BAG* (vgl. EzA § 7 BUrlG Nr. 28 = AP Nr. 14 zu § 7 BUrlG Abgeltung) versucht, ihre Surrogatstheorie auf den Wortlaut des § 7 Abs. 4 BUrlG zu stützen, wonach der Urlaub nur dann abzugelten ist, wenn er »wegen« der Beendigung des Arbeitsverhältnisses ganz oder teilweise nicht mehr gewährt werden kann (ebenso *LAG Düsseldorf* DB 1984, 2100; *LAG Hamm* BB 1984, 784; *LAG Schleswig-Holstein* BB 1985, 734; *ArbG Stade* BB 1985, 2113 = ARSt. 1986, 140; vgl. auch *Gaul*, NZA 1987, 473, 477; *Löwisch*, Anm. 1025). Diese grammatikalische Auslegung ist jedoch unschlüssig, weil durch die Verwendung des Wortes »wegen« in § 7 BUrlG lediglich die Voraussetzung des Urlaubsabgeltungsanspruchs zum Ausdruck gebracht wird, daß das Arbeitsverhältnis beendet ist und deswegen der Urlaubsanspruch nicht mehr erfüllt werden kann (vgl. insbes. *LAG Düsseldorf* NZA 1984, 258; *LAG Köln* LAGE § 3 BUrlG Rechtsmißbrauch Nr. 1; *Berscheid*, HzA, Gruppe 4, Rz. 462; *Rummel*, AR-Blattei, Urlaub VI C, V; *Streblow*, S. 169; *Lepke*, Kündigung bei Krankheit, E III 3; *Kothe*, BB 1984, 609, 619f.; *Trieschmann*, Anm. AP Nr. 12 und 14 zu § 7 BUrlG Abgeltung; *Kraft*, Anm. AP Nr. 18 zu § 7 BUrlG Abgeltung; *Birk*, SAE 1986, 167, 169; *Rummel*, NZA 1986, 383; *Wandt*, SAE 1986, 264, 267; *Oetker*, SAE 1987, 77f.; ebenso ja auch schon *BAG* EzA § 1 BUrlG Nr. 5 = AP Nr. 5 zu § 3 BUrlG Rechtsmißbrauch = SAE 1969, 127). So nimmt es nicht wunder, daß sowohl *Leinemann* als auch das *BAG* diese unschlüssige grammatikalische Auslegung stillschweigend aufgegeben haben. Ursprünglich hat jedenfalls das BAG (vgl. Anm. 145) ferner versucht (zu diesem Verständnis der Rechtsprechung vgl. vor allem *Streblow*, S. 158 und 170; *Kraft*, Anm. AP Nr. 18 zu § 7 BurlG Abgeltung; *Wandt*, SAE 1986, 264, 267), seine Surrogatstheorie auch auf die »Funktion« der Urlaubsabgeltung, die »den Arbeitnehmer in die Lage versetzen soll, trotz Beendigung des Arbeitsverhältnisses dennoch Freizeit zur Erholung zu nehmen«, und damit auch auf eine teleologische Auslegung des § 7 Abs. 4 BUrlG zu stützen (vgl. hierzu auch *Künzl*, BB 1987, 687f.; *Oetker*, SAE 1987, 77f.). Aber auch diese teleologische Auslegung ist nicht schlüssig (vgl. auch *Berscheid*, HzA, Gruppe 4, Rz. 462). Denn zweifelsfrei wird der Zweck der Urlaubsabgeltung, demjenigen Arbeitnehmer, der keinen Urlaub erhalten hat, als Ersatz wenigstens die Abgeltung des Urlaubs in Geld zukommen zu lassen (vgl. Anm. 140), auch dann erreicht, wenn der Urlaubsabgeltungsanspruch auch dann an die Stelle des Urlaubsanspruchs tritt, wenn der Arbeitnehmer aufgrund seines Urlaubsanspruchs von der fingierten Arbeitspflicht nicht befreit werden könnte (vgl. insbes. *BAG* AP Nr. 88 zu § 611 BGB Urlaubsrecht = SAE 1963, 143; *Richardi*, SAE 1966, 215f.; *Kothe*, BB 1984, 609, 623; *Birk*, SAE 1986, 167ff.; *Wandt*, SAE 1986, 264, 267). Aber auch der Zweck, dem Arbeitnehmer die Möglichkeit zur Erholung zu geben (vgl. Anm. 140), wird dann nicht in Frage gestellt, weil dieser Zweck nur in der Erholungsmöglichkeit besteht (vgl. *LAG Düsseldorf* LAGE § 7 BUrlG Übertragung Nr. 2; *Lepke*, Kündigung bei Krankheit, E III 3; *Kothe*, BB 1984, 609, 623; *Wandt*, SAE 1986, 264, 267). Im übrigen ändert der Zweck der Erholungsmöglichkeit nichts an dem Zweck, dem Arbeitnehmer wenigstens die Abgeltung des Urlaubs in Geld zukommen zu lassen (vgl. insbes. *Kothe*, BB 1984, 609, 623; *Wandt*, SAE 1986, 264, 267). Auf jeden Fall gehört der Erholungszweck nicht zum Inhalt des Urlaubsabgeltungsanspruchs (vgl. *BAG* EzA § 1 BUrlG Nr. 5 = AP Nr. 5 zu § 3 BUrlG Rechtsmißbrauch = SAE 1969, 127; *LAG Düsseldorf* DB 1968, 536; *LAG Düsseldorf* NZA 1984, 258; *LAG Köln* LAGE § 3 BUrlG Rechtsmißbrauch Nr. 1; *LAG Frankfurt* BB 1986, 63 = DB 1985, 2107; *LAG Düsseldorf* LAGE § 7 BUrlG Übertragung Nr. 2; *ArbG Siegen* ArbuR 1984, 285; *Natzel*, § 7 Anm. 157f.; *Schwerdtner*, Fürsorgetheorie, S. 205; *Streblow*, S. 170f.; *Boewer/Bommermann*, Anm. 449f.; *Tschöpe*, BB 1981, 1902f.; *Kothe*, BB 1984, 609, 621; *Trieschmann*, Anm. AP Nr. 12 und 14 zu § 7 BUrlG Abgeltung; *Echterhölter*, AR-Blattei, Urlaub, Anm. zur Entscheidung 275; *Rummel*, AR-Blattei, Urlaub VI C, B V). So nimmt es nicht wunder, daß jedenfalls das BAG auch eine teleologische Auslegung des § 7 Abs. 4 BUrlG nicht weiter verfolgt und *Leinemann* (NZA 1985, 137, 143) dies ausdrücklich bestätigt hat. Stattdessen machen *Leinemann* (NZA 1985, 137, 142; ArbuR 1987, 193, 196) und das *BAG* (so schon EzA § 7 BUrlG Nr. 28 = AP Nr. 14 zu § 7 BUrlG Abgeltung;

vor allem EzA § 7 BUrlG Nr. 38 = AP Nr. 21 zu § 7 BUrlG Abgeltung; ferner EzA § 7 BUrlG Nr. 66 und 69) zur Begründung ihrer Surrogatstheorie vor allem geltend, daß der Arbeitnehmer im Falle der Beendigung des Arbeitsverhältnisses »wegen des Gleichbehandlungsgrundsatzes« (so *BAG* EzA § 7 BUrlG Nr. 38 = AP Nr. 21 zu § 7 BUrlG Abgeltung) durch den Urlaubsabgeltungsanspruch als »Ersatzanspruch« (so *Leinemann*, ArbuR 1987, 193, 196; ebenso nun auch *BAG* EzA § 7 BUrlG Nr. 66) nicht widersprüchlicherweise bessergestellt sein dürfe als im Falle der Fortsetzung des Arbeitsverhältnisses, wobei *Leinemann* (DB 1983, 989, 994; ArbuR 1987, 193, 196) noch darauf hinweist, daß der Urlaubsabgeltungsanspruch »ein gesetzlich geregelter Fall des Leistungsstörungsrechts« sei (vgl. hierzu auch *Weber*, Anm. AP Nr. 16 zu § 13 BUrlG). Aber auch diese Begründung ist nicht schlüssig, weil der behauptete Wertungswiderspruch von dem Zweck des Urlaubsabgeltungsanspruchs abhängt (insoweit überzeugend *Oetker*, SAE 1987, 77f.; vgl. auch *LAG Düsseldorf* LAGE § 7 BUrlG Übertragung Nr. 2) und weil der Zweck des Urlaubsabgeltungsanspruchs aus den dargelegten Gründen auch dann erreicht wird, wenn der Urlaubsabgeltungsanspruch auch dann an die Stelle des Urlaubsanspruchs tritt, wenn der Arbeitnehmer im Falle der Fortsetzung des Arbeitsverhältnisses nicht von der Arbeitspflicht befreit und deswegen der Urlaubsanspruch nicht erfüllt werden könnte (vgl. *LAG Düsseldorf* NZA 1984, 258; *Natzel*, § 7 Anm. 158; *Rummel* AR-Blattei, Urlaub VI C, B V; *Streblow*, S. 173; *Buchner*, AR-Blattei, Urlaub, Anm. zur Entscheidung 261; *Birk*, SAE 1986, 167ff.; *ders.*, Anm. AP Nr. 21 zu § 7 BUrlG Abgeltung; *Rummel*, NZA 1986, 383, 385; *Wandt*, SAE 1986, 264, 267), zumal der Zweck jeder Abgeltung darin besteht, »daß es zur vereinfachten und beschleunigten Klärung auf künftige Entwicklungen nicht mehr ankommen soll« (vgl. *LAG Düsseldorf* LAGE § 7 BUrlG Übertragung Nr. 2). Nach der älteren Rechtsprechung des BAG würde es sogar »dem Anstandsgefühl aller billig und gerecht Denkenden widersprechen und deshalb mit den Grundsätzen des § 242 BGB nicht in Einklang zu bringen sein«, einem Arbeitnehmer im Falle dauernder Arbeitsunfähigkeit den Urlaubsabgeltungsanspruch zu versagen (vgl. *BAG* AP Nr. 88 zu § 611 BGB Urlaubsrecht = SAE 1963, 143). Jedenfalls besteht der angebliche Wertungswiderspruch entgegen *Leinemann* (ArbuR 1987, 193, 195; NZA 1985, 137, 142) auch dann nicht, wenn der Arbeitnehmer das ganze Urlaubsjahr schon nicht von der Arbeitspflicht befreit werden konnte; fraglich ist dann nur, ob dessenungeachtet ein Urlaubsanspruch besteht, der abgegolten werden muß (vgl. hierzu *Bleistein*, § 1 Anm. 113ff.). Dementsprechend folgt die vor allem von *Leinemann* und vom *BAG* vertretene Surrogatstheorie im Gegensatz zum *BAG* (vgl. EzA § 7 BUrlG Nr. 38 = AP Nr. 21 zu § 7 BUrlG Abgeltung) auch nicht »aus dem Inhalt des Urlaubsanspruchs« und im Gegensatz zu *Leinemann* (ArbuR 1987, 193, 195 = NZA 1985, 137, 143) auch nicht aus der Unabdingbarkeit des Urlaubsgeltungsanspruchs (vgl. hierzu auch *Wandt*, SAE 1986, 264, 267). Mangels einer tragfähigen Begründung ist diese Theorie nach wie vor eine »unbewiesene These« (so *LAG Düsseldorf* NZA 1984, 258; *Rummel*, AR-Blattei, Urlaub VI C, B V; *Wandt*, SAE 1986, 264, 267) und kann daher keinen Bestand haben (so *LAG Düsseldorf* LAGE § 7 BUrlG Übertragung Nr. 2). »Sie wird durch beharrliche Wiederholung nicht richtiger« (so *Birk*, Anm. AP Nr. 21 zu § 7 BUrlG Abgeltung). Im Ergebnis stellt diese Theorie eine durch das BUrlG nicht gerechtfertigte Einschränkung des Urlaubsabgeltungsanspruchs dar (vgl. *LAG Düsseldorf* LAGE § 7 BUrlG Übertragung Nr. 2). Die Unvereinbarkeit dieser Einschränkung mit Art. 11 des Übereinkommens Nr. 132 der Internationalen Arbeitsorganisation über den bezahlten Jahresurlaub in der Neufassung von 1970 (BGBl. 1975 II, 746) ist daher nicht entscheidend (vgl. hierzu zutreffend *Berscheid*, HzA, Gruppe 4, Rz. 462f.; *Kothe*, BB 1984, 609, 620; *Birk*, Anm. AP Nr. 21 zu § 7 BUrlG Abgeltung; *Schoden*, Die Quelle, 1988, 555f.; **a.M.** jedoch *BAG* EzA § 13 BUrlG Nr. 31 = AP Nr. 12 zu § 13 BUrlG Unabdingbarkeit; *Echterhölter*, AR-Blattei, Urlaub, Anm. zur Entscheidung 272; *Leinemann*, ArbuR 1987, 193, 196).

152 Ebenso wie die teleologische Auslegung zur Begründung der vor allem von *Leinemann* und vom *BAG* vertretenen Surrogatstheorie unschlüssig ist (vgl. Anm. 151), ist auch jede Surrogatstheorie der Zweckbindung des Urlaubsabgeltungsanspruchs (vgl. Anm. 146) unbegründet (gegen eine »Zweckbestimmung« auch *BAG* EzA § 7 BUrlG Nr. 67; vgl. ferner *Berscheid*, HzA, Gruppe 4, Rz. 449).

153 Dennoch kann der Urlaubsabgeltungsanspruch mit Rücksicht auf die übliche Terminologie als Surrogat des Urlaubsanspruchs bezeichnet werden (insoweit zutreffend *BAG* EzA § 7 BUrlG Nr. 66; *Leinemann*, NZA 1985, 137, 143 Fußn. 57; *Oetker*, SAE 1987, 77f.; vgl. auch *Weber*, Anm. AP Nr. 16 zu § 13 BUrlG; **kritisch** dagegen *LAG Niedersachsen* LAGE § 7 BUrlG Nr. 18; *Streblow*, S. 165f.; *Kothe*, BB 1984, 609, 622; *Wolf/Scheffler*, Der Personalrat, 1988, 240ff.). Das kann aber gemäß § 7 Abs. 4 BUrlG lediglich besagen, daß der Urlaubsabgeltungsanspruch in Übereinstimmung mit seinem Zweck (vgl. Anm. 140) im Zeitpunkt der Beendigung des Arbeitsverhältnisses als Surrogat im Sinne von Ersatz an die Stelle des Urlaubsanspruchs tritt. Jede andere Bestimmung der Rechtsnatur des Urlaubsabgeltungsanspruchs mit der Folge einer Einschränkung dieses Anspruchs läßt sich mit dem BUrlG nicht vereinbaren. Nach **richtiger Meinung** ist also der **Urlaubsabgeltungsanspruch** seiner Rechtsnatur nach gemäß § 7 Abs. 4 BUrlG ein vom Urlaubsentgelt- und vom Arbeitsentgeltanspruch verschiedener **Geldanspruch, der im Zeitpunkt der Beendigung des Arbeitsverhältnisses als Surrogat (Ersatz) des Urlaubsanspruchs ohne Einschränkung an die Stelle des Urlaubsanspruchs tritt** (vgl. Anm. 147). Insoweit besteht im Ergebnis auch Übereinstimmung mit der Theorie der Teilidentität (vgl. hierzu Anm. 142), der Surrogatstheorie der früheren Rechtsprechung des BAG (vgl. hierzu Anm. 144) und der Mindermeinung, wonach der Urlaubsabgeltungsanspruch ein Geldanspruch ohne urlaubsrechtliche Besonderheit ist (vgl. hierzu Anm. 148).

3. Entstehungsvoraussetzungen

a) Grundsatz

154 Die Entstehung des Urlaubsabgeltungsanspruchs setzt gemäß § 7 Abs. 4 BUrlG nach der ganz herrschenden und richtigen Meinung lediglich voraus, daß der Urlaub **wegen Beendigung des Arbeitsverhältnisses** ganz oder teilweise nicht mehr gewährt werden kann, einerseits also die Beendigung des Arbeitsverhältnisses (vgl. hierzu Anm. 155ff.) und andererseits das Bestehen eines Urlaubsanspruchs (vgl. hierzu Anm. 160ff.) im Zeitpunkt der Beendigung des Arbeitsverhältnisses (vgl. *BAG* AP Nr. 3 zu § 7 BUrlG = SAE 1966, 262; *BAG* AP Nr. 1 zu § 2 BUrlG = SAE 1967, 174; *BAG* EzA § 1 BUrlG Nr. 5 = AP Nr. 5 zu § 3 BUrlG Rechtsmißbrauch = SAE 1969, 127; *BAG* EzA § 7 BUrlG Nr. 16 = AP Nr. 6 zu

§ 7 BUrlG = SAE 1975, 85; *LAG Düsseldorf* NZA 1984, 258; *LAG Köln* EzA § 7 BUrlG Nr. 35; *LAG Köln* LAGE § 3 BUrlG Rechtsmißbrauch Nr. 1; *LAG Frankfurt* BB 1986, 63 = DB 1985, 2107; *Boldt/Röhsler*, § 7 Anm. 70; *Berscheid*, HzA, Gruppe 4, Rz. 451; *Trieschmann*, Anm. AP Nr. 12 und 14 zu § 7 BUrlG Abgeltung; *Kraft*, Anm. AP Nr. 18 zu § 7 BUrlG Abgeltung; *Petri*, AiB 1985, 7f.; *Thiele*, DÖD 1986, 101f.; *Gaul*, NZA 1987, 473f.; *Oetker*, SAE 1987, 77; *Wank*, ZfA 1987, 355, 421). Nach der Rechtsprechung des *BAG* gilt § 7 Abs. 4 BUrlG nicht nur für die Abgeltung des gesetzlichen Mindesturlaubs, sondern für »jeden Urlaubsanspruch im Arbeitsverhältnis mangels besonderer entgegenstehender Vereinbarungen« (vgl. *BAG* EzA § 7 BUrlG Nr. 80; *BAG* EzA § 6 BUrlG Nr. 4). Von einer Mindermeinung wird das Entstehen des Urlaubsabgeltungsanspruchs für den Fall bestritten, daß der Zweck der Urlaubsabgeltung nicht mehr erreicht werden kann (vgl. *Gaul*, Arbeitsrecht I, F IV, Anm. 90; *Renaud*, S. 58f.; *Kraft*, SAE 1966, 129f.; *Lieb*, SAE 1969, 129). *Leinemann* (DB 1983, 989, 994) und ihm folgend das *BAG* (EzA § 7 BUrlG Nr. 28 = AP Nr. 14 zu § 7 BUrlG Abgeltung; *BAG* EzA § 7 BUrlG Nr. 32 = AP Nr. 16 zu § 7 BUrlG Abgeltung) haben vorübergehend die Meinung vertreten, daß der Urlaubsabgeltungsanspruch nur dann entstehe, wenn im Zeitpunkt der Beendigung des Arbeitsverhältnisses ein Urlaubsanspruch bestehe und dieser Anspruch im Falle der Fortsetzung des Arbeitsverhältnisses noch hätte erfüllt werden können. Diese Meinung hat zum Teil auch Zustimmung erfahren (vgl. *LAG Düsseldorf* DB 1984, 2100; *LAG Hamm* BB 1984, 784; *LAG Schleswig-Holstein* BB 1985, 734; *ArbG Stade* BB 1985, 2113 = ARSt. 1986, 140; *Gaul*, Arbeitsrecht I, F IV, Anm. 85 und 90; *Färber*, DB 1984, 1826, 1829f.; *Beitzke*, SAE 1985, 113f.). Überwiegend ist sie jedoch abgelehnt worden (vgl. *Bachmann*, BlStSozArbR, 1985, 209, 211 m.w.N. in Fußn. 38; vgl. ferner *LAG Köln* LAGE § 3 BUrlG Rechtsmißbrauch Nr. 1; *Kraft*, Anm. AP Nr. 18 zu § 7 BUrlG Abgeltung; *Petri*, AiB 1985, 7f.; *Birk*, SAE 1986, 167ff.). Das *BAG* hat diese Rechtsprechung aber schon in dem Urteil vom 28. 6. 1984 (EzA § 7 BUrlG Nr. 34 = AP Nr. 18 zu § 7 BUrlG Abgeltung) stillschweigend wieder aufgegeben und ausdrücklich festgestellt, daß der Urlaubsabgeltungsanspruch in jedem Falle mit der Beendigung des Arbeitsverhältnisses entstehe, soweit in diesem Zeitpunkt noch ein Urlaubsanspruch bestehe (vgl. ferner *BAG* EzA § 7 BUrlG Nr. 38 = AP Nr. 21 zu § 7 BUrlG Abgeltung; *BAG* EzA § 7 BUrlG Nr. 39 = AP Nr. 24 zu § 7 BUrlG Abgeltung; *BAG* EzA § 7 BUrlG Nr. 45 = AP Nr. 26 zu § 7 BUrlG Abgeltung; *BAG* EzA § 7 BUrlG Nr. 68; *BAG* EzA § 4 TVG Metallindustrie Nr. 69; *BAG* EzA § 7 BUrlG Nr. 76). Und *Leinemann* (NZA 1985, 137, 142f.) ist dieser Rechtsprechung ebenso stillschweigend gefolgt, indem er eingeräumt hat, daß das BAG in dem Urteil vom 28. 6. 1984 mißverständliche Formulierungen in bezug auf die Entstehung des Urlaubsabgeltungsanspruchs klargestellt habe. In der Tat setzt die Entstehung des Urlaubsabgeltungsanspruchs gemäß § 7 Abs. 4 BUrlG »nach seinem klaren Wortlaut« (so *BAG* AP Nr. 3 zu § 7 BUrlG = SAE 1966, 262; das *LAG Frankfurt* BB 1986, 63 = DB 1985, 2107 spricht sogar von einem »eindeutigen Gesetzeswortlaut«) lediglich voraus, daß der Urlaub wegen Beendigung des Arbeitsverhältnisses ganz oder teilweise nicht mehr gewährt werden kann. Auch aus dem Zweck und der Rechtsnatur des Urlaubsabgeltungsanspruchs ergibt sich nichts anderes (vgl. hierzu Anm. 141ff.). Eine andere Frage ist, ob der entstandene Urlaubsabgeltungsanspruch noch erfüllbar ist oder nicht (vgl. hierzu Anm. 164ff.).

b) Beendigung des Arbeitsverhältnisses

155 Der Urlaubsabgeltungsanspruch setzt gemäß § 7 Abs. 4 BUrlG zum einen die Beendigung des Arbeitsverhältnisses voraus, was dem während des Arbeitsverhältnisses geltenden Abgeltungsverbot entspricht (vgl. *Boldt/Röhsler,* § 7 Anm. 72; *Natzel*, § 7 Anm. 159; *Rummel*, AR-Blattei, Urlaub VI C, B I; *Gaul*, NZA 1987, 473f.; zum Abgeltungsverbot vgl. Anm. 194).

156 Der **Grund** der Beendigung des Arbeitsverhältnisses ist für die Entstehung des Urlaubsabgeltungsanspruchs gemäß § 7 Abs. 4 BUrlG **bedeutungslos** (vgl. *BAG* AP Nr. 1 zu § 2 BUrlG = SAE 1967, 174; *BAG* AP Nr. 5 zu § 3 BUrlG Rechtsmißbrauch = SAE 1969, 127; *BAG* EzA § 13 BUrlG Nr. 14 = AP Nr. 6 zu § 13 BUrlG Unabdingbarkeit; *BAG* EzA § 7 BUrlG Nr. 80; *LAG Berlin* LAGE § 7 BUrlG Nr. 8; *Boldt/Röhsler*, § 7 Anm. 72; *Dersch/Neumann*, § 7 Anm. 106; *Natzel*, § 7 Anm. 162; *Siara*, § 7 Anm. 27; *Berscheid*, HzA, Gruppe 4, Rz. 451; *Rummel*, AR-Blattei, Urlaub VI C, B VI; *Gaul*, NZA 1987, 473f.; *Winderlich*, DB 1989, 2035ff.).

157 Das gilt nach der ganz herrschenden und richtigen Meinung (vgl. Anm. 154) auch für den Fall der Gleichzeitigkeit der Beendigung des Arbeitsverhältnisses und des Arbeitslebens wegen Erreichens der **Altersgrenze** (vgl. insbes. *BAG* AP Nr. 3 zu § 7 BUrlG = SAE 1966, 262; *BAG* EzA § 1 BUrlG Nr. 5 = AP Nr. 5 zu § 3 BUrlG Rechtsmißbrauch = SAE 1969, 127; *BAG* EzA § 13 BUrlG Nr. 18 = AP Nr. 15 zu § 13 BUrlG = SAE 1986, 166; *Boldt/Röhsler*, § 7 Anm. 72; *Natzel*, § 7 Anm. 162; *Siara*, § 7 Anm. 28; *Berscheid*, HzA, Gruppe 4, Rz. 451; *Rummel*, AR-Blattei, Urlaub VI C, B VI; *Buchner*, AR-Blattei, Urlaub, Anm. zur Entscheidung 261; *Oetker*, SAE 1987, 77, 79; *Winderlich*, ArbuR 1989, 300, 306; **a.M.** *Renaud*, S. 58; *Kraft*, SAE 1966, 129f.).

158 Nach der ganz herrschenden und richtigen Meinung (vgl. Anm. 154) wird die Entstehung des Urlaubsabgeltungsanspruchs auch nicht dadurch in Frage gestellt, daß der Arbeitnehmer wegen dauernder **Arbeitsunfähigkeit** oder **Erwerbsunfähigkeit** aus dem Arbeitsverhältnis und dem Arbeitsleben ausscheidet (vgl. insbes. *BAG* EzA § 1 BUrlG Nr. 5 = AP Nr. 5 zu § 3 BUrlG Rechtsmißbrauch = SAE 1969, 127; *BAG* EzA § 7 BUrlG Nr. 34 = AP Nr. 18 zu § 7 BUrlG Abgeltung; *BAG* EzA § 7 BUrlG Nr. 76; *ArbG Siegen* EzA § 7 BUrlG Nr. 23; *ArbG Kassel* DB 1983, 178; *Dersch/Neumann*, § 7 Anm. 110 und § 9 Anm. 23; *Natzel*, § 7 Anm. 155ff.; *Staudinger/Richardi*, § 611 Anm. 886; *Berscheid*, HzA, Gruppe 4, Rz. 451f.; *Rummel*, AR-Blattei, Urlaub VI C, VI; *Buchner*, AR-Blattei, Urlaub, Anm. zur Entscheidung 261; *Bachmann*, BlStSozArbR 1985, 209, 211 m.w.N. in Fußn. 38; **a.M.** *LAG Düsseldorf* DB 1984, 2100; *LAG Hamm* BB 1984, 784; *LAG Schleswig-Holstein* BB 1985, 734; *ArbG Stade* BB 1985, 2113 = ARSt. 1986, 140; *Gaul*, Arbeitsrecht I, F IV, Anm. 85 und 90; *Kraft*, SAE 1967, 129f.; *Lieb*, SAE 1969, 129; *Färber*, DB 1984, 1826, 1829f.; *Beitzke*, SAE 1985, 113f.; im Ergebnis **a.M.** auch *Renaud*, S. 51f.). Eine andere Frage ist, ob der entstandene Urlaubsabgeltungsanspruch trotz dauernder Arbeitsunfähigkeit oder Erwerbsunfähigkeit erfüllbar ist oder nicht (vgl. hierzu Anm. 164ff.).

159 Im Falle der Beendigung des Arbeitsverhältnisses durch **Tod** des Arbeitnehmers erlischt der Urlaubsanspruch und der Urlaubsabgeltungsanspruch entsteht aus diesem Grunde gemäß § 7 Abs. 4 BUrlG nicht (vgl. *BAG* EzA § 7 BUrlG Nr. 67; *BAG* EzA § 4 TVG Metallindustrie Nr. 69; *Gaul*, Arbeitsrecht I, F IV, Anm. 72; *Boldt/Röhsler*, § 7 Anm. 72; *Siara*, § 7 Anm. 27; *Dörner*, AR-Blattei, Urlaub XII, VII 2; *Rummel*, AR-Blattei, Urlaub VI C, VI; wohl auch *Natzel*, § 7

Anm. 162; im Ergebnis ebenso *Renaud*, S. 59; **a.M.** *Schwerdtner*, Fürsorgetheorie, S. 205; *Echterhölter*, AR-Blattei, Urlaub, Anm. zur Entscheidung 275).

c) Bestehen eines Urlaubsanspruchs

160 Neben der Beendigung des Arbeitsverhältnisses setzt der Urlaubsabgeltungsanspruch gemäß § 7 Abs. 4 BUrlG das Bestehen eines Urlaubsanspruchs im Zeitpunkt der Beendigung des Arbeitsverhältnisses voraus (vgl. *Renaud*, S. 51 m.w.N.; vgl. ferner *Natzel*, § 7 Anm. 164; *Rummel*, AR-Blattei, Urlaub VI C, B II 1; *Gaul*, NZA 1987, 473f.).

161 Die Entstehung des Urlaubsabgeltungsanspruchs ist gemäß § 7 Abs. 4 BUrlG nach ganz herrschender und richtiger Meinung **unabhängig** davon, **aus welchem Grunde der Urlaubsanspruch** bis zur Beendigung des Arbeitsverhältnisses **nicht erfüllt worden ist**. Wenn nur im Zeitpunkt der Beendigung des Arbeitsverhältnisses ein Urlaubsanspruch bestanden hat, so ist der Urlaubsabgeltungsanspruch also ohne weiteres gegeben (vgl. *BAG* AP Nr. 3 zu § 7 BUrlG = SAE 1966, 262; *BAG* AP Nr. 5 zu § 3 BUrlG Rechtsmißbrauch = SAE 1969, 127; *BAG* EzA § 13 BUrlG Nr. 14 = AP Nr. 6 zu § 13 BUrlG Unabdingbarkeit; *BAG* EzA § 13 BUrlG Nr. 31 = AP Nr. 12 zu § 13 BUrlG Unabdingbarkeit; *LAG Köln* EzA § 7 BUrlG Nr. 35; *Boldt/Röhsler*, § 7 Anm. 73; *Dersch/Neumann*, § 7 Anm. 108ff.; *Natzel*, § 7 Anm. 165f.; *Siara*, § 7 Anm. 27; *Berscheid*, HzA, Gruppe 4, Rz. 453; *Röhsler*, AR-Blattei, Urlaub IX, B II 1; *Rummel*, AR-Blattei, Urlaub VI C, IV; *Streblow*, S. 169; *Nikisch*, Anm. AP Nr. 3 zu § 7 BUrlG; *Richardi*, SAE 1966, 215; *Kothe*, BB 1984, 609, 619f.; *Petri*, AiB 1985, 7f.).

162 Das gilt nach ganz herrschender und richtiger Meinung auch dann, wenn die Erfüllung des Urlaubsanspruchs wegen **dauernder Arbeitsunfähigkeit** oder **Erwerbsunfähigkeit** schon vor der Beendigung des Arbeitsverhältnisses gar nicht mehr möglich war (vgl. Anm. 158).

163 Nach einer Mindermeinung setzt der Urlaubsabgeltungsanspruch deswegen, weil die Urlaubsabgeltung grundsätzlich verboten ist, wenigstens voraus, daß die Nichtverwirklichung des Urlaubsanspruchs während des Arbeitsverhältnisses sachlich begründet war (vgl. *Renaud*, S. 54ff., 57; ferner KR-*Wolf*, Grunds. Anm. 497). Dem kann jedoch nicht zugestimmt werden, weil die Bedeutung des Abgeltungsverbots sich in der Unabdingbarkeit des Urlaubsanspruchs gemäß §§ 1 und 13 Abs. 1 BUrlG erschöpft (vgl. Anm. 194) und weil der Urlaubsanspruch im Falle der Beendigung des Arbeitsverhältnisses gar nicht mehr erfüllt werden kann (zustimmend *Rummel*, AR-Blattei, Urlaub VI C, IV; im Ergebnis ebenso *BAG* EzA § 7 BUrlG Nr. 64 = AP Nr. 43 zu § 7 BUrlG Abgeltung).

4. Erfüllbarkeit

164 In dem Urteil vom 28. 6. 1984 (EzA § 7 BUrlG Nr. 34 = AP Nr. 18 zu § 7 BUrlG Abgeltung) hat das *BAG* grundlegend entschieden, daß dem Urlaubsabgeltungsanspruch das **Leistungshindernis der Nichterfüllbarkeit** entgegenstehe und demgemäß der Arbeitgeber den Urlaubsabgeltungsanspruch auch nicht erfüllen müsse, soweit (solange) im Falle der Fortsetzung des Arbeitsverhältnisses auch der Urlaub nicht hätte gewährt und damit der Urlaubsanspruch nicht hätte erfüllt werden können. Das BAG hat diese Entscheidung damit begründet, daß der Urlaubsabgeltungsanspruch nicht lediglich ein immer erfüllbarer Geldanspruch, sondern Surrogat des Urlaubsanspruchs sei. Diese Entscheidung ist teilweise auf Zustimmung gestoßen (vgl. Anm. 145). Teilweise wird die Erfüllbarkeit des Urlaubsabgeltungsanspruchs als Surrogat des Urlaubsanspruchs von seiner Zweckbindung abhängig gemacht (vgl. Anm. 146). Überwiegend werden diese Surrogatstheorien jedoch abgelehnt (vgl. Anm. 151ff.).

165 Seit dem grundlegenden Urteil vom 28. 6. 1984 (vgl. Anm. 164) ist es ständige Rechtsprechung des BAG, daß der Arbeitgeber zur Erfüllung des Urlaubsabgeltungsanspruchs wegen des Leistungshindernisses der Nichterfüllbarkeit nicht verpflichtet ist, soweit (solange) im Falle der Fortsetzung des Arbeitsverhältnisses auch der Urlaubsanspruch wegen krankheitsbedingter **Arbeitsunfähigkeit** des Arbeitnehmers nicht hätte erfüllt werden können (vgl. *BAG* EzA § 7 BUrlG Nr. 34 = AP Nr. 18 zu § 7 BUrlG Abgeltung; *BAG* EzA § 7 BUrlG Nr. 37 = AP Nr. 20 zu § 7 BUrlG Abgeltung; *BAG* EzA § 7 BUrlG Nr. 38 = AP Nr. 21 zu § 7 BUrlG Abgeltung; *BAG* EzA § 7 BUrlG Nr. 39 = AP Nr. 24 zu § 7 BUrlG Abgeltung; *BAG* EzA § 7 BUrlG Nr. 42 = AP Nr. 25 zu § 7 BUrlG Abgeltung; *BAG* EzA § 7 BUrlG Nr. 45 = AP Nr. 26 zu § 7 BUrlG Abgeltung; *BAG* EzA § 7 BUrlG Nr. 49 = AP Nr. 25 zu § 13 BUrlG; *BAG* EzA § 13 BUrlG Nr. 31 = AP Nr. 12 zu § 13 BUrlG Unabdingbarkeit; *BAG* EzA § 7 BUrlG Nr. 57 = AP Nr. 15 zu § 7 BUrlG Übertragung; *BAG* EzA § 7 BUrlG Nr. 60 = AP Nr. 39 zu § 7 BUrlG Abgeltung; *BAG* EzA § 7 BUrlG Nr. 61 = AP Nr. 41 zu § 7 BUrlG Abgeltung; *BAG* EzA § 7 BUrlG Nr. 66, 68, 69, 70 und 76; *BAG* EzA § 72 ArbGG 1979 Nr. 11). Auch diese Rechtsprechung hat teils Zustimmung, überwiegend jedoch Ablehnung erfahren (vgl. Anm. 164). Nach dieser Rechtsprechung ist das Leistungshindernis der Nichterfüllbarkeit des Urlaubsabgeltungsanspruchs wegen krankheitsbedingter Arbeitsunfähigkeit des Arbeitnehmers aber nur dann gegeben, wenn sich die krankheitsbedingte Arbeitsunfähigkeit nicht nur auf die bisherige Tätigkeit des Arbeitnehmers, sondern auf jede in Betracht kommende vertraglich geschuldete Arbeitsleistung bezieht (vgl. *BAG* EzA § 7 BUrlG Nr. 34 = AP Nr. 18 zu § 7 BUrlG Abgeltung; *BAG* EzA § 7 BUrlG Nr. 45 = AP Nr. 26 zu § 7 BUrlG Abgeltung; *BAG* EzA § 13 BUrlG Nr. 31 = AP Nr. 12 zu § 13 BUrlG Unabdingbarkeit; *BAG* EzA § 7 BUrlG Nr. 61 = AP Nr. 41 zu § 7 BUrlG Abgeltung; *BAG* EzA § 7 BUrlG Nr. 66 und 70; *BAG* EzA § 72 ArbGG 1979 Nr. 11; vgl. hierzu auch *Leinemann*, ArbuR 1987, 193, 196).

166 Das BAG hat ursprünglich die Meinung vertreten, daß das Leistungshindernis der Nichterfüllbarkeit des Urlaubsabgeltungsanspruchs auch in jedem Falle von **Erwerbsunfähigkeit** des Arbeitnehmers im sozialversicherungsrechtlichen Sinne bestehe (vgl. *BAG* EzA § 7 BUrlG Nr. 34 = AP Nr. 18 zu § 7 BUrlG Abgeltung; *BAG* EzA § 7 BUrlG Nr. 37 = AP Nr. 20 zu § 7 BUrlG Abgeltung; *BAG* EzA § 7 BUrlG Nr. 39 = AP Nr. 24 zu § 7 BUrlG Abgeltung; ebenso *Gaul*, Arbeitsrecht I, F IV, Anm. 85; *Künzl*, BB 1987, 687ff.; *ders.*, EWiR § 13 BUrlG 1/89, 159; *Zetl*, ZTR 1989, 226f.). Dagegen steht das *BAG* seit dem Urteil vom 14. 5. 1986 (EzA § 7 BUrlG Nr. 45 = AP Nr. 26 zu § 7 BUrlG Abgeltung) auf dem Standpunkt, daß der Urlaubsabgeltungsanspruch auch im Falle der Erwerbsunfähigkeit des Arbeitnehmers erfüllbar sein könne (ebenso auch *BAG* EzA § 7 BUrlG Nr. 76; *LAG Niedersachsen* LAGE § 7 BUrlG Nr. 13, 14 und 20; *LAG Köln* LAGE § 7 BUrlG Nr. 21; *ArbG Stade* BB 1985, 2113 = ARSt. 1986, 140; *ArbG Marburg* NZA 1988, 166; *Staudinger/Richardi*, § 611 Anm. 886; *Berscheid*, HzA, Gruppe 4, Rz. 457; *Lepke*, Kündigung bei Krankheit, E III 3; *Boldt*, AR-Blattei, Urlaub, Anm. zur Entscheidung 281; *Leinemann*, ArbuR 1987, 193, 196;

Oetker, SAE 1987, 77, 79; *Wolf/Scheffler*, Der Personalrat, 1988, 240, 242; *Echterhölter*, AR-Blattei, Urlaub, Anm. zur Entscheidung 311). Auch der Fall der **Berufsunfähigkeit** wird unterschiedlich beurteilt (vgl. einerseits *LAG Köln* LAGE § 7 BUrlG Nr. 21; *Schaub*, § 102 A VII 2b; andererseits *Oetker*, SAE 1987, 77, 79).

167 Das Leistungshindernis der Nichterfüllbarkeit des Urlaubsabgeltungsanspruchs ergibt sich nach der Rechtsprechung des BAG auch mit dem **Tod** des Arbeitnehmers (vgl. *BAG* EzA § 7 BUrlG Nr. 67; **a.M.** *Dörner*, AR-Blattei, Urlaub XII, VII; *Beitzke*, Anm. AP Nr. 35 zu § 1 TVG Tarifverträge: Metallindustrie; *Echterhölter*, AR-Blattei, Urlaub, Anm. zu den Entscheidungen 275 und 332; unklar insoweit *BAG* EzA § 4 TVG Metallindustrie Nr. 69).

168 Nach der Rechtsprechung des BAG trägt der Arbeitnehmer auch die **Darlegungs- und Beweislast** für die Erfüllbarkeit des Urlaubsabgeltungsanspruchs (vgl. *BAG* EzA § 7 BUrlG Nr. 42 = AP Nr. 25 § 7 BUrlG Abgeltung; *BAG* EzA § 7 BUrlG Nr. 66 und 76; *BAG* EzA § 72 ArbGG 1979 Nr. 11; ebenso *ArbG Marburg* NZA 1988, 166; vgl. auch *LAG Niedersachsen* LAGE § 7 BUrlG Nr. 20; *Oetker*, SAE 1986, 77, 80).

169 Im übrigen ist nach der Rechtsprechung des BAG auch noch die **Bindung der Urlaubsabgeltung an das Kalenderjahr** zu beachten (vgl. hierzu Anm. 172ff.).

170 Ausdrücklich anerkannt hat das BAG aber den **Vorrang des Tarifvertrags** gemäß § 13 Abs. 1 BUrlG auch gegenüber dem Leistungshindernis der Nichterfüllbarkeit des Urlaubsabgeltungsanspruchs (vgl. *BAG* EzA § 7 BUrlG Nr. 27 = AP Nr. 12 zu § 7 BUrlG Abgeltung; *BAG* EzA § 7 BUrlG Nr. 32 = AP Nr. 16 zu § 7 BUrlG Abgeltung; *BAG* EzA § 7 BUrlG Nr. 67 und 69; ebenso *LAG Schleswig-Holstein* DB 1989, 1930; *Rummel*, AR-Blattei, Urlaub VI C; B V; *Hanau*, ZfA 1984, 453, 548; *Trieschmann*, Anm. AP Nr. 12 und 14 zu § 7 BUrlG Abgeltung unter V; *Scheuring*, Anm. AP Nr. 16 zu § 7 BUrlG Abgeltung; *Beitzke*, Anm. AP Nr. 35 zu § 1 TVG Tarifverträge: Metallindustrie; anders in bezug auf die Vererblichkeit des Urlaubsabgeltungsanspruchs *BAG* AP Nr. 35 zu § 1 TVG Tarifverträge).

171 Das Leistungshindernis der Nichterfüllbarkeit des Urlaubsabgeltungsanspruchs wird damit begründet, daß der Urlaubsabgeltungsanspruch nicht lediglich ein immer erfüllbarer Geldanspruch, sondern Surrogat des Urlaubsanspruchs sei (vgl. Anm. 164). Diese Surrogatstheorie ist jedoch abzulehnen und wird überwiegend auch abgelehnt, weil der Surrogatsbegriff dieser Theorie keine Rechtsgrundlage im BUrlG findet (vgl. Anm. 151). Die Schlußfolgerungen aus dieser Theorie stellen daher lediglich Begriffsjurisprudenz dar (so zutreffend *LAG* Frankfurt BB 1986, 63 = DB 1985, 2107; *Streblow*, S. 162; *Birk*, Anm. AP Nr. 21 zu § 7 BUrlG Abgeltung; vgl. auch *Rummel*, AR-Blattei, Urlaub VI C, A II). Das Leistungshindernis der Nichterfüllbarkeit des Urlaubsabgeltungsanspruchs kann auch nicht mit einer Surrogatstheorie der Zweckbindung begründet werden (vgl. hierzu Anm. 164), weil auch eine solche Theorie unbegründet ist (vgl. hierzu Anm. 152). Der **Urlaubsabgeltungsanspruch** ist nach richtiger Meinung ein Geldanspruch (vgl. Anm. 153) und infolgedessen **selbstverständlich erfüllbar** (vgl. insbes. *LAG Niedersachsen* LAGE § 7 BUrlG Nr. 18; *LAG Köln* LAGE § 7 BUrlG Nr. 21; *Natzel*, § 7 Anm. 155; *Berscheid*, HzA, Gruppe 4, Rz. 457ff.; *Echterhölter*, AR-Blattei, Urlaub, Anm. zur Entscheidung 272; *Kraft*, Anm. AP Nr. 18 zu § 7 BUrlG Abgeltung; *Wandt*, SAE 1986, 264, 266). Im übrigen ist die vom BAG vorgenommene Verteilung der **Darlegungs- und Beweislast** für die Erfüllbarkeit des Urlaubsabgeltungsanspruchs (vgl. Anm. 168) nicht überzeugend. Nichterfüllbarkeit bedeutet ja Unmöglichkeit im Sinne des Leistungsstörungsrechts (so auch *BAG* EzA § 7 BUrlG Nr. 28 = AP Nr. 14 zu § 7 BUrlG Abgeltung; ausdrücklich *LAG Düsseldorf* NZA 1984, 258; *Rummel*, NZA 1986, 383, 385). Und wenn der Schuldner seine Leistungspflicht mit der Begründung bestreitet, daß die Erfüllung unmöglich sei, so muß er die Unmöglichkeit beweisen (vgl. *Baumgärtel*, Handbuch der Beweislast im Privatrecht, Bd. 1, § 275 BGB Anm. 1; *Zetl*, ZTR 1989, 226f.; kritisch auch *Natzel*, § 7 Anm. 156 a. E.).

5. Die Bindung der Urlaubsabgeltung an das Kalenderjahr

a) Grundsatz

172 Das *BAG* hat noch in dem Urteil vom 21. 7. 1978 (EzA § 7 BUrlG Nr. 20 = AP Nr. 5 zu § 13 BUrlG Unabdingbarkeit) entschieden, daß der Urlaubsanspruch zwar grundsätzlich mit Ablauf der Fristen der §§ 1 und 7 Abs. 3 BUrlG verfalle, wenn er nicht rechtzeitig vorher geltend gemacht werde (vgl. hierzu Anm. 112), aber: »Dies gilt jedoch nach Wortlaut und Sinn der gesetzlichen Vorschriften über die zeitliche Bindung und Übertragung des Urlaubs allein für den Freizeitanspruch, nicht für die Abgeltung ...«. Auch sonst ist die unmittelbare oder analoge Anwendung der §§ 1 und 7 Abs. 3 BUrlG auf die Urlaubsabgeltung ganz überwiegend abgelehnt worden (vgl. *LAG Bremen* BB 1967, 838 = DB 1967, 1226; *Boldt/Röhsler*, § 7 Anm. 80; *Dersch/Neumann*, § 7 Anm. 109; *Röhsler*, AR-Blattei, Urlaub IX, B II 1). Nur ganz vereinzelt ist im Schrifttum die Meinung vertreten worden, daß die Urlaubsabgeltung wegen ihrer Rechtsnatur und wegen ihres Zweckes ebenso wie der Urlaub an das Kalenderjahr gebunden sei (vgl. *Siara*, § 7 Anm. 32). Seit dem Urteil vom 28. 6. 1984 (vgl. EzA § 7 BUrlG Nr. 34 = AP Nr. 18 zu § 7 BUrlG Abgeltung) vertritt das *BAG* jedoch in ständiger Rechtsprechung die Meinung, daß der Urlaubsabgeltungsanspruch als Surrogat des Urlaubsanspruchs (vgl. hierzu Anm. 145) gemäß §§ 1 und 7 Abs. 3 BUrlG ebenso an das Kalenderjahr gebunden und damit befristet sei wie der Urlaubsanspruch (vgl. hierzu Anm. 113ff.), ohne daß es das gegenteilige Urteil vom 21. 7. 1978 und die damit übereinstimmende herrschende Meinung auch nur erwähnt hätte (vgl. *BAG* EzA § 7 BurlG Nr. 34 = AP Nr. 18 zu § 7 BUrlG Abgeltung; *BAG* EzA § 7 BUrlG Nr. 37 = AP Nr. 20 zu § 7 BUrlG Abgeltung; *BAG* EzA § 7 BUrlG Nr. 38 = AP Nr. 21 zu § 7 BUrlG Abgeltung; *BAG* EzA § 7 BUrlG Nr. 39 = AP Nr. 24 zu § 7 BUrlG Abgeltung; *BAG* EzA § 7 BUrlG Nr. 42 = AP Nr. 25 zu § 7 BUrlG Abgeltung; *BAG* EzA § 7 BUrlG Nr. 45 = AP Nr. 26 zu § 7 BUrlG Abgeltung; *BAG* EzA § 7 BUrlG Nr. 46 = AP Nr. 29 zu § 7 BUrlG Abgeltung; *BAG* EzA § 7 BUrlG Nr. 49 = AP Nr. 25 zu § 13 BUrlG Abgeltung; *BAG* EzA § 13 BUrlG Nr. 31 = AP Nr. 12 zu § 7 BUrlG Unabdingbarkeit; *BAG* EzA § 4 TVS Metallindustrie BUrlG Nr. 33 = AP Nr. 37 zu § 7 BUrlG Abgeltung; *BAG* EzA § 7 BUrlG Nr. 57 = AP Nr. 15 zu § 7 BUrlG Übertragung; *BAG* EzA § 7 BUrlG Nr. 59 = AP Nr. 40 zu § 7 BUrlG Abgeltung; *BAG* EzA § 7 BUrlG Nr. 60 = AP Nr. 39 zu § 7 BUrlG Abgeltung; *BAG* EzA § 7 BUrlG Nr. 61 = AP Nr. 41 zu § 7 BUrlG Abgeltung; *BAG* EzA § 7 BUrlG Nr. 64 = AP Nr. 43 zu § 7 BUrlG Abgeltung; *BAG* EzA § 72 ArbGG 1979 Nr. 11).

b) Unmöglichkeit infolge eines Leistungshindernisses

173 Auf der Grundlage seiner neuen Rechtsprechung über die Befristung des Urlaubsabgeltungsanspruchs (vgl. Anm. 172) ist es nunmehr ständige Rechtsprechung des BAG, daß der **Urlaubsabgeltungsanspruch** ebenso wie der Urlaubsanspruch (vgl. hierzu Anm. 114) regelmäßig auch dann mit Ablauf der Fristen der §§ 1 und 7 Abs. 3 BUrlG ersatzlos **erlischt**, wenn die fristgemäße Urlaubsabgeltung infolge des Leistungshindernisses der Nichterfüllbarkeit wegen krankheitsbedingter Arbeitsunfähigkeit des Arbeitnehmers (vgl. Anm. 165) unmöglich wird (vgl. *BAG* EzA § 7 BUrlG Nr. 34 = AP Nr. 18 zu § 7 BUrlG Abgeltung; *BAG* EzA § 7 BUrlG Nr. 37 = AP Nr. 20 zu § 7 BUrlG Abgeltung; *BAG* EzA § 7 BUrlG Nr. 38 = AP Nr. 21 zu § 7 BUrlG Abgeltung; *BAG* EzA § 7 BUrlG Nr. 39 = AP Nr. 24 zu § 7 BUrlG Abgeltung; *BAG* EzA § 7 BUrlG Nr. 42 = AP Nr. 25 zu § 7 BUrlG Abgeltung; *BAG* EzA § 7 BUrlG Nr. 45 = AP Nr. 26 zu § 7 BUrlG Abgeltung; *BAG* EzA § 7 BUrlG Nr. 49 = AP Nr. 25 zu § 13 BUrlG; *BAG* EzA § 13 BUrlG Nr. 31 = AP Nr. 12 zu § 13 BUrlG Unabdingbarkeit; *BAG* EzA § 7 BUrlG Nr. 57 = AP Nr. 15 zu § 7 BUrlG Übertragung; *BAG* EzA § 7 BUrlG Nr. 60 = AP Nr. 39 zu § 7 BUrlG Abgeltung; *BAG* EzA § 7 BUrlG Nr. 61 = AP Nr. 41 zu § 7 BUrlG Abgeltung; *BAG* EzA § 7 BUrlG Nr. 66 und 70; *BAG* EzA § 72 ArbGG 1979 Nr. 11).

c) Unmöglichkeit infolge Zeitablaufs

174 Auf der Grundlage seiner neuen Rechtsprechung über die Befristung des Urlaubsabgeltungsanspruchs (vgl. Anm. 172) billigt das BAG dem Arbeitnehmer ferner in ständiger Rechtsprechung dann, wenn die Urlaubsabgeltung zwar vor Ablauf der Fristen der §§ 1 und 7 Abs. 3 BUrlG gewährt werden kann, aber dennoch nicht gewährt wird und daher ohne jedes Leistungshindernis lediglich infolge des Ablaufs dieser Fristen, also lediglich infolge Zeitablaufs, unmöglich wird, ebenso wie im Falle des Urlaubsanspruchs (vgl. hierzu Anm. 115) gemäß §§ 286 Abs. 1 und 287 Satz 2 BGB nur dann einen Schadensersatzanspruch wegen zu vertretender Unmöglichkeit der Urlaubsabgeltung zu, wenn der Arbeitnehmer den Arbeitgeber so **rechtzeitig in Verzug gesetzt** hat, daß im Falle des Fortbestands des Arbeitsverhältnisses der Urlaub noch **vor** Ablauf der Fristen der §§ 1 und 7 Abs. 3 BUrlG hätte gewährt werden können (vgl. *BAG* EzA § 13 BUrlG Nr. 31 = AP Nr. 12 zu § 13 BUrlG Unabdingbarkeit; *BAG* EzA § 4 TVG Metallindustrie Nr. 33 = AP Nr. 37 zu § 7 BUrlG Abgeltung; *BAG* EzA § 7 BUrlG Nr. 57 = AP Nr. 15 zu § 7 BUrlG Übertragung; *BAG* EzA § 7 BUrlG Nr. 59 = AP Nr. 40 zu § 7 BUrlG Abgeltung; *BAG* EzA § 7 BUrlG Nr. 60 = AP Nr. 39 zu § 7 BUrlG Abgeltung; *BAG* EzA § 7 BUrlG Nr. 61 = AP Nr. 41 zu § 7 BUrlG Abgeltung). In bezug auf die Voraussetzung des Verzuges im Sinne von § 284 Abs. 1 BGB hat das BAG darauf hingewiesen, daß die Geltendmachung des Urlaubsabgeltungsanspruchs während krankheitsbedingter Arbeitsunfähigkeit des Arbeitnehmers mangels Fälligkeit des Urlaubsabgeltungsanspruchs wirkungslos sei (vgl. *BAG* EzA § 7 BUrlG Nr. 57 = AP Nr. 15 zu § 7 BUrlG Übertragung; *BAG* EzA § 7 BUrlG Nr. 61 = AP Nr. 41 zu § 7 BUrlG Abgeltung). Und im Falle eines begründeten Schadensersatzanspruchs des Arbeitnehmers hat das BAG den Arbeitgeber zum Schadensersatz in Höhe der Urlaubsabgeltung von »1.605,60 DM brutto« verurteilt (vgl. *BAG* EzA § 7 BUrlG Nr. 57 = AP Nr. 15 zu § 7 BUrlG Übertragung).

d) Kritik

175 Die neuerdings vor allem von *Leinemann* und vom BAG befürwortete **Bindung der Urlaubsabgeltung an das Kalenderjahr** durch eine der Befristung des Urlaubsanspruchs entsprechende Befristung des Urlaubsabgeltungsanspruchs läßt sich **mit dem BUrlG nicht vereinbaren**. Nach richtiger Meinung ist nicht einmal der Urlaubsanspruch befristet (vgl. hierzu Anm. 120). Auf keinen Fall ist der Urlaubsabgeltungsanspruch befristet. Die Befristung des Urlaubsabgeltungsanspruchs wird damit begründet, daß der Urlaubsabgeltungsanspruch nicht lediglich ein immer erfüllbarer Geldanspruch, sondern Surrogat des Urlaubsanspruchs sei (vgl. Anm. 172). Diese Surrogatstheorie ist jedoch abzulehnen und wird überwiegend auch abgelehnt, weil der Surrogatsbegriff dieser Theorie keine Rechtsgrundlage im BUrlG findet (vgl. Anm. 151). Die Schlußfolgerungen aus dieser Theorie stellen daher lediglich Begriffsjurisprudenz dar (so zutreffend *LAG Frankfurt* BB 1986, 63 = DB 1985, 2107; *Streblow*, S. 162; *Birk*, Anm. AP Nr. 21 zu § 7 BUrlG Abgeltung; vgl. auch *Rummel*, AR-Blattei, Urlaub VI C, A II). Im übrigen ist es jedenfalls so, daß der Wortlaut des § 7 Abs. 4 BUrlG nicht für eine Befristung des Urlaubsabgeltungsanspruchs spricht (vgl. *LAG Düsseldorf* LAGE § 7 BUrlG Übertragung Nr. 2; *Wandt*, SAE 1986, 264, 267). Es ist sogar zweifelhaft, ob eine derartige Befristung mit dem Wortlaut des § 7 Abs. 4 BUrlG überhaupt vereinbar ist (vgl. *LAG Düsseldorf* LAGE § 7 BUrlG Übertragung Nr. 2; *Berscheid*, HzA, Gruppe 4, Rz. 466; *Streblow*, S. 67). Auffällig ist, daß sowohl *Leinemann* als auch das *BAG* dem Wortlaut des § 7 Abs. 4 BUrlG, in dem von irgendwelchen Fristen keine Rede ist, gar keine Aufmerksamkeit schenken, während sie die angebliche Befristung des Urlaubsanspruchs (vgl. hierzu Anm. 113ff. und 117) gerade auf den Wortlaut der §§ 1 und 7 Abs. 3 BUrlG stützen (zu dieser methodischen Ungereimtheit vgl. auch *LAG Frankfurt* BB 1986, 63 = DB 1985, 2107; *Trieschmann*, Anm. AP Nr. 12 und 14 zu § 7 BUrlG Abgeltung; *Bachmann*, BlStSozArbR 1985, 209, 212). Es gibt auch sonst keine schlüssige Begründung für die Befristung des Urlaubsabgeltungsanspruchs (vgl. auch *LAG Düsseldorf* LAGE § 7 BUrlG Übertragung Nr. 2; *Berscheid*, HzA, Gruppe 4, Rz. 464ff.; *Plander*, EWiR § 7 BUrlG 1/87, 43). Für die Rechtsfolgen der angeblichen Unmöglichkeit der Urlaubsabgeltung nach Ablauf der Fristen der §§ 1 und 7 Abs. 3 BUrlG (vgl. Anm. 173f.) gilt im übrigen im Grundsatz dasselbe wie für die Rechtsfolgen der angeblichen Unmöglichkeit des Urlaubs nach Ablauf dieser Fristen (vgl. hierzu Anm. 121ff.).

6. Rechtsmißbrauchseinwand

a) Grundsätze

176 Nach ganz herrschenden und richtigen Meinung kann der Arbeitgeber gegen den Urlaubsabgeltungsanspruch gemäß § 242 BGB den Rechtsmißbrauchseinwand erheben (vgl. *BAG* EzA § 5 BUrlG Nr. 7 = AP Nr. 5 zu § 5 BUrlG; *BAG* EzA § 7 BUrlG Nr. 7 = AP Nr. 3 zu § 7 BUrlG Abgeltung = SAE 1969, 129; *BAG* EzA § 13 BUrlG Nr. 10 = AP Nr. 4 zu § 13 BUrlG Unabdingbarkeit = SAE 1978, 185; *Gaul*, Arbeitsrecht I, F IV, Anm. 88; *Boldt/Röhsler*, § 7 Anm. 89; *Dersch/Neumann*, § 7 Anm. 108 und 121; *Natzel*, § 7 Anm. 180; *Berscheid*, HzA, Gruppe 4, Rz. 468; *Renaud*, S. 112; *Röhsler*, AR-Blattei, Urlaub IX, B II 3; *Boldt*, ZfA 1971, 1, 39; *Herschel*, SAE 1978, 187; *Hinz*, Anm. AP Nr. 4 zu § 13 BUrlG Un-

abdingbarkeit). Dafür spricht, daß der Grundsatz von Treu und Glauben gemäß § 242 BGB das gesamte Recht beherrscht und infolgedessen auch für das Urlaubsrecht gilt. Es müssen aber auf jeden Fall der Zweck (vgl. Anm. 140) und die Rechtsnatur (vgl. Anm. 141ff.) der Urlaubsabgeltung berücksichtigt werden. Überdies muß berücksichtigt werden, daß § 7 Abs. 4 Satz 2 BUrlG alte Fassung mit Rücksicht auf das Übereinkommen Nr. 132 der Internationalen Arbeitsorganisation über den bezahlten Jahresurlaub in der Neufassung von 1970 (BGBl. 1975 II, 746) durch Art. II § 2 Nr. 2 Heimarbeitsänderungsgesetz vom 29. 10. 1974 (BGBl. I, 2879) gestrichen worden ist. Anders als gemäß § 7 Abs. 4 Satz 2 BUrlG alte Fassung fällt der Urlaubsabgeltungsanspruch nun nicht mehr von Gesetzes wegen weg, wenn der Arbeitnehmer durch eigenes Verschulden aus einem Grunde entlassen worden ist, der eine außerordentliche Kündigung rechtfertigt, oder das Arbeitsverhältnis unberechtigt vorzeitig gelöst hat und in diesen Fällen eine grobe Verletzung der Treuepflicht aus dem Arbeitsverhältnis vorliegt. Demgemäß hat das BAG richtig entschieden, daß der Rechtsmißbrauchseinwand nur in »besonders krassen Ausnahmefällen« in Betracht kommt (vgl. *BAG* EzA § 13 BUrlG Nr. 10 = AP Nr. 4 zu § 13 BUrlG Unabdingbarkeit = SAE 1978, 185; ebenso *Gaul*, Arbeitsrecht I, F IV, Anm. 88; *Dersch/Neumann*, § 7 Anm. 121; *Berscheid*, HzA, Gruppe 4, Rz. 468; nach *BAG* EzA § 7 BUrlG Nr. 43 = AP Nr. 16 zu § 3 BUrlG Rechtsmißbrauch ist es naheliegend, daß nach Streichung von § 7 Abs. 4 Satz 2 BUrlG alte Fassung »für Rechtsmißbrauchserwägungen auch im übrigen nur sehr eingeschränkte Anwendungsmöglichkeiten bleiben«).

b) Rechtsmißbrauchseinwand bei Auflösungsverschulden

177 **Gemäß § 7 Abs. 4 Satz 2 BUrlG alte Fassung fiel der Urlaubsabgeltungsanspruch wegen Auflösungsverschuldens weg**, wenn der Arbeitnehmer durch eigenes Verschulden aus einem Grunde entlassen worden ist, der eine außerordentliche Kündigung rechtfertigt, oder das Arbeitsverhältnis unberechtigt vorzeitig gelöst hat und in diesen Fällen eine grobe Verletzung der Treuepflicht aus dem Arbeitsverhältnis vorliegt. § 7 Abs. 4 Satz 2 BUrlG alte Fassung ist durch Art. II § 2 Nr. 2 Heimarbeitsänderungsgesetz vom 29. 10. 1974 (BGBl. I, 2879) gestrichen worden (vgl. Anm. 176). Infolgedessen steht fest, daß eine zur Beendigung des Arbeitsverhältnisses führende grobe Treuepflichtverletzung des Arbeitnehmers den Urlaubsabgeltungsanspruch nicht (mehr) in Frage stellt (vgl. *BAG* EzA § 13 BUrlG Nr. 10 = AP Nr. 4 zu § 13 BUrlG Unabdingbarkeit = SAE 1978, 185; *Schaub*, § 102 A VII 5; *Dersch/Neumann*, § 7 Anm. 120; *Rummel*, AR-Blattei, Urlaub VI C, VI; *Wlotzke*, DB 1974, 2252, 2259; *Hinz*, Anm. AP Nr. 4 zu § 13 BUrlG Unabdingbarkeit; *Gaul*, NZA 1991, 503). Rechtsprechung und Schrifttum in bezug auf § 7 Abs. 4 Satz 2 BUrlG alte Fassung sind insofern gegenstandslos geworden. Im Schrifttum wird allerdings die Meinung vertreten, daß § 7 Abs. 4 Satz 2 BUrlG alte Fassung lediglich die gesetzliche Bestätigung des Rechtsmißbrauchseinwands gewesen sei und sich die Rechtslage durch die Streichung des § 7 Abs. 4 Satz 2 BUrlG alte Fassung infolgedessen gar nicht geändert habe (vgl. *Röhsler*, AR-Blattei, Urlaub IX, C III; *Herbst*, AR-Blattei, Urlaub, Anm. zur Entscheidung 225; *Meisel*, RdA 1975, 166, 169f.; *Siara*, DB 1975, 836, 839). **Dieser Meinung kann nicht zugestimmt werden**. Es ist zwar richtig, daß § 7 Abs. 4 Satz 2 BUrlG eine historische Grundlage in dem Rechtsmißbrauchseinwand gehabt hat. Aber die praktische Anwendung des § 7 Abs. 4 Satz 2 BUrlG alte Fassung ist erheblich über den Rechtsmißbrauchseinwand hinausgegangen (vgl. *Renaud*,

S. 87). Entscheidend ist, daß nach der Streichung des § 7 Abs. 4 Satz 2 BUrlG alte Fassung keine Rede mehr davon sein kann, daß die Geltendmachung des Urlaubsabgeltungsanspruchs in einem Falle des § 7 Abs. 4 Satz 2 BUrlG alte Fassung rechtsmißbräuchlich sei. Der Rechtsmißbrauchseinwand ist dem historischen Wandel unterworfen (vgl. *Mayer-Maly*, JZ 1981, 801, 803f.; *Denk*, RdA 1982, 279, 287 in Fußn. 113). Der Umstand, daß § 7 Abs. 4 Satz 2 BUrlG alte Fassung gestrichen worden ist, verbietet es, die Regelung des § 7 Abs. 4 Satz 2 BUrlG alte Fassung als nach wie vor gültige Konkretisierung des Rechtsmißbrauchseinwands aufzufassen, weil diese Auffassung mit der durch die Streichung des § 7 Abs. 4 Satz 2 BUrlG alte Fassung zum Ausdruck gekommenen und auch für die Inhaltsbestimmung des Rechtsmißbrauchseinwands maßgeblichen Wertung in Widerspruch stehen würde (ebenso *ArbG Kaiserslautern* ARSt. 1987, 27; *Lepke*, Kündigung bei Krankheit, E III 2).

c) Rechtsmißbrauchseinwand bei Verhinderung der Verwirklichung des Urlaubs

178 Das BAG hat nach Inkrafttreten des BUrlG zunächst einmal ganz allgemein festgestellt, daß der Arbeitnehmer dann keine Urlaubsabgeltung beanspruchen könne, wenn er vor der Beendigung des Arbeitsverhältnisses die Verwirklichung des Urlaubs ohne triftigen Grund bewußt verhindert hat, um die ihm vorteilhafter erscheinende Urlaubsabgeltung zu erhalten, was aber in der Regel nicht schon dann angenommen werden könne, wenn der Arbeitnehmer den zeitlich noch nicht konkretisierten Urlaub lediglich nicht in Anspruch genommen hat, sondern nur dann, wenn er einen bereits bewilligten Urlaub nicht angetreten oder einen angebotenen Urlaub ausgeschlagen hat, obwohl ihm die Verwirklichung des Urlaubs zumutbar gewesen ist. Zur Begründung dieser allgemeinen Feststellung hat das BAG sich nicht ausdrücklich auf § 242 BGB, sondern einfach auf den »Ersatzcharakter der Urlaubsabgeltung« berufen (vgl. *BAG* AP Nr. 3 zu § 7 BUrlG = SAE 1966, 262). Unter Hinweis auf diese Entscheidung hat das BAG aber später ausgeführt, daß die bewußte Verhinderung der Verwirklichung des Urlaubs durch den Arbeitnehmer mit dem Ziel, die ihm günstiger erscheinende Urlaubsabgeltung zu erhalten, den Urlaubsabgeltungsanspruch wegen des Vorranges des Urlaubs vor der Urlaubsabgeltung regelmäßig dem »Einwand der mißbräuchlichen Rechtsausübung« aussetze, und entschieden, daß ein solcher Einwand dann gerechtfertigt sei, wenn der Arbeitnehmer bis zur Beendigung des Arbeitsverhältnisses freigestellt und ein Rückruf auf den Arbeitsplatz mit Sicherheit ausgeschlossen gewesen ist und der Arbeitnehmer trotzdem jegliches Bemühen um eine zeitliche Konkretisierung des noch ausstehenden Urlaubs unterlassen hat (vgl. *BAG* EzA § 7 BUrlG Nr. 7 = AP Nr. 3 zu § 7 BUrlG Abgeltung = SAE 1969, 129). Und schließlich hat das BAG – wiederum unter Hinweis auf die erste einschlägige Entscheidung unter der Geltung des BUrlG (*BAG* AP Nr. 3 zu § 7 BUrlG = SAE 1966, 262) – entschieden, daß ein Urlaubsabgeltungsanspruch ausgeschlossen sei, wenn der Arbeitnehmer während des ihm erteilten Urlaubs bis zur Beendigung des Arbeitsverhältnisses einer gemäß § 8 BUrlG verbotenen Erwerbstätigkeit nachgegangen ist und deswegen gemäß § 812 Abs. 1 Satz 2 BGB das erhaltene Urlaubsentgelt hat zurückzahlen müssen. Zur Begründung hat es ausdrücklich lediglich geltend gemacht, daß in einem solchen Fall der Arbeitnehmer selbst die Verwirklichung des Urlaubs vereitelt habe, und nur durch die Auswahl der Schrifttumsnachweise hat es zu erkennen gegeben, daß nach seiner Meinung die Geltendmachung des Urlaubsabgeltungsanspruchs auch in einem solchen Fall rechtsmißbräuchlich ist (vgl. *BAG* EzA § 8 BUrlG Nr. 1 = AP Nr. 1 zu § 8 BUrlG = SAE 1974, 194).

179 **Diese Rechtsprechung hat Zustimmung gefunden** (vgl. *LAG Schleswig-Holstein* BB 1985, 337; *Bleistein*, § 1 Anm. 136; *Boldt/Röhsler*, § 7 Anm. 73; *Dersch/Neumann*, § 7 Anm. 108; *Natzel*, § 7 Anm. 165; *Berscheid*, HzA, Gruppe 4, Rz. 450 a..E.; *Röhsler*, AR-Blattei, Urlaub IX, B I 4; *Rummel*, AR-Blattei, Urlaub VI C, IV; *Soergel/Kraft*, § 611 Anm. 199; *Nikisch*, Anm. AP Nr. 3 zu § 7 BUrlG; *Misera*, SAE 1972, 43; *Siara*, DB 1979, 2276; *Lepke*, DB Beilage Nr. 10/88, S. 8). **Sie ist aber nicht überzeugend**. Die einzige inhaltliche Begründung des BAG, der Urlaubsabgeltungsanspruch sei in den nämlichen Fällen wegen des Vorrangs des Urlaubs bzw. des Ersatzcharakters der Urlaubsabgeltung ausgeschlossen, steht in prinzipiellem Widerspruch zu § 7 Abs. 4 BUrlG, wonach es ohne Bedeutung ist, aus welchem Grunde der Urlaubsanspruch nicht erfüllt worden ist (vgl. Anm. 161). Außerdem würde die Anerkennung des Rechtsmißbrauchseinwands in diesen Fällen einen Wertungswiderspruch zu der Streichung des § 7 Abs. 4 Satz 2 BUrlG alte Fassung (vgl. Anm. 176f.) darstellen (vgl. *Wachter*, ArbuR 1981, 303, 306f.). Schließlich ist in diesen Fällen die Anerkennung des Rechtsmißbrauchseinwands zur Wahrung der Interessen des Arbeitgebers gar nicht nötig. Der Arbeitgeber kann nämlich dem Arbeitnehmer unschwer ausdrücklich Urlaub gewähren und den Urlaubsanspruch damit erfüllen (vgl. *Herschel*, Anm. AP Nr. 10 zu § 7 BUrlG Abgeltung). Unter Umständen liegt eine konkludente Urlaubsgewährung vor (vgl. *Lepke*, DB Beilage Nr. 10/88, S. 8). Und in dem Falle der gemäß § 8 BUrlG verbotenen Erwerbstätigkeit während des Urlaubs ist der Urlaubsanspruch nach richtiger Meinung tatsächlich schon erfüllt worden (vgl. § 8 Anm. 21ff.). **Dementsprechend hat auch das BAG neuerdings den Rechtsmißbrauchseinwand** im Falle einer vergleichsweisen Freistellung des Arbeitnehmers von der Arbeitspflicht bis zum Ablauf der Kündigungsfrist **verworfen** (vgl. *BAG* EzA § 13 BUrlG Nr. 49). In Betracht kommt der Rechtsmißbrauchseinwand eventuell im Falle der Urlaubsverhinderung durch treuwidriges Zusammenwirken zwischen Arbeitnehmer und Arbeitgebervertreter (vgl. *BAG* EzA § 7 BUrlG Nr. 64 = AP Nr. 43 zu § 7 BUrlG Abgeltung).

d) Rechtsmißbrauchseinwand in sonstigen Fällen

180 Einerseits ist der Rechtsmißbrauchseinwand gegen den Urlaubsabgeltungsanspruch zwar nicht ausgeschlossen, weil der Grundsatz von Treu und Glauben das gesamte Recht beherrscht. Andererseits kommt dieser Einwand aber nur noch in besonders krassen Ausnahmefällen in Betracht, nachdem § 7 Abs. 4 Satz 2 BUrlG alte Fassung gestrichen worden ist und infolgedessen sogar eine zur Beendigung des Arbeitsverhältnisses führende grobe Treuepflichtverletzung des Arbeitnehmers den Urlaubsabgeltungsanspruch nicht (mehr) in Frage stellt (vgl. Anm. 176). **Die praktische Bedeutung des Rechtsmißbrauchseinwands gegen den Urlaubsabgeltungsanspruch dürfte demgemäß nur gering sein (vgl.** *Dersch/Neumann*, § 7 Anm. 121; *Herbst*, AR-Blattei, Urlaub. Anm. zur Entscheidung 225; der jeweils angeführte Beispielsfall, daß der Arbeitnehmer das Arbeitsverhältnis abbricht, um die Urlaubsabgeltung zu erlangen, ist allerdings ein typischer Fall des § 7 Abs. 4 Satz 2 BUrlG alte Fassung und daher nicht geeignet, den Rechtsmißbrauchseinwand gegen den Urlaubsabgeltungsanspruch zu begründen).

e) Beschränkung des Rechtsmißbrauchseinwands auf den Urlaub des laufenden Kalenderjahres

181 Nach der umstrittenen Rechtsprechung des BAG war der Ausschluß des Urlaubsabgeltungsanspruchs gemäß § 7 Abs. 4 Satz 2 BUrlG alte Fassung wegen der schon aus § 1 BUrlG folgenden Bindung des Urlaubs an das Kalenderjahr auf den Urlaub des laufenden Kalenderjahres beschränkt, so daß der aus der Zeit vor dem laufenden Kalenderjahr übertragene Urlaub erhalten blieb (vgl. *BAG* EzA § 7 BUrlG Nr. 10 = AP Nr. 6 zu § 7 BUrlG Abgeltung = SAE 1975, 85; *BAG* AP Nr. 7 zu § 7 BUrlG Abgeltung; *Siara*, § 7 Anm. 22; *Bernert*, SAE 1971, 52ff.). Dieser Streit kann auf sich beruhen, weil infolge der Streichung des § 7 Abs. 4 Satz 2 BUrlG alte Fassung nach richtiger Meinung auch kein entsprechender Rechtsmißbrauchseinwand mehr in Betracht kommt (vgl. Anm. 177). Ob der Rechtsmißbrauchseinwand, wenn er ausnahmsweise einmal gegeben ist, nur den Urlaub des laufenden Kalenderjahres oder auch den übertragenen Urlaub erfaßt, kann nur unter Berücksichtigung aller Umstände des Einzelfalles beantwortet werden (vgl. aber auch *Röhsler*, AR-Blattei, Urlaub IX, C III 3, der auch nach der Streichung des § 7 Abs. 4 Satz 2 BUrlG alte Fassung ganz generell für die Beschränkung des Rechtsmißbrauchseinwands auf den Urlaub des laufenden Kalenderjahres eintritt).

f) Darlegungs- und Beweislast

182 Die Darlegungs- und Beweislast in bezug auf den Rechtsmißbrauchstatbestand trägt nach Maßgabe der allgemeinen Grundsätze der Arbeitgeber (vgl. *BAG* AP Nr. 87 zu § 611 BGB Urlaubsrecht = SAE 1963, 64; *Boldt/Röhsler*, § 1 Anm. 73; *Dersch/Neumann*, § 7 Anm. 122; *Röhsler*, AR-Blattei, Urlaub IX, C III 4).

7. Höhe

183 Die Höhe der Urlaubsabgeltung ist im BUrlG nicht besonders geregelt. Weil die Urlaubsabgeltung Surrogat des Urlaubs ist (vgl. Anm. 153), gilt für die Höhe der Urlaubsabgeltung nach allgemeiner Meinung § 11 Abs. 1 BUrlG, der die Höhe des Urlaubsentgelts regelt (vgl. *BAG* AP Nr. 1 zu § 2 BUrlG = SAE 1967, 174; *BAG* AP Nr. 1 zu § 7 BUrlG Abgeltung = SAE 1967, 239; *BAG* EzA § 5 BUrlG Nr. 8 = AP Nr. 6 zu § 5 BUrlG = SAE 1969, 153; *Gaul*, Arbeitsrecht I, F IV, Anm. 84; *Boldt/Röhsler*, § 7 Anm. 75; *Dersch/Neumann*, § 7 Anm. 113; *Natzel*, § 7 Anm. 168; *Renaud*, S. 77ff.; *Röhsler*, AR-Blattei, Urlaub IX, B II 3; *Rummel*, AR Blattei, Urlaub VI C, D). § 11 Abs. 1 BUrlG konkretisiert die gemäß § 1 BUrlG bestehende Zahlungspflicht des Arbeitgebers während des Urlaubs und schreibt zur Bemessung des Urlaubsentgelts im Sinne des Referenz- oder Bezugsprinzips und damit im Gegensatz zum Lohnausfallprinzip vor, daß sich das Urlaubsentgelt grundsätzlich nach dem durchschnittlichen Arbeitsverdienst bemißt, den der Arbeitnehmer in den letzten dreizehn Wochen vor dem Beginn des Urlaubs erhalten hat. Die Urlaubsabgeltung bemißt sich infolgedessen gemäß § 11 Abs. 1 Satz 1 BUrlG grundsätzlich nach dem **durchschnittlichen Arbeitsverdienst**, den der Arbeitnehmer in den letzten dreizehn Wochen vor der Beendigung des Arbeitsverhältnisses erhalten hat.

8. Modalitäten

184 Die Abtretbarkeit, Pfändbarkeit, Verpfändbarkeit, Aufrechenbarkeit und Vererblichkeit des Urlaubsabgeltungsanspruchs richten sich nach seiner Rechtsnatur (vgl. hierzu Anm. 141ff.). Es gilt für den Urlaubsabgeltungsanspruch jedenfalls grundsätzlich dasselbe wie für den Urlaubs- beziehungsweise Urlaubsentgeltanspruch, dessen Modalitäten freilich unterschiedlich beurteilt werden (vgl. insbes. *Berscheid*, HzA, Gruppe 4, Rz. 83ff. und 469ff.; *Bleistein*, § 1 Anm. 66ff.; aus der neueren Rechtsprechung vgl. einerseits *BAG* EzA § 1 BUrlG Nr. 19 = AP Nr. 35 zu § 1 TVG Tarifverträge: Metallindustrie; *BAG* EzA § 4 KSchG n.F. Nr. 33 = AP Nr. 19 zu § 4 KSchG 1969; diese beiden Urteile stammen allerdings von für das Urlaubsrecht nach der Geschäftsverteilung nicht zuständigen Senaten; ebenso *LAG Düsseldorf* LAGE § 7 BUrlG Nr. 22; vgl. andererseits *BAG* EzA § 4 TVG Bauindustrie Nr. 57; ferner *LAG Köln* LAGE § 850a ZPO Nr. 3; *LAG Berlin* BB 1991, 2087 = ARSt. 1991, 215; aus dem Schrifttum vgl. *Gaul*, Arbeitsrecht I, F IV, Anm. 72, 81 und 84; *Schaub*, § 102 A III 4a; *Boldt/Röhsler*, § 7 Anm. 76, 81 und 82; *Dersch/Neumann*, § 7 Anm. 115; *Natzel*, § 7 Anm. 157 und 175; *Siara*, § 7 Anm. 29; *Dörner*, AR-Blattei, Urlaub XI, C; *Gaul/Boewer*, S. 45ff., 56f.; *Renaud*, S. 94ff.; *Röhsler*, AR-Blattei, Urlaub XI, B II 1; *Rummel*, AR-Blattei, Urlaub VI C, F; *Boewer/Bommermann*, Anm. 450; *Schwerdtner*, Fürsorgetheorie, S. 191ff. und 203ff.; *Boldt*, ZfA 1971, 1, 15; *Tschöpe*, DB 1981, 1902f.; *Wandt*, SAE 1986, 264, 267; *Gaul*, NZA 1988, 473ff., dieser auch zur zeitlichen Zuordnung der Urlaubsabgeltung in pfändungsrechtlicher Hinsicht). Nach der vor allem von *Leinemann* und vom (für Urlaubsrecht nach der Geschäftsverteilung zuständigen Senat des) *BAG* vertretenen Surrogatstheorie (vgl. zu dieser Theorie Anm. 145 und zur Kritik Anm. 151ff.) ist der Urlaubsabgeltungsanspruch unvererblich, sofern er nicht ausnahmsweise von seiner Erfüllbarkeit unabhängig ist (vgl. Anm. 167 und 170; **a.M.** jedoch *Echterhölter*, AR-Blattei, Urlaub Anm. zur Entscheidung 332). Im übrigen folgt aus dieser Theorie die grundsätzliche Verfügbarkeit des Urlaubsabgeltungsanspruchs (so **zutreffend** *Dörner*, AR-Blattei, Urlaub XI, C; vgl. ferner *LAG Berlin* ARSt. 1991, 215; *Dersch/Neumann*, § 7 BUrlG Anm. 115 a.E.; zur Verfügbarkeit des Urlaubsentgeltanspruchs vgl. *BAG* EzA § 4 TVG Bauindustrie Nr. 57). Nach der Surrogatstheorie der Zweckbindung des Urlaubsabgeltungsanspruchs (vgl. zu dieser Theorie Anm. 146 und zur Kritik Anm. 152) ist der Urlaubsabgeltungsanspruch nach herrschender Meinung unvererblich (vgl. *LAG Frankfurt* ARSt. 1985, 9; *LAG Düsseldorf* LAGE § 7 BUrlG Nr. 22; *Gaul*, Arbeitsrecht I, F IV, Anm. 72; **differenzierend** *Bleistein*, § 1 Anm. 67; *Rummel*, AR-Blattei, Urlaub VI C, F), während die Verfügbarkeit des Urlaubsabgeltungsanspruchs sehr unterschiedlich beurteilt wird (vgl. *Gaul*, Arbeitsrecht I, F IV, Anm. 81 und 84; *Bleistein*, § 1 Anm. 86; *Rummel*, AR-Blattei, Urlaub VI C, F). Unter der zutreffenden Voraussetzung, daß der Urlaubsabgeltungsanspruch lediglich in dem Sinne Surrogat des Urlaubsanspruchs ist, daß er einen Urlaubsanspruch voraussetzt und im Zeitpunkt der Beendigung des Arbeitsverhältnisses als Ersatz an die Stelle dieses Urlaubsanspruchs tritt (vgl. zu dieser Theorie Anm. 147 und 153), gelten für die Vererblichkeit und Verfügbarkeit des Urlaubsabgeltungsanspruchs keine urlaubsrechtlichen Besonderheiten (so auch *Echterhölter*, AR-Blattei, Urlaub, Anm. zur Entscheidung 332). Das gilt selbstverständlich auch dann, wenn der Urlaubsabgeltungsanspruch seiner Rechtsnatur nach sowieso ein Geldanspruch ohne urlaubsrechtliche Besonderheit ist (vgl. hierzu Anm. 148 und 153). Auch nach der Theorie der Teilidentität (vgl. zu dieser Theorie Anm. 142 und zur Kritik Anm. 149) werden Vererblichkeit und Verfügbarkeit des Urlaubsabgeltungsanspruchs teilweise bejaht (so *Berscheid*, HzA, Gruppe 4, Rz. 469ff.).

9. Verwirkung

185 Ob der Urlaubsabgeltungsanspruch gemäß § 242 BGB verwirken kann, ist umstritten (vgl. *Renaud*, S. 109ff.). Das BAG hat zu diesem Problem nicht abschließend Stellung genommen (vgl. *BAG* AP Nr. 7 zu § 11 BUrlG = SAE 1970, 280). Nach herrschender und richtiger Meinung kann der Urlaubsabgeltungsanspruch verwirken, weil der Grundsatz von Treu und Glauben gemäß § 242 BGB das gesamte Recht beherrscht und infolgedessen auch für das Urlaubsrecht gilt (vgl. *Boldt/Röhsler*, § 1 Anm. 76; *Renaud*, S. 109ff.; *Rummel*, AR-Blattei, Urlaub VI C, C; *Schwerdtner*, Fürsorgetheorie, S. 207f.; *Giese*, SAE 1970, 283f.). Zweck (vgl. Anm. 140) und Rechtsnatur (vgl. Anm. 141ff.) des Urlaubsabgeltungsanspruchs zwingen allerdings dazu, an seine Verwirkung sehr strenge Maßstäbe anzulegen (vgl. *Gaul*, Arbeitsrecht I, F IV, Anm. 80; *Boldt/Röhsler*, § 1 Anm. 76; *Renaud*, S. 109ff.; *Röhsler*, AR-Blattei, Urlaub IX, B II 1; *Rummel*, AR-Blattei, Urlaub VI C, C). Infolgedessen dürfte die Verwirkung des Urlaubsabgeltungsanspruchs kaum praktische Bedeutung haben (vgl. *Boldt/Röhsler*, § 1 Anm. 77). Für den Fall der Bindung der Urlaubsabgeltung an das Kalenderjahr durch die Befristung des Urlaubsabgeltungsanspruchs (vgl. Anm. 172ff.) ist die Verwirkung dieses Anspruchs allerdings gänzlich ausgeschlossen, weil befristete Ansprüche nicht illoyal verspätet geltend gemacht werden können (so richtig *Dörner*, AR-Blattei, Urlaub XII, VI).

10. Verjährung

186 Der Urlaubsabgeltungsanspruch verjährt analog § 196 Nr. 8 und 9 BGB in zwei Jahren (vgl. *Gaul*, Arbeitsrecht I, F IV, Anm. 75; *Boldt/Röhsler*, § 1 Anm. 53; *Dersch/Neumann*, § 13 Anm. 78; *Natzel*, § 7 Anm. 181; *Dörner*, AR-Blattei, Urlaub XII, IV; *Renaud*, S. 108; *Röhsler*, AR-Blattei, Urlaub IX, B II 1; *Rummel*, AR-Blattei, Urlaub VI C, C). Für den Fall der Bindung der Urlaubsabgeltung an das Kalenderjahr durch die Befristung des Urlaubsabgeltungsanspruchs (vgl. Anm. 172ff.) ist die Verjährung dieses Anspruchs allerdings ausgeschlossen, weil er infolge der Befristung schon vorher erlischt.

11. Konkurs und Vergleichsverfahren

a) Konkurs

Ist das Arbeitsverhältnis nach Konkurseröffnung beendet worden, so ist der Urlaubsabgeltungsanspruch gemäß § 59 Abs. 1 Nr. 2 Alternative 2 KO oder gemäß § 59 Abs. 1 Nr. 1 KO Masseschuld, je nachdem, ob das Arbeitsverhältnis vor oder erst nach Konkurseröffnung begründet worden ist. Ist das Arbeitsverhältnis höchstens sechs Monate vor Konkurseröffnung oder – im Falle des Nachlaßkonkurses – vor dem Tode des Gemeinschuldners beendet worden, so ist der Urlaubsabgeltungsanspruch gemäß § 59 Abs. 1 Nr. 3a KO ebenfalls Masseschuld. Demgemäß ist der Urlaubsabgeltungsanspruch gemäß § 61 Abs. 1 Nr. 1a KO bevorrechtigte Konkursforderung, wenn das Arbeitsverhältnis mehr als sechs, aber höchstens zwölf Monate vor Konkurseröffnung oder vor dem Tode des Gemeinschuldners beendet worden ist. Ist schließlich das Arbeitsverhältnis mehr als zwölf Monate vorher beendet worden, ist der Urlaubsabgeltungsanspruch gemäß § 61 Abs. 1 Nr. 6 KO gewöhnliche Konkursforderung (vgl. *BAG* EzA § 7 BUrlG Nr. 56 = AP Nr. 35 zu § 7 BUrlG Abgeltung; *Boldt/Röhsler*, § 1 Anm. 104 und 105; *Dersch/Neumann*, § 1 Anm. 95, 96, 98, 100 und 103; *Natzel*, § 7 Anm. 189ff.; *Berscheid*, HzA, Gruppe 4, Rz. 97ff.; *Renaud*, S. 122; *Uhlenbruck*, Anm. AP Nr. 35 zu § 7 BUrlG Abgeltung; jeweils m.w.N.). Dementsprechend hat der Arbeitnehmer gemäß §§ 141a und 141b Abs. 1 und 2 AFG wegen der infolge Zahlungsunfähigkeit des Arbeitgebers ausgefallenen Urlaubsabgeltung Anspruch auf **Konkursausfallgeld** gegen die Bundesanstalt für Arbeit, wenn das Arbeitsverhältnis höchstens drei Monate vor Konkurseröffnung beziehungsweise vor einem der gemäß § 141b Abs. 3 AFG der Konkurseröffnung gleichgestellten Tatbestände beendet worden ist (vgl. *Dersch/Neumann*, § 1 Anm. 96 und 99; *Natzel*, § 7 Anm. 192; *Berscheid*, HzA, Gruppe 4, Rz. 105; *Renaud*, S. 126). Mit der Stellung des Antrags auf Konkursausfallgeld geht der Urlaubsabgeltungsanspruch gemäß § 141m Abs. 1 AFG auf die Bundesanstalt für Arbeit über und ist dann gemäß § 59 Abs. 2 Satz 1 KO nur noch bevorrechtigte Konkursforderung gemäß § 61 Abs. 1 Nr. 1 KO.

188 Das **BSG** hat dagegen entschieden, daß der Urlaubsabgeltungsanspruch nach Maßgabe der Zahl der abzugeltenden Urlaubstage den letzten Tagen vor der rechtlichen Beendigung des Arbeitsverhältnisses zugeordnet werden müsse und der Anspruch auf Konkursausfallgeld nur insoweit bestehe, als die derart zugeordneten Urlaubstage auf den Zeitraum vor der Konkurseröffnung entfallen (vgl. *BSG* AP Nr. 3 zu § 141b AFG; ebenso *Natzel*, § 7 Anm. 193). Zur Begründung dieser Entscheidung hat das BSG ausgeführt, der Urlaubsabgeltungsanspruch entstehe nicht erst mit der Beendigung des Arbeitsverhältnisses, sondern mit dem Urlaubsanspruch unter der aufschiebenden Bedingung, daß der Urlaub wegen der Beendigung des Arbeitsverhältnisses nicht mehr gewährt werden kann, der Urlaubsabgeltungsanspruch beziehe sich nicht auf einen bestimmten Zeitpunkt, sondern auf den Zeitraum, der dem abzugeltenden Urlaub entspreche und der Zweck der Konkursausfallversicherung mache es erforderlich, den Urlaubsabgeltungsanspruch nach Maßgabe der Zahl der abzugeltenden Urlaubstage den letzten Tagen vor der rechtlichen Beendigung des Arbeitsverhältnisses zuzuordnen.

189 Im Anschluß an das BSG hat das BAG entschieden, daß der Urlaubsabgeltungsanspruch im Konkurs nach Maßgabe der Zahl der abzugeltenden Urlaubstage den letzten Tagen vor der rechtlichen Beendigung des Arbeitsverhältnisses zugeordnet werden müsse; soweit dieser Zeitraum nach Konkurseröffnung liegt, sei der Urlaubsabgeltungsanspruch Masseschuld gemäß § 59 Abs. 1 Nr. 2 Alternative 2 KO, soweit dieser Zeitraum innerhalb der letzten sechs Monate vor Konkurseröffnung liegt, handele es sich bei dem Urlaubsabgeltungsanspruch dagegen um eine Masseschuld gemäß § 59 Abs. 1 Nr. 3a KO (vgl. *BAG* EzA § 59 KO Nr. 9 = AP Nr. 10 zu § 59 KO = SAE 1980, 303; ebenso *Natzel*, § 7 Anm. 194). Zur Begründung dieser Entscheidung hat das BAG anders als das BSG nur ausgeführt, daß die konkursrechtliche Rangordnung der Ansprüche aus dem Arbeitsverhältnis auf der Zuordnung dieser Ansprüche zu bestimmten Zeiträumen innerhalb des Arbeitsverhältnisses aufgebaut sei und daß deswegen auch der Urlaubsabgeltungsanspruch einem bestimmten Zeitraum innerhalb des Arbeitsverhältnisses zugeordnet werden müsse.

190 **Die vom BSG und vom BAG angeführten Gründe sind nicht überzeugend**. Im Gegensatz zum BSG ist es so, daß der Urlaubsabgeltungsanspruch als Surrogat des Urlaubsanspruchs (vgl. Anm. 141ff.) erst mit der Beendigung des Arbeitsverhältnisses entsteht (vgl. *BAG* EzA § 7 BUrlG Nr. 22 = AP Nr. 10 zu § 7 BUrlG Abgeltung = SAE 1981, 62; *BAG* EzA § 7 BUrlG Nr. 34 = AP Nr. 18 zu § 7 BUrlG Abgeltung; *BAG* EzA § 7 BUrlG Nr. 56 = AP Nr. 35 zu § 7 BUrlG Abgeltung; *Natzel*, § 7 Anm. 188). Bezeichnenderweise hat denn auch das BAG die Begründung des BSG, der Urlaubsabgeltungsanspruch entstehe schon mit dem Urlaubsanspruch, wenn auch unter der aufschiebenden Bedingung, daß der Urlaub wegen der Beendigung des Arbeitsverhältnisses nicht mehr gewährt werden kann, nicht übernommen. Die weitere Begründung des BSG, der Urlaubsabgeltungsanspruch beziehe sich nicht auf einen bestimmten Zeitpunkt, sondern auf den Zeitraum, der dem abzugeltenden Urlaub entspricht, ist schon deswegen nicht schlüssig, weil dieser Zeitraum auch nach der Beendigung des Arbeitsverhältnisses liegen kann. Und das Argument, daß der Zweck der Konkursausfallversicherung es erforderlich mache, den Urlaubsabgeltungsanspruch nach Maßgabe der Zahl der abzugeltenden Urlaubstage den letzten Tagen vor der rechtlichen Beendigung des Arbeitsverhältnisses anzuordnen, ist allein schon deswegen nicht überzeugend, weil § 141b AFG nun einmal das Bestehen eines Anspruches schon zur Zeit der Eröffnung des Konkursverfahrens beziehungsweise derjenigen Tatbestände, die der Eröffnung des Konkursverfahrens gleichgestellt sind, voraussetzt. Die Begründung des BAG, daß die konkursrechtliche Rangordnung der Ansprüche aus dem Arbeitsverhältnis auf der Zuordnung dieser Ansprüche zu bestimmten Zeiträumen innerhalb des Arbeitsverhältnisses aufgebaut sei und daß deswegen auch der Urlaubsabgeltungsanspruch einem bestimmten Zeitraum innerhalb des Arbeitsverhältnisses zugeordnet werden müsse, ist deswegen nicht schlüssig, weil die Systematik der konkursrechtlichen Rangordnung der Ansprüche aus dem Arbeitsverhältnis gar nicht in Frage gestellt wird, wenn man den konkursrechtlichen Rang des Urlaubsabgeltungsanspruchs nach dem Zeitpunkt seiner Entstehung mit der Beendigung des Arbeitsverhältnisses bestimmt. Ebensowenig schlüssig ist, warum die Urlaubsabgeltung ausgerechnet den letzten Tagen vor der rechtlichen Beendigung des Arbeitsverhältnisses zugeordnet werden muß. Es ist im Gegenteil kein Grund ersichtlich, Urlaubsanspruch und Urlaubsabgeltungsanspruch nach Konkurseröffnung unterschiedlich zu behandeln. Der Urlaubsanspruch kann dann selbstverständlich nur noch Masseschuld gemäß § 59 Abs. 1 Nr. 2 Alternative 2 KO sein. Für den Urlaubsabgeltungsanspruch muß dann dasselbe gelten, weil er nur Surrogat des Urlaubsanspruchs ist (vgl. Anm. 141ff.). Gegen die Entscheidung des BAG spricht demgemäß auch der Zweck der Urlaubsabgeltung, der nach ganz herrschender und richtiger Meinung auch darin besteht, dem Arbeitnehmer durch Geldzahlung die Möglichkeit zu geben, eine dem abgegoltenen Urlaub entsprechende Freizeit nach der Beendigung des Arbeitsverhältnisses wie Urlaub zu nutzen (vgl. Anm. 140) und der es infolgedessen mit Rücksicht auf den Schutzzweck der konkursrechtlichen Rangordnung der Ansprüche aus dem Arbeitsverhältnis ausschließt, bei der konkursrechtlichen Rangbestimmung des Urlaubsabgeltungsanspruchs nach Maßgabe der Rechtsprechung des BAG die Zeit vor der Beendigung des Arbeitsverhältnisses in Betracht zu ziehen und dem Urlaubsabgeltungsanspruch gegebenenfalls teilweise nur den Rang gemäß § 59 Abs. 1 Nr. 3a KO beizumessen. Und diese konkursrechtliche Beurteilung des Urlaubsabgeltungsanspruchs spricht wiederum gegen eine davon abweichende Beurteilung des Anspruchs auf Konkursausfallgeld gemäß § 141b AFG, weil die Regelung in § 141b AFG an die konkursrechtliche Regelung anknüpft (zustimmend *Rummel*, AR-Blattei, Urlaub VI C, G; im Ergebnis ebenso *Dersch/Neumann*, § 1 Anm. 95; *Uhlenbruck*, Anm. AP Nr. 35 zu § 7 BUrlG Abgeltung; Bedenken gegen seine alte Rechtsprechung hat nunmehr auch *BAG* EzA § 7 BUrlG Nr. 56 = AP Nr. 35 zu § 7 BUrlG Abgeltung angemeldet).

191 b) Vergleichsverfahren

Am Vergleichsverfahren ist der Arbeitnehmer mit seinem Urlaubsabgeltungsanspruch gemäß §§ 25 Abs. 1, 26 Abs. 1 und Abs. 2 S. 2 VerglO nur dann beteiligt, wenn das Arbeitsverhältnis mehr als zwölf Monate vor der Eröffnung des Vergleichsverfahrens beendet worden ist (vgl. *Boldt/Röhsler*, § 1 Anm. 106; *Natzel*, § 7 Anm. 186; *Renaud*, S. 127; *Rummel*, AR-Blattei, Urlaub VI C, G).

12. Steuerpflichtigkeit

192 Die Urlaubsabgeltung ist gemäß § 19 Abs. 1 EStG einkommensteuerpflichtig. Es handelt sich um einen »anderen Bezug« aus dem Arbeitsverhältnis im Sinne von § 19 Abs. 1 Satz 1 Nr. 1 EStG und um einen einmaligen Bezug im Sinne von § 19 Abs. 1 Satz 2 EStG. Gemäß § 38 Abs. 1 EStG wird die Einkommensteuer auch bei der Urlaubsabgeltung in Form der Lohnsteuer erhoben. Die Durchführung des Lohnsteuerabzugs richtet sich nach § 39b Abs. 3 EStG (vgl. *Schaub*, § 102 A VII 4b; *Boldt/Röhsler*, § 7 Anm. 83; *Dersch/Neumann*, § 7 Anm. 117; *Natzel*, § 7 Anm. 182; *Rummel*, AR-Blattei, Urlaub VI C, E; *Renaud*, S. 128). Die insbesondere nach der Rechtsprechung des BAG gegebenenfalls als Schadensersatz geschuldete Ersatzurlaubsabgeltung ist ebenfalls einkommensteuerpflichtig (vgl. *BAG* EzA § 7 BUrlG Nr. 57 = AP Nr. 15 zu § 7 BUrlG Übertragung). Die Rechtsgrundlage hierfür ist § 24 Nr. 1a EStG.

13. Sozialversicherungsrecht

193 Das Arbeitsförderungs-Konsolidierungsgesetz (AFKG) vom 22. 12. 1981 (BGBl. I S. 1497) hatte die Sozialversicherungspflichtigkeit der Urlaubsabgeltung mit Wirkung vom 1. 1. 1982 durch eine Verlängerung der Versicherungsverhältnisse über die Beendigung des Arbeitsverhältnisses hinaus neu geregelt (vgl. Vorauflage, § 7 Anm. 177; *Rummel*, AR-Blattei, Urlaub VI C, E; *Kothe*, BB 1984, 609, 621f.; *Gaul*, NZA 1987, 473, 477). Diese Regelung ist jedoch durch das 7. Gesetz zur Änderung des Arbeitsförderungsgesetzes vom 20. 12. 1985 (BGBl. I S. 2484) mit Wirkung vom 1. 1. 1986 wieder aufgehoben worden (vgl. *Natzel*, § 7 Anm. 183). Infolgedessen ist die Urlaubsabgeltung wieder wie schon früher eine einmalige sozialversicherungspflichtige Einnahme im Sinne des § 14 Abs. 1 SGB IV (vgl. *Gaul*, Arbeitsrecht I, F IV, Anm. 87; *Dersch/Neumann*, § 7 Anm. 118;

Natzel, § 7 Anm. 183). Im übrigen ruht gemäß § 117 Abs. 1a AFG der Anspruch auf Arbeitslosengeld, wenn der Arbeitslose eine Urlaubsabgeltung erhalten oder zu beanspruchen hat (vgl. *BAG* EzA § 7 BUrlG Nr. 42 = AP Nr. 25 zu § 7 BUrlG Abgeltung; *BAG* EzA § 7 BUrlG Nr. 45 = AP Nr. 26 zu § 7 BUrlG Abgeltung; *Schaub*, § 102 A VII 4b; *Dersch/Neumann*, § 7 Anm. 116; *Rummel*, AR-Blattei, Urlaub VI C, E; *Kothe*, BB 1984, 609, 622; unrichtig *Gaul*, Arbeitsrecht I, F IV, Anm. 87). Es muß jedoch beachtet werden, daß der Ruhenszeitraum gemäß § 117 Abs. 1a AFG in jedem Falle unmittelbar mit dem Ende des die Urlaubsabgeltung begründenden Arbeitsverhältnisses beginnt (vgl. *ArbG Bonn* EzA § 7 BUrlG Nr. 71). Erhält der Arbeitslose von der Bundesanstalt für Arbeit gemäß § 117 Abs. 4 Satz 1 AFG während des Ruhenszeitraums Arbeitslosengeld, weil der Arbeitgeber die geschuldete Urlaubsabgeltung nicht erbringt, so geht der Anspruch auf die Urlaubsabgeltung gemäß § 115 Abs. 1 SGB X auf die Bundesanstalt für Arbeit über (vgl. *BAG* EzA § 7 BUrlG Nr. 42 = AP Nr. 25 zu § 7 BUrlG Abgeltung; *BAG* EzA § 7 BUrlG Nr. 45 = AP Nr. 26 zu § 7 BUrlG Abgeltung; *Dersch/Neumann*, § 7 Anm. 116). Der Anspruch auf Krankengeld wird dagegen durch den Anspruch auf Urlaubsabgeltung nicht ausgeschlossen (vgl. *BSG* NZA 1985, 69; *BAG* EzA § 7 BUrlG Nr. 42 = AP Nr. 25 zu § 7 BUrlG Abgeltung; *Dersch/Neumann*, § 7 Anm. 119; *Natzel*, § 7 Anm. 185; *Rummel*, AR-Blattei, Urlaub VI C, E; *Kothe*, BB 1984, 609, 622).

14. Unabdingbarkeit

a) Die Unabdingbarkeit des Urlaubs (Abgeltungsverbot)

aa) Inhalt

194 **Die Unabdingbarkeit des Urlaubs verbietet die Abgeltung des Urlaubs während des Arbeitsverhältnisses**. Dieses Abgeltungsverbot ist nicht ausdrücklich normiert. Insbesondere ergibt sich dieses Verbot entgegen einer weit verbreiteten Meinung (vgl. *von der Laden*, S. 58 m.w.N.) nicht aus § 7 Abs. 4 BUrlG, weil diese Vorschrift nur bestimmt, daß der Urlaub abgegolten werden muß, soweit er wegen Beendigung des Arbeitsverhältnisses nicht mehr gewährt werden kann und infolgedessen zumindest nicht zwingend ausschließt, daß der Urlaub auch während des Arbeitsverhältnisses abgegolten werden kann. Das Abgeltungsverbot folgt vielmehr aus §§ 1 und 13 Abs. 1 BUrlG, weil gemäß § 1 BUrlG jeder Arbeitnehmer in jedem Kalenderjahr Anspruch auf bezahlten Erholungsurlaub durch Freistellung von der Arbeitspflicht hat (vgl. Anm. 1), weil von dieser Bestimmung gemäß § 13 Abs. 1 BUrlG nicht zuungunsten der Arbeitnehmer abgewichen werden kann und weil mit Rücksicht auf den Urlaubszweck (vgl. § 8 Anm. 1 und 8) die Abgeltung des Urlaubs für die Arbeitnehmer ungünstiger ist als der Urlaub. Das Abgeltungsverbot ist unabhängig von der Meinungsverschiedenheit über seine Rechtsgrundlage allgemein anerkannt (vgl. *BAG* AP Nr. 1 zu § 2 BUrlG = SAE 1967, 174; *BAG* EzA § 5 BUrlG Nr. 7 = AP Nr. 5 zu § 5 BUrlG; *BAG* EzA § 5 BUrlG Nr. 8 = AP Nr. 6 zu § 5 BUrlG = SAE 1969, 153; *BAG* EzA § 1 BUrlG Nr. 6 = AP Nr. 1 zu § 7 BUrlG Urlaubsjahr = SAE 1970, 149; *BAG* AP Nr. 9 zu § 7 BUrlG Abgeltung; *Boldt/Röhsler*, § 7 Anm. 66; *Dersch/Neumann*, § 7 Anm. 102; *Natzel*, § 7 Anm. 149, 153, 198 und 201; *Renaud*, S. 42ff.; *Röhsler*, AR-Blattei, Urlaub IX, B II 1; *Rummel*, AR-Blattei, Urlaub VI C, B I; *Schaudwet*, SAE 1968, 134f.; *Meisel*, Anm. AP Nr. 6 zu § 7 BUrlG; *Siara*, DB 1979, 2276, 2278; *Lepke*, DB Beilage Nr. 10/88, S. 7; *Winderlich*, BB 1989, 2035; eine Ausnahme für den Fall eines Kündigungsschutzprozesses befürworten *Weiler/Rath*, NZA 1987, 337, 340).

bb) Geltungsbereich

195 Das aus den §§ 1 und 13 Abs. 1 BUrlG folgende Abgeltungsverbot betrifft entsprechend seiner Rechtsgrundlage nur den gesetzlichen Mindesturlaub. Ob und inwieweit der über den gesetzlichen Mindesturlaub hinaus geschuldete Mehrurlaub abgegolten werden darf, hängt von der jeweils einschlägigen Regelung ab (vgl. *BAG* AP Nr. 9 zu § 7 BUrlG Abgeltung; *Renaud*, S. 43f. m.w.N.; für eine generelle Geltung des Abgeltungsverbots dagegen *Dersch/Neumann*, § 7 Anm. 102, allerdings ohne Begründung).

196 Das Abgeltungsverbot ist ohne Bedeutung, wenn der Urlaubsanspruch schon erloschen ist (vgl. Anm. 112ff.), so daß für diesen Fall eine Urlaubsabgeltung ohne weiteres vereinbart werden kann (vgl. *BAG* AP Nr. 9 zu § 7 BUrlG Abgeltung; *BAG* EzA § 7 BUrlG Nr. 27 = AP Nr. 12 zu § 7 BUrlG Abgeltung; *BAG* EzA § 7 BUrlG Nr. 65 und 70; *ArbG Stade* DB 1989, 229; *Natzel*, § 7 Anm. 199; *Buchner*, AR-Blattei, Urlaub, Anm. zur Entscheidung 255).

cc) Rechtsfolgen

197 Wird der Urlaub verbotswidrig abgegolten, so hat es dabei selbstverständlich sein Bewenden, sofern sich die Arbeitsvertragsparteien darin einig sind. Aber die Vereinbarung verbotswidriger Urlaubsabgeltung ist gemäß §§ 1 und 13 Abs. 1 BUrlG in Verbindung mit § 134 BGB nichtig. Der Urlaubsanspruch wird durch die verbotswidrige Urlaubsabgeltung nicht erfüllt, so daß er grundsätzlich weiter geltend gemacht werden kann (vgl. *BAG* EzA § 5 BUrlG Nr. 7 = AP Nr. 5 zu § 5 BUrlG; *BAG* EzA § 5 BUrlG Nr. 8 = AP Nr. 6 zu § 5 BUrlG = SAE 1969, 153; *Schaub*, § 102 A VII 1a; *Boldt/Röhsler*, § 7 Anm. 68; *Dersch/Neumann*, § 7 Anm. 103; *Natzel* § 7 Anm. 150; *Berscheid*, HzA, Gruppe 4, Rz. 444; *Dörner*, AR-Blattei, Urlaub XII, V 1; *Röhsler*, AR-Blattei, Urlaub IX, B II 1; *Rummel*, AR-Blattei, Urlaub VI C, B I; *Meisel*, Anm. AP Nr. 6 zu § 7 BUrlG; *Siara*, DB 1979, 2276, 2278).

198 Nur ausnahmsweise ist die **Geltendmachung des Urlaubsanspruchs** wegen der vorangegangenen Urlaubsabgeltung gemäß § 242 BGB **rechtsmißbräuchlich**. Eine solche Ausnahme ist aber nicht allein wegen des Einverständnisses des Arbeitnehmers mit der verbotswidrigen Urlaubsabgeltung gerechtfertigt. Es bedarf vielmehr weiterer Umstände. Der Rechtsmißbrauchseinwand kommt beispielsweise dann in Betracht, wenn der Arbeitnehmer einseitig auf die verbotswidrige Urlaubsabgeltung gedrängt und Bedenken des Arbeitgebers durch bestimmte Zusagen überwunden hat (vgl. *BAG* EzA § 5 BUrlG Nr. 7 = AP Nr. 5 zu § 5 BUrlG; *Schaub*, § 102 A VII 1b; *Boldt/Röhsler*, § 7 Anm. 68; *Dersch/Neumann*, § 7 Anm. 103; *Natzel*, § 7 Anm. 151; *Berscheid*, HzA, Gruppe 4, Rz. 445; *Röhsler*, AR-Blattei, Urlaub IX, B II 1; *Rummel*, AR-Blattei, Urlaub VI C, B I; *Meisel*, Anm. AP Nr. 6 zu § 7 BUrlG; *Siara*, DB 1979, 2276, 2278).

199 Im Rechtsmißbrauchsfall wird dem Arbeitnehmer anscheinend von einem Teil des Schrifttums der Urlaubsanspruch zur Gänze versagt (vgl. *Dersch/Neumann*, § 7 Anm. 103; *Meisel*, Anm. AP Nr. 6 zu § 7 BUrlG). Nach richtiger Meinung liegt der Rechtsmißbrauch in einem solchen Falle aber nicht in der Beanspruchung des geschuldeten Urlaubs, sondern in der Beanspruchung des Urlaubsentgelts trotz vorangegangener Urlaubsabgeltung, so daß der Arbeitnehmer zwar den geschuldeten Urlaub beanspruchen kann, sich aber die schon bezahlte Urlaubsabgeltung auf das Urlaubsentgelt anrechnen lassen muß (vgl. *Boldt/Röhsler*, § 7 Anm. 68; *Röhsler*, AR-Blattei, Urlaub IX, B II 1). Die Rechtsprechung des BAG ist insofern unergiebig.

200 Wenn der Rechtsmißbrauchseinwand nicht gerechtfertigt ist, dann hat der Arbeitgeber gemäß §§ 814 und 818 Abs. 3 BGB womöglich nicht einmal Anspruch auf Rückzahlung der Urlaubsabgeltung. Nach der herrschenden Meinung im Schrifttum ist überdies der Bereicherungsanspruch des Arbeitgebers auf Rückzahlung der Urlaubsabgeltung womöglich aufgrund § 817 Satz 2 BGB ausgeschlossen (vgl. *Schaub*, § 102 A VII 1b; *Boldt/Röhsler*, § 7 Anm. 68; *Dersch/Neumann*, § 7 Anm. 103; *Natzel*, § 7 Anm. 150; *Berscheid*, HzA, Gruppe 4, Rz. 445; *Siara*, § 7 Anm. 26; *Dörner*, AR-Blattei, Urlaub XII, V 1; *Röhsler*, AR-Blattei, Urlaub IX, B II 1; *Meisel*, Anm. AP Nr. 6 zu § 7 BUrlG). Es ist jedoch sehr fraglich, ob die Zahlung von Urlaubsabgeltung gegen ein gesetzliches Verbot im Sinne von § 817 Satz 2 BGB verstößt (vgl. *Thiele*, Anm. AP Nr. 5 zu § 5 BUrlG und SAE 1969, 156; vgl. ferner *Blomeyer*, SAE 1975, 125ff.; vgl. schließlich *BAG* EzA § 5 BUrlG Nr. 8 = AP Nr. 6 zu § 5 BUrlG = SAE 1969, 153, wo auch das BAG diesbezügliche Zweifel angemeldet hat). Auf jeden Fall setzt § 817 Satz 2 BGB in Übereinstimmung mit der ganz herrschenden Meinung voraus, daß der Arbeitgeber den Urlaub in Kenntnis des Abgeltungsverbots abgegolten hat (vgl. *BAG* EzA § 817 BGB Nr. 1 = AP Nr. 1 zu § 817 BGB; *LAG Bremen* DB 1963, 243; *Rummel*, AR-Blattei, Urlaub VI C, B I; MünchKomm-*Lieb*, § 817 Anm. 39; *Blomeyer*, SAE 1975, 173ff.).

b) Die Unabdingbarkeit der Urlaubsabgeltung

aa) Grundsätze

201 Der Urlaubsabgeltungsanspruch gemäß § 7 Abs. 4 BUrlG ist nach ganz herrschender und richtiger Meinung gemäß § 13 Abs. 1 BUrlG ebenso unabdingbar wie der Urlaubsanspruch. Das gilt zum einen gemäß § 13 Abs. 1 Satz 3 BUrlG selbstverständlich für Betriebsvereinbarungen und Arbeitsverträge. Das gilt zum anderen gemäß § 13 Abs. 1 Satz 1 BUrlG aber auch für Tarifverträge. Gemäß § 13 Abs. 1 Satz 1 und 3 BUrlG kann nämlich von den Grundsatzvorschriften der §§ 1, 2 und 3 Abs. 1 BUrlG auch durch Tarifverträge nicht zuungunsten der Arbeitnehmer abgewichen werden. Und eine Abweichung von § 7 Abs. 4 BUrlG zuungunsten der Arbeitnehmer ist wegen des Zweckes (vgl. Anm. 140) und der Rechtsnatur (vgl. Anm. 141ff.) des Urlaubsabgeltungsanspruchs eine mittelbare Abweichung von den §§ 1, 2 und 3 Abs. 1 BUrlG (vgl. *BAG* EzA § 13 BUrlG Nr. 10 = AP Nr. 4 zu § 13 BUrlG Unabdingbarkeit = SAE 1978, 185; *BAG* EzA § 13 BUrlG Nr. 14 = AP Nr. 6 zu § 13 BUrlG Unabdingbarkeit; *BAG* EzA § 13 BUrlG Nr. 31 = AP Nr. 12 zu § 13 BUrlG Unabdingbarkeit; *Dersch/Neumann*, § 13 Anm. 71; *Berscheid*, § 13 Anm. 3; *Weber*, Anm. AP Nr. 16 zu § 13 BUrlG; *Adomeit*, EWiR § 7 BUrlG 1/90, 153f.).

bb) Das Verbot des Abgeltungsausschlusses

202 Infolge der Unabdingbarkeit der Urlaubsabgeltung (vgl. Anm. 201) kann der Urlaubsabgeltungsanspruch nur nach Maßgabe solcher Regelungen ausgeschlossen werden, die den ohnehin gegebenen Rechtsmißbrauchseinwand (vgl. Anm. 176ff.) konkretisieren (vgl. *BAG* EzA § 13 BUrlG Nr. 10 = AP Nr. 4 zu § 13 BUrlG Unabdingbarkeit = SAE 1978, 185; *BAG* EzA § 13 BUrlG Nr. 14 = AP Nr. 6 zu § 13 BUrlG Unabdingbarkeit; *BAG* EzA § 13 BUrlG Nr. 31 = AP Nr. 12 zu § 13 BUrlG Unabdingbarkeit; *Gaul*, Arbeitsrecht I, F IV, Anm. 88; *Schaub*, § 102 A VII 1c; *Dersch/Neumann*, § 7 Anm. 111 und 123; *Natzel*, § 7 Anm. 200; *Siara*, § 7 Anm. 29; *Renaud*, S. 85ff.; *Rummel*, AR-Blattei, Urlaub VI C, C; *Herschel*, SAE 1978, 187; *Hinz*, Anm. AP Nr. 4 zu § 13 BUrlG Unabdingbarkeit; *Kittner*, Anm. EzA § 13 BUrlG Nr. 10; *Konzen*, ZfA 1978, 451, 526f.; *Schulin*, ZfA 1981, 577, 671; *Wandt*, SAE 1986, 264, 267). Solche Regelungen sind freilich insofern bedeutungslos, als der Rechtsmißbrauchseinwand auch ohne sie gegeben ist. Weitergehende Regelungen, die den Urlaubsabgeltungsanspruch ausschließen, sind gemäß §§ 1, 7 Abs. 4 und 13 Abs. 1 BUrlG verboten und daher gemäß **§ 134 BGB** nichtig. Demnach ist in Übereinstimmung mit der schon früher herrschenden Meinung (vgl. die Nachweise bei *Renaud*, S. 85 in Fußn. 2) der generelle Ausschluß des Urlaubsabgeltungsanspruchs gemäß § 13 Abs. 1 BUrlG selbstverständlich nicht möglich.

203 Im Gegensatz zu der früher herrschenden Meinung (vgl. *BAG* EzA § 13 BUrlG Nr. 3 = AP Nr. 3 zu § 13 BUrlG = SAE 1965, 171; *Boldt/Röhsler*, § 7 Anm. 108a) ist es aufgrund § 13 Abs. 1 BUrlG auch nicht möglich, den Urlaubsabgeltungsanspruch in den Fällen der berechtigten fristlosen Entlassung des Arbeitnehmers und der unberechtigten fristlosen Beendigung des Arbeitsverhältnisses durch den Arbeitnehmer ohne weiteres auszuschließen (**a.M.** wohl nur noch *Herbst*, AR-Blattei, Urlaub, Anm. zu den Entscheidungen 225 und 237, der § 7 Abs. 4 BUrlG für tarifdispositiv hält, aber verkennt, daß eine Abweichung von § 7 Abs. 4 BUrlG eine mittelbare Abweichung von den §§ 1, 2 und 3 Abs. 1 BUrlG ist).

204 **Streitig ist im wesentlichen nur noch, ob der Urlaubsabgeltungsanspruch nach Maßgabe des** durch Art. II § 2 Nr. 2 HAG vom 29. 10. 1974 (BGBl. I S. 2879) gestrichenen **§ 7 Abs. 4 Satz 2 BUrlG alte Fassung** für die Fälle **ausgeschlossen werden kann**, in denen der Arbeitnehmer durch eigenes Verschulden aus einem Grunde entlassen worden ist, der eine fristlose Kündigung rechtfertigt, oder das Arbeitsverhältnis unberechtigt vorzeitig gelöst hat und in diesen Fällen eine grobe Verletzung der Treuepflicht aus dem Arbeitsverhältnis vorliegt. Diese Möglichkeit wird zum Teil mit der Begründung bejaht, daß § 7 Abs. 4 Satz 2 BurlG alte Fassung lediglich eine Konkretisierung des gemäß **§ 242 BGB** ohnehin gegebenen Rechtsmißbrauchseinwands dargestellt habe, daß dieser Rechtsmißbrauchseinwand infolgedessen nach wie vor gegeben sei und daher trotz der Unabdingbarkeit des Urlaubsabgeltungsanspruchs auch durch einen Kollektiv- oder Einzelarbeitsvertrag konkretisiert werden könne (vgl. *LAG Hamm* DB 1976, 1975; *Röhsler*, AR-Blattei, Urlaub IX, D I 2; *Meisel*, RdA 1975, 166, 172; *Siara*, DB 1975, 836f.; jeweils aus der Zeit vor der ersten einschlägigen Entscheidung des *BAG* EzA § 13 BUrlG Nr. 10 = AP Nr. 4 zu § 13 BUrlG Unabdingbarkeit = SAE 1978, 185). **Dieser Meinung kann nicht zugestimmt werden** (ebenso im Ergebnis nun auch *BAG* EzA § 7 BUrlG Nr. 33 = AP Nr. 17 zu § 7 BUrlG Abgeltung; *Gaul*, Arbeitsrecht I, F IV, Anm. 88 Fußn. 271), weil nach der Streichung des § 7 Abs. 4 Satz 2 BUrlG alte Fassung keine Rede mehr davon sein kann, daß die Geltendmachung des Urlaubsabgeltungsanspruchs in einem Falle des § 7 Abs. 4 Satz 2 BUrlG alte Fassung rechtsmißbräuchlich sei (vgl. Anm. 177).

205 Der **Rechtsmißbrauchseinwand** gegen den Urlaubsabgeltungsanspruch kommt nach richtiger Meinung nur in besonders krassen Ausnahmefällen (vgl. Anm. 176ff.) und eine Abweichung von § 7 Abs. 4 BUrlG zuungunsten der Arbeitnehmer kommt infolgedessen nur als Konkretisierung solcher Ausnahmefälle in Betracht. Diese Möglichkeit dürfte praktisch **bedeutungslos** sein (vgl. *Hinz*, AP Nr. 4 zu § 13 BUrlG Unabdingbarkeit).

cc) Die Unverfallbarkeit der Urlaubsabgeltung

aaa) Tarifvertragliche Verfallklauseln

206 Tarifvertragliche Verfallklauseln sind tarifvertragliche Vereinbarungen des Inhalts, daß ein Recht erlischt, wenn es nicht innerhalb einer bestimmten Frist (Ausschlußfrist) geltend gemacht wird (vgl. *BAG* EzA § 390 BGB Nr. 1 = AP Nr. 4 zu § 390 BGB = SAE 1975, 58; *Wiedemann/Stumpf*, § 4 Anm. 364; *Gaul/Boewer*, S. 146). Tarifvertragliche Verfallklauseln beziehen sich häufig auch auf die gesetzlichen Urlaubsabgeltungsansprüche, insbesondere auch dann, wenn sie »alle Ansprüche aus dem Arbeitsverhältnis« erfassen (vgl. *BAG* EzA § 611 BGB Urlaub Nr. 3 = AP Nr. 81 zu § 611 BGB Urlaubsrecht; *Boldt/Röhsler*, § 1 Anm. 61; *Dersch/Neumann*, § 13 Anm. 68). Ob tarifvertragliche Verfallklauseln in bezug auf die gesetzlichen Urlaubsabgeltungsansprüche trotz der Unabdingbarkeit dieser Ansprüche gemäß § 13 Abs. 1 BUrlG (vgl. Anm. 201) möglich sind, ist **umstritten** (vgl. *Gaul/Boewer*, S. 146ff.; *Renaud*, S. 117). Dieser Streit ist von dem Streit über die Bindung der Urlaubsabgeltung an das Kalenderjahr (vgl. Anm. 172ff.) zu unterscheiden.

207 **Nach der ganz herrschenden Meinung verstoßen tarifvertragliche Verfallklauseln jedenfalls grundsätzlich nicht gegen die Unabdingbarkeit der gesetzlichen Urlaubsabgeltungsansprüche**, wenngleich diese Meinung im einzelnen sehr differenziert ist und auch unterschiedlich begründet wird (vgl. *BAG* AP Nr. 9 zu § 7 BUrlG Abgeltung; *BAG* EzA § 13 BUrlG Nr. 19 = AP Nr. 16 zu § 13 BUrlG; *LAG Köln* EzA § 7 BUrlG Nr. 26; *Gaul*, Arbeitsrecht I, F VI, Anm. 74; *Schaub*, § 102 A VIII 2; *Boldt/Röhsler*, § 1 Anm. 58 und 59; *Dersch/Neumann*, § 13 Anm. 71; *Natzel*, § 7 Anm. 178 und 198; *Siara*, § 7 Anm. 33; *Dörner*, AR-Blattei, Urlaub XII, IV 2; *Gaul/Boewer*, S. 158ff.; *Renaud*, S. 117ff.; *Rummel*, AR-Blattei, Urlaub VI C, C; *Leser*, AR-Blattei, Ausschlußfristen I, A IV 3 und E II 2; *Richardi*, RdA 1962, 62).

208 **Nach einer Mindermeinung sind tarifvertragliche Verfallklauseln für die gesetzlichen Urlaubsabgeltungsansprüche gemäß § 13 Abs. 1 BUrlG nicht möglich** (vgl. *LAG Bremen* BB 1967, 838 = DB 1967, 1226; *Tautphäus*, HAS, Urlaubsrecht, Anm. 225f.; *Weber*, Ausschlußfrist, S. 45ff.; *ders.*, Anm. AP Nr. 16 zu § 13 BUrlG; vgl. auch die weiteren Nachweise bei *Boldt/Röhsler*, § 1 Anm. 58; *Renaud*, S. 117f.).

209 Das BAG hat in seinem ersten einschlägigen Urteil nach dem Inkrafttreten des BUrlG den Verfall eines auf § 5 Abs. 1 Buchstabe b) BUrlG beruhenden Urlaubsabgeltungsanspruchs wegen Versäumung einer tarifvertraglichen Ausschlußfrist damit begründet, daß der Teilurlaubsanspruch gemäß § 5 Abs. 1 Buchstabe b) BUrlG tarifdispositiv sei und infolgedessen auch der entsprechende Teilurlaubsabgeltungsanspruch durch Tarifvertrag eingeschränkt werden könne (vgl.

BAG EzA § 4 TVG Ausschlußfristen Nr. 2 = AP Nr. 9 zu § 5 BUrlG = SAE 1972, 41; vgl. auch *Thiele*, Anm. AP Nr. 9 zu § 5 BUrlG; *Misera*, SAE 1972, 43). Dieses Urteil beruht also auf der Tarifdispositivität des § 5 Abs. 1 Buchstabe b) BUrlG (vgl. § 5 Anm. 29) und hat deswegen keine allgemeine Bedeutung. In dem Urteil vom 3. 2. 1971 (AP Nr. 9 zu § 7 BUrlG Abgeltung) hat das *BAG* geltend gemacht, daß es schon vor dem Inkrafttreten des BUrlG wiederholt die Zulässigkeit tarifvertraglicher Verfallklauseln für gesetzliche Urlaubsabgeltungsansprüche anerkannt habe, daß keine Veranlassung bestehe, von dieser Rechtsprechung abzugehen, weil sich an der maßgeblichen Unabdingbarkeit der gesetzlichen Urlaubsabgeltungsansprüche durch das BUrlG nichts geändert habe, und daß es tarifvertragliche Verfallklauseln auch bei sonstigen unabdingbaren gesetzlichen Ansprüchen für zulässig halte. Die Rechtsprechung zur Zulässigkeit tarifvertraglicher Verfallklauseln bei sonstigen unabdingbaren gesetzlichen Ansprüchen muß aber von vornherein auf sich beruhen, weil sich die Unabdingbarkeit der gesetzlichen Urlaubsabgeltungsansprüche nicht nach der Unabdingbarkeit sonstiger gesetzlicher Ansprüche richtet (vgl. *Dersch/Neumann*, § 13 Anm. 70; *Wiedemann/Stumpf*, § 4 Anm. 387). Und die vom *BAG* zitierten Urteile (AP Nr. 27 zu § 4 TVG Ausschlußfristen; EzA § 611 BGB Urlaub Nr. 3 = AP Nr. 81 zu § 611 BGB Urlaubsrecht), in denen es angeblich schon vor dem Inkrafttreten des BUrlG wiederholt die Zulässigkeit tarifvertraglicher Verfallklauseln für die gesetzlichen Urlaubsabgeltungsansprüche anerkannt hat, betreffen in Wahrheit gar keine gesetzlichen Urlaubsabgeltungsansprüche. Das eine Urteil betrifft überhaupt keinen Urlaubsanspruch (vgl. *BAG* AP Nr. 27 zu § 4 TVG Ausschlußfristen). Das andere Urteil betrifft keinen Urlaubsabgeltungsanspruch, sondern einen Urlaubsentgeltanspruch nach dem UrlG Baden-Württemberg, das im übrigen nach Meinung des BAG auch eine Öffnungsklausel für tarifvertragliche Verfallklauseln enthalten hat (vgl. *BAG* EzA § 611 BGB Urlaub Nr. 3 = AP Nr. 81 zu § 611 BGB Urlaubsrecht). Allerdings enthält dieses Urteil auch die – nicht entscheidungserhebliche – Begründung, daß die Tarifvertragsparteien Ausschlußfristen ganz generell auch für gesetzliche Urlaubsansprüche und damit auch für gesetzliche Urlaubsabgeltungsansprüche setzen könnten, weil die Unabdingbarkeit dieser Ansprüche lediglich verbiete, sie im voraus zuungunsten der Arbeitnehmer inhaltlich einzuschränken, Ausschlußfristen für die Geltendmachung aber erlaube (vgl. auch *BAG* AP Nr. 1 zu § 1 TVG Bezugnahme auf Tarifvertrag = SAE 1964, 81). Diese Begründung steht auch im Schrifttum im Vordergrund (vgl. *Boldt/Röhsler*, § 1 Anm. 58 und 60; vgl. ferner die Nachweise bei *Gaul/Boewer*, S. 149 Fußn. 375 und S. 158 Fußn. 402; *Renaud*, S. 118 Fußn. 180). Aber gerade diese Begründung ist nicht überzeugend. Jedenfalls kann keine Rede davon sein, daß eine Ausschlußfrist für die Geltendmachung eines Anspruchs diesen Anspruch inhaltlich gar nicht einschränke. Eine solche Ausschlußfrist stellt eine Inhaltsbestimmung und damit eine inhaltliche Einschränkung des Anspruchs dar (vgl. *BAG* EzA § 390 BGB Nr. 1 = AP Nr. 4 zu § 390 BGB = SAE 1975, 58; *Gaul/Boewer*, S. 158; *Renaud*, S. 119; *Weber*, Ausschlußfrist, S. 21ff. und 45; *Herschel*, JZ 1961, 237; *Richardi*, AR-Blattei, Tarifvertrag VI, Anm. zur Entscheidung 23; *ders.*, RdA 1962, 62; *Weber*, Anm. AP Nr. 16 zu § 13 BUrlG; vgl. auch *Wiedemann/Stumpf*, § 4 Anm. 365, die wohl mit Recht annehmen, daß sich die gegenteilige Rechtsprechung des BAG aus dem Willen erkläre, auf jeden Fall die Tarifautonomie auch auf Verfallklauseln für unabdingbare gesetzliche und auf arbeitsvertragliche Ansprüche zu erstrecken). Dementsprechend hat das *BAG* diese

Begründung in dem Urteil vom 5. 4. 1984 (EzA § 13 BUrlG Nr. 19 = AP Nr. 16 zu § 13 BUrlG) stillschweigend fallen gelassen, aber es hat die bisherige Rechtsprechung trotzdem »kommentarlos« fortgesetzt (so *Weber*, Anm. AP Nr. 16 zu § 13 BUrlG; vgl. auch *Buchner*, AR-Blattei, Urlaub, Anm. zur Entscheidung 264). Die Zulässigkeit tarifvertraglicher Verfallklauseln für die gesetzlichen Urlaubsabgeltungsansprüche läßt sich auch nicht damit begründen, daß die Unabdingbarkeit im Sinne von § 13 Abs. 1 BUrlG solche Klauseln gar nicht ausschließe (so aber insbes. *Gaul/Boewer*, 158ff.; ferner *Boldt/Röhsler*, § 1 Anm. 60; *Nikisch*, SAE 1964, 83). Denn der Schutzzweck dieser Unabdingbarkeit erlaubt keine derartige Einschränkung, zumal es für eine solche Einschränkung keine vorrangigen Zwecke gibt. Demgemäß können die Tarifvertragsparteien gemäß § 13 Abs. 1 BUrlG keine Verfallklauseln für die gesetzlichen Urlaubsansprüche vereinbaren (vgl. Anm. 135). Und weil der gesetzliche Urlaubsabgeltungsanspruch »hinsichtlich seiner Tarifbeständigkeit ebenso wie der Urlaubsanspruch selbst behandelt« werden muß (vgl. *BAG* EzA § 13 BUrlG Nr. 10 = AP Nr. 4 zu § 13 BUrlG Unabdingbarkeit; vgl. ferner Anm. 201), können die Tarifvertragsparteien gemäß § 13 Abs. 1 BUrlG auch keine Verfallklauseln für die gesetzlichen Urlaubsabgeltungsansprüche vereinbaren. **Richtig ist daher die Mindermeinung** (vgl. Anm. 208). Diese Meinung erlaubt es dem Arbeitnehmer angemessenerweise auch, im Falle des Arbeitsplatzwechsels während des Kalenderjahres ohne Risiko das Entstehen eines Urlaubsanspruchs gegen den späteren Arbeitgeber abzuwarten (vgl. hierzu *Misera*, SAE 1972, 43). Wenn dagegen die Tarifvertragsparteien gemäß § 13 Abs. 1 BUrlG tarifvertragliche Verfallklauseln für die gesetzlichen Urlaubsansprüche vereinbaren können (vgl. Anm. 134), dann gilt dieser Vorrang des Tarifvertrags entsprechend auch für die gesetzlichen Urlaubsabgeltungsansprüche (**differenzierend** dagegen *LAG Berlin* DB 1991, 2247).

bbb) Sonstige Verfallklauseln

210 Während die Tarifvertragsparteien nach der zwar unrichtigen, aber ganz herrschenden Meinung gemäß § 13 Abs. 1 BUrlG **Ausschlußfristen** für die gesetzlichen Urlaubsabgeltungsansprüche vereinbaren dürfen (vgl. Anm. 206ff.), dürfen solche Fristen nach so gut wie einhelliger Meinung gemäß § 13 Abs. 1 Satz 3 BUrlG weder in Betriebsvereinbarungen noch in Arbeitsverträgen vereinbart werden (vgl. *BAG* EzA § 13 BUrlG Nr. 19 = AP Nr. 16 zu § 13 BUrlG; *Schaub*, § 102 A VII 6; *Boldt/Röhsler*, § 1 Anm. 63; *Dersch/Neumann*, § 13 Anm. 72; *Berscheid*, HzA, Gruppe 4, Rz. 268; *Renaud*, S. 120f.; *Rummel*, AR-Blattei, Urlaub VI C, C; *Weber*, Anm. AP Nr. 16 zu § 13 BUrlG). Lediglich vereinzelt wird im Schrifttum geltend gemacht, wenn die Tarifvertragsparteien Ausschlußfristen für die gesetzlichen Urlaubsabgeltungsansprüche setzen könnten, dann müsse dasselbe für Betriebsvereinbarungen und Arbeitsverträge gelten, weil die Frage der Unabdingbarkeit von Rechts wegen nicht unterschiedlich beantwortet werden könne (vgl. *Siara*, § 1 Anm. 31; *Nikisch*, SAE 1962, 83f.; vgl. auch *BAG* AP Nr. 1 zu § 1 TVG Bezugnahme auf Tarifvertrag, wo das BAG ganz allgemein festgestellt hat, daß auch die Arbeitsvertragsparteien Ausschlußfristen für gesetzliche Urlaubsansprüche vereinbaren könnten, soweit das Gesetz eine solche Vereinbarung nicht ausdrücklich ausschließe, allerdings ohne § 13 Abs. 1 Satz 3 BUrlG zu erwähnen, so daß der diesbezügliche Standpunkt des BAG unklar erscheint). Das im Schrifttum vorgebrachte Argument ist ganz plausibel (so auch *Buchner*, AR-Blattei, Urlaub, Anm. zur Entscheidung 264), nach richtiger Meinung dürfen aber auch die Tarifvertragsparteien keine Ausschlußfristen für die gesetzlichen Urlaubsabgeltungsansprüche vereinbaren (vgl. Anm. 206).

dd) Die Unverzichtbarkeit der Urlaubsabgeltung

211 Die Unabdingbarkeit des Urlaubsabgeltungsanspruchs gemäß § 13 Abs. 1 Satz 3 BUrlG (vgl. Anm. 201ff.) beinhaltet nach ganz herrschender und richtiger Meinung jedenfalls grundsätzlich auch die Unverzichtbarkeit des Urlaubsabgeltungsanspruchs (vgl. *BAG* EzA § 7 BUrlG Nr. 4 = AP Nr. 2 zu § 7 BUrlG Abgeltung = SAE 1968, 179; *BAG* EzA § 7 BUrlG Nr. 20 = AP Nr. 5 zu § 13 BUrlG Unabdingbarkeit; *BAG* EzA § 13 BUrlG Nr. 49; *LAG Schleswig-Holstein* DB 1981, 900; *Gaul*, Arbeitsrecht I, F IV, Anm. 76; *Schaub*, § 102 A VIII 2; *Dersch/Neumann*, § 7 Anm. 115 und § 13 Anm. 54; *Soergel/Kraft*, § 611 BGB Anm. 192; *Berscheid*, HzA, Gruppe 4, Rz. 448; *Gaul/Boewer*, S. 155ff.; *Rummel*, AR-Blattei, Urlaub VI C, C; *Herbst*, AR-Blattei, Urlaub, Anm. zur Entscheidung 228; *Herschel*, Anm. AP Nr. 5 zu § 13 BUrlG Unabdingbarkeit; *Natzel*, Anm. AP Nr. 2 zu § 7 BUrlG Abgeltung; *Winderlich*, BB 1989, 2035, 2037; vgl. außerdem die weiteren Nachweise bei *Renaud*, S. 88 in Fußn. 18 und 19). Demgegenüber steht die **Mindermeinung**, daß die Unabdingbarkeit des Urlaubsabgeltungsanspruchs gemäß § 13 Abs. 1 Satz 3 BUrlG nicht auch die Unverzichtbarkeit umfaßt (vgl. *Boldt/Röhsler*, § 7 Anm. 77; *Natzel*, § 7 Anm. 157; *Dörner*, AR-Blattei, Urlaub XII, V 3; *Renaud*, S. 88ff.; *Richardi*, RdA 1962, 62ff.; *Schnorr*, SAE 1968, 181f.). Für die Unverzichtbarkeit des Urlaubsabgeltungsanspruchs spricht vor allem der Schutzzweck des § 13 Abs. 1 Satz 3 BUrlG (vgl. insbes. *Gaul/Boewer*, S. 155ff.). Ein Verzicht auf den Urlaubsabgeltungsanspruch ist also gemäß §§ 7 Abs. 4 und 13 Abs. 1 Satz 3 BUrlG verboten und daher gemäß § 134 BGB nichtig (vgl. *Dersch/Neumann*, § 13 Anm. 53; *Berscheid*, HzA, Gruppe 4, Rz. 270).

212 Die Unverzichtbarkeit des Urlaubsabgeltungsanspruchs gemäß § 13 Abs. 1 Satz 3 BUrlG verbietet jedes Rechtsgeschäft, infolge dessen der Urlaubsabgeltungsanspruch erlischt. Verboten sind demnach insbesondere Erlaßverträge gemäß § 397 Abs. 1 BGB, negative Schuldanerkenntnisse gemäß § 397 Abs. 2 BGB, Vergleiche gemäß § 779 BGB und sogenannte Ausgleichsquittungen, die derartige Rechtsgeschäfte erhalten (vgl. *BAG* EzA § 13 BUrlG Nr. 49; *Gaul*, Arbeitsrecht I, F IV, Anm. 76ff.; *Schaub*, § 102 A VIII 2; *Dersch/Neumann*, § 13 Anm. 55; *Gaul/Boewer*, S. 86 und 153; *Rummel*, AR-Blattei, Urlaub VI C, C).

213 Die Unverzichtbarkeit des Urlaubsabgeltungsanspruchs gilt nach der Rechtsprechung des BAG für **außergerichtliche und gerichtliche Vergleiche** gleichermaßen, und zwar auch dann, wenn der Verzicht in einem alle sonstigen Streitpunkte des Arbeitsverhältnisses bereinigenden Gesamtvergleich enthalten ist, so daß auch ein solcher Vergleich nichtig ist, wenn er den Urlaubsabgeltungsanspruch nicht, wie es das BAG ausgedrückt hat, »deutlich erkennbar und in dem vom Gesetz geforderten Umfang« berücksichtigt (vgl. *BAG* EzA § 7 BUrlG Nr. 20 = AP Nr. 5 zu § 13 BUrlG Unabdingbarkeit; ferner *BAG* EzA § 13 BUrlG Nr. 49). Das BAG hat freilich die »Zulässigkeit von Vergleichen der Parteien des Arbeitsverhältnisses über solche Urlaubs- oder Urlaubsabgeltungsansprüche, deren tatsächliche oder rechtliche Voraussetzungen im Streite stehen«, sogenannte Tatsachen- und Rechtsvergleiche, nicht ausgeschlossen (vgl. *BAG* EzA § 7 BUrlG Nr. 4 = AP Nr. 2 zu § 7 BUrlG Abgeltung = SAE 1968, 179; *BAG* AP Nr. 7 zu § 11 BUrlG = SAE 1970, 280; *BAG* EzA § 7 BUrlG Nr. 20 = AP Nr. 5 zu § 13 BUrlG Unabdingbarkeit). Es ist unklar, inwieweit das BAG die Zulässigkeit solcher Vergleiche in diesen Entscheidungen offen gelassen oder wenigstens beiläufig bejaht hat. Jedenfalls ist die Zulässigkeit solcher Vergleiche in den einschlägigen Entscheidungen nicht erheblich gewesen und auch nicht begründet worden.

214 Im übrigen werden in bezug auf die Zulässigkeit eines **Vergleichsverzichts** auf den Urlaubsabgeltungsanspruch die verschiedensten Meinungen vertreten. Teils wird jeder gerichtliche Vergleichsverzicht für zulässig erachtet (vgl. *LAG Hamburg* BB 1977, 546; *ArbG Hanau* NJW 1973, 2124; *Borrmann*, § 1 Anm. 14; *Schelp/Herbst*, § 1 Anm. 24). Teils wird der Vergleichsverzicht dann für zulässig erachtet, wenn es sich um einen Tatsachen- oder einen Rechtsvergleich (vgl. Anm. 213) handelt (vgl. *Giese*, SAE 1970, 283f.). Teils wird ein solcher Tatsachen- oder Rechtsvergleich nur als gerichtlicher Vergleich zugelassen (so wohl *Herbst*, AR-Blattei, Urlaub, Anm. zur Entscheidung 228). Teils wird jeder Tatsachenvergleich und ein gerichtlicher Rechtsvergleich akzeptiert (vgl. *Boldt/Röhsler*, § 1 Anm. 95ff.). Nach der wohl herrschenden Meinung ist (nur) jeder Tatsachenvergleich über den Urlaubsabgeltungsanspruch zulässig, gleichviel ob es sich um einen außergerichtlichen oder gerichtlichen Vergleich handelt (vgl. *Gaul*, Arbeitsrecht I, F IV, Anm. 77f.; *Bleistein*, § 1 Anm. 104; *Dersch/Neumann*, § 13 Anm. 75ff.; *Berscheid*, HzA, Gruppe 4, Rz. 274f.; *Gaul/Boewer*, S. 85ff.; *Weiler/Rath*, NZA 1987, 337, 340; zur generellen Zulässigkeit von Tatsachenvergleichen trotz Unabdingbarkeit vgl. das Urteil *BAG* AP Nr. 8 zu § 17 BetrAVG m.w.N., das freilich von dem für das Urlaubsrecht nicht zuständigen 3. Senat stammt).

215 **Nach richtiger Meinung gilt die Unverzichtbarkeit des Urlaubsabgeltungsanspruchs jedoch für alle Vergleiche**, weil der Urlaubsabgeltungsanspruch infolge eines Vergleiches erlöschen würde. Aus diesem Grunde kann in Übereinstimmung mit der Rechtsprechung des BAG keinesfalls zwischen einem gerichtlichen und einem außergerichtlichen Vergleich unterschieden werden (vgl. Anm. 213). Ferner ist mit Rücksicht auf den Schutzzweck des § 13 Abs. 1 Satz 3 BUrlG, wie *Herschel* es ausgedrückt hat, »schlechterdings nicht einzusehen, daß Streitigkeit oder Unstreitigkeit Merkmal der Verfügbarkeit eines Rechts sein soll« (vgl. *Herschel*, Anm. AP Nr. 5 zu § 13 BUrlG Unabdingbarkeit; unentschieden *Rummel*, AR-Blattei, Urlaub VI C, C). Das gilt auch für den Tatsachenvergleich (zu § 4 Abs. 4 Satz 1 TVG ebenso *Auffarth*, BABl. 1957, 382ff.; kritisch auch *Gumpert*, BB 1956, 721). Dementsprechend wird entgegen einer Entscheidung des (für das Urlaubsrecht nicht zuständigen) 3. Senats des *BAG* (AP Nr. 8 zu § 17 BetrAVG) auch der Tatsachenvergleich vom Schutzzweck der Unabdingbarkeit des Urlaubsabgeltungsanspruchs gemäß § 13 Abs. 1 Satz 3 BUrlG erfaßt (wie das *BAG* jedoch schon *Gaul/Boewer*, S. 87f.), auch wenn das praktische Bedürfnis nach einem solchen Vergleich nicht zu verkennen ist. Das für die Zulässigkeit des Tatsachenvergleichs ferner angeführte Argument, daß für die Tatsachen im Prozeß der Verhandlungsgrundsatz gilt (vgl. *Dersch/Neumann*, § 13 Anm. 77; *Gaul/Boewer*, S. 87 und 89), ist nicht überzeugend, weil ein prozeßrechtlicher Grundsatz wegen seiner spezifischen Funktion von vornherein nicht geeignet ist, einen materiellrechtlichen Verzicht auf einen unabdingbaren Anspruch zu rechtfertigen (so schon *Auffarth*, BABl. 1957, 382f.).

§ 8 Erwerbstätigkeit während des Urlaubs

Während des Urlaubs darf der Arbeitnehmer keine dem Urlaubszweck widersprechende Erwerbstätigkeit leisten.

Literatur

Baumert, Konsequenzen eines Verstoßes gegen § 8 BUrlG, DB 1966, 1565; *Coester*, Der Anspruch auf Rückzahlung des Urlaubsentgelts bei verbotener Erwerbstätigkeit, DB 1973, 1124; *Dieckhoff*, Umstrittene Fragen zum Bundesurlaubsgesetz, DB 1964, 990; *ders.*, Hat der Arbeitnehmer für verbotswidrige Urlaubsarbeit einen Lohnanspruch?, DB 1966, 1235; *Frey*, Der Urlaubsanspruch nach verbotener Urlaubsarbeit, ArbuR 1966, 353; *Hecklinger*, Urlaubszweckwidrige Tätigkeiten während des Urlaubs, BB 1963, 818; *Klein*, Urlaubsarbeit und Urlaubszweck, BB 1965, 712; *Monjau*, Arbeitsvertragliche Pflichten im Urlaub, DB 1959, 1344; *Neumann*, Verbotene Urlaubsarbeit, DB 1972, 2209; *Rewolle*, Verbotene Erwerbstätigkeit im Urlaub und ihre Folgen, DB 1963, 1286; *Schelp*, Zum Verbot anderweitiger Erwerbstätigkeit während des Urlaubs, BABl. 1963, 110; *Wachter*, Entsteht bei Verstoß gegen § 8 BUrlG ein erneuter Urlaubsanspruch, ArbuR 1981, 303; *Waechter*, Das Verbot der Erwerbstätigkeit während des Urlaubs, DB 1968, 1356; *Witting*, Zum Wesen des Urlaubs und den §§ 7 Abs. 2–4 und 8 BUrlG, DB 1964, 806.

Inhaltsübersicht

I. Grundsätze

1 Gemäß § 1 BUrlG ist der Zweck des Urlaubsanspruchs nach ganz herrschender und richtiger Meinung die Erholung des Arbeitnehmers (vgl. Anm. 8). Die Erholung des Arbeitnehmers ist aber nicht der Inhalt des Urlaubsanspruchs (vgl. *BAG*

EzA § 1 BUrlG Nr. 2 = AP Nr. 1 zu § 1 BUrlG Nachurlaub = SAE 1966, 184; *BAG* EzA § 8 BUrlG Nr. 2 = AP Nr. 3 zu § 8 BUrlG; *Schwerdtner*, Fürsorgetheorie, S. 195; *Gaul*, SAE 1966, 187). Inhalt des Urlaubsanspruchs ist gemäß § 1 BUrlG lediglich die Freistellung von der Arbeitspflicht in Verbindung mit der Bezahlung von Urlaubsentgelt (vgl. *Bleistein*, § 1 Anm. 9ff.). Der Erholungszweck des Urlaubs begründet auch keine Pflicht zur Erholung (vgl. *Gaul*, Arbeitsrecht I, F IV Anm. 68; *Boldt/Röhsler*, § 8 Anm. 4; *Dersch/Neumann*, § 8 Anm. 15; *Siara*, § 8 Anm. 1; *Schwerdtner*, Fürsorgetheorie, S. 195; *Edeler*, S. 24; *Gaul*, SAE 1966, 187; *Lepke*, DB Beilage Nr. 10/88, S. 4). Der Arbeitnehmer hat vielmehr grundsätzlich das Recht, seinen Urlaub nach eigenem Gutdünken zu gestalten (vgl. *Schwerdtner*, Fürsorgetheorie, S. 195). **Das BUrlG enthält keine allgemeine Reglementierung der Urlaubsgestaltung**. Eine allgemeine Reglementierung wäre ja auch höchst unvernünftig, kaum praktikabel und schwerlich mit dem durch Art. 2 Abs. 1 GG garantierten allgemeinen Freiheitsrecht vereinbar. **Der Arbeitnehmer darf gemäß § 8 BUrlG während seines Urlaubs lediglich keine dem Urlaubszweck widersprechende Erwerbstätigkeit leisten**. Dieses Verbot dient also dem Urlaubszweck (vgl. *LAG Düsseldorf* BB 1984, 251f.; *Streblow*, S. 86). **Nach der ganz herrschenden und richtigen Meinung handelt es sich bei § 8 BUrlG um ein den Arbeitnehmer gegenüber dem Arbeitgeber verpflichtendes Verbot** (vgl. neuestes *BAG* EzA § 8 BUrlG Nr. 2 = AP Nr. 3 zu § 8 BUrlG; *Natzel*, § 7 Anm. 6). Die Richtigkeit dieser Meinung ergibt sich aus dem Wortlaut des § 8 BUrlG, aus seiner systematischen Stellung im Rahmen des Arbeitsverhältnisses, dem entsprechenden Verständnis der dem § 8 BUrlG vorangegangenen Verbote urlaubszweckwidriger Erwerbstätigkeit in Tarifverträgen und Landesurlaubsgesetzen und schließlich aus dem Zweck des Verbotes, das sonst ohne jede praktische Bedeutung wäre. **Zu Unrecht wird daher dieses Verbot von einer Mindermeinung als eine »rechtlich nicht relevante Deklamation« angesehen** (vgl. *Edeler*, S. 1ff., 59; kritisch auch *Adomeit*, SAE 1989, 159f.). Abgesehen von § 8 BUrlG ist der Arbeitnehmer aber frei (vgl. *BAG* EzA § 3 BUrlG Nr. 14 zu II 5b der Gründe = AP Nr. 14 zu § 3 BUrlG Rechtsmißbrauch; *Leinemann*, NZA 1985, 137, 140; *Kraft/Raab*, Anm. AP Nr. 4, 5 und 6 zu § 44 BetrVG 1972). Er darf also beispielsweise auch den zahlreichen gesundheitsschädlichen und damit urlaubszweckwidrigen Freizeitbeschäftigungen nachgehen, die sich vor allem im Zusammenhang mit Urlaubsreisen großer Beliebtheit erfreuen.

2 Angesichts dieser Freiheitlichkeit erscheint das in § 8 BUrlG aufgestellte Verbot urlaubszweckwidriger Erwerbstätigkeit in rechtspolitischer Hinsicht als fragwürdig, zumal der Inhalt und die Folgen dieses Verbotes unklar und infolgedessen umstritten sind (vgl. *Biedenkopf*, S. 259; *Schwerdtner*, Fürsorgetheorie, S. 199; *Gamillscheg*, Arbeitsrecht I, Nr. 152; *Adomeit*, SAE 1989, 159f.). Die Arbeitsgesetzbuchkommission hat denn auch die Umwandlung des § 8 BUrlG in eine Sollvorschrift vorgeschlagen.

II. Das Verbot urlaubszweckwidriger Erwerbstätigkeit

1. Erwerbstätigkeit

3 **§ 8 BUrlG verbietet nur Erwerbstätigkeit. Erwerbstätigkeit im Sinne dieser Vorschrift ist jede in der Absicht des Erwerbes von Geld oder geldwerten Gütern für andere verrichtete Tätigkeit** (vgl. *Boldt/Röhsler*, § 8 Anm. 9; *Natzel*, § 8 Anm. 10; *Siara*, § 8 Anm. 2).

4 **Maßgeblich ist also zum einen die Absicht des Erwerbes** von Geld oder geldwerten Gütern ohne Rücksicht auf die Art der geldwerten Güter und die Höhe des Geldwerts. Der Erwerb von ideellen Gütern fällt dagegen entsprechend dem Wortsinn und der wegen Art. 2 Abs. 1 GG gebotenen verfassungskonformen Auslegung nicht unter das Verbot von § 8 BUrlG (vgl. *Boldt/Röhsler*, § 8 Anm. 9; *Edeler*, S. 13f.; **a.M.** anscheinend *Dersch/Neumann*, § 8 Anm. 4).

5 **Die Erwerbsabsicht muß zum anderen für die Tätigkeit des Arbeitnehmers auch entscheidend sein**, so daß keine Erwerbstätigkeit im Sinne von § 8 BUrlG vorliegt, wenn der Arbeitnehmer zum Beispiel aus Liebhaberei, um seiner Fortbildung willen, zur Gefälligkeit, aus Gemeinsinn oder wegen familienrechtlicher oder öffentlichrechtlicher Verpflichtung tätig wird, mag er für seine Tätigkeit auch ein Entgelt erhalten (vgl. *Boldt/Röhsler*, § 8 Anm. 9; *Natzel*, § 8 Anm. 12, 15f. und 19; *Siara*, § 8 Anm. 2; *Edeler*, S. 15ff.; *Kraft/Raab*, Anm. AP Nr. 4, 5 und 6 zu § 44 BetrVG 1972; *van Venroy*, SAE 1988, 17, 20 Fußn. 54; vgl. auch *Dersch/Neumann*, § 8 Anm. 5, wo in diesen Fällen eine Erwerbstätigkeit bejaht, eine dem Urlaubszweck widersprechende Erwerbstätigkeit dagegen verneint wird). Gegen die Erwerbsabsicht kann im Einzelfall die Höhe des Entgeltes sprechen, wenn es wesentlich niedriger als das für derartige Tätigkeiten übliche Entgelt ist.

6 **Die Tätigkeit des Arbeitnehmers für sich selbst** wie beispielsweise der Bau eines Hauses oder die Arbeit im Garten **stellt** entsprechend dem Wortsinn und der wegen Art. 2 Abs. 1 GG gebotenen verfassungskonformen Auslegung **keine Erwerbstätigkeit im Sinne von § 8 BUrlG dar** (vgl. *Natzel*, § 8 Anm. 18; *Siara*, § 8 Anm. 2; *Edeler*, S. 15; **a.M.** *Boldt/Röhsler*, § 8 Anm. 11 und *Dersch/Neumann*, § 8 Anm. 4 und 6, wo auch in diesen Fällen eine Erwerbstätigkeit bejaht, die Urlaubszweckwidrigkeit der Erwerbstätigkeit jedoch verneint wird).

7 **Die Rechtsform der Tätigkeit des Arbeitnehmers ist unerheblich**, so daß es nicht darauf ankommt, ob er selbständig oder unselbständig, aufgrund dieses oder jenes Vertrages tätig wird (vgl. *Boldt/Röhsler*, § 8 Anm. 4; *Natzel*, § 8 Anm. 10f. und 17; *Siara*, § 8 Anm. 2; *Edeler*, S. 14; zur Gleichgültigkeit der Vertragsform vgl. auch *BAG* EzA § 8 BUrlG Nr. 2 = AP Nr. 3 zu § 8 BUrlG).

2. Urlaubszweckwidrigkeit

8 **§ 8 BUrlG verbietet nur die dem Urlaubszweck widersprechende Erwerbstätigkeit. Urlaubszweck ist nach ganz herrschender Meinung die Erholung des Arbeitnehmers** im Sinne körperlicher, geistiger und seelischer Regeneration (vgl. *BAG* EzA § 1 BUrlG Nr. 2 = AP Nr. 1 zu § 1 BUrlG Nachurlaub = SAE 1966, 184; *BAG* EzA § 1 BUrlG Nr. 6 = AP Nr. 1 zu § 7 BUrlG Urlaubsjahr = SAE 1970, 149; wohl auch *BAG* EzA § 3 BUrlG Nr. 14 zu II 5b der Gründe = AP Nr. 14 zu

§ 3 BUrlG Rechtsmißbrauch; *LAG Frankfurt* ArbuR 1969, 59, ARSt. 1985, 9 und BB 1986, 63; *LAG Bremen* EzA § 7 BUrlG Nr. 29; *LAG Köln* LAGE § 3 BUrlG Rechtsmißbrauch Nr. 1; *Gaul*, Arbeitsrecht I, F IV Anm. 14; *Bleistein*, § 1 Anm. 1f.; *Boldt/Röhsler*, § 1 Anm. 1 und § 8 Anm. 1; *Dersch/Neumann*, § 8 Anm. 5; *Natzel*, § 8 Anm. 1 und 20; *Siara*, § 8 Anm. 1 und 2; *Staudinger/Richardi*, § 611 Anm. 863; *Berscheid*, HzA, Gruppe 4, Rz. 37, 39 und 42; *Böckel*, Kap. 2.3; *Boewer/Bommermann*, Anm. 448; *Gaul/Boewer*, S. 102 und 122; *Streblow*, S. 83ff.; *Schaudwet*, SAE 1968, 134f.; *Boldt*, ZfA 1971, 1, 6f.; *Schneider*, Anm. EzA § 7 BUrlG Nr. 23; *Trieschmann*, Anm. AP Nr. 12 und 14 zu § 7 BUrlG Abgeltung unter I 2b; *Bachmann*, BlStSozArbR 1985, 209f.; *Boldt*, Anm. LAGE § 3 BUrlG Rechtsmißbrauch Nr. 1; *Beitzke*, SAE 1985, 113f.; *Leinemann*, NZA 1985, 137, 140; *Künzl*, BB 1987, 687f.; *Kraft/Raab*, Anm. AP Nr. 4, 5 und 6 zu § 44 BetrVG 1972; *Clemens*, Anm. AP Nr. 3 zu § 8 BUrlG; *Adomeit*, SAE 1989, 159f.; *Popp*, DB 1989, 1133, 1137; *Schulin*, Anm. EzA § 8 BUrlG Nr. 2; *Gans*, Anm. EzA § 5 BUrlG Nr. 14). Umstritten ist innerhalb der herrschenden Meinung allerdings, ob dieser Urlaubszweck nur die Erholung von geleisteter Arbeit oder auch die Erholung für zu leistende Arbeit ist (vgl. hierzu insbes. *Streblow*, S. 83ff.). Demgegenüber wird teilweise die Meinung vertreten, daß der Urlaubszweck nicht nur die Erholung, sondern auch die Selbstbestimmung des Arbeitnehmers sei (so *LAG Köln* LAGE § 3 BUrlG Rechtsmißbrauch Nr. 1; *Kothe*, BB 1984, 609ff.; *Winderlich*, ArbuR 1989, 301ff.; wohl auch *Plüm*, NZA 1988, 716, 718). Teilweise wird als Urlaubszweck im Sinne von § 8 BUrlG nur die Freiheit zur autonomen Freizeitgestaltung anerkannt (vgl. *Edeler*, S. 5ff.; *Coester*, DB 1973, 1124ff.). Auffällig unentschieden in bezug auf die Bestimmung des Urlaubszwecks im Sinne von § 8 BUrlG ist die neueste Rechtsprechung des BAG (vgl. *BAG* EzA § 8 Nr. 2 = AP Nr. 3 zu § 8 BUrlG). **Richtig ist die herrschende Meinung**, daß auch der Urlaubszweck im Sinne von § 8 BUrlG die Erholung des Arbeitnehmers ist, was sich insbesondere aus § 1 BUrlG und den einschlägigen Gesetzesmaterialien (vgl. insbes. BT-Drucksache IV/785 sowie die weiteren Nachweise bei *Streblow*, S. 85 Fußn. 137) ergibt. Der Streit, ob dieser Urlaubszweck nur die Erholung von geleisteter Arbeit oder auch die Erholung für zu leistende Arbeit ist, hat für § 8 BUrlG keine praktische Bedeutung. **Verboten ist also gemäß § 8 BUrlG nur die dem Erholungszweck des Urlaubs widersprechende Erwerbstätigkeit**. Die Urlaubszweckwidrigkeit der Erwerbstätigkeit ergibt sich nicht aus allgemeinen Regeln (vgl. *Schwerdtner*, Fürsorgetheorie, S. 200). **Maßgebend sind in jedem Einzelfall Art und Umfang der Tätigkeit und die daraus folgende körperliche, geistige und seelische Beanspruchung des Arbeitnehmers** (vgl. *LAG Hamm* DB 1968, 715; *Boldt/Röhsler*, § 8 Anm. 4, 11 und 12; *Natzel*, § 8 Anm. 21, 25 und 26; *Edeler*, S. 35ff.). Eine leichte oder kurzfristige Erwerbstätigkeit mag ausnahmsweise dem Erholungszweck des Urlaubs noch keinen Abbruch tun (vgl. *Dersch/Neumann*, § 8 Anm. 6; *Natzel*, § 8 Anm. 22; *Siara*, § 8 Anm. 2; *Edeler*, S. 35). Urlaubszweckwidrig ist regelmäßig eine Erwerbstätigkeit, die der im Rahmen des Arbeitsverhältnisses verrichteten Tätigkeit gleichartig ist (vgl. *Boldt/Röhsler*, § 8 Anm. 12; *Natzel*, § 8 Anm. 24 und 26; *Edeler*, S. 37). Eine Ausgleichstätigkeit wie die Tätigkeit eines kaufmännischen Angestellten als Arbeiter auf einem Bauernhof kann dagegen sehr zur körperlichen, geistigen und seelischen Regeneration beitragen (vgl. *ArbG Wilhelmshaven* ArbuR 1970, 28; *Boldt/Röhsler*, § 8 Anm. 12; *Dersch/Neumann*, § 8 Anm. 5; *Natzel*, § 8 Anm. 23 und 25; *Siara*, § 8 Anm. 2; *Edeler*, S. 36). Eine Tätigkeit, die für einen älteren und leidenden Arbeitnehmer urlaubszweckwidrig ist, kann für einen jungen und gesunden Arbeitnehmer ganz unschädlich sein (vgl. *Natzel*, § 8 Anm. 21; *Edeler*, S. 35). Nicht urlaubszweckwidrig sind solche Tätigkeiten, die der Arbeitnehmer berechtigterweise auch sonst während des Arbeitsverhältnisses verrichtet, wie Tätigkeiten in einem Doppelarbeitsverhältnis oder in einer Nebenerwerbslandwirtschaft (vgl. *ArbG Kassel* DB 1980, 599; *Boldt/Röhsler*, § 8 Anm. 30; im Ergebnis ebenso *Dersch/Neumann*, § 8 Anm. 3; *Natzel*, § 8 Anm. 9; *Siara*, § 8 Anm. 3).

3. Verbotszeitraum

9 Das Verbot der dem Urlaubszweck widersprechenden Erwerbstätigkeit gilt gemäß § 8 BUrlG während des Urlaubs. Das ist der bezahlte Erholungsurlaub im Sinne von § 1 BUrlG. Während dieses Urlaubs ist dem Urlaubszweck widersprechende Erwerbstätigkeit also auch dann verboten, wenn mit dem Urlaub auch das Arbeitsverhältnis endet (vgl.*BAG* EzA § 8 BUrlG Nr. 1 = AP Nr. 1 zu § 8 BUrlG = SAE 1974, 194; *BAG* EzA § 8 BUrlG Nr. 2 = AP Nr. 3 zu § 8 BUrlG; *Boldt/Röhsler*, § 8 Anm. 29; *Dersch/Neumann*, § 8 Anm. 2; *Natzel*, § 8 Anm. 8 und 27f.; **a.M.**, ohne zu überzeugen, *ArbG Ludwigshafen* ARSt. 1985, 123; *Adomeit*, SAE 1989, 159f.; *Schulin*, Anm. EzA § 8 BUrlG Nr. 2). Andererseits bezieht sich das Verbot des § 8 BUrlG nicht auf die Urlaubsabgeltung gemäß § 7 Abs. 4 BUrlG (vgl. *LAG Frankfurt* BB 1986, 63; *Boldt/Röhsler*, § 8 Anm. 28; *Dersch/Neumann*, § 8 Anm. 2; *Natzel*, § 8 Anm. 8; *Siara*, § 8 Anm. 4; *Rummel*, AR-Blattei, Urlaub VI C, A I; *Kothe*, BB 1984, 609, 620; *Winderlich*, BB 1989, 2039).

III. Rechtsfolgen zu Lasten des Arbeitnehmers

1. Grundsätze

10 **Das BUrlG sieht keine besonderen Rechtsfolgen einer gemäß § 8 BUrlG verbotenen Erwerbstätigkeit vor** (vgl. *BAG* EzA § 8 BUrlG Nr. 1 = AP Nr. 1 zu § 8 BUrlG = SAE 1974, 194; *Boldt/Röhsler*, § 8 Anm. 13; *Natzel*, § 8 Anm. 31; *Schwerdtner*, Fürsorgetheorie, S. 199; *Berger-Delhey*, Anm. EzBAT § 47 BAT Urlaubsvergütung Nr. 6; *Clemens*, Anm. AP Nr. 3 zu § 8 BUrlG; *Fieberg*, ZTR 1989, 146; *Schulin*, Anm. EzA § 8 BUrlG Nr. 2; **a.M.** nur *Adomeit*, SAE 1989, 159f.). **Nach der ganz herrschenden und richtigen Meinung handelt es sich bei § 8 BUrlG um ein den Arbeitnehmer gegenüber dem Arbeitgeber verpflichtendes Verbot, dessen Verletzung dementsprechend die allgemeinen Rechtsfolgen nach sich zieht** (vgl. *BAG* EzA § 8 BUrlG Nr. 2 = AP Nr. 3 zu § 8 BUrlG).

2. Unterlassungsanspruch

11 **Der Arbeitgeber hat aufgrund des § 8 BUrlG Anspruch auf Unterlassung der dem Urlaubszweck widersprechenden Erwerbstätigkeit** (vgl. *BAG* EzA § 8 BUrlG Nr. 2 = AP Nr. 3 zu § 8 BUrlG; *Boldt/Röhsler*, § 8 Anm. 18; *Dersch/Neu-*

mann, § 8 Anm. 8; *Natzel*, § 8 Anm. 33; *Siara*, § 8 Anm. 5). Für die prozessuale Geltendmachung dieses Unterlassungsanspruchs im Wege der Klage und des Antrags auf Erlaß einer einstweiligen Verfügung gelten die allgemeinen Grundsätze. Gegenüber arbeitnehmerähnlichen Personen im Sinne von § 2 Satz 2 BUrlG soll nach Meinung von *Seidel* (BB 1970, 971, 974) der Unterlassungsanspruch wegen der Selbständigkeit dieser Personen ausgeschlossen sein. Für diese Ausgrenzung der arbeitnehmerähnlichen Personen besteht jedoch angesichts ihrer Gleichstellung mit den Arbeitnehmern gemäß § 2 Satz 2 BUrlG kein überzeugender Grund (vgl. *BAG* EzA § 1 BUrlG Nr. 6 = AP Nr. 1 zu § 7 BUrlG Urlaubsjahr = SAE 1970, 149; *Natzel*, § 8 Anm. 35; *Meisel*, SAE 1970, 151).

3. Schadensersatzanspruch

12 **Der Arbeitgeber hat im Falle einer dem Urlaubszweck widersprechenden Erwerbstätigkeit unter den allgemeinen Voraussetzungen einen Schadensersatzanspruch wegen positiver Forderungsverletzung** (vgl. *BAG* EzA § 8 BUrlG Nr. 2 = AP Nr. 3 zu § 8 BUrlG). Freilich wird in der Regel ein Schaden des Arbeitgebers fehlen oder wenigstens nicht beweisbar sein. Eine Ausnahme kommt jedoch beispielsweise dann in Betracht, wenn der Arbeitnehmer infolge der dem Urlaubszweck widersprechenden und daher verbotenen Erwerbstätigkeit einen Unfall erlitten hat und arbeitsunfähig geworden ist und der Arbeitgeber deswegen eine Aushilfe eingesetzt hat. Dann muß der infolge verbotener Erwerbstätigkeit arbeitsunfähige Arbeitnehmer die Kosten der Aushilfe ersetzen, soweit dem Arbeitgeber durch diese Kosten nach Maßgabe der sogenannten Differenzhypothese ein Schaden im Sinne des § 249 Satz 1 BGB entstanden ist (vgl. *Boldt/Röhsler*, § 8 Anm. 16; *Dersch/Neumann*, § 8 Anm. 13; *Natzel*, § 8 Anm. 36; *Siara*, § 8 Anm. 5).

4. Kündigungsrecht

13 **Verbotswidrige Erwerbstätigkeit kann die Kündigung des Arbeitsverhältnisses rechtfertigen** (vgl. *BAG* EzA § 8 BUrlG Nr. 2 = AP Nr. 3 zu § 8 BUrlG). Es gelten die allgemeinen kündigungsschutzrechtlichen Grundsätze. Demgemäß ist eine Kündigung wegen verbotswidriger Erwerbstätigkeit regelmäßig erst nach erfolgloser Abmahnung gerechtfertigt (**a.M.** *Boldt/Röhsler*, § 8 Anm. 26, wonach nur bei besonders leichten Verstößen eine Abmahnung erforderlich ist; *Natzel*, § 8 Anm. 46, der eine Abmahnung in keinem Fall für erforderlich hält). Außerdem kommt wegen des Grundsatzes, daß eine außerordentliche Kündigung nur als unausweichlich letzte Maßnahme (ultima ratio) zulässig ist, regelmäßig allenfalls eine ordentliche Kündigung in Betracht, sofern nicht ausnahmsweise besondere Umstände wie eine verbotene Konkurrenztätigkeit eine außerordentliche Kündigung rechtfertigen (vgl. *Boldt/Röhsler*, § 8 Anm. 26; *Dersch/Neumann*, § 8 Anm. 18; *Natzel*, § 8 Anm. 45).

5. Rechtsfolgen für den Urlaubsanspruch

a) Die früher herrschende Meinung

aa) Wegfall des Urlaubsanspruchs

14 **Insoweit der Arbeitnehmer entgegen § 8 BUrlG verbotene Erwerbstätigkeit verrichtet, besteht nach der früher herrschenden Meinung von vornherein kein Urlaubsanspruch** (vgl. *BAG* EzA § 8 BUrlG Nr. 1 = AP Nr. 1 zu § 8 BUrlG = SAE 1974, 194; *LAG Düsseldorf* DB 1966, 1023; *LAG Hamm* DB 1968, 715; *ArbG Passau* ARSt. 1987, 154; *Boldt/Röhsler*, § 8 Anm. 22; *Natzel*, § 8 Anm. 30 und 44; *Clemens*, Anm. AP Nr. 3 zu § 8 BUrlG; *Fieberg*, ZTR 1989, 146f.; *Berger-Dehley*, Anm. EzBAT § 47 BAT Urlaubsvergütung Nr. 6). *M. Wolf* (SAE 1974, 195ff.) begründet diese Meinung folgendermaßen: Ein gesetzlicher Anspruch, der einen bestimmten Zweck habe, falle insoweit weg, als der Zweck des Anspruchs nicht erreicht werden könne. Das gelte jedenfalls für den gesetzlichen Urlaubsanspruch. Zweck des Urlaubsanspruchs sei gemäß § 1 BUrlG die Erholung des Arbeitnehmers. Der Erholungszweck des Urlaubs könne per definitionem insoweit nicht erreicht werden, als der Arbeitnehmer einer gemäß § 8 BUrlG verbotenen urlaubszweckwidrigen Erwerbstätigkeit nachgehe. Insoweit habe der Arbeitnehmer wegen Nichterreichbarkeit des Urlaubszwecks gar keinen Urlaubsanspruch. Ähnlich hat früher das BAG zur Begründung des Wegfalls des Urlaubsanspruchs wegen verbotener Erwerbstätigkeit geltend gemacht, daß im Falle verbotener Erwerbstätigkeit von Urlaub im Rechtssinn gar keine Rede sein könne (vgl. *BAG* EzA § 8 BUrlG Nr. 1 = AP Nr. 1 zu § 8 BUrlG = SAE 1974, 194; zustimmend *Natzel*, § 8 Anm. 30). Im übrigen fehlt meistens eine genaue Begründung dafür, daß der Arbeitgeber im Falle verbotener Erwerbstätigkeit des Arbeitnehmers zur Urlaubsgewährung nicht verpflichtet sein soll. Dieser Mangel ist mutmaßlich darauf zurückzuführen, daß der Arbeitgeber in der Regel den Urlaub erst einmal gewährt, später von der verbotenen Erwerbstätigkeit des Arbeitnehmers Kenntnis erlangt und dann die Rückzahlung des Urlaubsentgelts beansprucht. Jedenfalls steht dieser Rückzahlungsanspruch im Schrifttum und in der Rechtsprechung ganz im Vordergrund (vgl. Anm. 15ff.).

bb) Rückzahlungsanspruch auf das Urlaubsentgelt

15 **Insoweit der Arbeitnehmer Urlaub samt Urlaubsentgelt schon erhalten und entgegen § 8 BUrlG verbotene Erwerbstätig verrichtet hat, muß er nach der früher herrschenden Meinung das Urlaubsentgelt zurückzahlen** (vgl. *BAG* EzA § 8 BUrlG Nr. 1 = AP Nr. 1 zu § 8 BUrlG = SAE 1974, 194; *LAG Hamm* DB 1973, 239; *Gaul*, Arbeitsrecht I, F IV Anm. 69; *Boldt/Röhsler*, § 8 Anm. 20; *Dersch/Neumann*, § 8 Anm. 9; *Natzel*, § 8 Anm. 38; *Soergel/Kraft*, § 611 Anm. 198; *Gaul/Boewer*, S. 131; *Heckelmann*, ZfA 1973, 425, 479; *Wachter*, ArbuR 1981, 303; *Adomeit*, SAE 1989, 159f.; *Clemens*, Anm. AP Nr. 3 zu § 8 BUrlG; *Fieberg*, ZTR 1989, 146f.; *Schulin*, Anm. EzA § 8 BUrlG Nr. 2; *Berger-Delhey*, Anm. EzBAT § 47 BAT Urlaubsvergütung Nr. 6).

16 **Der Rückzahlungsanspruch wird ganz überwiegend auf § 812 Abs. 1 BGB gestützt.** Zum Teil wird § 812 Abs. 1 Satz 1 BGB beziehungsweise § 812 Abs. 1 Satz 2 Alternative 1 BGB, zum ganz überwiegenden Teil jedoch § 812 Abs. 1 Satz 2 Alternative 2 BGB für gegeben erachtet. Welche Anspruchsgrundlage das *BAG* in seinem Urteil vom 19. 07. 1973 (vgl. EzA § 8 BUrlG Nr. 1 = AP Nr. 1 zu § 8

BUrlG = SAE 1974, 194) für gegeben erachtet hat, ist fraglich. *Natzel* hat zwar »die kurze, einfache und deshalb so klare Fassung des Urteils« gerühmt (vgl. Anm. AP Nr. 1 zu § 8 BUrlG). In Wahrheit ist aber jedenfalls die Frage der Anspruchsgrundlage für den Rückzahlungsanspruch auf das Urlaubsentgelt, die übrigens nicht entscheidungserheblich war, nicht klar beantwortet worden, weil das BAG den § 812 Abs. 1 Satz 2 BGB ohne weitere Differenzierung als Anspruchsgrundlage zitiert hat (so nun auch *Natzel*, § 8 Anm. 39; stillschweigend ebenso *BAG* EzA § 8 BUrlG Nr. 2 = AP Nr. 3 zu § 8 BUrlG). Es liegt näher anzunehmen, daß das BAG § 812 Abs. 1 Satz 2 Alternative 1 BGB gemeint hat. Denn nach den Entscheidungsgründen des BAG ist das Urlaubsentgelt im Falle urlaubszweckwidriger Erwerbstätigkeit deswegen gemäß § 812 Abs. 1 Satz 2 BGB zurückzuzahlen, weil für den »Anspruch auf Gewährung von Urlaubsentgelt die Rechtsgrundlage entfallen ist« und das BAG damit eine § 812 Abs. 1 Satz 2 Alternative 1 BGB entsprechende Formulierung gewählt hat. Dazu kommt, daß das BAG in demselben Urteil für den Fall urlaubszweckwidriger Erwerbstätigkeit vor allem den Anspruch auf noch nicht bezahltes Urlaubsentgelt ausgeschlossen hat, woraus zwangsläufig folgt, daß § 812 Abs. 1 Satz 1 oder Satz 2 Alternative 1 BGB Anspruchsgrundlage für den Rückzahlungsanspruch auf schon bezahltes Urlaubsentgelt ist (vgl. *M. Wolf*, SAE 1974, 195f.; im Ergebnis ebenso *Schulin*, Anm. EzA § 8 BUrlG Nr. 2). *M. Wolf*, (SAE 1974, 195ff.) leitet den Anspruch auf Rückzahlung des Urlaubsentgelts aus § 812 Abs. 1 Satz 1 BGB ab, indem er darauf hinweist, daß im Falle verbotener Erwerbstätigkeit gar kein Urlaubsanspruch bestehe. Ganz überwiegend wird jedoch § 812 Abs. 1 Satz 1 Alternative 2 BGB für gegeben erachtet und zur Begründung geltend gemacht, daß im Falle einer gemäß § 8 BUrlG verbotenen Erwerbstätigkeit der Urlaubszweck nicht erreicht werden könne (vgl. *Dersch/Neumann*, § 8 Anm. 9 m.w.N.; vgl. ferner *Fieberg*, ZTR 1989, 146f.; *Schulin*, Anm. EzA § 8 BUrlG Nr. 2; *Berger-Delhey*, Anm. EzBAT § 47 BAT Urlaubsvergütung Nr. 6). Vereinzelt wird § 8 BUrlG selbst als Anspruchsgrundlage angesehen (so *Adomeit*, SAE 1989, 159). Ebenso vereinzelt wird auf Treu und Glauben zurückgegriffen (so *Clemens*, Anm. AP Nr. 3 zu § 8 BUrlG).

17 Der Rückzahlunganspruch ist bei Anwendung von § 812 Abs. 1 Satz 1 BGB oder § 812 Abs. 1 Satz 2 Alternative 1 BGB genau in dem der verbotenen Erwerbstätigkeit entsprechenden Umfang gegeben (vgl. *Boldt/Röhsler*, § 8 Anm. 24; *Dersch/Neumann*, § 8 Anm. 12; *Natzel*, § 8 Anm. 39). Bei Anwendung des § 812 Abs. 1 Satz 2 Alternative 2 BGB besteht dagegen unter Umständen auch dann ein Rückzahlungsanspruch auf das ganze Urlaubsentgelt, wenn der Arbeitnehmer nur teilweise verbotener Erwerbstätigkeit nachgegangen ist, dann nämlich, wenn infolge dieser Erwerbstätigkeit der Urlaubszweck auch im übrigen nicht erreicht worden ist (vlg. *Gaul*, Arbeitsrecht I, F IV Anm. 69; *Natzel*, § 8 Anm. 39; *Maser*, Anm. 137; *Gaul/Boewer*, S. 131; *Gaul*, BB 1965, 869, 874).

18 Der Rückzahlungsanspruch soll nur in bezug auf den Urlaub des Urlaubsjahres, dagegen nicht hinsichtlich des übertragenen Urlaubs begründet sein (vgl. *LAG Hamm* DB 1973, 239; wohl auch *Natzel*, § 8 Anm. 41).

19 **Der Bereicherungsanspruch wird ganz allgemein den Vorschriften der §§ 812ff. BGB unterworfen.** Danach ist insbesondere die Berufung auf den Wegfall der Bereicherung gemäß § 818 Abs. 3 BGB regelmäßig aufgrund § 818 Abs. 4 BGB in Verbindung mit § 819 Abs. 1 BGB oder § 820 Abs. 1 BGB ausgeschlossen (vgl. *Gaul*, Arbeitsrecht I, F IV Anm. 69; *Boldt/Röhsler*, § 8 Anm. 21; *Dersch/Neumann*, § 8

Anm. 10; *Natzel*, § 8 Anm. 40; *Gaul/Boewer*, S. 131). Andererseits ist gemäß § 814 BGB oder § 815 BGB der Rückzahlungsanspruch ausgeschlossen, wenn der Arbeitgeber dem Arbeitnehmer Urlaub einschließlich Urlaubsentgelt gewährt hat, obwohl er von der Absicht urlaubszweckwidriger Erwerbstätigkeit des Arbeitnehmers Kenntnis gehabt hat (vgl. *Boldt/Röhsler*, § 8 Anm. 23; *Natzel*, § 8 Anm. 40).

cc) Verbrauch des Urlaubsanspruchs

20 Im Rahmen der früher herrschenden Meinung ist umstritten, welche Rechtsfolge die verbotswidrige Erwerbstätigkeit während des Urlaubs für den weiteren Bestand des Urlaubsanspruchs hat, wenn das Urlaubsentgelt gar nicht erst bezahlt oder auf Verlangen des Arbeitgebers zurückbezahlt wird. Teilweise wird – mit ganz unterschiedlicher Begründung – die Meinung vertreten, daß Rechtsfolge der verbotswidrigen Erwerbstätigkeit das endgültige Erlöschen, der sogenannte Verbrauch des entsprechenden Urlaubsanspruchs sei (vgl. *Gaul*, Arbeitsrecht I, F IV Anm. 69; *Boldt/Röhsler*, § 8 Anm. 27; *Gola*, DÖD 1985, 77, 81; vgl. außerdem die Nachweise bei *Wachter*, ArbuR 1981, 303f., Fußn. 9). **Nach der im neueren Schrifttum überwiegenden Meinung hat die verbotswidrige Erwerbstätigkeit für sich allein nicht den Verbrauch des entsprechenden Urlaubsanspruchs zur Folge** (vgl. *Dersch/Neumann*, § 8 Anm. 14; *Natzel*, § 8 Anm. 47; *Siara*, § 8 Anm. 8; *Molitor/Volmer/Germelmann*, § 19 Anm. 83; *Maser*, Anm. 137; *Frey*, ArbuR 1966, 353; *M. Wolf*, SAE 1974, 195ff.; *Wachter*, ArbuR 1981, 303). **Dieser Meinung muß zugestimmt werden, weil eine Rechtsgrundlage für den Verbrauch des Urlaubsanspruchs allein wegen verbotswidriger Erwerbstätigkeit fehlt.** § 8 BUrlG enthält bezeichnenderweise keine solche Rechtsfolgen. Auch das Schuldrecht des BGB enthält keine Rechtsgrundlagen für den Verbrauch des Urlaubsanspruchs allein wegen verbotswidriger Erwerbstätigkeit während des Urlaubs. Eine solche Rechtsgrundlage fehlt unabhängig davon, ob der Urlaubsanspruch nach Maßgabe der früher herrschenden Meinung im Falle urlaubszweckwidriger Erwerbstätigkeit wegfällt (vgl. Anm. 14ff.), weil dieser Wegfall des Urlaubsanspruchs auf die Zeit der urlaubszweckwidrigen Tätigkeit beschränkt ist (vgl. *M. Wolf*, SAE 1974, 195ff.). Von einer Verwirkung des Urlaubsanspruchs gemäß § 242 BGB wegen illoyal verspäteter Geltendmachung kann schon mit Rücksicht auf die Regelung in § 7 Abs. 3 und Abs. 4 BUrlG keine Rede sein (vgl. *Frey*, ArbuR 1966, 353f.). Der Verbrauch des Urlaubsanspruchs kann auch nicht damit begründet werden, daß sonst der verbotswidrig handelnde Arbeitnehmer durch den Fortbestand des Urlaubsanspruchs belohnt würde. Abgesehen von der dogmatischen Unklarheit dieses Arguments wiegt diese sogenannte Belohnung schon wegen der möglichen sonstigen Rechtsfolgen verbotswidriger Erwerbstätigkeit nicht so schwer, daß sie den Verbrauch des Urlaubsanspruchs rechtfertigen könnte (vgl. *Wachter*, ArbuR 1981, 303ff.). Schon aus diesem Grunde ist auch die auf Treu und Glauben beruhende Regelung des § 162 BGB nicht geeignet, den Verbrauch des Urlaubsanspruchs zu rechtfertigen. Dazu kommt die Regelung des § 7 Abs. 4 BUrlG, wonach der Urlaubsanspruch sogar im Falle einer groben Treuepflichtverletzung abgegolten werden muß (vgl. § 7 Anm. 177), wozu der Verbrauch des Urlaubsanspruchs allein wegen verbotswidriger Erwerbstätigkeit während des Urlaubs in einem unauflösbaren Wertungswiderspruch stünde (vgl. *Dersch/Neumann*, § 8 Anm. 14; *Natzel*, § 8 Anm. 47). Schließlich spricht der Erholungszweck des Urlaubs gegen den Verbrauch des Urlaubsanspruchs allein wegen verbotswidriger Erwerbstätigkeit während des Urlaubs (vgl. *M. Wolf*, SAE 1974, 195ff.). Auch das BAG hat schon früher zwar nicht entschieden, aber doch zum Ausdruck gebracht, daß der Urlaubsanspruch nicht allein durch die verbotswidrige Erwerbstätigkeit verbraucht werde (vgl. *BAG* EzA § 8 BUrlG Nr. 1 = AP Nr. 1 zu § 8 BUrlG = SAE 1974, 195; *Natzel*, § 8 Anm. 47; *M. Wolf*, SAE 1974, 195ff.). Dementsprechend ist der Verbrauch des Urlaubsanspruchs allein aus diesem Grunde neuerdings auch in der Instanzrechtsprechung abgelehnt worden (vgl. *ArbG Passau* ARSt. 1987, 154). Allerdings steht dem Urlaubs- bzw. Urlaubsabgeltungsanspruch nach der früher herrschenden Meinung wegen der verbotswidrigen Erwerbstätigkeit unter Umständen der Rechtsmißbrauchseinwand entgegen (vgl. *BAG* EzA § 8 BUrlG Nr. 1 = AP Nr. 1 zu § 8 BUrlG = SAE 1974, 195; *ArbG Passau* ARSt. 1987, 154; *Dersch/Neumann*, § 8 Anm. 14; *Frey*, ArbuR 1966, 353ff.). Diese Meinung steht jedoch in einem Wertungswiderspruch zu der Streichung des § 7 Abs. 4 Satz 2 BUrlG alte Fassung (vgl. § 7 Anm. 179; *Wachter*, ArbuR 1981, 303, 306f.).

b) Die Kritik der früher herrschenden Meinung im Schrifttum

21 Zwar ist es unter Berücksichtigung aller Meinungsäußerungen im Schrifttum nach wie vor herrschende Meinung, daß der Urlaubsanspruch im Falle verbotswidriger Erwerbstätigkeit wegfällt und das Urlaubsentgelt infolgedessen gar nicht erst zu zahlen oder auf Verlangen des Arbeitgebers zurückzuzahlen ist. Aber es ist nicht zu verkennen, daß im neueren Schrifttum die Meinung vordringt, daß die verbotswidrige Erwerbstätigkeit während des Urlaubs keine Rechtsfolgen für den Bestand des Urlaubsanspruchs hat (vgl. *Gamillscheg*, Arbeitsrecht I, Nr. 152; *Löwisch*, Anm. 1027; *Schwerdtner*, Arbeitsrecht I, S. 137ff.; *Söllner*, § 33 II 4; MünchKomm-*Söllner*, § 611 Anm. 537; *Schmelzer*, S. 33; *Schwerdtner*, Fürsorgetheorie, S. 199ff.; *Witting*, DB 1964, 806, 808f.; *Baumert*, DB 1966, 1565ff.; *Coester*, DB 1973, 1124ff.; *Birk*, ZfA 1974, 441, 508).

c) Die neue Rechtsprechung des BAG

22 In dem Urteil vom 25. 02. 1988 (EzA § 8 BUrlG Nr. 2 = AP Nr. 3 zu § 8 BUrlG) hat das *BAG* seine **alte Rechtsprechung aufgegeben** und entschieden, daß weder der Urlaubsanspruch noch der Anspruch auf Urlaubsentgelt **im Falle verbotswidriger Erwerbstätigkeit** während des Urlaubs wegfalle, weil es für einen solchen Wegfall weder im Inhalt des Urlaubsanspruchs gemäß § 1 BUrlG noch im Wortlaut, Zusammenhang oder Zweck des § 8 BUrlG einen Anhaltspunkt und damit keine Rechtsgrundlage gebe. Dementsprechend bestehe auch kein Anspruch auf Rückzahlung des Urlaubsentgelts. § 812 Abs. 1 Satz 2 Alternative 1 BGB scheide als Anspruchsgrundlage schon deswegen aus, weil der Arbeitgeber den Anspruch auf Urlaubsentgelt ja schon erfüllt habe und seine Verbindlichkeit dadurch erloschen sei, so daß der gemäß § 812 Abs. 1 Satz 2 Alternative 1 BGB erforderliche Wegfall des rechtlichen Grundes für die Bezahlung des Urlaubsentgelts nicht mehr in Betracht komme. Und § 812 Abs. 1 Satz 2 Alternative 2 BGB sei deswegen nicht gegeben, weil diese Vorschrift »wenigstens eine tatsächliche Willensübereinstimmung der Beteiligten über den verfolgten Zweck« voraussetze und weil der »Urlaubszweck« durch das Bundesurlaubsgesetz bestimmt sei und nicht »von den Parteien des Arbeitsverhältnisses übereinstimmend vorausgesetzt« werde. Damit hat das BAG im Ergebnis der Kritik an der früher herrschenden Meinung (vgl. Anm. 21) Rechnung getragen. Im Schrifttum ist diese neue Rechtsprechung bisher allerdings überwiegend auf Ablehnung gestoßen (vgl. *Dersch/*

Neumann, § 8 Anm. 11; *Adomeit*, SAE 1989, 159f.; *Berger-Delhey*, Anm. EzBAT § 47 BAT Urlaubsvergütung Nr. 6; *Clemens*, Anm. AP Nr. 3 zu § 8 BUrlG; *Fieberg*, ZTR 1989, 146f.; *Schulin*, Anm. EzA § 8 BUrlG Nr. 2).

d) Stellungnahme

23 **Richtig ist, daß es keine Rechtsgrundlage dafür gibt, den Bestand des Urlaubsanspruchs allein wegen verbotswidriger Erwerbstätigkeit während des Urlaubs in Frage zu stellen. Insbesondere enthält das BUrlG keine derartige Rechtsgrundlage.** § 8 BUrlG schreibt keine Rechtsfolgen für den Fall verbotswidriger Erwerbstätigkeit vor (vgl. Anm. 10). Und auch im übrigen gibt es im BUrlG keine Rechtsfolgeregelung, die den Urlaubsanspruch unter der Voraussetzung verbotswidriger Erwerbstätigkeit in Frage stellt. Ganz im Gegenteil enthält § 8 BUrlG Anhaltspunkte für den Bestand des Urlaubsanspruchs trotz verbotswidriger Erwerbstätigkeit. Nach dem Wortlaut dieser Bestimmung gilt das Verbot urlaubszweckwidriger Erwerbstätigkeit »während des Urlaubs«. Diese Formulierung impliziert die Möglichkeit der Verletzung dieses Verbotes »während des Urlaubs« und damit dessen Bestand trotz der Verletzung dieses Verbotes. Dementsprechend ist es ja auch in sich widersprüchlich, den Urlaubsanspruch wegen urlaubszweckwidriger Erwerbstätigkeit in Frage zu stellen, deren Verbot doch Urlaub im Rechtssinn voraussetzt. Auch sonst werden an eine Unterlassungspflichtverletzung keine Rechtsfolgen geknüpft, die den von der früher herrschenden Meinung befürworteten Konsequenzen verbotswidriger Erwerbstätigkeit während des Urlaubs entsprechen würden.

24 Entgegen *M. Wolf* (vgl. SAE 1974, 195ff.) folgt der Wegfall des Urlaubsanspruchs auch nicht aus der Nichterreichbarkeit des Urlaubszwecks im Falle verbotswidriger Erwerbstätigkeit. *M. Wolf* beruft sich auf eine allgemeine Regel, nach der ein gesetzlicher Anspruch wegfällt, wenn der gesetzlich festgelegte Zweck nicht oder nicht mehr erreicht werden kann (vgl. auch *Renaud*, S. 52). Ob es diese Regel wirklich gibt, kann in diesem Zusammenhang dahingestellt bleiben, weil sie jedenfalls nicht für den gesetzlichen Urlaubsanspruch gilt. Dieser Anspruch hat gemäß § 1 BUrlG den Zweck der Erholung des Arbeitnehmers (vgl. Anm. 8). Der Bestand dieses Anspruchs setzt aber nicht die Erreichung des Erholungszwecks voraus (vgl. *Schwerdtner*, Fürsorgetheorie, S. 200; *Natzel*, SAE 1965, 43f. und 175). Anderenfalls käme der Urlaubsanspruch nicht nur im Falle verbotswidriger Erwerbstätigkeit während des Urlaubs in Wegfall, sondern immer dann, wenn der Erholungszweck des Urlaubs verfehlt würde, gleichviel aus welchem Grunde. Das wäre aber eine Konsequenz, der das erforderliche Mindestmaß an Praktikabilität fehlen würde und die schon deswegen nicht Rechtsfolge der Nichterreichung des Urlaubszwecks sein kann. *M. Wolf* hat diesen naheliegenden Einwand zwar erkannt, aber ohne überzeugende Begründung auf sich beruhen lassen. Da also der Urlaubsanspruch trotz verbotswidriger Erwerbstätigkeit während des Urlaubs nicht wegfällt, kann das schon bezahlte Urlaubsentgelt auch nicht gemäß § 812 Abs. 1 Satz 1 beziehungsweise § 812 Abs. 1 Satz 2 Alternative 1 BGB zurückgefordert werden (ebenso nun *Schulin*, Anm. EzA § 8 BUrlG Nr. 2, der zu Recht bemängelt, daß die vom BAG für dasselbe Ergebnis (vgl. Anm. 22) gegebene »Begründung schlechterdings nicht nachvollziehbar ist«).

25 **Ebensowenig kann das schon bezahlte Urlaubsentgelt gemäß § 812 Abs. 1 Satz 2 Alternative 2 BGB zurückgefordert werden**. Zum einen ist § 812 Abs. 1 Satz 2

Alternative 2 BGB nach richtiger und wohl auch herrschender Meinung auf Leistungen, die aufgrund einer vertraglichen oder gesetzlichen Verpflichtung erbracht werden, gar nicht anwendbar, so daß diesbezügliche Leistungsstörungen ausschließlich nach dem jeweiligen Rechtsverhältnis zu beurteilen sind (vgl. *Brox*, Besonderes Schuldrecht, Anm. 400; *Medicus*, Schuldrecht II, § 126 II; *Zeiss*, NJW 1963, 210 und AcP 164, 50, 64f.; *Frotz*, AcP 164, 309, 326). Dementsprechend ist die Nichterreichbarkeit des Urlaubszwecks wegen urlaubszweckwidriger Erwerbstätigkeit kein Fall des § 812 Abs. 1 Satz 2 Alternative 2 BGB, sondern ausschließlich nach dem Arbeitsvertrag in Verbindung mit den §§ 1ff. BUrlG zu beurteilen, die den Urlaubsanspruch begründen (vgl. *Coester*, DB 1973, 1124; *Birk*, ZfA 1974, 441, 507; *M. Wolf*, SAE 1974, 195f.). Das früher vom *BAG* (vgl. EzA § 8 BUrlG Nr. 1 = AP Nr. 1 zu § 8 BUrlG = SAE 1974, 194) vorgebrachte Argument, daß der Urlaubsanspruch gar nicht unmittelbar dazu diene, die Leistungen des Arbeitnehmers abzugelten, verschlägt nichts, weil § 812 Abs. 1 Satz 1 Alternative 2 BGB nicht nur im Rahmen synallagmatischer Rechtsverhältnisse funktionslos ist. Zum anderen spricht gegen die Anwendbarkeit des § 812 Abs. 1 Satz 2 Alternative 2 BGB, daß diese Vorschrift nur eingreift, wenn »der mit einer Leistung nach dem Inhalt des Rechtsgeschäfts bezweckte Erfolg nicht eintritt«. Es muß sich also um einen rechtsgeschäftlich vereinbarten Erfolgszweck handeln. Der Erholungszweck des Urlaubs wird aber nicht rechtsgeschäftlich vereinbart, sondern ist gemäß § 1 BUrlG gesetzlich bestimmt worden (so nun auch *BAG* EzA § 8 BUrlG Nr. 2 = AP Nr. 3 zu § 8 BUrlG; ebenso schon *Söllner*, § 33 II 4; *Birk*, ZfA 1974, 441, 507; *M. Wolf*, SAE 1974, 195; nun auch *Löwisch*, Anm. 1027). Demgegenüber wird nun einerseits geltend gemacht, daß die gemäß § 812 Abs. 1 Satz 2 Alternative 2 BGB erforderliche rechtsgeschäftliche Vereinbarung des gesetzlichen Erholungszwecks im Abschluß des Arbeitsvertrags liege (so *Schulin*, Anm. EzA § 8 BUrlG Nr. 2), andererseits, daß »sich die Arbeitsvertragsparteien den gesetzlich festgelegten Zweck« bei der Urlaubserteilung zu eigen machten (so *Berger-Delhey*, Anm. EzBAT § 47 BAT Urlaubsvergütung Nr. 6; *Frieberg*, ZTR 1989, 146f.). Jedoch ist weder die eine noch die andere Begründung überzeugend, weil die angebliche rechtsgeschäftliche Vereinbarung des gesetzlichen Erholungszwecks in Wahrheit nur eine Fiktion ist. Schließlich spricht gegen die Anwendbarkeit des § 812 Abs. 1 Satz 2 Alternative 2 BGB, daß der gesetzliche Urlaubsanspruch gar nicht in dem Sinne zweckgebunden ist, daß die Nichterreichung des gesetzlichen Erholungszwecks das Urlaubsschuldverhältnis stören würde. Sonst müßte das Urlaubsentgelt gemäß § 812 Abs. 1 Satz 2 Alternative 2 BGB nicht nur im Falle verbotswidriger Erwerbstätigkeit während des Urlaubs zurückgezahlt werden, sondern immer dann, wenn der Erholungszweck des Urlaubs verfehlt würde, gleichviel aus welchem Grunde. Das aber wäre eine Konsequenz, der das erforderliche Mindestmaß an Praktikabilität fehlen würde und die deswegen nicht Rechtsfolge der Nichterreichung des Urlaubszwecks sein kann (vgl. *Schwerdtner*, Arbeitsrecht I, S. 137f.; *Söllner*, § 33 II 4; *Schwerdtner*, Fürsorgetheorie, S. 200ff.; *Edeler*, S. 41f.).

6. § 134 BGB

26 **Nach der im Schrifttum herrschenden Meinung ist § 8 BUrlG ein Verbotsgesetz im Sinne von § 134 BGB** und jeder Vertrag über eine dem Urlaubszweck widersprechende Erwerbstätigkeit gemäß § 134 BGB nichtig (vgl. *Gaul*, Arbeitsrecht I, F IV Anm. 69 Fußn. 208; *Schaub*, § 102 A III 3; *Boldt/Röhsler*, § 8 Anm. 15; *Dersch/Neumann*, § 8 Anm. 7; *Natzel*, § 8 Anm. 32; *Fieberg*, ZTR 1989, 146f.). Das *ArbG Herne* (vgl. BB 1966, 453 = DB 1965, 1670) hat sich dieser Meinung angeschlossen. **Nach richtiger Meinung ist ein Vertrag über eine dem Urlaubszweck widersprechende Erwerbstätigkeit nicht gmäß § 8 BUrlG in Verbindung mit § 134 BGB nichtig** (vgl. *Schwerdtner*, Arbeitsrecht I, S. 137, 140; *Siara*, § 8 Anm. 7; *Brennberger/Bauernfeind*, § 19 Anm. 63; *Riedel*, § 19 Anm. 32; *Schwerdtner*, Fürsorgetheorie, S. 203; *Dieckhoff*, DB 1966, 1235). Ob ein Rechtsgeschäft, das gegen ein gesetzliches Verbot verstößt, gemäß § 134 BGB nichtig ist, muß im Wege der Auslegung des gesetzlichen Verbotes festgestellt werden (vgl. *Medicus*, Allgemeiner Teil des BGB, Anm. 646). Abgesehen vom Wortlaut kommt es vor allem auf den Zweck des gesetzlichen Verbotes an. Die Auslegung des § 8 BUrlG ergibt, daß ein Vertrag über eine dem Urlaubszweck widersprechende Erwerbstätigkeit nicht gemäß § 134 BGB nichtig ist. Der Wortlaut des § 8 BUrlG ist zumindest mehrdeutig. Die Formulierung, daß der Arbeitnehmer keine dem Urlaubszweck widersprechende Erwerbstätigkeit ausüben »darf«, spricht nach dem üblichen Sprachgebrauch des Gesetzgebers nicht für die Nichtigkeitsfolge gemäß § 134 BGB (vgl. *Larenz*, Allgemeiner Teil des deutschen Bürgerlichen Rechts, § 22 II). Gegen die Nichtigkeitsfolge gemäß § 134 BGB spricht die Adresse des § 8 BUrlG, der sich nur an den Arbeitnehmer wendet (vgl. BGHE 46, 24, 26 m.w.N.). Dagegen spricht auch das Interesse des Vertragspartners des Arbeitnehmers an der Wirksamkeit des Vertrages, weil die Verbotswidrigkeit der vereinbarten Erwerbstätigkeit für ihn unbekannt oder wenigstens unklar sein kann (vgl. *Schwerdtner*, Arbeitsrecht I, S. 137, 140). Außerdem spricht gegen die Nichtigkeitsfolge gemäß § 134 BGB die systematische Stellung des § 8 BUrlG im BUrlG, das die obligatorischen Beziehungen zwischen Arbeitgeber und Arbeitnehmer regelt. § 8 BUrlG hat auch nicht das Gewicht eines Verbotsgesetzes mit der Nichtigkeitsfolge des § 134 BGB (vgl. *Soergel/Hefermehl*, § 134 Anm. 33ff.). Schließlich fordert auch der Zweck des § 8 BUrlG nicht die Nichtigkeit des Vertrages über die urlaubszweckwidrige Erwerbstätigkeit. Denn der Zweck des § 8 BUrlG richtet sich ja nicht gegen den Inhalt eines solchen Vertrages, sondern erschöpft sich in der Verhinderung der urlaubszweckwidrigen Erwerbstätigkeit, ein Zweck, der auch durch die allgemeinen Rechtsfolgen der urlaubszweckwidrigen Erwerbstätigkeit erreicht werden kann (vgl. *Larenz*, a.a..O.). § 8 BUrlG enthält also nicht mehr und nicht weniger als die Aufstellung eines Verbotes, das als Nebenpflicht des Arbeitnehmers Teil des Arbeitsverhältnisses ist. Für die Kollision dieses Verbotes mit einem wirksamen Vertrag über eine verbotswidrige Erwerbstätigkeit gelten die allgemeinen Regeln. **Auch das BAG hat neuerdings festgestellt, daß § 8 BUrlG kein gesetzliches Verbot im Sinne von § 134 BGB ist** (*BAG* EzA § 8 BUrlG Nr. 2 = AP Nr. 3 zu § 8 BUrlG). Zur Begründung hat es lediglich geltend gemacht, daß § 8 BUrlG »nur eine Regelung über eine vertragliche Pflicht des Arbeitnehmers« enthalte. Das ist allerdings mißverständlich, weil es sich in Wahrheit, wie das BAG selbst formuliert hat, um eine »gesetzlich bedingte Pflicht« des Arbeitnehmers »aus seinem Arbeitsverhältnis« handelt. Gemeint ist

anscheinend die obligatorische Bedeutung des Verbotes urlaubszweckwidriger Erwerbstätigkeit gemäß § 8 BUrlG.

IV. Rechtsfolgen zu Lasten des Vertragspartners des Arbeitnehmers

27 Der Vertrag über die dem Urlaubszweck widersprechende Erwerbstätigkeit ist nicht gemäß § 134 BGB nichtig (vgl. Anm. 26). Ebensowenig wie § 8 BUrlG ein Verbotsgesetz mit der Nichtigkeitsfolge gemäß § 134 BGB ist, handelt es sich bei § 8 BUrlG um ein Schutzgesetz im Sinne von § 823 Abs. 2 BGB zugunsten des Arbeitgebers (vgl. *Boldt/Röhsler*, § 8 Anm. 17; *Natzel*, § 8 Anm. 37; *Siara*, § 8 Anm. 7c; *Edeler*, S. 49). Schadensersatzansprüche gegen den Vertragspartner des Arbeitnehmers kommen daher nur unter den Voraussetzungen von § 826 BGB oder § 1 UWG in Betracht (vgl. *Boldt/Röhsler*, § 8 Anm. 17; *Dersch/Neumann*, § 8 Anm. 13, *Natzel*, § 8 Anm. 37).

V. Unabdingbarkeit

28 Gemäß § 13 Abs. 1 Satz 1 BUrlG kann in Tarifverträgen von § 8 BUrlG abgewichen werden. Trotzdem wird eine tarifvertragliche Erlaubnis urlaubszweckwidriger Erwerbstätigkeit während des Urlaubs für unmöglich gehalten, weil eine solche Erlaubnis eine mittelbare Abweichung von § 1 BUrlG darstellen würde (zur mittelbaren Abweichung allgemein *Berscheid*, § 13 Anm. 17) und deswegen gemäß § 13 Abs. 1 Satz 1 und 3 BUrlG verboten sei (vgl. *Boldt/Röhsler*, § 8 Anm. 31; *Dersch/Neumann*, § 8 Anm. 1; *Natzel*, § 8 Anm. 48; *Siara*, § 8 Anm. 9). Dem kann jedoch schwerlich zugestimmt werden, weil eine solche Erlaubnis den Inhalt des Urlaubsanspruchs gemäß § 1 BUrlG nicht berühren würde (vgl. Anm. 1).

29 Andererseits sind auch unabhängig von § 13 Abs. 1 Satz 1 BUrlG über § 8 BUrlG hinausgehende Reglementierungen des Urlaubs in Tarifverträgen schon deswegen nicht möglich, weil die Regelungsbefugnis der Tarifvertragsparteien nicht den Individualbereich des Arbeitnehmers umfaßt (vgl. *Boldt/Röhsler*, § 8 Anm. 31; *Natzel*, § 8 Anm. 48; *Schwerdtner*, Fürsorgetheorie, S. 198).

30 Die Rechtsfolgen urlaubszweckwidriger Erwerbstätigkeit stehen dagegen gemäß § 13 Abs. 1 Satz 1 BUrlG grundsätzlich zur Disposition der Tarifvertragsparteien (vgl. *Boldt/Röhsler*, § 8 Anm. 32; *Dersch/Neumann*, § 13 Anm. 87; *Natzel*, § 8 Anm. 49; *Biedenkopf*, S. 259f.; *Gaul*, NzA 1991, 503f.). Allerdings können die Tarifvertragsparteien gemäß § 13 Abs. 1 Satz 1 und 3 BUrlG nach richtiger Meinung auch im Falle urlaubszweckwidriger Erwerbstätigkeit weder den Urlaubsanspruch noch den Anspruch auf Urlaubsentgelt gemäß § 1 BUrlG einschränken oder gar ausschließen (vgl. *BAG* EzA § 8 BUrlG Nr. 2 = AP Nr. 3 zu § BUrlG; *LAG Köln* LAGE § 7 BUrlG Nr. 19; *Natzel*, § 8 Anm. 50f.; zum Anspruch auf Urlaubsentgelt **a.M.** *Dersch/Neumann*, § 8 Anm. 12; *Gaul*, NZA 1991, 503f.).

§ 9 Erkrankung während des Urlaubs

Erkrankt ein Arbeitnehmer während des Urlaubs, so werden die durch ärztliches Zeugnis nachgewiesenen Tage der Arbeitsunfähigkeit auf den Jahresurlaub nicht angerechnet.

Literatur

Barwasser, Regelwidriges Verhalten des Arbeitnehmers vor und während der Arbeitsunfähigkeit als Konfliktsgegenstand, DB 1976, 1332; *Dittrich*, Erkrankung während des Urlaubs im österreichischen Recht, ArbuR 1965, 15; *Harbeck*, Unbezahlter Urlaub und Arbeitsunfähigkeit, BlStSozArbR 1975, 289; *Feichtinger*, AR-Blattei, Urlaub VIII, Einfluß von Krankheiten und Kuren auf den Urlaub; *Herschel*, Erkrankung während unbezahlten Sonderurlaubs, DB 1981, 2431; *v. Hoyningen-Huene*, Die unbezahlte Freistellung von der Arbeit, NJW 1981, 713; *Kauffmann*, Urlaub und Krankheit, Betriebsverfassung 1956, 108; *Kohte*, Kontinuität und Bewegung im Urlaubsrecht, BB 1984, 609; *Leinemann*, Der Urlaubsanspruch nach dem BUrlG, DB 1983, 989; *ders.*, Die neue Rechtsprechung des Bundesarbeitsgerichts zum Urlaubsrecht, NZA 1985, 137; *Marburger*, Die Ansprüche auf Entgeltfortzahlung und Krankengeld im Zusammenhang mit einem Urlaub des Arbeitnehmers, BB 1978, 104; *Maurer*, Krankheit während bezahlten und unbezahlten Urlaubs, ArbuR 1972, 317; *Otten*, Zur Arbeitsunfähigkeitsbescheinigung i. S. des Lohnfortzahlungsgesetzes, DB 1976, 389; *Schelp*, Krankheit im Urlaub, DB 1962, 702; *Schulin*, Anfängliche Arbeitsunfähigkeit im Lohnfortzahlungsrecht, ZfA 1978, 215; *Siara*, Urlaubsdauer und Krankheit, ArbuR 1964, 39; *Trieschmann*, Urlaub und Krankheit, DB 1958, 599; *Westhoff*, Der Urlaubsanspruch des Arbeitnehmers im Krankheitsfall, AiB 1987, 38; *Winderlich*, Der Urlaubszweck, ArbuR 1989, 300.

Inhaltsübersicht

I. Erkrankung im Urlaub

1. Grundsatz

1 Das Verbot des § 9, nachgewiesene Tage der Arbeitsunfähigkeit auf den Jahresurlaub anzurechnen, entspricht einem allgemeinen Grundsatz des Urlaubsrechts. Dieser Grundsatz würde auch anzuerkennen sein, wenn er im Gesetz keinen Niederschlag gefunden hätte. Wenn es nämlich dem Sinn und Zweck des Urlaubs entspricht, daß sich der Arbeitnehmer von geleisteter Arbeit erholen soll, so müssen Krankheitstage, in denen der Arbeitnehmer arbeitsunfähig erkrankt ist, außer Betracht bleiben. Denn an diesen Tagen kann sich der Arbeitnehmer nicht erholen. Urlaub und Krankheit schließen einander grundsätzlich aus (vgl. *Boldt/Röhsler*, § 9 Anm. 5; *BGH* v. 30. 11. 1977, EzA § 616 BGB Nr. 18; *Dersch/Neumann*, § 9 Anm. 7, die allerdings zutreffend auf denkbare Ausnahmen hinweisen, in denen trotz Arbeitsunfähigkeit Erholung möglich ist [Fingerverletzung eines Klavierspielers]).

2 Der Arbeitgeber hat die Urlaubstage, in denen der Arbeitnehmer arbeitsunfähig erkrankt war, nachzugewähren. Die bereits verbrauchten Urlaubstage oder die Urlaubstage nach der Erkrankung, wenn die Krankheitstage innerhalb des Urlaubs lagen, brauchen dagegen nicht nachgewährt zu werden. Der allgemeine Grundsatz der Unteilbarkeit des Urlaubs gilt in diesen Fällen nicht (*Dersch/Neumann*, § 9 Anm. 9). Keine Ausnahme gilt in dem Fall, in dem der Arbeitnehmer während der Betriebsferien (*BAG* v. 16. 3. 1972, EzA § 1 LohnFG Nr. 21) oder der Schulferien bzw. der sog. Theaterferien erkrankt und die verbleibende Zeit dieser Ferien zur Erfüllung des Urlaubsanspruchs nicht ausreicht (*BAG* v. 31. 7. 1976, EzA § 9 BUrlG Nr. 8 = AP Nr. 6 zu § 9 BUrlG).

2. Krankheit des Arbeitnehmers

3 Voraussetzung für die Nichtanrechnung nach § 9 ist eine **Krankheit des Arbeitnehmers im medizinischen Sinne, die zur Arbeitsunfähigkeit führt.** Der Begriff der Arbeitsunfähigkeit in § 9 ist identisch mit diesem Begriff im Lohnfortzahlungsrecht. Auszugehen ist vom medizinischen Begriff der Krankheit. Dabei ist die Ursache des Krankheitsgeschehens, das der Heilbehandlung bedarf, ohne Bedeutung, sofern es sich wegen der Schwere als Gesundheitsstörung darstellt, d. h. um einen regelwidrigen körperlichen oder geistigen Zustand (*BAG* v. 26. 7. 1989, EzA § 1 LohnFG Nr. 112). **Arbeitsunfähigkeit** liegt vor, wenn die Krankheit **unmittelbar** den Arbeitnehmer außerstande setzt, seiner Beschäftigung nach dem Arbeitsvertrag nachzugehen. Sie liegt ferner auch dann vor, wenn bei Fortsetzung der Arbeit, die an sich möglich wäre, die Gefahr einer Verschlimmerung der Krankheit besteht und schließlich auch dann, wenn die Krankheit der Behandlung bedarf und diese die Abwesenheit des Arbeitnehmers vom Arbeitsplatz erfordert (vgl. dazu eingehend *Schulin*, ZfA 1978, 251; *BAG* v. 5. 4. 1976, EzA § 1 LohnFG Nr. 48; *BAG* v. 24. 2. 1981, EzA § 133c GewO Nr. 1; *BAG* v. 26. 7. 1989, EzA § 1 LohnFG Nr. 112). Besteht die Notwendigkeit, sich wegen der Krankheit in stationäre Behandlung zu begeben, so liegt vom Zeitpunkt der Krankenhauseinweisung an stets Arbeitsunfähigkeit vor.

4 Der in § 9 enthaltene Rechtsgedanke kann auf andere Tatbestände **ausnahmsweise** entsprechend angewandt werden, wenn ähnliche Beschränkungen den Arbeitnehmer hindern, den Urlaub seinem Sinn und Zweck entsprechend zu gestalten und sich im Rahmen grundsätzlich freier Selbstbestimmung zu erholen. Das ist in der Regel der Fall, wenn gegenüber einem Arbeitnehmer ein **seuchen-polizeiliches Tätigkeitsverbot** verhängt worden ist; denn damit sind Beschränkungen in der Berufsausübung verbunden sowie strenge hygienische Auflagen, die Aufenthalte in Gemeinschaftseinrichtungen und Hotels absolut ausschließen. So kann je

nach Lage des Falles die Annahme gerechtfertigt sein, daß sich der Arbeitnehmer nicht so erholen kann, wie es dem Urlaubszweck entspricht (*BGH* v. 30. 11. 1978, EzA § 616 BGB Nr. 18; *Dersch/Neumann*, § 9 Anm. 7).

5 Der Arbeitgeber ist nicht in allen Fällen in entsprechender Anwendung des § 9 zur Gewährung von Nachurlaub verpflichtet, in denen der Erholungsurlaub durch andere, nicht auf Krankheit beruhende Umstände beeinträchtigt wird, z.B. durch familiäre Ereignisse (Beerdigung naher Angehöriger, *BAG* v. 11. 1. 1966, AP Nr. 1 zu § BUrlG Nachurlaub). Abgelehnt worden ist die Anwendung des § 9 auch in dem Fall der Bewilligung des Urlaubs eines Orchestermitglieds in den Theaterferien, die wesentlich länger waren als der Erholungsurlaub, sofern die Theaterferien insgesamt zur Erfüllung des Urlaubsanspruchs ausreichen, selbst wenn in dem Rest der Theaterferien wegen Mangels an Beschäftigung Gehaltsfortzahlung erfolgte (*BAG* v. 31. 7. 1976, EzA § 9 BUrlG Nr. 8).

6 Streiten die Parteien darüber, ob eine arbeitsunfähige Erkrankung des Arbeitnehmers vorgelegen hat, so entscheiden darüber die Gerichte für Arbeitssachen. Es unterliegt der richterlichen Nachprüfung, ob der Arzt den Begriff der Arbeitsunfähigkeit zutreffend interpretiert und angewandt hat (zum Nachweis der Arbeitsunfähigkeit vgl. unten Anm. 12–17).

3. Beeinträchtigung des Erholungszweckes

7 Die Nachgewährung des Urlaubs setzt voraus, daß die durch Krankheit bedingte **Arbeitsunfähigkeit den Erholungszweck des Urlaubs vereitelt** (vgl. *Dersch/Neumann*, § 9 Anm. 7; *Boldt/Röhsler*, § 9 Anm. 9; *Schelp*, DB 1962, 702; *Trieschmann*, DB 1963, 731; *LAG Hamburg* BB 1979, 889; *LAG Düsseldorf* DB 1975, 159; **a.A.** *LAG Frankfurt* DB 1966, 1570, das in den wenigen denkbaren Ausnahmefällen einen Anspruch mit dem Einwand des Rechtsmißbrauchs begegnen will). Nur unter dieser Voraussetzung greift das Anrechnungsverbot des § 9 ein. Das ergibt sich zwar nicht unmittelbar aus dem Wortlaut des Gesetzes, das nur den Begriff der Arbeitsunfähigkeit erwähnt, dürfte jedoch seinem Sinn entsprechen. In aller Regel wird man allerdings anzunehmen haben, daß der arbeitsunfähig erkrankte Arbeitnehmer nicht in der Lage ist, sich zu erholen. Immerhin sind aber seltene Ausnahmefälle denkbar, in denen sich ein arbeitsunfähig erkrankter Arbeitnehmer dennoch erholen kann und damit der Zweck des Urlaubs nicht beeinträchtigt wird (vgl. das von *Dersch/Neumann*, § 9 Anm. 7 gebildete Beispiel des Klavierspielers, der sich im Urlaub am Finger verletzt). Andererseits sind auch Fälle denkbar, in denen der Arbeitnehmer zwar arbeiten könnte, jedoch eine Erfüllung ausscheidet, weil der Arbeitnehmer den Urlaub nicht so gestalten kann, wie er es ohne die Krankheit tun könnte, z.B. Beinverletzung im Urlaub (vgl. dazu zutreffend *Dersch/Neumann*, § 9 Anm. 7). Ob der Erholungszweck schon dann immer gewährleistet ist, wenn dem Arbeitnehmer vom Arzt »frische Luft« verordnet worden ist, erscheint zweifelhaft. Die Entscheidung des *LAG Düsseldorf* (DB 1975, 159) dürfte stark dadurch geprägt worden sein, daß es sich um eine nachgewiesene sog. »angekündigte Krankheit« handelte.

8 Erforderlich sind im Einzelfall sichere Feststellungen, daß der Erholungszweck nicht beeinträchtigt wird. Die Behauptungs- und Beweislast liegt insoweit beim Arbeitgeber (wie hier *Siara*, § 9 Anm. 3; *Borrmann*, § 9 Anm. 7). Allerdings besteht eine **Mitwirkungspflicht des Arbeitnehmers**, der im Streitfall vorzutragen hat, welches Krankheitsbild zur Arbeitsunfähigkeit geführt hat. Anderenfalls wäre es dem Arbeitgeber unmöglich, den Beweis zu führen, daß eine arbeitsunfähige Erkrankung den Erholungszweck des Urlaubs nicht beeinträchtigt (vgl. dazu *Natzel*, § 9 Anm. 20).

9 Zu den Auswirkungen eines seuchenpolizeilichen Tätigkeitsverbotes vgl. oben Anm. 4.

4. Verschulden

10 Die Nachgewährung von Urlaubstagen kommt nur dann in Betracht, wenn die arbeitsunfähige Erkrankung vom Arbeitnehmer **nicht verschuldet** ist (vgl. *Boldt/Röhsler*, § 9 Anm. 11; *Natzel*, § 9 Anm. 21; *Schelp/Trieschmann*, Das Arbeitsverhältnis im Krankheitsfall, S. 217; *Staudinger/Nipperdey/Neumann*, § 611 BGB Anm. 278; **a. A.** *Dersch/Neumann*, § 9 Anm. 8; *Siara*, § 9 Anm. 4; *Feichtinger*, AR-Blattei, Urlaub VIII, Krankheit und Kur). Das kommt zwar im Gesetz nicht zum Ausdruck, jedoch wollte der Gesetzgeber in § 9 nur einen hergebrachten Grundsatz des Urlaubsrechts übernehmen (vgl. Schriftlicher Bericht des Ausschusses für Arbeit, Drucks. IV, 785 S. 4). Bis zum Erlaß des BUrlG war es allgemein anerkannt, daß nur **unverschuldete Krankheitszeiten** vom Arbeitgeber nachzugewähren waren (vgl. *Boldt/Röhsler*, § 9 Anm. 11 unter Hinweis auf *Nipperdey/Mohnen/Neumann*, § 611 BGB Anm. 278; *Schelp/Trieschmann*, Das Arbeitsverhältnis im Krankheitsfalle, S. 38ff., 217). Zutreffend weisen *Boldt/Röhsler* (§ 9 Anm. 11) darauf hin, daß die gegenteilige Ansicht mit dem das Arbeitsverhältnis beherrschenden Grundsatz von Treu und Glauben gröblichst im Widerspruch steht, da sonst das Risiko eigenen Tuns auf den Arbeitgeber abgewälzt würde. Dem kann nicht entgegengehalten werden, die Folgen eines Verschuldens des Arbeitnehmers zeigten sich im Lohnfortzahlungsrecht, nicht im Urlaubsrecht (so *Dersch/Neumann*, § 9 Anm. 8 und 15). Im Falle des Verschuldens an der Krankheit soll der Arbeitnehmer für die Krankheitstage **keinen Lohn** erhalten, aber der Urlaub später trotzdem nachzugewähren sein. Den Ausfall der Lohnzahlung könne der Arbeitnehmer allerdings dadurch verhindern, daß er die Erkrankung gar nicht anzeige, der Arbeitgeber somit das Urlaubsentgelt zahle. Gegen diese »praktische Lösung« wird kaum etwas einzuwenden sein, jedoch dürfte der Arbeitgeber im »Normalfall« nach der hier abgelehnten Meinung dadurch belastet sein, daß er den Arbeitnehmer für die Krankheitstage erneut von der Arbeit freizustellen hat, er ihm also für eine produktive Leistung in einem weiteren Zeitraum nicht zur Verfügung steht, obwohl das allein der Arbeitnehmer zu vertreten hat.

11 Zum **Begriff des Verschuldens** ist auf die Grundsätze zu verweisen, die in der Rechtsprechung seit langem zu den §§ 616 BGB; 1 LohnFG, 63 HGB und 133c GewO anerkannt sind. Danach liegt ein Verschulden des Arbeitnehmers dann vor, wenn ein **gröblicher Verstoß** gegen das von einem verständigen Menschen im eigenen Interesse zu erwartende Verhalten vorliegt, dessen Folgen auf den Arbeitgeber abzuwälzen unbillig wäre (vgl. *BAG* v. 30. 3. 1988, EzA § 1 LohnFG Nr. 92; *BAG* v. 7. 12. 1972, EzA § 1 LohnFG Nr. 29; *BAG* v. 7. 12. 1972, EzA § 1 LohnFG Nr. 30 = AP Nr. 26 zu § 1 LohnFG; *BAG* v. 28. 2. 1979, EzA § 1 LohnFG Nr. 55 = AP Nr. 44 zu § 1 LohnFG). Zum Verschulden bei **Trunksucht**

hat das BAG (*BAG* v. 1. 6. 1983, EzA § 1 LohnFG Nr. 69) das früher in aller Regel angenommene Selbstverschulden des Arbeitnehmers aufgegeben (*BAG* v. 11. 11. 1987 und v. 30. 3. 1988, EzA § 1 LohnFG Nrn. 88 und 92). Der Arbeitgeber muß, wie in allen anderen Fällen der Erkrankung des Arbeitnehmers, das Verschulden darlegen und beweisen. Allerdings trifft den Arbeitnehmer eine Pflicht zur Mitwirkung an der Aufklärung aller für die Entstehung der Erkrankung erheblichen Umstände (*BAG* v. 7. 8. 1991, EzA § 1 LohnFG Nr. 120).

5. Nachweis der Arbeitsunfähigkeit

12 Weitere Voraussetzung für die Nichtanrechnung der Krankheitstage auf den Urlaub ist der Nachweis durch ein **ärztliches Zeugnis**. Ein amtsärztliches Zeugnis kann nicht verlangt werden. Zieht der Arbeitnehmer den Arzt nicht sofort hinzu, so gilt grundsätzlich das Datum der Arbeitsunfähigkeit, das der Arzt später bescheinigt. Immerhin wird es hier Fälle geben, in denen aus den Angaben des Arztes schon auf eine frühere Arbeitsunfähigkeit geschlossen werden kann. Das ist in besonderen Fällen als zulässig anzusehen, weil § 9 lediglich durch die ärztliche Bescheinigung den Nachweis der arbeitsunfähigen Erkrankung sicherstellen will. In Zweifelsfällen dagegen, z. B. bei einer leichteren Erkältung, wird der Nachweis ausschließlich durch ein ärztliches Zeugnis geführt werden können.

13 Durch das ärztliche Zeugnis soll dem Arbeitgeber der Nachweis erbracht werden, daß der Arbeitnehmer arbeitsunfähig erkrankt ist. Das ärztliche Zeugnis über die Arbeitsunfähigkeit weist in aller Regel gleichzeitig aus, daß sich der Arbeitnehmer in dieser Zeit nicht erholen konnte.

14 Das Gesetz macht keinen Unterschied zwischen dem **Attest eines Arztes im Inland** oder im **Ausland**. Grundsätzlich genügt daher auch das Attest eines Arztes im Ausland zum Nachweis der arbeitsunfähigen Erkrankung. Die Rechtsprechung verlangt aber, daß das Attest des ausländischen Arztes erkennen läßt, daß der ausländische Arzt zwischen einer bloßen Erkrankung und einer mit Arbeitsunfähigkeit verbundenen Krankheit unterschieden und damit eine den Begriffen des deutschen Arbeits- und Sozialversicherungsrechts entsprechende Beurteilung vorgenommen hat (vgl. *BAG* v. 20. 2. 1985, EzA § 3 LohnFG Nr. 3; *BAG* v. 15. 12. 1987, EzA § 9 BUrlG Nr. 13).

15 Gelingt es dem Arbeitgeber, den **Beweiswert** des Attestes des ausländischen Arztes zu erschüttern, so hat der Arbeitnehmer anderweitig die Arbeitsunfähigkeit zu beweisen, vgl. dazu *BAG* v. 20. 2. 1985, EzA § 3 LohnFG Nr. 5. Das BAG hat sich in dieser Entscheidung mit dem Fall befaßt, in dem ein Arbeitnehmer wiederholt in seinem Heimaturlaub erkrankte. *BAG* v. 18. 9. 1985, EzA § 3 LohnFG Nr. 11: Beeinträchtigung des Beweiswertes des Attestes eines ausländischen Arztes durch die Behandlungsmethode.

16 Ebenso wie im Lohnfortzahlungsrecht (vgl. § 3 LohnFG) begründet das ordnungsgemäß ausgestellte ärztliche Attest keine **gesetzliche Vermutung** für die arbeitsunfähige Erkrankung (vgl. dazu *BAG* v. 11. 8. 1976, EzA § 3 LohnFG Nr. 3 = AP Nr. 2 zu § 3 LohnFG = DB 1977, 119). Anderenfalls würde vom Arbeitgeber bei einem Versuch, die Beweiskraft des Attestes zu erschüttern, Unmögliches verlangt. Normalerweise kennt er ja nicht einmal die Diagnose. Andererseits hat das

ordnungsgemäß ausgestellte ärztliche Attest einen hohen Beweiswert. Das gilt im Lohnfortzahlungsrecht und bei der Anwendung des § 9 BUrlG. In beiden Fällen sieht das Gesetz den **Nachweis** der Arbeitsunfähigkeit durch ein ärztliches Attest vor. Der Beweiswert der Bescheinigung ergibt sich aus der Lebenserfahrung (*BAG* v. 11. 8. 1976, EzA § 3 LohnFG Nr. 3). Dagegen hat das LAG München in einer vielbeachteten Entscheidung dem ärztlichen Attest keinen »nennenswerten« Beweiswert zugesprochen (*LAG München* v. 9. 11. 1988, LAGE § 63 HGB Nr. 8 mit zust. Anm. von *Schilken* (bei dem vom LAG festgestellten Sachverhalt überrascht die Beurteilung im konkreten Fall nicht); **a. A.** *LAG Hamm* v. 12. 4. 1989, LAGE § 3 LohnFG Nr. 5; *LAG Köln* v. 16. 6. 1989, BB 1989, 2048). Für die Praxis entscheidend ist, daß der Arbeitgeber den hohen Beweiswert des ärztlichen Attestes erschüttern kann, indem er Umstände vorträgt und ggfls. beweist, die die Beweiskraft des Attestes beeinträchtigen, die **ernsthafte und begründete Zweifel** an der Richtigkeit der Bescheinigung auslösen können. Dann ist eine erschöpfende Würdigung aller für und gegen die Arbeitsunfähigkeit sprechenden Umstände erforderlich (vgl. dazu *BAG* v. 11. 8. 1976, EzA § 3 LohnFG Nr. 3; *BAG* v. 20. 2. 1985, EzA § 3 LohnFG Nr. 5; *LAG Berlin* EzA § 1 LohnFG Nr. 54; *LAG Düsseldorf* DB 1981, 900; *Barwasser*, DB 1976, 1332; *Natzel*, § 9 Anm. 51). In diese Beweiswürdigung der Gerichte können auch die Tarifvertragsparteien nicht eingreifen (vgl. *BAG* v. 4. 10. 1978, EzA § 616 BGB Nr. 13).

17 Eine Frist zur Vorlage des Attestes bestimmt das Gesetz nicht. Der Arbeitnehmer muß es **unverzüglich**, d. h. ohne schuldhaftes Verzögern, vorlegen. Urlaubsrechtliche Konsequenzen bei verspäteter Vorlage können nicht gezogen werden (wie hier *Dersch/Neumann*, § 9 Anm. 5; **a. A.** *Boldt/Röhsler*, § 9 Anm. 19a, die bei unzumutbar später Vorlage des Attestes den Einwand der Arglist für begründet halten und den Resturlaubsanspruch somit ausschließen). Dieser Auffassung kann nicht zugestimmt werden, weil der Arbeitnehmer trotz Erkrankung seinen Dienst wie vorgesehen wieder antreten muß, sein Urlaub sich also nicht automatisch verlängert. Damit wiegt der Vertragsverstoß nicht schwer, weil in aller Regel für den Arbeitgeber empfindliche Nachteile nicht entstehen werden. Bei wiederholter verspäteter Attestvorlage, insbesondere wenn die Krankheit über den Urlaubszeitraum hinaus andauert, ist der Arbeitgeber nach einer entsprechenden Abmahnung zur Kündigung des Arbeitsverhältnisses berechtigt.

18 Die Vorschrift, daß die arbeitsunfähige Erkrankung durch ein ärztliches Attest nachzuweisen ist, ist eine Beweis- und Ordnungsvorschrift, d. h. die Arbeitsunfähigkeit kann in Ausnahmefällen, in denen die Hinzuziehung eines Arztes nicht möglich ist, auch auf andere Weise nachgewiesen werden. Bei schweren Unfällen oder Verletzungen dürfte dies leichter möglich sein als z. B. bei fieberhaften Infekten. Die Beweislast liegt hier beim Arbeitnehmer (vgl. *Boldt/Röhsler*, § 9 Anm. 16; *Dersch/Neumann*, § 9 Anm. 6; *Schaub*, § 102 II 2; *Siara*, § 9 Anm. 6).

6. Dienstantritt

19 Der Arbeitnehmer hat auch im Falle seiner Erkrankung den Dienst wie vorgesehen im Zeitpunkt der Beendigung des Urlaubs oder nach der Arbeitsunfähigkeit zunächst wieder anzutreten. **Er kann seinen Urlaub nicht selbst verlängern** (*LAG Düsseldorf* DB 1967, 1992; *LAG Baden-Württemberg* BB 1974, 1300; *Boldt/Röhsler*, § 9 Anm. 28; *Borrmann*, § 9 Anm. 11; *Natzel*, § 9 Anm. 57; *Dersch/Neumann*, § 9 Anm. 11; *Schelp/Herbst*, § 9 Anm. 14). Das ist zwar nicht ausdrücklich im Gesetz geregelt, folgt aber aus allgemeinen Grundsätzen des Urlaubsrechts. § 8 UrlG Bremen, § 9 UrlG Hamburg und § 10 UrlG Schleswig-Holstein enthielten früher eine entsprechende Regelung. Auch § 58 SeemannsG bestimmt, daß das Besatzungsmitglied zunächst seinen Dienst anzutreten hat und der Resturlaub neu festzusetzen ist. Der Arbeitgeber könnte sonst die betrieblich notwendigen Gesichtspunkte bei der Festsetzung des Urlaubs nicht ausreichend zur Geltung bringen. Es muß berücksichtigt werden, daß der Urlaub heute meist im voraus bestimmt und untereinander abgestimmt wird. Könnte der Arbeitnehmer seinen Urlaub selbst verlängern, so würden diese Abstimmungen beeinträchtigt. Der Urlaub muß also entsprechend den allgemeinen Bestimmungen (§ 7 Abs. 1) neu festgesetzt werden (*BAG* v. 9. 6. 1988, EzA § 13 BUrlG Nr. 35). Sofern es betrieblich möglich ist, kann sich aus § 7 Abs. 1 die Notwendigkeit ergeben, den Urlaub im Anschluß an die Erkrankung festzusetzen (vgl. *Natzel*, § 9 Anm. 57; *Dersch/Neumann*, § 9 Anm. 12).

20 Den Arbeitsvertragsparteien steht es frei, vor dem Ende des Urlaubs eine Vereinbarung dahin zu treffen, daß der nachzugewährende Urlaub im unmittelbaren Anschluß an den bewilligten Urlaub gewährt und genommen wird. Tritt der Arbeitnehmer ohne Zustimmung des Arbeitgebers nach der bewilligten Urlaubszeit seinen Dienst nicht an und verlängert er den Urlaub eigenmächtig um die Krankheitstage, so kann darin je nach Lage des Einzelfalles ein Kündigungsgrund liegen (vgl. *Dersch/Neumann*, § 9 Anm. 11; *Stahlhacke/Preis*, Kündigung und Kündigungsschutz im Arbeitsverhältnis, 5. Aufl., Rdnr. 574ff.; *LAG Düsseldorf* DB 1965, 399, DB 1967, 1992; *LAG Baden-Württemberg* BB 1974, 1300; *ArbG Kiel* BB 1978, 1416; *ArbG Wuppertal* BB 1980, 1105).

7. Gewährung des Resturlaubs

21 Der Resturlaub kann nicht abgegolten, sondern muß in natura gewährt werden. Nur wenn das Arbeitsverhältnis vor der Gewährung des Resturlaubs beendet wird, ist die Abgeltung zulässig. Das gilt auch, wenn im Betrieb Betriebsferien gemacht worden sind. Zur Abgeltung vgl. § 7.

22 Bleiben nur wenige Tage Resturlaub oder bleibt keine andere Möglichkeit, als den Resturlaub nur in eine für den Arbeitnehmer ungünstige Jahreszeit zu legen, so hat der Arbeitnehmer in entsprechender Anwendung von § 7 Abs. 3 Satz 4 einen Anspruch auf Übertragung der restlichen Urlaubstage (ebenso *Boldt/Röhsler*, § 9 Anm. 30; *Schelp/Herbst*, § 9 Anm. 16 und *Dersch/Neumann*, § 9 Anm. 12).

23 Dauert die Arbeitsunfähigkeit des Arbeitnehmers bis ins folgende Urlaubsjahr hinein an und scheidet eine Urlaubsgewährung deshalb vor dem 31. März aus, so geht der Anspruch nach der neueren Rechtsprechung des BAG grundsätzlich unter. § 9 betrifft nur die Höhe des Urlaubsanspruchs, sagt aber nichts über die Voraussetzungen für seine Erteilung und den Verfall des Urlaubsanspruchs aus (vgl. *BAG* v. 31. 5. 1990, EzA § 7 BUrlG Nr. 76; *BAG* v. 31. 5. 1990, EzA § 13 BUrlG Nr. 48; *BAG* v. 25. 8. 1987, EzA § 4 TVG Metallindustrie Nr. 34 sowie die Erläuterungen zu § 7). Eine Abgeltung des Urlaubsanspruchs scheidet wegen der Fortdauer des Arbeitsverhältnisses aus. Das gilt nicht, wenn in einem Tarifvertrag für diesen Fall eine Abgeltung des Urlaubs vorgesehen ist (*BAG* v. 20. 4. 1989, EzA § 7 BUrlG Nr. 65).

8. Rückzahlung des Urlaubsentgelts

24 Das Urlaubsentgelt, das der Arbeitgeber nach § 11 Abs. 2 vor Antritt des Urlaubs zu zahlen hat, hat der Arbeitnehmer für diejenigen Tage, die wegen Krankheit nicht auf den Urlaub angerechnet werden, zurückzuzahlen. Da ihm jedoch für die Krankheitstage regelmäßig entweder ein Anspruch auf Fortzahlung des Gehaltes oder auf Lohnfortzahlung nach dem LohnFG zusteht, kann eine Verrechnung vorgenommen werden (vgl. *Natzel*, § 9 Anm. 60; *Trieschmann*, DB 1958, 600; *Dersch/Neumann*, § 9 Anm. 14).

25 Das Verbot einer Rückzahlung zuviel erhaltenen Urlaubsentgelts (§ 5 Abs. 3) steht hier nicht entgegen, denn die Krankheitstage gelten nicht als Urlaub (vgl. *Dersch/Neumann*, § 9 Anm. 14; *Natzel*, § 9 Anm. 20; *Schelp/Herbst*, § 9 Anm. 13).

26 Hat der Arbeitnehmer die arbeitsunfähige Erkrankung **selbst verschuldet**, so steht ihm ein Anspruch auf Lohnfortzahlung nach den §§ 1 LohnFG, 63 HGB, 133c GewO nicht zu. Da aber die Krankheitstage auf den Urlaub angerechnet werden, also eine Nachgewährung von Urlaubstagen nicht in Betracht kommt, ist das gezahlte Urlaubsentgelt **nicht** zurückzugewähren (vgl. *Boldt/Röhsler*, § 9 Anm. 26; **a.A.** *Dersch/Neumann*, § 9 Anm. 8 und 15, die eine Rückzahlungspflicht annehmen, allerdings auch eine Verpflichtung des Arbeitgebers, den Urlaub nachzugewähren. Die Streitfrage dürfte in der Praxis keine allzu große Bedeutung haben, weil der Arbeitnehmer in diesen Fällen seine Erkrankung nicht anzeigen wird, so daß er das Urlaubsentgelt auch nach der Ansicht von *Dersch/Neumann* (§ 9 Anm. 15) behält.

II. Erkrankung vor Antritt des Urlaubs

27 Erkrankt der Arbeitnehmer nach Festsetzung des Urlaubszeitpunktes, aber noch vor Antritt des Urlaubs, so ist der Urlaub, ganz unabhängig von der Frage, ob der Arbeitnehmer während des ganzen Urlaubszeitraumes krank ist oder nur einen Teil davon, entsprechend den allgemeinen Grundsätzen neu festzusetzen (vgl. *LAG Hamm* DB 1965, 1107; **h.M.**, vgl. *Boldt/Röhsler*, § 9 Anm. 37; *Dersch/Neumann*, § 9 Anm. 2, 3; *Schelp/Herbst*, § 7 Anm. 35; *Siara*, § 7 Anm. 9; *Hueck/Nipperdey*, Bd. I S. 442). Dabei sind u.U. die besonderen Gesichtspunkte des Falles zu berücksichtigen. Erkrankt z.B. ein Arbeitnehmer vor Antritt des Urlaubs und ist er am zweiten Tag des vorgesehenen Urlaubs wieder arbeitsfähig, so hat der Arbeitgeber auf Verlangen den Urlaub unmittelbar im Anschluß an die Erkrankung neu festzusetzen, falls nicht dringende betriebliche Gründe dem entgegenstehen. Hier wird stets eine Gesamtwürdigung aller Umstände erfolgen müssen. Das gilt auch, wenn im Betrieb **Betriebsferien** vereinbart worden sind. Erkrankt der Arbeitnehmer vor Antritt des Urlaubs, so gelten für den Nachweis der Erkrankung die allgemeinen Grundsätze (vgl. *Dersch/Neumann*, § 9 Anm. 4).

III. Erkrankung im sog. unbezahlten Urlaub

28 Der sog. unbezahlte Urlaub oder Sonderurlaub hat in den letzten Jahren in der betrieblichen Praxis an Bedeutung gewonnen. Das liegt wohl nicht zuletzt daran, daß ausländische Arbeitnehmer wegen der weiten Entfernung zu den Heimatorten häufig einen »längeren Urlaub« haben wollen. Daneben kommen Wünsche des Arbeitnehmers in Betracht, aus persönlichen Gründen von der Arbeitspflicht freigestellt zu werden, sei es, weil der Urlaubsanspruch bereits verbraucht ist oder weil der Arbeitnehmer den Erholungsurlaub für diese Zwecke nicht in Anspruch nehmen will.

1. Anspruch auf unbezahlten Urlaub

29 Die Parteien des Arbeitsvertrages können den unbezahlten Urlaub nach dem Grundsatz der Vertragsfreiheit vereinbaren (§ 305 BGB). Darüber hinaus wird ein **Anspruch** auf Gewährung eines unbezahlten Urlaubs grundsätzlich zu verneinen sein (vgl. *von Hoyningen-Huene*, NJW 1981, 714 mit weiteren Hinweisen). Sofern Tarifvertag oder zulässige Betriebsvereinbarung ausscheiden, kommt wohl in aller Regel nur die **Fürsorgepflicht** des Arbeitgebers als Anspruchsgrundlage in Betracht. Dies ist dann der Fall, wenn in der Person des Arbeitnehmers ein **wichtiger Grund** vorliegt, der es rechtfertigt, daß die Interessen des Arbeitgebers zurückzutreten haben (vgl. *von Hoyningen-Huene*, NJW 1981, 716; *LAG Hamm* DB 1982, 1328; vgl. *BAG* v. 22. 12. 1982, EzA § 123 BGB Nr. 20, zum Anspruch eines türkischen Arbeitnehmers auf Gewährung eines unbezahlten Sonderurlaubs zwecks Ableistung des verkürzten Wehrdienstes von zwei Monaten in der Türkei; ferner *BAG* v. 7. 9. 1983, EzA § 626 BGB n.F. Nr. 87).

2. Analoge Anwendung des § 9 BUrlG

30 § 9 gilt nur für den (bezahlten) Erholungsurlaub. Die Rechtsprechung hat § 9 jedoch entsprechend dann angewandt, wenn im Zusammenhang mit dem gesetzlichen Erholungsurlaub unbezahlter Urlaub **ebenfalls zu Erholungszwecken** gewährt wird. Das soll jedenfalls immer dann gelten, wenn der unbezahlte Urlaub einem **berechtigten Urlaubsbedürfnis** des Arbeitnehmers dient, z.B. bei Gewährung von Teilurlaub (vgl. *BAG* v. 1. 7. 1974, EzA § 9 BUrlG Nr. 6 = AP Nr. 5 zu § 9 BUrlG = DB 1974, 2114). Diese Voraussetzung kann auch bei langen Anreisen zum Heimatort des Arbeitnehmers gegeben sein. Die notwendige Abgrenzung bereitet keine Schwierigkeiten, wenn die Parteien über den Zweck des unbezahlten Sonderurlaubs eine ausdrückliche Vereinbarung getroffen haben. Ist das der Fall, so wird der unbezahlte Urlaub in entsprechender Anwendung des § 9 unterbrochen, und der Arbeitnehmer hat **für die Dauer seiner Erkrankung**

Lohnfortzahlungsansprüche nach den §§ 1 LohnFG, 63 HGB, 133c GewO (vgl. dazu *BAG* v. 23. 12. 1972, EzA § 1 LohnFG Nr. 12 = AP Nr. 2 zu § 9 BUrlG = DB 1972, 831; *BAG* v. 3. 10. 1972, EzA § 1 LohnFG Nr. 27 = AP Nr. 9 BUrlG Nr. 4 = BB 1972, 89; *BAG* v. 1. 7. 1974, EzA § 9 BUrlG Nr. 6 = AP Nr. 5 zu § 9 BUrlG = DB 1974, 2114; *BAG* v. 17. 11. 1977, EzA § 9 BUrlG Nr. 9 = AP Nr. 8 zu § 9 BUrlG = DB 1978, 499; *BAG* v. 13. 8. 1980, EzA § 9 BUrlG Nr. 11 = AP Nr. 1 zu § 1 BUrlG Unbezahlter Urlaub = DB 1981, 479 = SAE 1981, 125 mit Anm. von *Herschel*). Liegt eine ausdrückliche Vereinbarung der Parteien über den Zweck des gewährten unbezahlten Urlaubs nicht vor, so kann allein aus dem zeitlichen Zusammenhang der Lage des gesetzlichen Urlaubs mit dem unbezahlten Urlaub nicht geschlossen werden, auch dieser diene der Erholung des Arbeitnehmers (vgl. *BAG* v. 10. 2. 1972, EzA § 1 LohnFG Nr. 18; *BAG* v. 25. 5. 1983, EzA § 1 LohnFG Nr. 67).

31 Steht der unbezahlte Urlaub mit einem **Erholungszweck** in keinem Zusammenhang, dient er der Erledigung **privater Angelegenheiten**, so ist § 9 BUrlG nicht anzuwenden. Erkrankt der Arbeitnehmer während dieses unbezahlten Urlaubs, so hat er keinen Anspruch auf Lohnfortzahlung (vgl. *BAG* v. 17. 11. 1977, EzA § 9 BUrlG Nr. 9 = AP Nr. 8 zu § 9 BUrlG = DB 1978, 499; *BAG* v. 13. 8. 1980, EzA § 9 BUrlG Nr. 11 = AP Nr. 1 zu § 1 BUrlG Unbezahlter Urlaub = SAE 1981, 125 mit Anm. von *Herschel*).

32 Zur Vereinbarung von unbezahltem Urlaub im Zusammenhang mit **Betriebsferien**, wenn der Arbeitnehmer noch nicht urlaubsberechtigt ist, vgl. *BAG* v. 30. 6. 1976, EzA § 7 BUrlG Nr. 19 = AP Nr. 3 zu § 7 BUrlG Betriebsferien = DB 1976, 2167.

33 Zum Ganzen vgl. vor allem *Herschel*, DB 1981, 2431 und *von Hoyningen-Huene*, NJW 1981, 713 ff.

IV. Abweichende Vereinbarungen

34 Von § 9 abweichende Vereinbarungen können die Tarifvertragsparteien in Tarifverträgen oder die Einzelarbeitsvertragsparteien durch Bezugnahme auf einen einschlägigen Tarifvertrag nach § 13 Abs. 1 treffen. So ist es z. B. zulässig, daß in Tarifverträgen Fristen für die Vorlage des ärztlichen Zeugnisses vereinbart werden oder bestimmt wird, daß der Arbeitnehmer ein vertrauensärztliches Zeugnis vorzulegen hat. Voraussetzung dafür ist, daß die Tarifvertragsparteien durch entsprechende Vereinbarungen mit den Sozialversicherungsträgern sicherstellen, daß derartige Zeugnisse den Arbeitnehmern ausgestellt werden können. Das gilt auch für eine tarifliche Bestimmung, nach der ein **amtsärztliches Zeugnis** notwendig ist. Da Amtsärzte nicht verpflichtet sind, auf Antrag von privaten Personen tätig zu werden, würde eine derartige Tarifnorm »leerlaufen«, wenn nicht zunächst die Voraussetzungen für das Tätigwerden der Amtsärzte geschaffen würden (vgl. dazu *Dersch/Neumann*, § 9 Anm. 5; *LAG Stuttgart* AP Nr. 32 zu § 611 BGB Urlaubsrecht; *Boldt/Röhsler*, § 9 Anm. 15). Die Tarifvertragsparteien können neben der Nachweispflicht der arbeitsunfähigen Erkrankung durch ein ärztliches Attest auch eine unverzügliche **Anzeigepflicht der Erkrankung** vereinbaren. Die Erfüllung dieser Pflicht ist dann Voraussetzung für die Nichtanrechnung der Krankheitstage auf den Urlaub. Die Anzeigepflicht kann auch für den gesetzlichen Mindesturlaub aufgestellt werden (*BAG* v. 15. 12. 1987, EzA § 9 BUrlG Nr. 13).

35 Die **Übertragung des Urlaubs** kann von den Tarifvertragsparteien in allen in Betracht kommenden Fällen abweichend vom Gesetz geregelt werden. Das schließt eine Änderung der zeitlichen Grenzen, aber auch andere Übertragungsmöglichkeiten ein (vgl. *BAG* v. 13. 5. 1982, EzA § 7 BUrlG Nr. 25; *LAG Köln* EzA § 7 BUrlG Nr. 26; *Natzel*, § 9 Anm. 81; *Feichtinger*, AR-Blattei Urlaub VIII Krankheit und Kur, A II 6).

36 Bei allen tariflichen Vereinbarungen ist zu prüfen, ob der gesetzliche Mindesturlaub des Arbeitnehmers (§§ 1, 3 Abs. 1) unangetastet bleibt. Insoweit besteht kein Vorrang des Tarifvertrages, so daß ungünstigere Bestimmungen auch im Tarifvertrag nicht getroffen werden können. So ist z. B. eine Tarifnorm, die grundsätzlich die Anrechnung von Krankheitstagen auf den Urlaub vorsieht, nichtig (vgl. *Boldt/Röhsler*, § 9 Anm. 46; *BAG* v. 10. 2. 1966, AP Nr. 1 zu § 13 BUrlG Unabdingbarkeit).

37 Fraglich ist, ob im Tarifvertrag vorgesehen werden kann, daß für jeden Monat, in dem der Arbeitnehmer arbeitsunfähig erkrankt ist, 1/12 des Urlaubs gekürzt wird. Dafür treten *Dersch/Neumann* (§ 9 Anm. 25) und *Konzen* (ZfA 1978, 525) ein mit dem Hinweis, darin liege kein Verstoß gegen die auch für Tarifvertragsparteien zwingende Bestimmung des § 1 BUrlG, da der Urlaub zu der tatsächlichen Arbeitsleistung in einem angemessenen Verhältnis stehen solle (**a. A.** *Boldt/Röhsler*, § 9 Anm. 46; *Siara*, ArbuR 1964, 42). Die Rechtsprechung des BAG stand früher im Grundsatz auf diesem Standpunkt (vgl. *BAG* v. 14. 2. 1966, AP Nr. 2 zu § 13 BUrlG Unabdingbarkeit), wenn der Arbeitnehmer länger als ein Jahr arbeitsunfähig erkrankt war. Enthält der Tarifvertrag eine derartige Regelung, so waren nach bisheriger Rechtsprechung die Grundsätze des Rechtsmißbrauchs daneben nicht mehr anwendbar (vgl. *BAG* v. 14. 2. 1966, AP Nr. 2 zu § 13 BUrlG Unabdingbarkeit; *BAG* v. 16. 8. 1977, EzA § 3 BUrlG Nr. 11 und 12 = AP Nr. 10 und 11 zu § 3 BUrlG Rechtsmißbrauch = DB 1977, 2286, 2287). Diese ältere Rechtsprechung ist mit der jüngsten Rechtsprechung des BAG nicht mehr zu vereinbaren. Der zuständige Senat hat in seiner Entscheidung vom 28. 1. 1982 (EzA § 3 BUrlG Nr. 13 mit Anm. von *Peterek* = DB 1982, 1065) erkannt, daß ein Rechtsmißbrauch selbst dann ausgeschlossen sei, wenn der Arbeitnehmer im Urlaubsjahr keinen Tag gearbeitet habe. Von dieser Prämisse ausgehend dürfte der gesetzliche Urlaubsanspruch auch gegenüber einer Zwölftelung wegen Krankheit durch die Tarifvertragsparteien geschützt sein (vgl. dazu allgemein oben § 1 Anm. 117ff. und *Buchner*, DB 1982, 1823).

38 Mit dem Vorrangprinzip des § 13 nicht in Einklang dürfte eine Tarifbestimmung stehen, die nach Vereinbarung zuläßt, daß der Urlaub während der Krankheit genommen werden kann (vgl. z. B. § 47 Abs. 6 BAT). Das kann nur zulässig sein, wenn die Krankheit den Erholungszweck nicht beeinträchtigt (vgl. dazu *BAG* v. 25. 1. 1990, EzA § 7 BUrlG Nr. 70; *BAG* v. 22. 10. 1987, EzA § 7 BUrlG Nrn. 58 und 59). **Abgeltungsregelungen** für diesen Fall, die über die nach § 7 Abs. 4 eröffnete Abgeltungsmöglichkeit hinausgehen, sind zulässig; *BAG* v. 13. 11. 1986, EzA § 13 BUrlG Nr. 29; *BAG* v. 20. 4. 1989, EzA § 7 BUrlG Nr. 65 = NZA 1989, 761; *BAG* v. 9. 7. 1988, EzA § 13 BUrlG Nr. 35. Vgl. dazu auch *BAG* v. 25. 1. 1990, EzA § 7 BUrlG Nr. 70 betr. § 47 Abs. 6 Unterabsatz 3 BAT und v. 16. 8. 1990 – 8 AZR 574/89 – n.v. betr. § 52 Abs. 4 MTL II.

39 Vereinbaren die Tarifvertragsparteien im Tarifvertrag Urlaub über den gesetzlichen Mindesturlaub hinaus, so können sie für den Mehrurlaub auch die Anrechnung auf Krankheitstage vereinbaren (vgl. *Boldt/Röhsler*, § 9 Anm. 48; *Natzel*,

§ 9 Anm. 82; *BAG* v. 21. 6. 1968, EzA § 9 BUrlG Nr. 1 = AP Nr. 1 zu § 9 BUrlG = DB 1968, 1720). Für Urlaubsansprüche, die über den gesetzlichen Mindesturlaubsanspruch hinausgehen, kann im Tarifvertrag vereinbart werden, daß dieser Urlaub auch während einer Erkrankung genommen werden kann; *LAG München* v. 28. 11. 1989 – 2 Sa 480/89 – n. v.

§ 10 Kur- und Heilverfahren

Kuren und Schonungszeiten dürfen nicht auf den Urlaub angerechnet werden, soweit ein Anspruch auf Fortzahlung des Arbeitsentgelts nach den gesetzlichen Vorschriften über die Entgeltfortzahlung im Krankheitsfall besteht.

Literatur

a) Ältere Literatur
Brix, Zur Anrechnung von Kuren und Heilverfahren auf den Erholungsurlaub, RdA 1967, 249; *Falkenberg*, Die Anrechnung von Kur- und Schonzeit auf den Erholungsurlaub, RdA 1965, 218; *Halberstadt*, Kur- und Heilverfahren und Erholungsurlaub, DB 1965, 1287; *ders.*, Sind Schonzeiten oder Jugendgenesungskuren auf den Erholungsurlaub anzurechnen? BlStSozArbR 1964, 349; *Paulsdorf*, Anrechnung von Schonzeit und Jugendgenesungskuren auf den Erholungsurlaub, BlStSozArbR 1964, 301 und 1965, 78; *Schelp*, Entgeltfortzahlung und Urlaub bei Kur- und Heilverfahren, DB 1963, 1429 und 1468; *Trappe*, Die Kur im Arbeitsrecht, ArbuR 1966, 359.

b) Zur ab 1. Januar 1970 geltenden Fassung
Bechstein/Weinspach, Nichtanrechnung von Kuren und Schonungszeiten auf den Urlaub, BB 1970, 1180; *Beele*, Entgeltfortzahlung und Urlaubsanrechnung bei Schonungszeiten, BB 1971, 135; *Brill*, Die Kur im Arbeitsrecht, ZBlSozVers 1980, 195; *Feichtinger*, AR-Blattei Urlaub VIII, Krankheit und Kur; *Löden*, Die Anrechnung von Schonungszeiten auf den Erholungsurlaub von Angestellten, DB 1970, 1224; *Töns*, Nichtanrechnung von Kuren und Schonungszeiten auf den Urlaub, BB 1970, 762; *Trieschmann*, Neue Gesetzgebung auf dem Gebiet des Arbeitsvertragsrechts, ArbuR 1969, 358; *Weinspach*, Nichtanrechnung von Kuren und Schonungszeiten auf den Urlaub, BB 1969, 1548; *Westphal*, Können Kuren und Schonungszeiten entgegen § 10 auf den Urlaub angerechnet werden?, BB 1971, 134.

Inhaltsübersicht

I. Vorbemerkung

1 § 10 BUrlG ist durch das am 1. 1. 1970 in Kraft getretene Lohnfortzahlungsgesetz vom 27. 7. 1969 (BGBl. I S. 946) neu gefaßt worden. Die frühere Regelung sah für Kuren und Heilverfahren, die von einem Träger der Sozialversicherung, einer Verwaltungsbehörde der Kriegsopferversorgung oder einem sonstigen Sozialleistungsträger gewährt worden war, ein Anrechnungsverbot vor, erlaubte die Anrechnung jedoch für solche Kuren und Heilverfahren, durch die die übliche Gestaltung eines Erholungsurlaubs nicht erheblich beeinträchtigt wurde. Das Verbot galt ferner nicht für Kuren nach § 1305 RVO, § 84 AVG und § 97 Reichsknappschaftsgesetz. Der Gesetzgeber hat nun das individuelle Anrechnungsverbot aufgegeben und die Anrechnung unmittelbar von der Pflicht zur Entgeltfortzahlung abhängig gemacht. Dabei knüpft das Gesetz offenbar an § 7 LohnFG an.

2 Die frühere, bis zum 31. 12. 1969 geltende Fassung des Gesetzes lautete:
»Wird dem Arbeitnehmer von einem Träger der Sozialversicherung, einer Verwaltungsbehörde der Kriegsopferversorgung oder einem sonstigen Sozialleistungsträger ein Kur- oder Heilverfahren gewährt, so darf die hierauf entfallende Zeit auf den Urlaub nicht angerechnet werden. Dies gilt nicht für Kur- und Heilverfahren, durch die die übliche Gestaltung eines Erholungsurlaubs nicht erheblich beeinträchtigt wird. Es gilt ferner nicht für Kuren gemäß § 1305 der Reichsversicherungsordnung, § 84 des Angestelltenversicherungsgesetzes und § 97 des Reichsknappschaftsgesetzes.«

3 Die frühere Fassung des § 10 ging auf die Leitentscheidung des *BAG* vom 1. 3. 1962 (EzA § 611 BGB Nr. 5 = AP Nr. 1 zu § 611 BGB Urlaub und Kur) zurück.

4 **Die Abhängigkeit der Anrechnung von Kuren und Schonungszeiten auf den Urlaub vom Anspruch auf Fortzahlung des Arbeitsentgelts** nach den gesetzlichen Vorschriften über die Entgeltfortzahlung im Krankheitsfalle hat zur Folge, daß angesichts der unterschiedlichen Gesetzeslage für Angestellte und Arbeiter auch im Rahmen der Anwendung des § 10 unterschiedliche Rechtsfolgen eintreten können. Es bestehen zwei wesentliche Unterschiede bei der Lohnfortzahlung für Kuren und Schonungszeiten. Während für **Angestellte** allgemein anerkannt ist, daß die eine Kur auslösende Krankheit als »Unglück« i.S. der §§ 63 HGB, 133c GewO gilt, steht dem Arbeiter Lohnfortzahlung **nur bei Kuren** zu, die von den im § 7 LohnFG genannten **Trägern bei voller Kostenübernahme bewilligt werden**.

Bewilligt eine andere Stelle die Kur, ist die Anwendung des § 10 ausgeschlossen. Ein weiterer ganz wesentlicher Unterschied besteht bei der Anrechnung von Schonungszeiten. Das Anrechnungsverbot hat nach § 7 Abs. 4 LohnFG für **Arbeiter die Arbeitsunfähigkeit** in diesem Zeitabschnitt zur Voraussetzung; bei **Angestellten** ist dies nicht erforderlich.

5 Die unterschiedlichen Voraussetzungen für die Lohnfortzahlung im Krankheitsfalle bei Angestellten und Arbeitern begegnen erheblichen verfassungsrechtlichen Bedenken. Nachdem das *BVerfG* durch Beschluß vom 30. 5. 1990 (EzA § 622 BGB n.F. Nr. 27 = DB 1990, 1565 = NZA 1990, 771) entschieden hat, daß § 622 Abs. 2 BGB mit dem allgemeinen Gleichheitssatz (Art. 3 Abs. 1 GG) unvereinbar ist, soweit hiernach die Kündigungsfristen für Arbeiter kürzer sind als für Angestellte, dürfte es wohl kaum mehr zu bezweifeln sein, daß die ungünstigeren Regelungen für Arbeiter im Lohnfortzahlungsbereich ebenso mit dem allgemeinen Gleichheitssatz unvereinbar sind. Der Gesetzgeber hat daraus für das Gebiet der **neuen Bundesländer** Brandenburg, Mecklenburg-Vorpommern, Sachsen, Sachsen-Anhalt und Thüringen bereits Konsequenzen gezogen. Im Einigungsvertrag vom 31. 8. 1990 (BGBl. II S. 885) ist nämlich die Regelung enthalten (Kapitel VIII Sachgebiet A Abschnitt III Ziff. 1, 2, 3a, 4a), daß die Lohnfortzahlungsbestimmungen der §§ 616 Abs. 2 und 3 BGB, 63 HGB, 133c GewO und der §§ 1 bis 7 und 9 LohnFG im Beitrittsgebiet nicht in Kraft treten. Im Beitrittsgebiet gelten für **Arbeiter und Angestellte unbefristet** die §§ 115a) bis e) des Arbeitsgesetzbuches der früheren Deutschen Demokratischen Republik v. 16. 6. 1977 i.d.Fass. des Einigungsvertrages vom 31. 8. 1990 (BGBl. II S. 885) fort (Anlage II Kapitel VIII Sachgebiet A Abschnitt III Ziff. 1a). Eine andere Wahl hatten die Partner des Einigungsvertrages angesichts der verfassungsrechtlichen Lage wohl nicht.

6 Der gesamtdeutsche Gesetzgeber wird (hoffentlich) alsbald die **Gleichstellung von Arbeitern und Angestellten** in der Frage der Lohnfortzahlung im Krankheitsfalle herstellen. Bis dahin kann es bei Vorlage der Voraussetzungen des Art. 100 GG zu Verfahrensaussetzungen kommen.

II. Zur bisherigen Rechtslage

7 Vor Erlaß des BUrlG war die Frage der Anrechnung von Kur- und Heilverfahren auf den Urlaub außerordentlich zweifelhaft. Das *BAG* hat mit seiner Leitentscheidung vom 1. 3. 1962 (EzA § 611 BGB Urlaub Nr. 5 = DB 1962, 705) eine auf den Einzelfall abgestellte Lösung statuiert, bei der entscheidend darauf abzustellen war, ob während der Kur die persönliche Freiheit des Arbeitnehmers und der unbeschwerte Lebensgenuß erheblich eingeschränkt waren oder nicht. Dieser Lösungsansatz wurde vom Gesetzgeber weitgehend in § 10 BUrlG a.F. übernommen. Weitere Einzelheiten zur Rechtslage vor Inkrafttreten des BUrlG und zur Anrechnung von Kuren und Schonungszeiten nach der alten Fassung des § 10 BUrlG in der Vorauflage zu § 10 Anm. 5 bis 16.

III. Grundsätze der Neuregelung des § 10 BUrlG

8 Kuren und Schonungszeiten dürfen nicht auf den Urlaub angerechnet werden, soweit ein Anspruch auf Lohnfortzahlung nach den gesetzlichen Vorschriften über die Entgeltfortzahlung im Krankheitsfalle besteht. Damit ist die **Anrechnung auf den Urlaub von der Lohnfortzahlung abhängig**. Da der Geltungsbereich des BUrlG offenkundig alle Arbeitnehmer erfaßt, d.h. Angestellte und Arbeiter, andererseits unterschiedliche gesetzliche Normen für die Lohnfortzahlung von Arbeitern und Angestellten im Falle der Bewilligung von Kuren und Schonungszeiten bestehen – § 7 LohnFG einerseits und die §§ 63 HGB, 133c GewO, 616 Abs. 2 BGB andererseits – ist unvermeidbar, daß in der Frage der Anrechnung von Kuren und Schonungszeiten eine unterschiedliche Rechtsstellung zwischen Arbeitern und Angestellten besteht. Der Grund dafür liegt nicht im BUrlG, sondern im LohnFG. Bei Erlaß des LohnFG war dem Gesetzgeber aber bekannt, daß die Regelung der Lohnfortzahlung für Angestellte bei Kuren und Schonungszeiten nach der ständigen Rechtsprechung der Gerichte für Arbeitssachen eine andere war als die, die im § 7 LohnFG statuiert worden ist. Der Gesetzgeber ging 1969 offenbar noch davon aus, daß unterschiedliche Regelungen im Lohnfortzahlungsrecht für Angestellte und Arbeiter mit dem allgemeinen Gleichheitssatz des Art. 3 Abs. 1 GG vereinbar seien, weil zwischen diesen Gruppen von Arbeitnehmern Unterschiede von Gewicht bestanden, die eine ungleiche Behandlung rechtfertigen (weitere Einzelheiten zur verfassungsrechtlichen Problematik unten Anm. 10).

9 Ein Lohnfortzahlungsanspruch besteht für **Angestellte** nach den §§ 63 HGB, 133c GewO und § 616 Abs. 2 BGB, für **Arbeiter** nach § 7 LohnFG und für **Auszubildende** nach § 12 BBiG. **Im Beitrittsgebiet** nach Art. 3 des Einigungsvertrages vom 31. 8. 1990 (BGBl. II S. 885) haben **Angestellte und Arbeiter** Anspruch auf Lohnfortzahlung im Krankheitsfalle nach § 115a des Arbeitsgesetzbuches der früheren Deutschen Demokratischen Republik vom 16. 6. 1977 (GBl. I S. 185; geändert durch Gesetz v. 22. 6. 1990 (GBl. I Nr. 35 S. 371 und den Einigungsvertrag vom 31. 8. 1990 (BGBl. II S. 885)). In diesen Fällen greift das **Verbot der Anrechnung** von Kuren und Schonungszeiten auf den Erholungsurlaub kraft Gesetzes ein. Einer besonderen Erklärung durch den Arbeitgeber bedarf es nicht.

10 **Die unterschiedliche Behandlung der Angestellten und Arbeiter** in der Frage der Lohnfortzahlung bei Kuren und Schonungszeiten und der damit im Zusammenhang stehenden unterschiedlichen Regelung der Anrechnung von Kuren und Schonungszeiten auf den Urlaub sind mit dem allgemeinen Gleichheitssatz des Art. 3 Abs. 1 GG unvereinbar. Es wird insoweit auf die Entscheidung des Großen Senates des BAG zur Differenzierung in den Anspruchsvoraussetzungen zwischen den verschiedenen Gruppen der Angestellten im Falle einer unverschuldeten Erkrankung verwiesen (*BAG* Großer Senat v. 18. 12. 1959, EzA § 616 BGB Nr. 1 = AP Nr. 22 zu § 616 BGB), die allerdings im Verhältnis zur Gruppe der Arbeiter noch ausdrücklich den Verstoß gegen den Gleichheitssatz verneint. Das Urteil des *BAG* vom 7. 6. 1978 (EzA § 63 HGB Nr. 29 = AP Nr. 35 zu § 63 HGB mit Anm. von *Herschel*) geht von einem Verstoß gegen den Gleichheitssatz des Art. 3 Abs. 1 GG aus, weil § 616 BGB einerseits und die §§ 63 HGB, 133c GewO andererseits den Fall der Lohnfortzahlung von Arbeitnehmern, die nicht durch eigene Krankheit, aber durch ein sonstiges **»unverschuldetes Unglück«** an der Arbeitsleistung verhindert sind, unterschiedlich regeln. Nachdem das *BVerfG* in seinem Beschluß vom 16. 11. 1982 (EzA Art. 3 GG Nr. 13) die unterschiedlichen Regelungen bei der Berechnung der längeren Kündigungsfristen für Angestellte und Arbeiter mit Art. 3 Abs. 1 GG für unvereinbar erklärt hat und durch den Beschluß vom 30. 5. 1990 (EzA § 622 BGB n.F. Nr. 27) weiter festgestellt hat, daß auch § 622 Abs. 2 BGB mit dem allgemeinen Gleichheitssatz des Art. 3 Abs. 1 GG unvereinbar ist, soweit hiernach die Kündigungsfristen für Arbeiter kürzer sind als für Angestellte, kann es kaum einem ernsthaften Zweifel unterliegen, daß die unterschiedlichen Lohnfortzahlungsregelungen, soweit Arbeiter dadurch schlechter gestellt werden als Angestellte, nicht verfassungskonform sind. Das *BAG* konnte diese Frage in seinem Urteil vom 26. 7. 1989 (EzA § 1 LohnFG Nr. 110) offen lassen. Vgl. aber den Vorlagebeschluß des *BAG* vom 5. 8. 1987, EzA § 1 LohnFG Nr. 87 = AP Nr. 72 zu § 1 LohnFG. Wie hier auch *Gamillscheg*, Arbeitsrecht I, Individualarbeitsrecht, S. 312.

11 Sachliche Gründe von Gewicht, z.B. für die Unterscheidung in der Frage der Anrechnung von Schonungszeiten auf den Urlaub – Arbeitsunfähigkeit bei Arbeitern nach § 7 Abs. 4 LohnFG notwendig, bei Angestellten nicht erforderlich –, bestehen nicht. Konsequenz dieser Rechtslage ist, daß Gerichte Verfahren nach Art. 100 Abs. 1 GG auszusetzen haben, wenn es für die Entscheidung auf die Gültigkeit des § 10 ankommt, d.h. im konkreten Fall, durch die Anwendung des § 10 Arbeiter bei der Anrechnung auf den Urlaub schlechter gestellt sind als Angestellte.

12 Der Gesetzgeber hat bis zum 30. 6. 1993 die Gleichstellung von Angestellten und Arbeitern bei den Kündigungsfristen herzustellen (*BVerfG* v. 30. 5. 1990 a.a.O.). Bei dieser Gelegenheit dürfte auch die gesetzliche Gleichstellung von Arbeitern und Angestellten in der Lohnfortzahlung im Krankheitsfalle einschließlich der Kuren und Schonungszeiten erreicht werden (die Koalitionsvereinbarung für die 12. Legislaturperiode sieht das vor).

1. Lohnfortzahlung bei Kuren und Schonungszeiten für Angestellte

13 Anders als für Arbeiter (§ 7 LohnFG) gibt es für Angestellte keine Spezialbestimmung über die Anrechnung von Kuren und Schonungszeiten. Die Rechtsprechung hat jedoch für Angestellte in ständiger Rechtsprechung auf Lohnfortzahlung im Falle der Bewilligung einer Kur erkannt, weil die die Kur auslösende Krankheit als »Unglück« i.S. der §§ 63 HGB, 133c GewO anerkannt wird. Das ist bei allen von den Versicherungsträgern bewilligten Kuren der Fall, denn dem Arbeitnehmer ist es nicht zuzumuten, die bewilligte Kur nicht termingerecht anzutreten oder gar auszuschlagen (vgl. *BAG* v. 17. 11. 1960, AP Nr. 21 zu § 63 HGB; *BAG* v. 24. 2. 1961, EzA § 133c GewO Nr. 1 = AP Nr. 22 zu § 63 HGB; *BAG* v. 17. 3. 1961, AP Nr. 23 zu § 63 HGB; *BAG* v. 28. 11. 1963, EzA § 133c GewO Nr. 3 = AP Nr. 25 zu § 133c GewO; *Dersch/Neumann*, § 10 Anm. 6; *Stahlhacke/Bleistein*, Komm. z. GewO, Bd. 3, § 133c Anm. IV 1). Ohne Bedeutung ist, ob der Angestellte während der Kur arbeitsfähig ist oder nicht. Wird die Kur oder das Heilverfahren nicht von dem Träger der Sozialversicherung bewilligt, sondern von einer anderen Stelle, z.B. einem Gesundheitsamt, einem Versorgungsamt oder auch einem Privatarzt verordnet, so ist der Gehaltsfortzahlungsanspruch dann gerechtfertigt, wenn sinngemäß die gleichen Voraussetzungen wie bei Bewilligung einer vorbeugenden Kur durch die Bundesversicherungsanstalt für Angestellte erfüllt sind. Demnach ist zu verlangen, daß der Angestellte durch eine Krankheit oder ein Gebrechen in seiner Erwerbsfähigkeit beeinträchtigt und nicht nur erholungsbedürftig ist, daß die Erwerbsfähigkeit durch die Kur voraussichtlich erhalten, wesentlich gebessert oder wiederhergestellt werden kann und daß die durchzusetzende Kur zur Erreichung dieses Zwecks erforderlich ist (vgl. *BAG* v. 17. 3. 1961, AP Nr. 23 zu § 63 HGB = DB 1961, 1032; *Dersch/Neumann*, § 10 Anm. 6). Bewilligt die gesetzliche Krankenkasse eine sog. **Genesungs- oder Erholungskur** nach einer schweren Erkrankung, so besteht ein Gehaltsfortzahlungsanspruch nur bei Arbeitsunfähigkeit, vgl. *LAG Saarbrücken* DB 1962, 1702.

14 **Entziehungskuren**, z.B. wegen Alkoholismus, stehen der Kur i.S. der § 10 gleich. Trunksucht ist arbeitsrechtlich eine Krankheit. Das früher in aller Regel angenommene Selbstverschulden des Arbeitnehmers wird neuerdings nicht mehr unterstellt (vgl. *BAG* v. 1. 6. 1983, EzA § 1 LohnFG Nr. 69; *BAG* v. 30. 3. 1988, EzA § 1 LohnFG Nr. 92 = NZA 1988, 537; *BAG* v. 9. 4. 1987, EzA § 1 KSchG Krankheit Nr. 18 = NZA 1987, 811). Der Arbeitgeber muß das Verschulden des Arbeitsnehmers darlegen und beweisen (*BAG* v. 7. 8. 1991, EzA § 1 LohnFG Nr. 120).

15 Wird dem Angestellten nach Durchführung des Kur- oder Heilverfahrens eine **Schonungszeit (sog. Nachkur)** verordnet, so besteht auch für diesen Zeitraum ein Gehaltsfortzahlungsanspruch. Während der verordneten Nachkur kann dem Angestellten die Arbeitsleistung nicht zugemutet werden (*BAG* v. 28. 11. 1963, EzA § 133c GewO Nr. 3 = AP Nr. 25 zu § 133c GewO; *BAG* v. 11. 3. 1971, EzA § 10 BUrlG n.F. Nr. 1 = AP Nr. 10 zu § 10 BUrlG Schonzeit mit Anm. von *Trieschmann*). Die Schonungszeit darf somit auf den Urlaub nicht mehr angerechnet werden.

16 Der Angestellte hat nach den §§ 63 HGB, 133c GewO, 616 BGB einen Lohnfortzahlungsanspruch für das unverschuldete Unglück für die Dauer **von sechs Wochen**. Zeiten der Arbeitsunfähigkeit und Kurzeiten bzw. Schonungszeiten sind zusammenzurechnen, wenn sie auf demselben **Grundleiden** beruhen. Erkrankt der Angestellte erneut, so ist also der Arbeitgeber zur Gehaltszahlung nur für die Dauer von **insgesamt** sechs Wochen verpflichtet. Die einzelnen Zeitabschnitte sind zusammenzurechnen, bis die Anspruchszeit verbraucht ist.

17 Hat der Angestellte bei einer wiederholten Erkrankung an demselben Grundleiden zwischenzeitlich eine längere Zeit **voll gearbeitet**, so entsteht ein weiterer Lohnfortzahlungsanspruch bis zur Dauer von sechs Wochen. Dasselbe gilt auch, wenn der Angestellte wegen des Grundleidens zur Kur verschickt wird. Eine medizinische Ausheilung ist nicht erforderlich. Bisher hat die Rechtsprechung angenommen, ein längerer Zeitraum sei anzunehmen, wenn der Arbeitnehmer **sechs Monate voll gearbeitet** habe (*BAG* v. 2. 6. 1966, EzA § 63 HGB Nr. 9 = AP Nr. 30 zu § 63 HGB = DB 1966, 1360; *BAG* v. 6. 5. 1965, AP Nr. 29 zu § 63 HGB = DB 1965, 1141; *BAG* v. 1. 2. 1973, EzA § 63 HGB Nr. 16 = AP Nr. 33 zu § 63 HGB = DB 1973, 828; *BAG* v. 22. 3. 1973, EzA § 63 HGB Nr. 17 = AP Nr. 34 zu § 63 HGB = DB 1973, 1176). Diese Frist wurde als zwingend aufgefaßt, d.h. zu Lasten des Angestellten konnte sie weder durch Tarifvertrag noch durch Einzelarbeitsvertrag verlängert werden (vgl. *BAG* v. 1. 2. 1973, EzA § 63 HGB Nr. 16 = AP Nr. 33 zu § 63 HGB = DB 1973, 828). Die Rechtsprechung zur Sechsmonatsfrist hat das *BAG* in seiner Entscheidung vom 29. 9. 1982 (EzA § 1 LohnFG Nr. 63) nun **modifiziert** und erkannt, bei der Berechnung der Sechsmonatsfrist sei

nicht mehr auf die tatsächliche Arbeitsleistung, sondern **nur noch auf den Zeitablauf** zwischen zwei möglichen Fortsetzungserkrankungen abzustellen. Erkrankt also der Angestellte innerhalb der Frist an einer anderen Krankheit und wird er deshalb arbeitsunfähig, so hat das ebensowenig Einfluß auf die Sechsmonatsfrist wie der Urlaub. Für die Berechnung der Sechsmonatsfrist bei Angestellten gelten also die Grundsätze, die nach den §§ 7, 1 Abs. 1 LohnFG für Arbeiter gelten (vgl. *BAG* v. 29. 9. 1982, EzA § 1 LohnFG Nr. 63 = DB 1983, 233).

18 Wird wegen desselben Grundleidens eine Kur bewilligt, so ist für den Sechsmonatszeitraum auf den Zeitpunkt des **Kurantritts** abzustellen, nicht auf den der Kurbewilligung (vgl. *BAG* v. 2. 6. 1966, EzA § 63 HGB Nr. 9 = AP Nr. 30 zu § 63 HGB). Beträgt der Zeitraum zwischen der **Bewilligung der Kur und dem Kurantritt** mehr als sechs Monate, so können allein daraus keine Zweifel an der medizinischen Notwendigkeit der Heilmaßnahme abgeleitet werden, sofern der Arbeitnehmer den Beginn der Kur nicht hinausgezögert hat (*LAG Hamm* v. 9. 9. 1987, LAGE § 7 LohnFG Nr. 1. Vgl. ferner *ArbG Stuttgart* v. 4. 9. 1981, AP Nr. 6 zu § 7 LohnFG mit krit. Anm. von *Obermann*). Dieser zum § 7 LohnFG entwickelte Grundsatz ist auch im Bereich der Kurbewilligung bei Angestellten anzuwenden.

19 Die oben dargestellten Grundsätze gelten nur, wenn der Angestellte bei demselben Arbeitgeber beschäftigt ist. Wechselt er das Beschäftigungsverhältnis, so bedarf es der Einhaltung der Sechsmonatsfrist nicht (vgl. *Landmann/Rohmer/Neumann*, § 133c GewO Anm. 27). Dieser Fall liegt auch vor, wenn der Arbeitnehmer zu einer »Arbeitsgemeinschaft« wechselt, an der der Arbeitgeber beteiligt ist (vgl. *BAG* v. 23. 12. 1971, EzA § 1 LohnFG Nr. 13 = AP Nr. 10 zu § 1 LohnFG = DB 1972, 734). Bei der Beurteilung von Lohnfortzahlungsproblemen ist stets auf das Vertragsverhältnis zwischen dem Arbeitnehmer und ein- und demselben Arbeitgeber abzustellen (vgl. dazu, wenn auch in anderem Zusammenhang, *BAG* v. 6. 9. 1989, EzA § 63 HGB Nr. 42 mit zust. Anm. von *v. Hoyningen-Huene*).

20 **Im Beitrittsgebiet nach Art. 3 des Einigungsvertrages vom 31. 8. 1990 (BGBl. II S. 885) haben Angestellte und Arbeiter** Anspruch auf Fortzahlung des Arbeitsentgelts im Krankheitsfalle und bei Bewilligung von Kuren und Schonungszeiten nach § 115a Arbeitsgesetzbuch der früheren Deutschen Demokratischen Republik vom 16. 6. 1977 (GBl. I S. 185, geändert durch Gesetz vom 22. 6. 1990, GBl. I Nr. 35 S. 371 und den Einigungsvertrag vom 31. 8. 1990, BGBl. II S. 885). § 115a AGB in der ab 3. 10. 1990 geltenden Fassung entspricht in wesentlichen Punkten der Regelung des Lohnfortzahlungsgesetzes. § 115a Abs. 3 bestimmt allerdings nicht die **volle Kostenübernahme** durch die Sozialversicherung als Anspruchsvoraussetzung. Ferner kommt als Träger **nur** die Sozialversicherung in Betracht. Er hat folgenden Wortlaut:

21 »Fortzahlung des Arbeitsentgelts im Krankheitsfalle

§ 115a

(1) Wird ein Arbeitnehmer durch Arbeitsunfähigkeit infolge Krankheit, Arbeitsunfall oder Berufskrankheit (Krankheit) an seiner Arbeitsleistung verhindert, ohne daß ihn ein Verschulden trifft, verliert er dadurch nicht den Anspruch auf Arbeitsentgelt für die Zeit der Arbeitsunfähigkeit bis zur Dauer von sechs Wochen. Wird der Arbeitnehmer innerhalb von zwölf Monaten infolge derselben Krankheit wiederholt arbeitsunfähig, verliert er den Anspruch auf Arbeitsentgelt nur für die Dauer von insgesamt sechs Wochen nicht; war der Arbeitnehmer vor der erneuten Arbeitsunfähigkeit jedoch mindestens sechs Monate nicht in-

folge derselben Krankheit arbeitsunfähig, verliert er wegen der erneuten Arbeitsunfähigkeit den Anspruch nach Satz 1 für einen weiteren Zeitraum von höchstens sechs Wochen nicht.
(2) Einer Arbeitsunfähigkeit infolge Krankheit steht gleich eine von der Sozialversicherung bewilligte prophylaktische Kur, eine Heil- oder Genesungskur sowie eine sich daran anschließende ärztlich verordnete Schonungszeit, sofern während dieser Zeit Arbeitsunfähigkeit besteht.
(3) Ein Anspruch auf Arbeitsentgeltfortzahlung bei Krankheit besteht nicht, wenn
a) der Arbeitsvertrag befristet ist und die Dauer der Befristung vier Wochen nicht überschreitet,
b) für denselben Zeitraum Anspruch auf Schwangerschafts- und Wochengeld besteht.
(4) Der Arbeitnehmer ist verpflichtet, dem Arbeitgeber die Arbeitsunfähigkeit und deren voraussichtliche Dauer unverzüglich anzuzeigen und vor Ablauf des dritten Kalendertages nach Beginn der Arbeitsunfähigkeit eine ärztliche Bescheinigung über die Arbeitsunfähigkeit sowie deren voraussichtliche Dauer nachzureichen. Dauert die Arbeitsunfähigkeit länger als in der Bescheinigung angegeben, ist der Arbeitnehmer verpflichtet, eine neue ärztliche Bescheinigung vorzulegen. Die Bescheinigungen müssen einen Vermerk des behandelnden Arztes darüber enthalten, daß der Sozialversicherung unverzüglich eine Bescheinigung über die Arbeitsunfähigkeit mit Angaben über den Befund und die voraussichtliche Dauer der Arbeitsunfähigkeit übersandt wird.
(5) Hält sich der Arbeitnehmer bei Beginn der Arbeitsunfähigkeit außerhalb des Geltungsbereiches dieses Gesetzes auf, ist er verpflichtet, auch der Sozialversicherung, bei der er versichert ist, die Arbeitsunfähigkeit und deren voraussichtliche Dauer unverzüglich anzuzeigen. Dauert die Arbeitsunfähigkeit länger als angezeigt, ist der Arbeitnehmer verpflichtet, der Sozialversicherung die voraussichtliche Fortdauer der Arbeitsunfähigkeit mitzuteilen. Abs. 4 Satz 3 ist nicht anzuwenden. Kehrt ein arbeitsunfähig erkrankter Arbeitnehmer in den Geltungsbereich dieses Gesetzes zurück, ist er verpflichtet, der Sozialversicherung seine Rückkehr unverzüglich anzuzeigen.«

22 Arbeitnehmer bei Arbeitgebern, die nicht mehr als 30 Arbeitnehmer (ohne Lehrlinge) beschäftigen, hatten bis zum 30. 6. 1991 keinen Anspruch auf Lohnfortzahlung. Sie erhielten im Krankheitsfalle einen Zuschuß zum Krankengeld in Höhe der Differenz zwischen dem Krankengeld und dem Nettodurchschnittsverdienst. Diese Einschränkung besteht ab 1. 7. 1991 nicht mehr. § 115b Abs. 4 AGB, der sie enthielt, ist am 30. 6. 1991 außer Kraft getreten (Anlage II Einigungsvertrag Kapitel VIII Sachgebiet A Abschnitt II Ziff. 1b).

23 § 115a Abs. 2 AGB in der ab 3. 10. 1990 geltenden Fassung enthält die Begriffe **»prophylaktische Kur, Heil- und Genesungskur«**. Die damit offenbare Anknüpfung an § 7 Abs. 1 LohnFG rechtfertigt die Anerkennung des dort anerkannten Begriffs der Kur. Als Voraussetzung der Lohnfortzahlung genügt nicht allein die Bewilligung einer der in § 115 Abs. 2 AGB genannten Kuren, sondern weitere Voraussetzung ist die tatsächliche Durchführung der Heil- oder Vorbeugungsmaßnahme. Dazu gehört ein von der Sozialversicherung planvoll gestaltetes medizinisches Heilverfahren, mit dem ein bestimmter Zweck erreicht werden soll und eine ausreichende medizinische Versorgung sowie ein gewisser Einfluß auf die Lebensführung (*BAG* v. 14. 11. 1979, EzA § 7 LohnFG Nr. 4 = AP Nr. 4 zu § 7 LohnFG; *LAG Düsseldorf* v. 31. 1. 1989, LAGE § 7 LohnFG Nr. 2). Die sog. **freie Badekur**, die im wesentlichen vom Arbeitnehmer selbst gestaltet wird, erfüllt diese Voraussetzungen nicht (vgl. *LAG Düsseldorf*, a. a. O.).

2. Lohnfortzahlung bei Kuren und Schonungszeiten für Arbeiter

24 Obwohl die **Schlechterstellung von Arbeitern gegenüber Angestellten** im Lohnfortzahlungsrecht vor dem allgemeinen Gleichheitssatz, Art. 3 Abs. 1 GG, keinen Bestand mehr hat (dazu oben Anm. 10), sind die §§ 7, 1 LohnFG auf Arbeiter weiterhin anzuwenden. Teilen Gerichte diese Auffassung, so haben sie bei Vorliegen der Voraussetzungen des Art. 100 Abs. 1 GG eine Vorlagepflicht an das Bundesverfassungsgericht, dem die alleinige und endgültige Verwerfungskompetenz bei konkreten Normenkontrollverfahren zusteht.

25 Durch das LohnFG ist für Arbeiter die **Kur** unter bestimmten Voraussetzungen der Arbeitsunfähigkeit gleichgesetzt worden. Damit erhält auch der Arbeiter in Annäherung an das Recht des Angestellten einen Anspruch auf Fortzahlung seines Lohnes für die Zeit der Kur bis zu sechs Wochen.

26 Während der **Schonungszeit** besteht ein Lohnfortzahlungsanspruch nur im Fall der **Arbeitsunfähigkeit**. Daher werden in aller Regel die Schonungszeiten auf den Erholungsurlaub angerechnet werden können. Aber auch hier ist es im Einzelfall denkbar, daß der Arbeiter die Schonungszeit nicht urlaubsmäßig verbringen kann. Das werden Ausnahmefälle bleiben. Aber sie sind denkbar, so daß auch dann die Anrechnung unzulässig sein kann (wie hier wohl *Kehrmann/Pelikan*, § 7 Anm. 15, **a.A.** insoweit *Kamann/Ziepke/Weinspach*, § 10 Anm. 16, die schlechthin die Nichtanrechnung für ausgeschlossen halten. Sie ziehen also aus § 10 einen Umkehrschluß, der aber nicht gerechtfertigt ist).

Folgende Voraussetzungen müssen vorliegen:

27 **a) Bewilligung einer Vorbeugungs-, Heil- oder Genesungskur durch den Träger der Sozialversicherung, einer Verwaltungsbehörde der Kriegsopferversorgung oder eines sonstigen Sozialleistungsträgers**

28 Aus § 7 Abs. 1 LohnFG folgt, daß nicht jede Kur den Anspruch des Arbeiters auf Lohnfortzahlung auslöst.

29 Eine **Vorbeugungskur** liegt vor, wenn sie der Verhütung einer Erkrankung oder ihrer Verschlimmerung dient oder wenn sie der Beeinträchtigung der Erwerbsfähigkeit vorbeugen soll (*BAG* v. 14. 11. 1979, EzA § 7 LohnFG Nr. 4 = AP Nr. 4 zu § 7 LohnFG = DB 1980, 551). Die bewilligte Kur muß auch tatsächlich dem Zweck entsprechend durchgeführt werden. Es muß sich um ein planvoll gestaltetes medizinisches Heilverfahren handeln, mit ausreichender medizinischer Betreuung und einem gewissen Einfluß auf die Lebensführung des Versicherten. Davon ist in der Regel auszugehen, wenn der Versicherte in einem Kurheim des Sozialversicherungsträgers untergebracht ist (vgl. *BAG*, a.a.O.). Auch wenn das nicht der Fall ist, der Versicherte eine sog. »freie Badekur« erhält, kann der Arbeitgeber in aller Regel davon ausgehen, daß die Kur als Heilverfahren abgewickelt wird. Der Arbeitgeber kann – in Ausnahmefällen – begründete Zweifel geltend machen, denen das Gericht dann im Streitfall nachzugehen hat (vgl. *BAG* v. 14. 11. 1979, a.a.O.; *BAG* v. 10. 5. 1978, EzA § 7 LohnFG Nr. 3 = AP Nr. 3 zu § 7 LohnFG = BB 1979, 110; *LAG Düsseldorf* v. 31. 1. 1989, LAGE § 7 LohnFG Nr. 2, das zutreffend eine »freie Badekur« als Kur i.S. des § 7 Abs. 4 LohnFG abgelehnt hat, bei der der Arbeitnehmer täglich nur eine Kuranwendung von 30 Minuten hatte und im übrigen die Kurzeit mit seiner Ehefrau in einer Privatpension frei verbringen konnte). Mißachtet der Arbeiter die »Kurordnung« des Sozialversicherungsträgers nachhaltig so stark, daß von einer geordneten Kur nicht mehr gesprochen werden kann, so kann im Einzelfall aus dem Gesichtspunkt des Rechtsmißbrauchs der Lohnfortzahlungsanspruch zu versagen sein.

30 Die **Genesungskur** verfolgt den Zweck, den Organismus nach einer überstandenen Krankheit zu stärken und zu kräftigen. Der Genesungszweck einer Kur kann im Einzelfall auch mit dem Zweck der Vorbeugungskur gekoppelt sein. Mit der Bewilligung der Kur steht, von Mißbrauchsfällen abgesehen, auch die medizinische Notwendigkeit fest (vgl. *BAG* v. 29. 11. 1973, EzA § 7 LohnFG Nr. 2 = AP Nr. 2 zu § 7 LohnFG = DB 1974, 682; *LAG Hamm* v. 9. 9. 1987, LAGE § 7 LohnFG Nr. 1; *ArbG Stuttgart* v. 4. 9. 1981, AP Nr. 6 zu § 7 LohnFG).

31 Die **Heilkur** verfolgt den Zweck, eine bestimmte Krankheit auszuheilen.

32 Wird die Kur zum Zwecke der Erholung bewilligt – **sog. Erholungskur** –, so besteht ein Lohnfortzahlungsanspruch des Arbeiters nicht. Eine Erholungskur kann auch dann vorliegen, wenn zwischen dem Ende der Arbeitsunfähigkeit und einer im Zusammenhang damit bewilligten »Heil- und Genesungskur« ein ungewöhnlich großer zeitlicher Abstand besteht (vgl. *BAG* v. 10. 5. 1958, EzA § 7 LohnFG Nr. 3 = AP Nr. 3 zu § 7 LohnFG = BB 1979, 110; vgl. dazu aber auch *LAG Hamm* v. 9. 9. 1987, LAGE § 7 LohnFG Nr. 1, das richtig die Notwendigkeit einer Kur nicht bereits in Zweifel zieht, wenn zwischen der Bewilligung der Kur und ihrem Beginn mehr als sechs Monate liegen).

33 Die **Bewilligung** der Kur durch den Sozialversicherungsträger muß grundsätzlich der Kur vorausgehen. Der Arbeiter hat nur dann einen Anspruch auf Lohnfortzahlung, wenn die Kur von einem der im Gesetz aufgeführten Leistungsträger bewilligt worden ist. Sonstige Sozialleistungsträger sind vor allem die Träger der Sozialhilfe. Die Verbände der freien Wohlfahrtspflege oder das Müttergenesungswerk sind keine Sozialleistungsträger i. S. des § 7 Abs. 1 LohnFG, weil aus dem Wort »sonstige« zu schließen ist, daß es sich um öffentlich-rechtliche Leistungsträger handeln muß. Damit scheiden die von privaten Trägern bewilligten Kuren aus, selbst wenn die vollen Kosten übernommen werden. Soweit der Arbeiter in dieser Zeit arbeitsunfähig ist, ist eine Anrechnung auf den Jahresurlaub allerdings nach § 9 ausgeschlossen.

b) Volle Kostenübernahme

34 Der Lohnfortzahlungsanspruch des Arbeiters besteht nur dann, wenn die in § 7 Abs. 1 LohnFG genannten Träger die vollen Kosten der Kur übernehmen. Muß der Arbeiter einen Teil der Kosten selbst tragen, ist der Lohnfortzahlungsanspruch zu verneinen. Zu den Kosten der Kur gehören nicht die Fahrtkosten (ebenso *Marienhagen*, § 10 Anm. 7). Müssen sie vom Arbeiter selbst getragen werden, so scheitert der Lohnfortzahlungsanspruch des Arbeiters daran nicht (**a. A.** *Natzel*, § 10 Anm. 12). Übernimmt der Leistungsträger die vollen Kosten nur für einen Teil der Kurzeit, so besteht der Lohnfortzahlungsanspruch ebenso nur für diesen Zeitraum.

c) Gleichsetzung von Kur und Arbeitsunfähigkeit

35 § 7 Abs. 1 S. 2 LohnFG bestimmt, daß eine der in § 7 Abs. 1 S. 1 LohnFG umschriebene Kur der Arbeitsunfähigkeit i. S. des § 1 Abs. 1 S. 2 LohnFG gleichsteht. Daraus folgt: Der Lohnfortzahlungsanspruch des Arbeiters im Falle der Bewilligung einer Kur setzt **keine Arbeitsunfähigkeit** voraus. Ob der Arbeiter vor oder während der Kur arbeitsunfähig ist, ist ohne Bedeutung. Das kann der Fall sein, es muß aber nicht der Fall sein. § 7 Abs. 1 LohnFG ist lex specialis gegenüber § 1 Abs. 1 LohnFG. Das gleiche gilt auch für die sog. **Alkoholentziehungskur** (vgl. *BAG* v. 1. 6. 1983, EzA § 1 LohnFG Nr. 66), mit der das BAG auch die bisherige Rechtsprechung zur Verschuldensfrage in diesen Fällen aufgegeben hat. Weitere Nachweise aus der Rechtsprechung oben Anm. 14.

36 Die Gleichsetzung von Kur i. S. des § 7 Abs. 1 LohnFG und Arbeitsunfähigkeit hat zur Folge, daß die der Kurbewilligung zugrunde liegende Krankheit vom Arbeiter **nicht verschuldet** sein darf (*Gamillscheg*, Arbeitsrecht I S. 256; *BAG* EzA § 1 LohnFG Nr. 69 = AP Nr. 52 zu § 1 LohnFG). Auch muß die Kur nach dem **»Beginn der Beschäftigung«** angetreten sein. Die Gleichstellung zeigt sich schließlich im Falle der Anwendung der Grundsätze der **»Wiederholungskrankheiten«**. Die Zeiten der Arbeitsunfähigkeit und einer Kur wegen desselben Grundleidens werden also zusammengerechnet. Der Lohnfortzahlungsanspruch besteht bis zur Dauer von sechs Wochen. Dabei ist ohne Bedeutung, ob die Kur nach der Zeit der Arbeitsunfähigkeit liegt oder umgekehrt. Für die Berechnung der Sechsmonatsfrist kommt es nicht auf die **Kurbewilligung**, sondern auf den **Kurantritt** an (vgl. *BAG* v. 2. 6. 1966, EzA § 63 HGB Nr. 9 = AP Nr. 30 zu § 63 HGB). Das gilt auch für die Zwölfmonatsfrist des § 1 Abs. 1 Satz 2 LohnFG, vgl. *LAG Berlin* AP Nr. 5 zu § 7 LohnFG.

d) Mitteilungs- und Nachweispflichten

37 Der Arbeiter ist nach § 7 Abs. 2 LohnFG verpflichtet, dem Arbeitgeber unverzüglich eine Bescheinigung über die Bewilligung der Kur vorzulegen und den Zeitpunkt des Kurantritts mitzuteilen. Ob der Arbeiter arbeitsunfähig ist oder nicht, ist ohne Belang. Die Bescheinigung über die Bewilligung muß Angaben über die voraussichtliche Dauer der Kur enthalten sowie darüber, wer der Leistungsträger ist und ob die Kosten der Kur voll übernommen werden. Dauert die Kur länger als in der Bescheinigung angegeben, so ist der Arbeiter verpflichtet, dem Arbeitgeber unverzüglich eine weitere entsprechende Bescheinigung vorzulegen.

38 Der Arbeiter hat die Verordnung der Schonungszeit und deren Dauer unverzüglich anzuzeigen (§ 7 Abs. 4 LohnFG). Die Verweisung auf § 3 LohnFG verpflichtet den Arbeiter ferner, vor Ablauf des dritten Tages der Schonungszeit eine ärztliche Bescheinigung über die Schonungszeit und deren Dauer einzureichen. Es genügt die Bescheinigung des Kurarztes. Wird der Arbeiter arbeitsunfähig aus der Kur nach Hause entlassen, so hat er nach den allgemeinen Bestimmungen des Lohnfortzahlungsgesetzes zu verfahren, d. h. eine entsprechende Bescheinigung des Arztes bzw. Kurarztes (§ 3 LohnFG) vorzulegen.

39 Der Arbeitgeber kann die Lohnfortzahlung verweigern, solange der Arbeiter die nach § 7 Abs. 2 LohnFG notwendige Bewilligung der Kur, deren Dauer und volle Kostenübernahme bzw. die Arbeitsunfähigkeitsbescheinigung für die Schonungszeit schuldhaft nicht vorliegt. Der Auffassung von *Marienhagen* (§ 7 Anm. 17), bei § 7 Abs. 2 LohnFG handele es sich um eine reine Ordnungsvorschrift, kann nicht gefolgt werden. Zwar bezieht § 7 Abs. 1 LohnFG nicht den § 3 LohnFG, jedoch bringt § 7 Abs. 2 LohnFG dafür eine eigene Regelung. Anwendbar ist aber § 5 LohnFG, d. h. das Leistungsverweigerungsrecht (vgl. *Kehrmann/Pelikan*, § 7 Anm. 8; *Siara*, § 10 Anm. 7d).

3. Lohnfortzahlung bei Kuren und Schonungszeiten für Auszubildende

40 Nach § 12 Abs. 1 BBiG hat der Auszubildende einen Anspruch auf Fortzahlung der Vergütung bis zur Dauer von sechs Wochen für die Zeit unverschuldeter Krankheit und u.a. dann, wenn er aus einem sonstigen in seiner Person liegenden Grund unverschuldet verhindert ist, seine Pflichten aus dem Berufsausbildungsverhältnis zu erfüllen. Für Zeiten einer Kur und für Schonungszeiten gelten die oben für Angestellte dargestellten Grundsätze (ebenso *Dersch/Neumann*, § 10 Anm. 10).

4. Rechtslage im Beitrittsgebiet nach Art. 3 Einigungsvertrag

41 Im Beitrittsgebiet nach Art. 3 des Einigungsvertrages gilt für **Angestellte und Arbeiter** in der Frage der Fortzahlung des Arbeitsentgelts im Krankheitsfalle einheitliches Recht. § 115 Arbeitsgesetzbuch der früheren Deutschen Demokratischen Republik gilt nach der Anlage II Kapitel VIII Sachgebiet A Abschnitt III Ziff. 1a des Einigungsvertrages vom 31. 8. 1990 (BGBl. II S. 885) fort.

42 Wegen der Einzelheiten wird auf die Ausführungen oben Anm. 20 verwiesen.

5. Anrechnungsverbot

43 Soweit nach den oben 1–4 dargestellten Grundsätzen ein **gesetzlicher Anspruch** auf Lohnfortzahlung besteht, dürfen Kuren und Schonungszeiten **nicht** auf den Urlaub angerechnet werden. Das Anrechnungsverbot greift an sich nicht ein, soweit ein Lohnfortzahlungsanspruch über den gesetzlichen Zeitraum von sechs Wochen hinaus nach dem Tarifvertrag, einer Betriebsvereinbarung oder dem Einzelarbeitsvertrag besteht. Solange jedoch die Parteien keine andere Regelung treffen, was insbesondere zulässig ist, wird der Grundsatz des § 10 anzuwenden sein (vgl. *Dersch/Neumann*, § 10 Anm. 14).

44 Hat der Arbeitnehmer seinen Jahresurlaub bereits verbraucht, scheidet jede Anrechnung aus. Ein Vorgriff auf den Urlaub des folgenden Urlaubsjahres wäre unzulässig (vgl. *Dersch/Neumann*, § 10 Anm. 12).

IV. Anrechnung der Zeit eines Kur- oder Heilverfahrens auf den Urlaub

45 Fraglich ist, ob der Arbeitgeber Zeiten eines Kur- oder Heilverfahrens auf den Urlaub anrechnen darf, wenn die Voraussetzungen des § 10 nicht vorliegen, auch § 9 nicht Platz greift und der Arbeitnehmer den Urlaub noch nicht verbraucht hat.

46 Es wird die Auffassung vertreten, daß nach der Neufassung des § 10 in den gesetzlich nicht ausgeschlossenen Fällen die Anrechnung des Urlaubs auf Kuren und Schonungszeiten **grundsätzlich zulässig** ist (vgl. *Dersch/Neumann*, § 10 Anm. 17; *Natzel*, § 10 Anm. 21; *Hessel/Marienhagen*, 4. Aufl. 102; *Doetsch/Schnabel/Paulsdorf*, LohnFG, 2. Aufl., § 7 Anm. 10; *Marienhagen*, LohnFG, 3. Aufl., § 7 Anm. 22; *LAG Berlin* DB 1970, 2278). Der von *Töns* (BB 1970, 762) aus der Fassung des § 10 gezogene Schluß, das Gesetz verbiete eine Anrechnung überhaupt, dürfte nicht gerechtfertigt sein. Denn der Gesetzgeber hat nun einmal nicht ein so weitgehendes Anrechnungsverbot erlassen. Vor Erlaß des BUrlG sahen Gesetzentwürfe sowohl der CDU/CSU- wie auch der SPD-Fraktion so weitgehende Anrechnungsverbote vor. Der Gesetzgeber ist dem aber weder in der alten Fassung des § 10 noch in der ab 1. 1. 1970 geltenden Fassung gefolgt. Neumann will die grundsätzliche Anrechnung nur dann ausschließen, wenn nach der Art und Weise des Kur- oder Heilverfahrens **eine Erholung völlig ausgeschlossen sei** und damit die Verweisung des Arbeitnehmers auf diesen Zeitraum als Erholungsurlaub einen Verstoß gegen die unabdingbare Regelung des § 1 darstelle (vgl. *Dersch/Neumann*, § 10 Anm. 25).

47 Auszugehen ist davon, daß das Gesetz in § 10 keine abschließende Regelung enthält, sondern nur einen Teilbereich geregelt hat, der allerdings in der Praxis die meisten Fälle abdeckt. Soweit ein gesetzlicher Anspruch auf Lohnfortzahlung **nicht oder nicht für die volle Kurzeit besteht**, findet § 10 keine Anwendung. Die Frage der Anrechnung ist insoweit nach allgemeinen urlaubsrechtlichen Kriterien zu entscheiden. Der vielfach gezogene Umkehrschluß ist aus § 10 nicht zu ziehen (so aber *Dersch/Neumann*, § 10 Anm. 17 mit Hinweisen). Es besteht kein Anlaß zu der Annahme, daß der Gesetzgeber sich von den der bisherigen Fassung zugrunde liegenden tragenden urlaubsrechtlichen Gedanken, die von der Rechtsprechung auch schon vor dem BUrlG entwickelt und vom Gesetzgeber nur übernommen wurden, hat lösen wollen. Er hat sie für bestimmte, im Gesetz geregelte Fälle abstrakt geregelt. Darüber hinaus müssen die Fälle wie bisher nach urlaubsrechtlichen Grundsätzen entschieden werden. Hat z.B. ein Arbeitnehmer für die Dauer der Kur **keinen Anspruch auf Entgeltfortzahlung**, weil er vorher wegen desselben Grundleidens länger als sechs Wochen arbeitsunfähig war und zwischen dieser Erkrankung und der Kur ein Zeitraum unter sechs Monaten lag, so steht ihm kein Anspruch auf Lohnfortzahlung für die Dauer der Kur zu (vgl. *BAG* v. 2. 6. 1966, EzA § 63 HGB Nr. 9 = AP Nr. 30 zu § 63 HGB; *BAG* v. 22. 3. 1973, EzA § 63 HGB Nr. 17 = AP Nr. 34 zu § 63 HGB; *BAG* v. 29. 9. 1982, EzA § 1 LohnFG Nr. 63). Nach dem Wortlaut des § 10 n.F. könnte der Arbeitgeber in diesem Falle ohne weiteres die Anrechnung erklären, sofern man den oben abgelehnten Umkehrschluß zu ziehen bereit ist. Es ist aber davon auszugehen, daß während dieser Kur die Anrechnung nur zulässig ist, wenn der Arbeitnehmer seine Zeit in der **üblichen Gestaltung eines Erholungsurlaubs** verbringen kann. Ist das nicht der Fall, was bei den Kuren der Bundesversicherungsanstalt und der Landesversicherungsanstalten die Regel sein dürfte, so scheidet eine Anrechnung aus.

48 Von Bedeutung in diesem Zusammenhang kann weiter der Fall sein, daß der Arbeiter eine Kur bewilligt bekommt, deren Kosten nicht voll vom Sozialversicherungsträger übernommen werden. Hier besteht kein Lohnfortzahlungsanspruch, jedoch kann sich die Anrechnung dennoch verbieten, wenn der Arbeitnehmer die Zeit nicht so verbringen kann, wie es nun einmal für einen Urlaub typisch und notwendig ist. Dasselbe gilt im Falle einer **verschuldeten Krankheit** mit anschließender Kur. Der Arbeitnehmer hat in diesem Falle keinen Lohnfortzahlungsanspruch. Daraus kann aber nicht der Schluß gezogen werden, daß nun ohne weiteres die Anrechnung auf den Jahresurlaub erfolgen könne. Das ist nur möglich, wenn dies nach den bisher geltenden urlaubsrechtlichen Grundsätzen zulässig war.

49 Zusammenfassend ist also festzustellen, daß die im Gesetz nicht erfaßten Fälle

– Kuren ohne Lohnfortzahlungsanspruch – nicht stets die Anrechnung zur Folge haben, sondern dies zur Voraussetzung hat, daß der Arbeitnehmer die Zeit urlaubsmäßig verbringen kann. Die Beweislast trägt der Arbeitgeber.

1. Anrechnung von Schonungszeiten

50 Der **Arbeiter** hat nach § 7 Abs. 4 LohnFG für die Dauer der Schonungszeit einen Anspruch auf Lohnfortzahlung nur dann, wenn er **arbeitsunfähig** ist. Ist das nicht der Fall, greift § 10 nicht ein, so daß grundsätzlich die Schonungszeit auf den Urlaub angerechnet werden kann. Nur in – seltenen – Ausnahmefällen wird der Arbeitnehmer darlegen können, daß er wegen ärztlicher Auflagen diese Zeit nicht urlaubsmäßig verbringen kann. Die Beweislast dafür liegt beim Arbeitnehmer. Dann muß die Anrechnung ausscheiden, weil sonst der zwingende Grundsatz des § 1 verletzt wäre.

51 Hat der **Angestellte** während der Schonungszeit einen Anspruch auf Lohnfortzahlung (dazu oben Anm. 15ff.), so scheidet nach § 10 eine Anrechnung auf den Jahresurlaub aus (vgl. *BAG* v. 11. 3. 1971, EzA § 10 BUrlG n.F. Nr. 1 = AP Nr. 10 zu § 10 BUrlG Schonzeit). Besteht ein Lohnfortzahlungsanspruch dagegen nicht, sei es, weil der 6-Wochen-Zeitraum verbraucht ist oder die der Kur- und der Schonungszeit zugrunde liegende Krankheit vom Arbeitnehmer verschuldet ist, so kann die Zeit wie beim Arbeiter in aller Regel angerechnet werden, weil der Angestellte die Schonungszeit frei gestalten kann. Nur wenn – in seltenen Ausnahmefällen – der Angestellte in der Lage ist, darzulegen und zu beweisen, daß er die Schonungszeit nicht urlaubsmäßig verbringen kann, ist die Anrechnung unzulässig.

2. Anrechnung von Kuren und Schonungszeiten (Einzelheiten)

52 Soweit nach dem oben Dargestellten eine Anrechnung der Kur- und Schonungszeiten erfolgen kann, sind folgende Grundsätze zu beachten:

a) Grundsatz. Zeitpunkt der Anrechnungserklärung

53 Die Erklärung des Arbeitgebers, die Zeit des Kur- oder Heilverfahrens werde auch auf den Erholungsurlaub angerechnet, hat grundsätzlich **vor Antritt** des Kur- oder Heilverfahrens zu erfolgen. Das ist notwendig, denn der Arbeitnehmer hat ein berechtigtes Interesse, rechtzeitig zu erfahren, ob der ihm zustehende Urlaub verbraucht ist oder nicht; davon können seine Dispositionen, z.B. Mitreise der Familie in den Kurort und die dazu erforderlichen Vorbereitungen, Planung des späteren Urlaubs, abhängen. Auf diese berechtigten Interessen hat der Arbeitgeber Rücksicht zu nehmen (vgl. *BAG* v. 31. 7. 1957, AP Nr. 20 zu § 11 BGB Urlaubsrecht = DB 1958, 599; *BAG* v. 26. 11. 1964, AP Nr. 2 zu § 611 BGB Urlaub und Kur). Ist der Arbeitnehmer mit der Anrechnung der Kur- und Schonungszeit auf den Urlaub nicht einverstanden, so kann der Arbeitgeber sie nur unter den Voraussetzungen des § 7 Abs. 1 vornehmen, der auch in diesen Fällen anzuwenden ist.

54 Viele Tarifverträge bestimmen in Übereinstimmung mit § 7 Abs. 2 BUrlG, der Urlaub müsse zusammmenhängend gewährt werden. Darin allein liegt noch kein

Verbot der Anrechnung von Kur- und Schonzeit auf den Erholungsurlaub (vgl. *BAG* v. 14. 12. 1966, EzA § 10 BUrlG Nr. 3 = AP Nr. 8 zu § 10 BUrlG Schonzeit = DB 1967, 292). Daß beides vereinbar ist, zeigen schon die §§ 7 Abs. 2 und 10 des Gesetzes. Ein so weitgehender Wille der Tarifvertragsparteien müßte eindeutig zum Ausdruck kommen.

b) Zur Informationspflicht des Arbeitnehmers

55 Wenn der Arbeitgeber vor Antritt des Kur- oder Heilverfahrens zu entscheiden hat, ob eine Anrechnung auf den Erholungsurlaub erfolgt, so besteht für den Arbeitnehmer die Verpflichtung, den Arbeitgeber rechtzeitig von dem Heilverfahren in Kenntnis zu setzen. Die Informationspflicht des Arbeitnehmers umfaßt sämtliche ihm bekannten Umstände über das Kur- oder Heilverfahren, den Grund der Kur, die in Aussicht genommenen Kurmittel, den Ort der Kur- oder Heilbehandlung und dgl. Der Arbeitnehmer hat den Arbeitgeber über alle jene Umstände, ggf. nach Rücksprache mit dem behandelnden Arzt, aufzuklären, die die Entscheidung über die Anrechenbarkeit beeinflussen können. Ohne diese Informationspflicht wäre der Arbeitgeber gar nicht in der Lage, vor Antritt der Kur zu entscheiden, ob eine Anrechnung erfolgt oder nicht.

56 Selbst wenn der Arbeitnehmer seiner Informationspflicht vertragsgemäß nachkommt, wird es zahlreiche Fälle geben, in denen der Arbeitgeber mangels ausreichender Kenntnis der tatsächlichen Umstände keine Entscheidung über die Anrechenbarkeit des Kur- oder Heilverfahrens treffen kann. Hier wäre es nicht gerechtfertigt, die Nichtanrechenbarkeit der Kur schon deshalb anzunehmen, weil der Arbeitgeber vor Antritt des Kur- oder Heilverfahrens keine entsprechende Erklärung abgegeben hat (so *BAG* v. 31. 3. 1957, AP Nr. 20 zu § 611 BGB Urlaubsrecht). Das BAG hat dies für den Fall entschieden, daß dem Arbeitgeber die gesamten Umstände des Genesungsurlaubs bekannt waren. Wenn der Arbeitnehmer seine Informationspflicht schuldhaft verletzt oder dem Arbeitgeber eine Entscheidung wegen des ungeklärten Sachverhalts nicht zumutbar ist, muß es dem Arbeitgeber möglich sein, auch nach der Durchführung des Kur- oder Heilverfahrens die Anrechnung zu erklären (vgl. auch *Dersch/Neumann*, § 10 Anm. 27).

57 Der Arbeitnehmer ist aufgrund seiner Informationspflicht gehalten, dem Arbeitgeber von der Bewilligung der Kur unverzüglich Mitteilung zu machen (für den Arbeiter ist diese Pflicht jetzt ausdrücklich in § 7 Abs. 2 LohnFG enthalten) und die ihm bekannten näheren Umstände zu offenbaren. Wenn ein Arbeitnehmer seinen Urlaub beantragt und gewährt erhält, obwohl ihm bekannt ist oder bekannt sein müßte, daß er ein Kur- oder Heilverfahren bewilligt bekommt, das auf den Erholungsurlaub anzurechnen wäre, so liegt in einem derartigen Verhalten ein schuldhafter Verstoß gegen die arbeitsvertragliche Treuepflicht. Denn der Arbeitnehmer würde sich in diesem Falle – bei Vorliegen eines Verschuldens – für dieses Urlaubsjahr doppelten Urlaub erwirken. Wenn sich in einem derartigen Falle später herausstellt, daß das Heilverfahren anrechnungspflichtig war, so haftet der Arbeitnehmer dem Arbeitgeber auf Schadenersatz, wenn ihm die Anrechenbarkeit bekannt war oder hätte bekannt sein müssen und er dennoch, gerade um sie zu vermeiden, rechtzeitig seinen Urlaub ohne eine entsprechende Unterrichtung des Arbeitgebers einbringt und erhält (vgl. dazu *Hueck*, RdA 1962, 465; *Dersch/Neumann*, § 10 Anm. 12). Der Urlaub für das folgende Urlaubsjahr wird auch in derartigen Fällen nicht verweigert werden können (ebenso *Hueck*,

RdA 1962, 465; **a. A.** *Fauth*, DB 1961, 1261, der in besonders krassen Fällen den Urlaub des folgenden Urlaubsjahres verweigert). Diese Grundsätze, die zum bisherigen Recht generell galten, sind auch heute noch in dem hier behandelten Bereich anzuwenden.

c) Keine Anrechnung nach Erfüllung des Urlaubsanspruchs

58 Eine Anrechnung kommt nicht mehr in Betracht, wenn der Arbeitnehmer den Erholungsurlaub bereits erhalten hat. In diesen Fällen kann unter Umständen eine Schadenersatzpflicht des Arbeitnehmers gegeben sein, wenn er schuldhaft gegen die arbeitsvertragliche Treuepflicht verstoßen hat. Eine Verweisung auf noch nicht fälligen Urlaub des nächsten Urlaubsjahres ist unzulässig (vgl. *LAG Baden-Württemberg* AP Nr. 7 zu § 10 BUrlG Schonzeit = BB 1966, 499 = DB 1966, 626; *Dersch/Neumann*, § 10 Anm. 12).

d) Teilanrechnung

59 Die Anrechenbarkeit des Kur- oder Heilverfahrens auf den Erholungsurlaub ist entweder ganz zulässig oder unzulässig. Teilanrechnung ist ausgeschlossen. Das *BAG* hatte in seiner Grundsatzentscheidung vom 1. März 1962 (EzA § 611 BGB Nr. 5 = AP Nr. 1 zu § 611 BGB Urlaub und Kur = DB 1962, 705) die Auffassung vertreten, daß unaufklärbare tatsächliche Verhältnisse hälftig je zu Lasten des Arbeitgebers und Arbeitnehmers gehen. Dies wurde mit dem Hinweis auf zahlreiche gesetzliche Bestimmungen, die eine derartige Regelung enthalten, gerechtfertigt. Angesichts der Entwicklung dieser Frage im bisherigen Gesetzesrecht läßt sich das nicht aufrechterhalten. Unaufklärbare Verhältnisse müssen nach der Beweislastregel entschieden werden. **Teilanrechnung** kann erfolgen, sofern der Angestellte nur noch für einen Teil der Kurzeit einen Lohnfortzahlungsanspruch besitzt (vgl. *Feichtinger*, AR-Blattei, Urlaub VIII, Krankheit und Kur, B II 2). Es ist aber für den Rest der Kurzeit alsdann zu prüfen, ob nicht eine Anrechnung nach den oben Anm. 46ff. dargelegten Grundsätzen ausscheidet.

V. Unabdingbarkeit

60 Fraglich ist, ob von den Grundsätzen des § 10 **zuungunsten des Arbeitnehmers** durch Tarifvertrag abgewichen werden kann. § 10 zählt zu den Vorschriften, die nach § 13 Abs. 1 dem Vorrang des Tarifvertrages unterliegen, grundsätzlich ohne Rücksicht darauf, ob die Tarifnorm günstiger oder ungünstiger ist als die gesetzliche Regelung. Dennoch wird in Rechtsprechung (vgl. *BAG* v. 10. 2. 1966, AP Nr. 1 zu § 13 BUrlG Unabdingbarkeit = DB 1966, 708) und Literatur (vgl. *Dersch/Neumann*, § 10 Anm. 29; *Siara*, § 10 Anm. 9; *Kamann/Ziepke/Weinspach/Meisel*, § 10 Anm. 15) die Auffassung vertreten, für Kuren und Schonungszeiten, für die nach den gesetzlichen Vorschriften Entgeltfortzahlung zu leisten sei, könne eine völlige oder teilweise Anrechnung auf den Erholungsurlaub im Tarifvertrag **nicht** vorgeschrieben werden. Das BAG hebt zur Begründung hervor, die Anrechnung von Kur- und Heilverfahren mit **urlaubswidriger Gestaltung** verstoße unmittelbar gegen die auch für Tarifverträge unantastbaren Grundsatzvorschriften der §§ 1, 2 und 3 Abs. 1. Diese Rechtsprechung ist durch die Entscheidung des *BAG* vom 30. 11. 1977 (EzA § 13 BUrlG Nr. 10 mit Anm. von *Kittner* = AP Nr. 4 zu § 13 BUrlG Nr. 4 mit Anm. von *Hinz* = DB 1978, 847) bestätigt worden, auch wenn sie den Fall des Urlaubsabgeltungsanspruchs nach einer wirksamen fristlosen Kündigung betrifft. Tarifbestimmungen, die den Urlaubsabgeltungsanspruch des Arbeitnehmers bei jeder fristlosen Entlassung ausschließen, werden von der Rechtsprechung nicht mehr anerkannt. Zutreffend hebt *Hinz* (Anm. AP Nr. 4 zu § 13 BUrlG Unabdingbarkeit) hervor, das BAG habe damit im Spannungsfeld zwischen der Wahrung unabdingbarer Minimalsgarantien den Akzent eindeutig auf das Gesetz gelegt.

61 Die Frage des Vorranges eines Tarifvertrages sollte nur dann verneint werden, wenn unantastbare Grundsatzvorschriften der §§ 1, 2 und 3 Abs. 1 verletzt werden, d.h. Kuraufenthalte und Schonungszeiten angerechnet werden, die urlaubswidrig ausgestaltet sind. Soweit das nicht der Fall ist, z.B. bei Schonungszeiten von Angestellten, ist eine völlige oder teilweise Anrechnung durch Tarifvertrag zulässig.

62 Gewährt der Tarifvertrag über den gesetzlichen Mindesturlaub hinaus einen zusätzlichen Urlaub, so kann er insoweit auch eine Anrechnung auf Kur- und Schonungszeiten festlegen. Das gilt auch für den zusätzlichen Urlaub in einer (zulässigen) Betriebsvereinbarung oder einem Einzelarbeitsvertrag. Derselbe Grundsatz greift auch ein, wenn der Arbeitnehmer nach dem Tarifvertrag einen Anspruch auf Lohnfortzahlung über den Zeitraum von sechs Wochen hinaus hat. § 10 bezieht sich nur auf die Zeit, in der der Arbeitnehmer einen **gesetzlichen** Anspruch auf Lohnfortzahlung hat. Darüber hinaus kann also die Anrechnung auf den Jahresurlaub vorgesehen werden (vgl. *Dersch/Neumann*, § 10 Anm. 30–31).

§ 11 Urlaubsentgelt

(1) Das Urlaubsentgelt bemißt sich nach dem durchschnittlichen Arbeitsverdienst, das der Arbeitnehmer in den letzten dreizehn Wochen vor dem Beginn des Urlaubs erhalten hat. Bei Verdiensterhöhungen nicht nur vorübergehender Natur, die während des Berechnungszeitraums oder des Urlaubs eintreten, ist von dem erhöhten Verdienst auszugehen. Verdienstkürzungen, die im Berechnungszeitraum infolge von Kurzarbeit, Arbeitsausfällen oder unverschuldeter Arbeitsversäumnis eintreten, bleiben für die Berechnung des Urlaubsentgelts außer Betracht. Zum Arbeitsentgelt gehörende Sachbezüge, die während des Urlaubs nicht weitergewährt werden, sind für die Dauer des Urlaubs angemessen in bar abzugelten.
(2) Das Urlaubsentgelt ist vor Antritt des Urlaubs auszuzahlen.

Literatur

Bengelsdorf, Urlaubsdauer und Urlaubsentgelt bei ungleicher Verteilung der Arbeitszeit, DB 1988, 1161; *Bohn*, Zur Berechnung des Urlaubsentgelts, DB 1969, 882; *Gangloff*, Nochmals, Urlaubsentgelt für Angestellte, BB 1966, 453; *Gumpert*, Berechnung des Urlaubsentgelts bei Fünf-Tage-Woche, BB 1963, 228; *ders.*, Das Urlaubsentgelt für Angestellte, BB 1966, 254; *Güntner*, Die Berechnung des Urlaubsentgelts und des Krankheitslohnes bei Provisionsempfängern, BB 1967, 633; *Klein*, Urlaubsentgelt und Fünf-Tage-Woche, BB 1960, 485; *Leinemann*, Urlaubsentgelt und Freischichtenmodell, BB 1990, 201; *Lieb*, Zur Problematik der Provisionsfortzahlung im Urlaubs-, Krankheits- und Feiertagsfall, BB 1976, 2207; *Oehmann*, Das Urlaubsgeld der Prozentempfänger, DB 1960, 1456; *Peterek*, Lang andauernde Kurzarbeit und Urlaubsgelt nach dem BUrlG, DB 1967, 1369; *Sturn*, Berechnung des Urlaubsentgelts bei arbeitsfreiem Samstag, BB 1964, 685; *ders.*, Berechnung des Urlaubsentgelts bei Arbeitsausfall aus betrieblichen Gründen und bei pflichtwidriger Arbeitsversäumnis, BB 1963, 1426; *Toews*, Die Berechnung des Urlaubsentgelts bei Angestellten mit Gehalt- und Provisionsbezügen, DB 1966, 981; *Zöllner*, Die Berechnung des Urlaubsentgelts bei Provisionsempfängern, DB 1965, 1815.

Inhaltsübersicht

I. Grundgedanken

1 § 11 bestimmt die Höhe des Urlaubsentgelts, das der Arbeitgeber dem Arbeitnehmer zu zahlen hat. Schon § 1 enthält den Grundsatz, daß der Urlaub als **bezahlter Erholungsurlaub** zu gewähren ist. Urlaub ohne Fortzahlung des Arbeitsverdienstes ist kein Erholungsurlaub i. S. des BUrlG. Der Arbeitnehmer soll seinen Urlaub im **gewohnten Lebenszuschnitt** verbringen können. Der Urlaubsentgeltberechnung liegt das sog. Lebensstandardprinzip zugrunde, in dem allerdings nach neuerer Rechtsprechung des *BAG* (Urteil v. 12. 1. 1989, EzA § 11 BUrlG

Nr. 27 = AP Nr. 13 zu § 47 BAT) ein **Lohnfortzahlungsprinzip** gesehen wird, das stets verletzt ist, wenn die nach § 1 BUrlG zwingend bestehende Lohnfortzahlungspflicht gemindert wird. Dabei soll es auch nicht mehr darauf ankommen, ob die tarifvertragliche Regelung insgesamt günstiger ist als die gesetzliche Urlaubsregelung. Diesem Grundsatz müssen auch Berechnungsmethoden entsprechen, die nach § 13 in Tarifverträgen vereinbart werden.

2 Das BUrlG verwendet in § 11 die Bezeichnung **Urlaubsentgelt**. Im Interesse einer einheitlichen Terminologie sollte deshalb der Begriff **Urlaubsgeld** nur für diejenigen Leistungen des Arbeitgebers verwendet werden, die er über das Urlaubsentgelt hinaus entweder aufgrund eines Tarifvertrages, einer Betriebsvereinbarung oder des Einzelarbeitsvertrages erbringt (vgl. dazu Anm. 92ff.).

3 Die Bestimmung der Höhe des Urlaubsentgelts hat vor Erlaß des BUrlG oft Schwierigkeiten bereitet. Viele Fragen waren streitig. Dem Gesetzgeber standen zwei Berechnungsmethoden zur Verfügung:

Lohnausfallprinzip

4 Das Lohnausfallprinzip stellt auf den Lohn des Arbeitnehmers ab, den dieser verdient hätte, wenn er in der Urlaubszeit weitergearbeitet hätte. Dieses Prinzip dürfte die gerechteste Methode bei der Bestimmung der Höhe des Urlaubsentgelts darstellen. Da sie jedoch den Lohn hypothetisch bestimmt, ist sie nicht sehr praktikabel und führt auch häufig zu Streitigkeiten (vgl. dazu *BAG* v. 19. 9. 1985, EzA § 13 BUrlG Nr. 24 = AP Nr. 21 zu § 13 BUrlG).

Bezugsmethode

5 Die Bezugsmethode bestimmt die Höhe des Urlaubsentgelts nach dem Verdienst im Bezugszeitraum.

6 Die Bezugsmethode kann im Bezugszeitraum abstrakt auf eine bestimmte Arbeitszeit abstellen oder auch darauf, welchen tatsächlichen Verdienst der Arbeitnehmer erzielt hat.

7 Das **BUrlG** bestimmt für die Berechnung der Höhe des Urlaubsentgelts die Bezugsmethode, die allerdings durch die Berücksichtigung von **Verdiensterhöhungen** in der Bezugsperiode und auch im Urlaub selbst verbessert worden ist. Auf diese Weise ist ein wesentlicher Nachteil der praktikablen Bezugsmethode ausgeglichen worden. Bei nicht nur vorübergehenden Verdiensterhöhungen ist von dem erhöhten Verdienst auszugehen. Berücksichtigt man schließlich, daß durch § 11 Abs. 1 S. 3 Schwierigkeiten bei der Berücksichtigung von **Ausfallzeiten** im Berechnungszeitraum beseitigt werden, so kann man sagen, daß in § 11 eine praktikable, aber dennoch dem Lebensstandardprinzip Rechnung tragende Berechnungsmethode für die Festsetzung der Höhe des Urlaubsentgelts gefunden worden ist. Der Grundsatz der Praktikabilität sollte bei der Auslegung der Vorschrift, darauf weisen *Boldt/Röhsler* (§ 11 Anm. 12) mit Recht hin, berücksichtigt werden.

Arbeitnehmerähnliche Personen

8 Das BUrlG gilt nach § 2 auch für arbeitnehmerähnliche Personen. Damit ist das Urlaubsentgelt auch für diesen Personenkreis nach § 11 Abs. 1 zu berechnen. Das stößt jedoch auf Schwierigkeiten, wenn der Urlaub im Einzelfall so festgelegt wird, daß keine Arbeitsleistungen wegen des Urlaubs wegfallen. Hat der Arbeitnehmer wegen seines Urlaubs keinen Verdienstausfall, so entfällt die Grundlage

für die Anwendung des § 11. Der Grundsatz des bezahlten Erholungsurlaubs läßt sich in diesen Fällen nur verwirklichen, wenn entsprechend der Regelung in § 12 der Bezugszeitraum auf ein Jahr ausgedehnt wird. So werden Zufallsergebnisse vermieden (vgl. *BAG* v. 30. 7. 1975, EzA § 11 BUrlG Nr. 11 = AP Nr. 12 zu § 11 BUrlG = DB 1976, 106).

9 Bei der Berechnung der Höhe des Urlaubsentgelts ist entgegen dem Wortlaut des Gesetzes darauf abzustellen, auf welche Leistungen der Arbeitnehmer **Anspruch** hat, nicht darauf, was er »erhalten« hat (vgl. *Boldt/Röhsler,* § 11 Anm. 14; *Dersch/Neumann*, § 11 Anm. 9; *Siara*, § 11 Anm. 14).

II. Arbeitsverdienst

10 Basis der Berechnung des Urlaubsentgelts ist der durchschnittliche Arbeitsverdienst des Arbeitnehmers, den dieser in den letzten 13 Wochen vor Beginn des Urlaubs erhalten hat. Maßgebend sind die in diesem Berechnungszeitraum ausgezahlten Beträge (*BAG* v. 1. 10. 1991, EzA §11 BUrlG Nr. 31), bzw. die, die hätten ausgezahlt werden müssen. Durch die Bestimmung der Höhe des Urlaubsentgelts aus dieser Bezugsgröße verwirklicht der Gesetzgeber das Lebensstandardprinzip, indem er sicherstellt, daß sich der Arbeitnehmer im Urlaub ebenso »bewegen« kann, als wenn er arbeitet. Der unabdingbare Anspruch auf bezahlten Erholungsurlaub (§ 1 BUrlG) wird so näher ausgestaltet. Daraus folgt, daß jede im Tarifvertrag aufgrund des nach § 13 Abs. 1 bestehenden Vorranges des Tarifvertrages vereinbarte Entgeltberechnung dem sog. **Lebensstandardprinzip** Rechnung tragen muß. Anderenfalls ist sie wegen Verstoßes gegen zwingendes Urlaubsrecht (§ 1) gemäß § 134 nichtig (Einzelheiten unter Anm. 102ff.).

11 Das BAG hat in seiner neueren Rechtsprechung das Lebensstandardprinzip für die Berechnung des Urlaubsentgelts ausdrücklich aufgegeben (*BAG* v. 12. 1. 1989, EzA § 11 BUrlG Nr. 27 = AP Nr. 13 zu § 47 BAT). Der 8. Senat mißt tarifliche Regelungen oder arbeitsvertragliche Vereinbarungen, **soweit sie den gesetzlichen Mindesturlaub** betreffen, allein am Lohnfortzahlungsanspruch der §§ 1, 11 BUrlG. Danach sind Vereinbarungen, die dazu führen, daß der Arbeitnehmer im Urlaub, was das Arbeitsentgelt angeht, schlechter dasteht, als er stehen würde, wenn er gearbeitet hätte, unwirksam. Auf einen Gesamtvergleich ist nach BAG nicht abzustellen. Vgl. auch unten Anm. 103.

12 Der Inhalt des Begriffs »Arbeitsverdienst« ist nach arbeitsrechtlichen Grundsätzen zu bestimmen. Es kann dabei weder auf den sozialrechtlichen Arbeitsentgeltbegriff noch auf den Begriff des Arbeitslohnes im Steuerrecht zurückgegriffen werden. Auszugehen ist davon, was der Arbeitnehmer aufgrund seines Arbeitsvertrages vom Arbeitgeber erhalten hat (*BAG* v. 1. 10. 1991, EzA § 11 BUrlG Nr. 31). Grundsätzlich wird man alle Leistungen des Arbeitgebers aufgrund des geschlossenen Arbeitsvertrages als Arbeitsverdienst anzusehen haben. Jede Ausnahme bedarf der besonderen Rechtfertigung (ähnlich *Boldt/Röhsler,* § 11 Anm. 13).

13 Hat der Arbeitgeber einen Arbeitnehmer unter Verletzung des **arbeitsrechtlichen Gleichbehandlungsgrundsatzes** oder unter Verstoß gegen Art. I § 2 Abs. 1 BeschFG 1985 gegenüber vollzeitbeschäftigten Arbeitnehmern **unterschiedlich vergütet**, so bemißt sich das zu zahlende Urlaubsentgelt nach dem anteiligen üblichen Arbeitsverdienst eines vollzeitbeschäftigten Arbeitnehmers (*BAG* v.

24. 10. 1989, EzA § 11 BUrlG Nr. 28 = AP Nr. 29 zu § 11 BUrlG = NZA 1990, 486; *BAG* v. 15. 11. 1990, EzA § 2 BeschFG Nr. 5). Die Vereinbarung ist nach § 134 BGB insoweit nichtig, als sie bestimmt, daß der Arbeitnehmer für den gesetzlichen Mindesturlaub nicht das erhält, was dem Vollzeitbeschäftigten für die entsprechende Arbeitszeit vergütet wird.

1. Lohn und Gehalt

14 Zum Arbeitsverdienst zählt der Lohn bzw. das Gehalt des Arbeitnehmers. Wird ein fester Lohn bzw. ein immer gleichbleibendes Monatsgehalt gezahlt, so bereitet die Bestimmung der Höhe des Urlaubsentgelts keinerlei Schwierigkeiten. Dennoch kann auch in solchen Fällen nicht einfach das Gehalt in der Urlaubszeit durchgezahlt werden. Vielmehr muß hier die Bezugsmethode angewandt werden, wie sie in § 11 Abs. 1 vorgeschrieben worden ist. Maßgebend ist also auch hier für die Berechnung des Urlaubsentgelts der Verdienst, den der Angestellte während des 13-Wochen-Zeitraumes vor dem Urlaub gehabt hat (so ausdrücklich *BAG* AP Nr. 2 zu § 11 BUrlG mit Anm. von *Nikisch* = BB 1966, 409 = DB 1966, 306 = NJW 1966, 612; zum Ganzen vgl. ferner auch *Gangloff*, BB 1966, 453). Das kann eine wesentliche Rolle spielen, wenn der Angestellte im Berechnungszeitraum z. B. Überstunden geleistet hat (vgl. zu dieser Frage unten Anm. 41 f.).

15 Fraglich ist, ob bei der Berechnung der Höhe des Urlaubsentgelts auf einen abgerechneten Zeitraum zurückzugreifen ist oder auf den tatsächlichen Zeitraum von 13 Wochen vor dem Urlaubsantritt (so *Boldt/Röhsler*, § 11 Anm. 17; *Natzel*, § 11 Anm. 53; *Kamann/Ziepke/Weinspach/Meisel*, § 11 Anm. 3; **a. A.** *Dersch/Neumann*, § 11 Anm. 11; *Schelp/Herbst*, § 11 Anm. 16; *Siara*, § 11 Anm. 17). Letzteres führt notwendig zur Zahlung von Abschlägen, da der Arbeitgeber dem Arbeitnehmer nach § 11 Abs. 2 das Urlaubsentgelt vor Antritt des Urlaubs auszuzahlen hat. Da § 11 Abs. 2 die Zahlung des gesamten Urlaubsentgelts vor Antritt des Urlaubs vorsieht, wird auf die abgerechneten oder abzurechnenden 13 Wochen vor Urlaubsantritt abzustellen sein.

16 **Vermögenswirksam angelegte Lohnbestandteile** sind auch im Urlaub weiter zu gewähren. Dabei ist ohne Bedeutung, ob es sich um Anteile des vereinbarten Arbeitsverdienstes handelt oder ob die vermögenswirksamen Leistungen zusätzlich zum Lohn/Gehalt aufgrund eines Tarifvertrages, einer Betriebsvereinbarung oder eines Einzelarbeitsvertrages gewährt werden. Bei der Berechnung des Urlaubsentgelts sind vermögenswirksame Leistungen, die im Berechnungszeitraum gezahlt worden sind, nicht zu berücksichtigen (*LAG Düsseldorf* v. 17. 10 1989, LAGE §11 BUrlG Nr. 2; bestätigt: *BAG* v. 17. 1. 1991, EzA § 11 BUrlG Nr. 30). Die **Arbeitnehmersparzulage** ist zwar nach § 13 Abs. 3, 5. VermBG arbeitsrechtlich nicht Bestandteil des Lohnes oder Gehalts, jedoch wird sie auch im Urlaub in den Grenzen des § 13 Abs. 1, 5. VermBG gezahlt.

17 Wird aus Anlaß einer Erhöhung des Tariflohns eine **einmalige tarifliche Ausgleichszahlung** vereinbart und im Bezugszeitraum gezahlt, so ist sie bei der Berechnung des Urlaubsentgelts nur dann zu berücksichtigen, wenn sie wegen ihrer zeitlichen Zuordnung dem Entgelt des Arbeitnehmers im Bezugszeitraum hinzuzurechnen ist (*BAG* v. 21. 7. 1988, EzA § 4 TVG Metallindustrie Nr. 42 = AP Nr. 24 zu § 11 BUrlG = NZA 1989, 71).

2. Akkord- und Prämienlohn

18 Hauptanwendungsfall eines schwankenden Arbeitsverdienstes ist der sog. Leistungslohn, der in der Praxis als Akkord- oder Prämienlohn vereinbart wird. **Dabei ist vom Lohn der letzten 13 abgerechneten bzw. abrechenbaren Wochen auszugehen**, den der Arbeitnehmer erzielt hat. Unzulässig wäre es, dem Arbeitnehmer nur den Akkordrichtsatz zu vergüten. Das verstößt gegen das (zwingende) Lebensstandardprinzip und naturgemäß auch gegen das sog. Lohnfortzahlungsprinzip. (Urteil des *BAG* v. 12. 1. 1989 [EzA § 11 BUrlG Nr. 27 in § 1 BUrlG]). Diese Urlaubsentgeltabrechnung könnte nach § 13 auch nicht in einem Tarifvertrag vorgesehen werden, denn der tatsächliche Arbeitsverdienst des Akkordarbeiters liegt fast immer über dem Akkordrichtsatz.

19 Treten während des Berechnungszeitraumes oder des Urlaubs Verdiensterhöhungen nicht nur vorübergehender Natur ein, so muß das auch bei der Akkordlohnberechnung oder bei der Prämienhöhe berücksichtigt werden. Sieht ein Tarifvertrag vor, daß bei einer Minderleistung des Arbeitnehmers der Akkordrichtsatz oder bei Prämienentlohnung der tarifliche Stundenlohn unterschritten werden darf, so können die tatsächlich erzielten Leistungsentgelte der Urlaubsentgeltberechnung zugrunde gelegt werden. Normalerweise darf jedoch der Akkordrichtsatz nicht unterschritten werden.

20 Bei der Urlaubsentgeltberechnung ist stets auf die abgerechneten bzw. abrechenbaren 13 Wochen abzustellen (wie hier *Dersch/Neumann*, § 17 Anm. 18; **a. A.** *Boldt/Röhsler*, § 11 Anm. 27).

21 Bestimmt ein Tarifvertrag nach § 13, daß für die Urlaubsentgeltberechnung das **Lohnausfallprinzip** maßgebend ist, so muß der Verdienst dennoch nach dem Ergebnis der letzten 13 Wochen bestimmt werden, da bei einem Akkord- oder Prämienarbeiter in aller Regel der Verdienst nicht für den Urlaubszeitraum hypothetisch bestimmt werden kann. Auch hier sind etwaige Verdiensterhöhungen nach § 11 Satz 2 zu berücksichtigen. Im Berechnungszeitraum gezahlte **Leistungsprämien**, die zeitgebundener Arbeitslohn sind, d. h. für Arbeitsleistungen gerade im Berechnungszeitraum gezahlt werden, müssen bei der Urlaubsentgeltberechnung berücksichtigt werden. Sie unterscheiden sich von **Tantiemen und Gewinnbeteiligungen**, bei denen die zeitliche Bindung an eine bestimmte Arbeitsleistung fehlt und die nur zufällig im Berechnungszeitraum anfallen (vgl. *BAG* vom 24. 2. 1972, EzA § 11 BUrlG Nr. 9 = AP Nr. 10 zu § 11 BUrlG = DB 1972, 1832). Prämien für **Lizenzfußballspieler** sind bei der Berechnung des Urlaubsentgelts zu berücksichtigen, wenn ihre Zahlung mit einer Leistung verbunden ist, die im Berechnungszeitraum erbracht wird und keine Doppelzahlung des Arbeitsgebers für die Leistung erfolgt. Einzubeziehen bei der Berechnung des Urlaubsentgelts von Lizenzfußballspielern sind Einsatzprämien, Punktprämien, tabellenplatzorientierte Punktprämien, Punktprämien für Ersatzspieler, **nicht aber** Meisterschafts-, Aufstiegs-, Nichtabstiegsprämien und ähnliche jahresleistungsbezogene Prämien (vgl. *LAG Saarland* v. 23. 10. 1991, LAGE §11 BUrlG Nr. 5).

3. Provisionen

23 Provisionen sind bei der Berechnung des Urlaubsentgelts zu berücksichtigen, auch dann, wenn sie neben einem Fixum gezahlt werden. Da das Gesetz keine Ausnahme bei der Berechnung des Urlaubsentgelts zuläßt, muß auch für Provisionsempfänger im Grundsatz auf den Durchschnittsverdienst der letzten 13 Wochen abgestellt werden. Das kann bei saisonbedingten Schwankungen zu Einflüssen auf das Urlaubsentgelt führen, die einer längerfristigen Betrachtung nicht gerecht werden. Deshalb wird die Auffassung vertreten, § 11 könne auf Provisionen überhaupt nicht angewandt werden (so *Zöllner,* BB 1965, 1815). *Lieb* (DB 1976, 2207) sieht in den Provisionseinnahmen des Außendienstangestellten keinen **Lohn**, sondern Entgelt für die unternehmerische Komponente seiner Tätigkeit, deren Chancen und Risiken bei ihm selbst liegen. Die Lohnfortzahlungspflicht des Arbeitgebers erfasse nur das erfolgsunabhängige Fixum. So könne auch vermieden werden, daß der Außendienstmitarbeiter doppelt Provision erhalte. Denn ihm sei es in vielen Fällen möglich, etwaige Provisionsausfälle durch geeignete Dispositionen zu vermeiden. Könne der Vertreter durch entsprechende Hinweise an seine Kunden erreichen, daß Bestellungen vorgezogen würden, die sonst während des Urlaubs getätigt würden, so habe er durch den Urlaub unter Umständen überhaupt keinen Ausfall. Richtig ist, daß durch eine Verlagerung des Abschlusses von provisionspflichtigen Geschäften die Höhe des Urlaubsentgelts beeinflußt und möglicherweise eine teilweise Doppelleistung eintreten kann. Das wird um so eher eintreten, je kürzer der Berechnungszeitraum ist. Andererseits kann keinesfalls ausgeschlossen werden, daß der Verdienst des Vertreters **nach dem Urlaub** absinkt, weil es im Urlaub nicht möglich war, Geschäfte abzuschließen, so daß das übliche Provisionsaufkommen später erreicht wird. Man wird daher daran festhalten müssen, daß im Bezugszeitraum alle fälligen Provisionen zu berücksichtigen sind, auch wenn sie auf Geschäften beruhen, die schon früher abgeschlossen worden sind (so *Söllner,* Anm. AP Nr. 7 zu § 11 BUrlG; *Dersch/Neumann,* § 11 Anm. 26). Bei sehr unterschiedlichen Provisionsverdiensten, auch wenn sie allein im Bezugszeitraum auftreten, sollte auf einen längeren Zeitraum abgestellt werden. Je länger der Zeitraum, um so eher wird man dem Lebensstandardprinzip entsprechend das Urlaubsentgelt so bestimmen, daß der Provisionsempfänger im Urlaub so gestellt wird wie sonst. Deshalb ist eine Modifizierung des Berechnungsverfahrens für diese Fälle zulässig und geboten (vgl. dazu *BAG* v. 30. 7. 1975, EzA § 11 BUrlG Nr. 11 = AP Nr. 12 zu § 11 BUrlG = DB 1976, 107). In einer älteren Entscheidung hat das BAG – nach der sog. Lohnausfallmethode – sogar einen Zeitraum von **drei Jahren** als angemessen erachtet (vgl. *BAG* v. 16. 10. 1959, AP Nr. 48 zu § 611 BGB Urlaubsrecht = DB 1959, 1403; vgl. auch *BAG* v. 29. 11. 1962, AP Nr. 6 zu § 419 BGB).

24 Da ein längerer Bezugszeitraum stets zu einer gerechteren Bemessung des Urlaubsentgelts führt, das dem Lebensstandardprinzip zudem näherkommt, kann er nicht nur nach § 13 in einem Tarifvertrag vereinbart werden, sondern auch im Einzelarbeitsvertrag (vgl. *Dersch/Neumann,* § 11 Anm. 24; *Borrmann,* § 11 Anm. 10; *Boldt/Röhsler,* § 11 Anm. 30; *Siara,* § 11 Anm. 13). Haben die Tarifvertragsparteien nach § 13 das Lohnausfallprinzip für die Berechnung des Urlaubsentgelts vereinbart, so muß das Urlaubsentgelt, falls die Einkünfte des Angestellten im Verlauf des Jahres unterschiedlich hoch sind, ggfls. nach § 287 Abs. 2 ZPO unter Berücksichtigung des Vortrags des Klägers ermittelt werden (*BAG* v. 19. 9. 1985, EzA § 13 BUrlG Nr. 24 = AP Nr. 21 zu § 13 BUrlG).

25 Bei der Berechnung des Urlaubsentgelts sind während der urlaubsbedingten Abwesenheit des Arbeitnehmers weitergezahlte Teile des Arbeitsentgelts nicht zu berücksichtigten. Das gilt für **Umsatzprovisionen**, die trotz Wegfalls der Arbeitsleistung im Urlaub gezahlt werden (vgl. *BAG* v. 14. 3. 1966, AP Nr. 3 zu § 11 BUrlG = DB 1966, 948), für sog. **Superprovisionen**, die der Vertreter für Geschäfte erhält, die von Dritten vermittelt werden (vgl. *BAG* v. 5. 2. 1970, AP Nr. 7 zu § 11 BUrlG = DB 1970, 787) und für ein **Monatsfixum**, das der Angestellte auch im Urlaub erhält. Die Berücksichtigung solcher Leistungen bei der Urlaubsentgeltberechnung würde zu einer Doppelzahlung führen (vgl. auch *Söllner*, Anm. AP Nr. 7 zu § 11 BUrlG). Mindert die Kurzarbeit Dritter die Urlaubsvergütung, so bleibt das auf die Höhe des Urlaubsentgelts ohne Einfluß (vgl. *BAG* v. 27. 6. 1978, EzA § 11 BUrlG Nr. 16 = AP Nr. 15 zu § 11 BUrlG = DB 1978, 1939).

26 Provisionen, die im Urlaub **fällig** werden, sind für das Urlaubsentgelt ohne Bedeutung, selbst wenn sie auf Geschäfte zurückgehen, die der Angestellte im Bezugszeitraum vermittelt hat. Der Arbeitgeber hat sie zusätzlich zu zahlen (vgl. *BAG* v. 16. 10. 1959, AP Nr. 48 zu § 611 BGB Urlaubsrecht = DB 1959, 1403; *BAG* v. 22. 3. 1962, AP Nr. 2 zu Art. 10 UrlG Bayern = DB 1962, 644; nicht so eindeutig *BAG* v. 5. 2. 1970, AP Nr. 7 zu § 11 BUrlG = DB 1970, 787 unter 4a der Entscheidungsgründe; *Siara*, § 11 Anm. 15; *Natzel*, § 11 Anm. 37; *Schlegelberger/Schröder*, § 59 HGB Anm. 88c).

4. Bedienungsprozente

27 Im Gaststättengewerbe ist eine Entlohnung mit Bedienungsprozenten üblich. Ein Teil wird als Garantielohn gezahlt, der meist im Tarifvertrag vereinbart ist. Bei der Berechnung des Urlaubsentgelts ist der **Effektivlohn** im Berechnungszeitraum zugrunde zu legen. Die Berechnung des Urlaubsentgelts nach dem Garantielohn ist unzulässig (vgl. *BAG* v. 13. 11. 1959, AP Nr. 54 zu § 611 BGB Urlaubsrecht; *BAG* v. 28. 10. 1960, AP Nr. 1 zu Art. 10 UrlG Bayern = DB 1961, 276; *Dersch/Neumann*, § 11 Anm. 27; *Oehmann*, DB 1960, 1456). Das würde dem unabdingbaren Lebensstandardprinzip widersprechen. Auch im Tarifvertrag könnte diese Berechnungsmethode nicht wirksam festgelegt werden (vgl. *BAG* v. 28. 10. 1960, AP Nr. 1 zu Art. 10 UrlG Bayern = DB 1961, 276; *Dersch/Neumann*, § 11 Anm. 27). Der Garantielohn bestimmt nur dann die Höhe des Urlaubsentgelts, wenn der Arbeitnehmer mit den verdienten Prozenten die Garantie nicht erreicht. Zulässig ist jedoch die Vereinbarung einer längeren Bezugsperiode, z. B. ein Jahr, im Tarifvertrag. Auf diese Weise kann ein besserer Ausgleich der jahreszeitlich oft stark schwankenden Bezüge erreicht werden.

28 Fraglich ist, ob auch im Arbeitsvertrag eine längere Bezugsperiode vereinbart werden kann. Von *Dersch/Neumann* (§ 11 Anm. 28) wird das mit dem Hinweis verneint, da regelmäßig der Urlaub in der saisonschwachen Zeit zu nehmen sei, würde der Arbeitnehmer sich bei einer längeren Bezugsperiode schlechter stehen. Bei stark schwankenden Verdiensten aber können die Parteien, ohne das Lebensstandardprinzip zu verletzen, einen längeren Bezugszeitraum, z. B. ein Jahr, vereinbaren. So werden die Schwankungen besser ausgeglichen und das Urlaubsentgelt entspricht auch dem Lebensstandardprinzip (vgl. auch *BAG* v. 30. 7. 1975, EzA § 11 BUrlG Nr. 11 = AP Nr. 12 zu § 11 BUrlG = DB 1976, 106; ebenso *Siara*, § 11 Anm. 13).

29 **Trinkgelder** gehören nicht zum Urlaubsentgelt, es sei denn, daß insoweit ein Anspruch gegenüber dem Arbeitgeber besteht (vgl. *Dersch/Neumann*, § 11 Anm. 29; *Boldt/Röhsler*, § 11 Anm. 33; *Borrmann*, § 11 Anm. 7; *Natzel*, § 11 Anm. 38).

30 Erfolgt die Entlohnung nach dem sog. **Troncsystem** (die Bedienungsprozente fließen dabei in eine vom Arbeitgeber verwaltete Kasse, die nach einem bestimmten Schlüssel auf die Prozentempfänger aufgeteilt wird), so darf das Urlaubsentgelt nicht aus dem »Tronc« entnommen werden. Das Urlaubsentgelt ist vom Arbeitgeber zu zahlen und nach den Bezügen zu berechnen, die der Prozentempfänger gegenüber dem »Tronc« hat (vgl. *RAG* ARS 7, 59; 13, 88; *Boldt/Röhsler*, § 11 Anm. 34; *Dersch/Neumann*, § 11 Anm. 27).

5. Teilzeitbeschäftigte

31 Arbeitet der Arbeitnehmer nicht voll, sondern entweder nur an einem oder zwei Tagen in der Woche oder zwar an jedem Tag, aber dann nur z. B. 4 Stunden, so ist das Urlaubsentgelt nicht etwa dem eines voll Arbeitenden gleich. Das würde dem Grundsatz, der Arbeitnehmer ist im Urlaub so zu stellen, als wenn er arbeitet, nicht entsprechen. Es handelt sich auch nicht um eine Verdienstkürzung i. S. des § 11 Abs. 1 S. 3, denn die kurze Arbeitszeit ist für den Teilzeitbeschäftigten die »Normalarbeitszeit«. Im Berechnungszeitraum ist daher nur der erzielte Arbeitsverdienst zu berücksichtigen und daraus die Höhe des Urlaubsentgelts zu ermitteln. Wegen der Dauer des Urlaubs bei Teilzeitbeschäftigung vgl. § 3 Anm. 14 und § 1 Anm. 57 ff. sowie *Bengelsdorf*, DB 1988, 1161 (wie hier *Gumpert*, BB 1956, 375; *Dersch/Neumann*, § 11 Anm. 51; *Natzel*, § 11 Anm. 78; *Boldt/Röhsler*, § 11 Anm. 91; **a. A.** *Trieschmann*, BB 1956, 372).

32 Hat ein Arbeitnehmer im Berechnungszeitraum aus persönlichen Gründen vorübergehend Teilzeitarbeit geleistet, um ein erkranktes Familienmitglied pflegen zu können, so liegt eine unverschuldete Arbeitsversäumnis i. S. des § 11 Abs. 1 Satz 3 vor, die bei der Berechnung des Urlaubsentgelts nicht zu berücksichtigen ist (vgl. *BAG* v. 21. 5. 1970, EzA § 11 BUrlG Nr. 7 = AP Nr. 1 zu § 11 BUrlG Teilzeitarbeit = DB 1970, 2084).

6. Sachbezüge

33 Sachbezüge sind Arbeitsverdienst i. S. des § 11. Sie sind daher auch im Urlaub grundsätzlich weiterzugewähren. Bei ihrer Berechnung ist ggf. auf den Zeitraum der letzten 13 Wochen vor Urlaubsbeginn abzustellen. Sachleistungen, die während des Urlaubs weitergewährt werden können, wie z. B. Wohnung mit Licht und Heizung, Deputatkohle oder Heizöl, Haustrunk u. ä., können nur vereinbarungsgemäß für die Dauer des Urlaubs in eine Geldleistung umgewandelt werden. Der Arbeitnehmer, der im Urlaub verreist, kann für die freie Wohnung mit Heizung also keine Barabgeltung verlangen mit dem Hinweis, er nehme die Sachleistung nicht in Anspruch. Der Arbeitgeber darf über die leerstehende Wohnung aber auch nicht anderweitig verfügen. Für Haus- oder Küchenpersonal eines Heimes oder Krankenhauses kann nach der Übung eine Barabgeltung in Betracht kommen, wenn die Unterkunft des Arbeitnehmers von der Urlaubsvertretung in Anspruch genommen wird (vgl. dazu *Dersch/Neumann*, § 11 Anm. 39).

34 Der Arbeitnehmer kann eine vertraglich vereinbarte **freie Kost** auch während der Urlaubszeit in Anspruch nehmen. Dann muß er aber die üblichen Zeiten einhalten. Er kann z.B. nicht verlangen, daß ihm die Mahlzeiten zu anderen Zeiten bereitgestellt werden, die ihm für seine Urlaubsdispositionen passen, sofern das nicht vereinbart worden ist. Hat der Arbeitnehmer die Sachleistung, für die er sich auch während des Urlaubs entschieden hatte, nicht in Anspruch genommen, so verfällt der Anspruch.

35 Der Arbeitnehmer kann auch für die freie Kost eine **angemessene Abgeltung in bar** verlangen (§ 11 Abs. 1 Satz 4). Die Entscheidung darüber liegt beim Arbeitnehmer, selbst wenn er nicht verreist. Andernfalls wäre er in der freien Gestaltung der Urlaubszeit unzumutbar beeinträchtigt.

36 Fraglich ist, nach welcher Bezugsgröße der Wert der Kost zu bestimmen ist. Nachdem der Gesetzgeber durch das Heimarbeitsänderungsgesetz vom 29. 10. 1974 (BGBl. I S. 2879) den Satz 4 in § 11 Abs. 1 hinzugefügt hat, ist vom **»wirklichen Wert«** der Kost für den Arbeitnehmer auszugehen. Haben die Parteien darüber keine Vereinbarung getroffen und liegen auch tarifliche Regelungen nicht vor, so ist nicht von dem Betrag auszugehen, den der Arbeitgeber durch die Nichtgewährung der Kost erspart, sondern von dem Betrag, den der Arbeitnehmer aufwenden müßte, um die Mahlzeit zuzubereiten (vgl. *BAG* v. 22. 9. 1960, AP Nr. 27 zu § 616 BGB; *Dersch/Neumann*, § 11 Anm. 41). Der Arbeitnehmer kann aber keine Barabgeltung in der Höhe verlangen, die für die Einnahme der Mahlzeit in einem Gasthaus gezahlt werden müßte.

7. Zulagen

37 Zum Arbeitsverdienst zählen alle Zulagen, die im Berechnungszeitraum, ohne Rücksicht auf ihre Regelmäßigkeit (vgl. *BAG* v. 9. 12. 1965, AP Nr. 2 zu § 11 BUrlG = DB 1966, 306), an den Arbeitnehmer gezahlt werden. Im Zweifel ist darauf abzustellen, ob die Zahlung der Zulage den Lebensstandard des Arbeitnehmers tangiert. Das ist dann nicht der Fall, wenn die Zulage nur einen Aufwand des Arbeitnehmers abdecken will, der im Urlaub nicht entsteht. In Betracht kommen: **Sozialzulagen** wie Kinderzuschläge (*BAG* v. 25. 11. 1960, AP Nr. 3 zu § 2 HausarbTagsG NRW), Wohnungsgeld, Familienzuschlag, Ortszuschlag; **Gefahrenzuschläge und Erschwerniszuschläge** aller Art, z.B. Hitzezulagen, Nachtarbeitszuschläge (vgl. *LAG Hamm* DB 1977, 871), Schichtzuschläge, Taucherzulagen (vgl. *BAG* v. 18. 6. 1958, AP Nr. 6 zu § 615 BGB betr. Gefahrenzulage); **Zuschläge für Mehr-, Sonntags- und Feiertagsarbeit** (*BAG* v. 8. 6. 1977, EzA § 11 BUrlG Nr. 14 = AP Nr. 13 zu § 11 BUrlG = DB 1977, 2285); **Allgemeine Zulagen**, z.B. Stellenzulagen, Akkordzuschläge, Verkaufsprämien, Inkassoprämien (vgl. *BAG* v. 11. 1. 1978, EzA § 2 LohnFG Nr. 11 = AP Nr. 7 zu § 2 LohnFG = DB 1978, 942); **Leistungsprämien an Lizenzfußballspieler** (*BAG* v. 24. 2. 1972, EzA § 11 BUrlG Nr. 9; Einzelheiten dazu oben Anm. 21); **Schmutzzulagen**, soweit sie als Erschwerniszulagen zu werten sind. Stellt der Arbeitgeber z.B. zusätzlich besondere Arbeitskleidung, so handelt es sich bei der

Schmutzzulage um einen Lohnzuschlag für die besonders lästigen Arbeitsbedingungen.

38 **Einmalige Zulagen**, z.B. die im Berechnungszeitraum gezahlte **Weihnachtsgratifikation** oder eine Maigratifikation (vgl. *BAG* v. 21. 9. 1971, EzA § 2 LohnFG Nr. 2 = AP Nr. 2 zu § 2 LohnFG = BB 1972, 177) sind nicht zu berücksichtigen. Derartige Zahlungen haben ihre Grundlage zwar im Arbeitsverhältnis, beruhen aber nicht auf Arbeitsleistung im Berechnungszeitraum. Die Berücksichtigung würde auf eine **Doppelleistung** des Arbeitgebers hinauslaufen (allg. Meinung, vgl. *Boldt/Röhsler*, § 11 Anm. 42; *Dersch/Neumann*, § 11 Anm. 33; *LAG Saarland* v. 23. 10. 1991, LAGE § 11 BUrlG Nr. 5). Zur Berücksichtigung von einmaligen **tariflichen Ausgleichszahlungen** aus Anlaß von Tariflohnerhöhungen vgl. oben Anm. 17.

39 Fällt der Zahlungstermin der Gratifikation in den Urlaub des Arbeitnehmers, so erhält auch der Arbeitnehmer die Gratifikation, der sich im Urlaub befindet. Das zusätzliche Urlaubsgeld, das der Arbeitgeber vor Antritt des Urlaubs auszahlt, bleibt bei der Berechnung des Urlaubsentgelts ohne Ansatz.

8. Umsatzbeteiligungen, Tantiemen

40 Umsatz- und Gewinnbeteiligungen sind zwar Arbeitsverdienst, jedoch bleiben sie für die Berechnung des Urlaubsentgelts ohne Berücksichtigung, selbst wenn sie im Berechnungszeitraum gezahlt werden. Derartige Leistungen decken nicht eine Arbeitsleistung ab, die im Berechnungszeitraum liegt, sondern regelmäßig eine Gesamtleistung des Arbeitnehmers in einem längeren Zeitraum, meist einem Jahr. Darin ist auch der Urlaubszeitraum eingeschlossen. Die Berücksichtigung, auch eine nur anteilige, würde zu einer Doppelleistung führen. Das Lebensstandardprinzip wird nicht verletzt, allg. Meinung, vgl. *Boldt/Röhsler*, § 11 Anm. 43; *Dersch/Neumann*, § 11 Anm. 30; *BAG* v. 14. 3. 1966, AP Nr. 3 zu § 11 BUrlG = DB 1966, 948. **Tarifliche Sondervergütungen**, die jährlich oder halbjährlich gezahlt werden und im Bezugszeitraum angefallen sind, bleiben bei der Berechnung des Urlaubsentgelts außer Betracht (*BAG* v. 17. 1. 1991, EzA § 11 BUrlG Nr. 30).

9. Überstunden

41 Hat der Arbeitnehmer im Bezugszeitraum Überstunden geleistet, so handelt es sich bei dem dafür gezahlten Verdienst um Arbeitsverdienst i.S. des § 11 Abs. 1, der bei der Berechnung des Urlaubsentgelts zu berücksichtigen ist. Das gilt auch dann, wenn der Arbeitgeber eine **Überstundenpauschale** zahlt. Die Berücksichtigung ist nach dem Lebensstandardprinzip geboten. Auch **Sonn- und Feiertagsarbeit** einschließlich dafür gezahlter Zuschläge ist bei der Urlaubsentgeltberechnung einzubeziehen (vgl. *BAG* v. 16. 6. 1961, AP Nr. 1 zu § 7 UrlG Schleswig-Holstein = DB 1961, 1071; *Boldt/Röhsler*, § 11 Anm. 38; *Dersch/Neumann*, § 11 Anm. 46; *Siara*, § 11 Anm. 7). Ohne Bedeutung ist, ob die Überstunden oder die Sonn- und Feiertagsarbeit unter Mißachtung der arbeitszeitrechtlichen Vorschriften geleistet worden sind (vgl. *BAG* v. 9. 12. 1965, EzA § 11 BUrlG Nr. 1 = AP Nr. 2 zu § 11 BUrlG = DB 1966, 306). Leistet der Arbeitnehmer im Berechnungszeitraum Mehrarbeit, wird die Vergütung dafür jedoch aufgrund einer Be-

triebsvereinbarung erst zu einem späteren Zeitpunkt gezahlt, so ist die Mehrarbeitsvergütung bei der Berechnung des Urlaubsentgelts nicht zu berücksichtigen (*BAG* v. 1. 10. 1991, EzA §11 BUrlG Nr. 31).

42 Die früher streitige Frage, ob die Überstunden nur dann zu berücksichtigen sind, wenn sie **regelmäßig** anfallen, ist heute geklärt. Darauf kommt es nicht an (vgl. *BAG* v. 9. 12. 1965, EzA § 11 BUrlG Nr. 1 = AP Nr. 2 zu § 11 BUrlG = DB 1966, 308; *BAG* v. 8. 6. 1977, EzA § 11 BUrlG Nr. 14 = AP Nr. 13 zu § 11 BUrlG = DB 1977, 2285). Begründet wird dies mit dem Hinweis, der Gesetzgeber habe eine für die Praxis leicht handbare Regelung gewollt und die oft schwer zu entscheidende Frage der Regelmäßigkeit ausgeklammert. Die Bezugsmethode ist in § 11 nur in zweifacher Hinsicht **zugunsten des Arbeitnehmers** verändert worden. Deshalb kann ein im Berechnungszeitraum außergewöhnlich hoher Arbeitsverdienst infolge von Überstunden nicht zum Anlaß genommen werden, das Urlaubsentgelt zu mindern. § 11 Abs. 1 Satz 2, der nur Verdiensterhöhungen berücksichtigt, wenn sie **»nicht nur vorübergehender Natur«** sind, steht dem nicht entgegen, da er nur zugunsten des Arbeitnehmers bewirken soll, daß Tariferhöhungen oder ähnliche Verdienststeigerungen berücksichtigt werden können (vgl. *Nikisch*, Anm. AP Nr. 2 zu § 11 BUrlG; *Boldt/Röhsler*, § 11 Anm. 37; *Dersch/Neumann*, § 11 Anm. 42; *Kamann/Ziepke/Weinspach/Meisel*, § 11 Anm. 4). Bei der Frage der Berücksichtigung von Überstunden wirkt sich somit die Entscheidung des Gesetzgebers gegen das Lohnausfallprinzip aus, da sie auch dann in die Berechnung des Urlaubsentgelts einfließen, wenn feststeht, daß im Urlaubszeitraum keine Überstunden angefallen wären.

10. Aufwendungsersatz

43 Aufwendungsentschädigungen aller Art zählen grundsätzlich nicht zum Arbeitsverdienst. Sie bleiben also bei der Ermittlung der Höhe des Urlaubsentgelts unberücksichtigt (vgl. *BAG* v. 9. 12. 1965, EzA § 11 BUrlG Nr. 1 = AP Nr. 2 zu § 11 BUrlG = DB 1966, 306; *BAG* v. 28. 1. 1982, EzA § 2 LohnFG Nr. 17 = DB 1982, 1331; *LAG Schleswig-Holstein* v. 14. 8. 1991, LAGE § 11 BUrlG Nr. 3 für eine Zulage an Fahrpersonal bei geteilten Diensten). Etwas anderes gilt nur in dem Fall, in dem der Arbeitnehmer die Aufwendung auch im Urlaub hat, z. B. bei getrennter Haushaltsführung fällt auch im Urlaub die Miete an, oder eine vom Arbeitgeber ersetzte Miete für eine Garage ist auch im Urlaub zu zahlen (ebenso *Nikisch*, Bd. I S. 544; *Dersch/Neumann*, § 11 Anm. 36; *Boldt/Röhsler*, § 11 Anm. 49; *Natzel*, § 11 Anm. 40). **Spesen, Fahrgelder, Auslösungen** u. ä. entfallen aber im Urlaub, so daß sie die Höhe des Urlaubsentgelts nicht beeinflussen. Das gilt auch dann, wenn Pauschalen gewährt werden und der Arbeitnehmer tatsächlich mit weniger auskommt, d. h. den Spesenrest für sich als zusätzliches Entgelt betrachtet (vgl. *BAG* v. 28. 1. 1982, EzA § 2 LohnFG Nr. 17 = DB 1982, 1331). Etwas anderes gilt nur dann, wenn die Parteien zur Verschleierung den öffentlichen Kassen gegenüber eine Spesenvereinbarung treffen, in Wahrheit aber eine Arbeitsentgeltvereinbarung vorliegt. Dann ist die Pauschale Arbeitsverdienst i. S. des § 11 (vgl. auch *LAG Hamm* BB 1959, 1306). Im Grundsatz wird man von den Parteivereinbarungen auszugehen haben, d. h., wenn die Parteien eine Spesenpauschale vereinbaren, auch anzunehmen haben, daß damit besondere Aufwendungen abgegolten werden sollen. Wer entgegen der ausdrücklichen oder stillschweigenden Vereinbarung später vorträgt, in Wahrheit handele es sich um Lohn, hat hierfür die Beweislast (ebenso *Dersch/Neumann*, § 11 Anm. 36; *Boldt/Röhsler*, § 11 Anm. 51).

44 Die Rechtsprechung hat sog. **Nahauslösungen** nach dem Bundestarifvertrag für Montagearbeiter als Teil der Vergütung angesehen, mit der der Arbeitnehmer seinen Lebensstandard verbessern könne (vgl. *BAG* v. 2. 10. 1974, EzA § 2 LohnFG Nr. 6 = AP Nr. 5 zu § 2 LohnFG = DB 1975, 311; *BAG* v. 8. 11. 1962, AP Nr. 15 zu § 2 ArbKrankhG = DB 1963, 207; *BAG* v. 10. 3. 1988, EzA § 4 TVG Metallindustrie Nr. 39 = AP Nr. 21 zu § 11 BUrlG = NZA 1989, 111). Bei der täglichen Rückkehr an seinen Wohnort sei dem Arbeitnehmer die freie Entscheidung überlassen, wie er die Nahauslösung verwende. Sie werde immer gezahlt, auch wenn er keine tatsächlichen Mehraufwendungen habe. **Fernauslösungen** nach dem oben genannten Tarifvertrag zählen dagegen **nicht** zum fortzuzahlenden Arbeitsentgelt gemäß § 2 LohnFG und § 11 BUrlG (vgl. *BAG* v. 28. 1. 1982, EzA § 2 LohnFG Nr. 17 = DB 1982, 1331; *BAG* v. 15. 6. 1983, EzA § 2 LohnFG Nr. 19 = AP Nr. 12 zu § 2 LohnFG = DB 1983, 2581; *BAG* v. 10. 3. 1988, EzA § 4 TVG Metallindustrie Nr. 39 = AP Nr. 21 zu § 11 BUrlG).

45 Wird einem Montagearbeiter im Ausland Urlaub gewährt, so ist die Auslandstrennungsentschädigung voll weiterzuzahlen (vgl. *Dersch/Neumann*, § 11 Anm. 37).

III. Verdiensterhöhung

46 Verdiensterhöhungen nicht nur vorübergehender Natur, die während des Berechnungszeitraums oder des Urlaubs eintreten, sind in der Weise zu berücksichtigen, daß bei der Berechnung des Arbeitsverdienstes im Berechnungszeitraum von dem erhöhten Verdienst auszugehen ist. Der Arbeitnehmer ist also so zu stellen, als wenn er im gesamten Berechnungszeitraum den erhöhten Verdienst gehabt hätte (vgl. *BAG* v. 9. 12. 1965, AP Nr. 2 zu § 11 BUrlG = DB 1966, 306). Denn nur dann wirkt sich die nicht nur vorübergehende Verdiensterhöhung voll auf das Urlaubsentgelt aus.

47 Tritt die Verdiensterhöhung erst im Urlaub ein, so ist das Urlaubsentgelt neu zu berechnen und nachzuzahlen.

48 Der Gesetzgeber verfolgt mit der Berücksichtigung von Verdiensterhöhungen den Zweck, die Bezugsmethode zugunsten des Arbeitnehmers zu verbessern und eine Beeinträchtigung des Lebensstandardprinzips zu vermeiden (vgl. *Boldt/Röhsler*, § 11 Anm. 59 unter Hinweis auf den Schriftlichen Bericht des Ausschusses für Arbeit (BT-Drucksache IV/785 S. 4)). Verdiensterhöhungen sind namentlich die **Lohn- oder Gehaltserhöhungen** ohne Rücksicht darauf, ob sie auf Tarifvertrag oder Einzelvertrag beruhen. Dazu zählen auch Verdiensterhöhungen aufgrund von tariflichen Höhergruppierungen oder der Gewährung von Zulagen (dazu oben Anm. 37).

49 Eine Verdiensterhöhung i. S. des § 11 Abs. 1 Satz 2 BUrlG liegt auch dann vor, wenn im Berechnungszeitraum die **regelmäßige Arbeitszeit** erhöht wird. Dann ist für die Berechnung des Urlaubsentgelts der erhöhte Arbeitsverdienst zu berücksichtigen (vgl. *Richardi*, Anm. AP Nr. 1 zu § 11 BUrlG Teilzeitarbeit; *Boldt/Röhsler*, § 11 Anm. 60; *Natzel*, § 11 Anm. 56; *Dersch/Neumann*, § 11 Anm. 14). Haben die Arbeitsvertragsparteien vorübergehend aus persönlichen Gründen in der Sphäre des Arbeitnehmers die regelmäßige Arbeitszeit herabgesetzt und kehren sie im Berechnungszeitraum zur Vollzeitarbeit zurück, so liegt eine Verdienstkürzung infolge unverschuldeter Arbeitsversäumnis i. S. des § 11 Abs. 1 Satz 3 vor, so daß das Urlaubsentgelt von dem erhöhten Arbeitsverdienst zu berechnen ist (vgl. *BAG* v. 21. 5. 1970, EzA § 11 BUrlG Nr. 7 = AP Nr. 1 zu § 11 BUrlG Teilzeitarbeit = DB 1970, 2084).

IV. Verdienstkürzungen

50 Verdienstkürzungen, die im Berechnungszeitraum infolge von **Kurzarbeit, Arbeitsausfällen oder unverschuldeter Arbeitsversäumnis** eintreten, bleiben für die Berechnung des Urlaubsentgelts außer Betracht (§ 11 Abs. 1 Satz 3). Ohne Bedeutung ist, ob die Verdienstkürzung vorübergehender Natur ist oder nicht. Die Aufzählung ist erschöpfend. Die in § 11 Abs. 1 Satz 3 genannten Fälle, die sich aus den persönlichen Verhältnissen des Arbeitnehmers ergeben, z. B. eine Erkrankung, wirken sich in der Person des Arbeitnehmers unmittelbar aus. Unverschuldete Arbeitsversäumnisse von Arbeitskollegen, z. B. in Akkordkolonnen, sind ohne Bedeutung, selbst wenn sie Verdienstminderungen für den urlaubsberechtigten Arbeitnehmer zur Folge haben (vgl. *BAG* v. 27. 6. 1978, EzA § 11 BUrlG Nr. 16 = AP Nr. 15 zu § 11 BUrlG = DB 1978, 1939).

1. Kurzarbeit

51 Arbeitet der Betrieb während des Urlaubs des Arbeitnehmers kurz, nicht aber im Berechnungszeitraum, so hat die Kurzarbeit auf die Berechnung des Urlaubsentgelts keinen Einfluß. Diese Frage war früher streitig (vgl. die Nachweise bei *Dersch/Neumann*, § 11 Anm. 56), ist aber heute aufgrund der Pauschalberechnung des Urlaubsentgelts nach der Bezugsmethode ohne Bedeutung.

52 Das Urlaubsentgelt mindert sich auch nicht, wenn die Kurzarbeit im Berechnungszeitraum selbst eintritt. Zwar wäre hier nach der Bezugsmethode an sich der Einfluß der Kurzarbeit auf die Höhe des Urlaubsentgelts zu bejahen, jedoch bestimmt § 11 Abs. 1 S. 3 ausdrücklich, daß Kurzarbeit die Höhe des Urlaubsentgelts nicht mindert. Kurzarbeit liegt vor, wenn die betriebsübliche **regelmäßige Arbeitszeit vorübergehend** aus betrieblichen Gründen herabgesetzt wird. Kein Fall der Kurzarbeit liegt aber z. B. vor, wenn die regelmäßige Arbeitszeit verkürzt wird (Arbeitszeitverkürzung), selbst dann nicht, wenn dies ohne Lohnausgleich geschieht (ebenso *Dersch/Neumann*, § 11 Anm. 51). Bei den sog. **Feierschichten** des Bergbaus handelt es sich um eine Kurzarbeit i. S. des § 11 Abs. 1 S. 3. Kurzarbeit liegt immer nur dann vor, wenn sie aufgrund eines Tarifvertrages, einer Betriebsvereinbarung oder des Einzelarbeitsvertrages wirksam eingeführt worden ist. Liegt eine derartige **wirksame** Einführung der Kurzarbeit nicht vor, wird der Arbeitnehmer aber dennoch nicht beschäftigt, so ist schon aus allgemeinrechtlichen Gesichtspunkten der volle Arbeitsverdienst für die regelmäßige Arbeitszeit zugrunde zu legen, sofern der Arbeitnehmer Ansprüche nach § 615 BGB hat.

53 Liegt Kurzarbeit i. S. des § 11 Abs. 1 S. 3 vor, so ist der Arbeitsverdienst der regelmäßigen Arbeitszeit des Arbeitnehmers im Berechnungszeitraum durch den normalen Divisor (78) zu teilen und so das Urlaubsentgelt zu ermitteln.

54 *Peterek* (DB 1967, 1369) vertritt die Auffassung, lang andauernde Kurzarbeit, die während der ganzen Referenzperiode andauere und auch noch während des Urlaubs selbst auftrete, müsse bei der Berechnung des Urlaubsentgelts berücksichtigt werden. Dabei knüpft er an die frühere Rechtsprechung vor Inkrafttreten des BUrlG (*BAG* AP Nr. 11 und 12 zu § 611 BGB Urlaubsrecht = DB 1956, 888 und 823) und das Schrifttum (*Neumann*, DB 1958, 488 und *Hueck/Nipperdey*, Bd. I, 6. Aufl. S. 406) an, die für die Berechnung des Urlaubsentgelts die Kurzarbeit berücksichtigten. Dem kann für das BUrlG nicht gefolgt werden. Nicht zutreffend erscheint es, wenn *Peterek* auf den Wortlaut des § 11 Abs. 1 S. 3 hinweist, in dem nur von Kurzarbeit im Berechnungszeitraum die Rede sei, nicht aber von Kurzarbeit auch noch im Urlaub. Wechselfälle des Lebens, die über den Bezugszeitraum hinaus andauerten, müßten sich nach dem Lebensstandardprinzip entsprechend auswirken. Damit tritt *Peterek* dafür ein, daß die Bezugsmethode des § 11 Abs. 1 Satz 1 in bestimmten Fällen zuungunsten des Arbeitnehmers zu verändern ist. Das ist mit § 11 Abs. 1 Satz 3 nicht zu vereinbaren. Auch das BAG hat diese Grundtendenz in der bekannten Entscheidung zu der Frage, ob nicht regelmäßige Überstunden zu berücksichtigen seien (*BAG* v. 9. 12. 1965, AP Nr. 2 zu § 11 BUrlG = DB 1966, 306), nicht anerkannt. Es wird vielmehr ausdrücklich der Grundsatz aufgestellt, man könne die bei der Anwendung der gesetzlichen Bezugsmethode gewonnenen Ergebnisse nicht weiter in Richtung auf das Lohnausfallsprinzip hin korrigieren, als dies selbst vom Gesetzgeber in § 11 Abs. 1 vorgesehen worden sei. Ferner bemerkt das BAG richtig, daß alle jene Fälle, in denen sich der Arbeitnehmer im Urlaub wesentlich besser stehe, als wenn er gearbeitet habe, offenkundig gewesen seien. Dennoch hätte der Gesetzgeber nicht versucht, diese bekannte Problematik zu erfassen (wie hier auch *Boldt/Röhsler*, § 11 Anm. 66; *Dersch/Neumann*, § 11 Anm. 49).

55 Ist die verkürzte Arbeitszeit zur regelmäßigen Arbeitszeit geworden, so ist bei der Berechnung von ihr auszugehen (vgl. *Dersch/Neumann*, § 11 Anm. 50; *Boldt/Röhsler*, § 11 Anm. 65). Das ist aber nicht schon dann der Fall, wenn die Kurzarbeit in der Referenzperiode und in der Urlaubszeit angedauert hat. Wann die verkürzte Arbeitszeit zur regelmäßigen Arbeitszeit wird, kann man von der Zeit her nicht immer exakt bestimmen. Allgemein ist das erst dann der Fall, wenn nicht beabsichtigt ist, die Arbeitszeit in absehbarer Zeit wieder auf das normale Maß zu erhöhen. Dann erst wird die verkürzte Arbeitszeit zur regelmäßigen Arbeitszeit. Die Parteien müssen also davon ausgehen, daß die bisherige Kurzarbeit nicht mehr die Ausnahme darstellt, sondern nun das Arbeitsverhältnis prägt (vgl. *Boldt*, Anm. AP Nr. 15 zu § 11 BUrlG, der zutreffend davon ausgeht, daß ein Zeitraum von acht Monaten allein nicht ausreicht).

56 Erhält der Arbeitnehmer eine Prämie, die an die Produktion einer Gruppe von Arbeitnehmern gekoppelt ist, so bleibt eine Verdienstminderung, die infolge Kurzarbeit dieser Gruppe eintritt, nur dann außer Betracht, wenn auch der urlaubsberechtigte Arbeitnehmer selbst Kurzarbeit geleistet hat (vgl. *BAG* v. 27. 6. 1978, EzA § 11 BUrlG Nr. 16 = AP Nr. 15 zu § 11 BUrlG = DB 1978, 1939).

57 Arbeitet der Arbeitnehmer vertragsmäßig z. B. nur 20 Wochenstunden **(Teilzeitbeschäftigte)**, so liegt kein Fall der Kurzarbeit vor. Das Urlaubsentgelt ist in diesen Fällen nach § 11 Abs. 1 Satz 1 zu berechnen (vgl. *Dersch/Neumann*, § 11 Anm. 51; **a. A.** *Trieschmann*, BB 1956, 372). Allerdings ist zu beachten, daß der Teilzeitbeschäftigte nicht unter Verstoß gegen Art. I § 2 Abs. 1 BeschFG 1985 gegenüber vollzeitbeschäftigten Arbeitnehmern unterschiedlich vergütet werden kann. Geschieht dies, so richtet sich sein Urlaubsentgelt nach dem anteiligen üblichen Arbeitsverdienst eines vollzeitbeschäftigten Arbeitnehmers (*BAG* v. 24. 10. 1989, EzA § 11 BUrlG Nr. 28 = NZA 1990, 486).

58 Fraglich ist, ob Kurzarbeit dann zu beachten ist, wenn im Tarifvertrag nach § 13 das Lohnausfallprinzip verankert ist und der Arbeitnehmer in seinem Urlaub nur verkürzt hätte arbeiten können. *Neumann* sieht darin, auch wenn längere Kurzarbeitsperioden auftreten, eine Verletzung des Lebensstandardprinzips (vgl. *Dersch/Neumann*, § 11 Anm. 52; vgl. ferner *Bulla*, DB 1965, 1557). Dem ist zuzustimmen, denn würde bei der Anwendung des Lohnausfallprinzips die Kurzarbeit nicht ebenso unberücksichtigt gelassen wie bei der Berechnung des Urlaubsentgelts nach der Bezugsmethode, so erhielte der Arbeitnehmer im Urlaub nicht das volle Arbeitsentgelt, so daß das Lebensstandardprinzip ebenso verletzt wäre wie das neuerdings angewandte Lohnausfallprinzip (vgl. *BAG* v. 12. 1. 1989, EzA § 11 BUrlG Nr. 27).

2. Arbeitsausfälle

59 Der Begriff »Arbeitsausfälle« erfaßt alle Fälle, in denen der Arbeitnehmer aus Gründen, die in der **Sphäre des Arbeitgebers** liegen, nicht arbeiten kann. Das sind im wesentlichen Betriebsunterbrechungen wegen Rohstoffmangels, Stromunterbrechungen, Maschinenreparaturen, Arbeitsunterbrechungen durch Brand usw. Hierzu zählen auch Arbeitsausfälle, die durch Volksfeste entstehen, Kirmes oder Rosenmontag, sofern dadurch ein Lohnausfall entsteht (vgl. *Dersch/Neumann*, § 11 Anm. 53). Hat der Arbeitnehmer für die oben genannten Einzelfälle einen Lohnanspruch nach den Grundsätzen des Betriebs- oder Wirtschaftsrisikos, so sind sie bei der Berechnung des Urlaubsentgelts ohnehin einzubeziehen.

3. Streik, Aussperrung

60 Die Fälle der Verdienstkürzung aufgrund eines Streiks oder einer Aussperrung sind im Gesetz nicht erwähnt. Deshalb treten *Dersch/Neumann* (§ 11 Anm. 54) dafür ein, den Streik und die Aussperrung ohne Rücksicht auf ihre Legitimität als Ausfallzeiten i. S. des § 11 Abs. 1 S. 3 anzusehen, die die Höhe des Urlaubsentgelts nicht beeinflussen. Begründet wird dies mit dem Hinweis, Arbeitsausfall sei jede generelle, den gesamten Betrieb oder wenigstens einen größeren Teil der Arbeitnehmerschaft betreffende Störung des Betriebsablaufs.

61 Richtig erscheint eine Beurteilung der Verdienstkürzungen in Fällen von Streik und Aussperrung nach arbeitskampfrechtlichen in Verbindung mit urlaubsrechtlichen Gesichtspunkten (vgl. *Brox/Rüthers*, 2. Aufl. S. 410; *Boldt/Röhsler*, § 11 Anm. 74; *Natzel*, § 11 Anm. 68; *Borrmann*, § 11 Anm. 20). Das rechtfertigt folgende Lösungen:

a) Rechtmäßiger Streik im Berechnungszeitraum

62 Der rechtmäßige Streik im Berechnungszeitraum mindert das Urlaubsentgelt nicht. Er ist der unverschuldeten Arbeitsversäumnis gleichzusetzen. Das rechtfertigen zunächst die Grundprinzipien des Arbeitskampfrechts. Danach hat der Arbeitnehmer beim legitimen Streik auch ohne Einhaltung der Kündigungsfrist das

Recht, der Arbeit fernzubleiben (vgl. *BAG* Großer Senat v. 28. 1. 1955, AP Nr. 1 zu Art. 9 GG Arbeitskampf Nr. 2 = AP Nr. 3 zu Art 9 GG Arbeitskampf; *BAG* v. 21. 7. 1971, EzA Art. 9 GG Nr. 6 = AP Nr. 43 zu Art. 9 GG Arbeitskampf). Wenn aber der legitime Streik dem Arbeitnehmer das Recht gibt, der Arbeit fernzubleiben, so ist es nicht gerechtfertigt, den Arbeitsverdienst um die dadurch bedingten Verdienstkürzungen zu mindern. Vielmehr ist es geboten, den Fall des legitimen Streiks einem unverschuldeten Arbeitsversäumnis gleichzusetzen. Auch urlaubsrechtliche Gesichtspunkte führen zu diesem Ergebnis. Das Urlaubsentgelt soll den Arbeitnehmer in die Lage versetzen, möglichst ohne Einschränkung seiner bisherigen normalen Lebenshaltung eine Zeitlang auszuspannen und sich zu erholen. Dieser Grundsatz verdient den Vorrang, es sei denn, daß die Nichtarbeit des Arbeitnehmers im Berechnungszeitraum auf Verschulden beruht. Beim legitimen Streik spricht nichts für die Anwendung dieses Ausnahmegedankens. Die Entscheidung des *BAG* vom 27. 7. 1956 (AP Nr. 12 zu § 611 BGB Urlaubsrecht = BB 1956, 818) hat weiterhin Bedeutung.

b) Rechtswidriger Streik im Berechnungszeitraum

63 Die Verdienstkürzung im Berechnungszeitraum, die auf einen rechtswidrigen, illegitimen Streik zurückzuführen ist, hat auch eine Kürzung des Urlaubsentgelts zur Folge (*Boldt/Röhsler*, § 11 Anm. 76; *Borrmann*, § 11 Anm. 20; *Kamann/Ziepke/Weinspach/Meisel*, § 11 Anm. 17; *Trappe*, BB 1963, 47; *Gaul/Boewer*, Probleme des Urlaubsrechts, 1966, S. 184; *Natzel*, § 11 Anm. 68; *Brox/Rüthers*, 2. Aufl. S. 410, für den Fall, daß sich der Arbeitnehmer schuldhaft am rechtswidrigen Streik beteiligt; ebenso *Schelp/Herbst*, § 11 Anm. 41; **a.A.** *Dersch/Neumann*, § 11 Anm. 54, die als »Arbeitsausfall« alle den Betrieb oder einen Teil der Belegschaft betreffenden Störungen ansehen).

64 § 11 Abs. 1 S. 3 findet unmittelbar keine Anwendung. Der Arbeitnehmer, der sich an einem rechtswidrigen Streik beteiligt, handelt individualrechtlich rechtswidrig. Auch steht ihm nach den Grundsätzen des kollektiven Rechts kein Rechtfertigungsgrund zur Seite, da von ihm nicht alle Streiks als rechtmäßig anerkannt werden. Es besteht kein Grund zur Annahme, daß der Gesetzgeber rechtswidriges Handeln privilegieren wollte. Das, was für den einzelnen Arbeitnehmer einen Vertragsbruch darstellt, wird nicht dadurch billigenswert, daß es geschlossen von der Belegschaft eines Betriebes oder einer Gruppe von Arbeitnehmern begangen wird (vgl. *BAG* v. 27. 7. 1956, AP Nr. 12 zu § 611 BGB Urlaubsrecht zur Rechtslage vor Inkrafttreten des BUrlG).

65 **Illegitim** ist der **tarifwidrige** und der **rechtswidrige Streik**. Dazu zählen u.a.: **Wilder Streik**, d.h. der Streik, der nicht von einer Gewerkschaft geführt wird; vgl. *BAG* v. 21. 10. 1969, EzA § 626 BGB n.F. Nr. 1 = AP Nr. 41 zu Art. 9 GG Arbeitskampf = DB 1970, 208; *BAG* v. 14. 2. 1978, EzA Art. 9 GG Arbeitskampf Nr. 22 = AP Nr. 58 zu Art. 9 GG Arbeitskampf = DB 1978, 1403; *Brox/Rüthers*, 2. Aufl. S. 72; **Politischer Streik**, *BAG* v. 28. 1. 1955, AP Nr.1 zu Art. 9 GG Arbeitskampf; *BAG* v. 20. 12. 1963, EzA Art. 9 GG Arbeitskampf = AP Nr. 32 zu Art. 9 GG Arbeitskampf = DB 1963, 371; *BAG* v. 21. 10. 1969, EzA § 626 BGB n.F. Nr. 1 = AP Nr. 41 zu Art. 9 GG Arbeitskampf = DB 1970, 208; *LAG München* EzA Art. 9 GG Arbeitskampf Nr. 35 mit Anm. von *Dütz* und *Seiter*; *Brox/Rüthers*, 2. Aufl. S. 78, 79; **Tarifvertragswidriger Streik**, *BAG* v. 17. 12. 1958, AP Nr. 3 zu § 1 TVG Friedenspflicht. Allgemein: Rechtswidrig ist ein Arbeitskampf, der zur Durchsetzung eines tariflich nicht regelbaren Zieles geführt wird (vgl. *BAG* v. 7. 6. 1988, EzA Art. 9 GG Arbeitskampf Nr. 80 = NZA 1988, 883).

c) Aussperrung im Berechnungszeitraum

66 Verdienstausfälle, die im Berechnungszeitraum infolge einer Aussperrung eintreten, mindern das Urlaubsentgelt nicht. Die **rechtswidrige Aussperrung** hat auf die Höhe des Urlaubsentgelts schon deshalb keinen Einfluß, weil sie ohne Rechtswirkungen ist und den Arbeitnehmern für die Aussperrungszeit Lohnansprüche zustehen (vgl. auch *Boldt/Röhsler*, § 11 Anm. 78). Die **rechtmäßige Aussperrung** berührt das Urlaubsentgelt ebensowenig wie der legitime Streik, weil der Arbeitnehmer in dieser Zeit seiner Arbeit nicht nachkommen kann. In entsprechender Anwendung des Grundgedankens des § 11 Abs. 1 Satz 3 scheidet daher ein Einfluß auf die Urlaubsentgeltberechnung aus. Das entspricht dem Lebensstandardprinzip (ebenso *Boldt/Röhsler*, § 11 Anm. 77; *Brox/Rüthers*, 2. Aufl. S. 411).

67 Enthält der den Arbeitskampf beendende Tarifvertrag ein **Maßregelungsverbot**, so ergibt sich diese Folge schon aus den Wirkungen dieser Tarifklausel, denn sie will den Arbeitnehmer so stellen, als wenn weitergearbeitet worden wäre. Zur Zulässigkeit von Aussperrungen vgl. *BAG* Großer Senat v. 21. 4. 1971, EzA Art. 9 GG Nr. 6 = AP Nr. 43 zu Art. 9 GG Arbeitskampf; *BAG* v. 10. 6. 1980, EzA Art. 9 GG Arbeitskampf mit Anm. von *Rüthers* = AP Nr. 65 zu Art. 9 GG Arbeitskampf; *BVerfG* v. 26. 6. 1991, EzA Art. 9 GG Arbeitskampf Nr. 97 mit Anm. von *Rieble* und *Brox/Rüthers*, 2. Aufl. S. 114ff.

d) Urlaub während des Streiks und der Aussperrung

68 Der einem Arbeitnehmer **bewilligte Urlaub** wird durch den Streik nicht unterbrochen, solange sich der Arbeitnehmer nicht am Streik beteiligt. Beteiligt sich der Arbeitnehmer am Streik, so wird der Urlaub unterbrochen, und der Resturlaub ist später erneut zu gewähren oder abzugelten, falls das Arbeitsverhältnis wirksam aufgelöst wird. Für die Urlaubstage, an denen der Betrieb bestreikt wird, bleibt der Arbeitgeber auch zur Zahlung des Urlaubsentgelts verpflichtet (vgl. *BAG* v. 9. 2. 1982, EzA § 1 BUrlG Nr. 18 = DB 1982, 1328; *Gamillscheg*, Arbeitsrecht I S. 298). Das gilt auch in dem Fall, in dem der Arbeitnehmer den bereits **bewilligten Urlaub** nach Streikbeginn antritt. Beteiligt er sich nicht am Streik, so kann er den Urlaub antreten und der Arbeitgeber hat das Urlaubsentgelt zu zahlen (vgl. *BAG* v. 9. 2. 1982, EzA § 1 BUrlG Nr. 18 = DB 1982, 1328; *BAG* v. 15. 1. 1991, EzA Art. 9 GG Arbeitskampf Nr. 96). Der Arbeitgeber kann aber einem streikenden Arbeitnehmer gegenüber die Gewährung des Urlaubs verweigern (so *BAG* v. 15. 6. 1964, AP Nr. 35 zu Art. 9 GG Arbeitskampf = DB 1964, 1158; **a. A.** *Brox* in *Brox/Rüthers*, 2. Aufl. S. 409, der auf die berechtigten Interessen des Arbeitnehmers hinweist, auch während eines Streiks seinen Urlaub, dem regelmäßig längerfristige Dispositionen zugrunde liegen, antreten zu können). Das BAG hat allerdings 1988 erkannt (*BAG* v. 31. 5. 1988, EzA Art. 9 GG Arbeitskampf Nr. 78 = NZA 1988, 887), ein bewilligter Urlaub werde nicht dadurch widerrufen, daß der Arbeitgeber die Arbeitnehmer des Betriebs für eine Zeit aussperrt, in die der bewilligte Urlaub ganz oder teilweise falle. Darüber hinaus hat das BAG Bedenken geäußert, ob Arbeitnehmer einen bewilligten Urlaub widerrufen können, um sich am Streik zu beteiligen und den Urlaub später nachzuverlangen (offen gelassen auch in *BAG* v. 15. 1. 1991, EzA Art. 9 GG Arbeitskampf Nr. 96). Man sollte diese Möglichkeit dem Arbeitnehmer, der Solidarität mit seinen Kollegen üben möchte, nicht verwehren.

69 Soweit Urlaubsentgelt zu zahlen ist, sieht das BAG die **Kampfparität** nicht als gestört an, da der Arbeitgeber zu Leistungen gegenüber nichtstreikenden Arbeitnehmern grundsätzlich verpflichtet bleibe. Die Grundsätze über die Tragung des Arbeitskampfrisikos führen nach Ansicht des BAG zu keiner anderen Lösung, da die Arbeitnehmer, die sich im bewilligten Urlaub befinden oder diesen antreten, zur Arbeitsleistung nicht verpflichtet sind, so daß die Frage des Lohnrisikos gar nicht auftreten könne. Das BAG hat aber deutlich gemacht, daß der Arbeitgeber die beurlaubten Arbeitnehmer in den Arbeitskampf einbeziehen könne, um den Druck auf die kampfführende Gewerkschaft zu erhöhen. Offengelassen wurde, ob das durch Aussperrung oder Widerruf des Urlaubs möglich ist.

4. Unverschuldete Arbeitsversäumnis

70 Während Arbeitsausfälle stets den ganzen Betrieb oder mindestens größere Gruppen von Arbeitnehmern treffen, handelt es sich bei den Fällen unverschuldeter Arbeitsversäumnis in der Regel um Fälle, die an die individuellen Verhältnisse des einzelnen Arbeitnehmers anknüpfen, in denen der Arbeitnehmer aus allein in seiner Person liegenden Gründen an der Ausübung der Arbeit gehindert war (vgl. *BAG* v. 21. 5. 1970, EzA § 11 BUrlG Nr. 11 = AP Nr. 1 zu § 11 BUrlG Teilzeitarbeit = DB 1970, 2084).

71 Unverschuldete Arbeitsversäumnis liegt vor bei **Krankheit, Kur- oder Heilverfahren** (schränkt ein Tarifvertrag die Fälle auf Arbeitsunfähigkeit des Arbeitnehmers ein, so ist die Kur im Falle vorliegender Arbeitsunfähigkeit gleichzusetzen, vgl. *BAG* v. 12. 5. 1966, AP Nr. 5 zu § 11 BUrlG = DB 1966, 1280), **Werksurlaub, unbezahltem Urlaub** (vgl. dazu oben § 9 Anm. 28) und in allen den Fällen, in denen dem Arbeitnehmer für sein Fernbleiben von der Arbeit ein gesetzliches oder tarifliches Recht zur Seite steht. In Betracht kommen also **Vorladung als Zeuge, Beisitzer** an einem Gericht usw. Darüber hinaus wirken sich auf die Höhe des Urlaubsentgelts nicht aus die Bewilligung von **Sonderurlaub** (vgl. *BAG* v. 21. 5. 1970, EzA § 11 BUrlG Nr. 11 = AP Nr. 1 zu § 11 BUrlG Teilzeitarbeit = DB 1970, 2084) und die Gewährung unbezahlter Freizeit aus persönlichen Gründen, für persönliche Besorgungen, Familienfeste u.ä. Haben die Arbeitsvertragsparteien aus Anlaß **der Ableistung des verkürzten Wehrdienstes** eines türkischen Arbeitnehmers in seinem Heimatland einvernehmlich eine Arbeitsbefreiung ohne Vergütung vereinbart, so kann der Arbeitgeber den Jahresurlaub des Arbeitnehmers nicht anteilig kürzen (*BAG* v. 30. 7. 1986, EzA § 3 BUrlG Nr. 15 = AP Nr. 22 zu § 13 BUrlG).

72 Der Begriff des Verschuldens entspricht dem in § 616 BGB, § 63 HGB und in § 1 LohnFG, so daß die dazu ergangene Rechtsprechung auch hier maßgebend ist. Ein Verschulden ist nur anzunehmen, wenn der Arbeitnehmer gröblich gegen das von einem verständigen Menschen im eigenen Interesse zu erwartende Verhalten verstößt (*BAG* v. 30. 3. 1988, EzA § 1 LohnFG Nr. 92; *BAG* v. 7. 12. 1972, EzA § 1 LohnFG Nr. 29 = AP Nr. 25 zu § 1 LohnFG; *BAG* v. 7. 12. 1972, EzA § 1 LohnFG Nr. 30 = AP Nr. 26 zu § 1 LohnFG; *BAG* v. 28. 2. 1979, EzA § 1 LohnFG Nr. 55 = AP Nr. 44 zu § 1 LohnFG = DB 1979, 1803; so auch die **h. L.**; vgl. *Boldt/Röhsler*, § 11 Anm. 72; *Dersch/Neumann*, § 11 Anm. 56). Gehen die

Arbeitsvertragsparteien nach vorübergehender Teilzeitarbeit wieder zur Vollarbeitszeit über, so muß der volle Lohn berücksichtigt werden, selbst wenn dieser Übergang in den Berechnungszeitraum fällt (vgl. *BAG* v. 21. 5. 1970, EzA § 11 BUrlG Nr. 7 = AP Nr. 1 zu § 11 BUrlG Teilzeitarbeit = DB 1970, 2084).

73 Fälle verschuldeter Arbeitsversäumnis: **Bummeltage**; Fehlzeiten, die durch Verbüßung von **Freiheitsstrafen** entstehen; **Sportunfälle** von Berufssportlern (nicht Amateursportlern); Sportunfälle bei Teilnahme an einer **besonders gefährlichen Sportart** oder wenn sich der Arbeitnehmer in einer seine Kräfte und Fähigkeiten deutlich übersteigenden Weise sportlich betätigt (vgl. *BAG* v. 21. 1. 1976, EzA § 1 LohnFG Nr. 39 = AP Nr. 47 zu § 1 LohnFG; *BAG* v. 7. 10. 1981, EzA § 1 LohnFG Nr. 60); Fehlzeiten infolge eines Unfalls, bei dem dem Arbeitnehmer **Trunkenheit am Steuer** vorzuwerfen ist (*BAG* v. 11. 3. 1987, EzA § 1 LohnFG Nr. 86).

V. Berechnung des Urlaubsentgelts

74 Die Berechnung des Urlaubsentgelts bereitet keine Schwierigkeiten bei Angestellten und Arbeitern, die einen festen Monats- bzw. Wochenlohn haben. Hier wird das Gehalt/der Lohn im Urlaub weitergezahlt. Eine besondere Urlaubsentgeltberechnung wird nur erforderlich, wenn Verdiensterhöhungen zu berücksichtigen sind (vgl. oben Anm. 46ff.) oder Verdienstkürzungen (vgl. oben Anm. 50ff.) wirksam werden. Allerdings ist auch dann eine Entgeltberechnung vorzunehmen, wenn nur gelegentlich im Berechnungszeitraum Überstunden verrichtet worden sind (vgl. dazu oben Anm. 41f.).

75 Hat der Arbeitnehmer ein unterschiedlich hohes Arbeitseinkommen, wie es bei Stunden- und Akkordlöhnern regelmäßig der Fall ist, so berechnet sich das Urlaubsentgelt nach folgendem Grundsatz: **Nach den bisherigen Erörterungen ist zunächst der Arbeitsverdienst des Berechnungszeitraums zu bestimmen und durch die Anzahl der Werktage zu dividieren**. Das Ergebnis stellt den durchschnittlichen (zum Begriff: »durchschnittlichen« vgl. *BAG* v. 18. 12. 1958, AP Nr. 12 zu § 1 ArbKrankhG; *BAG* v. 9. 12. 1965, AP Nr. 2 zu § 11 BUrlG) werktäglichen Arbeitsverdienst des Arbeitnehmers im Berechnungszeitraum dar. Multipliziert wird dieses Ergebnis mit der Anzahl der dem Arbeitnehmer zustehenden Urlaubstage. Den Endbetrag erhält der Arbeitnehmer als Urlaubsentgelt ausgezahlt. Die Berechnungsformel lautet somit: **Arbeitsverdienst in den letzten 13 Wochen geteilt durch 78 Werktage multipliziert mit der Anzahl der Urlaubstage**. Das so errechnete Urlaubsentgelt ist ein Bruttobetrag, der voll lohnsteuerpflichtig ist, selbst wenn darin als Berechnungsgrößen Beträge enthalten sind, die nicht oder nur zum Teil der Lohnsteuerpflicht unterliegen.

76 Ist die Arbeitszeit im Berechnungszeitraum an Arbeitstagen regelmäßig gemindert, so ist es unzulässig, diese Tage zu einem oder zu mehreren Arbeitstagen zusammenzufassen (vgl. *BAG* v. 9. 5. 1966, AP Nr. 4 zu § 11 BUrlG = DB 1966, 1140). Sind in der Arbeitszeit **bezahlte Arbeitspausen** enthalten, so handelt es sich dabei nicht um geleistete Arbeitszeit (*BAG* v. 31. 1. 1991, EzA § 11 BUrlG Nr. 29), die in die Berechnung des Urlaubsentgelts einzubeziehen ist.

77 Zur Berechnung des Urlaubsentgelts eines **Schichtarbeiters** vgl. *ArbG Stade* DB 1982, 963. Die sog. **Freischichten** sind nicht etwa auszuklammern, so daß der Divisor auch in diesen Fällen 78 (13 x 6) beträgt.

1. Sonntagsarbeit

78 Hat der Arbeitnehmer an Sonntagen gearbeitet, so daß der Verdienst die Höhe des Arbeitsverdienstes im Berechnungszeitraum beeinflußt (vgl. oben Anm. 37), so erhöht sich der Divisor nicht. Der Arbeitsverdienst ist vielmehr auch in diesem Falle nur durch die Anzahl der Werktage im Berechnungszeitraum (regelmäßig 78) zu teilen (vgl. *BAG* v. 16. 6. 1961, AP Nr. 1 zu § 7 UrlG Schleswig-Holstein; *Boldt/Röhsler*, § 11 Anm. 84; *Dersch/Neumann*, § 11 Anm. 61).

2. Urlaubsentgeltberechnung bei fehlendem Arbeitsverdienst

79 Hat der Arbeitnehmer im Berechnungszeitraum keinen Arbeitsverdienst, weil er z.B. krank war, so wird man wegen fehlender Berechnungsgrundlage den Zeitraum entsprechend vorverlegen müssen (vgl. *Boldt/Röhsler*, § 11 Anm. 21 unter Hinweis auf *BAG* v. 9. 12. 1965, AP Nr. 2 zu § 2 ArbKrankhG; *Dersch/Neumann*, § 11 Anm. 64; *Borrmann*, § 11 Anm. 5; **a.A.** *Schelp/Herbst*, § 11 Anm. 42, die in diesem Falle den Arbeitsverdienst schätzen wollen).

3. Verdienstkürzungen

80 Ergeben sich im Berechnungszeitraum Verdienstkürzungen, z.B. wegen Kurzarbeit, unverschuldeter Arbeitsversäumnis u.ä., so könnte man die Berechnung des Urlaubsentgelts entweder vornehmen, indem der Arbeitsverdienst um die Verdienstkürzung aufgestockt und durch die Anzahl der Werktage im Berechnungszeitraum dividiert wird, oder indem man den verkürzten Arbeitsverdienst des Berechnungszeitraums durch die Anzahl der Werktage des Zeitraums, vermindert um die Anzahl der Werktage, auf die die Verdienstkürzung entfielen, dividiert. Beide Methoden sind gleichwertig. Dabei ist es auch möglich, daß der Divisor um Bruchteile von Tagen gemindert wird, wenn z.B. der Arbeitnehmer einen halben Tag aus berechtigtem Grund der Arbeit ferngeblieben ist. Für die letzte Berechnungsmethode treten *Boldt/Röhsler* (§ 11 Anm. 88) und *Dersch/Neumann* (§ 11 Anm. 62) ein. Vgl. ebenso *BAG* v. 20. 5. 1959, AP Nr. 1 zu § 2 ArbKrankhG.

81 Verschuldete Arbeitsversäumnis, z.B. Bummeltage, verändern den Divisor nicht, so daß sich das Urlaubsentgelt dadurch mindert (zustimmend *Boldt/Röhsler*, § 11 Anm. 89; *Borrmann*, § 11 Anm. 3; *Dersch/Neumann*, § 11 Anm. 59).

4. Fünf-Tage-Woche

82 Bei der Ermittlung des durchschnittlichen Arbeitsverdienstes im Berechnungszeitraum ist es unerheblich, ob der Arbeitnehmer den Verdienst an 5 oder 6 Tagen der Woche erzielt hat. Der Divisor richtet sich nach der Anzahl der Werktage. Der durchschnittliche werktägliche Arbeitsverdienst im Berechnungszeitraum ist auch bei der Fünf-Tage-Woche mit der Anzahl der Urlaubstage zu multiplizieren. Dabei ist es ohne Bedeutung, ob der Urlaub am Montag angetreten wird oder erst am Donnerstag der Woche.

83 Hat der Arbeitnehmer z.B. einen gleichbleibenden pauschalen Wochenlohn, so erhält er, wenn er den Urlaub am Donnerstag antritt, 3/6 des Wochenlohnes als Urlaubsentgelt. Die Auffassung von *Dersch/Neumann* (§ 11 Anm. 68), bei der Fünf-Tage-Woche sei das Urlaubsentgelt für fünf Tage zu zahlen, findet im Gesetz keine hinreichende Stütze. Der Gesetzgeber geht davon aus, daß der Urlaub nach Werktagen gezählt wird (§ 3). Das führt notwendig zum Ergebnis, auch das Urlaubsentgelt nach Werktagen zu berechnen. Daß dann der Arbeitnehmer bei der Fünf-Tage-Woche je nach dem Zeitpunkt des Urlaubsantritts einen unterschiedlichen Wochenverdienst (Arbeitslohn und Urlaubsentgelt) hat, wenn der Urlaub nicht in vollen Wochen gewährt wird, ist unvermeidbar. Die unterschiedlichen Ergebnisse sind aber auch nach dem Gesetz unschädlich, weil die gesetzliche Urlaubsentgeltberechnung den Arbeitnehmer entgegen der Auffassung von *Dersch/Neumann*, § 11 Anm. 68, nicht genauso stellen will, als wenn er gearbeitet hätte. Entscheidend ist, daß das Urlaubsentgelt nach dem durchschnittlichen Arbeitsverdienst der Woche zu bestimmen ist. Die Berechnungseinheit »Woche« hat aber 6 Tage. Jede durchschnittliche Berechnungsmethode führt gerade nicht zu einem exakten Ergebnis. Darüber hinaus ist die Berechnungsmethode von *Dersch/Neumann* nur mit der weiter von ihnen vertretenen These zu halten, daß im Urlaub stets gleichbleibend eine bestimmte Anzahl von freien Samstagen liegen muß.

84 Die Frage der Urlaubsentgeltberechnung in der Fünf-Tage-Woche war und ist umstritten. Eine endgültige Klarheit konnte bisher nicht erzielt werden. **Für die Fünftelung** treten neben *Dersch/Neumann*, a.a.O., ein: *Klein*, BB 1960, 485; *Gaul*, RdA 1960, 419ff. und *Bobrowski/Gaul*, S. 454; *Schelp/Herbst*, § 11 Anm. 44; *Bohn*, SAE 1966, 78; *Siara*, § 11 Anm. 9; *Zöllner*, SAE 1964, 104; *LAG Hamm* DB 1966, 307; *ArbG Kassel* ArbuR 1976, 210; *LAG Bremen* BB 1962, 577 und *ArbG Bremen* BB 1957, 787 = DB 1957, 751. **Für eine Sechstelung** sprechen sich dagegen aus: *LAG Hamm* BB 1951, 113; *Hueck/Nipperdey*, Bd. I S. 446; *Borrmann*, § 11 Anm. 4a; *Gumpert*, BB 1963, 228 und BB 1967, 208; *Kamann/Ziepke/Weinspach/Meisel*, § 11 Anm. 10; *Boldt/Röhsler*, § 11 Anm. 94; *Natzel*, § 11 Anm. 77; *Schmelzer*, Anm. 79. Das BAG hat diese Frage bisher nicht entschieden. Lediglich entschieden worden ist von ihm die Berechnung der **Urlaubsabgeltung**, und zwar im Sinne der Sechstelung (vgl. *BAG* v. 23. 12. 1966, EzA § 11 BUrlG Nr. 3 = AP Nr. 1 zu § 7 BUrlG Abgeltung = BB 1967, 207 = DB 1967, 386). In den Entscheidungsgründen wird ausdrücklich hervorgehoben, daß damit die Frage der Berechnung des Urlaubsentgelts weiterhin offenbleibe. Keinesfalls wird man also annehmen können, daß durch die Rechtsprechung des BAG zu **tariflichen Berechnungsnormen** die Frage der gesetzlichen Urlaubsentgeltberechnung bereits mitentschieden worden ist (vgl. *BAG* AP Nr. 1, 2, 3, 4 und 5 zu § 611 BGB Urlaub und Fünf-Tage-Woche).

85 Das BAG hat in den genannten Entscheidungen durch die Fünftelung dem Lebensstandardprinzip Rechnung tragen wollen. Letztlich beruht das Fünftelungsprinzip auf der Annahme, der Arbeiter verdiene seinen Lebensunterhalt durch seine Arbeit an fünf Tagen, und deshalb müsse man auch im Urlaub so verfahren. Weiter sieht man sich trotz § 3 Abs. 2 BUrlG nicht gehindert, den arbeitsfreien Samstag als einen nicht zu bezahlenden Urlaubstag anzusehen. Gegen diese Rechtsprechung wendet sich vor allem *Nikisch* in den Anm. zu AP Nr. 1 und 2, 4 und 5 zu § 611 BGB Urlaub und Fünf-Tage-Woche sowie AP Nr. 1 zu § 7 BUrlG Abgeltung. Er empfiehlt als Ausweg aus dem Dilemma eine Urlaubsberechnung nach Wochen. Das wäre sicher ein Weg, der jedoch ohne den Gesetzgeber nicht gangbar ist. Bis dahin muß die Rechtsprechung praktikable Lösungen finden. Dabei sind, da § 11 im Grundsatz zur Disposition der Tarifvertragsparteien steht, diese mit aufgerufen, vernünftige Lösungen zu erarbeiten. Eine davon ist die **sog. Nettourlaubsregelung**, die auch bei Teilurlaubnahme immer ermöglicht, auf 5 Arbeitstage 1 freien Samstag anzurechnen.

86 Besteht keine tarifliche Regelung, so ist nach dem Sechstelungsprinzip zu verfahren, wenn der Urlaub in einer Reihe von Einzelteilen gewährt wird, u. U. sogar mit einzelnen Tagen. Das Prinzip der Fünftelung kann auch nicht den Fall lösen, in dem der Urlaub an einem Samstag beginnt. Dann erhielte nämlich der Arbeitnehmer an diesem Tage einen **unbezahlten Urlaubstag**, was mit § 1 unvereinbar wäre (so weit geht offenbar auch das *BAG* nicht, wie die Entscheidungsgründe von EzA § 11 BUrlG Nr. 3 = AP Nr. 1 zu § 7 BUrlG Abgeltung zeigen). Das kann man nicht mit dem Hinweis abtun, der Arbeitnehmer erhielte ja in der Woche seinen normalen Verdienst (so *Dersch/Neumann*, § 11 Anm. 66) so, als wenn er gearbeitet hätte. Das alles kann nicht darüber hinwegtäuschen, daß der Arbeitnehmer seinen Lohn für die geleistete Arbeit in dieser Woche erhalten hat, für den Urlaubstag aber leer ausgeht. Ein ähnlicher Fall tritt ein – *Nikisch*, Anm. AP Nr. 1 zu § 7 BUrlG Abgeltung, weist auf ihn hin –, wenn in den Urlaub ein Wochenfeiertag fällt und nur deshalb der letzte Urlaubstag ein Samstag ist, während der Urlaub sonst – ohne den Wochenfeiertag – am Freitag geendet hätte. Bezahlt man hier den Samstag nicht als Urlaubstag, so steht der Arbeitnehmer so da, als ob der Wochenfeiertag auf den Urlaub angerechnet worden wäre, eine Konsequenz, die man wohl nicht ziehen kann. Die Beispiele zeigen, daß das Fünftelungsprinzip nicht in der Lage ist, alle Fälle sachdienlich zu lösen. Deshalb sollte man das Sechstelungsprinzip anwenden, das dem Grundsatz, der arbeitsfreie Samstag zählt als Urlaubstag, besser gerecht wird.

87 Das Problem der Urlaubsentgeltberechnung in der Fünf-Tage-Woche hat an Bedeutung verloren, da viele Tarifverträge nicht mehr auf **Werktage**, sondern auf **Arbeitstage** abstellen.

VI. Auszahlung des Urlaubsentgelts

88 Das Urlaubsentgelt ist vor Antritt des Urlaubs auszuzahlen (§ 11 Abs. 2). Dieser Grundsatz gilt nicht für Angestellte, die vertragsgemäß das Gehalt an einem bestimmten Fälligkeitstermin erhalten und bei denen es auch im Urlaub üblich ist, das Gehalt an dem gewohnten Fälligkeitstag zu zahlen. Diese Regelung ist trotz des zwingenden Charakters des § 11 Abs. 2 zulässig, denn sie ist nicht ungünstiger als die gesetzliche Regelung, sondern ihr gleichwertig (vgl. § 13 Anm. 41; wie hier *Boldt/Röhsler*, § 11 Anm. 98; *Kamann/Ziepke/Weinspach/Meisel*, § 11 Anm. 27; *Molitor/Volmer*, § 19 JugArbSchG Anm. 77; **a. A.** aber *Natzel*, § 11 Anm. 37, und *Dersch/Neumann*, § 11 Anm. 80, die auch für Gehaltsempfänger annehmen, daß das Urlaubsentgelt stets im voraus zu zahlen ist).

89 Im übrigen erhalten die Arbeitnehmer das Urlaubsentgelt vor Antritt des Urlaubs ausgezahlt. § 11 Abs. 2 ist eine Veränderung der Fälligkeitsregel durch Gesetz. Sofern eine Verdiensterhöhung i. S. des § 11 Abs. 1 S. 2 zu berücksichtigen ist, kann eine spätere Auszahlung des entsprechenden Teiles des Urlaubsentgelts zulässig sein, wenn die frühere Berechnung unmöglich oder unzumutbar ist, z. B.

bei Tariferhöhungen im oder unmittelbar vor dem Urlaubsantritt (ebenso wohl auch *Boldt/Röhsler*, § 11 Anm. 95).

90 Die rechtswirksame Zahlung von Urlaubsentgelt setzt voraus, daß sie in bestimmter vom sonstigen Arbeitsentgelt abgegrenzter und unterscheidbarer Höhe erfolgt. Weichen die Arbeitsvertragsparteien hiervon ab, so hat die Zahlung keine schuldbefreiende Wirkung (vgl. *BAG* v. 3. 11. 1965, AP Nr. 1 zu § 11 BUrlG mit Anm. von *G. Hueck* = BB 1966, 247 = DB 1966, 196). Im Grundsatz ebenso wieder *BAG* v. 5. 2. 1970, AP Nr. 4 zu § 3 BUrlG mit krit. Anm. von *Söllner* und *BAG* v. 21. 3. 1968, AP Nr. 5 zu § 5 BUrlG.

91 **Die Zahlung von Urlaubsentgelt vor Urlaubsbeginn** ist nicht Voraussetzung für die **Wirksamkeit** der Urlaubserteilung. Zahlt der Arbeitgeber das Urlaubsentgelt nach dem gesetzlichen Fälligkeitstermin, so treten nur Verzugsfolgen ein (*BAG* v. 18. 12. 1986, EzA § 7 BUrlG Nr. 50 = DB 1987, 1259 = NZA 1987, 633).

VII. Zusätzliches Urlaubsgeld

92 Zahlreiche Tarifverträge sehen heute vor, daß dem Arbeitnehmer neben dem Urlaubsentgelt zur Besserstellung im Urlaub ein zusätzliches Urlaubsgeld zu zahlen ist. Vielfach wird der Betrag als Urlaubsgratifikation bezeichnet und als 13. bzw. 14. Monatsgehalt ausgewiesen. Das Urlaubsgeld kann jedoch auch als Zuschuß zum Urlaubsentgelt vereinbart werden, z. B. in der Form, daß der Arbeitnehmer als Urlaubsgeld 30% seines Urlaubsentgelts erhält. Das Urlaubsgeld ist keine mit dem Erholungsurlaub zwangsläufig verknüpfte Leistung des Arbeitgebers. Denn zum Wesen des Erholungsurlaubs gehört nur, daß dem Arbeitnehmer der Lohn weitergezahlt wird, damit sein Lebensstandard gewährt ist. Nicht aber gehört dazu, daß der Arbeitgeber eine zusätzliche Leistung erbringt, um dem Arbeitnehmer besser zu ermöglichen, die üblicherweise im Urlaub entstehenden Mehrkosten zu bezahlen. Die Leistung des Arbeitgebers hat deshalb auch Gratifikationscharakter (vgl. zum Wesen des Urlaubsgeldes *BAG* v. 9. 3. 1967, AP Nr. 6 zu § 11 BUrlG = BB 1967, 529 = DB 1967, 823). Andererseits besteht natürlich zwischen dem Erholungsurlaub und der Gratifikationszahlung eine enge Wechselbeziehung. Das zusätzliche Urlaubsgeld wird nicht für den Urlaub, sondern **aus Anlaß** des Urlaubs gewährt, vgl. *BAG* v. 15. 11. 1973, EzA § 11 BUrlG Nr. 10. Zur Verrechnung auf ein 13. Monatsgehalt *BAG* DB 1983, 2252.

93 Das Urlaubsgeld ist auf die Höhe des Urlaubsentgelts ohne Einfluß. Bei seiner Berechnung ist es nicht zu berücksichtigen (so auch *Boldt/Röhsler*, § 11 Anm. 48; *Dersch/Neumann*, § 11 Anm. 75).

94 Das Urlaubsgeld ist Arbeitslohn, selbst dann, wenn es als freiwillige Leistung erbracht wird. Es ist nach § 850a Ziff. 2 ZPO unpfändbar, soweit es den Rahmen des Üblichen nicht übersteigt. Damit ist es nicht abtretbar, und die Aufrechnung ihm gegenüber ist unzulässig, soweit es sich nicht um Forderungen aus vorsätzlicher unerlaubter Handlung oder Vertragsverletzung handelt (vgl. *BAG* AP Nr. 8 und 9 zu § 394 BGB). Der Anspruch ist wegen des engen Zusammenhangs mit dem Urlaub höchstpersönlich und daher nicht vererblich.

1. Urlaubsgeld und Erkrankung

95 Wird das Urlaubsgeld nach den tariflichen Bestimmungen im Ein- bzw. Austrittsjahr anteilig gezahlt, richtet sich aber sonst seine Höhe nach einer festen, im Tarif genannten Größe, z. B. einem halben Monatsgehalt, so kann der Arbeitgeber das Urlaubsgeld nicht wegen einer lang andauernden Krankheit kürzen (vgl. *BAG* v. 26. 11. 1964, AP Nr. 1 zu § 1 TVG Tarifliche Übung mit Anm. von *Nikisch* = BB 1965, 399). Das BAG begründet seine Entscheidung mit dem Hinweis, das Urlaubsgeld diene dem Zweck, dem Arbeitnehmer die Möglichkeit zu bieten, seinen Urlaub in einem besseren Lebenszuschnitt zu verbringen. Diesen Zweck erfülle die Zuwendung auch im Falle einer langen Krankheit. Hier sei der Arbeitnehmer sogar auf ein zusätzliches Urlaubsgeld stärker angewiesen als derjenige, der regelmäßig gearbeitet habe. Selbstverständlich kann der Tarifvertrag auch eine andere Berechnung des Urlaubsgeldes vorsehen, so daß eine lang andauernde Krankheit die Höhe des Urlaubsgeldes beeinflußt. Denn wenn eine zusätzliche Leistung vereinbart wird, kann die Vereinbarung auch die Modifikation bestimmen, unter der die Leistung gewährt wird.

2. Urlaubsgeld und Grundsätze des Urlaubsrechts

96 Haben die Arbeitsvertragsparteien die **Übertragung** des Urlaubs vereinbart, sieht ein Tarifvertrag in diesem Jahr ein zusätzliches Urlaubsgeld vor, nicht aber im Entstehungsjahr des übertragenen Urlaubs, so erhält der Arbeitnehmer für den übertragenen Urlaub kein zusätzliches Urlaubsgeld (vgl. *BAG* v. 15. 11. 1973, EzA § 11 BUrlG Nr. 10 = AP Nr. 11 zu § 11 BUrlG = DB 1974, 488). Sind die Höhen der zusätzlichen Urlaubsgelder unterschiedlich, so ist im Übertragungsfalle das Urlaubsgeld des Entstehungsjahres zu zahlen (so *Dersch/Neumann*, § 11 Anm. 74).

97 Das zusätzliche Urlaubsgeld erhalten, sofern im Tarifvertrag nichts anderes vereinbart worden ist, auch **Auszubildende** (vgl. *BAG* v. 21. 9. 1977, EzA § 11 BUrlG Nr. 15 = AP Nr. 14 zu § 11 BUrlG = DB 1978, 257). Die Tarifvertragsparteien können im Tarifvertrag vorsehen, daß das zusätzliche Urlaubsgeld nicht gezahlt wird, wenn das Arbeitsverhältnis aufgrund einer fristlosen Kündigung ausgelöst wird.

98 Sieht der Tarifvertrag ein zusätzliches Urlaubsgeld für jeden Arbeitstag in einer bestimmten Höhe vor, so erhalten **Teilzeitbeschäftigte** mangels anderweitiger tariflicher Regelung nur ein im Verhältnis ihrer Arbeitszeit zur tariflichen Arbeitszeit gemindertes Urlaubsgeld (vgl. *BAG* v. 23. 7. 1976, EzA § 11 BUrlG Nr. 12 = AP Nr. 1 zu § 11 BUrlG Urlaubsgeld = DB 1976, 2214; kritisch dazu *Seiter*, AR-Blattei, Teilzeitarbeit, Entsch. 8).

99 Das tarifliche zusätzliche Urlaubsgeld ist, sofern nichts anderes bestimmt ist, das wäre aber zulässig (vgl. *LAG Nürnberg* v. 26. 7. 1988, BB 1989, 71), für jeden Urlaubstag zu zahlen. Für den **Zusatzurlaub für Schwerbehinderte** besteht ein Anspruch auf Urlaubsgeld nur, wenn dies im Tarifvertrag oder im Einzelarbeitsvertrag vereinbart worden ist (*BAG* v. 30. 7. 1986, EzA § 44 SchwbG Nr. 7 = AP Nr. 7 zu § 44 SchwbG = NZA 1986, 835).

100 Hat der Arbeitgeber das zusätzliche Urlaubsgeld vor Antritt des Urlaubs nicht gezahlt, so ist der Anspruch im Falle der **Eröffnung des Konkursverfahrens** über das Vermögen des Arbeitgebers nach § 59 Abs. 1 Nr. 2 KO insoweit Masseschuld, wie er sich auf den Urlaubszeitraum vom Tage der Konkurseröffnung an bezieht (vgl. *BAG* v. 4. 6. 1977, EzA § 59 KO Nr. 4 = AP Nr. 4 zu § 59 KO = DB 1977, 1799). Dieser Grundsatz gilt auch dann, wenn der Arbeitgeber entgegen § 11 Abs. 2 das Urlaubsentgelt nicht vor dem Urlaubsantritt ausgezahlt hat.

3. Urlaubsgratifikation und Rückzahlungsvereinbarung

101 In der Praxis werden bei der Zahlung von Urlaubsgratifikationen aus Anlaß des Jahresurlaubs häufig Rückzahlungsklauseln vereinbart, wie dies bei Weihnachtsgratifikationen geschieht. Derartige Gratifikationen werden den Arbeitnehmern nicht mit dem Urlaubsentgelt ausgezahlt, sondern üblicherweise allen Arbeitnehmern zu demselben Zeitpunkt ausgezahlt. Die Rechtsprechung hat die Vereinbarung von Rückzahlungsklauseln denselben Beschränkungen unterworfen, wie sie bei Weihnachtsgratifikationen aufgestellt worden sind (vgl. *BAG* v. 15. 3. 1973, EzA § 611 BGB Gratifikation, Prämie Nr. 36 = AP Nr. 78 zu § 611 BGB Gratifikation = DB 1973, 973; *BAG* v. 17. 3. 1982, EzA § 611 BGB Gratifikation, Prämie Nr. 71 = DB 1982, 2144).

VIII. Unabdingbarkeit

102 Gegenüber der Methode der Urlaubsentgeltberechnung in § 11 besteht der **Vorrang des Tarifvertrages**, d.h., die Tarifvertragsparteien können eine andere Methode wählen ohne Rücksicht darauf, ob sie für den Arbeitnehmer günstiger ist oder nicht (§ 13 Abs. 1). Zu beachten ist jedoch, daß die tarifliche Regelung dem Lebensstandardprinzip (§ 1 statuiert zwingend den bezahlten Urlaub) entsprechen muß. Während des gesetzlichen Mindesturlaubs darf die Lohnfortzahlungspflicht des § 1 nicht abgedungen oder gemindert werden (*BAG* v. 12. 1. 1989, EzA § 11 BUrlG Nr. 27 = AP Nr. 13 zu § 47 BAT). Ist dies der Fall, so ist die Tarifregelung wegen Verstoßes gegen das durch den unabdingbaren § 1 geschützte Lohnfortzahlungsprinzip unwirksam. Nach *BAG* vom 29. 11. 1962 (AP Nr. 5 zu § 3 UrlG Niedersachsen) war das Lebensstandardprinzip nicht verletzt, wenn der Tarifvertrag eine Beschäftigungszulage unberücksichtigt läßt, sofern sie nicht bereits 2 Monate vor Antritt des Urlaubs bezahlt wurde. Bei der Beurteilung der Frage, ob eine Tarifregelung über Urlaubsentgelt in das zu beachtende Lebensstandardprinzip eingriff, hat die Rechtsprechung früher die Gesamtauswirkungen der Regelung beachtet (vgl. *BAG* v. 20. 3. 1969, EzA § 11 BUrlG Nr. 4 = AP Nr. 3 zu § 13 BUrlG Unabdingbarkeit = BB 1969, 757 = DB 1969, 975; *Boldt/Röhsler*, § 11 Anm. 111). Das *BAG* hat diese Grundsätze am 8. 10. 1981 (AP Nr. 3 zu § 47 BAT mit Anm. von *Boldt*) bestätigt und die Nichtberücksichtigung der **Nachtzulage** nach § 47 BAT bei der Urlaubsvergütung mit §§ 1, 13 Abs. 1 für vereinbar erklärt. Mit der **Aufgabe des Lebensstandardprinzips** durch das BAG seit der Entscheidung des *BAG* vom 12. 1. 1989 (EzA § 11 BUrlG Nr. 27) ist diese Rechtsprechung nicht mehr zu halten. Das BAG stellt nun allein auf die Verletzung des Lohnfortzahlungsprinzips in den §§ 1, 11 ab. Die Nichtberücksichtigung eines Zeitzuschlags für Nachtarbeit verstößt gegen § 1, denn sie schränkt die nach § 1 fortbestehende unabdingbare Lohnfortzahlungspflicht ein. Entgegenstehende Tarifverträge oder Einzelarbeitsverträge sind, soweit sie den gesetzlichen Urlaub betreffen, nichtig (§ 1 BUrlG; § 134 BGB). Für den über den gesetzlichen Mindesturlaub hinausgehenden Urlaub können Tarifvertragsparteien oder Einzelarbeitsvertragsparteien die Nichtberücksichtigung eines Zeitzuschlags für Nachtarbeit bei der Berechnung des Urlaubsentgelts vereinbaren. Der in § 1 garantierte Lohnanspruch betrifft nur den gesetzlichen Mindesturlaub (*BAG* v. 12. 1. 1989, EzA § 11 BUrlG Nr. 27 = AP Nr. 13 zu § 47 BAT a.E.; *BAG* v. 25. 2. 1988, EzA § 8 BUrlG Nr. 2 mit Anm. von *Schulin* = AP Nr. 3 zu § 8 BUrlG).

103 Die neuere Rechtsprechung des BAG ist letztlich eine späte Folge der **»Wende«**, nach der das BAG den Urlaub nicht mehr als eine Gegenleistung des Arbeitgebers für erbrachte oder noch zu erbringende Arbeitsleistung begreift, sondern als einen reinen Freistellungsanspruch des Arbeitnehmers von der Verpflichtung zur Arbeitsleistung bei Fortzahlung des Arbeitsentgelts. Im Spannungsfeld Gesetz und der in § 13 verankerten weitgehenden Tarifautonomie werden so die Gewichte zugunsten des Gesetzes verschoben. Das zeigt die Entwicklung sehr deutlich, denn Entscheidungen, die auf der Basis des Lebensstandardprinzips noch gerechtfertigt waren, hat das *BAG* aufgegeben, wie der Sachverhalt der Leitentscheidung vom 12. 1. 1989 (EzA § 11 BUrlG Nr. 27) zeigt. Die Bedeutung des § 11, der zur Disposition der Tarifvertragsparteien steht, wird zurückgedrängt, wenn bereits alles an § 1 »festgemacht« wird.

104 Zulässigerweise können die Tarifvertragsparteien im Tarifvertrag statt der gesetzlichen Bezugsmethode das Lohnausfallprinzip einführen oder die Bezugsmethode abwandeln, indem sie z.B. den Berechnungszeitraum verändern (vgl. *BAG* v. 30. 7. 1975, EzA § 11 BUrlG Nr. 11 = AP Nr. 12 zu § 11 BUrlG; *Dersch/Neumann*, § 11 Anm. 83; *BAG* v. 19. 9. 1985, EzA § 13 BUrlG Nr. 24 = AP Nr. 21 zu § 13 BUrlG; *BAG* v. 17. 1. 1991, EzA § 11 BUrlG Nr. 30 – Verlängerung auf zwölf Monate). Keine Bedenken bestehen gegen eine tarifliche Regelung, die für die Berechnung der Urlaubsvergütung nicht von den letzten drei Monaten vor Urlaubsbeginn, sondern von den letzten **drei abgerechneten Monaten** ausgeht (*BAG* v. 26. 6. 1986, EzA § 4 TVG Metallindustrie Nr. 23 = NZA 1987, 15). Auch im Tarifvertrag kann nicht vereinbart werden, daß Kurzarbeitszeiten im Berechnungszeitraum die **gesetzliche Urlaubsvergütung** mindern. Das verletzt das durch § 1 geschützte Lebensstandardprinzip (offen gelassen in *BAG* v. 2. 6. 1987, EzA § 13 BUrlG Nr. 32 = AP Nr. 20 zu § 11 BUrlG). Das ist allerdings nach einer Entscheidung des BAG aus dem Jahre 1986 dann anders zu beurteilen, wenn der Arbeitnehmer durch Berücksichtigung von Zulagen einen höheren Betrag als Urlaubsentgelt erhält, als ihm zustünde, wenn er während dieser Zeit gearbeitet hätte (*BAG* v. 13. 11. 1986, EzA § 13 BUrlG Nr. 30 = DB 1987, 843; NZA 1987, 391; vgl. auch *BAG* v. 27. 1. 1987, EzA § 11 BUrlG Nr. 20 = AP Nr. 29 zu § 13 BUrlG). Ob diese Entscheidung allerdings nach dem Urteil des *BAG* vom 12. 1. 1989 (EzA § 11 BUrlG Nr. 27) noch aufrecht zu erhalten ist, dürfte zweifelhaft sein. Das BAG verabschiedet darin das Lebensstandardprinzip und stellt allein darauf ab, ob die durch § 1 BUrlG statuierte Lohnzahlungspflicht gemindert wird. Es komme auch nicht darauf an, ob die tarifliche Regelung **insgesamt günstiger** sei als die gesetzliche Urlaubsregelung (*BAG* v. 12. 1. 1989, EzA § 11 BUrlG Nr. 27 = AP Nr. 13 zu § 47 BAT). Mit der Entscheidung des *BAG* vom 12. 1. 1989, a.a.O., dürfte auch das Urteil vom 29. 11. 1984 (EzA § 13 BUrlG Nr. 22) aufgegeben worden sein, das unter Hinweis auf die Entscheidung vom 8. 10. 1981, EzA § 13 BUrlG Nr. 15 = AP Nr. 3 zu § 47 BAT, die mit dem Urteil vom 12. 1. 1989, a. a. O., aufgegeben wurde, eine Tarifregelung noch als mit dem Lebensstandardprinzip für vereinbar hielt, wenn die Gesamtauswirkungen der Tarifregelung dies rechtfertigen. Ohne Beanstandung akzeptierte das BAG die Tarifregelung im Manteltarifvertrag Metall NRW, nach der **bezahlte Arbeitspausen** bei der Berechnung der Urlaubsvergütung nicht als geleistete Arbeitszeit einzubeziehen sind (*BAG* EzA § 11 BUrlG Nr. 29).

105 In einer Betriebsvereinbarung oder im Einzelarbeitsvertrag können von § 11 abweichende Regelungen **nur dann** vereinbart werden, wenn sie für den Arbeitnehmer **günstiger sind als die gesetzlichen** (vgl. dazu § 13 Anm. 39). Eine vertragliche Vereinbarung, die vorsieht, daß der nach § 1 BUrlG bestehende Lohnfortzahlungsanspruch für den gesetzlichen Mindesturlaub gemindert wird, etwa durch Nichtberücksichtigung von Überstunden, ist unwirksam (*BAG* v. 21. 3. 1985, EzA § 13 BUrlG Nr. 23 = AP Nr. 11 zu § 13 BUrlG Unabdingbarkeit). Unwirksam ist auch eine im Einzelarbeitsvertrag enthaltene Vereinbarung, daß an Stelle des Urlaubsentgelts für den gesetzlichen Mindesturlaub die Provision des Arbeitnehmers um 1% erhöht wird (*LAG Köln* v. 30. 1. 1986, LAGE § 11 BUrlG Nr. 1). Zur Vereinbarung einer längeren Bezugsperiode im Arbeitsvertrag oben Anm. 24.

106 Die in einer Betriebsvereinbarung vorgesehene Anrechnung der arbeitsfreien Samstage auf Urlaubszeiträume, in die – bei geteilter Urlaubsgewährung – kein arbeitsfreier Samstag fällt, und die in einem solchen Falle durch den Arbeitgeber erfolgte Errechnung der Urlaubsvergütung auf der Grundlage des wöchentlichen Lohnausfalles ist unzulässig, wenn nach den Bestimmungen des einschlägigen Tarifvertrages bei Gewährung eines nicht zusammenhängenden Urlaubs die Grundlage für die Errechnung des Urlaubsentgelts für den einzelnen Urlaubstag der tägliche Lohnausfall bildet (vgl. *BAG* v. 3. 11. 1965, AP Nr. 1 zu § 11 BUrlG = DB 1966, 196).

107 Schwierige Fragen ergaben sich als Folgeprobleme der **tariflichen Arbeitszeitverkürzung**, die es den Betrieben ermöglichte, die bisherige **Betriebsnutzungszeit** beizubehalten und die Differenz zwischen dieser und der Arbeitszeit der einzelnen Arbeitnehmer durch freie Tage auszugleichen (**Freischichtenmodell**). Zwei Fragen waren es vor allem, die die Gerichte beschäftigt haben: Sind im Freischichtenmodell für einen Urlaubstag 8 oder (nach 1984) 7,7 Stunden als Entgelt zu zahlen und entstehen auch an Urlaubstagen ebenso wie an Arbeitstagen Zeitausgleichsanteile, die gegebenenfalls zu freien Tagen führen. Die Problematik für die Arbeitgeber zeigt sich sofort: Wurde die Arbeitszeit **linear** auf 7,7 Stunden täglich gekürzt, so waren für den Urlaubstag 7,7 Stunden zu zahlen. Dennoch hat das BAG, je nach Fassung des Tarifvertrags, erkannt, es seien **8 Stunden** zu zahlen (**Schleswig-Holstein**: *BAG* v. 7. 7. 1988, EzA § 4 TVG Metallindustrie Nr. 41 mit Anm. von *Oetker* = AP Nr. 22 zu § 11 BUrlG; **Niedersachsen**: *BAG* v. 7. 7. 1988, EzA § 4 TVG Metallindustrie Nr. 40 mit Anm. von *Oetker* = AP Nr. 23 zu § 11 BUrlG; **Nordrhein-Westfalen**: *BAG* v. 18. 11. 1988, EzA § 4 TVG Metallindustrie Nr. 54 mit krit. Anm. von *Buchner*; vgl. dazu aber auch *LAG Düsseldorf* v. 11. 9. 1991, LAGE § 11 BUrlG Nr. 4). Nur in **Hessen** entschied der 8. Senat aufgrund der besonderen tariflichen Regelung, für den Arbeitstag seien 7,7 Stunden zu vergüten (*BAG* v. 18. 11. 1988, EzA § 4 TVG Metallindustrie Nr. 53 = AP Nr. 25 zu § 11 BUrlG). Einheitlich wurde entschieden, daß für **Arbeitnehmer im Freischichtenmodell** während des Urlaubs **keine Zeitausgleichsanteile** anfallen (*BAG* v. 7. 7. 1988, EzA § 4 TVG Metallindustrie Nr. 40 = AP Nr. 23 zu § 11

BUrlG; *BAG* v. 18. 11. 1988, EzA § 4 TVG Metallindustrie Nr. 52 = AP Nr. 26 zu § 11 BUrlG; *BAG* v. 18. 11. 1988, EzA § 4 TVG Metallindustrie Nr. 54 mit krit. Anm. von *Buchner*; *BAG* v. 18. 10. 1988, EzA § 4 TVG Metallindustrie Nr. 51 = AP Nr. 68 zu § 1 TVG Tarifverträge: Metallindustrie; *LAG Rheinland-Pfalz* v. 11. 5. 1990, LAGE § 4 TVG Einzelhandel Nr. 9). Für die Gewährung von Zeitausgleichsanteilen auch für Ausfalltage bedarf es einer besonderen Regelung im Tarifvertrag (vgl. *Leinemann*, BB 1990, 201ff. [203]).

§ 12 Urlaub im Bereich der Heimarbeit

Für die in Heimarbeit Beschäftigten und die ihnen nach § 1 Abs. 2 Buchstaben a bis c des Heimarbeitsgesetzes vom 14. März 1951 (Bundesgesetzbl. I S. 191) Gleichgestellten, für die die Urlaubsregelung nicht ausdrücklich von der Gleichstellung ausgenommen ist, gelten die vorstehenden Bestimmungen mit Ausnahme der §§ 4 bis 6, 7 Abs. 3 und 4 und § 11 nach Maßgabe der folgenden Bestimmungen:

1. **Heimarbeiter (§ 1 Abs. 1 Buchstabe a des Heimarbeitsgesetzes) und nach § 1 Abs. 2 Buchstabe a des Heimarbeitsgesetzes Gleichgestellte erhalten von ihrem Auftraggeber oder, falls sie von einem Zwischenmeister beschäftigt werden, von diesem bei einem Anspruch auf 18 Urlaubstage ein Urlaubsentgelt von 6 3/4 vom Hundert des in der Zeit vom 1. Mai bis 30. April des folgenden Jahres oder bis zur Beendigung des Beschäftigungsverhältnisses verdienten Arbeitsentgelts vor Abzug der Steuern und Sozialversicherungsbeiträge ohne Unkostenzuschlag und ohne die für den Lohnausfall an Feiertagen, den Arbeitsausfall infolge Krankheit und den Urlaub zu leistenden Zahlungen.**
2. **War der Anspruchsberechtigte im Berechnungszeitraum nicht ständig beschäftigt, so brauchen unbeschadet des Anspruches auf Urlaubsentgelt nach Nummer 1 nur so viele Urlaubstage gegeben zu werden, wie durchschnittliche Tagesverdienste, die er in der Regel erzielt hat, in dem Urlaubsentgelt nach Nummer 1 enthalten sind.**
3. **Das Urlaubsentgelt für die in Nummer 1 bezeichneten Personen soll erst bei der letzten Entgeltzahlung vor Antritt des Urlaubs ausgezahlt werden.**
4. **Hausgewerbetreibende (§ 1 Abs. 1 Buchstabe b des Heimarbeitsgesetzes) und nach § 1 Abs. 2 Buchstaben b und c des Heimarbeitsgesetzes Gleichgestellte erhalten von ihrem Auftraggeber oder, falls sie von einem Zwischenmeister beschäftigt werden, von diesem als eigenes Urlaubsentgelt und zur Sicherung der Urlaubsansprüche der von ihnen Beschäftigten einen Betrag von 6 3/4 vom Hundert des an sie ausgezahlten Arbeitsentgelts vor Abzug der Steuern und Sozialversicherungsbeiträge ohne Unkostenzuschlag und ohne die für den Lohnausfall an Feiertagen, den Arbeitsausfall infolge Krankheit und den Urlaub zu leistenden Zahlungen.**
5. **Zwischenmeister, die den in Heimarbeit Beschäftigten nach § 1 Abs. 2 Buchstabe d des Heimarbeitsgesetzes gleichgestellt sind, haben gegen ihren Auftraggeber Anspruch auf die von ihnen nach den Nummern 1 und 4 nachweislich zu zahlenden Beträge.**
6. **Die Beträge nach den Nummern 1, 4 und 5 sind gesondert im Entgeltbeleg auszuweisen.**

7. **Durch Tarifvertrag kann bestimmt werden, daß Heimarbeiter (§ 1 Abs. 1 Buchstabe a des Heimarbeitsgesetzes), die nur für einen Auftraggeber tätig sind und tariflich allgemein wie Betriebsarbeiter behandelt werden, Urlaub nach den allgemeinen Urlaubsbestimmungen erhalten.**
8. **Auf die in den Nummern 1, 4 und 5 vorgesehenen Beträge finden die §§ 23 bis 25, 27 und 28 und auf die in den Nummern 1 und 4 vorgesehenen Beträge außerdem § 21 Abs. 2 des Heimarbeitsgesetzes entsprechende Anwendung. Für die Urlaubsansprüche der fremden Hilfskräfte der in Nummer 4 genannten Personen gilt § 26 des Heimarbeitsgesetzes entsprechend.**

Literatur

Engel, Der Urlaubsanspruch des Heimarbeiters nach § 12 Ziff. 1–3 BUrlG DB 1964, 1813; *Gros*, Der Urlaub des Heimarbeiters, AR-Blattei D Urlaub VI D; *Wachter*, Urlaubsrechtliche Probleme in der Heimarbeit, DB 1982, 1406; *ders.*, Die Urlaubsberechnung in der Heimarbeit, BlStSozArbR 1981, 192.

Inhaltsübersicht

I. Grundsatz

1 Die Regelung des § 12 paßt die Vorschriften des BUrlG unter Aufrechterhaltung ihres grundsätzlichen Gehaltes den besonderen Vorschriften der Heimarbeit an (vgl. Schriftl. Bericht des Ausschusses für Arbeit vom 30. November 1962 – Drucksache IV/785). Bis zur gesetzlichen Neuregelung bestand für Heimarbeiter, wenn man von § 22 JArbSchG absieht, keine urlaubsgesetzliche Regelung. Urlaubsregelungen enthielten aber die bindenden Festsetzungen der Heimarbeitsausschüsse. Die daraus entstandene Praxis war auch Vorbild der in § 12 enthaltenen Regelung. Soweit bindende Festsetzungen nicht vorhanden waren, gewährte die Rechtsprechung Heimarbeitern einen gewohnheitsrechtlichen Anspruch auf Erholungsurlaub (vgl. *BAG* v. 20. 4. 1956, AP Nr. 6 und 7 zu § 611 BGB Urlaubsrecht).

2 Der Gesetzgeber hat das gesamte Urlaubsrecht der Heimarbeiter zusammengefaßt und abschließend geregelt. Tarifliche Abänderungen bleiben zwar in gewissem Umfang (§ 12 Abs. 1 Ziff. 7) denkbar, jedoch sind Ausnahmen auf Grund bindender Festsetzungen nicht mehr zugelassen.

II. Geltungsbereich

1. Heimarbeiter, Hausgewerbetreibende

3 Der persönliche Geltungsbereich des § 12 erfaßt zunächst die in **Heimarbeit** Beschäftigten. In Heimarbeit beschäftigte Personen sind nach der Legaldefinition des § 1 Abs. 1 HAG die Heimarbeiter und die **Hausgewerbetreibenden**.

4 **Heimarbeiter** im Sinne des Heimarbeitsgesetzes ist, wer in selbstgewählter Arbeitsstätte (eigener Wohnung oder selbstgewählter Betriebsstätte) allein oder mit seinen Familienangehörigen im Auftrag von Gewerbetreibenden oder Zwischenmeistern gewerblich arbeitet, jedoch die Verwertung der Arbeitsergebnisse dem unmittelbar oder mittelbar auftraggebenden Gewerbetreibenden überläßt. Beschafft der Heimarbeiter die Roh- und Hilfsstoffe selbst, so wird hierdurch seine Eigenschaft als Heimarbeiter nicht beeinträchtigt (§ 2 Abs. 1 HAG). Für die Einordnung ist entscheidend auf den Geschäftsinhalt abzustellen, nicht auf die von den Parteien gewünschten Rechtsfolgen (*BAG* v. 3. 4. 1990, EzA § 2 HAG Nr. 1 = NZA 1991, 267).

5 **Hausgewerbetreibender** im Sinne des Heimarbeitsgesetzes ist, wer in eigener Arbeitsstätte (eigener Wohnung oder Betriebsstätte) mit nicht mehr als zwei fremden Hilfskräften im Auftrag von Gewerbetreibenden oder Zwischenmeistern Ware herstellt, bearbeitet oder verpackt, wobei er selbst wesentlich am Stück mitarbeitet, jedoch die Verwertung der Arbeitsergebnisse dem unmittelbar oder mittelbar auftraggebenden Gewerbetreibenden überläßt. Beschafft der Hausgewerbetreibende die Roh- und Hilfsstoffe selbst oder arbeitet er vorübergehend unmittelbar für den Absatzmarkt, so wird hierdurch seine Eigenschaft als Hausgewerbetreibender nicht beeinflußt (§ 2 Abs. 2 HAG).

2. Gleichgestellte

6 Die Urlaubsregelung für Heimarbeiter gilt auch für die ihnen nach § 1 Abs. 2 Buchstaben a bis c des Heimarbeitsgesetzes vom 14. März 1951 (BGBl. I S. 191) Gleichgestellten, sofern die Urlaubsregelung nicht ausdrücklich von der Gleichstellung ausgenommen ist. **Gleichgestellt werden können, wenn dies wegen ihrer Schutzbedürftigkeit gerechtfertigt erscheint (§ 1 Abs. 2 HAG)**:

7 **Personen**, die in der Regel allein oder mit ihren Familienangehörigen in eigener Wohnung oder selbstgewählter Betriebsstätte eine sich in regelmäßigen Arbeitsvorgängen wiederholende Arbeit im Auftrage eines anderen gegen Entgelt ausüben, ohne daß ihre Tätigkeit als gewerblich anzusehen oder daß der Auftraggeber ein Gewerbetreibender oder Zwischenmeister ist;

8 **Hausgewerbetreibende**, die mit mehr als zwei fremden Hilfskräften arbeiten;

9 **andere im Lohnauftrag arbeitende Gewerbetreibende**, die infolge ihrer wirtschaftlichen Abhängigkeit eine ähnliche Stellung wie Hausgewerbetreibende einnehmen.

10 Für **Zwischenmeister**, d.h. für diejenigen Personen, die, ohne Arbeitnehmer zu

sein, die ihnen von Gewerbetreibenden übertragene Arbeit an Heimarbeiter oder Hausgewerbetreibende weitergeben, gilt die Urlaubsregelung des § 12 nicht. Sie haben lediglich im Falle ihrer Gleichstellung nach § 1 Abs. 2 Buchstabe d einen vollen Anspruch auf die Beträge, die sie nachweislich an die von ihnen beschäftigten Heimarbeiter gezahlt haben (§ 12 Ziff. 5).

11 Die Gleichstellung erfolgt grundsätzlich durch eine widerrufliche Entscheidung des zuständigen Heimarbeitsausschusses, die der Zustimmung der zuständigen Arbeitsbehörde bedarf (§ 1 Abs. 4 HAG). Besteht ein Heimarbeitsausschuß nicht, so entscheidet die zuständige Arbeitsbehörde über die Gleichstellung (§ 1 Abs. 5 HAG).

III. Die nicht anwendbaren Vorschriften des Bundesurlaubsgesetzes

12 Die besondere Situation der in Heimarbeit Beschäftigten hat es notwendig gemacht, bestimmte Vorschriften des Gesetzes von der Anwendung ausdrücklich auszunehmen. Es gelten nicht: § 4 (Wartezeit); § 5 (Teilurlaub); § 6 (Ausschluß von Doppelansprüchen); § 7 Abs. 3 und 4 (Übertragung und Abgeltung des Urlaubsanspruches); § 11 (Urlaubsentgelt).

13 Entgegen der überwiegenden Ansicht tritt Wachter (DB 1982, 1406) für eine **Wartezeit** ein, die 267 Arbeitstage betrage. Erst dann könne der volle Urlaubsanspruch geltend gemacht werden (**sog. Ansammlungsprinzip**). Anderenfalls müsse der Auftraggeber unzumutbare Vorleistungen erbringen. Vor Erfüllung der Wartezeit könne der Heimarbeiter einen Teilurlaubsanspruch geltend machen. § 7 Abs. 2 sei dann zu beachten.

IV. Die anwendbaren Vorschriften des Bundesurlaubsgesetzes

14 Die in § 12 Abs. 1 nicht ausdrücklich ausgenommenen Bestimmungen sind auf in Heimarbeit Beschäftigte anwendbar. Dabei sind aber die besonderen Verhältnisse in der Heimarbeit zu berücksichtigen. So ist z.B. eine Urlaubsgewährung durch Freistellung von der Arbeit im eigentlichen Sinne gar nicht möglich, da der Heimarbeiter persönlich unabhängig ist und über seine Zeit selbst verfügt. Die Urlaubsgewährung hat bei Heimarbeitern durch Freistellung von Aufträgen und Zahlung des Urlaubsentgelts zu erfolgen (so *Boldt/Röhsler*, § 12 Anm. 15; *Maus/Schmidt*, Komm. zum HAG, Anhang 19 Anm. 107; *Dersch/Neumann*, § 12 Anm. 13).

15 Das Gesetz stellt in den Ziffern 1 bis 8 eine Reihe von Grundsätzen auf, durch die die Anwendung des Bundesurlaubsgesetzes für Heimarbeiter modifiziert wird. Nach näherer Maßgabe dieser Sonderbestimmungen sind die gesetzlichen Bestimmungen anzuwenden.

1. Urlaubsentgelt der Heimarbeiter und Gleichgestellten

16 Heimarbeiter und nach § 1 Abs. 2 Buchstabe a HAG Gleichgestellte erhalten bei einem Urlaubsanspruch von 18 Tagen 6 3/4 % des in der Zeit vom 1. Mai des Vorjahres bis zum 30. April des folgenden Jahres (d.h. Urlaubsjahres) verdienten Arbeitsentgeltes als Urlaubsentgelt. Der Gesetzgeber hat als Berechnungszeitraum ein Jahr gewählt, um Schwankungen im Einkommen des Heimarbeiters möglichst auszugleichen. Der Berechnungszeitraum bei Beendigung des Arbeitsverhältnisses dauert vom letzten 1. Mai bis zum Beendigungszeitpunkt.

17 *Dersch/Neumann* (§ 12 Anm. 19) nehmen als Berechnungszeitraum das Jahr beginnend vom 1. Mai im Urlaubsjahr bis zum 30. April des folgenden Jahres an. Hierdurch bestehen erhebliche Berechnungsschwierigkeiten, weil im Urlaubsjahr noch gar nicht ermittelt werden kann, welches Entgelt bis zum 30. 4. des folgenden Jahres gezahlt werden wird. Das räumen *Dersch/Neumann* auch ein. Sie suchen diesen in der Praxis sicher erheblichen Schwierigkeiten dadurch auszuweichen, indem sie Berechnung nach dem vergangenen Jahresverdienst empfehlen, allerdings mit der Maßgabe, daß nach Ablauf der Bezugsperiode ein entsprechender Ausgleich nach der tatsächlichen Höhe des Entgelts vorzunehmen ist. Der Heimarbeiter erhält also im Urlaub ein bestimmtes Urlaubsentgelt nach dem Verdienst des Vorjahres (1. Mai bis 30. Mai des laufenden Jahres) und hat dann am 30. April des auf das Urlaubsjahr folgenden Jahres, wenn sein Verdienst in dem nach *Dersch/Neumann* maßgebenden Berechnungszeitraum vorliegt, entweder eine Nachforderung oder aber einen Teil des erhaltenen Urlaubsentgelts zurückzuerstatten (ebenso *Maus/Schmidt*, Anhang § 19 Anm. 121). Der Bereicherungsanspruch des Auftraggebers dürfte aber kaum realisierbar sein, da dem Heimarbeiter meist der Einwand des Wegfalls der Bereicherung zur Seite stehen wird. Er wird das Urlaubsentgelt im Urlaub für Ausgaben verbraucht haben, die er sonst nicht gemacht hätte. Das entspricht nicht dem Wesen und Zweck des Urlaubsentgelts. Der Heimarbeiter muß ebenso wie der Arbeitnehmer wissen, was er im Urlaub verbrauchen kann. § 12 Ziff. 3 bestimmt, daß das Urlaubsentgelt, also nicht etwa irgendein fiktiver Berechnungsbetrag, vor Antritt des Urlaubs ausgezahlt werden soll. Trotz des etwas zweifelhaften Wortlauts des Gesetzes ist davon auszugehen, daß Berechnungszeitraum das Jahr vom 1. Mai des Vorjahres bis zum 30. April des laufenden Jahres ist (im Ergebnis wie hier auch *Boldt/Röhsler*, § 12 Anm. 18; *Kaman/Ziepke/Weinspach/Meisel*, § 12 Anm. 12; *Natzel*, § 17 Anm. 14; *Engel*, DB 1964, 1814; *Siara*, § 12 Anm. 4; **a. A.** *Wachter*, BlStSozArbR 1981, 193, der annimmt, der Heimarbeiter habe das Urlaubsentgelt erst dann voll verdient, wenn der Arbeitsverdienst der ganzen Referenzperiode fällig geworden sei; vorher bestehe nur Teilanspruch; vgl. *ders.*, auch DB 1982, 1407).

18 Grundlage der Urlaubsentgeltberechnung ist das Arbeitsentgelt vor Abzug der Steuern und Sozialversicherungsbeiträge. Unberücksichtigt bleiben der Unkostenzuschlag, die Zahlung für den Lohnausgleich an Feiertagen und der Arbeitsausfall infolge Krankheit (zum Einfluß von Krankheitszeiten über sechs Wochen vgl. *Dersch/Neumann*, § 12 Anm. 25 einerseits und *Wachter*, BlStSozArbR 1981, 194 andererseits) und Urlaub. Die dem Heimarbeiter gezahlten Unkostenzuschläge müssen außer Betracht bleiben, da er im Urlaub diese Unkosten nicht hat. Die weiter genannten Zahlungen bleiben unberücksichtigt, weil der Gesetzgeber zum Ausgleich hierfür die Prozentsätze erhöht hat.

2. Urlaubsentgelt der nicht ständig Beschäftigten

19 Die Urlaubsentgeltberechnung hat auch für diesen Personenkreis nach § 12 Ziff. 1 zu erfolgen. Es ist also zunächst das Arbeitsentgelt des Berechnungszeitraums und sodann durch Bestimmung des anzuwendenden Prozentsatzes das auszuzahlende Urlaubsentgelt zu ermitteln. Die Zahl der Urlaubstage, d.h. also der Tage, die von den Aufträgen frei zu bleiben haben, erfolgt nun, indem zunächst der durchschnittliche Tagesverdienst ermittelt wird. Das Arbeitsentgelt wird durch die Anzahl der Arbeitstage dividiert. Wird nun das Arbeitsentgelt durch diesen Tagesdurchschnittverdienst geteilt, so ergibt dies die Zahl der Urlaubstage. Bruchteile von Urlaubstagen, die mindestens einen halben Tag ergeben, sind auf volle Urlaubstage aufzurunden (vgl. *Maus/Schmidt*, Anhang § 19 Anm. 117; *Dersch/Neumann*, § 12 Anm. 16; **a.A.** *Wachter*, BlStRSozArbR 1981, 193).

3. Auszahlung des Urlaubsentgelts

20 Das Urlaubsentgelt für Heimarbeiter und nach § 1 Abs. 2 Buchstabe a HAG Gleichgestellten soll erst bei der letzten Entgeltzahlung vor Antritt des Urlaubs ausgezahlt werden. In der Praxis ist leider weit verbreitet, daß der Zuschlag unmittelbar der jeweiligen Vergütung zugeschlagen und mit ihr ausgezahlt wird (die Rechtsprechung hat derartige Vereinbarungen, für die der Ausgeber der Heimarbeit aber die volle Darlegungs- und Beweislast hat, zugelassen (vgl. *BAG* v. 13. 3. 1963, AP Nr. 1 zu § 20 HAG; *BAG* v. 21. 1. 1965, AP Nr. 1 zu § 1 HAG). In diesen Fällen muß der Heimarbeiter sein Urlaubsentgelt selbst ansparen. Dieser Unsitte versucht der Gesetzgeber mit der Sollvorschrift des § 12 Ziff. 3 zu begegnen (vgl. dazu *Maus/Schmidt*, Anhang § 19 Anm. 124 und *Engel*, DB 1964, 1816).

4. Hausgewerbetreibende

21 Hausgewerbetreibende und nach § 1 Abs. 2 Buchstabe c HAG Gleichgestellte erhalten von ihrem Auftraggeber bzw. dem sie beschäftigenden Zwischenmeister als eigenes Urlaubsentgelt und gleichzeitig zur Sicherung der Urlaubsansprüche der von ihnen Beschäftigten einen Betrag von 6 3/4% des an sie gezahlten reinen Arbeitsentgelts. Die Berechnung des Arbeitsentgelts erfolgt wie beim Heimarbeiter nach § 12 Ziff. 1 (vgl. oben Anm. 16ff.). Der Zuschlag wird stets mit dem Arbeitsentgelt ausgezahlt.

5. Zwischenmeister

22 Zwischenmeister haben **keinen eigenen** Urlaubsanspruch. Nach § 12 Ziff. 5 haben sie, sofern sie den in Heimarbeit Beschäftigten nach § 1 Abs. 2 Buchstabe d HAG gleichgestellt sind, gegen ihren Auftraggeber Anspruch auf die von ihnen nach § 12 Ziff. 1 bis 4 nachweislich zu zahlenden Beträge. Der Anspruch ist von der Auszahlung unabhängig. Er besteht, wenn die Beträge zu zahlen sind. Der Zwischenmeister braucht also nicht in Vorlage zu treten, sondern kann vor der Auszahlung von seinem Auftraggeber Zahlung verlangen (**h.L.** vgl. *Boldt/Röhs-*

ler, § 12 Anm. 23; *Dersch/Neumann*, § 12 Anm. 29; *Borrmann*, § 12 Anm. 9; *Maus/Schmidt*, Anhang zu § 19 Anm. 131).

6. Nachweis der Urlaubsentgeltzahlung

Die Urlaubsentgeltzahlungen des § 12 Ziff. 1, 4 und 5 sind gesondert in Entgeltbelegen nachzuweisen. Jeder, der Heimarbeit ausgibt, hat nach § 9 HAG Entgeltbelege auszustellen. Durch § 12 Ziff. 6 soll sichergestellt werden, daß jederzeit nachzuprüfen ist, welche Urlaubsentgeltbeträge gezahlt worden sind. **23**

7. Abänderung durch Tarifvertrag

Durch Tarifvertrag kann bestimmt werden, daß Heimarbeiter, die nur für einen Auftraggeber tätig sind und tariflich allgemein wie Betriebsarbeiter behandelt werden, Urlaub nach den allgemeinen Urlaubsbestimmungen erhalten. Das Gesetz räumt in einem eng begrenzten Rahmen dem Tarifvertrag Vorrang vor der abschließenden Urlaubsregelung des § 12 ein. Im Gegensatz zu § 12 Abs. 1 Satz 2 besteht hier der Vorrang nur für den Tarifvertrag, nicht auch für den Einzelarbeitsvertrag, der durch Bezugnahme auf den Tarifvertrag geschlossen wird (**a. A.** *Dersch/Neumann*, § 12 Anm. 32; *Schelp/Herbst*, § 12 Anm. 34; *Boldt/Röhsler*, § 12 Anm. 26). **24**

8. Entgeltschutz

Auf die nach § 12 Ziff. 1, 4 und 5 zu zahlenden Urlaubsentgelte finden die Vorschriften über die Entgeltprüfung, die Aufforderung zur Nachzahlung der Minderbeträge und die Klagebefugnis der Länder (§§ 23 bis 25 HAG) Anwendung. Anzuwenden sind ferner die Vorschriften über den Pfändungsschutz für Vergütungen, die aufgrund eines Arbeits- oder Dienstverhältnisses geschuldet werden (§ 27 HAG) und der achte Abschnitt des Heimarbeitsgesetzes: Auskunftspflicht über Entgelte. **25**

§ 12 Ziff. 8 sieht für die nach § 12 Ziff. 1 und 4 zu zahlenden Beträge die entsprechende Anwendung des § 21 Abs. 2 HAG vor. Danach haftet ein Auftraggeber neben dem Zwischenmeister für Entgelte, wenn er an einen Zwischenmeister ein Entgelt zahlt, von dem er weiß oder den Umständen nach wissen muß, daß es zur Zahlung der in der Entgeltrechnung festgelegten Entgelte an die Beschäftigten nicht ausreicht, oder wenn er an einen Zwischenmeister zahlt, dessen Unzuverlässigkeit er kennt oder kennen muß. **26**

Die Urlaubsansprüche der fremden Hilfskräfte der Hausgewerbetreibenden und der nach § 1 Abs. 2 Buchstaben b und c HAG Gleichgestellten unterliegen entsprechend § 26 HAG ebenfalls dem Entgeltschutz. **27**

§ 13 Unabdingbarkeit

(1) Von den vorstehenden Vorschriften mit Ausnahme der §§ 1, 2 und 3 Abs. 1 kann in Tarifverträgen abgewichen werden. Die abweichenden Bestimmungen haben zwischen nichttarifgebundenen Arbeitgebern und Arbeitnehmern Geltung, wenn zwischen diesen die Anwendung der einschlägigen tariflichen Urlaubsregelung vereinbart ist. Im übrigen kann, abgesehen von § 7 Abs. 2 Satz 2, von den Bestimmungen dieses Gesetzes nicht zuungunsten des Arbeitnehmers abgewichen werden.
(2) Für das Baugewerbe oder sonstige Wirtschaftszweige, in denen als Folge häufigen Ortswechsels der von den Betrieben zu leistenden Arbeit Arbeitsverhältnisse von kürzerer Dauer als einem Jahr in erheblichem Umfange üblich sind, kann durch Tarifvertrag von den vorstehenden Vorschriften über die in Absatz 1 Satz 1 vorgesehene Grenze hinaus abgewichen werden, soweit dies zur Sicherung eines zusammenhängenden Jahresurlaubs für alle Arbeitnehmer erforderlich ist. Absatz 1 Satz 2 findet entsprechende Anwendung.
(3) Für den Bereich der Deutschen Bundesbahn und der Deutschen Bundespost kann von der Vorschrift über das Kalenderjahr als Urlaubsjahr (§ 1) in Tarifverträgen abgewichen werden.

Literatur

Boldt, Bundesurlaubsgesetz und Tarifautonomie, in Festschrift für H.C. Nipperdey, Bd. II 1965 S. 11ff.; *ders.*, Der Einfluß des Inkrafttretens des Bundesurlaubsgesetzes auf bereits bestehende und auf nachwirkende Tarifverträge, in: Recht im Wandel, Festschrift 150 Jahre Carl Heymanns Verlag, S. 227ff.; *Buchner*, Tarifwille und Richtermacht, SAE 1987, 45; *Däubler/Kittner/Lörcher*, IAO-Übereinkommen Nr. 132 über den bezahlten Jahresurlaub, in Internationale Arbeits- und Sozialordnung, 1990, S. 331ff.; *Dersch*, Tarifliche und staatliche Lenkung des Urlaubsrechts, in Festschrift für Alfred Hueck, 1959, S. 81; *ders.*, Zum Problem einer bundesgesetzlichen Regelung des Urlaubsrechts, RdA 1960, 51; *Diekhoff*, Tarifvertragliche Abweichung vom Bundesurlaubsgesetz, AuR 1964, 108; *ders.*, Hat der Arbeitnehmer für verbotswidrige Urlaubsarbeit einen Lohnanspruch?, DB 1966, 1235; *Engel*, Vereinbarung tariflicher Wartezeiten für Teilurlaub und Bundesurlaubsgesetz, BB 1964, 265; *Gros*, Tarifliche Abweichungen vom Bundesurlaubsgesetz, AR-Blattei IV A; *Hammen*, Zur geplanten Streichung von § 847 Abs. 1 S. 2 BGB, VersR 1989, 1121; *Herschel*, Zulassungsnormen des Tarifvertrages, RdA 1969, 211; *ders.*, Die individualrechtliche Bezugnahme auf einen Tarifvertrag, DB 1969, 659; *ders.*, Der nachwirkende Tarifvertrag, insbesondere seine Änderung, ZfA 1976, 89; *ders.*, Nachwirkung gegenüber tarifdispositivem Recht, DB 1980, 687; *Hiersemann*, Bundesurlaubsgesetz und Urlaubstarife, BB 1963, 1301; *v. Hoyningen-Huene*, Die Bezugnahme auf den Tarifvertrag – ein Fall der Tarifbindung, RdA 1974, 138; *Jung*, Urlaubsübertragung, Abgeltung und tarifvertragliche Regelung, DB 1967, 961; *Kauffmann*, Gesetzeskollision im Urlaubsrecht, Betriebsverfassung 1956, 105; *Klischan/Schlebusch*, Urlaubsrecht aktuelle – Prüfungspunkte auf der Grundlage der BAG-Rechtsprechung, DB 1986, 1017; *Kohte*, Kontinuität und Bewegung im Urlaubsrecht, BB 1984, 609; *Lehna*, Tariflicher Vorrang und Günstigkeitsvergleich im Urlaubsrecht, RdA 1960, 172; *Leinemann*, Gesetzliches und tarifliches Urlaubsrecht, AuR 1987, 193; *ders.*, Urlaubsentgelt und Freischichtmodell, BB 1990, 201; *ders.*, Wirkungen von Tarifverträgen und Betriebsvereinbarungen auf das Arbeitsverhältnis, DB 1990, 733; *Neumann*, Vorrang von Tarifverträgen im Urlaubsrecht, InfStuW 1966, 137; *Preis*, Auslegung und Inhaltskontrolle von Ausschlußfristen in Arbeitsverträgen, ZIP 1989, 885; *Plüm*, Urlaubsgewährung und Schuldnerverzug, NZA 1988, 718; *Rappenegger*, Tarifliche Verfallklauseln für gesetzliche Mindestansprüche, inbes. für gesetzliche Mindesturlaubsansprüche, AuR 1967, 257; *Rewolle*, Unabdingbarkeit des Bundesurlaubsgesetzes, DB 1963, 483; *Richardi*, Ausschlußfristen bei unabdingbaren gesetzlichen Ansprüchen, insbes. dem Urlaubsanspruch, RdA 1962, 62; *Riedel*, Das Verhältnis zwischen gesetzlichen und sonstigen Urlaubsregelungen, BB 1952, 666; *Rothe*, Ausschlußfristen im Urlaubsrecht, DB 1957, 481; *Rummel*, Arbeitsunfähigkeit und Urlaubsabgeltung, NZA 1986, 383; *Schelp/Trieschmann*, Der Erholungsurlaub, BABl. 1961, 43; *Schnorr*, Die arbeitsvertragliche Berufung auf einen Tarifvertrag nach § 13 BUrlG, AuR 1963, 193; *Siebel*, Die Auswirkung von Arbeitszeitverkürzungen und ungleichmäßige Arbeitszeitverteilung auf Wochenfeiertage und Urlaub sowie auf deren Bezahlung, BB 1987, 222; *Sommer*, Bundesurlaubsgesetz und Tarifvertrag, ArbuSozPol 1964, 211; *Stahlhacke*, Tarifliche Zulassungsnormen und nachwirkende Tarifverträge, DB 1969, 1651; *Streblow*, Erholungsurlaub trotz Krankheit, Schriften zum Wirtschafts-, Arbeits- und Sozialrecht, Bd. 34, 1986, 1ff.; *Trieschmann*, Zwei Entwürfe für ein Bundesurlaubsgesetz, DB 1962, 602; *Wiesner*, Das ›neue‹ Urlaubsrecht, BB 1985, 1135; *Wiggert*, Günstigkeitsprinzip und Günstigsvergleich bei Normenkollision im Urlaubsrecht, AuR 1958, 50; *Winderlich*, Urlaubsabgeltung und befristetes Arbeitsverhältnis, BB 1989, 2035; *Witting*, Bundesurlaubsgesetz und Tarifverträge, BB 1964, 516; *Zeitlmann*, Tarifvertragliche Urlaubsregelungen und Bundesurlaubsgesetz, ArbuSozPol 1964, 167; *Zöllner*, Tarifmacht und Außenseiter, RdA 1962, 453.

Inhaltsübersicht

I. Grundsätzliches

1 Die Vorschrift des § 13 ist eine **Kollisionsnorm**, die das Verhältnis des Bundesurlaubsgesetzes zu Tarifverträgen, Betriebsvereinbarungen und Einzelarbeitsverträgen regelt. Tarifvertraglichen Urlaubsregelungen wird – von den Grundsatzbestimmungen der §§ 1, 2 und 3 Abs. 1 BUrlG 1963 bzw. § 3 Satz 1 BUrlG 1990 abgesehen – bewußt der Vorrang vor dem Gesetz eingeräumt (sog. **tarifliches Vorrangprinzip**).

1. Entstehung der Vorschrift

2 Während § 10 SPD-Entwurf (BT-Drucksache IV/142) und § 13 Abs. 1 CDU/CSU-Entwurf (BT-Drucksache IV/207) nur solche Regelungen in Tarifverträgen zuließen, die für den Arbeitnehmer günstiger sind, schuf der Ausschuß für Arbeit nach Anhörung der Sozialpartner mit § 13 eine **Regelung, die den Tarifpartnern bei der Ausgestaltung der Einzelheiten des Urlaubsrechts freie Hand läßt** (Schriftl. Bericht des Ausschusses für Arbeit, BT-Drucksache IV/785, S. 4). »Um den Sozialpartnern in Einzelheiten der Gestaltung des Urlaubsrechtes Spielraum zu lassen und um die Bedeutung der Tarifautonomie für die Entwicklung des Urlaubsrechtes nachdrücklich hervorzuheben, ist darüber hinaus in § 13 den Tarifpartnern für einen großen Teil der Vorschriften des Entwurfs **Gestaltungsfreiheit**

eingeräumt worden«, heißt es in der allgemeinen Begründung (Schriftl. Bericht des Ausschusses für Arbeit, BT-Drucksache IV/785/, S. 2).

3 Damit ist zugleich auch ausgesagt, daß das BUrlG nur ein sog. **Rahmengesetz** ist, das sich auf allgemeine Grundsätze und Regeln des Urlaubsrechts beschränkt, die im wesentlichen auch schon vor seinem Erlaß in Rechtsprechung und Wissenschaft anerkannt und allgemeingültig waren (*Natzel*, § 13 Anm. 2). Es bestand seinerzeit Übereinstimmung bei den Sozialpartnern, daß die **Regelung des Urlaubsrechts** auch weiterhin zweckmäßig **autonom durch Tarifverträge** vorzunehmen, also **kein umfassendes Bundesurlaubsgesetz** zu schaffen sei; aber es müsse als Richtschnur die Tendenz einer möglichst einheitlichen tariflichen Regelung dienen, so daß die vormalige auf die Dauer nicht tragbare Zersplitterung des Urlaubsrechts möglichst vermieden werde (*Dersch*, RdA 1960, 51). Ausdrücklich **ausgenommen** sind von der tariflichen Gestaltungsmöglichkeit **lediglich die grundlegenden Bestimmungen** über den Urlaubsanspruch selbst, den persönlichen Geltungsbereich sowie die Mindestdauer des Urlaubs von 18 Werktagen im bisherigen Bundesgebiet (§ 3 Satz 1 BUrlG 1963) und von 20 Arbeitstagen im Beitrittsgebiet (§ 3 Satz 1 BUrlG 1990). In den neuen Bundesländern einschließlich Berlin-Ost gilt nach dem Einigungsvertrag vom 31. 8. 1990 (BGBl. II S. 885, 1020/1021) § 3 in folgender Fassung: »Der Urlaub beträgt jährlich mindestens 20 Arbeitstage. Dabei ist von fünf Arbeitstagen je Woche auszugehen.« Auch wenn § 13 Abs. 1 nicht entsprechend geändert worden ist, wird man das Gesetz aber so auslegen müssen, daß die Grundnorm des § 3 Satz 1 BUrlG 1990 ebenfalls durch Tarifvertrag nicht abgeändert werden kann.

2. Unabdingbarkeit des Urlaubsanspruchs

4 Der Urlaubsanspruch des Arbeitnehmers als Freizeitanspruch ist grundsätzlich **unabdingbar**. Dies war bereits die herrschende Auffassung zur Zeit der Geltung der Landesurlaubsgesetze (vgl. *Dersch*, Anm. 107). Die unterschiedlichen Regelungen über den jährlichen Mindesturlaub (§ 3 Abs. 1 BUrlG 1963 und § 3 Satz 1 BUrlG 1990) wie auch über den Zusatzurlaub für Schwerbehinderte (§ 47 SchwbG), welcher grundsätzlich das Schicksal des Grundurlaubs teilt (*BAG* v. 18. 10. 1957, AP Nr. 2 zu § 33 SchwBeschG), sind unabdingbar (§ 13 Abs. 1 Satz 1 BUrlG). Das BUrlG bezeichnet den Urlaubsanspruch des Arbeitnehmers zwar nicht ausdrücklich als unabdingbar, jedoch folgt seine Unabdingbarkeit eindeutigaus der Regelung der §§ 1, 13 Abs. 1. Zudem ist § 13 ausdrücklich mit **»Unabdingbarkeit«** überschrieben. Zwar werden in § 13 Abs. 1 bestimmte Gesetzesbestimmungen (§§ 1, 2, 3 Abs. 1) schlechthin für nicht abänderbar erklärt, jedoch folgt aus dem Charakter des Gesetzes als **»Mindesturlaubsgesetz«**, daß auch insoweit günstigere Regelungen zulässig sind (**h. M.** vgl. zum früheren Rechtszustand: *BAG* v. 20. 4. 1956, AP Nr. 7 zu § 611 BGB Urlaubsrecht; *Boldt/Röhsler*, § 13 Anm. 3; *Dersch/Neumann*, § 13 Anm. 15; *Hueck/Nipperdey*, Bd. I S. 434; *Natzel*, § 13 Anm. 9; *Nikisch*, Bd. I S. 523; *Siara*, § 13 Anm. 2a). Für den Zusatzurlaub der Schwerbehinderten sind grundsätzlich nur günstigere tarifliche, betriebliche oder einzelvertragliche Regelungen zulässig (§ 47 Satz 2 SchwbG). Tarifverträge können über das BUrlG hinaus die Dauer des Urlaubs regeln, jedoch ist den Tarifvertragsparteien ein Unterschreiten der nach § 13 Abs. 1 Satz 1 BUrlG unabdingbaren Grenze verwehrt.

5 Auch für **arbeitnehmerähnliche Personen** gilt das Vorrangprinzip des Tarifvertrages, soweit sie unter den Anwendungsbereich des TVG fallen (§ 12a Abs. 1 bis 3 TVG).

6 Von der Tarifhoheit ausgenommen sind nach wie vor die **Handelsvertreter** i. S. d. § 84 HGB (§ 12a Abs. 4 TVG). Sind sie wirtschaftlich abhängig, so gelten sie als arbeitnehmerähnliche Personen i. S. d. § 2 BUrlG und erhalten Urlaub nach dem BUrlG (vgl. dazu *Berscheid*, HzA, Gruppe 4, Rz. 25).

7 § 13 BUrlG gilt ferner für **Heimarbeiter** (*Natzel*, § 13 Anm. 6). § 12 Abs. 7 BUrlG ermöglicht es, Heimarbeiter i. S. d. § 1 Abs. 1 Buchstabe a HAG, die nur für einen Auftraggeber tätig sind und tariflich allgemein wie Betriebsarbeiter behandelt werden, durch Tarifvertrag den allgemeinen (tariflichen) Urlaubsbestimmungen zu unterstellen. Bindende Festsetzungen (§ 19 HAG) können solche Regelungen nicht treffen, obwohl sie die Wirkung allgemeinverbindlicher Tarifverträge haben, da der Vorbehalt des § 12 Abs. 7 BUrlG nur für Tarifverträge selbst gilt (*Dersch/Neumann*, § 12 BUrlG Anm. 31, m. w. N.). Schriftliche Vereinbarungen zwischen Gewerkschaften und Auftraggebern bzw. deren Vereinigungen nach § 17 Abs. 1 HAG gelten dagegen als Tarifverträge und werden von der Regelungsbefugnis des § 12 Abs. 7 BUrlG erfaßt. Machen Tarifverträge von der Möglichkeit des § 12 Abs. 7 BUrlG Gebrauch, so unterliegen sie dabei ebenfalls den Beschränkungen des § 13 Abs. 1 BUrlG.

8 **Ausgenommen** von der Unabdingbarkeit ist allein § 7 Abs. 2 Satz 2. Insoweit wurde der § 13 Abs. 1 Satz 3 durch das Heimarbeitsänderungsgesetz vom 29. 10. 1974 (BGBl. I S. 2879) ergänzt. Von der Regelung, daß bei der Teilung eines Urlaubs von mehr als zwölf Werktagen ein Urlaubsteil mindestens zwölf aufeinanderfolgende Werktage umfassen muß, kann somit auch durch Einzelarbeitsvertrag abgewichen werden. Auch Art. 8 IAO-Übereinkommen Nr. 132 läßt sich in seiner Nr. 1 eine Teilung des bezahlten Jahresurlaubs zu und bestimmt in seiner Nr. 2 ausdrücklich, daß der Urlaub nur dann mindestens zwei ununterbrochene Arbeitswochen zu umfassen hat, wenn der Arbeitnehmer aufgrund seiner Dienstzeit Anspruch auf eine solche Zeitspanne hat (was nach bundesdeutschem Recht generell gegeben ist) und in einer für den Arbeitgeber und den beteiligten Arbeitnehmer geltenden Vereinbarung nichts anderes vorgesehen ist.

3. Unabdingbarkeit des Abgeltungsanspruchs

9 Der **Urlaubsabgeltungsanspruch** ist nach der Streichung des § 7 Abs. 4 Satz 2 durch das Heimarbeitsänderungsgesetz vom 29. 10. 1974 (BGBl. I S. 2879) dem Urlaubsanspruch völlig gleichgestellt. Er ist ebenso unabdingbar wie er und in gleicher Weise der tariflichen Disposition entzogen (vgl. *BAG* v. 30. 11. 1977, EzA § 13 BUrlG Nr. 10 mit zust. Anm. von *Kittner* = AP Nr. 4 zu § 13 BUrlG Unabdingbarkeit mit abl. Anm. von *Hinz*; *BAG* v. 21. 7. 1978, EzA § 7 BUrlG Nr. 10 = AP Nr. 5 zu § 13 BurlG Unabdingbarkeit; *BAG* v. 18. 6. 1980, EzA § 13 BUrlG Nr. 14 = AP Nr. 6 zu § 13 BUrlG Unabdingbarkeit). Die Gesetzesänderung war mit Rücksicht auf das Übereinkommen Nr. 132 der Internationalen Arbeitsorganisation über den bezahlten Jahresurlaub in der Neufassung vom 24. 6. 1970 (BGBl. 1975 II S. 745) notwendig (vgl. *BAG* v. 30. 11. 1977, a. a. O.).

10 Unabhängig davon, ob man den Abgeltungsanspruch als »Surrogat« des Urlaubsanspruchs bezeichnet und als Erscheinungsform des einheitlichen Urlaubsanspruchs ansieht, der dieselbe Funktion habe und vom Urlaub nicht »wesensverschieden« sei (*BAG* v. 22. 6. 1956, AP Nr. 10 zu § 611 BGB Urlaubsrecht; *BAG* v. 30. 11. 1977, EzA § 13 BUrlG Nr. 10 mit zust. Anm. von *Kittner* = AP Nr. 4 zu § 13 BUrlG Unabdingbarkeit mit abl. Anm. von *Hinz*; *BAG* v. 23. 6. 1983 und v. 28. 6. 1984, EzA § 7 BUrlG Nrn. 28, 34 = AP Nrn. 14, 18 zu § 7 BUrlG Abgeltung = EzBAT § 51 BAT Nrn. 3, 6), oder ob man ihn lediglich für den Rest eines früher umfassenderen, infolge der Beendigung des Arbeitsverhältnisses aber geschrumpften Anspruchs hält (*Kohte*, BB 1984, 604, 622; *Rummel*, NZA 1985, 383, 384), wonach »abzugelten« nichts anderes heiße, als den früher bestehenden Anspruch auf Freizeitgewährung unter Fortzahlung des Arbeitsentgeltes mit Geld auszugleichen (*Natzel*, § 7 BUrlG Anm. 157; *Berscheid*, HzA, Gruppe 4, Rz. 447), ist aus der Streichung des § 7 Abs. 4 Satz 2 zu folgern, daß der Gesetzgeber den Urlaubsabgeltungsanspruch in vollem Umfang, also auch hinsichtlich seiner **Tarifbeständigkeit**, ebenso wie den auf Freizeitgewährung gerichteten Urlaubsanspruch selbst behandelt wissen wollte (*BAG* v. 30. 11. 1977, EzA § 13 BUrlG Nr. 10 mit zust. Anm. von *Kittner* = AP Nr. 4 zu § 13 BUrlG Unabdingbarkeit mit abl. Anm. von *Hinz*). Damit ist insoweit die völlige **Gleichstellung des Abgeltungsanspruchs mit dem Freizeitanspruch** erreicht (*Natzel*, § 13 Anm. 5).

4. Begriff und Bedeutung der »Unabdingbarkeit«

11 Der Begriff »**Unabdingbarkeit**« stammt aus dem Tarifrecht (§ 4 Abs. 1 TVG). Damit verband man ursprünglich die Verbindung der unmittelbaren und zwingenden Wirkung der Tarifnormen. Die unmittelbare Wirkung zeigt sich darin, daß Tarifverträge, Betriebsvereinbarungen und Einzelarbeitsverträge durch die gesetzlichen Normen ohne Dazwischentreten inhaltlich entsprechender einzelvertraglicher Vereinbarungen überdeckt werden, ohne daß eine Kenntnis der gesetzlichen Bestimmungen erforderlich ist (*Natzel*, § 13 Anm. 8, m. w. N.). Zwingend bedeutet, daß die Vertragspartner an die gesetzlichen Mindestnormen als Untergrenze gebunden sind (*Natzel*, a. a. O.). Gleichzeitig ist die Unabdingbarkeit der Maßstab für die Lösung von Kollisionsfällen zwischen Tarifvertrag und Einzelarbeitsvertrag. Danach sind Einzelarbeitsverträge nur wirksam, wenn sie Regelungen zugunsten des Arbeitnehmers enthalten.

12 Die Unabdingbarkeit des BUrlG hat weitergehende Bedeutung. Sie löst nicht nur die **Kollision** zwischen Gesetz und Einzelarbeitsvertrag, sondern bestimmt auch das Verhältnis zwischen Gesetz und Tarifvertrag sowie zwischen Gesetz und Betriebsvereinbarung. Allerdings werden Betriebsvereinbarungen für die Gestaltung des Urlaubsanspruchs in der Regel nicht in Betracht kommen (*Siara*, § 13 Anm. 1), da sie nach § 77 Abs. 3 BetrVG nicht zulässig sind, soweit Arbeitsbedingungen üblicherweise durch Tarifvertrag geregelt werden, es sei denn, daß ein Tarifvertrag den Abschluß ergänzender Betriebsvereinbarungen zuläßt. Der Gesetzgeber hat in § 13 eine begrüßenswerte Regelung namentlich des Verhältnisses Gesetz – Tarifvertrag geschaffen, die dem unserer Rechtsordnung immanenten **Prinzip der Tarifautonomie** Rechnung trägt und den Tarifvertragsparteien gestattet, von fast allen Bestimmungen des Gesetzes – mit Ausnahme der grundlegenden Normen des Urlaubsanspruchs – abzuweichen.

II. Vorrang des Tarifvertrages

13 Bei den Beratungen des Gesetzes nahm das Verhältnis Gesetz – Tarifvertrag einen breiten Raum ein. Selbst nachdem die Mehrheit des Ausschusses für Arbeit und später der Deutsche Bundestag für eine sehr weitgehende Vorrangstellung des Tarifvertrages gegenüber dem Gesetz eintraten, stand bei der Beratung des Gesetzes im Bundesrat erneut die Änderung des § 13 in der Richtung zur Debatte, daß vom **Gesetz nur zugunsten des Arbeitnehmers abgewichen werden könnte**. Eine derartige Gesetzesänderung hätte die Rechtsprechung, wie schon bisher, vor oft kaum lösbare Aufgaben im Rahmen des dann notwendigen Günstigkeitsvergleichs gestellt. Im Interesse der Rechtspraxis ist es nur zu begrüßen, daß es letztendlich bei der vom Deutschen Bundestag verabschiedeten Gesetzesfassung geblieben ist. Sie ermöglicht **mit Ausnahme der §§ 1, 2, 3 Abs. 1 BUrlG 1963 bzw. § 3 Satz 1 BUrlG 1990** eine autonome Regelung des gesamten übrigen im Gesetz geregelten Urlaubsrechts. Die Tarifvertragsparteien können also fast den ganzen Bereich des Urlaubsrechts frei entsprechend den besonderen Verhältnissen der betreffenden Wirtschaftszweige regeln. Sie sind dabei nicht an zwingende Gesetzesregeln – mit Ausnahme der §§ 1, 2, 3 Abs. 1 BUrlG 1963 bzw. § 3 Satz 1 BUrlG 1990 – gebunden. Die **Tarifregelung** ist **ohne Rücksicht darauf, ob** sie **günstiger oder ungünstiger** für den Arbeitnehmer ist **als das Gesetz, verbindlich (h.M.,** vgl. *BAG* EzA § 13 BUrlG Nr. 1ff. = AP Nr. 1ff. zu § 13 BUrlG; *Boldt/Röhsler*, § 13 Anm. 7; *Dersch/Neumann*, § 13 Anm. 11, 24; *Natzel*, § 13 Anm. 13; *Siara*, § 13 Anm. 2b). Ein Günstigkeitsvergleich zwischen Gesetz und Tarifvertrag scheidet, soweit das Vorrangprinzip reicht, aus.

1. Eindeutigkeit der tariflichen Regelung

14 Der weitgehende Vorrang der Tarifautonomie verlangt im Interesse der Praktikabilität der Rechtsanwendung, daß die **vom BUrlG abweichenden tariflichen Bestimmungen eindeutig und klar** sind. Der Wille der Tarifvertragsparteien, zuungunsten der Arbeitnehmer vom BUrlG abzuweichen, muß aus der Tariffassung also deutlich hervorgehen (so *BAG* v. 9. 7. 1964, AP Nrn. 1, 2 zu § 13 BUrlG mit krit. Anm. von *Nikisch*; *BAG* v. 10. 8. 1967, EzA § 13 BUrlG Nr. 5 = AP Nr. 9 zu § 13 BUrlG mit zust. Anm. von *Herbst*; *BAG* v. 17. 9. 1970, EzA § 1 BUrlG Nr. 9 = AP Nr. 11 zu § 13 BurlG mit Anm. von *Thiele*; *BAG* v. 8. 6. 1977, EzA § 11 BUrlG Nr. 14 = AP Nr. 13 zu § 11 BUrlG; *Boldt/Röhsler*, § 13 Anm. 13; *Boldt* in: Festschrift Nipperdey, Bd. II S. 26). Bleiben Zweifel, so gehen sie zu Lasten des Arbeitgebers.

15 Das *BAG* rechtfertigt diese Grundsätze mit dem Hinweis, der weitgehende Vorrang der Tarifautonomie vor den Bestimmungen des Gesetzes sei für das Arbeitsleben nur dann tragbar, wenn er mit gesetzestechnisch klaren Regelungen verbunden sei. Bei verbleibenden Zweifeln müsse an der gesetzlichen Regelung festgehalten werden. Sie könnten nicht etwa dadurch beseitigt werden, daß man über den Sinn mehrdeutiger tariflicher Regelungen Auskünfte bei den Tarifpartnern einholte. Denn **der abweichende Wille der Tarifvertragsparteien müsse aus dem Tarifwerk selbst zu entnehmen sein**, weil sonst entgegen dem Sinn der den Tarifvertragsparteien in § 13 Abs. 1 übertragenen Ordnungsaufgabe weitgehend Unklarheit über die Urlaubsbedingungen bestünde. Vom Standpunkt der Praxis aus gesehen wird man diese Rechtsprechung nur begrüßen können. Sie zwingt die Tarifvertragsparteien zu klaren Regelungen. Allerdings bestehen systematisch doch einige Bedenken, weil das Gesetz in § 13 Abs. 1 bei der Vorrangeinräumung keine »eindeutige« Tarifregelung fordert. Kommt man nach einem Auslegungsprozeß der Tarifregelung zum Ergebnis, daß die Tarifvertragsparteien von der gesetzlichen Regelung abweichen wollten, so ist es immer ein eindeutiges, weil ein anderes gar nicht mehr denkbar ist.

16 Nach der Rechtsprechung des *BAG* wird ein **Spannungsverhältnis** zwischen dem in § 13 Abs. 1 vereinbarten Prinzip des **Vorrangs des Tarifvertrages** und der **gesetzlichen Urlaubsregelung** deutlicher. Das zeigen eindrucksvoll die beiden Entscheidungen vom 26. 11. 1964 (EzA § 7 BUrlG Nr. 4 = AP Nr. 3 zu § 13 BUrlG mit Anm. von *Schelp*) und vom 30. 11. 1977 (EzA § 13 BUrlG Nr. 10 mit zust. Anm. von *Kittner* = AP Nr. 4 zu § 13 BUrlG Unabdingbarkeit mit abl. Anm. von *Hinz*.) *Hinz* hat überzeugend dargelegt, daß die Rechtsprechung jetzt nicht mehr den Vorrang der Tarifautonomie befürwortet, sondern nunmehr den Akzent stärker auf das angebliche gesetzliche Leitbild legt als früher. Ob das mit den Intentionen des Gesetzgebers vereinbar ist, erscheint im Hinblick auf die zwar spärlichen, aber immerhin vorhandenen Motive zu § 13 Abs. 1 (vgl. dazu oben Anm. 2ff.; ferner *Boldt/Röhsler*, § 13 Anm. 1ff.) mehr als zweifelhaft (vgl. zum Tarifvorrang auch die weitgehende Regelung in dem von der Arbeitsgesetzbuchkommission erarbeiteten und im September 1977 vom BMA herausgegebenen Entwurf eines Arbeitsgesetzbuches – Allgemeines Arbeitsvertragsrecht – §§ 123 bis 126 E-ArbGB). Die Tarifvertragsparteien können auch den Beginn des Vorrangs festlegen. Soweit der Tarifvertrag selbst nichts anderes bestimmt, kann ein tarifgebundener Arbeitnehmer den gesamten tariflichen Jahresurlaub beanspruchen, wenn der Arbeitgeber im laufenden Kalenderjahr seinerseits einer tarifschließenden Partei beitritt (*LAG Düsseldorf* v. 12.6.1991, BB 1991, 1717).

17 **Auslegungsunklarheiten** belassen es bei der günstigeren Regelung (*Dersch/Neumann*, § 13 Anm. 3). Verwenden die Tarifvertragsparteien in einer Tarifnorm einen Begriff, dem in einem Gesetz eine bestimmte Bedeutung zukommt, so ist davon auszugehen, daß auch sie diesen Begriff in seiner allgemeinen rechtlichen Bedeutung haben wiedergeben und angewendet wissen wollen (*BAG* v. 3. 5. 1984, EzA § 7 BUrlG Nr. 33 = AP Nr. 17 zu § 7 BUrlG Abgeltung; *BAG* v. 15. 12. 1987, EzA § 9 BUrlG Nr. 13 = AP Nr. 9 zu § 9 BUrlG = EzBAT § 47 BAT Nr. 8). Daher sind mit gesetzlichen Vorschriften inhaltsgleiche tarifliche Urlaubsvorschriften nicht anders als das Gesetz selbst auszulegen (*BAG* v. 6. 11. 1969, EzA § 6 BUrlG Nr. 1 = AP Nr. 1 zu § 6 BUrlG mit Anm. von *Söllner*).

2. Vorrangprinzip und nachwirkender Tarifvertrag

18 Das Vorrangprinzip gilt auch für den nach § 4 Abs. 5 TVG nachwirkenden Tarifvertrag. Das ergeben Wesen und Bedeutung des tarifdispositiven Gesetzesrechts. Tarifdispositive Normen räumen dem Tarifvertrag den Vorrang ein. Durch sie wird den Tarifvertragsparteien ermöglicht, eigenständige Ordnungen dem Interesse der verschiedenen Branchen entsprechend zu schaffen. Denn vielfach würde die zwingende gesetzliche Ordnung viel zu starr sein, um den vielfältigen Problemen der Praxis in den verschiedenen Industriebereichen gerecht zu werden. Darüber hinaus wird so der autonomen Rechtsetzungsbefugnis der Sozialpartner ein hoher Stellenwert eingeräumt. Die Tarifvertragsparteien haben die Freiheit, nicht nur Normen zugunsten der Arbeitnehmer zu setzen, sondern **auch Regelungen zu vereinbaren, die für die Arbeitnehmer ungünstiger sind als das tarifdispositive Recht.**

19 Die **Tarifautonomie**, deren Grenzen normalerweise beim zwingenden Gesetz liegen, wird durch die Zulassungsnorm weiter gespannt (so *Herschel*, RdA 1969, 214). Der Gesetzgeber will seinem an sich zwingenden Recht nur dispositive Kraft beimessen, allerdings nicht schlechthin, sondern nur im Hinblick auf die Tarifvertragsparteien und den von ihnen gesetzten Normen. Der Grund dafür liegt auf der Hand. Es kann hier auf die Amtliche Begründung zum ersten Arbeitsrechtsbereinigungsgesetz verwiesen werden, die im § 622 Abs. 3 Satz 1 BGB eine ähnliche Zulassungsnorm wie folgt charakterisiert hat: »Da die neuen Kündigungsfristen für gewisse Bereiche, z. B. die Bauwirtschaft, unter Umständen zu starr sein könnten, ermöglicht der Entwurf die Vereinbarung kürzerer Fristen. Im Interesse eines ausreichenden Arbeitnehmerschutzes ist die Möglichkeit jedoch auf die tarifvertragliche Regelung beschränkt. Bei ihnen kann, wie die tarifliche Praxis lehrt, davon ausgegangen werden, daß kürzere Kündigungsfristen nur vereinbart werden, **wenn die Besonderheiten des Wirtschaftszweiges oder der Beschäftigungsart dies notwendig erscheinen lassen.«**

20 Ganz ähnliche Überlegungen waren für die Schaffung der Zulassungsnorm des § 13 Abs. 1 BUrlG wirksam (siehe oben Anm. 2ff.). Auch hier wollte der Gesetzgeber es den Tarifvertragsparteien überlassen, das Urlaubsrecht, von gewissen Grundsätzen abgesehen, eigenständig zu regeln. Damit wurde in hohem Maße dem **Primat der Tarifautonomie** Rechnung getragen. Das Gesetz zieht sich kraft eigenen Willens in die Subsidiarität zurück (so drückt *Herschel*, a. a. O., das Wesen der Zulassungsnorm zutreffend aus). Damit ist von der Zulassungsnorm her zu entscheiden, wieweit die Subsidiarität geht, ob sie sich auch auf nachwirkende Tarifverträge erstreckt (vgl. *Herschel*, ZfA 1976, 100; *ders.*, DB 1980, 687). Das ist für § 13 Abs. 1 BUrlG zu bejahen.

21 Die **Nachwirkung** eines Tarifvertrages erstreckt sich nur auf solche Arbeitsverhältnisse, die bereits zur Zeit der Geltung des Tarifvertrages begründet waren (*BAG* v. 13. 6. 1968, AP Nr. 2 zu § 4 TVG Nachwirkung). Die Wirkungen eines Tarifvertrages bleiben für Arbeitsverhältnisse auch dann erhalten, wenn der Arbeitgeber aus der Tarifvertragspartei ausscheidet und erst danach der Tarifvertrag beendet wird (*BAG* v. 14. 2. 1991, EzA § 4 TVG Nachwirkung Nr. 10). § 4 Abs. 5 TVG regelt allerdings auch den Fall, daß der Tarifvertrag ein Arbeitsverhältnis nichttarifgebundener Parteien erst aufgrund **Allgemeinverbindlicherklärung** gemäß § 4 Abs. 1 TVG erfaßt hatte (*BAG* v. 19. 1. 1962, AP Nr. 11 zu § 5 TVG; *BAG* v. 18. 6. 1980, AP Nr. 68 zu § 4 TVG Ausschlußfristen). Die ursprünglichen einzelarbeitsvertraglichen Bedingungen leben nach Beendigung der zwingenden Wirkung eines für allgemeinverbindlich erklärten Tarifvertrages nicht wieder auf (*LAG Berlin* v. 19. 10. 1990, LAGE § 4 TVG Nachwirkung Nr. 1; *LAG Köln* v. 20. 2. 1991, DB 1991, 2248). Wird nach Ablauf dieses Tarifvertrages ein neuer Tarifvertrag geschlossen, aber nicht (mehr) für allgemeinverbindlich erklärt, bleibt wegen fehlender Tarifbindung die Nachwirkung des abgelaufenen, vormals allgemeinverbindlichen Tarifvertrages bestehen. Sonst käme es dazu, daß eine Nachwirkung stets auf diejenigen Regelungsbereiche des abgelaufenen Tarifvertrages beschränkt wäre, die nicht Gegenstand einer (ungünstigeren) arbeitsvertraglichen Vereinbarung waren; das aber widerspräche dem Sinn und Zweck des

§ 4 Abs. 5 TVG, nämlich das bisher erreichte Leistungsniveau zu erhalten, sofern nicht die Arbeitsvertragsparteien von ihrer nunmehr wieder nicht mehr durch § 4 Abs. 3 TVG eingeschränkten Vertragsfreiheit Gebrauch machen (*LAG Berlin*, a.a.O.; *LAG Köln*, a.a.O.).

22 **Die Zulassungsnorm des § 13 Abs. 1 BUrlG will dem Tarifvertrag den Vorrang einräumen**. Dabei war der Gedanke entscheidend, daß dagegen vom Interesse eines ausreichenden Arbeitnehmerschutzes keine Bedenken bestünden. Wenn dem so ist, so kann nichts dagegen eingewandt werden, **den nachwirkenden Tarifvertrag als eine tarifvertragliche Regelung i.S.d. § 13 Abs. 1 BUrlG anzusehen**. Denn auch der nachwirkende Tarifvertrag ist Rechtsnorm. Er gewährt ebenso ausreichenden Arbeitnehmerschutz wie der Tarif selbst, weil die Tarifunterworfenen zwar die Möglichkeit haben, eine andere Vereinbarung zu treffen, jedoch hat das, sofern sie ungünstiger ist, zur Folge, daß nun das Gesetz gilt. Es besteht also vom Arbeitnehmerschutz her kein Anlaß, den nachwirkenden Tarifvertrag nicht mehr als eine Tarifvereinbarung i.S.d. § 13 Abs. 1 BUrlG anzusehen. Dafür spricht auch die **Kontinuität der tariflichen Ordnung**. Es besteht kein Anlaß für die Annahme, daß der Gesetzgeber zwar der tariflichen Ordnung den Vorrang einräumen, jedoch für den Fall der Beendigung des Tarifvertrages die gesetzliche Ordnung wieder in Kraft setzen wollte. Das dann wieder mit der Maßgabe, daß eine neue tarifliche Ordnung, die sich in aller Regel ja anschließt, wenn auch nicht immer zeitlich ohne Zwischenraum, der temporären gesetzlichen Ordnung vorgeht. Dieses Hin und Her der Ordnungen, das bei jeder Tarifkündigung auftreten kann, ist mit dem Zweck der Zulassungsnorm unvereinbar. Man kann das auch nicht mit dem Hinweis rechtfertigen, das sei eine zwangsläufige Folge der Tatsache, daß die Tarifvertragsparteien von ihrem Rechtsetzungsrecht nicht rechtzeitig Gebrauch gemacht hätten (so *Boldt* in: Recht im Wandel, Festschrift Carl Heymanns Verlag, S. 227, 239). Denn Tarifvertragsparteien sind bei ihrer Regelung auch in zeitlicher Hinsicht frei. Wenn das Gesetz einer nach den Regeln des kollektiven Rechts zustande gekommenen tariflichen Ordnung den Vorrang einräumt, weil es davon ausgeht, daß auf diese Weise die Arbeitnehmerschutzinteressen ausreichend gewährleistet sind, so muß das auch dann noch gelten, wenn zwar die tarifliche Ordnung nicht mehr zwingend ist, sie aber **als Ordnung noch besteht und angewandt wird**. Denn es ist die gleiche Ordnung, deren Kontinuität zu wahren geboten ist (wie hier *Dersch/Neumann*, § 13 Anm. 12 und Anm. 21; ferner *Adomeit*, SAE 1965, 179; *Hueck*, Anm. AP Nr. 6 zu § 13 BUrlG; *Natzel*, § 13 Anm. 19; *Siara*, § 13 Anm. 2g; *Trieschmann*, AuR 1966, 286; *Wiedemann/Stumpf*, Einl. Anm. 123; **a.A.** *Boldt/Röhsler*, § 13 Anm. 25–27). Das *BAG* hatte die Frage in der Entscheidung vom 15. 2. 1965 (AP Nr. 6 zu § 13 BUrlG) offen gelassen. Nach *BAG* vom 27. 6. 1978 (EzA § 13 BUrlG Nr. 13 = AP Nr. 12 zu § 13 BUrlG mit zust. Anm. von *Wiedemann*) gilt der Vorrang des § 13 Abs. 1 auch für den nachwirkenden Tarifvertrag.

3. Vorrangprinzip und Tarifordnung

23 Die Nachwirkung der Tarifnormen war zur früheren **Tarifvertragsordnung** eine sehr streitige Frage. Man hat sie im TVG positivrechtlich dahin gelöst, daß die Rechtsnormen eines Tarifvertrages nach seinem Ablauf weitergelten, bis sie durch eine andere Abmachung ersetzt werden (§ 4 Abs. 5 TVG). Aus dem Text

des Gesetzes ergibt sich bereits, daß der Tarif als eine Rechtsnorm weitergilt. Das nimmt auch die ganz h.L. an, wenn sie von einer Weitergeltung der Tarifnorm spricht. Nur handelt es sich nun nicht mehr um zwingendes Recht, sondern jetzt sind die Tarifnormen dispositiv, d.h. sie können durch andere Abmachungen ersetzt werden (vgl. *Hueck/Nipperdey/Stahlhacke*, § 4 TVG Anm. 66, m.w.N.; *BAG* v. 6. 6. 1968, AP Nr. 1 zu § 4 TVG Nachwirkung). Wirkt ein Tarifvertrag nach, so hat ein tarifgebundener Arbeitnehmer Anspruch auch auf Leistungen, die erst während der Nachwirkung entstehen. Soll die Nachwirkung in einem solchen Fall ausgeschlossen werden, bedarf es dazu einer ausdrücklichen Vereinbarung der Tarifvertragsparteien (*BAG* v. 16. 8. 1990, EzA § 4 TVG Nachwirkung Nr. 9 mit zust. Anm. von *Steinmeyer*).

24 Das Vorrangprinzip besteht nur für **Tarifverträge**, nicht aber für **Tarifordnungen**. Auch eine analoge Anwendung kommt nicht in Betracht. Nachdem die Landesurlaubsgesetze teilweise der Tarifordnung und auch der Betriebsvereinbarung eine Vorrangstellung eingeräumt hatten, muß die nun nur noch für den Tarifvertrag zugelassene Vorrangstellung respektiert werden. Es darf ohne weiteres unterstellt werden, daß dem Gesetzgeber die z.T. sehr unterschiedlichen Regelungen der Landesurlaubsgesetze bekannt waren. Wenn er sich dennoch allein für eine Vorrangstellung des Tarifvertrages entschieden hat, ist für eine entsprechende Anwendung auf die Tarifordnung oder Betriebsvereinbarung kein Raum (ebenso *Dersch/Neumann*, § 13 Anm. 4).

4. Vorrangprinzip und Übergangsregelung

25 **Der Vorrang gilt auch für Tarifverträge, die im Zeitpunkt des Inkrafttretens des BUrlG** oder der Änderung durch das Heimarbeitsänderungsgesetz vom 29. 10. 1974 (BGBl. I S. 2879) **nachwirkten** und zum Teil heute noch nachwirken (vgl. *Dersch/Neumann*, § 13 Anm. 12; *Wiedemann/Stumpf*, § 1 TVG Anm. 170; **a.A.** *Boldt/Röhsler*, § 13 Anm. 25 und *Boldt* in: Recht im Wandel, Festschrift 150 Jahre Carl Heymanns Verlag S. 227, 237; offen gelassen von *BAG* v. 15. 2. 1965, AP Nr. 6 zu § 13 BUrlG). Es besteht kein Anhaltspunkt dafür, daß der Gesetzgeber nur solchen Tarifverträgen Vorrang vor dem Gesetz einräumen wollte, die nach dem Inkrafttreten des BUrlG abgeschlossen würden. Diese schon zum Jugendarbeitsschutzgesetz von *Molitor/Volmer* (§ 19 Anm. 15) mit Recht vertretene Ansicht gilt auch hier (ebenso *Dersch/Neumann*, § 13 Anm. 8; heute ganz **h.M.**, vgl. *BAG* v. 9. 7. 1964, AP Nrn. 1, 2 zu § 13 BUrlG mit zust. Anm. von *Nikisch*; *BAG* v. 15. 2. 1965, AP Nr. 6 zu § 13 BUrlG mit zust. Anm. von *G. Hueck; Schelp/Herbst*, § 13 Anm. 17; *Siara*, § 13 BUrlG Anm. 8; **a.A.** *ArbG Krefeld* v. 11. 11. 1963, BB 1964, 86 mit unzutreffender Begründung; dagegen mit Recht *Gaul/Boewer*, Probleme des Urlaubsrechts, S. 133; zu diesem ganzen Problemkreis, dem heute wohl keine praktische Bedeutung mehr zukommen dürfte, vgl. *Boldt* in: Recht im Wandel, Feschrift 150 Jahre Carl Heymanns Verlag, S. 227ff. und *Boldt/Röhsler*, § 13 Anm. 22).

5. Verstoß gegen das Vorrangprinzip

26 **Verstößt eine Tarifnorm unmittelbar oder mittelbar gegen die Regelungen der §§ 1, 2, 3 Abs. 1 BUrlG 1963 bzw. § 3 Satz 1 BUrlG 1990, so ist sie gemäß § 134 BGB nichtig**. Das bedeutet aber nicht, daß damit automatisch der gesamte Tarifvertrag, der diese Bestimmung enthält, nichtig ist (*Natzel*, § 13 BUrlG Anm. 31). Ein Manteltarifvertrag, der z.B. neben den Urlaubsfragen auch Regelungen über die Dauer und Verteilung der Arbeitszeit, Mehr- und Kurzarbeit, Vergütungszuschläge, Lohn- und Gehaltsfortzahlung etc. enthält, ist demnach nicht insgesamt nichtig, wenn eine einzelne Urlaubsbestimmung gegen die unabdingbaren Vorschriften des BUrlG verstößt (*Natzel*, a.a.O.). Nichtig ist nach § 139 BGB vielmehr grundsätzlich nur diese einzelne Tarifnorm, während der Tarifvertrag im übrigen seine Gültigkeit behält (*BAG* v. 20. 5. 1965, AP Nrn. 7, 8 zu § 13 BUrlG). **Das bedeutet, daß an die Stelle der durch das BUrlG nichtig gewordenen Tarifnorm ausschließlich der gesetzliche Urlaub tritt** (*Natzel*, Anm. AP Nrn. 7, 8 zu § 13 BUrlG; *Wiesner*, BB 1985, 1135, 1137; vgl. auch *BAG* v. 8. 3. 1984, EzA § 3 BUrlG Nr. 18 = AP Nr. 15 zu § 13 BUrlG = EzBAT § 48 BAT Nr. 1). Mit anderen Worten, eine Aufspaltung des Urlaubs in einen tariflichen und einen gesetzlichen Urlaub ist nicht möglich; dies würde der Einheitlichkeit des Urlaubsanspruchs widerstreben (*Natzel*, a.a.O.) und zu einem gespaltenen Urlaubsbegriff führen. Man müßte nämlich anderenfalls auch die Frage stellen, wann der gesetzliche und wann der tarifliche Urlaub beginnt, welche von beiden Urlaubsarten also zunächst ablaufen soll (*Natzel*, a.a.O.).

6. Übernahme tariflicher Urlaubsregelungen durch Vereinbarung

27 Tarifdispositives Gesetzesrecht wirft angesichts des geltenden Tarifrechts, das den Unterschied von Tarifgebundenen und **Nichttarifgebundenen** kennt, die Frage auf, ob nur für die Arbeitsverhältnisse der tarifgebundenen Arbeitnehmer eine vom zwingenden Gesetz abweichende Regelung geschaffen werden kann. Die ältere Gesetzespraxis hat das nicht erkannt, so daß die von ihr geschaffenen Zulassungsnormen dem noch Rechnung getragen haben (vgl. z.B. § 616 Abs. 2 Satz 2 BGB). Neuere Zulassungsnormen dagegen tragen dieser Problematik Rechnung und bestimmen, daß unter bestimmten Voraussetzungen die zugelassene Tarifnorm auch für die nicht- oder anders organisierten Arbeitnehmer und Arbeitgeber Geltung haben (vgl. z.B. § 13 Abs. 1 Satz 2 BUrlG, § 622 Abs. 3 Satz 2 BGB, § 2 Abs. 3 Satz 2 LFZG, § 115b Abs. 3 Satz 2 ABG; § 6 Abs. 2 Satz 1 BeschFG 1985). Würde der Gesetzgeber diese Möglichkeit nicht geschaffen haben, so teilte sich die Belegschaft eines Betriebes in zwei Gruppen. Für die eine würde ohne Rücksicht auf die Günstigkeit die zugelassene tarifliche Regelung gelten, für die andere könnte durch Einzelarbeitsvertrag und auch durch die einzelvertragliche Vereinbarung des einschlägigen Tarifvertrages nicht vom zwingenden Gesetz abgewichen werden. Deshalb werden alle neueren Zulassungsnormen durch eine Regelung auch gegenüber solchen Arbeitnehmern und Arbeitgebern erweitert, die die einschlägige Tarifregelung im Einzelarbeitsvertrag in Bezug nehmen, **sich also insoweit der Tarifregelung durch Vertrag unterwerfen**. Das tarifdispositive Gesetz tritt also nicht nur dann zurück, wenn eine tarifliche Regelung nach den Grundsätzen des Tarifrechts das Arbeitsverhältnis gestaltet, son-

dern auch dann, wenn nicht tarifgebundene Arbeitgeber oder Arbeitnehmer sich **der tariflichen Ordnung unterstellen, sie zur Regelung ihrer Rechtsbeziehung wählen**. Auf diese Weise kann die Intention des Gesetzgebers erreicht werden, möglichst die Arbeitnehmer in den Betrieben gleich zu behandeln und eine breite Anwendung des tariflichen Rechts sicherzustellen (vgl. *BAG* v. 27. 6. 1978, EzA § 13 BUrlG Nr. 13 = AP Nr. 12 zu § 13 BUrlG mit Anm. von *Wiedemann*; *Wiedemann/Stumpf*, Einl. Anm. 120).

a) Form und Inhalt der Vereinbarung

28 Die Vereinbarung der einschlägigen tariflichen Urlaubsregelung braucht weder schriftlich zu erfolgen, noch bedarf es einer ausdrücklichen Abrede im Arbeitsvertrag. Sie kann auch aus konkludenten Handlungen abgeleitet werden (*BAG* v. 5. 9. 1985, EzA § 7 BUrlG Nr. 40 = AP Nr. 1 zu § 1 BUrlG Treueurlaub) oder sich aus einer betrieblichen Übung (*BAG* v. 15. 2. 1965, AP Nr. 6 zu § 13 BUrlG mit zust. Anm. von *G. Hueck*) bzw. Gesamtzusage ergeben (vgl. *Boldt/Röhsler*, § 13 Anm. 35; *Dersch/Neumann*, § 13 Anm. 20; *Natzel*, § 13 BUrlG Anm. 36; *Wiedemann/Stumpf*, § 3 Anm. 107). Ausreichend ist auch, wenn die Parteien schlechthin für die Dauer des Arbeitsverhältnisses die jeweils gültigen Tarifverträge vereinbaren, denn es ist nicht notwendig, daß der Tarifvertrag im Arbeitsvertrag genau bezeichnet wird (vgl. *Boldt/Röhsler*, § 13 Anm. 36; *Dersch/Neumann*, § 13 Anm. 20). Er muß nur **»einschlägig«** sein. Der Tarifvertrag muß allerdings im Arbeitsvertrag so genau bezeichnet sein, daß er feststellbar ist (vgl. *LAG Hamm* v. 29. 9. 1975, DB 1976, 874 = BB 1976, 603).

29 Nicht notwendig ist, daß die Parteien des Arbeitsvertrages die gesamte **Tarifregelung** übernehmen. Die Wirkung des § 13 Abs. 1 Satz 2 tritt schon ein, wenn nur die tarifliche Urlaubsregelung vertraglich vereinbart wird. Diese muß allerdings **als Ganzes übernommen** werden (ebenso *Boldt/Röhsler*, § 13 Anm. 48; *Dersch/Neumann*, § 13 Anm. 23; *Gaul/Boewer*, Probleme des Urlaubsrechts, S. 137; *Natzel*, § 13 BUrlG Anm. 35; *Siara*, § 13 BUrlG Anm. 4e). Den Arbeitsvertragsparteien steht es frei, über die Vereinbarung der einschlägigen Urlaubsregelung hinaus von einzelnen Bestimmungen zugunsten des Arbeitnehmers abzuweichen. Denn die Tarifverträge enthalten stets nur Mindestbestimmungen und zugunsten des Arbeitnehmers kann von ihnen stets abgewichen werden (vgl. *Dersch/Neumann*, § 13 Anm. 24).

30 Zum Umfang der Bezugnahme wird auch die **Notwendigkeit der Übernahme der gesamten tariflichen Regelungsmaterie** vertreten (vgl. *Wiedemann/Stumpf*, Einleitung Anm. 122; anders aber *Wiedemann/Stumpf*, § 3 Anm. 109). Das dürfte im Grundsatz wünschenswert sein, jedoch genügt für § 13 Abs. 1 die Übernahme der **»einschlägigen tariflichen Urlaubsregelung«**, sofern sie als Ganzes übernommen wird (wie hier *LAG Hamburg* v. 9. 7. 1970, BB 1970, 1178; *Borrmann*, § 13 Anm. 10; *Dersch/Neumann*, § 13 Anm. 23; *Siara*, § 13 Anm. 4e; *Wenzel*, MDR 1969, 884).

31 Die **Vereinbarung der Einzelarbeitsvertragsparteien** kann jederzeit wieder aufgehoben werden. Dann gilt das zwingende Gesetzesrecht, sofern nicht die vertragliche Regelung günstiger ist (Günstigkeitsprinzip). Da durch die Bezugnahme auf den Tarifvertrag **keine echte Tarifgebundenheit** i. S. d. TVG entsteht, steht dem § 3 Abs. 3 TVG nicht entgegen, so daß die vertragliche Abrede jederzeit mit der Folge wieder aufhebbar ist, daß die Vorschriften des BUrlG nunmehr erneut uneingeschränkt anzuwenden sind (*Natzel*, § 13 BUrlG Anm. 39).

Im Streitfall muß derjenige, der sich auf die **Geltung einer Tarifregelung** anstelle des BUrlG beruft, dies auch **beweisen** (*Dersch/Neumann*, § 13 BUrlG Anm. 22; **a. A.** *Natzel*, § 13 BUrlG Anm. 37, der wegen der vom BUrlG abweichenden Vereinbarung den Arbeitgeber stets für beweispflichtig hält). **32**

b) Übernahme der einschlägigen tariflichen Urlaubsregelung

Die Arbeitsvertragsparteien können nur die **einschlägige tarifliche Urlaubsregelung** vereinbaren. Dadurch wollte der Gesetzgeber zum Ausdruck bringen, daß nur die tarifliche Urlaubsregelung in Bezug genommen werden kann, die, falls beiderseitige Tarifgebundenheit gegeben oder der Tarifvertrag für allgemeinverbindlich erklärt worden wäre, kraft Tarifrechts auf das Arbeitsverhältnis einwirken würde. Das Arbeitsverhältnis muß also in den **persönlichen, räumlichen, fachlichen und betrieblichen Geltungsbereich des Tarifvertrages** fallen. Sind diese Voraussetzungen nicht gegeben, so tritt die Vorrangwirkung nicht ein. Es ist dann nach dem allgemeinen Günstigkeitsvergleich (§ 13 Abs. 1 Satz 3) zu entscheiden, ob die einzelarbeitsvertragliche Regelung Bestand hat (wie hier *Boldt/Röhsler*, § 13 Anm. 42ff; *Borrmann*, § 13 Anm. 10; *Dersch/Neumann*, § 13 Anm. 25; *Schnorr*, AuR 1963, 196; *Wiedemann/Stumpf*, § 3 Anm. 108; teilw. abweichend *Rewolle*, DB 1963, 483, der die Vorrangwirkung auch noch bei Abweichungen im persönlichen und räumlichen Geltungsbereich zulassen will). **33**

Ohne Bedeutung ist, daß die Tarifgebundenheit nur auf einer Seite fehlt. Die Bezugnahme der einschlägigen tariflichen Urlaubsregelung ist möglich **bei fehlender Tarifgebundenheit** nur des Arbeitgebers, nur des Arbeitnehmers oder auch bei beiderseits fehlender Tarifgebundenheit (wie hier *Dersch/Neumann*, § 13 BUrlG Anm. 26). **34**

Die Vorrangwirkung des § 13 Abs. 1 Satz 2 tritt also z. B. nicht ein, wenn die Arbeitsvertragsparteien bei beiderseits fehlender Tarifgebundenheit den **Tarifvertrag eines fremden Tarifgebiets** vereinbaren. Selbst wenn die Voraussetzungen des Tarifvertrages sonst gegeben sind, tritt die Vorrangwirkung wegen der Divergenz im räumlichen Geltungsreich nicht ein. Hier kann nur die Gültigkeit der Vertragsvereinbarung aufgrund des allgemeinen **Günstigkeitsvergleichs** nach § 13 Abs. 1 Satz 3 eintreten. Das gleiche gilt z. B. auch in dem Falle, in dem ein Arbeitgeber in seinem Betrieb einen fremden Tarif vereinbart, weil ein Tarif für seinen Betrieb gar nicht vorhanden ist. Das kommt heute zwar selten vor, ist aber doch möglich. Auch dann tritt die Vorrangwirkung nicht ein, sondern der Günstigkeitsvergleich des § 13 Abs. 1 Satz 3 entscheidet über die Zulässigkeit der vom Gesetz abweichenden Regelung. **35**

c) Wirkung der Vereinbarung

Die Wirkung einer Vereinbarung der Arbeitsvertragsparteien nach § 13 Abs. 1 Satz 2 werden nicht einheitlich beurteilt. Es wird angenommen, daß die Bezugnahme auf den einschlägigen Tarifvertrag echte Tarifgebundenheit begründet (vgl. *v. Hoyningen-Huene*, RdA 1974, 133ff., der die Auffassung vertritt, insoweit liege damit wieder die Rechtslage vor, wie sie zur Zeit der TVVO 1918 bestanden habe). Von anderen wird die Ansicht vertreten, die übernommenen Urlaubsregelungen folgten allein dem Einzelarbeitsvertragsrecht, seien weder unabdingbar, noch unverzichtbar und unterlägen nicht dem Verbot des § 4 Abs. 4 Satz 2 TVG (*Boldt/Röhsler*, § 13 Anm. 39; *Dersch/Neumann*, § 13 Anm. 27; *Siara*, § 13 Anm. 4d). Beiden Ansichten kann nicht gefolgt werden. **Tarifgebundenheit** **36** i.S.d. § 3 TVG kann nach der Entstehunggeschichte des TVG – nach *Herschel* (DB 1969, 662) hat es der Gesetzgeber auf Wunsch der Gewerkschaften bewußt abgelehnt, eine der TVVO 1918 entsprechende Regelung im Gesetz zu verankern – **nicht begründet werden** (vgl. dazu auch *Wiedemann/Stumpf*, § 3 TVG Anm. 84f.).

37 Die Auffassung, die Tarifvertragsnormen unterliegen voll dem Einzelarbeitsvertragsrecht, so daß der Arbeitnehmer auf einzelne Ansprüche verzichten kann und diese nach allgemeinen Grundsätzen der Verwirkung unterliegen, ist mit dem Wesen der Zulassungsnorm des § 13 Abs. 1 nicht vereinbar. Der Gesetzgeber läßt in einem bestimmten Umfang und unter bestimmten Voraussetzungen Abweichungen von dem sonst zwingenden Gesetzesrecht zu. **Alle diejenigen, die sich der tariflichen Urlaubsregelung »unterstellt« haben, sollen von der sonst zwingenden gesetzlichen Urlaubsregelung befreit sein.** Das zwingende Gesetz weicht vor der in Bezug genommenen tariflichen Regelung zurück. Daraus folgt, daß die durch Vertrag an der Zulassungswirkung Teilnehmenden nicht von vornherein Teile der Tarifnormen abdingen können. Geschieht dies, so tritt die Zulassungswirkung nicht ein.

38 **Die tarifliche Urlaubsregelung muß also als Ganzes übernommen werden**. Sie gilt dann für die Arbeitsverhältnisse als **Mindestregelung**, d.h. der Arbeitnehmer kann wirksam auf Einzelansprüche nicht verzichten. Auch die Verwirkung der Ansprüche ist ausgeschlossen. Andernfalls könnte der Arbeitnehmer mit Hilfe der bürgerlichen Institute des Verzichts- und Erlaßvertrages um die Vorteile der tariflichen Regelung gebracht werden, während er die Nachteile hinnehmen müßte (so *Schnorr*, AuR 1963, 193; *Gaul/Boewer*, Probleme des Urlaubsrechts, S. 143; ebenso wohl auch *Wiedemann/Stumpf*, § 4 Anm. 111, die davon ausgehen, daß dem Arbeitnehmer der Schutz der tariflichen Ordnung zustehe, sofern der Arbeitgeber diese Erwartung des Arbeitnehmers nicht durch einen entsprechenden Hinweis zerstöre). Gerade um diese Gleichstellung im Rahmen des § 13 Abs. 1 Satz 2 geht es. Nur wenn sie erfolgt, weicht das zwingende Gesetz zurück. Mit der Ordnung muß auch der Schutz verbunden sein, den sie den ihr Unterworfenen nach ihrem Wesen gewährt.

39 Die Rechtsprechung hat sich mit der Frage der Rechtswirkung der Bezugnahme auf eine einschlägige tarifliche Urlaubsregelung nach § 13 Abs. 1 Satz 2 noch nicht ausdrücklich befaßt. In der Entscheidung des *BAG* vom 15. 2. 1965 (AP Nr. 6 zu § 13 BUrlG mit Anm. von *Wiedemann*) wurde angedeutet, eine Vereinbarung nach § 13 Abs. 1 Satz 2 BUrlG würde die **fehlende Tarifbindung** ersetzen. Die Entscheidung des *BAG* vom 21. 7. 1978 (EzA § 7 BUrlG Nr. 20 = AP Nr. 5 zu § 13 BUrlG Unabdingbarkeit mit Anm. von *Herschel*) nimmt zu der Streitfrage keine Stellung, weil nach dem Sachverhalt eine Übernahme der tariflichen Urlaubsregelung gemäß § 13 Abs. 1 Satz 2 nicht vorlag.

40 Die Arbeitsvertragsparteien können die Bezugnahme auf die einschlägige tarifliche Urlaubsregelung jederzeit mit Wirkung für die Zukunft wieder aufheben (vgl. *Dersch/Neumann*, § 13 Anm. 20; *Natzel*, § 13 BUrlG Anm. 39; *Schnorr*, AuR 1963, 198). Es gilt dann die gesetzliche Urlaubsregelung. Der Verzicht auf einen einzelnen Anspruch hat diese Wirkung in aller Regel nicht. Es müssen Anhaltspunkte dafür vorliegen, daß die Arbeitsvertragsparteien die **»Rechtswahl«** künftig wieder aufgeben wollen.

d) Bezugnahme auf einen nachwirkenden Tarifvertrag

41 Besteht der Vorrang eines nur noch nachwirkenden Tarifvertrages weiter, so bleibt dieser auch erhalten für alle Arbeitsverhältnisse, die ihm noch zur Zeit der vollen Tarifgeltung durch Vereinbarung unterstellt worden sind. Das eine bedingt das andere. Fraglich ist jedoch, ob **auch noch im Zeitpunkt der Nachwirkung die Rechtswahl vorgenommen werden kann**. Ist vom Vorrang des nachwirkenden Tarifvertrages auszugehen, so kann man ihn als tarifliche Regelung zum Zwecke der Rechtsunterstellung durch Vereinbarung nicht ausschließen. Andernfalls würde der Zweck des § 13 Abs. 1, in den Betrieben möglichst eine einheitliche Regelung in urlaubsrechtlichen Fragen für alle Arbeitnehmer zu schaffen, nicht erreicht werden können. Jede andere Lösung führt zu einer Gruppenbildung in der Belegschaft der Betriebe, deren Vermeidung gerade der Anlaß zur Schaffung der Zulassungsnorm war (*BAG* v. 27. 6. 1978, EzA § 13 BUrlG Nr. 13 = AP Nr. 12 zu § 13 BUrlG mit zust. Anm. von *Wiedemann*; ebenso *Dersch/Neumann*, § 13 Anm. 12; *Siara*, § 13 Anm. 2g; **a.A.** vormals *BAG* v. 25. 2. 1965, AP Nr. 6 zu § 13 BUrlG mit Anm. von *G. Hueck*).

42 Schwierigkeiten bereiten die Fälle, in denen **tarifgebundene Arbeitgeber und Arbeitnehmer ein Arbeitsverhältnis erst nach Ablauf des Tarifvertrages schließen**. Nach der bisherigen Rechtsprechung sollen die Rechtsnormen eines abgelaufenen Tarifvertrages nur **»nachwirken«**, d.h. mit den Wirkungen des § 4 Abs. 5 TVG weitergelten, wenn sie einmal zuvor als wirksames Tarifrecht gegolten haben (vgl. *BAG* v. 29. 1. 1975, EzA § 4 TVG Nachwirkung Nr. 3 = AP Nr. 8 zu § 4 TVG Nachwirkung; **a.A.** d.h. die Nachwirkung des Tarifvertrages erstreckt sich auch **ohne dahingehende Vereinbarung** auf alle Arbeitsverhältnisse tarifgebundener Arbeitgeber und Arbeitnehmer, die im Nachwirkungszeitraum begründet werden, sofern die Arbeitsvertragsparteien die Geltung der Tarifvertragsbestimmungen, das ist nach ihrem nur dispositiven Charakter zulässig – **nicht ausgeschlossen haben**, *Wiedemann*, Anm. AP Nr. 12 zu § 13 BUrlG; *Wiedemann/Stumpf*, § 4 Anm. 186; *Buchner*, Anm. AR-Blattei, Tarifvertrag IV, Entscheidung 12; *Lieb*, Schwerpunkte, S. 103). Daraus folgt die Notwendigkeit der Vereinbarung des nachwirkenden Tarifvertrages auch zwischen tarifgebundenen Arbeitgebern und Arbeitnehmern (*BAG* v. 27. 6. 1978, EzA § 13 BUrlG Nr. 13 = AP Nr. 12 zu § 13 BUrlG; **a.A.** *Wiedemann*, Anm. AP Nr. 12 zu § 13 BUrlG; *Wiedemann/Stumpf*, § 4 Anm. 186, m.w.N.). In der Praxis werden durch die Streitfrage, der hier im einzelnen nicht nachgegangen werden soll, Schwierigkeiten kaum auftreten, da die Arbeitgeber in aller Regel mit den neu eintretenden Arbeinehmern ohne Rücksicht auf ihre Tarifgebundenheit die Anwendung der tariflichen Regelung vereinbaren, mindestens dann, wenn sie selbst tarifgebunden sind.

e) Bezugnahme auf die tarifliche Urlaubsregelung durch Betriebsvereinbarung

43 In der Praxis ist die Übung verbreitet, Betriebsvereinbarungen abzuschließen, in denen für alle Arbeitnehmer des Betriebes die Regelung des für den Betrieb anwendbaren Tarifvertrages übernommen wird. Namentlich in Großbetrieben, in denen vielfach ein besonderer Einzelarbeitsvertrag mit den Arbeitnehmern nicht abgeschlossen wird, versucht man auf diese Weise einheitliches Recht für alle Arbeitnehmer zu schaffen. Fraglich ist, ob auf diese Weise auch die Vorrangwirkung des § 13 Abs. 1 für die Arbeitsverhältnisse eintritt, deren Inhalt durch die Betriebsvereinbarung bestimmend wird. Im Gegensatz zu einigen Landesurlaubsgesetzen, die die Vorrangwirkung auch für die Betriebsvereinbarung ausdrücklich bestimmten (z.B. § 10 Abs. 2 UrlG NRW), hat das BUrlG diese Regelung nicht übernommen. Damit hat der Gesetzgeber ein Zurückweichen des zwingenden Urlaubsrechts gegenüber der Betriebsvereinbarung nicht eingeräumt. Dennoch hat man zu der Vorschrift des § 59 BetrVG 1952 überwiegend anerkannt, die einschlägige tarifliche Urlaubsregelung könne auch durch Betriebsvereinbarung übernommen werden. Diese Auffassung läßt sich nach § 77 Abs. 3 BetrVG 1972 nicht mehr aufrechterhalten. Danach sind Betriebsvereinbarungen, durch die tarifliche Regelungen betreffend materieller Arbeitsbedingungen übernommen werden, grundsätzlich unzulässig (vgl. *Dietz/Richardi*, § 77 BetrVG 1972 Anm. 220; *Fitting/Auffarth/Kaiser/Heither*, § 77 BetrVG Anm. 52; *Natzel*, § 13 BUrlG Anm. 43; **a.A.** *Hess/Schlochauer/Glaubitz*, § 77 BetrVG Anm. 89; *Stege/Weinspach*, § 77 BetrVG Anm. 21). **Ziel der gesetzlichen Regelung war es, eine »Allgemeinverbindlicherklärung« des Tarifvertrages auf der Betriebsebene auszuschließen** (vgl. *Dietz/Richardi*, § 77 Anm. 221, m.w.N.). Damit ist die Übernahme der einschlägigen tariflichen Urlaubsregelung durch Betriebsvereinbarung nur dann möglich, wenn der Tarifvertrag eine Öffnungsklausel enthält, die es gestattet, die Urlaubsregelung durch Tarifvereinbarung zu übernehmen.

7. Abweichungen durch Einzelarbeitsvertrag

44 Durch Einzelarbeitsvertrag kann von den Bestimmungen des BUrlG **nicht zuungunsten des Arbeitnehmers** abgewichen werden (§ 13 Abs. 1 Satz 3). Bei der Abwägung, ob die Regelung des Einzelarbeitsvertrages günstiger ist als die gesetzliche, sog. **Günstigkeitsvergleich**, ist allein auf den in Betracht kommenden Arbeitnehmer abzustellen, nicht aber eine Gesamtabwägung zwischen den für alle Arbeitnehmer geltenden Vereinbarungen und dem Gesetz vorzunehmen (vgl. *BAG* v. 8. 10. 1958, AP Nr. 1 zu Art. 7 UrlG Bayern; *BAG* v. 25. 11. 1958 und v. 20. 7. 1961, AP Nrn. 1, 3 zu § 10 UrlG Hamburg; *Dersch/Neumann*, § 13 Anm. 31, m.w.N.).

45 Der Vergleich ist auch nicht zwischen der gesamten Urlaubsregelung des Einzelarbeitsvertrages und den gesamten gesetzlichen Bestimmungen zu ziehen. Das wäre praktisch kaum durchführbar. Andererseits hat die Rechtsprechung aber früher den **Einzelvergleich**, d.h. den Vergleich jeweils nur der einzelnen korrespondierenden Bestimmungen abgelehnt – sog. **Rosinentheorie** – (vgl. *BAG* v. 25. 11. 1958 und v. 20. 7. 1961, AP Nrn. 1, 3 zu § 10 UrlG Hamburg). Die Rechtsprechung, namentlich das *BAG* in ständiger Rechtsprechung, hat den Günstigkeitsvergleich als **Gruppenvergleich** vorgenommen, und die in einem inneren Zusammenhang stehenden einzelvertraglichen und gesetzlichen Urlaubsbestimmungen einander gegenübergestellt (vgl. *BAG* v. 15. 3. 1962, AP Nr. 1 zu § 6 UrlG Niedersachsen; *BAG* v. 25. 11. 1958, AP Nr. 1 zu § 10 UrlG Hamburg). Dabei verdient aber hervorgehoben zu werden, daß das *BAG* neuerdings – seit dem Urteil vom 20. 7. 1961 (AP Nr. 3 zu § 10 UrlG Hamburg) – von einer gewissen komplexen Schau ausgeht, die die in einem inneren Zusammenhang stehenden Bestimmungen sinnvoll verbindet und gegeneinander abwägt. Es wird stark betont, daß ein Arbeitnehmer diese Frage nicht unter dem besonderen Gesichtspunkt wie der Urlaub in einzelner Beziehung – z.B. hinsichtlich der Frage der Wartezeit – ausgestaltet ist, betrachte, sondern darauf entscheidend abstelle, ob er sich insgesamt nach der gesetzlichen oder vertraglichen bzw. tariflichen Regelung besserstehe. Dabei lege die Anschauung des Arbeitslebens das entscheidende Gewicht auf die Länge des Urlaubs und seine Bezahlung. Der Günstigkeitsvergleich könne sich nicht auf Urlaubselemente im einzelnen erstrecken, sondern müsse sich daran ausrichten, was ein Arbeitnehmer, der die Wahl hätte, sich für eine gesetzliche oder eine arbeitsvertragliche bzw. tarifliche Regelung zu entscheiden, nach vernünftigen Gesichtspunkten insgesamt als die günstigere Regelung bezeichnen würde. Dabei ist betont worden, daß keine Regelung als günstiger angesehen werden kann, die die gesetzlich vorgeschriebene Mindesturlaubslänge und das Lebensstandardprinzip beeinträchtigt.

46 Das *BAG* hat in einer Entscheidung vom 10. 2. 1966 (AP Nr. 1 zu § 13 BUrlG Unabdingbarkeit mit Anm. von *Witting*) erkannt, der **Wortlaut des § 13 Abs. 1 Satz 3 schließe einen Günstigkeitsvergleich in Gestalt einer Gruppenabwägung vollständig aus**. Nachdem durch das Heimarbeitsänderungsgesetz vom 29. 10. 1974 (BGBl. I S. 2879) allein § 7 Abs. 2 Satz 2 von dem Erfordernis der Günstigkeitsabwägung ausgenommen wurde, spricht dies wohl für die Anerkennung des Einzelvergleichs, wie er auch im Verhältnis Gesetz zu Tarifvertrag außerhalb des Vorrangsprinzips anerkannt ist (vgl. *Dersch/Neumann*, § 13 Anm. 36ff; *Boldt/Röhsler*, § 13 Anm. 61, 62; *Natzel*, § 13 Anm. 48; *Schelp/Herbst*, § 13 Anm. 26, 27; *Siara*, § 13 Anm. 3a; **a.A.** *Borrmann*, § 13 Anm. 6; *Wiedemann/Stumpf*, § 4 Anm. 252). Mit anderen Worten, es müssen die einzelnen Tarifregelungen über Erfüllung der Wartezeit, Teilurlaub, Übertragbarkeit des Urlaubs, Abgeltung des Urlaubs etc. jeweils für sich betrachtet werden, sie können nicht zusammenhängend ins Verhältnis zum BUrlG gesetzt werden (*BAG* v. 8. 3. 1984, EzA § 13 BUrlG Nr. 18 = AP Nr. 15 zu § 13 BUrlG = EzBAT § 48 BAT Nr. 1; *BAG* v. 21. 3. 1985 und v. 10. 2. 1987, EzA § 13 BUrlG Nrn. 23, 31 = AP Nr. 11, 12 zu § 13 BUrlG Unabdingbarkeit).

47 Die einzelvertragliche Regelung ist nur unwirksam, wenn sie ungünstiger ist als das Gesetz. Dann tritt anstelle der arbeitsvertraglichen Regelung das BUrlG. **Muß die arbeitsvertragliche Regelung als gleichwertig angesehen werden,** ist sie weder günstiger noch ungünstiger, **dann bleibt sie gültig**. Das ist z.B. der Fall, wenn statt der Urlaubszwölftelung im Ein- oder Austrittsjahr das Stichtagsprinzip vereinbart wird (vgl. *Boldt/Röhsler*, § 13 Anm. 67; *Natzel*, § 13 BUrlG Anm. 49), oder wenn die Arbeitsvertragsparteien, wie es in der Praxis häufig geschieht, ausdrücklich oder stillschweigend vereinbaren, daß für Angestellte das Urlaubsentgelt nicht vor Antritt des Urlaubs gezahlt wird, sondern das Gehalt an den jeweiligen Fälligkeitsterminen. Diese Regelung dürfte weder günstiger noch ungünstiger sein als die gesetzliche, da der Angestellte auf die Gehaltszahlung an den üblichen Fälligkeitsterminen eingestellt ist (*Natzel*, a.a.O.). Es handelt sich im Hinblick auf die allgemein übliche bargeldlose Lohn- und Gehaltszahlung um eine zulässige andersartige Parteiabrede. Gleiches gilt, wenn für Arbeiter die Zahlung eines festen Monatslohnes einzelvertraglich vereinbart oder in Ausfüllung eines Tarifvertrages durch Betriebsvereinbarung festgesetzt wird.

48 Der Günstigkeitsvergleich ist in allen Fällen auf den **Beginn des Urlaubsjahres** zu beziehen (*Boldt/Röhsler*, § 13 BUrlG Anm. 64; *Natzel*, § 13 BUrlG Anm. 50). Zutreffend weisen *Dersch/Neumann* (§ 13 Anm. 39) darauf hin, daß die Abwägung anderenfalls je nach den zufälligen, verschiedenen im Laufe des Urlaubsjahres anfallenden Ereignissen unterschiedlich sein könne (vgl. *BAG* v. 25. 11. 1958 und v. 20. 7. 1961, AP Nrn. 1, 3 zu § 10 UrlG Hamburg).

49 Die Unabdingbarkeit des Urlaubs hat desweiteren die Folge, daß der Arbeitnehmer **über seinen gesetzlichen Mindesturlaub weder durch Erlaßvertrag noch**

durch ein negatives Schuldanerkenntnis verfügen noch in einem außergerichtlichen Vergleich auf ihn verzichten kann (*BAG* v. 31. 5. 1990, EzA § 13 BUrlG Nr. 49). Für den gerichtlichen Vergleich gilt nichts anderes (*BAG* v. 21. 7. 1978, EzA § 7 BUrlG Nr. 20 = AP Nr. 5 zu § 13 BUrlG Unabdingbarkeit; **a. A.** *Boldt/Röhsler*, § 1 BUrlG Rz. 96). Kein unzulässiger Verzichtsvergleich liegt vor, wenn die Parteien eine (objektive oder subjektive) Ungewißheit über die tatsächlichen Voraussetzungen des Anspruchs im Wege des gegenseitigen Nachgebens vertragsmäßig beseitigen (sog. **Tatsachenvergleich**). Für den unabdingbaren Lohnfortzahlungsanspruch nach § 1 LFZG hat die Rechtsprechung den Tatsachenvergleich ausdrücklich zugelassen (*BAG* v. 21. 12. 1972, EzA § 9 LFZG Nr. 2 = AP Nr. 1 zu § 9 LFZG; *BAG* v. 20. 8. 1980, EzA § 9 LFZG Nr. 6 = AP Nr. 12 zu § 6 LFZG). Was für unabdingbare Lohnfortzahlungsansprüche im Krankheitsfalle gilt, muß auch auf Urlaubs- und Abgeltungsansprüche angewendet werden können (*Berscheid*, HzA, Gruppe 4, Rz. 275).

50 Für nichttarifgebundene Arbeitsvertragsparteien kann die **Ausschlußfrist** für den Urlaubsanspruch auch durch einzelvertragliche Bezugnahme auf eine entsprechende Bestimmung des einschlägigen Tarifvertrages wirksam vereinbart werden (*BAG* v. 5. 11. 1963, AP Nr. 1 zu § 1 TVG Bezugnahme auf Tarifvertrag). Im übrigen soll der gesetzliche Urlaubsanspruch weder durch Einzelvertrag (*BAG* v. 5. 4. 1984, EzA § 13 BUrlG Nr. 19 = AP Nr. 16 zu § 13 BUrlG) noch durch Betriebsvereinbarung (*Natzel*, § 1 BUrlG Anm. 81) an eine Ausschlußfrist geknüpft werden können. Richtig ist, daß die Vereinbarung nicht so ausgestaltet sein darf, daß sie **zu einer den Gesetzzweck gefährdenden Erschwerung der Geltendmachung** des unabdingbaren Urlaubsanspruchs führt und damit den Freizeit- oder Abgeltungsanspruch selbst gefährdet (*Preis*, ZIP 1989, 885, 891).

8. Abweichungen durch Betriebsvereinbarungen

51 Von den Bestimmungen des BUrlG kann durch Betriebsvereinbarung **nicht zuungunsten des Arbeitnehmers** abgewichen werden. Die Unabdingbarkeit greift hier ebenso Platz wie gegenüber einer einzelvertraglichen Regelung. Es ist also nur möglich, **zugunsten des Arbeitnehmers** vom Gesetz abzuweichen. Für den vorzunehmenden Günstigkeitsvergleich gelten hier die gleichen Grundsätze, die oben für den Einzelarbeitsvertrag entwickelt worden sind.

52 Zu beachten ist, daß nach § 77 Abs. 3 BetrVG 1972 Betriebsvereinbarungen über Urlaubsfragen weitgehend unzulässig sind. Soweit Urlaubsregelungen in **Tarifverträgen enthalten sind oder dort üblicherweise geregelt werden**, können sie nicht Gegenstand einer Betriebsvereinbarung sein, es sei denn, der Tarifvertrag läßt den Abschluß ergänzender Betriebsvereinbarungen ausdrücklich zu. Im Geltungsrahmen der **Sperrwirkung des Tarifvertrages** (vgl. dazu *Dietz/Richardi*, § 77 Anm. 190ff.; *BAG* v. 13. 8. 1980, EzA § 77 BetrVG 1972 Nr. 8 = AP Nr. 2 zu § 77 BetrVG 1972), gilt das **Günstigkeitsprinzip** für das Verhältnis Tarifvertrag zur Betriebsvereinbarung **nicht**. Die Betriebsvereinbarung ist ohne Rücksicht darauf, ob sie günstiger oder ungünstiger ist als der Tarifvertrag, nichtig. Es stellt sich die Frage, ob die Bestimmungen einer nichtigen Betriebsvereinbarung individualrechtlich Geltung erlangen können (vgl. dazu *Dietz/Richardi*, § 77 BetrVG Anm. 226; *Stege/Weinspach*, § 77 BetrVG Anm. 21; *BAG* v. 13. 8. 1980, EzA § 77 BetrVG 1972 Nr. 8 = AP Nr. 2 zu § 77 BetrVG 1972).

III. Ausnahmen vom Vorrangprinzip

53 Die **Gestaltungsfreiheit der Tarifvertragsparteien** im Rahmen des § 13 Abs. 1 Satz 1 findet ihre **Grenze an den untastbaren Grundsatzvorschriften** der §§ 1, 2, 3 Abs. 1 BUrlG 1963 bzw. 3 Satz 1 BUrlG 1990; sie beschränkt sich auf die Schaffung abweichender Regelungen zu § 3 Abs. 2, §§ 4ff. Hier kann es aber sein, daß die Tarifvertragsparteien bei der vom Gesetz abweichenden Regelung dieser Fragen durch Tarifvertrag über den nach der gesetzlichen Aufteilungsordnung dem betreffenden Paragraphen zugedachten Gegenstand hinaus- und in die des § 1 und § 3 Abs. 1 BUrlG 1963 bzw. § 3 Satz 1 BUrlG 1990 (mittelbar) hineingreifen. Um über diese Gefahr näheres sagen zu können, bedarf es einer **Abgrenzung der Regelungsgegenstände und -bereiche der vorgenannten Grundsatznormen von denen der übrigen Vorschriften des BUrlG**. Dabei gilt folgender Grundsatz (vgl. *Witting*, BB 1964, 516, 517): Die §§ 1, 2, 3 Abs. 1 BUrlG 1963 bzw. § 3 Satz 1 BUrlG 1990 wollen den jährlichen Erholungsurlaub von 18 Werk- bzw. 20 Arbeitstagen nicht über die speziellen Regelungen der anderen Paragraphen hinaus festlegen, überlassen vielmehr die Regelung der Fragen, die Gegenstand der folgenden Paragraphen sind, voll und ganz diesen, schließen sie also aus ihrem eigenen Regelungsbereich aus. § 1 BUrlG garantiert demnach für jeden Arbeitnehmer grundsätzlich jährlich einen **»bezahlten Erholungsurlaub«**, und zwar von der in § 3 Abs. 1 BUrlG 1963 bzw. § 3 Satz 1 BUrlG 1990 genannten Dauer. Das **»grundsätzlich«** bedeutet in diesem Zusammenhang, daß die Forderung des § 1 sich nicht auf Einzelheiten in der Urlaubsausgestaltung und besonderen Gegebenheiten oder Fragen erstreckt, wie sie Regelungsgegenstände der übrigen Vorschriften des BUrlG sind (*Witting*, a.a.O.). Das wiederum hat zur Folge, daß – sofern die Regelung bestimmter Fragen nicht zum Regelungsbereich des § 1 zu rechnen ist – vom BUrlG abweichende tarifliche Regelungen nicht schon deshalb gegen § 1 verstoßen, weil sie im einen oder anderen Einzelfall zu einem ungünstigeren Ergebnis führen, als generell vom § 1 als vorgeschrieben anzusehen ist (*Witting*, a.a.O.). Im einzelnen gilt folgendes:

1. Günstigkeitsvergleich zwischen Bundesurlaubsgesetz und Tarifvertrag

54 Der Vorrang des Tarifvertrages gilt nicht gegenüber den Regelungsbereichen der §§ 1, 2, 3 Abs. 1 BUrlG 1963 bzw. § 3 Satz 1 BUrlG 1990. Insoweit kann auch durch einen Tarifvertrag von der gesetzlichen Urlaubsregelung nicht zuungunsten der Arbeitnehmer abgewichen werden. Es gilt aber das **Günstigkeitsprinzip**. Der Günstigkeitsvergleich erstreckt sich jedoch nur auf die Regelungen der §§ 1, 2, 3 Abs. 1 BUrlG 1963 bzw. § 3 Satz 1 BUrlG 1990. Es kann also keine Gesamtabwägung vorgenommen werden. Auch durch günstigere Regelungen im Tarifvertrag zu den in den §§ 4ff. enthaltenen Fragen kann der gesetzliche Mindesturlaub des § 1 nicht unterschritten werden. Gegenüberzustellen ist also die jeweilige Bestimmung im Gesetz und im Tarifvertrag (vgl. *Borrmann*, § 13 Anm. 4 und 6; *Dersch/Neumann*, § 13 Anm. 15; *Siara*, § 13 Anm. 2d; *BAG* v. 10. 2. 1966, AP Nr. 1 zu § 13 BUrlG Unabdingbarkeit mit abl. Anm. von *Witting*).

2. Unzulässigkeit eines mittelbaren Eingriffs in die urlaubsrechtlichen Grundnormen

55 Die kraft des Vorrangs der Tarifautonomie vereinbarte tarifliche Urlaubsregelung darf auch **nicht mittelbar gegen die zwingenden Bestimmungen** der §§ 1, 2 und 3 Abs. 1 BUrlG 1963 bzw. § 3 Satz 1 BUrlG 1990 **verstoßen** (ebenso *Boldt/Röhsler*, § 13 Anm. 14 und *Boldt* in: Festschrift Nipperdey, Bd. II, S. 17; *Borrmann*, § 13 Anm. 4; *Gaul/Boewer*, Probleme des Urlaubsrechts, S. 133; *Dersch/Neumann*, § 13 Anm. 16; **a. A.** *LAG Frankfurt* v. 7. 1. 1964, DB 1964, 959, 960). Dieser Grundsatz ist von der Rechtsprechung wiederholt bestätigt worden (vgl. z. B. *BAG* v. 10. 2. 1966, AP Nr. 1 zu § 13 BUrlG Unabdingbarkeit mit Anm. von *Witting*; *BAG* v. 20. 3. 1969, EzA § 11 BUrlG = AP Nr. 3 zu § 13 BurlG Unabdingbarkeit mit Anm. von *Thiele*; *BAG* v. 18. 6. 1980, EzA § 13 BUrlG Nr. 14 = AP Nr. 6 zu § 13 BUrlG Unabdingbarkeit; *BAG* v. 8. 10. 1981, EzA § 13 BurlG Nr. 15 = AP Nr. 3 zu § 47 BAT mit Anm. von *Boldt*; *BAG* v. 8. 3. 1984, EzA § 13 BUrlG Nr. 18 = AP Nr. 15 zu § 13 BUrlG = EzBAT § 48 BAT Nr. 1; *BAG* v. 10. 2. 1987, EzA § 13 BUrlG Nr. 31 = AP Nr. 12 zu § 13 BUrlG Unabdingbarkeit). Hier liegt die Schwierigkeit darin, die Grenzen des Vorrangs des Tarifvertrages zu bestimmen. Der Urlaubsanspruch ist in den §§ 4 bis 12 BUrlG in einer bestimmten Weise gestaltet worden. Dabei ging der Gesetzgeber im Grundsatz davon aus, daß diese Regelung dann nicht gelten solle, wenn die Tarifvertragsparteien an ihre Stelle eine andere Regelung setzen. Nun bleibt nicht aus, daß durch eine Veränderung der §§ 4 bis 12 mittelbar auch der in den §§ 1 bis 3 Abs. 1 BUrlG 1963 bzw. § 3 Satz 1 BUrlG 1990 zwingend festgelegte Urlaubsanspruch tangiert werden kann.

3. Verstoß gegen den Grundsatz des »bezahlten Erholungsurlaubs«

56 Nach der Ansicht des BAG ist durch § 1 nicht nur bestimmt, daß der Arbeitnehmer von seinen Arbeitspflichten für die Dauer des Urlaubs aufgrund des Urlaubsanspruchs freigestellt wird, sondern auch sichergestellt, daß der dem Arbeitnehmer zustehende Arbeitslohn trotz Nichtleistung der Arbeit während der Urlaubszeit weiterzuzahlen ist, der nach § 611 BGB bestehende Vergütungsanspruch für die Dauer der Urlaubszeit also nicht entfällt (*BAG* v. 8. 3. 1984, EzA § 3 BUrlG Nr. 14 mit abl. Anm. von *Buchner* = AP Nr. 14 zu § 3 BUrlG Rechtsmißbrauch mit krit. Anm. von *Glaubitz*). Aus § 11 Abs. 1 sei zu entnehmen, wie für die Urlaubszeit, insbesondere bei ungleichmäßigen Bezügen, die Vergütung zu berechnen sei. Diese Berechnung enthalte die gesetzliche Grenze für die Auslegung des Begriffs »bezahlt« i. S. d. § 1 BUrlG. Daraus sei zu folgern, daß die **Tarifvertragsparteien nicht befugt seien, für den gesetzlichen Mindesturlaub von der nach § 1 fortbestehenden Lohnzahlungspflicht abzuweichen**. Daran ändere nichts, daß § 11 in § 13 nicht genannt sei (*BAG* v. 25. 2. 1988, EzA § 8 BUrlG Nr. 2 mit abl. Anm. von *Schulin* = AP Nr. 3 zu § 8 BUrlG mit abl. Anm. von *Clemens* = EzBAT § 47 BAT Urlaubsvergütung Nr. 6 mit Abl. Anm. von *Berger-Delhey*). Die Tarifvertragsparteien seien jedenfalls nach § 13 Abs. 1 Satz 1 nicht befugt, durch tarifliche Regelungen den für den Urlaubszeitraum nach dem BUrlG fortzuzahlenden Lohn einem Arbeitnehmer völlig zu versagen. Deshalb sei § 47 Abs. 8 BAT i. d. F. d. 51. ÄndTV v. 20. 6. 1983 nichtig, weil er bestimme, daß Angestellte, die ohne Erlaubnis während des Urlaubs gegen Entgelt arbeiten, hierdurch den Anspruch auf die Urlaubsvergütung für die Tage der Erwerbstätigkeit verlören.

57 Die Entscheidung ist mit Recht auf **vielfache Kritik** gestoßen (vgl. die zahlreichen Nachweise bei *Dersch/Neumann*, § 8 BUrlG Anm. 11). § 1 legt als Grundsatz den Anspruch eines jeden Arbeitnehmers auf bezahlten Erholungsurlaub und in § 3 Abs. 1 BUrlG 1963 bzw. § 3 Satz 1 BUrlG 1990 die Mindestdauer von 18 Werktagen bzw. 20 Arbeitstagen jährlich fest. Nur insoweit darf nach § 13 Abs. 1 Satz 1 in Tarifverträgen nicht zuungunsten der Arbeitnehmer abgewichen werden. § 11 Abs. 1, der eine von mehreren möglichen Berechnungsmethoden für die Urlaubsvergütung festlegt, ist in die Unabdingbarkeitsklausel des § 13 Abs. 1 Satz 1 gerade nicht einbezogen, so daß tarifliche Abweichungen von § 11 Abs. 1 grundsätzlich zulässig sind, eben weil sich die Forderung des § 1 nach Aufrechterhaltung des bisherigen Lebenszuschnitts im Urlaub entsprechend ihrem allgemeinen Inhalt nicht auf jeden Einzelfall erstreckt (*Clemens*, Anm. AP Nr. 3 zu § 8 BUrlG). **Für Regelungen über die Bezahlung während des Urlaubs stehen mehrere Wege zur Verfügung**, wie sich etwa an den von den Tarifvertragsparteien zu regelnden Fragen der Weiterzahlung von Mehrarbeits- und Überstundenvergütung, Sonn- und Feiertagszuschlägen, Nachtdienstzulagen und Schmutzzulagen sowie von Auslösungen etc. zeigt, wo Abgeltung von Aufwand und Entgeltgesichtspunkte miteinander vermischt sein können (*Clemens*, a. a. O.). Darüber hinaus kann man den Tarifvertragsparteien nicht zumuten wollen, für den gesetzlichen Mindesturlaub und den tariflichen Mehrurlaub verschiedene Grundsätze für die Urlaubsvergütung festzulegen, zumal dies auch bei den Anwendern zu erheblichen praktischen Schwierigkeiten bei der Urlaubsabwicklung führen würde (*Clemens*, a. a. O.).

58 Sind die Tarifvertragsparteien nach dem Vorstehenden nur an den Grundsatz gebunden, daß jeder Arbeitnehmer in jedem Kalenderjahr einen unabdingbaren Urlaubsanspruch auf bezahlte Freizeit hat, so war in dem konkreten Rechtsstreit daher lediglich darüber zu entscheiden, ob hierzu auch die Weiterzahlung der Urlaubsvergütung bei Zuwiderhandlung gegen das Verbot einer dem Urlaubszweck widersprechenden Erwerbstätigkeit (§ 8 BUrlG) gehört. Das *BAG* (v. 25. 2. 1988, a. a. O.) ist selbst davon ausgegangen, daß sich aus § 1 allein ein solcher Anspruch nicht ableiten läßt. Es mußte daher die **Berechnungsmethode des § 11** in den Inhalt des § 1 einbeziehen, um so zu dem Schluß zu gelangen, daß der Rechtsgrund für eine bereits geleistete Zahlung der Urlaubsvergütung fortbesteht und deshalb ein Rückforderungsanspruch nach § 812 BGB ausscheidet. Abgesehen davon, daß § 11 nach der hier vertretenen Ansicht für Tarifverträge nicht gilt, ist nicht ersichtlich, inwiefern diese Berechnungsmethode eine Aussage über die Weiterzahlung der Urlaubsvergütung bei verbotswidriger anderweitiger Erwerbsarbeit enthalten soll, worauf *Clemens* (a. a. O.) bereits zutreffend hingewiesen hat.

59 Das BUrlG hat diese Frage vielmehr ungeregelt gelassen und sich auf die Normierung des Verbots selbst beschränkt, von dessen Beachtung ausgegangen werden konnte (*Clemens*, a. a. O., m. w. N.). Da das BUrlG lediglich ein kurzes Rahmengesetz ist, das gemäß der Forderung von *Dersch* (RdA 1960, 51) nur äußerste grundsätzliche Rechtsnormen enthält, gelten im übrigen die hergebrachten Grundsätze des Urlaubsrechts weiter, wie sie in den vor Inkrafttreten des BUrlG in Tarifverträgen normiert waren. Dazu zählt auch der Verlust der Urlaubsvergütung nach § 47 Abs. 8 BAT, der nicht erst durch den 51. ÄndTV vom 20. 6. 1983 eingefügt worden ist, wie man beim Lesen des Tatbestandes der Entscheidung des *BAG* vom 25. 2. 1988 (a. a. O.) meinen könnte, denn diese Vorschrift gilt seit dem Inkrafttreten des am 23. 2. 1961 abgeschlossenen BAT am 1. 4. 1961 (§ 74 BAT) unverändert. Sie normiert einen allgemeinen Grundsatz und bringt darin zum Ausdruck, ein Arbeitnehmer könne nicht ohne **Verstoß gegen Treu und Glauben** verlangen, daß eine zur Erholung gewährte Freizeit zu Lasten des Arbeitgebers und letztlich auch der Arbeitskollegen zu eigenem zusätzlichem Profit benutzt werde (*Clemens*, a. a. O.). Ein Arbeitsrecht, das zum gegenteiligen Ergebnis kommt, macht sich hinsichtlich seiner Funktion eines Arbeitnehmerschutzrechts unglaubwürdig, zumal dann, wenn in der gerichtlichen Entscheidung auf jedes Wort einer sozialpolitischen Rechtfertigung des Ergebnisses verzichtet wird, worauf bereits *Schulin* (Anm. EzA § 8 BUrlG Nr. 2) zutreffend hingewiesen hat. Jede andere Betrachtungsweise wäre auch unbillig, da der von einem Arbeitnehmer mit einem Dritten entgegen § 8 BUrlG für Zeiten des Urlaubs abgeschlossene Arbeitsvertrag als Verstoß gegen ein gesetzliches Verbot nach § 134 BGB nichtig anzusehen ist (*Berger-Delhey*, Anm. EzBAT § 47 BAT Urlaubsvergütung Nr. 6; **a. A.** *Diekhoff*, DB 1966, 1235 ff.).

4. Abgrenzung der Regelungsbereiche der unabdingbaren und abdingbaren Vorschriften

60 Die §§ 1, 2, 3 Abs. 1 BUrlG 1963 bzw. § 3 Satz 1 BUrlG 1990 überlassen die Regelung der Fragen, die Gegenstand der folgenden Paragraphen sind, voll und ganz diesen, schließen sie also aus ihrem eigenen Regelungsbereich mit der Folge aus, daß – sofern die Regelung bestimmter Fragen nicht zum Regelungsbereich des § 1 zu rechnen ist – vom BUrlG abweichende tarifliche Regelungen nicht schon deshalb gegen den Unabdingbarkeitsgrundsatz verstoßen, weil sie im einen oder anderen Einzelfall zu einem ungünstigeren Ergebnis führen, als generell vom § 1 als vorgeschrieben anzusehen ist (vgl. *Witting*, BB 1964, 516, 517). Eine **Grenze** ist den Tarifvertragsparteien nur dort gezogen, wo sich die **tarifliche Änderung** der §§ 4 bis 12 **im Kernbereich** der §§ 1 bis 3 Abs. 1 BUrlG 1963 bzw. des § 3 Satz 1 BUrlG 1990 **nachteilig für die Arbeitnehmer** auswirkt; dagegen sind bloße **»Randbeeinträchtigungen«** völlig **unschädlich** (*Thiele*, Anm. AP Nr. 9 zu § 5 BUrlG). Die Forderung des § 1 – Aufrechterhaltung des bisherigen Lebenszuschnitts im Urlaub – erstreckt sich nicht auf Einzelheiten in der Urlaubsausgestaltung und besonderen Gegebenheiten oder Fragen, wie sie Regelungsgegenstände der übrigen Vorschriften des BUrlG sind (*Witting*, a. a. O.). Dies gilt vor allem für die Regelungen der §§ 8 bis 10.

61 Deshalb ist z. B. die Bestimmung des § 23 Abs. 17 TV Arb Bundespost, nach der ein Arbeiter seine im Urlaub aufgetretene Erkrankung unverzüglich anzeigen muß, wenn er erreichen will, daß die Tage der Arbeitsunfähigkeit nicht auf den Urlaub angerechnet, sondern nachgewährt werden, auch insoweit wirksam, wie die Anzeigepflicht sich auf den gesetzlichen Mindesturlaub bezieht (*BAG* v. 15. 12. 1987, EzA § 9 BUrlG Nr. 13 = AP Nr. 9 zu § 9 BUrlG = EzBAT § 47 BAT Nr. 8). Obwohl in § 9 BUrlG ein solches Anzeigeerfordernis fehlt, steht § 13 BUrlG dieser tariflichen Regelung nicht entgegen, eben weil § 9 nicht in § 13 erwähnt und die Lösung dieser Frage nicht zum Regelungsgegenstand des § 1 zu rechnen ist. Der Entscheidung des *BAG* vom 15. 12. 1987 (a. a. O.) ist daher zuzustimmen; sie macht aber den **Wertungswiderspruch** zur Entscheidung des *BAG* vom 25. 2. 1988 (EzA § 8 BUrlG Nr. 2 mit abl. Anm. von *Schulin* = AP Nr. 3 zu § 8 BUrlG mit abl. Anm. von *Clemens* = EzBAT § 47 BAT Urlaubsvergütung Nr. 6 mit abl. Anm. von *Berger-Delhey*) deutlich: Im ersten Fall reicht eine Obliegenheitsverletzung zum Verlust des Urlaubsanspruchs, im zweiten Fall wird eine Vertragsverletzung mit dem Fortbestand des Anspruchs auf die Urlaubsvergütung »belohnt«!

5. Grenze der Regelungsfreiheit der Tarifvertragsparteien

62 Eine Grenze für die Regelungsfreiheit der Tarifvertragsparteien bildet das sog. **Lebensstandardprinzip**, das in § 1 verankert ist. Vereinbaren die Tarifvertragsparteien ein von § 11 abweichendes System der Berechnung des Urlaubsentgelts, so muß dieses dem Lebensstandardprinzip entsprechen (*Staudinger/Richardi*, § 611 BGB Anm. 883). Danach ist der Arbeitnehmer im Urlaub so zu stellen, daß er seinen bisherigen Lebensstandard aufrechterhalten kann (vgl. *BAG* v. 22. 6. 1956 und v. 13. 11. 1959, AP Nrn. 11, 54 zu § 611 BGB Urlaubsrecht jeweils mit Anm. von *Dersch*). Kein Tarifvertrag könnte also z. B. bei sog. **Prozentempfängern** bestimmen, daß sie im Urlaub nur den Garantielohn erhalten (vgl. *BAG* v. 2. 3. 1961, AP Nr. 3 zu § 1 UrlG Württemberg-Baden mit Anm. von *Nikisch*; *Boldt* in: Festschrift Nipperdey, Bd. II S. 18). Ebensowenig könnte ein Tarifvertrag vorsehen, daß ein Akkordarbeiter im Urlaub nur den Tariflohn erhält. Nicht zulässig wäre schließlich auch ein Tarifvertrag, der **alle Zulagen** schlechthin bei der Berechnung des Urlaubsentgelts unberücksichtigt lassen wollte (*Boldt/Röhsler*, § 13 Anm. 17; *Witting*, BB 1964, 516, 519). Das BAG hat keine Verletzung des Lebensstandardprinzips angenommen, wenn eine Tätigkeitszulage unberücksichtigt zu bleiben hat, die noch nicht länger als zwei Monate vor Urlaubsantritt gewährt worden ist (vgl. *BAG* v. 29. 11. 1962, AP Nr. 5 zu § 3 UrlG Niedersachsen). Darüber hinaus wurde kein Verstoß gegen das Lebensstandardprinzip angenommen, wenn der Tarifvertrag die Nichtberücksichtigung eines Nachtzuschlags bei der Urlaubsvergütung bestimmt (vgl. *BAG* v. 8. 10. 1981, EzA § 13 BUrlG Nr. 15 = AP Nr. 3 zu § 47 BAT mit zust. Anm. von *Boldt*).

63 In einer neueren Entscheidung vom 12. 1. 1989 (EzA § 11 BUrlG Nr. 28 = AP Nr. 13 zu § 47 BAT = EzBAT § 47 BAT Nr. 10) hat das *BAG* seine bisherige Rechtsprechung aufgegeben und meint nunmehr, mit der gesetzlichen Regelung der Weiterzahlung des Arbeitsentgelts in § 1 und der Festlegung der Berechnung in § 11 habe sich das Bedürfnis erledigt, das aus allgemeinen Erwägungen gewonnene Lebensstandardprinzip als Beurteilungsmaßstab für die Bemessung des Urlaubsentgelts heranzuziehen. Im Umfang des gesetzlichen Mindesturlaubs ergäben sich die Grenzen kollektivrechtlicher Regelungen damit nicht mehr aus dem Lebensstandardprinzip, sondern allein aus den §§ 1, 11. Es komme weder darauf an, ob die Tarifregelung noch im Einklang mit dem Lebensstandardprinzip stehe, noch ob sie insgesamt günstiger sei als die gesetzliche Urlaubsregelung. Die in § 1 geregelte Weiterzahlungspflicht des Arbeitsentgelts während des gesetzlichen Mindesturlaubs (**»Prinzip der Fortzahlung des bisherigen Arbeitsentgelts«**) sei nicht abdingbar, und zwar unabhängig davon, ob der Arbeitnehmer durch andere Leistungen gegenüber der gesetzlichen Regelung des BUrlG bessergestellt werde. Daher seien Tarifregelungen, die eine konkrete Minderung des Umfangs der Lohn- oder Gehaltsfortzahlungspflicht für die Dauer des gesetzlichen Mindesturlaubs vorsähen, rechtsunwirksam.

64 Gegen die Entscheidung des *BAG* vom 12. 1. 1989 (a.a.O.) bestehen die gleichen Bedenken wie gegen die Entscheidung des *BAG* v. 25. 2. 1988 (EzA § 8 BUrlG Nr. 2 mit abl. Anm. von *Schulin* = AP Nr. 3 zu § 8 BUrlG mit abl. Anm. von *Clemens* = EzBAT § 47 BAT Urlaubsvergütung Nr. 6 mit abl. Anm. von *Berger-Delhey*). Die Berechnungsmethode des § 11 Abs. 1 darf nicht in den Inhalt des § 1 einbezogen werden. **§ 11 ist in die Unabdingbarkeitsklausel** des § 13 Abs. 1 Satz 1 gerade **nicht einbezogen worden, so daß tarifliche Abweichungen** von § 11 Abs. 1 **grundsätzlich zulässig sind**, eben weil sich die Forderung des § 1 nach Aufrechterhaltung des bisherigen Lebenszuschnitts im Urlaub entsprechend ihrem allgemeinen Inhalt nicht auf jeden Einzelfall erstreckt (*Clemens*, Anm. AP Nr. 3 zu § 8 BUrlG). Für Regelungen über die Bezahlung während des Urlaubs stehen mehrere Wege zur Verfügung, insbesondere dann, wenn Abgeltung von Aufwand und Entgeltgesichtspunkte miteinander vermischt sein können (*Clemens*, a.a.O.). Wollte man dennoch dem BAG folgen, müßte man bei Annahme eines Verstoßes gegen den Grundsatz des »bezahlten Erholungsurlaubs« konsequenterweise sämtliche Regelungen des Tarifvertrages betreffend die Urlaubsvergütung für nichtig erklären. Mit anderen Worten, die nichtigen tariflichen Regelungen über die Urlaubsvergütung wären vollinhaltlich durch § 11 Abs. 1 zu ersetzen. Das wiederum würde bedeuten, daß dann auch kein zusätzliches, tarifliches Urlaubsgeld zu zahlen wäre.

65 Aber gerade diese Konsequenzen hat das BAG (a.a.O.) in den Fällen der Vergütungsberechnung nicht gezogen. Es geht aber nicht an, nach der sog. **Rosinentheorie** nur die jeweils für den Arbeitnehmer ungünstigen Tarifregelungen für rechtsunwirksam zu erklären und die günstigeren, zusätzlichen tariflichen Leistungen weiterbestehen zu lassen. Es ist daher weiterhin auf den althergebrachten Grundsatz des Urlaubsrechts, nämlich das Lebensstandardprinzip, abzustellen. Denn **der Arbeitnehmer soll während der Urlaubsfreizeit nicht schlechter, aber auch nicht besser gestellt werden, als wenn er in dieser Zeit gearbeitet hätte**. Das Ziel des Urlaubsgeldes liegt »also in der offenbaren Überlegung, daß er in Ruhe und ohne Unterhaltssorgen die Urlaubszeit wirklich zur Erholung ausnutzen kann« (*Dersch* in: Festschrift für Alfred Hueck, 1959, S. 81, 89). Mit anderen Worten, es ist ihm die Möglichkeit einzuräumen, unter Fortzahlung seines Arbeitsentgelts seine Arbeitskraft zu erhalten und wieder aufzufrischen (*Dersch*, RdA 1960, 51, 52). Dabei kann es nicht darauf ankommen, ob der Arbeitnehmer während der Urlaubszeit »auf Heller und Pfennig« genau den gleichen Betrag erhält wie während der Arbeitszeit, wenn eben nur der Grundgedanke des Gesetzes gewahrt bleibt (*Boldt*, Anm. AP Nr. 3 zu § 47 BAT). Bei der Beurteilung der Frage, ob eine tarifliche Regelung gegen das Lebensstandardprinzip verstößt oder nicht, müssen daher die **Gesamtwirkungen der Tarifregelung betreffend die Urlaubsvergütung** (Urlaubsentgelt und zusätzliches Urlaubsgeld) betrachtet werden. Eine Beurteilung allein nach dem Einzelfall oder nach einer bestimmten Gruppe von Fallgestaltungen ist nicht zulässig (vgl. *BAG* v. 29. 3. 1969, EzA § 11 BUrlG Nr. 4 = AP Nr. 3 zu § 13 Unabdingbarkeit; *BAG* v. 8. 10. 1981, EzA § 13 BUrlG Nr. 15 = AP Nr. 3 zu § 47 BAT mit zust. Anm. von *Boldt*).

6. Abweichende tarifliche Regelungen bezüglich der Wartezeit

66 Durch Tarifvertrag können nach § 13 Abs. 1 Satz 1 abweichende Vereinbarungen über die Wartezeit des § 4 auch zuungunsten der Arbeitnehmer getroffen werden. Es wird daher angenommen, daß die Wartezeit über sechs Monate hinaus verlängert werden könnte (*Boldt/Röhsler*, § 4 BUrlG Anm. 50; *Dersch/Neumann*, § 4 BUrlG Anm. 11; *Natzel*, § 4 BUrlG Anm. 46 und § 13 BUrlG Anm. 15; *Siara*, § 4 BUrlG Anm. 16). Dieser Ansicht kann nicht gefolgt werden, denn nach Art. 5 Nr. 2 IAO-Übereinkommen Nr. 132 darf die **Mindestdienstzeit = Wartezeit** sechs Monate nicht überschreiten. Es handelt sich hier um eine Verbotsnorm, die mit gleichem oder ähnlichem Wortlaut auch im BUrlG stehen könnte, so daß Art. 5 Nr. 2 IAO- Übereinkommen Nr. 132 unmittelbar anwendbares Recht enthält. Unzulässig wäre auch die Festlegung einer Wartezeit von sechs Monaten für jedes Urlaubsjahr erneut (*Dersch/Neumann*, a.a.O.). Gleiches gilt dann, wenn die Wartezeit mit einem Stichtag so zu koppeln, daß es dem Arbeitnehmer praktisch unmöglich wird, im Eintrittsjahr überhaupt einen Urlaubsanspruch zu erwerben, weil dadurch der unabdingbare Urlaubsanspruch selbst berührt wird (*Boldt/Röhsler*, § 4 BUrlG Anm. 49; *Dersch/Neumann*, § 4 BUrlG Anm. 11).

67 Sehen die Tarifvertragsparteien **vor Erfüllung der Wartezeit keinen Teilurlaub** vor, so erhält der vorher ausscheidende Arbeitnehmer keinen Urlaubsanspruch. Damit wird der jedem Arbeitnehmer nach § 1 zustehende Anspruch auf Erholungsurlaub mittelbar berührt, denn der Arbeitnehmer erhält z.B. für fünf Monate Arbeit keinen Tag Urlaub. Wechselt er den Arbeitgeber und bleibt er bei dem neuen Arbeitgeber wiederum nur fünf Monate, so ist es möglich, daß er im ganzen Urlaubsjahr keinen Urlaubsanspruch erwirbt. Dennoch hat das BAG diese Tarifregelungen über § 13 Abs. 1 hingenommen und keinen mittelbaren Verstoß gegen die zwingenden Vorschriften des BUrlG angenommen (vgl. *BAG* v. 3. 2. 1964, AP Nr. 4 zu § 13 BUrlG; *BAG* v. 25. 2. 1965, AP Nr. 5 zu § 13 BUrlG; *BAG* v. 5. 10. 1967, AP Nr. 10 zu § 13 BUrlG; *BAG* v. 27. 6. 1978, EzA § 13 BUrlG Nr. 13 = AP Nr. 12 zu § 13 BUrlG mit Anm. von *Wiedemann*). Begründet wird dies mit dem Hinweis, die Zubilligung von Teilurlaub vor erfüllter Wartezeit stelle keinen unverrückbaren, der Verfügungsmacht der Tarifvertragsparteien entzogenen Grundsatz des Urlaubsrechts dar. Deshalb ist sogar eine Tarifregelung zulässig, nach der Urlaubsansprüche nur dann entstehen, wenn das Beschäftigungsverhältnis mindestens sechs Monate bestanden hat, denn die Fälligkeit von Teilurlaubsansprüchen kann auf einen Zeitraum nach Ablauf der Wartefrist hinausgeschoben werden, die auch für den Erwerb des Vollurlaubs i.S.d. § 4 BUrlG vorgesehen ist (*BAG* v. 15. 12. 1983, EzA § 13 BUrlG Nr. 17 = AP Nr. 14 zu § 13 BUrlG). Zwar garantiert **Art. 4 Nr. 1 IAO-Übereinkommen Nr. 132** einem Arbeitnehmer, der nicht das ganze Kalenderjahr = Urlaubsjahres in einem Beschäftigungsverhältnis gestanden hat, einen Teilurlaub für dieses Jahr im Verhältnis zur Dauer seiner Dienstzeit während des Jahres, dennoch liegt **kein Verstoß** gegen diese Vorschrift vor, weil auch der Teilurlaub nach Art. 5 Nr. 1 IAO-Übereinkommen Nr. 132 von der Ableistung einer Mindestdienstzeit = Wartefrist abhängig gemacht werden kann. Diese Regelungen sind insbesondere für befristete Arbeitsverhältnisse mit Aushilfskräften von Bedeutung, die wegen der Kürze der Beschäftigungsdauer auch nicht in den Genuß des Kündigungsschutzes kommen (§ 1 Abs. 1 KSchG).

7. Abweichende tarifliche Teilurlaubsregelungen

68 Die Tarifvertragsparteien können das **Zwölftelungsprinzip** des § 5 Abs. 1 BUrlG ausschließen und dafür das sog. Stichtagsprinzip einführen (*Boldt/Röhsler*, § 5 BUrlG Anm. 64; *Dersch/Neumann*, § 5 BUrlG Anm. 31; *Natzel*, § 5 BUrlG Anm. 57). Ein Tarifvertrag kann auch festlegen, daß **im Ein- und Austrittsjahr** stets nur eine Zwölftelung eintritt, selbst wenn der Arbeitnehmer nach Erfüllung der Wartezeit in der zweiten Jahreshälfte ausscheidet (*Boldt/Röhsler*, a.a.O.; *Dersch/Neumann*, § 5 BUrlG Anm. 33; *Natzel*, § 5 BUrlG Anm. 57; *Siara*, § 5 BUrlG Anm. 13; **a.A.** *Schelp/Herbst*, § 13 Anm. 10). Da bei einer Zwölftelung der Urlaubsanspruch in **angemessener Beziehung zur tatsächlichen Arbeitsleistung** steht, liegt kein Verstoß gegen §§ 1 und 3 Abs. 1 BUrlG 1963 bzw. § 3 Satz 1 BUrlG 1990 vor (*BAG* v. 25. 2. 1965 = AP Nr. 5 zu § 13 BUrlG; *BAG* v. 23. 9. 1965, AP Nr. 1 zu § 5 BUrlG mit krit. Anm. von *Witting*, **a.A.** *BAG* v. 8. 3. 1984, EzA § 13 BurlG Nr. 18 = AP Nr. 15 zu § 13 BUrlG = EzBAT § 48 BAT Nr. 1; *BAG* v. 7. 11. 1985, EzA § 7 BUrlG Nr. 42 = AP Nr. 25 zu § 7 BUrlG Abgeltung; *BAG* v. 14. 3. 1989, EzA § 13 BUrlG Nr. 42). Das trifft auch dann zu, wenn der Arbeitnehmer nach erfüllter Wartezeit in der ersten Hälfte des Kalenderjahres aus dem Arbeitsverhältnis ausscheidet und sein Urlaubsanspruch durch den Tarifvertrag ausgeschlossen wird, wenn er unberechtigt vorzeitig aus dem Arbeitsverhältnis ausscheidet (**a.A.** *BAG* v. 18. 6. 1980, EzA § 13 BUrlG Nr. 14 = AP Nr. 6 zu § 13 BUrlG Unabdingbarkeit). Diese Abänderung der gesetzlichen Urlaubsregelung zum Nachteil der Arbeitnehmer ist zulässig (*Berscheid*, HzA, Gruppe 4, Rz. 177). Sie wird von den Tarifvertragsparteien durch § 13 Abs. 1 Satz 1 ausdrücklich gestattet und **entspricht auch Art. 4 Nr. 1 IAO-Übereinkommen Nr. 132**. Danach hat ein Arbeitnehmer, dessen Dienstzeit während eines bestimmten Jahres kürzer ist als die für den vollen Urlaub vorgeschriebene Gesamtjahresarbeitszeit, für dieses Jahr nur einen Anspruch auf bezahlten Urlaub im Verhältnis zur Dauer seiner Dienstzeit während dieses Jahres. Alle genannten Regelungen befassen sich nur mit den gesetzlichen in § 5 geregelten Fragen des Teilurlaubs bei Eintritt oder Ausscheiden aus einem Arbeitsverhältnis. Daß der Gesetzgeber für diese Fälle Grundsätzliches auch schon in den §§ 1 und 3 Abs. 1 BUrlG 1963 bzw. § 3 Satz 1 BUrlG 1990 hätte regeln wollen, kann – im Gegensatz zur Ansicht des *BAG* (v. 18. 6. 1980, EzA § 13 BUrlG Nr. 14 = AP Nr. 6 zu § 13 BUrlG Unabdingbarkeit) – nicht angenommen werden (wie hier *Witting*, BB 1964, 516, 518). Vielmehr kann der Teilurlaub soziologisch auf den Nenner gebracht werden, daß die Arbeitskraft des Arbeitnehmers angesichts nur kurzer, maximal die Wartezeit erreichender Beschäftigungsdauer auch nur einer kürzeren Erholungszeit zur Erhaltung bzw. Wiederauffrischung bedarf (*Dersch* in: Festschrift für Alfred Hueck, 1959, S. 81, 87/88).

8. Aufrechterhaltung des Ganztagsprinzips

69 Teilurlaubsansprüche, die sich nach § 5 Abs. 1 BUrlG ergeben, werden nach § 5 Abs. 2 BUrlG auf volle Urlaubstage aufgerundet, sofern sie mindestens einen halben Tag betragen. Bruchteile von weniger als einem halben Tag sind demnach abzurunden, wie dies 1977 auch in dem vom BMA herausgegebenen Entwurf eines Arbeitsgesetzbuches vorgesehen war (§ 63a E-ArbGB). Zwar schreibt § 5

Abs. 2 BUrlG die Abrundung von Bruchteilen von weniger als einem halben Tag nicht ausdrücklich vor, jedoch ergibt sich aber mit Rücksicht auf das dieser Vorschrift zu entnehmende **Ganztagsprinzip**, daß in diesem Fall abzurunden ist (*BAG* v. 28. 11. 1968 und v. 17. 3. 1970, EzA § 5 BUrlG Nr. 8 = AP Nr. 6 zu § 5 BUrlG mit zust. Anm. von *Meisel*; *BAG* v. 17. 3. 1970, EzA § 5 BUrlG Nr. 12 = AP Nr. 8 zu § 5 BUrlG mit Anm. von *Thiele*; **a. A.** neuerdings *BAG* v. 26. 1. 1989, EzA § 5 BUrlG Nr. 14 mit zust. Anm. von *Gans* = AP Nr. 13 zu § 5 BUrlG = EzBAT § 48 BAT Nr. 4 mit abl. Anm. von *Berger-Delhey*). Insoweit abgerundet wird, entsteht auch ein Bruchteil eines Urlaubsanspruches nicht, so daß diese Bruchteile weder entgolten noch abgegolten werden können (*Berscheid*, HzA, Gruppe 4, Rz. 197; *Siara*, § 5 BUrlG Anm. 9c; **a. A.** *BAG* v. 14. 2. 1991, EzA § 13 BUrlG Nr. 50, wonach der Arbeitnehmer Anspruch auf Gewährung der Bruchteile haben soll, es sei den, der Tarifvertrag schließe dies ausdrücklich aus). Die bisherige Rechtsprechung entspricht auch der Tarifpraxis (vgl. die Nachweise bei *Berscheid*, a. a. O., Rz. 198) und ist auch durch § 13 Abs. 1 Satz 1 BUrlG gedeckt (*Boldt/Röhsler*, § 5 BUrlG Anm. 64; *Natzel*, § 5 BUrlG Anm. 57; *Siara*, § 5 BUrlG Anm. 13; **a. A.** *Dersch/Neumann*, § 5 BUrlG Anm. 37). Diese Auf- und Abrundung von Bruchteilen des Urlaubsanspruches kann die Folge haben, daß ein Arbeitnehmer, der häufig seine Arbeitsstelle wechselt, mehr oder weniger Urlaubstage erhält als ihm gesetzlicher Mindesturlaub zusteht. Das muß in diesem Fall hingenommen werden (*BAG* v. 28. 11. 1968, EzA § 5 BUrlG Nr. 8 = AP Nr. 6 zu § 5 BUrlG mit zust. Anm. von *Meisel*). Hier besteht also **kein Anspruch auf »Urlaubsausgleich«** gegen den letzten Arbeitgeber im Urlaubsjahr. Ebensowenig muß sich der Arbeitnehmer den durch die Aufrundung entstehenden »Mehrurlaub« bei seinem letzten Arbeitgeber im Jahr anrechnen lassen (*Berscheid*, a. a. O., Rz. 199).

9. Rückforderung zuviel gezahlter Urlaubsvergütung

70 Die **Rückforderung der Urlaubsvergütung** (Urlaubsentgelt und zusätzliches Urlaubsgeld) ist von der Rechtsprechung grundsätzlich zugelassen worden, weil die Regelung des § 5 Abs. 3 zur Disposition der Tarifvertragsparteien gestellt sei (vgl. dazu *BAG* v. 9. 7. 1964 und v. 25. 2. 1965, AP Nrn. 1, 2, 5 zu § 13 BUrlG; *Boldt/Röhsler*, § 5 BUrlG Anm. 59; *Natzel*, § 5 BUrlG Anm. 58). Das BAG hat die »völlige Unabdingbarkeit« des Urlaubsanspruchs an ein einigermaßen ausgewogenes Verhältnis zwischen Urlaubsumfang und tatsächlicher Arbeitsleistung geknüpft (vgl. *BAG* v. 14. 2. 1966, AP Nr. 2 zu § 13 BUrlG Unabdingbarkeit mit zust. Anm. von *Witting*), so daß man nicht sagen kann, man wandele bezahlte nachträglich in unbezahlte Freizeit um (so aber *Dersch/Neumann*, § 5 BUrlG Anm. 49; *Siara*, § 5 BUrlG Anm. 14). Gerade diese Entscheidung zeigt, wie weitgehend die Rechtsprechung Ernst gemacht hat mit dem Vorrangprinzip der Tarifvertragsparteien. Der mittelbare Verstoß gegen die §§ 1 bis 3 Abs. 1 BUrlG 1963 bzw. § 3 Satz 1 BUrlG 1990 kann danach nur bejaht werden, wenn Grundprinzipien des Urlaubsrechts verletzt werden. Das ist bei Randbeeinträchtigungen gerade nicht der Fall, denn es darf keinen Unterschied ausmachen, ob der Arbeitnehmer die Urlaubsvergütung bereits vor Urlaubsantritt ausgezahlt bekommen hat oder ob dies noch nicht der Fall war. Hat der Arbeitnehmer nämlich für zuviel gewährte Urlaubstage die Urlaubsvergütung noch nicht erhalten, kann er sie auch nicht nachfordern (*BAG* v. 13. 11. 1959, AP Nr. 54 zu § 611 BGB Urlaubsrecht mit Anm. von *Dersch*), so daß tarifliche Zwölftelregelungen voll zu beachten sind. Die Tarifvertragsparteien können daher auch im einzelnen bestimmen, auf welche Art und Weise **irrtümlich zuviel gezahlte Urlaubsvergütung** zurückzuzahlen ist (*Boldt/Röhsler*, § 5 BUrlG Anm. 67; *Dersch/Neumann*, § 5 BUrlG Anm. 53).

10. Regelungen über den Ausschluß von Doppelansprüchen

71 Der **Ausschluß von Doppelansprüchen** nach § 6 Abs. 1 ist ein allgemeiner urlaubsrechtlicher Grundsatz (*BAG* v. 6. 11. 1969, EzA § 6 BUrlG Nr. 1 = AP Nr. 1 zu § 6 BUrlG mit Anm. von *Söllner*) und gilt daher nicht nur für den gesetzlichen Mindesturlaub, sondern auch für den nach Tarifvertrag, Betriebsvereinbarung oder Einzelarbeitsvertrag erhöhten Jahresurlaub, den sog. Mehrurlaub (*Dersch/Neumann*, § 6 BUrlG Anm. 6; *Siara*, § 6 BUrlG Anm. 5; **a. A.** *Boldt/Röhsler*, § 6 BUrlG Anm. 5; *Natzel*, § 6 BUrlG Anm. 4) sowie für jede Art von Zusatzurlaub (z. B. nach § 47 Satz 1 SchwbG). Häufig ist der Fall, daß der Arbeitnehmer in den beiden aufeinanderfolgenden Arbeitsverhältnissen einen Urlaubsanspruch hat, der den gesetzlichen Mindesturlaub von 18 Werktagen (§ 3 Abs. 1 BUrlG 1963) bzw. 20 Arbeitstagen (§ 3 Satz 1 BUrlG 1990) übersteigt. In diesen Fällen darf nicht bloß der (umgerechnete) gesetzliche Mindesturlaub angerechnet werden (*Siara*, § 6 BUrlG Anm. 5; **a. A.** *Boldt/Röhsler*, § 6 BUrlG Anm. 4; *Natzel*, § 6 BUrlG Anm. 38). Gleiches gilt, wenn der Arbeitnehmer bei dem einen Arbeitgeber Anspruch auf den gesetzlichen Mindesturlaub und bei dem anderen einen erhöhten (tariflichen) Urlaubsanspruch hat (*Dersch/Neumann*, § 6 BUrlG Anm. 7, 8; **a. A.** *Siara*, § 6 BUrlG Anm. 3, 4). Wegen weiterer Einzelheiten wird auf die Beispiele bei *Berscheid* (HzA, Gruppe 4, Rz. 246ff.) verwiesen.

11. Tarifliche Bestimmungen über die Urlaubsbescheinigung

72 Der neue Arbeitgeber hat gegen den Arbeitnehmer einen Anspruch auf Vorlage der ihm von dem früheren Arbeitgeber ausgestellten Urlaubsbescheinigung nach § 6 Abs. 2 (*Berscheid*, HzA, Gruppe 4, Rz. 261, m. w. N.). Der gesetzgeberische Zweck des § 6 Abs. 1 würde beeinträchtigt, wenn der neue Arbeitgeber von dem einzustellenden Arbeitnehmer nicht die **Vorlage der Urlaubsbescheinigung** verlangen könnte. Deshalb geht die Tarifpraxis dazu über, eine Vorlagepflicht ausdrücklich festzuschreiben (vgl. z. B. § 12 Nr. 6 Satz 3 MTV-Metall NW). Der Vorlagepflicht des Arbeitnehmers entspricht das Recht des neuen Arbeitgebers, die Vorlage der Urlaubsbescheinigung zu verlangen (*Berscheid*, a. a. O., m. w. N.). Solange der Arbeitnehmer die Urlaubsbescheinigung nicht beibringt, kann der Arbeitgeber die Gewährung des Urlaubs hinausschieben. Die Nichtvorlage der Urlaubsbescheinigung bewirkt zwar keine Anspruchsvernichtung, kann aber im Einzelfall tatsächlich sich dahin auswirken, daß ein etwaiger Urlaubsanspruch wegen Ablauf des Urlaubsjahres oder des Übertragungszeitraums verlorengeht (*Berscheid*, a. a. O., Rz. 262, m. w. N. über den Sach- und Streitstand).

12. Tarifregelungen für die Urlaubserteilung

73 § 7 Abs. 1 und 2 ist durch Tarifvertrag auch zuungunsten des Arbeitnehmers abdingbar. Die Tarifvertragsparteien können sowohl für die **zeitliche Festlegung des Urlaubs** als auch für seine **Teilung** andere Regeln aufstellen (*Natzel*, § 7 BUrlG Anm. 196) und somit das **Gebot der Wunschberücksichtigung** (*Staudinger/Richardi*, § 611 BGB Anm. 874) einschränken (vgl. zur Problematik der Urlaubsgewährung und des Schuldnerverzuges: *Plüm,* NZA 1988, 718ff.). Es kann deshalb auch bestimmt werden, daß für Angestellte an Theatern und Bühnen der Urlaub während der Theaterferien (Nr. 8 SR 2k BAT) und für Angestellte in Heimschulen oder Internatsschulen der Urlaub in der Regel nur während der Schulferien (Nr. 8 Abs. 2 SR 2b BAT) zu gewähren und zu nehmen ist. Für Angestellte als Lehrkräfte kann bestimmt werden, daß sich ihr Urlaubsanspruch nach den für beamtete Lehrer geltenden Bestimmungen richtet (Nr. 5 Abs. 1 SR 21 BAT) und deshalb ebenfalls in der Regel nur während der Schulferien gewährt und genommen werden kann. In den beiden vorgenannten Fällen übersteigen die Schulferien den sonst im öffentlichen Dienst üblichen tariflichen Urlaub bei weitem. Dennoch ist es als unzulässig anzusehen, für ferienbedingte Zeiten der Nichtbeschäftigung die Vergütung auszuschließen (*LAG Düsseldorf* v. 11. 6. 1990, LAGE § 611 BGB Nr. 4).

74 Im übrigen kann durch Tarifregelung bestimmten betrieblichen Gründen der Vorrang vor den Wünschen des Arbeitnehmers eingeräumt oder festgelegt werden, in welcher Reihenfolge Familienstand, Zahl der Kinder, Dauer der Betriebszugehörigkeit, Gesundheitszustand etc. als soziale Gesichtspunkte bei der zeitlichen Festlegung des Urlaubs zu berücksichtigen (*Boldt/Röhsler*, § 7 BUrlG Anm. 105) oder daß Freistellungswünsche einzelner Arbeitnehmer (z.B. wegen Eheschließung oder Niederkunft der Ehefrau) gegenüber **Urlaubswünschen anderer Arbeitnehmer** vorrangig sind. Diese und andere **Freistellungswünsche** sind nämlich in der Regel nicht (z.B. bei Beerdigung naher Angehöriger) oder nur selten (z.B. bei Umzug des Arbeitnehmers) verschiebbar (vgl. dazu näher *Berscheid*, HzA, Gruppe 4, Rz. 372). Es kann auch bestimmt werden, daß die Berufstätigkeit des Ehegatten zu beachten ist, wenn dieser an Betriebsferien eines anderen Unternehmens, an Schulferien (*ArbG Berlin* v. 13. 6. 1988, DV 1988, 2316) oder an die vorlesungsfreie Zeit (vgl. dazu *LAG Berlin* v. 20. 5. 1985, LAGE § 7 BUrlG Nr. 9) gebunden ist. Die von den Tarifvertragsparteien festgelegten Maßstäbe wirken sich auf das dem Betriebsrat nach § 87 Abs. 1 Nr. 5 BetrVG zustehende Mitbestimmungsrecht aus (*Natzel*, Anh. zu § 7 BUrlG Anm. 17). Ferner können durch Tarifvertrag die Voraussetzungen, unter denen eine **erfolgte Urlaubserteilung widerrufen** oder ein **Rückruf aus dem Urlaub** erfolgen darf, näher geregelt werden (*Boldt/Röhsler*, a.a.O.).

13. Tarifvertragliche Grundsätze der Urlaubsübertragung

75 Durch Tarifvertrag kann auch von den Grundsätzen der Übertragung des Urlaubs (§ 7 Abs. 3 BUrlG) sowohl zugunsten als auch zuungunsten der Arbeitnehmer abgewichen werden, da hiervon der Urlaubsanspruch im Urlaubsjahr selbst nicht berührt wird (*Boldt/Röhsler*, § 7 BUrlG Anm. 105, 107; *Dersch/Neumann*, § 7 BUrlG Anm. 97; *Natzel*, § 7 BUrlG Anm. 142; *Siara*, § 7 BUrlG Anm. 39). Dabei können die Gründe zur **Übertragung des Urlaubs**, das bei der Urlaubsübertragung zu beachtende Verfahren und die Folgen eines Verstoßes gegen die tariflichen Bestimmungen näher festgelegt werden. Der Urlaub ist grundsätzlich an das Urlaubsjahr gebunden (*BAG* v. 26. 6. 1969, EzA § 1 BUrlG Nr. 6 = AP Nr. 1 zu § 7 BUrlG Urlaubsjahr). Dennoch kann in Tarifverträgen über § 7 Abs. 3 Satz 2 hinaus bestimmt werden, daß der Urlaub ohne weiteres auf die ersten drei oder vier Monate des Folgejahres übergeht und in diesem Zeitraum in Freizeit verwirklicht (*BAG* v. 13. 2. 1979, EzA § 7 BUrlG Nr. 22 = AP Nr. 10 zu § 7 BUrlG Abgeltung mit zust. Anm. von *Herschel*) oder angetreten (*BAG* v. 31. 5. 1990, EzA § 13 BUrlG Nr. 48) oder lediglich geltend gemacht (*BAG* v. 13. 11. 1986, EzA § 7 BUrlG Nr. 47 = AP Nr. 26 zu § 13 BUrlG) werden muß, bei Zuwiderhandeln allerdings erlischt. Damit wird der Urlaubsanspruch selbst nicht berührt, sondern nur seine Bindung an das Urlaubsjahr verstärkt, also ein sog. **Horten des Urlaubs verhindert**.

76 Hat der Arbeitnehmer sich erfolglos um Urlaubsfreizeit bemüht, so wird, wenn über den Bestand des Arbeitsverhältnisses oder über das Bestehen des Urlaubsanspruchs ein längerer Rechtsstreit anhängig ist, durch die gegebenen Umstände der Übergang des Urlaubs auf einen späteren Zeitraum geradezu »erzwungen« (*BAG* v. 3. 2. 1971, AP Nr. 9 zu § 7 BUrlG Abgeltung mit Anm. von *Thiele*). Das gilt auch für den Fall der lang andauernden Arbeitsunfähigkeit des Arbeitnehmers (*BAG* v. 13. 11. 1969, EzA § 7 BUrlG Nr. 9 = AP Nr. 2 zu § 7 BUrlG Übertragung; **a.A.** *BAG* v. 13. 5. 1982, EzA § 7 BUrlG Nr. 25 = AP Nr. 4 zu § 7 BUrlG Übertragung mit abl. Anm. von *Boldt* = EzBAT § 47 BAT Geltendmachung/Verfall Nr. 11). Setzt eine Tarifnorm den Fall, daß der Urlaub »wegen Krankheit« nicht genommen werden konnte, den Fällen gleich, in denen der Urlaub »aus betrieblichen Gründen« nicht gewährt werden konnte oder dem Arbeitgeber gegenüber »erfolglos geltend gemacht« worden ist, **geht der Urlaub auf das übernächste Urlaubsjahr** über, wenn der Arbeitnehmer wegen lang andauernder Arbeitsunfähigkeit den einmal wirksam entstandenen und übertragenen Urlaub auch nicht bis zum 31. Dezember des Folgejahres hat in Freizeit nehmen können (so schon zur tariflichen Regelung des § 10 Nr. 8 MTV-Metall NW 1980 = § 12 Nr. 7 MTV-Metall NW 1988: *ArbG Siegen/GTag Olpe* v. 16. 11. 1979, EzA § 7 BUrlG Nr. 23 mit abl. Anm. von *Schneider*; *LAG Düsseldorf* v. 4. 9. 1981, DB 1982, 285, 286; *LAG Köln* v. 31. 1. 1983, EzA § 7 BUrlG Nr. 26; so jetzt aber auch *BAG* v. 7. 11. 1985, EzA § 7 BUrlG Nr. 39 = AP Nr. 24 zu § 7 BUrlG Abgeltung; *BAG* v. 7. 11. 1985, EzA § 7 BUrlG Nr. 41 = AP Nr. 8 zu § 7 BUrlG Übertragung; **a.A.** *Ziepke*, § 12 MTV-Metall NW Anm. 32; *LAG Düsseldorf* v. 17. 2. 1981, BB 1981, 1468; *LAG Hamm* v. 10. 1. 1989, LAGE § 7 BUrlG Übertragung Nr. 1; vgl. zu diesem Fragenkomplex im übrigen *Berscheid*, HzA, Gruppe 4, Rz. 435ff.).

77 Die hier vertretene Lösung läßt sich hinsichtlich Entstehung und Übertragung des Urlaubs auch besser mit den Bestimmungen des IAO-Übereinkommens Nr. 132 in Einklang bringen, als dies nach der Gegenmeinung (*Ziepke*, a.a.O.) der Fall ist. Nach **Art. 9 Nr. 1 IAO-Übereinkommen Nr. 132** wird der Übertragungszeitraum zunächst auf ein Jahr (also nicht nur auf drei Monate) als Höchstgrenze festgesetzt. Diese kann jedoch für den zwei Arbeitswochen überschreitenden Teil des Urlaubs sogar noch auf 18 Monate verlängert werden. Den das IAO-Übereinkommen Nr. 132 ratifizierenden Staaten wird damit zwar ein gewisser zeitlicher Spielraum für die Übertragung eröffnet, jedoch ergibt sich aus den Materialien des Übereinkommens folgendes: »Ausnahmen können in den Fällen als zulässig gelten, in denen ein Arbeitnehmer aus einem sich seiner Einflußnahme entziehenden triftigen Grund nicht in der Lage war, seinen Urlaub zu nehmen (Krankheit, Militärdienst usw.) und in denen ein solcher Aufschub die einzige Alternativlösung zur Abgeltung oder zum völligen Verlust des Urlaubsanspruchs darstellt, was in beiden Fällen für den Arbeitnehmer nachteiliger wäre« (zitiert nach *Däubler/Kittner/Lörcher*, Internationale Arbeits- und Sozialordnung, 1990, S. 332, m.w.N.). Diese **Regelung** wurde demnach also **getroffen, um einen völligen Verlust des Urlaubsanspruchs in den Fällen zu vermeiden**, in denen ein Arbeitnehmer aus einem sich seiner Einflußnahme entziehenden triftigen Grund – wie z.B. Krankheit – nicht in der Lage war, seinen Urlaub zu nehmen (vgl. dazu ferner *Berscheid*, HzA, Gruppe 4, Rz. 441ff.). Eine Tarifregelung, die im Falle einer lang andauernden Krankheit des Arbeitnehmers dessen Erholungsurlaub bereits mit Ablauf des Übertragungszeitraumes (31. März oder 30. April) verfallen läßt, ist wegen Verstoßes gegen Art. 9 Nr. 1 IAO-Übereinkommen Nr. 132 als rechtsunwirksam anzusehen (*Däubler/Kittner/Lörcher*, a.a.O.; **a.A.** *BAG* v. 31. 10. 1986, EzA § 7 BUrlG Nr. 49 = AP Nr. 25 zu § 13 BUrlG). Es muß zumindest der Ablauf des vollen sog. Folgejahres abgewartet werden, ehe man an den Verfall des auf Freizeitgewährung gerichteten Urlaubsanspruchs denken kann.

14. Tarifliche Ausschlußfristen für Urlaubsansprüche

78 Die Rechtsprechung (*BAG* v. 28. 10. 1960, EzA § 611 BGB Urlaub Nr. 3 = AP Nr. 81 zu § 611 BGB Urlaubsrecht; *BAG* v. 23. 6. 1961 und v. 30. 3. 1962, AP Nrn. 27, 28 zu § 4 TVG Ausschlußfristen mit zust. Anm. von *A. Hueck*) räumt die Möglichkeit der **Vereinbarung von Ausschlußfristen in Tarifverträgen** auch für den unabdingbaren gesetzlichen Urlaubsanspruch und den Abgeltungsanspruch mit der Begründung ein, die Unabdingbarkeit gesetzlicher Ansprüche beinhalte nur die Garantie von Art und Umfang, verhindere aber nicht die der Rechtsklarheit dienende zeitliche Beschränkung. Dieser Ansicht sind vor allem *Dersch/Neumann* (§ 13 BUrlG Anm. 70) unter Hinweis darauf, daß jede tarifliche Verfügung über den gesetzlichen Mindesturlaub ausgeschlossen sei, entgegengetreten. Kernpunkt des Streits ist, ob eine tarifliche Ausschlußfrist auch den Inhalt des Rechts selbst verändert (so *Weber*, Anm. AP Nr. 16 zu § 13 BUrlG) oder nur dessen Geltendmachung betrifft (*A. Hueck*, Anm. AP Nr. 27 zu § 4 TVG Ausschlußfristen). Letztendlich ist die Frage der Unzulässigkeit von Ausschlußfristen ein **Problem der Normenhierarchie**, wie *Preis* (ZIP 1989, 885, 891) dargelegt hat. Verfallklauseln, die unabdingbare Ansprüche betreffen, können danach auch in Tarifverträgen nur noch dann vorgesehen werden, wenn der gesetzliche Anspruch selbst tarifdispositiv ausgestaltet ist (*Preis*, a.a.O.). Für den Urlaubsanspruch bedeutet dies, daß er nicht während des Urlaubsjahres einer Verfallfrist unterworfen werden darf (*BAG* v. 5. 2. 1970, AP Nr. 7 zu § 11 BUrlG; *BAG* v. 3. 2. 1971, AP Nr. 9 zu § 7 BUrlG Abgeltung mit Anm. von *Thiele*). Nach Ablauf des Urlaubsjahres können für den Urlaubsanspruch als Freizeitanspruch und insbesondere für den Abgeltungsanspruch tarifliche Ausschlußfristen gesetzt werden (*BAG* v. 20. 4. 1989, EzA § 7 BUrlG Nr. 65 = AP Nr. 47 zu § 7 BUrlG Abgeltung; **a.A.** *LAG Berlin* v. 24. 5. 1991, DB 1991, 2267). Ferner können für die abdingbaren

Teilurlaubsansprüche des § 5 Abs. 1 BUrlG Verfallfristen vorgesehen werden (*BAG* v. 3. 12. 1970, AP Nr. 9 zu § 5 BUrlG mit zust. Anm. *Thiele*).

15. Tarifliche Bestimmungen über die Urlaubsabgeltung

79 Von § 7 Abs. 4 BUrlG kann durch Tarifvertrag ebenfalls sowohl zugunsten als auch zuungunsten abgewichen werden (vgl. zur Urlaubsabgeltung bei befristeten Arbeitsverhältnissen *BAG* v. 18. 10. 1990, EzA § 7 BUrlG Nr. 80; ferner *Winderlich*, BB 1989, 2035ff.). Dies gilt auch für Teilurlaubsansprüche, die unter den gleichen Vorausetzungen abzugelten sind wie Vollurlaubsansprüche (*BAG* v. 25. 8. 1987, EzA § 7 BUrlG Nr. 57 = AP Nr. 15 zu § 7 BUrlG Übertragung = EzBAT § 47 BAT Nr. 6). Es ist allerdings **ausgeschlossen**, daß die Tarifvertragsparteien **die Abgeltung des Urlaubs im Falle der Beendigung des Arbeitsverhältnisses gänzlich beseitigen** (*Siara*, § 7 BUrlG Anm. 39d; *Staudinger/Richardi*, § 611 BGB Anm. 885; **a. A.** *Boldt/Röhsler*, § 7 BUrlG Anm. 108) oder auf den Fall beschränken können, daß der Urlaub lediglich aus betrieblichen Gründen vor Beendigung des Arbeitsverhältnisses nicht hat gewährt und genommen werden können (*BAG* v. 10. 2. 1987, EzA § 13 BUrlG Nr. 31 = AP Nr. 12 zu § 13 BUrlG Unabdingbarkeit). Früher nahm die Rechtsprechung an, die Tarifvertragsparteien hätten von der durch das Heimarbeitsänderungsgesetz aufgehobenen Bestimmung des § 7 Abs. 4 Satz 2 BUrlG auch zuungunsten des Arbeitnehmers abweichen können (vgl. *BAG* v. 26. 11. 1964, EzA § 13 BUrlG Nr. 3 = AP Nr. 3 zu § 13 BUrlG mit zust. Anm. von *Schelp*). Das BAG hat jetzt erkannt, eine tarifliche Regelung, die bei jeder fristlosen Entlassung aus Verschulden des Arbeitnehmers den Anspruch auf Abgeltung auch des gesetzlichen Mindesturlaubs ausschließe, sei nicht zulässig (*BAG* v. 30. 11. 1977, EzA § 13 BUrlG Nr. 10 mit zust. Anm. von *Kittner* = AP Nr. 4 zu § 13 BUrlG Unabdingbarkeit mit abl. Anm. von *Hinz*; *BAG* v. 18. 6. 1980, EzA § 13 BUrlG Nr. 14 = AP Nr. 6 zu § 13 BUrlG Unabdingbarkeit).

80 Aus der Streichung des § 7 Abs. 4 Satz 2 BUrlG a. F. läßt sich für den Arbeitgeber indessen nicht folgern, daß er nun in jedem Falle Urlaubsabgeltung bei der Beendigung des Arbeitsverhältnisses gewähren muß. Vielmehr kann auch nach der Neufassung des § 7 Abs. 4 BUrlG der **Geltendmachung des Urlaubsabgeltungsanspruches der Einwand des Rechtsmißbrauches entgegengesetzt** werden. Dafür spricht, daß der Grundsatz von Treu und Glauben nach § 242 BGB das gesamte Recht beherrscht und infolgedessen auch für den Urlaubsanspruch als solchen (*Staudinger/Richardi*, § 611 BGB Anm. 880) und insbesondere für die Urlaubsabgeltung gilt (*Berscheid*, HzA, Gruppe 4, Rz. 648, m. w. N.). Durch die Streichung des § 7 Abs. 4 Satz 2 BUrlG a. F. steht fest, daß eine zur Beendigung des Arbeitsverhältnisses führende grobe Treuepflichtverletzung des Arbeitnehmers den Urlaubsabgeltungsanspruch nicht mehr in Frage stellt, so daß der Rechtsmißbrauchs- oder Arglisteinwand nur in ganz besonders krassen Ausnahmefällen in Betracht kommt. Dies gilt auch für die Abgeltung eines nach § 5 Abs. 1 BUrlG entstandenen Teilurlaubs (*BAG* v. 18. 6. 1980, EzA § 13 BUrlG Nr. 14 = AP Nr. 6 zu § 13 BUrlG Unabdingbarkeit). Es liegt allerdings dann kein Verstoß gegen § 1 vor, wenn durch eine tarifliche Regelung **lediglich eine Konkretisierung der Fälle des Rechtsmißbrauchs oder der Arglist** vorgenommen wird (*Dersch/Neumann*, § 7 BUrlG Anm. 123).

81 Grundsätzlich sind Tarifregelungen unzulässig, die in anderen Fällen als denen der Beendigung des Arbeitsverhältnisses eine Abgeltung des Urlaubs einführen (*BAG* v. 3. 2. 1971, AP Nr. 9 zu § 7 BUrlG Abgeltung mit Anm. von *Thiele*), denn ein solcher **Abkauf des Urlaubs** verstößt mittelbar gegen den unabdingbaren Anspruch des Arbeitnehmers auf Gewährung eines jährlichen Urlaubs als Freizeit (*Boldt/Röhsler*, § 7 BUrlG Anm. 108; *Natzel*, § 7 BUrlG Anm. 201). Es soll durch Tarifvertrag allerdings für den Fall, daß der Urlaub wegen Krankheit im Urlaubsjahr und im Übertragungszeitraum nicht hat genommen werden können, allerdings auch im fortbestehenden Arbeitsverhältnis eine Urlaubsabgeltung zulässig sein (*BAG* v. 13. 11. 1986, EzA § 7 BUrlG Nr. 47 = AP Nr. 28 zu § 13 BUrlG; *BAG* v. 22. 10. 1987, EzA § 7 BUrlG Nr. 49 = AP Nr. 39 zu § 7 BUrlG; *BAG* v. 20. 4. 1989, EzA § 7 BUrlG Nr. 65 = AP Nr. 47 zu § 7 BUrlG Abgeltung). Begründet wird diese Ansicht damit, dies schaffe eine nach dem BUrlG nicht vorgesehene zusätzliche Leistung des Arbeitgebers als Ersatz für einen Urlaubsanspruch, der bereits wegen Zeitablaufs erloschen wäre (**a.A.** dazu *Berscheid*, HzA, Gruppe 4, Rz. 430ff., mit umfangreichen Nachweisen). Unter dem Gesichtspunkt des Vorrangs des Freizeitanspruchs vor dem Abgeltungsanspruch sind hier insoweit Bedenken anzumelden, wie eine Abgeltung des Urlaubs schon nach Ablauf des Übertragungszeitraumes zulässig sein soll. Dies verstößt gegen Art. 9 Nr. 1 IAO-Übereinkommen Nr. 132. In dieser Vorschrift, die auch mit ihrem Wortlaut im BUrlG stehen könnte, wird der Übertragungszeitraum zunächst auf ein Jahr (also nicht nur auf drei Monate) als Höchstgrenze festgesetzt. Diese kann für den zwei Arbeitswochen überschreitenden Teil des Urlaubs sogar noch auf 18 Monate verlängert werden, wenn der Arbeitnehmer aus einem sich seiner Einflußnahme entziehenden triftigen Grund – wie z.B. Krankheit – nicht in der Lage war, seinen Urlaub in Freizeit zu nehmen (*Däubler/Kittner/Lörcher*, Internationale Arbeits- und Sozialordnung, 1990, S. 332, m.w.N.; ferner *Berscheid*, HzA, Gruppe 4, Rz. 443). Daran sollte sich auch die Rechtsprechung des BAG orientieren und **Tarifregelungen, die im Falle einer lang andauernden Krankheit des Arbeitnehmers eine Abgeltung zulassen, frühestens mit Ablauf des sog. Folgejahres zulassen.**

16. Urlaub während Krankheitszeiten

82 Bestimmt eine Tarifregelung – wie z.B. die Bestimmung des § 47 Abs. 6 Unter-Abs. 3 BAT –, daß der **Urlaub auch während einer Erkrankung** genommen werden kann, so handelt es sich hierbei nicht um die Gewährung von Urlaub als Freizeit, weil Krankheit und Urlaub einander ausschließen, sondern um einen Sonderfall der Urlaubsabgeltung im fortbestehenden Arbeitsverhältnis, auch wenn die Barabgeltung von Urlaub als solche nicht ausdrücklich erlaubt ist (*BAG* v. 25. 1. 1990, EzA § 7 BUrlG Nr. 70 = EzBAT § 47 BAT Nr. 11; ferner *BAG* v. 22. 10. 1987, EzA § 7 BUrlG Nr. 58 = AP Nr. 38 zu § 7 BUrlG Abgeltung = EzBAT § 51 BAT Nr. 9). In diesem Falle tritt dann an die Stelle der Krankenbezüge die Urlaubsvergütung. Diese Tarifregelung läßt eine Vereinbarung zwischen den Arbeitsvertragsparteien zu, daß der Urlaub in die Krankheitszeit gelegt werden soll. Dagegen kann der Arbeitgeber dies nicht einseitig anordnen und schon gar nicht rückwirkend (*LAG Saarbrücken* v. 24. 6. 1964, ARSt. 1964 Nr. 382). Der Vorschrift des § 47 Abs. 6 UnterAbs. 3 BAT und vergleichbarer Tarifregelung liegt der Gedanke zugrunde, daß bei einer schweren und langwierigen Erkrankung vor Wiederaufnahme der Arbeit ein Erholungsbedürfnis für den Angestellten besteht. Es handelt sich hierbei um einen allgemeinen Erfahrungssatz, der für alle Bereiche gilt (*BAG* v. 30. 6. 1966, EzA § 3 BUrlG Nr. 5 = AP Nr. 3 zu § 3 BUrlG Rechtsmißbrauch mit Anm. von *Neumann/Duesberg*). Bestimmen Tarifregelungen ausdrücklich, daß ein Urlaub, der bis zum Ablauf eines verlängerten Übertragungszeitraumes (30. September oder 31. Dezember des Folgejahres) wegen Arbeitsunfähigkeit nicht hat in Freizeit genommen werden können, in Bar abzugelten ist, dann ist es verfehlt, wegen der Erkrankung des Arbeitnehmers das Erlöschen des Urlaubsanspruchs anzunehmen (so aber *BAG* v. 22. 10. 1987, EzA § 7 BUrlG Nr. 59 = AP Nr. 39 zu § 7 BUrlG Abgeltung; *BAG* v. 22. 10. 1987, AP Nr. 40 zu § 7 BUrlG Abgeltung = EzBAT § 51 BAT Nr. 10).

83 Für die Urlaubsabgeltung bzw. für die Urlaubsgewährung = Zahlung der Urlaubsvergütung anstelle der Krankenbezüge ist Beurteilungsmaßstab allein, ob ein im Rahmen des Urlaubszwecks sich haltendes Bedürfnis nach allgemeiner Kräftigung des körperlichen und seelischen Leistungsvermögens des Arbeitnehmers besteht. Ein Erholungsbedürfnis ist insbesondere dann anzuerkennen, wenn der Arbeitnehmer aufgrund der Erkrankung erholungsbedürftig ist und für noch zu leistende Arbeit seine volle Arbeitskraft zurückerhalten möchte und deshalb eine Erholungskur macht, weil eine Vorbeugungs-, Heil- und Genesungskur weder von der Krankenkasse noch von dem Rentenversicherungsträger noch von der Berufsgenossenschaft bewilligt worden ist. Eine Erholungskur stellt Urlaub dar und wird deshalb heute bereits vielfach als **»Kurlaub«** bezeichnet. Während eines solchen Kurlaubs ist nicht die Krankenvergütung, sondern die Urlaubsvergütung zu zahlen. Von daher bestehen keine Bedenken gegen die Bestimmung des § 47 Abs. 6 UnterAbs. 3 BAT und vergleichbare Tarifregelungen, die dem Arbeitnehmer gestatten, auch während einer Erkrankung Urlaub zu nehmen. Die Tarifregelung auf den tariflichen Mehrurlaub zu beschränken (so aber *BAG* v. 22. 10. 1987, EzA § 7 BUrlG Nr. 58 = AP Nr. 38 zu § 7 BUrlG Abgeltung = EzBAT § 51 BAT Nr. 9; *BAG* v. 25. 1. 1990, EzA § 7 BUrlG Nr. 70 = EzBAT § 47 BAT Nr. 11) führt zu einem gespaltenen Urlaubsbegriff und ist schon deshalb abzulehnen. Erkrankt ein Arbeitnehmer während des Urlaubs und weist er die Tage der Arbeitsunfähigkeit nicht durch ärztliche Bescheinigung nach, so wird sein Urlaubsanspruch eben auch durch diese Krankheitstage erfüllt (**Umkehrschluß aus § 9 BUrlG**). Warum in den zuvor behandelten Fällen einem Arbeitnehmer, dessen Krankenbezüge nach den tariflichen Lohn- und Gehaltsfortzahlungsfristen auslaufen, die Urlaubsvergütung vorenthalten werden soll, ist völlig unverständlich.

17. Urlaub und Erwerbstätigkeitsverbot

84 § 8 unterliegt ebenfalls voll der Tarifdisposition (**a. A.** *BAG* v. 25. 2. 1988, EzA § 8 BUrlG mit abl. Anm. von *Schulin* = AP Nr. 3 zu § 8 BUrlG mit abl. Anm. von *Clemens* = EzBAT § 47 BAT Urlaubsvergütung Nr. 6 mit abl. Anm. von *Berger-Delhey*), denn insbesondere im Handwerk ist **Schwarzarbeit unerwünscht**, so daß die Tarifvertragsparteien zur Garantie der Wettbewerbsfähigkeit der Unternehmen einerseits und zur Erhaltung ihrer Arbeitsplätze andererseits ein gemeinsames, berechtigtes Interesse daran haben, verbotene Urlaubsarbeit und Erwerbstätigkeit in anderen Betrieben durch ihr Verbot und Rückzahlungsverpflichtungen bzw. Verfallklauseln für den Urlaub zu unterbinden (*Dersch/Neumann*, § 8 BUrlG Anm. 11, 12 und § 13 BUrlG Anm. 87). Auch können die Tarifvertragsparteien die weiteren **Folgen eines Verstoßes näher bestimmen**, insbesondere im Rahmen der §§ 339, 343ff. BGB eine Vertragsstrafe bei Verstoß gegen das Verbot des § 8 vorsehen (*Boldt/Röhsler*, § 8 BUrlG Anm. 32; *Natzel*, § 8 BUrlG Anm. 49; *Siara*, § 8 BUrlG Anm. 9a). Dagegen fallen unter die Regelungsbefugnis von Tarifverträgen **nicht Vorschriften über die Gestaltung des Urlaubs und die Verpflichtung zur Erholung**, da dies regelmäßig einen Eingriff gegen das Selbstbestimmungsrecht des Arbeitnehmers darstellen würde (*Siara*, § 8 BUrlG Anm. 9b).

18. Kürzung des Urlaubs wegen fehlender Arbeitsleistung

85 Auch ist eine Kürzung des Urlaubs kraft des Grundsatzes der Tarifautonomie zugelassen worden, wenn der Arbeitnehmer länger als sechs Monate (*BAG* v. 17. 9. 1970, EzA § 1 BUrlG Nr. 9 = AP Nr. 11 zu § 13 BUrlG mit Anm. von *Thiele*) oder ein Jahr (vgl. hierzu *BAG* v. 14. 12. 1966, AP Nr. 2 zu § 13 BUrlG Unabdingbarkeit mit zust. Anm. von *Witting*) arbeitsunfähig erkrankt war. Damit wurde anerkannt, daß **der Urlaub zur tatsächlichen Arbeitleistung in einem angemessenen Verhältnis stehen** sollte (vgl. dazu *Berscheid*, HzA, Gruppe 4, Rz. 208ff.). Enthielt der Tarifvertrag eine derartige Regelung, so waren die Grundsätze des Rechtsmißbrauchs daneben nicht mehr anwendbar (*BAG* v. 16. 8. 1977, EzA § 3 BUrlG Nrn. 11, 12 = AP Nrn. 9, 10 zu § 3 BUrlG Rechtsmißbrauch). Das BAG erkennt das in seiner neueren Rechtsprechung nur noch für den tariflichen Mehrurlaub an, der gesetzliche Mindesturlaub soll danach auch durch tarifliche Regelung nicht von der Erbringung von Arbeitsleistung abhängig gemacht werden können (*BAG* v. 8. 3. 1984, EzA § 13 BUrlG Nr. 18 = AP Nr. 15 zu § 13 BUrlG = EzBAT § 48 BAT Nr. 1). Andererseits soll es zulässig sein, daß ein Arbeitnehmer nach einer Tarifregelung nicht mehr Urlaubstage erhalten kann, als er in dem betreffenden Urlaubsjahr tatsächlich gearbeitet hat, soweit dadurch sein Urlaubsanspruch im Umfang des gesetzlichen Mindest- und Zusatzurlaubs nach §§ 1, 3 BUrlG und § 47 SchwbG nicht gemindert wird (*BAG* v. 10. 2. 1987, EzA § 13 BUrlG Nr. 31 = AP Nr. 12 zu § 13 BUrlG Unabdingbarkeit). Abgesehen davon, daß auch dies wiederum zu einem gespaltenen Urlaubsbegriff führt, steht diese Entscheidung in krassem Widerspruch zur Entstehungsgeschichte des BUrlG (vgl. dazu *Berscheid*, HzA, Gruppe 4, Rz. 220ff.), widerspricht dem **Urlaubszweck**, welcher durch den Begriff **»Erholung von geleisteter Arbeit«** charakterisiert wird (*Berscheid*, a.a.O., Rz. 226ff., m.w.N.), führt in Einzelfällen zu völlig ungerechten Ergebnissen (vgl. Nachweise in *ArbG Siegen/GTag Olpe* v. 16. 11. 1979, EzA § 7 BUrlG Nr. 23 mit abl. Anm. von *Schneider*; *LAG Düsseldorf* v. 24. 6. 1983, BB 1983, 1793 = DB 1984, 251, 252; *LAG Köln* v. 21. 2. 1985, LAGE § 3 BUrlG Nr. 1) und bricht mit einem der hergebrachten Grundsätzen des Urlaubsrechts.

86 Schon sehr früh nämlich hat die Rechtsprechung aufgrund der Tarifpraxis erkannt, daß der **Erholungsurlaub durch eine gewisse Arbeitsleistung »erdient«** sein muß. So hat das *RAG* bereits am 24. 4. 1929 (ARS 6, 196; bestätigt durch *RAG* v. 21. 9. 1932, ARS 16, 383) festgestellt, daß sowohl der Anspruch auf die Freizeit als auch der auf die Urlaubsvergütung durch die dem Urlaub vorausgehende Arbeitszeit erworben werden. In der Begründung heißt es, die gleiche Auffassung, daß Gegenleistung der Urlaubsgewährung die vorausgehende Dienstleistung des Arbeiters sei, komme denn auch in vielen Tarifverträgen zum Ausdruck und trete fast allgemein darin zu Tage, daß die Urlaubsdauer nach der Zeit der Gesamtbeschäftigung im Betrieb gestaffelt sei. Damit ist festgeschrieben worden, daß der Urlaub seinem Wesen nach zur Erholung nach im Betrieb verbrachter Arbeitszeit bestimmt ist (*RAG* v. 23. 9. 1933, ARS 19, 29). Der Urlaub soll grundsätzlich dazu dienen, die Arbeitskraft des schaffenden Menschen zu erhalten und neu zu beleben (*RAG* v. 16. 3. 1938, ARS 32, 316). Deshalb bildet der Urlaub regelmäßig einen Teil der Vergütung für den dem Betrieb durch die Arbeitsleistung des Arbeitnehmers erwachsenden Nutzen (*RAG* v. 9. 9. 1933, ARS 18, 434). Der Urlaub wird in der Regel für die zurückliegende Arbeitszeit gleichsam als Gegenleistung für die in der Vergangenheit geleistete ununterbrochene Arbeit gewährt (*RAG* v. 20. 5. 1931, ARS 12, 92).

87 Dem **Gesetzgeber** war bei Schaffung des BUrlG im Jahre 1962 die zu dieser Zeit bereits **gefestigte Rechtsmißbrauchsrechtsprechung** des 1. Senats des *BAG* (v. 22. 6. 1956, AP Nrn. 9, 13 zu § 611 BGB Urlaubsrecht) und 5. Senats des *BAG* (v. 2. 5. 1961 und v. 27. 9. 1962, AP Nrn. 82, 87 zu § 611 BGB Urlaubsrecht) **bekannt**. Wenn der Gesetzgeber den von *Schelp/Trieschmann* (BArbBl. 1961, 43ff., 57) als Sondertatbestand bezeichneten Fall von Urlaub und Krankheit in Kenntnis dieser Problematik nicht selbst im BUrlG geregelt hat, muß daraus geschlossen werden, daß er wegen der erwähnten gefestigten Rechtsprechung eine gesetzliche Regelung für nicht erforderlich hielt und die weitere Entwicklung der Rechtsprechung nicht behindern wollte (*Streblow*, Erholungsurlaub trotz Krankheit, S. 107). Es darf in diesem Zusammenhang nicht außer acht gelassen werden, daß der **Gesetzgeber lediglich eine Rahmenregelung,** nämlich ein »Mindesturlaubsgesetz«, **hat schaffen, die weitere Ausgestaltung des Urlaubsrechts den Tarifvertragsparteien hat vorbehalten wollen**. Zur Interpretation von Tarifnormen, die durch das Inkrafttreten des BUrlG unberührt geblieben sind, kann daher nur die Rechtsprechung herangezogen werden, die den Tarifvertragsparteien bei Schaffung des Tariftextes bekannt war und auf deren Fortgeltung sie vertrauen konnten (*LAG Köln* v. 18. 1. 1984, DB 1984, 1199, 1200). Wird eine mehrdeutige Tarifnorm durch die Rechtsprechung in bestimmter Weise ausgelegt und übernehmen die Tarifvertragsparteien in Kenntnis dieser Rechtsprechung die Bestimmung sachlich unverändert in einen späteren Tarifvertrag, so ist dies im Zweifel dahin zu verstehen, daß sie sich dieser gerichtlichen Auslegung der Tarifnorm für die spätere Tarifregelung anschließen wollen (*BAG* v. 29. 11. 1973, EzA § 1 BUrlG Nr. 14 = AP Nr. 8 zu § 3 BUrlG Rechtsmißbrauch). Im Geltungsbereich der Manteltarifverträge der Metallindustrie Nordrhein-Westfalens stand für die Arbeiter wie auch für die Angestellten stets außer Zweifel, daß ein Arbeitnehmer nicht mehr Urlaub verlangen konnte, als er tatsächlich im Kalenderjahr gearbeitet hatte (so die Kommentare der Tarifvertragsparteien: *Arns/Schwittay/Jansen*, MTV-Metall für die Arbeiter vom 26. 11. 1960, § 6 Erl. 1; *Pischgode/Ziepke*, Handkommentar zum Manteltarifvertrag für die Arbeiter vom 26. 11. 1960, § 6 Anm. 1; *dies.*, Handkommentar zum Manteltarifvertrag für die Angestellten vom 28. 8. 1962, § 7 Anm. 2). Es wird jeweils auf die Entscheidung des *BAG* vom 22. 6. 1956 (AP Nr. 9 zu § 611 BGB Urlaubsrecht) verwiesen. Diese sog. Rechtsmißbrauchsrechtsprechung ist in diesem Tarifbereich daher weiterhin anzuwenden. Für andere Tarifverträge ist diese Problematik jeweils gesondert zu prüfen und durch Auslegung zu lösen.

88 Die hier vertretene Lösung läßt sich hinsichtlich Entstehung und Übertragung des Urlaubs auch besser mit den Bestimmungen des Art. 5 Nr. 4 IAO-Übereinkommen Nr. 132 in Einklang bringen, als dies nach der neueren Rechtsprechung des *BAG* (v. 8. 3. 1984, EzA § 13 BUrlG Nr. 18 = AP Nr. 15 zu § 13 BUrlG = EzBAT § 48 BAT Nr. 1 und v. 25. 8. 1987, EzA § 4 TVG Metallindustrie Nr. 33 = AP Nr. 37 zu § 7 BUrlG Abgeltung) der Fall ist. Dies hat *Birk* (Anm. AP Nr. 21 zu § 7 BUrlG) rechtsvergleichend und unter Berufung auf den Wortlaut und den Sinn dieser Vorschrift nachgewiesen: Entscheidend kommt es nämlich bei der Auslegung dieser Vorschrift darauf an, daß die beispielhaft genannten Kriterien wie Krankheit, Unfall oder Mutterschaft nicht ausnahmslos, sondern nur »unter Bedingungen, die ... in jedem Land zu bestimmen sind« als Dienstzeit anzurechnen sind (*Birk*, a.a.O.). Dem entsprach die seinerzeit gültige Rechtsprechung des 5. Senats des *BAG* zum rechtsmißbräuchlichen Urlaubsverlangen (vgl. z.B. v. 5. 2. 1970, EzA § 7 BUrlG Nr. 11 = AP Nr. 4 zu § 3 BUrlG Rechtsmißbrauch mit Anm. von *Witting*). Diese Rechtsmißbrauchsrechtsprechung war eine nähere, einschränkende »Bedingung« für den an sich unstreitigen Umstand, daß **Krankheit nicht generell das Entstehen des Urlaubsanspruchs hindert**. Auch Art. 5 Nr. 4 IAO-Übereinkommen Nr. 132 geht von dieser Sachlage aus, denn er hat nicht im Auge, daß ein Urlaubsanspruch bereits dann begründet wird, wenn nur die entsprechende Wartezeit abgelaufen ist (*Birk*, a.a.O.). Es besteht daher kein Grund, die Tarifautonomie in dieser Frage einzuschränken. Deshalb sind Tarifregelungen des Inhalts zulässig, daß für Zeiten der Krankheit der dem Arbeitnehmer zustehende Vollurlaub nach dem **Zwölftelungsprinzip** auf einen Teilurlaub zurückgeführt wird, für dessen Umfang die tatsächliche Arbeitsleistung den Maßstab bildet (*Streblow*, Erholungsurlaub trotz Krankheit, S. 118).

19. Anrechnung von Kuren und Schonungszeiten

89 § 10 zählt ebenfalls zu den Vorschriften, die nach § 13 Abs. 1 Satz 1 dem Vorrang des Tarifvertrages unterliegen, und zwar grundsätzlich ohne Rücksicht, ob die Tarifregelung günstiger oder ungünstiger ist als die gesetzlichen Bestimmungen. Dennoch dürfen nach der Rechtsprechung (*BAG* v. 10. 2. 1966, AP Nr. 1 zu § 13 BUrlG Unabdingbarkeit mit krit. Anm. von *Witting*; ferner *BAG* v. 30. 11. 1977, EzA § 13 BUrlG Nr. 10 mit zust. Anm. von *Kittner* = AP Nr. 4 zu § 13 BUrlG Unabdingbarkeit mit abl. Anm. von *Hinz*) Kuren und Schonungszeiten, für die nach den gesetzlichen Vorschriften das Arbeitsentgelt fortzuzahlen ist, weder völlig noch teilweise auf den Erholungsurlaub in einem Tarifvertrag angerechnet werden, denn die Anrechnung von **Kur- und Heilverfahren mit urlaubswidriger Gestaltung** verstoße mittelbar gegen die auch für Tarifverträge unantastbaren Grundnormen der §§ 1, 3 Abs. 1 BUrlG 1963. Wenn der Gesetzgeber in § 13 Abs. 1 Satz 1 den Tarifvertragsparteien für die Regelung eines großen Teils der Urlaubsfragen freie Hand gelassen hat, so dürfte ihm nicht zuletzt auch die Behandlung der Anrechnung von Kuren und Heilverfahren vorgeschwebt haben, worauf bereits *Witting* (a.a.O.) hingewiesen hat. Dafür spricht auch, daß der Lohn- und Gehaltsfortzahlungsanspruch tarifdispositiv gestellt ist (vgl. § 2 Abs. 3 Satz 1 LFZG; § 616 Abs. 2 Satz 2 BGB; § 115b Abs. 3 Satz 1 AGB). Soweit eine urlaubsgerechte Gestaltung der Kur oder Schonungszeit möglich ist, dürfte eine Anrechnung durch Tarifvertrag jedenfalls uneingeschränkt zulässig sein.

20. Tarifvertragliche Regelungen der Urlaubsvergütung

90 Unabhängig von der bereits behandelten Frage, ob das Lebensstandardprinzip durch das »Prinzip der Fortzahlung des bisherigen Arbeitsentgelts« (so neuerdings *BAG* v. 12. 1. 1989, EzA § 11 BUrlG Nr. 28 = AP Nr. 13 zu § 47 BAT = EzBAT § 47 BAT Nr. 10) ersetzt worden ist, kann auch weiterhin durch Tarifvertag bestimmt werden, daß anstelle des Referenzprinzips des § 11 Abs. 1 das Lohnausfallprinzip gelten soll (so zutreffend *BAG* v. 19. 9. 1985, EzA § 13 BUrlG Nr. 24 = AP Nr. 21 zu § 13 BUrlG). Auch eine andere Berechnung des Referenzprinzips ist zulässig (*BAG* v. 26. 6. 1986, AP Nr. 17 zu § 11 BUrlG). Die **Weiterzahlung von Auslösungen** während des Urlaubs hängt davon ab, ob diese Leistungen nach dem in der Tarifregelung zum Ausdruck gebrachten Willen der Tarifvertragsparteien Aufwandsentschädigung darstellen oder Entgeltcharakter haben. Daher zählen im ersten Falle Fernauslösungen i. S. d. § 6 BMTV für Montagearbeiter der Metallindustrie nicht zur Urlaubsvergütung (*BAG* v. 28. 1. 1982 und v. 15. 6. 1983, EzA § 2 LFZG Nrn. 17, 19 = AP Nrn. 11, 12 zu § 2 LFZG), während im zweiten Fall Nahauslösungen i. S. d. § 7 BMTV auch im Urlaub fortzuzahlen sind (*BAG* v. 10. 3. 1988, EzA § 4 TVG Metallindustrie Nr. 39 = AP Nr. 21 zu § 11 BUrlG; vgl. ferner *BAG* v. 14. 8. 1985, SAE 1987, 52 mit abl. Anm. von *Buchner* in SAE 1987, 45 ff.).

91 Die **Kürzung des Urlaubsentgelts wegen Kurzarbeit** wird als fraglich angesehen (vgl. *BAG* v. 21. 1. 1987, EzA § 11 BUrlG Nr. 20 = AP Nr. 29 zu § 13 BUrlG; *BAG* v. 2. 6. 1987, EzA § 13 BUrlG Nr. 32 = AP Nr. 20 zu § 11 BUrlG), jedoch kann eine solche Kürzung durch Zahlung zusätzlichen Urlaubsgeldes ausgeglichen werden (*BAG* v. 13. 11. 1986, EzA § 13 BUrlG Nr. 30 = AP Nr. 27 zu § 13 BUrlG). Damit zeigt sich wieder einmal, daß es richtig ist, an dem Lebensstandardprinzip festzuhalten und in einem Günstigkeitsvergleich die Gesamtauswirkungen der tariflichen Urlaubsvergütungsregelungen zu beachten (so *BAG* v. 20. 3. 1969, EzA § 11 BUrlG Nr. 4 = AP Nr. 3 zu § 13 BUrlG Unabdingbarkeit mit Anm. von *Thiele*).

92 Die Vorschrift des § 11 Abs. 2, wonach das Urlaubsentgelt im allgemeinen vor Antritt des Urlaubs gezahlt werden muß, kann durch eine tarifliche Regelung (vgl. z. B. § 36 Abs. 5 BAT) abbedungen werden; sie ist durch eine **tariflich vereinbarte bargeldlose Zahlung der Bezüge** überholt (*Clemens*, Anm. AP Nr. 3 zu § 8 BUrlG, m. w. N.).

93 Während des Urlaubs entstehen für einen im sog. **Freischichtmodell** tätigen Arbeitnehmer nach den einschlägigen tariflichen Regelungen keine Zeitausgleichsanteile (*BAG* v. 7. 7. 1988 und v. 18. 11. 1988, EzA § 4 TVG Metallindustrie Nrn. 40, 52 = AP Nrn. 23, 26 zu § 11 BUrlG; vgl. zur Problematik ferner *Leinemann*, BB 1990, 201 ff.). Der Berechnung des Urlaubsentgelts kann nicht einfach die individuelle regelmäßige wöchentliche Arbeitszeit zugrundegelegt werden (so aber *Ziepke*, § 4 MTV- Metall NW Anm. 65X), sondern es ist auf die Entscheidung abzustellen, die die Betriebspartner für die nach den tariflichen Bestimmungen möglichen und zulässigen Arbeitszeitverteilungsregelungen getroffen haben (*BAG* v. 18. 11. 1988, EzA § 4 TVG Metallindustrie Nr. 54 = AP Nr. 27 zu § 11 BUrlG).

21. Tarifliche Urlaubsregelungen für Teilzeitkräfte

94 **Teilzeitbeschäftigte** Arbeitnehmer, die regelmäßig **an weniger Arbeitstagen einer Woche als vollzeitbeschäftigte Arbeitnehmer** beschäftigt sind, haben entsprechend der Zahl der für sie maßgeblichen Arbeitstage ebenso Anspruch auf Erholungsurlaub wie vollzeitbeschäftigte Arbeitnehmer. Enthält ein Tarifvertrag keine Regelung zur Umwandlung des Urlaubsanspruchs eines Vollzeitbeschäftigten in den eines teilzeitbeschäftigten Arbeitnehmers, sind zur **Ermittlung der Anzahl der Urlaubstage** die für den Vollzeitbeschäftigten Arbeitnehmer **maßgebenden Arbeitstage und die Arbeitstage**, an denen ein **teilzeitbeschäftigter Arbeitnehmer zu arbeiten hat, rechnerisch zueinander in Beziehung zu setzen** (*BAG* v. 14. 2. 1991, EzA § 13 BUrlG Nr. 50). Mit anderen Worten, es ist so zu verfahren wie bei der Berechnung des Zusatzurlaubs für Schwerbehinderte nach § 47 Satz 1 Halbs. 2 SchwbG. Die Berechnung des Urlaubsentgelt für Teilzeitarbeit nach § 11 Abs. 1 bereitet in diesen Fällen keine Schwierigkeiten, wenn der teilzeitbeschäftigte Arbeitnehmer z.B. zur Hälfte oder einer anderen festen Quote der regelmäßigen Arbeitszeit eines vollzeitbeschäftigten Arbeitnehmers tätig ist. Hier bleibt es in der Sechs-Tage-Woche bei dem Teilungsfaktor 78, in der Fünf-Tage-Woche ist mit dem Teilungsfaktor 65 zu rechnen. Hat der Teilzeitarbeitnehmer regelmäßig nur an vier oder drei Tagen der Woche zu arbeiten, so verringert sich der Teilungsfaktor entsprechend auf 52 bzw. 39 (vgl. zum Viertelungsprinzip bei eingeführter Vier-Tage-Woche: *Siara*, § 11 BUrlG Anm. 9d; ferner *Berscheid*, HzA, Gruppe 4, Rz. 347).

95 Die gesetzlichen Berechnungsregeln in § 11 Abs. 1 eignen sich für **atypische Teilzeitarbeitsverhältnisse** nur bedingt. Bei großen Arbeitszeitunterbrechungen, wechselndem Arbeitszeitumfang oder Jahresarbeitszeitvereinbarungen zeigen sich Schwächen (vgl. dazu *Lipke*, GK-TzA § 2 BeschFG Rz. 187, m.w..N.; ferner *Berscheid*, HzA, Gruppe 4, Rz. 348f.). Hier können zum einen tarifvertragliche Regelungen Abhilfe schaffen, indem sie entweder den Referenzzeitraum verlängern (*BAG* v. 29. 11. 1984, EzA § 13 BUrlG Nr. 22 = AP Nr. 22 zu § 7 BUrlG Abgeltung) oder das gesetzliche Referenzprinzip durch das Lohnausfallprinzip ersetzen (*BAG* v. 19. 9. 1985, EzA § 13 BUrlG Nr. 24 = AP Nr. 21 zu § 13 BUrlG). Wird dagegen ein teilzeitbeschäftigter Arbeitnehmer unter Verstoß gegen § 2 Abs. 1 BeschFG 1985 gegenüber vollzeitbeschäftigten Arbeitnehmern **unterschiedlich vergütet**, richtet sich sein Urlaubsentgelt nach dem anteiligen üblichen Arbeitsverdienst eines vollzeitbeschäftigten Arbeitnehmers. Entsprechendes gilt, wenn ein teilzeitbeschäftigter Arbeitnehmer unter Verletzung des arbeitsrechtlichen Gleichbehandlungsgrundsatzes gegenüber anderen teilzeitbeschäftigten Arbeitnehmern, die in anderem zeitlichen Umfang beschäftigt werden, unterschiedlich vergütet wird (*BAG* v. 29. 8. 1989, EzA § 2 BeschFG 1985 Nr. 3 = AP Nr. 6 zu § 2 BeschFG 1985; *BAG* v. 24. 10. 1989, EzA § 11 BUrlG Nr. 28 = EzBAT § 8 BAT Gleichbehandlung Teilzeitbeschäftigter Nr. 3). Über § 13 Abs. 1 Satz 1 BUrlG wird den Tarifvertragsparteien keine andere Gestaltungsmöglichkeit eröffnet. Auch die Öffnungsklausel des § 6 Abs. 1 BeschFG 1985 gestattet keine tarifliche Abweichung von dem in § 2 Abs. 1 BeschFG 1985 niedergelegten Grundsatz der Gleichbehandlung (*BAG* v. 25. 1. 1989 und v. 9. 2. 1989, EzA § 2 BeschFG Nrn. 1, 3 = AP Nrn. 2, 4 zu § 2 BeschFG 1985).

96 Gewährt ein Tarifvertrag den Arbeitnehmern für jeden Urlaubstag zum Urlaubsentgelt nicht ein prozentuales **Urlaubsgeld** von z.B. 30% oder 50%, sondern ei-

nen festen Betrag, so haben teilzeitbeschäftigte Arbeitnehmer Anspruch auf ein im Verhältnis ihrer Arbeitszeit zur tariflichen Arbeitszeit gemindertes Urlaubsgeld (*BAG* v. 23. 7. 1976, EzA § 11 BUrlG Nr. 12 = AP Nr. 1 zu § 11 BUrlG Urlaubsgeld). Wird die Zahlung eines solchen anteiligen Urlaubsgeldes durch einzelvertragliche Vergütungsabrede ausgeschlossen, so ist diese Vereinbarung wegen Verstoßes gegen § 2 Abs. 1 BeschFG 1985 unwirksam (*BAG* v. 15. 11. 1990, EzA § 2 BeschFG 1985 Nr. 5). Durch Tarifvertrag kann hier ebenfalls keine Ungleichbehandlung vorgenommen werden, denn auch § 6 Abs. 1 BeschFG 1985 gestattet insoweit keine tarifliche Abweichung (*BAG* v. 25. 1. 1989 und v. 9. 2. 1989, EzA § 2 BeschFG Nrn. 1, 3 = AP Nrn. 2, 4 zu § 2 BeschFG 1985). Teilzeitbeschäftigte, die nur wegen des Umfangs ihrer Teilzeitbeschäftigung keinen tariflichen Anspruch auf das den anderen teil- und vollzeitbeschäftigen Arbeitnehmern haben, können anteiliges, im Verhältnis zu ihrer Teilzeitarbeit stehendes Urlaubsgeld nach § 2 BeschFG 1985 i. V. m. § 612 Abs. 2 BGB beanspruchen (*BAG* v. 15. 11. 1990, EzA § 2 BeschFG 1985 Nr. 5).

22. Tarifliche Regelungen über die Vererbbarkeit des Urlaubsabgeltungsanspruchs

97 Der auf Freizeitgewährung gerichtete Urlaubsanspruch geht mit dem Tode des Arbeitnehmers unter und nicht auf seine Erben über. Dasselbe soll nach der Rechtsprechung (*BAG* v. 20. 4. 1956, AP Nr. 7 zu § 611 BGB Urlaubsrecht) auch für den Urlaubsabgeltungsanspruch nach § 7 Abs. 4 BUrlG gelten; dieser soll ersatzlos entfallen (*LAG Düsseldorf* v. 21. 6. 1990, LAGE § 7 BUrlG Nr. 22). Begründet wird diese Ansicht damit, daß der auf Freizeitgewährung gerichtete Urlaubsanspruch höchstpersönlichen Charakter habe und daher mit dem Tode des Arbeitnehmers untergehe. Die **Unvererblichkeit** erstrecke sich auch auf den **Abgeltungsanspruch**, welcher ebenfalls seiner Zweckbestimmung nach unvererblich sei. An diesen Rechtsgrundsatz sollen auch die Tarifvertragsparteien gebunden sein (*BAG* v. 13. 11. 1985, EzA § 1 BUrlG Nr. 19 = AP Nr. 35 zu § 1 TVG Tarifverträge: Metallindustrie mit Anm. von *Beitzke*). Wenn allerdings die Tarifvertragsparteien den Abgeltungsanspruch unabhängig von der Arbeitspflicht und der Arbeitsfähigkeit des Arbeitnehmers gewähren, wie nach § 51 BAT (*BAG* v. 8. 3. 1984, EzA § 7 BUrlG Nr. 32 = AP Nr. 16 zu § 7 BUrlG Abgeltung = EzBAT § 51 Nr. 5), soll der Abgeltungsanspruch vererblich sein (*BAG* v. 8. 7. 1989, EzA § 7 BUrlG Nr. 67 = AP Nr. 49 zu § 7 BUrlG Abgeltung). Diese **tarifliche Ersatzleistung** für den nicht erfüllten Urlaub kann auch auf Angehörige des verstorbenen Arbeitnehmers ausgedehnt werden, die nicht dessen Erben sind (so zu § 11 Nr. 6 MTV-Metall NRW: *BAG* v. 13. 11. 1985, EzA § 1 BUrlG Nr. 19 = AP Nr. 35 zu § 1 TVG Tarifverträge: Metallindustrie).

98 Diese einschränkende Ansicht zur Frage der Vererbbarkeit des Urlaubsanspruchs kann nicht geteilt werden, denn mit dem Tode des Arbeitnehmers tritt an die Stelle des Urlaubsanspruchs der **Abgeltungsanspruch**. Dieser ist jedoch **nicht dem Freizeitanspruch wesensgleich,** denn er ist **nicht** wie dieser **zweckgebunden, sondern lediglich zweckgerichtet** (*Natzel*, § 7 BUrlG Anm. 157, m. w. N.; *Berscheid*, HzA, Gruppe 4, Rz. 449). Er ist vermögensrechtlicher Natur und folglich auch vererbbar (vgl. dazu *Berscheid*, HzA, Gruppe 4, Rz. 469). Der Umweg über eine solche soziale Beihilfe für die Hinterbliebenen ist entbehrlich. Sieht man nämlich den Abgeltungsanspruch nicht als Surrogat des höchstpersönlichen Freizeitanspruchs an (*LAG Frankfurt* v. 18. 3. 1985, LAGE § 7 BUrlG Nr. 10; **a.A.** *BAG* v. 23. 6. 1983, EzA § 7 BUrlG Nr. 28 = AP Nr. 14 zu § 7 BUrlG Abgeltung mit Anm. *Trieschmann* = EzBAT § 51 BAT Nr. 3), dann heißt »abzugelten« nichts anderes, als den früher bestehenden Anspruch auf Freizeitgewährung unter Fortzahlung des Arbeitsentgeltes mit Geld auszugleichen. Dem Arbeitnehmer soll zwar durch die Geldzahlung nach § 7 Abs. 4 BUrlG die Möglichkeit gegeben werden, eine dem abgegoltenen Urlaub entsprechende Freizeit vor Beginn, während oder nach Beendigung eines neuen Arbeitsverhältnisses wie Urlaub zu nutzen, aber eine Pflicht dazu, also den Abgeltungsbetrag tatsächlich urlaubsmäßig zu verwenden, besteht gerade nicht und geschieht auch in der Praxis nicht. Der Abgeltungsanspruch beschränkt sich demnach nach dem BUrlG allein auf eine Geldzahlungspflicht zum Ausgleich für während der Laufdauer des Arbeitsverhältnisses nicht gewährte bezahlte Freizeit (*Natzel*, a.a.O.; *Berscheid*, a.a.O.). Warum dieser Anspruch nicht vererbbar sein soll, ist unerklärlich.

99 **Die Frage nach der Vererblichkeit des Abgeltungsanspruchs wird völlig neu zu überdenken sein**. Dies ergibt sich aus folgendem: War der Arbeitnehmer aus dem Arbeitsverhältnis und der dadurch entstandene Abgeltungsanspruch zu seinen Lebzeiten bereits vertraglich anerkannt oder rechtshängig geworden, so wurde er in analoger Anwendung des § 847 Abs. 1 Satz 2 BGB a.F. als vererblich angesehen (*Boldt/Röhsler*, § 1 BUrlG Anm. 33; **a.A.** *Dersch/Neumann*, § 1 BUrlG Anm. 74), denn insoweit könne nichts anderes gelten wie z.B. für den Schmerzensgeldanspruch oder wie für andere höchstpersönliche Ansprüche. Die Rechtsprechung (*BGH* v. 4. 10. 1977 und v. 26. 6. 1984, LM Nrn. 61, 70 zu § 847 BGB = NJW 1978, 214 und 1984, 2348) hielt wegen der Regelung des § 847 Abs. 1 Satz 2 BGB daran fest, daß der Schmerzensgeldanspruch ein »höchstpersönlicher« Anspruch sei. Der Gesetzgeber hat es als nicht mehr tragbar empfunden, daß die Regelung des § 847 Abs. 1 Satz 2 BGB gerade bei schwersten Verletzungen mit der Folge der Bewußtlosigkeit des Verletzten und akuter Lebensgefahr oftmals zu einem Wettrennen der nächsten Angehörigen mit der Zeit um die Rechtshängigkeit des Schmerzensgeldanspruchs geführt hat (BT-Drucksache 11/4415, S. 1). Durch Streichung des Satzes 2 des § 847 Abs. 1 BGB durch Gesetz vom 18. 1. 1990 (BGBl. I S. 478) hat der Gesetzgeber das Problem für den Schmerzensgeldanspruch gelöst. Der **Schmerzensgeldanspruch** des Opfers kann nach Streichung des § 847 Abs. 1 Satz 2 BGB a.F. **frei übertragen werden und ist mithin auch vererbbar**. Damit ist berücksichtigt, daß der Schmerzensgeldanspruch trotz seiner höchstpersönlichen Natur ein gesicherter Anspruch des Opfers ist, dessen Bestand gerade bei Verletzungen mit späterer Todesfolge nach einer Phase der Bewußtlosigkeit nicht von den Zufälligkeiten der rechtzeitigen Erlangung einer Vollmacht ahängen darf. Das von vielen nahen Angehörigen oftmals als respektlos und unwürdig empfundene Rennen gegen die Zeit um die Rechtshängigkeit des Schmerzensgeldanspruchs ist jetzt überflüssig (BT-Drucksache 11/4415, S. 4).

100 **Dieses Wettrennen mit der Zeit darf aber auf dem Umweg über die Urlaubsabgeltung nicht wieder neu entfacht werden**. Es geht nicht an, daß die nahen Angehörigen eines Arbeitnehmers, die im Falle seines Todes keine tarifliche Wohltat im Sinne einer Beihilfe in Höhe der Urlaubsabgeltung erwarten dürfen, wie dies z.B. nach § 11 Nr. 6 MTV-Metall NW der Fall ist, weiterhin um die Rechtshängigkeit der Urlaubsabgeltung kämpfen müssen. Dies gilt umsomehr, als der Ar-

beitnehmer nach § 651f Abs. 2 BGB schon nach der bisherigen Rechtslage unter den dort genannten Voraussetzungen wegen entgangener Urlaubsfreuden eine Entschädigung in Geld für den Nichtvermögensschaden verlangen kann. Dieser Anspruch ist vererblich, da keine § 847 Abs. 1 Satz 2 BGB a.F. vergleichbare Beschränkung existiert (*Hammen*, VersR 1989, 1121, 1122). Stürzt ein Arbeitnehmer von dem Balkon seines Zimmers im Vertragshotel, weil das Holzgeländer der Brüstung sich löst, so kann er neben einem Schmerzensgeld nach § 847 Abs. 1 BGB wegen des erlittenen Trümmerbruchs eines Oberschenkels über § 651f Abs. 1 BGB auch noch seinen Verdienstausfall und über § 651f Abs. 2 BGB eine Entschädigung wegen nutzlos aufgewendeter Urlaubszeit geltend machen (*BGH* v. 25. 2. 1988, NJW 1988, 1380f.). Ist der Sturz vom Balkon tödlich, so ist nicht einzusehen, warum der Anspruch des verunglückten Arbeitnehmers auf Urlaubsabgeltung für die nach § 9 BUrlG vom Arbeitgeber gutzuschreibenden oder von ihm (überhaupt) noch nicht gewährten Resturlaubstage nicht vererbbar sein und damit (ersatzlos) untergehen soll (*Berscheid*, HzA, Gruppe 4, Rz. 478). Daher wird man Tarifregelungen, die nicht bloß eine Beihilfe für die nahen Angehörigen des Arbeitnehmers vorsehen, sondern den Abgeltungsanspruch als vererbbar bezeichnen, als rechtlich zulässig ansehen müssen. Die Tarifvertragsparteien können also bestimmen, daß das Urlaubsentgelt bzw. die Urlaubsabgeltung an die Erben oder diejenige Person ausgezahlt wird, die die Begräbniskosten bezahlt. Solche Bestimmungen sind gültig und kommen auch in der Tarifpraxis vor (vgl. § 8 Nr. 11 BRTV-Bau; § 52 Buchst. c RTV-Dachdeckerhandwerk). Auch wenn ein Tarifvertrag bestimmt, daß der Anspruch auf Urlaubsabgeltung fällig wird, wenn der Arbeitnehmer stirbt (§ 35 Nr. 2 UnterAbs. 2 RTV-Maler- und Lackiererhandwerk), geht er auf die Erben über.

IV. Sonderregelung für das Baugewerbe und sonstige Wirtschaftszweige

101 Für das Baugewerbe und verwandte Wirtschaftszweige, in denen als Folge häufigen Ortwechsels der von den Betrieben zu erbringenden Arbeit Beschäftigungsverhältnisse von kürzerer Dauer als einem Jahr in erheblichem Umfang üblich sind, die Wartezeit des § 4 deshalb vielfach nicht erfüllt wird, läßt § 13 Abs. 2 sogar über die in § 13 Abs. 1 Satz 1 vorgesehene Grenze hinaus vom BUrlG abweichende tarifliche Regelungen zu. Damit soll – neben der Befugnis zur Abkürzung der Kündigungsfristen (§ 622 Abs. 3 Satz 1 BGB) – auch eine den **Besonderheiten dieser Wirtschaftszweige** und den dort anzutreffenden Verhältnissen angepaßte **eigenständige Urlaubsregelung** ermöglicht werden (*Boldt/Röhsler*, § 13 BUrlG Anm. 69). Voraussetzung hierfür ist aber stets, daß die tarifliche Ausnahmeregelung erforderlich ist, um einen zusammenhängenden Jahresurlaub für alle Arbeitnehmer des betroffenen Wirtschaftszweiges zu sichern. Damit erlaubt der Gesetzgeber, das Urlaubsjahr abweichend vom Kalenderjahr zu regeln, und läßt in dem Vertrauen, daß die Tarifvertragsparteien wegen ihrer Sachkunde und Sachnähe immer die jeweils brauchbarste Regelung finden werden, sogar ein Ansammeln des Urlaubs zu (*Boldt/Röhsler*, a.a.O.). Nach dem sog. **Ansammlungsprinzip** ist der Jahresurlaub einerseits nicht an die Erfüllung einer Wartezeit in einem einzigen Betrieb gebunden, wird aber erst dann gewährt, wenn aufgrund einer nachgewiesenen Ansammlung von Beschäftigungszeiten in einem oder mehreren Betrieben eine zur wirklichen Erholung ausreichende Urlaubsdauer beansprucht werden kann (*Boldt/Röhsler*, a.a.O.).

102 Bei der Ausnahmeregelung des § 13 Abs. 2 BUrlG hat der Gesetzgeber in erster Linie an das Baugewerbe und daneben an **»sonstige Wirtschaftszweige«**, d. h. an die damit verwandten verschiedenen Baunebengewerbe (Maler- und Lackiererhandwerk, Dachdeckerhandwerk, Straßenbau, Gerüstbau, Fliesen- und Plattenlegergewerbe, Brunnenbau- und Bohrgewerbe etc.) gedacht. Es werden aber auch alle anderen Wirtschaftszweige erfaßt, bei denen die Notwendigkeit für eine Ausnahmeregelung vorliegt, weil die im Gesetz näher genannten Voraussetzungen gegeben sind. In Betracht kommen vor allem die Forst- und Landwirtschaft sowie das Musiker-, Artisten-, Zirkus-, Kabarett- und Varietégewerbe (*Boldt/Röhsler*, § 13 BUrlG Anm. 70; *Dersch/Neumann*, § 13 BUrlG Anm. 79).

1. Urlaubsmarken- und Urlaubskassenregelung

103 Im Baugewerbe bestand seit 1936 eine **Urlaubsmarkenregelung**. Jeder Arbeitgeber hatte in die Urlaubskarte des Arbeitnehmers für einen bestimmten Betrag Urlaubsmarken zu verkleben. Wenn der Arbeitnehmer seinen Urlaub nahm, erhielt er den angesammelten Betrag ausgezahlt. Auf diese Weise erhielt der Arbeitnehmer im Baugewerbe trotz des dort häufigen Arbeitsplatzwechsels im Urlaubsjahr einen zusammenhängenden Urlaub. Urlaubsmarkenregelungen bestanden ferner im Maler- und Lackiererhandwerk sowie im Dachdeckerhandwerk.

104 Der Rahmentarifvertrag für das Baugewerbe vom 12. 11. 1960 (Bundesrahmentarifvertrag) ersetzte zusammen mit dem sog. Verfahrenstarifvertrag das Markensystem durch die Einführung einer **Urlaubskassenregelung** (zum Sinn und Zweck des Urlaubskassenverfahrens (vgl. *BAG* v. 8. 10. 1981, DB 1982, 807). Es gelten in den alten Bundesländern der Bundesrahmentarifvertrag vom 3. 2. 1981 i. d. F. vom 24. 9. 1990 (BTRV-Bau) und der Verfahrenstarifvertrag vom 11. 2. 1991 (VTV-Bau). Sitz der Urlaubs- und Lohnausgleichskasse ist für die alten Bundesländer Wiesbaden (§ 8 Nr. 12 VTV-Bau) mit Außenstellen in München und Berlin, denn für Bayern und Berlin gelten Sonderregelungen für den Urlaub (§ 8 Nr. 17 BRTV-Bau). In den fünf neuen Bundesländern ist die Urlaubskassenregelung noch nicht in Kraft gesetzt worden. Nach § 9 des Tarifvertrages zur Überleitung des BRTV-Bau vom 11. 2. 1991 (ÜberleitungsTV) ist die Urlaubsregelung vielmehr stark dem BUrlG angenähert. Für das Maler- und Lackiererhandwerk ist nach § 38 Nr. 1 RTV vom 19. 12. 1986 i. d. F. vom 29. 11. 1990 ebenfalls eine Urlaubskasse in Wiesbaden eingerichtet. Das Verfahren für den Urlaub richtet sich nach dem Verfahrenstarifvertrag vom 28. 12. 1983 i. d. F. vom 29. 10. 1990. Die Gesamtregelungen dieser Tarifverträge sind im Interesse einheitlicher Arbeitsbedingungen und Wettbewerbsverhältnisse für allgemeinverbindlich erklärt worden und erfassen mithin alle Arbeitsverhältnisse der gewerblichen Arbeitnehmer = Arbeiter (§ 4 Abs. 4 TVG), so daß der Öffnungsklausel des § 13 Abs. 2 Satz 2 i. V. m. Abs. 1 Satz 2 nur eine beschränkte Bedeutung zukommt.

2. Urlaubsregelung für Arbeiter in den alten Bundesländern

105 Für die alten Bundesländer mit Ausnahme von Bayern und Berlin (§ 8 Nr. 17 BRTV-Bau) gilt folgende tarifliche Regelung: Der Jahresurlaub ist **nach dem Lebensalter gestaffelt** und beträgt nach vollendetem 18. Lebensjahr 18 Arbeitstage und nach vollendetem 35. Lebensjahr 21 Arbeitstage (§ 8 Nr. 2.1 Satz 2 BRTV-Bau), wobei Samstage nicht als Arbeitstage gelten (§ 8 Nr. 2.5 BRTV-Bau). Stichtag ist auch hier der 1. Januar des Urlaubsjahres (§ 8 Nr. 2.3 BRTV-Bau). Für Schwerbehinderte verlängert sich der Jahresurlaub um sechs Arbeitstage (§ 8 Nr. 2.4 BRTV-Bau). Hinzukommt für alle Arbeitnehmer noch ein Zusatzurlaub von fünf Arbeitstagen, der nur in den Monaten Januar bis März sowie im Monat Dezember genommen werden darf (§ 8 Nr. 3.2 BRTV-Bau), danach dann aber verfällt, während der Grundurlaub übertragen werden kann (§ 8 Nr. 4.9 und Nr. 5.3 BRTV-Bau). **Der Urlaubsanspruch wird tageweise nach bestimmten Beschäftigungstagen erworben** (vgl. § 8 Nrn. 4.2 bis 4.4 BRTV-Bau), wobei ausdrücklich Arbeitstage ausgenommen sind, an denen der Arbeitnehmer der Arbeit unentschuldigt ferngeblieben ist, unbezahlten Urlaub von mehr als 14 Kalendertagen hatte oder arbeitsunfähig erkrankt war und in dieser Zeit weder Arbeitsentgelt noch Lohnausgleich erhalten hat (§ 8 Nr. 4.5 BRTV-Bau). Wegen des Ansammlungsprinzips sind diese tariflichen Regelungen unbedenklich, denn es kann deshalb auch von den Grundnormen des Urlaubsrechts abgewichen werden.

106 Der Urlaub kann **erstmals gefordert** und angetreten werden, wenn der Arbeitnehmer durch seine Beschäftigungstage einen Urlaubsanspruch von mindestens **neun Tagen »erdient«** hat (§ 8 Nr. 3.1 BRTV-Bau). Dabei bleiben die gegenüber dem Stammbetrieb erworbenen tariflichen Ansprüche auch im Falle einer Freistellung zu einer Arbeitsgemeinschaft erhalten, da die »Arge« für die Dauer der Zugehörigkeit des Arbeitnehmers zu ihr in alle Rechte und Pflichten des »Stammarbeitsverhältnisses« eintritt (§ 9 Nr. 2.1 BRTV-Bau). Bei Urlaubsantritt wird der Anspruch auf das Urlaubsentgelt einschließlich des zusätzlichen Urlaubsgeldes von 30% fällig (§ 8 Nr. 3.4 und Nr. 7). Ein Anspruch auf **Urlaubsabgeltung** durch Auszahlung des Urlaubsentgelts und des zusätzlichen Urlaubsgeldes besteht nur, wenn der gewerbliche Arbeitnehmer (Arbeiter) länger als drei Monate außerhalb des fachlichen Geltungsbereiches des BRTV-Bau beschäftigt ist, seine dauernde Erwerbs- oder Berufsunfähigkeit durch Rentenbescheid oder ärztliches Attest nachgewiesen hat, den Erhalt von Altersruhegeld bezieht oder in den Vorruhestand geht, vom Arbeiter- in ein Angestelltenverhältnis zu einem Betrieb im Baugewerbe überwechselt, nur in einem Aushilfsarbeitsverhältnis gestanden hat und dieses beendet ist, auswandern will und die Ausreisepapiere vorweisen kann, oder als ausländischer endgültig in sein Heimatland zurückkehrt (§ 8 Nr. 8.1 BRTV-Bau). In anderen Fällen ist eine Abgeltung des Urlaubs ausgeschlossen (§ 8 Nr. 8.2 BRTV-Bau).

107 Die Freizeitgewährung und **Auszahlung der Urlaubsvergütung** erfolgt durch den jeweiligen Arbeitgeber (§ 8 Nr. 3.4 BRTV-Bau), während zur Abgeltung des Urlaubs der Arbeitgeber verpflichtet ist, bei dem der Arbeitnehmer zuletzt beschäftigt war (§ 8 Nr. 8.3 BRTV-Bau). Die Pfändbarkeit des Urlaubsentgelts und der Abgeltung ist zu bejahen (vgl. *Berscheid*, HzA, Gruppe 4, Rz. 87ff. bzw. Rz. 90ff., jeweils mit zahlreichen Nachweisen; ferner *LAG Berlin* v. 22. 7. 1991, BB 1991, 2087; zur Zwangsvollstreckung der Urlaubsentgelt- und Abgeltungsforderung im Baugewerbe vgl. *Quardt*, BB 1958, 1212; *Sieg*, RdA 1957, 411). Der auszahlende Arbeitgeber hat seinerseits wegen der Urlaubsvergütung bzw. des Abgeltungsbetrages einen **Rückerstattungsanspruch** gegenüber der Urlaubskasse (§ 19 VTV-Bau), die die durch Beiträge der Arbeitgeber aufgebrachten Urlaubsgelder verwaltet (§ 8 Nr. 12 BRTV-Bau). Die Beitragspflicht besteht ohne Rücksicht auf einen vom Arbeitnehmer im Urlaubsjahr schon branchenfremd erhaltenen Urlaub (*BAG* v. 8. 10. 1981, AP Nr. 2 zu § 1 TVG Tarifverträge: Maler).

108 Die Urlaubs- und Abgeltungsansprüche **verfallen** erst mit Ablauf des Kalenderjahres, das auf das Jahr der Entstehung der Urlaubsansprüche folgt (§ 8 Nr. 9 BRTV-Bau). Die allgemeine Ausschlußfrist des § 16 BRTV-Bau ist auf Urlaubs- und Abgeltungsansprüche nicht anwendbar. Soweit Urlaubs- oder Abgeltungsansprüche nach § 8 Nr. 9 BRTV-Bau verfallen sind, kann der Arbeitnehmer innerhalb eines weiteren Jahres von der Urlaubskasse Entschädigung in Höhe seiner verfallenen Ansprüche verlangen (§ 8 Nr. 10 BRTV-Bau).

109 Schließlich besteht noch eine tarifliche **Sonderregelung für den Todesfall des Arbeitnehmers**. Der Erbe, oder derjenige, der nachweisbar für die Bestattungskosten aufgekommen ist, hat Anspruch auf Auszahlung der noch nicht verfallenen Urlaubsvergütung (Urlaubsentgelt und zusätzliches Urlaubsgeld) und der noch nicht verfallenen Urlaubsabgeltung und zwar gegen den Arbeitgeber, bei dem der verstorbene Arbeitnehmer zuletzt beschäftigt war, bzw. gegenüber der Urlaubskasse (§ 8 Nr. 11 BRTV-Bau). Diese tarifliche Regelung ist schon wegen des Ansammlungsprinzips und auch deshalb völlig unbedenklich, weil ansonsten die Urlaubskasse bereichert würde.

3. Lohnnachweiskarte

110 Jeder Arbeitnehmer erhält im Baugewerbe vom Arbeitgeber eine Lohnnachweiskarte, die dieser bei der Urlaubskasse anzufordern hat, sofern der Arbeitnehmer nicht bereits im Besitz einer solchen Karte ist. Der Arbeitgeber hat in die **Lohnnachweiskarte** den Bruttoverdienst einzutragen, von dem je nach Dauer des Urlaubs nach Maßgabe des § 8 Abs. 2 Nr. 2 BRTV-Bau die Höhe des zu zahlenden Urlaubsentgelts zu ermitteln ist. Bei Antritt des Urlaubs hat der Arbeitgeber die Höhe des Urlaubsentgelts festzustellen und den Betrag auszuzahlen. Die Erstattung des auszuzahlenden Betrages erfolgt durch die Urlaubskasse, die ihre Mittel aufgrund einer Umlage von allen Arbeitgebern des Baugewerbes erhält.

111 Die Lohnnachweiskarte ist **Legitimationspapier** im Sinne des § 952 BGB. Sie ist also Eigentum des Arbeitnehmers. Kraft seines Eigentumsanspruchs kann er sie jederzeit vom Arbeitgeber herausverlangen. Die Aufrechnung mit Gegenansprüchen scheidet wegen fehlender Gleichartigkeit aus (*LAG Düsseldorf/Köln* v. 14. 6. 1956, BB 1956, 890). Der Herausgabeanspruch fällt als Anspruch aus dem Eigentum auch nicht unter die allgemeine Ausschlußfrist des § 16 BRTV-Bau (vgl. *Dersch/Neumann*, § 13 Anm. 84, m.w.N.; *Schmidt*, BB 1957, 825). Dagegen fiel der Anspruch auf Entrichten (Kleben) der Urlaubskarte unter die Ausschlußfrist des Bundesrahmentarifvertrages (*BAG* v. 19. 12. 1958, AP Nr. 4 zu § 611 BGB Urlaubskarte). Die Frist begann aber erst mit dem Ausscheidene des Arbeitnehmers zu laufen (*LAG Stuttgart* v. 15. 2. 1960, BB 1960, 486). Der BRTV-Bau sieht jetzt im § 8 Nr. 9 von § 16 abweichende Verfallfristen nicht nur für den Urlaubs- und Abgeltungsanspruch, sondern auch für den Anspruch auf Eintragung und Berichtigung der Lohnnachweiskarte vor (vgl. zur Zulässigkeit dieser Regelungen *Dersch/Neumann*, § 13 BUrlG Anm. 85).

112 Der Urlaubsanspruch des Arbeitnehmers kann nach dem BRTV-Bau nur durch Ausfüllung der Lohnnachweiskarte erfüllt werden. Der Tarifvertrag will auf diese Weise sicherstellen, daß der Arbeitnehmer den Urlaub zusammenhängend erhält.

Nicht zulässig ist es, daß der Arbeitgeber den Urlaub in Bar jeweils am Monatsende oder zum Ende des Beschäftigungsverhältnisses auszahlt, wenn nicht die Voraussetzungen eines der neun in Betracht kommenden Fälle des § 8 Nr. 8.1 BRTV-Bau vorliegen (vgl. *LAG Düsseldorf/Köln* v. 7. 1. 1965, DB 1965, 560; *LAG Düsseldorf* v. 21. 3. 1969, ArbuR 1970, 27; *Dersch/Neumann*, § 13 Anm. 80).

113 Verstößt der Arbeitgeber gegen diese zwingenden Grundsätze, so hat er den Urlaubsanspruch trotzdem tarifgemäß zu erfüllen, d.h. die entsprechenden Eintragungen vorzunehmen. Ein Anspruch auf Rückzahlung des gezahlten Urlaubsentgelts besteht wegen des entgegenstehenden § 817 Satz 2 BGB nicht (vgl. *BAG* v. 7. 12. 1956, AP Nr. 1 zu § 817 BGB). Wenn nun, was in der Praxis nicht selten ist, der Arbeitnehmer die tarifwidrige Auszahlung des Urlaubsentgelts nachdrücklich selbst verlangt hat, so kann der Arbeitgeber dem nochmaligen Anspruch auf Erfüllung des Tarifs den **Einwand der Arglist** entgegenhalten (**a.A.** *BAG* v. 20. 12. 1958, AP Nr. 2 zu § 611 BGB Urlaubskarten; wie hier aber *Larenz*, in der Anmerkung ebenda). Es ist nicht gerechtfertigt, daß der Arbeitnehmer seinen selbst gewollten Verstoß gegen den Tarifvertrag durch ein doppeltes Urlaubsentgelt honoriert erhält (vgl. hierzu auch *LAG Bremen* v. 24. 10. 1962, BB 1963, 271, das den Ausschluß des Bereicherungsanspruchs mit Recht weitgehend einschränkt; *LAG Düsseldorf/Köln* v. 26. 3. 1968, DB 1968, 763; *LAG Düsseldorf* v. 20. 2. 1975, DB 1975, 1465; *Dersch/Neumann*, § 13 Anm. 80).

4. Urlaubsregelungen für Arbeiter in den neuen Bundesländern

114 In den neuen Bundesländern ausschließlich Berlin (§ 9 Nr. 6 ÜberleitungsTV) gilt folgende tarifliche Regelung: Der **Jahresurlaub ist nach dem Lebensalter gestaffelt** und beträgt nach § 9 Nr. 2.1 Satz 2 ÜberleitungsTV nach vollendeten 18. Lebensjahr 20 Arbeitstage und nach vollendetem 35. Lebensjahr 21 Arbeitstage, wobei Samstage nicht als Arbeitstage gelten (§ 9 Nr. 2.3 ÜberleitungsTV). Stichtag ist auch hier der 1. Januar des Urlaubsjahres (§ 9 Nr. 2.2 ÜberleitungsTV). Für Schwerbehinderte enthält der ÜberleitungsTV keine Regelung, so daß der **Zusatzurlaub** nach § 47 Satz 1 SchwbG fünf Arbeitstage beträgt. Hinzukommt für alle Arbeitnehmer noch ein Zusatzurlaub von drei bzw. fünf Arbeitstagen, der nur in den Monaten Januar bis März sowie im Monat Dezember genommen werden darf (§ 9 Nr. 3.2 ÜberleitungsTV), danach dann aber verfällt, während der Grundurlaub übertragen werden kann (§ 9 Nr. 3.3 ÜberleitungsTV). Entsprechend der Regelung des § 5 Abs. 1 BUrlG hat der gewerbliche Arbeitnehmer (Arbeiter) nach § 9 Nr. 1.3 ÜberleitungsTV einen Anspruch auf ein Zwölftel des Jahresurlaubs (**Teilurlaub**) für jeden vollen Monat des Bestehens des Arbeitsverhältnisses,

- für Zeiten eines Kalenderjahres, für die er wegen Nichterfüllung der Wartezeit in diesem Kalenderjahr keinen vollen Urlaubsanspruch erwirbt;
- wenn er vor erfüllter Wartezeit aus dem Arbeitsverhältnis ausscheidet;
- wenn er nach erfüllter Wartezeit in der ersten Hälfte eines Kalenderjahres aus dem Arbeitsverhältnis ausscheidet.

115 Der Urlaubsanspruch wird erstmals nach sechsmonatigem Bestehen des Arbeitsverhältnisses erworben. Bei Wiederaufnahme eines zuvor – jedoch nicht durch Kündigung des Arbeitnehmers – beendeten Arbeitsverhältnisses ist diese **Wartezeit** nur dann (nochmals) zu erfüllen, wenn die Unterbrechung des Arbeitsverhältnisses länger als sechs Monate angedauert hat (vgl. § 9 Nr. 1.2 ÜberleitungsTV). Dabei bleiben die gegenüber dem Stammbetrieb erworbenen tariflichen Ansprüche auch im Falle einer Freistellung zu einer Arbeitsgemeinschaft erhalten, da die »Arge« für die Dauer der Zugehörigkeit des Arbeitnehmers zu ihr in alle Rechte und Pflichten des »Stammarbeitsverhältnisses« eintritt (§ 9 Nr. 2.1 BRTV-Bau). Der ÜberleitungsTV enthält insoweit keine Sonderregelungen.

116 Der Urlaub muß im laufenden Kalenderjahr gewährt und genommen werden. Eine **Übertragung des Urlaubs** auf das nächste Urlaubsjahr ist nur statthaft, wenn dringende betriebliche oder in der Person des Arbeitnehmers liegende Gründe dies rechtfertigen. Im Falle der Übertragung muß der Urlaub in den ersten drei Monaten des folgenden Kalenderjahres gewährt und genommen werden. Auf Verlangen des Arbeitnehmers ist ein Teilurlaub für Zeiten eines Kalenderjahres, für die er wegen Nichterfüllung der Wartezeit in diesem Kalenderjahr keinen vollen Urlaubsanspruch erwirbt (§ 9 Nr. 1.3.1 ÜberleitungsTV), jedoch auf das nächste Urlaubsjahr, also das sog. Folgejahr, zu übertragen (§ 9 Nr. 3.3 ÜberleitungsTV). Diese Regelung entspricht § 7 Abs. 3 BUrlG.

117 Wird dem Arbeitnehmer von einem Träger der Sozialversicherung, einer Verwaltungsbehörde der Kriegsopferversorgung oder einem sonstigen Sozialversicherungsträger ein **Kur- oder Heilverfahren** gewährt, so darf die hierauf entfallende Zeit einschließlich einer unmittelbar anschließenden **Schonungszeit** auf den Urlaub nicht angerechnet werden (§ 9 Nr. 1.5 ÜberleitungsTV). Ebenso werden die durch ärztliches Zeugnis nachgewiesenen Tage einer **Arbeitsunfähigkeit** nicht auf den Urlaub angerechnet, wenn der Arbeitnehmer während der Freizeitgewährung erkrankt. Der Arbeitnehmer hat sich jedoch nach termingemäßem Ablauf seines Urlaubs oder, falls die Krankheit länger andauert, nach deren Beendigung zunächst dem Betrieb zur Arbeitsleistung zur Verfügung zu stellen (§ 9 Nr. 4.1 ÜberleitungsTV). Eine Vereinbarung mit dem Arbeitgeber über die unmittelbare Verlängerung des Urlaubs ist aber möglich.

118 Der Anspruch auf das Urlaubsentgelt bemißt sich nach dem durchschnittlichen Arbeitsverdienst der letzten drei Kalendermonaten vor dem Urlaubsbeginn und wird bei Urlaubsantritt fällig (§ 9 Nr. 5.1 ÜberleitungsTV). Der ÜberleitungsTV enthält keine Regelung über zusätzliches Urlaubsgeld. Ein Anspruch auf Urlaubsabgeltung durch Auszahlung der Urlaubsentgelts besteht nur, wenn der gewerbliche Arbeitnehmer (Arbeiter) infolge der Beendigung des Arbeitsverhältnisses der Urlaub in Freizeit nicht mehr gewährt werden kann (§ 9 Nr. 5.2 ÜberleitungsTV).

5. Urlaubsregelungen für Angestellte im Baugewerbe

119 Die Sonderregelungen für das Bauhaupt- und -nebengewerbe sind nach § 13 Abs. 2 Satz 1 nur gestattet, wenn und soweit dies zur Sicherung eines zusammenhängenden Jahresurlaubs erforderlich ist. Deshalb bestehen die Besonderheiten nach dem Urlaubskassenverfahren im Baugewerbe auch nur für die Arbeiter. Für Jugendliche gilt das JArbSchG und für die kaufmännischen und technischen Angestellten im Baugewerbe sowie für Poliere und Schachtmeister des Baugewerbes sind die Urlaubsregelungen tarifvertraglich dem BUrlG angeglichen, aber hinsichtlich der **Urlaubsdauer** nach dem Lebensalter und nach Betriebszugehörigkeit **gestaffelt**. Der Urlaub beträgt für kaufmännische und technische Angestellte 23 bis 27 Arbeitstage (vgl. § 10 Nr. 2.1 technische und kaufmännische Angestellte im Baugewerbe vom 12. 6. 1978 i.d.F. vom 27. 4. 1990) und für Poliere und Schachtmeister 23 bzw. 26 Arbeitstage (§ 11 Nr. 2.1 Poliere und Schachtmeister des Baugewerbes vom 12. 6. 1978 i.d.F. vom 27. 4. 1990). Diese Regelungen gelten auch in den neuen Bundesländern (§ 6 ÜberleitungsTV-Ang v. 11. 2. 1991 bzw. § 8 ÜberleitungsTV–Poliere vom 11. 2. 1991), nicht aber in Berlin (§ 10 Nr. 2.4 RTV-Ang bzw. § 10 Nr. 2.4 RTV-Poliere). Der Urlaub wird nach Arbeitstagen gewährt, zu denen die Samstage nicht zählen (§ 10 Nr. 2.3 RTV-Ang; § 11 Nr. 2.3 RTV-Poliere).

120 In den in § 4 Nr. 4 RTV-Ang bzw. § 5 Nr. 4 RTV- Poliere erschöpfend aufgezählten Fällen ist den vorgenannten Personen für bestimmte familiäre Gründe, bei Wohnungswechsel, bei Arztbesuch und bei gerichtlichen oder behördlichen Terminen, bei denen sie selbst nicht betroffen sind, Freizeit ohne Anrechnung auf den Urlaub und ohne Minderung des Gehalts zu gewähren, allerdings nur, wenn diese **»Freistellung von der Arbeit«** auch in unmittelbarem Zusammenhang mit dem Ereignis in Anspruch genommen wird. Unterbrechungen des Urlaubs durch besondere Vorkommnisse (Tod und Bestattung naher Angehöriger) dürfen für die Dauer der in § 4 Nr. 4. RTV-Ang bzw. § 5 Nr. 4. RTV-Poliere geregelten Freistellung auf den Urlaub nicht angerechnet werden, sind also nachzugewähren (vgl. zur Problematik allgemein *Berscheid*, HzA, Gruppe 4, Rz. 65ff.).

121 Es ist vor allem aber hervorzuheben, daß **der Anspruch auf die Bezahlung des Urlaubs bei dem Urlaubszweck widersprechender Erwerbstätigkeit entfällt** (§ 10 Nr. 5.3 RTV-Ang § 11 Nr. 5.3 RTV-Poliere). Obgleich hier die Sondervorschrift des § 13 Abs. 2 Satz 1 nicht greift, sondern diese Rechtsfrage nach § 13 Abs. 1 Satz 1 zu beurteilen ist, sind diese Tarifregelungen richterweise als zulässig anzusehen, da die Tarifvertragsparteien ein gemeinsames, berechtigtes Interesse daran haben, verbotene Urlaubsarbeit und Erwerbstätigkeit in anderen Betrieben (**Schwarzarbeit**) durch ihr Verbot sowie durch Rückzahlungsverpflichtungen bzw. Verfallklauseln für den Urlaub (*Dersch/Neumann*, § 13 BUrlG Anm. 87; **a.A.** *BAG* v. 25. 2. 1988, EzA § 8 BUrlG mit abl. Anm. von *Schulin* = AP Nr. 3 zu § 8 BUrlG mit abl. Anm. von *Clemens* = EzBAT § 47 BAT Urlaubsvergütung Nr. 6 mit abl. Anm. von *Berger-Delhey*) oder durch Vertragsstrafenregelungen (*Boldt/Röhsler*, § 8 BUrlG Anm. 32, m.w.N.; *Natzel*, § 8 BUrlG Anm. 49) zu unterbinden.

122 Wird einem Angestellten, Polier oder Schachtmeister von einem Träger der Sozialversicherung, einer Verwaltungsbehörde der Kriegsopferversorgung oder einem sonstigen Sozialversicherungsträger ein **Kur- oder Heilverfahren** gewährt, so darf die hierauf entfallende Zeit einschließlich einer unmittelbar anschließenden **Schonungszeit** auf den Urlaub nicht angerechnet werden (§ 10 Nr. 1.5 RTV-Ang bzw. § 11 Nr. 1.5 RTV-Poliere). Ebenso werden die durch ärztliches Zeugnis nachgewiesenen Tage einer **Arbeitsunfähigkeit** nicht auf den Urlaub angerechnet, wenn der Angestellte, Polier oder Schachtmeister während der Freizeitgewährung erkrankt. Der Arbeitnehmer hat sich jedoch nach termingemäßem Ablauf seines Urlaubs oder, falls die Krankheit länger andauert, nach deren Beendigung zunächst dem Betrieb zur Arbeitsleistung zur Verfügung zu stellen (§ 10 Nr. 4.1 RTV-Ang bzw. § 11 Nr. 4.1 RTV-Poliere). Eine Vereinbarung mit dem Arbeitgeber über die unmittelbare Verlängerung des Urlaubs ist aber möglich.

123 Der Anspruch auf das **Urlaubsentgelt** bemißt sich nach dem durchschnittlichen Arbeitsverdienst der letzten drei Kalendermonaten vor dem Urlaubsbeginn und wird bei Urlaubsantritt fällig (§ 10 Nr. 5.1 RTV-Ang bzw. § 11 Nr. 5.1 RTV-Poliere). In den alten Bundesländern erhalten Angestellte vor Vollendung des 18. Lebensjahres ein **zusätzliches Urlaubsgeld** in Höhe von 25,--DM und Angestellte nach Vollendung des 18. Lebensjahres sowie Poliere und Schachtmeister 40,--DM (§ 10 Nr. 6.1 RTV-Ang bzw. § 11 Nr. 6.1 RTV-Poliere), welches nur im Zusammenhang mit dem bei Urlaubsantritt auszuzahlenden Urlaubsentgelt beansprucht und gewährt werden darf (§ 10 NR. 6.2 RTV-Ang bzw. § 11 Nr. 6.2 RTV-Poliere). In den neuen Bundesländern wird kein zusätzliches Urlaubsgeld gezahlt (§ 6 Abs. 2 ÜberleitungsTV-Ang bzw. § 7 ÜberleitungsTV-Poliere). Ein Anspruch auf **Urlaubsabgeltung** durch Auszahlung der Urlaubsentgelts besteht nur, wenn der gewerbliche Arbeitnehmer (Arbeiter) infolge der Beendigung des Arbeitsverhältnisses der Urlaub in Freizeit nicht mehr gewährt werden kann (§ 10 Nr. 5.2 RTV-Ang bzw. § 11 Nr. 5.2 RTV-Poliere).

V. Sonderregelung für Bundesbahn und Bundespost

124 Der Gesetzgeber hat in § 13 Abs. 3 für den Bereich der Deutschen Bundesbahn und der Deutschen Bundespost bestimmt, daß von der Vorschrift über das Kalenderjahr als Urlaubsjahr in Tarifverträgen abgewichen werden kann. Für den Bereich von Bundesbahn (vgl. § 25 Abs. 1 AnTV, § 28 Abs. 1 LTV) und Bundespost (vgl. § 43 Abs. 1 TVAng, § 23 Abs. 1 TVArb) war vor Inkrafttreten des BUrlG und ist auch heute noch das **Urlaubsjahr tarifvertraglich abweichend vom Kalenderjahr** einheitlich auf die Zeit vom 1. April bis 31. März festgesetzt worden.

125 Bei einem Wechsel eines Arbeitnehmers aus dem Bereich der Bundesbahn und der Bundespost in einen anderen Wirtschaftszweig und umgekehrt findet daher eine **Anrechnung** des bereits erhaltenen Urlaubs nach § 6 Abs. 1 nur insoweit statt, wie der Urlaub für einen Zeitraum gewährt worden ist, **in dem sich die verschiedenen Urlaubsjahre tatsächlich überschneiden** (vgl. die Anrechnungsbeispiele bei *Siara*, § 6 BUrlG Anm. 7a–c; ferner *Berscheid*, HzA, Gruppe 4, Rz. 237). Wegen der Bindung des Urlaubs an das Kalenderjahr kann ein im Vorgriff auf das nächste Kalenderjahr gewährter Urlaub auch bei zeitlich voneinander abweichenden Urlaubsjahren nicht nach § 6 Abs. 1 angerechnet werden, weil eine derart vorschußweise Erfüllung des Urlaubsanspruchs wegen der Bindung des Urlaubs an das Urlaubsjahr ausgeschlossen ist; hieran sind auch die Tarifvertragsparteien gebunden (*Boldt/Röhsler*, § 6 BUrlG Anm. 12).

126 Die abweichende Tarifregelung über das Urlaubsjahr kann über § 13 Abs. 1 Satz 2 auch **einzelvertraglich vereinbart** werden, wenngleich sich diese Vorschrift nicht ausdrücklich auf § 13 Abs. 3 bezieht, was auf ein Redaktionsversehen zurückzuführen sein dürfte. Es ist aber im Interesse einer einheitlichen betrieblichen Urlaubsregelung zumindest eine entsprechende Anwendung geboten (*Boldt/Röhsler*, § 13 BUrlG Anm. 75; *Dersch/Neumann*, § 13 BUrlG Anm. 88; *Siara*, § 13 BUrlG Anm. 7). Damit ist gewährleistet, daß weiterhin bei Bundesbahn das vom Kalenderjahr **abweichende Urlaubsjahr betriebseinheitlich** für die Zeit vom 1. April bis 31. März beibehalten werden kann, um so eine Angleichung des Urlaubsjahres an den zeitlichen Ablauf der Verwaltung zu ermöglichen.

127 Die Ermächtigung zu einer Abweichung des Urlaubsjahres vom Kalenderjahr gilt dagegen **nicht für die zahlreichen privaten oder kommunalen Bahnunternehmen**, wie Landes-, Bezirks-, Kreis- oder Stadtbahnen, Hafeneisenbahnen, Betriebseisenbahnen oder sonstigen Wirtschaftseisenbahnen (*Boldt/Röhsler*, § 13 BUrlG Anm. 73).

§ 14 Berlin-Klausel

Dieses Gesetz gilt nach Maßgabe des § 13 Abs. 1 des Dritten Überleitungsgesetzes vom 4. Januar 1952 (Bundesgesetzbl. I S. 1) auch im Land Berlin.

Literatur

Clasen, Tarifverträge 1990 – Erstmals gesamtdeutsch, BABl. 1991 Heft 3 S. 11; *ders.*, Tarifentwicklung/Ost – Erste Zwischenbilanz, BABl. 1991 Heft 6 S. 5; *Däubler*, Einigungsvertrag und Arbeitsrecht, AiB 1990, 364; *Dörner/Widlah*, Das Arbeitsrecht nach dem Einigungsvertrag, NZA Beilage Nr. 1/1991, S. 43ff.; *Esche/Schwarz*, Zum geltenden Urlaubsrecht in den neuen Bundesländern, AuA 1991, S. 29ff.; *Lorenz*, Die arbeitsrechtlichen Regelungen im Einigungsvertrag, DB DDR-Report 1990, 3118; *Nägele*, Grundzüge des Arbeitsrechts der DDR, BB 1990 Beilage Nr. 9, S. 1; *Pfeiffer/Birkenfeld-Pfeiffer*, Arbeitsrecht nach dem Einigungsvertrag, DtZ 1990, 325; *Stahlhacke*, Das Arbeitsrecht in den Bundesländern Brandenburg, Mecklenburg-Vorpommern, Sachsen, Sachsen-Anhalt und Thüringen sowie in dem Teil des Landes Berlin, in dem das Grundgesetz für die Bundesrepublik Deutschland bisher nicht galt, ab dem 3. Oktober 1990, HzA, Gruppe 24, S. 33; *Wank*, Das Arbeits- und Sozialrecht nach dem Einigungsvertrag, RdA 1991, 1; *Wlotzke/Lorenz*, Arbeitsrecht und Arbeitsschutzrecht im deutsch-deutschen Einigungsvertrag, BB Beilage Nr. 35/1990, S. 1ff.

1 Das BUrlG ist seinerzeit ohne Änderung auch im damaligen Land Berlin in Kraft getreten. Die Versuche, für Berlin eine Sonderregelung zu schaffen, sind an der Mehrheit des Bundestages und des Bundesrates gescheitert, die im Interesse der Rechtseinheit eine derartige Ausnahme abgelehnt haben. Das im Lande Berlin kurz vor Inkrafttreten des BUrlG verabschiedete 2. Änderungsgesetz zum UrlG Berlin, nach dem alle Arbeitnehmer 18 Tage Mindesturlaub erhalten sollten, ist zwar am 11. 12. 1962 (GVBl. Berlin S. 1285) noch verkündet worden und mit Wirkung vom 1. 1. 1963 in Kraft, nach Übernahme des BUrlG durch Gesetz v. 18. 1. 1963 (GVBl. Berlin S. 80) wegen § 15 Abs. 2 zu diesem Zeitpunkt rückwirkend aber wieder außer Kraft getreten. Auch die Änderungen des BUrlG durch das Lohnfortzahlungsgesetz v. 27. 7. 1969 (BGBl. I S. 946) und das Heimarbeitergesetz v. 29. 10. 1974 (BGBl. I S. 2879) sind im Lande Berlin übernommen worden (vgl. ÜbernahmeG v. 31. 7. 1969 – GVBl. 1161 – und v. 14. 11. 1974 – GVBl. 2721).

2 Durch Art. 8 des Einigungsvertrages v. 31. 8. 1990 i. V. m. der Anlage I Kapitel VIII, Sachgebiet A, Abschnitt III Nr. 1 (BGBl. II S. 885, 1020/1021) ist das BUrlG im Beitrittsgebiet der fünf neuen Bundesländer und in dem Teil des Landes Berlin, in dem das Grundgesetz für die Bundesrepublik Deutschland bisher nicht galt, am 3. 10. 1990 mit der Maßgabe in Kraft getreten, daß § 3 in folgender Fassung anzuwenden ist: »Der Urlaub beträgt jährlich mindestens 20 Arbeitstage. Dabei ist von 5 Arbeitstagen je Woche auszugehen.« Soweit in Rechtsvorschriften der Deutschen Demokratischen Republik ein über 20 Arbeitstage hinausgehender Erholungsurlaub festgelegt ist, galt dieser bis zum 30. 6. 1991 als vertraglich vereinbarter Erholungsurlaub. Damit ist das Urlaubsrecht im Lande Berlin seit dem 3. 10. 1990 gespalten. Dem gesamtdeutschen Gesetzgeber ist in Art. 30 Abs. 1 Nr. 1 des Einigungsvertrages vom 31. 8. 1990 (BGBl. II S. 885, 899) ein Gesetzgebungsauftrag erteilt, neben dem besonderen Frauenarbeitsschutz und dem Arbeitszeitrecht vor allem das Arbeitsvertragsrecht möglichst bald einheitlich neu zu kodifizieren und damit die Rechtseinheit auch im Urlaubsrecht wiederherzustellen.

3 Am ehesten wird die Rechtseinheit im tariflichen Urlaubsrecht wiederhergestellt sein, wie die Tarifentwicklung zeigt. In den alten Bundesländern beträgt der Anteil der Arbeitnehmer mit fünf Wochen oder mehr Urlaub rund 95%; sechs Wochen und zum Teil etwas mehr enthalten rund 70% der von Tarifverträgen erfaßten Arbeitnehmer (*Clasen*, BABl. 1991 Heft 3 S. 11, 14). In den neuen Bundesländern sind für die Neuregelung der Urlaubsdauer vielfach Stufenpläne vorgesehen, die auf die Einführung eines Sechs-Wochen-Urlaubs hinzielen (vgl. dazu *Clasen*, BABl. 1991 Heft 6 S. 5, 7). Im öffentlichen Dienst wurde die nach Lebensalter gestaffelte Urlaubsdauer von 26 bis 30 Arbeitstagen voll übernommen; die Urlaubsdauer staffelt sich allerdings auch in der Privatwirtschaft häufiger als sonst üblich nach dem Lebensalter (*Clasen*, a.a.O.). Zusätzliches Urlaubsgeld, welches zum Teil erst in den kommenden Jahren oder mit geringeren Beträgen als in den alten Bundesländern gezahlt wird, ist tarifvertraglich für etwa 4,3 Millionen Arbeitnehmer in den neuen Bundesländern vereinbart; die Regelungen treten stufenweise in Kraft (*Clasen*, a.a.O.).

§ 15 Änderung und Aufhebung von Gesetzen

(1) Unberührt bleiben die urlaubsrechtlichen Bestimmungen des Arbeitsplatzschutzgesetzes vom 30. März 1957 (Bundesgesetzbl. I S. 293), geändert durch Gesetz vom 22. März 1962 (Bundesgesetzbl. I S. 169), des Schwerbeschädigtengesetzes in der Fassung der Bekanntmachung vom 14. August 1961 (Bundesgesetzbl. I S. 1233), des Jugendarbeitsschutzgesetzes vom 9. August 1960 (Bundesgesetzbl. I S. 665), geändert durch Gesetz vom 20. Juli 1962 (Bundesgesetzbl. I S. 449), und des Seemannsgesetzes vom 26. Juli 1957 (Bundesgesetzbl. II S. 713), geändert durch Gesetz vom 25. August 1961 (Bundesgesetzbl. II S. 1391), jedoch wird

a) in § 19 Abs. 6 Satz 2 des Jugendarbeitsschutzgesetzes der Punkt hinter dem letzten Wort durch ein Komma ersetzt und folgender Satzteil angefügt:
»und in diesen Fällen eine grobe Verletzung der Treuepflicht aus dem Beschäftigungsverhältnis vorliegt.«;

b) § 53 Abs. 2 des Seemannsgesetzes durch folgende Bestimmung ersetzt:
»Das Bundesurlaubsgesetz vom 8. Januar 1963 (Bundesgesetzbl. I S. 2) findet auf den Urlaubsanspruch des Besatzungsmitglieds nur insoweit Anwendung, als es Vorschriften über die Mindestdauer des Urlaubs enthält.«

(2) Mit Inkrafttreten dieses Gesetzes treten die landesrechtlichen Vorschriften über den Erholungsurlaub außer Kraft. In Kraft bleiben jedoch die landesrechtlichen Bestimmungen über den Urlaub für Opfer des Nationalsozialismus und für solche Arbeitnehmer, die geistig oder körperlich in ihrer Erwerbsfähigkeit behindert sind.

Literatur

Boldt, Die Entwürfe eines Bundesurlaubsgesetzes vom Standpunkt der Rechtsprechung aus, RdA 1962, 129; *Buchner*, Urlaub und Rechtsmißbrauch – Fehlentwicklung der Rechtsprechung, DB 1982, 1823; *Däubler/Kittner/Lörcher*, IAO-Übereinkommen Nr. 132 über den bezahlten Jahresurlaub, in: Internationale Arbeits- und Sozialordnung, 1990, 331; *Dersch*, Tarifliche und staatliche Lenkung des Urlaubsrechts, in Festschrift für Alfred Hueck, 1959, S. 81; *ders.*, Die Entwicklung des Urlaubsrechts in der Rechtsprechung in grundsätzlichen Fragen, RdA 1959, 327; *ders.*, Zum Problem einer bundesgesetzlichen Regelung des Urlaubsrechts, RdA 1960, 51; *Halbach*, Erziehungsurlaub ab 1986, DB Beilage Nr. 1/1986, 1ff.; *Kothe*, Kontinuität und Bewegung im Urlaubsrecht, BB 1984, 609; *Künzl*, Befristung des Urlaubsanspruchs, BB 1991, 1630; *Lörcher*, Die Normen der Internationalen Arbeitsorganisation und des Europarats – Ihre Bedeutung für das Arbeitsrecht der Bundesrepublik, AuR 1991, S. 97ff.; *Trieschmann*, Zur Frage der Rechtseinheit im Urlaubsrecht, DB 1963, 692, 731; *Wlotzke*, Neuerungen im gesetzlichen Arbeitsrecht, DB 1974, 2252.

Inhaltsübersicht

I. Weitergeltende urlaubsrechtliche Bestimmungen in Bundesgesetzen

1 Neben den Urlaubsgesetzen der Länder bestanden in einigen Bundesgesetzen urlaubsrechtliche Bestimmungen für bestimmte Personenkreise. Nach § 15 Abs. 1 bleiben jene Vorschriften unberührt. Es handelt sich um folgende Gesetze:

2 **1. Arbeitsplatzschutzgesetz** vom 30. 3. 1957 (BGBl. I S. 293) i.d.F. der Bekanntmachung vom 14. 4. 1980 (BGBl. I S. 425), zuletzt geändert durch Gesetz vom

6. 12. 1990 (BGBl. I S. 2588). Es regelt den Urlaub derjenigen Arbeitnehmer, die zum Grundwehrdienst und zu Wehrübungen eingezogen werden (vgl. Anh. I Nr. 1). Das Gesetz enthält Sonderregelungen für die Gewährung, Übertragung und Abgeltung des Urlaubs sowie eine Kürzungsmöglichkeit für die Zeit des Grundwehrdienstes nach dem Zwölftelungsprinzip (§ 4 ArbPlSchG). Nach § 78 des **Zivildienstgesetzes** i.d.F. der Bekanntmachung vom 31. 7. 1986 (BGBl. I S. 1205), zuletzt geändert durch Art. 8 des Einigungsvertrages vom 31. 8. 1990 i.V.m. der Anlage I, Kapitel X, Sachgebiet C, Abschnitt II mit Maßgaben durch Abschnitt III Nr. 2 (BGBl. II S. 885, 1074), gelten die Vorschriften des § 4 ArbPlSchG entsprechend (vgl. Anh. II).

2. Schwerbeschädigtengesetz i.d.F. der Bekanntmachung vom 14. 8. 1961, (BGBl. I S. 1233). An seine Stelle ist das **Schwerbehindertengesetz** vom 29. 4. 1974 i.d.F. der Bekanntmachung vom 26. 8. 1986 (BGBl. I S. 1421; ber. S. 1550), zuletzt geändert durch Art. 8 des Einigungsvertrages vom 31. 8. 1990 i.V.m. der Anlage I, Kapitel VIII, Sachgebiet E, Abschnitt II Nr. 6 mit Maßgaben durch Abschnitt III Nr. 1 (BGBl. II S. 885, 1039), mit weitgehenden Änderungen getreten (vgl. Anh. I Nr. 6). **3**

3. Jugendarbeitsschutzgesetz vom 12. 4. 1976 (BGBl. I S. 965), zuletzt geändert durch Gesetz vom 24. 4. 1986 (BGBl. I S. 560). Das Gesetz regelt nur noch die Höhe des Urlaubs (gestaffelt nach dem Lebensalter der Jugendlichen) und seine Lage (§ 19 JArbSchG). Im übrigen verweist es auf das BUrlG (vgl. Anh. I Nr. 4). **4**

4. Seemannsgesetz vom 26. 7. 1957 (BGBl. II S. 713), zuletzt geändert durch Art. 8 des Einigungsvertrages vom 31. 8. 1990 i.V.m. der Anlage I, Kapitel VIII, Sachgebiet A, Abschnitt III Nr. 7 (BGBl. II S. 885, 1021). Die §§ 53 bis 60 SeemG regeln den Urlaub der Schiffsbesatzungen (vgl. Anh. I Nr. 7). Die vom BUrlG erheblich abweichenden Bestimmungen gelten nach § 78 Abs. 1 SeemG für Kapitäne sinngemäß. **5**

5. Eignungsübungsgesetz vom 20. 1. 1956 (BGBl. I S. 13). Ursprünglich galt das Gesetz nur befristet. Seit dem Gesetz vom 17. 12. 1970 gilt es unbefristet weiter. Das Gesetz regelt in Verbindung mit der Verordnung vom 15. 2. 1956 (BGBl. I S. 71) den Urlaub der Arbeitnehmer, die an Eignungsübungen teilnehmen (vgl. Anh. I Nr. 3). Das Eignungsübungsgesetz ist zwar in § 15 Abs. 1 nicht ausdrücklich erwähnt, jedoch gilt es als Sonderregelung weiter (ebenso *Dersch/Neumann*, § 15 BUrlG Anm. 5; *Natzel*, § 15 BUrlG Anm. 1: *Siara*, § 15 BUrlG Anm. 6). **6**

II. Änderung bundesrechtlicher Urlaubsbestimmungen

Die Änderung des § 19 Abs. 6 Satz 2 JArbSchG ist heute ohne Bedeutung, da das JArbSchG von 1976 die Bestimmung nicht mehr enthält. Dort wird jetzt, von der Höhe und der Lage des Urlaubs abgesehen, auf das BUrlG verwiesen. **7**

Das SeemG verwies bisher bezüglich der Dauer des Mindesturlaubs auf die Landesurlaubsgesetze. Nach § 15 Abs. 1 ist an ihre Stelle nunmehr der Mindesturlaub des BUrlG getreten. Er beträgt im Beitrittsgebiet des Art. 3 des Einigungvertra- **8** ges vom 31. 8. 1990 (BGBl. II S. 885, 1021) nach § 53 SeemG i. V. m. § 3 Satz 1 BUrlG 1990 auch für Seeleute 20 Arbeitstage, während im übrigen Bundesgebiet nach § 53 Abs. 2 SeemG i. V. m. § 3 Abs. 1 BUrlG 1963 weiterhin ein Mindesturlaub von 18 Werktagen gültig ist.

III. Landesrechtliche Vorschriften

9 Mit dem Inkrafttreten des BUrlG sind alle landesrechtlichen Vorschriften über den Erholungsurlaub außer Kraft getreten. In Kraft geblieben sind jedoch die landesrechtlichen Bestimmungen über die Opfer des Nationalsozialismus und für solche Arbeitnehmer, die geistig oder körperlich in ihrer Erwerbsfähigkeit behindert sind (vgl. Anh. III Nrn. 1 bis 6).

10 § 15 Abs. 2 verwirklicht ein wesentliches Ziel des Gesetzes, **auf dem Gebiet des Urlaubsrechts einheitliches Gesetzesrecht** zu schaffen (vgl. Einleitung Anm. 13); Rechtsgrundlagen sind Art. 72 Abs. 1, 74 Nr. 12 GG. Soweit der Bundesgesetzgeber von seiner konkurrierenden Gesetzgebungsbefugnis Gebrauch gemacht hat, können die Länder keine Urlaubsgesetze mehr erlassen. Nicht verwehrt ist es ihnen aber, die Urlaubsbestimmungen für Opfer des Nationalsozialismus sowie für kriegs- und unfallgeschädigte Arbeitnehmer zu ändern, aufzuheben oder solche Bestimmungen neu zu schaffen. Denn insoweit hat der Bundesgesetzgeber von seinem konkurrierenden Gesetzgebungsrecht keinen Gebrauch gemacht (*LAG Saarbrücken* v. 14. 4. 1963, AP Nr. 1 zu Saarland ZusatzurlaubsG; zust. *Dersch/Neumann*, § 15 BUrlG Anm. 8).

11 Andere landesrechtliche Bestimmungen, die nicht die Gewährung von Erholungsurlaub zum Inhalt haben, also vom BUrlG überhaupt nicht berührt werden, sind weiterhin in Kraft geblieben. Es handelt sich dabei vor allem um die **Sonderurlaubsregelungen** für Jugendleiter (*Boldt/Röhsler*, § 15 BUrlG Anm. 17; *Natzel*, § 15 BUrlG Anm. 7), und zwar um folgende Gesetze (vgl. Anh. IV Nrn. 1–10):
Baden-Württemberg: Gesetz über die Erteilung von Sonderurlaub an Mitarbeiter in der Jugendpflege und Jugendwohlfahrt vom 13. 7. 1953 (GVBl. S. 110);
Bayern: Gesetz zur Freistellung von Arbeitnehmern für die Zwecke der Jugendarbeit vom 14. 4. 1980 (GVBl. S. 180);
Bremen: Gesetz über Sonderurlaub für ehrenamtlich in der Jugendarbeit tätige Personen vom 25. 4. 1961 (GVBl. S. 84);
Hamburg: Gesetz über Sonderurlaub für Jugendgruppenleiter vom 28. 6. 1955 (GVBl. S. 241);
Hessen: Gesetz über Sonderurlaub für Mitarbeiter in der Jugendarbeit i. d. F. vom 2. 8. 1983 (GVBl. S. 130);
Niedersachsen: Gesetz über die Arbeitsbefreiung für Zwecke der Jugendpflege und des Jugendsportes vom 29. 6. 1962 (GVBl. S. 74) i. d. F. des Änderungsgesetzes vom 25. 5. 1980 (GVBl. S. 147);
Nordrhein-Westfalen: Sonderurlaubsgesetz vom 31. 7. 1974 (GVBl. S. 768), zuletzt geändert durch Gesetz vom 27. 3. 1984 (GVBl. S. 211);
Rheinland-Pfalz: Landesgesetz über die Erteilung von Sonderurlaub an Jugendgruppenleiter in der Jugendpflege vom 12. 11. 1953 (GVBl. S. 131);
Saarland: Gesetz Nr. 759 über Sonderurlaub für in der Jugendpflege ehrenamtlich tätige Personen vom 8. 6. 1962 (ABl. S. 481) i. d. F. des Gesetzes Nr. 859 vom 15. 5. 1968 (ABl. S. 362);

Schleswig-Holstein: Gesetz über Sonderurlaub für ehrenamtliche Mitarbeiter in der außerschulischen Jugendbildung vom 25. 7. 1977 (GVBl. S. 190).

Unberührt bleibt auch die Befugnis der Länder, Arbeitnehmern einen gesetzlichen Anspruch auf **Bildungsuralub** einzuräumen, eben weil solche Regelungen ebenfalls nicht die Gewährung von Erholungsurlaub zum Gegenstand haben, sondern Fälle der Beurlaubung darstellen (*Boldt/Röhsler*, § 1 BUrlG Anm. 43). Die Ländergesetze über die Arbeitnehmerweiterbildung sind im wesentlichen verfassungsgemäß (*BVerfG* v. 15. 12. 1987, EzA § 7 AWbG NW Nr. 1 mit Anm. von *Gamillscheg* = AP Nr. 62 zu Art. 12 GG). Es handelt sich um folgende Gesetze (vgl. Anh. Nrn. 1–8): **12**

Berlin: Berliner Bildungsurlaubsgesetz vom 24. 10. 1990 (GVBl. S. 2209);

Bremen: Bremisches Bildungsurlaubsgesetz vom 18. 12. 1974 (GBl. S. 348), geändert durch Gesetz vom 21. 5. 1985 (GBl. S. 97) nebst VO über die Anerkennung von Bildungsveranstaltungen vom 24. 1. 1983 (GBl. S. 3) und VO über die Gewährung von Zuschüssen vom 25. 3. 1975 (GBl. S. 176), geändert durch VO vom 4. 4. 1977 (GBl. S. 197);

Hamburg: Hamburgisches Bildungsurlaubsgesetz vom 21. 1. 1974 (GVBl. S. 6);

Hessen: Hessisches Gesetz über den Anspruch auf Bildungsurlaub vom 16. 10. 1984 (GVBl. S. 261; zur Frage der teilweisen Verfassungswidrigkeit vgl. *BVerfG* v. 15. 12. 1987, BGBl. I 1988 S. 508);

Niedersachsen: Niedersächsisches Freistellungsgesetz i. d. F. vom 7. 1. 1985 (GVBl. S. 2);

Nordrhein-Westfalen: Arbeitnehmerweiterbildungsgesetz vom 6. 11. 1984 (GVBl. S. 678);

Saarland: Saarländisches Weiterbildungs- und Bildungsurlaubsgesetz vom 17. 1. 1990 (ABl. S. 234);

Schleswig-Holstein: Bildungsfreistellungs- und Qualifizierungsgesetz vom 7. 6. 1990 (GVBl. S. 364).

IV. Verhältnis der urlaubsrechtlichen Vorschriften untereinander

1. IAO-Übereinkommen Nr. 132 über den bezahlten Jahresurlaub

13 Das **IAO-Übereinkommen Nr. 132 über den bezahlten Jahresurlaub** vom 24. 6. 1970 ist durch Gesetz vom 30. 4. 1975 (BGBl. II S. 745) ratifiziert und damit durch das Transformationsgesetz geltendes Recht geworden (so zu IAO-Übereinkommen Nr. 100: *BAG* v. 18. 10. 1961, AP Nr. 69 zu Art. 3 GG; *BAG* v. 10. 6. 1980, EzA Art. 9 GG Arbeitskampf Nr. 36 = AP Nr. 64 zu Art. 9 GG Arbeitskampf). Das bedeutet, es zählt über Art. 59 Abs. 2 Satz 1 GG zum einfachen innerstaatlichen Recht (*BVerfG* v. 20. 10. 1981, NJW 1982, 815, 817) und bindet die Gerichte. Das IAO-Übereinkommen Nr. 132 ist deshalb **bei der Auslegung des BUrlG nicht nur mit heranzuziehen** (*Dersch/Neumann*, § 1 BUrlG Anm. 5), sondern wegen des Verfassungsgebots der völkerrechtsfreundlichen Auslegung innerstaatlichen Rechts ist das BUrlG so auszulegen, daß es nicht im Widerspruch zu dem Übereinkommen steht (*Kohte*, BB 1984, 605 ff., 615; *Lörcher*, AuR 1991, 97, 103 f, m. w. N.; ferner *Künzl*, BB 1991, 1630, 1631). Soweit das Übereinkommen Bestimmungen enthält, die ebenso wörtlich im BUrlG stehen könnten, sind die Vorschriften für Praxis und Rechtsprechung bindend. Durch die höchstrichterliche Rechtsprechung werden **mehrere Bestimmungen des Übereinkommens nicht vollständig eingehalten**, nämlich hinsichtlich der Übertragung und Abgeltung des Urlaubs (vgl. dazu *Däubler/Kittner/Lörcher*, Internationale Arbeits- und Sozialordnung, 1990, S. 332f.).

14 Mit der Garantie eines jährlichen, drei Arbeitswochen umfassenden Erholungsurlaubs (Art. 3 Nr. 3) ist – international gesehen – die Ausweitung der Urlaubsdauer zu einem vorläufigen Stillstand gekommen. Die Bundesrepublik Deutschland hat den Generaldirektor des Internationalen Arbeitsamtes gemäß Art. 3 Nr. 4 davon in Kenntnis zu setzen, daß sie im Beitrittsgebiet der fünf neuen Bundesländer nach § 3 Satz 1 BUrlG 1990 einen längeren Urlaub festgelegt hat, der 20 Arbeitstage = vier Arbeitswochen umfaßt. Die weiteren Bestimmungen des Übereinkommens enthalten **wichtige Detailregelungen des Urlaubsrechts** (vgl. Anh. - VI), nämlich zum Teilurlaub (Art. 4 Nr. 1), Beschränkung der Wartezeit auf höchstens sechs Monate (Art. 5 Nr. 2), Anrechnungsverbote für Feiertage (Art. 6 Nr. 1) und Zeiten der Arbeitsunfähigkeit (Art. 6 Nr. 2) auf den Erholungsurlaub, Urlaubsentgelt (Art. 7), Einschränkung der Teilbarkeit des Erholungsurlaubs (Art. 8 Nr. 2), Übertragungszeitraum (Art. 9), Gewährung und Lage des Urlaubs (Art. 10), Erholungsurlaub bei Beendigung des Arbeitsverhältnisses (Art. 11), Unabdingbarkeit des Mindesturlaubs (Art. 12). Bei den Durchführungsmethoden wird den innerstaatlichen Gepflogenheiten weitgehend Rechnung getragen, jedoch muß die Einhaltung des Übereinkommens stets durch die innerstaatliche Gesetzgebung sichergestellt werden (Art. 1 und Art. 9 Nr. 3). Für die Frage der Übereinstimmung der Rechtsprechung mit dem IAO-Übereinkommen gilt folgendes:

a) Übertragung des Urlaubs nach dem IAO-Übereinkommen

15 Das **BUrlG** läßt nach seinem Wortlaut von dem **Verfall des Urlaubs nach Ablauf des Übertragungszeitraums** keine Ausnahme zu, wie die neuere Rechtsprechung (*BAG* v. 3. 11. 1988, EzA § 7 BUrlG Nr. 64 = AP Nr. 43 zu § 7 BUrlG Abgeltung) selbst für den Fall annimmt, daß die Voraussetzungen der gesetzlichen Übertragungsgründe des § 7 Abs. 3 Satz 2 BUrlG weiter vorliegen. Mit Ablauf der Übertragungsfrist erlösche der Urlaubsanspruch, und der Arbeitgeber werde von seiner Pflicht, den Arbeitnehmer für die Urlaubsdauer von seiner Arbeitspflicht zu entbinden, gemäß § 275 BGB frei (*BAG* v. 31. 10. 1986, EzA § 7 BUrlG Nr. 49 = AP Nr. 25 zu § 13 BUrlG). Begründet wird diese Ansicht formaljuristisch allein unter Berufung auf den Gesetzeswortlaut der §§ 1, 7 Abs. 3 BUrlG (*BAG* v. 13. 5. 1982, EzA § 7 BUrlG Nr. 25 = AP Nr. 4 zu § 7 BUrlG Übertragung mit abl. Anm. von *Boldt* = SAE 1983, 78 mit abl. Anm. von *Buchner*). Die Befristung des Urlaubsanspruchs nach §§ 1, 7 Abs. 3 BUrlG auf das Urlaubsjahr und den Übertragungszeitraum widerspricht nach Ansicht des *BAG* (v. 28. 11. 1990, EzA § 7 BUrlG Nr. 79) nicht Art. 9 Abs. 1 IAO-Übereinkommen Nr. 132. Zur Begründung wird ausgeführt, diese Vorschrift enthalte nicht etwa Mindestfristen für den Bestand des Urlaubsanspruchs, sondern lediglich einen Zeitrahmen, innerhalb dessen der Urlaubsanspruch längstens verwirklicht sein müsse. In diesem Rahmen hielten sich die Regelungen der §§ 1, 7 Abs. 3 BUrlG. Der Gesetzgeber habe damit von der ihm nach Art. 1 IAO-Übereinkommen Nr. 132 übertragenen Befugnis, die Bestimmungen des Übereinkommens durchzuführen, Gebrauch gemacht. Das Unterschreiten der nach dem Übereinkommen zulässigen zeitlichen Obergrenze für den Bestand des Anspruchs könne keinen Rechtsverstoß gegen Art. 9 Abs. 1 IAO-Übereinkommen Nr. 132 begründen. Im übrigen enthalte auch diese Vorschrift des Übereinkommens selbst eine Befristung des Urlaubsanspruchs, weil der Urlaub spätestens mit Ablauf der dort genannten Fristen zu gewähren und zu nehmen sei, also danach erlösche.

16 Diese **Auslegung** des Übereinkommens durch die höchstrichterliche Rechtsprechung (zuletzt *BAG* v. 28. 11. 1990, EzA § 7 BUrlG Nr. 79) **widerspricht Sinn und Zweck der Regelung des Art. 9 Nr. 1 IAO-Übereinkommen Nr. 132** und ist deshalb mit dieser Vorschrift unvereinbar. In dieser Vorschrift wird der Übertragungszeitraum zunächst auf ein Jahr (also auf das volle Folgejahr und nicht nur auf drei Monate) als Höchstgrenze festgesetzt. Diese kann jedoch für den zwei Arbeitswochen überschreitenden Teil des Urlaubs sogar noch auf 18 Monate verlängert werden (Art. 9 Nr. 1 IAO-Übereinkommen Nr. 132). Mit der Verpflichtung des Arbeitgebers, den gesetzlichen Mindesturlaub spätestens ein Jahr bzw. achtzehn Monate nach Ablauf des Bezugszeitraums zu gewähren, begründet Art. 1 Abs. 1 IAO- Übereinkommen Nr. 132 einen Anspruch des Arbeitnehmers mit demselben zeitlichen Bestand (*LAG Düsseldorf* v. 21. 3. 1991, LAGE § 7 AWbG NW Nr. 9). Ebensowenig ist der Annahme zu folgen, der Gesetzgeber sei nach Art. 1 IAO-Übereinkommen zur Befristung des Urlaubsanspruchs in den Zeitgrenzen der §§ 1, 7 Abs. 3 BUrlG befugt gewesen und habe die zeitliche Obergrenze des Art. 9 Abs. 1 IAO-Übereinkommen unterschreiten dürfen. Art. 1 IAO-Übereinkommen gibt dazu keine »Befugnis«, sondern enthält eine **Verpflichtung der innerstaatlichen Gesetzgebung zur Durchführung des Übereinkommens** (*LAG Düsseldorf*, a. a. O.), die im Einklang mit dem Übereinkommen stehen müssen und deren Anwendung und Durchsetzung durch angemessene Aufsicht oder sonstige Mittel zu gewährleisten ist (Art. 14 IAO-Übereinkommen Nr. 132). Art. 9 Abs. 3 IAO-Übereinkommen Nr. 132 erlaubt lediglich die Konkretisierung der Mindestdauer und des Termins nach Art. 9 Abs. 2 IAO-Übereinkommen Nr. 132, aber keine Verkürzung der in Art. 9 Abs. 1 IAO-Übereinkommen Nr. 132 statuierten Gewährungsfristen (*LAG Düsseldorf*, a. a. O.).

17 Den das IAO-Übereinkommen Nr. 132 ratifizierenden Staaten wird damit zwar ein gewisser zeitlicher Spielraum für die Übertragung eröffnet, jedoch ergibt sich aus den Materialien des Übereinkommens folgendes: **»Ausnahmen** können in den Fällen als zulässig gelten, in denen ein **Arbeitnehmer aus einem sich seiner Einflußnahme entziehenden triftigen Grund nicht in der Lage war, seinen Urlaub zu nehmen** (Krankheit, Militärdienst usw.) und in denen ein solcher Aufschub die einzige Alternativlösung zur Abgeltung oder zum völligen Verlust des Urlaubsanspruchs darstellt, was in beiden Fällen für den Arbeitnehmer nachteiliger wäre.« (zitiert nach *Däubler/Kittner/Lörcher*, Internationale Arbeits- und Sozialordnung, 1990, S. 332, m. w. N.). Bei der Ratifizierung des IAO-Übereinkommens Nr. 132 ging der Gesetzgeber davon aus, daß innerstaatliches Recht und Übereinkommen miteinander in Einklang stehen, das BUrlG bereits dem Übereinkommen entsprechende Vorschriften enthalte und »die volle Anwendung (des Übereinkommens) durch die uneingeschränkte Zustimmung der gesetzgebenden Körperschaft hinreichend deutlich werde« (BT- Drucksache 7/3174, S. 10). Der Wille des Gesetzgebers, das Übereinkommen voll angewendet zu wissen, und seine Vorstellung, mit dem BUrlG nicht hinter den durch das Übereinkommen gewährten Mindestbedingungen zurückgeblieben zu sein, verbietet daher eine Interpretation, daß das BUrlG durch die Regelungen seiner §§ 1, 7 Abs. 3 zu Lasten des Arbeitnehmers den Urlaubsanspruch auf das Kalenderjahr bzw. den Übertragungszeitraum verkürze (*LAG Düsseldorf*, a. a. O.). In Art. 9 Abs. 2 IAO-Übereinkommen Nr. 132 wird dabei der **Regelungszweck des Übereinkommens** deutlich, nämlich zugunsten des Arbeitnehmers für die Realisierung des Urlaubsanspruchs, also für die Freizeitgewährung, Fristen vorzugeben (*LAG Düsseldorf*, a. a. O.). Mit diesem Normzweck verträgt sich kein Anspruchsverlust vor Ablauf dieser Fristen (*Wandt*, SAE 1986, 265, 266).

b) Abgeltung des Urlaubs nach dem IAO-Übereinkommen

18 Der **Abgeltungsanspruch** entsteht nach § 7 Abs. 4 BUrlG unabhängig davon, aus welchem Grund der Urlaubsanspruch bis zur Beendigung des Arbeitsverhältnisses nicht erfüllt worden ist (*Berscheid*, HzA, Gruppe 4, Rz. 435), insbesondere ist **nicht Voraussetzung, daß eine Freizeitgewährung ohne die Beendigung des Arbeitsverhältnisses noch möglich gewesen wäre**. § 7 Abs. 3 BUrlG schreibt nämlich nach seinem Wortlaut nur die grundsätzliche Bindung des aus Freizeitgewährung gerichteten Urlaubsanspruchs, nicht aber auch der Urlaubsabgeltung an das Kalenderjahr bzw. den Übertragungszeitraum vor. Der 6. Senat des *BAG* (v. 23. 6. 1983, EzA § 7 BUrlG Nr. 28 = AP Nr. 14 zu § 7 BUrlG Abgeltung mit krit. Anm. von *Trieschmann*) und ihm folgend der 8. Senat des *BAG* (v. 10. 2. 1987, EzA § 13 BUrlG Nr. 31 = AP Nr. 12 zu § 13 BUrlG Unabdingbarkeit und v. 28. 11. 1990, EzA § 7 BUrlG Nr. 79) sehen dagegen als weitere Voraussetzung des Urlaubsabgeltungsanspruchs an, daß bei Beendigung des Arbeitsverhältnisses an sich noch die Möglichkeit gegeben sein müsse, den Urlaubsanspruch in Freizeit zu verwirklichen. Begründet wird diese Ansicht mit einer Wortinterpretation des Gesetzestextes: Nach § 7 Abs. 4 BUrlG sei der Urlaub abzugelten, wenn er »wegen« Beendigung des Arbeitsverhältnisses nicht mehr gewährt werden könne. Einen solchen Abgeltungsanspruch habe danach nur ein Arbeitnehmer, der an sich arbeitsfähig und arbeitsbereit, aber an der Verwirklichung seines Urlaubsanspruchs gehindert sei, weil das Arbeitsverhältnis nicht mehr bestehe und demzufolge keine Arbeitspflichten mehr entstünden, von denen er durch Gewährung des Urlaubsanspruchs freigestellt werden könnte. Mit anderen Worten, die Beendigung des Arbeitsverhältnisses müsse das alleinige, kausale Ereignis gewesen sein, das der Realisierung des Urlaubsanspruchs im Wege gestanden habe (*LAG Hamm* v. 4. 10. 1983, BB 1984, 784). Das Wort »wegen« beschreibt nur eine Kausalbeziehung. Ob das Wort »wegen« in § 7 Abs. 4 BUrlG bedeutet, daß die Beendigung des Arbeitsverhältnisses der alleinige Grund für die Urlaubsabgeltung, ein Grund von mehreren oder unter mehreren Gründen die wesentlich mitbestimmende Bedingung ist, also die Entscheidung für den Grad der Kausalität, ergibt sich gerade nicht aus dem Wortlaut der Vorschrift, sondern aus ihrer Entstehungsgeschichte und ihrem Normzweck (*Kohte*, BB 1984, 609, 619 f.).

19 In der Behandlung des Abgeltungsanspruchs lehnt sich das BAG zu eng an den auf Freizeitgewährung gerichteten Urlaubsanspruch an. Es stellt in seinen Entscheidungen nämlich zunächst immer darauf ab, daß der Urlaubsfreizeitanspruch auf das Kalenderjahr beschränkt sei und deshalb dann, wenn seine Erfüllung während des Urlaubsjahres möglich gewesen sei, mit dem Ende des Kalenderjahres, in dem er entstanden sei, erlösche (vgl. *BAG* v. 26. 7. 1990, ZTR 1991, 29, 30). Eine »Übertragung« des Urlaubs auf das folgende Kalenderjahr, also eine erneute Befristung des Urlaubsanspruchs, komme nur in Betracht, wenn die in § 7 Abs. 3 BUrlG genannten Merkmale (dringende betriebliche oder in der Person des Arbeitnehmers liegende Gründe) gegeben seien (*BAG*, a. a. O., m. w. N.).

Als Surrogat des auf Freizeitgewährung gerichteten Urlaubsanspruchs sei der **Abgeltungsanspruch** – abgesehen von der Beendigung des Arbeitsverhältnisses – **an die gleichen Voraussetzungen gebunden wie der Freizeitanspruch**; damit unterliege der Abgeltungsanspruch in gleichem Maße der Befristung wie der Freizeitanspruch selbst (*BAG*, a.a.O., m.w.N.). Scheide der Arbeitnehmer aus dem Arbeitsverhältnis aus, so müsse er Tatsachen dafür vortragen, daß er gehindert gewesen sei, den Urlaubsabgeltungsanspruch im Urlaubsjahr zu »verwirklichen« (*BAG*, a.a.O.). Was mit der **»Verwirklichung des Abgeltungsanspruchs«** gemeint ist, bleibt völlig unklar. Der Abgeltungsbetrag ist nicht zweckgebunden im Sinne von § 399 BGB, sondern lediglich zweckgerichtet (*Natzel*, § 7 BUrlG Rz. 157, m.w.N.). Der Urlaubsabgeltungsanspruch ist demnach nichts anderes als ein Lohn- oder Gehaltsanspruch für nicht geleistete Arbeit. Er soll – wie auch das Urlaubsentgelt – nur ermöglichen, daß der Arbeitnehmer in seiner selbstgewählten Freizeit seinen bisherigen Lebensstandard beibehalten kann. Aber eine Pflicht, den Abgeltungsbetrag urlaubsgemäß zu verwenden, besteht gerade nicht. »Abzugelten« heißt nämlich nichts anderes, als den früher bestehenden Anspruch auf Freizeitgewährung unter Fortzahlung des Arbeitsentgelts mit Geld auszugleichen (*Natzel*, § 7 BUrlG Rz. 157; zust. *Berscheid*, HzA, Gruppe 4, Rz. 90). Der Abgeltungsanspruch ist dabei weder nach dem Wortlaut des § 7 Abs. 4 BUrlG noch nach dem Sinn und Zweck dieser Vorschrift an zusätzliche Voraussetzungen gebunden. Insbesondere kann nicht darauf abgestellt werden, ob ein bei Beendigung des Arbeitsverhältnisses erkrankter Arbeitnehmer nach seinem Ausscheiden noch vor Ablauf des Übertragungszeitraumes seine Arbeitsfähigkeit wiedererlangt hat und den Freizeitanspruch bis zu diesem Zeitpunkt hätte verwirklichen können (so aber *BAG* v. 16. 8. 1990, ZTR 1991, 29).

20 Aber auch **mit Art. 11 IAO-Übereinkommen Nr. 132 läßt sich die neuere Rechtsprechung nicht in Einklang** bringen. Nach dieser Vorschrift hat ein Arbeitnehmer, der die Wartezeit erfüllt hat, »bei« Beendigung seines Arbeitsverhältnisses entweder Anspruch auf einen bezahlten Urlaub im Verhältnis zu der Dienstzeit, für die er keinen solchen Urlaub erhalten hat, oder auf eine Urlaubsabgeltung oder ein gleichwertiges Urlaubsguthaben. Mit anderen Worten, Art. 11 IAO-Übereinkommen Nr. 132 will demnach **unter allen Umständen »den vom Arbeitnehmer bereits erworbenen Urlaubsanspruch bei Beendigung des Arbeitsverhältnisses schützen«** (BT-Drucksache 7/2394, S. 14) und läßt den nationalen Rechtsordnungen die Wahl zwischen den drei aufgezeigten Alternativen offen, wie sie dieses Ziel sicherstellen wollen (*Däubler/Kittner/Lörcher*, Internationale Arbeits- und Sozialordnung, 1990, S. 333). Der Gesetzgeber des BUrlG hat sich für den Fall, daß der wegen Erfüllung der Wartezeit urlaubsberechtigte Arbeitnehmer bei Beendigung des Arbeitsverhältnisses noch keinen Urlaub erhalten hatte, zugunsten der Urlaubsabgeltung entschieden, wie es Art. 11 IAO-Übereinkommen Nr. 132 ausdrücklich gestattet. Ein Verstoß des § 7 Abs. 4 BUrlG gegen diese Vorschrift ist mithin nicht ersichtlich (*Birk*, Anm. AP Nr. 21 zu § 7 BUrlG Abgeltung), jedoch ist die höchstrichterliche Rechtsprechung (*BAG* v. 7. 3. 1985, EzA § 7 BUrlG Nr. 38 = AP Nr. 21 zu § 7 BUrlG Abgeltung; *BAG* v. 10. 2. 1987, EzA § 13 BUrlG Nr. 31 = AP Nr. 12 zu § 13 BUrlG Unabdingbarkeit; *BAG* v. 28. 11. 1990, EzA § 7 BUrlG Nr. 79) mit den Regelungen des Übereinkommens nicht in Einklang zu bringen. Der **Abgeltungsanspruch** kann auch im Fall einer in der Person des Arbeitnehmers liegenden Leistungsstörung z.B. aufgrund einer Arbeitsunfähigkeit oder Erwerbsunfähigkeit **nicht von zusätzlichen Voraussetzungen** wie der Erfüllbarkeit des Urlaubsanspruchs im Zeitpunkt der Beendigung des Arbeitsverhältnisses bzw. des Übertragungszeitraums **abhängig** gemacht werden (*Däubler/Kittner/Lörcher*, a. a. O.). Solche Leistungsstörungen können den einmal entstandenen Urlaubsanspruch des Arbeitnehmers nicht vernichten (*Lörcher*, AuR 1991, 97, 102). Der sich auf Art. 11 IAO-Übereinkommen Nr. 132 stützende Urlaubsabgeltungsanspruch kann dem Arbeitnehmer ganz sicher nicht wieder durch nationale Regeln, insbesondere durch eine restriktive Auslegung dieser Vorschrift durch die Rechtsprechung, gänzlich entzogen werden. Genau das ist aber die Quintessenz der neueren Rechtsprechung des *BAG* (a.a.O.) zur Urlaubsabgeltung (*Birk*, a.a.O.).

2. Vorrang von Bundesgesetzen

a) Jugendarbeitsschutzgesetz

21 **Für Jugendliche enthält das JArbSchG eine spezielle Regelung** (Anh. I Nr. 4), wie die nach dem Lebensalter gestaffelte Höhe des Erholungsurlaubs (§ 19 Abs. 1 Satz 1 JArbSchG), der Zusatzurlaub für im Bergbau unter Tage beschäftigte Jugendliche (§ 19 Abs. 1 Satz 2 JArbSchG) und die Bestimmungen über die Lage des Urlaubs und die Nachgewährung von Berufsschultagen bei Berufsschülern (§ 19 Abs. 2 JArbSchG) zeigen; diese Sonderregelungen gehen den allgemeinen Vorschriften des BUrlG vor (*Boldt/Röhsler*, § 15 BUrlG Anm. 33; *Dersch/Neumann*, § 15 BUrlG Anm. 10; vgl. zum Urlaubsanspruch bei unzulässiger Kinderarbeit i.S.d. § 5 Abs. 1 JArbSchG einerseits *Molitor/Volmer/Germelmann*, § 19 JArbSchG Anm. 16ff; *Dersch/Neumann*, Anh. V § 19 JArbSchG Anm. 3; andererseits *Gröninger/Gehring*, § 19 JArbSchG Anm. 1b; *Zmarzlik*, § 19 JArbSchG Anm. 4). Auch nach der weitgehenden Angleichung des § 19 JArbSchG an die Bestimmungen der §§ 1ff. BUrlG beruht der Anspruch auf Jugendurlaub – anders als beim Erwachsenenurlaub – auf öffentlichem Arbeitsschutzrecht (*Gröninger/Gehring*, § 19 JArbSchG Anm. 1c), denn die Verletzung des § 19 JArbSchG ist mit Geldbuße (§ 58 Abs. 1 Nr. 16 JArbSchG) oder Strafe bedroht (§ 58 Abs. 5 und 6 JArbSchG). Kraft ausdrücklicher und begrenzter Verweisung in § 19 Abs. 4 JArbSchG sind die § 3 Abs. 2, §§ 4 bis 12 und § 13 Abs. 3 BUrlG anzuwenden. Das bedeutet, daß **der eigentliche Jugendlichenurlaub im Gegensatz zum Erwachsenenurlaub nicht tarifdispositiv** ist, denn die Regelungen des § 13 Abs. 1 und 3 BUrlG sind nicht in Bezug genommen (*Molitor/Volmer/Germelmann*, § 19 JArbSchG Anm. 4). Der Gesetzgeber hat in § 19 Abs. 4 JArbSchG auf § 13 Abs. 3 lediglich für den Bereich der Deutschen Bundesbahn und der Deutschen Bundespost bestimmt, daß von der Vorschrift über das Kalenderjahr als Urlaubsjahr in Tarifverträgen abgewichen werden kann. Damit ist gewährleistet, daß bei Bundesbahn (vgl. § 25 Abs. 1 AnTV, § 28 Abs. 1 LTV) und Bundespost (vgl. § 43 Abs. 1 TVAng, § 23 Abs. 1 TVArb) das abweichende Urlaubsjahr betriebseinheitlich für die Zeit vom 1. April bis 31. März für alle Beschäftigte beibehalten werden kann, um so eine Angleichung des Urlaubsjahres an den zeitlichen Ablauf der Verwaltung zu ermöglichen. Auch **jugendliche Schwerbehinderte** erhalten zusätzlich zum Jugendlichenurlaub des § 19 Abs. 1 JArbSchG und einem sonstigen tariflichen oder einzelvertraglichen günstigeren Erholungsurlaub jährlich nach § 47 Satz 1 SchwbG einen **Zusatzurlaub von 5 Arbeitstagen**, so daß bei der Ermittlung des jährlichen Gesamturlaubs der nach

Werktagen bemessene Jugendlichenurlaub zunächst auf Arbeitstage umzurechnen ist (vgl. dazu allgemein *BAG* v. 8. 3. 1984, EzA § 13 BUrlG Nr. 18 = AP Nr. 15 zu § 13 BUrlG; *BAG* v. 27. 1. 1987, EzA § 3 BUrlG Nr. 18 = AP Nr. 30 zu § 13 BUrlG).

b) Seemannsgesetz

22 Das Gesetz legt den Erholungsurlaub abweichend vom Kalenderjahr auf das Beschäftigungsjahr fest (§ 53 Abs. 1 SeemG). Die §§ 55 bis 61 SeemG (vgl. Anh. I Nr. 7) regeln den **Urlaub der Schiffsbesatzungen** (Urlaubsgewährung und -übertragung, Heimaturlaub und Verhältnis zum Landgang, Urlaubsentgelt, Erkrankung während des Urlaubs, Teilurlaub, Urlaubsabgeltung); sie gelten mit Ausnahme der Regelungen über den Landgang (§ 61 SeemG) nach § 78 Abs. 1 SeemG **für Kapitäne sinngemäß**. Das **BUrlG** ist nur **für solche Sachverhalte ergänzend heranzuziehen, die im SeemG nicht geregelt sind**, wie z. B. Kuren und Heilverfahren, Ausschluß von Doppelansprüchen (*Dersch/Neumann*, § 15 BUrlG Anm. 10; zust. *Boldt/Röhsler*, § 15 BUrlG Anm. 35; *Natzel*, Anh. §§ 53–61 SeemG Anm. 6; *Siara*, § 15 BUrlG Anm. 3; **a. A.** *Trieschmann*, AuR 1963, 88). Für jugendliche Seeleute enthält § 54 Abs. 2 SeemG eine Regelung, die § 19 Abs. 2 Satz 1 JArbSchG entspricht. Für schwerbehinderte Besatzungsmitglieder enthält das SeemG keine eigene Regelung, so daß der Zusatzurlaub nach § 47 Satz 1 SchwbG zu dem für das einzelne Besatzungsmitglied maßgeblichen Urlaub hinzutritt (*Schwedes/Franz*, § 53 SeemG Anm. 7; ferner *Bemm/Lindemann*, § 53 SeemG Anm. 9).

c) Arbeitsplatzschutzgesetz, Zivildienstgesetz, Eignungsübungsgesetz

23 § 4 ArbPlSchG, auf den in § 78 Abs. 1 Nr. 1 ZDG verwiesen wird, und § 6 EigÜbG i. V. m. §§ 1 bis 3 und 7, 8 VO EigÜbG stellen eine Abgrenzung der urlaubsrechtlichen Bestimmungen für den Fall dar, daß ein Arbeitnehmer zum Grundwehrdienst oder zu einer Wehr- bzw. Eignungsübung eingezogen wird oder Zivildienst zu leisten hat. Im Falle einer Eignungsübung wird der Urlaub bei Ausscheiden aus den Streitkräften und beim Verbleiben in den Streitkräften gesondert erfaßt (§§ 1, 2 VO EigÜbG). Für Grundwehrdienst und Zivildienst enthält das Gesetz **Sonderregelungen für die Gewährung, Übertragung und Abgeltung des Urlaubs sowie eine Kürzungsmöglichkeit für die Zeit des Grundwehr- bzw. des Zivildienstes nach dem Zwölftelungsprinzip** (§ 4 ArbPlSchG bzw. § 78 ZivDstG i. V. m. § 4 ArbPlSchG). Diese Regelung gilt für jeden dem Arbeitnehmer zustehenden Erholungsurlaub, also sowohl für den Mindesturlaub nach dem BUrlG als auch für den Urlaub nach dem JArbSchG oder dem SeemG, darüber hinaus für den Zusatzurlaub für Schwerbehinderte, für geistig oder körperlich behinderte Arbeitnehmer, für Kämpfer gegen den Faschismus und Opfer des Faschismus sowie grundsätzlich für jeden tariflichen oder einzelvertraglichen Mehrurlaub (*Dersch/Neumann*, § 15 BUrlG Anm. 13). Der Ausschluß der Kürzungsermächtigung bedarf einer ausdrücklichen tariflichen oder einzelvertraglichen Vereinbarung (*BAG* v. 14. 11. 1963, AP Nr. 2 zu § 4 ArbPlSchG mit zust. Anm. von *Sahmer*).

d) Erziehungsurlaubsgesetz, Mutterschutzgesetz, Arbeitsgesetzbuch

24 Die Regelungen der §§ 8a bis 8d MuSchG über den Mutterschaftsurlaub, die durch Gesetz vom 25. 6. 1979 (BGBl. I S. 797) eingeführt worden sind und nur für erwerbstätige Mütter galten, sind durch § 38 BErzGG vom 6. 12. 1985 (BGBl. I S. 2154) abgelöst und durch die Regelungen der §§ 15 bis 20 BErzGG über den **Erziehungsurlaub** ersetzt worden, der berufstätigen Müttern und Vätern zuteil werden kann. Der Erziehungsurlaub (vgl. dazu Anh. I Nr. 2) nach § 15 BErzGG ist **ein arbeitsrechtlicher Anspruch auf unbezahlte Freistellung von der Arbeit**. Er wird auf einseitiges Verlangen des Arbeitnehmers, also durch Ausübung eines Gestaltungsrechts, ausgelöst und muß damit vom Arbeitgeber gewährt werden. Er ist demnach ein Sonderurlaub privatrechtlicher Natur, **auf den die Bestimmungen des BUrlG oder etwa in das Arbeitsverhältnis eingreifender tariflicher Urlaubsregelungen nicht angewendet werden können** (so bereits *Halbach*, DB Beilage Nr. 1/1986 S. 1, 3). Vielmehr enthält § 17 BErzGG eine § 4 ArbPlSchG nachgebildete Sonderregelung für die Gewährung, Übertragung und Abgeltung des Erholungsurlaubs sowie eine Kürzungsmöglichkeit für die Zeit des Erziehungsurlaubs nach dem Zwölftelungsprinzip, durch welche ebenfalls jeder dem Arbeitnehmer zustehenden Erholungsurlaub erfaßt wird, gleich auf welcher Rechtsgrundlage er beruht. Im Beitrittsgebiet gilt für Mütter und Väter, deren Kinder vor dem 1. 1. 1991 geboren wurden, anstelle des Erziehungsurlaubs die Regelung über die Freistellung von der Arbeit nach dem Wochenurlaub (§ 246 AGB). Für die Gewährung und Übertragung des Erholungsurlaubs für werdende Mütter und Wöchnerinnen enthält § 245 AGB eine Sonderregelung, nach der der gesamte Erholungsurlaub von der werktägigen Frau entweder vor dem Schwangerschafts- oder nach dem Wochenurlaub in Freizeit genommen werden kann (vgl. dazu Anh. I Nr. 8). Eine entsprechende Vorschrift fehlt im MuSchG (vgl. zur Rechtslage Anh. I Nr. 5).

3. Zusatzurlaubsbestimmungen

a) Schwerbehindertenurlaub

25 Das SchwbG (vgl. Anh. I Nr. 6) sieht für Schwerbehinderte i.S.d. § 1 SchwbG (nicht für Gleichgestellte und Inhaber von Bergmannsversorgungsscheinen) einen Zusatzurlaub von 5 Arbeitstagen in der Fünf-Tage-Woche vor (§ 47 Satz 1 Halbs. 1 SchwbG), der sich entsprechend erhöht oder vermindert, wenn der Arbeitnehmer an mehr oder weniger als 5 Tagen in der Kalenderwoche zur Arbeitsleistung verpflichtet ist (§ 47 Satz 1 Halbs. 2 SchwbG). Es handelt sich hierbei nicht um einen Sonderurlaub (so zutreffend bereits *LAG Berlin* v. 31. 3. 1960, AP Nr. 3 zu § 33 SchwBeschG), sondern um einen **echten Zusatzurlaub**, d.h. er folgt hinsichtlich des Entstehens, des Erlöschens, der Übertragung, der Abgeltung, des Teilurlaubsanspruchs, einer etwaigen Zwölftelung **dem Schicksal des Grundurlaubs und wird diesem gleichsam »aufgestockt«** (*BAG* v. 18. 10. 1957, AP Nr. 2 zu § 33 SchwBeschG; zust. *Boldt/Röhsler*, § 15 BUrlG Anm. 37; *Dersch/Neumann*, Anh. II § 47 SchwbG Anm. 14; *Natzel*, Anh. § 47 SchwbG Anm. 23; *Siara*, § 3 BUrlG Anm. 17; *Weber*, § 47 SchwbG Anm. 4; *Wilrodt/Neumann*, § 47 SchwbG Anm. 10). Besonderheiten bestehen lediglich in den Fällen, in denen die Schwerbehinderteneigenschaft noch nicht behördlich festgestellt und anerkannt ist, in Bezug auf die Geltendmachung des Zusatzurlaubs (vgl. dazu *BAG* v. 28. 1. 1982,

AP Nr. 3 zu § 44 SchwbG mit abl. Anm. von *Gröninger*; *BAG* v. 26. 6. 1986, AP Nr. 6 zu § 44 SchwbG; ferner *Weber*, § 47 SchwbG Anm. 8, m.w.N.; zur Mitteilung der Schwerbehinderteneigenschaft an Vertreter des Arbeitsgebers siehe *BAG* v. 5. 7. 1990, § 15 SchwbG 1986 Nr. 3).

b) Geistig und körperlich behinderte Arbeitnehmer

26 Neben den Vorschriften des SchwbG gelten nach § 15 Abs. 2 die landesrechtlichen Bestimmungen für geistig oder körperlich in ihrer Erwerbsfähigkeit behinderte Arbeitnehmer weiter. Vielfach sind diese landesrechtlichen Urlaubsregelungen durch das SchwbG gegenstandslos geworden. **Von Bedeutung sind daher nur noch solche Vorschriften, die über die bundesrechtliche Regelung des § 47 SchwbG hinausgehen** (*Boldt/Röhsler*, § 15 BUrlG Anm. 27; *Dersch/Neumann*, § 15 BUrlG Anm. 28; *Natzel* § 15 BUrlG Anm. 6; *Siara*, § 15 BUrlG Anm. 9). Dies gilt als abschließende Regelung und trotz Umstellung des Zusatzurlaubs von bislang 6 Arbeitstagen (§ 44 SchwbG 1974) auf 5 Arbeitstage (§ 47 SchwbG 1986) da bei Sechs-Tage-Woche auch nach der Neuregelung noch 6 Arbeitstage Zusatzurlaub gewährt werden (§ 47 Abs. 1 Satz 1 Halbs. 2 SchwbG). Damit tritt keine Verschlechterung gegenüber früheren Landesgesetzen ein, denn auch nach Art. 6 Satz 1 UrlG Bayern, § 2 UrlG Niedersachsen, § 3 UrlG Rheinland-Pfalz und § 1 Abs. 1 Nr. 3 ZusatzUrlG Saarland wurde einheitlich 6 Tage Zusatzurlaub auch nur bei Sechs-Tage-Woche gewährt (*Dersch/Neumann*, a.a.O.; **a.A.** *Jung/Cramer*, § 47 SchwbG Anm. 11).

27 Soweit es sich nicht um Schwerbehinderte nach § 1 SchwbG, sondern um solche mit einer geringeren Erwerbsminderung handelt, gelten die Regelungen des **Saarländischen Gesetzes** betreffend die Regelung des Zusatzurlaubs für kriegs- und unfallgeschädigte Arbeitnehmer in der Privatwirtschaft vom 22. 6. 1950/30. 6. 1951 (ABl. 1950 S. 759; 1951 S. 979) uneingeschränkt weiter (*LAG Saarbrücken* v. 14. 4. 1963, AP Nr. 1 zu Saarland ZusatzurlaubsG). Nach § 1 Abs. 1 Nr. 1 ZusatzUrlG Saarland erhalten **kriegs- oder unfallgeschädigte Arbeitnehmer mit einer Minderung der Erwerbsfähigkeit von 25 bis 50%** und denen gleichgestellte Personen (§ 1 Abs. 2 ZusatzUrlG Saarland) einen **Zusatzurlaub in Höhe von 3 Arbeitstagen**. Es handelt sich auch hier um einen echten Zusatzurlaub, der das Schicksal des Grundurlaubs teilt.

c) Opfer des Nationalsozialismus

28 In Kraft geblieben sind nach § 15 Abs. 2 desweiteren die landesrechtlichen Bestimmungen über den Urlaub für Opfer des Nationalsozialismus. Es handelt sich um § 4 **Badisches UrlG** v. 13. 7. 1949 (GVBl. S. 289), wonach als Schwerbehinderte, die einen Zusatzurlaub von 3 Arbeitstagen erhalten, auch politisch, rassisch oder religiös durch den Nationalsozialismus, nicht aber durch das SED-Regime Verfolgte gelten (*Boldt/Röhsler*, § 15 BUrlG Anm. 26; *Schelp/Herbst*, § 15 BUrlG Anm. 13), wenn sie erhebliche gesundheitliche Schädigungen erlitten haben, ohne Schwerbehinderte i.S.d. SchwbG zu sein, und hierüber eine Bescheinigung des Finanzamtes vorlegen können; dabei sind Schwerbehinderten- und Verfolgten-Zusatzurlaub aufeinander anzurechnen (*Dersch/Neumann*, § 15 BUrlG Anm. 30).

29 Nach § 2 Abs. 3 **UrlG Niedersachsen** vom 10. 12. 1948 (GVBl. I S. 733) erhalten anerkannte Opfer des Faschismus einen Zusatzurlaub von 3 Werktagen, welcher sich bei erlittenen gesundheitlichen Schädigungen auf 6 Werktage erhöht. Es handelt sich hierbei um **echten Zusatzurlaub**, der mit einem aus anderem Rechtsgrund gewährten Zusatzurlaub wie z.B. dem Schwerbehinderten-Zusatzurlaub nach § 47 SchwbG **nicht verrechnet werden darf** (*Boldt/Röhsler*, § 15 BUrlG Anm. 21; *Dersch/Neumann*, § 15 BUrlG Anm. 31; **a.A.** *Schelp/Herbst*, § 15 BUrlG Anm. 12; *Siara*, § 15 BUrlG Anm. 8).

30 Nach § 3 **UrlG Rheinland-Pfalz** vom 8. 10. 1948 (GVBl. S. 370) haben Schwerbehinderte »sowie anerkannte Opfer des Faschismus« Anspruch auf einen Zusatzurlaub von 6 Arbeitstagen. Wenn das Opfer des Faschismus gleichzeitig Schwerbehinderter i.s.d. § 1 SchwbG ist, wird nur der Zusatzurlaub nach § 47 SchwbG gewährt (*Boldt/Röhsler*, § 15 BUrlG Anm. 22; *Dersch/Neumann*, § 15 BUrlG Anm. 32).

31 Gleiches gilt nach § 2 Abs. 1 **UrlG Württemberg-Baden** vom 6. 8. 1947/6. 4. 1949/3. 4. 1950 (RegBl. 1947 S. 48; 1949 S. 57; 1950 S. 39), da auch hier die Voraussetzungen unter denen der Zusatzurlaub von 6 Arbeitstagen gewährt wird, in einer Vorschrift zusammengefaßt sind. Ist der politisch Verfolgte, zu denen nur die durch den Nationalsozialismus Geschädigten, nicht aber auch Flüchtlinge aus der ehemaligen Deutschen Demokratischen Republik zählen (*Boldt/Röhsler*, § 15 BUrlG Anm. 26; *Schelp/Herbst*, § 15 BUrlG Anm. 13), gleichzeitig Schwerbehinderter i.S.d. § 1 SchwbG oder Blinder findet keine Kumulation mit dem Zusatzurlaub nach § 47 SchwbG statt (*Boldt/Röhsler*, § 15 BUrlG Anm. 24; *Dersch/Neumann*, § 15 BUrlG Anm. 33).

32 Ebenso verhält es sich bei dem Zusatzurlaub nach § 1 Abs. 1 Nr. 4 **ZusatzUrlG Saarland** vom 22. 6. 1950/30. 6. 1951 (Abl. 1950, S. 759; 1951 S. 979). Den Zusatzurlaub in Höhe von 3 Arbeitstagen erhalten nur solche Opfer des Nationalsozialismus, die nicht gleichzeitig Schwerbehinderte sind (§ 1 DVO i.d.F. vom 29. 12. 1952 - Abl. 1953 S. 25).

d) Kämpfer gegen den Faschismus und Verfolgte des Faschismus

33 Nach Art. 9 Abs. 2 des Einigungsvertrages vom 31. 8. 1990 i.V.m. Anlage II, Kapitel VIII, Sachgebiet A, Abschnitt III Nr. 2 (BGBl. II S. 885, 1207) gilt § 8 der VO über den Erholungsurlaub vom 28. 9. 1978 (GBl. I Nr. 33 S. 365) **im Beitrittsgebiet** der fünf neuen Bundesländer und in dem Teil des Landes Berlin, in dem bis zum 3. 10. 1990 das Grundgesetz nicht galt, zeitlich unbeschränkt fort. Danach **erhalten Kämpfer gegen den Faschismus und Verfolgte des Faschismus einen jährlichen Erholungsurlaub von 27 Tagen** (§ 8 Satz 1 UrlVO). Alle Arten von Zusatzurlaub, mit Ausnahme des arbeitsbedingten Zusatzurlaubs, werden bei Vorliegen der Voraussetzungen zusätzlich gewährt (§ 8 Satz 2 UrlVO). Das bedeutet, daß Kämpfer gegen den Faschismus und Verfolgte des Faschismus, die gleichzeitig Schwerbehinderte i.S.d. § 1 SchwbG sind, den Zusatzurlaub in Höhe von 5 Arbeitstagen nach § 47 SchwbG ebenfalls, also zusätzlich erhalten. Ein Problem liegt hier aber darin, ob Kämpfer gegen den Faschismus und Verfolgte des Faschismus, die Differenz zwischen dem Grundurlaub des § 3 Satz 1 BUrlG 1990 (20 Arbeitstage) zu dem Kämpfer- und Verfolgten-Erholungsurlaub des § 8 UrlVO (27 Arbeitstage) in Höhe von 7 Arbeitstagen für sich beanspruchen können, wenn sie tariflich oder einzelvertraglich einen höheren Erholungsurlaub als 27 Arbeitstage erhalten. Dies ist zu verneinen, denn die teilweise außer Kraft getretene UrlVO hat zwischen allgemeinem bzw. erhöhtem Grundurlaub (§§ 3, 8 UrlVO) und Zusatzurlaub aus verschiedenen Anlässen (§§ 4 bis 7 UrlVO) unterschieden und den Erholungsurlaub für Kämpfer gegen den Faschismus und Verfolgte des Faschismus eben **nicht als Zusatzurlaub, sondern als Grundurlaub ausgewiesen**.

4. Örtlicher Anwendungsbereich der Zusatzurlaubsbestimmungen

Seit Inkrafttreten des Einigungsvertrages am 3. 10. 1990 gilt § 47 SchwbG gesamtdeutsch. Ob der Arbeitnehmer **nach den einzelnen Ländergesetzen einen Anspruch auf Zusatzurlaub** oder im Beitrittsgebiet nach § 8 UrlVO als Kämpfer gegen den Faschismus und Verfolgte des Faschismus einen Anspruch auf den erhöhten Grundurlaub hat, **richtet sich nach den Grundsätzen des interlokalen Privatrechts**. Es gilt hier nichts anderes als für die Anwendung der Feiertagsregelungen der Länder bzw. des bis zum Inkrafttreten landesrechtlicher Bestimmungen fortgeltenden § 168 Abs. 2 AGB (*Dersch/Neumann*, Anh. IV Anm. 17). Danach ist stets auf den Sitz des Betriebes abgestellt worden, selbst wenn der Arbeitnehmer seinen Wohnsitz nicht in diesem Land hat (*Dersch/Neumann*, Anh. IV Anm. 18). Das Recht des Betriebssitzes ist für alle Arbeitnehmer maßgebend, also auch für solche, die z. B. als Monteure ihre Arbeitsleistung an einem fremden Ort erbringen. Werden dagegen auf einer Baustelle ortsansässige Arbeitnehmer nur für diesen Arbeitsplatz eingestellt, so gilt für diese das Recht des Einsatzortes. Das gleiche ist anzunehmen für Arbeitnehmer, die ständig in einem anderen Bundesland beschäftigt werden, z. B. die Arbeitnehmer einer Zweigniederlassung oder Filiale. **34**

§ 16 Inkrafttreten

Dieses Gesetz tritt mit Wirkung vom 1. Januar 1963 in Kraft.

Literatur

Boldt, Der Einfluß des Inkrafttretens des Bundesurlaubsgesetzes auf bereits bestehende und auf nachwirkende Tarifverträge, in: Recht im Wandel, Festschrift 150 Jahre Carl Heymanns Verlag, S. 227ff.; *ders.*, Bundesurlaubsgesetz und Tarifautonomie, in: Festschrift für H.C Nipperdey, Bd. II, 1965 S. 11ff.; *Brühl*, Die tarifvertraglichen Urlaubsregelungen für Arbeiter und Angestellte im ersten Jahr der Geltung des Bundesurlaubsgesetzes, BArBl. 1964, 425; *Diekhoff*, Tarifvertragliche Abweichungen vom Bundesurlaubsgesetz, AuR 1964, 108; *Gros*, Tarifliche Abweichungen vom Bundesurlaubsgesetz, AR-Blattei IV A; *Herschel*, Der nachwirkende Tarifvertrag, insbesondere seine Änderung, ZfA 1976, 89; *ders.*, Nachwirkung gegenüber tarifdispositivem Recht, DB 1980, 687; *Hiersemann*, Bundesurlaubsgesetz und Urlaubstarife, BB 1963, 1301; *Popp*, Sind mit dem Bundesurlaubsgesetz die restlichen Urlaubsansprüche aus dem Jahre 1962 untergegangen?, DB 1963, 588; *Stahlhacke*, Tarifliche Zulassungsnormen und nachwirkende Tarifverträge, DB 1969, 1651; *Witting*, Bundesurlaubsgesetzt und Tarifverträge, BB 1964, 516; *Zeitlmann*, Tarifvertragliche Urlaubsregelungen und Bundesurlaubsgesetz, ArbuSozPol 1964, 167.

Am 1. 1. 1963 ist das BUrlG in Kraft getreten. Gleichzeitig sind die bisherigen Landesurlaubsgesetze außer Kraft getreten, soweit nicht nach § 15 Abs. 2 einzelne Vorschriften auch weiter Geltung haben. **1**

2 War bisher in Tarifverträgen bestimmt, daß das Urlaubsjahr nicht das Kalenderjahr ist, so griff das BUrlG hier zwingend in dem Sinne ein, daß der Urlaub bis zum 31. 12. 1962 nach der alten Tarifregelung abzuwickeln und ab 1. 1. 1963 der evtl. höhere Urlaub nach dem BUrlG zu gewähren war. Endete also z. B. das Urlaubsjahr nach dem Tarifvertrag am 31. 3. 1963, so standen dem Arbeitnehmer 3/12 des evtl. höheren Urlaubs nach dem Gesetz zu. Das Urlaubsjahr war also auch bei entgegenstehender Tarifregelung – Ausnahme Bundesbahn und Bundespost (§ 13 Abs. 3) – ab 1. 1. 1963 wegen §§ 1, 13 Abs. 1 stets das Kalenderjahr (*BAG* v. 26. 1. 1967, AP Nr. 1 zu § 4 BUrlG mit Anm. von *Meisel*; *Schelp/Herbst*, § 1 BUrlG Anm. 2).

3 Das BUrlG griff auch in bestehende Tarifverträge ein, soweit sie gegen unabdingbare Gesetzesbestimmungen verstießen. Da jedoch mit Ausnahme der §§ 1, 2, Abs. 1 der Vorrang des Tarifvertrages besteht (§ 13 Abs. 1), blieben die vor Inkrafttreten des BUrlG abgeschlossenen Tarifverträge insoweit in Kraft. Selbst wenn einzelne Bestimmungen der Tarifverträge wegen eines Verstoßes gegen die zwingenden Bestimmungen der §§ 1, 2, 3 Abs. 1 nichtig waren, berührte das die Rechtswirksamkeit des übrigen Tarifvertrages nicht (vgl. auch *Boldt/Röhsler*, § 16 BUrlG Anm. 7). An Stelle der nichtigen Bestimmungen trat die gesetzliche Regelung.

4 Nachdem das Heimarbeitsänderungsgesetz vom 29. 10. 1974 (BGBl. I S. 2875) das BUrlG mit Wirkung vom 1. 11. 1974 geändert hat, galt die Neuregelung des § 3 Abs. 1, nach welcher der gesetzliche Mindesturlaub allgemein auf 18 Werktage festgelegt worden ist, nur noch für zwei Monate des Jahres 1974. Das bedeutete für die Neuberechnung des Urlaubs, daß derjenige, welcher bislang 15 Werktage Urlaub im Jahr erhielt, noch für die Monate November und Dezember 1974 Anspruch auf zweimal 3/12 Urlaubstage, also auf einen halben Urlaubstag zusätzlich hatte, welcher nach § 5 Abs. 2 auf einen ganzen Urlaubstag aufzurunden und grundsätzlich zusammen mit dem Urlaub 1975 zu gewähren war (*Dersch/Neumann*, § 16 BUrlG Anm. 3; *Schelp/Herbst*, § 1 BUrlG Anm. 38; ferner für den vergleichbaren Fall bei Inkrafttreten des JArbSchG 1960: *BAG* v. 12. 5. 1961, AP Nr. 1 zu § 19 JArbSchG).

Anhang I

Kommentarteil

I. 1. Gesetz über den Schutz des Arbeitsplatzes bei Einberufung zum Wehrdienst (Arbeitsplatzschutzgesetz)

vom 30. März 1957 in der Fassung vom 14. April 1980 (BGBl. I S. 426)

zuletzt geändert durch Gesetz vom 25. April 1990 (BGBl. I S. 769) und das RRG 1992 vom 18. Dezember 1989 (BGBl. I S. 2261)

(Auszug)

§ 4 Erholungsurlaub

(1) Der Arbeitgeber kann den Erholungsurlaub, der dem Arbeitnehmer für ein Urlaubsjahr aus dem Arbeitsverhältnis zusteht, für jeden vollen Kalendermonat, den der Arbeitnehmer Grundwehrdienst leistet, um ein Zwölftel kürzen. Dem Arbeitnehmer ist der ihm zustehende Erholungsurlaub auf Verlangen vor Beginn des Grundwehrdienstes zu gewähren.
(2) Hat der Arbeitnehmer den ihm zustehenden Urlaub vor seiner Einberufung nicht oder nicht vollständig erhalten, so hat der Arbeitgeber den Resturlaub nach dem Grundwehrdienst im laufenden oder im nächsten Urlaubsjahr zu gewähren.
(3) Endet das Arbeitsverhältnis während des Grundwehrdienstes oder setzt der Arbeitnehmer im Anschluß an den Grundwehrdienst das Arbeitsverhältnis nicht fort, so hat der Arbeitgeber den noch nicht gewährten Urlaub abzugelten.
(4) Hat der Arbeitnehmer vor seiner Einberufung mehr Urlaub erhalten als ihm nach Absatz 1 zustand, so kann der Arbeitgeber den Urlaub, der dem Arbeitnehmer nach seiner Entlassung aus dem Grundwehrdienst zusteht, um die zuviel gewährten Urlaubstage kürzen.
(5) Wird ein Arbeitnehmer zu einer Wehrübung einberufen, so hat der Arbeitgeber den Erholungsurlaub voll zu gewähren. Absatz 1 Satz 2 gilt entsprechend.
(6) Für die Zeit des Grundwehrdienstes richtet sich der Urlaub nach den Urlaubsvorschriften für Soldaten.

Inhaltsübersicht

I. Kürzung des Erholungsurlaubs

1 Nach § 4 ArbPlSchG **kann** der Arbeitgeber den Erholungsurlaub, der dem Arbeitnehmer für ein Urlaubsjahr zusteht, für jeden vollen Kalendermonat, den der Arbeitnehmer Grundwehrdienst leistet, um ein Zwölftel kürzen. Diese Regelung gilt auch dann, wenn der Arbeitnehmer Zivildienst leistet, da das Zivildienstgesetz die Anwendung des ArbPlSchG vorsieht. Es handelt sich um eine **Kannvorschrift**, so daß es dem Arbeitgeber freisteht, den vollen Jahresurlaub zu gewähren.

2 Die Kürzung nach § 4 ArbPlSchG hat vom **vollen** Jahresurlaub ausgehend zu erfolgen, d.h. vom gesetzlichen sowie eines evtl. längeren Tarifurlaubs bzw. eines Zusatzurlaubs ohne Rücksicht auf den Rechtsgrund. Nach seiner Feststellung ist für jeden **vollen Kalendermonat**, in dem der Arbeitnehmer Grundwehrdienst leistet, ein Zwölftel zu kürzen. Bei der Berechnung ist stets auf das Urlaubsjahr abzustellen. Ergeben sich Bruchteile von Urlaubstagen, so gilt § 5 Abs. 2 BUrlG entsprechend. Beginnt z.B. der Grundwehrdienst am 5. 4., so ist für den Monat April keine Kürzung zulässig. Dasselbe gilt, wenn der Grundwehrdienst wenige Tage vor Ablauf des Kalendermonats endet. Treffen beide Tatbestände zusammen, so findet keine Zusammenrechnung statt. Der klare Gesetzestext läßt keine andere Auslegung zu. Maßgebend ist auf den Tag der Einberufung abzustellen, nicht auf den Tag, an dem der Arbeitnehmer den Wehrdienst antritt (vgl. *BAG* v. 14. 11. 1963, AP Nr. 2 zu § 4 ArbPlSchG).

3 Die Regelung des ArbPlSchG, d.h. auch die Kürzungsmöglichkeit des § 4 Abs. 1, ist nur anwendbar auf Arbeitnehmer, **deren Einberufung durch Maßnahmen veranlaßt worden ist, die auf der deutschen Wehrgesetzgebung beruhen** (*BAG* v. 22. 12. 1982, EzA § 123 BGB Nr. 20 = AP Nr. 23 zu § 123 BGB; *BAG* v. 30. 7. 1986, EzA § 3 BUrlG Nr. 15 = AP Nr. 22 zu § 13 BUrlG; *BAG* v. 5. 12. 1969, AP Nr. 3 zu Art. 177 EWG-Vertrag). Eine Gleichbehandlung ist geboten für ausländische Arbeitnehmer, die Staatsangehörige eines Mitgliedsstaates der Europäischen Gemeinschaft sind und im Geltungsbereich des ArbPlSchG beschäftigt werden (*EuGH* v. 15. 10. 1969, AP Nr. 2 zu Art. 177 EWG-Vertrag). Für alle übrigen ausländischen Arbeitnehmer scheidet die Anwendung des ArbPlSchG aus, d.h. **bei Fortbestand des Arbeitsverhältnisses** – z.B. Vereinbarung des Ruhens des Arbeitsverhältnisses für die Dauer der Ableistung des Wehrdienstes im Ausland – ist der Arbeitgeber **nicht** berechtigt, für diese Zeit den Urlaubsanspruch des Arbeitnehmers anteilig zu kürzen (*BAG* v. 30. 7. 1986, EzA § 3 BUrlG Nr. 15 = AP Nr. 22 zu § 13 BUrlG; *Dersch/Neumann*, Anhang I § 4 Anm. 2). Das ist die notwendige Konsequenz der Rechtsprechung des BAG, nach der der Urlaubsanspruch des Arbeitnehmers von der Fürsorgepflicht des Arbeitgebers völlig abgekoppelt worden ist. Das BAG sieht im Urlaubsanspruch einen gesetzlichen Freistellungsanspruch des Arbeitnehmers. Damit kann eine Kürzung des Anspruchs nur aus dem Gesetz abgeleitet werden. Eine derartige gesetzliche Bestimmung fehlt.

II. Urlaubsgewährung

4 Nach § 4 Abs. 1 Satz 2 ArbPlSchG ist dem Arbeitnehmer **auf Verlangen** der (gekürzte) Erholungsurlaub vor Beginn des Grundwehrdienstes zu gewähren. Insoweit wird § 7 Abs. 1 BUrlG modifiziert. Selbst wenn dem Verlangen des Arbeitnehmers gewichtige betriebliche Belange entgegenstehen, hat der Arbeitnehmer den (zwingenden) Anspruch, daß ihm der Urlaub vor dem Grundwehrdienst gewährt wird. Eine Ausnahme wird von der wohl **h. L.** für den Fall zugelassen, daß der Arbeitgeber **zwingende Gründe** geltend machen kann, die der Urlaubsgewährung vor Antritt des Wehrdienstes entgegenstehen (vgl. *Dersch/Neumann*, § 4 ArbPlSchG Anm. 10; *Kamann/Ziepke/Weinspach/Meisel*, § 4 ArbPlSchG Anm. 6; *Sahmer*, § 4 ArbPlSchG Anm. 14).

5 Die nach § 4 Abs. 1 ArbPlSchG mögliche Kürzung des Erholungsurlaubs kann nach § 4 Abs. 4 ArbPlSchG auch noch nach der Entlassung aus dem Grundwehrdienst vorgenommen werden. Voraussetzung ist, daß der Arbeitnehmer **vor** seiner Einberufung zum Wehr- oder Ersatzdienst mehr Urlaub erhalten hat, als ihm nach § 4 Abs. 1 ArbPlSchG zustand. Das kann je nach dem Zeitpunkt der Beendigung des Wehr- oder Ersatzdienstes im Urlaubsjahr dazu führen, daß der Arbeitnehmer keinen Urlaub für dieses Jahr zu beanspruchen hat (vgl. *Dersch/Neumann,* § 4 ArbPlSchG Anm. 11). Fraglich ist, ob der Arbeitgeber, der vor Beginn des Grundwehr- oder Zivildienstes den **vollen** Urlaub gewährt, nach der Beendigung des Dienstes die Kürzung vornehmen kann. Das Gesetz geht offenbar davon aus. Wenn aber aus den Gesamtumständen heraus anzunehmen ist, daß der Arbeitgeber durch die Gewährung des vollen Erholungsurlaubs auf die Kürzung verzichten wollte, scheidet die nachträgliche Kürzung aus (vgl. *Dersch/Neumann*, § 4 ArbPlSchG Anm. 12, die das zutreffend dann annehmen, wenn Einigkeit zwischen Arbeitgeber und Arbeitnehmer darüber bestand, daß der **volle** Urlaub aus besonderen Gründen, Leistung oder soziale Lage des Arbeitnehmers, gewährt werden sollte).

III. Übertragung des Erholungsurlaubs

6 § 4 Abs. 2 ArbPlSchG enthält eine von § 7 Abs. 3 BUrlG abweichende Regelung betr. Übertragung von Urlaub in die folgenden Urlaubsjahre. Der Urlaub, der nicht oder nicht vollständig vor der Einberufung genommen worden ist, ist nach dem Wehr- oder Ersatzdienst zu gewähren oder im darauf folgenden Urlaubsjahr. Unbeachtlich sind die Gründe, aus denen der Urlaub vor dem Wehrdienst nicht genommen wurde. § 4 Abs. 2 ArbPlSchG privilegiert die Gewährung des Urlaubs in natura und vermeidet damit grundsätzlich seine **Abgeltung**. Damit befaßt sich § 4 Abs. 3 ArbPlSchG. Endet das Arbeitsverhältnis während des Grundwehrdienstes oder setzt der Arbeitnehmer im Anschluß an den Grundwehr- oder Ersatzdienst das Arbeitsverhältnis nicht fort, so hat der Arbeitgeber den noch nicht gewährten Urlaub abzugelten. Abzugelten ist der Urlaubsanspruch, der dem Arbeitnehmer unter Beachtung des § 4 Abs. 1 ArbPlSchG zusteht (d. h. der gekürzte Urlaub). Entstehen Bruchteile von Urlaubstagen, so ist § 5 Abs. 2 BUrlG anzuwenden (Auf- bzw. Abrundung).

IV. Wehrübungen

7 Nimmt der Arbeitnehmer an einer Wehrübung teil, so ist der Erholungsurlaub voll zu gewähren. Eine Kürzung ist unzulässig. Auf Verlangen ist der Urlaub vor der Wehrübung zu gewähren.

8 Nach § 10 ArbPlSchG ist der Urlaub auch dann nicht zu kürzen, wenn der Arbeitnehmer aufgrund freiwilliger Verpflichtung an Wehrübungen teilnimmt, die in einem Kalenderjahr zusammen nicht länger als sechs Wochen dauern. Wird diese Frist überschritten, kann eine Kürzung nach der Gesamtzeit der Wehrübungen vorgenommen werden. **Wehrübungen bis zu drei Tagen** haben nach § 11 ArbPlSchG keinen Einfluß auf die Dauer des Erholungsurlaubs.

I. 2. Gesetz über die Gewährung von Erziehungsgeld und Erziehungsurlaub (Bundeserziehungsgeldgesetz – BErzGG)

in der Fassung vom 21. Januar 1992 (BGBl. I S. 68)

(Auszug)

Literatur

Bürger/Oehmann/Matthes, HwB AR, »Erziehungsurlaub«; *Coester-Waltjen,* Weitere Ungereimtheiten des Bundeserziehungsgeldgesetzes, FamRZ 1986, 423; *Grassl*, Der unruhige Erziehungsurlaub, Personal 1989, 286; *Halbach*, Erziehungsurlaub ab 1986, DB Beilage Nr. 1/1986, 1ff.; *Hanau,* Der Regierungsentwurf eines Beschäftigungsförderungsgesetzes 1985, NZA 1984, 345; *Heilmann*, Teilzeitarbeit während des Erziehungsurlaubs – und was nun?, AiB 1986, 275; *Heilmann/Ipsen,* Erziehungsgeld und -urlaub, AuA 1991, 234; *Hümmerich*, Wonach darf der Arbeitnehmer bei der Einstellung gefragt werden?, BB 1979, 428; *Küfner-Schmitt,* Schadensersatzanspruch wegen Diskriminierungen bei der Einstellung, ZTR 1991, 323; *Marienhagen*, Erziehungsurlaub für Arbeitnehmer, Personalwirtschaft 1986, 7; *Mauer,* Mittelbare Diskriminierung von Frauen bei der Höhergruppierung gem. § 23a BAT, NZA 1991, 501; *Mauer/Schmidt,* Aktuelle Aspekte des Bundeserziehungsgeldgesetzes, BB 1991, 1779; *Ramrath*, Arbeitsrechtliche Fragen der Teilzeitarbeit während des Erziehungsurlaubs, DB 1987, 1785; *Sbresny-Uebach*, AR-Blattei, Erziehungsurlaub I; *Schleicher,* Die Auswirkungen des Erziehungsgeldes und Erziehungsurlaubs auf den öffentlichen Dienst, RiA 1986, 49; *ders.*, Die Einführung von Erziehungsgeld und Erziehungsurlaub, BB Beilage Nr. 1/1986, 1ff.; *Schmeling*, Das Bundeserziehungsgeldgesetz, ZfS 1986, 201; *Sowka*, Die Übertragung von Erholungsurlaub auf die Zeit nach Beendigung des Erziehungsurlaubes, NZA 1989, 497; *Sudmann*, Erziehungsgeldgesetz, BArbBl. 1986 Heft 2, 5; *Töns*, Erziehungsurlaub und Sozialversicherung, BB 1986, 727; *ders.*, Die Krankenversicherung beim Bezug von Erziehungsgeld, DOK 1986, 353; *Viethen*, Erziehungsurlaub – zum arbeitsrechtlichen Teil des Bundeserziehungsgeldgesetzes, NZA 1986, 245; *Winderlich*, Urlaubsabgeltung und befristetes Arbeitsverhältnis; *Zeller*, Die arbeitsrechtlichen Aspekte des Personalfragebogens als Mittel der Personalauswahl, BB 1987, 1522; *Zetl*, Mutterschaftsrecht ab 1. 1. 1986, PersV 1986, 192; *Zipperer/Viethen*, Erziehungsurlaub, BKK 1986, 161; *Zmarzlik*, Erziehungsgeld und Erziehungsurlaub, AuR 1986, 103.

Zweiter Abschnitt
Erziehungsurlaub für Arbeitnehmer

§ 15 Anspruch auf Erziehungsurlaub[1])

(1) Arbeitnehmer haben Anspruch auf Erziehungsurlaub bis zur Vollendung des dritten Lebensjahres eines Kindes, das nach dem 31. Dezember 1991 geboren ist, wenn sie

1. mit einem Kind, für das ihnen die Personensorge zusteht, einem Stiefkind, einem Kind, das sie mit dem Ziel der Annahme als Kind in ihre Obhut aufgenommen haben, einem Kind, für das sie ohne Personensorgerecht in einem Härtefall Erziehungsgeld gemäß § 1 Abs. 7 beziehen können, oder als Nichtsorgeberechtigte mit ihrem leiblichen Kind in einem Haushalt leben und

2. dieses Kind selbst betreuen und erziehen.

Bei einem angenommenen Kind und bei einem Kind in Adoptionspflege kann Erziehungsurlaub von insgesamt drei Jahren ab der Inobhutnahme, längstens bis zur Vollendung des siebten Lebensjahres des Kindes genommen werden. Bei einem leiblichen Kind eines nicht sorgeberechtigten Elternteils ist die Zustimmung des sorgeberechtigten Elternteils erforderlich.

(2) Ein Anspruch auf Erziehungsurlaub besteht nicht, solange

1. die Mutter als Wöchnerin bis zum Ablauf von acht Wochen, bei Früh- und Mehrlingsgeburten von zwölf Wochen, nicht beschäftigt werden darf,

2. der mit dem Arbeitnehmer in einem Haushalt lebende andere Elternteil nicht erwerbstätig ist, es sei denn, dieser ist arbeitslos oder befindet sich in Ausbildung, oder

3. der andere Elternteil Erziehungsurlaub in Anspruch nimmt,

es sei denn, die Betreuung und Erziehung des Kindes kann nicht sichergestellt werden. Satz 1 Nr. 1 gilt nicht, wenn ein Kind in Adoptionspflege genommen ist oder wegen eines anderen Kindes Erziehungsurlaub in Anspruch genommen wird.

(3) Der Anspruch kann nicht durch Vertrag ausgeschlossen oder beschränkt werden.

(4) Während des Erziehungsurlaubs kann ein Arbeitnehmer eine nach § 1 Abs. 1 Nr. 4 und § 2 Abs. 1 zulässige Teilzeitarbeit nur mit Zustimmung des Arbeitgebers bei einem anderen Arbeitgeber leisten. Die Ablehnung seiner Zustimmung kann der Arbeitgeber nur mit entgegenstehenden betrieblichen Interessen innerhalb einer Frist von vier Wochen schriftlich begründen.

[1]) Diese Vorschrift gilt für die Inanspruchnahme von Erziehungsurlaub für Kinder, die nach dem 31. 12. 1991 geboren sind, während für Berechtigte, deren Kinder vor dem 1. 1. 1992 geboren sind, nach § 39 BErzGG das Gesetz in der bisherigen Fassung wie folgt gilt:

§ 15 Anspruch auf Erziehungsurlaub; Teilzeitbeschäftigung neben dem Bezug von Erziehungsgeld

(1) Arbeitnehmer haben Anspruch auf Erziehungsurlaub, wenn sie einen Anspruch auf Erziehungsgeld haben oder nur deshalb nicht haben, weil die Voraussetzungen des § 1 Abs. 1 Satz 2 nicht vorliegen oder das Einkommen (§ 6) die Einkommensgrenze (§ 5 Abs. 2) übersteigt. Anspruch auf Erziehungsurlaub haben auch die in § 1 Abs. 4 genannten Personen, deren wöchentliche Arbeitszeit unter der Grenze für geringfügige Beschäftigungen liegt.

Der Erziehungsurlaub wird nach Maßgabe des § 16 für denselben Zeitraum wie das Erziehungsgeld gewährt.

(2) Ein Anspruch auf Erziehungsurlaub besteht nicht, solange

1. **die Mutter als Wöchnerin bis zum Ablauf von acht Wochen, bei Früh- und Mehrlingsgeburten von zwölf Wochen, nicht beschäftigt werden darf oder**
2. **der mit dem Erziehungsgeldberechtigten in einem Haushalt lebende Ehegatte nicht erwerbstätig ist; das gilt nicht, wenn der Ehegatte arbeitslos ist oder sich in Ausbildung befindet.**

Satz 1 Nr. 1 gilt nicht, wenn ein Kind in Adoptionspflege genommen ist oder wegen eines anderen Kindes Erziehungsurlaub in Anspruch genommen wird.

(3) Kann die Betreuung und Erziehung des Kindes in den Fällen des Absatzes 2 nicht sichergestellt werden, so hat auch der erwerbstätige Ehegatte einen Anspruch auf Erziehungsurlaub.

(4) Der Anspruch kann nicht durch Vertrag ausgeschlossen oder beschränkt werden.

(5) Während des Erziehungsurlaubs darf eine nach § 1 Abs. 1 Nr. 4 und § 2 Abs. 1 zulässige Teilzeitarbeit nicht bei einem anderen Arbeitgeber geleistet werden.

Inhaltsübersicht

I. Entstehung, Rechtsnatur, Zweck und Unabdingbarkeit des Erziehungsurlaubs

1. Entstehung des Gesetzes

1 Das MuSchG sieht in § 6 Abs. 1 ein Beschäftigungsverbot für Wöchnerinnen bis zum Ablauf von acht Wochen nach der Entbindung vor, das sich im Falle der Früh- oder Mehrlingsgeburt auf zwölf Wochen verlängert. Die Doppelbelastung der im Arbeitsverhältnis stehenden Frau als Mutter und Arbeitnehmerin besteht aber auch über diesen Zeitraum hinaus fort. Das Gesetz zur Einführung eines Mutterschaftsurlaubs vom 25. 6. 1979 (BGBl. I S. 797) räumte deshalb erwerbstätigen Müttern nach §§ 8a bis 8d MuSchG einen weiteren Freistellungsanspruch von der Arbeit gegen den Arbeitgeber, den sog. **Mutterschaftsurlaub**, ein (vgl. dazu näher *Stahlhacke*, Vorauflage, Anh. I. 4.). Um die Inanspruchnahme des Mutterschaftsurlaubs zu erleichtern, sah das MuSchG die Fortzahlung des Mutterschaftsgeldes nach § 13 MuSchG an die Arbeitnehmerin vor (§ 8a Abs. 1 Satz 3 MuSchG). Dabei handelte es sich um eine eigenständige staatliche Sozialleistung, die dem allgemeinen Familienlastenausgleich zuzurechnen war (*Stahlhacke*, Vorbem. 1 vor § 8a MuschG).

2 Diese Regelungen sind durch das Gesetz über die Gewährung von Erziehungsgeld und Erziehungsurlaub vom 6. 12. 1985 (BGBl. I S. 2154) abgelöst worden. Der **Erziehungsurlaub** ist im wesentlichen den bisherigen Vorschriften des Mutterschaftsurlaubs nachgebildet und wurde hinsichtlich des Kreises der anspruchsberechtigten Personen ausgedehnt auf Väter, Stiefeltern und Adoptiveltern. Das Gesetz zur Änderung des BErzGG und anderer Vorschriften vom 30. 6. 1989 (BGBl. I S. 1297) hat eine Reihe von Verbesserungen gebracht. Der vom Bezug des Erziehungsgeldes abhängige Erziehungsurlaub wird für nach dem 30. 6. 1990 geborene Kinder auf achtzehn Monate verlängert. Das mehrfach geänderte Gesetz wurde am 25. 7. 1989 neu bekanntgemacht (BGBl. I S. 1550). Nach dem Ersten Gesetz zur Änderung des BErzGG vom 17. 12 1990 (BGBl. I S. 2823) haben mit Wirkung vom 1. 7. 1990 auch ein Ehegatte eines Mitglieds der Truppe oder eines zivilen Gefolges der NATO-Streitkräfte, der Deutscher ist oder die Staatsangehörigkeit eines Mitgliedsstaates der EG besitzt, Anspruch auf Erziehungsgeld und damit auf Erziehungsurlaub. Nach dem Einigungsvertrag vom 31. 8. 1990 i.V.m. Art. 1 des Gesetzes vom 23. 9. 1990 (BGBl. II S. 885, 1094) gilt das BErzGG im Beitrittsgebiet der fünf neuen Bundesländer einschließlich Berlin-Ost für Kinder, die nach dem 31. 12. 1990 geboren sind. Durch Zweites Gesetz zur Änderung des BErzGG vom 6. 12. 1991 (BGBl. I S. 2142) ist die Absicherung der Eltern in der ersten Lebensphase ihrer Kinder weiter ausgebaut worden. Der Erziehungsurlaub wird für Kinder, die nach dem 31. 12. 1991 geboren werden, auf drei Jahre ausgeweitet. Der Bezug von Erziehungsgeld wird für Kinder, die nach dem 31. 12. 1992 geboren werden, um sechs Monate auf vierundzwanzig Monate verlängert.

2. Rechtsnatur des Erziehungsurlaubs

3 Der Erziehungsurlaub nach § 15 BErzGG ist ein arbeitsrechtlicher Anspruch **auf unbezahlte Freistellung von der Arbeit**. Während des Erziehungsurlaubs ruhen die Hauptpflichten aus dem Arbeitsverhältnis, nämlich die Arbeitspflicht einerseits und die Pflicht zur Fortzahlung des Lohnes oder Gehaltes andererseits

(*BAG* v. 22. 6. 1988 und v. 10. 5. 1989, EzA § 16 BErzGG Nrn. 1, 2 = AP Nrn. 1, 2 zu § 15 BErzGG), die arbeitsvertraglichen Treuepflichten bestehen dagegen fort (*Meisel/Sowka*, § 15 BErzGG Anm. 3). Der Erziehungsurlaub, der auf einseitiges Verlangen des Arbeitnehmers ausgelöst und damit vom Arbeitgeber gewährt werden muß, ist demnach ein Sonderurlaub privatrechtlicher Natur, auf den die Bestimmungen des Bundesurlaubsgesetzes oder etwa in das Arbeitsverhältnis eingreifender tariflicher Urlaubsregelungen nicht ohne weiteres angewendet werden können (so bereits *Halbach*, DB Beilage Nr. 1/1986 S. 1, 3; ferner *Gröninger/Thomas*, § 15 BErzGG Anm. 5; *Hönsch*, Erziehungs- und Kindergeldrecht, Rz. 226, 226a; *Meisel/Sowka*, a.a.O.; *Wiegand*, § 15 BErzGG Anm. 2; *Zmarzlik/Zipperer/Viethen*, § 15 BErzGG Anm. 4). Da die Rechtsnatur des Erziehungsurlaubs im wesentlichen derjenigen des Mutterschaftsurlaubs entspricht, sind die zu diesem Rechtsinstitut entwickelten Grundsätze übertragbar (*Winterfeld*, Mutterschutz und Erziehungsurlaub, Teil M Rz. 182).

4 Der Erziehungsurlaub wird geltend gemacht durch **einseitiges Verlangen des Arbeitnehmers**, also durch **Ausübung eines Gestaltungsrechts** (insoweit zutreffend *Sowka*, Anm. zu AP Nr. 1 zu § 15 BErzGG). Einer ausdrücklichen Zustimmung des Arbeitgebers zum Antritt des Erziehungsurlaubs – wie beim Erholungsurlaub – bedarf es nicht (so schon *Halbach*, a.a.O.). Sind die Anspruchsvoraussetzungen des § 15 BErzGG erfüllt, dann reicht eine dem Arbeitgeber gegenüber abzugebende, einseitige, empfangsbedürftige Willenserklärung des Arbeitnehmers aus, um dessen Anspruch auf Erziehungsurlaub zu verwirklichen. Es wird also durch das »Erziehungsurlaubsverlangen« ohne Mitwirkung des Arbeitgebers in dessen durch den Arbeitsvertrag geschützten Rechtskreis einseitig eingegriffen und dieser dahingehend verändert, daß beide Vertragsteile von ihren Hauptpflichtigen aus dem Arbeitsverhältnis (§ 611 Abs. 1 BGB) entbunden werden, der Arbeitnehmer von der Pflicht zur Arbeitsleistung, der Arbeitgeber von der Pflicht zur Fortzahlung der Vergütung.

5 Ist also der **Erziehungsurlaub ein privatrechtlicher Sonderurlaubsanspruch**, so sind zuständig für Streitigkeiten über Gewährung und Inhalt dieses Anspruches die Gerichte für Arbeitssachen (§ 2 Abs. 1 Nr. 3 ArbGG). Nur über die öffentlich-rechtlichen Streitigkeiten, ob ein Anspruch auf Erziehungsgeld nach §§ 1–12 BErzGG besteht, entscheiden nach § 13 des Gesetzes die Sozialgerichte. Da aber ein **Anspruch auf Erziehungsgeld Voraussetzung für die Gewährung von Erziehungsurlaub** ist, müssen notfalls bei Streitigkeiten über Erziehungsurlaub auch die Gerichte für Arbeitssachen über diese öffentlich-rechtliche Vorfrage entscheiden oder ihr Verfahren bis zur Entscheidung der Sozialgerichte aussetzen. Zweckmäßig ist in der Regel der Antrag des Arbeitgebers auf Aussetzung des arbeitsgerichtlichen Verfahrens nach § 148 ZPO; denn von der das Erziehungsgeld bejahenden Entscheidung des Sozialgerichts hängen alle Rechtsfolgen des Erziehungsurlaubs ab, vor allem der absolute Kündigungsschutz des § 18 BErzGG.

3. Zweck des Erziehungsurlaubs

6 Der Erziehungsurlaub knüpft nicht – wie der Mutterschaftsurlaub – an die Schutzfrist nach der Entbindung und die Mutterschaft an, sondern an den Anspruch auf Erziehungsgeld. Er dient i.V.m. dem im Ersten Abschnitt des BErzGG geregelten Erziehungsgeld dem Zweck, den in einem Arbeitsverhältnis

stehenden Eltern, Stiefeltern oder Adoptiveltern zu ermöglichen oder zu erleichtern, daß sich ein Elternteil der Betreuung und Erziehung des Kindes in der für seine ganze spätere Entwicklung entscheidenden ersten Lebensphase widmet, ohne der mit den Pflichten aus einem Arbeitsverhältnis einhergehenden Doppelbelastung ständig und in vollem Umfang ausgesetzt zu sein. Mit anderen Worten, das Neugeborene soll in seiner ersten Lebensphase eine **ständige Bezugs- und Betreuungsperson** haben, die sich zumindest einen großen Teil des Tages um das Kind kümmert (*Natzel*, Anh. § 15 BErzGG Anm. 3; *Sbresny-Uebach,* AR-Blattei, Erziehungsurlaub I, Anm. B II 2, m.w.N.). Bei der Adoption eines Kindes, die häufig nicht unmittelbar nach der Geburt des Kindes erfolgen kann, ist der Aufbau einer tragenden Eltern-Kind-Beziehung mindestens ebenso anspruchsvoll und zuwendungsintensiv wie bei einem Säugling, so daß die Erweiterung des anspruchsberechtigten Personenkreises auf die Adoption geboten war (*Gröninger/Thomas*, § 15 BErzGG Anm. 2).

7 Im Gegensatz zum Mutterschaftsurlaub, der in erster Linie eine gesundheitspolitische Zielsetzung hatte, werden mit dem Erziehungsgeld und -urlaub vor allem familienpolitische Zielsetzungen verfolgt (*Zmarzlik,* AuR 1986, 103, 104; *Mauer/Schmidt,* BB 1991, 1779). Das Gesetz zielt allein auf die Betreuung und Erziehung des Kleinkindes ab, die **Erholung der Mutter** von den Nachwirkungen der Schwangerschaft und Entbindung über die Dauer der Schutzfrist hinaus ist schon deshalb **kein Anliegen** der neuen gesetzlichen Regelung mehr, weil die Personensorge nach dem Willen der Eltern auch dem Vater übertragen werden kann (*Gröninger/Thomas*, § 15 BErzGG Anm. 2; **a.A.** *Zmarzlik/Zipperer/Viethen*, § 15 BErzGG Anm. 2).

8 Wegen der besonderen Bedeutung, die das Gesetz der persönlichen Sorge für das Kleinkind beimißt und mit dem Wahlrecht hinsichtlich der Personensorge das grundgesetzlich garantierte Elternrecht ausformt, hat der einem Vater gewährte **Erziehungsurlaub Vorrang vor der Ableistung des Wehrdienstes** (*VG Kassel* v. 15. 8. 1988, NJW 1989, 851). Was für das Verhältnis von Erziehungsurlaub zur Wehrpflicht gilt, muß gleichermaßen auch für den Zivildienst gelten.

4. Unabdingbarkeit des Erziehungsurlaubs

9 Die Eltern haben die **Wahlfreiheit**, welcher Elternteil die **Personensorge** übernehmen soll oder ob beide sich in dieser Aufgabe abwechseln wollen (§ 3 Abs. 2 und 4 BErzGG). Der Erziehungsurlaubsberechtigte soll frei entscheiden können, ob er vom Erziehungsurlaub Gebrauch machen will. Nach § 15 Abs. 4 BErzGG a.F. = § 15 Abs. 3 BErzGG n.F. kann der Anspruch auf Erziehungsurlaub deshalb durch Vertrag weder ausgeschlossen noch beschränkt werden; eine hiergegen verstoßende Vereinbarung ist nach § 134 BGB nichtig. Eine gleichlautende Vorschrift fand sich in § 8a Abs. 6 MuSchG für den Mutterschaftsurlaub (vgl. dazu *Stahlhacke*, Vorauflage, § 8a MuSchG Anm. 23–27). Es handelt sich bei den Regeln über den Erziehungsurlaub um zwingendes Gesetzesrecht, das zuungunsten des anspruchsberechtigten Arbeitnehmers nicht abgeändert werden kann. Eine **Vereinbarung zum Nachteil des Anspruchsberechtigten** ist nicht nur durch Einzelarbeitsvertrag **ausgeschlossen**, sondern auch durch Betriebsvereinbarung oder Tarifvertrag können keine Regelungen zuungunsten des Arbeitnehmers getroffen werden (*Bürger/Oehmann/Matthes,* HwB AR, »Erziehungsurlaub« Ziff.

3.2.; *Dersch/Neumann*, Anh. VII § 15 BErzGG Anm. 10; *Gröninger/Thomas*, § 15 BErzGG Anm. 31; *Hönsch*, Erziehungs- und Kindergeldrecht, Rz. 226c; *Meisel/Sowka*, § 15 BErzGG Anm. 25; *Winterfeld*, Mutterschutz und Erziehungsurlaub, Teil M Rz. 335; *Zmarzlik/Zipperer/Viethen*, § 15 BErzGG Anm. 27). Die Unabdingbarkeit gilt sowohl für bereits entstandene als auch für künftige Ansprüche auf Erziehungsurlaub und erfaßt diesen insgesamt sowie seine Teile.

10 An Erklärungen der Nichtanspruchnahme des Erziehungsurlaubs ist der Arbeitnehmer nicht gebunden. Solche **Verzichtserklärungen** des Arbeitnehmers bezüglich eines ihm später zustehenden Erziehungsurlaubs, die er in einem Einstellungsgespräch oder in einem Personalfragebogen abgegeben hat, sind **unbeachtlich** (*Winterfeld*, Mutterschutz und Erziehungsurlaub, Teil M Rz. 337), auch wenn die Frage nach einer bestehenden Schwangerschaft weiterhin als zulässig anzusehen ist (*Hümmerich*, BB 1979, 428, 430; *Zeller*, BB 1987, 1522, 1524; wegen § 611a BGB zweifelnd *BAG* v. 20. 2.1986, EzA § 123 BGB Nr. 27 = AP Nr. 31 zu § 123 BGB mit Anm. von *Coester*). Ob nach der Ablösung des Mutterschaftsurlaubs durch den Erziehungsurlaub dem Arbeitgeber nunmehr auch die Frage in einem Personalfragebogen oder im Einstellungsgespräch an einen Arbeitnehmer gestattet sein muß, ob seine Ehefrau ein Kind erwartet, ist sehr zweifelhaft. Dafür spricht, daß es für die Besetzung bestimmter Arbeitsplätze von nicht unerheblicher Bedeutung sein kann, ob bereits in absehbarer Zeit mit einem längerfristigen Ausfall des Arbeitnehmers wegen Inanspruchnahme von Erziehungsurlaub zu rechnen ist. § 611a BGB steht der Zulässigkeit der Frage nicht entgegen (*Winterfeld*, a.a.O.; **a.A.** *Küfner-Schmitt,* ZTR 1991, 323, 326), da der Erziehungsurlaub – eben anders als vormals der Mutterschaftsurlaub – geschlechtsunabhängig gewährt wird.

11 Eine Regelung in einer Betriebs- oder Dienstvereinbarung, die mit Beginn des Erziehungsurlaubs nachträglich Vergünstigungen entfallen läßt, wenn der Arbeitnehmer zum Ende des Erziehungsurlaubs kündigt, ist nicht mit § 15 Abs. 4 BErzGG a.F. = § 15 Abs. 3 BErzGG n.F. in Einklang zu bringen. Nach dieser Vorschrift sind auch **keine mittelbare Eingriffe in den Anspruch auf Erziehungsurlaub gestattet**. Vergünstigungen, die der Arbeitgeber in erster Linie zur Belohnung für erwiesene Betriebstreue gewährt, wie z.B. Sonderkonditionen für Kredite von Angestellten bei Banken oder Sparkassen, dürfen nicht wegen Inanspruchnahme des Sonderkündigungsrechts des § 19 BErzGG entzogen werden (*LAG Düsseldorf* v. 29. 11. 1990, DB 1991, 813). Eine Regelung, die den Arbeitnehmer so stellt, als ende sein Arbeitsverhältnis mit dem Beginn des Erziehungsurlaubs, schränkt den Anspruch auf Erziehungsurlaub ein. Wenn nämlich der Antritt des Erziehungsurlaubs im Ergebnis die gleichen materiellen Folgen hat wie die Beendigung des Arbeitsverhältnisses, ist der formelle Fortbestand des Arbeitsverhältnisses für die Dauer des Erziehungsurlaubs für den Arbeitnehmer wertlos. Eine Regelung, die das Recht des Arbeitnehmers beseitigen würde, zum Ende des Erziehungsurlaubs zu kündigen, wäre unwirksam. Nichts anderes kann von einer Regelung gelten, die dieses Sonderkündigungsrecht des § 19 BErzGG zwar der Form nach bestehen läßt, an seine tatsächliche Ausübung jedoch erhebliche finanzielle Nachteile knüpft. Darin liegt mittelbar ein Verstoß gegen den Grundsatz der Unabdingbarkeit des Erziehungsurlaubs (§ 15 Abs. 4 BErzGG a.F. = § 15 Abs. 3 BErzGG n.F.), so daß die Regelung deshalb unwirksam ist (*LAG Düsseldorf*, a.a.O.).

12 Durch § 15 Abs. 4 BErzGG a.F. = § 15 Abs. 3 BErzGG n.F. sind nur abweichende Vereinbarungen zum Nachteil des Arbeitnehmers verboten, dagegen sind für ihn **günstigere Abreden zulässig** (*Dersch/Neumann*, Anh. VII § 15 BErzGG Anm. 10; *Gröninger/Thomas*, § 15 BErzGG Anm. 32; *Natzel*, Anh. § 15 BErzGG Anm. 9; *Wiegand*, § 15 BErzGG Anm. 43). Allerdings führen weder günstigere vertragliche Vereinbarungen über den Erziehungsurlaub noch solche in Betriebsvereinbarungen oder Tarifverträgen zu einer Erweiterung der gesetzlichen Ansprüche. Sie haben **keine Auswirkungen auf die sozialrechtlichen Regelungen** des BErzGG, insbesondere auf die Zahlung des Erziehungsgeldes oder die beitragsfreie Kranken- und Arbeitslosenversicherung während des Erziehungsurlaubs, da die Vertragspartner über diese zu Lasten des Bundes gehenden Leistungen bzw. über die Beiträge der Kranken- und Arbeitslosenversicherung nicht verfügen können (*Meisel/Sowka*, § 15 BErzGG Anm. 48; *Zmarzlik/Zipperer/Viethen*, § 15 BErzGG Anm. 28; **a. A.** *Natzel*, Anh. § 15 BErzGG Anm. 59, der annimmt, daß auch für den vertraglich verlängerten Erziehungsurlaub die Vorschriften des BErzGG gelten). Es kann allerdings **vereinbart** werden, daß auf einen solchen verlängerten Erziehungsurlaub die **arbeitsrechtlichen Regelungen** des BErzGG **zum Tragen kommen** sollen, was z. B. die Kürzungsmöglichkeit des Erholungsurlaubs nach § 17 BErzGG nach sich zieht (*Meisel/Sowka*, § 17 BErzGG Anm. 8).

II. Anspruchsvoraussetzungen für den Erziehungsurlaub

1. Bestehen eines Arbeits-, Berufsausbildungs- oder Heimarbeitsverhältnis

13 Anspruch auf Erziehungsurlaub haben alle Arbeitnehmer (§ 15 Abs. 1 Satz 1 BErzGG). Der Begriff **»Arbeitnehmer«** ist dabei **in dem üblichen arbeitsrechtlichen Sinn** zu verstehen (*Gröninger/Thomas*, § 15 BErzGG Anm. 6). Das Gesetz knüpft ganz allgemein an die Arbeitnehmereigenschaft an, und zwar unabhängig davon, wie das Arbeitsverhältnis im einzelnen ausgestaltet ist. Das Arbeitsverhältnis muß lediglich während des Erziehungsurlaubs bestehen. Gleichgültig ist, ob es befristet oder unbefristet abgeschlossen ist. Unerheblich ist auch, ob es eine Vollzeit- oder Teilzeitbeschäftigung zum Gegenstand hat. Auch Arbeitnehmer, deren wöchentliche Arbeitszeit unter der Grenze für geringfügige Beschäftigungen liegt, haben **Anspruch auf Erziehungsurlaub** (§ 15 Abs. 1 Satz 2 BErzGG a. F.). Mit Einfügung dieser Vorschrift durch Art. 8 i. V. m. Anl. I Kap. X Sachgebiet H Abschn. II Nr. 2 Buchstabe b des Einigungsvertrages vom 31. 8. 1990 (BGBl. II S. 885) ist die früher streitige Frage der Einbeziehung der sog. **geringfügig Beschäftigten** zu deren Gunsten abgelöst worden (so schon früher *Lipke*, GK-TzA § 2 BeschFG Anm. 341; **a. A.** *Halbach*, DB Beilage Nr. 1/1986, S. 1, 8). Da der Anspruch auf Erziehungsurlaub für nach dem 31. 12. 1991 geborene Kinder nicht mehr an den Anspruch auf Erziehungsgeld geknüpft werden kann, erübrigt sich eine Sonderregelung für geringfügig Beschäftigte; diese sind vielmehr wie andere Arbeitnehmer zu behandeln.

14 Ausdrücklich wurden auch die zur **Berufsausbildung** Beschäftigten mit in den Geltungsbereich des BErzGG einbezogen (§ 20 Abs. 1 BErzGG). Sie gelten als »Arbeitnehmer« im Sinne des Gesetzes. Allerdings wird die Zeit des Erziehungsurlaubs nicht auf die Berufsausbildungszeit angerechnet. Da der Auszubildende einen befristet abgeschlossenen Ausbildungsvertrag hat, kann er einen Anspruch gegen den Auszubildenden geltend machen, daß sein Ausbildungsvertrag um die Zeit des Erziehungsurlaubs verlängert wird.

15 Anspruch auf Erziehungsurlaub haben auch die in **Heimarbeit** Beschäftigten und die ihnen Gleichgestellten (§ 1 Abs. 1 und 2 HAG), soweit sie am Stück arbeiten (§ 20 Abs. 2 Satz 1 BErzGG). Für sie tritt an die Stelle des Arbeitgebers der Auftraggeber oder Zwischenmeister sowie an die Stelle des Arbeitsverhältnisses das Beschäftigungsverhältnis (§ 20 Abs. 2 Satz 2 BErzGG).

16 **Schüler und Studenten** sind als solche keine Arbeitnehmer, so daß sie keinen Anspruch auf Erziehungsurlaub haben. Dagegen können **Volontäre und Praktikanten**, soweit sie in einem ihrer Ausbildung dienenden Beschäftigungsverhältnis stehen, den Erziehungsurlaub geltend machen (*Dersch/Neumann*, Anh. VII § 15 BErzGG Anm. 4; *Meisel/Sowka*, § 15 BerzGG Anm. 4; *Natzel*, Anh. § 15 BErzGG Anm. 20).

17 Der **Erziehungsurlaub** kann **nicht** angetreten werden, **wenn das Arbeitsverhältnis vor seinem Antritt** durch Kündigung oder kraft Befristung **endet**. Kein Anspruch auf Erziehungsurlaub besteht in einem solchen Fall, da das Arbeitsverhältnis vor seinem Antritt durch den Aufhebungsvertrag beendet wurde. Dagegen genügt ein ruhendes oder faktisches Arbeitsverhältnis, von dem sich der Arbeitgeber noch nicht gelöst hat (*Hönsch*, Erziehungs- und Kindergeldrecht, Rz. 228; *Wiegand*, § 15 BErzGG Anm. 23; *Zmarzlik/Zipperer/Viethen*, § 15 BErzGG Anm. 8).

18 Ist ein Arbeitnehmer während eines Kündigungsschutzprozesses oder Entfristungsverfahrens aufgrund der **Verurteilung des Arbeitgebers zur Weiterbeschäftigung** tätig, ohne daß die Parteien das Arbeitsverhältnis einvernehmlich fortsetzen, so handelt es sich bei dieser »Arbeitsbeziehung« dennoch um das Fortführen des ursprünglich vertraglich begründeten Arbeitsverhältnisses mit der Folge, daß Ansprüche auf Gratifikationen bzw. auf ein 13. Monatseinkommen (*BAG* v. 1. 3. 1990, EzA § 611 BGB Beschäftigungspflicht Nr. 41) ebenso entstehen wie Ansprüche aus Annahmeverzug (*LAG Niedersachsen* v. 10. 3. 1990, LAGE § 611 BGB Beschäftigungspflicht Nr. 27). Es entsteht auch ein Anspruch auf Urlaubsabgeltung für während der Fortsetzung des Arbeitsverhältnisses nicht gewährten Urlaub (*Berscheid*, HzA, Gruppe 4, Rz. 12, m.w.N.; **a.A.** *BAG* v. 10. 3. 1987, EzA § 611 BGB Beschäftigungspflicht Nr. 28 = AP Nr. 1 zu § 611 BGB Weiterbeschäftigung. Es besteht daher auch ein **Anspruch auf Erziehungsurlaub** (**a.A.** *Hönsch*, Erziehungs- und Kindergeldrecht, Rz. 228; *Natzel*, Anh. § 15 BErzGG Anm. 18), denn es kommt allein darauf an, daß der Arbeitnehmer im Zeitpunkt der Inanspruchnahme des Erziehungsurlaubs (noch) in einem Arbeitsverhältnis steht. Der Erziehungsurlaub endet allerdings mit der wirksamen Beendigung des Arbeitsverhältnisses während seiner Gewährung, sei es durch wirksamen Aufhebungsvertrag oder kraft Befristung oder infolge einer vorher ausgesprochenen Kündigung, und zwar im Falle der Weiterbeschäftigung mit der Rechtskraft des klageabweisenden Urteils.

2. Anspruchsberechtigte Personen

19 Einen Anspruch auf Erziehungsurlaub haben demnach **Mütter und Väter**, die in einem Arbeits-, Berufsausbildungs- oder Heimarbeitsverhältnis stehen, im Geltungsbereich des BErzGG ihren Wohnsitz oder ihren gewöhnlichen Aufenthalt haben, ihr Kind im Haushalt betreuen und erziehen, keine oder keine volle Erwerbstätigkeit ausüben und dem Grundsatz nach Anspruch auf Erziehungsgeld haben. Anders als nach dem bisherigen Mutterschaftsurlaubsgeld, das nur der Mutter gewährt wurde, die vor der Geburt in einem Arbeitsverhältnis gestanden hat, haben nunmehr alle Sorgeberechtigten, die ein Kind selbst betreuen und erziehen, Anspruch auf Erziehungsgeld und – sofern sie Arbeitnehmer sind und ihre künftige Erwerbstätigkeit auf das gesetzlich zulässige Maß von höchstens 19 Wochenarbeitsstunden (§ 2 Abs. 1 Nr. 1 BErzGG) einschränken – Erziehungsurlaub. Das BErzGG erkennt damit die **Erziehungsleistung der Familie** an und stärkt ihre **Erziehungskraft** (*Winterfeld*, Mutterschutz und Erziehungsurlaub, Teil M Rz. 2).

20 In besonderen Fällen kann aber von den Voraussetzungen des § 1 Abs. 1 Nrn. 3 und 4 BErzGG abgesehen werden (§ 1 Abs. 7 Satz 1 BErzGG). Diese Vorschrift nennt den Tod eines Elternteils nur als Beispielsfall für das Vorliegen einer besonderen Härte. Die Härtefallregelung gilt aber nicht nur für Witwen und Witwer, sondern ist auf alle Alleinerziehenden anzuwenden, die weiterhin für ihren Lebensunterhalt und den ihres Kindes durch Erwerbstätigkeit sorgen müssen, damit sie nicht auf Sozialhilfe angewiesen sind (*Mauer/Schmidt,* BB 1991, 1779, 1780). Wird der **Härtefall** durch Tod, schwere Krankheit oder schwere Behinderung eines Elternteils verursacht, kann von dem Erfordernis der Personensorge abgesehen werden, wenn die sonstigen gesetzlichen Voraussetzungen für den Bezug des Erziehungsgeldes erfüllt sind, das Kind mit einem Verwandten 1. oder 2. Grades oder dessen Ehegatten in einem Haushalt lebt und kein Erziehungsgeld für dasselbe Kind von einem Personensorgeberechtigten in Anspruch genommen wird (§ 1 Abs. 7 Satz 2 BErzGG).

21 **Entscheidend ist,** daß der **Anspruchsberechtigte erwerbstätig** *ist und ihm das* **Personensorgerecht zusteht.** Erfüllen beide die Anspruchsvoraussetzungen, so haben sie ein **freies Wahlrecht**, wen sie zum Berechtigten bestimmen (§ 3 Abs. 2 Satz 1 BErzGG). Dabei ist es gleich, ob es sich um leibliche Mütter oder Väter, Stiefmütter oder Stiefväter, Adoptivmütter oder Adoptivväter (vgl. dazu § 1754 BGB), Großeltern, Vormünder oder Pfleger handelt (§ 1 Abs. 1 Nr. 2 i.V.m. § 1 Abs. 3 BErzGG). Wird die Bestimmung des Anspruchsberechtigten nicht im Antrag auf Erziehungsgeld getroffen, ist die Ehefrau die Berechtigte (§ 3 Abs. 2 Satz 4 BErzGG a.F. = § 3 Abs. 2 Satz 2 BErzGG n.F.).

22 **Nichteheliche Väter**, die in einem Arbeits-, Berufsausbildungs- oder Heimarbeitsverhältnis stehen und denen die Personensorge nicht zusteht, können den Anspruch auf Erziehungsurlaub nicht geltend machen, weil ihnen das Personensorgerecht nicht zusteht (§ 1705 BGB) und sie deshalb keinen Anspruch auf Erziehungsgeld haben (*Dersch/Neumann*, Anh. VII § 15 BErzGG Anm. 4; *Gröninger/Thomas*, § 15 BErzGG Anm. 12; *Harter,* Mutterschutz und Erziehungsgeld, Rz. 88; *Meisel/Sowka*, § 15 BErzGG Anm. 4; *Sbresny-Uebach,* AR-Blattei, Erziehungsurlaub I, Anm. B II 2). Der Vater des nichtehelichen Kindes kann jedoch Erziehungsgeld und damit Erziehungsurlaub beanspruchen, wenn er die nichteheliche Mutter heiratet und durch diese nachfolgende Ehe das Kind ehelich wird (§ 1719 Satz 1 BGB) oder wenn er das Kind adoptiert (*Winterfeld*, Mutterschutz und Erziehungsurlaub, Teil M Rz. 19). Aber auch dann, wenn das nichteheliche Kind mit Vater und Mutter zusammenlebt und von beiden Eltern betreut wird, kann der nichteheliche Vater **für ein nach dem 31. 12. 1991 geborenes Kind** Erziehungsurlaub in Anspruch nehmen, wenn die Mutter zustimmt (§ 15 Abs. 1 Satz 3 BErzGG n.F.), und zwar unabhängig davon, ob beide die Ehelichkeitserklärung mit der Maßgabe anstreben, daß das Sorgerecht ihnen gemeinsam zustehen soll (siehe zur teilweisen Unvereinbarkeit des § 1738 Abs. 1 BGB mit Art. 6 Abs. 2 und 5 GG: *BVerfG* v. 7. 5. 1991, NJW 1991, 1944). Mit dieser Neuregelung sollen nach dem Willen des Gesetzgebers **alle nicht sorgeberechtigten Väter** mehr in die Verantwortung für ihr leibliches Kind einbezogen werden, nicht nur Väter nichtehelicher Kinder.

3. Anspruch auf Erziehungsgeld

23 **Voraussetzung des Erziehungsurlaubs für bis zum 1. 1. 1992 geborene Kinder** ist, daß der Arbeitnehmer einen **Anspruch auf Erziehungsgeld** hat, welches 600 DM monatlich beträgt (§ 5 Abs. 1 BErzGG), oder aber nur deshalb nicht hat, weil sein Einkommen die nach dem 6. Lebensmonat des Kindes geltenden Einkommensgrenzen des § 5 Abs. 2 i. V. mit § 6 BErzGG übersteigt. Normalerweise wird nach § 16 Abs. 5 Satz 1 BErzGG a. F. der Nachweis durch Vorlage des Bewilligungsbescheides des Erziehungsgeldes geführt. Geschieht dies, so ist der **Arbeitgeber an die Bewilligung gebunden**, solange nicht ein Bescheid über den Wegfall des Erziehungsgeldes erlassen ist, den der Arbeitnehmer nach § 16 Abs. 5 Satz 2 BErzGG a. F. vorzulegen hat *BAG* v. 22. 6. 1988, EzA § 16 BErzGG Nr. 1 = AP Nr. 1 zu § 15 BErzGG; ferner *Bürger/Oehmann/Matthes,* HwB AR, »Erziehungsurlaub« Ziff. 3.3.; *Dersch/Neumann*, Anh. VII § 16 BErzGG Anm. 8; *Gröninger/Thomas*, § 15 BErzGG Anm. 7; *Hönsch*, Erziehungs- und Kindergeldrecht, Rz. 249; *Wiegand*, § 15 BErzGG Anm. 26; *Zmarzlik/Zipperer/Viethen*, § 16 BErzGG Anm. 20; **a. A.** *Meisel/Sowka*, § 16 BErzGG Anm. 28; *Natzel*, Anh. § 16 BErzGG Anm. 21; wohl auch *Grüner/Dalichau*, § 16 BErzGG Anm. V).

24 **Bei Übersteigen der Einkommensgrenzen** der §§ 6, 5 Abs. 2 BErzGG ist es Sache des antragstellenden Arbeitnehmers, die anderen Voraussetzungen für die Gewährung des Erziehungsurlaubes nachzuweisen, also zu beweisen, daß
- das Kind in seinem Haushalt lebt,
- er die Personensorge für dieses Kind hat,
- er das Kind betreut und erzieht,
- er keine Erwerbstätigkeit bei einem anderen Arbeitgeber ausübt
- oder die Erlaubnis seines Arbeitgebers dazu besitzt.

Das ist ein kompliziertes Verfahren, vor allem bezüglich der Feststellung der Einkommensgrenzen nach §§ 6, 5 Abs. 2 BErzGG. Aber nach § 15 Abs. 1 Satz 1 BErzGG a. F. wird der Anspruch auf Erziehungsurlaub **nicht** dadurch **in Frage gestellt**, daß der Arbeitnehmer wegen Überschreitung der Einkommensgrenzen des § 5 Abs. 2 BErzGG keinen Anspruch auf Erziehungsgeld hat.

25 Außer diesem Anspruch auf Erziehungsgeld wird für den Erziehungsurlaub **nicht zusätzlich gefordert**, daß der Anspruchsberechtigte das ihm zustehende **Erziehungsgeld** auch beantragt und **ausgezahlt erhält**. Es bleibt also dem Anspruchsberechtigten unbenommen, kein Erziehungsgeld zu beantragen, dennoch aber Erziehungsurlaub nach §§ 15ff. BErzGG zu beanspruchen. Er könnte auch nach Stellung eines schriftlichen Antrages auf Erziehungsgeld (§ 4 Abs. 2 BErzGG) diesen Antrag zurücknehmen oder auf die Zahlung des ihm zustehenden und bewilligten Erziehungsgeldes verzichten. Einfluß auf den Erziehungsurlaub hätte ein derartiger Verzicht auf Erziehungsgeld nicht; denn nach § 15 Abs. 1 S. 1 BErzGG a. F. ist allein der »Anspruch auf Erziehungsgeld« Voraussetzung für die

Gewährung des Erziehungsurlaubes, nicht aber die Antragstellung und Zahlung von Erziehungsgeld nach § 4 BErzGG.

4. Wohnsitz- bzw. Aufenthaltsvoraussetzungen

26 **Bei Kindern, die nach dem 31. 12. 1991 geboren** sind, kann zwar der Anspruch auf Erziehungsurlaub nicht mehr unmittelbar an den Anspruch auf Erziehungsgeld geknüpft werden, jedoch ist der **Arbeitnehmer, der Erziehungsgeld erhält, weiterhin der Erziehungsurlaubsberechtigte** (Umkehrschluß aus § 16 Abs. 1 Satz 3 BErzGG n.F.). Anspruch auf Erziehungsgeld und damit Erziehungsurlaub setzt den Wohnsitz der Berechtigten oder seinen gewöhnlichen Aufenthaltsort (= nicht nur vorübergehendes Verweilen an diesem Ort) im Geltungsbereich des BErzGG, also im vereinten Deutschland voraus. Die Begriffe Wohnsitz oder gewöhnlicher Aufenthalt sind in § 30 Abs. 3 SGB I definiert. Nach § 30 Abs. 3 Satz 1 SGB I hat jemand seinen **Wohnsitz** dort, wo er eine Wohnung unter Umständen innehat, die darauf schließen lassen, daß er die Wohnung beibehalten und benutzen will. Nach § 30 Abs. 3 Satz 2 SGB I hat jemand seinen **gewöhnlichen Aufenthalt** dort, wo er sich unter Umständen aufhält, die erkennen lassen, daß er an diesem Ort oder in diesem Gebiet nicht nur vorübergehend verweilt. Hierbei handelt es sich um eine ununterbrochene Zeitspanne von sechs Monaten (*Harter,* Mutterschutz und Erziehungsgeld, Rz. 85; vgl. zur Frage, ob und ab wann Asylbewerber ihren gewöhnlichen Aufenthalt im Bundesgebiet haben können *Gröninger/Thomas*, § 15 BErzGG Anm. 8, m.w.N.).

27 Anspruch auf Erziehungsgeld hat auch, wer von seinem in der Bundesrepublik ansässigen Arbeitgeber **vorübergehend zur Dienstleistung ins Ausland entsandt** wurde, ferner Bedienstete der Bundesbahn, Bundespost oder Bundesfinanzverwaltung, die in einem der Bundesrepublik benachbarten Staat beschäftigt werden, und schließlich Personen, die Versorgungsbezüge nach beamten- oder soldatenrechtlichen Vorschriften oder Grundsätzen oder eine Versorgungsrente einer Zusatzversorgungsanstalt für Arbeitnehmer des öffentlichen Dienstes erhält (§ 1 Abs. 2 BErzGG). Im Sinne von § 1 Abs. 2 Nr. 1 BErzGG ist ein von dem im Inland ansässigen Arbeitgeber ins Ausland zur vorübergehenden Dienstleistung verpflichteter Arbeitnehmer »entsandt«, wenn seine Beschäftigung dort von vornherein zeitlich beschränkt (z.B. Auslandstätigkeit von zwei Jahren, vgl. dazu *BSG* v. 22. 6. 1989, NZA 1990, 159) und seine Weiter- oder Wiederbeschäftigung im Inland nach seiner Rückkehr gewährleistet ist (*Gröninger/Thomas*, § 15 BErzGG Anm. 10, m.w.N.).

28 Anspruch auf Erziehungsgeld haben auch alle Angehörigen von EG-Staaten sowie **Grenzgänger** aus Österreich, Polen, der Schweiz und der Tschechoslowakei, deren Arbeitsverhältnis seinen Schwerpunkt im Bereich der Bundesrepublik hat, also nicht unter die Grenze der geringfügigen Beschäftigungen fällt, auch wenn sie ihren Wohnsitz im Ausland haben (§ 1 Abs. 3 BErzGG). Allerdings müssen alle anderen Voraussetzungen im Kind-Verhältnis (Personensorge und Aufnahme im Haushalt) bei diesen Einpendlern vorliegen. Gleichgültig ist hierbei allerdings, welches Arbeitsrecht Arbeitgeber und Arbeitnehmer vereinbart haben, weil der öffentlich-rechtliche Anspruch auf Erziehungsgeld nicht von den Vereinbarungen der Arbeitsvertragsparteien abhängig ist (*Harter,* Mutterschutz und Erziehungsgeld, Rz. 86).

29 Für Kinder, die nach dem 30. 6. 1990 geboren wurden, haben auch ein **Ehegatte eines Mitglieds der Truppe oder eines zivilen Gefolges der NATO-Streitkräfte**, der Deutscher ist oder die Staatsangehörigkeit eines Mitgliedsstaates der EG besitzt, Anspruch auf Erziehungsgeld (§ 1 Abs. 6 BErzGG) und damit auch auf Erziehungsurlaub (§ 15 Abs. 1 BErzGG).

5. Personensorge und Aufnahme des Kindes im Haushalt

30 Ein leibliches Kind, dessen Personensorge (§§ 1626ff. BGB) dem Antragsteller zusteht, und das mit dem Antragsteller in einem Haushalt lebt, ist weitere Anspruchsvoraussetzung (§ 1 Abs. 1 Nr. 2 BErzGG). **»Personensorge«** im Sinne des § 1626 Abs. 2 BGB bedeutet, daß der Antragsteller die tatsächliche Sorge für das Kind als Ausfluß seiner elterlichen Gewalt (§ 1626 Abs. 1 BGB) nicht nur hat, sondern auch tatsächlich wahrnimmt (Argument aus § 1631 BGB). Diese Personensorge, die beiden Elternteilen (§ 1627 BGB) gleichrangig und gemeinschaftlich zusteht, beginnt mit der Geburt des Kindes. Sie bedeutet Personen- und Vermögenssorge für das Kind in all seinen Bestandteilen. Wird das elterliche Sorgerecht so aufgeteilt, daß ein Elternteil die Vermögenssorge und der andere Elternteil die Personensorge für das Kind erhält, so stehen Erziehungsgeld und Erziehungsurlaub nur demjenigen Elternteil zu, dem die Personensorge obliegt und der das Kind tatsächlich betreut und erzieht (*Winterfeld*, Mutterschutz und Erziehungsurlaub, Teil M Rz. 36).

31 Unschädlich ist, wenn das Kind vorübergehend wegen eines vom Anspruchsberechtigten nicht zu vertretenden Grundes nicht betreut werden kann (§ 1 Abs. 5 BErzGG), jedoch ist **eine dauernde Verhinderung,** die bei einem Zeitraum ab etwa drei Monaten anzunehmen ist, **anspruchsvernichtend** (*Halbach,* DB 1986 Beilage Nr. 1 S. 1, 6; *Harter,* Mutterschutz und Erziehungsgeld, Rz. 90; *Sbresny-Uebach,* AR-Blattei, Erziehungsurlaub I, Anm. B II 2). Soweit Großeltern oder Pflegeeltern Erziehungsgeld und damit Erziehungsurlaub beanspruchen wollen, ist in Anlehnung an § 2 Abs. 1 Nr. 2 BKGG Voraussetzung, daß die Beziehungen des Kindes zur Mutter gelöst sind. Das ist anzunehmen, wenn ein Obhuts- und Pflegeverhältnis zwischen Mutter und Kind nicht mehr besteht, die Mutter – auch im Falle des Zusammenlebens mit dem Kind und den Groß- oder Pflegeeltern – ihre Aufsichts-, Betreuungs- und Erziehungspflichten nicht erfüllt (*BSG* vom 28. 11. 1990, MDR 1991, 475, 476). Eine Einschränkung der Ausübung der elterlichen Gewalt kann durch das Vormundschaftsgericht (§ 1628 BGB) und in den gesetzlich vorgesehenen Fällen (§ 1666 BGB – Gefährdung des Kindes) erfolgen. Die **Entziehung der Personensorge** im Rahmen der §§ 1666, 1666a BGB durch das Vormundschaftsgericht führt daher zum **Erlöschen des Anspruches auf Erziehungsurlaub**. Beide Voraussetzungen – Zusammenleben im Haushalt und Betreuung/Erziehung durch den Antragsteller – müssen kummulativ vorliegen.

32 Wird durch Tod, schwere Krankheit oder schwere Behinderung eines Elternteils der **Härtefall** verursacht, kann von dem Erfordernis der Personensorge abgesehen werden, wenn die sonstigen gesetzlichen Voraussetzungen für den Bezug des Erziehungsgeldes erfüllt sind, das Kind mit einem Verwandten 1. oder 2. Grades oder dessen Ehegatten in einem Haushalt lebt und kein Erziehungsgeld für dasselbe Kind von einem Personensorgeberechtigten in Anspruch genommen wird (§ 1 Abs. 7 Satz 2 BErzGG). Auch in diesem Fall muß der **nahe Verwandte** Erziehungsgeld nicht tatsächlich beziehen, sondern nur beziehen können, um Erziehungsurlaub in Anspruch nehmen zu können (§ 15 Abs. 1 Satz 1 Nr. 1 BErzGG n.F.).

6. Betreuung und Erziehung des Kindes

33 Nach § 1 Abs. 1 Nr. 3 BErzGG ist nur derjenige anspruchsberechtigt, der das Kind selbst betreut und erzieht. Dies setzt grundsätzlich voraus, daß die Betreuungs- und Erziehungsleistung **höchstpersönlich** erbracht wird (*Winterfeld*, Mutterschutz und Erziehungsurlaub, Teil M Rz. 24). Fraglich ist deshalb, ob und in welchem Umfang sich der Erziehungsurlaubsberechtigte **fremder Hilfe** bedienen darf. Hierbei wird man davon ausgehen können, daß gelegentliche Betreuung des Kindes durch einen Babysitter, Familienangehörige, Nachbarn oder einer Kinderfrau unschädlich sind, soweit der Anspruchsberechtigte die wesentliche Betreuung und Erziehung des Kindes nicht aus der Hand gibt (*Winterfeld*, Mutterschutz und Erziehungsurlaub, Teil M Rz. 25). Gesetzwidrig handelt dagegen, wer eine vollständige Übertragung der Kinderbetreuung und -erziehung auf eine andere Person vornimmt, um sich ganz seinen Interessen und Hobbies widmen zu können, mit anderen Worten, den Erziehungsurlaub nur als willkommenen, vom Staat finanzierten »Sonderurlaub« versteht (vgl. dazu und zu Mißbrauchsmöglichkeiten (*Winterfeld*, Mutterschutz und Erziehungsurlaub, Teil M Rz. 26ff.).

34 Eine Beschränkung des Erziehungsgeldes nur auf die Mutter des Kindes ist gesetzlich nicht vorgesehen. Daher kann **Erziehungsurlaub** auch der Vater des Kindes, können aber auch Adoptiveltern, Großeltern oder **sonstige Personen** geltend machen, wenn sie das Personensorgerecht nach §§ 1626ff. BGB vom Vormundschaftsgericht übertragen erhalten haben (z.B. Fall des § 1671 BGB) und damit für die Betreuung und Erziehung des Kindes verantwortlich sind (§ 1 Abs. 1 Nr. 3). Anspruchsberechtigte können daher auch Vormünder und Pfleger sein (*Dersch/Neumann*, Anh. VII § 15 BErzGG Anm. 5; *Meisel/Sowka*, § 15 BErzGG Anm. 4). Zwei Ausnahmen von dem bereits übertragenen Personensorgerecht sieht § 1 Abs. 3 BErzGG vor:
- Anspruch auf Erziehungsgeld hat schon, wem die Obhut für ein zu **adoptierendes Kind** mit Einwilligung der leiblichen Eltern übertragen wurde und
- wer ein **Stiefkind** in seinem Haushalt mit aufgenommen hat und für dieses Kind sorgt.

35 Einem **nicht sorgeberechtigten Elternteil**, meist also dem Vater eines nichtehelichen Kindes, kann Erziehungsgeld für das leibliche Kind nur **mit Zustimmung** des sorgeberechtigten Elternteils gewährt werden (§ 3 Abs. 3 n.F.). Die Zustimmung für den Bezug des Erziehungsgeldes kann grundsätzlich nicht widerrufen werden. Trennt sich die Mutter von dem Vater ihres nichtehelichen Kindes, lebt dieser also nicht mehr in einer Hausgemeinschaft mit seinem nichtehelichen Kind, wird man der Mutter im Interesse des Kindes eine **Widerrufsmöglichkeit** hinsichtlich des Erziehungsgeldes und damit des Erziehungsurlaubs zubilligen müssen. Steht dem Vater des nichtehelichen Kindes das Personensorgerecht zu, wird die Mutter allerdings erst eine Entscheidung des Vormundschaftsgericht einholen müssen, ehe sie ihre Zustimmung wirksam widerrufen kann.

36 Entscheidend ist in allen Fällen, daß das Kind vom Anspruchsberechtigten selbst betreut und erzogen wird (§ 1 Abs. 1 Nr. 3 BErzGG). Der **Anspruch** auf Erziehungsgeld und Erziehungsurlaub **bleibt unberührt**, wenn der Anspruchsberechtigte aus einem wichtigen Grund die Betreuung und Erziehung des Kindes nicht sofort aufnehmen kann oder sie unterbrechen muß (§ 1 Abs. 5 BErzGG). Gedacht ist dabei vor allem an die Fälle, in denen die Mutter länger als das Kind nach der Geburt und der Schutzfrist im Krankenhaus verbleiben oder während des Erziehungsurlaubs eine ärztlich verordnete Kur antreten, das Kind also nur kurzzeitig anderweitig untergebracht werden muß (*Bürger/Oehmann/Matthes*, HwB AR, »Erziehungsurlaub« Ziff. 2.2). Im Hinblick auf die Gesamtbezugsdauer darf die **Unterbrechung in der Betreuung und Erziehung** eine Obergrenze von **drei Monaten nicht überschreiten** (*Dersch/Neumann*, Anh. VII § 15 BErzGG Anm. 6; *Gröninger/Thomas*, § 15 BErzGG Anm. 14; *Halbach*, DB Beilage Nr. 1/1986, S. 1, 6; *Sbresny-Uebach*, AR-Blattei, Erziehungsurlaub I; Anm. B II 2; *Zmarzlik/Zipperer/Viethen*, § 1 BErzGG Anm. 38). Mehrwöchige Urlaubsreisen fallen nicht unter die Ausnahmeregelung des § 1 Abs. 5 (*Gröninger/Thomas*, a.a.O.; **a.A.** *Wiegand*, § 1 BErzGG Anm. 30).

7. Wahlrecht bei mehreren Anspruchsberechtigten

37 Erziehungsgeld und **Erziehungsurlaub** wird allerdings **nur einer Person gewährt**. Werden in einem Haushalt mehrere Kinder betreut und erzogen, wird **für jedes Kind** Erziehungsgeld gezahlt (§ 3 Abs. 1 Satz 2 BErzGG).

38 Erfüllen beide Ehegatten die Voraussetzungen, müssen sie sich einigen, wer der Anspruchsberechtigte sein soll (§ 3 Abs. 1 Satz 1 BErzGG). Bei Insanspruchnahme von Erziehungsgeld und **Erziehungsurlaub für vor dem 1. 1. 1992 geborenen Kinder** können die Eheleute dabei festlegen, daß sie nacheinander, jeder von ihnen für einen zusammenhängenden Teil der Zeit, für die Erziehungsgeld gewährt wird, Berechtigter des Erziehungsgeldes (§ 3 Abs. 2 BErzGG) und damit auch des Erziehungsurlaubes ist (*Harter*, Mutterschutz und Erziehungsgeld, Rz. 106; *Winterfeld*, Mutterschutz und Erziehungsurlaub, Teil M Rz. 163). Beide Anspruchsberechtigte können z.B. der Erziehungsgeldbehörde gegenüber schriftlich (§ 3 Abs. 2 Satz 3 BErzGG a.F.) erklären, daß der achtzehn Monate dauernde Erziehungsgeldanspruch so aufgeteilt werden soll, daß Mutter und Vater ihn je zur Hälfte in Anspruch nehmen. Eine solche **Aufteilung der Bezugsberechtigung** ist gesetzlich zulässig mit der Folge, daß sich auch der Erziehungsurlaubsanspruch so auf die Ehepartner aufteilt. Können sich die Ehepartner nicht einigen oder liegt eine schriftliche Bestimmung nicht bis zum Ablauf des dritten Lebensmonats des Kindes vor, so ist nur die Ehefrau zum Bezug des Erziehungsgeldes (§ 3 Abs. 2 Satz 4 BErzGG a.F.) und damit auch für den Erziehungsurlaub anspruchsberechtigt. Hierzu bedarf es gleichzeitig mit dem Erziehungsurlaubsverlangen einer Erklärung des Arbeitnehmers gegenüber dem Arbeitgeber, bis zu welchem Lebensmonat des Kindes er den Erziehungsurlaub in Anspruch nehmen will (§ 16 Abs. 1 Satz 1 BErzGG a.F.).

39 Eine gleichzeitige Inanspruchnahme von Erziehungsurlaub durch beide Elternteile ist selbst dann nicht zulässig, wenn **mehrere nacheinander geborene Kinder** betreut und erzogen werden müssen. Überschneiden sich in diesem Falle die maßgeblichen Erziehungszeiten, so wird für den Zeitraum der Überschneidung lediglich einmal Erziehungsgeld gezahlt (*Winterfeld*, Mutterschutz und Erziehungsurlaub, Teil M Rz. 78). Es steht den Eltern in diesem Falle allerdings frei, nach Ablauf des Überschneidungszeitraumes zu wechseln, in dem der eine Elternteil die Betreuung und Erziehung des später geborenen Kindes übernimmt und dabei zeitweilig die volle Erwerbstätigkeit aufgibt, während der andere Elternteil wieder einer Erwerbstätigkeit nachgeht.

40 Bei Inanspruchnahme von **Erziehungsurlaub für ein nach dem 31. 12. 1991 geborenes Kind**, hat der Arbeitnehmer mit dem Erziehungsurlaubsverlangen zugleich mitzuteilen, für welchen Zeitraum oder für welche Zeiträume er in Erziehungsurlaub gehen will (§ 16 Abs. 1 Satz 1 BErzGG n.F.). Nach neuem Recht ist eine **Inanspruchnahme von Erziehungsurlaub** oder ein solcher **Wechsel** innerhalb der Höchstgrenzen für leibliche Kinder bis zur Vollendung des 3. Lebensjahres (§ 15 Abs. 1 Satz 1 BErzGG n.F.) und bei angenommenen oder in Obhut genommenen Kindern bis zur Vollendung des 7. Lebensjahres (§ 15 Abs. 1 Satz 2 BErzGG n.F.) **dreimal zulässig** (§ 16 Abs. 1 Satz 2 BErzGG n.F.).

41 Dabei ist eine **gleichzeitige Inanspruchnahme** von Erziehungsurlaub durch beide Elternteile dann zulässig, wenn **mehrere nacheinander geborene Kinder** betreut und erzogen werden müssen (§ 15 Abs. 2 Satz 2 BErzGG n.F.). Für den Bezug des Erziehungsgeldes müssen die Eheleute ebenfalls bestimmen, wer von ihnen Berechtigter sein soll (§ 3 Abs. 2 Satz 1 BErzGG). Geschieht dies nicht, ist die Ehefrau die Berechtigte (§ 3 Abs. 2 Satz 2 BErzGG n.F.). Wollen die Eheleute während des Bezugszeitraumes von achtzehn Monaten für vor dem 1. 1. 1993 geborene Kinder und von vierundzwanzig für nach dem 31. 12. 1992 geborene Kinder wechseln, müssen sie diese Bestimmung bereits bei Antragstellung vornehmen.

42 Die einmal zwischen den Ehepartnern **getroffene Bestimmung kann nur geändert** werden, wenn **aus wichtigen Gründen** die Betreuung oder Erziehung des Kindes durch die Person, die Erziehungsgeld bezieht, nicht mehr sichergestellt werden kann. Diese nach § 3 Abs. 3 BErzGG a.F. = § 3 Abs. 2 Satz 3 BErzGG n.F. vorgesehene Regelung könnte nur zutreffen bei Tod oder schwerer, längerer Erkrankung der Person, die Erziehungsgeld bezieht, sonst würde dieser Wechsel in der Bezugsberechtigung zu unabsehbaren Verwirrungen in einem Arbeitsverhältnis führen. Es ist aber auch an die Fälle zu denken, in denen die Ehe zerrüttet ist, insbesondere die Eheleute getrennt leben, so daß das Kind in der Obhut des Elternteils verbleiben sollte, dem bislang absprachegemäß die Personensorge zustand (*Dersch/Neumann*, Anh. VII § 16 BErzGG Anm. 2). Gleiches muß gelten, wenn sich Mutter und Vater eines nichtehelichen Kindes trennen.

8. Umfang der Erwerbstätigkeit während des Erziehungsurlaubs

43 Während des Bezuges von Erziehungsgeld und damit während des Erziehungsurlaubs darf **keine volle Erwerbstätigkeit**, sondern – abweichend vom bisherigen Mutterschaftsurlaub (§ 8d MuSchG) und abweichend von sonstigen Fällen der Beurlaubung ohne Bezüge – kraft entsprechender Vereinbarung der Arbeitsvertragsparteien eine »erziehungsgeldunschädliche« Teilzeitbeschäftigung (*Böhm/Spiertz/Steinherr/Sponer* (BAT Teil VII, § 15 BErzGG Anm. 7) geleistet, also nur solche ausgeübt werden, die auf weniger als 19 Stunden wöchentlich beschränkt ist (durch Vertrag) oder beschränkt zu sein pflegt (§ 2 Abs. 1 Nr. 1 i.V.m. § 1 Abs. 1 Nr. 4 BErzGG). Bei einer vertraglichen **Arbeitszeitbeschränkung auf** weniger als **19 Wochenstunden** besteht auch bei gelegentlichen Abweichungen von dieser Arbeitszeit, die von geringer Dauer sind (etwa Urlaubs- und Krankheitsvertretung), ein Anspruch auf Erziehungsgeld (*Bürger/Oehmann/Matthes*, HwB AR, »Erziehungsurlaub« Ziff. 2.2.; *Harter*, Mutterschutz und Erziehungsgeld, Rz. 92). **Bei unregelmäßiger**, schwankender **Wochenarbeitszeit** ist von einer **Durchschnittsberechnung** – bezogen auf die Beschäftigungswoche – auszugehen (*Harter*, Mutterschutz und Erziehungsgeld, Rz. 93).

44 Der hier enthaltene Begriff der **»Erwerbstätigkeit«** bezieht sich auf **jede selbständige oder unselbständige** Erwerbstätigkeit, die gegen Entgelt verrichtet wird. Erwerbstätig sind auch Auszubildende, Umschüler, Volontäre, Praktikanten, so daß für sie die Ausnahmeregelung des § 2 Abs. 1 Nr. 3 BErzGG erforderlich war. Auf die Höhe der Vergütung oder des erzielten Gewinnes kommt es nicht an. Auch mithelfende Familienangehörige, die 19 Stunden und länger erwerbstätig sind, verlieren den Anspruch auf Erziehungsgeld (vgl. zur Frage der kurzfristigen Überschreitung der erlaubten Wochenarbeitszeit *Winterfeld*, Mutterschutz und Erziehungsurlaub, Teil M Rz. 47, 48). Zulässig ist eine Erwerbstätigkeit gegen Entgelt mit einer Arbeitszeit unter 19 Stunden, also bis zu 18 Stunden 59 Minuten wöchentlich (§ 2 Abs. 1 Nr. 1 BErzGG) oder eine sog. geringfügige, beitragsfreie Beschäftigung (§ 2 Abs. 1 Nr. 2 BErzGG). Es wäre sinnvoller gewesen, im Interesse der Einheitlichkeit als Bemessungsgrundlage die Grenze für sog. **kurzzeitige Beschäftigungen** von 18 Stunden (§ 102 Abs. 1 AFG) auch ins BErzGG zu übernehmen.

45 Für die Inanspruchnahme des **Erziehungsurlaubs für ein vor dem 1. 1. 1992 geborenen Kind** ist entscheidend, daß eine solche Teilzeitarbeit nicht bei einem anderen Arbeitgeber geleistet wird (§ 15 Abs. 5 BErzGG a. F.). Damit eröffnet das Gesetz **keinen Anspruch auf Teilzeitbeschäftigung** oder Herabsetzung des bisherigen Teilzeitarbeitsdeputats. Kommt eine Absprache über eine Teilzeitarbeit nicht zustande, so hat der Arbeitnehmer nur die Wahl, entweder den Erziehungsurlaub zu nehmen und die Arbeit ganz einzustellen oder auf den Erziehungsurlaub ganz zu verzichten und weiterzuarbeiten (*Dersch/Neumann*, Anh. VII § 15 BErzGG Anm. 11; *Gröninger/Thomas*, § 15 BErzGG Anm. 33; *Lipke*, GK-TzA § 2 BeschFG Anm. 348; *Meisel/Sowka*, § 15 BErzGG Anm. 17; *Natzel*, Anh. § 15 BErzGG Anm. 60; *Winterfeld*, Mutterschutz und Erziehungsurlaub, Teil M Rz. 237; *Zmarzlik/Zipperer/Viethen*, § 15 BErzGG Anm. 29). Geht der Arbeitgeder Arbeitgeber auf den Wunsch des Arbeitnehmers auf Herabsetzung der Wochenarbeitszeit unter die Grenze des § 2 Abs. 1 Nr. 1 BErzGG ein, so darf er sein Einverständnis mit der Teilzeitarbeit während des Erziehungsurlaubs daran binden, daß es auch nach dem Erziehungsurlaub bei der reduzierten Arbeitszeit verbleibt (*Lipke*, GK-TzA § 2 BeschFG Anm. 348; *Winterfeld*, Mutterschutz und Erziehungsurlaub, Teil M Rz. 245).

46 Bei Inanspruchnahme des **Erziehungsurlaubs für ein nach dem 31. 12. 1991 geborenes Kind** kann ein Arbeitnehmer eine nach § 1 Abs. 1 Nr. 4 und § 2 Abs. 1 BErzGG zulässige Teilzeitarbeit auch bei einem anderen Arbeitsgeber ableisten, wenn sein bisheriger Arbeitgeber zustimmt (§ 15 Abs. 4 BErzGG n. F.). Die Ablehnung seiner Zustimmung zur **Teilzeittätigkeit bei einem anderen Arbeitgeber** kann der bisherige Arbeitgeber nur mit entgegenstehenden betrieblichen Interessen begründen. In vielen Fällen wird die Gefahr der Konkurrenztätigkeit den Arbeitgeber davon abhalten, seine Zustimmung zu erteilen. Es reicht aber zur Verweigerung der Zustimmmung auch aus, daß der Arbeitgeber im eigenen Betrieb eine Teilzeittätigkeit anbietet, die der vergleichbar ist, die der Arbeitnehmer ansonsten bei einem anderen Arbeitgeber ausüben würde. Seine entgegenstehenden Gründe, die die **Ablehnung** der Zustimmung rechtfertigen sollen, muß der Arbeitgeber **innerhalb** einer Frist **von vier Wochen schriftlich** mitteilen. Es handelt sich hierbei um eine **Ausschlußfrist**. Die Neufassung der Vorschrift dient dem sachgerechten Interessenausgleich zwischen dem bisherigen Arbeitgeber und einem Elternteil, der eine mit der Erziehung des Kindes zu vereinbarende Teilzeitarbeit anstrebt. Der Arbeitnehmer wird sich daher in der Regel für eine Teilzeittätigkeit eine andere Branche aussuchen müssen. Geht der Arbeitgeber auf den Wunsch des Arbeitnehmers auf Teilzeitbeschäftigung bei einem anderen Arbeitgeber ein, so darf er sein Einverständnis mit der Teilzeitarbeit während des Erziehungsurlaubs daran binden, daß es für die Zeit nach dem Erzeihungsurlaub bei dem vorgenommenen Wechsel verbleibt.

47 Der Arbeitgeber kann – da der Erziehungsurlaub nicht seiner Zustimmung bedarf – dessen Inanspruchnahme nicht davon abhängig machen, daß der Arbeitnehmer während dieser Zeit zumindest teilzeitbeschäftigt bleibt (*Winterfeld*, Mutterschutz und Erziehungsurlaub, Teil M Rz. 237). Eine **vorzeitige Festlegung der Teilzeitarbeit** durch eine entsprechende arbeitsvertragliche Abrede zu Beginn des Beschäftigungsverhältnisses wäre wegen Verstoßes gegen das Unabdingbarkeitsverbot des § 15 Abs. 4 BErzGG a.F. = § 15 Abs. 3 BErzGG n.F. unwirksam, da der Arbeitnehmer damit auf einen Teil seines Erziehungsurlaubs von vornherein verzichten würde (*Winterfeld*, Mutterschutz und Erziehungsurlaub, Teil M Rz. 238). Vereinbarungen über eine Teilzeittätigkeit für die Dauer des Erziehungsurlaubs können erst erfolgen, wenn der Arbeitnehmer den Erziehungsurlaub verlangt (*Winterfeld*, a.a.O.), dann allerdings für die Zeit nach dem Erziehungsurlaub verbindlich getroffen werden (*Lipke*, GK-TzA § 2 BeschFG Anm. 348; *Winterfeld*, Mutterschutz und Erziehungsurlaub, Teil M Rz. 245).

9. Verbot der Teilzeitarbeit bei einem anderen Arbeitgeber

48 Die Regelung des § 15 Abs. 5 BErzGG a.F. = § 15 Abs. 4 Satz 1 BErzGG n.F. ist ein **Verbotsgesetz** im Sinne des § 134 BGB (*Dersch/Neumann*, Anh. VII § 15 BErzGG Anm. 12; *Zmarzlik/Zipperer/Viethen*, § 15 BErzGG Anm. 32; **a.A.** *Gröninger/Thomas*, § 15 BErzGG Anm. 34; *Meisel/Sowka*, § 15 BErzGG Anm. 30). **Verstößt ein** im Erziehungsurlaub befindlicher **Arbeitnehmer dagegen, verliert er** seinen **Anspruch auf Erziehungsurlaub**, selbst wenn sein Anspruch auf Erziehungsgeld davon nicht berührt wird, weil er nicht 19 Stunden pro Woche und mehr arbeitet. Diese Auffassung ist nach der Gesetzessystematik deswegen gerechtfertigt, weil der im Erziehungsurlaub befindliche Arbeitnehmer sich der Betreuung und Erziehung des Kindes widmen und deswegen jede anderweitige Erwerbsarbeit unterlassen soll. Das Verbot des § 15 Abs. 5 BErzGG a.F. = § 15 Abs. 4 Satz 1 BErzGG n.F. sichert diese zweckentsprechende Verwendung des Erziehungsurlaubs. Der Arbeitgeber muß bei Beachtung des Verbots die volle Arbeitsfreistellung des Arbeitnehmers während des Erziehungsurlaubs hinnehmen, so daß er bei einem Verstoß gegen dieses Verbot die vorzeitige Wiederaufnahme der Arbeit in seinem Betrieb verlangen kann (so vormals *Bleistein*, HzA, Gruppe 4, Rz. 344; **a.A.** *Zmarzlik/Zipperer/Viethen*, § 15 BErzGG Anm. 33).

49 Die **Rechtslage** ist hier **nicht anders zu** beurteilen **als bei** sonstigem **Wegfall der Voraussetzungen für den Erziehungsurlaub**. Hat z.B. die Mutter des Kindes den

Erziehungsurlaub in Anspruch genommen und gibt der im selben Haushalt lebende Vater des Kindes seine bisherige Erwerbstätigkeit völlig auf (ist er also nicht arbeitslos und befindet sich auch nicht in Ausbildung), so liegt ein Fall des § 15 Abs. 2 Nr. 2 BErzGG vor. Hätte dieser bereits im Zeitpunkt des Erziehungsurlaubsverlangens vorgelegen, dann hätte der Erziehungsurlaub von der Mutter nicht verwirklicht werden können. Tritt der Fall der Erwerbslosigkeit des Vaters erst während des Erziehungsurlaubs ein, kann der Arbeitgeber von der Mutter die Wiederaufnahme der Arbeit verlangen (*Gröninger/Thomas*, § 16 BErzGG Anm. 17; zust. *Sowka*, Anm. AP Nr. 1 zu § 15 BErzGG), denn **mit Wegfall der Erziehungsurlaubsvoraussetzungen leben die beiderseitigen Hauptleistungspflichtigen** des § 611 Abs. 1 BGB **wieder auf** (*Meisel/Sowka*, § 16 BErzGG Anm. 21). Hat der Arbeitgeber für die Zeit des Erziehungsurlaubs personell anders disponiert, in dem er eine Ersatzkraft nach § 21 BErzGG eingestellt hat, räumt das Gesetz ihm für die Fälle des Wegfalls der Erziehungsurlaubsvoraussetzungen mit § 16 Abs. 3 Satz 2 BErzGG a.F. = § 16 Abs. 3 Satz 1 BErzGG n.F. das Recht ein, seine Zustimmung zur Wiederaufnahme zur Arbeit zu verweigern. Verstößt der Arbeitnehmer gegen das Erwerbstätigkeitsverbot des § 15 Abs. 5 BErzGG a.F. = § 15 Abs. 4 Satz 1 BErzGG n.F., so kann der Arbeitgeber das hinnehmen oder Schadensersatz geltend machen oder Unterlassung verlangen oder dem Arbeitnehmer kündigen oder den Arbeitnehmer zur Wiederaufnahme der Arbeit auffordern, eben weil die Voraussetzungen für den Erziehungsurlaub entfallen sind und dies gegenüber der zustimmungspflichtigen Kündigung (§ 18 Abs. 1 BErzGG) das mildere Mittel ist.

50 **Verstößt der Arbeitnehmer gegen das Erwerbstätigkeitsverbot** des § 15 Abs. 5 BErzGG a.F. = § 15 Abs. 4 Satz 1 BErzGG n.F., **so kann der Arbeitgeber** das hinnehmen oder Schadensersatz geltend machen oder Unterlassung verlangen oder (in der Regel) dem Arbeitsnehmer kündigen (*Halbach*, DB Beilage Nr.1/1986, S. 1, 10; *Harter*, Mutterschutz und Erziehungsurlaub, Rz. 127; **a.A.** *Sbresny-Uebach*, AR-Blattei, Erziehungsurlaub I, Anm. E): Er kann auch **den Arbeitnehmer zur Wiederaufnahme der Arbeit auffordern**, eben weil die Voraussetzungen für den Erziehungsurlaub entfallen sind und dies gegenüber der zustimmungspflichtigen Kündigung (§ 18 Abs. 1 BErzGG) das mildere Mittel ist. Bei der Beantwortung der Frage, welche Mittel dem Arbeitgeber bei einem Verstoß gegen das Erwerbstätigkeitsverbot einzuräumen sind, darf nicht außer acht gelassen werden, daß der Arbeitnehmer nicht sofort mit seinem Erziehungsurlaubsverlangen mitteilen muß, ob er überhaupt eine Teilzeittätigkeit während des Erziehungsurlaubs ausüben und ob er dies bei einem anderen Arbeitgeber tun will. Es kann nämlich auch nach Antritt des Erziehungsurlaubs zu irgendeinem späteren Zeitpunkt noch eine Vereinbarung über die Teilzeittätigkeit getroffen werden. Kann der Arbeitgeber dem Arbeitnehmer keine vorrangig in Anspruch zu nehmende Teilzeittätigkeit im eigenen Betrieb anbieten, muß er zu jedem Zeitpunkt, zu dem der Arbeitnehmer einen entsprechenden Antrag stellt, innerhalb von vier Wochen seine entgegenstehenden betrieblichen Gründe schriftlich mitteilen. Deshalb ist es auch gerechtfertigt, daß der Arbeitgeber den Arbeitnehmer bei einem Verstoß gegen das Erwerbstätigkeitsverbot zur Wiederaufnahme der Arbeit auffordern kann.

10. Zulässige anderweitige Erwerbstätigkeit in Teilzeitarbeit

51 **Kein Verstoß gegen das Erwerbstätigkeitsverbot** liegt vor, wenn der Arbeitgeber dem Arbeitnehmer gestattet, eine anderweitige Erwerbstätigkeit während des Erziehungsurlaubs bei einem anderen Arbeitgeber aufzunehmen, denn § 15 Abs. 5 BErzGG a.F. = § 15 Abs. 4 Satz 1 BErzGG n.F. dient im Unterschied zum früheren § 8d MuSchG vor allem dem Interesse des Arbeitgebers. Es ist ihm überlassen, zu entscheiden, ob die für die Dauer des Erziehungsurlaubs befristete Teilzeitarbeit bei einem anderen Arbeitgeber seinen (Wettbewerbs-)Interessen zuwiderläuft (*Gröninger/Thomas*, § 15 BErzGG Anm. 35; *Halbach*, DB Beilage Nr. 1/1986, S. 1, 10; *Lipke*, GK-TzA § 2 BeschFG Anm. 349; *Meisel/Sowka*, § 15 BErzGG Anm. 27; *Sbresny-Uebach*, AR-Blattei, Erziehungsurlaub I, Anm. E; **a.A.** *Zmarzlik/Zipperer/Viethen*, § 15 BErzGG Anm. 32). Dieser überwiegend vertretenen Meinung hat der Gesetzgeber durch die Regelung des § 15 Abs. 4 BErzGG n.F. Rechnung getragen.

52 Steht ein Arbeitnehmer in **mehreren Teilzeitarbeitsverhältnissen** (vgl. dazu *BAG* v. 13. 2. 1979, EzA § 2 BUrlG Nr. 4 = AP Nr. 3 zu § 2 BUrlG), so entsteht gegen jeden Arbeitgeber ein gesonderter Urlaubsanspruch, und zwar ohne Rücksicht darauf, ob gegen die Höchstarbeitszeitvorschriften verstoßen wurde (*BAG* v. 19. 6. 1959, AP Nr. 1 zu § 611 BGB Doppelarbeitsverhältnis). Dabei entstehen die Urlaubsansprüche gegen die verschiedenen Arbeitgeber unabhängig voneinander. Soweit nicht dringende betriebliche Gründe dem entgegenstehen, sind die Arbeitgeber wegen § 7 Abs. 1 BUrlG gehalten, einen nach Lage der Urlaubszeit für beide Arbeitsverhältnisse zusammenhängenden Urlaub zu ermöglichen (*Berscheid*, HzA, Gruppe 4, Rz. 19, m.w.N.). Mit anderen Worten, der Arbeitnehmer ist von beiden Arbeitgebern gleichzeitig so von der Arbeitsverpflichtung freizustellen, daß er während des Urlaubs ganz mit der Arbeit aussetzen kann (*Schaub*, BB 1990, 1069ff., 1072). Ähnlich verhält es sich bei Inanspruchnahme von Erziehungsurlaub. Der Arbeitnehmer kann von (allen) beiden Arbeitgebern den Erziehungsurlaub verlangen oder in einem Teilzeitarbeitsverhältnis die Arbeit fortsetzen und nur in dem anderen Erziehungsurlaub beanspruchen, sofern er insgesamt die Grenze von 19 Wochenarbeitsstunden des § 2 Abs. 1 Nr. 1 BErzGG nicht erreicht (*Lipke*, GK-TzA § 2 BeschFG Anm. 351; *Meisel/Sowka*, § 15 BErzGG Anm. 28; *Winterfeld*, Mutterschutz und Erziehungsurlaub, Teil M Rz. 243; *Zmarzlik/Zipperer/Viethen*, § 15 BErzGG Anm. 31).

11. Ausschluß des Erziehungsurlaubs während des Wochenurlaubs

53 Ein Anspruch auf Erziehungsurlaub besteht nach § 15 Abs. 2 Satz 1 Nr. 1 BErzGG überhaupt nicht, also weder für die Mutter noch für den Vater noch für andere anspruchsberechtigte Personen, solange die leibliche Mutter als Wöchnerin bis zum Ablauf von acht Wochen, bei Früh- oder Mehrlingsgeburten bis zum Ablauf von 12 Wochen nicht beschäftigt werden darf. Das sind die **Zeiten des Beschäftigungsverbotes nach der Entbindung** nach § 6 Abs. 1 MuSchG. Zwar nimmt das Gesetz nicht ausdrücklich auf § 6 Abs. 1 MuSchG Bezug. Jedoch lehnt es sich an diese Regelung zumindest in der zeitlichen Fixierung des Ausschlusses von Erziehungsurlaub an.

54 Nach der gesetzlichen Regelung des § 15 Abs. 2 Satz 1 Nr. 1 BErzGG könnte der

Ehemann einer selbständig tätigen Rechtsanwältin oder frei praktizierenden Ärztin ab der Geburt seines Kindes Erziehungsurlaub nehmen, während der Ehemann einer abhängig Beschäftigten zunächst den Ablauf der Mutterschutzfristen abwarten muß. Ein völlig unverständliches Ergebnis, das die Gleichheit aller vor dem Gesetz (Art. 3 GG) willkürlich beiseite schiebt. Eine Auslegung und Anwendung des § 15 Abs. 2 Satz 1 Nr. 1 BErzGG kann daher **verfassungskonform** nur dahingehend erfolgen, daß diese **Regelung auf alle Anspruchsberechtigten ausgedehnt** wird. Dafür spricht, daß der Gesetzgeber einen Hinweis auf § 6 Abs. 1 MuSchG im Gesetzestext ausdrücklich in Kenntnis der rechtlichen Tragweite unterlassen und damit eine **grundsätzliche Anspruchssperre** geschaffen hat (so vormals *Bleistein*, HzA, Gruppe 4, Rz. 345; *Winterfeld*, Mutterschutz und Erziehungsurlaub, Teil M Rz. 208, 209; **a.A.** *Halbach*, DB Beilage Nr. 1/1986, S. 1, 7; *Meisel/Sowka*, § 15 BErzGG Anm. 18). Den geäußerten Bedenken hat der Gesetzgeber jetzt mit der Regelung des § 15 Abs. 2 Nr. 3 BErzGG n.F. für den Erziehungsurlaub Rechnung getragen. Durch die Streichung des § 7 Satz 3 BErzGG a.F. kann das Mutterschaftsgeld nicht mehr auf das Erziehungsgeld des Vaters angerechnet werden.

12. Kein Erziehungsurlaub bei fehlender Erwerbstätigkeit des Ehegatten

55 Nach § 15 Abs. 2 Satz 1 Nr. 2 BErzGG besteht auch dann kein Anspruch auf Erziehungsurlaub, wenn der andere **Ehegatte des Erziehungsgeldberechtigten nicht erwerbstätig** ist, es sei denn, dieser ist arbeitslos oder befindet sich in Ausbildung. Der Gesetzgeber ist bei dieser Regelung davon ausgegangen, daß in den Fällen, in denen ein Elternteil nicht erwerbstätig ist, dieser die Betreuung und Erziehung des Kindes ohnehin übernimmt (vgl. BT-Drucksache 10/3792 S. 19), so daß damit bereits eine ständige Betreuungsperson zur Verfügung steht, das gesetzgeberische Ziel des Erziehungsurlaubs also schon verwirklicht ist.

56 **Arbeitslosigkeit** des Ehegatten (Begriff: § 101 Abs. 1 AFG) soll nach dem Willen des Gesetzgebers den Anspruch auf Erziehungsurlaub nicht ausschließen, weil der arbeitslose Arbeitnehmer jederzeit in der Lage sein und damit rechnen muß, eine Beschäftigung aufzunehmen, so daß er für die Betreuung und Erziehung des Kindes sozusagen nur auf Abruf zur Verfügung stünde (*Gröninger/Thomas*, § 15 BErzGG Anm. 30; *Bürger/Oehmann/Matthes*, HwB AR, »Erziehungsurlaub« Ziff. 3.1.).

57 Ebensowenig schließt die **Ausbildung** des einen Ehegatten den Anspruch auf Erziehungsurlaub des anderen Ehegatten aus. Gemeint ist hier eine Vollzeitausbildung des Ehegatten an einer Schule, Fachschule, Fachhochschule, Gesamthochschule, Technischen Hochschule oder Universität oder im Rahmen einer sonstigen staatlich nicht geregelten Ausbildung wie z.B. Praktika, nicht jedoch eine Ausbildung an einer Volkshochschule oder im Rahmen eines Berufsausbildungsverhältnisses, da Auszubildende nach § 2 Abs. 1 Nr. 3 BErzGG als nicht erwerbstätige Personen anzusehen sind, sondern selbst Erziehungsurlaub verlangen können (*Hönsch*, Erziehungs- und Kindergeldrecht, Rz. 236; *Winterfeld*, Mutterschutz und Erziehungsurlaub, Teil M Rz. 172; **a.A.** *Gröninger/Thomas*, § 15 BErzGG Anm. 29; *Meisel/Sowka*, § 15 BErzGG Anm. 22; *Zmarzlik/Zipperer/Viethen*, § 15 BErzGG Anm. 18, die sämtlich annehmen, daß auch die staatliche geregelte Ausbildung in einem Berufsausbildungsverhältnis gemeint sei).

58 Unter Erwerbstätigkeit ist jede Tätigkeit zur Erwirtschaftung des Lebensunterhalts zu verstehen, gleichgültig, ob dies als Arbeitnehmer oder Selbständiger geschieht (*Natzel*, Anh. § 15 BErzGG Anm. 51). Aber auch hier greift wieder § 15 Abs. 3 BErzGG a.F. = § 15 Abs. 2 Satz 1 BErzGG ein: Der erwerbstätige Ehegatte hat doch **Anspruch auf Erziehungsurlaub**, wenn die Betreuung oder Erziehung durch den nichterwerbstätigen Ehegatten nicht sichergestellt werden kann. Der bislang voll erwerbstätige Ehegatte ist allerdings nur dann erziehungsgeldberechtigt und kann den Erziehungsurlaub nehmen, wenn er die **Erwerbstätigkeit entweder ganz aufgibt oder auf das gesetzlich zulässige Maß reduziert** (*Dersch/Neumann*, Anh. VII § 15 BErzGG Anm. 8).

59 Umstritten ist die Frage, ob eine **geringfügige Beschäftigung**, die die Betreuung und Erziehung des Kindes an sich nicht beeinträchtigt, einer Nichtbeschäftigung gleichzusetzen ist (*Dersch/Neumann*, Anh. VII § 15 BErzGG Anm. 8; *Hönsch*, Erziehungs- und Kindergeldrecht, Rz. 233; *Meisel/Sowka* § 15 BErzGG Anm. 20; *Wiegand*, § 15 BErzGG Anm. 33; *Winterfeld*, Mutterschutz und Erziehungsurlaub, Teil M Rz. 174ff.) oder als Erwerbstätigkeit den Anspruch auf Erziehungsurlaub auslöst (*Gröninger/Thomas*, § 15 BErzGG Anm. 29; *Zmarzlik/Zipperer/Viethen*, § 15 BErzGG Anm. 16). Anspruchsvoraussetzung für den Bezug von Erziehungsgeld und damit für den Erziehungsurlaub ist es, daß der Arbeitnehmer »keine oder keine volle Erwerbstätigkeit« ausübt (§ 1 Abs. 1 Nr. 4 BErzGG). Gerade wegen der Verwendung des Begriffes der nicht vollen Erwerbstätigkeit muß man annehmen, daß es dem Gesetzgeber in § 15 Abs. 2 Satz 1 Nr. 2 BErzGG darauf ankam, daß der andere Ehegatte überhaupt nicht erwerbstätig ist (*Gröninger/Thomas*, a.a.O.). Nur so lassen sich Abgrenzungsschwierigkeiten vermeiden, wann im Einzelfall eine geringfügige Beschäftigung einer Erwerbslosigkeit gleichzusetzen ist. Wird die Erwerbstätigkeit dagegen nicht ständig ausgeübt, sondern **arbeitet der Ehegatte nur gelegentlich**, kann – von den Fällen der Arbeit auf Abruf, die nach § 4 Abs. 1 BeschFG 1985 eine gewisse wöchentliche Mindestarbeitszeit sowie Vertragsdauer voraussetzt, abgesehen – von einem Dauerarbeitsverhältnis und damit von Erwerbstätigkeit nicht gesprochen werden, so daß **kein Anspruch auf Erziehungsurlaub** besteht.

III. Arbeitsrechtliche Auswirkungen des Erziehungsurlaubs

1. Wegfall der Hauptpflichten, Bestehenbleiben der Nebenpflichten

60 Die Inanspruchnahme des Erziehungsurlaubs bewirkt den **Wegfall der beiderseitigen vertraglichen Hauptpflichten**, nämlich der Verpflichtung des Arbeitnehmers zur Arbeitsleistung und der Lohn- und Gehaltsfortzahlungspflicht des Arbeitgebers. Anders als nach § 1 Abs. 1 ArbPlSchG hat der Gesetzgeber beim Erziehungsurlaub – wie bereits vormals beim Mutterschaftsurlaub – ein Ruhen des Arbeitsverhältnisses nicht ausdrücklich angeordnet. Gleichwohl führt der Wegfall der beiderseitigen vertraglichen Hauptpflichten dazu, daß das Arbeitsverhältnis ruht, soweit keine Teilzeitbeschäftigung im erlaubten Rahmen erfolgt (*BAG* v. 22. 6. 1988 und v. 10. 5.1989, EzA § 16 BErzGG Nrn. 1, 2 = AP Nrn. 1, 2 zu § 15 BErzGG). Das Arbeitsverhältnis ruht bei uneingeschränkt in Anspruch genommenem Erziehungsurlaub allerdings nicht kraft Gesetzes, sondern aufgrund der einseitigen Erklärung des berechtigten Arbeitnehmers

(*BAG* v. 7. 12. 1989, EzA § 4 TVG Metallindustrie Nr. 66 = AP Nr. 3 zu § 15 BErzGG).

61 Von dem Wegfall der Hauptpflichtigen abgesehen wird das Arbeitsverhältnis durch den Erziehungsurlaub nicht berührt. Insbesondere bestehen die **wechselseitigen Nebenpflichten voll weiter**. Dies gilt insbesondere für die Treuepflichten, die Verschwiegenheitspflicht und die Pflicht zur Unterlassung von Wettbewerb (*Gröninger/Thomas*, § 15 BErzGG Anm. 39; *Hönsch*, Erziehungs- und Kindergeldrecht, Rz. 266; *Meisel/Sowka*, § 15 BErzGG Anm. 3; *Zmarzlik/Zipperer/Viethen*, § 15 BErzGG Anm. 36). Ferner bleiben die Betriebszugehörigkeit, was z.B. für die Erfüllung der Wartezeit des § 1 Abs. 1 KSchG oder des § 4 BUrlG sowie bei der Berechnung der Kündigungsfristen des § 622 Abs. 2 BGB, § 2 Abs. 1 AngKSchG und des § 55 Abs. 2 AGB von Bedeutung ist, und die betriebsverfassungsrechtliche Rechtsstellung, was z.B. für die Fage der Wahlberechtigung und Wählbarkeit entscheidend ist, erhalten (*Gröninger/Thomas*, a.a.O., m.w.N.; *Hönsch*, Erziehungs- und Kindergeldrecht, Rz. 266a; *Meisel/Sowka*, § 15 BErzGG Anm. 41, 42; *Winterfeld*, Mutterschutz und Erziehungsurlaub, Teil M Rz. 183, 185; *Zmarzlik/Zipperer/Viethen*, a.a.O.). Bestimmt ein Tarifvertrag, daß »Zeiten, in denen das Arbeitsverhältnis ruht,« nicht als Beschäftigungszeiten oder Zeiten der Betriebszugehörigkeit gelten sollen, so gilt eine solche Regelung im Zweifel nicht für den Erziehungsurlaub, dessen Dauer regelmäßig mitzurechnen sein dürfte (*Winterfeld*, Mutterschutz und Erziehungsurlaub, Teil M Rz. 184).

2. Auswirkung auf Geldleistungen des Arbeitgebers

62 Während eines uneingeschränkt in Anspruch genommenen Erziehungsurlaubs besteht **kein Anspruch auf Fortzahlung des Arbeitsentgelts im Krankheitsfalle** nach § 115a AGB, § 1 LFZG, § 616 Abs. 2 BGB, § 63 HGB oder § 133c GewO. Dieser Anspruch setzt nämlich voraus, daß die Erkrankung die alleinige Ursache für die Nichterbringung der vertraglich geschuldeten Arbeitsleistung ist (*BAG* v. 17. 11. 1977, EzA § 9 BUrlG Nr. 9 = AP Nr. 8 zu § 9 BUrlG mit Anm. von *Trieschmann*). Während des Erziehungsurlaubs wird aber kraft Gesetzes keine Arbeitsleistung geschuldet, weil der Arbeitnehmer hiervon nach § 15 Abs. 1 Satz 1 befreit ist. Folglich erhält der Arbeitnehmer auch keine Krankenbezüge (*BAG* v. 22. 6. 1988, EzA § 16 BErzGG Nr. 1 = AP Nr. 1 zu § 15 BErzGG). Hat eine Arbeitnehmerin erklärt, sie trete den Erziehungsurlaub nicht unmittelbar an die Mutterschutzfristen, sondern erst nach Ende einer während der Mutterschutzfrist eingetretenen Arbeitsunfähigkeit an, dann ist die Arbeitsunfähigkeit ursächlich für den Verdienstausfall und es besteht ein Anspruch auf Entgeltfortzahlung nach den einschlägigen gesetzlichen oder tariflichen Bestimmungen (*BAG* v. 17. 10. 1990, EzA § 16 BErzGG Nr. 5).

63 Nachdem der Arbeitnehmer den Erziehungsurlaub angetreten hat, wird dieser durch die Erkrankung des Arbeitnehmers – anders als der Erholungsurlaub (§ 9 BUrlG) – weder unterbrochen noch verlängert (*Sbresny-Uebach*, AR-Blattei, Erziehungsurlaub I; Anm. F II, M.w.N.; ferner *Gröninger/Thomas*, § 15 BErzGG Anm. 43; *Hönsch*, Erziehungs- und Kindergeldrecht, Rz. 268; *Winterfeld*, Mutterschutz und Erziehungsurlaub, Teil M Rz. 191; *Zmarzlik/Zipperer/Viethen*, § 15 BErzGG Anm. 43). **Dauert die Erkrankung** des Arbeitnehmers **über das Ende des Erziehungsurlaubs fort**, dann ist nicht mehr der Erziehungsurlaub, sondern die Krankheit die alleinige Ursache für die Nichterbringung der vertraglich geschuldeten Arbeitsleistung, so daß ein Anspruch auf Fortzahlung des Arbeitsentgelts im Krankheitsfall entsteht. Die Sechs-Wochen-Frist für die Dauer dieses Anspruchs beginnt – vergleichbar der Rechtslage beim Mutterschaftsurlaub (vgl. dazu *Stahlhacke*, Vorauflage, § 8c MuSchG Anm. 35, m.w.N.; *Bulla/Buchner*, § 8a–d MuSchG Vorbem. 40) – erst mit dem Tag nach der Beendigung des Erziehungsurlaubs zu laufen, ohne daß die Dauer der Krankheit während des Erziehungsurlaubs auf diese Frist angerechnet werden kann (*Böhm/Spiertz/Steinherr/Sponer*, BAT Teil VII, § 15 BErzGG Anm. 20; *Zmarzlik/Zipperer/Viethen*, § 15 BErzGG Anm. 44; vgl. ferner *BAG* v. 2. 3. 1971, AP Nr. 1 zu § 1 ArbPlSchG).

64 Da der Arbeitgeber während der Dauer des Erziehungsurlaubs mangels Arbeitstätigkeit des Arbeitnehmers von der Zahlung des Arbeitsentgelts befreit ist, ist er auch nicht verpflichtet, **Sachbezüge** weiterzuzahlen, die ihrem Zweck nach nur im Zusammenhang mit der tatsächlichen Arbeitsleistung gewährt werden, wie z.B. Essenszuschüsse, verbilligte Mahlzeiten in der Werkskantine, Frei- oder Haustrunk, Freizigaretten in der Tabakindustrie, Fahrtkosten zum Betrieb, verbilligte Einkaufmöglichkeiten im Firmenladen etc. (*Meisel/Sowka*, § 15 BErzGG Anm. 44; *Zmarzlik/Zipperer/Viethen*, § 15 BErzGG Anm. 40). Hängt die Gewährung der Sachleistung nach ihrem Zweck nicht von der Erbringung einer tatsächlichen Arbeitsleistung ab, wie z.B. Zurverfügungstellung einer **Werkswohnung**, so kann die Sachleistung aus Anlaß des Erziehungsurlaubs nicht entzogen werden, sondern ist weiter zu gewähren (*Meisel/Sowka*, a.a.O.; *Zmarzlik/Zipperer/Viethen*, a.a.O.). Jede andere Betrachtungsweise würde zu einem mittelbaren Einfluß auf die Entscheidungsfreiheit des Arbeitnehmers, ob er Erziehungsurlaub in Anspruch nehmen will oder nicht, führen und mithin einen Verstoß gegen § 15 Abs. 4 BErzGG a.F. = § 15 Abs. 3 BErzGG n.F. darstellen.

65 Hinsichtlich der Kürzungsmöglichkeiten bzw. Nichtzahlung von **Gratifikationen**, Weihnachtsgeldern, 13. Monatsgehältern oder Anwesenheitsprämien kommt es auf den vom Arbeitgeber oder nach dem Tarifvertrag mit diesen Leistungen verfolgten Zweck an. Es kommt allein auf den rechtlichen Bestand des Arbeitsverhältnisses und nicht darauf an, ob der Arbeitnehmer im Bezugszeitraum auch tatsächlich gearbeitet hat, wenn die Gratifikation den **Zweck** hat, **vergangene Betriebstreue zu belohnen oder künftige Betriebstreue zu erkaufen** (*BAG* v. 29. 8. 1979, EzA § 611 BGB Gratifikation, Prämie Nr. 65 = AP Nr. 102 zu § 611 BGB Gratifikation mit Anm. von *Herschel*). Die Gratifikation ist dann auch **während des Erziehungsurlaubs weiterzuzahlen** (*Meisel/Sowka*, § 15 BErzGG Anm. 45); ferner *Bürger/Oehmann/Matthes*, HwB AR, »Erziehungsurlaub« Ziff. 3.1., m.w.N.). Hat eine tarifliche Gratifikation oder Sonderzahlung **Mischcharakter** (Entlohnung für im Bezugszeitraum geleistete Arbeit und Belohnung für erwiesene Betriebstreue), ist allerdings auch eine **tarifliche Quotenregelung notwendig**, um eine Kürzung für die Zeit des Erziehungsurlaubs vornehmen zu können; sofern der Tarifvertrag für Ruhenszeiten keine Regelung enthält, kann eine am Maß der jährlichen Arbeitsleistung orientierte Kürzung einer Gratifikation nicht mit einem allgemeinen Rechtsprinzip begründet werden (*BAG* v. 24. 10. 1990, EzA § 611 BGB Gratifikation, Prämie Nr. 80 = AP Nr. 2 zu § 1 TVG Tarifverträge: Glasindustrie).

66 Soll die **Gratifikation** nach ihrem **Zweck** eine **zusätzliche Vergütung für die geleistete Arbeit** innerhalb des Bezugszeitraumes darstellen, so kann für die Zeiten des Erziehungsurlaubs durch Tarifvertrag eine Kürzungsmöglichkeit vorgesehen werden (*BAG* v. 8. 10. 1986, AP Nr. 7 zu § 8a MuSchG 1968). Dies folgt daraus, daß den Arbeitgeber nach den Intentionen des Gesetzgebers während des Erziehungsurlaubs nicht mehr die finanziellen Belastungen aus dem Arbeitsverhältnis treffen sollen. Hat die Gratifikation ganz oder teilweise Entgeltcharakter – wie z.B. ein 13. Monatsgehalt – so besteht grundsätzlich eine **Kürzungsmöglichkeit nach dem Zwölftelungsprinzip** (vgl. dazu *BAG* v. 24. 10. 1990, EzA § 611 BGB Gratifikation, Prämie Nr. 81; *LAG Frankfurt* v. 6. 2. 1989, LAGE § 15 BErzGG Nr. 2; krit. dazu *Mauer/Schmidt*, BB 1991, 1779, 1782f.), allerdings ohne daß hier wie bei § 17 nur auf volle Kalendermonate abzustellen wäre (*Meisel/Sowka*, § 15 BErzGG Anm. 46). Der **Tarifvertrag** muß aber für den Erziehungsurlaub selbst **eine entsprechende Kürzungsmöglichkeit vorsehen** (*BAG* v. 24. 10. 1990, EzA § 16 BErzGG Nr. 6 = AP Nr. 5 zu § 15 BErzGG). Sieht ein Tarifvertrag vor, daß im Falle der Einberufung zum Grundwehr- oder Ersatzdienst die Jahressonderleistung anteilig gekürzt wird, so ist der Erziehungsurlaub als gratifikationsunschädliche Ausfallzeit anzusehen (so zum Mutterschaftsurlaub *Stahlhacke*, Vorauflage, § 8a MuSchG Anm. 37; ferner *BAG* v. 13. 10. 1982, EzA § 8a MuSchG Nr. 3 = AP Nr. 1 zu § 8a MuSchG mit Anm. von *Meisel*; so zum Erziehungsurlaub *BAG* v. 23. 8. 1990, EzA § 4 TVG Feinkeramische Industrie Nr. 1 = AP Nr. 1 zu § 1 TVG Tarifverträge: Keramikindustrie). Bestimmt ein Tarifvertrag, daß die Jahressonderzahlung nicht gezahlt wird, wenn das Arbeitsverhältnis kraft Gesetzes oder Vereinbarung ruht, dann ist für diese Leistung die Inanspruchnahme des Erziehungsurlaubs unschädlich, da das Arbeitsverhältnis während des Erziehungsurlaubs aufgrund einseitiger Erklärung des Arbeitnehmers ruht (*BAG* v. 10. 5. 1989, EzA § 16 BErzGG Nr. 2 = AP Nr. 12 zu § 15 BErzGG; *BAG* v. 7. 12. 1989, EzA § 4 TVG Metallindustrie Nr. 66 = AP Nr. 3 zu § 15 BErzGG).

3. Tarifvertragliche Auswirkungen auf das fortbestehende Arbeitsverhältnis

67 Die Zeit des Erziehungsurlaubs zählt als Beschäftigungszeit, soweit es nicht um die Frage des Bewährungsaufstiegs geht. Hier wird die Zeit des Erziehungsurlaubs nicht angerechnet (*Böhm/Spiertz/Steinherr/Sponer*, § 23a BAT Anm. 80; **a.A.** *Mauer*, NZA 1991, 501, 503), andererseits ist die Unterbrechung der Bewährungszeit durch die Inanspruchnahme des Erziehungsurlaubs unschädlich und führt nicht zum Verlust der vorher abgeleisteten Bewährungszeit (vgl. z.B. zu § 23a BAT *Böhm/Spiertz/Steinherr/Sponer*, BAT Teil VII, § 15 BErzGG Anm. 15; vgl. zur mittelbaren Diskriminierung bei verminderter Anrechnung einer Teilzeittätigkeit auf die tarifliche Bewährungszeit, *EuGH* v. 7. 2. 1991, EuZW 1991, 217 = NZA 1991, 513). Vollendet ein Arbeitnehmer des öffentlichen Dienstes während des Erziehungsurlaubs eine Jubiläumsdienstzeit (z.B. 25. Dienstjubiläum), so ist ihm die Jubiläumszuwendung nach dem Erziehungsurlaub bei Wiederaufnahme der Arbeit zu gewähren (*Böhm/Spiertz/Steinherr/Sponer*, a.a.O., Anm. 21).

4. Teilzeittätigkeit während des Erziehungsurlaubs

68 Anders als bei der völligen Arbeitsfreistellung besteht das Arbeitsverhältnis bei Vereinbarung einer **Teilzeitbeschäftigung** beim eigenen Arbeitgeber (nur eine solche bei einem anderen Arbeitgeber ist nach § 15 Abs. 5 BErzGG verboten) auch während des Erziehungsurlaubs **mit allen Rechten und Pflichten weiter** (*Winterfeld*, Mutterschutz und Erziehungsurlaub, Teil M Rz. 240). Lediglich der Umfang der Arbeitspflicht und des entsprechenden Arbeitsentgelts sind verändert, wobei die Grenze zulässiger Teilzeitarbeit (§ 2 Abs. 1 Nr. 1 BErzGG) zu beachten ist. Folglich bemißt sich der Anspruch auf Entgeltfortzahlung im Krankheitsfalle nach § 115a AGB, § 1 LFZG, § 616 Abs. 2 BGB, § 63 HGB und § 133c GewO **nach den neuen Arbeitsbedingungen**, also nach der Höhe der Teilzeitvergütung und nicht etwa nach dem Durchschnittsverdienst der letzten drei Monate (*Gröninger/Thomas*, § 15 BErzGG Anm. 43; *Lipke*, GK-TzA § 2 BeschFG Anm. 354; *Böhm/Spiertz/Steinherr/Sponer* (BAT Teil VII, § 15 BErzGG Anm. 44; *Ziepke*, § 9 MTV-Metall NW Anm. 27). Daneben erhält der Arbeitnehmer bei zulässiger Teilzeittätigkeit noch Erziehungsgeld. Besteht die Arbeitsunfähigkeit über das Ende des Erziehungsurlaubs fort und ist der Anspruch auf Entgeltfortzahlung bis dahin noch nicht erschöpft, so ist die Entgeltfortzahlung ab diesem Zeitpunkt nach der vor Antritt des Erziehungsurlaubs maßgeblichen Arbeitszeit zu berechnen, sofern nicht die Teilzeittätigkeit auch danach fortgesetzt werden soll (*Lipke*, a.a.O.).

69 Auch die Teilzeitbeschäftigung aus Anlaß des Erziehungsurlaubs steht unter dem **Schutz des Benachteiligungsverbots** des § 2 Abs. 1 BeschFG 1985 (*Lipke*, GK-TzA § 2 BeschFG Anm. 353). Wird ein teilzeitbeschäftigter Arbeitnehmer unter Verstoß gegen § 2 Abs. 1 BeschFG 1985 gegenüber vollzeitbeschäftigten Arbeitnehmern **unterschiedlich vergütet,** richtet sich sein Arbeitsentgelt nach dem anteiligen üblichen Arbeitsverdienst eines vollzeitbeschäftigten Arbeitnehmers. Entsprechendes gilt, wenn ein teilzeitbeschäftigter Arbeitnehmer unter Verletzung des arbeitsrechtlichen Gleichbehandlungsgrundsatzes gegenüber anderen teilzeitbeschäftigten Arbeitnehmern unterschiedlich vergütet wird (*BAG* v. 24. 10. 1989, EzA § 11 BUrlG Nr. 28 = EzBAT § 8 BAT Gleichbehandlung Teilzeitbeschäftigter Nr. 3). Auch die Öffnungsklausel des § 6 Abs. 1 BeschFG 1985 gestattet keine tarifliche Abweichung von dem in § 2 Abs. 1 BeschFG 1985 niedergelegten Grundsatz der Gleichbehandlung (*BAG* v. 25. 1. 1989 und v. 9. 2. 1989, EzA § 2 BeschFG 1985 Nrn. 1, 3 = AP Nrn. 2, 4 zu § 2 BeschFG 1985).

70 § 2 Abs 1 BeschFG 1985 gestattet bei Teilzeittätigkeit **Gratifikationen**, Anwesenheitsprämien und ähnlichen Sonderleistungen anteilig zu gewähren, so daß der Arbeitgeber berechtigt sein dürfte, diese Sonderzahlungen entsprechend der geringeren Arbeitsleistung für den Zeitraum des Erziehungsurlaubs herabzusetzen (*Bürger/Oehmann/Matthes*, HwB AR, »Erziehungsurlaub« Ziff. 3.1.; *Lipke*, GK-TzA § 2 BeschFG Anm. 357). Anderenfalls würde die Inanspruchnahme des Erziehungsurlaubs zu einer Bevorzugung des Arbeitnehmers gegenüber anderen Teilzeitkräften führen, was vom Gesetz nicht gewollt ist. Auch ohne entsprechende tarifliche Regelung oder ausdrücklich einzelarbeitsvertragliche Absprache ist eine **anteilige Kürzung** zulässig. Die Rechtslage ist bei Inanspruchnahme von Erziehungsurlaub nicht anders als bei einem Wechsel von Vollzeittätigkeit zu Teilzeitbeschäftigung in anderen Fällen außerhalb des Erziehungsurlaubs. Dagegen ist es unzulässig, Teilzeitkräfte vom Bezug solcher Gratifikationen, Anwesenheitsprämien und Sonderleistungen völlig auszunehmen, denn weder die Übernahme besonderer Pflichten durch Vollzeitkräfte noch das unterschiedliche Arbeitspensum rechtfertigt einen solchen **Ausschluß** (*BAG* v. 6. 12. 1990, EzA § 2 BeschFG 1985 Nr. 6).

IV. Sonstige Freistellungen zum Zwecke der Kinderbetreuung

71 Durch Tarifvertrag kann ein Recht auf **unbezahlten Sonderurlaub** eingeräumt werden, der zeitlich über den Rahmen des BErzGG hinausgeht und der auch zur Kinderbetreuung in Anspruch genommen werden kann, ohne daß die Voraussetzungen des BErzGG vorliegen müssen. So können Arbeitnehmer im öffentlichen Dienst bei Vorliegen eines wichtigen Grundes unter Verzicht auf die Bezüge einen Sonderurlaub erhalten, wenn die dienstlichen oder betrieblichen Verhältnisse es gestatten (vgl. § 50 Abs. 2 BAT; § 54a MTB II; § 54a MTL II; § 47a Abs. 2 BMT-G II). Damit besteht für die Arbeitnehmer tarifrechtlich die Möglichkeit, ihnen auch zur Betreuung ihrer Kinder unbezahlten Urlaub zu gewähren. Es handelt sich hierbei um sog. **tarifliche Bestimmungsklauseln**. Eine solche liegt vor, wenn der Tarifvertrag die Arbeitsbedingungen nicht abschließend und nicht in allen Einzelheiten festlegt, sondern nur Rahmenbedingungen oder Leitlinien aufstellt, innerhalb derer die Konkretisierung der Arbeitsbedingungen den im Tarifvertrag bezeichneten Stellen oder Personen obliegt, zu denen auch der Arbeitgeber zählen kann (*BAG* v. 12. 1. 1989, EzA § 50 BAT Nr. 1 = AP Nr. 4 zu § 50 BAT = EzBAT § 50 BAT Unbezahlter Sonderurlaub Nr. 5 mit krit. Anm. von *Berger-Delhey*).

72 Beim Ausfüllen des tariflich vorgegebenen und zu beachtenden Rahmens findet § 315 BGB Anwendung. Dies hat zur Folge, daß die Entscheidung des Bestimmungsberechtigten im Fall ihrer Unbilligkeit nicht verbindlich ist und durch das Arbeitsgericht erfolgen kann (§ 315 Abs. 3 BGB). Als Voraussetzung für die Pflicht zur Bestimmung des Arbeitgebers **nach billigem Ermessen** (§ 315 Abs. 1 BGB) müssen beide tarifliche Tatbestandsmerkmale gegeben sein, denn eine Abwägung zwischen einem Interesse des Arbeitnehmers an der Beurlaubung und einem widerstreitenden dienstlichen Interesse am Verbleib des Arbeitnehmers am Arbeitsplatz findet bei der Subsumtion unter diese Rechtsbegriffe nicht statt (*BAG*, a.a.O.). Die **Betreuung der Kleinkinder** ist als **wichtiger Grund für die Bewilligung des Sonderurlaubs** anzusehen, so daß der Arbeitgeber bei Vorhandensein einer Ersatzkraft Sonderurlaub zu erteilen hat, da der Arbeitsvertrag mit der Ersatzkraft wegen der Beurlaubung eines anderen Arbeitnehmers zum Zwekke der Kinderbetreuung zulässigerweise befristet werden kann (*BAG*, a.a.O.).

73 Auch hier sind die Eltern in ihrem **Wahlrecht** frei, welcher Elternteil die Personensorge des Kleinkindes übernehmen soll, so daß bei der Entscheidung über den Sonderurlaub der Aspekt der mütterlichen Betreuung nicht im Vordergrund stehen kann (so aber *ArbG Wetzlar* v. 8. 5. 1985, NZA 1985, 536; *ArbG Saarbrücken* v. 20. 11. 1987, EzBAT § 50 BAT Unbezahlter Sonderurlaub Nr. 4 mit abl. Anm. von *Berger-Delthey*). Die bloße **Entscheidung eines Elternteils, die Betreuung des Kleinkindes zu übernehmen**, ist als wichtiger Grund i.S.d. § 50 Abs. 2 BAT und vergleichbarer Tarifregelungen (§ 54a MTB II; § 54a MTL II; § 47a Abs. 2 BMT-G II) anzusehen, ohne daß weitere äußere Umstände, die nicht durch § 616 BGB aufgefangen werden können, hinzutreten müssen (so aber *ArbG Bonn* v. 24. 4. 1985, NZA 1985, 781). Stehen dienstliche oder betriebliche Belange nicht entgegen, weil eine Ersatzkraft zur Verfügung steht oder zu finden ist, so ist auf Antrag **unbezahlter Sonderurlaub zur Betreuung des Kleinkindes** zu gewähren, und zwar in der Regel **bis zum Beginn der Schulpflicht** des Kindes. Diese Zeitgrenze ergibt sich aus der allgemeinen Überlegung, daß dann die erste Lebensphase des Kindes abgeschlossen ist und es in einen neuen Lebensabschnitt eintritt. § 21 Abs. 1 Satz 1 BErzGG läßt eine Höchstbefristung des Arbeitsvertrages mit einer Ersatzkraft auf diesen Zeitpunkt zuläßt, wenn die über das BErzGG hinausgehende Arbeitsfreistellung auf Tarifvertrag, Betriebsvereinbarung oder sogar einzelvertraglicher Abrede beruht. Bei der Ausübung des »billigen Ermessens« nach § 315 Abs. 1 BGB hat der Arbeitgeber diesen gesetzlichen Rahmen zu beachten, soweit keine dienstlichen oder betrieblichen Interessen entgegenstehen (§ 50 Abs. 2 BAT).

74 Wird in dieser Zeit ein weiteres Kind geboren und besteht ein Anspruch auf Erziehungsgeld, so kann der Arbeitnehmer die **vorzeitige Beendigung des tariflich gewährten Sonderurlaubs** verlangen und den gesetzlichen Erziehungsurlaub in Anspruch nehmen. *Böhm/Spiertz/Steinherr/Sponer* (BAT Teil VII, § 15 BErzGG Anm. 30) meinen dagegen, daß ein entsprechender Antrag des Arbeitnehmers nur nach pflichtgemäßem Ermessen des Arbeitgebers zu bescheiden sei. Dabei sei das Ziel des BErzGG in die Entscheidung einzubeziehen, den berufstätigen Arbeitnehmer zum Zwecke der Kindererziehung für die gesetzlich vorgesehene Zeit von achtzehn bzw. vierundzwanzig Monaten von der Arbeit freizustellen; eine Freistellung aus diesem Grund sei jedoch nicht mehr möglich, wenn der Arbeitnehmer bereits aufgrund eines tariflichen Sonderurlaubs zur Kinderbetreuung von der Arbeit freigestellt sei (*Böhm/Spiertz/Steinherr/Sponer*, a. a. O., unter Hinweis auf eine Äußerung von Mitgliedern der Tarifkommission der Länder vom 23./24. 4. 1986). Solche von den Gremien einer Tarifvertragspartei nachträglich erbrachte Tarifauslegungen haben keinerlei rechtliche Bedeutung (*ArbG Saarbrücken*, a. a. O., m. w. N.). Diese Tarifauslegung ist auch nicht mit dem Unabdingbarkeitsgrundsatz des § 15 Abs. 4 BErzGG a. F. = § 15 Abs. 3 BErzGG n. F. in Einklang zu bringen, der auch **keine mittelbare Eingriffe in den Anspruch auf Erziehungsurlaub gestattet** und damit durch die Wechselwirkung zugleich jegliche Einflußnahme auf die Gewährung von Erziehungsgeld ausschließt.

§ 16 Inanspruchnahme des Erziehungsurlaubs[1])

(1) Der Arbeitnehmer muß den Erziehungsurlaub spätestens vier Wochen vor dem Zeitpunkt, von dem ab er ihn in Anspruch nehmen will, von dem Arbeitgeber verlangen und gleichzeitig erklären, für welchen Zeitraum oder für welche Zeiträume er Erziehungsurlaub in Anspruch nehmen will. Eine Inanspruchnahme von Erziehungurlaub oder ein Wechsel unter den Berechtigten ist dreimal zulässig. Bei Zweifeln hat die Erziehungsgeldstelle auf Antrag des Arbeitgebers mit Zustimmung des Arbeitnehmers zu der Frage Stellung zu nehmen, ob die Voraussetzungen für den Erziehungsurlaub vorliegen. Dazu kann sie von den Beteiligten die Abgabe von Erklärungen und die Vorlage von Bescheinigungen verlangen.

(2) Kann der Arbeitnehmer aus einem von ihm nicht zu vertretenden Grund einen sich unmittelbar an das Beschäftigungsverbot des § 6 Abs. 1 des Mutterschutzgesetzes anschließenden Erziehungsurlaub nicht rechtzeitig verlangen, kann er dies innerhalb einer Woche nach Wegfall des Grundes nachholen.

(3) Der Erziehungsurlaub kann vorzeitig beendet oder im Rahmen des § 15 Abs. 1 verlängert werden, wenn der Arbeitgeber zustimmt. Eine Verlängerung kann verlangt werden, wenn ein vorgesehener Wechsel in der Anspruchsberechtigung aus einem wichtigten Grund nicht erfolgen kann.

(4) Stirbt das Kind während des Erziehungsurlaubs, endet dieser spätestens drei Wochen nach dem Tod des Kindes.
(5) Eine Änderung in der Anspruchsberechtigung hat der Arbeitnehmer dem Arbeitgeber unverzüglich mitzuteilen.

[1]) Diese Vorschrift gilt für die Inanspruchnahme von Erziehungsurlaub für Kinder, die nach dem 31. 12. 1991 geboren sind, während für Berechtigte, deren Kinder vor dem 1. 1. 1992 geboren sind, nach § 39 BErzGG das Gesetz in der bisherigen Fassung wie folgt gilt:

§ 16 Inanspruchnahme des Erziehungsurlaubs

(1) Der Arbeitnehmer muß den Erziehungsurlaub spätestens vier Wochen vor dem Zeitpunkt, von dem ab er ihn in Anspruch nehmen will, von dem Arbeitgeber verlangen und gleichzeitig erklären, bis zu welchem Lebensmonat des Kindes er den Erziehungsurlaub in Anspruch nehmen will. Eine Verlängerung kann nur verlangt werden, wenn ein vorgesehener Wechsel in der Anspruchsberechtigung aus einem wichtigen Grund nicht erfolgen kann.
(2) Kann der Arbeitnehmer aus einem von ihm nicht zu vertretenden Grund einen sich unmittelbar an das Beschäftigungsverbot des § 6 Abs. 1 des Mutterschutzgesetzes anschließenden Erziehungsurlaub nicht rechtzeitig verlangen, kann er dies innerhalb einer Woche nach Wegfall des Grundes nachholen.
(3) Der Erziehungsurlaub endet nicht dadurch, daß der Anspruch auf Erziehungsgeld entfällt. Er kann jedoch mit Zustimmung des Arbeitgebers vorzeitig beendet werden. Satz 1 gilt nicht, wenn ein Wechsel nach § 3 Abs. 3 erfolgt ist. Hat der Arbeitgeber für den bisherigen Anspruchsberechtigten befristet eine Ersatzkraft eingestellt, so endet der Erziehungsurlaub, vorbehaltlich des Satzes 2, jedoch erst zu dem Zeitpunkt, zu dem der Arbeitgeber das Arbeitsverhältnis mit der Ersatzkraft nach § 21 Abs. 4 frühestens kündigen könnte. Ein erneuter Antritt des Erziehungsurlaubs ist ausgeschlossen.
(4) Stirbt das Kind während des Erziehungsurlaubs, endet dieser spätestens drei Wochen nach dem Tod des Kindes. Absatz 3 Satz 4 gilt sinngemäß.
(5) Anspruchsvoraussetzungen für den Erziehungsurlaub können durch Vorlage des Bewilligungsbescheides über das Erziehungsgeld dargelegt und bewiesen werden. Eine Änderung in der Anspruchsberechtigung hat der Arbeitnehmer dem Arbeitgeber unverzüglich mitzuteilen und einen Bescheid über den Wegfall des Erziehungsgeldes vorzulegen.

Inhaltsübersicht

I. Geltendmachung des Erziehungsurlaubs

1. Rechtzeitiges Verlangen des Erziehungsurlaubs

1 Der Arbeitnehmer muß den Erziehungsurlaub **mindestens vier Wochen vor dem Zeitpunkt verlangen**, von dem ab er ihn in Anspruch nehmen will. Ist das **Kind vor dem 1. 1. 1992 geboren**, muß der Arbeitnehmer gleichzeitig erklären, bis zu welchem Lebensmonat des Kindes er den Erziehungsurlaub in Anspruch nehmen will (§ 16 Abs. 1 Satz 1 BErzGG a.F.). Zu dem letztgenannten Zeitpunkt ist deshalb eine Äußerung des Arbeitnehmers erforderlich, weil sich **beide Ehegatten** nach Maßgabe des § 3 Abs. 2 BErzGG **einmal** in der Inanspruchnahme des Erziehungsgeldes und somit auch in der Betreuung und Erziehung des Kindes **abwechseln** können. Denkbar ist auch, daß der Arbeitnehmer, der kraft Gesetzes nicht gehalten ist, die gesamte mögliche Anspruchszeit bis zur Vollendung des 18. Lebensmonats des Kindes auszuschöpfen, wegen der Anrechnungsmöglichkeit des Ehegatteneinkommens nach § 5 Abs. 3 BErzGG von vornherein nur beabsichtigt, den Erziehungsurlaub lediglich so lange in Anspruch zu nehmen, wie tatsächlich Erziehungsgeld voll gewährt wird. Der Arbeitgeber muß über die Dauer des Erziehungsurlaubs und damit über den **voraussichtlichen Ausfall des Arbeitnehmers unterrichtet** werden, um entsprechende Personaldispositionen treffen zu können (*Gröninger/Thomas*, § 16 BErzGG Anm. 2).

2 Ist das **Kind nach dem 31. 12. 1991 geboren**, hat der Arbeitnehmer **ebenfalls vier Wochen vor dem Antritt** den Erziehungsurlaub zu verlangen und gleichzeitig dem Arbeitgeber anzugeben, für welchen Zeitraum oder welche Zeiträume er Erziehungsurlaub in Anspruch nehmen will (§ 16 Abs. 1 Satz 1 BErzGG n.F.). Ein Wechsel in der Betreuung und Erziehung des Kindes ist bei leiblichen Kindern bis zur Vollendung von deren 3. Lebensjahres und bei in Adoptionspflege genommenen Kindern innerhalb von drei Jahren ab der Inobhutnahme, längstens bis zur Vollendung des 7. Lebensjahres **dreimal** möglich (§ 16 Abs. 1 Satz 1 BErzGG n.F.). Man kann den Erziehungsurlaub auch in Abschnitten – höchstens drei – nehmen, zwischen denen Zeiten der Erwerbstätigkeit liegen. In jedem Fall muß mit dem Erziehungsurlaubsverlangen dem Arbeitgeber zugleich mitgeteilt werden, für welche Zeit oder für welche Zeiten der Erziehungsurlaub genommen werden soll.

3 Das Verlangen des Arbeitnehmers auf Erziehungsurlaub braucht nicht schriftlich gestellt zu werden, ein mündlicher Antrag genügt. Mit Zugang des Antrages beim Arbeitgeber wird das **(einseitige) Verlangen unwiderruflich**, denn es gehört zum Wesen der Gestaltungsrechte, daß sie mit ihrer einmaligen Ausübung quasi »konsumiert« werden (*Sowka*, Anm. AP Nr. 1 zu § 15 BErzGG, m.w.N.). Der Grundsatz der Unwiderruflichkeit folgt aus dem Umstand, den Gestaltungsgegner keiner unzumutbaren Unsicherheit hinsichtlich der Rechtslage nach Abgabe der Gestaltungserklärung auszusetzen, um so auch die dem Gestaltungsberechtigten durch das Gestaltungsrecht eingeräumte Machtposition zu begrenzen (*Sowka*, a.a.O., m.w.N.). Nach erfolgter Gestaltung soll der Gestaltungsgegner – wenn er schon dem Willen des Gestaltungsberechtigten unterworfen ist – zumindest wissen, woran er ist (*Sowka*, a.a.O., m.w.N.). Deshalb sind solche Gestaltungserklärungen auch **bedingungsfeindlich**. Diese Aussage gilt gleichermaßen für sämtliche Gestaltungsrechte, ist also nicht auf die Kündigungs- oder die Anfechtungserklärung beschränkt.

4 Die Unwiderruflichkeit des einmal angegebenen Erziehungsurlaubsverlangen hat deshalb zur Folge: Der Arbeitnehmer muß den Erziehungsurlaub antreten. Er kann das aber auch, ohne daß der Arbeitgeber noch seine besondere Zustimmung geben muß, denn eine **irgendwie geartete Einverständniserklärung des Arbeitgebers ist nicht erforderlich** (*Bürger/Oehmann/Matthes*, HwB AR, »Erziehungsurlaub« Ziff.1; *Gröninger/Thomas*, § 16 BErzGG Anm. 9). Dieser muß vielmehr das Fernbleiben des Arbeitnehmers von dem gewünschten Zeitpunkt ab hinnehmen, kann aber **bei einem vor dem 1. 1. 1992 geborenem Kind** – da Voraussetzung des Erziehungsurlaubs ist, daß der Arbeitnehmer einen Anspruch auf Erziehungsgeld hat oder aber nur deshalb nicht hat, weil sein Einkommen die nach dem 6. Lebensmonat des Kindes geltenden Einkommensgrenzen des § 5 Abs. 2 i. V. mit § 6 BErzGG übersteigt – **Vorlage des Bewilligungsbescheides** nach § 16 Abs. 5 Satz 1 BErzGG a.F. verlangen. Geschieht dies, so ist der **Arbeitgeber an die Bewilligung gebunden**, solange nicht ein Bescheid über den Wegfall des Erziehungsgeldes erlassen ist, den der Arbeitnehmer nach § 16 Abs. 5 Satz 2 BErzGG a. F. vorzulegen hat (*BAG* v. 22. 6. 1988, EzA § 16 BErzGG Nr. 1 = AP Nr. 1 zu § 15 BErzGG; ferner *Bürger/Oehmann/Matthes*, HwB AR, »Erziehungsurlaub« Ziff. 3.3.; *Dersch/Neumann*, Anh. VII § 16 BErzGG Anm. 8; *Gröninger/Thomas*, § 15 BErzGG Anm. 7; *Hönsch*, Erziehungs- und Kindergeldrecht, Rz. 249; *Wiegand*, § 15 BErzGG Anm. 26; *Zmarzlik/Zipperer/Viethen*, § 16 BErzGG Anm. 20; **a. A.** *Meisel/Sowka*, § 16 BErzGG Anm. 28; *Natzel*, Anh. § 16 BErzGG Anm. 21; wohl auch *Grüner/Dalichau*, § 16 BErzGG Anm. V).

5 Da der Anspruch auf Erziehungsurlaub nicht mehr an den Anspruch auf Erziehungsgeld geknüpft werden kann, ist **bei einem nach dem 31. 12. 1991 geborenem Kind** eine andere Regelung als bisher bei begründeten Zweifeln des Arbeitgebers an den Voraussetzungen für den Erziehungsurlaub erforderlich. Auf Antrag des Arbeitgebers hat die Erziehungsgeldstelle dazu Stellung zu nehmen, ob die Voraussetzungen für den Erziehungsurlaub vorliegen (§ 6 Abs. 1 Satz 3 BErzGG n.F.). Aus Gründen des Datenschutzes ist dazu die Zustimmung des Arbeitnehmers Voraussetzung, weil diese Stellungnahme nur unter Verwertung personenbezogener Daten des Arbeitnehmers erfolgen kann. Wenn er seine Zustimmung nicht erteilt, trotzdem aber die Erwerbstätigkeit bei seinem Arbeitgeber gemäß seinem Erziehungsurlaubsverlangens unterbricht, obliegt ihm nach den allgemeinen Regeln der **Beweislastverteilung** auch in einem anschließenden arbeitsgerichtlichen Verfahren die Beweislast dafür, daß die **Voraussetzungen für den Erziehungsurlaub** vorlagen. Hat die Erziehungsurlaubsgeldstelle im Einverständnis des Arbeitnehmers eine Stellungnahme abzugeben, kann sie dazu die Abgabe von Erklärungen und die Vorlage von Bescheinigungen, z. B. eine Haushaltsbescheinigung, verlangen (§ 16 Abs. 1 Satz 4 BErzGG n. F.).

6 Das **Verlangen des Erziehungsurlaubs** durch den Arbeitnehmer ist – anders als bei Inanspruchnahme der Mutterschutzfristen (§§ 3 Abs. 2, 6 Abs. 1 MuSchG) – **echte Anspruchsvoraussetzung**, mit anderen Worten, der Erziehungsurlaub entsteht nur bei ordnungsgemäßer Geldendmachung (*Hönsch*, Erziehungs- und Kindergeldrecht, Rz. 241). Ein minderjähriger Arbeitnehmer bedarf zur Abgabe der Erklärung nach § 16 Abs. 1 Satz 1 BErzGG nicht der Zustimmung seines gesetzlichen Vertreters, wenn dieser ihn zum Abschluß des Arbeitsverhältnisses nach § 113 BGB ermächtigt hat (*Zmarzlik/Zipperer/Viethen*, § 16 BErzGG Anm. 2).

2. Bedeutung der Vier-Wochen-Frist

7 Erziehungsurlaub kann auch zu einem späteren Zeitpunkt, als der Ablauf der Schutzfristen des § 6 Abs. 1 MuSchG festgelegt, verlangt und nach Ablauf der Vier-Wochen-Frist des § 16 Abs. 1 Satz 1 BErzGG, die mit Zustimmung des Arbeitgebers verkürzt werden kann, angetreten werden. Daß schon vorher die Anspruchsvoraussetzungen vorlagen, führt nicht zu einem völligen Erlöschen des später erst gestellten Verlangens. Die **Vier-Wochen-Frist** ist **keine echte Ausschlußfrist** in dem Sinne, daß der Erziehungsurlaub – im Gegensatz zum Mutterschaftsurlaub – stets spätestens vier Wochen vor Ablauf der Mutterschutzfristen verlangt werden müßte (*Hönsch*, Erziehungs- und Kindergeldrecht, Rz. 246; *Winterfeld*, Mutterschutz und Erziehungsurlaub, Teil M Rz. 202; *Zmarzlik/Zipperer/Viethen*, § 16 BErzGG Anm. 4; **a.A.** *Halbach*, DB Beilage Nr. 1/1986, S. 1, 9). Im Ergebnis läßt sich die Vier-Wochen-Frist dahin auslegen, daß der Arbeitnehmer mit einer Ankündigungsfrist von vier Wochen zu jedem Zeitpunkt, in dem ihm Erziehungsurlaub zusteht, diesen beim Arbeitgeber verlangen kann (**a.A.** *Bürger/Oehmann/Matthes,* HwB AR, »Erziehungsurlaub« Ziff. 3.2, die annehmen, daß eine Fristversäumung nur unter den Voraussetzungen des § 16 Abs. 2 BErzGG nachgeholt werden kann). Wird die Vier-Wochen-Frist infolge eines Fehlers des Arbeitnehmers bei der Fristberechnung versäumt, so kann der Erziehungsurlaub erst mit entsprechender Verspätung angetreten werden und verkürzt sich um den Verspätungszeitraum, sofern der Arbeitgeber nicht auf die Einhaltung der Frist verzichtet (*Meisel/Sowka*, § 16 BErzGG Anm. 6, 7). Mit anderen Worten, die **nicht fristgerecht abgegebene Erklärung wirkt zum nächstzulässigen Zeitpunkt** (*Natzel*, Anh. § 16 BErzGG Anm. 4) ein erneutes Verlangen des Erziehungsurlaubs unter Beachtung der Vier-Wochen-Frist ist nicht erforderlich (*Winterfeld*, Mutterschutz und Erziehungsurlaub, Teil M Rz. 203; **a.A.** *Hönsch*, Erziehungs- und Kindergeldrecht, Rz. 246).

8 Kann der Arbeitnehmer aus einem von ihm nicht zu vertretenden Grund einen sich unmittelbar an das Beschäftigungsverbot des § 6 Abs. 1 MuSchG anschließenden Erziehungsurlaub nicht rechtzeitig verlangen, kann er das innerhalb von einer Woche nach Wegfall des Hinderungsgrundes nachholen (§ 16 Abs. 2 BErzGG). Der Gesetzgeber wollte durch diese Regelung **Härtefällen** Rechnung tragen (BT-Drucksache 10/3792, S. 20). Dies gilt insbesondere in den Fällen, in denen die leibliche Mutter z.B. wegen Krankenhausaufenthalt den Erziehungsurlaub nicht rechtzeitig geltend machen kann. »Nicht zu vertretender Grund« bedeutet in diesem Zusammenhang, daß der Arbeitnehmer die Vier-Wochen-Frist weder vorsätzlich noch fahrlässig versäumt haben darf (*Dersch/Neumann*, Anh. VII § 16 BErzGG Anm. 3; *Meisel/Sowka*, § 16 BErzGG Anm. 13). Unkenntnis über die Notwendigkeit einer Erklärung gegenüber dem Arbeitgeber oder über die Erklärungsfrist hat der Arbeitnehmer in der Regel zu vertreten (so schon *Halbach*, DB Beilage Nr. 1/1986 S. 1, 9; ebenso *Hönsch*, Erziehungs- und Kindergeldrecht, Rz. 248; *Natzel*, Anh. § 16 BErzGG Anm. 6; *Winterfeld*, Mutterschutz und Erziehungsurlaub, Teil M Rz. 205; *Zmarzlik/Zipperer/Viethen*, § 16 BErzGG Anm. 8; **a.A.** *Dersch/Neumann*, a.a.O.). Wird das **Verlangen** nach Maßgabe des § 16 Abs. 2 BErzGG **rechtzeitig nachgeholt**, kann der Erziehungsurlaub unmittelbar im Anschluß an die Schutzfrist angetreten werden. Die Nachfrist des § 16 Abs. 2 BErzGG von einer Woche ist allerdings eine Ausschlußfrist. Wird die versäumt, sei es verschuldet oder unverschuldet, so verkürzt sich der

erst später verlangte Erziehungsurlaub um den Verspätungszeitraum (*Bürger/Oehmann/Matthes,* HwB AR,, »Erziehungsurlaub« Ziff. 3.2.; *Meisel/Sowka*, § 16 BErzGG Anm. 13; teilw. **a. A.** *Gröninger/Thomas*, § 16 BErzGG Anm. 5, die meinen, daß der Erziehungsurlaub zwar nicht rückwirkend auf das Ende der Schutzfrist, wohl aber unmittelbar, also ohne Einhaltung der Vier-Wochen-Frist verlangt und angetreten werden könnte).

3. Späterer Antritt des Erziehungsurlaubs

9 Nach § 8a Abs. 1 Satz 1 MuSchG hatten nach altem Recht nur die Mütter Anspruch auf Mutterschaftsurlaub, und zwar im unmittelbaren Anschluß an die Mutterschutzfristen des § 6 Abs. 1 MuSchG. Der Erziehungsurlaub gilt heute für beide Eltern und braucht weder von der Mutter und erst Recht **nicht** vom Vater **im unmittelbaren Anschluß an die Mutterschutzfristen angetreten** werden. Das zeigt schon die Möglichkeit des Wechsels in der Anspruchsberechtigung (§ 3 Abs. 2 BErzGG). Aber auch in anderen Fällen muß der Erziehungsurlaub nicht sofort angetreten werden, denn § 16 Abs. 1 Satz 1 BErzGG enthält keine einschränkende Regelung für die Frage, ab wann der Arbeitnehmer Erziehungsurlaub verlangen und antreten kann (*BAG* v. 17. 10. 1990, EzA § 16 BErzGG Nr. 5).

10 Erkrankt z. B. die Arbeitnehmerin während des Laufes der Mutterschutzfrist, so kann sie erklären, den **Erziehungsurlaub erst nach Beendigung ihrer Arbeitsunfähigkeit** antreten zu wollen (*BAG*, a. a. O.). Sie muß jedoch die Vier-Wochen-Frist des § 16 Abs. 1 Satz 1 BErzGG hinsichtlich der Mitteilung, ab wann und bis zu welchem Lebensmonat des Kindes (§ 16 Abs. 1 Satz 1 BErzGG a. F.) bzw. für welchen Zeitraum oder welche Zeiträume (§ 16 Abs. 1 Satz 1 BErzGG n. F.) der Erziehungsurlaub laufen soll, einhalten. Geschieht das nicht, so bewirkt dies allerdings nur, daß der Erziehungsurlaub rechtswirksam erst vier Wochen nach dem Zeitpunkt beginnt, zu dem der Arbeitgeber von dem **maßgebenden Zeitpunkt**, nämlich dem **Tage der »Gesundschreibung«**, erfuhr (*BAG*, a. a. O.). Hatte die Arbeitnehmerin den Erziehungsurlaub bereits fristgerecht in unmittelbarem Anschluß an die Mutterschutzfrist des § 6 MuSchG verlangt und erkrankt sie erst nach Abgabe dieser Erklärung, aber noch vor Beginn des Erziehungsurlaubs, so wird weder der Erziehungsurlaub durch die Arbeitsunfähigkeit unterbrochen noch entstehen Ansprüche auf Entgeltfortzahlung im Krankheitsfalle (*BAG* v. 22. 6. 1988, EzA § 16 BErzGG Nr. 1 = AP Nr. 1 zu § 15 BErzGG). Der Erziehungsurlaub ist auch im Falle der Erkrankung anzutreten, denn das **Verlangen ist grundsätzlich unwiderruflich**, es sei denn, die Mutter ist so schwer erkrankt, daß die Betreuung und Erziehung des Kindes nicht mehr sichergestellt ist und die Eltern aus diesem Grunde einen Wechsel in der Bezugsperson für das Erziehungsgeld (§ 3 Abs. 3 BErzGG a. F. = § 3 Abs. 2 Satz 3 BErzGG n. F.) vornehmen und so der Vater Betreuungsperson des Kindes wird.

II. Beginn und Ende des Erziehungsurlaubs

1. Beginn des Erziehungsurlaubs

11 Der nach § 16 Abs. 1 Satz 1 BErzGG a. F. rechtzeitig in Anspruch genommene **Erziehungsurlaub beginnt** frühestens am Tage der Geburt des Kindes (§ 4 Abs. 1 Satz 1 BErzGG), für die leiblichen Eltern infolge der Regelung des § 15 Abs. 2 Satz 2 Nr. 1 BErzGG frühestens an dem Tage, der unmittelbar auf den letzten Tag der Schutzfrist des § 6 Abs. 1 MuSchG folgt. Die unterschiedlich lange Dauer der Schutzfrist von acht Wochen bei Normalgeburten (§ 6 Abs. 1 Satz 1 MuSchG) und zwölf Wochen bei Früh- oder Mehrlingsgeburten (§ 6 Abs. 1 Satz 2 MuSchG) ist zu beachten. Dabei verstößt es nicht gegen den allgemeinen Gleichheitssatz des Art. 3 Abs. 1 GG, daß auch bei Frühgeburten an die Geburt und nicht an den Beginn der Lebens- und Erziehungsfähigkeit angeknüpft wird (*BSG* v. 25. 8. 1987, MDR 1988, 83). Bei Adoptivkindern beginnt der Erziehungsurlaub frühestens mit dem Tage der Inobhutnahme des Kindes (§ 4 Abs. 3 Satz 2 BErzGG).

12 Anders als nach bisherigem Mutterschaftsurlaub muß der Erziehungsurlaub **nicht in jedem Fall im Anschluß an die Schutzfrist** des § 6 Abs. 1 MuSchG begonnen werden. Der **Beginn** kann vielmehr für einen Elternteil **später liegen**, nämlich bei entsprechender Aufteilung unter den Eheleuten für den später betreuend tätig werdenden Ehemann oder bei einer Arbeitsunfähigkeit der Ehefrau, die nach der gesetzlichen Schutzfrist andauert (*BAG* v. 17. 10. 1990, EzA § 16 BErzGG Nr. 5). In diesem Fall muß jedoch die Vier-Wochen-Frist des § 16 Abs. 1 Satz 1 BErzGG hinsichtlich der Mitteilung, ab wann und bis zu welchem Lebensalter des Kindes der Erziehungsurlaub laufen soll, von dem Arbeitnehmer eingehalten werden (*BAG*, a. a. O., krit. dazu *Mauer/Schmidt,* BB 1991, 1779, 1780f.).

2. Beendigung des Erziehungsurlaubs durch Zeitablauf

13 Der Erziehungsurlaub wird **für ein vor dem 1. 1. 1992 geborenes Kind** grundsätzlich für denselben Zeitraum wie das Erziehungsgeld gewährt (§ 15 Abs. 1 Satz 3 i. V. m. § 4 Abs. 1 BErzGG a. F.) und **endet** – gleichgültig wann er begonnen wurde – spätestens an dem Tage, an dem das leibliche Kind den 18. Lebensmonat bzw. das Adoptivkind das 3. Lebensjahr vollendet hat (§ 4 Abs. 1 BErzGG a. F.). Das BErzGG stellt auf den 18. Lebensmonat bzw. das 3. Lebensjahr des Kindes und nicht auf Kalendermonate oder Kalenderjahre ab. Damit ist durch das Lebensalter eine **klare äußerste Grenze** gesetzt, so daß eine spätere Beendigung des Erziehungsurlaubs selbst im Falle der Einstellung einer Ersatzkraft (vgl. dazu § 16 Abs. 3 Satz 4 BErzGG) ausgeschlossen ist (*Zmarzlik/Zipperer/Viethen*, § 15 BErzGG Anm. 22). Der Arbeitnehmer muß **nicht den vollen Erziehungsurlaub ausschöpfen**. Er kann ihn bei der Antragstellung nach § 16 Abs. 1 Satz 1 BErzGG a. F. von vornherein auf einen kürzeren Zeitraum beschränken. Eine Zustimmung des Arbeitgebers dazu ist nicht erforderlich. Allerdings kann er nicht willkürlich Kalendermonate festlegen, für die er Erziehungsurlaub beantragt. Vielmehr muß er angeben, bis zu welchem vollen Lebensmonat des Kindes er den Erziehungsurlaub in Anspruch nehmen will. Die Formulierung des Gesetzes legt es nahe, daß der Erziehungsurlaub grundsätzlich nur jeweils mit Vollendung eines vollen Lebensmonats des Kindes, nicht aber zu jedem beliebigen an-

deren Termin endet (*Halbach,* DB Beilage Nr. 1/1986 S. 1, 8; *Sbresny-Uebach,* AR-Blattei, Erziehungsurlaub I, Anm. C II b).

14 In vielen Fällen stand diese starre Beendigung des Erziehungsurlaubs den tatsächlichen Bedürfnissen beider Arbeitsvertragspartner entgegen, etwa wenn der Arbeitnehmer aufgrund der Monatsfristberechnung seine Tätigkeit am Monatsletzten oder am Wochenschluß wiederaufnehmen mußte. Es sollte nach der Neufassung des Gesetzes eine praxisgerechtere und den Interessen beider Seiten besser dienender Termin zur Wiederaufnahme der Arbeit möglich sein. Der **Erziehungsurlaub** kann **bei einem nach dem 31. 12. 1991 geborenen Kind** nämlich **in maximal drei Zeitabschnitten**, längstens bis zur Vollendung des 3. Lebensjahres des leiblichen Kindes in Anspruch genommen werden (§ 15 Abs. 1 Satz 1 BErzGG n. F.). Bei einem Kind in Adoptionspflege kann Erziehungsurlaub von insgesamt drei Jahren ab der Inobhutnahme, längstens bis zur Vollendung des 7. Lebensjahres genommen werden (§ 15 Abs. 1 Satz 2 BErzGG n. F.), und zwar ebenfalls in Zeitabschnitten. Die Berechnung der Höchstfristen erfolgt nach § 187 Abs. 2 i. V. m. § 188 Abs. 2 Halbs. 2 sowie § 188 Abs. 3 BGB.

15 Der Erziehungsurlaub endet vor Ablauf des 18. Lebensmonats bzw. des 3. Lebensjahres des leiblichen Kindes oder des 3. bzw. 7. Lebensjahres des adoptierten Kindes aber auch dann, wenn das Arbeitsverhältnis vor diesem Zeitpunkt kraft **Befristung des Arbeitsverhältnisses** ausläuft. Die Inanspruchnahme des Erziehungsurlaubs setzt kein Dauerarbeitsverhältnis voraus; ein befristet eingestellter Arbeitnehmer kann also Erziehungsgeld beanspruchen und Erziehungsurlaub nehmen, wenn auch nur längstens bis zu dem arbeitsvertraglich vorgesehenen Fristende. Das Kündigungsverbot des § 18 Abs. 1 BErzGG steht in einem solche Falle nicht entgegen, da das Arbeitsverhältnis allein durch Zeitablauf oder Zweckerreichung endet, ohne daß es einer Kündigungserklärung bedarf.

3. Vorzeitige Beendigung des Erziehungsurlaubs

16 Der Erziehungsurlaub **für ein vor dem 1. 1. 1992 geborenes Kind** endet grundsätzlich nicht dadurch, daß der Anspruch auf Erziehungsgeld entfällt (§ 16 Abs. 3 Satz 1 BErzGG a. F.). Gleiches gilt, wenn der zunächst erwerbstätige Ehegatte die Erwerbstätigkeit beendet und daher der Erziehungsurlaubsanspruch des anderen Ehegatten nach § 15 Abs. 2 Nr. 2 BErzGG wegfällt; hier ist § 16 Abs. 1 Satz 1 BErzGG a. F. analog anzuwenden (*Hönsch*, Erziehungs- und Kindergeldrecht, Rz. 256; *Wiegand*, § 16 BErzGG Anm. 16; *Zmarzlik/Zipperer/Viethen*, § 16 BErzGG Anm. 11). Der **Erziehungsurlaub** kann in diesen Fällen aber **mit Zustimmung des Arbeitgebers vorzeitig beendet** werden (§ 16 Abs. 3 Satz 2 BErzGG a. F.). Durch diese Vorschrift soll nämlich die Dispositionsfreiheit des Arbeitgebers sichergestellt werden, der unter Umständen bereits eine Ersatzkraft eingestellt hat. Das Verlangen zur vorzeitigen Beendigung des Erziehungsurlaubs muß allerdings vom Arbeitnehmer ausgehen, weil das Gesetz lediglich von der Zustimmung des Arbeitgebers spricht, was eine Eigeninitiative ausschließt; eine einverständliche, vorzeitige Beendigung des Erziehungsurlaubs auf sein Drängen hin könnte sogar als unzulässige Beschränkung des Anspruchs nach § 15 Abs. 4 BErzGG a. F. gewertet werden (*Gröninger/Thomas*, § 16 BErzGG Anm. 19).

17 Nach § 16 Abs. 3 Satz 3 BErzGG a. F. führt der Verlust des Erziehungsgeldes ausnahmsweise auch zur Beendigung des Erziehungsurlaubs, wenn das **Kind vor**

dem 1. 1. 1992 geboren ist und zugleich ein **Wechsel in der Bestimmung des Erziehungsgeldberechtigten aus wichtigem Grund** nach § 3 Abs. 3 BErzGG a.F. eintritt. Auch hier kommt der allgemeine Grundsatz zum Ausdruck, daß das Erziehungsurlaubsverlangen unwiderruflich ist und der Arbeitnehmer den Erziehungsurlaub nicht einseitig, sondern nur nach Vereinbarung mit dem Arbeitgeber vorzeitig abbrechen kann. Zur Vermeidung von unbilligen Härten, die entstehen können, wenn z.B. die Mutter des Kindes schwer erkrankt und deshalb seine Betreuung und Erziehung nicht mehr weiter durchführen kann, wurde die Regelung des § 16 Abs. 3 Satz 3 i.V.m. § 3 Abs. 3 BErzGG a.F. geschaffen. Deshalb reicht der Wunsch der Eltern, einen Wechsel in der Betreuung und Erziehung vorzunehmen nicht aus. Hat der Arbeitgeber für die Dauer des Erziehungsurlaubs eine Ersatzkraft eingestellt, so endet der Erziehungsurlaub erst zu dem Zeitpunkt, zu dem der Arbeitgeber das Arbeitsverhältnis mit der Ersatzkraft frühestens kündigen könnte (§ 16 Abs. 3 Satz 4 i.V.m. § 21 Abs. 4 BErzGG a.F.), was zu tun, ihm freigestellt ist. Auch im Falle des § 16 Abs. 3 Satz 4 BErzGG a.F. endet der Erziehungsurlaub aber spätestens mit dem Tage, an dem das (leibliche) Kind den 18. Lebensmonat bzw. das Adoptivkind das 3. Lebensjahr vollendet (§ 4 Abs. 1 BErzGG a.F.), denn dies ist der äußerste Anspruchszeitpunkt für das Erziehungsgeld (*Hönsch*, Erziehungs- und Kindergeldrecht, Rz. 259; *Zmarzlik/Zipperer/Viethen*, § 16 BErzGG Anm. 16).

18 Da die Voraussetzungen für den Erziehungsurlaub, **wenn das Kind nach dem 31. 12. 1991 geboren ist**, nicht mehr unmittelbar an den Anspruch auf Erziehungsgeld geknüpft sind, entfällt die Notwendigkeit der bisherigen Regelung zur vorzeitigen Beendigung. Es genügt, eine **vorzeitige Beendigung** an die **Zustimmung des Arbeitgebers** zu binden (§ 16 Abs. 3 BErzGG n.F.).

19 Beim **Tod des Kindes** endet der Erziehungsurlaub grundsätzlich drei Wochen nach diesem Schicksalsschlag (§ 16 Abs. 4 BErzGG), **wenn das Kind nach dem 31. 12. 1991 geboren ist.** Hat der Arbeitgeber befristet eine Ersatzkraft eingestellt, so endet in diesem Fall der Erziehungsurlaub, **wenn das Kind vor dem 1. 1. 1992 geboren ist**, erst zu dem Zeitpunkt, zu dem der Arbeitgeber das Arbeitsverhältnis mit der Ersatzkraft frühestens kündigen könnte (§ 16 Abs. 4 i.V.m. § 21 Abs. 4 BErzGG), sofern er nicht vorher ohnehin ausläuft, weil das leibliche Kind 18 Monate bzw. das Adoptivkind drei Jahre alt geworden wäre (*Gröninger/Thomas*, § 16 BErzGG Anm. 23; *Hönsch*, Erziehungs- und Kindergeldrecht, Rz. 260; *Zmarzlik/Zipperer/Viethen*, § 16 BErzGG Anm. 19).

4. Verlängerung und Neuantritt des Erziehungsurlaubs

20 Der Anspruch auf Erziehungsurlaub, **wenn das Kind vor dem 1. 1. 1992 geboren ist**, wird durch die einseitige Erklärung des Arbeitnehmers, bis zur Vollendung welchen Lebensmonats er das Kind betreuen und erziehen will, nach § 16 Abs. 1 Satz 1 BErzGG a.F. begrenzt. Die einmal zwischen den Ehepartnern **getroffene Bestimmung kann nur geändert** werden, wenn **aus wichtigen Gründen** die Betreuung oder Erziehung des Kindes durch die Person, die Erziehungsgeld bezieht, nicht mehr sichergestellt, also der **vorgesehene Wechsel in der Personensorge nicht durchgeführt werden kann** (§ 16 Abs. 1 Satz 2 BErzGG a.F.). Diese nach § 3 Abs. 3 BErzGG a.F. vorgesehene Regelung trifft nur zu bei Tod oder schwerer, längerer Erkrankung der Person, die Erziehungsgeld bezieht, sonst

würde dieser Wechsel in der Bezugsberechtigung zu unabsehbaren Verwirrungen in einem Arbeitsverhältnis führen. Es ist aber auch an die Fälle zu denken, in denen die Ehe zerrüttet ist, insbesondere die Eheleute getrennt leben (*Dersch/Neumann*, Anh. VII § 16 BErzGG Anm. 2). Hier sollte das Kind in der Obhut des Elternteils verbleiben, dem bislang absprachegemäß die Personensorge zustand. In diesen Ausnahmefällen überwiegt das Interesse des Erziehungsurlaubsberechtigten an einer weiteren Betreuung und Erziehung des Kindes gegenüber dem Interesse des Arbeitgebers an einer möglichst reibungslosen Personalplanung, so daß der Arbeitnehmer vom Arbeitgeber die Verlängerung des Erziehungsurlaubs verlangen kann (*Hönsch*, Erziehungs- und Kindergeldrecht, Rz. 265; *Wiegand*, § 16 BErzGG Anm. 9). Auch hier muß er die Anspruchsberechtigung für den Bezug des Erziehungsgeldes nach § 16 Abs. 5 Satz 1 BErzGG a. F. nachweisen.

21 Endet der Erziehungsurlaub aufgrund des Wechsels des Anspruchsberechtigten (§ 16 Abs. 3 Satz 3 BErzGG a. F.) oder nach Wegfall des Erziehungsgeldes mit Zustimmung des Arbeitgebers (§ 16 Abs. 1 Satz 2 BErzGG a. F.) vorzeitig, d. h. vor Vollendung des 18. Lebensmonats des leiblichen Kindes bzw. des 3. Lebensjahres des Adoptivkindes, so kann der Erziehungsurlaub nicht erneut angetreten werden (§ 16 Abs. 3 Satz 5 a. F.). Selbst wenn für einen erneuten Wechsel abermals die Voraussetzungen des § 3 Abs. 3 BErzGG a. F. vorliegen, bleibt er ausgeschlossen, denn der Gesetzgeber hat seinerzeit einen mehrfachen Wechsel verhindern wollen (*Gröninger/Thomas*, § 16 BErzGG Anm. 22; *Meisel/Sowka*, § 16 BErzGG Anm. 24; *Zmarzlik/Zipperer/Viethen*, § 16 BErzGG Anm. 17). Die gesetzliche Regelung des § 16 Abs. 3 Satz 5 BErzGG ist nicht dispositiv (*Hönsch*, Erziehungs- und Kindergeldrecht, Rz. 263; *Wiegand*, § 16 BErzGG Anm. 22).

22 Der Anspruch auf Erziehungsurlaub wird, **wenn das Kind nach dem 31. 12. 1991 geboren ist**, durch die einseitige Erklärung des Arbeitnehmers, für welchen Zeitraum bzw. welche Zeiträume er das Kind betreuen und erziehen will, nach § 16 Abs. 1 Satz 1 BErzGG n. F. begrenzt. Die einmal zwischen den Ehepartnern getroffene Bestimmung kann jetzt dreimal geändert werden (§ 16 Abs. 1 Satz 2 BErzGG n. F.), was dem Arbeitgeber aber gleichzeitig mit dem ersten Erziehungsurlaubsverlangen mitzuteilen ist. Eine **Verlängerung** des Erziehungsurlaubs ist, soweit der gesamte Zeitrahmen des § 15 Abs. 1 BErzGG nicht ausgeschöpft worden ist, **an die Zustimmung des Arbeitgebers gebunden** (§ 16 Abs. 3 BErzGG n. F.). Einer Verlängerung ist ein Neuantritt des Erziehungsurlaubs gleichzusetzen, wenn die beiden Ehegatten sich den Gesamtzeitraum des Erziehungsurlaubs geteilt haben und sich nach dem Wechsel herausstellt, daß die Betreuung und Erziehung des Kindes durch den Arbeitnehmer, der sich jetzt in Erziehungsurlaub befindet, nicht mehr sichergestellt werden kann. Der erneute, **vorher nicht angezeigte Wechsel** ist **von der Zustimmung des Arbeitgebers abhängig.**

§ 17 Erholungsurlaub

(1) Der Arbeitgeber kann den Erholungsurlaub, der dem Arbeitnehmer für das Urlaubsjahr aus dem Arbeitsverhältnis zusteht, für jeden vollen Kalendermonat, für den der Arbeitnehmer Erziehungsurlaub nimmt, um ein Zwölftel kürzen. Satz 1 gilt nicht, wenn der Arbeitnehmer während des Erziehungsurlaubs bei seinem Arbeitgeber Teilzeitarbeit leistet.

(2) Hat der Arbeitnehmer den ihm zustehenden Urlaub vor dem Beginn des Er-

ziehungsurlaubs nicht oder nicht vollständig erhalten, so hat der Arbeitgeber den Resturlaub nach dem Erziehungsurlaub im laufenden oder im nächsten Urlaubsjahr zu gewähren.
(3) Endet das Arbeitsverhältnis während des Erziehungsurlaubs oder setzt der Arbeitnehmer im Anschluß an den Erziehungsurlaub das Arbeitsverhältnis nicht fort, so hat der Arbeitgeber den noch nicht gewährten Urlaub abzugelten.
(4) Hat der Arbeitnehmer vor dem Beginn des Erziehungsurlaubs mehr Urlaub erhalten, als ihm nach Absatz 1 zusteht, so kann der Arbeitgeber den Urlaub, der dem Arbeitnehmer nach dem Ende des Erziehungsurlaubs zusteht, um die zuviel gewährten Urlaubstage kürzen.

Inhaltsübersicht

I. Kürzung des Erholungsurlaubs

1. Entstehung, Sinn und Zweck der Kürzungsregelung

1 Das Verhältnis von Erziehungsurlaub und Erholungsurlaub wird in § 17 BErzGG in Anlehnung an § 4 ArbPlSchG klargestellt. Das Gesetz geht davon aus, daß der Arbeitgeber, der während des Erziehungsurlaubs keine Arbeitsleistung erhalten hat, insoweit auch nicht verpflichtet ist, Erholungsurlaub zu gewähren. Hinsichtlich der Möglichkeit der Kürzung des Erholungsurlaubs aus dem Jahr des Antritts des Erziehungsurlaubs entspricht § 17 Abs. 1 BErzGG der bisherigen Regelung des § 8d Satz 1 MuSchG für den Mutterschaftsurlaub. Zu dieser Vorschrift ist entschieden, daß die **Regelung der Kürzungsmöglichkeit** weder gegen Art. 6 Abs. 4 GG noch gegen das Sozialstaatsprinzip in Art. 20 Abs. 1 GG und Art. 28 Abs. 1 GG verstößt, sondern **als im Gestaltungsspielraum des Gesetzgebers liegend verfassungskonform** ist (*BAG* v. 15. 2. 1984, EzA § 8d MuSchG Nr. 1 = AP Nr. 1 zu § 8d MuSchG 1968 mit zust. Anm. von *Scheuring*). Aber auch die Kürzungsmöglichkeit bei vorher zuviel gewährtem Erholungsurlaub nach § 17 Abs. 3 BErzGG in der Zeit nach dem Erziehungsurlaub ist zulässig und verstößt nicht gegen Verfassungsgrundsätze, da damit Erholungsurlaub und Erziehungsurlaub nur in ein angemessenes Verhältnis zueinander gesetzt werden (*Dersch/Neumann*, Anh. VII § 17 BErzGG Anm. 1). Mit anderen Worten, diese Regelung dient lediglich einem **sachgerechten Ausgleich**, denn schließlich verwirklicht der Erziehungsurlauber zugleich einen entsprechenden Teil seines Erholungsurlaubs (*Gröninger/Thomas*, § 17 BErzGG Anm. 1). Die zu § 4 Abs. 1 Satz 1 ArbPlSchG und

§ 8d Satz 1 MuSchG entwickelten Grundsätze sind auf die Regelung des § 17 BErzGG weitgehend übertragbar.

2 Die Frage, welchen Einfluß eine gänzlich fehlende oder nur geringe tatsächliche Arbeitsleistung des Arbeitnehmers im Kalenderjahr (= Urlaubsjahr) auf seinen Anspruch auf Erholungsurlaub hat, ist im BUrlG nicht ausdrücklich geregelt. Nach § 1 BUrlG hat jeder Arbeitnehmer in jedem Kalenderjahr Anspruch auf bezahlten Erholungsurlaub. In den Fällen, in denen der Arbeitnehmer im Urlaubsjahr gar nicht oder in kaum nennenswertem Umfang gearbeitet hat, stellt sich die Frage, ob der Urlaubsanspruch in das wechselseitige Austauschverhältnis von Arbeitsleistung und Vergütung einbezogen werden kann (vgl. dazu *Berscheid*, HzA, Gruppe 4, Rz. 208ff.). Jahrzehnte lang war im Grundsatz unangefochten, daß auch dem Urlaubsanspruch gegenüber der **Einwand der unzulässigen Rechtsausübung (Rechtsmißbrauch)** geltend gemacht werden kann (*Berscheid*, HzA, Gruppe 4, Rz. 211ff.). Schon sehr früh hat die Rechtsprechung aufgrund der Tarifpraxis erkannt, daß der Erholungsurlaub durch eine gewisse Arbeitsleistung »erdient« sein muß. Deshalb reichte der rechtiche Fortbestand des Arbeitsverhältnisses allein nicht aus, um einen Urlaubsanspruch zu begründen; es mußte vielmehr eine gewisse Arbeitsleistung im Betrieb vollbracht sein (*LAG Hamm* v. 27. 2. 1950, AP 1950 Nr. 20). Auch das *BAG* hat in einer Grundsatzentscheidung vom 22. 6. 1956 (AP Nr. 9 zu § 611 BGB Urlaubsrecht) betont, die Arbeit im Urlaubsjahr müsse in einem gesunden Verhältnis zum Urlaubsjahr stehen, denn Arbeit und Urlaub stünden sich nicht beziehungslos gegenüber. Die Rechtsprechung versagte dem Arbeitnehmer wegen Rechtsmißbrauches den Urlaubsanspruch dann, wenn er im Urlaubsjahr in kaum nennenswertem Umfange Arbeit geleistet hatte. Dabei kam es nicht darauf an, ob das Fehlen oder die geringe Arbeitsleistung auf Krankheit (*BAG* v. 23. 6. 1966, AP Nr. 2 zu § 3 BUrlG Rechtsmißbrauch mit Anm. von *Isele*; *BAG* v. 6. 6. 1968, EzA § 1 BUrlG Nr. 5 = AP Nr. 5 zu § 3 BUrlG Rechtsmißbrauch; *BAG* v. 28. 11. 1966, AP Nr. 1 zu § 51 BAT mit Anm. von *Crisolli*) oder Beschäftigungsverboten nach dem MuSchG beruhte (*BAG* v. 12. 1. 1967, EzA § 1 BUrlG Nr. 3 = AP Nr. 4 zu § 3 BUrlG Rechtsmißbrauch mit Anm. von *Witting*).

3 Diese **Rechtsmißbrauchsrechtsprechung** der Gerichte hatte bis zur Aufgabe dieser Auffassung durch Entscheidung des *BAG* vom 28. 1. 1982 (EzA § 3 BUrlG Nr. 13 mit abl. Anm. von *Peterek* = AP Nr. 11 zu § 3 BUrlG Rechtsmißbrauch mit abl. Anm. von *Boldt* = SAE 1987, 77 mit abl. Anm. von *Buchner*; ferner *BAG* v. 26. 5. 1983, EzA § 7 BUrlG Nr. 27 mit zust. Anm. von *Herschel* = AP Nr. 12 zu § 7 BUrlG mit krit. Anm. von *Trieschmann*; *BAG* v. 8. 3. 1984, EzA § 3 BUrlG Nr. 14 mit abl. Anm. von *Buchner* = AP Nr. 14 zu § 3 BUrlG Rechtsmißbrauch mit abl. Anm. von *Glaubitz* = SAE 1985, 108 mit abl. Anm. von *Beitzke*) zu einer befriedigenden Behandlung der Frage geführt, in welchen Fällen ein Arbeitnehmer trotz geringer Arbeitsleistung im Urlaubsjahr noch Urlaubs- bzw. Abgeltungsansprüche hatte und sie geltend machen konnte. Grundsätzlich war der am Stichtag wirksam entstandene Urlaubsanspruch auch zu erfüllen, es sei denn, daß dem Urlaubsbegehren jede Beziehung zu einer Arbeitsleistung des Arbeitnehmers im Urlaubsjahr fehlte und seine Geltendmachung daher als Rechtsmißbrauch anzusehen war. Davon konnte aber keine Rede sein, wenn ein Arbeitnehmer z.B. bis 31. März voll gearbeitet hatte und danach zur Ableistung des Grundwehrdienstes eingezogen wurde. Hier konnte der Arbeitnehmer nach seiner Rückkehr wegen vorher tatsächlich erbrachten Arbeitsleistung nicht rechtsmißbräuchlich i. S. d. Rechtsprechung handeln, auch wenn er den gesamten Jahresurlaub geltend machte.

4 **Solange** eine ausdrückliche **Vorschrift über Zwölftelung im Krankheitsfalle** oder für sonstige Ausfallzeiten **nicht bestand,** ließ sich die **tatsächliche Arbeitsleistung nicht mit dem Urlaub in** ein entsprechendes **Verhältnis setzen** (*BAG* v. 22. 6. 1956, AP Nr. 13 zu § 611 BGB Urlaubsrecht; zust. *Dersch/Neumann*, § 9 BUrlG Rz. 24; *Berscheid*, HzA, Gruppe 4, Rz. 229). Aus diesem Grunde hatte der Gesetzgeber seinerzeit mit Einführung der allgemeinen Wehrpflicht auch sehr schnell die Kürzungsmöglichkeit des § 4 Abs. 1 Satz 1 ArbPlSchG 1957 geschaffen. Auch bei Einführung des Mutterschaftsurlaubs im Jahre 1979 war eine vergleichbare Kürzungsregelung notwendig (§ 8d MuSchG). Folgerichtig wurde bei Ablösung des Mutterschaftsurlaubs durch den Erziehungsurlaub auch eine Kürzungsmöglichkeit geschaffen (nämlich § 17 BErzGG). Aus all diesen Vorschriften als solche und aus der Gesetzesbegründung zur **Einführung der Kürzungsmöglichkeiten** ist zu entnehmen, daß der Gesetzgeber **den Urlaubsanspruch** sehr wohl **vom Umfang der Arbeitsleistung** des Arbeitnehmers **im Urlaubsjahr** hat **abhängig** machen wollen (*Scheuring*, Anm. AP Nr. 1 zu § 8d MuSchG 1968). Hinter der Regelung steht also der Wille des Gesetzgebers, den Arbeitgeber durch den Erziehungsurlaub nicht zusätzlich finanziell zu belasten, eben weil er in dieser Zeit keine Arbeitsleistung erhält.

5 Durch Tarifvertrag kann ein Recht **auf unbezahlten Sonderurlaub** eingeräumt werden, der zeitlich über den Rahmen des BErzGG hinausgeht und der auch zur Kinderbetreuung in Anspruch genommen werden kann, ohne daß die Voraussetzungen des BErzGG vorliegen müssen, so z. B. im öffentlichen Dienst, wenn die dienstlichen oder betrieblichen Verhältnisse es gestatten (vgl. § 50 Abs. 2 BAT; § 54a MTB II; § 54a MTL II; § 47a Abs. 2 BMT-G II). Damit besteht für die Arbeitnehmer tarifrechtlich die Möglichkeit, ihnen auch zur Betreuung ihrer Kinder unbezahlten Urlaub zu gewähren. In diesen Fällen ist die **Kürzungsmöglichkeit** des § 17 Abs. 1 und 3 BErzGG **nicht anzuwenden, sondern auf die entsprechenden Tarifregelungen abzustellen**. So bestimmen § 48 Abs. 3 Satz 1 BAT, § 44 Abs. 1 Satz 1 BMT-G II, § 48 Abs. 10 Satz 1 MTB II und § 48 Abs. 10 Satz 1 MTL II, daß sich die Dauer des Erholungsurlaubs einschließlich eines etwaigen Zusatzurlaubs für jeden vollen Kalendermonat eines unbezahlten Sonderurlaubs vermindert. Mit anderen Worten, es bedarf in diesen Fällen keiner Ausübung eines Gestaltungsrechts (Kürzungserklärung), denn hier tritt die **Urlaubskürzung bereits kraft Tarifregelung** ein.

2. Gebrauch der Kürzungsmöglichkeit

6 Die **Kürzung des Erholungsurlaubs** nach § 17 Abs. 1 Satz 1 BErzGG tritt nicht automatisch ein und ist auch nicht kraft Gesetzes zwingend vorgeschrieben, es handelt sich vielmehr um eine sog. **Kann-Vorschrift**. Diese gibt dem Arbeitgeber lediglich die Möglichkeit, den Erholungsurlaub zu kürzen. Es kann von ihr Gebrauch machen, und zwar durch Abgabe einer entsprechenden Erklärung, also der **Ausübung eines einseitigen Gestaltungsrechts** (*Hönsch*, Erziehungs- und Kindergeldrecht, Rz. 270d; *Meisel/Sowka*, § 17 BErzGG Anm. 21; *Natzel*, Anh. § 17 BErzGG Anm. 3; *Zmarzlik/Zipperer/Viethen*, § 17 BErzGG Anm. 4). Sie muß nicht ausdrücklich, sondern kann auch stillschweigend oder konkludend abgege-

ben werden. Dazu ist ausreichend, wenn der Arbeitgeber auf einen Antrag des Arbeitnehmers nur den gekürzten Urlaub bewilligt. In diesem Fall kann die Ausübung des Gestaltungsrechts nicht daraufhin überprüft werden, ob sie billiges Ermessen wahrt (*BAG* v. 15. 2. 1984, EzA § 8d MuSchG Nr. 1 = AP Nr. 1 zu § 8d MuSchG 1968 mit zust. Anm. von *Scheuring*). Es steht ihm aber auch **frei, keine Kürzung vorzunehmen.** Dann allerdings muß er den **arbeitsrechtlichen Gleichbehandlungsgrundsatz beachten**. Mit anderen Worten, er darf nicht willkürlich bei einem Arbeitnehmer eine Kürzung vornehmen und bei einem anderen Arbeitnehmer hierauf verzichten (so schon *Halbach*, DB Beilage Nr. 1/1986 S. 1, 12; *Dersch/Neumann*, Anh. VII § 17 BErzGG Anm. 3; *Gröninger/Thomas*, § 17 BErzGG Anm. 4; *Hönsch*, a.a.O.; *Meisel/Sowka*, a.a.O.; *Natzel*, a.a.O.; *Wiegand*, § 17 BErzGG Anm. 2; *Winterfeld*, Mutterschutz und Erziehungsurlaub, Teil M Rz. 250; *Zmarzlik/Zipperer/Viethen*, § 17 BErzGG Anm. 5).

7 Die **gesetzliche Ermächtigung** zur Kürzung des Urlaubs **kann durch Tarifvertrag oder einzelarbeitsvertragliche Vereinbarung ausgeschlossen oder eingeschränkt werden** (vgl. zu tariflichen Regelungen *Sbresny-Uebach*, AR-Blattei, Erziehungsurlaub I, Anm. F III 1, m.w.N.). Dies muß ausdrücklich geschehen, so daß ein Urlaubsabkommen, das das Stichtagsprinzip anwendet, die Kürzungsmöglichkeit nicht berührt (so zu § 4 ArbPlSchG: *BAG* v. 14. 11. 1963, AP Nr. 2 zu § 4 ArbPlSchG mit zust. Anm. von *Sahmer*). Verringert sich dagegen der jährliche Urlaubsanspruch aufgrund tariflicher Regelung von selbst, wenn das Arbeitsverhältnis kraft Gesetzes oder einzelvertraglicher Vereinbarung ruht, für jeden vollen Monat um 1/12, so kann daraus nicht ein Ausschluß oder eine Einschränkung der dem Arbeitgeber zustehenden Kürzungsbefugnis nach § 17 Abs. 1 Satz 1 BErzGG entnommen werden (so zu § 8d MuSchG: *BAG* v. 27. 11. 1986, EzA § 8d MuSchG Nr. 4 = AP Nr. 4 zu § 8d MuSchG 1968).

8 Der **Kürzung** unterliegt der gesamte Urlaubsanspruch des Arbeitnehmers **ohne Rücksicht auf seine Rechtsgrundlage**. Auch der Zusatzurlaub nach § 47 SchwbG 1986 oder der Jahresurlaub nach § 19 JArbSchG oder ein sog. Mehrurlaub nach Landesgesetz, Tarifvertrag oder Einzelarbeitsvertrag kann nach § 17 Abs. 1 BErzGG gekürzt werden, denn der Mehr- oder Zusatzurlaub teilt grundsätzlich das Schicksal des Grundurlaubs (*BAG* v. 18. 10. 1957, AP Nr. 2 zu § 33 SchwBeschG; ferner *BAG* v. 15. 2. 1984, EzA § 8d MuSchG Nr. 1 = AP Nr. 1 zu § 8d MuSchG 1968 mit zust. Anm. von *Scheuring*; *BAG* v. 24. 4. 1986, EzA § 8d MuSchG Nr. 2 = AP Nr. 2 zu § 8d MuSchG 1968). **Nicht einbezogen** werden solche **Freistellungsansprüche**, die nicht einem Erholungszweck dienen, z.B. Freistellungsansprüche auf Arbeitnehmerweiterbildung oder Sonderurlaubsansprüche für Jugendleiter nach den landesgesetzlichen Vorschriften (*Meisel/Sowka*, § 17 BErzGG Anm. 2; *Natzel*, Anh. § 17 BErzGG Anm. 4; **a.A.** für Sonderurlaub *Hönsch*, Erziehungs- und Kindergeldrecht, Rz. 270c).

9 Wird ein Arbeitnehmer zur Ableistung des Grundwehrdienstes einberufen, so ist ihm der zustehende Erholungsurlaub auf Verlangen vorher zu gewähren (§ 4 Abs. 1 Satz 1 ArbPlSchG). Der Gesetzgeber hat die noch im Regierungsentwurf enthaltene vergleichbare Regelung für den Erziehungsurlaub gestrichen (BT-Drucksache 10/3792, S. 20). Es sollten für den Arbeitgeber unzumutbare Belastungen vermieden werden. Der Arbeitnehmer erschien durch die Regelung des § 7 Abs. 1 BUrlG, wonach bei der zeitlichen Festlegung des Urlaubs vorrangig seine Wünsche zu berücksichtigen sind (vgl. dazu *Berscheid*, HzA, Gruppe 4, Rz. 368ff.), und durch die verlängerte Übertragungsmöglichkeit des § 17 Abs. 2

BErzGG hinreichend geschützt zu sein. Gewährt der Arbeitgeber dem Arbeitnehmer **Erholungsurlaub**, nachdem dieser den Erziehungsurlaub nach § 16 Abs. 1 Satz 1 BErzGG verlangt hat, in dem Zeitraum, der noch **vor Beginn des Erziehungsurlaubs** liegt (was insbesondere bei einem geplanten Wechsel der Anspruchsberechtigten während des Erziehungsurlaubs vorkommen kann), so kann er dabei bereits den Erholungsurjalub anteilig kürzen (*Gröninger/Thomas*, § 17 BErzGG Anm. 6; *Meisel/Sowka*, § 17 BErzGG Anm. 19). Es ist dann von dem Umfang des vom Arbeitnehmer verlangten Erziehungsurlaubs auszugehen und unter den Voraussetzungen des § 16 Abs. 1 Satz 2 BErzGG unter Umständen neu zu berechnen (*Gröninger/Thomas*, a. a. O.).

3. Kürzung des Erholungsurlaubs nach dem Zwölftelungsprinzip

10 Maßgebend ist für die Kürzung das **Zwölftelungsprinzip**, d. h. für jeden vollen Kalendermonat, für den der Arbeitnehmer Erziehungsurlaub nimmt, kann der Erholungsurlaub um ein Zwölftel gekürzt werden. Beginnt aber z. B. der Erziehungsurlaub am 3. eines Monats, findet die Kürzung nicht statt, da die Voraussetzung des § 17 Abs. 1 Satz 1 nicht erfüllt ist. Dasselbe gilt in dem Fall, in dem der Erziehungsurlaub etwa am 26. des Monats endet. Selbst wenn die **beiden Kalendermonate zu Beginn und am Ende** des Erziehungsurlaubs nicht voll sind, weil jeweils nur wenige Tage fehlen, scheidet für beide die Kürzung aus; sie dürfen auch **nicht zusammengerechnet werden**, um wenigstens für einen Monat eine Kürzung vornehmen zu können. Das ist schwer einsehbar, der klare Gesetzeswortlaut läßt jedoch eine andere Auslegung nicht zu (so schon *Halbach*, DB Beilage Nr. 1/1986, S. 1, 12; *Dersch/Neumann*, Anh. VII § 17 BErzGG Anm. 4; *Gröninger/Thomas*, § 17 BErzGG Anm. 5; *Natzel*, Anh. § 17 BErzGG Anm. 5). Der Kalendermonat wird auch dann **nicht voll gerechnet**, wenn an dem vollen Monat nur ein Sonn- oder Feiertag oder ein arbeitsfreier Samstag oder ein arbeitsfreies und ggf. um einen Feiertag verlängertes Wochenende fehlt, **so daß eine Kürzung ausscheidet** (vgl. *BAG* v. 14. 11. 1963, AP Nr. 2 zu § 4 ArbPlSchG zu einem ähnlich gelagerten Sachverhalt; zust. *Zmarzlik/Zipperer/Viethen*, § 17 BErzGG Anm. 12; **a. A.** *Meisel/Sowka*, § 17 BErzGG Anm. 5 unter Hinweis auf *BAG* v. 22. 2. 1966, EzA § 5 BUrlG Nr. 5 = AP Nr. 3 zu § 5 BUrlG; **a. A.** insoweit neuerdings *BAG* v. 26. 1. 1989, EzA § 5 BUrlG Nr. 14 = AP Nr. 13 zu § 5 BUrlG).

11 Der Erziehungsurlaub kann nach § 17 Abs. 1 Satz 1 BErzGG nur für volle Kalendermonate, für die der Arbeitnehmer Erziehungsurlaub nimmt, gekürzt werden. Wird der Arbeitnehmer zum Zwecke der Betreuung und Erziehung eines vor dem 1. 1. 1992 geborenen Kindes über die gesetzliche Regel, nämlich die Vollendung des 18. Lebensmonats des leiblichen Kindes (§ 4 Abs. 1 Satz 1 BErzGG a. F.), hinaus z. B. bis zum Zeitpunkt der Höchstbefristung der Ersatzkraft, also bis zur Vollendung des 3. Lebensjahres des Kindes (§ 21 Abs. 1 Satz 1 BErzGG a. F.), vom Arbeitgeber von der Arbeit freigestellt, dann greift die gesetzliche Kürzungsregelung des § 17 BErzGG hier nicht ohne weiteres. Gleiches gilt, wenn der Arbeitnehmer bei einem nach dem 31. 12. 1991 geborenen Kind über den Rahmen des § 15 Abs. 1 Stz 1 BErzGG n. F., also über den Zeitpunkt der Vollendung des 3. Lebensjahres des leiblichen Kindes hinaus bis zum Schulbeginn vom Arbeitgeber freigestellt wird. Es kann allerdings **vereinbart** werden, daß auf eine solche Freistellung die **arbeitsrechtlichen Regelungen** des BErzGG **zum Tragen**

kommen sollen. Davon ist dann stillschweigend auszugehen, wenn die Arbeitsvertragsparteien den Erziehungsurlaub einverständlich einfach »verlängern«; das zieht die Kürzungsmöglichkeit des Erholungsurlaubs nach § 17 BErzGG nach sich (*Meisel/Sowka*, § 17 BErzGG Anm. 8).

12 Bevor der Erholungsurlaub nach § 17 Abs. 1 Satz 1 BErzGG gekürzt werden kann, ist die dem Arbeitnehmer zustehende Gesamtdauer des Urlaubs (einschließlich sämtlichen Zusatz- oder Mehrurlaubs) für das betreffende Urlaubsjahr, in welchem der Erziehungsurlaub angetreten wird, zu ermitteln. **Die Kürzung des Erholungsurlaubs hat im jeweiligen Urlaubsjahr zu erfolgen**, so daß bei der Feststellung der Gesamtdauer des Urlaubs ein aus dem Vorjahr ins laufende Urlaubsjahr übertragender Resturlaub (§ 7 Abs. 3 Satz 2 BUrlG) ebensowenig gekürzt werden darf wie ein auf Verlangen des Arbeitnehmers nach § 7 Abs. 3 Satz 4 i.V.m. § 5 Abs. 1 Buchstabe 1 BUrlG übertragener Teilurlaub (*Dersch/Neumann*, Anh. VII § 17 BErzGG Anm. 4). Liegt der von dem Arbeitnehmer in Anspruch genommene Erziehungsurlaub in zwei Urlaubsjahren (z.B. April des einen bis September des anderen), so hat die Kürzung ebenso urlaubsjahrbezogen stattzufinden; sie ist wegen der Bruchteilsregelung getrennt vorzunehmen (*Gröninger/Thomas*, § 17 BErzGG Anm. 8). **Wenn der Erziehungsurlaub ein ganzes Kalenderjahr andauert**, was nach der Verlängerung der Anspruchsdauer für das Erziehungsgeld für leibliche Kinder, die bis zum 1. 1. 1993 geboren werden, bis zur Vollendung des 18. Lebensmonats (§ 4 Abs. 1 Satz 2 BErzGG a.F.) bzw. für leibliche Kinder, die nach dem 31. 12. 1992 geboren werden, bis zur Vollendung des 24. Lebensmonats (§ 4 Abs. 1 Satz 2 BErzGG n.F.) bzw. bei Kindern in Adoptionspflege bis zur Vollendung des 3. bzw. 7. Lebensjahres (§ 4 Abs. 1 Satz 3 BErzGG a.F. bzw. n.F.) häufiger der Fall sein kann, **kann der Arbeitgeber Urlaubsansprüche des Arbeitnehmers für dieses Urlaubsjahr völlig ablehnen** (*Dersch/Neumann*, Anh. VII § 17 BErzGG Anm. 5; *Zmarzlik/Zipperer/Viethen*, § 17 BErzGG Anm. 14).

13 Ergeben sich bei der Kürzung **Bruchteile von Urlaubstagen**, so ist § 5 Abs. 2 BUrlG entsprechend anzuwenden, d.h. sie sind auf volle Urlaubstage aufzurunden, soweit sie mindestens einen halben Tag ergeben, und abzurunden, wenn Bruchteile von weniger als einem halben Tag entstehen (*Gröninger/Thomas*, § 17 BErzGG Anm. 7; *Meisel/Sowka*, § 17 BErzGG Anm. 10; *Natzel*, Anh. § 17 BErzGG Anm. 6; *Zmarzlik/Zipperer/Viethen*, § 17 BErzGG Anm. 13; **a.A.** *Sbresny-Uebach*, AR-Blattei, Erziehungsurlaub I, Anm. F III 1; teilw. **a.A.** *Dersch/Neumann*, Anh. VII § 17 BErzGG Anm. 5). Insoweit ist die Rechtsprechung zu § 5 Abs. 2 BUrlG übertragbar. Zwar schreibt § 5 Abs. 2 BUrlG nicht, wie dies 1977 auch in dem vom BMA herausgegebenen Entwurf eines Arbeitsgesetzbuches vorgesehen war (§ 63a E-ArbGB), die Abrundung von Bruchteilen von weniger als einem halben Tag nicht ausdrücklich vor, jedoch ergibt sich aber mit Rücksicht auf das dieser Vorschrift zu entnehmende **Ganztagsprinzip**, daß in diesem Fall abzurunden ist (*BAG* v. 28. 11. 1968 und v. 17. 3. 1970, EzA § 5 BUrlG Nrn. 8, 12 = AP Nrn. 6, 8 zu § 5 BUrlG). Die Gegenmeinung (*BAG* v. 26. 1. 1989, EzA § 5 BUrlG Nr. 14 = AP Nr. 13 zu § 5 BUrlG; *BAG* v. 14. 2. 1991, EzA § 13 BUrlG Nr. 50) übersieht, daß die Gewährung von Urlaubsstunden und Halbtagen, also von Bruchteilen von Urlaubstagen, keine wirksame Erfüllung des Urlaubsanspruchs darstellt (vgl. dazu *BAG* v. 29. 7. 1965, EzA § 3 BUrlG Nr. 4 = AP Nr. 1 zu § 7 BUrlG), und ein solches, nach dem Gesetz nicht gewünschtes Handeln durch eine formaljuristische Gesetzesauslegung auch nicht gefördert werden darf. Bleibt man bei dem bewährten Ganztagsprinzip, dann muß der Umkehrschluß aus § 5 Abs. 2 BUrlG zwingend dazu führen, daß **Bruchteile von weniger als einem halben Tag nicht nur nicht aufzurunden sind, sondern ganz entfallen** (so zum Mutterschaftsurlaub nach *BAG* v. 27. 11. 1986, EzA § 8d MuSchG Nr. 4 = AP Nr. 4 zu § 8d MuSchG).

14 Die **Kürzung des Urlaubs** durch den Arbeitgeber zieht **automatisch die Kürzung eines zusätzlichen Urlaubsgeldes**, das prozentual auf das tägliche Urlaubsentgelt gezahlt wird. Zahlt der Arbeitgeber einen Betrag pauschal für den Erholungsurlaub, so entscheidet sich die Frage danach, ob und inwieweit die Urlaubsgratifikation bei Teilurlaubsansprüchen, z.B. im Eintrittsjahr, zu zahlen ist (vgl. zur Kürzungsmöglichkeit *ArbG Berlin* v. 23. 2. 1989, EzA § 17 BErzGG Nr. 1). **Für die Zeit des Erziehungsurlaubs selbst besteht kein Anspruch auf Zahlung eines Urlaubsgeldes**, denn das tarifliche Urlaubsgeld ist eine zusätzliche Leistung, die zum fortzuzahlenden Arbeitsentgelt hinzutritt, denn während des Erziehungsurlaubs entfällt gerade die Verpflichtung zur Fortzahlung des Arbeitsentgelts (*BAG* v. 22. 6. 1988 und v. 10. 5. 1989, EzA § 16 BErzGG Nrn. 1, 2 = AP Nrn. 1, 2 zu § 15 BErzGG). Den Tarifvertragsparteien steht es danach frei zu bestimmen, für welchen Personenkreis ein Anspruch auf Urlaubsgeld entstehen soll. Eine Verpflichtung der Tarifvertragsparteien, auch den Erziehungsurlaub mit den Tatbeständen gleichzubehandeln, für die das Urlaubsgeld gezahlt wird, besteht nicht (vgl. zum Mutterschaftsurlaub *BAG* v. 9. 6. 1988, ZTR 1989, 154; ferner zum Erziehungsurlaub *BAG* v. 8. 6. 1989, EzA § 17 BErzGG Nr. 3).

II. Übertragung des Erholungsurlaubs

15 Hat der Arbeitnehmer vor Antritt des Erziehungsurlaubs seinen Urlaub aus diesem Urlaubsjahr nicht oder nur zum Teil genommen, so werden die restlichen Urlaubstage auf die Zeit nach dem Erziehungsurlaub übertragen (§ 17 Abs. 2 BErzGG), gleichgültig, ob der Arbeitnehmer den Erholungsurlaub nicht rechtzeitig vor dem Beginn des Erziehungsurlaubs geltend gemacht hat oder wegen Arbeitsunfähigkeit bis zum Beginn der Mutterschutzfrist nicht hat nehmen können (insoweit **a.A.** *Natzel*, Anh. § 17 BErzGG Anm. 9), ob der Arbeitgeber die Urlaubsgewährung aus dringenden betrieblichen Belangen oder vorrangigen Urlaubs- und Freistellungswünschen anderer Arbeitnehmer verweigert hat oder ob Arbeitgeber und Arbeitnehmer diese Übertragung vereinbart haben (*Gröninger/Thomas*, § 17 BErzGG Anm. 12; *Zmarzlik/Zipperer/Viethen*, § 17 BErzGG Anm. 18). Für den Mutterschaftsurlaub bestand eine solche Regelung nicht. Hierzu hat das *BAG* (v. 14. 5. 1986, EzA § 7 BUrlG Nr. 44 = AP Nr. 3 zu § 8d MuSchG 1968) entschieden, daß ein (Rest-)Urlaub, der wegen der Mutterschutzfristen und des Mutterschaftsurlaubs vor Ablauf des 31. März des sog. Folgejahres nicht mehr genommen werden konnte, nach § 7 Abs. 3 BUrlG verfällt. Die Vorschrift des § 17 Abs. 2 BErzGG, nach der der Resturlaub im laufenden oder im nächsten Urlaubsjahr zu gewähren ist, enthält eine Sonderregelung gegenüber der Verfallfrist des § 7 Abs. 3 BUrlG und etwaigen gleichlautenden Tarifregelungen, für die die bisherigen Rechtsprechungsgrundsätze nicht mehr anzuwenden sind (*BAG* v. 24. 10. 1989, EzA § 17 BErzGG Nr. 2 = AP Nr. 52 zu § 7 BUrlG Abgeltung). Wegen der Verlängerung des Erziehungsurlaubs bis zur Vollendung des 18. Lebensmonats des Kindes kann der Resturlaub demnach auch

noch im sog. übernächsten Urlaubsjahr beansprucht werden (*Dersch/Neumann*, Anh. VII § 17 BErzGG Anm. 8; *Zmarzlik/Zipperer/Viethen*, § 17 BErzGG Anm. 19).

16 Fraglich ist, ob durch die Übertragungsregelung des § 17 Abs. 2 BErzGG nur der Urlaub aus dem Jahr des Antritts des Erziehungsurlaubs vor dem Verfall geschützt oder ob auch ein **aus dem Vorjahr übertragener (Rest-)Urlaub** erfaßt wird. Dies wird von *Meisel/Sowka* (§ 17 BErzGG Anm. 16) mit der Begründung abgelehnt, daß ein aus dem Vorjahr übertragener Resturlaub, den z.B. die Arbeitnehmerin wegen Arbeitsunfähigkeit während der Schwangerschaft und Inanspruchnahme der Mutterschutzfristen nicht im Übertragungszeitraum bis zum 31. März habe antreten und abwickeln können, verfalle und infolge der Regelung des § 17 Abs. 2 BErzGG nicht wiederauflebe. Insoweit soll es bei der bisherigen höchstrichterlichen Rechtsprechung zum Mutterschaftsurlaub verbleiben (*Meisel/Sowka*, § 17 BErzGG Anm. 27; ebenso auch *Natzel*, Anh. § 17 BErzGG Anm. 9), wonach der übertragene, aber nicht genommene Urlaub mit Ablauf des 31. März verfalle (*BAG* v. 14. 5. 1986, EzA § 7 BUrlG Nr. 44 = AP Nr. 3 zu § 8d MuSchG 1968). Es sei daher stets zu fragen, wieviele Urlaubstage im Zeitpunkt des Antritts des Erziehungsurlaubs potentiell noch während des Übertragungszeitraumes hätten in Freizeit abgewickelt werden können, wenn der Arbeitnehmer den Erziehungsurlaub nicht verlangt hätte (so *Sowka*, NZA 1989, 497, 498).

17 Das BUrlG läßt nach seinem Wortlaut von dem Verfall des Urlaubs nach Ablauf des Übertragungszeitraums keine Ausnahme zu, wie die neuere Rechtsprechung (*BAG* v. 3. 11. 1988, EzA § 7 BUrlG Nr. 64 = AP Nr. 43 zu § 7 BUrlG Abgeltung; *BAG* v. 20. 4. 1989 und v. 15. 8. 1989, EzA § 7 BUrlG Nrn. 66, 68) selbst für den Fall annimmt, daß die Voraussetzungen der gesetzlichen Übertragungsgründe weiter vorliegen. Diese Rechtsprechung ist **mit den Übertragungsregelungen des Art. 9 Nr. 1 IAO-Übereinkommen Nr. 132**, wonach ein Urlaubsanspruch von einer Dauer von zwei Wochen grundsätzlich auf das volle nächste Urlaubsjahr zu übertragen ist und die Übertragung der restlichen Urlaubsansprüche bis spätestens 18 Monate nach ihrem Entstehen möglich ist, nicht in Einklang zu bringen (*Berscheid*, HzA, Gruppe 4, Rz. 430ff., m.w.N.). An der starren Zeitgrenze des 31. März des sog. Folgejahres kann auch deshalb nicht festgehalten werden, weil ein durch entsprechende Arbeitsleistung im Urlaubsjahr erdienter Urlaubsanspruch nicht durch außerhalb des Urlaubsjahrers liegende Umstände beeinträchtigt wird (*BAG* v. 18. 9. 1969, EzA § 7 BUrlG Nr. 10 = AP Nr. 6 zu § 7 BUrlG Abgeltung; *BAG* v. 5. 2. 1970, EzA § 7 BUrlG Nr. 11 = AP Nr. 4 zu § 3 BUrlG; *BAG* v. 17. 9. 1970, EzA § 1 BUrlG Nr. 9 = AP Nr. 11 zu § 13 BUrlG). **Der aus dem Vorjahr stammende Resturlaub verfällt** nach der hier vertretenen Auffassung **nicht**, wenn er wegen Arbeitsunfähigkeit oder Inanspruchnahme der Mutterschutzfristen übertragen worden ist und auch im Übertragungszeitraum nicht hat in Freizeit genommen werden können, sondern **geht** mit der Maßgabe **auf das nächste Urlaubsjahr über,** daß nunmehr die Übertragungsregelung des § 17 Abs. 2 BErzGG zum Tragen kommt.

18 Der nach dieser Vorschrift **übertragene Urlaub** aus der Zeit vor Antritt des Erziehungsurlaubs ist dem Arbeitnehmer vom Arbeitgeber **nach Ablauf des Erziehungsurlaubs zu gewähren** (§ 17 Abs. 2 BErzGG). Der Resturlaub aus dem Vorjahr schließt sich unmittelbar an den Erziehungsurlaub an (*Bürger/Oehmann/Matthes*, HwB AR, »Erziehungsurlaub« Ziff. 4.3.). Stand dem Arbeitnehmer aus der Zeit vor Antritt des Erziehungsurlaubs noch der längere Jugendurlaub nach

§ 19 Abs. 2 JArbSchG zu, so ist er ihm nach dem Erziehungsurlaub auch dann zu gewähren, wenn er nunmehr kein Jugendlicher mehr ist (*Meisel/Sowka*, § 17 BErzGG Anm. 28; *Zmarzlik/Zipperer/Viethen*, § 17 BErzGG Anm. 19).

19 Für die **Berechnung des Urlaubsentgelts** für den übertragenen Urlaub ist nach § 11 Abs. 1 BUrlG auf das Arbeitsentgelt der letzten 13 Wochen vor Urlaubsantritt abzustellen (*Meisel/Sowka*, § 17 BErzGG Anm. 29), sofern durch Tarifvertrag nicht zulässigerweise das Lohnausfallprinzip eingeführt worden ist, so daß bei herabgesetzter Arbeitsleistung sich die Urlaubsvergütung nunmehr nach dem niedrigeren Verdienst richtet (vgl. dazu *LAG Frankfurt* v. 15. 6. 1989, EzBAT § 47 BAT Urlaubsvergütung Nr. 11; **a. A.** für tarifliche Aufschläge zur Urlaubsvergütung *ArbG Ludwigshafen* v. 13. 11. 1987, PersR 1988, 110).

III. Abgeltung des Erholungsurlaubs

20 Endet das Arbeitsverhältnis während des Erziehungsurlaubs oder setzt der Arbeitnehmer im Anschluß an den Erziehungsurlaub das Arbeitsverhältnis nicht fort, so hat der Arbeitgeber den **noch nicht gewährten Urlaub abzugelten** (§ 17 Abs. 3 BErzGG). Eine solche Beendigung bei zulässiger Kündigung durch den Arbeitgeber (§ 18 BErzGG) oder bei Eigenkündigung des Arbeitnehmers (§ 19 BErzGG) kommt ebenso in Betracht wie bei Aufhebungsverträgen. Aber auch dann, wenn das Arbeitsverhältnis befristet war und die Frist während des Erziehungsurlaubs abläuft, ist der Urlaub abzugelten, denn der **Grund der Beendigung des Arbeitsverhältnisses ist unerheblich** (*Gröninger/Thomas*, § 17 BErzGG Anm. 13; *Hönsch*, Erziehungs- und Kindergeldrecht, Rz. 273; *Meisel/Sowka*, § 17 BErzGG Anm. 30; *Zmarzlik/Zipperer/Viethen*, § 17 BErzGG Anm. 21). Auf die Frage, ob der Arbeitnehmer bei Ausscheiden aus dem Arbeitsverhältnis vorübergehend arbeitsunfähig krank war oder nicht, kommt es im Falle der Befristung nicht an (*Winderlich*, BB 1989, 2035, 2038; **a. A.** *Ziepke*, § 11 MTV-Metall Anm. 9; vgl. zur Frage der Urlaubsabgeltung bei Arbeitsunfähigkeit allgemein *Berscheid*, HzA, Gruppe 4, Rz. 453ff., insbesondere Rz. 463ff.). Gerade weil § 17 Abs. 2 BErzGG den Übertragungszeitraum des § 7 Abs. 3 BUrlG stark erweitert, kann der Abgeltungsanspruch von dem weiteren Verlauf in bezug auf die Arbeitsfähigkeit des Arbeitnehmers nicht abhängig gemacht werden (*Dersch/Neumann*, Anh. VII § 17 BErzGG Anm. 9; *Gröninger/Thomas*, a. a. O.; **a. A.** *Meisel/Sowka*, § 17 BErzGG Anm. 31).

21 Der Arbeitgeber kann in all den vorgenannten Fällen von der Kürzungsmöglichkeit nach § 17 Abs. 1 BErzGG Gebrauch machen, mit anderen Worten, er muß nur den **nach Kürzung übrig bleibenden Erholungsurlaub abgelten** (*Dersch/Neumann*, Anh. VII § 17 BErzGG Anm. 9; *Gröninger/Thomas*, § 17 BErzGG Anm. 13; *Meisel/Sowka*, § 17 BErzGG Anm. 30). Dabei ist auch hier zunächst der dem Arbeitnehmer zustehende Urlaubsanspruch zu ermitteln, dann sind die sich der Kürzung ergebenden **Bruchteile** aufzurunden, wenn sie wenigstens einen halben Tag ergeben, ansonsten fallen sie ersatzlos weg (*Gröninger/Thomas*, a. a. O.; *Hönsch*, Erziehungs- und Kindergeldrecht, Rz. 273; *Meisel/Sowka*, a. a. O.; **a. A.** *Dersch/Neumann*, Anh. VII § 17 BErzGG Anm. 9 i. V. m. Anm. 5; *Sbresny-Uebach*, AR-Blattei, Erziehungsurlaub I, Anm. F III 3; *Zmarzlik/Zipperer/Viethen*, § 17 BErzGG Anm. 22; vgl. zur Problematik allgemein *Berscheid*, HzA, Gruppe 4, Rz. 197).

IV. Verrechnung zuviel erhaltenen Urlaubs

22 Hat der Arbeitnehmer vor dem Beginn des Erziehungsurlaubs mehr Urlaub erhalten, als ihm im Falle einer **Kürzung** nach § 17 Abs. 1 Satz 1 BErzGG zusteht, so kann der Arbeitgeber den Urlaub, der dem Arbeitnehmer **nach dem Ende des Erziehungsurlaubs** zusteht, um die zuviel gewährten Urlaubstage kürzen (§ 17 Abs. 4 BErzGG), und zwar auch dann, wenn der Erziehungsurlaub innerhalb von zwei oder mehr Kalenderjahren genommen wird (*Bürger/Oehmann/Matthes*, HwB AR, »Erziehungsurlaub« Ziff. 4.3.). Diese Vorschrift entspricht inhaltlich § 4 ArbPlSchG und weicht von der früher für den Mutterschaftsurlaub geltenden Regelung des § 8d Satz 1 MuSchG ab. Die spätere Kürzung nach § 17 Abs. 4 BErzGG kann bei Verteilung des Erziehungsurlaubs auf zwei Kalenderjahre zur Folge haben, daß ein vor Antritt des Erziehungsurlaubs zuviel gewährter Jugendurlaub dem Arbeitnehmer auf seinen ihm nach Ablauf des Erziehungsurlaubs als Erwachsener zustehenden Erholungsurlaub angerechnet wird (*Zmarzlik/Zipperer/Viethen*, § 17 BErzGG Anm. 17), wie dies auch bei § 4 Abs. 4 ArbPlSchG der Fall ist (*Dersch/Neumann*, Anh. I § 4 ArbPlSchG Anm. 11).

23 § 8d Satz 2 schloß die **Rückforderung des gezahlten Urlaubsentgelts** für den Fall aus, daß die Arbeitnehmerin den Erholungsurlaub für das Urlaubsjahr bereits erhalten hat. Eine vergleichbare Regelung fehlt in § 17 BErzGG. Deshalb kann in den Fällen, in denen der Arbeitnehmer seinen Erholungsurlaub vor Antritt des Erziehungsurlaubs im vollen Umfang in Freizeit genommen hat, das nach Ausschöpfung der Kürzungsregelung zuviel gewährte Urlaubsentgelt nach allgemeinen Bereicherungsgrundsätzen zurückgefordert werden, denn aus § 5 Abs. 3 BUrlG ist kein generelles Rückforderungsverbot abzuleiten (*Zmarzlik/Zipperer/Viethen*, § 17 BErzGG Anm. 34; **a. A.** *Dersch/Neumann*, Anh. VII § 17 BErzGG Anm. 10; *Hönsch*, Erziehungs- und Kindergeldrecht, Rz. 273a; teilw. abweichend *Natzel*, Anh. § 17 BErzGG Anm. 10; *Winterfeld*, Mutterschutz und Erziehungsurlaub, Teil M Rz. 258, 259, die beide anderslautende Tarifregelungen zulassen).

V. Urlaub bei Teilzeittätigkeit während des Erziehungsurlaubs

24 Eine **Kürzung** des Erholungsurlaubs **kommt nicht in Betracht, wenn der Arbeitnehmer** während des Erziehungsurlaubs **bei seinem Arbeitgeber Teilzeitarbeit leistet** (§ 17 Abs. 1 Satz 2 BErzGG). Da die Teilzeitarbeit während des Erziehungsurlaubs auch auf bestimmte Monate (z. B. Urlaubszeit) beschränkt werden kann, ist allein darauf abzustellen, ob in einem Kalendermonat Teilzeitarbeit zu leisten ist; diese Monate fallen für eine Kürzung selbst dann aus, wenn der Arbeitnehmer in dieser Zeit krankheitsbedingt tatsächlich nicht gearbeitet hat (*Dersch/Neumann*, Anh. VII § 17 BErzGG Anm. 6). Für die nicht zu kürzenden Kalendermonate der Teilzeittätigkeit gelten die **allgemeinen Urlaubsvorschriften** des BUrlG über Wartezeit, Stichtag, Urlaubsgewährung und -vergütung und das **Benachteiligungsverbot** des § 2 Abs. 1 BeschFG 1985 auch während des Erziehungsurlaubs (*Lipke*, GK-TzA § 2 BeschFG Anm. 356; *Zmarzlik/Zipperer/Viethen*, § 17 BErzGG Anm. 7). Der Erholungsurlaub des teilzeitbeschäftigten Arbeitnehmers ist im Urlaubsjahr bzw. im Übertragungszeitraum zu nehmen, die Sondervorschrift des § 17 Abs. 2 BErzGG gilt insoweit nicht (*Hönsch*, Erziehungs- und Kindergeldrecht, Rz. 272a; *Winterfeld*, Mutterschutz und Erziehungsurlaub, Teil M Rz. 241).

25 Die **Berechnung des Urlaubsentgelts** nach § 11 Abs. 1 Satz 1 BUrlG für Teilzeitarbeit bereitet keine Schwierigkeiten, wenn der teilzeitbeschäftigte Arbeitnehmer z.B. zur Hälfte oder einer anderen festen Quote der regelmäßigen Arbeitszeit eines vollzeitbeschäftigten Arbeitnehmers tätig ist. Hier bleibt es in der Sechs-Tage-Woche bei dem Teilungsfaktor 78, in der Fünf-Tage-Woche ist mit dem Teilungsfaktor 65 zu rechnen. Hat der Teilzeitarbeitnehmer regelmäßig nur an vier oder drei Tagen der Woche zu arbeiten, so verringert sich der **Teilungsfaktor** entsprechend auf 52 bzw. 39 (vgl. zum Viertelungsprinzip bei eingeführter Vier-Tage-Woche *Siara*, § 11 BUrlG Anm. 9d; vgl. zu atypischen Teilzeitarbeitsverhältnissen *Berscheid*, HzA, Gruppe 4, Rz. 349; *Lipke*, GK-TzA § 2 BeschFG Anm. 186). Die Höhe des Urlaubsentgelts berechnet sich nach dem **Durchschnittsverdienst der letzten dreizehn Wochen** (§ 11 Abs. 1 Satz 1 BUrlG), je nach Urlaubszeitpunkt also ganz nach dem Teilzeitverdienst, selbst wenn der Urlaub noch aus dem vorangegangenen Kalenderjahr stammt; es gibt nach dem BUrlG keinen Grundsatz, daß dieser nach den Bedingungen des alten Urlaubsjahres zu vergüten ist, wenn sich die Arbeitszeitbedingungen geändert haben (*LAG Frankfurt* v. 15. 6. 1989, EzBAT § 47 BAT Urlaubsvergütung Nr. 11).

26 Schwierigkeiten bereitet der Fall, daß der **wegen Teilzeittätigkeit nicht gekürzte Erholungsurlaub** ganz oder teilweise erst nach Ablauf des Erziehungsurlaubs genommen wird, also **während einer Zeit, in der** der Arbeitnehmer nicht mehr Teilzeitarbeit, sondern wieder Vollzeitarbeit verrichtet. Hier wird zum einen die Ansicht vertreten, daß die Berechnung des Urlaubsentgelts allein vom Zufall des Urlaubszeitpunktes abhänge und deshalb nicht nach § 11 Abs. 1 Satz 3 BUrlG aus der Basis der Vollzeitbeschäftigung berechnet werden könnte, vielmehr könnten die Arbeitsvertragsparteien eine von § 11 BUrlG abweichende Regelung treffen (*Ramrath*, DB 1987, 1785, 1788f.; zust. *Meisel/Sowka*, § 17 BErzGG Anm. 24a). Zum anderen wird die Ansicht vertreten, § 11 Abs. 1 Satz 3 BUrlG sei auch hier anzuwenden, weil der Übergang von der Vollbeschäftigung zur Teilzeitbeschäftigung nach dem Zweck des Erziehungsurlaubs nicht auf Dauer i.S. einer Änderung der Arbeitszeit des dem Erziehungsurlaub zugrunde liegenden Arbeitsverhältnisses gewollt sei, denn nach Ablauf des Erziehungsurlaubs lebe die Verpflichtung, in der vollen betriebsüblichen Arbeitszeit tätig zu werden, wieder auf (*Gröninger/Thomas*, § 17 BErzGG Anm. 11; zust. *Dersch/Neumann*, Anh. VII § 17 BErzGG Anm. 7; *Lipke*, GK-TzA § 2 BeschFG Anm. 356; vgl. zur Problematik bei Sonderurlaub *BAG* v. 21. 5. 1970, EzA § 11 BUrlG Nr. 7 = AP Nr. 1 zu § 11 BUrlG Teilzeitarbeit mit Anm. von *Richardi*).

27 Bei einem Erziehungsurlaub bis zur Vollendung des 18. Lebensmonats bzw. 3. Lebensjahres des leiblichen Kindes oder bis zum 3. bzw. 7. Lebensjahr des Adoptivkindes dauern die besonderen Verhältnisse sehr lange an, ohne der zeitlichen Begrenzung der Arbeitspflicht rechtlich den Charakter einer lediglich vorübergehenden Teilzeittätigkeit zu nehmen. Dennoch kann nicht übersehen werden, daß in diesen und ähnlichen Fällen (z.B. Sonderurlaub) die **Unterscheidung zwischen** einer **dauernden und** einer bloß **zeitweiligen Herabsetzung der Arbeitszeit ihre urlaubsrechtliche Bedeutung verliert** (*Richardi*, Anm. AP Nr. 1 zu § 11 BUrlG Teilzeitarbeit). Man wird auf das jeweilige Urlaubsjahr abstellen müssen. Schöpft ein Arbeitnehmer den Erziehungsurlaub voll aus und hat er deshalb in einem Urlaubsjahr nur Teilzeitarbeit geleistet, so berechnet sich sein Urlaubsentgelt bei

Fortsetzung der Vollzeittätigkeit nach § 11 Abs. 1 BUrlG nur nach dem durchschnittlichen Arbeitsverdienst, das er während der Teilzeitbeschäftigung erhalten hat (*Richardi*, a.a.O.).

28 Wird ein teilzeitbeschäftigter Arbeitnehmer unter **Verstoß gegen das Benachteiligungsverbot** des § 2 Abs. 1 BeschFG 1985 gegenüber vollzeitbeschäftigten Arbeitnehmern unterschiedlich vergütet, richtet sich sein Urlaubsentgelt nach dem anteiligen üblichen Arbeitsverdienst eines vollzeitbeschäftigten Arbeitnehmers. Entsprechendes gilt, wenn ein teilzeitbeschäftigter Arbeitnehmer unter Verletzung des arbeitsrechtlichen Gleichbehandlungsgrundsatzes gegenüber anderen teilzeitbeschäftigten Arbeitnehmern unterschiedlich vergütet wird (*BAG* v. 24. 10. 1989, EzA § 11 BUrlG Nr. 28 = AP Nr. 29 zu § 11 BUrlG). Gewährt ein Tarifvertrag den Arbeitnehmern für jeden Urlaubstag zum Urlaubsentgelt nicht ein prozentuales Urlaubsgeld von z.B. 30% oder 50%, sondern einen festen Betrag, so haben teilzeitbeschäftigte Arbeitnehmer Anspruch auf ein im Verhältnis ihrer Arbeitszeit zur tariflichen Arbeitszeit gemindertes Urlaubsgeld (*BAG* v. 23. 7. 1976, EzA § 11 BUrlG Nr. 12 = AP Nr. 1 zu § 11 BUrlG Urlaubsgeld). Wird die Zahlung eines solchen anteiligen Urlaubsgeldes durch einzelvertragliche Vergütungsabrede ausgeschlossen, so ist diese Vereinbarung wegen Verstoßes gegen § 2 Abs. 1 BeschFG 1985 unwirksam (*BAG* v. 15. 11. 1990, EzA § 2 BeschFG 1985 Nr. 5). Durch Tarifvertrag kann hier ebenfalls keine Ungleichbehandlung vorgenommen werden, denn auch § 6 Abs. 1 BeschFG 1985 gestattet insoweit keine tarifliche Abweichung (*Hanau*, NZA 1984, 354, 356f.).

§ 20 Zur Berufsausbildung Beschäftigte; in Heimarbeit Beschäftigte

(1) Die zu ihrer Berufsausbildung Beschäftigten gelten als Arbeitnehmer im Sinne dieses Gesetzes. Die Zeit des Erziehungsurlaubs wird auf Berufsausbildungszeiten nicht angerechnet.
(2) Anspruch auf Erziehungsurlaub haben auch die in Heimarbeit Beschäftigten und die ihnen Gleichgestellten (§ 1 Abs. 1 und 2 des Heimarbeitergesetzes), soweit sie am Stück mitarbeiten. Für sie tritt an die Stelle des Arbeitgebers der Auftraggeber oder Zwischenmeister und an die Stelle des Arbeitsverhältnisses das Beschäftigungsverhältnis.

Inhaltsübersicht

I. Beschäftigung zur Berufsausbildung

1 Der Begriff »zu ihrer Berufsausbildung Beschäftigten« umfaßt einen größeren Personenkreis als den der »zu ihrer Berufsausbildung Beschäftigten«, für die das BBiG gilt, so daß unter § 20 Abs. 1 Satz 1 BErzGG neben Auszubildenden nach §§ 3ff. BBiG auch Anlernlinge und Volontäre (§ 19 BBiG) sowie zur Fortbildung, Weiterbildung oder Umschulung Beschäftigte (§ 47 BBiG) fallen (*Grönin-*

ger/Thomas, § 20 BErzGG Anm. 2), ferner Teilnehmer einer Ausbildung in einer Schule eines Unternehmens, die als private Berufsfach- und Ersatzschule landesrechtlich anerkannt ist (*BAG* v. 24. 9. 1981, AP Nr. 26 zu § 5 BetrVG 1972), und Ausbildungsverhältnisse, die tariflichen Regelungen entsprechend und eine geordnete Ausbildung von mindestens zwei Jahren vorsehen, auch wenn es sich nicht um nach §§ 25ff. BBiG staatlich anerkannte Ausbildungsberufe handelt (*BAG* v. 23. 6. 1983, EzA § 78a BetrVG 1972 Nr. 1 = AP Nr. 10 zu § 78a BetrVG 1972; *BAG* v. 7. 3. 1990, EzA § 611 BGB Ausbildungsverhältnis Nr. 10), sowie in bestimmten Fällen auch Praktikanten (vgl. dazu *Gröninger/Thomas*, a.a.O., m.w.N.; *Meisel/Sowka*, § 20 BErzGG Anm. 3, m.w. N.). Ausgenommen sind aber reine Schulverhältnisse wie allgemeinbildende Schulen, Fachschulen oder Hochschulen (*Dersch/Neumann*, Anh. VII § 20 BErzGG Anm. 1; *Gröninger/ Thomas*, a.a.O.). Auch ein Flugschüler, der von einem Luftfahrtunternehmen zur Ausbildung als späterer Pilot in eine Flugschule entsandt wird, befindet sich in einem Schul- und nicht in einem Ausbildungsverhältnis (*BAG* v. 16. 10. 1974, EzA § 5 BBiG Nr. 2 = AP Nr. 1 zu § 1 BBiG).

2 Nach § 20 Abs. 1 Satz 2 BErzGG wird die Zeit des Erziehungsurlaubs nicht auf Berufsbildungszeiten angerechnet. Das hat zur Folge, daß eine befristete Berufsausbildung, deren Ende in den Erziehungsurlaub, während des Erziehungsurlaubs nicht zu Ende geht, so daß sich die Berufsbildungszeit im allgemeinen automatisch um die Zeit der Inanspruchnahme des Erziehungsurlaubs verlängert (*Dersch/Neumann*, Anh. VII § 20 BErzGG Anm. 2; *Gröninger/Thomas*, § 20 BErzGG Anm. 3; *Meisel/Sowka*, § 20 BErzGG Anm. 5; *Zmarzlik/Zipperer/Viethen*, § 20 BErzGG Anm. 3), damit die Ausbildungsbetriebe in der Lage sind, die nach den Ausbildungsordnungen vorgeschriebenen Fertigkeiten, Kenntnisse und Erfahrungen zu vermitteln (*Winterfeld*, Mutterschutz und Erziehungsurlaub, Teil M Rz. 261). Durch diese automatische Verlängerung der Berufsbildung um die Zeit des Erziehungsurlaubs werden jedoch Verkürzungsmöglichkeiten nach dem BBiG nicht ausgeschlossen, wie sie durch §§ 29 Abs. 2, 40 Abs. 1 BBiG für die allgemeinen Berufe und durch §§ 27a, 37 HO für die Handwerksberufe eröffnet werden, wenn zu erwarten ist, daß der Auszubildende das Ausbildungsziel auch in der gekürzten Zeit erreicht oder wenn eine vorzeitige Zulassung zur Abschlußprüfung beantragt wird (so schon *Halbach*, DB Beilage Nr. 1/1986, S. 1, 13).

3 Eine **Teilzeitausbildung** während des Erziehungsurlaubs ist möglich, so daß der Anspruch auf Erziehungsgeld – anders als bei uneingeschränkter Fortsetzung der Ausbildung – nicht entfällt (*Gröninger/Thomas*, § 20 BErzGG Anm. 4). Der Gesetzgeber hat zwar durchaus gesehen, daß vormals in der Praxis eine Teilzeitausbildung mit einer auf unter 19 Wochenstunden reduzierten Ausbildungszeit nicht erprobt worden ist, gleichwohl die Teilzeitausbildung als Möglichkeit für die Zukunft angesehen (BT-Drucksache 10/3792, S. 21). Wenn eine solche Teilzeitausbildung auch dem Auszubildenden den ständigen Kontakt zum Ausbildungsbetrieb und eine kontinuierliche Erlangung von Fertigkeiten, Kenntnissen und Erfahrungen ermöglicht, so wird vielfach dagegen sprechen, daß der teilzeittätige Auszubildende nicht wie ein vollzeitbeschäftigter Auszubildender in den Betriebsablauf eingegliedert ist und darunter die Ausbildung leiden kann (*Winterfeld*, Mutterschutz und Erziehungsurlaub, Teil M Rz. 263). Eine Teilzeitausbildung, die im übrigen nur freiwillig vereinbart werden kann, weil hierauf **kein Rechtsanspruch** besteht (*Meisel/Sowka*, § 20 BErzGG Anm. 4; *Zmarzlik/Zipperer/Viethen*, § 20 BErzGG Anm. 5), wird daher in der Regel nur in Betracht kommen, wenn der

Auszubildende nicht am Anfang seiner Ausbildung, sondern vor deren Abschluß steht. Auch bei Teilzeitausbildung bleibt es bei der gesetzlich vorgesehenen Verlängerung der Ausbildung (§ 20 Abs. 1 Satz 2 BErzGG), weil das Gesetz insoweit keine Ausnahme gemacht hat (*Dersch/Neumann*, Anh. VII § 20 BErzGG Anm. 2), jedoch werden die nach §§ 29 Abs. 2, 40 Abs. 1 BBiG bzw. §§ 27a, 37 HO eröffneten Verkürzungsmöglichkeiten meist zum Tragen kommen.

4 Schließt der Arbeitnehmer während des Erziehungsurlaubs bei entsprechender Verkürzung der Berufsausbildungszeit oder vorzeitiger Zulassung zur Abschlußprüfung seine **Berufsausbildung erfolgreich** ab und wird **im unmittelbaren Anschluß** an das Berufsausbildungsverhältnis – entweder über § 78a BetrVG oder kraft Vereinbarung oder aufgrund vorbehaltsloser Weiterbeschäftigung (§ 17 BBiG) – zwischen denselben Vertragspartnern **ein Arbeitsverhältnis begründet**, braucht der Arbeitnehmer keine neue Wartezeit mehr zurücklegen, um einen Urlaubsanspruch zu erwerben. Da zwischen den Parteien eine einheitliche und ununterbrochen fortbestehende Rechtsbeziehung besteht, zählt die **Betriebszugehörigkeit ohne Rücksicht auf den Wechsel vom Berufsausbildungs- in das Arbeitsverhältnis** vom Beginn der Berufsausbildung an (*BAG* v. 29. 11. 1984, EzA § 13 BUrlG Nr. 22 = AP Nr. 22 zu § 7 BUrlG mit zust. Anm. von *Natzel*). Eine Aufspaltung der Betriebszugehörigkeit in zwei Teile würde die Abgeltung des Urlaubsanspruchs aus dem Ausbildungsverhältnis trotz Fortbestands der Rechtsbeziehungen erforderlich machen und die Wartezeit zum Erwerb des vollen Urlaubsanspruchs neu in Gang setzen. Eine solche Vorgehensweise läßt sich weder mit § 7 Abs. 4 BUrlG noch mit § 4 BUrlG in Einklang bringen. Die beiden Vertragsverhältnisse sind vielmehr urlaubsrechtlich als Einheit anzusehen, so daß die während der Ausbildungszeit **nicht genommenen Urlaubsansprüche nunmehr nach den für das Arbeitsverhältnis maßgebenden Vorschriften zu erfüllen sind** (*BAG*, a. a. O.).

II. Erziehungsurlaub für Heimarbeiter

5 Anspruch auf Erziehungsurlaub haben auch **die in Heimarbeit Beschäftigten und die ihnen Gleichgestellten** (§ 1 Abs. 1 und 2 HAG), soweit sie am Stück mitarbeiten. Für sie tritt an die Stelle des Arbeitgebers der Auftraggeber oder Zwischenmeister und an die Stelle des Arbeitsverhältnisses das Beschäftigungsverhältnis (§ 20 Abs. 2 BErzGG). Als arbeitnehmerähnliche Personen erhalten sie mithin auf Verlangen Erziehungsurlaub, d. h. sie **werden von Aufträgen freigestellt** und erhalten in dieser Zeit Erziehungsgeld. Da sie für den Erholungsurlaub nach § 12 BUrlG nur ein zusätzliches Urlaubsentgelt für die abgerechneten Arbeitsentgelte erhalten, ist nach dem Erziehungsurlaub eine besondere Kürzung entbehrlich, weil der Urlaubsentgeltzuschlag bereits mangels Arbeitsleistung und somit fehlendem abgerechneten Arbeitsentgelt entfällt (*Dersch/Neumann*, Anh. VII § 20 BErzGG Anm. 3).

6 Verrichtet der Heimarbeiter während des Erziehungsurlaubs Teilzeittätigkeit, so erhält er nach § 12 BUrlG für den Erholungsurlaub auch nur ein entsprechend gekürztes Urlaubsentgelt. Mit anderen Worten, die Heimarbeiter und Gleichgestellten haben Anspruch auf einen entsprechend sich vermindernden Anteil an der Ausgabe von Heimarbeit einschließlich des entsprechend sich vermindernden Urlaubszuschlags (*Dersch/Neumann*, Anh. VII § 20 BErzGG Anm. 3).

I.3. Gesetz über den Einfluß von Eignungsübungen der Streitkräfte auf Vertragsverhältnisse der Arbeitnehmer und Handelsvertreter sowie auf Beamtenverhältnisse (Eignungsübungsgesetz) vom 20. Januar 1956 (BGBl. I S. 13)

geändert durch Gesetz zur Änderung des Eignungsübungsgesetzes vom 20. Januar 1959 (BGBl. I S. 25), das Zweite Gesetz zur Änderung des Eignungsübungsgesetzes vom 30. März 1961 (BGBl. I S. 303), das Dritte Gesetz zur Änderung des Eignungsübungsgesetzes vom 10. August 1966 (BGBl. I S. 481), das Vierte Gesetz zur Änderung des Eignungsübungsgesetzes vom 17. Dezember 1970 (BGBl. I S. 1741), das Dritte Gesetz zur Änderung des Arbeitsplatzschutzgesetzes vom 23. Dezember 1977 (BGBl. I S. 3110) und vom 18. Dezember 1989 (BGBl. I S. 2261)

(Auszug)

§ 6 Ausschluß von Nachteilen

(1) Aus der Teilnahme an einer Eignungsübung darf dem Arbeitnehmer in beruflicher und betrieblicher Hinsicht und dem Handelsvertreter in seinen vertraglichen Beziehungen zu dem Unternehmer kein Nachteil erwachsen.
(2) Die Bundesregierung regelt durch Rechtsverordnung das Nähere hinsichtlich des Urlaubs, der zusätzlichen Alters- und Hinterbliebenenversorgung, der betrieblichen Pensions- und Urlaubskassen, der Zulagen und sonstigen Rechte, die sich ausschließlich aus der Dauer der Zugehörigkeit zum Beruf, zum Betrieb oder zur Verwaltung oder aus der Dauer des Vertragsverhältnisses ergeben; darin ist zu bestimmen, daß der Bund Beiträge leistet. Der Arbeitgeber kann verpflichtet werden, Beiträge vorab zu entrichten.

Verordnung zum Eignungsübungsgesetz vom 15. Februar 1956 (BGBl. I S. 71)

geändert durch Änderungsverordnung der Verordnung zum Eignungsübungsgesetz vom 10. Februar 1959 (BGBl. I S. 34), der Zweiten Änderungsverordnung der Verordnung zum Eignungsübungsgesetz vom 15. Mai 1961 (BGBl. I S. 609), der Dritten Änderungsverordnung der Verordnung zum Eignungsübungsgesetz vom 7. September 1966 (BGBl. I S. 589) und der Vierten Änderungsverordnung der Verordnung zum Eignungsübungsgesetz vom 10. Mai 1971 (BGBl. I S. 450)

(Auszug)

§ 1 Urlaub für Arbeitnehmer bei Ausscheiden aus den Streitkräften

(1) Ein Arbeitnehmer, der nach Teilnahme an einer Eignungsübung aus den Streitkräften ausscheidet, erhält von den Streitkräften für jeden angefangenen Monat, den er bei den Streitkräften Dienst geleistet hat, ein Zwölftel des Urlaubs, der ihm auf Grund des Arbeitsverhältnisses für das laufende Urlaubsjahr

zusteht; der Urlaub wird auch dann gewährt, wenn der Arbeitnehmer eine für den Erwerb des Urlaubsanspruchs vorgesehene Wartezeit noch nicht erfüllt hat.
(2) Ergibt sich nach der Berechnung des Urlaubs nach Absatz 1 ein Bruchteil eines Tages, so wird der Urlaub auf volle Tage aufgerundet.
(3) Der Anspruch auf Urlaub entfällt, soweit der Arbeitnehmer seinen Erholungsurlaub vor der Eignungsübung bereits verbraucht hat.
(4) Der Urlaub ist unter Fortzahlung der Dienstbezüge vor der Entlassung aus den Streitkräften zu gewähren. Soweit der Urlaub wegen Krankheit oder wegen Entlassung auf eigenen Antrag bis zur Entlassung nicht gewährt werden kann, sind für den restlichen Urlaub die Dienstbezüge zu zahlen.
(5) Der Urlaub wird auf den Erholungsurlaub des Arbeitnehmers angerechnet.
(6) Für Arbeitnehmer, für die eine Urlaubsmarkenregelung gilt, finden die Absätze 1 bis 5 keine Anwendung. Die Urlaubsmarken werden für die Dauer der Eignungsübung von den Streitkräften geklebt.

§ 2 Urlaub für Arbeitnehmer beim Verbleiben in den Streitkräften

(1) Ein Arbeitnehmer, der nach Teilnahme an einer Eignungsübung als freiwilliger Soldat in den Streitkräften bleibt, erhält den Urlaub aus dem bisherigen Arbeitsverhältnis, der bei Beginn der Eignungsübung im laufenden Urlaubsjahr noch nicht verbraucht ist, von den Streitkräften. Eine Abgeltung findet nicht statt.
(2) Hat der Arbeitnehmer bei Beginn der Eignungsübung eine für den Erwerb des Urlaubsanspruchs vorgesehene Wartezeit noch nicht erfüllt, so ist der Urlaub so zu bemessen, als ob das Arbeitsverhältnis zu diesem Zeitpunkt geendet hätte.

§ 3 Urlaubsbescheinigung

Der Arbeitgeber hat dem Arbeitnehmer vor Beginn der Eignungsübung eine Bescheinigung über den im laufenden Urlaubsjahr zustehenden und bereits gewährten Erholungsurlaub oder die Urlaubskarte auszuhändigen. Der Arbeitnehmer hat die Bescheinigung oder die Urlaubskarte unverzüglich bei der zuständigen Dienststelle der Streitkräfte abzugeben. Ein Arbeitnehmer, der nach Teilnahme an einer Eignungsübung sein bisheriges Arbeitsverhältnis fortsetzt, erhält von den Streitkräften eine Bescheinigung über den gewährten oder abgegoltenen Urlaub.

§ 7 Urlaubskassen

Beiträge für Urlaubskassen brauchen für die Dauer der Eignungsübung nicht entrichtet zu werden. § 1 Abs. 6 bleibt unberührt.

§ 8 Anrechnung der Wehrdienstzeit

Die Zeit der Teilnahme an einer Eignungsübung wird auf die Dauer der Berufs- und Betriebszugehörigkeit sowie auf die Dauer des Vertragsverhältnisses angerechnet. Für Arbeitnehmer im öffentlichen Dienst gilt sie als Dienstzeit im Sinne von Tarifordnungen und Tarifverträgen des öffentlichen Dienstes. Auf Ausbildungs- und Probezeiten wird die Zeit der Teilnahme an einer Eignungsübung nicht angerechnet.

§ 9[1]) Geltungsdauer der Verordnung

Diese Verordnung tritt am 26. Januar 1956 in Kraft.

[1]) Geändert durch 3. Änderungsverordnung vom 7. 9. 1966 (BGBl. I S. 589) und 4. Änderungsverordnung vom 10. 5. 1971 (BGBl. 1 S. 450).

Inhaltsübersicht

I. Grundsatz

1 Im Gegensatz zum Arbeitsplatzschutzgesetz enthält das Eignungsübungsgesetz keine Regelung des Urlaubs, sondern nur die Ermächtigung zum Erlaß einer Rechtsverordnung, die das Benachteiligungsverbot des § 6 Abs. 1 im Hinblick auf den Urlaub näher ausgestaltet.

II. Urlaub für Arbeitnehmer bei Ausscheiden aus den Streitkräften

2 Der Arbeitnehmer erhält nach seiner Teilnahme an einer Eignungsübung für jeden **angefangenen Monat**, den er bei den Streitkräften Dienst geleistet hat, von den Streitkräften **ein Zwölftel des Urlaubs**, der ihm aufgrund des Arbeitsverhältnisses für das laufende Urlaubsjahr zusteht. Ob der Arbeitnehmer eine vorgesehene Wartezeit erfüllt hat oder nicht, ist ohne Bedeutung. Der anteilige Urlaub ist vom Vollurlaub zu berechnen, der dem Arbeitnehmer nach Gesetz, Tarifvertrag oder Arbeitsvertrag zusteht. Maßgebend ist bei der Berechnung der Monat, nicht der Kalendermonat (so aber § 4 Abs. 1 ArbPlSchG). Entstehen Bruchteile, so wird der Urlaub auf volle Tage aufgerundet. Der Arbeitgeber wird auf diese Weise entlastet.

3 § 1 Abs. 3 der VO verhindert eine **doppelte Urlaubsgewährung.** Der Anspruch auf Urlaubsgewährung durch die Streitkräfte entfällt, soweit der Arbeitnehmer seinen Erholungsurlaub vor der Eignungsübung bereits verbraucht hat. Dasselbe gilt nach § 1 Abs. 5 der VO im Verhältnis zu Urlaubsanspruch im Arbeitsverhältnis. Er mindert sich um den Anspruch, den der Arbeitnehmer gegenüber den Streitkräften hat.

4 Während des Urlaubs haben die Streitkräfte die **Dienstbezüge** des Arbeitnehmers fortzuzahlen. Der Arbeitnehmer erhält also nicht den Lohn/das Gehalt aus einem Arbeitsverhältnis (§ 1 Abs. 4 der VO). Das gilt auch im Falle einer nach § 1 Abs. 4 Satz 2 der VO zulässigen Abgeltung des Urlaubs.

5 Für Arbeitnehmer, für die eine **Urlaubsmarkenregelung** gilt, werden die Urlaubsmarken für die Dauer der Eignungsübung von den Streitkräften geklebt (§ 1 Abs. 6 der VO). Beiträge für Urlaubskassen brauchen nach § 7 der VO nicht abgeführt zu werden.

III. Urlaub für Arbeitnehmer bei Verbleiben in den Streitkräften

6 Verbleibt der Arbeitnehmer nach der Eignungsübung als freiwilliger Soldat bei den Streitkräften, so erhält er den noch nicht verbrauchten Urlaub nach § 2 der VO von den Streitkräften nach den bei diesen geltenden Bestimmungen. Der Arbeitgeber wird also von seiner Verpflichtung befreit. War die Wartezeit noch nicht erfüllt, so ist nur ein Teilanspruch zu erfüllen.

IV. Urlaubsbescheinigung

7 Der Arbeitgeber hat dem Arbeitnehmer vor der Eignungsübung eine Bescheinigung über dem im laufenden Urlaubsjahr zustehenden und bereits gewährten Urlaub oder die Urlaubskarte auszuhändigen. Setzt der Arbeitnehmer nach der Eignungsübung das Arbeitsverhältnis fort, so erhält er von den Streitkräften eine Bescheinigung über den gewährten oder abgegoltenen Urlaub. Die Bescheinigung ist notwendig, damit eine Doppelgewährung ausscheidet. Wird die Bescheinigung nicht vorgelegt, besteht ein Leistungsverweigerungsrecht.

I.4. Gesetz zum Schutze der arbeitenden Jugend (Jugendarbeitsschutzgesetz – JArbSchG)

vom 12. April 1976 (BGBl. I S. 965)

zuletzt geändert durch Gesetz vom 24. April 1986 (BGBl. I S. 560)

(Auszug)

§ 19 Urlaub

(1) Der Arbeitgeber hat Jugendlichen für jedes Kalenderjahr einen bezahlten Erholungsurlaub zu gewähren.
(2) Der Urlaub beträgt jährlich
1. **mindestens 30 Werktage, wenn der Jugendliche zu Beginn des Kalenderjahres noch nicht 16 Jahre alt ist,**
2. **mindestens 27 Werktage, wenn der Jugendliche zu Beginn des Kalenderjahres noch nicht 17 Jahre alt ist,**
3. **mindestens 25 Werktage, wenn der Jugendliche zu Beginn des Kalenderjahres noch nicht 18 Jahre alt ist.**

Jugendliche, die im Bergbau unter Tage beschäftigt werden, erhalten in jeder Altersgruppe einen zusätzlichen Urlaub von drei Werktagen.
(3) Der Urlaub soll Berufsschülern in der Zeit der Berufsschulferien gegeben werden. Soweit er nicht in den Berufsschulferien gegeben wird, ist für jeden Berufsschultag, an dem die Berufsschule während des Urlaubs besucht wird, ein weiterer Urlaubstag zu gewähren.
(4) Im übrigen gelten für den Urlaub der Jugendlichen § 3 Abs. 2, §§ 4 bis 12 und § 13 Abs. 3 des Bundesurlaubsgesetzes. Der Auftraggeber oder Zwischenmeister hat jedoch abweichend von § 12 Nr. 1 des Bundesurlaubsgesetzes den jugendlichen Heimarbeitern für jedes Kalenderjahr einen bezahlten Erholungsurlaub entsprechend Absatz 2 zu gewähren; das Urlaubsentgelt der jugendlichen Heimarbeiter beträgt bei einem Urlaub von 30 Werktagen 11,6 vom Hundert, bei einem Urlaub von 27 Werktagen 10,3 vom Hundert und bei einem Urlaub von 25 Werktagen 9,5 vom Hundert.

Inhaltsübersicht

I. Geltungsbereich

1 Gemäß § 1 Abs. 1 JArbSchG gilt das JArbSchG für alle noch nicht achtzehn Jahre alten Personen, die in der Berufsausbildung, als Arbeitnehmer oder Heimarbeiter, mit sonstigen Dienstleistungen, die der Arbeitsleistung von Arbeitnehmern oder Heimarbeitern ähnlich sind, oder in einem der Berufsausbildung ähnlichen Ausbildungsverhältnis beschäftigt sind (vgl. *Dersch/Neumann*, Anh. V Anm. 18; *Molitor/Volmer/Germelmann*, § 19 Anm. 28).

2 § 19 JArbSchG gilt seinem Wortlaut entsprechend für alle Jugendlichen. Das sind gemäß § 2 Abs. 2 JArbSchG alle, die vierzehn, aber noch nicht achtzehn Jahre alt sind (*Molitor/Volmer/Germelmann*, § 19 Anm. 14f.).

3 § 19 JArbSchG gilt aber auch für Kinder im Sinn von § 2 Abs. 1 und 3 JArbSchG. Das ergibt sich für die zulässige Beschäftigung von Kindern aus § 5 Abs. 2 Satz 2 JArbSchG und für die unzulässige Beschäftigung von Kindern aus dem Schutzzweck des § 19 JArbSchG (vgl. *Borrmann*, Anm. 114ff.; *Dersch/Neumann*, Anh. V Anm. 3; *Molitor/Volmer/Germelmann*, § 19 Anm. 16ff.).

4 Für jugendliche Besatzungsmitglieder auf Kauffahrteischiffen gelten gemäß § 61 JArbSchG an Stelle von § 19 JArbSchG die §§ 53ff. SeemG (vgl. *Dersch/Neumann*, Anh. V Anm. 3 und 18; *Molitor/Volmer/Germelmann*, § 19 Anm. 11f.).

II. § 19 Abs. 1 JArbSchG

5 Gemäß § 19 Abs. 1 JArbSchG hat der Jugendliche in Übereinstimmung mit § 1 BUrlG in jedem Kalenderjahr Anspruch auf bezahlten Erholungsurlaub. Ein inhaltlicher Unterschied der beiden Vorschriften besteht insofern nicht (vgl. *Dersch/Neumann*, Anh. V Anm. 18). § 19 Abs. 1 JArbSchG enthält aber anders als § 1 BUrlG auch die öffentlich-rechtliche Verpflichtung des Arbeitgebers zur Urlaubsgewährung (vgl. *Molitor/Volmer/Germelmann*, § 19 Anm. 36). Jedenfalls ist die Nichterfüllung der Pflicht des Arbeitgebers zur Urlaubsgewährung gemäß § 58 JArbSchG in Verbindung mit § 19 Abs. 1 JArbSchG unter Umständen eine Ordnungswidrigkeit oder Straftat.

III. § 19 Abs. 2 JArbSchG

1. § 19 Abs. 2 Satz 1 JArbSchG

6 Jugendliche haben gemäß § 19 Abs. 2 Satz 1 JArbSchG Anspruch auf einen höheren Urlaub als gemäß § 3 Abs. 1 BUrlG. Der Zweck dieser Sonderregelung besteht darin, dem Jugendlichen eine den körperlichen und geistigen Anforderungen des Berufslebens entsprechende Entspannung durch eine längere Erholung zu gewährleisten, um ihn vor gesundheitlichen Schäden zu bewahren und die Arbeitsfähigkeit zu erhalten (vgl. *BAG* AP Nr. 9 zu § 611 BGB Ausbildungsverhältnis). Der höhere Urlaub ist gestaffelt nach dem Alter der Jugendlichen zu Beginn des Kalenderjahres auf mindestens dreißig, siebenundzwanzig oder fünfundzwanzig Werktage. Der maßgebliche Stichtag ist der 1. Januar (vgl. *Dersch/Neumann*, Anh. V Anm. 9; *Molitor/Volmer/Germelmann*, § 19 Anm. 58; *Knopp/Kraegeloh*, § 19 Anm. 4; *Zmarzlik*, § 19 Anm. 7). Wer also am 1. Januar Geburtstag hat, der ist schon an diesem gemäß § 19 Abs. 1 Satz 1 JArbSchG maßgeblichen Stichtag entsprechend alt (vgl. *Dersch/Neumann*, Anh. V Anm. 5; *Molitor/Volmer/Germelmann*, § 19 Anm. 58; *Zmarzlik*, § 19 Anm. 8). Der Stichtag des 1. Januar ist auch dann maßgeblich, wenn das Arbeitsverhältnis im Laufe des Kalenderjahres beginnt (vgl. *Dersch/Neumann*, Anh. V Anm. 5; *Zmarzlik*, § 19 Anm. 7). Schließlich kommt es auf diesen Stichtag auch dann an, wenn das Urlaubsjahr gemäß § 19 Abs. 4 Satz 1 JArbSchG in Verbindung mit § 13 Abs. 3 BUrlG vom Kalenderjahr abweicht (vgl. *Dersch/Neumann*, Anh. V Anm. 7f.; *Molitor/Volmer/Germelmann*, § 19 Anm. 60).

2. § 19 Abs. 2 Satz 2 JArbSchG

7 Jugendliche, die im Bergbau unter Tage beschäftigt werden, erhalten gemäß § 19 Abs. 2 Satz 2 JArbSchG in jeder Altersgruppe einen zusätzlichen Urlaub von drei Werktagen. Bei Beginn oder Ende dieser Beschäftigungsart während des Kalenderjahres gilt für den Anspruch auf den zusätzlichen Urlaub das Zwölftelungsprinzip gemäß § 5 Abs. 1 BUrlG entsprechend (vgl. *Dersch/Neumann*, Anh. V Anm. 9; *Molitor/Volmer/Germelmann*, § 19 Anm. 69ff.; *Zmarzlik*, § 19 Anm. 11).

IV. § 19 Abs. 3 JArbSchG

1. § 19 Abs. 3 Satz 1 JArbSchG

8 Gemäß § 19 Abs. 3 Satz 1 JArbSchG soll der Urlaub Berufsschülern in der Zeit der Berufsschulferien gewährt werden. Dabei handelt es sich um eine Sollvorschrift, die demgemäß nicht sanktioniert ist. Allerdings ist diese Sollvorschrift bei der zeitlichen Festlegung des Urlaubs gemäß § 7 Abs. 1 BUrlG zu berücksichtigen (vgl. *Dersch/Neumann*, Anh. V Anm. 13; *Molitor/Volmer/Germelmann*, § 19 Anm. 97).

2. § 19 Abs. 3 Satz 2 JArbSchG

9 Soweit der Arbeitgeber den Urlaub entgegen § 19 Abs. 3 Satz 1 JArbSchG nicht in der Zeit der Berufsschulferien gewährt, muß er dem Jugendlichen für jeden Berufsschultag, an dem die Berufsschule während des Urlaubs besucht wird, einen weiteren Urlaubstag gewähren. Voraussetzung ist also die Teilname am Berufsschulunterricht (vgl. *Dersch/Neumann*, Anh. V Anm. 12; *Molitor/Volmer/Germelmann* § 19 Anm. 99; *Knopp/Kraegeloh*, § 19 Anm. 17; *Zmarzlik*, § 19 Anm. 14). Die Dauer des Berufsschulunterrichts ist dagegen unerheblich (vgl. *Dersch/Neumann*, Anh. V Anm. 12; *Molitor/Volmer/Germelmann*, § 19 Anm. 98; *Knopp/Kraegeloh*, § 19 Anm. 17; *Zmarzlik*, § 19 Anm. 13). § 19 Abs. 3 Satz 2 JArbSchG begründet einen Anspruch auf einen weiteren Urlaubstag. Die Pflicht zur Gewährung eines weiteren Urlaubstags gemäß § 19 Abs. 3 Satz 2 JArbSchG ist gemäß § 58 JArbSchG sanktioniert.

V. § 19 Abs. 4 JArbSchG

10 Gemäß § 19 Abs. 4 Satz 1 JArbSchG gelten für den Urlaub der Jugendlichen abgesehen von § 19 Abs. 1 bis 3 JArbSchG § 3 Abs. 2, §§ 4 bis 12 und § 13 Abs. 3 BUrlG. § 13 Abs. 1 und 2 BUrlG gilt also nicht, so daß abgesehen von § 19 Abs. 4 Satz 1 JArbSchG in Verbindung mit § 13 Abs. 3 BUrlG nur zugunsten der jugendlichen Arbeitnehmer von den gesetzlichen Vorschriften abgewichen werden kann (vgl. *Borrmann*, Anm. 121; *Dersch/Neumann*, Anh. V Anm. 1 und 21ff.; *Molitor/Volmer/Germelmann*, § 19 Anm. 4ff.). Lediglich für die jugendlichen Heimarbeiter gilt abweichend von § 12 Nr. 1 BUrlG die Sonderregelung in § 19 Abs. 4 Satz 2 JArbSchG. Diese Sonderregelung gilt für den gesamten persönlichen Geltungsbereich des § 12 BUrlG (vgl. *Dersch/Neumann*, Anh. V Anm. 14f.; *Molitor/Volmer/Germelmann*, § 19 Anm. 155ff.).

I.5. Gesetz zum Schutze der erwerbstätigen Mutter (Mutterschutzgesetz - MuSchG)

in der Fassung der Bekanntmachung vom 18. April 1968 (BGBl. I S. 315)

zuletzt geändert durch das Gesetz vom 30. Juni 1989 (BGBl. I S. 1297) mit Maßgaben für das Beitrittsgebiet der fünf neuen Bundesländer durch Anlage I Kapitel X Sachgebiet A Abschnitt III des Einigungsvertrages vom 31. August 1989 (BGBl. II S. 885, 1072)

(Auszug)

Zweiter Abschnitt Beschäftigungsverbote

§ 3 Beschäftigungsverbote für werdende Mütter

(1) Werdende Mütter dürfen nicht beschäftigt werden, soweit nach ärztlichem Zeugnis Leben oder Gesundheit von Mutter und Kind bei Fortdauer der Beschäftigung gefährdet ist.
(2) Werdende Mütter dürfen in den letzten sechs Wochen vor der Entbindung nicht beschäftigt werden, es sei denn, daß sie sich zur Arbeitsleistung ausdrücklich bereit erklären; die Erklärung kann jederzeit widerrufen werden.

§ 6 Beschäftigungsverbote nach der Entbindung

(1) Wöchnerinnen dürfen bis zum Ablauf von acht Wochen nach der Entbindung nicht beschäftigt werden. Für Mütter nach Früh- und Mehrlingsgeburten verlängert sich diese Frist auf zwölf Wochen.
(2) Frauen, die in den ersten Monaten nach der Entbindung nach ärztlichem Zeugnis nicht voll leistungsfähig sind, dürfen nicht zu einer ihre Leistungsfähigkeit übersteigenden Arbeit herangezogen werden.
(3) Stillende Mütter dürfen mit den in § 4 Abs. 1 und Abs. 2 Nr. 1, 3, 4, 5, 6 und 8 sowie mit den in Abs. 3 Satz 1 genannten Aufgaben nicht beschäftigt werden. Die Vorschriften des § 4 Abs. 3 Satz 2 und 3 sowie Abs. 5 gelten entsprechend.

Literatur

Bachmann, Die neue Urlaubsrechtsprechung des Bundesarbeitsgerichts, BlStSozArbR 1985, 209; *Bengelsdorf*, Befristung des gesetzlichen Urlaubsanspruchs und Mutterschaftsurlaub, NZA 1985, 613; *Buchner*, Urlaub und Rechtsmißbrauch – Fehlentwicklung der Rechtsprechung, DB 1982, 1823; *Franke*, Rechtsmißbräuchliches Urlaubsverlangen bei geringfügiger Arbeitsleistung, BB 1983, 1036; *Giese*, Das rechtsmißbräuchliche Urlaubsbegehren, BB 1975, 1347; *Haberkorn*, Urlaubsanspruch bei unterbrochener Arbeitsleistung, BB 1963, 734; *Hohn*, Urlaub und Rechtsmißbrauch, BB 1963; 436; *v. Hoyningen-Huene*, Die unbezahlte Freistellung von der Arbeit, NJW 1981, 713; *Jung*, Verfall des Erholungsurlaubs durch Inanspruchnahme des Mutterschaftsurlaubs?, AiB 1984, 120; *Kohte*, Kontinuität und Bewegung im Urlaubsrecht, BB 1984, 609; *Leinemann*, Das Urlaubsbegehren nach dem

Bundesurlaubsgesetz, DB 1983, 989; *ders.*, Die neue Rechtsprechung des Bundesarbeitsgerichts zum Urlaubsrecht, NZW 1985, 137; *Ottow*, Urlaub ohne Arbeitsleistung, DB 1972, 1240; *Palme*, Rechtsmißbräuchliches Urlaubsverlangen, BlStSozArbR 1982, 49; *Rummel*, Arbeitsunfähigkeit und Urlaubsabgeltung, NZA 1986, 383; *Schumann*, Das rechtsmißbräuchliche Urlaubsbegehren, AuR 1970, 71; *Streblow*, Erholungsurlaub trotz Krankheit, Diss. Köln, Schriften zum Wirtschafts-, Arbeits- und Sozialrecht Bd. 34; *Thiele*, Störungen des Urlaubsanspruchs bei Angestellten und Arbeitern, DÖD 1986, 53; *ders.*, Abschied vom Begriff des rechtsmißbräuchlichen Urlaubsbegehrens, PersV 1986, 220; *Winderlich*, Der Urlaubszweck, AuR 1989, 300; *dies.*, Urlaubsabgeltung und befristetes Arbeitsverhältnis, BB 1989, 2035.

Inhaltsübersicht

I. Erholungsurlaub und Beschäftigungsverbote vor und nach der Entbindung

1 Im gesamten Bundesgebiet dürfen ab 1. 1. 1991 werdende Mütter in den letzten sechs Wochen vor der Entbindung nicht beschäftigt werden (§ 3 Abs. 2 MuSchG). Diese Regelung entspricht im Beitrittsgebiet des Art. 3 des Einigungsvertrages dem Schwangerschaftsurlaub des § 244 Abs. 1 Satz 1 AGB. Wöchnerinnen dürfen bei Geburten von Einzelkindern bis zum Ablauf von acht Wochen (§ 6 Abs. 1 Satz 1 MuSchG) und bei Mehrlingsgeburten bis zu zwölf Wochen (§ 6 Abs. 1 Satz 2 MuSchG) nach der Entbindung nicht beschäftigt werden. Im Beitrittsgebiet weichen die Regelungen des § 244 AGB hiervon erheblich ab, wenn das Kind vor dem 1. 1. 1991 geboren wurde. Mutterschaftsbedingte Beschäftigungsverbote und Erholungsurlaub schließen einander aus, so daß **Urlaubsansprüche durch die mutterschaftsbedingten Beschäftigungsverbote nicht erfüllt werden.**

II. Gewährung des Erholungsurlaubs vor Beginn der Mutterschutzfristen

2 Nach § 245 AGB ist im Beitrittsgebiet Frauen, deren Kind vor dem 1. 1. 1991 geboren wurde, der (volle) jährliche Erholungsurlaub vor Antritt des Schwangerschaftsurlaubs in Freizeit zu gewähren. Eine vergleichbare Regelung fehlt im MuSchG. Es fragt sich daher, ob auch im übrigen Bundesgebiet Frauen ihren **vollen, ungekürzten Jahresurlaub vor Beginn** des »Schwangerschaftsurlaubs«, nämlich **des Beschäftigungsverbotes** des § 3 Abs. 2 MuSchG, **verlangen können**. Dies ist aus folgenden Überlegungen heraus **zu verneinen**: Wird ein Arbeitnehmer zur Ableistung des Grundwehrdienstes einberufen, so ist ihm der zustehende Erholungsurlaub auf Verlangen vorher zu gewähren (§ 4 Abs. 1 Satz 1 ArbPlSchG). Der Gesetzgeber hat die noch im Regierungsentwurf enthaltene vergleichbare

Regelung für den Erziehungsurlaub gestrichen (BT-Drucksache 10/3792, S. 20). Es sollten für den Arbeitgeber unzumutbare Belastungen vermieden werden. Der Arbeitnehmer erschien durch die Regelung des § 7 Abs. 1 BUrlG, wonach bei der zeitlichen Festlegung des Urlaubs vorrangig seine Wünsche zu berücksichtigen sind (vgl. dazu *Berscheid*, HzA, Gruppe 4, Rz. 368ff.), und durch die verlängerte Übertragungsmöglichkeit des § 17 Abs. 2 BErzGG hinreichend geschützt. Vorschriften für die Gewährung des Erholungsurlaubs in dem Fall, daß eine Arbeitnehmerin keinen Erziehungsurlaub in Anspruch nimmt, sondern nach dem Beschäftigungsverbot für Wöchnerinnen (§ 6 Abs. 1 MuSchG) sofort wieder ihre Arbeit aufnimmt, fehlen dagegen völlig. Es muß daher bei den Regelungen des § 7 Abs. 1 und 2 BUrlG bleiben.

III. Übertragung des Erholungsurlaubs auf die Zeit nach Ablauf der Mutterschutzfristen

3 Wird der **Erholungsurlaub** vor Beginn des Schwangerschaftsurlaubs nicht verlangt oder nicht gewährt, so kann er im Beitrittsgebiet des Art. 3 noch nach dem Wochenurlaub verlangt werden (§ 245 AGB). Der nach dieser Vorschrift übertragene Urlaub aus der Zeit vor Antritt des Schwangerschaftsurlaubs ist der Arbeitnehmerin, deren Kind vor dem 1. 1. 1991 geboren wurde, vom Arbeitgeber unmittelbar nach Ablauf des Wochenurlaubs zu gewähren. Auch hier fehlt im MuSchG für das übrige Bundesgebiet eine vergleichbare gesetzliche Regelung für die Übertragung des Erholungsurlaubs **aus der Zeit vor Beginn der gesetzlichen Mutterschutzfristen**. Deshalb wird angenommen, daß der Erholungsurlaub auch während der Mutterschutzfristen durch Fristablauf nach § 7 Abs. 3 Satz 3 BUrlG verfalle, wenn er nicht bis zum 31. März des Folgejahres in Freizeit verwirklicht werden könne (*Natzel*, Anh. § 17 BErzGG Nr. 9). Dieser rein formalen Betrachtungsweise steht bereits der Grundgedanke des § 17 Abs. 2 BErzGG entgegen. Nach dieser Vorschrift ist der Erholungsurlaub, der vor dem Beginn des Erziehungsurlaubs nicht oder nicht vollständig genommen worden ist, nach dem Erziehungsurlaub in Freizeit zu gewähren. Eine anwaltlich oder gewerkschaftlich gut beratende Arbeitnehmerin wird dann, wenn sie an sich wegen der fehlenden Voraussetzungen für die Inanspruchnahme des Erziehungsgeldes dennoch die wenigen Tage, die bis zur Vollendung des 2. Lebensmonats des Einzelkindes bei einer Normalgeburt bzw. bis zur Vollendung des 3. Lebensmonats bei Früh- oder Mehrlingsgeburten fehlen, durch Verlangen des Erziehungsurlaubs auffüllen und so in den Genuß der Regelung des § 17 Abs. 2 BErzGG kommen.

4 Für die **Beantwortung der Frage**, ob der Erholungsurlaub im Übertragungszeitraum verfällt, wenn er wegen der Mutterschutzfristen nicht hat in Freizeit verwirklicht werden können, kann aber **nicht von der Güte der Rechtsberatung** der Arbeitnehmerin **im Einzelfall abhängig** sein, das **Problem ist vielmehr generell zu lösen**. Nach der neueren Rechtsprechung (*BAG* v. 23. 7. 1987, AP Nr. 11 zu § 7 BUrlG; *BAG* v. 24. 11. 1987, EzA § 7 BUrlG Nr. 61 = AP Nr. 41 zu § 7 BUrlG Abgeltung) soll der Urlaubsanspruch auch dann, wenn die Voraussetzungen der gesetzlichen Übertragungsgründe noch weiter vorliegen, nur bis zum 31. März des Folgejahres befristet sein. Mit Ablauf der Übertragungsfrist erlösche der Urlaubsanspruch, und der Arbeitgeber werde von seiner Pflicht, den Arbeitnehmer für die Urlaubsdauer von seiner Arbeitspflicht zu entbinden, gemäß § 275 BGB

frei (*BAG* v. 31. 10. 1986, EzA § 7 BUrlG Nr. 49 = AP Nr. 25 zu § 13 BUrlG). Begründet wird diese Ansicht formaljuristisch allein unter Berufung auf den Gesetzeswortlaut: Nach § 1 BUrlG habe jeder Arbeitnehmer »in« jedem Kalenderjahr Anspruch auf bezahlten Erholungsurlaub, nach § 7 Abs. 3 BUrlG müsse der urlaub »im« laufenden Kalenderjahr bzw. »im« Übertragungszeitraum gewährt und genommen werden. Der Urlaub bestehe »im« Urlaubsjahr, nicht »für« das Urlaubsjahr (*BAG* v. 13. 5. 1982, EzA § 7 BUrlG Nr. 25 = AP Nr. 4 zu § 7 BUrlG Übertragung mit abl. Anm. von *Boldt*).

5 **Die plakativ hervorgehobene Unterscheidung**, daß nach § 1 BUrlG jeder Arbeitnehmer »in« jedem Kalenderjahr und nicht »für« jedes Kalenderjahr einen Anspruch auf Erholungsurlaub habe, ist sehr einprägsam und besticht durch ihre Einfachheit, sie **hält aber einer systematischen Prüfung kaum stand**, wie *Kohte* (BB 1984, 609ff., 615) nachgewiesen hat: Nach § 19 Abs. 1 JArbSchG wird den Jugendlichen ein bezahlter Erholungsurlaub »für« jedes Kalenderjahr gewährt und zugleich für die Abwicklung des Urlaubs in § 19 Abs. 4 Satz 1 JArbSchG die Geltung von § 7 Abs. 3 BUrlG angeordnet. Folglich muß man die Verfallsfrage für erwachsene und jugendliche Beschäftigte identisch lösen (*Kohte*, a.a.O.). Den Worten »in« und »für« kann nicht die von der Rechtsprechung zugedachte Bedeutung haben. Nur eine »sterile Wortinterpretation« kann allein daraus einen wesentlichen Unterschied ableiten, maßgeblich muß aber die Zweckorientierung bleiben (*Kohte*, a.a.O.). **Aber selbst bei einer strengen Wortauslegung darf nicht außer acht gelassen werden**, daß nach **Art. 3 Abs. 3 IAO-Übereinkommen Nr. 132** der Urlaub des Arbeitnehmers auf keinen Fall weniger als drei Arbeitswochen »für« das Dienstjahr betragen darf. Da dieses Übereinkommen als Bundesgesetz transformiert worden ist, ist sowohl aus historischen Gründen als auch wegen des Gebots der völkerrechtskonformen Auslegung eine Interpretation des BUrlG verfehlt, die einem vom IAO-Übereinkommen abweichenden Wortlaut eine zentrale Bedeutung beimißt (*Kohte*, a.a.O.; zust. *Berscheid*, HzA, Gruppe 4, Rz. 429).

6 Das bedeutet nun für die Übertragung des Erholungsurlaubs ganz allgemein folgendes: Liegen die gesetzlichen Gründe für die Übertragung des Urlaubs vor, so muß der Urlaub in den ersten drei Monaten des folgenden Kalenderjahres, also bis 31. März, genommen werden. Nach Ablauf der Frist verfällt der Urlaubsanspruch grundsätzlich (*BAG* v. 13. 5. 1982, EzA § 7 BUrlG Nr. 25 = AP Nr. 4 zu § 7 BUrlG Übertragung mit abl. Anm. von *Boldt*; *BAG* v. 26. 5. 1983, EzA § 7 BUrlG Nr. 27 = AP Nr. 12 zu § 7 BUrlG Abgeltung), es sei denn, daß der Urlaub aus von keiner Arbeitsvertragspartei zu vertretenden Gründen nicht gewährt und genommen werden kann (*LAG Bremen* v. 17. 1. 1984, EzA § 7 BUrlG Nr. 29 = AP Nr. 5 zu § 7 BUrlG) oder dem Arbeitgeber gegenüber erfolglos geltend gemacht worden ist (*BAG* v. 27. 8. 1986, EzA § 7 BUrlG Nr. 46 = AP Nr. 29 zu § 7 BUrlG). Hat die Arbeitnehmerin den **Erholungsurlaub wegen der Mutterschutzfristen nicht bis zum 31. März des Folgejahres** in Freizeit nehmen können, so geschah dies aus triftigen Gründen. Der Erholungsurlaub kann daher auch noch **in den weiteren Monaten des Folgejahres** geltend gemacht und genommen werden. Jede andere Auslegung führt zu Zufallsergebnissen, die sachlich nicht zu rechtfertigen sind (*Buchner*, DB 1982, 1823, 1824f; *Staudinger/Richardi*, § 611 BGB Anm. 878), und widerspricht im übrigen Sinn und Zweck der Regelung des Art. 9 Nr. 1 IAO-Übereinkommen Nr. 132 (vgl. dazu auch *LAG Düsseldorf* v. 21. 3. 1991, LAGE § 7 AWbG NW Nr. 9).

7 Stand der Arbeitnehmerin aus der Zeit vor Beginn des Schwangerschaftsurlaubs, nämlich des schwangerschaftsbedingten Beschäftigungsverbots § 3 Abs. 2 MuSchG, noch der **längere Jugendurlaub** nach § 19 Abs. 2 JArbSchG zu, so ist er ihr nach dem Wochenurlaub, also **in der Zeit nach dem Beschäftigungsverbot** des § 6 Abs. 1 MuSchG, **auch dann in Freizeit zu gewähren, wenn sie** nunmehr keine Jugendliche mehr ist, sondern **zwischenzeitlich Erwachsene wurde** (so zum Erziehungsurlaub: *Meisel/Sowka*, § 17 BErzGG Anm. 28; *Zmarzlik/Zipperer/Viethen*, § 17 BErzGG Anm. 19). Für die betroffenen Arbeitnehmerinnen sind die Vorschriften der §§ 244, 245 AGB sprachlich besser verständlich als die Bestimmungen der §§ 3, 6 MuSchG, aber diese sprachliche Unterscheidung ist im Einigungsvertrag nicht bundeseinheitlich übernommen worden.

IV. Urlaubsabgeltung bei Beendigung des Arbeitsverhältnisses

8 Nach § 7 Abs. 4 BUrlG ist der Urlaub abzugelten, wenn er wegen Beendigung des Arbeitsverhältnisses nicht in Freizeit gewährt werden kann. Dabei ist es gleichgültig, ob es sich um einen Teil- oder Rest- oder Vollurlaubsanspruch handelt. Es spielt auch keine Rolle, ob der Urlaub aus dem Urlaubsjahr selbst stammt oder ein übertragener Urlaub ist. Deshalb tritt auch der Verfall der Abgeltung mit Ablauf des Urlaubsjahres oder des Übertragungszeitraumes nicht ein (*Boldt/Röhsler*, § 7 BUrlG Anm. 80; *Dersch/Neumann*, § 7 BUrlG Anm. 109; *Natzel*, § 7 BUrlG Anm. 164; **a. A.** *Siara*, § 7 BUrlG Anm. 32; *BAG* v. 23. 6. 1983, EzA § 7 BUrlG Nr. 28 = AP Nr. 14 zu § 7 BUrlG Abgeltung mit krit. Anm. von *Trieschmann*, SAE 1984, 1826 mit zust. Anm. von *Färber*; *BAG* v. 28. 6. 1984, EzA § 7 BUrlG Nr. 34 = AP Nr. 18 zu § 7 BUrlG Abgeltung mit zust. Anm. von *Kraft*). Der Gegenmeinung (*BAG*, a. a. O.) kann nicht gefolgt werden, denn § 7 Abs. 3 BUrlG schreibt nach seinem Wortlaut nur die grundsätzliche Bindung des aus Freizeitgewährung gerichteten Urlaubsanspruchs, nicht aber auch der Urlaubsabgeltung an das Kalenderjahr bzw. den Übertragungszeitraum vor. Es gibt keinen Grund zu der Annahme, daß das Fehlen einer solchen Vorschrift bzw. die fehlende Verweisung darauf in § 7 Abs. 4 BUrlG für die Urlaubsabgeltung eine Gesetzeslücke im Sinn einer planwidrigen Unvollständigkeit des BUrlG ist, zumal die Bindung der Urlaubsabgeltung an das Urlaubsjahr bzw. den Übertragungszeitraum in rechtspolitischer Hinsicht gar nicht so sinnvoll erscheint wie die Bindung des Freizeitanspruchs an diese Zeiträume (*Berscheid*, HzA, Gruppe 4, Rz. 466, m. w. N.). Eine sachgerechte und von den Zufälligkeiten des jeweiligen Einzelfalles abhebende Lösung läßt sich daher allein durch eine unterschiedlose Gewährung des Abgeltungsanspruchs erreichen (*Streblow*, Erholungsurlaub trotz Krankheit, 1986, S. 173). Mithin ist also ein erdienter Urlaub stets abzugelten, wenn das Arbeitsverhältnis während der Mutterschutzfristen oder mit ihrem Ablauf endet.

9 **§ 7 Abs. 4 BUrlG setzt das Bestehen eines Urlaubsanspruchs voraus**, so daß sich die Frage aufdrängt, welchen **Einfluß eine gänzlich fehlende oder nur geringe tatsächliche Arbeitsleistung** der Arbeitnehmerin im Kalenderjahr (= Urlaubsjahr) auf ihren Anspruch auf Erholungsurlaub hat, wenn sie also wegen einer sog. Problemschwangerschaft Monate lang arbeitsunfähig krank war und anschließend wegen der mutterschaftsbedingten Beschäftigungsverbote keinerlei Arbeitsleistung in dem Urlaubsjahr erbracht hat. In den Fällen, in denen eine Arbeitnehmerin wegen Mutterschaft oder Krankheit im Urlaubsjahr nicht gearbeitet hat, wurde der Geltendmachung des Urlaubsanspruch der **Einwand des Rechtsmißbrauch** entgegengesetzt (*BAG* v. 25. 2. 1971, EzA § 1 BUrlG Nr. 1 = AP Nr. 6 zu § 34 SchwBeschG 1961 mit Anm. von *Schnorr v. Carolsfeld*). Der Urlaubsanspruch steht zwar nicht in einem Gegenseitigkeitsverhältnis zur Erbringung der Arbeitsleistung, hat aber seinen Rechtsgrund ebenfalls im Arbeitsverhältnis, so daß ein wesentlicher Gesichtspunkt für seine Geltendmachung ist, ob der Anspruch trotz Fehlens einer nennenswerten Arbeitsleistung unter dem Gesichtspunkt der **Sicherung eines Mindestmaßes an Äquivalenz** der im Arbeitsverhältnis zu erbringenden Leistungen nicht mehr sachlich gerechtfertigt werden kann (*Staudinger/Richardi*, § 611 BGB Anm. 881). Daran ist festzuhalten, denn der werdenden Mutter bzw. Wöchnerin, die wegen Arbeitsunfähigkeit oder wegen der generellen Beschäftigungsverbote des § 3 Abs. 2 bzw. § 6 Abs. 1 MuSchG keine Arbeit leistet, entsteht nämlich überhaupt kein sich auf ihre besondere Situation auswirkender Nachteil, wenn die fehlende tatsächliche Arbeitsleistung in bestimmten Ausnahmefällen zu Lasten ihres Urlaubsanspruchs berücksichtigt wird. Es ist nicht ersichtlich, daß die mutterschaftlichen Aufgaben der Arbeitnehmerin oder die Gesundheit von Mutter und Kind dadurch irgendwie gefährdet werden könnte, denn die Folgewirkung – nämlich die **Versagung des Erholungsurlaubs wegen fehlender Arbeitsleistung** – beschränkt sich vollständig auf das urlaubsrechtliche Gebiet, hat aber keinen Zusammenhang mit dem für die werdende Mutter bzw. die Wöchnerin bestehenden besonderen Schutzbereich (so bereits *BAG* v. 12. 1. 1967, EzA § 1 BUrlG Nr. 3 = AP Nr. 4 zu § 3 BUrlG Rechtsmißbrauch mit Anm. von *Witting*). Die besondere Fürsorge des Arbeitgebers für die Arbeitnehmerin, die in der Verpflichtung zur Urlaubsgewährung ihren Ausdruck findet, erklärt sich allein aus dem durch tatsächliche Arbeitsleistung ausgelösten Bedürfnis nach Erhaltung und Wiederauffrischung der Arbeitskraft, wie es in der Gesetzesbegründung heißt (BT-Drucksache IV/207, S. 3).

10 Dies gilt insbesondere für die **tarifliche Praxis**, die sich **augenscheinlich an der früheren Rechtsmißbrauchsrechtsprechung orientiert** hat. So kann eine Arbeitnehmerin im Geltungsbereich des MTV-Metall NW nicht mehr Urlaub verlangen, als sie im Urlaubsjahr = Kalenderjahr Tage tatsächlich gearbeitet hat, denn durch das in § 12 Nr. 3 Satz 1 MTV-Metall NW vorgesehene Zwölftelungsprinzip wird durch die Tarifvertragsparteien, noch deutlicher als dies durch den Gesetzgeber im BUrlG geschehen ist (vgl. § 5 Abs. 1 Buchst. c BUrlG), ein Bezug zur Arbeitsleistung des Arbeitnehmers hergestellt (*LAG Düsseldorf* v. 24. 6. 1983, BB 1983, 1793 = DB 84, 251, 252). Nach § 12 Nr. 3 Abs. 1 Satz 1 MTV-Metall NW hat eine Arbeitnehmerin im Ein- und Austrittsjahr gegen den alten und neuen Arbeitgeber nur auf soviele Zwölftel des ihr zustehenden Urlaubs Anspruch, als sie Monate bei ihnen »gearbeitet« hat. Dagegen besteht für eine »Beschäftigung« bis zu zwei Wochen nach § 12 Nr. 3 Abs. 1 Satz 3 MTV-Metall NW überhaupt kein Urlaubsanspruch. Auch wenn sich die zuletzt genannte tarifliche Bestimmung nur auf das Ein- und Austrittsjahr bezieht, so ist es jedoch ein Hinweis darauf, daß einer Arbeitnehmerin, die aus welchen Gründen auch immer, in einem Urlaubsjahr weniger als zwei Wochen oder gar nicht gearbeitet hat, auch kein Urlaubsanspruch zusteht. Dagegen kann – abgesehen vom Eintrittsjahr – die Arbeitnehmerin ab 1. April eines jeden Kalenderjahres den Urlaub »in voller Höhe« geltend machen, wenn kein besonderer Urlaubsplan besteht (§ 12 Nr. 2 Satz 2 MTV-Metall NW). Schließlich ist nach § 12 Nr. 4 Abs. 1 MTV-Metall NW in den auf das Eintrittsjahr folgenden Kalenderjahren der volle Jahresurlaub zu gewähren, wenn die Arbeitnehmerin aufgrund ordentlicher Kündigung des Arbeitgebers nach dem 1. April des Urlaubsjahres aus seinen Diensten ausscheidet, während es bei einer Eigenkündigung der Arbeitnehmerin bei der Zwölftelung bleibt, denn in diesem Falle soll die Arbeitnehmerin durch den Wechsel des Arbeitsplatzes keinen Vorteil hinsichtlich ihres Urlaubs erlangen (*Ziepke*, § 12 MTV-Metall NW Anm. 12). Aus all diesen Vorschriften ist zu folgern, daß die **Arbeitnehmerin nur so viele Tage Urlaub** verlangen kann, **wie sie im Urlaubsjahr durch tatsächliche Arbeitsleistung »erdient«** hat. Bereits zu § 3 des Urlaubsabkommens der Metallindustrie Nordrhein-Westfalens vom 29. 4. 1948, nach welchem der Urlaubsanspruch nach einer ununterbrochenen Beschäftigungszeit von 6 Monaten im Betrieb (Wartefrist) entstand, hat die Rechtsprechung (*LAG Hamm* v. 27. 2. 1950, AP 1950 Nr. 201) entschieden, daß der recht liche Fortbestand des Arbeitsverhältnisses allein nicht ausreicht, um einen Urlaubsanspruch zu begründen. Es muß vielmehr eine gewisse Arbeitsleistung im Betrieb vollbracht sein. Solange der Tarifvertrag weiterhin darauf abstellt, daß die Arbeitnehmerin zum Erwerb ihres vollen bzw. anteiligen Urlaubsanspruchs im Betrieb »tatsächlich gearbeitet« (§ 12 Nr. 4 Abs. 2 MTV-Metall NW) hat, und solange unter Beschäftigungsmonaten solche zu verstehen sind, in denen die Arbeitnehmerin bei ihrem Arbeitgeber »gearbeitet« (§ 12 Nr. 3 Abs. 1 Satz 1 MTV-Metall NW) hat, ist eine irgendwie geartete Mindestarbeitsleistung zu fordern. Wer soviele Urlaubstage erhält, als er Werktage gearbeitet hat, kann nach allgemeiner Lebenserfahrung das aus der geleisteten Arbeit folgende Erholungsbedürfnis ausreichend befriedigen.

I.6. Gesetz zur Sicherung der Eingliederung Schwerbehinderter in Arbeit, Beruf und Gesellschaft (Schwerbehindertengesetz – SchwbG)

in der Fassung der Bekanntmachung vom 26. August 1986 (BGBl. I S. 1421, berichtigt S. 1550)

geändert durch Gesetz vom 14. Dezember 1987 (BGBl. I S. 2602), vom 8. Juni 1989 (BGBl. I S. 1026), vom 18. Dezember 1989 (BGBl. I S. 2261) und vom 22. Dezember 1989 (BGBl. I S. 2406)

(Auszug)

§ 47 Zusatzurlaub

Schwerbehinderte haben Anspruch auf einen bezahlten zusätzlichen Urlaub von 5 Arbeitstagen im Urlaubsjahr; verteilt sich die regelmäßige Arbeitszeit des Schwerbehinderten auf mehr oder weniger als 5 Arbeitstage in der Kalenderwoche, erhöht oder vermindert sich der Zusatzurlaub entsprechend. Soweit tarifliche, betriebliche oder sonstige Urlaubsregelungen für Schwerbehinderte einen längeren Zusatzurlaub vorsehen, bleiben sie unberührt.

Inhaltsübersicht

I. Zweck des Schwerbehindertenurlaubes

1 Bereits das SchwBeschG vom 16. 6. 1953 (BGBl. I S. 389) gewährte in seinen §§ 34, 35 bundeseinheitlich Schwerbehinderten einen Zusatzurlaub von sechs Arbeitstagen im Jahr. Dadurch waren die bis dahin geltenden Länderregelungen außer Kraft getreten, soweit sie Schwerbeschädigte nach § 1 und Gleichgestellte mit wenigstens 50 v.H. Erwerbsminderung nach § 2 SchwBeschG betrafen. In Kraft blieben zunächst die Länderregelungen für Arbeitnehmer, die nicht vom SchwBeschG erfaßt wurden, also Unfallbeschädigte und sonstige Kriegsbeschädigte unter 50 v.H. Erwerbsminderung, die nach landesrechtlichen Urlaubsbestimmungen Anspruch auf Zusatzurlaub geltend machen konnten (vgl. § 15 Abs. 2 SchwBeschG).

2 Erst das SchwBeschG 1953 führte zu einer **Vereinheitlichung des Rechtes auf Zusatzurlaub für Schwerbehinderte**, da nun alle um mindestens 50 v.H. Erwerbsgeminderte ohne Rücksicht auf die Ursache ihrer Schwerbehinderung als Schwerbehinderte gelten (§ 1 Abs. 1 SchwBeschG 1953). Von den landesgesetzlichen Regelungen sind nur noch die Sonderbestimmungen des **Saarlandes** weiter in Kraft (§ 15 Abs. 2 S. 2 BUrlG). Insoweit handelt es sich um das Saarländische Gesetz betreffend die Regelung des Zusatzurlaubes für kriegs- und unfallbeschädigte Arbeitnehmer in der Privatwirtschaft vom 22. 6. 1950/30. 6. 1951 (ABl. 1950, 759; 1951, 979). Allerdings gilt diese Regelung nur noch für Erwerbsgeminderte zwischen 25 bis 50 v.H. Sie erhalten nach dieser im Saarland geltenden Regelung 3 Arbeitstage Zusatzurlaub (*LAG Saarbrücken* BB 1963, S. 1137). Für alle mindestens 50 v.H. Erwerbsgeminderte gilt auch im Saarland § 47 SchwbG.

3 In Kraft geblieben sind nach § 15 Abs. 2 S. 2 BUrlG auch die zusätzlichen landesrechtlichen gesetzlichen Regelungen über den **Zusatzurlaub für Opfer des Nationalsozialismus**.

Insoweit gilt weiter **§ 4 Badisches Urlaubsgesetz** vom 13. 7. 1949 (GVBl. 1949, 289), § 2 Abs. 3 **Niedersächsisches Urlaubsgesetz** vom 10. 12. 1948 (GVBl. Sp. I, 733), § 3 des **Rheinland-pfälzischen** Gesetzes vom 8. 10. 1948 (GVBl. 1948, 370),

§ 2 **UrlG Baden-Württemberg** vom 6. 8. 1947/6. 4. 1949/3. 4. 1950 (RegBl. 1947, 78; 1949, 57; 1950, 30).

4 Der Staat läßt Personengruppen, die als Arbeitnehmer infolge ihrer geistigen, körperlichen oder seelischen schweren Beschädigung eines besonderen Schutzes bedürfen, im Rahmen des SchwbG auch die Möglichkeit zur besonders ausgedehnten Erholung zukommen. Damit soll der Schwerbehinderte in die Lage versetzt werden, den durch seine Behinderung erhöhten Arbeitseinsatz und Kräfteverbrauch angemessen auszugleichen. Der **Zweck** des Zusatzurlaubes für Schwerbehinderte liegt also vor allem darin, daß durch eine entsprechend längere Erholung der Schwerbehinderte seine bisherige Arbeitsfähigkeit und Gesundheit sichert und erhält (*BAG* AP Nr. 1 und 2 zu § 33 SchwBeschG).

5 In dieser Vergünstigung für die Schwerbehinderten liegt kein Verstoß gegen das **Gleichheitsgebot des Art. 3 GG** vor. Das *BAG* hat (AP Nr. 1 zu § 33 SchwBeschG und AP Nr. 1 zu § 34 SchwBeschG n.F.) mit Recht darauf hingewiesen, daß im Verhältnis zu einem gesunden Arbeitnehmer der Schwerbehinderte in einer nicht vergleichbaren tatsächlichen Situation sei: Er müsse sich wegen seiner Behinderung länger erholen und komme erst dadurch in eine vergleichbare Lage mit einem gesunden Arbeitnehmer. Diese unterschiedliche tatsächliche Lage lasse auch eine unterschiedliche Behandlung bei der Urlaubsdauer gerechtfertigt erscheinen.

6 Das SchwbG gilt seit Inkrafttreten des Einigungsvertrages vom 31. 8. 1990 (BGBl. II S. 899) auch in den neuen Bundesländern und Ostberlin. Die dort geltenden Änderungen des SchwbG beruhen auf Anlage I Kapitel VIII Sachgebiet E – Abschnitt II Nr. 6 und Abschnitt III Nr. 1. Diese Änderungen betreffen nicht § 47 SchwbG.

II. Voraussetzungen des Schwerbehindertenurlaubes

1. Begriff: Schwerbehinderter – Wegfall der Schwerbehinderteneigenschaft

7 Schwerbehinderter nach § 1 SchwbG sind alle Personen, die körperlich, geistig oder seelisch behindert und infolge ihrer Behinderung nicht nur vorübergehend einen Grad der Behinderung von wenigstens 50 haben.
Insoweit ist weder die **Ursache der Behinderung** noch die **Staatsangehörigkeit des Behinderten** für die Schwerbehinderteneigenschaft ausschlaggebend. Maßgeblich ist allein, ob der Schwerbehinderte **rechtmäßig** im territorialen Geltungsbereich des SchwbG (Bundesrepublik Deutschland) **wohnt**, seinen **Aufenthalt** hat oder eine **Beschäftigung als Arbeitnehmer** ausübt (§ 1 SchwbG – vgl. zu diesen Voraussetzungen: *Wilrodt/Neumann* SchwbG, 7. Aufl., § 1 Rn. 17ff.; *Jung/Cramer*, SchwbG, 2. Aufl. § 1 Rn. 8ff.; *Gröninger*, SchwbG, § 1 Ziffer 5; *Theiler*, SchwbG, § 1 Rn. 3ff.; *Winterfeld*, SchwbG in »Neues Arbeitsrecht« Rn. 1bff.).

8 Das Lebensalter und vor allem das **Erreichen des Rentenalters** hat keinen Einfluß auf die Anwendung der Schutzvorschriften des SchwbG, also auch nicht auf die Gewährung von Zusatzurlaub (*LAG Düsseldorf/Köln* DB 1980, 1551).

9 Die **Schwerbehinderteneigenschaft** wird unmittelbar **kraft Gesetzes erworben**, wenn der gesetzliche Tatbestand einer Schwerbehinderung nach § 1 SchwbG erfüllt ist (*BAG* EzA § 12 SchwbG Nr. 2 = AP Nr. 1 zu § 12 SchwbG [Abschnitt II 2b der Gründe] = BB 1977, 397 = DB 1977, 636; allg. Auffassung in Rechtsprechung und Literatur). Die Schwerbehinderteneigenschaft hängt also nicht davon ab, daß dieser Tatbestand durch die zuständige Verwaltungsbehörde (Versorgungsamt) oder ein Gericht ausdrücklich festgestellt wird. Auch die Erteilung eines Ausweises nach § 4 Abs. 5 SchwbG hat keine rechtsbegründende (konstitutive), sondern nur rechtsbezeugende (deklaratorische) Wirkung. Auch ohne ausdrückliche behördliche Feststellung besteht demnach die Schwerbehinderteneigenschaft und damit ein Anspruch auf die besonderen Schutzvorschriften des SchwbG, also auch des § 47 SchwbG.

10 Daraus folgt aber nicht, daß die Schwerbehinderteneigenschaft kraft Gesetzes auch ebenso automatisch erlischt, sobald die **gesetzlichen Voraussetzungen** entfallen, insbesondere der Grad der Behinderung unter 50 fällt. Hier setzt die Sonderregelung des § 38 Abs. 1 SchwbG ein: Danach erlischt der Schutz des SchwbG einschließlich des Rechtsanspruchs auf Zusatzurlaub am Ende des dritten Kalendermonats nach Eintritt der Unanfechtbarkeit des die Verringerung auf weniger als 50 feststellenden Bescheides (*Theiler*, SchwbG, § 38 Rn. 4; *Wilrodt/Neumann*, a.a.O., § 38 Rn. 2f.; *Winterfeld*, a.a.O. Rn. 60; *BAG* AP Nr. 4 zu § 14 SchwbG = BB 1957, 149 = DB 1957, 120).

Maßgebend für den Beginn der dreimonatigen Schonfrist ist der Feststellungsbescheid nach § 4 Abs. 1 und 2 SchwbG, eine entsprechende rechtskräftige Gerichtsentscheidung oder ein wirksamer Vergleich über den Grad der Behinderung vor dem Sozialgericht.

2. Gleichgestellte

11 **Gleichgestellte** nach § 2 SchwbG kommen nach der ausdrücklichen Regelung des § 2 Abs. 2 SchwbG nicht in den Genuß des Zusatzurlaubes: Die Gleichstellung bezieht sich danach ausdrücklich nicht auf den Zusatzurlaub nach § 47 SchwbG.

3. Kenntnis der Schwerbehinderteneigenschaft

12 Die Vorschriften des SchwbG finden im Rahmen eines Arbeitsverhältnisses Anwendung **ohne Rücksicht** darauf, ob der Arbeitgeber von der **Schwerbehinderteneigenschaft** seines Arbeitnehmers **Kenntnis** hatte oder die Pflichtzahl bei der Einstellung des Schwerbehinderten bereits erfüllt war (*BAG*, ständige Rechtsprechung, zuletzt EzA § 44 SchwbG Nr. 5 = AP Nr. 5 zu § 44 SchwbG = DB 1986, 2684 [Abschnitt I/1 der Gründe]; *LAG Niedersachsen* DB 1978, 848). Das bedeutet, dem Arbeitnehmer steht trotz Unkenntnis des Arbeitgebers von seiner Schwerbehinderteneigenschaft und auch dann, wenn er die Pflichtquote des § 5 SchwbG bereits erfüllt hat, der Zusatzurlaub nach § 47 SchwbG zu.

4. Geltendmachung des Zusatzurlaubes

13 Die Gewährung des Zusatzurlaubes hängt zunächst davon ab, daß der Arbeitgeber die Schwerbehinderteneigenschaft seines Arbeitnehmers kennt. Ist sie ihm unbekannt, so muß der Arbeitnehmer sich auf seine Schwerbehinderteneigenschaft berufen und – das ist entscheidend – außerdem verlangen, daß der Arbeitgeber ihm für ein bestimmtes Urlaubsjahr den Zusatzurlaub gewährt. Es genügt für die Geltendmachung deshalb nicht, wenn der Arbeitnehmer nur mitteilt, er habe einen Antrag auf Anerkennung als Schwerbehinderter gestellt. Damit wird dem Arbeitgeber allein nicht erkennbar, ob und welche Rechte der Arbeitnehmer aus einem Anerkennungsbescheid herleiten will. Unerläßlich ist, daß der Arbeitnehmer ausdrücklich darüber hinaus auch seinen Anspruch auf Zusatzurlaub erhebt (*Wilrodt/Neumann*, a.a.O., § 47 Rn. 9; *Winterfeld*, a.a.O., Rn. 204f.; *Theiler*, a.a.O., § 47 Rn. 10f.; *BAG* AP Nr. 3 zu § 44 SchwbG = BB 1982, 1302 = DB 1982, 1329). Macht der Schwerbehinderte den Zusatzurlaub nicht in dieser Form geltend, so erlischt der Anspruch mit Ablauf des Urlaubsjahres. Das gilt auch, wenn die Schwerbehinderteneigenschaft später mit Rückwirkung festgestellt wird (*LAG Niedersachsen* DB 1978, 848 – vgl. dazu auch *Bengelsdorf*, Die Auswirkungen der Schwerbehinderteneigenschaft auf den Zusatzurlaub, RdA 1983, 25 m.w.N., vor allem S. 27f.). Ist aber der Zusatzurlaub geltend gemacht worden und wurde er während des Urlaubsjahres deswegen nicht gewährt, weil die Schwerbehinderteneigenschaft noch nicht endgültig festgestellt war, ist dieser Urlaub nachträglich in Freizeit zu gewähren (*BAG* EzA § 44 SchwbG Nr. 6 = AP Nr. 6 zu § 44 SchwbG = DB 1986, 2683 [Abschnitt I 2 c der Gründe]; *LAG Hamm* DB 1979, 2044 (nur Leitsätze).

III. Zusatzurlaub

14 Der Zusatzurlaub des Schwerbehinderten tritt, wie schon dieses Wort sagt, zu dem dem betroffenen Arbeitnehmer nach allgemeinen urlaubsrechtlichen Grundsätzen zustehenden Erholungsurlaub hinzu.

1. Akzessorietät vom Grundurlaub

15 Daraus folgt, daß der Schwerbehinderte einen Anspruch auf diesen Zusatzurlaub überhaupt nur und auch nur in dem Umfang erwirbt, als ein **Hauptanspruch auf Erholungsurlaub** entstanden ist. War daher der Arbeitnehmer während des Urlaubsjahres bis zum Ablauf des Übertragungszeitraumes arbeitsunfähig **krank**, kann er also seinen Erholungsurlaub deswegen nicht in natura abnehmen, so erlischt mit Ablauf des 31. 3. des Folgejahres auch sein Anspruch auf den Schwerbehindertenzusatzurlaub, wenn er bis dahin nicht abgenommen worden ist. Das ist die Konsequenz aus der »neuen« Rechtsprechung des *BAG* zum Urlaubsanspruch seit der Entscheidung vom 28. 1. 1982, die in § 1 BUrlG – Anm. 124ff. – näher erläutert ist. Soweit darüber hinaus gegen den Hauptanspruch auf Erholungsurlaub überhaupt noch der Einwand des Rechtsmißbrauches erhoben werden kann (s. § 1 BUrlG Anm. 134), steht sie auch dem Zusatzurlaub entgegen. Der Zusatzurlaub entsteht demnach nur, soweit der Haupturlaubsanspruch dem schwerbehinderten Arbeitnehmer erwachsen ist.

16 Das gilt auch insichtlich der anteiligen Gewährung des Zusatzurlaubes, wenn dem schwerbehinderten Arbeitnehmer nach § 5 BUrlG nur ein Anspruch auf **Teilurlaub** im Urlaubsjahr zusteht (so *BAG* AP Nr. 2 zu § 33 SchwBeschG = DB 1957, 1180). Hat also der Schwerbehinderte nur einen Teil des Jahres in einem Beschäftigungsverhältnis gestanden und daher auch nur einen Anspruch auf einen Teilurlaub nach § 5 BUrlG erworben, so ist auch der Zusatzurlaub von vornherein nur zu einem Teil entstanden. Dabei hat der Schwerbehinderte für jeden vollen Monat der Dauer seines Arbeitsverhältnisses bei Zwölftelung des sechstägigen Zusatzurlaubes Anspruch auf 0,5 Urlaubstage. Bruchteile von Urlaubstagen sind nach § 5 Abs. 2 BUrlG auf einen vollen Tag Zusatzurlaub aufzurunden, wenn es sich um Bruchteile von wenigstens einem halben Tag handelt und nur der Schwerbehindertenurlaub zu gewähren ist (*BAG* EzA § 44 SchwbG Nr. 5 = AP Nr. 5 zu § 44 SchwbG = DB 1986, 2684; *Wilrodt/Neumann*, a.a.O., § 47 Rn. 10; *Theiler*, a.a.O., § 47 Rn. 8; *Winterfeld*, a.a.O., Rn. 199).

17 Die Berechnung des dem Schwerbehinderten zustehenden Teilurlaubs während eines Urlaubsjahres hat jedoch grundsätzlich nicht getrennt nach Haupt- und Zusatzurlaub zu erfolgen, so daß unter Umständen eine Aufrundung auf einen vollen Urlaubstag sowohl beim Haupt- als auch beim Zusatzurlaub erfolgen müßte. Es ist vielmehr vom Gesamturlaub des Schwerbehinderten (Haupt- und Zusatzurlaub) während des ganzen Urlaubsjahres auszugehen, davon 1/12 zu errechnen und dann der Teilurlaubsanspruch zu ermitteln.

Ergeben sich dann Bruchteile eines Urlaubstages von wenigstens einem halben Urlaubstag, erfolgt nach § 5 Abs. 2 BUrlG die Aufrundung. Erfolgt eine Aufrundung nicht, ist der sich ergebende Bruchteil des Urlaubs stundenweise zu gewähren oder nach dem Ausscheiden abzugelten (*BAG* EzA § 5 BUrlG Nr. 14 = AP Nr. 13 zu § 5 BUrlG = DB 1989, 2129).

Hinsichtlich des Zusatzurlaubs für einen **teilzeitbeschäftigten Schwerbehinderten im öffentlichen Dienst** gilt § 48 Abs. 4 BAT. Danach ist in diesem Sonderfall der Gesamturlaubsanspruch des Schwerbehinderten getrennt nach den tariflichen und den gesetzlichen Merkmalen des SchwbG zu bestimmen (*BAG* EzA § 5 BUrlG Nr. 15 = AP Nr. 14 zu § 5 BUrlG = DB 1990, 2428).

2. Dauer des Zusatzurlaubes

18 Ab dem 1. 1. 1987 ist der Zusatzurlaub für alle Schwerbehinderten einheitlich auf **eine Arbeitswoche** in § 47 SchwbG festgelegt worden. Die Regelung des § 3 Abs. 2 BUrlG in der in den »alten« Bundesländern geltenden Fassung des BUrlG, wonach alle Werktage als Urlaubstage anzusehen sind, findet demnach auf den Schwerbehindertenzusatzurlaub keine Anwendung.

Dazu kommt, daß der Begriff des »Arbeitstages« im Sinne des § 47 Satz 1 – 2. Halbsatz – SchwbG nicht mehr betriebsbezogen, sondern personenbezogen ist. Es kommt für den Zusatzurlaub nicht mehr auf die regelmäßige betriebliche Arbeitszeit, sondern ausschließlich auf die regelmäßige Arbeitszeit des Schwerbehinderten an. Denn § 47 Satz 1 – 2. Halbsatz – SchwbG bestimmt, daß der jedem Schwerbehinderten grundsätzlich zustehende Zusatzurlaub von 5 Arbeitstagen im Urlaubsjahr sich entsprechend erhöht oder vermindert, wenn sich die regelmäßige Arbeitszeit des Schwerbehinderten auf mehr oder weniger als 5 Arbeitstage in der Kalenderwoche verteilt. Wenn also der Schwerbehinderte regelmäßig sechs Tage in der Woche von Montag bis Samstag arbeitet, erhält er 6 Tage Zusatzurlaub. Er ist nur an drei Tagen in der Woche regelmäßig von Montag bis Mittwoch, also teilzeitbeschäftigt, so besteht nur auf 3 Arbeitstage Zusatzurlaub. Mit dieser gesetzlichen Regelung wird erreicht, daß jeder Schwerbehinderte im Urlaubsjahr eine volle Woche Zusatzurlaub erhält (*Wilrodt/Neu-*

mann, a.a.O., § 47 Rn. 12f.; *Theiler*, a.a.O., § 47 Rn. 6; *Winterfeld*, a.a.O., Rn. 195ff.).

19 Der Zusatzurlaub ist zusätzlich zu dem gesetzlichen, tariflichen oder vertraglichen Erholungsurlaub zu gewähren, auf den der Schwerbehinderte wie jeder andere im Betrieb beschäftigte Arbeitnehmer einen Anspruch hat (*BAG* EzA § 44 SchwbG Nr. 1 = AP Nr. 1 zu § 47 SchwbG = DB 1979, 992). Der Schwerbehinderte hat einen einheitlichen Urlaubsanspruch, so daß es nicht zu vertreten ist, dem Schwerbehinderten den Zusatzurlaub tageweise zu gewähren.

20 Unzulässig wäre, eine **ungünstigere Regelung** für den Zusatzurlaub zu treffen. Das gilt für einzelvertragliche Vereinbarungen, die von der Berechnung nach Arbeitstagen abgehen, ebenso von tariflichen Regelungen, die eine bestimmte Höchstgrenze für den Urlaub vorsehen. Würde diese Höchstgrenze sich dahin auswirken, daß der Schwerbehinderte einen Zusatzurlaub erhält, der weniger als fünf Arbeitstage beträgt, wäre diese tarifliche Regelung nach § 134 BGB absolut nichtig (*BAG* AP Nr. 1 und 2 zu § 33 SchwBeschG; *LAG Niedersachsen* LAGE § 1 TVG Nr. 5; *Wilrodt/Neumann*, a.a.O., § 47, Rn. 14; *Theiler*, a.a.O., § 47 Rn. 1b; *Winterfeld*, a.a.O., Rn. 211, 212).

21 Der Zusatzurlaub wird vor allem nicht verkürzt, wenn der Arbeitgeber freiwillig allen Mitarbeitern **Zusatzurlaub** gewährt, z.B. aus Anlaß eines **Firmenjubiläums** (*BAG* AP Nr. 1 zu § 34 SchwBeschG).

3. Urlaubsentgelt für Zusatzurlaub

22 Der Zusatzurlaub für Schwerbehinderte ist nach allgemeinen Grundsätzen zu vergüten. Insoweit richtet sich die Berechnung des **Urlaubsentgeltes** nach den Regeln des § 11 BUrlG. Sofern eine tarifliche Vorschrift die Berechnung des Urlaubsentgeltes nach einer anderen Art und Weise vorsieht, gilt diese auch für den Zusatzurlaub. Bei fehlender tariflicher Regelung bemißt sich demgemäß das Urlaubsentgelt nach § 11 BUrlG nach dem Durchschnittsverdienst der letzten 13 Wochen vor Beginn des Urlaubes. Für Teilzeitbeschäftigte: § 11 BUrlG Anm. 31f.

22 Soweit tariflich oder einzelvertraglich ein **zusätzliches Urlaubsgeld** für jeden Urlaubstag vorgesehen ist, entscheidet über die Gewährung dieses zusätzlichen Urlaubsgeldes für den Zusatzurlaub nach § 47 SchwbG der Inhalt der auf das Urlaubsgeld anwendbaren Regelung. Sieht eine tarifliche Regelung vor, daß das Urlaubsgeld fester Bestandteil der gesamten Urlaubsvergütung ist, so muß es auch für den Schwerbehindertenzusatzurlaub gewährt werden (*BAG* EzA § 44 SchwbG Nr. 4 = AP Nr. 4 zu § 44 SchwbG = DB 1984, 1939). Ist allerdings der Anspruch auf das zusätzliche Urlaubsgeld auf den tariflichen Urlaub beschränkt, so scheidet ein Anspruch auf Urlaubsgeld für den Zusatzurlaub aus (*BAG*, EzA § 44 SchwbG Nr. 7 = AP Nr. 7 zu § 44 SchwbG = DB 1986, 2684). Eine solche tarifliche Regelung oder einzelvertragliche Vereinbarung verstößt demnach nicht gegen § 47 SchwbG.

23 Wird einheitlich an alle Arbeitnehmer ein bestimmter fester Betrag als **Urlaubsgratifikation** gezahlt, hat demnach der Schwerbehinderte nur Anspruch auf diesen Betrag, nicht auf eine anteilige Erhöhung für den Zusatzurlaub.

IV. Zusammentreffen mit anderen Urlaubsregelungen

1. Günstigkeitsvergleich

24 Soweit **günstigere** tarifliche, betriebliche oder sonstige (landesrechtliche oder einzelvertragliche) **Urlaubsregelungen** bestehen, also ein längerer Zusatzurlaub für Schwerbehinderte vorgesehen ist, werden diese Regelungen nach § 47 Satz 2 nicht berührt. Das gilt aber nur insoweit, als die für Schwerbehinderte günstigere Regelung über eine Woche gesetzlichen Schwerbehindertenurlaub hinausgeht. Die günstigere Regelung wird also nicht zusätzlich zum Zusatzurlaub nach § 47 SchwbG gewährt, sondern der Schwerbehinderte erhält nur den für ihn festgelegten Zusatzurlaub. Die Regelung des § 47 SchwbG enthält insofern eine Mindestregelung, die durch günstigere Regelungen über die Länge des Schwerbehindertenurlaubes ersetzt wird.

25 Dieses **Günstigkeitsprinzip** gilt allein für die **Länge des Zusatzurlaubes**. Andere zusätzliche Vergünstigungen für Schwerbehinderte werden in den Günstigkeitsvergleich nicht miteinbezogen.
Es findet also keine Gesamtabwägung mit der Folge statt, daß die Länge des Zusatzurlaubes 6 Arbeitstage unterschreiten darf (*BAG* AP Nr. 1 zu § 33 SchwbG; *LAG Düsseldorf* DB 1973, 2001; *Wilrodt/Neumann*, a.a.O. § 47 Rn. 16). Man wird es jedoch zulassen müssen, daß der über eine Woche hinausgehende Zusatzurlaub an besondere Bedingungen geknüpft wird, z. B. an Lebensalter oder Betriebszugehörigkeit des Schwerbehinderten, Grad der Behinderung oder Art der verrichteten Arbeit.

2. Zusammentreffen mit sonstigem Zusatzurlaub

26 Landesrechtliche Vorschriften, die für Schwerbehinderte einen Zusatzurlaub von einer Woche wie in § 47 SchwbG vorgesehen, sind mit dem Inkrafttreten des SchwbG außer Kraft getreten. Überschneiden können sich allenfalls Regelungen über den Zusatzurlaub für politisch Verfolgte mit dem Zusatzurlaub für Schwerbehinderte in Niedersachsen. Insoweit ist § 2 Abs. 3 des Niedersächsischen Urlaubsgesetzes vom 10. 12. 1948 (GVBl. Sp. I, 733) in Kraft geblieben. Es gewährt anerkannten Opfern des Faschismus einen Zusatzurlaub von 3 Werktagen, und soweit sie gesundheitliche Schäden erlitten haben, von 6 Werktagen. Dieser Zusatzurlaub wird diesem Personenkreis neben anderem Zusatzurlaub gewährt. Da diese gesetzliche Regelung nicht auf den Zusatzurlaub für Schwerbehinderte verweist, muß nach dem niedersächsischen Gesetz Schwerbehinderten, die anerkannte Opfer des Faschismus sind, sowohl der Zusatzurlaub nach § 47 SchwbG als auch nach dem niedersächsischen Urlaubsgesetz gewährt werden (ebenso *Dersch/Neumann*, BUrlG, § 15 Anm. 31).

27 Alle anderen, in Anm. 3 genannten Zusatzurlaubsregelungen verknüpfen den Schwerbehinderten-Zusatzurlaub mit anderen Zusatzurlaubsregelungen, so daß der Zusatzurlaub einer Woche jeweils nur einmal zu gewähren ist.

V. Zusatzurlaub für Schwerbehinderte in Heimarbeit

28 In **Heimarbeit Beschäftigte** haben als arbeitnehmerähnliche Personen nach § 12 BUrlG (siehe § 12 BUrlG Anm. 1ff.) die gleichen Urlaubsansprüche wie Arbeitnehmer. Ihr Urlaubsanspruch richtet sich entweder nach § 12 BUrlG, nach Tarifverträgen, nach bindenden Festsetzungen des Heimarbeitsausschusses (§ 19 HAG) oder einzelvertraglichen Vereinbarungen.

29 Der **schwerbehinderte** Heimarbeiter hat demnach einen Anspruch auf Zusatzurlaub von **mindestens einer Arbeitswoche**, die diesem normalen Urlaub zugeschlagen wird. Diesen Zusatzurlaub erhalten auch die den Heimarbeitern Gleichgestellten (§ 1 Abs. 2 HAG), wenn sie Schwerbehinderte i. S. d. § 1 SchwbG (Grad der Behinderung wenigstens 50) sind. Dagegen haben Heimarbeiter und Gleichgestellte nach § 2 HAG keinen Anspruch auf Zusatzurlaub nach § 47 SchwbG, wenn sie nur Schwerbehinderten nach § 2 SchwbG gleichgestellt sind. Es besteht demnach ein Unterschied in der Gleichstellung eines Heimarbeiters mit einem Schwerbehinderten (kein Anspruch auf Zusatzurlaub nach § 47 SchwbG) und einem dem Heimarbeiter Gleichgestellten nach § 2 HAG, der »originärer« Schwerbehinderter nach § 1 SchwbG ist (Anspruch auf Zusatzurlaub nach § 47 SchwbG).

30 § 49 Abs. 3 SchwbG enthält eine **Sonderregelung für die Bezahlung** dieses Zusatzurlaubes nach § 47 SchwbG für die in Heimarbeit Beschäftigten.

31 **§ 49 Abs. 3 Satz 1 SchwbG** legt fest, daß die Bezahlung für den Zusatzurlaub sich grundsätzlich nach den für die Bezahlung des sonstigen Urlaubs geltenden vorhandenen Berechnungsgrundsätzen zu richten hat.

32 Besteht eine solche Regelung nicht, gilt die Regelung des **§ 49 Abs. 3 Satz 2 SchwbG**. Danach hat der schwerbehinderte Heimarbeiter einen Anspruch auf zusätzliches Urlaubsgeld in Höhe von 2 vom Hundert seines Jahresarbeitsverdienstes. Dieser Satz vom 2 vom Hundert ist dem Satz des § 12 Nr. 1 BUrlG hinzuzurechnen. Das Urlaubsentgelt für einen schwerbehinderten Heimarbeiter beträgt demnach 8 3/4 vom Hundert des Jahresarbeitsverdienstes.

33 Maßgeblicher Berechnungszeitraum ist entgegen der in **§ 49 Abs. 3 Satz 2 SchwbG** enthaltenen Regelung, die die Zeit vom 1. 5. des vergangenen bis zum 30. 4. des laufenden Jahres zugrundelegen will, der Bezugszeitraum des laufenden Jahres nach § 12 Nr. 1 BUrlG, – also die Zeit vom 1. 5. des laufenden Jahres bis 30. 4. des folgenden Jahres. Damit wird für die Bezahlung des Urlaubs eines schwerbehinderten Heimarbeiters ein einheitlicher Bezugszeitraum – und zwar der des § 12 Nr. 1 BUrlG – zugrundegelegt (wie hier *Wilrodt/Neumann*, a. a. O., § 49 Rn. 425; *Gröninger/Thomas*, Rn. 8; *Theiler*, a. a. O., § 49 Anm. 8).

VI. Zusatzurlaub für Schwer- und Schwerstbeschädigte in den neuen Bundesländern

34 Hierzu wird auf § 3 BUrlG Anm. 83 verwiesen. Dort sind die in den neuen Bundesländern geltenden Sonderregelungen auch für Behinderte unter einem Behinderungsgrad von 50 im einzelnen dargestellt, soweit sie Schwer- bzw. Schwerstbeschädigt sind.

I.7. Seemannsgesetz

vom 26. Juli 1957 (BGBl. II S. 713)

zuletzt geändert durch Art. 8 des Einigungsvertrages i. V. m. Anlage I, Kapitel VIII, Sachgebiet A, Abschnitt II und Abschnitt III Nr. 7 (BGBl. II S. 885, 1020/1021).

(Auszug)

Literatur

Fettback, Die Heimschaffung deutscher Seeleute aus dem Ausland, Hansa 1965, 198; *Geffken*, Internationales Seeschiffahrtsregister verstößt gegen geltendes Recht, NZA 1989, 88; *Harten*, Der Rückbeförderungsanspruch des Besatzungsmitglieds, Hansa 1962, 2128; *ders.*, Seemannsgesetz und Schiffahrtspraxis, Hansa 1968, 1048; *Knirsch*, Problematik der Heimschaffung von Seeleuten, Hansa 1968, 1204; *Sieveking*, Das Seemannsgesetz in der Rechtsprechung des BAG, Hansa 1963, 503; *Wagner*, Die Höhe des Urlaubsentgelts in der Seeschiffahrt, RdA 1955, 271.

Dritter Abschnitt: Heuerverhältnis der Besatzungsmitglieder
Dritter Unterabschnitt: Urlaub und Landgang

§ 53 Urlaubsanspruch

(1) Das Besatzungsmitglied hat für jedes Beschäftigungsjahr Anspruch auf bezahlten Urlaub.
(2) Das Bundesurlaubsgesetz vom 8. Januar 1963 (Bundesgesetzbl. I S. 2) findet auf den Urlaubsanspruch des Besatzungsmitglieds nur insoweit Anwendung, als es Vorschriften über die Mindestdauer des Urlaubs enthält.

§ 54 Urlaubsdauer

(1) Die Urlaubsdauer muß angemessen sein. Bei ihrer Festsetzung ist insbesondere die Dauer der Beschäftigung bei demselben Reeder zu berücksichtigen.
(2) Jugendlichen ist in jedem Beschäftigungsjahr ein Mindesturlaub zu gewähren
1. **von 30 Werktagen, wenn sie zu Beginn des Beschäftigungsjahres noch nicht 16 Jahre alt sind,**
2. **von 27 Werktagen, wenn sie zu Beginn des Beschäftigungsjahres noch nicht 17 Jahre alt sind,**
3. **von 25 Werktagen, wenn sie zu Beginn des Beschäftigungsjahres noch nicht 18 Jahre alt sind.**

Inhaltsübersicht

I. Geltungsbereich des Seemannsgesetzes

1 Das **SeemG** einschließlich seiner Regelungen über den Urlaub und Landgang **gilt für alle Besatzungsmitglieder auf Kauffahrteischiffen**, die nach dem Flaggenrechtsgesetz vom 8. 2. 1951 (Gesetz über das Flaggenrecht der Seeschiffe und die Flaggenführung der Binnenschiffe – FlaggRG – BGBl. I S. 79) die Bundesflagge führen (§ 1 SeemG). Für Schiffe unter deutscher Bundesflagge im Internationalen Seeschiffahrtsregister (Gesetz zur Einführung eines zusätzlichen Registers für Seeschiffe unter der Bundesflagge im Internationalen Verkehr – ISR – vom 23. 3. 1989 – BGBl. I S. 550) gilt § 21 Abs. 4 FlaggRG mit der Möglichkeit, nicht deutsches Recht zu vereinbaren. Arbeitsverhältnisse von Besatzungsmitgliedern eines im IRS eingetragenen Kauffahrteischiffes, die im Geltungsbereich des Grundgesetzes keinen Wohnsitz oder ständigen Aufenthalt haben, unterliegen bei Anwendung des Art. 30 EG BGB nicht schon aufgrund der Tatsache, daß das Schiff die Bundesflagge führt, dem bundesdeutschen Recht (§ 21 Abs. 4 Satz 1 FRG). Die urlaubsrechtlichen Bestimmungen des SeemG gelten für diese Arbeitsverhältnisse also nur im Rahmen des ordre public (vgl. *Dersch/Neumann*, Anh. VI § 53 SeemG Anm. 1, m.w.N.; vgl. zur Frage des Ausschlusses deutschen Arbeitsrechts durch Vereinbarung eines ausländischen Arbeitsrechts bei Tätigkeit auf einem Fährschiff: *BAG* v. 24. 8. 1989, EzA Art. 30 EG BGB Nr. 1; vgl. zur Unvereinbarkeit der Regelungen des Art. 1 Nr. 2 ISR mit Art. 92 und Art. 117 EWGV: *ArbG Bremen* v. 9. 10. 1990, NZA 1991 S. 536 = AiB 1991, 282 mit zust. Anm. von *Däubler*).

2 **Besatzungsmitglieder** im Sinne des Gesetzes sind gemäß § 3 SeemG die Schiffsoffiziere (§ 4 SeemG), die sonstigen Angestellten (§ 5 SeemG) und die Schiffsleute (§ 7 SeemG). Mit Ausnahme der Regelungen über den Landgang (§ 61 SeemG) gelten die Bestimmungen über den Urlaub auch für die **Kapitäne** (§ 78 Abs. 1 SeemG). Die Kapitäne entscheiden in eigener Verantwortung, ob und wann sie ihr Schiff zwecks Landgang vorübergehend verlassen und ihre Pflichten und Befugnisse durch den Stellvertreter (§ 2 Abs. 3 SeemG) wahrnehmen lassen können.

II. Unabdingbarkeit und Tarifbindung

3 **Die Regelungen des SeemG sind unabdingbar** (§ 10 SeemG). Dies gilt auch für den Urlaubsanspruch der Seeleute, für den über § 53 Abs. 2 SeemG nicht die Tariföffnungsklausel des § 13 Abs. 1 BUrlG für entsprechend anwendbar erklärt ist. Das wiederum bedeutet, daß durch Tarifvertrag nur für die Seeleute günstigere Urlaubsregelungen geschaffen werden können, die zudem »angemessen« sein müssen (§ 54 Abs. 1 Satz 1 SeemG). Für die Besatzungsmitglieder und Kapitäne in der deutschen Hochseefischerei gelten für ›Freizeit und Urlaub‹ die Bestimmungen der §§ 39–47 des Manteltarifvertrages für die deutsche Hochseefischerei vom 6. 4. 1987 i.d.F. Änderungstarifvertrages vom 18. 7. 1989 (**MTV-Fisch**). Für

Rechtsstreitigkeiten aus den Heuerverhältnissen der Besatzungsmitglieder und Kapitäne ist das Arbeitsgericht Bremerhaven ausschließlich zuständig (§ 68 Abs. 1 MTV-Fisch i.V.m. § 48 Abs. 2 ArbGG). Für Besatzungsmitglieder aller Seefracht- und Fahrgastschiffe von mindestens 200 BRT sowie für See- und Bergungsschlepper, der Bergungsfahrzeuge und der Seeleichter mit einer Größe von mindestens 50 BRT gelten für ›Landgang und Urlaub‹ die Bestimmungen der §§ 55–65 des Manteltarifvertrages für die deutsche Seeschiffahrt vom 17. 4. 1986 i.d.F. vom 20. 12. 1990 (**MTV-See**). Für die Freizeitansprüche der Kapitäne in der Seeschiffahrt gelten die Bestimmungen der §§ 19–26 der Vereinbarung über Anstellungsbedingungen für Kapitäne in der deutschen Seeschiffahrt vom 17. 4. 1986 i.d.F. vom 20. 12. 1990 (**Kapitäns-MTV**). Für Rechtsstreitigkeiten aus den Heuerverhältnissen der Besatzungsmitglieder und den Anstellungsverhältnissen der Kapitäne ist das Arbeitsgericht Hamburg ausschließlich zuständig (§ 81 Abs. 1 MTV-See i.V.m. § 48 Abs. 2 ArbGG bzw. § 36 Abs. 1 Kapitäns-MTV i.V.m. § 48 Abs. 2 ArbGG).

4 Wann ein **Urlaubsanspruch in einem nichttarifgebundenen Heuerverhältnis** »angemessen« i.S.d. § 54 Abs. 1 Satz 1 SeemG ist, ist umstritten. Es wird zum Teil angenommen, es handele sich bei § 54 Abs. 1 Satz 1 SeemG nur um eine Bestimmung, die sich an die Tarifvertragsparteien richte und keine unmittelbaren Auswirkungen auf das Heuerverhältnis habe (*Dersch/Neumann*, Anh. VI § 54 SeemG Anm. 9; *Natzel*, §§ 51–61 SeemG Anm. 10). Aus dieser Vorschrift könne das einzelne Besatzungsmitglied keine bestimmte Urlaubsdauer über die in § 3 Abs. 1 BUrlG 1963 bzw. § 3 Satz 1 BUrlG 1990 festgelegte Zeit hinaus rechtlich als Anspruch herleiten (*BAG* vom 21. 10. 1982, AP Nr. 4 zu § 60 SeemG). Eine über den gesetzlichen Mindesturlaub hinausgehende Urlaubsdauer müsse entweder in Tarifverträgen oder im Einzelarbeitsvertrag vereinbart werden. Zum Teil wird angenommen, »angemessen« i.S.d. des § 54 Abs. 1 Satz 1 SeemG bedeute, daß der Urlaub auch in den nichttarifgebundenen Heuerverhältnissen **in erster Linie in seiner Dauer der in den Tarifverträgen festgelegten Länge entsprechen** müsse (*Schaps/Abraham*, § 54 SeemG Anm. 1; *Schwedes/Franz*, § 54 SeemG Anm. 2). Der letztgenannten Ansicht ist schon wegen des zwingenden Wortlauts der Vorschrift zu folgen, denn gerade durch die Sonderregelung des § 54 Abs. 1 Satz 1 SeemG wird dem Besatzungsmitglied im Gegensatz zu den an Land tätigen Arbeitnehmern für den Regelfall ein über den gesetzlichen Mindesturlaub hinausgehender unabdingbarer Urlaubsanspruch eingeräumt. Davon, daß dies in seinen praktischen Auswirkungen einer Allgemeinverbindlichkeit der See-Tarifverträge gleichkomme und damit der Regelung des § 5 TVG zuwiderlaufe (so *Bemm/Lindemann*, § 54 SeemG Anm. 5), kann keine Rede sein. Denn haben die Vertragsparteien im Heuervertrag die Vorschrift des § 54 Abs. 1 Satz 1 SeemG nicht ausgefüllt, so haben die Arbeitsgerichte im Streitfall in entsprechender Anwendung des § 612 Abs. 2 BGB das Versäumte nachzuholen, also den Tarifurlaub zuzubilligen.

III. Beschäftigungsjahr gleich Urlaubsjahr

5 In Abweichung von § 1 BUrlG hat jedes Besatzungsmitglied nicht für jedes Kalenderjahr, sondern für jedes Beschäftigungsjahr Anspruch auf bezahlen Urlaub (§ 53 Abs. 1 SeemG). **Der Beginn des Heuerverhältnisses bestimmt den Anfang**

des Urlaubsjahres. Das führt dazu, daß für jedes Besatzungsmitglied ein eigenes Urlaubsjahr festzustellen ist. Das wiederum bedeutet, daß für den Urlaubsanspruch der Schiffsbesatzungen kein einheitlicher Stichtag besteht, sondern dieser sich jeweils nach dem ersten Tag des Beschäftigungsjahres bestimmt und nicht etwa auf den Abschluß des Heuerverhältnisses abzustellen ist (*Boldt/Röhsler*, § 1 BUrlG Anm. 26; *Dersch/Neumann*, Anh. VI § 53 SeemG Anm. 6; *Natzel*, §§ 51–61 SeemG Anm. 9). Der **Beginn des Beschäftigungsjahres** ist als **Stichtag** auch maßgeblich, wenn sich im Einzelfall die Höhe des Urlaubsanspruchs nach Alter oder Dauer der Betriebszugehörigkeit bestimmt. Eine Wartezeit ist dagegen nicht vorgesehen, so daß der volle Urlaubsanspruch sofort mit Beginn des Heuerverhältnisses entsteht, sich aber bei vorzeitigem Ausscheiden nach Maßgabe des § 59 Abs. 1 SeemG verkürzt. Der Tarifurlaub entsteht nach § 57 Abs. 9 MTV-See bzw. § 19 Abs. 6 Kapitäns-MTV dagegen kalendermonatlich, also ratierlich (vgl. dazu *Bemm/Lindemann*, § 59 SeemG Anm. 8).

IV. Gesetzlicher und tariflicher Urlaubsanspruch

6 Mit Beginn des Heuerverhältnisses **unterliegt der Urlaubsanspruch** des Besatzungsmitglieds den besonderen Vorschriften des **SeemG**. Für den Beginn des Beschäftigungsjahres kommt es nicht auf den Zeitpunkt des Abschlusses des Heuervertrages, sondern der Begründung des Heuerverhältnisses, d.h. der Eingliederung in den Bereich des Reeders, an, was analog § 32 Satz 2 SeemG bereits der Tag der Musterung sein kann (*Bemm/Lindemann*, § 53 SeemG Anm. 6; *Schwedes/Franz*, § 53 SeemG Anm. 3). Das **BUrlG** ist nur für solche Sachverhalte **ergänzend heranzuziehen**, die im SeemG nicht geregelt sind, wie z.B. Kuren und Heilverfahren, Ausschluß von Doppelansprüchen (*Dersch/Neumann*, § 15 BUrlG Anm. 10; zust. *Boldt/Röhsler*, § 15 BUrlG Anm. 35; *Natzel*, §§ 51–61 SeemG Anm. 6; *Siara*, § 15 BUrlG Anm. 3; **a.A.** *Trieschmann*, AuR 1963, 88). Eine bezahlte Freistellung von der Arbeit aus einem anderen Grunde als dem der zur urlaubsmäßigen Erholung fällt nicht unter die Vorschriften der §§ 53ff. SeemG.

7 Die **Höhe des Urlaubsanspruchs** richtet sich nach dem BUrlG (§ 53 Abs. 2 SeemG). Mit anderen Worten, der Mindesturlaub beträgt für Besatzungsmitglieder, deren Reederei in einem Hafen im Beitrittsgebiet ihren Sitz hat, 20 Arbeitstage (§ 3 Satz 1 BUrlG 1990) und für Besatzungsmitglieder, deren Reederei in einem Hafen im übrigen Bundesgebiet ihren Sitz hat, 18 Werktage (§ 3 Abs. 1 BUrlG 1963). **Feiertage**, die nicht auf den Urlaub anzurechnen sind, sind nur die bundes- oder landesgesetzlich anerkannten Feiertage (§ 3 Abs. 2 BUrlG 1963, § 168 Abs. 2 AGB), nicht aber die lediglich staatlich geschützten Feiertage (*Berscheid*, HzA, Gruppe 4, Rz. 75). Feiertage i.S.d. Arbeitszeitvorschriften sind zwar nach § 84 Abs. 4 SeemG innerhalb des Geltungsbereichs des Grundgesetzes die gesetzlichen Feiertagsregelungen des Liegeortes und außerhalb des Geltungsbereichs des Grundgesetzes und auf See die Feiertage des Registerhafens, jedoch greift für den Heimaturlaub nach § 56 SeemG die Feiertagsregelung des Hafens am Sitz des Heuerverhältnisses Platz, der in der Regel mit dem Sitz der Reederei identisch ist (*Bemm/Lindemann*, § 53 SeemG Anm. 8).

8 § 54 Abs. 1 SeemG hebt ausdrücklich hervor, daß die Urlaubsdauer angemessen sein muß und die Dauer der Beschäftigung bei demselben Reeder zu berücksichtigen ist. Hinsichtlich der **Dauer der Beschäftigung bei demselben Reeder** ist es ohne Bedeutung, ob die Beschäftigung an Bord eines Schiffs oder im Landbetrieb derselben Reederei erfolgt ist (*Schwedes/Franz*, § 54 SeemG Anm. 4). Dabei gelten nach § 136 SeemG mehrere Partenreedereien, deren Geschäfte von demselben Korrespondentreeder geleitet werden, als ein Reeder mit der Folge, daß für die Beschäftigungsdauer die Zugehörigkeit zu den verschiedenen Partenreedereien zusammengerechnet werden. Eine **andere Staffelung** – z.B. nach Berufszugehörigkeit oder nach Beschäftigungszeiten in der Seeschiffahrt allgemein – ist als günstigere Regelung als die gesetzliche zulässig (*Bemm/Lindemann*, § 54 SeemG Anm. 7; *Schwedes/Franz*, § 54 SeemG Anm. 3). Die in den tariflichen Regelungen der Seeschiffahrt enthaltenen Staffelungen der Urlaubsdauer bemessen sich – abweichend von der gesetzlichen Regelung des § 54 Abs. 1 Satz 2 SeemG – nicht nach den Beschäftigungszeiten bei demselben Reeder, sondern nach den Beschäftigungszeiten in der deutschen Seeschiffahrt (§ 57 Abs. 2, 3 und 10 MTV-See i.V.m. § 15 MTV-See; § 19 Abs. 2, 3 und 7 Kapitäns-MTV i.V.m. § 15 MTV-See). Dies ist im Ergebnis günstiger als das Abstellen auf die Beschäftigungszeiten bei einem bestimmten Reeder.

9 Bei der Festlegung der Länge des Jahresurlaubs haben die Tarifpartner der Seeschiffahrt das gesetzliche **Gebot der Angemessenheit der Urlaubsdauer** (§ 54 Abs. 1 Satz 1 SeemG) beachtet. Auch nach Einbeziehung der freien Seetage des § 91 SeemG (Ausgleichstage) in den Urlaubsanspruch für die tarifgebundenen Besatzungsmitglieder und Kapitäne, die an Bord Dienst tun oder sich auf der An- oder Abreise befinden oder sich auf Weisung des Reeders abrufbereit halten (**seefahrendes Personal**), ist nach § 57 Abs. 2 MTV-See bzw. § 19 Abs. 2 Kapitäns-MTV, wonach diese Tage durch den tariflichen Gesamturlaubsanspruch zwischen 10,3 und 13,5 Urlaubstagen pro Kalendermonat abgegolten sind, dieser sog. **»große« Urlaubsanspruch** länger als der gesetzliche Mindesturlaub und damit auf jeden Fall als »angemessen« anzusehen (*Bemm/Lindemann*, § 54 SeemG Anm. 6). Gleiches gilt für Besatzungsmitglieder und Kapitäne, die Dienst an Land tun, an einer Wehrübung teilnehmen, krank an Land sind, eine verordnete Kur verbringen oder als Ablöser im Hafen sind (**Landpersonal**), die nach § 57 Abs. 3, 6 und 7 MTV-See bzw. § 19 Abs. 3 und 4 Kapitäns-MTV nur einen Urlaubsanspruch von 2,3 bis 4,0 Urlaubstage pro Kalendermonat erwerben. Da nach § 57 Abs. 8 MTV-See bzw. § 19 Abs. 5 Kapitäns-MTV Urlaubsansprüche während des Urlaubs nicht entstehen, beläuft sich der sog. **»kleine« Urlaubsanspruch** bei elf Monaten und einem Tag abgerundet (§ 57 Abs. 9 MTV-See, § 19 Abs. 6 Kapitäns-MTV) 25 Urlaubstage (*Bemm/Lindemann*, a.a.O.). Als Urlaubstage gelten nach § 57 Abs. 3 Satz 2 MTV-See bzw. § 19 Abs. 3 Satz 2 Kapitäns-MTV alle Tage zwischen Montag und Sonnabend mit Ausnahme der Wochenfeiertage (§ 3 Abs. 2 BUrlG, § 168 Abs. 2 AGB), so daß in diesen 25 Urlaubstagen (= vier Wochen und ein Tag) mehr als 18 Werktage (§ 53 Abs. 2 SeemG i.V.m. § 3 Abs. 1 BUrlG 1963) bzw. 20 Arbeitstage (§ 53 Abs. 2 SeemG i.V.m. § 3 Satz 1 BUrlG 1990) liegen (vgl. dazu weiter *Bemm/Lindemann*, a.a.O., m.w.N.).

10 In der Hochseefischerei haben die Besatzungsmitglieder und Kapitäne einen Anspruch auf einen **Kernurlaub** von 49 Kalendertagen (§ 40 Nr. 4 Satz 1 MTV-Fisch). Als **Ausgleich** für auf See verbrachte Sonnabende, Sonn- und Feiertage sowie als Ausgleich für Urlaub pro Reisetag erhalten Besatzungsmitglieder und Kapitäne 2/7 freien Kalendertag (§ 40 Nr. 1 MTV-Fisch). Während des **Aufenthal-**

tes an Land erwerben Besatzungsmitglieder und Kapitäne, solange Grundheuer bzw. Liegeheuer bezahlt wird oder während sie arbeitsunfähig krank sind, eine ärztliche verordnete Kur nehmen oder innerhalb der Bundesrepublik beschäftigt werden, je Kalendertag dagegen nur 0,5/7 freien Kalendertag als Freizeitanspruch (§ 40 Nr. 2 MTV-Fisch). Das entspricht bei 365 Tagen im Jahr 26 freien Kalendertagen, also knapp vier Wochen Urlaub. Neben diesen Ansprüchen besteht noch ein zusätzlicher nach Beschäftigungsjahren gestaffelter Urlaub (§ 40 Nr. 3 MTV-Fisch i.V.m. § 6 MTV-Fisch). Auf den Kernurlaub sind diese See- und Landtage und der Zusatzurlaub anzurechnen (§ 40 Nr. 4 Satz 2 MTV-Fisch). Außerdem wird im Anschluß an die Reise in deutschen Häfen eine nach der Dauer der Seereise gestaffelte Freizeit von 48 bis 288 Stunden gewährt (§ 41 Nr. 1 MTV-Fisch). Auf den erworbenen Freizeit- und Urlaubsanspruch werden nur volle Kalendertage angerechnet, gleich an welchem Tage der Urlaub gewährt wird; es gilt also die Sieben-Tage-Woche (§ 42 Abs. 1 MTV-Fisch).

V. Urlaub der Jugendlichen und der Schwerbehinderten

11 Das SeemG gilt auch für **Jugendliche**, d.h. für solche Personen, die 14 aber noch nicht 18 Jahre alt sind und nicht mehr der Vollzeitschulpflicht unterliegen (§ 8 SeemG). Deren Urlaubsdauer ist in § 54 Abs. 2 SeemG geregelt und entspricht § 19 Abs. 2 Satz 1 JArbSchG. Es bleibt aber über § 53 Abs. 1 SeemG auch für Jugendliche bei dem vom Kalenderjahr abweichenden Beschäftigungsjahr als Urlaubsjahr. Die sich heraus ergebenden Folgen können in bestimmten Fällen den Jugendlichen in der Seeschiffahrt besser und in anderen Fällen schlechter stellen als den Jugendlichen im Landbetrieb, und zwar je nach Beginn des Beschäftigungsjahres (vgl. die Beispiele bei *Dersch/Neumann*, Anh. VI § 53 SeemG Anm. 12 und 13; ferner *Bemm/Lindemann*, § 54 SeemG Anm. 10; *Schwedes/Franz*, § 54 SeemG Anm. 5). Der Kapitän ist wegen der besonderen Schutzbedürftigkeit der Jugendlichen zur Gewährung des Urlaubs verpflichtet, anderenfalls er ordnungswidrig handelt (§ 125 Nr. 4 SeemG). Gleiches gilt nch § 131 SeemG für den Stellvertreter (§ 2 Abs. 3 SeemG) im Falle der Verhinderung des Kapitäns.

12 **Schwerbehinderte** haben nach § 47 Satz 1 Halbs. 1 SchwbG einen Anspruch auf einen bezahlten zusätzlichen Urlaub von fünf Arbeitstagen in der Fünf-Tage-Woche, der sich nach § 47 Satz 1 Halbs. 2 SchwbG bei Verteilung der regelmäßigen Arbeitszeit auf mehr als fünf Arbeitstge in der Kalenderwoche entsprechend erhöht, d.h. nach dem SeemG je nach Aufenthalt des Schiffes im Hafen (§ 86 SeemG) oder auf See (§ 85 SeemG) entweder sieben oder sechs Tage wöchentlich beträgt (*Bemm/Lindemann*, § 53 SeemG Anm. 9; *Schwedes/Franz*, § 53 SeemG Anm. 7). Dieser Urlaub tritt zu dem für das einzelne Besatzungsmitglied maßgeblichen Urlaub, also nicht nur zum gesetzlichen Mindesturlaub, hinzu (*Schwedes/Franz*, a.a.O.).

VI. Ausschluß von Doppelansprüchen

13 Wechselt ein Besatzungsmitglied den Reeder, so muß es sich in entsprechender Anwendung des § 6 Abs. 1 BUrlG auf den Urlaubsanspruch gegen den neuen Reeder das anrechnen lassen, was ihm von dem bisherigen Reeder für das Urlaubsjahr nach dem **Zwölftelungsprinzip** des § 59 Abs. 1 SeemG zuviel gewährt worden ist (*Bemm/Lindemann*, § 59 SeemG Anm. 16; *Dersch/Neumann*, § 15 BUrlG Anm. 12; *Natzel*, Anh. §§ 53–61 SeemG Anm. 6; *Schwedes/Franz*, § 53 SeemG Anm. 5; **a. A.** *Schaps/Abraham*, § 53 SeemG Anm. 2).

14 Eine Anrechnung nach § 6 Abs. 1 BUrlG setzt voraus, daß dem Besatzungsmitglied für das laufende Beschäftigungsjahr = Urlaubsjahr bereits von dem bisherigen Reeder Urlaub »gewährt« worden ist. Das Gesetz verlangt also die Erfüllung des zeitlich vorhergehenden Urlaubsanspruchs (*BAG* v. 17. 2. 1966, EzA § 5 BUrlG Nr. 4 = AP Nr. 2 zu § 5 BUrlG). Es genügt mithin nicht das bloße Bestehen eines Urlaubsanspruchs. **Anzurechnen** ist nach § 6 Abs. 1 BUrlG nicht nur **der tatsächlich in Freizeit gewährte Erholungsurlaub**, sondern auch für den ausnahmsweise durch eine Geldzahlung ganz oder teilweise nach § 60 SeemG **abgegoltene Urlaub**. Das ergibt sich aus dem Wortlaut von § 6 Abs. 2 BUrlG, wonach die Urlaubsbescheinigung Angaben über den tatsächlich gewährten oder »abgegoltenen« Urlaub enthalten muß, wobei gleichgültig ist, ob die Urlaubsabgeltung zulässiger- oder unzulässigerweise vorgenommen wurde (*Natzel*, § 6 BUrlG Rz. 16; zust. *Berscheid*, HzA, Gruppe 4, Rz. 241). Einem »gewährten« Urlaub im Sinne des § 6 Abs. 1 BUrlG steht die rechtskräftige Verurteilung des bisherigen Reeders zur Zahlung einer Urlaubsabgeltung gleich, denn ansonsten wäre ein Doppelbezug von Urlaub nicht ausgeschlossen, da das Besatzungsmitglied ungeachtet der Urlaubsgewährung durch den neuen Reeder gegen den bisherigen Reeder die Vollstreckung betreiben könnte.

15 Bei einem Wechsel eines Besatzungsmitglieds von einem Heuerverhältnis in ein Landarbeitsverhältnis und umgekehrt treten insoweit Schwierigkeiten auf, als der **Ausschluß von Doppelansprüchen** nach § 6 Abs. 1 BUrlG im Landarbeitsverhältnis auf das Kalenderjahr als Urlaubsjahr und im Heuerverhältnis auf das Beschäftigungsjahr als Urlaubsjahr bezogen ist. Da bei einem Heuerverhältnis das nach § 53 Abs. 1 SeemG maßgebliche Beschäftigungsjahr mit dem Kalenderjahr meist nicht übereinstimmt, decken sich bei einem Wechsel aus jedem anderen Wirtschaftszweig die Urlaubsjahre nicht, so daß die Urlaubsansprüche insofern auch zeitlich nicht voll miteinander konkurrieren. Es findet daher nur insoweit eine Anrechnung nach § 6 Abs. 1 BUrlG statt, wie der Urlaub für einen Zeitraum gewährt worden ist, in dem sich die verschiedenen Urlaubsjahre tatsächlich überschneiden (vgl. *Bemm/Lindemann*, § 54 SeemG Anm. 4; *Dersch/Neumann*, § 15 BUrlG Anm. 24 und 25 mit Anrechnungsbeispielen; *Siara*, § 15 BUrlG Anm. 3 mit Anrechnungsbeispielen bei § 6 BUrlG Anm. 7a–c). Für den nicht sich dekkenden Teil des Urlaubsjahres ist der anteilmäßig gewährte Urlaub aus der Vergleichsrechnung völlig herauszunehmen, so daß nur der übrige Teil angerechnet werden kann (*Berscheid*, HzA, Gruppe 4, Rz. 237).

§ 55 Urlaubsgewährung

(1) Der Urlaub wird vom Reeder oder vom Kapitän gewährt; dabei sind die Wünsche des Besatzungsmitglieds tunlichst zu berücksichtigen. Der Urlaub ist im Geltungsbereich des Grundgesetzes zu gewähren, soweit nicht auf Verlangen des Besatzungsmitglieds etwas anderes vereinbart wird.
(2) Der Urlaub ist, nach Möglichkeit zusammenhängend, bis zum Schluß des Beschäftigungsjahres zu gewähren. Wenn betriebliche Gründe, insbesondere längere Reisen des Schiffs, es erfordern, kann der Urlaub für zwei Beschäftigungsjahre zusammen gegeben werden.
(3) Dem Besatzungsmitglied muß nach zweijähriger, Jugendlichen nach einjähriger Abwesenheit vom letzten Hafen im Geltungsbereich des Grundgesetzes auf Verlangen der bis dahin erworbene Urlaub gewährt werden. Diese Fristen können bis zu drei Monaten überschritten werden, wenn das Schiff innerhalb dieser Zeit einen europäischen Hafen anläuft.
(4) Während des Urlaubs darf das Besatzungsmitglied keiner dem Urlaubszweck widersprechenden Erwerbsarbeit nachgehen.

§ 56 Heimaturlaub

(1) Wird Heimaturlaub von einem Hafen außerhalb des Geltungsbereichs des Grundgesetzes aus gewährt, so beginnt er mit dem Ablauf des Tages, an dem das Besatzungsmitglied
1. in einem Hafen im Geltungsbereich des Grundgesetzes eintrifft oder
2. die Bundesgrenze auf dem Land- oder Luftwege überschreitet.
(2) Die Reisekosten (§ 26) trägt der Reeder im Falle des Absatzes 1 Nr. 1 bis zu diesem Hafen, im Falle des Absatzes 1 Nr. 2 bis zu dem Heimatort des Besatzungsmitglieds.
(3) Wenn sich das Besatzungsmitglied nach Beendigung des Heimaturlaubs in einem Hafen außerhalb des Geltungsbereichs des Grundgesetzes melden muß, gelten die Vorschriften der Absätze 1 und 2 sinngemäß mit der Maßgabe, daß das Besatzungsmitglied an dem auf den letzten Urlaubstag folgenden Tag nach näherer Weisung des Reeders einen der in Absatz 1 Nr. 1 oder 2 bezeichneten Orte erreichen muß und daß der Reeder die Reisekosten von den in Absatz 2 genannten Orten bis zu dem Meldeort trägt.

Inhaltsübersicht

I. Festsetzung des Urlaubszeitpunkts

1 Der Urlaub wird vom Reeder als Arbeitgeber oder vom Kapitän als dessen Stellvertreter gewährt; dabei sind die Wünsche des Besatzungsmitglieds nur »tunlichst« zu berücksichtigen. **Vorrang hat bei dieser Regelung das Direktionsrecht**, welches nur durch solche Wünsche des Besatzungsmitglieds eingeschränkt wird, auf die nach den betrieblichen Belangen überhaupt Rücksicht genommen werden kann (*Dersch/Neumann*, Anh. VI § 55 SeemG Anm. 16; *Natzel*, §§ 51–61 SeemG Anm. 13; **a. A.** *Schwedes/Franz*, § 55 SeemG Anm. 2, die meinen, das Wort »tunlichst« bedeute nichts anderes, als daß nach billigem Ermessen entscheiden werden müsse und notfalls – wie nach § 7 Abs. 1 BUrlG – die Wünsche des Besatzungsmitglieds gegen die Interessen des Reeders abgewogen werden müßten). Nach der neueren Rechtsprechung (*BAG* v. 18. 12. 1986, EzA § 7 BUrlG Nr. 48 = AP Nr. 10 zu § 7 BUrlG) soll die Fälligkeit des Urlaubsanspruchs im Zeitpunkt seiner Entstehung zur Folge haben, daß der Arbeitgeber sich seiner Verpflichtung zur Urlaubserteilung nur und lediglich so lange entziehen könne, wie ein entsprechendes Gegenrecht existiere; ein Recht des Arbeitgebers zur beliebigen Urlaubserteilung im Urlaubsjahr oder zur Erteilung des Urlaubs nach billigem Ermessen bestehe nicht. Diese Rechtsprechung läßt sich bei dem klaren anders lautenden Wortlaut des § 55 Abs. 1 Satz 1 SeemG auf den Urlaub der Seeleute nicht übertragen. Es bleibt vielmehr bei den von der früheren Rechtsprechung (*BAG* v. 29. 1. 1960, AP Nr. 12 zu § 125 GewO; bestätigt durch *BAG* v. 4. 12. 1970, AP Nr. 5 zu § 7 BUrlG; *BAG* v. 10. 1. 1974, EzA § 7 BUrlG Nr. 16 = AP Nr. 6 zu § 7 BUrlG) entwickelten Grundsätzen, wonach es dann, wenn anderslautende gesetzliche, tarifliche oder vertragliche Bestimmungen über die Urlaubserteilung fehlten, allein Sache des Arbeitgebers ist, kraft seines Direktionsrechts unter Berücksichtigung der Interessen der Arbeitnehmer die zeitliche Lage des Urlaubs zu bestimmen. Der Urlaub ist grundsätzlich im Geltungsbereich des Grundgesetzes zu gewähren, soweit nicht auf Verlangen des Besatzungsmitglieds etwas anderes vereinbart worden ist. Diese Vereinbarung kann von vornherein mit dem Heuerverhältnis getroffen werden, aber auch später jeweils von Fall zu Fall mit dem Reeder oder mit dem Kapitän verabredet werden (*Dersch/Neumann*, Anh. VI § 55 SeemG Anm. 17).

2 Der Beginn des kraft Direktionsrechts festsetzbaren Urlaubs muß für das Besatzungsmitglied stets eindeutig erkennbar sein. Zeiten, in denen sich das Besatzungsmitglied auf Wunsch des Reeders abrufbereit hält und dafür die sog. Warteheuer nach § 32 Satz 2 SeemG bezieht (vgl. dazu näher *Bemm/Lindemann*, § 32 SeemG Anm. 5), können nicht auf den Urlaub angerechnet werden (*ArbG Hamburg* v. 13. 2. 1973, SeeAE § 57 MTV-See 1978 Nr. 1). Dies gilt insbesondere dann, wenn das Besatzungsmitglied in kurzen Abständen immer wieder zwecks neuer Einsatzorder im Büro anrufen und mithin ständig mit einem Neueinsatz rechnen muß (*ArbG Hamburg* v. 18. 5. 1982, SeeAE § 57 MTV-See 1978 Nr. 4), denn dann liegt keine vom Reeder unabhängige Freizeit vor (*Bemm/Lindemann*, § 54 SeemG Anm. 6b). Die **Wartezeit an Land** kann deshalb nur dann als urlaubsgemäße Freizeitgewährung angesehen werden, wenn das Besatzungsmitglied vom Reeder ohne jegliche Verpflichtung vom Dienst freigestellt worden ist und über diese Zeit nach freiem Belieben verfügen kann (*Bemm/Lindemann*, § 55 SeemG Anm. 5, m. w. N.). Meldet sich das Besatzungsmitglied nach mehrwöchiger Freizeit wieder zur Dienstaufnahme zurück und ist das Schiff noch nicht auslaufbereit, so kann der Reeder für die Abrufbereitschaft die Warteheuer zahlen oder das Besatzungsmitglied erneut in Urlaub schicken, und zwar ggf. durch Gewährung von Urlaub im Vorgriff, nämlich wenn abzusehen ist, daß wegen einer längeren Reise des Schiffs der Urlaub des nächsten Beschäftigungsjahres in dieser Zeit nicht erfüllt werden kann (vgl. § 55 Abs. 2 Satz 2 SeemG).

3 In der Praxis der Seeschiffahrt ist es unüblich, ein konkretes **Beendigungsdatum für den Urlaub** festzulegen, weil sich bei einem langfristigen Urlaub, der nach § 57 MTV-See bis zu dreieinhalb Kalendermonaten im Beschäftigungsjahr und bei Zusammenfassung des Urlaubs zweier Beschäftigungsjahre noch erheblich länger dauern kann, gar nicht auf den Tag abschätzen läßt, wo sich die einzelnen Schiffe der Reederei gerade befinden und wann ein Dienstantritt auf einem Schiff des Reeders möglich ist. Insoweit wird das Ende des Urlaubs durch die Aufforderung des Reeders, den Dienst an Bord wieder aufzunehmen, bestimmt (*Bemm/Lindemann*, § 55 SeemG Anm. 5, m.w.N.). Dagegen kann das Besatzungsmitglied seinerseits nicht durch bloßes Anbieten der Arbeitsleistung die Urlaubsgewährung durch die Reederei aufheben, es bedarf vielmehr einer ausdrücklichen Einsatzorder des Reeders (*Bemm/Lindemann*, a.a.O., m.w.N.).

4 Soll ein einmal festgelegter Urlaub widerrufen werden, so ist dazu grundsätzlich eine Vereinbarung der Beteiligten erforderlich. Einseitig können der Reeder oder der Kapitän den Urlaub nur bei ganz unvorhergesehenen Ereignissen widerrufen. Hier sind strenge Anforderungen zu stellen. Der Erfüllung des Urlaubszwecks ist es besonders abträglich, wenn das Besatzungsmitglied aus dem Urlaub zurückgerufen wird. In ganz besonderen Notfällen, bei wirklich außergewöhnlichen betrieblichen Situationen, kann das Besatzungsmitglied – wie jeder andere Arbeitnehmer – auch aus dem schon angetretenen Urlaub zurückgerufen werden (*BAG* v. 12. 10. 1961, AP Nr. 12 zu § 123 GewO). Nicht jede betriebliche Schwierigkeit rechtfertigt den **Widerruf** des einmal festgelegten Urlaubszeitpunktes oder den **Rückruf** aus dem angetretenen Urlaub. Beide sind als Ausnahmefälle nur bei ganz unvorhergesehenen Ereignissen zulässig, nämlich dann, wenn unvorhergesehene zwingende betriebliche Gründe die Anwesenheit des Besatzungsmitglieds an Bord und damit eine Unterbrechung, vorfristige Beendigung oder Verlegung des noch nicht angetretenen Urlaubs erforderlich machen und dem nicht überwiegende Interessen des Besatzungsmitglieds entgegenstehen. Es muß sich also um zwingende Gründe handeln, die müssen so gewichtig sein, daß sie keinen anderen Ausweg zulassen als den Widerruf der Urlaubserteilung oder den Rückruf aus dem Erholungsurlaub. Eine solche Situation ist dann gegeben, wenn ein anderes Besatzungsmitglied plötzlich erkrankt und ein Ersatzmann trotz aller Bemühungen nicht zu finden ist und anderenfalls das Schiff nicht planmäßig auslaufen könnte (*Bemm/Lindemann*, § 55 SeemG Anm. 6; *Schwedes/Franz*, § 55 SeemG Anm. 6). Ruft der Reeder das Besatzungsmitglied aus dem Urlaub zurück, so braucht nicht etwa der volle Urlaub nachgewährt zu werden. Es ist vielmehr nur der noch nicht verbrauchte Teil später zu erteilen. Zwar muß der Urlaub an sich ungeteilt gewährt werden, jedoch rechtfertigt der betriebliche Notfall seine Teilung.

5 Die durch den Rückruf aus dem Urlaub entstehenden **unvermeidbaren Kosten** hat der Reeder dem Besatzungsmitglied **zu erstatten**. Das gilt auch, wenn der festgelegte Urlaubsantritt des Besatzungsmitglieds aus betrieblichen Gründen geändert und die Urlaubszeit verlegt wird, aber das Besatzungsmitglied bereits eine Urlaubsreise gebucht hat. Zu ersetzen sind nur die unvermeidbaren Kosten für

Buchungen und Umbuchungen, Ab- und Umbestellungen des Urlaubsquartiers, Rücktritts- und Verfallsgebühren, Hotelkosten bei vorzeitiger Beendigung des Erholungsurlaubs, Saisonzuschläge für einen späteren Reisetermin, nicht aber die Kosten für ein anderes, verteuertes Urlaubsquartier. Sofern Familienangehörige den Urlaub mit dem Besatzungsmitglied vorzeitig beenden oder ebenfalls verlegen müssen, sind auch die dadurch entstehenden Ausfall- bzw. Mehrkosten zu erstatten. Dazu bedarf es dann im Einzelfall sorgfältiger Erhebungen beim Reiseunternehmen (*Berscheid*, HzA, Gruppe 4, Rz. 382).

II. Mitbestimmung des Seebetriebsrats und der Bordvertretung

6 Nach § 87 Abs. 1 Nr. 5 BetrVG hat der Betriebsrat ein **Mitbestimmungsrecht bei der Aufstellung allgemeiner Urlaubsgrundsätze und des Urlaubsplanes** sowie bei der Festsetzung der zeitlichen Lage des Urlaubs, wenn zwischen dem Arbeitgeber und den beteiligten Arbeitnehmern kein Einverständnis erzielt wird. Auch hier entscheidet also im Falle der Nichteinigung zwischen Betriebsrat und Arbeitgeber die Einigungsstelle (§ 87 Abs. 2 BetrVG). Der Zweck der Mitbestimmung des Betriebsrats nach § 87 Abs. 1 Nr. 5 BetrVG besteht in der Sicherstellung der Festlegung des Urlaubs nach den Grundsätzen, die das Gesetz für die Urlauberteilung aufgestellt hat (*BAG* v. 26. 11. 1964, EzA § 10 BUrlG Nr. 1 = AP Nr. 1 zu § 10 BUrlG Schonzeit; *BAG* v. 18. 6. 1974, EzA § 87 BetrVG 1972 Urlaub Nr. 1 = AP Nr. 1 zu § 87 BetrVG 1972 Urlaub). Das Mitbestimmungsrecht nach § 87 Abs. 1 Nr. 5 BetrVG erfaßt nicht nur den Erholungsurlaub, sondern auch jede andere Form der bezahlten oder unbezahlten Beurlaubung (*BAG* v. 17. 11. 1977, EzA § 9 BUrlG Nr. 6 = AP Nr. 8 zu § 9 BUrlG; vgl. dazu näher *Wiese*, GK-BetrVG § 87 Anm. 313; **a. A.** *Hess/Schlochauer/Glaubitz*, § 87 BetrVG Anm. 230). Dagegen unterliegt die Frage, ob Kuren und Schonungszeiten auf den Urlaub anzurechnen sind oder nicht, nicht der Mitbestimmung nach § 87 Abs. 1 Nr. 5 BetrVG, da dies keine Frage der Lage oder allgemeiner Urlaubsgrundsätze, sondern der Urlaubsdauer ist (*BAG* v. 26. 11. 1964, AP Nr. 1 zu § 10 BUrlG Schonzeit).

7 Das Mitbestimmungsrecht des § 87 Abs. 1 Nr. 5 BetrVG gilt auch für die Seeschiffahrt. Dabei wird für die Urlaubsgrundsätze und den Urlaubsplan über § 116 Abs. 6 Nr. 1 Buchst. a BetrVG in der Regel der **Seebetriebsrat**, der mit dem Reeder zu verhandeln hat, zuständig sein (so auch *Bemm/Lindemann*, § 55 SeemG Anm. 20; *Dersch/Neumann*, Anh. VI § 55 SeemG Anm. 18; *Schwedes/Franz*, § 55 SeemG Anm. 3). Nur soweit der Urlaub des einzelnen Besatzungsmitglieds oder der Urlaub für ein Schiff oder Fragen des Landgangs oder des Abfeiern von Ausgleichstagen geregelt werden sollen, ist die Zuständigkeit der **Bordvertretung** nach § 115 Abs. 7 Nr. 1 BetrVG gegeben, wobei für die Zustimmung eine formlose Regelungsabsprache genügt (*Wiese*, GK-BetrVG § 87 Anm. 336; zust. *Berscheid*, HzA, Gruppe 4, Rz. 394). Dabei ist zu beachten, daß der Kapitän, auch wenn eine Einigung mit der Bordvertretung noch nicht erzielt ist, vorläufige Regelungen treffen kann, wenn dies zur Aufrechterhaltung des ordnungsgemäßen Schiffsbetriebs dringend erforderlich ist (§ 116 Abs. 7 Nr. 4 Satz 1 BetrVG), was insbesondere bei Streit über die Frage, wer auf dem Schiff Wachdienst leisten muß und wer an Land gehen darf, gegeben sein kann.

8 Ohne nähere Begründung wird in der Rechtsprechung (*LAG München* v. 23. 3.

1988, LAGE § 611 BGB Abmahnung Nr. 13) angenommen, daß das Mitbestimmungsrecht nach § 87 Abs. 1 Nr. 5 BetrVG auch dann bestehe, wenn die bereits festgelegte zeitliche Lage des Urlaubs einseitig durch den Arbeitgeber geändert werden soll. Dieser Ansicht kann nicht gefolgt werden, denn das Allgemeininteresse der Belegschaft wird weder duch einen **Widerruf** des Urlaubs noch durch einen **Rückruf** eines einzelnen Arbeitnehmers aus dem Urlaub berührt. Die Zulässigkeit solcher Maßnahmen sind daher ausschließlich unter urlaubsrechtlichen Aspekten zu beurteilen (*Lepke*, DB 1990, 1131ff., 1134; zust. *Berscheid*, HzA, Gruppe 4, Rz. 387).

III. Gewährungs- und Übertragungszeitraum

9 Der Urlaub ist dem Besatzungsmitglied **grundsätzlich zusammenhängend zu gewähren**, und zwar im Geltungsbereich des Grundgesetzes und in der Regel bis zum Schluß des Beschäftigungsjahres. Teilurlaube kommen nur aus betrieblichen oder persönlichen Gründen in besonderen Ausnahmefällen in Betracht (*Dersch/Neumann*, Anh. VI § 55 SeemG Anm. 19). Nach spätestens zweijähriger – bei Jugendlichen nach einjähriger – Abwesenheit vom letzten Hafen im Geltungsbereich des Grundgesetzes muß dem Besatzungsmitglied auf Verlangen der bis dahin erworbene Urlaub gewährt werden (§ 55 Abs. 3 SeemG). Eine **Fristüberschreitung von drei Monaten** ist in diesen Fällen nur dann **zulässig**, wenn das Schiff innerhalb dieser Zeit einen europäischen Hafen anläuft. Auch die tariflichen Bestimmungen lassen zwar auch die Möglichkeit einer Urlaubsgewährung nach Ablauf des Beschäftigungsjahres zu (§ 58 Abs. 1 Satz 1 MTV-See, § 20 Abs. 1 Satz 1 Kapitäns-MTV), wirken aber durch Sanktionen stärker daraufhin, daß der Urlaub regelmäßig innerhalb des Beschäftigungsjahres gewährt wird (*Bemm/Lindemann*, § 55 SeemG Anm. 14ff.; *Schwedes/Franz*, § 55 SeemG Anm. 1). So sind dann, wenn der Urlaub aus betrieblichen Gründen nicht innerhalb des Beschäftigungsjahres und eines weiteren Monats bis auf einen Resturlaubsanspruch von 20 Urlaubstagen verbraucht worden ist, Sanktionen in Form von Zuschlagszahlungen zur Heuer sowie zusätzlicher Urlaubstage zu leisten (§ 59 Abs. 1 und 2 MTV-See, § 21 Abs. 1 und 2 Kapitäns-MTV).

10 Aus der Regelung des § 55 Abs. 3 Satz 2 SeemG ergibt sich weiter, daß das Besatzungsmitglied nach Ablauf dieser Frist die Rückführung in den Geltungsbereich des Grundgesetzes auf Kosten des Reeders (§ 56 Abs. 2 SeemG i. V. m. § 26 SeemG), zum Zwecke der Urlaubsabwicklung durch Freizeit verlangen und auch erzwingen, d. h. gerichtlich geltend machen kann (*Boldt/Röhsler*, § 7 BUrlG Anm. 103; *Dersch/Neumann*, Anh. VI § 55 SeemG Anm. 23; *Schwedes/Franz*, § 55 SeemG Anm. 9). Dagegen besteht **kein Selbstbeurlaubungsrecht** des Besatzungsmitglieds, weil es nach § 67 Satz 1 Nr. 4 SeemG ein **Recht zur außerordentlichen Kündigung** hat, wenn ihm sein Urlaub entgegen § 55 Abs. 3 SeemG nicht gewährt wird. In diesem Falle hat der Reeder nach § 72 Abs. 1 Satz 1 Nr. 4 SeemG die Kosten der Rückbeförderung zu tragen. Im übrigen führt eine solche Kündigung wegen der Besonderheiten der Seeschiffahrt dazu, daß sich das Heuerverhältnis über den Zeitpunkt der außerordentlichen Kündigung hinaus nach § 60 SeemG um den noch nicht gewährten Urlaub verlängert (*Bemm/Lindemann*, § 55 SeemG Anm. 12; *Schwedes/Franz*, § 55 SeemG Anm. 9).

11 Stellt das Besatzungsmitglied ein solches Verlangen nicht, so verfällt deswegen sein Urlaub nicht, sondern ist vielmehr weiter zu übertragen und nach Rückkehr des Schiffs in den Heimathafen oder in einen anderen Hafen im Geltungsbereich des Grundgesetzes nachzugewähren (*Bemm/Lindemann*, § 55 SeemG Anm. 13; *Boldt/Röhsler*, a.a.O.; *Dersch/Neumann*, a.a.O.; *Schwedes/Franz*, § 55 SeemG Anm. 10). Aus betrieblichen Gründen (z.B. längere Reisen des Schiffs) kann der **Urlaub** nämlich **für zwei Beschäftigungsjahre zusammen** gegeben werden (§ 55 Abs. 2 Satz 2 SeemG). Dabei ist es nicht nur zulässig, den Urlaub des ersten Beschäftigungsjahres in das nächste Beschäftigungsjahr voll zu übertragen, sondern wegen einer bevorstehenden längeren Schiffsreise den Urlaub aus dem zweiten Beschäftigungsjahr bereits im ersten Urlaubsjahr, also im Vorgriff, zu gewähren (*Bemm/Lindemann*, § 55 SeemG Anm. 10; *Dersch/Neumann*, Anh. VI § 55 SeemG Anm. 21; *Natzel*, Anh. §§ 53–61 SeemG Anm. 15; *Schwedes/Franz*, § 55 SeemG Anm. 8; **a.A.** *ArbG Hamburg* v. 24. 1. 1974, SeeAE § 59 SeemG Nr. 3, welches annimmt, der Urlaub könne nicht vor Beginn des Urlaubsjahres, auf das er entfalle, wirksam erfüllt werden). Dabei kann es sich nicht nur um eine einzige längere Schiffsreise, sondern auch um mehrere, ununterbrochen aufeinanderfolgende oder nur kurzzeitig unterbrochene Reisen des Schiffs handeln (*Bemm/Lindemann*, § 55 SeemG Anm. 9; *Dersch/Neumann*, Anh. VI § 55 SeemG Anm. 19). Handelt es sich um eine langjährige Forschungsreise, dann ist der **Urlaub** ausnahmsweise sogar **für mehrere Urlaubsjahre zusammenzufassen** und nach Rückkehr in europäische Gewässer zusammenhängend nachzugewähren (*Bemm/Lindemann*, § 55 SeemG Anm. 13; *Dersch/Neumann*, Anh. VI § 55 SeemG Anm. 23), sofern das Besatzungsmitglied seinen Urlaub nicht schon auf eigenen Wunsch bei einem Forschungsaufenthalt in einem außereuropäischen Land genommen hat.

IV. Heimaturlaub

12 § 56 Abs. 1 und 3 SeemG regelt **Beginn und Ende des Heimaturlaubs**, wenn das Besatzungsmitglied von einem Hafen außerhalb des Geltungsbereichs des Grundgesetzes aus auf Urlaub geht oder nach seinem Urlaub seinen Dienst in einem solchen Hafen antreten muß. Wird der Urlaub von einem Hafen außerhalb des Geltungsbereichs des Grundgesetzes (gleichgültig, ob von einem außereuropäischen Ort oder einem benachbarten europäischen Hafen) aus gewährt, beginnt der Urlaub mit dem Ablauf des Tages, an dem das Besatzungsmitglied entweder in einem deutschen Hafen eintrifft (*Bemm/Lindemann*, § 56 SeemG Anm. 5; *Schwedes/Franz*, § 56 SeemG Anm. 3), oder die Bundesgrenze auf dem Land- oder Luftwege überschreitet. Sobald dieser Zeitpunkt nach Null Uhr liegt, beginnt der Urlaub erst mit dem nächsten Werktag, selbst wenn das Besatzungsmitglied bereits kurz nach Festmachen bzw. Vorankergehen auf Hafenreede das Schiff verlassen kann oder die Reise kurz nach Grenzübertritt beendet ist (*Bemm/Lindemann*, § 56 SeemG Anm. 5 und 6); liegt ein Sonn- oder Feiertag dazwischen, ist dieser nicht als Urlaubstag anzusehen (*Dersch/Neumann*, Anh. VI § 56 SeemG Anm. 27). Muß das Besatzungsmitglied seinen Dienst nicht in einem bundesdeutschen Hafen, sondern an einem Ort außerhalb des Geltungsbereiches des Grundgesetzes wieder aufnehmen, braucht es im Laufe des auf den letzten Urlaubstag folgenden Tages lediglich einen Hafen im Geltungsbereich des Grundgesetzes erreichen oder die Bundesgrenze an diesem Tage auf dem Land-

oder Luftwege überschreiten. Die Dauer der Reise bis zu dem Ort, an dem das Schiff ankert, geht von da an nicht mehr zu Lasten des Besatzungsmitgliedes (*Dersch/Neumann*, Anh. VI § 56 SeemG Anm. 29). Wenn der auf den Urlaub folgende Tag ein Sonn- oder Feiertag ist, verlängert er den Urlaub nicht; das Besatzungsmitglied muß ihn vielmehr als Reisetag benutzen (*Bemm/Lindemann*, § 56 SeemG Anm. 9; *Dersch/Neumann*, a.a.O.).

13 Das Besatzungsmitglied hat dann, wenn ihm der Urlaub von seinem Heimathafen oder einem anderen bundesdeutschen Hafen aus gewährt wird, die Kosten für die Fahrt zum Heimat- oder Urlaubsort selbst zu tragen. § 56 Abs. 2 SeemG trifft lediglich für den Fall eine Sonderregelung, daß Heimaturlaub von einem Hafen außerhalb des Geltungsbereichs des Grundgesetzes aus gewährt wird. Diese Regelung gilt also auch dann nicht, wenn das Besatzungsmitglied bei einem Aufenthalt in einen außereuropäischen Hafen auf eigenen Wunsch in fernen Landen Urlaub macht. Im Falle des § 56 Abs. 1 und 3 SeemG muß der Reeder die Kosten bis zu einem bundesdeutschen Hafen und von diesem aus zurück tragen bzw. die Kosten für die Anreise auf dem Land- oder Luftwege bis zum Heimatort oder – wenn der Weg dorthin kürzer ist und das Besatzungsmitglied seinen Heimatort nicht aufsucht – bis zum Urlaubsort erstatten (*Bemm/Lindemann*, § 56 SeemG Anm. 11; *Dersch/Neumann*, Anh. VI § 56 SeemG Anm. 30). Gleiches gilt für die Kosten der Rückreise von den vorgenannten Orten bis zum Meldeort. **Kosten für die Reise** (Anreise bzw. Rückreise) sind nach § 26 SeemG neben den notwendigen Fahrt- und Gepäckförderungskosten ein angemessenes Tage- und Übernachtungsgeld für die Dauer der Reise.

V. Verbot von Urlaubsarbeit

14 Die Vorschrift des § 55 Abs. 4 SeemG entspricht fast wörtlich dem § 8 BUrlG. Gerade weil nach § 55 Abs. 2 SeemG der Urlaub des Besatzungsmitglieds für mehrere Jahre zusammengefaßt werden kann, muß auf die Einhaltung des **Erwerbstätigkeitsverbot** besonders geachtet werden. Das SeemG hat – wie das BUrlG – die Frage, welche Folgen bei Zuwiderhandlung gegen das Verbot einer dem Urlaubszweck widersprechenden Erwerbstätigkeit eintreten, ungeregelt gelassen und sich auf die Normierung des Verbots selbst beschränkt. § 55 Abs. 4 SeemG normiert einen allgemeinen Grundsatz und bringt darin zum Ausdruck, ein Besatzungsmitglied könne nicht ohne **Verstoß gegen Treu und Glauben** verlangen, daß eine zur Erholung gewährte Freizeit zu Lasten des Arbeitgebers und letztlich auch der Arbeitskollegen zu eigenem zusätzlichem Profit benutzt werde. Durch Tarifverträge kann daher verbotene Urlaubsarbeit und Erwerbstätigkeit auf anderen Schiffen durch ihr Verbot und Rückzahlungsverpflichtungen bzw. Verfallklauseln für den Urlaub unterbunden werden (so *Dersch/Neumann*, Anh. VI § 55 SeemG Anm. 24 unter Hinweis auf § 8 BUrlG Anm. 11, 12 und § 13 BUrlG Anm. 87; **a. A.** *BAG* v. 25. 2. 1988, EzA § 8 BUrlG mit abl. Anm. von *Schulin* = AP Nr. 3 zu § 8 BUrlG mit abl. Anm. von *Clemens* = EzBAT § 47 BAT Urlaubsvergütung Nr. 6 mit abl. Anm. von *Berger-Delhey*).

15 Kommt man zur Bejahung der Erwerbstätigkeit, so ist sie doch nur dann verboten, wenn sie dem Urlaubszweck widerspricht. Urlaubszweckwidrig ist regelmäßig eine Erwerbstätigkeit, die der im Rahmen des Heuerverhältnisses verrichteten Arbeitstätigkeit in Bezug auf die körperliche oder geistige Beanspruchung gleichartig ist (*Boldt/Röhsler*, § 8 BUrlG Rz. 12) und deshalb dem Urlaubszweck zuwiderläuft (*Bemm/Lindemann*, § 55 SeemG Anm. 19). Darüber hinaus wird man wohl kaum allgemeine Regeln aufstellen können, was urlaubszweckwidrige Erwerbstätigkeit ist. Es müssen stets alle Umstände gewürdigt werden. Nicht erlaubt ist während des Urlaubs eine Tätigkeit in einem Konkurrenzbetrieb, da das Wettbewerbsverbot des § 60 Abs. 1 HGB fortgilt, das als **allgemeiner Ausfluß der Treuepflicht** eines jeden Arbeitnehmers anzusehen ist (vgl. dazu *BAG* v. 17. 10. 1969 und v. 16. 6. 1976, AP Nrn. 7, 8 zu § 611 BGB Treuepflicht). Hat das Besatzungsmitglied im Urlaub eine dem Urlaubszweck zuwiderlaufende Erwerbstätigkeit ausgeübt, so vereitelt es vorsätzlich den Urlaubszweck. Anstatt sich zu erholen, verbraucht es seine Kräfte. Aus diesem Grunde kann der Reeder das **Urlaubsentgelt**, das er dem Besatzungsmitglied für die Erreichung des Zwecks gezahlt hat, **zurückverlangen** (*Bemm/Lindemann*, a. a. O.; *Schwedes/Franz*, § 55 SeemG Anm. 12). Nach § 812 Abs. 1 Satz 2 BGB ist ein zur Erfüllung eines bestimmten Zweckes dienender Geldbetrag zurückzuzahlen, wenn der Zweck nicht erreicht wird. Der Zweck des Urlaubes, die Erholung, kann nicht erreicht werden, weil der Arbeitnehmer einer verbotenen Erwerbstätigkeit nachgeht (*BAG* v. 19. 7. 1973, EzA § 8 BUrlG Nr. 1 = AP Nr. 1 zu § 8 BUrlG).

16 Hat der Arbeitnehmer wegen verbotswidriger Arbeit im Urlaub das Urlaubsentgelt zurückzahlen müssen, so wird für § 8 BUrlG zum Teil angenommen (*Boldt/Röhsler*, § 8 BUrlG Rz. 27; **a. A.** *Dersch/Neumann*, § 8 BUrlG Rz. 14; *Natzel*, § 8 BUrlG Rz. 47; *Siara*, § 8 BUrlG Anm. 8), daß er nicht etwa mit der Begründung, sich nicht erholt zu haben, erneut in diesem Jahr Erholungsurlaub verlangen könne. Obwohl der Urlaub infolge der Rückzahlung nachträglich in eine unbezahlte Freizeit umgewandelt worden sei, sei der **Urlaubsanspruch wegen der verbotenen Erwerbstätigkeit verbraucht** (*Schwedes/Franz*, § 55 SeemG Anm. 13; *Bemm/Lindemann*, § 55 SeemG Anm. 19). Eine gegenteilige Beurteilung würde ungewollt auf eine Belohnung des Arbeitnehmers, der sich einer Vertragsverletzung schuldig gemacht habe, hinauslaufen und in der Praxis geradezu einen Anreiz bieten, gegen das Verbot des § 8 BUrlG zu verstoßen. Dieser Ansicht ist zu folgen. Wegen der Regelungen über die Kostenerstattung bei Antritt des Urlaubs aus einem Hafen außerhalb des Geltungsbereichs des Grundgesetzes (§ 56 Abs. 2 und 3 SeemG) wird man den Verbrauch des Urlaubsanspruchs wegen verbotener Erwerbstätigkeit (§ 55 Abs. 4 SeemG) annehmen müssen.

§ 57 Urlaubsentgelt

(1) Als Urlaubsentgelt ist dem Besatzungsmitglied die Heuer fortzuzahlen. Für Sachbezüge ist ein angemessener Abgeltungsbetrag zu gewähren.
(2) Für jeden Urlaubstag sowie für jeden in den Urlaub fallenden Sonn- und Feiertag ist ein Dreißigstel der Monatsgrundheuer zu zahlen. Heueranteile, deren Höhe sich nach dem Ausmaß der Arbeit, dem Erfolg oder ähnlichen nicht gleichbleibenden Bemessungsgrundlagen richtet, sind bei der Berechnung des Urlaubsentgelts angemessen zu berücksichtigen.
(3) Das Urlaubsentgelt ist vor dem Urlaubsantritt zu entrichten.

Inhaltsübersicht

I. Berechnung, Höhe und Auszahlung des Urlaubsentgelts

1 Im Gegensatz zu § 11 Abs. 1 BUrlG ist in § 57 Abs. 1 SeemG für die Berechnung des Seemannsurlaubs nicht die Bezugmethode, sondern das **Lohnausfallprinzip** maßgebend, von dem nur zugunsten des Besatzungsmitglieds abgewichen werden kann (§ 10 SeemG). Demgegenüber ist das Urlaubsentgelt nach § 62 Abs. 1 MTV-See bzw. § 23 Abs. 1 Kapitäns-MTV nach der Bezugsmethode zu berechnen. Die Berechnung nach dem Durchschnittsverdienst der letzten sechs Kalendermonate ist für die Praxis leichter zu handhaben und wegen der starken Schwankungen bei den Zulagen und Zuschlägen regelmäßig auch gerechter als das Lohnausfallprinzip. Jedoch dürften die tariflichen Regelungen wegen § 10 SeemG insoweit unwirksam sein, als sie im Einzelfall zu geringeren Bezügen des Besatzungsmitglieds oder des Kapitäns während des Urlaubs führen, so daß das evtl. höhere nach dem Lohnausfallprinzip ermittelte Urlaubsentgelt vom Reeder nachgefordert werden kann (*Schwedes/Franz*, § 57 SeemG Anm. 1; zust. *Dersch/Neumann*, Anh. VI § 57 SeemG Anm. 36).

2 Als Urlaubsentgelt ist die Heuer nebst Zulagen und Zuschlägen (vgl. dazu *Bemm/Lindemann*, § 57 SeemG Anm. 10; *Schwedes/Franz*, § 57 SeemG Anm. 4) fortzuzahlen und sind Sachbezüge – wie z.B. Verpflegung (§ 39 SeemG) – angemessen abzugelten. Dagegen ist die dem Besatzungsmitglied sonst grundsätzlich zur Verfügung gestellte Logis während des Urlaubs nicht als Teil der Heuer abzugelten (*Bemm/Lindemann*, § 41 SeemG Anm. 31; *Schaps/Abraham*, § 41 SeemG Anm. 2; *Schwedes/Franz*, § 57 SeemG Anm. 7; **a.A.** *Dersch/Neumann*, Anh. VI § 57 SeemG Anm. 34). Dagegen spricht schon der Wortlaut des § 41 Abs. 3 SeemG, der eine Abgeltung für nicht gewährte Unterkunft nur aus besonderen Gründen vorsieht, die nicht in der Sphäre des Besatzungsmitglieds liegen dürfen (*Schwedes/Franz*, § 57 SeemG, a.a.O.). Die zur Tätigkeit eines Seemanns begriffsnotwendige Unterbringung an Bord stellt keinen Sachbezug mit Entgeltcharakter dar und unterliegt dementsprechend weder der Steuer- noch der Sozialversicherungspflicht (*Bemm/Lindemann*, § 57 SeemG Anm. 15; *Schwedes/Franz*, a.a.O.). § 41 Abs. 3 SeemG gilt daher weder direkt noch entsprechend in den Fällen der Bordabwesenheit infolge Urlaubs (*Schaps/Abraham*, a.a.O.).

3 **Für jeden Urlaubstag** und jeden in den Urlaub fallenden Sonn- oder Feiertag ist **ein Dreißigstel der Monatsgrundheuer** zu zahlen. Dabei kommt es nicht darauf an, ob der betreffende Urlaubsmonat 28, 29, 30 oder 31 Tage umfaßt. Vielmehr gilt der Durchschnittssatz von einem Dreißigstel im gesamten Jahr (*TSchG* v. 25. 8. 1964, AP Nr. 1 zu § 57 SeemG mit zust. Anm. von *Fettback*). Bei Teilurlaub ist für jeden Urlaubstag und darin liegenden Sonn- oder Feiertag nur ein Dreißigstel der Heuer zu zahlen (*Dersch/Neumann*, Anh. VI § 57 SeemG Anm. 37; *Schwedes/Franz*, § 57 SeemG Anm. 5). Treffen allerdings Urlaubsentgelt- und Lohn- oder Gehaltsfortzahlungsansprüche in einem Monat zusammen, ist die Monatsheuer insgesamt weiterzuzahlen, mit anderen Worten, eine tageweise Berechnung des Urlaubsentgelts kommt nur in Betracht, wenn das Heuer-

verhältnis zugleich während eines laufenden Monats mit dem Ende des Urlaubs gleichfalls endet (*BAG* v. 3. 11. 1976, AP Nr. 1 zu § 31 SeemG = SeeAE § 31 SeemG Nr. 2). Die Regelung des § 57 Abs. 2 SeemG geht von einem gesetzlichen Mindesturlaub von 18 Werktagen (§ 3 BUrlG 1963) aus. Im Beitrittsgebiet gilt nach § 3 Satz 1 BUrlG 1990 eine Urlaubsdauer von 20 Arbeitstagen in der Fünf-Tage-Woche (§ 3 Satz 2 BUrlG 1990). Der Urlaub ist daher auf 24 Werktage umzurechnen, was einer Urlaubsdauer von vier Wochen entspricht.

4 **In der Hochseefischerei** erhalten die Besatzungsmitglieder und Kapitäne bei Gewährung des Kernurlaubs ein **nach der Dauer der Beschäftigung gestaffeltes zusätzliches Urlaubsgeld**, welches nach jeweils ununterbrochener Beschäftigungszeit von einem Jahr 20%, von drei Jahren 40% und von fünf Jahren 50% der tariflichen Monats-Grundheuer beträgt (§ 44 Nr. 1 MTV-Fisch). Endet das Beschäftigungsverhältnis, so besteht für das laufende Beschäftigungsjahr kein Anspruch auf Zahlung des zusätzlichen Urlaubsgeldes; für das laufende Beschäftigungsjahr bereits gewährtes zusätzliches Urlaubsgeld ist zurückzuzahlen, wenn das Besatzungsmitglied oder der Kapitän innerhalb von drei Monaten nach Empfang des zusätzlichen Urlaubsgeldes das Beschäftigungsverhältnis von sich aus löst oder aus einem Grunde entlassen wird, der eine fristlose Kündigung rechtfertigt (§ 44 Nr. 2 MTV-Fisch).

5 **Das Urlaubsentgelt ist vor Urlaubsantritt an das Besatzungsmitglied auszuzahlen**. Gleiches gilt für Ausgleichstage nach § 91 SeemG und für das zusätzliche Urlaubsgeld in der Hochseefischerei (§ 44 Nr. 3 MTV-Fisch). Damit wollte der Gesetzgeber sicherstellen, daß der Arbeitnehmer über das Urlaubsentgelt auch tatsächlich verfügen kann. Zum Teil wird jedoch zu § 11 Abs. 2 BUrlG mit Recht angenommen, daß die Vorschrift des § 11 Abs. 2 BUrlG für Angestellte keine Änderung der Regelung gebracht hat, nach der auch im Urlaub das Gehalt oder der Monatslohn jeweils am Fälligkeitstage ohne Rücksicht auf einen etwaigen Urlaub ausgezahlt wird. Diese Praxis bleibt auch weiterhin zulässig. Man kann zwar darüber streiten, ob sie für den Arbeitnehmer günstiger ist als die gesetzliche Regelung, mindestens aber muß man von einer Gleichwertigkeit ausgehen (*Boldt/Röhsler*, § 11 BUrlG Rz. 98; *Natzel*, § 11 BUrlG Rz. 80; **a. A.** *Dersch/Neumann*, § 11 BUrlG Rz. 80; *Siara*, § 11 BUrlG Anm. 19a). Die an sich zwingende gesetzliche Regelung wird also nicht verletzt. Das muß dann aber auch in gleicher Weise für Seeleute gelten, deren Heuer monatlich gezahlt wird. Auch stellen sie sich auf diesen Zahlungsrhythmus ein, und es kann deshalb auch bei ihnen angenommen werden, daß die Beibehaltung der normalen Zahlungsweise das Lebensstandardprinzip nicht verletzt. § 57 Abs. 2 SeemG enthält zwar eine Fälligkeitsregelung für die Zahlung des Urlaubsentgelts, nämlich Zahlung vor Urlaubsantritt, jedoch ist deren Beachtung **keine Voraussetzung für die Wirksamkeit der Urlaubserteilung** (so zu § 11 Abs. 2 BUrlG: *BAG* v. 1. 12. 1983, EzA § 7 BUrlG Nr. 30 = AP Nr. 15 zu § 7 BUrlG; *BAG* v. 18. 11. 1986, EzA § 7 BUrlG Nr. 50 = AP Nr. 19 zu § 11 BUrlG).

II. Übertragbarkeit – Pfändbarkeit – Aufrechung

6 Die **Übertragbarkeit des Urlaubsanspruchs** im ganzen, d. h. Freizeit und Urlaubsentgelt, ist seinem Wesen nach ausgeschlossen (§ 399 BGB). Zweck des Anspruchs ist, daß sich der arbeitende Mensch persönlich erholt. Mit dieser selbst-

verständlichen Zweckrichtung wäre die Übertragung auf einen Dritten unvereinbar. Der Anspruch auf Gewährung von Urlaub als Freistellung von der Arbeit nach §§ 55, 56 SeemG kann daher nur gegenüber dem Besatzungsmitglied erfüllt werden. Er ist höchstpersönlicher Natur. Damit ist weder die Pfändung noch die Verpfändung des Anspruchs (im ganzen) zulässig (vgl. § 1274 Abs. 2 BGB und § 851 Abs. 1 ZPO). Bei der Frage nach der Übertragbarkeit und Pfändbarkeit des Urlaubsanspruchs handelt es sich eigentlich nicht um den Urlaubsanspruch als ganzen, sondern um das im Urlaub weitergezahlte oder dafür abzugeltende Arbeitsentgelt. Die Übertragbarkeit und Pfändbarkeit des Urlaubsentgeltanspruchs wie auch des Abgeltungsanspruch wird in Rechtsprechung und Literatur unterschiedlich beurteilt (vgl. zum Meinungsstand nach dem BUrlG *Berscheid*, HzA, Gruppe 4, Rz. 84ff.). Für den See-Urlaub wird ebenfalls Unübertragbarkeit und Unpfändbarkeit angenommen (*Bemm/Lindemann*, § 57 SeemG Anm. 19, m.w.N.; *Schwedes/Franz*, § 57 SeemG Anm. 10).

7 Dieser Ansicht kann nicht gefolgt werden, denn das Urlaubsentgelt, das dem Besatzungsmitglied für die Dauer des Urlaubs gezahlt wird, ist nichts anderes als die Fortzahlung der Heuer für die Urlaubszeit (§ 57 Abs. 1 SeemG). Das **Urlaubsentgelt** ist der geschuldete Gegenstand und **unterliegt als solcher der Pfändung**, denn Zeit mag zwar unpfändbar sein, Geld jedoch nicht. Der Urlaubsanspruch als Doppelanspruch besteht aus zwei Teilen, von denen einer pfändbar, der andere unpfändbar ist. Das ist aber der Fall des § 851 Abs. 2 ZPO (*Berscheid*, HzA, Gruppe 4, Rz. 87, m.w.N.). Das Besatzungsmitglied soll hinsichtlich des Urlaubsentgelts nicht schlechter, aber auch nicht besser gestellt werden, als wenn es gearbeitet hätte. Das Urlaubsentgelt ist nichts anderes als weitergezahlte Heuer, deren Pfändbarkeit sich nach den Vorschriften der §§ 850ff. ZPO richtet. Nach § 850a Nr. 2 ZPO sind lediglich die Bezüge unpfändbar, die für die Dauer des Urlaubs über das Arbeitseinkommen hinaus gewährt werden, soweit sie den Rahmen des üblichen nicht übersteigen, also das sog. zusätzliche Urlaubsgeld. Gegenüber Unterhaltsgläubigern bestimmt § 850d Abs. 1 ZPO auch insoweit eine Teilpfändbarkeit dieser Bezüge. Aus diesen Bestimmungen der ZPO folgt zweierlei: Einmal sieht der Gesetzgeber das im Urlaub gezahlte Entgelt als Arbeitseinkommen an; ferner bestimmt er darin seine Pfändbarkeit.

8 Die Besonderheit des Urlaubsanspruchs rechtfertigt es nicht, daß das Besatzungsmitglied während des Urlaubs von seiner Verpflichtung zur Einhaltung von Lohnabtretungen und Lohnpfändungen wegen Kreditaufnahmen oder Unterhaltsverpflichtungen befreit ist. Dem Besatzungsmitglied in der Zeit des Urlaubs erhöhte Aufwendungen zu ermöglichen, ist nicht Sinn des Urlaubsentgelts, sondern eines (zusätzlichen) Urlaubsgeldes, soweit es tariflich vorgesehen oder einzelvertraglich geschuldet wird (so zum BUrlG: *LAG Köln* v. 14. 2. 1990, LAGE § 850a ZPO Nr. 3; **a.A.** zum SeemG: *TSchG* v. 25. 8. 1964, AP Nr. 1 zu § 57 SeemG; *ArbG Hamburg* v. 30. 8. 1974, SeeAE § 57 SeemG Nr. 5). Denn sonst hätte es der in § 850a Nr. 2 ZPO und § 850d Abs. 1 ZPO enthaltenen Regelungen nicht bedurft. Wäre der Gesetzgeber davon ausgegangen, daß das Urlaubsentgelt unpfändbar sei, so wären diese Sonderregelungen für das zusätzliche Urlaubsgeld entbehrlich. Als Umkehrschluß aus § 850a Nr. 2 ZPo folgt zwingend: **Man kann das Urlaubsentgelt dem zusätzlichen Urlaubsgeld in der Frage der Pfändbarkeit nicht einfach gleichsetzen.**

9 Daß das Urlaubsentgelt dem Arbeitsentgelt hinsichtlich Übertragbarkeit und Pfändbarkeit völlig gleich steht, zeigt im übrigen der Urlaubsabgeltungsanspruch.

Der **Abgeltungsbetrag** ist **nicht zweckgebunden** im Sinne von § 399 BGB, sondern **lediglich zweckgerichtet** (*Natzel*, § 7 BUrlG Rz. 157, m.w.N.; zust. *Berscheid*, HzA, Gruppe 4, Rz. 90). Er soll – wie auch das Urlaubsentgelt – nur ermöglichen, daß das Besatzungsmitglied in seiner selbstgewählten Freizeit seinen bisherigen Lebensstandard beibehalten kann. Denn »abzugelten« heißt nichts anderes, als den früher bestehenden Anspruch auf Freizeitgewährung unter Fortzahlung des Arbeitsentgelts mit Geld auszugleichen (*Natzel*, a.a.O.). Auch hier ist deshalb eine Besserstellung weder geboten noch gerechtfertigt (*Berscheid*, a.a.O., m.w.N.). Für die hier vertretene Ansicht spricht noch folgendes: Wenn die Urlaubsabgeltung bei einem arbeitslosen Arbeitnehmer einfach als Lohnersatzleistung kraft Gesetzes mit dem Arbeitslosengeld »verrechnet« wird (vgl. § 117 Abs. 1a AFG), so besteht kein Grund, den Abgeltungsanspruch im übrigen der Pfändung nicht zu unterwerfen und so ein Besatzungsmitglied, das sofort eine Anschlußarbeit gefunden hat und nur deshalb überhaupt Urlaubsabgeltung erhält (§ 60 SeemG), auch noch gegenüber seinen Gläubigern besserzustellen. Daraus läßt sich die **Pfändbarkeit des Urlaubsabgeltungsanspruchs** ableiten (vgl. zu § 7 Abs. 4 BUrlG: *LAG Köln* v. 14. 2. 1990, LAGE § 850a ZPO Nr. 3; **a.A.** zu § 60 SeemG: *TSchG* v. 25. 8. 1964, AP Nr. 1 zu § 57 SeemG; *ArbG Hamburg* v. 22. 12. 1977, SeeAE § 57 SeemG Nr. 6).

10 Eine **Aufrechnung** mit oder gegen den Urlaubsanspruch als ganzen scheidet schon wegen der in § 387 BGB geforderten Gleichartigkeit begrifflich aus. Gegen den Anspruch auf Zahlung des Urlaubsentgelts und der Urlaubsabgeltung kann jedoch dem Grundsatz nach aufgerechnet werden, denn die Vorschrift des § 394 Satz 1 BGB steht insoweit nicht entgegen (*LAG Köln* v. 14. 2. 1990, LAGE § 850a ZPO Nr. 3). Nach dieser Vorschrift findet die Aufrechnung gegen eine Forderung lediglich dann nicht statt, wenn sie nicht der Pfändung unterworfen ist. Es sind daher nur die Pfändungsfreigrenzen zu beachten. Auch kann mit den Forderungen auf Zahlung von Urlaubsentgelt und Urlaubsabgeltung aufgerechnet werden. Das Besatzungsmitglied braucht während des Urlaubs nicht bessergestellt zu werden, als während der Ausübung seiner Arbeit. Die Aufrechnung ist – unabhängig von ihrer unmittelbar tilgenden Wirkung – als solche weder Erfüllung noch Erlaß, sondern **Leistung von Erfüllungsersatz** (*Boldt/Röhsler*, § 1 BUrlG Rz. 45). Sie setzt voraus, daß sich zwei Leistungen im Sinne des § 387 BGB aufrechenbar gegenüberstehen. Erforderlich ist also insbesondere, daß die gegenseitigen Forderungen hinsichtlich ihres Gegenstandes gleichartig sind. Daran fehlt es z.B. bei Aufrechnung des Reeders mit einer Forderung auf Schadensersatz. An der Gleichartigkeit der Leistungen fehlt es aber auch dann, wenn gegen den auf Bruttozahlung eingeklagten Anspruch auf Urlaubsentgelt bzw. auf Urlaubsabgeltung mit einem auf Nettozahlung gerichteten Schadensersatz- oder Vertragsstrafenanspruch aufgerechnet wird (*LAG Köln* v. 23. 8. 1989, LAGE § 7 BUrlG Nr. 19). Dagegen ist eine **Verrechnung von Vorschüssen**, Kantinenwarenlieferungen, Sozialwerksauslagen jederzeit möglich (*Bemm/Lindemann*, § 57 SeemG Anm. 20 und § 60 SeemG Anm. 17, jeweils m.w.N.), und zwar ohne Beachtung der Pfändungsfreigrenzen.

§ 58 Erkrankung während des Urlaubs

Wird das Besatzungsmitglied während des Urlaubs arbeitsunfähig krank, so werden diese Krankheitstage auf den Urlaub nicht angerechnet, soweit die Erkrankung durch ärztliches Zeugnis nachgewiesen wird. Ist anzunehmen, daß die Erkrankung über den Ablauf des Urlaubs hinaus fortdauern wird, so ist das Besatzungsmitglied verpflichtet, dies dem Reeder unverzüglich mitzuteilen. Das Besatzungsmitglied hat sich nach Ablauf des ihm bewilligten Urlaubs oder, falls die Erkrankung längert dauert, nach Wiederherstellung der Arbeitsfähigkeit zunächst dem Reeder oder dem Kapitän zur Arbeitsleistung zur Verfügung zu stellen. Der Reeder oder der Kapitän bestimmt den Zeitpunkt, von dem ab der restliche Urlaub gewährt wird; dabei sind die Wünsche des Besatzungsmitglieds tunlichst zu berücksichtigen.

Inhaltsübersicht

I. Erkrankungen – Kur- und Heilverfahren – Schonungszeiten

1 Krankheitstage während des Urlaubs werden nicht angerechnet, soweit die Arbeitsunfähigkeit durch ärztliches Zeugnis nachgewiesen wird. Insoweit gilt nichts anderes als nach § 9 BUrlG. Die **Anrechnung von Krankheitstagen** auf den Urlaub ist danach nur dann **unzulässig, wenn die Krankheit vom Arbeitnehmer nicht verschuldet ist** (*Boldt/Röhsler*, § 9 BUrlG Rz. 11; *Natzel*, § 9 BUrlG Rz. 21; **a. A.** *Dersch/Neumann*, § 9 BUrlG Rz. 8; *Siara*, § 9 BUrlG Anm. 4). Das kommt zwar im Wortlaut des BUrlG nicht zum Ausdruck, jedoch wollte der Gesetzgeber nur die »hergebrachten Grundsätze« des Urlaubsrechts übernehmen (BT-Drucksache IV/785, S. 4). Erleidet der Arbeitnehmer z. B. im Urlaub unter Alkoholgenuß einen Verkehrsunfall und wird er deshalb arbeitsunfähig, so kann er nicht verlangen, daß diese Zeit nicht auf den Urlaub angerechnet wird. Andernfalls würde man das Risiko des schuldhaften Handelns des Arbeitnehmers auf den Arbeitgeber abwälzen, was jedoch mit der Fürsorgepflicht des Arbeitgebers kaum noch zu vereinbaren wäre. Verschulden bedeutet hier einen gröblichen Verstoß gegen das von einem verständigen Menschen billigerweise zu erwartende Verhalten. Das heißt natürlich nicht, daß der Arbeitnehmer ängstlich darauf bedacht sein müßte, jedes Risiko zu vermeiden, etwa eine schwierige Bergtour. Diese Fälle sind nicht eingeschlossen. Gemeint sind die Arbeitsunfähigkeitszeiten, die auf ein ungewöhnlich leichtfertiges oder mutwilliges Verhalten des Arbeitnehmers zurückzuführen sind. Nur sie sind auch auf den Urlaub anzurechnen (vgl. *BAG* v. 30. 5. 1958 und v. 5. 4. 1962, AP Nrn. 5, 28 zu § 63 HGB; *BAG* v. 23. 11. 1971, EzA § 1 LFZG Nr. 10 = AP Nr. 8 zu § 1 LFZG). Für § 58 SeemG gilt nichts anderes.

2 Es besteht die Verpflichtung des Besatzungsmitglieds, dem Reeder **unverzüglich Mitteilung** zu machen, **wenn die Erkrankung über den Ablauf des bewilligten Urlaubs hinaus fortbesteht**. Das Besatzungsmitglied hat sich nach Ablauf des ihm bewilligten Urlaubs oder, falls die Erkrankung länger dauert, nach Wiederherstellung der Arbeitsfähigkeit zunächst dem Reeder oder dem Kapitän zur Arbeitsleistung zur Verfügung zu stellen. Diese Personen entscheiden dann, ob das Besatzungsmitglied seinen Urlaub sofort verlängern und dann ggf. zu einem anderen Hafen (§ 56 Abs. 3 SeemG) nachkommen muß, oder bestimmen später den Zeitpunkt, von dem ab der restliche Urlaub ggf. zusammen mit einem anderen Teilurlaub oder Vollurlaub eines späteren Urlaubsjahres gewährt wird. Dabei sind die Wünsche des Besatzungsmitglieds tunlichst zu berücksichtigen; es gilt hier nichts anderes als bei § 55 Abs. 1 Satz 1 SeemG.

3 Für **Kur- und Heilverfahren** enthält das SeemG keine eigenen Bestimmungen, so daß § 10 BUrlG ergänzend heranzuziehen ist (*Dersch/Neumann*, § 15 BUrlG Anm. 10 und Anh. VI § 58 SeemG Anm. 40; zust. *Boldt/Röhsler*, § 15 BUrlG Anm. 35; *Natzel*, Anh. §§ 51–61 SeemG Anm. 6; *Siara*, § 15 BUrlG Anm. 3; **a. A.** *Trieschmann*, AuR 1963, 88). Kuren und Schonungszeiten dürfen nach der Neufassung des § 10 BUrlG nicht auf den Urlaub angerechnet werden, soweit ein Anspruch auf Fortzahlung des Arbeitsentgelts nach den verschiedenen Vorschriften über die Entgeltfortzahlung im Krankheitsfalle, für die Besatzungsmitglieder also ein Anspruch auf Weiterzahlung der Heuer besteht (vgl. für die Schiffsleute § 48 Abs. 1 SeemG i. V. m. § 7 Abs. 1 LFZG bzw. § 115a Abs. 2 AGB sowie für die Schiffsoffiziere und sonstigen Angestellten § 48 Abs. 1 SeemG i. V. m. § 616 Abs. 2 BGB bzw. § 115a Abs. 2 AGB). Hat das Besatzungsmitglied keinen Anspruch auf Weiterzahlung seiner Heuer, weil er wegen desselben Grundleidens seinen Anspruch auf Weiterzahlung der Heuer im Krankheitsfalle (§ 48 SeemG) bereits verbraucht hat (vgl. dazu *BAG* v. 29. 9. 1982, EzA § 1 LFZG Nr. 63 = AP Nr. 50 zu § 1 LFZG) oder weil die Kur von einem sog. freien Wohlfahrtsträger getragen wird oder weil die Träger der Sozialversicherung nicht die vollen Kosten übernehmen, so muß im Einzelfall nach den früheren Grundsätzen der Rechtsprechung geprüft werden, ob das Besatzungsmitglied die Kurzeit in der üblichen Gestaltung eines Erholungsurlaubs verbringen kann (vgl. zur Frage der Beweislast: *BAG* v. 4. 12. 1985, EzA § 63 HGB Nr. 40 = AP Nr. 42 zu § 63 HGB). Ist das nicht der Fall, so scheidet eine Anrechnung aus zwingenden Grundsätzen des Urlaubsrechts aus. Will der Reeder dennoch anrechnen, so trägt er die Beweislast dafür, daß das Besatzungsmitglied die Zeit der Kur urlaubsmäßig verbringen kann.

4 Anders ist das bei der **Schonungszeit**. Hier ist grundsätzlich eine Anrechnung, die vorher erklärt werden muß möglich(vgl. *BAG* v. 31. 7. 1957, AP Nr. 20 zu § 611 BGB Urlaubsrecht), es sei denn, es besteht Arbeitsunfähigkeit (§ 7 Abs. 4 LFZG, § 115a Abs. 2 AGB, § 616 Abs. 2 BGB). Will das Besatzungsmitglied dies nicht hinnehmen, so trägt es die Beweislast dafür, daß es die Schonungszeit nicht urlaubsmäßig verbringen kann, etwa weil es auch in dieser Zeit, ohne arbeitsunfähig zu sein, ambulant behandelt wird.

II. Urlaubsanspruch bei langanhaltender Arbeitsunfähigkeit

5 Die Frage, welchen **Einfluß eine gänzlich fehlende oder nur geringe tatsächliche Arbeitsleistung** des Besatzungsmitglieds im Beschäftigungsjahr (= Urlaubsjahr) auf seinen Anspruch auf Erholungsurlaub hat, ist weder im SeemG noch im BUrlG ausdrücklich geregelt. Nach § 53 Abs. 1 SeemG hat das Besatzungsmitglied für jedes Beschäftigungsjahr Anspruch auf bezahlten Urlaub. In den Fällen, in denen das Besatzungsmitglied im Urlaubsjahr gar nicht oder in kaum nennenswertem Umfang gearbeitet hat, stellt sich die Frage, ob der Urlaubsanspruch in das wechselseitige Austauschverhältnis von Arbeitsleistung und Vergütung einbezogen werden kann. Diese Problematik wird zum BUrlG unter dem Stichwort »unzulässige Rechtsausübung« (Rechtsmißbrauch) diskutiert (vgl. *Berscheid*, HzA, Gruppe 4, Rz. 211ff.), hat im Geltungsbereich des SeemG dagegen keine vergleichbare Bedeutung. Nach § 54 Abs. 1 Satz 1 SeemG muß die Urlaubsdauer »angemessen« sein. Die Tarifpartner der Seeschiffahrt haben die Frage des Verhältnisses von Urlaub und Arbeitsleistung tariflich gelöst. Nach § 57 Abs. 3 MTV-See bzw. § 19 Abs. 3 Kapitäns-MTV **erwirbt** ein Besatzungsmitglied oder ein Kapitän bei langanhaltender Arbeitsunfähigkeit **an Land** oder während einer verordneten Kur **nur den sog. »kleinen« Urlaubsanspruch**, der etwas höher ist als der gesetzliche Mindesturlaub. Vergleichbar ist die Rechtslage in der Hochseefischerei. Dort erwirbt ein Besatzungsmitglied oder ein Kapitän während der Zeit der Arbeitsunfähigkeit je Kalendertag 0,5/7 freien Kalendertag als Freizeitanspruch (§ 40 Nr. 2 MTV-Fisch), was bei 365 Tagen im Jahr 26 freie Kalendertage, also knapp vier Wochen Urlaub ausmacht. Folgt man der Ansicht, daß »angemessen« i.S.d. des § 54 Abs. 1 Satz 1 SeemG bedeutet, der Urlaub müsse auch in den nichttarifgebundenen Heuerverhältnissen in erster Linie in seiner Dauer der in den Tarifverträgen festgelegten Länge entsprechen (*Schaps/Abraham*, § 54 SeemG Anm. 1; *Schwedes/Franz*, § 54 SeemG Anm. 2), dann gelten die Bestimmungen des § 57 Abs. 3 MTV-See bzw. § 19 Abs. 3 Kapitäns-MTV als gesetzliche Mindestregeln i.S.d. § 612 Abs. 2 BGB und die Frage nach der Arbeitsleistung im Beschäftigungsjahr ist dann ganz allgemein beantwortet. Daß Seeleute, die **an Bord** tatsächlich Dienst tun, also nicht nach Rückführung (§ 49 SeemG) an Land arbeitsunfähig krank sind, nach § 40 Nr. 1 MTV-Fisch bzw. § 57 Abs. 2 MTV-See bzw. § 19 Abs. 2 Kapitäns-MTV einen höheren, nämlich den sog. **»großen« Urlaubsanspruch** erwerben, ist sachlich gerechtfertigt und stellt keinen Verstoß gegen den Gleichbehandlungsgrundsatz dar.

6 Nach der neueren Rechtsprechung (*BAG* v. 13. 5. 1982, EzA § 7 BUrlG Nr. 25 = AP Nr. 4 zu § 7 BUrlG Übertragung mit abl. Anm. *Boldt* = SAE 1983, 79 mit abl. Anm. von *Buchner*; *BAG* v. 23. 7. 1987, AP Nr. 11 zu § 7 BUrlG; *BAG* v. 24. 11. 1987, EzA § 7 BUrlG Nr. 61 = AP Nr. 41 zu § 7 BUrlG Abgeltung) soll der Urlaubsanspruch nach dem BUrlG auch dann, wenn die Voraussetzungen der gesetzlichen Übertragungsgründe des § 7 Abs. 3 Satz 2 BUrlG noch weiter vorliegen, nur bis zum 31. März des Folgejahres befristet sein. Mit Ablauf der Übertragungsfrist erlösche der Urlaubsanspruch nach § 7 Abs. 3 Satz 3 BUrlG, und der Arbeitgeber werde von seiner Pflicht, den Arbeitnehmer für die Urlaubsdauer von seiner Arbeitspflicht zu entbinden, gemäß § 275 BGB frei (*BAG* v. 31. 10. 1986, EzA § 7 BUrlG Nr. 49 = AP Nr. 25 zu § 13 BUrlG; **a.A.** *Berscheid*, HzA, Gruppe 4, Rz. 430ff., Rz. 435ff., jeweils m.w.N.). Mit anderen Worten, der **Urlaubsanspruch besteht danach nur im Urlaubsjahr** und im Übertragungszeitraum. Dieser für Landarbeitsverhältnisse entwickelte Grundsatz soll sinngemäß auch für die Seearbeitsverhältnisse gelten (*Bemm/Lindemann*, § 58 SeemG Anm. 16; *Schwedes/Franz*, § 53 SeemG Anm. 3). Die Regelung des § 55 Abs. 2 Satz 2 SeemG, wonach der Urlaub für zwei Beschäftigungsjahre zusammen gegeben werden kann, gilt nur für betriebliche Übertragungsgründe, so daß **Übertragungsgründe in der Person des Besatzungsmitglieds im allgemeinen unbeachtlich**

sind. Die Tarifpartner der Seeschiffahrt lassen mit der neueren Rechtsprechung (*BAG* v. 28. 1. 1982, EzA § 3 BUrlG Nr. 13 mit abl. Anm. von *Peterek* = AP Nr. 11 zu § 3 BUrlG Rechtsmißbrauch mit abl. Anm. von *Boldt* = SAE 1987, 77 mit abl. Anm. von *Buchner*; ferner *BAG* v. 26. 5. 1983, EzA § 7 BUrlG Nr. 27 mit zust. Anm. von *Herschel* = AP Nr. 12 zu § 7 BUrlG mit krit. Anm. von *Trieschmann*; *BAG* v. 8. 3. 1984, EzA § 3 BUrlG Nr. 14 mit abl. Anm. von *Buchner* = AP Nr. 14 zu § 3 BUrlG Rechtsmißbrauch mit abl. Anm. von *Glaubitz* = SAE 1985, 108 mit abl. Anm. von *Beitzke*) den Urlaubsanspruch – wenn auch in reduzierter Höhe – entstehen, so daß wegen des Erlöschens dieses Urlaubsanspruchs folgerichtig auch die neuere Rechtsprechung (zuletzt *BAG* v. 28. 11. 1990, EzA § 7 BUrlG Nr. 79) zum Tragen kommen muß.

§ 59 Urlaub bei Beendigung des Heuerverhältnisses während des Beschäftigungsjahres

(1) Endet das Heuerverhältnis des Besatzungsmitglieds vor Ablauf des Beschäftigungsjahres, so hat das Besatzungsmitglied innerhalb der ersten sechs Monate der Beschäftigung bei demselben Reeder für jeden vollen Beschäftigungsmonat, danach für jeden angefangenen Beschäftigungsmonat Anspruch auf ein Zwölftel des Jahresurlaubs.
(2) Hat das Besatzungsmitglied bereits längeren als ihm nach Absatz 1 zustehenden Urlaub erhalten, so kann das Urlaubsentgelt nicht zurückgefordert werden.

§ 60 Urlaubsabgeltung

Der Urlaub darf nur abgegolten werden, soweit er wegen Beendigung des Heuerverhältnisses nicht mehr gewährt werden kann und eine Verlängerung des Heuerverhältnisses infolge Eingehens eines neuen Heuer- oder sonstigen Arbeitsverhältnisses nicht möglich ist.

Inhaltsübersicht

I. Teilurlaub nach dem Zwölftelungsprinzip

1 Da der Urlaub nach dem SeemG nach dem Beschäftigungsjahr als Urlaubsjahr gewährt wird, kommt ein Teilurlaub nur **im Ein- oder Austrittsjahr** in Betracht, wenn das Besatzungsmitglied nicht das volle Beschäftigungsjahr tätig ist, sondern vor dessen Ende ausscheidet. In diesem Falle wird – in Abweichung von den Regelungen des § 5 Abs. 1 BUrlG – ausnahmslos eine **Zwölftelung des Urlaubs** vorgenommen. Im Ein- und Austrittsjahr besteht insoweit ein Unterschied, als das

Besatzungsmitglied in den ersten sechs Monaten des Eintrittsjahres nur für jeden vollen Beschäftigungsmonat ein Zwölftel des Jahresurlaubs erhält, während in der Folgezeit bereits für jeden angefangenen Beschäftigungsmonat ein Zwölftel des Jahresurlaubs unverfallbar ist. Diese Regelung wird verständlich, wenn man bedenkt, daß der volle Urlaub eines Besatzungsmitglieds ohne Erfüllung der Wartezeit entsteht und bei vorzeitigem Ausscheiden lediglich nach dem Zwölftelungsprinzip gekürzt wird. Für die Abgeltung dieses Teilurlaubs gilt § 60 SeemG. Der Tarifurlaub entsteht nach § 57 Abs. 9 MTV-See bzw. § 19 Abs. 6 Kapitäns-MTV nicht bereits mit Beginn des Beschäftigungsjahres, sondern kalendermonatlich und damit ratierlich, so daß die Regelung des § 59 Abs. 1 SeemG insoweit entbehrlich ist.

2 Soweit bei der Berechnung der Zwölftel für volle oder nach sechs Monaten für angefangene Beschäftigungsmonate Bruchteile von Urlaubstagen entstehen, ist die Regelung des § 5 Abs. 2 BUrlG entsprechend anzuwenden (*Bemm/Lindemann*, § 59 SeemG Anm. 10; *Dersch/Neumann*, Anh. VI § 59 SeemG Anm. 45; *Schwedes/Franz*, § 59 SeemG Anm. 1). Danach sind **Bruchteile von Urlaubstagen**, die mindestens einen halben Tag ergeben, auf volle Urlaubstage aufzurunden, und Bruchteile von Urlaubstagen, die weniger als einen halben Urlaubstag ausmachen, auf volle Urlaubstage abzurunden. Zwar schreibt § 5 Abs. 2 BUrlG die Abrundung von Bruchteilen von weniger als einem halben Tag nicht ausdrücklich vor, jedoch ergibt sich aber mit Rücksicht auf das dieser Vorschrift zu entnehmende **Ganztagsprinzip**, daß in diesem Fall abzurunden ist (*BAG* v. 28. 11. 1968, EzA § 5 BUrlG Nr. 8 = AP Nr. 6 zu § 5 BUrlG mit zust. Anm. von *Meisel*; *BAG* v. 17. 3. 1970, EzA § 5 BUrlG Nr. 12 = AP Nr. 8 zu § 5 BUrlG mit Anm. von *Thiele*; **a.A.** neuerdings *BAG* v. 26. 1. 1989, EzA § 5 BUrlG Nr. 14 mit zust. Anm. von *Gans* = AP Nr. 13 zu § 5 BUrlG = EzBAT § 48 BAT Nr. 4 mit abl. Anm. von *Berger-Delhey*; *BAG* v. 14. 2. 1991, EzA § 13 BUrlG Nr. 50). Die bisherige Rechtsprechung entspricht auch der Tarifpraxis (§ 57 Abs. 9 MTV-See, § 19 Abs. 6 Kapitäns-MTV). Insoweit abgerundet wird, entsteht auch ein Bruchteil eines Urlaubsanspruches nicht, so daß diese Bruchteile weder entgolten noch abgegolten werden können (*Berscheid*, HzA, Gruppe 4, Rz. 197; *Siara*, § 5 BUrlG Anm. 9c).

3 Mangels Wartezeit entsteht der volle Urlaub bereits mit Beginn des Heuerverhältnisses, der Tarifurlaub ratierlich nach Kalendermonaten (§ 57 Abs. 9 MTV-See, § 19 Abs. 6 Kapitäns-MTV). Wird der Urlaub während eines Beschäftigungsjahres voll gewährt, so kann bei vorzeitigem Ausscheiden das Urlaubsentgelt nicht zurückgefordert werden (§ 59 Abs. 2 SeemG). Anderslautende Vereinbarungen sind rechtsunwirksam (*ArbG Hamburg* v. 9. 8. 1978, SeeAE § 59 SeemG Nr. 2). Diese Vorschrift ist entsprechend anzuwenden, wenn das Besatzungsmitglied den Urlaub für das Folgejahr nach § 55 Abs. 2 SeemG bereits im Vorgriff erhält, weil danach eine längere Schiffsreise angetreten wird, das Besatzungsmitglied aber vor Erreichen des Folgejahres aus dem Heuerverhältnis ausscheidet (*ArbG Hamburg* v. 9. 3. 1977, SeeAE § 59 SeemG Nr. 1; zust. *Bemm/Lindemann*, § 59 SeemG Anm. 12; *Dersch/Neumann*, Anh. VI § 59 SeemG Anm. 46; *Schwedes/Franz*, § 59 SeemG Anm. 5). Etwas anderes hat allerdings dann zu gelten, wenn sich ein Besatzungsmitglied den Urlaub für das nächste Urlaubsjahr erschlichen hat und dann ausscheidet, ohne den Urlaub durch entsprechende Arbeitsleistung erdient zu haben. In diesem Falle greift das **Rückforderungsverbot** des § 59 Abs. 2 SeemG nicht (*ArbG Hamburg*, a.a.O.; *Bemm/*

Lindemann, § 59 SeemG Anm. 13; *Dersch/Neumann*, Anh. VI § 59 SeemG Anm. 47; *Schwedes/Franz*, § 59 SeemG Anm. 6). Das gleiche gilt, wenn ein Besatzungsmitglied mit der wahrheitswidrigen Behauptung, es habe von seinem bisherigen Arbeitgeber noch keinen Urlaub erhalten, Urlaub erschleicht, der ihm wegen des § 6 Abs. 1 BUrlG nicht zusteht. Auf Entreicherung (§ 818 Abs. 3 BGB) kann sich das Besatzungsmitglied in diesen Fällen nicht berufen (§ 819 Abs. 1 BGB).

II. Abgeltungsverbot und Verlängerung des Heuerverhältnisses

4 Von noch größerer Bedeutung als in Landbetrieben nach § 7 Abs. 4 BUrlG ist das **Abgeltungsverbot** des § 60 SeemG. Grundsätzlich ist der noch nicht genommene Urlaub am Ende des Heuerverhältnisses in Freizeit zu gewähren; das Heuerverhältnis verlängert sich um die Urlaubsdauer. Eine Abgeltung des Urlaubs kommt deshalb nur dann in Betracht, wenn der Urlaub wegen Beendigung des Heuerverhältnisses nicht in Freizeit hat gewährt werden können und eine Verlängerung des Heuerverhältnisses infolge Eingehens eines neuen Heuer- oder sonstigen Arbeitsverhältnisses nicht möglich ist. Dabei kommt es auf die tatsächliche Begründung eines neuen Heuer- oder Arbeitsverhältnisses an (*ArbG Hamburg* v. 1. 6.1973, SeeAE § 60 SeemG Nr. 3). Eine weitere **Ausnahme vom Abgeltungsverbot** gilt für den Fall, daß das Besatzungsmitglied nach Beendigung des Heuerverhältnisses sofort ein **Studium** aufnimmt und deshalb das Heuerverhältnis nicht mehr um die Anzahl der noch nicht gewährten Urlaubstage verlängert werden kann. Während des Studiums ist der Student pflichtversichert und genießt sozialversicherungsrechtlichen Schutz. Die Immatrikulation ist dem Eingehen eines anderen Arbeitsverhältnisses gleichzusetzen, so daß der Grund für eine Verlängerung des Heuerverhältnisses entfällt und der Urlaub abzugelten ist, wie dies in § 65 Abs. 1 MTV-See vorgesehen ist (*ArbG Hamburg* v. 11. 11. 1976, SeeAE § 60 SeemG Nr. 2). Diese Regelung, die keine ungünstige Abweichung von § 60 SeemG darstellt, kann verallgemeinert werden (*Bemm/Lindemann*, § 60 SeemG Anm. 9).

5 Das **Abgeltungsverbot** gilt nicht nur für den gesetzlichen Mindesturlaub nach § 53 Abs. 2 SeemG i.V.m. § 3 Abs. 1 BUrlG 1963 bzw. § 3 Satz 1 BUrlG 1990 von 18 Werktagen bzw. 20 Arbeitstagen, sondern auch für den Mehrurlaub der Jugendlichen und den Zusatzurlaub für Schwerbehinderte, ferner grundsätzlich auch für einen einzelvertraglichen Mehrurlaub oder einen sonstigen Zusatzurlaub, da diese zwar auf unterschiedlichen Rechtsgrundlagen beruhen, sich aber nach dem Grundurlaub richten. Hinsichtlich des gesetzlichen Mindesturlaub können wegen § 10 SeemG selbst die Tarifvertragsparteien nichts Abweichendes vereinbaren (*BAG* v. 25. 2. 1976, AP Nr. 1 zu § 90 SeemG = SeeAE § 90 SeemG Nr. 1), so daß sie **nur für den tariflichen Mehrurlaub etwas anderes bestimmen** können (vgl. dazu *ArbG Hamburg* v. 1. 6. 1973, SeeAE § 60 SeemG Nr. 3; *Bemm/Lindemann*, § 60 SeemG Anm. 14, m.w.N.; *Dersch/Neumann*, Anh. VI § 60 Anm. 51, m.w.N.; *Schwedes/Franz*, § 60 SeemG Anm. 2), wie dies in § 65 Abs. 1 MTV-See und § 25 Abs. 1 Kapitäns-MTV geschehen ist.

6 Das Abgeltungsverbot des § 60 SeemG erfaßt **alle Arten der Beendigung des Heuerverhältnisses**. Es gilt bei Beendigung durch ordentliche (§ 65 SeemG) oder außerordentliche (§§ 64–66 SeemG) Kündigung seitens des Reeders, bei ordentlicher (§ 65 SeemG) oder außerordentlicher (§§ 67, 68 SeemG) Kündigung seitens

des Besatzungsmitglieds, bei Beendigung durch Aufhebungsvertrag (*ArbG Hamburg* v. 19. 1. 1978, SeeAE § 60 SeemG Nr. 4) und bei Beendigung eines Heuerverhältnisses infolge Befristung (*Bemm/Lindemann*, § 60 SeemG Anm. 7). Wird dem Besatzungsmitglied sein Urlaub entgegen § 55 Abs. 3 SeemG nicht gewährt, so hat es aus diesem Grunde nach § 67 Satz 1 Nr. 4 SeemG ein Recht zur außerordentlichen Kündigung mit der Folge, daß sich das Heuerverhältnis über den Zeitpunkt der außerordentlichen Kündigung hinaus nach § 60 SeemG um den noch nicht gewährten Urlaub verlängert (*Bemm/Lindemann*, § 55 SeemG Anm. 12; *Schwedes/Franz*, § 55 SeemG Anm. 9). Auch in den Fällen der fristlosen Entlassung des Besatzungsmitglieds tritt eine Verlängerung des Heuerverhältnisses um die Dauer des noch nicht gewährten Urlaubs ein. Der Einwand, daß eine solche Verlängerung unter den gegebenen Verhältnissen für den Reeder oder den Kapitän unzumutbar sei, wird man mit dem Hinweis entkräften können, daß es mehr oder weniger nur eine formelle Verlängerung des Heuerverhältnisses ist, denn das Besatzungsmitglied ist während des **»angehängten« Urlaubs** von der Arbeit freigestellt und es kommt deshalb praktisch nicht mehr zu einem arbeitsmäßigen Zusammenwirken mit dem »entlassenen« Besatzungsmitglied (so ausdrücklich *Schwedes/Franz*, § 60 SeemG Anm. 5; ferner *Bemm/Lindemann*, § 60 SeemG Anm. 7; *Schaps/Abraham*, § 60 SeemG Anm. 1; **a.A.** *Dersch/Neumann*, Anh. VI § 60 SeemG Anm. 54).

7 § 60 SeemG gilt auch für den Teilurlaub (gekürzten Vollurlaub) des § 59 Abs. 1 SeemG oder einen evtl. Resturlaub aus dem laufenden Beschäftigungsjahr. Ein Heuerverhältnis ist von vornherein so zu befristen, daß dem Besatzungsmitglied Urlaub in Form von bezahlter Freizeit gewährt werden kann (*BAG* v. 10. 11. 1976, AP Nr. 3 zu § 60 SeemG mit zust. Anm. von *Fettback* = SeeAE § 60 SeemG Nr. 1). Geschieht das nicht, **verlängert das Heuerverhältnis sich nach § 60 SeemG automatisch kraft Gesetzes**, also ohne daß es einer Vereinbarung zwischen Reeder und Besatzungsmitglied bedarf (*TSchG* v. 10. 3. 1966, AP Nr. 2 zu § 60 SeemG; *BAG* v. 20. 1. 1977, AP Nr. 4 zu § 63 SeemG = SeeAE § 63 SeemG Nr. 2; *Bemm/Lindemann*, § 60 Anm. 5, m.w.N.; **a.A.** *BAG* v. 21. 10. 1982, AP Nr. 4 zu § 60 SeemG mit abl. Anm. von *Bemm* = SeeAE § 60 SeemG Nr. 5; *Dersch/Neumann*, Anh. VI § 60 SeemG Anm. 49; *Schwedes/Franz*, § 60 SeemG Anm. 3, die sämtlich lediglich die gesetzliche Pflicht zur Verlängerung des gekündigten oder befristeten Heuerverhältnisses um die Dauer des noch nicht gewährten Urlaubs annehmen). Lehnt das Besatzungsmitglied trotz bestehender Möglichkeit eine Verlängerung des Heuerverhältnisses ab, entfällt ein Anspruch auf Urlaubsabgeltung (*Boldt/Röhsler*, § 7 BUrlG Anm. 104; *Dersch/Neumann*, Anh. VI § 60 Anm. 51; *Natzel*, Anh. § 53–61 SeemG Anm. 26).

III. Urlaubsabgeltung in Ausnahmefällen

8 Erkrankt ein Arbeitnehmer während des durch Urlaub verlängerten Heuerverhältnisses, so werden die Krankheitstage nicht auf den Urlaub angerechnet und es besteht für diese Zeit ein Anspruch auf Krankenbezüge nach § 58 SeemG. Das Heuerverhältnis verlängert sich nicht nochmals um die Krankheitstage, sondern endet zu dem einmal bestimmten Verlängerungstermin; **der wegen der Arbeitsunfähigkeit nicht gewährte restliche Urlaub ist in diesem Falle ausnahmsweise abzugelten** (*BAG* v. 10. 11. 1976, AP Nr. 3 zu § 60 SeemG mit zust. Anm. von *Fett-*

back = SeeAE § 60 SeemG Nr. 1; *Bemm/Lindemann*, § 60 SeemG Anm. 12, m.w.N.; *Dersch/Neumann*, Anh. VI § 60 SeemG Anm. 50; *Natzel*, Anh. §§ 53–61 SeemG Anm. 21, 27; *Schwedes/Franz*, § 60 SeemG Anm. 4). § 60 SeemG hat nur den Zweck, die Erfüllung des Urlaubsanspruchs durch Freizeitgewährung und Heuerzahlung während des Heuerverhältnisses zu sichern. Er dient rein urlaubsrechtlichen Zwecken und kann deshalb auf andere Sachverhalte nicht erstreckt werden. Wird jedoch von vornherein vereinbart, daß sich ein Heuerverhältnis um die Dauer des Urlaubs verlängert, so endet es mit dem letzten Urlaubstag infolge Zeitablaufs, wobei das Vertragsende in einem solchen Falle durch die Krankheitstage hinausgeschoben wird, weil diese eine Urlaubsgewährung ausschließen (so allgemein: *BAG* v. 20. 10. 1967, AP Nr. 30 zu § 620 BGB Befristeter Arbeitsvertrag mit zust. Anm. von *A. Hueck* = AR-Blattei »Arbeitsvertrag-Arbeitsverhältnis VIII: Entsch. 8« mit zust. Anm. von *Herschel*; zust. *Dersch/Neumann*, a.a.O.).

9 Nach allgemeinen Grundsätzen ist eine **Urlaubsabgeltung** dann zulässig, wenn der Urlaub in Freizeit deshalb nicht gewährt werden kann, weil das Besatzungsmitglied arbeits- oder erwerbsunfähig wird oder in den Ruhestand tritt. Die Abgeltung eines einmal entstandenen und durch entsprechende Arbeitsleistung erdienten Urlaubsanspruchs ist immer dann zulässig, wenn seine Gewährung in Freizeit nicht mehr erfolgen kann (*Dersch/Neumann*, Anh. VI § 60 SeemG Anm. 53; **a.A.** *Bemm/Lindemann*, § 58 SeemG Anm. 16 und § 60 SeemG Anm. 10). Die neuere Rechtsprechung des 6. und 8. Senats des *BAG* (v. 23. 6. 1983, EzA § 7 BUrlG Nr. 28 = AP Nr. 14 zu § 7 BUrlG Abgeltung mit krit. Anm. von *Trieschmann*; *BAG* v. 10. 2. 1987, EzA § 13 BUrlG Nr. 31 = AP Nr. 12 zu § 13 BUrlG Unabdingbarkeit; *BAG* v. 28. 11. 1990, EzA § 7 BUrlG Nr. 79) sieht dagegen als weitere Voraussetzung des Urlaubsabgeltungsanspruchs an, daß bei Beendigung des Arbeitsverhältnisses an sich noch die Möglichkeit gegeben sein müsse, den Urlaubsanspruch in Freizeit zu verwirklichen. Mit anderen Worten, die Beendigung des Arbeitsverhältnisses müsse das alleinige, kausale Ereignis gewesen sein, das der Realisierung des Urlaubsanspruchs im Wege gestanden habe (*LAG Hamm* v. 4. 10. 1983, BB 1984, 784). Dies stellt einen Bruch mit einer über 50jährigen Rechtsprechungstradition dar und ist schon deshalb abzulehnen. Das *RAG* (v. 2. 3. 1929, ARS 5, 336, und v. 13. 6. 1931, ARS 12, 382) und ihm folgend der 1. und 5. Senat des *BAG* (v. 22. 6. 1956, AP Nr. 9 zu § 611 BGB Urlaubsrecht, und v. 6. 6. 1968, EzA § 1 BUrlG Nr. 5 = AP Nr. 5 zu § 3 BUrlG Rechtsmißbrauch) haben in ständiger Rechtsprechung die Auffassung vertreten, daß ein Arbeitnehmer den einmal erworbenen Urlaubsanspruch – mangels entgegenstehender tariflicher Regelung – nicht verliert, auch **wenn die Ursache der Nichtgewährung des Urlaubs in einer unverschuldeten Krankheit liegt**. Diese Rechtsprechung haben sich die Tarifpartner der Seeschiffahrt zu eigen gemacht, indem sie in § 65 Abs. 2 MTV-See und § 25 Abs. 2 Kapitäns-MTV ausdrücklich bestimmt haben, daß das Besatzungsmitglied bzw. der Kapitän den Reeder unverzüglich von einer Erkrankung während des an das Heuerverhältnis »angehängten« Urlaubs zu unterrichten haben. Diese Unterrichtung wäre entbehrlich, wenn der Urlaub in einem solche Falle nicht abzugelten wäre, sondern erlöschen würde. Es macht für den Reeder nämlich keinen Unterschied, ob das Besatzungsmitglied bzw. der Kapitän Urlaubsentgelt (§ 57 SeemG) oder Heuerfortzahlung (§ 48 SeemG) erhält.

10 Ist im Seefahrtsbuch (§ 11 SeemG) **im Abmusterungsvermerk eine bestimmte**

Anzahl von Urlaubstagen und sog. Ausgleichstagen (§ 91 SeemG) bescheinigt, so ist zugunsten des Besatzungsmitglieds der **Beweis des ersten Anscheins** dafür als geführt anzusehen, daß die eingetragenen Freizeitansprüche erworben sind und noch bestehen (*ArbG Hamburg* v. 13. 6. 1978, SeeAE § 57 SeemG Nr. 1; zust. *Bemm/Lindemann*, § 54 SeemG Anm. 5). Bei der Abgeltung des Urlaubs ist der Anzahl der abzugeltenden Urlaubstage **ein Sechstel hinzuzurechnen**, weil während des ansonsten in Freizeit gewährenden Urlaubs nach § 57 Abs. 2 Satz 1 SeemG auch die dazwischen liegenden Sonn- und Feiertage mit einem Dreißigstel der Heuer zu vergüten sind und das Besatzungsmitglied bei der Urlaubsabgeltung nicht schlechter gestellt werden darf als bei der Freizeitgewährung während des Heuerverhältnisses (*Bemm/Lindemann*, § 60 SeemG Anm. 16, m. w. N.).

IV. Vererbbarkeit des Urlaubsabgeltungsanspruchs

11 Der auf Freizeitgewährung gerichtete Urlaubsanspruch geht mit dem Tode des Arbeitnehmers unter und nicht auf seine Erben über. Dasselbe soll nach der Rechtsprechung (*BAG* v. 20. 4. 1956, AP Nr. 7 zu § 611 BGB Urlaubsrecht) auch für den Urlaubsabgeltungsanspruch nach § 7 Abs. 4 BUrlG gelten; dieser soll ersatzlos entfallen (*LAG Düsseldorf* v. 21. 6. 1990, LAGE § 7 BUrlG Nr. 22). Begründet ist diese Ansicht damit, daß der auf Freizeitgewährung gerichtete Urlaubsanspruch höchstpersönlichen Charakter habe und daher mit dem Tode des Arbeitnehmers untergehe. Die **Unvererblichkeit** erstrecke sich auch auf den **Abgeltungsanspruch**, welcher ebenfalls seiner Zweckbestimmung unvererblich sei (so für den Seeurlaub nach § 60 SeemG: *Bemm/Lindemann*, § 53 SeemG Anm. 3). An diesen Rechtsgrundsatz sollen auch die Tarifvertragsparteien gebunden sein (*BAG* v. 13. 11. 1985, EzA § 1 BUrlG Nr. 19 = AP Nr. 35 zu § 1 TVG Tarifverträge: Metallindustrie mit Anm. von *Beitzke*). Wenn allerdings die Tarifvertragsparteien den Abgeltungsanspruch unabhängig von der Arbeitspflicht und der Arbeitsfähigkeit des Arbeitnehmers gewähren, soll der Abgeltungsanspruch vererblich sein (*BAG* v. 8. 7. 1989, EzA § 7 BUrlG Nr. 67 = AP Nr. 49 zu § 7 BUrlG Abgeltung).

12 Diese einschränkende Ansicht zur Frage der Vererbbarkeit des Urlaubsanspruchs kann nicht geteilt werden, denn mit dem Tode des Arbeitnehmers tritt an die Stelle des Urlaubsanspruchs der **Abgeltungsanspruch**. Dieser ist jedoch nicht dem Freizeitanspruch wesensgleich, denn er ist nicht wie dieser zweckgebunden, sondern lediglich zweckgerichtet (*Natzel*, § 7 BUrlG Anm. 157, m. w. N.; *Berscheid*, HzA, Gruppe 4, Rz. 449). Der Abgeltungsanspruch beschränkt sich demnach auch nach dem BUrlG allein auf eine Geldzahlungspflicht zum Ausgleich für während der Laufdauer des Arbeitsverhältnisses nicht gewährte bezahlte Freizeit (*Natzel*, a. a. O.; *Berscheid*, a. a. O.). Er ist vermögensrechtlicher Natur und folglich auch vererbbar (vgl. dazu *Berscheid*, HzA, Gruppe 4, Rz. 469). Der Umweg über eine solche soziale Beihilfe für die Hinterbliebenen ist entbehrlich. Große praktische Bedeutung hat dieser Streit für den Seeurlaub allerdings deshalb nicht, weil die nahen Angehörigen nach § 79 Abs. 2 MTV-See bzw. § 34 Abs. 2 Kapitäns-MTV **im Rahmen des Sterbegeldes** die Beträge mit Ausnahme des Verpflegungsgeldes erhalten, die im Zeitpunkt des Todes an den Verstorbenen zur Barablösung seines Urlaubsanspruches hätten gezahlt werden müssen.

§ 61 Landgang

(1) Das Besatzungsmitglied hat außerhalb der Hafenarbeitszeit Anspruch auf Landgang, soweit die Sicherheit des Schiffs und seine Abfahrtszeit es zulassen.
(2) Der Kapitän ist verpflichtet, dem Besatzungsmitglied in seiner dienstfreien Zeit auch innerhalb der Hafenarbeitszeit Landgang zu ermöglichen, soweit es der Schiffsbetrieb zuläßt.
(3) Der Kapitän hat, wenn für die Landgänger keine oder keine angemessene Beförderungsmöglichkeit besteht, soweit es zumutbar ist, für eine Verbindung zum Land zu sorgen.
(4) Der Kapitän hat dafür zu sorgen, daß der außerhalb der Hafenarbeitszeit notwendige Wachdienst gleichmäßig auf die Besatzungsmitglieder verteilt wird.

Der **Landgang** ist **kein Erholungsurlaub**, sondern nur eine kurzfristige Befreiung von der nach § 28 SeemG gesetzlich angeordneten Bordanwesenheit. Der Anspruch des Besatzungsmitgliedes auf Landgang besteht vielmehr neben dem Urlaubsanspruch. Selbst wenn bei längeren Liegezeiten in einem Hafen mehrere Tage Landgang gewährt werden, scheidet eine Anrechnung auf den Erholungsurlaub aus (*Bemm/Lindemann*, § 61 SeemG Anm. 2; *Dersch/Neumann*, Anh. VI § 61 SeemG Anm. 56; *Natzel*, Anh. §§ 53–61 SeemG Anm. 31; *Schwedes/Franz*, § 61 SeemG Anm. 1). Der Landgang entspricht der Freizeit, die jeder andere Arbeitnehmer nach Beendigung seiner täglichen Arbeitszeit hat und während der er tun und lassen kann, was ihm beliebt. Diese Freizeit fehlt den Besatzungsmitgliedern und kann durch den Landgang nur in ganz geringem Maße ausgeglichen werden (*Dersch/Neumann*, a.a.O.). Außerhalb der Hafenarbeitszeit (§§ 84 Abs. 2, 86 SeemG) hat das Besatzungsmitglied Anspruch auf Landgang, soweit die Sicherheit des Schiffs und seine Anfahrtszeit es zulassen (§ 61 Abs. 1 SeemG, § 55 Abs. 1 MTV-See). Innerhalb der Hafenarbeitszeit ist dem Besatzungsmitglied Landgang zu gewähren, wenn es dienstfrei hat und der Schiffsbetrieb es zuläßt (§ 61 Abs. 2 SeemG, § 55 Abs. 2 MTV-See). **1**

Im Gesetz nicht geregelt ist der Fall, daß Landgang aufgrund einer hoheitlichen Vorschrift des Landes, in dem an Land gegangen werden soll, nicht gewährt werden kann; hier entfällt die Verpflichtung zur Gewährung des Landgangs wegen Unmöglichkeit nach § 323 BGB (*Bemm/Lindemann*, § 61 SeemG Anm. 12, m.w.N.; *Schaps/Abraham*, § 61 SeemG Anm. 2; *Schwedes/Franz*, § 61 SeemG Anm. 8). Ein Ausgleich für die Bordanwesenheit (§ 56 Abs. 1 MTV-See) ist nicht zu zahlen (*Bemm/Lindemann*, § 61 SeemG Anm. 26; **a.A.** *Schwedes/Franz*, § 61 SeemG Anm. 10). Dagegen hat der Kapitän nicht das Recht, die **Gewährung oder Nichtgewährung des Landgangs** zum Mittel für die Aufrechterhaltung oder Verbesserung der Borddisziplin zu machen (*Schwedes/Franz*, § 61 SeemG Anm. 9; zust. *Bemm/Lindemann*, § 61 SeemG Anm. 14). **2**

Auf Wunsch kann dem Besatzungsmitglied Erholungsurlaub auch außerhalb des Geltungsbereichs des Grundgesetzes gewährt werden (§ 55 Abs. 1 Satz 2 SeemG). Es ist daher möglich, das Besatzungsmitglied während eines Hafenaufenthaltes vom Wachdienst zu befreien und ihm auf Verlangen Urlaub z.B. zur Teilnahme an einer Ausflugsfahrt zu geben. Auch bei einem kürzeren Aufenthalt im Heimathafen kann Teilurlaub zum Besuch von Verwandten oder Bekannten gewährt werden (*Dersch/Neumann*, a.a.O.). Allerdings muß dabei stets klarge- **3** stellt werden, daß es sich um Urlaub handelt, denn **selbst ein längerer Landgang kann nicht nachträglich auf den Urlaub angerechnet werden** (*Dersch/Neumann*, a.a.O.).

Vierter Abschnitt: Arbeitsschutz
Zweiter Unterabschnitt: Arbeitszeit

§ 91 Sonn- und Feiertagsausgleich

(1) Dem Besatzungsmitglied ist für jeden Sonn- und Feiertag, an dem sich das Schiff weniger als zwölf Stunden im Hafen befunden hat, ein Ausgleich durch einen arbeitsfreien Werktag zu geben. Dem Verpflegungs-, Bedienungs- und Krankenpflegepersonal sind im Monat mindestens zwei freie Tage zu gewähren.
(2) Der freie Tag ist in einem Hafen zu gewähren, in dem Landgang zulässig und möglich ist. Auf Verlangen des Besatzungsmitglieds kann der freie Tag auch auf See gewährt werden.
(3) Der Ausgleich ist so bald wie möglich zu gewähren. Ist das innerhalb derselben Woche nicht möglich, so soll der freie Tag in einer der folgenden Wochen gegeben werden. Bis zum Urlaubsantritt nicht gewährte arbeitsfreie Tage sind mit dem Urlaub zu verbinden oder, wenn einer Verlängerung des Urlaubs zwingende betriebliche Gründe entgegenstehen, abzugelten.
(4) Auf den arbeitsfreien Tag finden die Vorschriften der §§ 55 Abs. 1 Satz 1 und 57 Abs. 1 und 2 entsprechende Anwendung.

1 Für jeden Sonn- und Feiertag, den das Besatzungsmitglied überwiegend auf See verbracht hat, erhält es einen Freizeitausgleich in Form eines arbeitsfreien Werktages (**sog. freie Seetage oder Ausgleichstage**). Unerheblich ist, ob das Besatzungsmitglied an diesem Tag auf See zur Dienstleistung herangezogen worden ist oder nicht (*Bemm/Lindemann*, § 91 SeemG Anm. 4). Feiertage sind nach § 84 Abs. 4 SeemG im Geltungsbereich des Grundgesetzes die gesetzlichen Feiertage des Liegeortes sowie auf See die gesetzlichen Feiertage des Registerhafens. Der Ausgleich durch den freien Seetag ist so bald wie möglich zu gewähren, und zwar in einem Hafen, in dem Landgang zulässig und möglich ist. Auf Verlangen des Besatzungsmitglieds kann der freie Tag auch auf See gewährt werden. Ist das innerhalb derselben Woche nicht möglich, so soll der freie Tag in einer der folgenden Wochen gegeben werden.

2 Ausgleichstage sind nach § 91 Abs. 4 SeemG nicht in den Urlaub einzubeziehen, sondern nur wie Urlaub zu gewähren und zu bezahlen (*Dersch/Neumann*, Anh. VI § 54 SeemG Anm. 10). Ist eine Gewährung der freien **Ausgleichstage** bis zum Urlaubsantritt nicht erfolgt, weil entweder eine Freistellung des Besatzungsmitglieds während der Liegezeit im Hafen an Werktagen nicht erfolgen konnte oder weil sich Besatzungsmitglied und Kapitän von vornherein über eine Verbindung der Ausgleichstage mit dem Urlaub geeinigt haben, so sind diese Tage **zusammen mit dem Urlaub zu gewähren** (*Bemm/Lindemann*, § 91 SeemG Anm. 13) **oder**, wenn einer Verlängerung des Urlaubs zwingende betriebliche Gründe ent-

gegenstehen, **abzugelten** (*Bemm/Lindemann*, § 91 SeemG Anm. 14). Das Abgeltungsverbot des § 60 SeemG gilt nicht für die Ausgleichstage (*ArbG Lingen* v. 8. 2. 1979, SeeAE § 91 SeemG Nr. 3) Ist im Seefahrtsbuch im Abmusterungsvermerk eine bestimmte Anzahl von Ausgleichstagen bescheinigt, so ist zugunsten des Besatzungsmitglieds der Beweis des ersten Anscheins dafür als geführt anzusehen, daß die eingetragenen Freizeitansprüche tatsächlich erworben sind und noch bestehen (*ArbG Hamburg* v. 13. 6. 1978, SeeAE § 91 SeemG Nr. 1).

3 Erkrankt das Besatzungsmitglied während der Freistellung, so wird für die nachgewiesenen Tage der Arbeitsunfähigkeit in entsprechender Anwendung der §§ 58, 48 Abs. 1 SeemG die Heuer weitergezahlt (*Bemm/Lindemann*, § 91 SeemG Anm. 13; *Schaps/Abraham*, § 91 SeemG Anm. 10). **Ausgleichstage** nach § 91 Abs. 1 SeemG **verlängern das Heuerverhältnis nicht**, weil § 91 Abs. 4 SeemG nur die §§ 55 Abs. 1 Satz 1 und 57 Abs. 1 und 2 SeemG für entsprechend anwendbar erklärt und auf § 60 SeemG gerade nicht Bezug nimmt (*BAG* v. 21. 10. 1982, AP Nr. 4 zu § 60 SeemG = SeeAE § 60 SeemG Nr. 5 = SeeAE § 91 SeemG Nr. 2; *Bemm/Lindemann*, § 60 SeemG Anm. 14; *Dersch/Neumann*, a. a. O.).

I.8. Arbeitsgesetzbuch der Deutschen Demokratischen Republik (AGB)

vom 16. Juni 1977 (GBl. I Nr. 18 S. 185)

zuletzt geändert durch Gesetz vom 22. Juni 1990 (GBl. I Nr. 325 S. 371) und Anlage II, Kapitel VIII, Sachgebiet A, Abschnitt II Nr. 1 mit Maßgaben durch Abschnitt III Nr. 1 des Einigungsvertrages vom 31. August 1990, BGBl. II S. 885, 1207)

(Auszug)

Literatur

Däubler, Einigungsvertrag und Arbeitsrecht, AiB 1990, 364; *Dörner/Widlak*, Das Arbeitsrecht nach dem Einigungsvertrag, NZA Beilage Nr. 1/1991, S. 43ff.; *Lorenz*, Die arbeitsrechtlichen Regelungen im Einigungsvertrag, DB DDR-Report 1990, 3118; *Nägele*, Grundzüge des Arbeitsrechts der DDR, BB 1990 Beilage Nr. 9, S. 1; *Palme*, Rechtsmißbräuchliches Urlaubsverlangen, BlfStRSozVersArbR 1982, 49; *Pfeiffer/Birkenfeld-Pfeiffer*, Arbeitsrecht nach dem Einigungsvertrag, DtZ 1990, 325; *Schumann*, Das rechsmißbräuchliche Urlaubsbegehren, AuR 1970, 71; *Stahlhacke*, Einführung in das Arbeitsrecht der Deutschen Demokratischen Republik, HzA Gruppe 24 S. 1; *ders.*, Das Arbeitsrecht in den neuen Bundesländern ab dem 3. Oktober 1990, HzA Gruppe 24 S. 33; *Wank*, Das Arbeits- und Sozialrecht nach dem Einigungsvertrag, RdA 1991, 1; *Weber*, Die Rechte der Frauen im Arbeitsrecht der Bundesrepublik Deutschland – rechtsvergleichende Betrachtungen, NJ 1990, 280; *Wlotzke/Lorenz*, Arbeitsrecht und Arbeitsschutzrecht im deutsch-deutschen Einigungsvertrag, BB Beilage Nr. 35/1990, S. 1ff.

Vorbemerkung

1 Die besonderen Rechte der werktätigen Frau und Mutter sowie der besondere Schutz der werktätigen Frau im Interesse der Mutterschaft wurde in der ehemaligen Deutschen Demokratischen Republik als **»soziale Errungenschaft«** hervorgehoben (*Weber*, NJ 1990, 280). Dementsprechend war während der Verhandlungen über den Einigungsvertrag die Fortgeltung dieses Rechts heftig umstritten. Es wurde schließlich in Art. 30 Abs. 1 Nr. 1 des Einigungsvertrages vom 31. 8. 1990 (BGBl. II S. 885, 899) ein **Gesetzgebungsauftrag** erteilt, neben dem Arbeitsvertragsrecht und dem Arbeitszeitrecht **vor allem den besonderen Frauenarbeitsschutz möglichst bald einheitlich neu zu kodifizieren.** Dem gesamtdeutschen Gesetzgeber ist ferner unter der Überschrift »Familie und Frauen« die **weitere Entwicklung der Gleichberechtigungs-Gesetzgebung aufgetragen** worden (Art. 31 Abs. 1 und 2 des Einigungsvertrages). Der Einigungsvertrag enthält dazu eine Reihe von Übergangs- und Überleitungsbestimmungen, nach denen die darin genannten Gesetze oder Verordnungen, die bislang im Beitrittsgebiet der fünf neuen Bundesländer einschließlich Berlin-Ost galten, befristet in Kraft bleiben, so daß für einige Jahre auf diesem Gebiet gesamtdeutsch kein einheitliches Recht besteht (vgl. zur Gesetzgebungsproblematik *Wank*, RdA 1991, 1, 4; *Wlotzke*, NZA 1990, 417ff.).

2 Große Abweichungen bestehen beim Mutterschutz und Erziehungsurlaub, da hier für das Beitrittsgebiet zwischen Geburten nach dem 31. 12. 1990 und solchen vor dem 1. 1. 1991 unterschieden werden muß: Bis zum 31. 12. 1990 halten im Beitrittsgebiet weder die Vorschriften des MuSchG noch die Bestimmungen des BErzGG, sondern uneingeschränkt die als günstiger angesehenen Regelungen des AGB (vgl. dazu *Weber*, NJ 1990, 280, 281; **a. A.** *Wank*, RdA 1991, 1, 9). Danach war die ordentliche, fristgemäße Kündigung von **Schwangeren, stillenden Müttern, Müttern bzw. Vätern mit Kindern bis zu einem Jahr**, Müttern bzw. Vätern **während der Zeit der Freistellung nach dem Wochenurlaub** (§ 246 Abs. 1 bis 3 AGB) sowie **alleinstehenden Arbeitnehmern mit Kindern bis zu drei Jahren** durch den Arbeitgeber nach § 58 Abs. 1 Buchstabe b) AGB grundsätzlich ausgeschlossen; diesem Personenkreis konnte mit behördlicher Zustimmung nur (außerordentlich) fristlos gekündigt werden. **Es gelten** u. a. diese Regelungen sowie die **Vorschriften über den Schwangerschafts- und Wochenurlaub** (§§ 244, 245 AGB) über den Zeitpunkt des 31. 12. 1990 hinaus für **Mütter bzw. Väter**, deren **Kind vor dem 1. 1. 1991 geboren** wurde, unbefristet **weiter** und geht den vergleichbaren Bestimmungen des MuSchG und BErzGG vor (vgl. Art. 9 Abs. 2 des Einigungsvertrages v. 31. 8. 1990 i. V. m. Anlage II, Kapitel VIII, Sachgebiet A: Arbeitsrechtsordnung, Abschnitt III, Nr. 1 Buchstabe b und Anlage II, Kapitel X, Sachgebiet A: Frauenpolitik, Abschnitt III, Nr. 4 Buchstabe a – BGBl. II S. 885, 1207, 1218); sie werden sich allerdings durch Zeitablauf erledigen, nämlich nach Beendigung der Schutzfristen und Rückkehr an den Arbeitsplatz. Die Bestimmungen über die **Freistellung nach dem Wochenurlaub** (§ 246 AGB) gelten ebenfalls weiter, und zwar befristet bis zum 31. 12. 1993 (vgl. Art. 9 Abs. 2 des Einigungsvertrages v. 31. 8. 1990 i. V. m. Anlage II, Kapitel X, Sachgebiet H: Familie und Soziales, Abschnitt III, Nr. 1 Buchstaben a und b – BGBl. II S. 885, 1220).

12. Kapitel
Besondere Rechte der werktätigen Frau und Mutter

§ 244 Schwangerschaft- und Wochenurlaub

(1) Frauen erhalten Schwangerschaftsurlaub für die Dauer von sechs Wochen vor der Entbindung und Wochenurlaub für die Dauer von zwanzig Wochen nach der Entbindung. Bei Mehrlingsgeburten oder komplizierten Entbindungen beträgt der Wochenurlaub zweiundzwanzig Wochen.
(2) Bei vorzeitiger Entbindung verlängert sich der Wochenurlaub um die Zeit des nicht in Anspruch genommenen Schwangerschaftsurlaubs. Bei verspäteter Entbindung wird der Schwangerschaftsurlaub bis zum Tag der Entbindung verlängert.
(3) Befindet sich das Kind nach Ablauf von sechs Wochen nach der Entbindung noch in stationärer Behandlung oder beginnt zu einem späteren Zeitpunkt vor Ablauf des Wochenurlaubs eine stationäre Behandlung des Kindes, hat die Mutter das Recht, den Wochenurlaub zu unterbrechen und im Interesse der Pflege des Kindes die restliche Zeit des Wochenurlaubs ab Beendigung des stationären Aufenthalts des Kindes in Anspruch zu nehmen. Der restliche Wochenurlaub muß spätestens ein Jahr nach der Unterbrechung angetreten werden.
(4) Für die Dauer des Schwangerschafts- und Wochenurlaubs erhalten die Frauen Schwangerschafts- und Wochengeld in Höhe des Nettoverdienstes von der Sozialversicherung.

§ 245 Erholungsurlaub

Frauen ist auf Verlangen der jährliche Erholungsurlaub vor dem Schwangerschaftsurlaub oder unmittelbar an den Wochenurlaub zu gewähren.

Inhaltsübersicht

I. Schwangerschafts- und Wochenurlaub

1 Im Beitrittsgebiet des Art. 3 des Einigungsvertrages erhalten Frauen **Schwangerschaftsurlaub** für die Dauer von sechs Wochen vor der Entbindung (§ 244 Abs. 1 Satz 1 AGB). Diese Regelung entspricht dem Beschäftigungsverbot für werdende Mütter nach § 3 Abs. 2 Halbs. 1 MuSchG. Sie erhalten ferner einen **Wochenurlaub** für die Dauer von zwanzig Wochen nach der Entbindung (§ 244 Abs. 1

Satz 1 AGB). Bei Mehrlingsgeburten oder komplizierten Entbindungen beträgt der Wochenurlaub zweiundzwanzig Wochen (§ 244 Abs. 1 Satz 2 AGB). Diese Bestimmungen gehen erheblich über die im übrigen Bundesgebiet geltenden Beschäftigungsverbote für Wöchnerinnen hinaus, denn die Mutterschutzfrist beträgt nur acht Wochen (§ 6 Abs. 1 Satz 1 MuSchG) und nach Mehrlingsgeburten zwölf Wochen (§ 6 Abs. 1 Satz 2 MuSchG). Bei vorzeitiger Entbindung verlängert sich der Wochenurlaub im Beitrittsgebiet um die Zeit des nicht in Anspruch genommenen Schwangerschaftsurlaubs (§ 244 Abs. 2 Satz 1 AGB); bei verspäteter Entbindung wird der Schwangerschaftsurlaub bis zum Tag der Entbindung verlängert (§ 244 Abs. 2 Satz 2 AGB), während sich im übrigen Bundesgebiet bei Frühgeburten lediglich der Wochenurlaub auf zwölf Wochen verlängert (§ 6 Abs. 1 Satz 2 MuSchG). Schwangerschafts- und Wochenurlaub und Erholungsurlaub schließen – trotz der gemeinsamen Wortsilbe »Urlaub« – einander aus, so daß **Urlaubsansprüche durch die mutterschaftsbedingte Freistellung von der Arbeit nicht erfüllt werden.**

2 Befindet sich das **Kind** nach Ablauf von sechs Wochen nach der Entbindung noch **in stationärer Behandlung** oder beginnt zu einem späteren Zeitpunkt vor Ablauf des Wochenurlaubs eine stationäre Behandlung des Kindes, **hat die Mutter das Recht, den Wochenurlaub zu unterbrechen** und im Interesse der Pflege des Kindes die restliche Zeit des Wochenurlaubs ab Beendigung des stationären Aufenthalts des Kindes in Anspruch zu nehmen (§ 244 Abs. 1 Satz 1 AGB). Der restliche Wochenurlaub muß spätestens ein Jahr nach der Unterbrechung angetreten werden (§ 244 Abs. 3 Satz 2 AGB), muß also nicht innerhalb dieses Zeitraumes in Freizeit verwirklicht werden. Diese Regelungen gelten unabhängig von der Möglichkeit, Freistellung nach dem Wochenurlaub im Umfang des § 246 Abs. 1 und 2 AGB in Anspruch zu nehmen. Die Arbeitnehmerin ist während der Zeit der Unterbrechung des Wochenurlaubs nicht zur Arbeitsleistung verpflichtet, sondern nach § 186 Abs. 1 AGB zur Betreuung ihres erkrankten Kindes freigestellt. Sie erhält für die Dauer der Freistellung eine Unterstützung von der Sozialversicherung (§ 186 Abs. 2 AGB). Diese Regelungen gelten nach Art. 8 des Einigungsvertrages v. 31. 8. 1990 i.V.m. der Anlage II, Kapitel VIII, Sachgebiet A: Arbeitsrechtsordnung, Abschnitt III Nr. 1 Buchstabe e (BGBl. II S. 855, 1207) befristet bis zum 30. 6. 1991. Wegen der Höchstdauer von Schwangerschafts- und Wochenurlaub von insgesamt 26 Wochen bei Normalgeburten und 28 Wochen bei Mehrlingsgeburten oder komplizierten Entbindungen dürften fast alle Fälle der vor dem 1. 1. 1991 geborenen Kinder erfaßt werden.

3 Neben der staatlichen Geburtshilfe in Höhe von 1000 DM nach § 1 der Verordnung über die Erhöhung der staatlichen Geburtenbeihilfe vom 10. 5. 1972 (GBl. II Nr. 27 S. 314) erhalten die Frauen **für die Dauer des Schwangerschafts- und Wochenurlaubs Schwangerschafts- und Wochengeld** in Höhe des Nettoverdienstes von der Sozialversicherung (§ 244 Abs. 4 AGB). Der Durchschnittslohn und der Nettoverdienst werden nach der Verordnung über die Berechnung des Durchschnittsverdienstes und über die Lohnzahlung vom 21. 12. 1961 (GBl. II Nr. 83 S. 551; Ber.GBl. II 1962 Nr. 2 S. 11), zuletzt geändert durch die Besoldungsordnung vom 25. 3. 1982 (GBl. I Nr. 12 S. 253), sowie den §§ 69 bis 75 der Verordnung zur Sozialversicherung der Arbeiter und Angestellten – SVO – vom 17. 11. 1977 (GBl. I Nr. 35 S. 373), geändert durch die Verordnung über die Änderung oder Aufhebung von Rechtsvorschriften vom 28. 6. 1990 (GBl. I Nr. 38 S. 509) berechnet.

II. Gewährung des Erholungsurlaubs vor dem Mutterschaftsurlaub

4 Für den Erholungsurlaub gelten – von der Höhe des jährlichen Urlaubsanspruchs, der nach § 3 Satz 1 BUrlG 1990 im Beitrittsgebiet zwanzig Arbeitstage beträgt, abgesehen – im übrigen auch im Beitrittsgebiet die Vorschriften des BUrlG, allerdings mit einer Ausnahme zugunsten der werktätigen Frauen. Nach § 245 AGB ist **Frauen auf Verlangen der jährliche Erholungsurlaub vor dem Schwangerschaftsurlaub oder unmittelbar an den Wochenurlaub zu gewähren.** Hinsichtlich des Verlangens des Erholungsurlaubs vor Antritt des Schwangerschaftsurlaubs entspricht die Regelung des § 245 AGB der im übrigen Bundesgebiet geltenden Bestimmung des § 4 Abs. 1 Satz 2 ArbPlSchG, wonach in Arbeit stehenden Männern vom Arbeitgeber der zustehende Erholungsurlaub auf ihr Verlangen hin vor Beginn des Grundwehrdienstes zu gewähren ist. Nach dieser Vorschrift, die über § 78 des Zivildienstgesetzes vom 31. 7. 1986 (BGBl. I S. 1205) für die Ableistung des Zivildienstes entsprechend gilt, hat der Arbeitnehmer nach dem Wortlaut des Gesetzes ein unbedingtes Recht zu verlangen, daß ihm der Erholungsurlaub vor Beginn des Grundwehrdienstes oder des Zivildienstes in Freizeit gewährt wird (*Dersch/Neumann*, Anh. I § 4 ArbPlSchG Anm. 9). Der Arbeitgeber muß diesem Verlangen in der Regel entsprechen und kann – wenn betriebliche Belange oder Urlaubs- und Freistellungswünsche anderer Arbeitnehmer entgegenstehen – nach Maßgabe des § 7 Abs. 1 BUrlG den Urlaub lediglich in der Zeit vor Ableistung des Grundwehr- oder Zivildienstes anders legen, als dies beantragt war (*Dersch/Neumann*, a.a.O.). Nach dem klaren Wortlaut der Vorschrift, wonach der Erholungsurlaub auf Verlangen zu gewähren »ist«, kann nicht angenommen werden, der Arbeitgeber könnte von Fall zu Fall aus betrieblichen Gründen die Freizeitgewährung vor Beginn des Grundwehr- oder Zivildienstes verweigern (*Boldt/Röhsler*, § 7 BUrlG Anm. 23; *Dersch/Neumann*, a.a.O., **a.A.** *Schelp/Herbst*, § 7 BUrlG Anm. 42). Auch nach § 245 AGB hat die schwangere Arbeitnehmerin ein **unbedingtes Recht** zu verlangen, daß ihr der Erholungsurlaub vor Beginn des Schwangerschaftsurlaubs gewährt wird.

5 In beiden gleichgelagerten Fällen wird der Arbeitgeber jedoch dann die Erfüllung des Urlaubs **ausnahmsweise verweigern** können, wenn der Arbeitnehmer bzw. die Arbeitnehmerin für den Arbeitgeber unentbehrlich ist, weil zum Fortgang des Betriebes ein Nachfolger/eine Nachfolgerin eingearbeitet werden muß oder die Geschäfte übergeben werden müssen oder bei fehlener Ersatz- oder verhinderter Vertretungskraft eine auszuführende Arbeit beendet werden muß (*Boldt/Röhsler*, a.a.O., *Dersch/Neumann*, a.a.O.; *Natzel*, Anh. § 4 ArbPlSchG Anm. 15). Kann der Arbeitgeber aber entsprechende Gründe nicht darlegen, stellt sich die Frage nach dem **Selbstbeurlaubungsrecht**. Die Rechtsprechung (*BAG* v. 26. 4. 1960, EzA § 611 BGB Urlaub Nr. 2 = AP Nr. 58 zu § 611 BGB Urlaubsrecht; vgl. dazu ferner *Berscheid*, HzA, Gruppe 4, Rz. 397ff.) hat diese Frage zu § 7 BUrlG offengelassen. Sie ist aber für die hier in Rede stehenden Fälle zu bejahen, weil es sich um ein unbedingtes Recht handelt (*Dersch/Neumann*, a.a.O.; **a.A.** *Boldt/Röhsler*, a.a.O.).

III. Übertragung des Erholungsurlaubs auf die Zeit nach dem Wochenurlaub

6 Wird der **Erholungsurlaub** vor Beginn des Schwangerschaftsurlaubs (wegen der Bindung an den Geburtstermin des Kindes also der Urlaub aus dem Jahre 1990) nicht verlangt oder nicht gewährt, so kann er noch **nach dem Wochenurlaub** verlangt werden (§ 245 AGB). Der nach dieser Vorschrift **übertragene Urlaub** aus der Zeit vor Antritt des Schwangerschaftsurlaubs ist der Arbeitnehmerin vom Arbeitgeber **nach Ablauf des Wochenurlaubs zu gewähren**. Stand der Arbeitnehmerin aus der Zeit vor Antritt des Schwangerschaftsurlaubs noch der längere Jugendurlaub nach § 19 Abs. 2 JArbSchG zu, so ist er ihr nach dem Wochenurlaub auch dann zu gewähren, wenn sie nunmehr keine Jugendliche mehr ist (so zum Erziehungsurlaub: *Meisel/Sowka*, § 17 BErzGG Anm. 28; *Zmarzlik/Zipperer/Viethen*, § 17 BErzGG Anm. 19).

7 Wenn auch die zum BUrlG entwickelten Rechtsgrundsätze und die Rechtsprechung zu diesem Gesetz weitgehend im Beitrittsgebiet gilt, so enthält § 245 AGB damit eine **Sonderregelung gegenüber der Übertragungsregelung** des § 7 Abs. 3 BUrlG und etwaigen gleichlautenden Tarifregelungen, für die die bisherigen bundesdeutschen Rechtsprechungsgrundsätze nicht anzuwenden sind (vgl. zur Übertragung und zum Erlöschen des Urlaubsanspruchs *BAG* v. 14. 5. 1986, EzA § 7 BUrlG Nr. 44 = AP Nr. 1 zu § 8d MuSchG 1968). Nach dem klaren Wortlaut der Vorschrift, wonach der Erholungsurlaub auf Verlangen zu gewähren »ist«, ist der vorher nicht in Freizeit genommene Erholungsurlaub – und zwar auch unter Berücksichtigung der Unterbrechung des Wochenurlaubs nach § 245 Abs. 3 AGB – ggf. bis ins übernächste Urlaubsjahr zu übertragen und sein Verfall ausgeschlossen. Dies war bis zum Inkrafttreten des Einigungsvertrages in § 196 Abs. 2 AGB als Ausnahme zu der Übertragungs- und Verfallregelung des § 196 Abs. 1 AGB, welcher inhaltlich § 7 Abs. 3 BUrlG entspricht, so ausdrücklich bestimmt. Daß die Vorschrift des § 196 Abs. 2 AGB im Zuge der Vereinheitlichung des gesamtdeutschen Urlaubsrechts gestrichen worden ist, läßt nicht den Schluß zu, § 7 Abs. 3 BUrlG gelte nunmehr uneingeschränkt, denn dann wäre die einschränkungslos fortgeltende Regelung des § 245 AGB teilweise sinnentleert.

8 Von § 245 AGB wird nur der Erholungsurlaub erfaßt, der der Arbeitnehmerin in dem Urlaubsjahr zusteht, in welchen ihr Schwangerschaftsurlaub fällt. Fraglich ist auch hier, ob durch die Übertragungsregelung des § 245 AGB nur der Urlaub aus dem Jahr des Antritts des Schwangerschaftsurlaubs vor dem Verfall geschützt oder ob auch ein **aus dem Vorjahr übertragener (Rest-)Urlaub** erfaßt wird. Die Rechtslage ist der bei Inanspruchnahme des Erziehungsurlaubs vergleichbar, so daß der aus dem Vorjahr stammende Resturlaub nach der hier vertretenen Auffassung nicht verfällt, wenn er wegen Arbeitsunfähigkeit oder Inanspruchnahme der Mutterschutzfristen übertragen worden ist und auch im Übertragungszeitraum nicht hat in Freizeit genommen werden können, sondern **geht mit der Maßgabe auf das nächste Urlaubsjahr über, daß nunmehr die Übertragungsregelung des § 245 AGB zum Tragen kommt**.

IV. Urlaubsansprüche aus dem Kalenderjahr nach Antritt des Schwangerschaftsurlaubs

9 **Für Urlaubsansprüche aus dem auf den Antritt des Schwangerschaftsurlaubs folgenden Kalenderjahres** (wegen der Bindung an den Geburtstermin des Kindes also der Urlaub aus dem Jahre 1991) **gilt § 245 AGB nicht**. Nimmt die Arbeitnehmerin nach dem Wochenurlaub keine Freistellung nach § 246 AGB in Anspruch, dann erbringt sie in der Regel nach dem Wochenurlaub im Laufe des Kalenderjahres noch eine Arbeitsleistung, die den vollen Erholungsurlaub rechtfertigt. Hatte die Arbeitnehmerin z.B. in den letzten sechs Wochen des Jahres 1990 Schwangerschaftsurlaub und bis zur 20. bzw. 22. Woche des Jahres 1991 einschließlich Wochenurlaub, so erbringt dann, wenn sie ihre Arbeit unmittelbar danach wieder aufnimmt, eine Arbeitsleistung, die eine Freistellung von der Arbeitspflicht zum Zwecke der Wiederauffrischung oder Erhaltung der Arbeitskraft in Höhe des vollen Jahresurlaubs rechtfertigt.

10 **Unterbricht die Arbeitnehmerin** im vorgenannten Beispiel **wegen stationärer Behandlung ihres Kindes den Wochenurlaub** nach § 244 Abs. 4 AGB, so hat sie im Jahre 1991 keine Arbeitsleistung erbracht. In diesem Falle hat die Arbeitnehmerin mangels Arbeitsleistung **im Jahre 1991 keinerlei Urlaubsansprauch für dieses Urlaubsjahr**. Die Rechtsprechung, wonach der aufgrund des BUrlG zu gewährende Urlaub keine Gegenleistung des Arbeitgebers für erbrachte oder noch zu erbringende Arbeitsleistungen, sondern eine gesetzlich bedingte Verpflichtung des Arbeitgebers aus dem Arbeitsverhältnis sei, den Arbeitnehmer von dessen Verpflichtung zur Arbeitsleistung für die Dauer des Urlaubs freizustellen (*BAG* v. 28. 1. 1982, EzA § 3 BUrlG Nr. 13 mit abl. Anm. von *Peterek* = AP Nr. 11 zu § 3 BUrlG Rechtsmißbrauch mit abl. Anm. von *Boldt* = SAE 1983, 77 mit abl. Anm. von *Buchner*; *BAG* v. 26. 5. 1983, EzA § 7 BUrlG Nr. 27 mit zust. Anm. von *Herschel* = AP Nr. 12 zu § 7 BUrlG Abgeltung mit krit. Anm. von *Trieschmann*), so daß der Anspruch des Arbeitnehmers auf Urlaubserteilung nicht davon abhängig sei, daß dieser zuvor die Freizeit »erdient« habe (*BAG* v. 8. 3. 1984, EzA § 3 BUrlG Nr. 14 mit abl. Anm. von *Buchner* = AP Nr. 3 zu § 3 BUrlG Rechtsmißbrauch mit abl. Anm. von *Glaubitz* = SAE 1985, 108 mit abl. Anm. von *Beitzke*; *BAG* v. 14. 5. 1986, EzA § 7 BUrlG Nr. 45 = AP Nr. 26 zu § 7 BUrlG Abgeltung), und folglich auch durch Tarifvertrag nicht von der Erbringung einer Arbeitsleistung abhängig gemacht werden könnte (*BAG* v. 8. 3. 1984, EzA § 13 BUrlG Nr. 13 = AP Nr. 15 zu § 13 BUrlG; *BAG* v. 25. 8. 1987, EzA § 4 TVG Metallindustrie Nr. 33 = AP Nr. 37 zu § 7 BUrlG Abgeltung), läßt sich auf die vorliegende Fallgestaltung nicht übertragen. Für die Dauer des Schwangerschafts- und Wochenurlaubs erhalten die Frauen nämlich **von der Sozialversicherung Schwangerschafts- und Wochengeld** in Höhe des Nettoverdienstes (§ 244 Abs. 4 AGB) und in den Fällen des § 244 Abs. 3 AGB bis 30. 6. 1991 nach § 186 Abs. 2 AGB eine **Unterstützung** von der Sozialversicherung. Warum der Arbeitgeber dennoch quasi als »Draufgabe« den vollen Jahresurlaub gewähren und bezahlen soll, ist nicht ersichtlich.

11 Gleiches muß gelten, wenn die **Arbeitnehmerin nach dem Wochenurlaub selbst bis zum Jahresende** arbeitsunfähig krank war, in diesem Jahr also **keinerlei Arbeitsleistung erbracht** hat. Ist der Arbeitgeber nach Beendigung des Wochenurlaubs wegen Arbeitsunfähigkeit der Arbeitnehmerin für die Dauer von sechs Wochen zur Fortzahlung des Arbeitsentgelts im Krankheitsfalle (§ 115a Abs. 1 AGB)

herangezogen worden, so hat er seinen Teil der von ihm nach dem Gesetz abverlangten Sozialverpflichtungen erfüllt. Neue finanzielle Verpflichtungen entstehen für ihn erst dann wieder, wenn die Arbeitnehmerin eine entsprechende Arbeitsleistung erbringt. Dies gilt auch für den Erholungsurlaub, welcher nach der Begründung des Entwurfs des BUrlG seiner Zweckbestimmung nach »der Erhaltung und Wiederauffrischung der Arbeitskraft« dient (BT-Drucksache IV/207, S. 3). Der Urlaubszweck der »Wiederauffrischung der Arbeitskraft« ist begrifflich mit »Erholung von geleisteter Arbeit« verbunden. Die Erfüllung der Erholungsbedürftigkeit des Arbeitnehmers, die nicht auf der geleisteten Arbeit beruht, sondern aus sonstigen Gründen, wie zum Beispiel Krankheit oder Mutterschaft herrührt, kann nämlich nicht durch Urlaubsgewährung erfüllt werden (*Schumann*, AuR 1970, 71, 75, m. w. N.). Die Festigung einer geschwächten Gesundheit nach überstandener Krankheit oder Mutterschaft ist vielmehr Sache von Erholungskuren und Rehabilitationsmaßnahmen seitens der Sozialversicherungsträger (*Schumann*, a. a. O.; *Palme*, BlStSozArbR 1982, 49, 50). Da den Arbeitgeber für den Urlaub eine Vergütungspflicht trifft, ist es verfehlt, den Urlaubsanspruch von der Erbringung der Hauptleistungspflicht des Arbeitnehmers völlig zu isolieren. Ein wesentlicher Gesichtspunkt für seine Geltendmachung ist, ob der Anspruch trotz Fehlens einer nennenswerten Arbeitsleistung unter dem Gesichtspunkt der **Sicherung eines Mindesmaßes an Äquivalenz** der im Arbeitsverhältnis zu erbringenden Leistungen nicht mehr sachlich gerechtfertigt werden kann (*Staudinger/Richardi*, § 611 BGB Anm. 881). Wenn das Verhältnis von Arbeitsleistung und Urlaubsanspruch sich zu einem Mißverständnis verschiebt, ist es daher ein Gebot von Treu und Glauben, das Urlaubsbegehren am Einwand des Rechtsmißbrauchs zu messen und ihm seine Durchsetzung zu verweigern (*Schumann*, a. a. O., m. w. N.; zust. *Berscheid*, HzA, Gruppe 4, Rz. 231; so auch *LAG Köln* v. 21. 2. 1985, LAGE § 3 BUrlG Nr. 1).

§ 246 Freistellung nach dem Wochenurlaub

(1) Mütter sind auf Verlangen nach dem Wochenurlaub bis zum Endes des 1. Lebensjahres des Kindes von der Arbeit freizustellen.
(2) Kann dem Antrag der Mutter auf einen Krippenplatz nicht entsprochen werden, ist sie berechtigt, über das 1. Lebensjahr des Kindes hinaus bis zur Bereitstellung eines Krippenplatzes, längstens bis zum Endes des 3. Lebensjahres, Freistellung in Anspruch zu nehmen.
(3) Die Freistellung gemäß den Absätzen 1 und 2 kann auch von anderen Arbeitnehmern in Anspruch genommen werden, wenn sie anstelle der Mutter die Erziehung und Betreuung des Kindes übernehmen.
(4) Mütter erhalten während der Freistellung bei Vorliegen bestimmter Voraussetzungen entsprechend den Rechtsvorschriften eine monatliche Mütterunterstützung von der Sozialversicherung. Liegen die Voraussetzungen nicht vor, erfolgt die Freistellung ohne Ausgleichszahlung.

Inhaltsübersicht

I. Freistellung von der Arbeit in der Zeit nach dem Wochenurlaub

1 Nach § 246 Abs. 1 AGB sind **Mütter auf ihr Verlangen** nach dem Wochenurlaub **von der Arbeit freizustellen**. Für diese bezahlte Freistellung der werktätigen Frau ist auf zwei **Verordnungen** hinzuweisen, die ebenfalls noch bis zum 31. 12. 1993 weiter gelten und **den Umfang der Freistellung erweitern**. Es handelt sich um die §§ 1 bis 3 der Verordnung über die Verbesserung von Leistungen nach der Geburt des dritten und jedes weiteren Kindes und für verheiratete werktätige Mütter mit drei und mehr Kindern bei Pflege erkrankter Kinder vom 24. 5. 1984 (GBl. I Nr. 16 S. 193) und die §§ 1 bis 6a und § 11 der Verordnung für die weitere Verbesserung der Arbeits- und Lebensbedingungen der Familien mit Kindern vom 24. 4. 1986 (GBl. I Nr. 15 S. 241), geändert durch die Verordnung über die Änderung oder Aufhebung von Rechtsvorschriften vom 28. 6. 1990 (GBl. I Nr. 38 S. 509). Sie erhalten während der Freistellung bei Vorliegen bestimmter Voraussetzungen, nämlich wenn sie sozialpflichtversichert sind, eine monatliche **Mütterunterstützung von der Sozialversicherung in Höhe des Krankengeldes**, auf das sie bei eigener Arbeitsunfähigkeit wegen Krankheit ab der 7. Woche der Erkrankung Anspruch haben (§ 246 Abs. 4 Satz 1 AGB i. V. m. § 1 Abs. 2 VO v. 24. 5. 1984 und §§ 4, 5 VO v. 24. 4. 1986). Lagen die Voraussetzungen nicht vor, erfolgte die Freistellung ohne Ausgleichszahlung (§ 246 Abs. 4 Satz 2 AGB). Durch Gesetz zur Einführung von **Mutterunterstützung für Nichterwerbstätige** in den neuen Bundesländern vom 1. 8. 1991 (BGBl. I S. 1750) sind die Arbeits- und Lebensbedingungen der Familien mit Kindern weiter verbessert worden. Nach § 6 Abs. 3 VO vom 24. 4. 1986 i. d. F. d. Gesetzes vom 1. 8. 1991 erhalten nichterwerbstätige Mütter ebenfalls die bislang nur den werktätigen Müttern gewährte Mütterunterstützung, wenn ihr Kind in der Zeit vom 3. 10. 1990 bis 31. 12. 1990 geboren ist.

2 Mütter, die sozialpflichtversichert sind (sog. **werktätige Mütter**), haben die Möglichkeit, nach Ablauf des Wochenurlaubs bezahlte Freistellung von der Arbeit zu verlangen, **wenn sie ihr Kind in häuslicher Pflege selbst betreuen wollen**. Dieser Anspruch besteht nach der Geburt des ersten Kindes bis zum Ende des ersten Lebensjahres des Kindes (§ 1 VO v. 24. 4. 1986), bei Zwillingen bis zum Ende des zweiten Lebensjahres und bei Drillingen bis zum Ende des dritten Lebensjahres der Kinder (§ 2 VO v. 24. 4. 1986) und bei Einzelgeburten nach der Geburt des dritten und jedes weiteren Kindes bis zum Ende des 18. Lebensmonats des zuletzt geborenen Kindes (§ 1 Abs. 1 VO v. 24. 5. 1984). Gleiches Recht haben nunmehr nach § 6 Abs. 2 VO vom 24. 4. 1986 i. d. F. d. Gesetzes vom 1. 8. 1991 auch **nichterwerbstätiger Mütter**. Kann dem Antrag der Mutter auf einen Krippenplatz nicht entsprochen werden, ist sie berechtigt, bei einer Einzelgeburt über das 1. Lebensjahr des Kindes bzw. ab dem dritten und jedem weiteren Kind über den

18. Lebensmonat des Kindes hinaus und bei einer Zwillingsgeburt über das 2. Lebensjahr der Kinder hinaus bis zur Bereitstellung eines Krippenplatzes, längstens bis zum Ende des 3. Lebensjahres, Freistellung in Anspruch zu nehmen (§ 246 Abs. 2 AGB i.V.m. § 1 Abs. 1 VO v. 24. 5. 1984 und § 2 VO v. 24. 4. 1986; vgl. dazu auch *Wank*, RdA 1991, 1, 9, nach dessen Ansicht es besser gewesen wäre, statt die Freistellung bis zum Ende des 3. Lebensjahres zu verlängern, jedem Kind einen Kinderkrippen- oder Kindergartenplatz zuzuerkennen). Voraussetzung ist immer, daß die Mutter das Kind bzw. die Kinder in häuslicher Pflege selbst betreuen will.

3 Die **bezahlte Freistellung von der Arbeit** gemäß § 246 Abs. 1 und 2 AGB kann auch **von anderen Arbeitnehmern in Anspruch genommen werden, wenn sie anstelle der Mutter die Erziehung und Betreuung des Kindes übernehmen** (§ 246 Abs. 3 AGB), und zwar ebenfalls nach Maßgabe des § 1 Abs. 1 VO v. 24. 5. 1984 und § 2 VO v. 24. 4. 1986, denn die gesetzlichen Regelungen werden von den beiden Verordnungen allgemein erweitert. Über § 246 Abs. 3 AGB wird – wie nach § 15 Abs. 1 i.V.m. § 3 Abs. 2 BErzGG – die erwünschte Übernahme von Betreuungspflichten und Erziehungsaufgaben durch den Vater gefördert und von dem bisherigen Rollenverhältnis Abschied genommen (*Weber*, NJ 1990, 280, 281). Unter »anderen Arbeitnehmern« sind auch Stief- oder Großeltern zu verstehen, denn es kommt allein darauf an, daß eine andere berufstätige Person anstelle der Mutter die Erziehung und Betreuung des Kindes bzw. der Kinder übernimmt.

II. Abgeltung des Erholungsurlaubs bei Inanspruchnahme der Freistellung

4 Bis zum Inkrafttreten des Einigungsvertrages und damit bis zur Ablösung der Urlaubsvorschriften des AGB durch das BUrlG war im Beitrittsgebiet der Erholungsurlaub grundsätzlich innerhalb des Kalenderjahres zu gewähren und zu nehmen (§ 196 Abs. 1 Satz 1 AGB a.F.), wie dies auch in § 7 Abs. 3 Satz 1 BUrlG bestimmt ist. Aus dringenden betrieblichen Gründen oder auf Wunsch des Arbeitnehmers konnte festgelegt werden, daß der Erholungsurlaub bis zum 31. März des folgenden Jahres angetreten wurde (§ 196 Abs. 1 Satz 2 AGB a.F.). Diese Bestimmungen wichen von § 7 Abs. 3 Satz 2 und 3 BUrlG in mehrfacher Hinsicht ab, weil für die Übertragung des Urlaubs auch der bloße Wunsch des Arbeitnehmers genügte, andererseits eine Vereinbarung mit dem Arbeitgeber wegen der Festlegung des Urlaubszeitpunktes im Übertragungszeitraum notwendig war. Allerdings genügte dann, daß der Urlaub bis zum 31. März des Folgejahres angetreten wurde, er mußte also nicht bis zu diesem Termin in Freizeit verwirklicht werden. Für die **Abgeltung des Urlaubs** sah § 200 AGB a.F. Regelungen vor, die weit über § 7 Abs. 4 BUrlG hinausgehen. Der Erholungsurlaub war danach abzugelten, **wenn**

- die Gewährung des Erholungsurlaubs infolge Invalidität nicht mehr möglich war,
- **der Arbeitnehmer den Erholungsurlaub bis zum 31. März des folgenden Jahres infolge** ärztlich bescheinigter Arbeitsunfähigkeit, Quarantäne oder **Freistellung von der Arbeit nicht antreten konnte,**
- **bei befristeten Arbeitsverhältnissen der Erholungsurlaub infolge** ärztlich bescheinigter Arbeitsunfähigkeit, Quarantäne oder **Freistellung von der Arbeit bis zur Beendigung des Arbeitsverhältnisses nicht genommen werden konnte,**

- der Erholungsurlaub wegen Beendigung des Arbeitsverhältnisses ganz oder teilweise nicht gewährt werden konnte.

5 Der Erholungsurlaub der werktätigen Mütter (und der alleinerziehender Väter – vgl. dazu § 251 AGB a. F.) war nach § 200 Buchstabe b AGB bestimmt, daß er im Falle der Inanspruchnahme der Freistellung immer dann in Geld abzugelten war, wenn er bis zum 31. März des Folgejahres nicht hat angetreten werden können. Mit »Freistellung von der Arbeit« waren alle im AGB oder in anderen Rechtsvorschriften geregelten Fälle der Beurlaubung gemeint, die nicht Erholungsurlaub waren (§ 181 Satz 1 AGB a. F.), welche in erster Linie in den §§ 182 bis 187 AGB a. F. festgelegt waren. Freistellung von der Arbeit in diesem Sinne ist auch die nach dem Wochenurlaub (§ 246 AGB i. V. m. § 1 Abs. 1 VO v. 24. 5. 1984 und § 2 VO v. 24. 4. 1986). Auch in den letztgenannten Fällen war der Erholungsurlaub abzugelten, wenn er bis zum 31. März des Folgejahres nicht hat angetreten werden können, also die Freistellung erst nach diesem Zeitpunkt ablief. **Infolge der Streichung des § 200 AGB a. F.** besteht diese Möglichkeit fortan nicht mehr, vielmehr **gilt § 7 Abs. 4 BUrlG**, d. h. der Erholungsurlaub kann – wie beim Erziehungsurlaub – erst dann und nur in dem Falle in Geld abgegolten werden, wenn das Arbeitsverhältnis während der Freistellung infolge Befristung oder aufgrund eines Aufhebungvertrages oder Kündigung, welche als ordentliche ausnahmsweise bei Stillegung des Betriebes oder Betriebsteils (§ 58 Abs. 2 AGB) oder als außerordentliche bei Vorliegen eines wichtigen Grundes (§ 59 Abs. 2 AGB) jeweils mit behördlicher Zustimmung ist, vorzeitig sein Ende findet oder nach dieser Beurlaubung nicht mehr fortgesetzt wird.

III. Kürzung des Erholungsurlaubs wegen Inanspruchnahme der Freistellung

6 Es fragt sich nun, ob der Arbeitgeber der Arbeitnehmerin auf ihr Verlangen den vollen Erholungsurlaub vor Antritt des Schwangerschaftsurlaubs zu gewähren hat oder ob er ihn unter Berücksichtigung der bereits verlangten Freistellung von der Arbeit (§ 246 AGB) anteilig kürzen kann. Es fragt sich weiter, ob der Arbeitgeber dann, wenn die Arbeitnehmerin vor Antritt ihres Schwangerschaftsurlaubs den vollen Erholungsurlaub in Freizeit verwirklicht hat, den Urlaub, der ihr nach dem Ende dieser Beurlaubung zusteht, anteilig kürzen kann. Beide Fragen sind zu verneinen. Aus § 245 AGB ist zu entnehmen, daß der Arbeitnehmerin auf jeden Fall der (volle) jährliche Erholungsurlaub vor dem Schwangerschaftsurlaub oder unmittelbar im Anschluß an den Wochenurlaub zu gewähren ist. Solange eine ausdrückliche Vorschrift über Zwölftelung für Ausfallzeiten nicht besteht, läßt sich die tatsächliche Arbeitsleistung nicht mit dem Urlaub in ein entsprechendes Verhältnis setzen und scheidet eine Kürzung aus (so für Ausfallzeiten wegen Krankheit: *BAG* v. 22. 6. 1956, AP Nr. 13 zu § 611 BGB Urlaubsrecht; zust. *Dersch/Neumann*, § 9 BUrlG Rz. 24; *Berscheid*, HzA, Gruppe 4, Rz. 229). Aus diesem Grunde hatte der Gesetzgeber seinerzeit mit Einführung der allgemeinen Wehrpflicht auch sehr schnell die Kürzungsmöglichkeit des § 4 Abs. 1 Satz 1 ArbPlSchG 1957 geschaffen. Auch bei Einführung des Mutterschaftsurlaubs im Jahre 1979 war eine vergleichbare Kürzungsregelung notwendig (§ 8d MuSchG). Folgerichtig wurde bei Ablösung des Mutterschaftsurlaubs durch den Erziehungsurlaub ebenfalls eine Kürzungsmöglichkeit geschaffen (§ 17 BErzGG). **Eine vergleichbare Regelung fehlt für den Fall der Freistellung von der Arbeit im**

Anschluß an den Wochenurlaub, so daß eine anteilige Kürzung ausscheidet. Eine entsprechende Anwendung des § 17 Abs. 1 und 4 BErzGG scheidet in diesem Falle aus, eben weil nach der Regelung des § 245 AGB der berufstätigen Frau der volle Erholungsurlaub aus dem Urlaubsjahr, in dem der Schwangerschaftsurlaub angetreten wird (wegen der Bindung an den Geburtstermin des Kindes also der Urlaub aus dem Jahre 1990), in Freizeit zustehen soll.

IV. Übertragung des Erholungsurlaubs auf die Zeit nach der Freistellung

7 Nach § 245 AGB ist Frauen der Erholungsurlaub entweder vor dem Schwangerschaftsurlaub oder **unmittelbar** im Anschluß an den Wochenurlaub zu gewähren. Nach § 200 Buchstabe b AGB war der Erholungsurlaub während es Schwangerschafts- oder Wochenurlaubs abzugelten, wenn er bis zum 31. März des Folgejahres nicht hat angetreten werden können. Infolge der Streichung des § 200 AGB a.F. besteht diese Möglichkeit fortan nicht mehr. Damit gewinnt der **Grundsatz des Vorrangs der Freizeitgewährung** so stark an Bedeutung, daß **eine Übertragung des Erholungsurlaubs auf die Zeit nach Ablauf der Beurlaubung in entsprechender Anwendung des § 17 Abs. 2 BErzGG zuzulassen ist.** Die Regelungen des BErzGG können im allgemeinen nicht ergänzend in den Fällen der Freistellung nach dem Wochenurlaub herangezogen werden, weil § 246 AGB i. V. mit der VO vom 24. 5. 1984 und der VO vom 24. 4. 1986 eigenständige Regelungen enthält. Da nach dem Einigungsvertrag nur einzelne Vorschriften des AGB fortgelten, und zwar ohne daß sie in ihrem bisherigen systematischen Zusammenhang eingebettet sind, müssen die dadurch entstehenden Lücken und Ungereimtheiten durch Auslegung oder entsprechende Anwendung bundesdeutscher Vorschriften ausgeglichen werden. Die Mutter darauf zu verweisen, ihren Erholungsurlaub unmittelbar nach dem Wochenurlaub, also vor Antritt der Freistellung, zu nehmen, hieße nichts anderes, als den Urlaub (mittelbar) abzugelten, da die Freizeitnahme hier nicht selbstbestimmt, sondern des drohenden finanziellen Verlustes fremdbestimmt ist.

Anhang II

Bundesrechtliche Vorschriften

Gesetz über den Zivildienst der Kriegsdienstverweigerer
(Zivildienstgesetz – ZDG)
vom 29. September 1983
(BGBl. I S. 1223)

(Auszug)

§ 35 Fürsorge; Geld- und Sachbezüge; Reisenkosten; Urlaub

(1) Auf den Dienstpflichtigen finden, soweit dieses Gesetz nichts anderes bestimmt, in Fragen der Fürsorge, der Heilfürsorge, der Geld- und Sachbezüge, der Reisekosten sowie des Urlaubs die Bestimmungen entsprechende Anwendung, die für einen Soldaten des untersten Mannschaftsdienstgrades, der auf Grund der Wehrpflicht Wehrdienst leistet, gelten.
(2)–(8) ...

§ 78 Entsprechende Anwendung weiterer Rechtsvorschriften

(1) Für anerkannte Kriegsdienstverweigerer gelten entsprechend
1. das Arbeitsplatzschutzgesetz mit der Maßgabe, das in § 14a Abs. 2 an die Stelle des Bundesministers für Verteidigung und der von diesem bestimmten Stelle der Bundesminister für Jugend, Familie und Gesundheit und die von diesem bestimmte Stellen treten und in § 14a Abs. 6 an die Stelle des Bundesministers der Verteidigung der Bundesminister für Jugend, Familie und Gesundheit tritt.

...

Anhang III

Landesrechtliche Vorschriften über Zusatzurlaub für Schwerbehinderte und Opfer des Nationalsozialismus

1. Urlaubsgesetz Baden

Aus dem Landesgesetz über Mindesturlaub für Arbeitnehmer in Baden vom 13. Juli 1949
(GVBl. I S. 289)

(Auszug)

§ 4

Schwerbeschädigte im Sinne der gesetzlichen Bestimmungen erhalten in jedem Urlaubsjahr einen Zusatzurlaub von drei Arbeitstagen. Als Schwerbeschädigte im Sinne dieser Bestimmungen gelten auch politisch, rassisch und religiös Verfolgte, welche erhebliche gesundheitliche Schädigungen erlitten haben und die hierüber eine Bescheinigung des Finanzministeriums vorlegen.
(Satz 1 ist durch § 34 Schwerbeschädigtengesetz außer Kraft getreten.)

2. Urlaubsgesetz Bayern

Aus dem Urlaubsgesetz vom 11. Mai 1950
(BayBS IV S. 583)

und den Durchführungsvorschriften vom 15. Juni 1970
(BayBS IV S. 584)

(Auszug)

Art. 6

Arbeitnehmer, die infolge einer gesundheitlichen Schädigung irgendwelcher Art 50 v.H. und mehr erwerbsbeschränkt sind, ohne als Schwerbeschädigte im Sinne des § 33 des Gesetzes über die Beschäftigung Schwerbeschädigter (Schwerbeschädigtengesetz) vom 16. 6. 1953 (BGBl. I S. 389) zu gelten, haben Anspruch auf einen bezahlten Zusatzurlaub von sechs Arbeitstagen im Jahr. Tarifliche oder sonstige Urlaubsregelungen, die einen längeren Zusatzurlaub vorsehen, bleiben unberührt.

Zu Art. 6:
8. Der Zusatzurlaub ist unbeschadet der Höhe des Jahresurlaubs zu gewähren. Die nicht nur vorübergehende Erwerbsbeschränkung von wenigstens 50 v.H. kann nachgewiesen werden
a) durch einen Rentenbescheid der Träger der Invalidenversicherung, der knappschaftlichen Rentenversicherung oder der Angestelltenversicherung oder durch eine entsprechende Entscheidung der Sozialgerichte;
b) durch einen Rentenbescheid der Ausgleichsämter im Rahmen des Verfahrens nach dem Lastenausgleichsgesetz oder durch eine entsprechende Entscheidung der Verwaltungsgerichte;
c) durch eine Bescheinigung des Gesundheitsamts.

3. Urlaubsgesetz Niedersachsen

Aus dem Urlaubsgesetz des Landes Niedersachsen vom 10. Dezember 1948
(GVBl. I S. 733)

und der DurchführungsVO vom 26. Juli 1949
(GVBl. I S. 733)

(Auszug)

§ 2

(3) Anerkannte Opfer des Faschismus erhalten einen zusätzlichen Urlaub von drei Werktagen. Soweit sie gesundheitliche Schädigungen erlitten haben, erhalten sie einen zusätzlichen Urlaub von sechs Werktagen.

Zu § 2 Abs. 3:
(5) Anspruch auf zusätzlichen Urlaub von drei Werktagen gemäß § 2 Abs. 3 Satz 1 des Gesetzes haben Personen, die auf Grund der Zonenpolitik-Anweisung Nr. 20 der Militärregierung vom 4. Dezember 1945 als politisch Verfolgte anerkannt worden sind. Der Nachweis ist durch Berechtigungsausweis des Kreissonderhilfsausschusses (Anlage A zur Zonenpolitik-Anweisung Nr. 20) zu führen.
(6) Anspruch auf zusätzlichen Urlaub von sechs Werktagen haben Personen, die gemäß den Bestimmungen des Gesetzes über die Gewährung von Sonderhilfe für Verfolgte der nationalsozialistischen Gewaltherrschaft (Personalschaden) – Sonderhilfsgesetz – vom 22. September 1948 (Nieders. GVBl. I S. 77) anerkannt worden sind. Der Nachweis ist durch den mit dem Zeugnis der Rechtskraft versehenen Bescheid des Kreissonderhilfsausschusses (§§ 20 und 21 des Sonderhilfsgesetzes) zu führen.
(7) Arbeitgeber, bei denen der Anspruch auf zusätzlichen Urlaub berechtigt erhoben wird, reichen den Antrag auf Rückerstattung des dafür gezahlten Urlaubsgeldes bei der für den Sitz des Betriebes zuständigen Regierungskasse ein. Das Nähere über das Antragsverfahren bestimmt der Minister des Innern.

4. Urlaubsgesetz Rheinland-Pfalz

Aus dem Urlaubsgesetz des Landes Rheinland-Pfalz vom 8. Oktober 1948

(GVBl. I S. 370)

(Auszug)

§ 3 Schwerbeschädigte und Opfer des Faschismus

Schwerbeschädigte im Sinne des Gesetzes über die Beschäftigung Schwerbeschädigter vom 12. Januar 1923 (RGBl. I S. 58) sowie anerkannte Opfer des Faschismus haben Anspruch auf einen Zusatzurlaub von sechs Arbeitstagen.

5. Urlaubsgesetz Saarland

a) Aus dem Gesetz betreffend die Regelung des Zusatzurlaubs für kriegs- und unfallgeschädigte Arbeitnehmer in der Privatwirtschaft vom 22. Juni 1950/30. Juni 1951

(ABl. 1950, 759; 1951, 979)

(Auszug)

§ 1

(1) Zu dem nach den Vorschriften des Gesetzes oder des Tarifvertrages zustehenden Urlaub wird nachfolgender Zusatzurlaub gewährt:
1. Beschädigung mit einer Minderung der Erwerbsfähigkeit von 25 bis einschließlich 50 v. H. — 3 Arbeitstage
2. Schwerbeschädigten mit einer Erwerbsminderung von 50 bis ausschließlich 60 v. H. — 4 Arbeitstage
3. Schwerbeschädigten mit einer Erwerbsminderung von 60 v. H. und mehr — 6 Arbeitstage
4. Für anerkannte Opfer des Nationalsozialismus — 3 Arbeitstage.

(2) Diese Regelung gilt auch für Erwerbsbeschränkte, die auf Grund eines ärztlichen Gutachtens des Staatlichen Gesundheitsamtes den Kriegs- und Unfallbeschädigten gleichgestellt sind. Der Minister für Arbeit und Wohlfahrt stellt die Liste des in Frage kommenden Personenkreises auf.

b) DurchführungsVO vom 22. Juni 1950/20. November 1950

(ABl. S. 759/1092)

in der Fassung der ErgänzungsVO vom 29. Dezember 1952

(ABl. 1953, 25)

§ 1

Die unter den Geltungsbereich des Gesetzes fallenden Arbeitnehmer, welche kriegs- oder unfallbeschädigt bzw. diesen gleichgestellt und gleichzeitig Opfer des Nationalsozialismus sind, haben nur Anspruch auf den Zusatzurlaub einer Kategorie. In diesen Fällen ist der für das Belegschaftsmitglied günstigste Zusatzurlaub zu gewähren.

§ 2

Der Nachweis über den Grad der Beschädigung bzw. die Anerkennung als Opfer des Nationalsozialismus ist durch Vorlage einer Bescheinigung der für den Arbeitnehmer zuständigen Behördenstelle zu erbringen.

§ 3

(1) Bei Einstellungen und Entlassungen im Laufe des Jahres wird der Zusatzurlaub anteilig nach der Beschäftigungsdauer erteilt.
(2) Soweit keine günstigeren tariflichen Bestimmungen bestehen, findet bei Ermittlung der Beschäftigungsdauer Artikel 3, Absatz 2, Satz 1 der Verfügung Nr. 47–65 vom 18. November 1947 (ABl. S. 704) Anwendung.
(3) Ist eine Urlaubsgewährung nicht möglich, insbesondere bei Entlassung, besteht Anspruch auf Barabgeltung gemäß Artikel 7 der Verfügung Nr. 47–65 über das Urlaubswesen vom 18. November 1947 (ABl. S. 704).

§ 4

Soweit keine günstigeren Tarifbestimmungen bestehen, erfolgt die Bezahlung des Zusatzurlaubs nach Artikel 6, Absätze 2 und 3 der Verfügung Nr. 47–65 über das Urlaubswesen vom 18. November 1947 (ABl. S. 704).

c) DurchführungsVO vom 5. März 1951
(ABl. S. 442)

§ 1

Den in Heimarbeit beschäftigten Arbeitnehmern, welche unter das Gesetz vom 22. Juni 1950 fallen, wird zur Abgeltung ihres Anspruches auf Zusatzurlaub eine Zulage gewährt. Die Zulage beträgt:
1. für Beschädigte mit einer Minderung der Erwerbsfähigkeit von 25 bis ausschließlich 50% 1%
2. für Schwerbeschädigte mit einer Erwerbsminderung von 50 bis ausschließlich 60% 1 1/3%
3. für Schwerbeschädigte mit einer Erwerbsminderung von 60% und mehr 2%
4. für anerkannte Opfer des Nationalsozialismus des Nettoentgelts 1%

§ 2

Die Zulage wird mit dem Nettogehalt ausgezahlt. Die Zahlung ist auf dem Entgeltbetrag gemäß § 3 der Verordnung über die Entgeltregelung in der Heimarbeit vom 16. März 1950 (ABl. S. 23) in Verbindung mit der Verordnung zur Ergänzung der Verfügung Nr. 47–65 vom 18. November 1947 über das Urlaubswesen vom 16. März 1950 (ABl. S. 236) zu vermerken.

d) Erste Durchführungsbestimmungen vom 1. April 1952
(ABl. S. 452)

§ 1

Als Erwerbsbeschränkte gelten diejenigen Personen, die infolge eines angeborenen oder erworbenen Knochen-, Gelenk-, Muskel- oder Nervenleidens oder Fehlens eines wichtigen Gliedes oder von Teilen eines solchen nicht nur vorübergehend behindert sind und deren Erwerbsunfähigkeit auf dem allgemeinen Arbeitsmarkt voraussichtlich dauernd beeinträchtigt wird.

§ 2

(1) Das Staatliche Gesundheitsamt legt gutachtlich fest, ob der Erwerbsbeschränkte den Kriegs- und Unfallbeschädigten in der Regelung des Zusatzurlaubs gleichzustellen ist.
(2) In dem Gutachten sind der Prozentsatz der Erwerbsminderung sowie die Art des Leidens einzutragen.
(3) Der Grad der Erwerbsminderung ist für die Berechnung der zusätzlichen Urlaubstage maßgeblich.

§ 3

Die Untersuchung erfolgt auf Antrag durch das zuständige Staatliche Gesundheitsamt und ist nach B 17 des Gebührentarifs für die Gesundheitsämter gebührenpflichtig.

§ 4

Die amtsärztlich ausgesprochene Gleichstellung mit den Kriegs- und Unfallbeschädigten hat eine Gleichstellung gemäß § 8 des Gesetzes über die Beschäftigung Schwerbeschädigter vom 12. Januar 1923 nicht zur Folge.

e) Zweite Durchführungsbestimmung vom 6. Juli 1953
(ABl. S. 440)

In Ergänzung der §§ 2 und 4 der Durchführungsbestimmungen vom 1. April 1952 (ABl. S. 452) wird folgendes bestimmt:
1. Die Abteilung C/4 – Hauptfürsorgestelle – des Ministeriums für Arbeit und Wohlfahrt überprüft, wer aus dem Personenkreis der Erwerbsbeschränkten Anspruch auf Zusatzurlaub hat, erstellt zu diesem Zweck eine namentliche Liste der Anspruchsberechtigten und erteilt diesen Mitteilung über die erfolgte Aufnahme.
2. Der Abteilung C/4 – Hauptfürsorgestelle – ist zu diesem Zweck die gutachtliche Stellungnahme des zuständigen staatl. Gesundheitsamtes zuzuleiten, in wel-

cher die nach § 1 der Durchführungsbestimmungen vom 1. April 1952 vorgesehene Art des Leidens bezeichnet ist, wobei die gesundheitlichen Auswirkungen des Leidens hinsichtlich der Beschäftigungsart den Grad der Erwerbsbeschränkung bestimmen.

6. Urlaubsgesetz Baden-Württemberg

Aus dem Urlaubsgesetz Baden-Württemberg
vom 6. August 1947/6. April 1949/ 3. April 1950
(RegBl. 1947, 48; 1949, 57; 1950, 39)

und der 3. DurchführungsVO vom 26. Mai 1948/14. Juni 1949
(RegBl. 1948, 76; 1949, 154)

(Auszug)

a) Urlaubsgesetz

§ 2

(1) ... Schwerbeschädigte im Sinne der gesetzlichen Bestimmungen (mindestens fünfzigprozentige Erwerbsbeschränkung) und alle Blinden, sowie politisch Verfolgte, die nachweisbar länger als ein Jahr inhaftiert waren, erhalten in jedem Urlaubsjahr einen Zusatzurlaub von sechs Arbeitstagen.

b) 3. DurchführungsVO

§ 3

(1) Als Urlaubsgeld erhält jeder in Heimarbeit beschäftigte Auftraggeber 4 v. H. des in der Zeit vom 1. Mai der vergangenen bis zum 30. April des laufenden Jahres (Berechnungszeitraum) verdienten reinen Arbeitsentgelts ohne Abzug der Steuer und Sozialversicherungsbeiträge. Für Schwerbeschädigte im Sinne der gesetzlichen Bestimmungen (mindestens 50 v. H. Erwerbsbeschränkung) und alle Blinden sowie politisch Verfolgte erhöht sich das Urlaubsgeld auf 6 v. H.
(2) ...
(3) Für die Feststellung des Arbeitsentgeltes sind im Zweifel die Eintragungen in das Entgeltbuch maßgebend. Unkostenzuschläge bleiben bei der Berechnung des Urlaubsgelds unberücksichtigt.

Anhang IV

Landesrechtliche Bestimmungen über Sonderurlaub für Mitarbeiter der Jugendpflege und Jugendwohlfahrt

1. Sonderurlaubsgesetz Baden-Württemberg

Gesetz über die Erteilung von Sonderurlaub an Mitarbeiter in der Jugendpflege und Jugendwohlfahrt
vom 13. Juli 1953
(GBl. S. 110)

§ 1

(1) Den in der Jugendhilfe tätigen Personen über 18 Jahren ist auf Antrag Sonderurlaub in folgenden Fällen zu gewähren:
a) für die Tätigkeit in Zeltlagern, Jugendherbergen und Heimen, in denen Jugendliche vorübergehend zur Erholung untergebracht sind, und bei Jugendwanderungen;
b) zum Besuch von Ausbildungslehrgängen bzw. von Schulungsveranstaltungen der Jugendpflege- und Jugendwohlfahrtsverbände;
c) zum Besuch von Tagungen der Jugendpflege- und Jugendwohlfahrtsverbände;
d) zur Leitung von Veranstaltungen des im Rahmen des Bundes- und des Landesjugendplans geförderten Auslandaustausches.
(2) Als Jugendpflege- und Jugendwohlfahrtsverbände im Sinne dieses Gesetzes gelten die dem Landesjugendring Baden-Württemberg angehörenden Organisationen der Jugendhilfe sowie die sonstigen von der obersten Landesjugendbehörde anerkannten Organisationen der freien Jugendpflege und Jugendwohlfahrt.

§ 2

(1) Der Sonderurlaub beträgt bis zu 12 Arbeitstage im Jahr. Er kann auf höchstens vier Veranstaltungen im Jahr verteilt werden.
(2) Ein Anspruch auf Bezahlung des Sonderurlaubs besteht nicht. Der Sonderurlaub ist auf das nächste Jahr nicht übertragbar.

§ 3

(1) Anträge auf Sonderurlaub für einen Mitarbeiter der Jugendpflege und Jugendwohlfahrt können nur von seiner Organisation gestellt werden.
(2) Die Anträge sind der urlaubsgewährenden Stelle (Arbeitgeber, Behördenlei-

ter, Schulleiter usw.) mindestens 12 Tage vor Antritt des Sonderurlaubs vorzulegen.

§ 4

(1) Die Arbeitgeber haben für die Tage, für die ein kranken- oder arbeitslosenversicherungspflichtiger Arbeitnehmer einen Sonderurlaub ohne Zahlung von Entgelt erhält, die sonst fälligen Beiträge zur Sozialversicherung einschließlich der Zusatzversicherung entsprechend den gesetzlichen Bestimmungen zu tragen.
(2) Die Beiträge und Leistungen bemessen sich in diesen Fällen nach dem Arbeitsverdienst, den der Versicherte bei Fortführung seiner Beschäftigung erzielen würde.
(3) Die für die Leistungsgewährung erforderlichen Bescheinigungen sind gegebenenfalls entsprechend auszustellen.

§ 5

Arbeitnehmer, die einen Sonderurlaub nach § 1 erhalten, dürfen Nachteile in ihrem Arbeits- bzw. Dienstverhältnis deswegen nicht erwachsen. Dies gilt auch für den Nachweis der Dienstzeit bzw. der Dauer eines Arbeitsverhältnisses.

§ 6

Das Gesetz tritt mit dem Tage der Verkündung in Kraft.

2. Sonderurlaubsgesetz Bayern

Gesetz zur Freistellung von Arbeitnehmern für Zwecke der Jugendarbeit vom 14. April 1980
(GVBl. I S. 180)

Der Landtag des Freistaates Bayern hat das folgende Gesetz beschlossen, das nach Anhörung des Senats hiermit bekanntgemacht wird:

Art. 1

(1) Ehrenamtliche Jugendleiter, die das 16. Lebensjahr vollendet haben und in einem Arbeits- oder Ausbildungsverhältnis stehen, haben gegenüber dem Arbeitgeber nach Maßgabe dieses Gesetzes Anspruch auf Freistellung für Zwecke der Jugendarbeit.
(2) Die Freistellung kann nur beansprucht werden,
a) für die Tätigkeit als Leiter von Bildungsmaßnahmen für Kinder und Jugendliche,
b) für die Tätigkeit als Leiter oder Helfer in Zeltlagern, Jugendherbergen und Heimen, in denen Kinder und Jugendliche vorübergehend zur Erholung untergebracht sind, und bei Jugendwanderungen,
c) zur Teilnahme an Ausbildungslehrgängen und Schulungsveranstaltungen der Jugendverbände und der öffentlichen Träger der Jugendarbeit,
d) zur Teilnahme an Tagungen der Jugendverbände und der öffentlichen Träger der Jugendarbeit,
e) zur Teilnahme an Maßnahmen der internationalen und der sonstigen zwischenstaatlichen Jugendbewegung,
f) zur Teilnahme an Berlin- und Grenzlandfahrten.
(3) Der Arbeitgeber darf die Freistellung nur verweigern, wenn im Einzelfall ein unabweisbares betriebliches Interesse entgegensteht. Die Beteiligung des Betriebsrats richtet sich nach den Bestimmungen des Betriebsverfassungsgesetzes.

Art. 2

(1) Freistellung nach diesem Gesetz kann nur für höchstens 15 Arbeitstage und für nicht mehr als vier Veranstaltungen im Jahr verlangt werden. Der Anspruch ist auf das nächste Jahr nicht übertragbar.
(2) Der Arbeitgeber ist nicht verpflichtet, für die Zeit der Freistellung nach diesem Gesetz eine Vergütung zu gewähren.

Art. 3

(1) Anträge auf Freistellung können nur von öffentlich anerkannten Jugendverbänden, von den Jugendringen auf Landes- und Bezirksebene, von den Landesverbänden der im Ring Politischer Jugend zusammengeschlossenen Jugendorga-

nisationen der politischen Parteien sowie von den Spitzenverbänden der freien Wohlfahrtspflege gestellt werden. Das Staatsministerium für Unterricht und Kultus wird ermächtigt, die antragsberechtigten Verbände und Jugendringe durch Rechtsverordnung näher zu bezeichnen.
(2) Die Anträge sollen in schriftlicher Form gestellt werden. Sie müssen dem Arbeitgeber, von besonders zu begründenden Ausnahmefällen abgesehen, mindestens 14 Tage vor Beginn des Zeitraumes, für den die Freistellung beantragt wird, zugehen.
(3) Wird die Freistellung nicht antragsgemäß gewährt, so ist das dem antragstellenden Verband oder Jugendring und dem Arbeitnehmer rechtzeitig unter Angabe von Gründen mitzuteilen. Die Ablehnung soll gegenüber dem antragstellenden Verband oder Jugendring schriftlich begründet werden.

Art. 4

Arbeitnehmern, denen eine Freistellung nach diesem Gesetz gewährt oder versagt wird, dürfen Nachteile in ihrem Arbeits- oder Ausbildungsverhältnis nicht erwachsen.

Art. 5

Dieses Gesetz gilt entsprechend für ehrenamtliche Leiter von Jugendchören, Jugendorchestern und sonstigen Jugendmusikgruppen, wenn sie an Veranstaltungen der musikalischen Jugendbildung mitwirken, die den Veranstaltungen nach Artikel 1 Absatz 2 Buchstaben a, c, d und e entsprechen. Anträge auf Freistellungen können in diesen Fällen nur vom Bayerischen Musikrat e. V. gestellt werden.

Art. 6

Dieses Gesetz findet auf Beamte und in einem öffentlich-rechtlichen Ausbildungsverhältnis stehende Personen entsprechende Anwendung.

Art. 7

Dieses Gesetz tritt am 1. Juli 1980 in Kraft. Gleichzeitig tritt das Gesetz über Sonderurlaub für Jugendleiter vom 29. April 1958 (GVBl. I S. 57), geändert durch Gesetz vom 22. Oktober 1974 (GVBl. I S. 551), außer Kraft.

3. Sonderurlaubsgesetz Bremen

Gesetz über Sonderurlaub für ehrenamtlich in der Jugendarbeit tätige Personen vom 25. April 1961

(GVBl. I S. 84)

§ 1

Ehrenamtlich in der Jugendarbeit tätigen Personen über 18 Jahren ist auf Antrag Sonderurlaub in folgenden Fällen zu gewähren:

a) für die Tätigkeit als Leiter oder Helfer in Zeltlagern, Jugendherbergen und Heimen, in denen Kinder und Jugendliche zur Erholung untergebracht sind, und bei Jugendwanderungen,
b) zum Besuch von Ausbildungslehrgängen, Schulungsveranstaltungen und Tagungen, die im Rahmen der Jugendarbeit und Jugendhilfe Bedeutung haben,
c) zur Teilnahme an Veranstaltungen, die der internationalen Begegnung Jugendlicher dienen.

§ 2

Der Sonderurlaub beträgt bis zu 12 Arbeitstage im Jahr. Er kann auf höchstens drei Veranstaltungen im Jahr verteilt werden und ist nicht auf das nächste Urlaubsjahr übertragbar.

§ 3

Anträge auf Sonderurlaub gemäß § 1 dieses Gesetzes können nur von den durch Jugendbehörden anerkannten Jugendorganisationen, sonstigen anerkannten Vereinigungen der Jugendhilfe oder einem Jugendamt gestellt werden. Sie sind mindestens 12 Tage vor Beginn der Veranstaltung dem Arbeitgeber einzureichen. Die Feststellung darüber, ob es sich um einen anerkannten Jugendverband handelt, trifft das zuständige Jugendamt. Eine entsprechende Bescheinigung des Jugendamtes ist jedem Antrag beizufügen.

§ 4

Der Arbeitgeber darf den Sonderurlaub nur verweigern, wenn der Gewährung ein unabweisbares betriebliches oder dienstliches Interesse entgegensteht. Besteht im Betrieb oder in der Dienststelle ein Betriebs- oder Personalrat, so darf der Antrag auf Sonderurlaub nur mit Zustimmung des Betriebs- oder Personalrats abgelehnt werden.

§ 5

(1) Ein Anspruch auf Bezahlung des Sonderurlaubs besteht nicht.
(2) Der Arbeitgeber hat für Tage, für die ein sozialversicherungspflichtig beschäftigter Arbeitnehmer Sonderurlaub erhält, die Beiträge zur Kranken-, Arbeitslosen- und Rentenversicherung entsprechend den gesetzlichen Bestimmungen weiterzuzahlen. Die Beiträge und Leistungen bemessen sich in diesen Fällen nach dem Arbeitsverdienst, den der Versicherte unter Zugrundelegung der normalen betrieblichen Arbeitszeit erhalten würde. Hat der Versicherte während der letzten drei Monate vor Antritt des Sonderurlaubs durch Mehr-, Schicht- oder Akkordarbeit u. ä. einen höheren Durchschnittsverdienst erzielt, so ist dieser zugrunde zu legen.
(3) Die Beitragsleistung ist vom Arbeitgeber zu bescheinigen.
(4) Der Arbeitgeber kann die aus Absatz 2 entstehenden Kosten aus Landesmitteln zurückfordern.

§ 6

Arbeitnehmern, die einen Sonderurlaub nach § 1 dieses Gesetzes erhalten, dürfen Nachteile in ihrem Arbeits- oder Dienstverhältnis nicht erwachsen.

§ 7

Das Gesetz tritt am Tage nach seiner Verkündung in Kraft. Bekanntgabe im Auftrag des Senats.

4. Sonderurlaubsgesetz Hamburg

Gesetz über Sonderurlaub für Jugendgruppenleiter vom 28. Juni 1955

(Samml. b. h. LR 800–c)

§ 1

(1) Den ehrenamtlich in der Jugendhilfe tätigen Jugendgruppenleitern ist auf Antrag Sonderurlaub zu gewähren:

a) für die Tätigkeit als Leiter oder Helfer bei Jugendwanderungen sowie bei Freizeit- und Erholungsveranstaltungen, zu denen Jugendliche vorübergehend in Zeltlagern, Jugendherbergen oder Jugendheimen zusammengefaßt werden,

b) zum Besuch von Arbeitstagungen, Ausbildungslehrgängen oder Schulungsveranstaltungen über Fragen der Jugendwohlfahrt,

c) zur Teilnahme an Veranstaltungen, die der internationalen Begegnung Jugendlicher dienen.

(2) Der Anspruch auf Sonderurlaub besteht nur für Veranstaltungen, die von Jugendverbänden, freien Vereinigungen der Jugendwohlfahrt oder sonstigen Stellen, die der Jugendwohlfahrt dienen, durchgeführt werden. Voraussetzung für den Anspruch ist außerdem, daß der Jugendgruppenleiter einen gültigen, von der zuständigen Behörde ausgestellten Jugendgruppenleiterausweis besitzt.

(3) Ein Sonderurlaub darf nur dann verweigert werden, wenn ein zwingendes betriebliches Interesse dem Antrage entgegensteht.

§ 2

(1) Der Sonderurlaub beträgt bis zu 12 Arbeitstage im Jahr. Er kann auf höchstens drei Veranstaltungen im Jahr verteilt werden.

(2) Ein Anspruch auf Bezahlung des Sonderurlaubs besteht nicht. Der Sonderurlaub ist auf das nächste Jahr nicht übertragbar.

§ 3

(1) Anträgen auf Erteilung des Sonderurlaubs braucht nur dann entsprochen zu werden, wenn sie vier Wochen vor dem beantragten Urlaub dem Arbeitgeber, im öffentlichen Dienst dem Leiter der Beschäftigungsbehörde vorgelegt sind.

(2) Auf Antrag des Veranstalters nimmt die zuständige Behörde gutachtlich zu der Frage Stellung, ob die Voraussetzungen des § 1 Absätze 1 und 2 vorliegen. Die Erteilung des Sonderurlaubs kann von der Vorlage dieser Stellungnahme der zuständigen Behörde abhängig gemacht werden.

§ 4

Den Jugendgruppenleitern, die einen Sonderurlaub nach § 1 erhalten, dürfen aus diesem Grunde Nachteile in ihrem Arbeits- oder Dienstverhältnis nicht erwachsen. Dies gilt auch für den Nachweis der Dienstzeit und der Dauer des Arbeitsverhältnisses.

5. Sonderurlaubsgesetz Hessen

Gesetz über Sonderurlaub für Mitarbeiter in der Jugendarbeit vom 2. August 1983
(GVBl. I S. 130)

§ 1

(1) Den ehrenamtlich und führend in der Jugendarbeit der Jugendverbände, der öffentlichen Jugendpflege und -bildung, sonstiger Jugendgemeinschaften und deren Zusammenschlüsse sowie den im Jugendsport in Vereinen, dem Landessportbund und in den Sportfachverbänden tätigen Personen über 18 Jahren ist auf Antrag bezahlter[1]) Sonderurlaub zu gewähren
1. für die Tätigkeit als Helfer in Zeltlagern, Jugendherbergen und Heimen, in denen Jugendliche vorübergehend zur Erholung untergebracht sind, sowie bei sonstigen Veranstaltungen, in denen Jugendliche betreut werden,
2. zum Besuch von Tagungen, Lehrgängen und Seminaren der Jugendverbände, der öffentlichen Jugendpflege und -bildung sowie im Rahmen des Jugendsports.

(2) Sonderurlaub ist ferner zu gewähren für die Tätigkeit als Leiter oder pädagogischer Mitarbeiter bei Veranstaltungen nach Absatz 1 Nr. 1 und 2.
(3) Der Sonderurlaub kann nur dann nicht in der vom Arbeitnehmer vorgesehenen Zeit genommen werden, wenn dringende betriebliche Erfordernisse entgegenstehen.

[1]) Gemäß Beschluß des BVerfG vom 11. Februar 1992 – 1 BvR 890/84 – ist die Zahlungsverpflichtung der Arbeitgeber verfassungswidrig und bis April 1994 durch den hessischen Gesetzgeber zu ändern.

§ 2

(1) Der Sonderurlaub beträgt bis zu 12 Arbeitstage im Jahr. Er kann auf höchstens drei Veranstaltungen im Jahr verteilt werden.
(2) Der Sonderurlaub ist auf das nächste Jahr nicht übertragbar.

§ 3

(1) Anträge auf Sonderurlaub sind zu stellen
1. für Veranstaltungen eines auf Landesebene als förderungswürdig anerkannten Jugendverbandes von der Landesorganisation; der Antrag muß vom Hessischen Jugendring befürwortet werden,
2. für Veranstaltungen des Landessportbundes oder seiner Sportfachverbände und deren Vereine vom Landessportbund Hessen,
3. für Veranstaltungen der politischen Jugendverbände der im Hessischen Landtag vertretenen Parteien durch deren Landesorganisationen,
4. in allen übrigen Fällen von dem zuständigen Jugendamt; der Antrag muß vom Landesjugendamt befürwortet werden.

(2) Die Anträge sind dem Arbeitgeber oder Dienstherrn mindestens 6 Tage vor dem beabsichtigten Antritt des Sonderurlaubs vorzulegen.

§ 4

Arbeitnehmern, die einen Sonderurlaub nach § 1 erhalten, dürfen Nachteile in ihrem Arbeits- bzw. Dienstverhältnis deswegen nicht erwachsen.

§ 5

Der Anspruch auf Erholungsurlaub oder auf Freistellung von der Arbeit nach anderen gesetzlichen oder vertraglichen Bestimmungen wird durch dieses Gesetz nicht berührt.

§ 6

Das Gesetz tritt mit dem Tage der Verkündung in Kraft.[1])

[1]) Diese Vorschrift betrifft das Inkrafttreten des Gesetzes in der ursprünglichen Fassung vom 28. März 1951.

6. Sonderurlaubsgesetz Niedersachsen

Gesetz über die Arbeitsbefreiung für Zwecke der Jugendpflege und des Jugendsports vom 29. Juni 1962

(GVBl. I S. 74)

geändert durch Gesetz zur Änderung des Gesetzes über die Arbeitsbefreiung für Zwecke der Jugendpflege und des Jugendsports vom 25. Mai 1980 (GVBl. I S. 147)

§ 1

(1)[1]) Den in der Jugendpflege und im Sport ehrenamtlich tätigen Leitern von Jugendgruppen und deren Helfern (Jugendgruppenleitern), die bei einem privaten Arbeitgeber beschäftigt sind, ist unter den Voraussetzungen der Absätze 2 bis 4 Arbeitsbefreiung zu gewähren für

1. die leitende oder helfende Tätigkeit bei Freizeit- und Sportveranstaltungen mit Kindern und Jugendlichen, bei Reisen und Wanderungen von Jugendgruppen sowie bei sonstigen Veranstaltungen, zu denen Kinder und Jugendliche in Zeltlagern, Jugendherbergen, Jugendheimen oder ähnlichen Einrichtungen zusammenkommen,
2. die Teilnahme an Arbeitstagungen, Lehrgängen und Kursen zu ihrer Ausbildung, Fortbildung und Unterrichtung in Fragen der Jugendpflege und des Sports,
3. Veranstaltungen, die der gesamtdeutschen oder der internationalen Begegnung Jugendlicher dienen,
4. die besondere Betreuung von Kindern und Jugendlichen bei Veranstaltungen der Familienbildung und -erholung.

(2)[1]) Die Jugendgruppenleiter müssen Inhaber eines Jugendgruppenleiterausweises sein, den die für ihren Wohnsitz oder gewöhnlichen Aufenthalt zuständige Behörde ausgestellt hat, es sei denn, sie nehmen an einer Veranstaltung im Sinne des Absatzes 1 Nr. 2 teil, die zum Erwerb des Jugendgruppenleiterausweises führt.

(3)[1]) Die Veranstaltung, für die die Arbeitsbefreiung in Anspruch genommen wird, muß von einer Behörde, einer Kirche, einem Mitgliedsverband der Landesarbeitsgemeinschaft der freien Wohlfahrtspflege in Niedersachsen oder von einem gemäß § 9 des Gesetzes für Jugendwohlfahrt in Verbindung mit § 17 des Gesetzes zur Ausführung des Gesetzes für Jugendwohlfahrt anerkannten Träger der freien Jugendhilfe oder einem dem Landessportbund Niedersachsen angehörenden Sportverband durchgeführt werden. Veranstaltungen anderer Träger müssen von der für den Sitz des Veranstalters zuständigen Behörde als förderungswürdig anerkannt worden sein.

(4) Der Arbeitsbefreiung darf kein dringendes betriebliches Interesse entgegenstehen.

[1]) § 1 Abs. 1 Nr. 1 neugefaßt, Nr. 2 geändert, Nr. 4 angefügt, Abs. 2 geändert, Abs. 3 neu gefaßt durch Änderungsgesetz vom 25. Mai 1980 (GVBl. I S. 147).

§ 2

Anspruch auf Arbeitsbefreiung besteht für höchstens 12 Werktage im Kalenderjahr. Die Arbeitsbefreiung kann auf höchstens drei Veranstaltungen im Jahr verteilt werden und ist auf das nächste Jahr nicht übertragbar.

§ 3

(1) Der Arbeitgeber gewährt die Arbeitsbefreiung auf Antrag des Jugendgruppenleiters.
(2)[1]) Der Antrag auf Arbeitsbefreiung ist dem Arbeitgeber spätestens einen Monat vor Beginn der Arbeitsbefreiung vorzulegen. Der Arbeitgeber kann einen Nachweis darüber verlangen, daß die Voraussetzungen des § 1 Abs. 3 vorliegen; für die Beibringung des Nachweises gilt die in Satz 1 genannte Frist nicht.
(3)[1]) Die Beteiligung des Betriebsrats oder des Personalrats richtet sich nach den Vorschriften des Betriebsverfassungsgesetzes vom 15. Januar 1972 (Bundesgesetzbl. I S. 13), zuletzt geändert durch Artikel 238 des Einführungsgesetzes zum Strafgesetzbuch vom 2. März 1974 (Bundesgesetzbl. I S. 469), beziehungsweise des Personalvertretungsgesetzes für das Land Niedersachsen in der Fassung vom 24. April 1972 (Nieders. GVBl. I S. 231), zuletzt geändert durch § 170 des Niedersächsischen Hochschulgesetzes vom 1. Juni 1978 (Nieders. GVBl. I S. 473).

[1]) § 3 Abs. 2 gändert, Abs. 3 neu gefaßt durch Änderungsgesetz vom 25. Mai 1980 (GVBl. I S. 147).

§ 4

(1) Für die Dauer der Arbeitsbefreiung hat der Jugendgruppenleiter keinen Anspruch auf Arbeitsverdienst.
(2) Den Jugendgruppenleitern, die auf Grund dieses Gesetzes Arbeitsbefreiung erhalten, dürfen daraus Nachteile in ihrem Beschäftigungsverhältnis nicht erwachsen. Dies gilt auch für die Berechnung der Dauer des Beschäftigungsverhältnisses.

§ 5

Zuständige Behörde im Sinne dieses Gesetzes sind als Jugendamt die Landkreise und kreisfreien Städte sowie die kreisangehörigen Städte, die ein Jugendamt errichtet haben.

§ 6

Auf ehrenamtlich tätige Jugendgruppenleiter, die als Beamte, Richter, Angestellte oder Arbeiter im öffentlichen Dienst beschäftigt sind, finden die Vorschriften dieses Gesetzes entsprechende Anwendung. Weitergehende Vorschriften des öffentlichen Dienstrechts bleiben unberührt.

§ 7

Dieses Gesetz tritt am Tage nach seiner Verkündung in Kraft.

7. Sonderurlaubsgesetz Nordrhein-Westfalen

Gesetz zur Gewährung von Sonderurlaub für ehrenamtliche Mitarbeiter in der Jugendhilfe (Sonderurlaubsgesetz) vom 31. Juli 1974

(GV.NW S. 768)

geändert durch Gesetz zur Haushaltsfinanzierung (Haushaltsfinanzierungsgesetz) vom 16. Dezember 1981 (GV.NW 1981 S. 732) und Zweites Gesetz zur Haushaltsfinanzierung (2. Haushaltsfinanzierungsgesetz) vom 24. November 1982 (GV.NW 1982 S. 699)

§ 1

(1) Den ehrenamtlich in der Jugendhilfe tätigen Personen über 16 Jahre ist auf Antrag Sonderurlaub zu gewähren

1. für die leitende und helfende Tätigkeit, die in Jugendferienlagern, bei Jugendreisen, Jugendwanderungen, Jugendfreizeit- und Jugendsportveranstaltungen, internationalen Begegnungen und Begegnungen mit Jugendlichen aus oder in der Deutschen Demokratischen Republik sowie Berlinfahrten und Berlinseminaren ausgeübt wird,
2. zur erzieherischen Betreuung von Kindern und Jugendlichen in Heimen und ähnlichen Einrichtungen im Rahmen der Familien- und Kindererholung,
3. [1]) für sonstige Veranstaltungen, in denen Kinder und Jugendliche als Gruppe vorübergehend betreut werden.

(2) Sonderurlaub ist auf Antrag auch Personen über 16 Jahre zu gewähren zur Teilnahme an Aus- und Fortbildungsmaßnahmen sowie Fachtagungen in Fragen der Jugendhilfe, wenn diese einer Aufgabe nach Absatz 1 Nr. 1 bis 3 dienen oder auf sie vorbereiten.

[1]) § 1 Abs. 1 Nr. 3 findet bis auf weiteres keine Anwendung (Haushaltsfinanzierungsgesetz vom 16. Dezember 1981 – GV. NW 1981 S. 732).

§ 2

(1) Sonderurlaub für die in § 1 bezeichneten Veranstaltungen und Maßnahmen ist nur zu gewähren, wenn diese von einem nach § 9 des Gesetzes für Jugendwohlfahrt (JWG) in der Fassung vom 6. August 1970 (BGBl. I S. 1197) anerkannten Träger der freien Jugendhilfe oder von einem Träger der öffentlichen Jugendhilfe selbst oder in seinem Auftrag von einem öffentlichen oder anderen anerkannten Träger der Weiterbildung durchgeführt werden.

(2) Der Anspruch auf Sonderurlaub kann erst nach Ablauf von sechs Monaten, bei Berechtigten unter 21 Jahren von drei Monaten, nach der Einstellung in den Betrieb des Arbeitgebers geltend gemacht werden.

§ 3

(1) Sonderurlaub ist vom Berechtigten mit Zustimmung des Trägers der in § 1 genannten Maßnahmen zu beantragen. Der Antrag ist spätestens sechs Wochen vor dem beabsichtigten Urlaubsantritt beim Arbeitgeber einzureichen; über ihn ist innerhalb angemessener Frist zu entscheiden.
(2)[1]) Dem Antrag auf Sonderurlaub ist stattzugeben, wenn die Voraussetzungen der §§ 1 und 2 vorliegen und der Berechtigte einen vom Träger der Maßnahme zu beantragenden Vorbescheid der Bewilligungsbehörde vorlegt. Eine Verpflichtung zur Stattgabe besteht nicht, wenn im Einzelfall der Gewährung von Sonderurlaub ein unabweisbares betriebliches Interesse entgegensteht. Die Beteiligung des Betriebsrats richtet sich nach den Vorschriften des Betriebsverfassungsgesetzes.

[1]) § 3 Abs. 2 neu gefaßt durch Haushaltsfinanzierungsgesetz vom 16. Dezember 1981 (GV. NW 1981 S. 732).

§ 4[1])

Sonderurlaub nach diesem Gesetz ist bis zu 8 Arbeitstagen im Kalenderjahr zu gewähren. Der Sonderurlaub kann auf höchstens drei Veranstaltungen oder Maßnahmen im Kalenderjahr aufgeteilt werden; er ist nicht auf das nächste Jahr übertragbar.

[1]) § 4 Satz 1 geändert durch Haushaltsfinanzierungsgesetz vom 16. Dezember 1981 (GV. NW 1981 S. 732).

§ 5[1])

(1) Der ehrenamtliche Mitarbeiter hat einen Rechtsanspruch auf Fortzahlung des Arbeitsentgelts durch den Arbeitgeber einschließlich aller Nebenleistungen und Zulagen, welches er bei Fortsetzung der Beschäftigung ohne Inanspruchnahme des Sonderurlaubs üblicherweise erzielen würde.
(2)[2]) Dem Arbeitgeber wird auf Antrag das für die Zeit des Sonderurlaubs gezahlte Arbeitsentgelt bis zum Betrag von 75,– DM je Tag zuzüglich der Arbeitgeberanteile der Beiträge zur Sozial- und Arbeitslosenversicherung nach Maßgabe der im Haushaltsplan des Landes Nordrhein-Westfalen veranschlagten Mittel durch das Land Nordrhein-Westfalen erstattet.
(3) Sofern der Arbeitnehmer einen Anspruch auf Verdienstausfallentschädigung für den gewährten Sonderurlaub anderweitig geltend machen kann, geht dieser dem Anspruch auf Fortzahlung des Arbeitsentgelts vor.

[1]) § 5 des Sonderurlaubsgesetzes vom 31. Juli 1974 (GV. NW S. 768), geändert durch Gesetz vom 16. Dezember 1981 (GV. NW S. 732), findet für das Haushaltsjahr 1983 keine Anwendung, 2. Haushaltsfinanzierungsgesetz vom 24. November 1982 (GV. NW 1982 S. 699).

[2]) § 5 Abs. 2 geändert durch Haushaltsfinanzierungsgesetz vom 16. Dezember 1981 (GV. NW 1981 S. 732).

§ 6

Erkrankt ein Arbeitnehmer während des Sonderurlaubs, so wird bei Nachweis der Arbeitsunfähigkeit durch ärztliches Zeugnis die Zeit der Arbeitsunfähigkeit auf den Sonderurlaub nicht angerechnet.

§ 7

(1) Regelungen in Gesetzen, Rechtsverordnungen und Verträgen, die dem Arbeitnehmer weitergehende Ansprüche gewähren, bleiben unberührt.
(2) Die Gewährung von Sonderurlaub für Angehörige des öffentlichen Dienstes als ehrenamtliche Mitarbeiter in der Jugendhilfe richtet sich nach den geltenden Vorschriften.

§ 8

Arbeitnehmern, die einen Sonderurlaub nach Maßgabe dieses Gesetzes erhalten, dürfen Nachteile in ihrem Arbeitsverhältnis daraus nicht erwachsen. Das gilt auch für den Nachweis der Dauer des Arbeitsverhältnisses.

§ 9

Der Minister für Arbeit, Gesundheit und Soziales regelt durch Rechtsverordnung nach Anhörung des zuständigen Ausschusses des Landtags

1. die Anforderungen, die an die Eignung und Befähigung des ehrenamtlichen Mitarbeiters in der Jugendhilfe sowie deren Nachweis zu stellen sind,
2. das Verfahren über die Erstattung des für die Zeit des Sonderurlaubs vom Arbeitgeber gezahlten Arbeitsentgelts durch das Land Nordrhein-Westfalen.

§ 10

Das Gesetz tritt am 1. Januar 1975 in Kraft.

8. Sonderurlaubsgesetz Rheinland-Pfalz

Landesgesetz über die Erteilung von Sonderurlaub an Jugendgruppenleiter in der Jugendpflege vom 12. November 1953

(GVBl. I S. 131)

§ 1

(1) Den ehrenamtlich in der Jugendpflege tätigen Jugendgruppenleitern über 18 Jahre ist auf Antrag Sonderurlaub zu gewähren:
a) für die Tätigkeit als Helfer in Zeltlagern, Jugendherbergen und Heimen, in denen Jugendliche vorübergehend zur Erholung untergebracht sind, und bei Jugendwanderungen;
b) zum Besuch von Ausbildungslehrgängen und Schulungsveranstaltungen der Jugendpflegeverbände und Jugendbehörden;
c) zum Besuch von Tagungen der Jugendpflegeverbände und der Jugendbehörden;
d) zur Teilnahme an Veranstaltungen, die der internationalen Begegnung der Jugend dienen.
(2) Dies gilt nur, wenn der Träger der unter a bis d bezeichneten Veranstaltungen die anerkannten Jugendpflegeverbände und Jugendbehörden sind.

§ 2

(1) Der Sonderurlaub beträgt bis zu 12 Arbeitstage im Kalenderjahr.
(2) Ein Anspruch auf Bezahlung des Sonderurlaubs besteht nicht. Der Anspruch auf Sonderurlaub ist auf das nächste Jahr nicht übertragbar.

§ 3

(1) Anträge auf Sonderurlaub für Jugendgruppenleiter in der Jugendpflege bedürfen der Befürwortung der veranstaltenden Jugendorganisation (Bezirks- oder Landesleitung).
(2) Antragsberechtigt sind:
a) die örtlichen Leitungen der Jugendpflegeorganisationen für die ihr angehörenden Jugendgruppenleiter;
b) die behördlichen Jugendpfleger.
(3) Die Anträge sind der urlaubsgewährenden Stelle mindestens eine Woche vor dem beabsichtigten Antritt des Sonderurlaubs vorzulegen.
(4) Der Arbeitgeber kann im Einzelfall – bei betriebsratspflichtigen Betrieben mit Zustimmung des Betriebsrats – den Sonderurlaub nur verweigern, wenn ein unabweisbares betriebliches Interesse entgegensteht.

§ 4

Arbeitnehmern, die einen Sonderurlaub nach § 1 erhalten, dürfen Nachteile in ihrem Arbeits- bzw. Dienstverhältnis deswegen nicht erwachsen. Dies gilt auch für den Nachweis der Dienstzeit bzw. die Dauer eines Arbeitsverhältnisses.

§ 5

Die zur Durchführung des Gesetzes notwendigen Verwaltungsvorschriften erläßt der Sozialminister.

§ 6

Dieses Gesetz tritt mit dem Tage der Verkündung in Kraft.

9. Sonderurlaubsgesetz Saarland

Gesetz Nr. 759 über Sonderurlaub für in der Jugendpflege ehrenamtlich tätige Personen vom 8. Juni 1962 – ABl. S. 481 – i.d.F. des Gesetzes Nr. 859 vom 15. Mai 1968 –
(ABl. S. 362)

§ 1

Den in der Jugendpflege ehrenamtlich tätigen Personen über 18 Jahren ist auf Antrag unbezahlter Sonderurlaub zu gewähren
a) für die Tätigkeit als Leiter oder Helfer in Zeltlagern, Jugendherbergen oder Heimen, in denen Jugendliche vorübergehend zur Erholung untergebracht sind, und bei Jugendwanderungen und Fahrten,
b) zum Besuch von Lehrgängen und Schulungsveranstaltungen der anerkannten Jugendverbände und der behördlichen Jugendpflege,
c) zum Besuch von Konferenzen und Tagungen der anerkannten Jugendverbände,
d) zur Teilnahme an staatspolitischen Lehrgängen und Seminaren.

§ 2

(1) Der Sonderurlaub beträgt bis zu 12 Arbeitstage im Kalenderjahr und ist auf das folgende Jahr nicht übertragbar.
(2) Ein Anspruch auf Bezahlung des Sonderurlaubs besteht nicht. Ob im Einzelfall vom Arbeitgeber ein freiwilliger Ausgleich gewährt wird, bleibt den betrieblichen Möglichkeiten überlassen.

§ 3

(1) Anträge auf Gewährung von Sonderurlaub für in der Jugendpflege ehrenamtlich tätige Personen können nur von den zentralen Führungsstellen der anerkannten Jugendverbände gestellt werden. Die Anträge sind dem Arbeitgeber mindestens 12 Tage vor Antritt des Sonderurlaubs vorzulegen. Der Arbeitgeber kann den Sonderurlaub nur verweigern, wenn ein unabweisbares betriebliches Interesse entgegensteht.
(2) Auf Antrag des Veranstalters bestätigt das Landesjugendamt des Saarlandes, ob die Voraussetzungen zur Erteilung von Sonderurlaub entsprechend den Bestimmungen des § 1 vorliegen.

§ 4

Arbeitnehmern, die einen Sonderurlaub nach diesem Gesetz erhalten, dürfen Nachteile in ihrem Arbeits- bzw. Dienstverhältnis nicht entstehen. Dies gilt auch für den Nachweis der Dienstzeit bzw. der Dauer eines Arbeitsverhältnisses.

§ 5

§ 13 des Jugendpflegegesetzes vom 30. Juni 1949 (Amtsbl. S. 713) wird aufgehoben.

§ 6

Die zur Durchführung dieses Gesetzes notwendigen Verwaltungsvorschriften erläßt der Minister für Kultus, Unterricht und Volksbildung.

10. Sonderurlaubsgesetz Schleswig-Holstein

Gesetz über Sonderurlaub für ehrenamtliche Mitarbeiter in der außerschulischen Jugendbildung vom 25. Juli 1977

(GVBl. Schl.-H. S. 190)
– gilt ab 1. 1. 1978 –

Der Landtag hat das folgende Gesetz beschlossen:

§ 1 Grundsatz

(1) Ehrenamtlichen Mitarbeitern in der außerschulischen Jugendbildung über 16 Jahren ist auf Antrag unbezahlter Sonderurlaub zu gewähren, wenn sie
1. einen gültigen Mitarbeiterausweis (§ 7) besitzen und
2. an einer Veranstaltung der außerschulischen Jugendbildung teilnehmen, die aus öffentlichen Mitteln gefördert wird oder vom zuständigen Jugendamt für förderungswürdig erklärt worden ist.

(2) Ehrenamtlichen Mitarbeitern in der außerschulischen Jugendbildung über 16 Jahren ohne gültigen Mitarbeiterausweis ist auf Antrag einmalig unbezahlter Sonderurlaub für die Teilnahme an einer Grundausbildung zu gewähren, die der Erlangung des Mitarbeiterausweises dient.

§ 2 Anspruch

(1) Sonderurlaub für die in § 1 bezeichneten Veranstaltungen ist nur zu gewähren, wenn diese von einem nach § 9 des Gesetzes für Jugendwohlfahrt in der Fassung der Bekanntmachung vom 6. August 1970 (BGBl. I S. 1197), zuletzt geändert durch Gesetz vom 2. Juli 1976 (BGBl. I S. 1762), anerkannten Träger der freien Jugendhilfe, einem Zusammenschluß solcher Träger oder einem Träger der öffentlichen Jugendhilfe durchgeführt werden.

(2) Der Anspruch auf Sonderurlaub kann erst nach einer sechsmonatigen Betriebszugehörigkeit geltend gemacht werden.

§ 3 Antragsverfahren

(1) Der Berechtigte hat den Sonderurlaub mit Zustimmung des Trägers der in § 1 genannten Veranstaltung und der entsendenden Stelle spätestens vier Wochen vor Beginn des Urlaubs beim Arbeitgeber schriftlich zu beantragen. Der Träger der Veranstaltung darf im Falle des § 1 Abs. 2 nur zustimmen, wenn ihm die entsendende Stelle mitgeteilt hat, daß der Antragsteller bereits ein halbes Jahr Erfahrungen durch die Übernahme besonderer Aufgaben in der außerschulischen Jugendbildung gewonnen hat. Entsendende Stelle ist die Stelle, bei der der Berechtigte im Rahmen der außerschulischen Jugendbildung tätig ist.

(2) Dem Antrag auf Sonderurlaub ist stattzugeben, wenn die Voraussetzungen

der §§ 1, 2 und 3 Abs. 1 vorliegen, es sei denn, daß im Einzelfall der Gewährung von Sonderurlaub ein unabweisbares betriebliches Interesse entgegensteht. Die Beteiligung des Betriebsrates oder des Personalrates richtet sich nach den Vorschriften des Betriebsverfassungsgesetzes vom 15. Januar 1972 (BGBl. I S. 13), zuletzt geändert durch das Gesetz vom 4. Mai 1976 (BGBl. I S. 1153), bzw. des Personalvertretungsgesetzes.

§ 4 Dauer

(1) Sonderurlaub nach diesem Gesetz ist bis zu 12 Arbeitstage im Kalenderjahr zu gewähren. Der Sonderurlaub kann auf höchstens drei Veranstaltungen im Jahr aufgeteilt werden; er ist nicht auf das nächste Jahr übertragbar.
(2) Erkrankt der Berechtigte während des Sonderurlaubs, so wird bei Nachweis der Arbeitsunfähigkeit durch ärztliches Zeugnis die Zeit der Arbeitsunfähigkeit auf den Sonderurlaub nicht angerechnet.

§ 5 Verbot von Nachteilen

Berechtigte, die einen Sonderurlaub nach Maßgabe dieses Gesetzes erhalten, dürfen daraus in ihrem Ausbildungs- oder Arbeitsverhältnis keine Nachteile erleiden.

§ 6 Weitergehende Ansprüche

Regelungen in Gesetzen, Rechtsverordnungen und Verträgen oder für den öffentlichen Dienst erlassenen Vorschriften, die dem Berechtigten weitergehende Ansprüche gewähren, bleiben unberührt.

§ 7 Voraussetzungen für einen Mitarbeiterausweis

(1) Ehrenamtliche Mitarbeiter in der außerschulischen Jugendbildung erhalten auf Antrag einen Mitarbeiterausweis, wenn
1. sie erfolgreich an einer Grundausbildung und an einem Kursus in »Erster Hilfe« teilgenommen haben; der Kursus darf bei Antragstellung nicht mehr als zwei Jahre zurückliegen,
2. gegen die Eignung als Mitarbeiter in der außerschulischen Jugendbildung keine in der Person begründeten Bedenken bestehen.

(2) Zum ehrenamtlichen Mitarbeiter in der außerschulischen Jugendbildung ist geeignet, wer bei einem anerkannten Träger der freien Jugendhilfe oder einem Träger der öffentlichen Jugendhilfe leitend oder helfend tätig sein kann. Über die Eignung entscheidet das zuständige Jugendamt mit Zustimmung der entsendenden Stelle. Der Antragsteller hat dem Jugendamt eine ärztliche Bescheinigung über die Unbedenklichkeit seines Gesundheitszustandes vorzulegen, die insbesondere ausweist, daß der Antragsteller frei von übertragbaren Krankheiten ist. Das Jugendamt kann sich für den Antragsteller ein Führungszeugnis nach § 29

des Bundeszentralregistergesetzes in der Fassung der Bekanntmachung vom 22. Juli 1976 (BGBl. I S. 2005) erteilen lassen.
(3) Ehrenamtliche Mitarbeiter in der außerschulischen Jugendbildung mit abgeschlossener pädagogischer oder sozialpädagogischer Ausbildung können auf Antrag mit Zustimmung eines anerkannten freien Trägers der Jugendhilfe oder eines Trägers der öffentlichen Jugendhilfe von der Grundausbildung nach § 9 befreit werden. Die Befreiung spricht das zuständige Jugendamt aus.

§ 8 Mitarbeiterausweis

(1) Soweit die Voraussetzungen des § 7 vorliegen, stellt das zuständige Jugendamt einen Mitarbeiterausweis nach dem diesem Gesetz als Anlage beigefügten Muster aus. Die Gültigkeitsdauer des Mitarbeiterausweises beträgt ein Jahr; der Mitarbeiterausweis kann anschließend mit Zustimmung der entsendenden Stelle jeweils um ein Jahr verlängert werden.
(2) Das zuständige Jugendamt hat im Benehmen mit der entsendenden Stelle den Mitarbeiterausweis einzuziehen oder für ungültig zu erklären, wenn Gründe für die Annahme vorliegen, daß der Ausweisinhaber nicht als ehrenamtlicher Mitarbeiter in der außerschulischen Jugendbildung geeignet ist.
(3) Zuständiges Jugendamt im Sinne dieses Gesetzes ist das für den Wohnsitz des Antragstellers zuständige Jugendamt in Schleswig-Holstein.

§ 9 Grundausbildung

(1) Die Grundausbildung wird von einem anerkannten Träger der freien Jugendhilfe oder einem Zusammenschluß von Trägern unter Beteiligung des für den Träger zuständigen Jugendamtes, bei überregionalen Veranstaltungen des Landesjugendamtes Schleswig-Holstein durchgeführt. Sie kann auch von einem Träger der öffentlichen Jugendhilfe durchgeführt werden.
(2) Mit der Grundausbildung sollen den ehrenamtlichen Mitarbeitern in der außerschulischen Jugendbildung Grundkenntnisse der außerschulischen Jugendbildung sowie der Rechts- und Organisationskunde vermittelt werden.

§ 10 Erstattung des Verdienstausfalls

In Härtefällen kann das Land den durch die Inanspruchnahme des Sonderurlaubs entstandenen Verdienstausfall ganz oder teilweise erstatten. Anträge sind über das zuständige Jugendamt an das Landesjugendamt Schleswig-Holstein zu richten.

§ 11 Richtlinien

Das Landesjugendamt Schleswig-Holstein erläßt Richtlinien über Form und Inhalt der Grundausbildung und über das Verfahren für die Erstattung des Verdienstausfalls.

§ 12 Inkrafttreten

(1) Dieses Gesetz tritt am 1. Januar 1978 in Kraft.
(2) Gleichzeitig tritt das Gesetz über die Gewährung von Sonderurlaub für Jugendgruppenleiter vom 14. April 1969 (GVBl. Schl.-H. S. 47) außer Kraft.

Anhang V

Landesrechtliche Vorschriften über die Teilnahme an Bildungsveranstaltungen

1. Bildungsurlaubsgesetz Berlin

Gesetz zur Förderung der Teilnahme an Bildungsveranstaltungen
vom 16. Juli 1970
(GVBl. I S. 1140)

geändert durch Gesetz vom 31. Januar 1975 (GVBl. I S. 656) und Zweites Änderungsgesetz vom 17. Dezember 1976 (GVBl. I S. 2820)

§ 1[1])

(1) Arbeitnehmer bis zur Vollendung des 25. Lebensjahres, die unter Beibehaltung ihrer beruflichen Tätigkeit an anerkannten Bildungsveranstaltungen teilnehmen, haben gegenüber ihrem Arbeitgeber Anspruch auf Freistellung von der Arbeit für die hierfür notwendige Zeit.
(2) Der Anspruch entsteht erstmalig nach sechsmonatigem Bestehen des Arbeitsverhältnisses. Der Zeitpunkt der Freistellung richtet sich nach den Wünschen des Arbeitnehmers. Die Inanspruchnahme und die zeitliche Lage der Freistellung sind dem Arbeitgeber so frühzeitig wie möglich, in der Regel sechs Wochen vor Beginn der Freistellung, mitzuteilen.
(3) Die Freistellung von der Arbeit kann für den vom Arbeitnehmer beantragten Zeitraum nur abgelehnt werden, wenn zwingende betriebliche Belange oder Urlaubswünsche anderer Arbeitnehmer, die unter sozialen Gesichtspunkten den Vorrang verdienen, entgegenstehen. Es ist jedoch sicherzustellen, daß eine Freistellung zu einem anderen Zeitpunkt innerhalb eines Jahres nach Antragstellung gewährleistet wird.
(4) Der Anspruch auf Freistellung von der Arbeit nach anderen gesetzlichen Vorschriften bleibt unberührt. Eine Anrechnung auf den gesetzlichen, tariflichen oder arbeitsvertraglich vereinbarten Erholungsurlaub findet nicht statt, wenn und soweit der Arbeitnehmer dem Arbeitgeber die Teilnahme nachweist.

[1]) Neu gefaßt durch Gesetz vom 31. Januar 1975 (GVBl. I S. 656) mit Wirkung vom 1. April 1975.

§ 2

(1) Bildungsveranstaltungen im Sinne des § 1 sollen an die staatsbürgerliche oder politische Mitarbeit in Staat und Gesellschaft heranführen oder der beruflichen Bildung dienen.
(2)[1]) Berufliche Bildungsveranstaltungen, die von öffentlichen Schulen, öffent-

lichen Volkshochschulen oder anerkannten Privatschulen durchgeführt werden, gelten als anerkannt im Sinne des § 1. Dies gilt auch für Veranstaltungen, die die Erlangung eines dem Abschluß der Hauptschule oder der Realschule gleichwertigen Bildungsstandes oder der Fachhochschulreife oder der allgemeinen Hochschulreife zum Ziel haben, soweit sie von den in Satz 1 genannten Einrichtungen durchgeführt werden. Im übrigen erfolgte die Anerkennung von Bildungsveranstaltungen durch das für das Arbeitswesen zuständige Mitglied des Senats, bei Bildungsveranstaltungen mit staatsbürgerlicher oder politischer Zielsetzung im Benehmen mit dem für das Jugendwesen zuständigen Mitglied des Senats.

(3) Die Anerkennung von Bildungsveranstaltungen setzt ihre Förderungswürdigkeit voraus. Als förderungswürdig sind Veranstaltungen anzusehen, die von Trägern der Jugend- und Erwachsenenbildung durchgeführt werden. Als solche sind insbesondere die anerkannten Jugendgemeinschaften und Jugendorganisationen, die öffentlichen Einrichtungen oder Jugendhilfe, die Volkshochschulen sowie Bildungseinrichtungen der demokratischen Parteien, der Arbeitgeberorganisationen und der Gewerkschaften anzusehen. Im übrigen müssen die zur Durchführung der Bildungsveranstaltungen erforderlichen persönlichen und sachlichen Voraussetzungen gegeben sein. Die Anerkennung ist dann zu versagen, wenn die Ziele der Veranstalter oder Veranstaltungen nicht mit der demokratischen Grundordnung der Verfassung von Berlin im Einklang stehen.

(4) Anträge auf Anerkennung von Veranstaltungen können nur von den Veranstaltern gestellt werden. Die für die Anerkennung erforderlichen Nachweise sind beizufügen.

[1]) Abs. 2 Satz 1 und 2 neu gefaßt durch 2. Änderungsgesetz vom 17. Dezember 1976 (GVBl. I S. 2820).

§ 3

(1) Eine Freistellung von der Arbeit ohne Einkommensminderung für anerkannte Bildungsveranstaltungen kann für längstens 10 Arbeitstage im Kalenderjahr, im Falle einer nicht ganztägigen Freistellung für eine diesen Arbeitstagen entsprechende Arbeitszeit, verlangt werden.

(2) Bei einem Arbeitsplatzwechsel muß sich der Arbeitnehmer die in demselben Kalenderjahr von einem anderen Arbeitgeber gewährte Freizeit im Sinne des Absatzes 1 anrechnen lassen.

§ 4[1])

Die Vorschriften dieses Gesetzes sind für Auszubildende im Sinne des Berufsbildungsgesetzes vom 14. August 1969 (BGBl. I S. 1112/GVBl. S. 1363) bis zum vollendeten 25. Lebensjahr, die nicht in einem öffentlich-rechtlichen Ausbildungsverhältnis stehen, entsprechend anzuwenden. § 1 Abs. 2 Satz 1 findet keine Anwendung.

[1]) Neu gefaßt mit Wirkung vom 1. April 1975 durch Gesetz vom 31. Januar 1975 (GVBl. I S. 656).

§ 5

Dieses Gesetz tritt am Tage nach seiner Verkündung im Gesetz- und Verordnungsblatt für Berlin in Kraft.

2. Bremisches Bildungsurlaubsgesetz vom 18. Dezember 1974

(Brem. GBl. S. 348)

Der Senat verkündet das nachstehende von der Bürgerschaft (Landtag) beschlossene Gesetz:

§ 1 Grundsatz

(1) Bildungsurlaub dient der politischen, beruflichen und allgemeinen Weiterbildung im Sinne von § 1 Abs. 2 des Gesetzes über Weiterbildung im Lande Bremen (Weiterbildungsgesetz) vom 26. März 1974 (Brem. GBl. S. 155) und von § 1 Abs. 2 und 3 des Gesetzes zur Förderung der außerschulischen Jugendbildung (Jugendbildungsgesetz) vom 10. Oktober 1974 (Brem. GBl. S. 309).
(2) Durch die Gewährung von Bildungsurlaub nach Maßgabe dieses Gesetzes soll Arbeitnehmern unter Fortzahlung des Arbeitsentgeltes die Teilnahme an anerkannten Veranstaltungen der Weiterbildung und der außerschulischen Jugendbildung ermöglicht werden.

§ 2 Geltungsbereich

(1) Dieses Gesetz gilt
1.1 für alle Arbeitnehmer, deren Beschäftigungsverhältnisse ihren Schwerpunkt in der Freien Hansestadt Bremen haben,
2. für Personen, die zu Beginn der Teilnahme an Bildungsveranstaltungen nach diesem Gesetz nicht Arbeitnehmer sind und die seit mindestens sechs Monaten ihren Wohnsitz in der Freien Hansestadt Bremen haben, nach Maßgabe des § 12.

(2) Arbeitnehmer im Sinne dieses Gesetzes sind
1. Arbeiter und Angestellte,
2. die zu ihrer Berufsausbildung Beschäftigten,
3. die in Heimarbeit Beschäftigten und die ihnen Gleichgestellten sowie sonstige Personen, die wegen ihrer wirtschaftlichen Unselbständigkeit als arbeitnehmerähnliche Personen anzusehen sind.

(3) Ein Beschäftigungsverhältnis hat seinen Schwerpunkt in der Freien Hansestadt Bremen, wenn der Beschäftigte in einem in der Freien Hansestadt Bremen ansässigen Betrieb eingegliedert ist oder von einem solchen Betrieb angewiesen wird oder wenn der Beschäftigte in einer Dienststelle im Bereich der Freien Hansestadt Bremen tätig ist. Das Beschäftigungsverhältnis eines Seemanns hat im Sinne dieses Gesetzes seinen Schwerpunkt in der Freien Hansestadt Bremen, wenn sich
1. der Sitz des Reeders, der Partenreederei, des Korrespondentreeders oder des Vertragsreeders im Lande Bremen befindet oder
2. der Heimathafen des Schiffes in der Freien Hansestadt Bremen befindet und das Schiff die Bundesflagge führt.

(4) Dieses Gesetz gilt nicht für Beamte und Richter.

§ 3 Anspruch auf Bildungsurlaub

(1) Jeder Arbeitnehmer hat innerhalb eines Zeitraums von zwei aufeinanderfolgenden Kalenderjahren Anspruch auf Gewährung eines bezahlten Bildungsurlaubs von 10 Arbeitstagen.
(2) Wird regelmäßig an mehr oder weniger als 5 Tagen in der Woche gearbeitet, so erhöht oder verringert sich der Bildungsurlaub entsprechend. Bruchteile eines Tages werden zugunsten des Arbeitnehmers aufgerundet.
(3) Ein Anspruch auf Gewährung von Bildungsurlaub gegen einen späteren Arbeitgeber besteht nicht, soweit der Arbeitnehmer für den laufenden Zweijahreszeitraum bereits von einem früheren Arbeitgeber Bildungsurlaub erhalten hat.

§ 4 Verbot der Benachteiligung

Arbeitnehmer dürfen wegen Inanspruchnahme des Bildungsurlaubs nicht benachteiligt werden.

§ 5 Verhältnis zu anderen Ansprüchen

(1) Freistellungen zur Teilnahme an Bildungsveranstaltungen, die auf anderen Gesetzen, tarifvertraglichen Vereinbarungen, betrieblichen Vereinbarungen und Einzelverträgen beruhen, können auf den Freistellungsanspruch nach diesem Gesetz nur dann angerechnet werden, wenn sie dem Arbeitnehmer uneingeschränkt die Erreichung der in § 1 dieses Gesetzes niedergelegten Ziele ermöglichen und wenn in den betreffenden Vereinbarungen oder Verträgen die Anrechenbarkeit ausdrücklich vorgesehen ist.
(2) Der gesetzlich, tariflich oder arbeitstariflich festgelegte Erholungsurlaub oder sonstige Freistellungen dürfen nicht auf die Zeit angerechnet werden, für die der Arbeitnehmer zur Teilnahme an anerkannten Bildungsveranstaltungen Bildungsurlaub erhält.

§ 6 Wartezeit

Ein Arbeitnehmer erwirbt den Freistellungsanspruch für den laufenden Zweijahreszeitraum im Sinne von § 3 Abs. 1 erstmalig nach sechsmonatigem Bestehen seines Beschäftigungsverhältnisses.

§ 7 Zeitpunkt des Bildungsurlaubs

(1) Der Zeitpunkt des Bildungsurlaubs richtet sich nach den Wünschen des Arbeitnehmers. Die Inanspruchnahme und der Zeitraum des Bildungsurlaubs sind dem Arbeitgeber so frühzeitig wie möglich, in der Regel vier Wochen vor Beginn, mitzuteilen.
(2) Der Bildungsurlaub zu dem vom Arbeitnehmer beantragten Zeitpunkt kann nur abgelehnt werden, wenn zwingende betriebliche Belange oder Urlaubswün-

sche anderer Arbeitnehmer, die unter sozialen Gesichtspunkten den Vorrang verdienen, entgegenstehen. Der Arbeitgeber ist verpflichtet, dem Arbeitnehmer so frühzeitig wie möglich, in der Regel innerhalb einer Woche, mitzuteilen, ob Bildungsurlaub gewährt wird.
(3) Der Bildungsurlaub ist während des laufenden Zweijahreszeitraums zu gewähren. Auf Antrag des Arbeitnehmers ist der in dem laufenden Zweijahreszeitraum entstandene Anspruch auf Bildungsurlaub auf den nächsten Zweijahreszeitraum zu übertragen.
(4) Erkrankt ein Arbeitnehmer während des Bildungsurlaubs, so werden die durch ärztliches Zeugnis nachgewiesenen Tage der Arbeitsunfähigkeit auf den Bildungsurlaub nicht angerechnet.

§ 8 Gewährung des Bildungsurlaubs

(1) Bildungsurlaub wird nur für anerkannte Bildungsveranstaltungen gewährt, die in der Regel an mindestens fünf, in Ausnahmefällen an mindestens drei aufeinanderfolgenden Tagen stattfinden. Eine Unterbrechung durch arbeitsfreie Tage bleibt unberücksichtigt.
(2) Der Arbeitnehmer ist verpflichtet, dem Arbeitgeber auf Verlangen die Anmeldung zur Bildungsveranstaltung und die Teilnahme an der Bildungsveranstaltung nachzuweisen. Die für den Nachweis erforderlichen Bescheinigungen sind dem Arbeitnehmer vom Träger der Bildungsveranstaltung kostenlos auszustellen. Der Arbeitgeber ist verpflichtet, dem Arbeitnehmer auf Verlangen bei Beendigung des Arbeitsverhältnisses eine Bescheinigung über die im laufenden Zweijahreszeitraum gewährte Freistellung auszuhändigen.
(3) Während des Bildungsurlaubs darf der Arbeitnehmer keine dem Zwecke dieses Gesetzes zuwiderlaufende Erwerbstätigkeit ausüben.

§ 9 Fortzahlung des Arbeitsentgelts

(1) Bildungsurlaub wird vom Arbeitgeber ohne Minderung des Arbeitsentgelts gewährt. Das fortzuzahlende Entgelt für die Zeit des Bildungsurlaubs wird entsprechend den Bestimmungen des Bundesurlaubsgesetzes vom 8. Januar 1963 (BGBl. I S. 2) in der jeweils geltenden Fassung berechnet. Günstigere vertragliche Regelungen bleiben unberührt.
(2) Der Arbeitnehmer muß denjenigen Betrag an den Arbeitgeber abführen, den er wegen seiner Teilnahme an der Bildungsveranstaltung von dem Bildungsträger oder von anderer Seite als Beihilfe oder Zuschuß auf Grund anderer Bestimmungen erhalten hat, soweit dieser Betrag als Ersatz für Einkommensverluste gezahlt wird.

§ 10 Anerkennung von Bildungsveranstaltungen

(1) Bildungsurlaub im Sinne dieses Gesetzes kann nur für Bildungsveranstaltungen beansprucht werden, die von der zuständigen Behörde anerkannt sind.
(2) Veranstaltungen von Einrichtungen, die nach dem Gesetz über Weiterbildung

im Lande Bremen als förderungsberechtigt anerkannt sind, gelten als anerkannt, wenn sie den Anforderungen von § 8 Abs. 1 des Gesetzes über den Bildungsurlaub entsprechen. Das gleiche gilt für Veranstaltungen von anerkannten Trägern der Jugendbildung, die nach dem Gesetz zur Förderung der außerschulischen Jugendbildung durchgeführt werden.
(3) Veranstaltungen von Einrichtungen, die nicht nach dem Gesetz über Weiterbildung im Lande Bremen oder dem Gesetz zur Förderung der außerschulischen Jugendbildung anerkannt sind, werden anerkannt, wenn

1. sie ausschließlich der Weiterbildung im Sinne von § 1 des Gesetzes über den Bildungsurlaub dienen,
2. sie jedermann offenstehen und die Teilnahme an ihnen freigestellt ist,
3. die Einrichtungen bzw. ihre Träger Leistungen nachweisen, die nach Inhalt und Umfang eine Anerkennung rechtfertigen und
4. sie den Anforderungen von § 8 Abs. 1 Satz 1 dieses Gesetzes entsprechen.

(4) Ausgeschlossen von der Anerkennung sind Veranstaltungen von Trägern, die der Gewinnerzielung dienen oder sonst gewerblich oder in Anlehnung an ein gewerbliches Unternehmen betrieben werden.
(5) Der Senat wird ermächtigt, durch Rechtsverordnung die zur Ausführung der Absätze 1 bis 3 erforderlichen Vorschriften, insbesondere Vorschriften über die Zuständigkeit und über das Anerkennungsverfahren, zu erlassen. Dabei kann der Senat auch bestimmen, daß andere als die in Absatz 2 genannten Veranstaltungen als anerkannt gelten, z.B. Veranstaltungen einer anderen Landesregierung, der Bundesregierung oder der Bundesanstalt für Arbeit.

§ 11 Unabdingbarkeit

Von den vorstehenden Bestimmungen darf nicht zuungunsten des Arbeitnehmers abgewichen werden.

§ 12 Zuschußgewährung

(1) Personen im Sinne von § 2 Abs. 1 kann in besonderen Härtefällen im Rahmen der im Haushalt festzulegenden Höhe der Gesamtförderung nach diesem Gesetz auf Antrag ein besonderer Zuschuß gewährt werden zur Deckung der Kosten, die durch die Teilnahme an Bildungsveranstaltungen entstehen.
(2) Die Vorschriften der §§ 1, 3, 8 und 10 gelten entsprechend.
(3) Der Senat wird ermächtigt, durch Rechtsverordnung Vorschriften über die Zuschußgewährung zu erlassen. Zuschüsse können solche Personen erhalten, die unter Berücksichtigung des Gesamteinkommens der Familie aus finanziellen Gründen an der Teilnahme von Weiterbildungsveranstaltungen gehindert sein würden.

§ 13 Inkrafttreten

Dieses Gesetz tritt am 1. Januar 1975 in Kraft.

3. Hamburgisches Bildungsurlaubsgesetz vom 21. Januar 1974

(GVBl. I S. 6)

§ 1 Grundsatz

(1) Durch ihre Freistellung von der Arbeit nach Maßgabe dieses Gesetzes soll Arbeitnehmern die Teilnahme an anerkannten Veranstaltungen sowohl der politischen Bildung als auch der beruflichen Weiterbildung ermöglicht werden.
(2) Politische Bildung soll die Fähigkeit der Arbeitnehmer fördern, politische Zusammenhänge zu beurteilen und politische und gesellschaftliche Aufgaben wahrnehmen.
(3) Berufliche Weiterbildung soll den Arbeitnehmern dazu verhelfen, ihre berufliche Qualifikation und Mobilität zu erhalten, zu verbessern oder zu erweitern.

§ 2 Geltungsbereich

Dieses Gesetz findet Anwendung auf alle Arbeiter und Angestellten sowie die zu ihrer Berufsausbildung Beschäftigten (Arbeitnehmer), deren Arbeitsverhältnisse ihren Schwerpunkt in Hamburg haben.

§ 3 Freistellungsanspruch

Jeder Arbeitnehmer kann innerhalb eines Zeitraumes von zwei aufeinanderfolgenden Kalenderjahren Freistellung von der Arbeit zur Teilnahme an anerkannten Bildungsveranstaltungen beanspruchen.

§ 4 Dauer der Freistellung

Die Dauer der Freistellung, die ein Arbeitnehmer innerhalb von zwei Kalenderjahren beanspruchen kann, beträgt 10 Arbeitstage. Wird regelmäßig an mehr als 5 Tagen in der Woche gearbeitet, so beträgt die Freistellungsdauer 12 Werktage.

§ 5 Anrechenbarkeit anderweitiger Freistellungsansprüche

(1) Freistellungen zur Teilnahme an Bildungsveranstaltungen, die auf anderen Gesetzen, tarifvertraglichen Vereinbarungen, betrieblichen Vereinbarungen und Einzelverträgen beruhen, können auf den Freistellungsanspruch nach diesem Gesetz nur dann angerechnet werden, wenn sie dem Arbeitnehmer uneingeschränkt die Erreichung eines der in § 1 dieses Gesetzes niedergelegten Ziele ermöglichen und wenn in den betreffenden Vereinbarungen oder Verträgen die Anrechenbarkeit ausdrücklich vorgesehen ist.
(2) Die Zeit, für die der Arbeitnehmer nach diesem Gesetz von der Arbeit frei-

gestellt wird, darf auf den gesetzlichen, tariflichen oder durch Arbeitsvertrag vereinbarten Erholungsurlaub nicht angerechnet werden.

§ 6 Wartezeit

Ein Arbeitnehmer erwirbt den vollen Freistellungsanspruch für den laufenden Zweijahreszeitraum im Sinne von § 3 erstmalig nach sechsmonatigem Bestehen seines Arbeitsverhältnisses. Teilansprüche können nicht erworben werden.

§ 7 Zeitpunkt der Freistellung

(1) Der Zeitpunkt der Freistellung richtet sich nach den Wünschen des Arbeitnehmers. Die Inanspruchnahme und die zeitliche Lage der Freistellung sind dem Arbeitgeber so frühzeitig wie möglich, in der Regel sechs Wochen vor Beginn der Freistellung, mitzuteilen.
(2) Die Freistellung zu dem vom Arbeitnehmer beantragten Zeitpunkt kann nur abgelehnt werden, wenn zwingende betriebliche Belange oder Urlaubswünsche anderer Arbeitnehmer, die unter sozialen Gesichtspunkten den Vorrang verdienen, entgegenstehen.
(3) Lehrer, Sozialpädagogen an Schulen und Hochschullehrer können die Freistellung grundsätzlich nur während der unterrichtsfreien Zeit in Anspruch nehmen. Im übrigen gelten die Absätze 1 und 2 entsprechend.

§ 8 Übertragung des Freistellungsanspruchs

Ist dem Arbeitnehmer innerhalb des laufenden Zweijahreszeitraumes die Freistellung gemäß § 7 Abs. 2 nicht gewährt worden, so ist der Freistellungsanspruch auf das darauffolgende Kalenderjahr zu übertragen.

§ 9 Gewährung der Freistellung

(1) Freistellung soll nur für anerkannte Bildungsveranstaltungen gewährt werden, die in der Regel an mindestens fünf, in Ausnahmefällen an mindestens drei aufeinanderfolgenden Tagen stattfinden. Wenn die Art der Bildungsveranstaltung es erfordert, kann Freistellung innerhalb eines Zeitraumes von höchstens zehn Wochen für jeweils einen Tag in der Woche gewährt werden.
(2) Der Arbeitnehmer ist verpflichtet, dem Arbeitgeber auf Verlangen die Anmeldung zur Bildungsveranstaltung und die Teilnahme an der Bildungsveranstaltung nachzuweisen. Die für den Nachweis erforderlichen Bescheinigungen sind dem Arbeitnehmer vom Träger der Bildungsveranstaltung kostenlos auszustellen.

§ 10 Ausschluß von Doppelansprüchen

(1) Der Anspruch auf Freistellung besteht nicht, soweit dem Arbeitnehmer für den laufenden Zweijahreszeitraum im Sinne von § 3 bereits von einem früheren Arbeitgeber Freistellung gewährt worden ist.
(2) Der Arbeitgeber ist verpflichtet, bei Beendigung des Arbeitsverhältnisses dem Arbeitnehmer auf Verlangen eine Bescheinigung über die im laufenden Zweijahreszeitraum gewährte Freistellung auszustellen.

§ 11 Verbot der Erwerbstätigkeit

Während der Freistellung darf der Arbeitnehmer keine dem Zweck dieses Gesetzes zuwiderlaufende Erwerbstätigkeit ausüben.

§ 12 Erkrankung

Erkrankt ein Arbeitnehmer während der Freistellung, so wird bei Nachweis der Arbeitsunfähigkeit durch ärztliches Zeugnis die Zeit der Arbeitsunfähigkeit auf den Freistellungsanspruch nicht angerechnet.

§ 13 Fortzahlung des Arbeitsentgelts

(1) Für die Zeit, in der der Arbeitnehmer zur Teilnahme an erkannten Bildungsveranstaltungen freigestellt ist, hat der Arbeitgeber dem Arbeitnehmer das durchschnittliche Arbeitsentgelt, das der Arbeitnehmer in den letzten dreizehn Wochen vor Beginn der Freistellung erhalten hat, fortzuzahlen. Bei Verdiensterhöhungen nicht nur vorübergehender Natur, die während des Berechnungszeitraumes oder der Freistellung eintreten, ist von dem erhöhten Verdienst auszugehen. Verdienstkürzungen, die im Berechnungszeitraum infolge von Kurzarbeit, Arbeitsausfall oder unverschuldeter Arbeitsversäumnis eintreten, bleiben bei der Berechnung außer Betracht. Soweit tarifvertragliche Regelungen über die Berechnung des Entgelts für den Erholungsurlaub bestehen, sind sie an Stelle der vorstehenden Regelung entsprechend anzuwenden.
(2) Hat ein Arbeitnehmer nach erfüllter Wartezeit die gesamte ihm im laufenden Zweijahreszeitraum zustehende Freistellung beansprucht und ist das Arbeitsverhältnis vor Ablauf dieses Zweijahreszeitraumes beendet worden, so kann der Arbeitgeber eine teilweise Rückzahlung des für die Freistellung gezahlten Arbeitsentgelts nicht verlangen.
(3) Der Arbeitnehmer muß sich auf das Arbeitsentgelt denjenigen Betrag anrechnen lassen, den er wegen seiner Teilnahme an der Bildungsveranstaltung von dem Bildungsträger oder von anderer Seite als Beihilfe oder Zuschuß auf Grund anderer Bestimmungen erhalten hat. Der Arbeitnehmer ist verpflichtet, sich um derartige Beihilfen und Zuschüsse zu bemühen.
(4) Ausgenommen von der Anrechnung nach Absatz 3 Satz 1 bleiben Beträge, die der Arbeitnehmer als Entschädigung entstandener Auslagen, insbesondere für Fahrkosten, erhalten hat.

(5) Entfällt gemäß Absatz 3 Satz 1 infolge der Anrechnung anderweitiger Beträge die Fortzahlung des Arbeitsentgelts ganz oder teilweise, so wird dadurch die Verpflichtung des Arbeitgebers zur Weiterentwicklung der Beiträge zur gesetzlichen Sozialversicherung nach der Höhe des Arbeitsentgelts gemäß Absatz 1 nicht berührt.

§ 14 Verbot der Benachteiligung

Arbeitnehmer, die die Freistellung zur Teilnahme an Bildungsveranstaltungen in Anspruch nehmen, dürfen deswegen nicht benachteiligt werden.

§ 15 Anerkennung von Bildungsveranstaltungen

(1) Freistellung im Sinne dieses Gesetzes kann nur für Bildungsveranstaltungen beansprucht werden, die von der zuständigen Behörde anerkannt sind.
(2) Die Anerkennung setzt voraus, daß es sich um Veranstaltungen im Sinne des § 1 dieses Gesetzes handelt und daß die Veranstalter hinsichtlich ihrer Einrichtungen und materiellen Ausstattung, ihrer Lehrkräfte und ihrer Bildungsziele eine sachgemäße Bildung gewährleisten. Die Ziele der Veranstalter und der Bildungsveranstaltungen müssen mit der freiheitlichen demokratischen Grundordnung im Sinne des Grundgesetzes in Einklang stehen.
(3) Die zur Ausführung der Absätze 1 und 2 notwendigen Vorschriften erläßt der Senat durch Rechtsverordnung.

§ 16 Übergangsvorschrift

(1) Für Arbeitnehmer, die bei Inkrafttreten dieses Gesetzes bereits seit Jahresanfang in einem Arbeitsverhältnis stehen, gilt das Jahr des Inkrafttretens als erstes Kalenderjahr des Zweijahreszeitraumes im Sinne von § 3.
(2) Für Arbeitnehmer, die erst nach Inkrafttreten dieses Gesetzes ein Arbeitsverhältnis eingehen, gilt das darauffolgende Kalenderjahr als das erste Jahr des Zweijahreszeitraumes im Sinne von § 3.

§ 17 Unabdingbarkeit

Von den vorstehenden Bestimmungen darf nicht zuungunsten des Arbeitnehmers abgewichen werden.

§ 18 Inkrafttreten

Dieses Gesetz tritt am 1. April 1974 in Kraft.

4. Hessisches Gesetz über den Anspruch auf Bildungsurlaub vom 25. Juni 1974

(GVBl. I S. 300)

§ 1

(1) Jeder Arbeitnehmer und Auszubildende im Sinne des Berufsbildungsgesetzes hat in jedem Kalenderjahr Anspruch auf bezahlten Bildungsurlaub, wenn er bei Beginn des Kalenderjahres das 25. Lebensjahr noch nicht vollendet hat.
(2) Bildungsurlaub dient der politischen Bildung und der beruflichen Weiterbildung.
(3) Politische Bildung soll den Arbeitnehmer in die Lage versetzen, gesellschaftliche Zusammenhänge zu erkennen, und ihn befähigen, staatsbürgerliche Aufgaben zu erfüllen.
(4) Berufliche Weiterbildung soll dem Arbeitnehmer ermöglichen, seine berufliche Qualifikation und Allgemeinbildung zu erhalten, zu verbessern und zu erweitern und ihm zugleich die Kenntnis gesellschaftlicher Zusammenhänge vermitteln, damit er seinen Standort in Betrieb und Gesellschaft erkennt.

§ 2

(1) Der Bildungsurlaub beträgt jährlich mindestens 5 Arbeitstage. Wird regelmäßig an mehr als 5 Tagen in der Woche gearbeitet, so beträgt die Urlaubsdauer mindestens 6 Werktage.
(2) Der Anspruch auf Erholungsurlaub oder auf Freistellung von der Arbeit nach anderen gesetzlichen Bestimmungen wird durch dieses Gesetz nicht berührt.
(3) Freistellungen zur Teilnahme an Bildungsveranstaltungen, die auf tarifvertraglichen Vereinbarungen, betrieblichen Vereinbarungen oder Einzelverträgen beruhen, können auf den Freistellungsanspruch nach diesem Gesetz nur dann angerechnet werden, wenn sie dem Arbeitnehmer uneingeschränkt die Erreichung eines der in § 1 dieses Gesetzes niedergelegten Ziele ermöglichen und wenn in den betreffenden Vereinbarungen und Verträgen die Anrechenbarkeit ausdrücklich vorgesehen ist.

§ 3

Der Anspruch auf Bildungsurlaub wird erstmals nach sechsmonatigem Bestehen des Arbeitsverhältnisses erworben.

§ 4

(1) Die Inanspruchnahme und die zeitliche Lage des Bildungsurlaubs sind dem Arbeitgeber so frühzeitig wie möglich vor Beginn der Freistellung mitzuteilen. Der Bildungsurlaub kann nur dann nicht in der von dem Arbeitnehmer vorgesehenen Zeit genommen werden, wenn dringende betriebliche Erfordernisse entgegenstehen.

(2) Der Anspruch kann nur geltend gemacht werden für die Teilnahme an Bildungsveranstaltungen im Sinne dieses Gesetzes, die an mindestens fünf aufeinanderfolgenden Tagen stattfinden und von als geeignet anerkannten Trägern der Jugend- und Erwachsenenbildung (§ 8) durchgeführt werden. Der Arbeitgeber kann vom Arbeitnehmer den Nachweis der Teilnahme an der Bildungsveranstaltung verlangen. Die dafür erforderliche Bescheinigung ist dem Arbeitnehmer vom Träger der Bildungsveranstaltung kostenlos auszustellen.
(3) Zur Teilnahme an länger dauernden zusammenhängenden Bildungsveranstaltungen ist die Übertragung des Bildungsurlaubs auf das nächste Kalenderjahr statthaft. Dasselbe gilt, wenn dem Arbeitnehmer gemäß Absatz 1 die Freistellung innerhalb des laufenden Kalenderjahres trotz Verlangens nicht gewährt worden ist. Im übrigen ist der Bildungsurlaub nicht übertragbar.
(4) Eine Abgeltung des Bildungsurlaubs findet nicht statt.

§ 5

(1) Der Anspruch auf Bildungsurlaub besteht nicht, soweit dem Arbeitnehmer für das laufende Kalenderjahr bereits von einem früheren Arbeitgeber Bildungsurlaub gewährt worden ist.
(2) Der Arbeitgeber ist verpflichtet, bei Beendigung des Arbeitsverhältnisses dem Arbeitnehmer eine Bescheinigung über den im laufenden Kalenderjahr gewährten Bildungsurlaub auszuhändigen.

§ 6

Während des Bildungsurlaubs darf der Arbeitnehmer keine Erwerbstätigkeit leisten.

§ 7

(1) Der Arbeitnehmer darf wegen der Teilnahme am Bildungsurlaub nicht benachteiligt werden.
(2) Für die Berechnung des Bildungsurlaubsentgelts und für Fälle der Erkrankung während des Bildungsurlaubs gelten die §§ 9 und 11 des Mindesturlaubsgesetzes für Arbeitnehmer entsprechend.

§ 8

(1) Die Anerkennung der Eignung von Trägern der Jugend- und Erwachsenenbildung für die Durchführung von Bildungsveranstaltungen im Sinne dieses Gesetzes und der Widerruf der Anerkennung erfolgen durch den Hessischen Sozialminister nach Anhörung des Landeskuratoriums für Jugendbildung (§ 8 Jugendbildungsförderungsgesetz).
(2) Die Anerkennung nach Absatz 1 erfolgt auf Antrag der Träger. Der Antrag ist zu begründen. Die für die Anerkennung erforderlichen Nachweise, insbeson-

dere das Programm über die beabsichtigten Bildungsveranstaltungen im Sinne dieses Gesetzes, sind beizufügen.
(3) Die Anerkennung der Eignung setzt voraus, daß der Träger eine sachgemäße Bildung im Sinne des § 1 dieses Gesetzes gewährleistet und über die für die Durchführung der Bildungsveranstaltungen erforderliche personelle und organisatorische Ausstattung verfügt.
(4) Ausgeschlossen von der Anerkennung sind Träger von Veranstaltungen, die der Gewinnerzielung dienen.
(5) Die Anerkennung wird unter der Auflage erteilt, daß der Träger spätestens bis zum 31. März eines jeden Kalenderjahres dem Hessischen Sozialminister einen schriftlichen Erfahrungsbericht über die im abgelaufenen Kalenderjahr durchgeführten und ein schriftliches Programm über die im laufenden Kalenderjahr beabsichtigten Bildungsveranstaltungen im Sinne dieses Gesetzes vorzulegen hat.
(6) Der Hessische Sozialminister legt die Berichte und Programme der Träger jährlich dem Landeskuratorium für Jugendbildung (§ 8 Jugendbildungsförderungsgesetz) vor.

§ 9

Von den vorstehenden Bestimmungen darf nur zugunsten des Arbeitnehmers abgewichen werden.

§ 10

Dieses Gesetz tritt am 1. Januar 1975 in Kraft.

5. Niedersächsisches Gesetz über den Bildungsurlaub für Arbeitnehmer (Niedersächsisches Bildungsurlaubsgesetz – NBildUG –) vom 17. Dezember 1974

(GVBl. I S. 570)

§ 1

Bildungsurlaub dient der politischen, beruflichen und allgemeinen Weiterbildung in anerkannten Veranstaltungen.

§ 2

(1) Arbeitnehmer haben einen Anspruch auf Bildungsurlaub.
(2) Arbeitnehmer sind Arbeiter und Angestellte sowie die zu ihrer Berufsausbildung Beschäftigten. Als Arbeitnehmer gelten auch die in Heimarbeit Beschäftigten sowie ihnen gleichgestellte und andere Personen, die wegen ihrer wirtschaftlichen Unselbständigkeit als arbeitnehmerähnliche Personen anzusehen sind.
(3) Der Anspruch des Arbeitnehmers auf Bildungsurlaub umfaßt 10 Arbeitstage innerhalb von zwei Kalenderjahren. Arbeitet der Arbeitnehmer regelmäßig an mehr als 5 Arbeitstagen wöchentlich, so erhöht sich der Anspruch auf 12 Arbeitstage.
(4) Bei einem Wechsel des Beschäftigungsverhältnisses wird auf den Anspruch der Bildungsurlaub angerechnet, der im Kalenderjahr bereits genommen ist.

§ 3

Der Arbeitgeber kann die Gewährung von Bildungsurlaub ablehnen, sobald die Gesamtzahl der Arbeitstage, die im laufenden Kalenderjahr von seinen Arbeitnehmern für Zwecke des Bildungsurlaubs nach diesem Gesetz in Anspruch genommen worden sind, das Zweieinhalbfache der Zahl seiner Arbeitnehmer, die am 30. April des Jahres nach diesem Gesetz urlaubsberechtigt waren, erreicht hat. Beträgt der Bildungsurlaub, den der Arbeitgeber danach zu gewähren hat, weniger als 5 Tage, so entsteht für den Arbeitgeber in diesem Kalenderjahr keine Verpflichtung, Bildungsurlaub zu gewähren. Ergibt im übrigen die Teilung der errechneten Bildungsurlaubstage durch 5 Resttage, so gilt das gleiche für die Resttage. Die Bildungsurlaubstage, für die eine Verpflichtung zur Gewährung von Bildungsurlaub in einem Kalenderjahr nicht entstanden ist, werden bei der Berechnung im folgenden Kalenderjahr berücksichtigt.

§ 4

Arbeitnehmer dürfen wegen Inanspruchnahme des Bildungsurlaubs nicht benachteiligt werden.

§ 5

Bildungsurlaub wird vom Arbeitgeber ohne Minderung des Arbeitsentgelts gewährt. Das fortzuzahlende Entgelt für die Zeit des Bildungsurlaubs wird entsprechend den Bestimmungen des Gesetzes zur Regelung der Lohnzahlung an Feiertagen vom 2. August 1951 (Bundesgesetzbl. I S. 479) berechnet. Günstigere vertragliche Regelungen bleiben unberührt.

§ 6

Bildungsurlaub wird nicht auf andere gesetzliche oder vertragliche Freistellungen oder den Erholungsurlaub angerechnet.

§ 7

Erkrankt ein Arbeitnehmer während des Bildungsurlaubs, und kann er wegen der Erkrankung an der Bildungsveranstaltung nicht teilnehmen, so ist die Zeit der Erkrankung auf den Bildungsurlaub nicht anzurechnen. Die Erkrankung ist durch eine ärztliche Bescheinigung nachzuweisen.

§ 8

(1) Die Inanspruchnahme und die zeitliche Lage des Bildungsurlaubs sind unter Angabe der Bildungsveranstaltung dem Arbeitgeber so früh wie möglich, in der Regel mindestens vier Wochen vorher, schriftlich mitzuteilen.
(2) Der Arbeitgeber kann unbeschadet der Regelung des § 3 die Gewährung von Bildungsurlaub für den ihm mitgeteilten Zeitraum nur ablehnen, wenn zwingende betriebliche oder dienstliche Belange entgegenstehen; dabei sind die Erholungsurlaubswünsche anderer Arbeitnehmer, denen unter sozialen Gesichtspunkten eine Verlegung des Erholungsurlaubs nicht zuzumuten ist, vorrangig zu berücksichtigen. Bei der Gewährung des Bildungsurlaubs haben diejenigen Arbeitnehmer den Vorrang, die im Verhältnis zu den übrigen Arbeitnehmern den Bildungsurlaub in geringerem Umfang in Anspruch genommen haben. Haben Arbeitnehmer an Schulen oder Hochschulen ihren Erholungsurlaub in der unterrichtsfreien oder vorlesungsfreien Zeit zu nehmen, gilt das gleiche für den Bildungsurlaub.
(3) Die Teilnahme an der Bildungsveranstaltung ist dem Arbeitgeber nachzuweisen.

§ 9

Im Geltungsbereich des Personalvertretungsgesetzes für das Land Niedersachsen unterliegen

1. die Aufstellung von Richtlinien über die Gewährung des Bildungsurlaubs,
2. die Entscheidung, in welcher Reihenfolge mehrere Bewerber Bildungsurlaub erhalten, und

3. falls ein Einvernehmen zwischen Arbeitnehmer und Dienststelle nicht erreichbar ist, die Entscheidung über den Zeitpunkt des Bildungsurlaubs

der Mitbestimmung des Personalrats.

§ 10

(1) Die Anerkennung von Bildungsveranstaltungen spricht eine vom Landesministerium bestimmte Stelle aus.
(2) Anträge auf Anerkennung von Bildungsveranstaltungen sind zu begründen und über die niedersächsische Spitzenorganisation des Trägers der Veranstaltung mit deren Stellungnahme einzureichen.
(3) Zu Anträgen auf Anerkennung von Veranstaltungen, die überwiegend der beruflichen Bildung dienen, sind die niedersächsischen Spitzenorganisationen der Gewerkschaften und der Arbeitgeberverbände zu hören. Zu allen übrigen Anträgen ist dem nach dem Gesetz zur Förderung der Erwachsenenbildung vom 13. Januar 1970 (Nieders. GVBl. S. 7) gebildeten Landesausschuß für Erwachsenenbildung Gelegenheit zur Stellungnahme zu geben.

§ 11

(1) Eine Veranstaltung kann nur anerkannt werden, wenn
1. sie ausschließlich der Weiterbildung im Sinne des § 1 dient,
2. sie grundsätzlich jedermann offensteht,
3. der Träger hinsichtlich seiner Einrichtungen und materiellen Ausstattung, seiner Lehrkräfte und Bildungsziele eine sachgemäße Bildung gewährleistet und
4. die Ziele der Träger und der Inhalt der Bildungsveranstaltungen mit der freiheitlichen demokratischen Grundordnung im Sinne des Grundgesetzes für die Bundesrepublik Deutschland und der vorläufigen Niedersächsischen Verfassung im Einklang stehen.

(2) Soweit Träger von Veranstaltungen nicht juristische Personen des öffentlichen Rechts sind, sollen sie die Anforderung des Steuerrechts an die Gemeinnützigkeit erfüllen. Hiervon kann abgesehen werden, wenn ein Träger besonders qualifizierte Leistungen im Sinne von Absatz 1 Nr. 3 nachweist.
(3) Ausgeschlossen von der Anerkennung sind Veranstaltungen, die ausschließlich betrieblichen oder dienstlichen Zwecken dienen.
(4) Als anerkannt gelten
1. Veranstaltungen von Einrichtungen, die nach § 5 des Gesetzes zur Förderung der Erwachsenenbildung vom 13. Januar 1970 (Nieders. GVBl. S. 7) als förderungsberechtigt anerkannt sind,
2. Veranstaltungen von Jugendbildungsstätten, die nach § 9 des Gesetzes für Jugendwohlfahrt in der Fassung vom 6. August 1970 (Bundesgesetzbl. I S. 1197), zuletzt geändert durch Artikel 3 § 2 des Dritten Gesetzes zur Änderung des Bundessozialhilfegesetzes vom 25. März 1974 (Bundesgesetzbl. I S. 777), anerkannt sind,
3. Veranstaltungen, die vom Bund, vom Land, von den Gemeinden oder Landkreisen für Zwecke der außerschulischen Jugendbildung durchgeführt werden,
4. Veranstaltungen der Bundeszentrale für politische Bildung und der Landeszentralen für politische Bildung,

5. Veranstaltungen nach § 1 Abs. 3 des Gesetzes über die Arbeitsbefreiung für Zwecke der Jugendpflege und des Jugendsports vom 29. Juni 1962 (Nieders. GVBl. S. 74),
6. Veranstaltungen im Sinne von § 1, die die Kirchen und Religionsgemeinschaften des öffentlichen Rechts durchführen und durchführen lassen, soweit diese auf Grund eigener Rechtsvorschriften für den Bildungsurlaub anerkannt sind. Absatz 3 bleibt unberührt.

(5) Eine Bildungsveranstaltung soll in der Regel an mindestens fünf, in Ausnahmefällen an mindestens drei aufeinanderfolgenden Tagen stattfinden. Wenn die Art der Bildungsveranstaltung es erfordert, kann Bildungsurlaub innerhalb von höchstens zwölf zusammenhängenden Wochen für mindestens einen Tag in der Woche in Anspruch genommen werden.

§ 12

(1) Die Landesregierung hat dem Landtag alle zwei Jahre bis zum 1. April, erstmals zum 1. April 1977, über die Durchführung des Gesetzes zu berichten. Dem Bericht ist eine Übersicht über die im Berichtszeitraum anerkannten und als anerkannt geltenden Veranstaltungen einschließlich der Teilnehmerzahl sowie über die Veranstaltungen, deren Anerkennung abgelehnt wurde, beizufügen.

(2) Die Träger anerkannter oder als anerkannt geltender Bildungsveranstaltungen sind verpflichtet, der nach § 10 Abs. 1 zuständigen Stelle Auskunft über Gegenstand, Verlauf und Teilnehmer der anerkannten Veranstaltungen zu erteilen.

§ 13

Das Landesministerium wird ermächtigt, durch Verordnung nähere Vorschriften über das Anerkennungsverfahren gemäß §§ 10 und 11 sowie über das Berichtsverfahren gemäß § 12 Abs. 2 zu treffen.

§ 14

Dieses Gesetz tritt am 1. Januar 1975 in Kraft.

6. Gesetz zur Freistellung von Arbeitnehmern zum Zwecke der beruflichen und politischen Weiterbildung – Arbeitnehmerweiterbildungsgesetz (AWbG) – vom 6. November 1984

(GVBl. NW. S. 678)

§ 1 Grundsätze

(1) Arbeitnehmerweiterbildung erfolgt über die Freistellung von der Arbeit zum Zwecke der beruflichen und politischen Weiterbildung in anerkannten Bildungsveranstaltungen bei Fortzahlung des Arbeitsentgelts.
(2) Arbeitnehmerweiterbildung dient der beruflichen und der politischen Weiterbildung sowie deren Verbindung. Sie schließt Lehrveranstaltungen ein, die auf die Stellung des Arbeitnehmers in Staat, Gesellschaft, Familie oder Beruf bezogen sind.

§ 2 Anspruchsberechtigte

Anspruchsberechtigte nach diesem Gesetz sind Arbeiter und Angestellte, deren Beschäftigungsverhältnis ihren Schwerpunkt in Nordrhein-Westfalen haben (Arbeitnehmer). Als Arbeitnehmer gelten auch die in Heimarbeit Beschäftigten sowie ihnen Gleichgestellte und andere Personen, die wegen ihrer wirtschaftlichen Unselbständigkeit als arbeitnehmerähnliche Personen anzusehen sind.

§ 3 Anspruch auf Arbeitnehmerweiterbildung

(1) Arbeitnehmer haben einen Anspruch auf Arbeitnehmerweiterbildung von fünf Arbeitstagen im Kalenderjahr. Der Anspruch von zwei Kalenderjahren kann zusammengefaßt werden.
(2) Wird regelmäßig an mehr oder weniger als fünf Tagen in der Woche gearbeitet, so erhöht oder verringert sich der Anspruch entsprechend.
(3) Ein Arbeitnehmer erwirbt den Anspruch nach sechsmonatigem Bestehen seines Beschäftigungsverhältnisses.
(4) Ist dem Arbeitnehmer innerhalb eines Kalenderjahres die ihm zustehende Arbeitnehmerweiterbildung unter Berufung auf § 5 Abs. 2 abgelehnt worden, so ist der Anspruch bei Fortbestand des Arbeitsverhältnisses einmalig auf das folgende Kalenderjahr zu übertragen.
(5) Erkrankt ein Arbeitnehmer während der Arbeitnehmerweiterbildung, so werden die durch ärztliches Zeugnis nachgewiesenen Tage der Arbeitsunfähigkeit auf die Arbeitnehmerweiterbildung nicht angerechnet.
(6) Der Anspruch besteht nicht, soweit der Arbeitnehmer für das laufende Kalenderjahr Arbeitnehmerweiterbildung in einem früheren Beschäftigungsverhältnis wahrgenommen hat.

§ 4 Verhältnis zu anderen Ansprüchen

Freistellung zur Teilnahme an Bildungsveranstaltungen, die auf anderen Rechtsvorschriften, tarifvertraglichen Vereinbarungen, betrieblichen Vereinbarungen oder Einzelverträgen beruhen, können auf den Anspruch nach diesem Gesetz angerechnet werden, soweit sie dem Arbeitnehmer uneingeschränkt das Erreichen der in § 1 niedergelegten Ziele ermöglichen und die Anrechenbarkeit vorgesehen ist.

§ 5 Verfahren

(1) Der Arbeitnehmer hat dem Arbeitgeber die Inanspruchnahme und den Zeitraum der Arbeitnehmerweiterbildung so frühzeitig wie möglich, mindestens vier Wochen vor Beginn der Bildungsveranstaltung, schriftlich mitzuteilen.
(2) Der Arbeitgeber darf die Arbeitnehmerweiterbildung zu dem vom Arbeitnehmer mitgeteilten Zeitpunkt nur ablehnen, wenn zwingende betriebliche oder dienstliche Belange oder Urlaubsanträge anderer Arbeitnehmer entgegenstehen. Die Ablehnung ist dem Arbeitnehmer unverzüglich, mindestens aber drei Wochen vor Beginn der Bildungsveranstaltung unter Darlegung der Gründe schriftlich mitzuteilen. Die Mitbestimmungsrechte der Betriebs- und Personalräte bleiben unberührt.
(3) Arbeitnehmerweiterbildung kann nur für anerkannte Bildungsveranstaltungen in Anspruch genommen werden, die in der Regel an mindestens fünf, in Ausnahmefällen an mindestens drei aufeinanderfolgenden Tagen stattfinden. Innerhalb zusammenhängender Wochen kann Arbeitnehmerweiterbildung auch für jeweils einen Tag in der Woche in Anspruch genommen werden, sofern bei der Bildungsveranstaltung inhaltliche und organisatorische Kontinuität gegeben ist.
(4) Der Arbeitnehmer hat dem Arbeitgeber die Teilnahme an der Arbeitnehmerweiterbildung nachzuweisen. Die für den Nachweis erforderliche Bescheinigung ist vom Träger der Bildungsveranstaltung kostenlos auszustellen.
(5) Für Betriebe mit weniger als 50 Arbeitnehmern kann durch Tarifvertrag vereinbart werden, die Freistellungsverpflichtung gemeinsam zu erfüllen und einen finanziellen oder personellen Ausgleich vorzunehmen.
(6) Kommt ein Tarifvertrag im Sinne von Absatz 5 nicht zustande, können sich die beteiligten Arbeitgeber auf eine solche Regelung einigen.

§ 6 Verbot der Erwerbstätigkeit

Während der Arbeitnehmerweiterbildung darf der Arbeitnehmer keine dem Zweck der Arbeitnehmerweiterbildung zuwiderlaufende Erwerbstätigkeit ausüben.

§ 7 Fortzahlung des Arbeitsentgeltes

Für die Zeit der Arbeitnehmerweiterbildung hat der Arbeitgeber das Arbeitsentgelt entsprechend den Bestimmungen des Gesetzes zur Regelung der Lohnzahlung an Feiertagen vom 2. August 1951 (BGBl. I S. 479) in der jeweils geltenden Fassung fortzuzahlen. Günstigere vertragliche Regelungen bleiben unberührt.

§ 8 Benachteiligungsverbot

(1) Von den vorstehenden Bestimmungen darf nicht zuungunsten des Arbeitnehmers abgewichen werden.
(2) Der Arbeitnehmer darf wegen der Inanspruchnahme der Arbeitnehmerweiterbildung nicht benachteiligt werden.

§ 9 Anerkannte Bildungsveranstaltungen

Bildungsveranstaltungen gelten als anerkannt, wenn sie § 1 Abs. 2 entsprechen und durchgeführt werden gemäß den Bestimmungen des Weiterbildungsgesetzes (WbG)
a) von Volkshochschulen oder von anerkannten Einrichtungen der Weiterbildung in anderer Trägerschaft,
b) vom Bund, vom Land oder von anderen juristischen Personen des *öffentlichen Rechts,*
c) von Einrichtungen in anderen Ländern, soweit die Veranstaltungen auf Grund von Rechtsvorschriften zur Freistellung von Arbeitnehmern zum Zwecke der Weiterbildung anerkannt sind, oder
d) von anderen Einrichtungen auf Antrag und nach Genehmigung durch den zuständigen Minister.
Ausgenommen sind Bildungsveranstaltungen, die der Gewinnerzielung oder die überwiegend einzelbetrieblichen oder dienstlichen Zwecken dienen.

§ 10 Bericht

(1) In dem Bericht der Landesregierung gemäß § 29 WbG ist auch die Situation der Arbeitnehmerweiterbildung darzustellen.
(2) Die Träger anerkannter Bildungsveranstaltungen (§ 9) sind verpflichtet, dem zuständigen Minister Auskunft über den Gegenstand, die Dauer und die Teilnehmerstruktur zu erteilen.

§ 11 Inkrafttreten

Dieses Gesetz tritt am 1. Januar 1985 in Kraft.

Anhang VI

Internationale Vorschriften

IAO Übereinkommen 132 Jahresurlaub

(Auszug)

Übereinkommen über den bezahlten Jahresurlaub (Neufassung vom Jahre 1970)

Die Allgemeine Konferenz der Internationalen Arbeitsorganisation, die vom Verwaltungsrat des Internationalen Arbeitsamtes nach Genf einberufen wurde und am 3. Juni 1970 zu ihrer vierundfünfzigsten Tagung zusammengetreten ist,
hat beschlossen, verschiedene Anträge anzunehmen betreffend den bezahlten Urlaub, eine Frage, die den vierten Gegenstand ihrer Tagesordnung bildet, und dabei bestimmt, daß diese Anträge die Form eines internationalen Übereinkommens erhalten sollen.
Die Konferenz nimmt heute, am 24. Juni 1970, das folgende Übereinkommen an, das als Übereinkommen über den bezahlten Urlaub (Neufassung), 1970, bezeichnet wird.

Artikel 1

Die Bestimmungen dieses Übereinkommens sind durch die innerstaatliche Gesetzgebung durchzuführen, soweit ihre Durchführung nicht durch Gesamtarbeitsverträge, Schiedssprüche, gerichtliche Entscheidungen, amtliche Verfahren zur Lohnfestsetzung oder auf irgendeine andere, den innerstaatlichen Gepflogenheiten entsprechende Art und Weise erfolgt, die unter Berücksichtigung der besonderen Verhältnisse jedes Landes geeignet erscheint.

Artikel 2

1. Dieses Übereinkommen gilt für alle Arbeitnehmer mit Ausnahme der Seeleute.
2. Soweit notwendig, können von der zuständigen Stelle oder durch geeignete Verfahren in jedem Land nach Anhörung der beteiligten Arbeitgeber- und Arbeitnehmerverbände, soweit solche bestehen, Maßnahmen getroffen werden, um begrenzte Arbeitnehmergruppen von der Anwendung dieses Übereinkommens auszuschließen, wenn im Hinblick auf die Art ihrer Beschäftigung im Zusammenhang mit der Durchführung oder mit verfassungsrechtlichen oder gesetzgeberischen Fragen besondere Probleme von erheblicher Bedeutung entstehen.
3. Jedes Mitglied, das dieses Übereinkommen ratifiziert, hat in seinem ersten Bericht, den es gemäß Artikel 22 der Verfassung der Internationalen Arbeits-

organisation über die Durchführung des Übereinkommens vorzulegen hat, die Gruppen anzugeben, die gegebenenfalls aufgrund von Absatz 2 dieses Artikels von der Anwendung ausgeschlossen worden sind, unter Angabe der Gründe für deren Ausschluß, und in den folgenden Berichten den Stand seiner Gesetzgebung und Praxis in bezug auf die ausgeschlossenen Gruppen anzugeben und mitzuteilen, in welchem Umfang dem Übereinkommen in bezug auf diese Gruppen entsprochen wurde oder entsprochen werden soll.

Artikel 3

1. Jede Person, für die dieses Übereinkommen gilt, hat Anspruch auf einen bezahlten Jahresurlaub von einer bestimmten Mindestdauer.
2. Jedes Mitglied, das dieses Übereinkommen ratifiziert, hat in einer seiner Ratifikationsurkunde beigefügten Erklärung die Dauer des Urlaubs anzugeben.
3. Der Urlaub darf auf keinen Fall weniger als drei Arbeitswochen für ein Dienstjahr betragen.
4. Jedes Mitglied, das dieses Übereinkommen ratifiziert hat, kann in der Folge den Generaldirektor des Internationalen Arbeitsamtes durch eine weitere Erklärung davon in Kenntnis setzen, daß es einen längeren Urlaub festlegt, als es im Zeitpunkt der Ratifikation angegeben hat.

Artikel 4

1. Eine Person, deren Dienstzeit während eines bestimmten Jahres kürzer war als die im vorangehenden Artikel für den vollen Anspruch vorgeschriebene Dienstzeit, hat für dieses Jahr Anspruch auf bezahlten Urlaub im Verhältnis zur Dauer ihrer Dienstzeit während dieses Jahres.
2. Der Ausdruck »Jahr« in Absatz 1 dieses Artikels bedeutet Kalenderjahr oder jeden anderen gleich langen Zeitabschnitt, der von der zuständigen Stelle oder durch geeignete Verfahren in dem betreffenden Land bestimmt wird.

Artikel 5

1. Für den Anspruch auf bezahlten Jahresurlaub kann eine Mindestdienstzeit verlangt werden.
2. Die Dauer jeder solchen Mindestdienstzeit ist in dem betreffenden Land von der zuständigen Stelle oder durch geeignete Verfahren zu bestimmen, darf aber sechs Monate nicht überschreiten.
3. Die Art und Weise, wie die Dienstzeit für die Bemessung des Urlaubsanspruchs zu berechnen ist, ist von der zuständigen Stelle oder durch geeignete Verfahren in jedem Land zu bestimmen.
4. Unter Bedingungen, die von der zuständigen Stelle oder durch geeignete Verfahren in jedem Land zu bestimmen sind, sind Arbeitsversäumnisse aus Gründen, die unabhängig vom Willen des beteiligten Arbeitnehmers bestehen, wie z.B. Krankheit, Unfall oder Mutterschaft, als Dienstzeit anzurechnen.

Artikel 6

1. Öffentliche und übliche Feiertage, gleichviel ob sie in die Zeit des Jahresurlaubs fallen oder nicht, sind in den in Artikel 3 Absatz 3 vorgeschriebenen bezahlten Mindestjahresurlaub nicht einzurechnen.
2. Unter Bedingungen, die von der zuständigen Stelle oder durch geeignete Verfahren in jedem Land zu bestimmen sind, dürfen Zeiten der Arbeitsunfähigkeit infolge von Krankheit oder Unfall in den in Artikel 3 Absatz 3 vorgeschriebenen Mindestjahresurlaub nicht eingerechnet werden.

Artikel 7

1. Jede Person, die den in diesem Übereinkommen vorgesehenen Urlaub nimmt, hat für die ganze Urlaubsdauer mindestens ihr normales oder durchschnittliches Entgelt zu erhalten (einschließlich des Gegenwertes in bar jeden Teil dieses Entgelts, der aus Sachleistungen besteht, sofern es sich nicht um Dauerleistungen handelt, die ohne Rücksicht darauf weitergewährt werden, ob sich die betreffende Person auf Urlaub befindet oder nicht); dieses Entgelt ist in jedem Land auf eine von der zuständigen Stelle oder durch geeignete Verfahren zu bestimmende Weise zu berechnen.
2. Die nach Absatz 1 dieses Artikels zustehenden Beträge sind dem betreffenden Arbeitnehmer vor Urlaubsantritt auszuzahlen, sofern in einer für ihn und seinen Arbeitgeber geltenden Vereinbarung nichts anderes vorgesehen ist.

Artikel 8

1. Die Teilung des bezahlten Jahresurlaubs kann von der zuständigen Stelle oder durch geeignete Verfahren in jedem Land zugelassen werden.
2. Sofern in einer für den Arbeitgeber und den beteiligten Arbeitnehmer geltenden Vereinbarung nichts anderes vorgesehen ist und der beteiligte Arbeitnehmer aufgrund seiner Dienstzeit Anspruch auf eine solche Zeitspanne hat, hat einer der Teile mindestens zwei ununterbrochene Arbeitswochen zu umfassen.

Artikel 9

1. Der in Artikel 8 Absatz 2 dieses Übereinkommens erwähnte ununterbrochene Teil des bezahlten Jahresurlaubs ist spätestens ein Jahr und der übrige Teil des bezahlten Jahresurlaubs spätestens achtzehn Monate nach Ablauf des Jahres, für das der Urlaubsanspruch erworben wurde, zu gewähren und zu nehmen.
2. Jeder Teil des Jahresurlaubs, der eine vorgeschriebene Mindestdauer übersteigt, kann mit der Zustimmung des beteiligten Arbeitnehmers über die in Absatz 1 dieses Artikels angegebene Frist hinaus und bis zu einem festgesetzten späteren Termin aufgeschoben werden.
3. Die Mindestdauer und der Termin, die in Absatz 2 dieses Artikels erwähnt werden, sind von der zuständigen Stelle nach Anhörung der beteiligten Ar-

beitgeber- und Arbeitnehmerverbände oder durch Kollektivverhandlungen oder auf irgendeine andere, den innerstaatlichen Gepflogenheiten entsprechende Art und Weise zu bestimmen, die unter Berücksichtigung der besonderen Verhältnisse jedes Landes geeignet erscheint.

Artikel 10

1. Wird die Zeit, zu der der Urlaub zu nehmen ist, nicht durch Vorschriften, durch Gesamtarbeitsvertrag, Schiedsspruch oder auf eine andere, den innerstaatlichen Gepflogenheiten entsprechende Art und Weise bestimmt, so ist sie vom Arbeitgeber nach Anhörung des beteiligten Arbeitnehmers oder seiner Vertreter festzusetzen.
2. Bei der Festsetzung der Zeit, zu der der Urlaub zu nehmen ist, sind die Erfordernisse der Arbeit und die Gelegenheiten, die dem Arbeitnehmer zum Ausruhen und zur Erholung zur Verfügung stehen, zu berücksichtigen.

Artikel 11

Ein Arbeitnehmer, der eine Mindestdienstzeit zurückgelegt hat, wie sie nach Artikel 5 Absatz 1 dieses Übereinkommens verlangt werden kann, hat bei der Beendigung seines Arbeitsverhältnisses Anspruch auf einen bezahlten Urlaub im Verhältnis zu der Dienstzeit, für die er keinen solchen Urlaub erhalten hat, oder auf eine Urlaubsabgeltung oder ein gleichwertiges Urlaubsguthaben.

Artikel 12

Jede Vereinbarung über die Abdingung des Anspruchs auf den in Artikel 3 Absatz 3 dieses Übereinkommens vorgeschriebenen bezahlten Mindestjahresurlaub oder über den Verzicht auf diesen Urlaub gegen Entschädigung oder auf irgendeine andere Art hat je nach den Verhältnissen des betreffenden Landes als nichtig zu gelten oder ist zu verbieten.

Artikel 13

Von der zuständigen Stelle oder durch geeignete Verfahren in jedem Land können besondere Regelungen für Fälle festgelegt werden, in denen der Arbeitnehmer während des Urlaubs eine Erwerbstätigkeit ausübt, die mit dem Urlaubszweck unvereinbar ist.

Artikel 14

Es sind mit der Art der Durchführung dieses Übereinkommens im Einklang stehende wirksame Maßnahmen zu treffen, um die ordnungsgemäße Anwendung und Durchsetzung der Vorschriften oder Bestimmungen über den bezahlten Urlaub durch eine angemessene Aufsicht oder durch sonstige Mittel zu gewährleisten.

Artikel 15

1. Jedes Mitglied kann die Verpflichtungen aus diesem Übereinkommen getrennt übernehmen für
   a) Arbeitnehmer in Wirtschaftszweigen außerhalb der Landwirtschaft;
   b) Arbeitnehmer in der Landwirtschaft.
2. Jedes Mitglied hat in seiner Ratifikationsurkunde anzugeben, ob es die Verpflichtungen aus dem Übereinkommen für die in Absatz 1 Buchstabe a) dieses Artikels angeführten Personen, für die in Absatz 1 Buchstabe b) dieses Artikels angeführten Personen oder für beide Personengruppen übernimmt.
3. Jedes Mitglied, das bei der Ratifikation die Verpflichtungen aus diesem Übereinkommen entweder nur für die in Absatz 1 Buchstabe a) dieses Artikels angeführten Personen oder nur für die in Absatz 1 Buchstabe b) dieses Artikels angeführten Personen übernommen hat, kann in der Folge dem Generaldirektor des Internationalen Arbeitsamtes mitteilen, daß es die Verpflichtungen aus dem Übereinkommen für alle Personengruppen übernimmt, für die dieses Übereinkommen gilt.

Artikel 16

Dieses Übereinkommen ändert das Übereinkommen über den bezahlten Urlaub, 1936, und das Übereinkommen über den bezahlten Urlaub (Landwirtschaft), 1952, nach Maßgabe der folgenden Bestimmungen:

a) die Übernahme der Verpflichtungen aus diesem Übereinkommen für Arbeitnehmer in Wirtschaftszweigen außerhalb der Landwirtschaft durch ein Mitglied, das das Übereinkommen über den bezahlten Urlaub, 1936, ratifiziert hat, schließt ohne weiteres die sofortige Kündigung jenes Übereinkommens in sich;
b) die Übernahme der Verpflichtungen aus diesem Übereinkommen für Arbeitnehmer in der Landwirtschaft durch ein Mitglied, das das Übereinkommen über den bezahlten Urlaub (Landwirtschaft), 1952, ratifiziert hat, schließt ohne weiteres die sofortige Kündigung jenes Übereinkommens in sich;
c) das Inkrafttreten dieses Übereinkommens schließt weitere Ratifikationen des Übereinkommens über den bezahlten Urlaub (Landwirtschaft), 1952, nicht aus.

Stichwortverzeichnis

Stichwortverzeichnis